Springer-Lehrbuch

Bernd-Dieter Meier

Strafrechtliche Sanktionen

5. Auflage

 Springer

Bernd-Dieter Meier
Juristische Fakultät
Leibniz Universität Hannover
Hannover, Deutschland

ISSN 0937-7433 ISSN 2512-5214 (electronic)
Springer-Lehrbuch
ISBN 978-3-662-59441-4 ISBN 978-3-662-59442-1 (eBook)
https://doi.org/10.1007/978-3-662-59442-1

Die Deutsche Nationalbibliothek verzeichnet diese Publikation in der Deutschen Nationalbibliografie; detaillierte bibliografische Daten sind im Internet über http://dnb.d-nb.de abrufbar.

Springer

Springer ist ein Imprint der eingetragenen Gesellschaft Springer-Verlag GmbH, DE und ist ein Teil von Springer Nature.
Die Anschrift der Gesellschaft ist: Heidelberger Platz 3, 14197 Berlin, Germany

Vorwort

In erstaunlichem Gegensatz zu der großen Bedeutung, die den strafrechtlichen Sanktionen in der gerichtlichen Praxis zukommt, steht ihr geringer Stellenwert in der universitären Ausbildung. Lehrveranstaltungen, die sich nicht mit den tatbestandlichen Voraussetzungen, sondern mit den Rechtsfolgen des Strafrechts beschäftigen, werden vielerorts nur selten angeboten. Ausbildungsliteratur ist zwar vorhanden, verliert sich aber in dem Gros der juristischen Publikationen und befindet sich zum Teil auch nicht mehr auf dem neuesten Stand.

Das vorliegende Lehrbuch knüpft an diesen Befund an. Es wendet sich an diejenigen Studierenden, die sich für die strafrechtlichen Rechtsfolgen der Tat interessieren, und bietet ihnen eine Einführung. Sein Ziel ist es, die wesentlichen Strukturen des Sanktionssystems deutlich zu machen. Im Mittelpunkt stehen die juristischen Anwendungsvoraussetzungen der einzelnen Sanktionsarten und die rechtlichen Grundlagen ihrer Bemessung. Ausgehend von der These, dass die Sanktionen nicht um ihrer selbst willen verhängt werden, sondern um eine konkrete gesellschaftliche Aufgabe zu erfüllen – den präventiven Rechtsgüterschutz –, werden in die Betrachtung auch der kriminalpolitische Hintergrund sowie die kriminologischen Befunde zur Verhängungs- und Vollstreckungspraxis einbezogen.

Das Buch erscheint damit besonders geeignet für Studierende, die sich für den Schwerpunktbereich Kriminalwissenschaften/Kriminologie entschieden haben. Es beschränkt sich jedoch nicht auf diesen Adressatenkreis. Profitieren können alle Studierenden, unabhängig davon, ob sie sich erstmals mit der Materie vertraut machen oder den Stoff vor dem Examen noch einmal wiederholen wollen. Profitieren können aber sicherlich auch Referendarinnen und Referendare, die die Beschäftigung mit den Sanktionen im Rahmen ihres Studiums vernachlässigt haben und in der Staatsanwaltschaftsstation erstmals mit dem Sanktionsrecht konfrontiert werden. Vielleicht kann das Buch schließlich sogar auch noch beim Einstieg in die Berufspraxis eine kleine Hilfestellung bieten.

Einige Bemerkungen zur Benutzung vorab. Das Buch erscheint nicht in der Reihe „Jura – leicht gemacht"; die Lektüre ist zuweilen anstrengend und erfordert kontinuierliche Mit-Arbeit! Das selbständige Durchdenken der gebrachten Beispiele gehört hierzu ebenso wie das Nachlesen des Gesetzestextes, wenn eine Norm zitiert wird. Die optische Hervorhebung der zentralen Begriffe erleichtert den „Einstieg" in die Lektüre; Kontrollfragen am Ende der jeweiligen Kapitel ermöglichen die Wiederholung des Gelernten. Bei Nutzung der elektronischen Ausgabe ermöglicht das Layout bei bestimmten Datenformaten und Rahmenbedingungen das vereinfachte Auffinden der Fundstellen im Literaturverzeichnis und ggf. sogar den Zugang zum Volltext der Quelle. Völlig neu gefasst wurden in der 5. Auflage die Abschnitte über die Einziehung (Abschn. 7.3 und 7.4) sowie über einzelne kriminalpolitische Reformforderungen (Abschn. 8.2, 8.3 und 8.4). Im Übrigen wurde der gesamte Text aktualisiert und an die neuen Entwicklungen angepasst (insbes. Erweiterung des Fahrverbots auf Straftaten ohne Verkehrsbezug, zeitliche Begrenzung der Unterbringung in einem psychiatrischen Krankenhaus).

An der Neubearbeitung des Buches haben zahlreiche Personen mitgewirkt, denen ich an dieser Stelle herzlich danken möchte. Besonderer Dank gebührt meiner Mitarbeiterin *Eva Beuermann* und den beiden studentischen Hilfskräften *Sophie Busch* und *Shanna Kubaric*, die die Neubearbeitung durch ihre engagierte Mithilfe bei der Beschaffung und Sichtung des umfangreichen Materials maßgeblich gefördert haben. Herzlich bedanken möchte ich mich aber auch bei meinem Mitarbeiter *Asbjørn Mathiesen*, der das Layout für den Text in mühevoller Kleinarbeit gestaltet und für den Druck vorbereitet hat. Unklarheiten und sachliche Fehler gehen dennoch allein auf mein eigenes Konto, und ich möchte die geneigte Leserin ebenso wie den geneigten Leser bitten, mir Anregungen und Kritik ohne zu zögern direkt zukommen zu lassen (meier@jura.uni-hannover.de).

Hannover, April 2019   Bernd-Dieter Meier

Inhaltsverzeichnis

1 Die Aufgabe des Strafrechts in der Gesellschaft 1
  1.1 Das Strafrecht im System der sozialen Kontrolle 1
    1.1.1 Begriff und Bedeutung der sozialen Kontrolle 2
    1.1.2 Besonderheiten der strafrechtlichen Sozialkontrolle 3
    1.1.3 Bedeutung des Strafrechts für die Sozialkontrolle. 4
  1.2 Das System der strafrechtlichen Sozialkontrolle 7
  1.3 Konsequenzen für die strafrechtlichen Sanktionen 10
  1.4 Überblick über das Sanktionssystem des geltenden Rechts 11
  Literatur. 13

2 Sinn und Zweck der Strafe 15
  2.1 Grundlagen. 15
    2.1.1 Das Wesen der Strafe 15
    2.1.2 Die Straftheorien im Überblick. 17
  2.2 Absolute Straftheorie 18
    2.2.1 Darstellung. 18
    2.2.2 Würdigung 19
  2.3 Relative Straftheorie 21
    2.3.1 Theorie der Generalprävention 22
    2.3.2 Theorie der Spezialprävention 24
    2.3.3 Die Ergebnisse der kriminologischen Sanktionsforschung . . . 27
  2.4 Vereinigungstheorien 35
  2.5 Die Bedeutung des Opfers 37
  2.6 Zusammenfassung und Ausblick 40
  Literatur. 41

3 Strafarten 47
  3.1 Grundlagen. 47
    3.1.1 Die Entwicklung des Strafensystems. 47
    3.1.2 Die Schuld als Voraussetzung der Strafe 49
    3.1.3 Abgeschafft: die Todesstrafe 50
    3.1.4 Die quantitative Bedeutung der Strafen. 52

3.2   Absehen von Strafe   53
    3.2.1   Kriminalpolitische Zielsetzung   53
    3.2.2   Voraussetzungen   54
    3.2.3   Verfahren   56
3.3   Verwarnung mit Strafvorbehalt   57
    3.3.1   Kriminalpolitische Zielsetzung   57
    3.3.2   Voraussetzungen   57
    3.3.3   Rechtsfolgen   61
    3.3.4   Verfahren   63
    3.3.5   Kriminologische Aspekte   63
3.4   Geldstrafe   64
    3.4.1   Zielsetzung und kriminalpolitische Problematik   64
    3.4.2   Anwendungsbereich   66
    3.4.3   Die Bemessung der Geldstrafe nach
         dem Tagessatzsystem   68
    3.4.4   Verfahrensfragen   77
    3.4.5   Vollstreckung   80
    3.4.6   Abgrenzung zu anderen finanziellen Sanktionen   82
    3.4.7   Kriminologische Aspekte   82
3.5   Vermögensstrafe   86
3.6   Freiheitsstrafe   87
    3.6.1   Zielsetzung und kriminalpolitische Problematik   87
    3.6.2   Anwendungsbereich, Dauer und Bemessung
         der Freiheitsstrafe   90
    3.6.3   Vollstreckung und Vollzug der Freiheitsstrafe   100
    3.6.4   Abgrenzung zu anderen freiheitsentziehenden
         Sanktionen   104
    3.6.5   Kriminologische Aspekte   105
3.7   Strafaussetzung zur Bewährung   108
    3.7.1   Kriminalpolitische Zielsetzung   108
    3.7.2   Voraussetzungen der Strafaussetzung   109
    3.7.3   Sanktionsentscheidungen im Bewährungsbeschluss   121
    3.7.4   Beendigung der Strafaussetzung: Widerruf
         oder Straferlass   133
    3.7.5   Verfahrensfragen   135
    3.7.6   Sonderform: „Therapie statt Strafe"   136
    3.7.7   Abgrenzung zu anderen Formen der Aussetzung   138
    3.7.8   Kriminologische Aspekte   138
3.8   Aussetzung des Strafrests zur Bewährung   140
    3.8.1   Kriminalpolitische Zielsetzung   140
    3.8.2   Voraussetzungen   141
    3.8.3   Rechtsfolgen   147
    3.8.4   Verfahrensfragen   148
    3.8.5   Kriminologische Aspekte   148

3.9   Fahrverbot 150
      3.9.1   Kriminalpolitische Zielsetzung 150
      3.9.2   Voraussetzungen 152
      3.9.3   Rechtsfolgen 153
      3.9.4   Kriminologische Aspekte............................ 154
    Literatur... 155

4   Strafzumessung 165
    4.1   Der Strafzumessungsvorgang im Überblick 165
    4.2   Die Bedeutung der Strafzwecke für die Strafzumessung 169
      4.2.1   Spielraumtheorie 171
      4.2.2   Stellenwerttheorie 173
      4.2.3   Lehre von der Tatproportionalität 174
      4.2.4   Schlussfolgerungen 176
    4.3   Die Bedeutung des gesetzlichen Strafrahmens 176
      4.3.1   „Minder" und „besonders schwere Fälle" 178
      4.3.2   Strafrahmenverschiebungen nach § 49
            Abs. 1 und 2 StGB................................ 182
      4.3.3   Konkurrenzregeln................................ 184
    4.4   Die Ermittlung der relevanten Strafzumessungstatsachen 189
      4.4.1   Schuldmerkmale 189
      4.4.2   Präventionsmerkmale............................. 225
      4.4.3   Doppelverwertungsverbot 232
    4.5   Festlegung der Bewertungsrichtung 235
    4.6   Gewichtung und Abwägung 238
    4.7   „Umwertung " in ein bestimmtes Strafmaß 239
      4.7.1   Bezugsgrößen innerhalb des Strafrahmens 239
      4.7.2   Der Vergleich mit der Strafzumessungspraxis
            in anderen Fällen 243
      4.7.3   Die Wirkungen der Strafe 246
      4.7.4   Individualisierung der Strafe und Gleichheitssatz 248
      4.7.5   Zusammenfassung 250
    4.8   Abschließende Gesamtbetrachtung 250
    4.9   Anrechnung im Verfahren erlittener Nachteile 251
      4.9.1   Anrechnung kraft Gesetzes 252
      4.9.2   Von der Rechtsprechung entwickelte Fallgruppen......... 254
    4.10 Kriminologische Aspekte der Strafzumessung 260
      4.10.1 Untersuchungen zur Gleichheit bzw. Ungleichheit
            der Strafzumessung 260
      4.10.2 Gleichmäßigkeit und Ungleichmäßigkeit im Zeitverlauf ... 262
      4.10.3 Strafzumessung im europäischen Vergleich 264
    Literatur... 267

5   Maßregeln der Besserung und Sicherung....................... 273
    5.1   Grundlagen.. 273
      5.1.1   Kriminalpolitischer Hintergrund 273

      5.1.2   Grundgedanken und Rechtfertigung des Maßregelrechts ...   276
      5.1.3   Der Grundsatz der Verhältnismäßigkeit   277
      5.1.4   Maßregelkonkurrenz   279
      5.1.5   Verfahren   281
      5.1.6   Die nicht verwirklichte Maßregel: Unterbringung in einer
              sozialtherapeutischen Anstalt.   281
      5.1.7   Die quantitative Bedeutung der Maßregeln   283
   5.2   Maßregeln ohne Freiheitsentzug   284
      5.2.1   Entziehung der Fahrerlaubnis   284
      5.2.2   Führungsaufsicht   295
      5.2.3   Berufsverbot   314
   5.3   Maßregeln mit Freiheitsentzug   319
      5.3.1   Unterbringung in einem psychiatrischen Krankenhaus   319
      5.3.2   Unterbringung in einer Entziehungsanstalt   335
      5.3.3   Unterbringung in der Sicherungsverwahrung   350
   5.4   Vollstreckungsfragen bei den freiheitsentziehenden Maßregeln   378
      5.4.1   Die Grundgedanken der Subsidiarität
              und der Flexibilität   378
      5.4.2   Reihenfolge der Vollstreckung.   379
      5.4.3   Überweisung in den Vollzug einer anderen Maßregel   386
      5.4.4   Aussetzung zur Bewährung   388
      5.4.5   Erledigung der Maßregel   395
   Literatur.   398

6   Wiedergutmachung.   407
   6.1   Kriminalpolitischer Hintergrund   407
   6.2   Freiwillige Wiedergutmachung   409
      6.2.1   Begriffe   409
      6.2.2   Voraussetzungen für die Initiierung.   413
      6.2.3   Durchführung des Täter-Opfer-Ausgleichs   421
      6.2.4   Berücksichtigung bei der Strafzumessung   423
      6.2.5   Verfahrensabschluss.   431
      6.2.6   Bundesweite TOA-Statistik   432
   6.3   Verpflichtung zur Wiedergutmachung   435
      6.3.1   Wiedergutmachung als Sanktion.   435
      6.3.2   Zivilrechtliche Verurteilung im Strafverfahren   437
   Literatur.   439

7   Nebenfolgen der Straftat   443
   7.1   Übersicht   443
   7.2   Statusfolgen   443
   7.3   Einziehung von Taterträgen   447
      7.3.1   Zielsetzung und Rechtsnatur   447
      7.3.2   Voraussetzungen   449

	7.3.3	Erweiterte Einziehung, tatunbeteiligte Dritte	452
	7.3.4	Wirkungen	454
	7.3.5	Verfahren	455
	7.3.6	Kriminologische Aspekte	456
7.4	Einziehung von Tatprodukten, Tatmitteln und Tatobjekten		457
7.5	Bekanntgabe der Verurteilung		460
7.6	Registerrechtliche Folgen		461
Literatur			463

8 Die Reform des strafrechtlichen Sanktionssystems 465

8.1	Die Determinanten der Kriminalpolitik	465
8.2	Verwarnung mit Strafvorbehalt	470
8.3	Lebenslange Freiheitsstrafe	472
8.4	Gleichheit der Strafzumessung	477
8.5	Spannungsfelder	479
Literatur		480

Stichwortverzeichnis 483

Abkürzungsverzeichnis

a. A.	anderer Ansicht
Abb.	Abbildung
Abs.	Absatz
a. E.	am Ende
AE-AT	Alternativ-Entwurf Allgemeiner Teil; *Baumann u. a.* 1969
AE-WGM	Alternativ-Entwurf Wiedergutmachung; *Baumann u. a.* 1992
AEUV	Vertrag über die Arbeitsweise der Europäischen Union
AfD	Alternative für Deutschland
AG	Amtsgericht, Aktiengesellschaft
AK StPO- *Bearbeiter*	Alternativ-Kommentar zur StPO; bearbeitet von *H. Achenbach u. a.*
Anm.	Anmerkung
AnwBl	Anwaltsblatt
Art.	Artikel
AufenthG	Aufenthaltsgesetz
AWG	Außenwirtschaftsgesetz
BAföG	Bundesausbildungsförderungsgesetz
BayObLG	Bayerisches Oberstes Landesgericht
BBG	Bundesbeamtengesetz
BewHi	Bewährungshilfe
BGB	Bürgerliches Gesetzbuch
BGBl	Bundesgesetzblatt
BGH	Bundesgerichtshof
BGHR	BGH-Rechtsprechung Strafsachen
BGHSt	Entscheidungen des Bundesgerichtshofs in Strafsachen
BJagdG	Bundesjagdgesetz
BMJV	Bundesministerium der Justiz und für Verbraucherschutz
BNotO	Bundesnotarordnung
BRAO	Bundesrechtsanwaltsordnung

BeamtStG	Beamtenstatusgesetz
BR-Drucks.	Bundesratsdrucksache
BT-Drucks.	Bundestagsdrucksache
BtM	Betäubungsmittel
BtMG	Betäubungsmittelgesetz
BVerfG	Bundesverfassungsgericht
BVerfGE	Entscheidungen des Bundesverfassungs-Gerichts
BWahlG	Bundeswahlgesetz
BwVollzO	Bundeswehrvollzugsordnung
BZRG	Bundeszentralregistergesetz
DAR	Deutsches Autorecht
DesignG	Gesetz über den rechtlichen Schutz von Design
DJT	Deutscher Juristentag
DÖV	Die Öffentliche Verwaltung
DRiG	Deutsches Richtergesetz
DRiZ	Deutsche Richterzeitung
DTIEV	Dimitris Tsatsos-Institut für Europäische Verfassungswissenschaften
EAÜ	Elektronische Aufenthaltsüberwachung
EBAO	Einforderungs- und Beitreibungsanordnung
ed., eds.	Editor(s), Herausgeber
EG	Europäische Gemeinschaft
EGMR	Europäischer Gerichtshof für Menschenrechte
EGStGB	Einführungsgesetz zum Strafgesetzbuch
EMRK	Europäische Menschenrechtskonvention
EStG	Einkommensteuergesetz
EU	Europäische Union
Eur J Crim Policy Res	European Journal on Criminal Policy and Research
e. V.	eingetragener Verein
FamFG	Gesetz über das Verfahren in Familiensachen und in den Angelegenheiten der freiwilligen Gerichtsbarkeit
FeV	Fahrerlaubnisverordnung
Fortschr. Neurol. Psychiatr.	Fortschritte der Neurologie und Psychiatrie
FPPK	Forensische Psychiatrie, Psychologie, Kriminologie
FS	Forum Strafvollzug
GA	Goltdammer's Archiv für Strafrecht
GastG	Gaststättengesetz
GewO	Gewerbeordnung
GG	Grundgesetz
GmbH	Gesellschaft mit beschränkter Haftung
GVG	Gerichtsverfassungsgesetz
HK-GS	Handkommentar Gesamtes Strafrecht, hrsg. von *Dölling/Duttge/König/Rössner*
h. M.	herrschende Meinung

HRRS	Höchstrichterliche Rechtsprechung im Straf-recht
Hrsg., hrsg.	Herausgeber, herausgegeben
HS	Halbsatz
IRG	Gesetz über die internationale Rechtshilfe in Strafsachen
JA	Juristische Arbeitsblätter
JBeitrO	Justizbeitreibungsordnung
JGG	Jugendgerichtsgesetz
JGGÄndG	Änderungsgesetz zum Jugendgerichtsgesetz
JMBl. NRW	Justizministerialblatt für das Land Nordrhein-Westfalen
JR	Juristische Rundschau
JuMoG	Justizmodernisierungsgesetz
JuS	Juristische Schulung
JVA	Justizvollzugsanstalt
JZ	Juristenzeitung
KK OWiG	Karlsruher Kommentar zum Gesetz über Ordnungswidrigkeiten
KK StPO- *Bearbeiter*	Karlsruher Kommentar zur StPO; hrsg. von *G. Pfeiffer*
KrimJ	Kriminologisches Journal
KrimPäd	Kriminalpädagogische Praxis
KrimZ	Kriminologische Zentralstelle
KriPoZ	Kriminalpolitische Zeitschrift
KWKG	Kriegswaffenkontrollgesetz
KZfSS	Kölner Zeitschrift für Soziologie und Sozialpsychologie
LG	Landgericht
LK- *Bearbeiter*	Leipziger Kommentar; hrsg. von *Laufhütte/Rissing-van Saan/Tiedemann*
LR- *Bearbeiter*	Löwe/Rosenberg, Strafprozeßordnung, hrsg. von *Erb u. a.*
MarkenG	Gesetz über den Schutz von Marken und sonstigen Kennzeichen
MDR	Monatsschrift für Deutsches Recht
MschrKrim	Monatsschrift für Kriminologie und Strafrechtsreform
MüKo- *Bearbeiter*	Münchener Kommentar; hrsg. von *Joecks* und *Miebach*
NJW	Neue Juristische Wochenschrift
NK	Neue Kriminalpolitik
NK- *Bearbeiter*	Nomos Kommentar; hrsg. von *Kindhäuser u. a.*
NStZ	Neue Zeitschrift für Strafrecht
NStZ-RR	NStZ Rechtsprechungs-Report Strafrecht
NZV	Neue Zeitschrift für Verkehrsrecht

NZWiSt	Neue Zeitschrift für Wirtschafts-, Steuer- und Unternehmensstrafrecht
OK	Organisierte Kriminalität
OLG	Oberlandesgericht
OpferRRG	Opferrechtsreformgesetz
OpferschutzG	Opferschutzgesetz
OrgKG	Gesetz zur Bekämpfung des illegalen Rauschgifthandels und anderer Erscheinungsformen der Organisierten Kriminalität
OWiG	Gesetz über Ordnungswidrigkeiten
PKS	Polizeiliche Kriminalstatistik
PRPsych	Praxis der Rechtspsychologie
PsychKG	Gesetz über Hilfen und Schutzmaßnahmen für psychisch Kranke
R&P	Recht und Psychiatrie
RegE	Regierungsentwurf
RGSt	Entscheidungen des Reichsgerichts in Strafsachen
RiStBV	Richtlinien für das Straf- und Bußgeldverfahren
Rn.	Randnummer(n)
RPflG	Rechtspflegergesetz
RW	Rechtswissenschaft (Zeitschrift)
SBJL	Schwind, Böhm, Jehle & Laubenthal
SchwZStr	Schweizer Zeitschrift für Strafrecht
SexBG	Gesetz zur Bekämpfung von Sexualdelikten und anderen gefährlichen Straftaten
SGB	Sozialgesetzbuch
SK StGB- *Bearbeiter*	Systematischer Kommentar zum Strafgesetzbuch; hrsg. von *Wolter*
SK StPO- *Bearbeiter*	Systematischer Kommentar zur Strafprozessordnung; bearbeitet von *Wolter*
S/S- *Bearbeiter*	Schönke/Schröder, Kommentar zum StGB
SSW-StGB- *Bearbeiter*	Strafgesetzbuch Kommentar; hrsg. von *Satzger/Schluckebier/Widmaier*
StÄG	Strafrechtsänderungsgesetz
StGB	Strafgesetzbuch
StPO	Strafprozessordnung
StraFo	Strafverteidiger Forum
StrÄndG	Strafrechtsänderungsgesetz
StrEG	Gesetz über die Entschädigung für Strafverfolgungsmaßnahmen
StrRG	Strafrechtsreformgesetz
StV	Strafverteidiger
StVG	Straßenverkehrsgesetz
StVO	Straßenverkehrsordnung
StVollstrO	Strafvollstreckungsordnung

StVollzG	Strafvollzugsgesetz
Tab.	Tabelle
ThUG	Therapieunterbringungsgesetz
TierschutzG	Tierschutzgesetz
TOA	Täter-Opfer-Ausgleich
UN	Vereinte Nationen
UrhG	Gesetz über Urheberrecht und verwandte Schutzrechte
UWG	Gesetz gegen den unlauteren Wettbewerb
VerbrBekG	Verbrechensbekämpfungsgesetz
VRS	Verkehrsrechtssammlung
VStGB	Völkerstrafgesetzbuch
VVG	Versicherungsvertragsgesetz
WaffG	Waffengesetz
wistra	Zeitschrift für Wirtschafts- und Steuerstrafrecht
ZfStrVo	Zeitschrift für Strafvollzug und Straffälligenhilfe
ZIS	Zeitschrift für Internationale Strafrechtsdogmatik
ZJJ	Zeitschrift für Jugendkriminalrecht und Jugendhilfe
ZJS	Zeitschrift für das Juristische Studium
ZP	Zusatzprotokoll
ZPO	Zivilprozessordnung
ZRP	Zeitschrift für Rechtspolitik
ZStW	Zeitschrift für die gesamte Strafrechtswissenschaft

Die Aufgabe des Strafrechts in der Gesellschaft

1

1.1 Das Strafrecht im System der sozialen Kontrolle

Sozialkontrolle gehört zu den Erfordernissen einer jeden Gesellschaft. Will eine Gesellschaft ihre Ziele erreichen – also etwa gewährleisten, dass der Einzelne am gesellschaftlichen Leben teilnehmen und sich in ihm verwirklichen kann – dann muss sie auch dafür Sorge tragen, dass bestimmte Regeln eingehalten werden und nicht der eine seine Freiheit auf Kosten und zum Nachteil eines anderen entfaltet. Soziale Kontrolle löst die Aufgabe, innerhalb einer Gesellschaft eine soziale Ordnung herzustellen.

Es liegt auf der Hand, dass die **strafrechtlichen Sanktionen** bei der Erfüllung dieser Aufgabe eine zentrale Rolle einnehmen. Eine moderne Gesellschaft, in der für die Ordnungsbildung auf den Einsatz des Strafrechts verzichtet würde, gibt es nicht. Gleichwohl wäre es verkehrt hieraus den Schluss zu ziehen, dass die Ordnung in einer modernen Gesellschaft *nur* durch das Strafrecht und die strafrechtlichen Sanktionen hergestellt würde. Soziale Kontrolle ist in keiner Gesellschaft auf das Recht oder gar das Strafrecht beschränkt. Vielfältige Mechanismen, in die strafrechtlichen Sanktionen hinein verwoben sind, wirken an der Herstellung von sozialer Ordnung mit.

Die Annäherung an die strafrechtlichen Sanktionen muss deshalb ihren Ausgangspunkt bei der gesellschaftlichen Aufgabe der Ordnungsbildung und dem im Hinblick auf diese Aufgabe entwickelten Konzept der Sozialkontrolle nehmen. Erst der Blick auf das gesamte Spektrum derjenigen Mechanismen, die an der Herstellung der sozialen Ordnung in der Gesellschaft beteiligt sind, erlaubt es, die besondere Rolle des Strafrechts bei der Erfüllung dieser Aufgabe richtig einzuschätzen.

© Springer-Verlag GmbH Deutschland, ein Teil von Springer Nature 2019
B.-D. Meier, *Strafrechtliche Sanktionen*, Springer-Lehrbuch,
https://doi.org/10.1007/978-3-662-59442-1_1

1.1.1 Begriff und Bedeutung der sozialen Kontrolle

Der Begriff der Sozialkontrolle stammt aus der nordamerikanischen Soziologie.[1] Schon früh wurde erkannt, dass soziale Kontrolle nicht auf das Recht oder das Strafrecht beschränkt ist. Das Konzept der sozialen Kontrolle greift weit über das Strafrecht hinaus und bezieht sich in seiner allgemeinen Form auf sämtliche Instrumente, Mechanismen und Prozesse, mit deren Hilfe Gesamtgesellschaften, Teilgruppen oder Individuen Gegensätzlichkeiten, Spannungen und Konflikte überwinden.[2] Zwei Elemente sind für alle Erscheinungsformen sozialer Kontrolle konstitutiv: die Existenz von Normen, deren Befolgung als im Interesse der Gewährleistung von Ordnung liegend angesehen wird, und die Verfügbarkeit von Steuerungsmitteln, mit deren Hilfe normkonformes Verhalten hergestellt wird.

Der Begriff der **Norm** ist in diesem Zusammenhang nicht als Rechtsnorm zu verstehen. „Norm" ist unabhängig vom juristischen Sprachgebrauch jede rechtliche, ethische oder soziale Regel, deren Befolgung unter bestimmten Bedingungen von den Mitgliedern der Gesellschaft erwartet wird. Es kann sich um einen Brauch handeln, dessen Sinn für den Einzelnen vielleicht gar nicht mehr verständlich ist – wie etwa, dass sonntags das Auto nicht gewaschen wird oder dass Männer keine Röcke tragen. „Normen" sind aber auch Sitte, allgemeine Moralvorstellungen sowie in ihren entwickeltsten Formen die Normen des Rechts und die Sätze der philosophischen Ethik.[3]

Auch die **Steuerungsmittel** können vielfältig sein. Es kann sich um Maßnahmen der *aktiven Kontrolle* handeln, die das unerwünschte Verhalten präventiv auszuschließen versuchen, oder um Maßnahmen der *reaktiven Kontrolle*, die ein Verhalten im Nachhinein sanktionieren. Die aktive Kontrolle kann *äußere Schranken* setzen, sie kann aber auch in die Sozialisation des Einzelnen hinein wirken und zum Aufbau *innerer Kontrollen* beitragen.[4] Die reaktive Kontrolle wiederum kann entweder normkonformes Verhalten *positiv* sanktionieren – z. B. durch Prämien, Belohnungen oder Beförderungen – oder sie kann auf normabweichendes Verhalten mit *negativen* Sanktionen reagieren – z. B. mit Stigmatisierung, Übelszufügung und Ausschluss.

Die negative Reaktion auf normabweichendes Verhalten kann, allgemein betrachtet, in *förmlichen Reaktionen* bestehen – beispielsweise im Tätigwerden des Jugendamts, der Polizei oder der Justiz – es kann sich aber auch um *informelle Reaktionen* handeln – um Reaktionen in der Familie, Nachbarschaft, peer-group (Bezugsgruppe) oder am Arbeitsplatz – Reaktionen, die in ihrem Spektrum von Auslachen und Spott über ausdrückliche Missbilligung bis hin zum Abbrechen der Beziehung reichen können.[5] Die Bedeutung der reaktiven Maßnahmen, gleich ob es sich um formelle oder um informelle Maßnahmen handelt, erschöpft sich wiederum nicht in der *direkten Reaktion*, sondern bezieht ihre verhaltenssteuernde Kraft vor

---

[1] Grundlegend *Ross* 1970; Übersicht über die Entwicklung des Begriffs bei *Peters* 2012, 1255 ff.

[2] *Kaiser* 1996, § 28 Rn. 4.

[3] *König* 1975, 186 ff.; *Savelsberg* 1993, 366 ff.; *Sack* 1993, 417 f.; *Albrecht P.-A.* 2010, 152.

[4] *Hess* 1983, 8 ff.

[5] *Hess* 1983, 12 ff.; *Albrecht P.-A.* 2010, 153 ff.; weitere Differenzierungen bei *Clark und Gibbs* 1975, 157 ff.

allem aus den von der Reaktion ausgehenden *präventiven Momenten*: Die Adressaten antizipieren die Reaktionen und stellen sich in ihrem weiteren Verhalten darauf ein. Auch die reaktive Kontrolle kann so in die Sozialisation des Einzelnen hineinwirken und einen Beitrag zum Aufbau innerer Kontrollen leisten.

Aus dem Gesagten wird deutlich, dass in dem umfassenden System der sozialen Kontrolle das **Recht** nur einen *Ausschnitt* darstellt, der Rechtsbruch nur einen *Teil* allen abweichenden Verhaltens ausmacht, die Strafe nur *eine* von zahlreichen Kontrollmöglichkeiten bildet und die Justiz nur *ein* Träger sozialer Kontrolle neben anderen ist. Außer von der Justiz wird die Aufgabe der sozialen Kontrolle vor allem von der Familie, der Schule, der Nachbarschaft, der peer-group und der Öffentlichkeit wahrgenommen, namentlich den Medien.[6]

1.1.2 Besonderheiten der strafrechtlichen Sozialkontrolle

Das **Recht** – gleichgültig, ob man das Zivilrecht, das Öffentliche Recht oder das Strafrecht in den Blick nimmt – unterscheidet sich von den übrigen Mechanismen der sozialen Kontrolle in vielfacher Weise. Das Recht stellt dasjenige Teilsystem der sozialen Kontrolle dar, das am stärksten formalisiert und rational durchgebildet ist. Sein Geltungsanspruch ist allgemein und unbedingt. Es verfügt mit der Justiz über einen eigenständigen (sogar verfassungsrechtlich abgesicherten, vgl. Art. 92 ff. GG), spezialisierten und professionalisierten Überwachungsstab, der für die Durchführung der Sanktion bei Übertretung der Rechtsnormen auf staatliche Gewaltmittel zurückgreifen kann.[7]

In besonderer Weise und erst recht gilt dies für das **Strafrecht**. Die strafrechtliche Sozialkontrolle zeichnet sich im Gegensatz zur allgemeinen Sozialkontrolle dadurch aus, dass sie sich nach Zielsetzung und Einsatz der Mittel auf die Vorbeugung und Unterdrückung von solchen Verhaltensweisen beschränkt, die das gesellschaftliche Zusammenleben in besonders gravierender Weise beeinträchtigen und an deren Verhinderung deshalb ein besonders starkes Interesse besteht (strafrechtlich geschützte *Rechtsgüter*). Niederschlag findet das gesteigerte gesellschaftliche Interesse in dreierlei: Zum einen weisen die Normen, an deren Einhaltung ein besonderes Interesse besteht (die *Strafnormen*), ein Höchstmaß an Transparenz und Präzision auf (zur verfassungsrechtlichen Notwendigkeit dieses Erfordernisses vgl. Art. 103 Abs. 2 GG). Zum zweiten greifen die gesetzlich vorgesehenen Reaktionen, die im Fall der Normübertretung zur Anwendung gelangen (die strafrechtlichen *Sanktionen*, speziell die Strafen), auf die tiefstmögliche Weise in die Freiheit des Normbrechers (des „Täters") ein. Die Todesstrafe ist zwar abgeschafft (Art. 102 GG), die lebenslange Freiheitsstrafe ist aber nach wie vor zulässig und Konsequenz für die schwersten Übergriffe in der Gesellschaft. Das gesteigerte gesellschaftliche Interesse an der Identifizierung und Sanktionierung des Rechtsbruchs kommt schließlich zum dritten

---

[6] *Kaiser* 1996, § 28 Rn. 5 (Schaubild 4); zu den Veränderungen der sozialen Kontrolle und dem Entwicklungsstand zu Beginn des 21. Jhdts. *Singelnstein und Stolle* 2012.
[7] *König* 1975, 197 ff.; *Sack* 1993, 419; *Kaiser* 1996, § 28 Rn. 8.

darin zum Ausdruck, dass der Sanktionsverhängung und -vollstreckung ein formalisiertes, auf ein Höchstmaß an Transparenz und rationaler Wahrheitsfindung hin konzipiertes Verfahren vorgeschaltet ist (das *Strafverfahren*), in dem demjenigen, dem der Rechtsbruch vorgeworfen wird, eine mit umfassenden Verfahrensgarantien ausgestattete Rechtsstellung eingeräumt wird (vgl. Art. 101, 103 Abs. 1, 104 GG, Art. 5, 6 EMRK).

1.1.3 Bedeutung des Strafrechts für die Sozialkontrolle

Obwohl sich das Strafrecht im Hinblick auf die Normen, die Sanktionen und das einzuhaltende Verfahren von den übrigen Mechanismen der sozialen Kontrolle deutlich unterscheidet, steht es nicht isoliert neben den anderen Instrumenten der Sozialkontrolle, sondern ist mit ihnen **in vielfältiger Weise verknüpft und verwoben.** Sowohl von seiner gesellschaftlichen Aufgabe als auch von der Wirkung seiner Sanktionen her ist es eingebettet in das allgemeine System der Sozialkontrolle; das Strafrecht gilt und wirkt nicht unabhängig von den anderen Mechanismen der Sozialkontrolle, sondern es wirkt mit ihnen zusammen, setzt sie voraus, führt sie fort und ergänzt sie.[8]

> **Beispiele**
>
> Man denke an Straftaten in der Familie (z. B. Gewalt gegenüber der Ehefrau), in der Schule (z. B. Erpressung von Mitschülern, „Abziehen") oder in der Wirtschaft (z. B. Untreue eines Bankangestellten). Selbst wenn die entsprechenden Verhaltensweisen für einen Außenstehenden eindeutig als Straftaten erkennbar sein mögen, führen sie nicht immer, vielleicht sogar nur in den seltensten Fällen zur Einleitung eines förmlichen Strafverfahrens und Bestrafung des Schuldigen. Die jeweiligen gesellschaftlichen Teilsysteme versuchen in der Regel zunächst, auf die strafrechtlich relevanten Normverletzungen mit eigenen, nicht-strafrechtlichen Sanktionen zu reagieren (z. B. mit Trennung und Scheidung, schulischen Disziplinarmaßnahmen, fristloser Kündigung des Arbeitsverhältnisses u. ä.). Die Mechanismen der strafrechtlichen Sozialkontrolle werden erst dann bemüht, wenn der strafrechtlich relevante Konflikt mit den eigenen Mitteln nicht mehr adäquat bewältigt werden kann.

Aus der Einbettung des Strafrechts in das Gesamtsystem der Sozialkontrolle folgt nicht nur, dass das Eingreifen der strafrechtlichen Sozialkontrolle weitgehend von der Mitwirkung informeller, nicht-strafrechtlicher Kontrollinstanzen abhängig ist. Auch die Wirkungen, die das Strafrechtssystem erzielt, und die Effektivität, mit der es zur Verhaltenssteuerung in der Lage ist, sind abhängig von den korrespondierenden Wirkungen der jeweils anderen Kontrollsysteme. Auch wenn die Strafrechtstheorie zuweilen zu einer Überschätzung der Bedeutung der strafrechtlichen Reaktion neigt, ist es beim Blick auf das Gesamtsystem der Sozialkontrolle offensichtlich,

---

[8] *König* 1975, 200 f.; *Hassemer* 1990, 318 ff.; NK 2017, *Hassemer und Neumann*, Vor § 1 Rn. 156; *Rössner* 2001, 979 ff.; HK-GS 2017, *Rössner*, Vor §§ 1 ff Rn. 14.

dass das Strafrecht für sich genommen in diesem Gesamtsystem immer nur eine **begrenzte Wirkkraft** entfalten kann.[9] Das Ziel der Verhaltenssteuerung lässt sich für das Strafrecht dann nicht oder nur in äußerst beschränkter Weise erreichen, wenn sich die anderen Instanzen der Sozialkontrolle nicht an denselben Maßstäben orientieren wie das Strafrecht oder wenn sie mit ihren eigenen Steuerungsmitteln die Wirkung der strafrechtlichen Sanktionen neutralisieren.

Beispiele

Die erzieherische, auf Legalbewährung abzielende Intention, die sich mit den meisten jugendstrafrechtlichen Sanktionen verbindet (z. B. mit der Weisung zur Teilnahme an einem sozialen Trainingskurs), bleibt fruchtlos, wenn sie im Elternhaus auf eine durch Desinteresse und Ablehnung gekennzeichnete Haltung der Eltern trifft. – Der kognitive Gewinn, mit dem z. B. eine Verurteilung wegen Ladendiebstahls verbunden sein kann („ich darf nicht stehlen"), kann durch erfolgreiche (weil unentdeckt gebliebene) Diebstahlstaten von Freunden oder durch entsprechende Medienbilder konterkariert werden. – Die Resozialisierungsbemühungen, die im Strafvollzug unternommen werden (Nachholen eines Ausbildungsabschlusses, Arbeitserfahrungen etc.), können sich außerhalb der Anstalt als nutzlos erweisen, wenn sich der Entlassene mit bereits titulierten Schadensersatz- und Schmerzensgeldforderungen des Geschädigten konfrontiert sieht, die die Arbeitsaufnahme für ihn als sinnlos erscheinen lassen.

Zeigt sich damit, dass die Erwartungen an die verhaltenssteuernde Kraft des Strafrechtssystems von vornherein nicht zu hoch angesetzt werden dürfen, wäre es auf der anderen Seite verkehrt, hieraus den Schluss zu ziehen, dass auf das Strafrecht ganz verzichtet werden könnte.[10] In dem Gesamtsystem der sozialen Kontrolle nimmt das Strafrecht einen **unverzichtbaren Platz** ein.

Zwei Gründe lassen sich hierfür anführen.[11] Zum einen lässt sich gerade beim Blick auf das Gesamtspektrum der sozialen Kontrollmechanismen feststellen, dass sich im Strafrecht das unverzichtbare *staatliche Gewaltmonopol* konkretisiert. Die private Gewalt zur Durchsetzung individueller Interessen wird durch das Strafrecht zurückgedrängt zugunsten einer staatlich kontrollierten – und das heißt auch rechtsstaatlich eingefangenen und sozialstaatlich konturierten – Ausübung von Gewalt. Die Androhung und ggf. Ausübung von Zwang gegenüber demjenigen, der die Normen des Strafrechts verletzt, steht für das letzte, notwendige Verteidigungsmittel, das der Gesellschaft zum Schutz des Einzelnen, zur Erhaltung der Freiheitssphäre des Opfers wie – nach der Tat – des Täters zur Verfügung steht.

Zum anderen werden durch die Existenz des Strafrechtssystems und die im Hintergrund stehende mögliche Anwendung von Zwang die Wirkungsweise und Effektivität der Kontrollsysteme außerhalb des Strafrechts (z. B. der Familie, der Schule, aber auch der Moral etc.) gestärkt und unterstützt. Mit seinem hohen Grad

---

[9] *Hess* 1983, 17 f.; *Kaiser* 1996, § 28 Rn. 11.
[10] Zur abolitionistischen Perspektive vgl. zusammenfassend *Scheerer* 1998, 287 ff.
[11] *Rössner* 1995, 56 ff.; HK-GS 2017, *Rössner*, Vor §§ 1 ff Rn. 19 f.

an Verbindlichkeit liefert das Strafrecht nicht nur einen Beitrag zur Verhaltensorientierung. Es eröffnet auch einen *Freiraum*, der es den Beteiligten gestattet, nach *autonomen*, nicht staatlich gesteuerten, sondern selbstbestimmten *Möglichkeiten der Konfliktbewältigung* zu suchen. Erst die Existenz des Strafrechtssystems und das ihm innewohnende Zwangspotenzial machen es den Beteiligten möglich, im Zusammenhang mit der Verletzung der strafrechtlichen Normen innerhalb des strafrechtlichen Rahmens nach den Alternativen zur Strafe zu fragen (strafrechtliches Paradox).[12]

Mit diesen konkret fassbaren Wirkungen durch die Ausübung von Zwang bzw. deren Androhung geht eine Reihe von **symbolischen Wirkungen** einher, die dem Strafrecht eine Sonderstellung gegenüber den anderen Formen der Sozialkontrolle zuweisen. Die symbolischen Wirkungen des Strafrechts sind subtiler und schwerer zu erfassen als die Zwangswirkungen der staatlichen Gewaltauswirkung; dennoch darf ihre Bedeutung für die Wiederherstellung und Sicherung der sozialen Ordnung nicht gering geschätzt werden. Gerade in einer Gesellschaft, die durch Pluralisierung der Werte, Modernisierungsprozesse sowie durch eine zunehmende Individualisierung und Anonymisierung der Sozialbeziehungen gekennzeichnet ist, spricht viel dafür, dass der strafrechtliche Normenkatalog und seine ggf. zwangsweise Durchsetzung weithin als „kleinster gemeinsamer Nenner" für ein friedliches gesellschaftliches Zusammenleben verstanden, akzeptiert und politisch immer wieder eingefordert werden.[13]

Hinzuweisen ist namentlich auf die folgenden Symbolsetzungen:[14] Das Strafrecht hebt aus der unbegrenzten Vielzahl menschlicher Verhaltensweisen das dem Normbruch zugrundeliegende Geschehen heraus, macht es *öffentlich, isoliert* es und *ächtet* es. Zwischen Tat und Täter wird eine subjektive Beziehung hergestellt und es wird dem Täter *personale Verantwortung* zugewiesen. Die erlittene und erlebte Verletzung wird festgestellt und es wird die *Solidarität* der Gemeinschaft *mit dem Opfer* öffentlich bekundet. Indem gegen den Täter eine Strafe verhängt wird, wird mit staatlicher Autorität ein – für den Täter in der Regel schmerzhaftes – Symbol für die Unvergesslichkeit des Geschehens[15] gesetzt. Durch die Trennung von Recht und Unrecht und die öffentliche Deklarierung von Grenzen wird die durch die Tat verletzte *Norm verdeutlicht* und die *Normgeltung bekräftigt*. Andere Teilsysteme der sozialen Kontrolle sind zu derartigen autoritativen Symbolsetzungen nicht in der Lage. Hinzu kommt, dass das Strafrecht, indem es die Durchführung eines formalisierten Verfahrens zur Voraussetzung seines Einschreitens macht, einen transparenten Rahmen für die Kanalisierung von Emotionen und die *rationale Verarbeitung des Konflikts* schafft und es den am Prozess Beteiligten ermöglicht, das Ergebnis als „gerecht" zu akzeptieren.

Im Ergebnis stellt sich die strafrechtliche Sozialkontrolle damit als ein umfassender, weit über die bloße Verhängung von Strafe hinausreichender Teilbereich der sozialen Kontrolle dar, dessen übergreifendes Ziel die kontrollierte Wiederherstellung

---

[12] *Rössner* 1992, 271 f.

[13] Vertiefend *Kunz* 2010, 353 ff.

[14] *Rössner* 2001, 982 ff.

[15] *Rössner* BewHi 1994, 24.

und Sicherung der durch die Tat gestörten sozialen Ordnung ist – zum Teil wird von sozialem Frieden oder, normativiert, von Rechtsfrieden gesprochen[16] – und für den ein gleichermaßen wirksames, funktionales Äquivalent nicht existiert.

1.2   Das System der strafrechtlichen Sozialkontrolle

Mit dieser letzten Aussage ist die Aufgabe der strafrechtlichen Sanktionen grob umrissen; Einzelheiten sind erst im Zusammenhang mit den jeweiligen Sanktionsformen zu erörtern. Die Aufmerksamkeit kann sich nunmehr der Frage zuwenden, unter welchen Voraussetzungen die strafrechtlichen Sanktionen ihre spezifische Aufgabe der Mitwirkung an der Wiederherstellung und Sicherung der sozialen Ordnung wahrnehmen. Auch insoweit bietet es sich an, den Blick nicht – der juristischen Perspektive folgend – vorschnell auf die allein durch richterliches Urteil verhängbaren Sanktionen zu verengen, sondern zunächst das Gesamtsystem, die Träger und die Strategien der strafrechtlichen Sozialkontrolle in den Blick zu nehmen.

Anknüpfungspunkt für die Tätigkeit der strafrechtlichen Kontrollinstanzen ist die den Strafverfolgungsorganen, namentlich der Polizei, bekannt gewordene **Straftat**, also das rechtswidrige, nicht notwendig schuldhafte Verhalten eines Menschen, das den Tatbestand eines Strafgesetzes verwirklicht (vgl. § 11 Abs. 1 Nr. 5 StGB) und das deshalb bei Strafe verboten ist. Da zunächst nicht feststeht, ob eine solche Tat tatsächlich begangen worden ist, genügt für das Tätigwerden der Kontrollorgane ein entsprechender **Tatverdacht**; für die Aufnahme der Ermittlungen müssen lediglich „zureichende tatsächliche Anhaltspunkte" für das Vorliegen einer Straftat vorhanden sein (§ 152 Abs. 2 StPO). Dieser Anfangsverdacht muss sich im weiteren Verlauf des Verfahrens konkretisieren und personalisieren, d. h. das Geschehen muss aufgeklärt und die Tat einer bestimmten Person (dem „Täter") zugerechnet werden. In der Sache muss sich der Anfangsverdacht über den für den Abschluss der polizeilichen Ermittlungen und die Anklageerhebung erforderlichen „hinreichenden Tatverdacht" (§§ 170 Abs. 1, 203 StPO) hinaus verdichten bis hin zur persönlichen Gewissheit des Gerichts (§ 261 StPO), die erforderlich ist, um den Beschuldigten verurteilen und gegen ihn eine Sanktion verhängen zu können. Zeigt das Verfahren, dass der angezeigte Sachverhalt nicht den Tatbestand einer Strafnorm erfüllt, dass ein Täter nicht ermittelt oder dass der gegen eine bestimmte Person gerichtete Tatverdacht nicht bewiesen werden kann, muss das Verfahren entweder eingestellt (§ 170 Abs. 2 StPO) oder mit einem Freispruch beendet werden.

Während mit der Straftat bzw. dem darauf gerichteten Verdacht ein einheitlicher Anknüpfungspunkt für das Tätigwerden der Kontrollinstanzen gegeben ist, sind die Reaktionsmöglichkeiten der Strafverfolgungsorgane breiter gefächert. Im Vordergrund stehen die vom Gericht verhängten **Strafen**, also die gewollte Zufügung eines mit einem öffentlichen sozialethischen Unwerturteil verbundenen, vom Täter schmerzhaft empfundenen Übels. Die Strafen, die dem „Straf"-recht auch seinen

---

[16] Vgl. nur *Baumann et al.* 1992, 23 f.; krit. zum Begriff des Rechtsfriedens *Weigend* 1989, 195 ff.; *Walther* 2000, 149 f.

Namen geben, sind indessen nicht die einzigen Sanktionen des Strafrechts. Eine zweite Sanktionsart bilden die vom Gericht verhängbaren **Maßregeln der Besserung und Sicherung**, die anknüpfend an die begangene Tat dann angeordnet werden können, wenn anzunehmen ist, dass von dem Täter weiterhin Straftaten drohen. Die Maßregeln der Besserung und Sicherung haben den Schutz der Allgemeinheit im Blick; ihre Zielrichtung ist präventiv, womit sie trotz ihres strafrechtlichen Ausgangspunkts eine deutliche Parallele zum Polizeirecht aufweisen. Zwischen den Strafen und den Maßregeln stehen als dritte Art von strafrechtlichen Sanktionen die **Nebenfolgen**. Hierbei handelt es sich um ein breites Spektrum ganz unterschiedlicher Sanktionsformen, die bei einer Verurteilung entweder kraft Gesetzes eintreten oder vom Gericht zusätzlich zu einer Strafe oder Maßregel verhängt werden können; Beispiele sind der Verlust der Amtsfähigkeit, der Wählbarkeit und des Stimmrechts, der Verfall der aus der Tat erlangten Vermögensvorteile und die Einziehung der zur Tatbegehung verwendeten Gegenstände.

Die Steuerungsmittel des Strafrechts sind indes nicht auf die vom Gericht im Zusammenhang mit der Verurteilung verhängbaren Sanktionsformen beschränkt. Der übergreifende Blick auf das Gesamtsystem der strafrechtlichen Sozialkontrolle erlaubt es, auch solche Maßnahmen in den Kontext der strafrechtlichen Steuerungsinstrumente einzuordnen, die nicht, wie die Strafen und die Maßregeln, die Folge des richterlichen Urteils über die Strafbarkeit des Angeklagten, sondern die Folge vorangehender Entscheidungen der Strafverfolgungsorgane, namentlich der Staatsanwaltschaft, sind.

In den Blick geraten damit vor allem die Möglichkeiten der Justiz zur **Verfahrenseinstellung aus Opportunitätsgründen**. Von der bereits angesprochenen Verfahrenseinstellung nach § 170 Abs. 2 StPO unterscheiden sich die Opportunitätseinstellungen darin, dass sie nicht wegen des fehlenden (oder nicht beweisbaren) Tatverdachts erfolgen, sondern wegen des fehlenden öffentlichen Interesses an der weiteren Verfolgung der Tat.

Zwei Fallgruppen stehen in der Praxis im Vordergrund: die Verfahrenseinstellungen wegen Geringfügigkeit und die Einstellungen gegen Auflagen und Weisungen. Leitgedanke der ersten Gruppe (namentlich § 153 StPO, § 31a BtMG, § 398 AO) ist die Überlegung, dass bei *geringfügigen Normverletzungen* oft nicht von einer ernsthaften Störung der sozialen Ordnung gesprochen werden kann, so dass von der vollständigen Durchführung eines Strafverfahrens unter Verhältnismäßigkeitsgesichtspunkten abgesehen werden kann. Leitgedanke der zweiten Gruppe (namentlich § 153a StPO, § 37 BtMG) ist die Überlegung, dass die mit der Strafe beabsichtigten Wirkungen bei bestimmten, nicht allzu schweren Delikten unter Umständen auch auf eine andere, den Beschuldigten weniger belastende Weise herbeigeführt werden können, nämlich dadurch, dass der Beschuldigte dazu verpflichtet wird, bestimmte *strafersetzende Leistungen* wie etwa die Zahlung eines Geldbetrags zugunsten der Staatskasse zu erbringen. Während sich die folgenlose Verfahrenseinstellung wegen Geringfügigkeit kaum als Sanktion einordnen lässt – sie steht umgekehrt gerade für den Verzicht auf eine Sanktion – ist der Sanktionscharakter der einem Beschuldigten erteilten Auflagen und Weisungen evident: In der Sache handelt es sich hier um materiell-strafrechtliche Sanktionsformen in prozessualem Gewand.

Als „Sanktionen" zwar nicht im rechtstechnischen, wohl aber in einem über-
greifenden, sozialwissenschaftlichen Sinn lassen sich darüber hinaus die gegen
einen Beschuldigten im Zusammenhang mit dem Strafverfahren ergriffenen
Zwangsmaßnahmen (z. B. Untersuchungshaft, Durchsuchung, Beschlagnahme
etc.) sowie die sonstigen belastenden Begleitumstände des Verfahrens einordnen.[17] Beispiele für „sonstige Umstände" bilden etwa die Prangerwirkung des
Verfahrens, die durch die Berichterstattung in den Medien noch verstärkt werden
kann, der Zeitverlust und die Kosten, die mit der Wahrnehmung von Rechten,
z. B. der Beauftragung eines Verteidigers, verbunden sind. Besonders deutlich
werden diese weiteren Folgen immer wieder dann, wenn gegen Prominente Ermittlungsverfahren eingeleitet werden, über die in den Medien breit berichtet
wird; für Prominente ist häufig schon die bloße Einleitung des Verfahrens mit einem erheblichem Ansehensverlust verbunden. Überspitzt formuliert lässt sich sagen, dass für den Beschuldigten schon **das Verfahren an sich eine „Strafe"** sein
kann.[18] Da die strafprozessualen Zwangsmaßnahmen und die sonstigen belastenden Umstände nicht an die Verurteilung, sondern an den Tat*verdacht* anknüpfen,
sind sie vom Verfahrensausgang grundsätzlich unabhängig; sie können den Beschuldigten also auch dann treffen und eine – u. U. erhebliche – verhaltenssteuernde Wirkung entfalten, wenn das Verfahren im Ergebnis wegen Geringfügigkeit
(z. B. § 153 StPO) oder Nichtbeweisbarkeit des Vorwurfs (§ 170 Abs. 2 StPO)
eingestellt wird. Auch wenn die prozessualen Belastungen wegen der Unschuldsvermutung (Art. 6 Abs. 2 EMRK), auf die sich der Beschuldigte bis zu seiner
Verurteilung berufen kann, nicht zum „offiziellen" Sanktionsrepertoire des Strafrechts gehören (dürfen), müssen sie deshalb zu den *faktisch wie eine Sanktion
wirkenden Mechanismen* gerechnet werden. Rechtlich findet die faktische Sank-
tionswirkung dieser Maßnahmen darin ihren Ausdruck, dass die Belastungen,
wenn sie einen gewissen Erheblichkeitsgrad übersteigen, auf die Strafe angerechnet (vgl. § 51 StGB) oder jedenfalls doch bei der Strafzumessung mindernd berücksichtigt werden müssen.

Die Bedeutung der strafrechtlichen Sanktionen, von denen in diesem Lehrbuch
die Rede ist, lässt sich nach alledem nur dann richtig einordnen, wenn man das
Strafrechtssystem nicht als statisches, auf den Zeitpunkt des Urteils verengtes
Ordnungsgebäude versteht, bei dem sowohl die Verletzung der Norm, die Tat, als
auch die Notwendigkeit einer Sanktion mehr oder weniger feststehen. Die strafrechtliche Sozialkontrolle muss vielmehr als ein rechtlich konturierter, **dynami-
scher Prozess** verstanden werden, der durch das Zusammenwirken verschiedener
staatlicher Organe, einen sich allmählich verdichtenden Tatverdacht und eine ab-
gestufte Palette unterschiedlicher Reaktionsmöglichkeiten gekennzeichnet ist.
Zur Verhängung von Strafen, Maßregeln und sonstigen Nebenfolgen kommt es in
diesem dynamischen Geschehen nur dann, wenn sich der Tatverdacht im Verlauf

---

[17] *Albrecht H.-J.* 1999, 771 ff., 773.

[18] Vgl. *Feeley* 1979: „The Process is the Punishment"; zur Lage vor allem in Wirtschaftsstrafverfahren
Gaede 2017, 912 ff.

des Verfahrens zur persönlichen Gewissheit des Gerichts verdichtet und etwaige Alternativen zur förmlichen Reaktion, insbesondere die Verfahrenseinstellung nach Opportunitätsgrundsätzen, nicht in Betracht kommen.

Es kann vor diesem Hintergrund nur wenig überraschen, dass von allen Personen, die als Beschuldigte in ein Ermittlungsverfahren verwickelt werden, nur ein vergleichsweise geringer Teil von den Gerichten verurteilt und förmlich sanktioniert wird. Das Ausmaß der Selektion zugunsten anderer Erledigungsformen wird bei einem Blick in die Rechtspflegestatistiken deutlich: Im Jahr 2017 führten die Staatsanwaltschaften bei den Land- und Oberlandesgerichten gegen 5.559.788 Personen (100 %) Ermittlungsverfahren durch. Nur 479.809 Beschuldigte (8,6 %) wurden angeklagt, gegen 542.644 Beschuldigte (9,8 %) wurde ein Strafbefehlsantrag gestellt; insgesamt kam also nur etwa ein Fünftel der in ein Ermittlungsverfahren verwickelten Personen (1.022.453 Personen; 18,4 %) vor Gericht.[19] In den meisten übrigen Fällen wurde das Verfahren entweder wegen fehlenden hinreichenden Tatverdachts (§ 170 Abs. 2 StPO) oder nach Opportunitätsgrundsätzen (§§ 153 ff. StPO) eingestellt. – Von den Gerichten verurteilt und förmlich sanktioniert wurden im Jahr 2017 insgesamt 716.044 Personen, also grob geschätzt – die Statistiken sind nicht unmittelbar miteinander vergleichbar – nur ca. 12,9 % aller Beschuldigten.[20] Auch auf der Ebene der Gerichte wurde noch einmal ein erheblicher Prozentsatz der Verfahren durch Freispruch oder eine Opportunitätseinstellung beendet.

1.3   Konsequenzen für die strafrechtlichen Sanktionen

Aus der Einordnung in das Gesamtsystem der Sozialkontrolle ergeben sich für die Beschäftigung mit den strafrechtlichen Sanktionen vier Konsequenzen:

1. Die strafrechtlichen Sanktionen können nicht aus sich selbst heraus analysiert und verstanden werden; ein strafrechtsdogmatisches Glasperlenspiel, wie es aus der Beschäftigung mit den Strafbarkeitsvoraussetzungen bekannt ist, verbietet sich. Da die strafrechtlichen Sanktionen die Aufgabe haben, an der Herstellung der sozialen Ordnung in der Gesellschaft mitzuwirken, muss die **kriminologische Perspektive** stets in die Überlegungen mit einbezogen werden. Die Beschäftigung mit den Sanktionen kann sich nicht darin erschöpfen, nach den rechtlichen Anwendungsvoraussetzungen zu fragen und die Verhängung einer Sanktion als quasi „automatische" Konsequenz ihrer rechtlichen Zulässigkeit anzusehen. Erforderlich ist es vielmehr, die Folgen der betreffenden Sanktionen in den Blick zu nehmen, nach den individuellen und gesellschaftlichen Wirkungen zu fragen, und vor diesem Hintergrund nicht nur rechtlich, sondern innerhalb des durch den Gesetzgeber gezogenen Rahmens auch empirisch begründete Entscheidungen zu treffen.
2. Die Erwartungen an die Wirkung und Effizienz der strafrechtlichen Sanktionen dürfen nicht zu hoch angesetzt werden; **Skepsis** ist im Zweifel eher angebracht als allzu große Hoffnung. Neben der sozialen Kontrolle durch das Strafrecht gibt es weitere im Bereich des Rechts, aber auch außerhalb des Rechts angesiedelte

---

[19] Statistisches Bundesamt, Staatsanwaltschaften 2017, Tab. 2.4 und 6.1. – Die Zahlen schließen Jugendliche und Heranwachsende ein.

[20] Statistisches Bundesamt, Strafverfolgung 2017, Tab. 2.1.

Kontrollmechanismen, die auf den Beschuldigten einwirken. Diese anderen Kontrollmechanismen können die Wirkung der strafrechtlichen Sanktionen verstärken, sie können ihr aber auch entgegenstehen und sie neutralisieren. Nur eine realistische Einschätzung der mit den strafrechtlichen Sanktionen erzielbaren Wirkungen kann zu einer sachgerechten Handhabung führen.

3. Die strafrechtlichen Sanktionen dürfen als diejenigen Instrumente der sozialen Kontrolle, die am tiefsten in die Rechtsstellung des Beschuldigten eingreifen, nur dann und nur insoweit zur Anwendung gebracht werden, als dies zur Wiederherstellung und Sicherung der durch die Tat gestörten sozialen Ordnung (des Rechtsfriedens) erforderlich ist. Die **Subsidiarität** der strafrechtlichen Sanktionen schließt die prinzipielle Vorrangigkeit zivilrechtlicher und öffentlichrechtlicher Schutzinstrumente ebenso ein wie die Vorrangigkeit informeller Kontrollmechanismen (Familie, Schule, Beruf etc.). Die Verhängung und Vollstreckung der strafrechtlichen Sanktionen kann für die Wiederherstellung und Sicherung der sozialen Ordnung immer nur die „ultima ratio" (das äußerste Mittel) sein.

4. Die strafrechtlichen Sanktionen legitimieren sich zwar aus der Funktion, die Einhaltung der Normen und damit den Schutz der hinter den Normen stehenden Rechtsgüter zu gewährleisten. Bei ihrer Anwendung darf jedoch nicht außer Betracht bleiben, dass sich die Straftat für die Beteiligten – den Täter, das Opfer und ihr jeweiliges Umfeld – nicht in dem Normbruch erschöpft, sondern auch ein soziales Geschehen ist, eine konkret greifbare Störung der sozialen Ordnung, aus der sich individuelle Interessen, Bedürfnisse und Erwartungen ableiten. Seiner Aufgabe der Wiederherstellung und Sicherung der sozialen Ordnung kann das Strafrecht nur dann gerecht werden, wenn es diese **Realdimension der Tat** nicht ausblendet, sondern aufgreift und in das Strafverfahren integriert. Aus dem Subsidiaritätsprinzip folgt dabei, dass die strafrechtlichen Sanktionen erst dann und nur insoweit zur Anwendung gebracht werden dürfen, als die autonome Konfliktlösung der Beteiligten für die Gewährleistung des Rechtsgüterschutzes nicht genügt.

1.4   Überblick über das Sanktionssystem des geltenden Rechts

Verengt man den Blick vor diesem etwas allgemeineren Hintergrund auf die Sanktionen, die vom Gericht im Zusammenhang mit der Verurteilung verhängt werden können, und verschafft sich hier einen ersten Überblick (3. Abschnitt des Allgemeinen Teils des StGB, §§ 38 bis 76a StGB), so lassen sich hier zunächst die drei bereits erwähnten Stränge ausmachen: die Strafen, die Maßregeln der Besserung und Sicherung sowie die sonstigen Nebenfolgen der Verurteilung.

Bei den **Strafen** (§§ 38 bis 60 StGB) gibt es zwei Hauptstrafen: die Geldstrafe und die Freiheitsstrafe, hinsichtlich derer wieder verschiedene Unterformen existieren. Die Hauptstrafen werden ergänzt durch die Möglichkeit des Gerichts, sich mit dem Schuldspruch zu begnügen und von einer Bestrafung des Täters abzusehen, sowie durch eine unselbstständige (d. h. nur neben einer Hauptstrafe verhängbaren)

Strafform, das Fahrverbot . Eine Sonderrolle nehmen unter den Strafen die Nebenfolgen ein, die nicht nur kraft richterlichen Urteilsspruchs, sondern auch kraft Gesetzes eintreten können.

Neben den Strafen bilden die „zweite Spur" des Sanktionssystems die **Maßregeln der Besserung und Sicherung** (§§ 61 bis 72 StGB). Während es das gemeinsame Kennzeichen der Strafen ist, dass der Täter schuldhaft gehandelt hat,
die Tat ihm also zum Vorwurf gemacht werden kann, können die Maßregeln
grundsätzlich auch dann verhängt werden, wenn der Täter zur Zeit der Tat schuldunfähig (§ 20 StGB) war. Gemeinsame Voraussetzung für die Verhängung von
Maßregeln ist es, dass der Täter für die Allgemeinheit „gefährlich" ist, d. h. dass
von ihm für die Zukunft weitere rechtswidrige Taten zu erwarten sind. Unterteilen
lassen sich die Maßregeln in ambulante und stationäre, d. h. mit Freiheitsentzug
verbundene Maßregeln.

Die dritte Gruppe von Sanktionen bilden die **sonstigen Nebenfolgen** der Verur-
teilung. Systematisch finden sie sich an unterschiedlichen Stellen des StGB, im 3.
Abschnitt des Allgemeinen Teils (§§ 45 bis 45b, §§ 73 bis 76a StGB) ebenso wie im
Besonderen Teil (§§ 165 und 200 StGB). Ein Teil dieser Nebenfolgen wird auch als
„Maßnahmen" bezeichnet. Der Begriff der „Maßnahme" ist in § 11 Abs. 1 Nr. 8
StGB legaldefiniert und bezieht sich sowohl auf die Maßregeln der Besserung und
Sicherung (§§ 61 bis 72 StGB) als auch auf Verfall, Einziehung und Unbrauchbar-
machung (§§ 73 bis 76a StGB).

Über das Sanktionsrecht verteilt lassen sich schließlich Regelungen zum **Täter-
Opfer-Ausgleich und** zur **Schadenswiedergutmachung** ausmachen, die sich nicht
den drei Sanktionssträngen zuordnen lassen, sondern auf einen alternativen Weg zur
Wiederherstellung des Rechtsfriedens hinweisen (zentral § 46a StGB und § 155a
StPO). In der Sache handelt es sich hierbei nicht um Sanktionen in dem Sinn, dass
vom Gericht in die Rechtsstellung des Betroffenen eingegriffen und ihm zwangs-
weise eine Handlung, Duldung oder Unterlassung abverlangt wird. Kennzeichen
des Täter-Opfer-Ausgleichs und der Schadenswiedergutmachung ist, dass sich der
Täter *freiwillig* mit den Folgen der Tat für das Opfer auseinandersetzt und um den
Ausgleich bemüht. Vom Gericht können diese Bemühungen anerkannt und durch
Strafmilderung oder Absehen von Strafe honoriert werden.

Das vorliegende Lehrbuch folgt in seinem **Aufbau** den im geltenden Sanktionssystem angelegten Grundtypen von strafrechtlichen Reaktionsformen. In seinem
Schwerpunkt beschäftigt es sich mit den Strafen, wobei zwischen den theoretischen
Aussagen über den Sinn und Zweck der Strafe, den Strafarten und der Strafzumessung unterschieden wird (Kap. 2, 3 und 4). Es folgen Ausführungen zu den Maßregeln der Besserung und Sicherung (Kap. 5) sowie zur Wiedergutmachung als
Alternative zur Strafe (Kap. 6). Es schließt sich ein Abschnitt über die systematisch
nicht eindeutig zuzuordnenden Nebenfolgen der Verurteilung (Kap. 7) an. Den Abschluss bildet ein Ausblick auf die bevorstehende Reform des strafrechtlichen Sanktionssystems (Kap. 8). Das Lehrbuch bezieht sich bei alledem nur auf die Sanktionen
des allgemeinen (Erwachsenen-) Strafrechts. Die besonderen Sanktionsmöglichkeiten
des Jugendstrafrechts werden hier nicht behandelt.

Kontrollfragen

1. Was bedeutet der Begriff der sozialen Kontrolle? (Abschn. 1.1.1)
2. Worin liegt der Erkenntnisgewinn, wenn man das Strafrecht als Teilelement der sozialen Kontrolle einordnet? (Abschn. 1.1.3 und 1.3)
3. Beschreiben Sie System, Träger und Strategien der strafrechtlichen Sozialkontrolle. (Abschn. 1.2)
4. In welche Hauptstränge lässt sich das Sanktionssystem des geltenden Rechts unterteilen? (Abschn. 1.4).

Literatur

Albrecht, H.-J. (1999). Anmerkungen zu Entwicklungen in der Kriminalpolitik. In W. Feuerhelm, H.-D. Schwind & M. Bock (Hrsg.), *Festschrift für Alexander Böhm* (S. 765–790). Berlin: de Gruyter.

Albrecht, P.-A. (2010). *Kriminologie* (4. Aufl.). München: Beck.

Baumann, J., et al. (1992). *Alternativ-Entwurf Wiedergutmachung (AE-WGM)*. München: Beck.

Clark, A. L., & Gibbs, J. P. (1975). Soziale Kontrolle: Eine Neuformulierung. In K. Lüderssen & F. Sack (Hrsg.), *Seminar: Abweichendes Verhalten I. Die selektiven Normen der Gesellschaft* (S. 153–185). Frankfurt a. M.: Suhrkamp.

Feeley, M. M. (1979). *The process is the punishment. Handling cases in a lower criminal court.* New York: Russel Sage Foundation.

Gaede, K. (2017). Sanktion durch Verfahren. Grenzen der Justizpflicht des Beschuldigten insbesondere in Wirtschaftsstrafverfahren. *Zeitschrift für die gesamte Strafrechtswissenschaft (ZStW)*, *129*, 911–960.

Hassemer, W. (1990). *Einführung in die Grundlagen des Strafrechts* (2. Aufl.). München: Beck.

Hess, H. (1983). Probleme der sozialen Kontrolle. In H.-J. Kerner, H. Göppinger & F. Streng (Hrsg.), *Kriminologie, Psychiatrie, Strafrecht, Festschrift für Heinz Leferenz* (S. 3–24). Heidelberg: C. F. Müller.

HK-GS. (2017). *Handkommentar Gesamtes Strafrecht* (4. Aufl.). Baden-Baden: Nomos. (Hrsg. Dölling, D., Duttge, G., König, S., & Rössner, D.).

Kaiser, G. (1996). *Kriminologie. Ein Lehrbuch* (3. Aufl.). Heidelberg: C. F. Müller.

König, R. (1975). Das Recht im Zusammenhang der sozialen Normensysteme. In K. Lüderssen & F. Sack (Hrsg.), *Seminar: Abweichendes Verhalten I. Die selektiven Normen der Gesellschaft* (S. 186–210). Frankfurt a. M.: Suhrkamp.

Kunz, K.-L. (2010). Zur Symbolik des Strafrechts. In D. Dölling, B. Götting, B.-D. Meier & T. Verrel (Hrsg.), *Verbrechen – Strafe – Resozialisierung, Festschrift für Heinz Schöch* (S. 353–368). Berlin: de Gruyter.

NK. (2017). *Nomos Kommentar zum Strafgesetzbuch, Bd. 1* (5. Aufl.). Baden-Baden: Nomos. (Hrsg. Kindhäuser, U., Neumann, U., & Paeffgen, H.-U.).

Peters, H. (2012). Soziale Kontrolle. In G. Albrecht & A. Groenemeyer (Hrsg.), *Handbuch soziale Probleme* (2. Aufl., S. 1255–1284). Wiesbaden: Springer VS.

Ross, E. A. (1970). *Social control. A survey of the foundations of order.* (Reprint; Orginalausgabe 1901). New York: Macmillan.

Rössner, D. (1992). Autonomie und Zwang im System der Strafrechtsfolgen. In G. Arzt et al. (Hrsg.), *Festschrift für Jürgen Baumann* (S. 269–280). Bielefeld: Gieseking.

Rössner, D. (1994). Gerechtigkeit für Gewaltopfer durch Kriminalstrafe? *Bewährungshilfe (BewHi)*, *41*, 18–25.

Rössner, D. (1995). Individualisierung und Verlust der Mitte: Wert- und Normvermittlung durch Strafrecht? In H. Noske (Hrsg.), *Der Rechtsstaat am Ende? Analysen – Standpunkte – Perspektiven* (S. 50–65). München: Olzog.

Rössner, D. (2001). Die besonderen Aufgaben des Strafrechts im System rechtsstaatlicher Verhaltenskontrolle. In B. Schünemann et al. (Hrsg.), *Festschrift für Claus Roxin* (S. 977–988). New York: de Gruyter.

Sack, F. (1993). Recht und soziale Kontrolle. In G. Kaiser, H.-J. Kerner, F. Sack & H. Schellhoss (Hrsg.), *Kleines Kriminologisches Wörterbuch* (S. 416–420). Heidelberg: C.F. Müller.

Savelsberg, J. (1993). Norm, Normgenese. In G. Kaiser, H.-J. Kerner, F. Sack & H. Schellhoss (Hrsg.), *Kleines Kriminologisches Wörterbuch* (S. 366–371). Heidelberg: C. F. Müller.

Scheerer, S. (1998). Abolitionismus. In R. Sieverts & H. J. Schneider (Hrsg.), *Handwörterbuch der Kriminologie 5. Bd.* (2. Aufl., S. 287–300). New York: de Gruyter.

Singelnstein, T., & Stolle, P. (2012). *Die Sicherheitsgesellschaft. Soziale Kontrolle im 21. Jahrhundert* (3. Aufl.). Wiesbaden: für Sozialwissenschaften.

Walther, S. (2000). *Vom Rechtsbruch zum Realkonflikt. Grundlagen und Grundzüge einer Wiedergutmachung und Strafe verbindenden Neuordnung des kriminalrechtlichen Sanktionensystems.* Berlin: Duncker & Humblot.

Weigend, T. (1989). *Deliktsopfer und Strafverfahren.* Berlin: Duncker & Humblot.

Sinn und Zweck der Strafe

2.1 Grundlagen

Von der Aufgabe des Strafrechts ist die Frage nach dem Sinn und Zweck der einzelnen Sanktionen zu unterscheiden. Während sich das Strafrechtssystem als Ganzes aus der gesellschaftlichen Notwendigkeit legitimiert, zur Wiederherstellung und Sicherung der sozialen Ordnung auf die Verletzung bzw. Gefährdung von Rechtsgütern mit staatlichem Zwang reagieren zu können, bedürfen die verschiedenen innerhalb dieses Systems entwickelten Sanktionsformen einer spezifischeren Rechtfertigung. Die Frage nach dem Sinn und Zweck stellt sich dabei zunächst für die „erste Spur" des Sanktionssystems, die Strafen (zur Legitimation der „zweiten Spur" unten Abschn. 5.1.2).

Die Frage nach dem Sinn und Zweck der Strafe, über die in der Rechtsphilosophie seit der Antike diskutiert wird, muss ihren Ausgangspunkt beim Wesen der Strafe nehmen. Erst wenn Klarheit darüber besteht, was Strafe „ist", kann eine Auseinandersetzung mit der Frage erfolgen, wie diese Strafe theoretisch legitimiert werden kann.

2.1.1 Das Wesen der Strafe

Über das „Wesen" der Strafe kann man nur dann eine Aussage machen, wenn man ein konkretes Sanktionssystem vor Augen hat. In einem System wie dem deutschen, das zwischen Strafen, Maßregeln und sonstigen Maßnahmen differenziert, muss das Wesen der Strafe anders beschrieben werden als in einem Sanktionssystem, das – wie etwa das englische – nur einspurig konstruiert ist und in dem die Strafen auch schuldunabhängige Sicherungsaufgaben übernehmen. Beschränkt man sich dementsprechend auf die im deutschen StGB als „Strafe" bezeichneten Sanktionsformen (§§ 38 bis 60 StGB), so wird die Strafe hier durch zwei Elemente konstituiert: Die Strafe enthält ein dem Täter zwangsweise auferlegtes Übel und sie enthält als

© Springer-Verlag GmbH Deutschland, ein Teil von Springer Nature 2019
B.-D. Meier, *Strafrechtliche Sanktionen*, Springer-Lehrbuch,
https://doi.org/10.1007/978-3-662-59442-1_2

Folge des notwendig vorangegangenen Schuldspruchs ein öffentliches sozialethisches Unwerturteil über die schuldhaft begangene Tat.[1]

Die **Übelszufügung** kann unterschiedlicher Art sein, je nachdem welche Strafart zur Anwendung gebracht wird. Sie kann in der Entziehung der Fortbewegungsfreiheit bestehen (Freiheitsstrafe), in der Abschöpfung von Einkünften (Geldstrafe) oder auch sonstigen Formen der Freiheitsbeschränkung, z. B. in der Beschränkung der Freiheit zum Führen von Kraftfahrzeugen (Fahrverbot). Der Übelscharakter bestimmt sich in all diesen Fällen auch normativ; er ergibt sich aus dem Eingriff in die verfassungsrechtlich verbürgten Freiheitsrechte des Täters. Eine vom Gericht verhängte Strafe trägt dementsprechend auch dann Übelscharakter, wenn sie vom Betroffenen faktisch gar nicht als „Übel", sondern vielleicht sogar als Wohltat empfunden wird. Viel zitiertes Beispiel ist der Obdachlose, der im Herbst eine Straftat begeht, um den Winter in der Justizvollzugsanstalt verbringen zu können.[2] Dieselbe Problematik stellt sich auch bei dem Kraftfahrzeugbesitzer, dem ein Fahrverbot auferlegt wird, der aber über ausreichende Möglichkeiten verfügt, um anstehende Fahrten mit öffentlichen Verkehrsmitteln zu erledigen. Der Umstand, dass der Täter die Strafe nicht als „Übel" empfindet, stellt den Charakter der Sanktion als „Strafe" nicht in Frage. Allerdings kann dieser Umstand bei der Strafzumessung unter dem Gesichtspunkt der Strafempfindlichkeit bedeutsam werden (unten Abschn. 4.7.3).

Dass die Strafe ein dem Täter zwangsweise auferlegtes Übel ist, genügt allein nicht, um sie von anderen Sanktionen abzugrenzen. Auch die Maßregeln, die nach dem OWiG verhängbare Geldbuße, die mit einer Verfahrenseinstellung verbundenen Auflagen und Weisungen und selbst die prozessualen Zwangsmaßnahmen stellen Freiheitsbeschränkungen mit Übelscharakter dar, ohne dass man insoweit rechtlich von „Strafe" sprechen würde. Konstitutiv für das rechtliche Verständnis von Strafe ist daher neben der Übelszufügung das bereits angesprochene zweite Element: das sozialethische Unwerturteil, der öffentliche „Tadel", der mit der Verurteilung und Bestrafung über die vom Täter begangene Tat ausgesprochen wird.[3]

Das **sozialethische Unwerturteil** bringt die symbolischen Wirkungen des Strafrechts zum Tragen: die Ächtung des dem Normbruch zugrunde liegenden Geschehens, die Zuweisung personaler Verantwortung, die Bekundung der Solidarität mit dem Opfer und die autoritative Bekräftigung der Normgeltung (vgl. oben Abschn. 1.1.3). Das Unwerturteil folgt aus dem Schuldspruch, d. h. aus der Verurteilung des Täters, die die notwendige Voraussetzung für die Verhängung von Strafe ist. Es setzt voraus, dass das Geschehen dem Täter personal zugerechnet und zum Vorwurf gemacht werden kann. Das mit der Strafe verbundene Unwerturteil besteht in der die Unschuldsvermutung widerlegenden, persönliche Verantwortung zuweisenden öffentlichen Stigmatisierung des Täterhandelns. In der Schwere der verhängten Strafe drückt sich der Grad der Missbilligung des Geschehens aus.[4]

---

[1] *Schmidhäuser* 2004, 40 ff.; *Jescheck und Weigend* 1996, 65; LK 2006 ff., *Weigend*, Einl. Rn. 63.
[2] *Schmidhäuser* 2004, 44.
[3] *BVerfGE* 120, 224 (240); *Frisch* NStZ 2016, 19 ff.; krit. *Roxin* 2009, 602 ff.
[4] Vertiefend *Kühl* 2005, 153 ff.; *Kühl* 2006, 341 ff.

Damit wird deutlich, worin die Unterschiede zu den anderen Formen der Übelszufügung liegen: Von den Auflagen und Weisungen sowie den prozessualen Zwangsmaßnahmen unterscheidet sich die Strafe darin, dass sie die Verurteilung voraussetzt. Dasselbe gilt im Grundsatz für die Abgrenzung zur Geldbuße, die nach dem
OWiG verhängt werden kann: Die Geldbuße wird nicht nach Durchführung eines
öffentlichen Hauptverfahrens in einem Urteil, sondern nach Durchführung eines
verwaltungsbehördlichen Verfahrens in einem Bußgeldbescheid verhängt (§ 65
OWiG). Von den Maßregeln wiederum unterscheidet sich die Strafe darin, dass die
Strafe die Vorwerfbarkeit des Täterhandelns voraussetzt: Während die Maßregeln
lediglich verlangen, dass eine rechtswidrige Tat begangen worden ist, kann die Verhängung einer Strafe nur dann erfolgen, wenn das Geschehen dem Täter persönlich
vorgeworfen werden kann, d. h. wenn die Voraussetzungen der „Schuld" erfüllt
sind. Deutlich wird auch, dass die Rechtsfolge des „Absehens von Strafe" (z. B.
§§ 46a, 60 StGB) im Sanktionssystem keinen Fremdkörper darstellt: Beim Absehen
von Strafe wird zwar auf das Element der Übelszufügung verzichtet, das im Schuldspruch liegende Element des Unwerturteils wird jedoch beibehalten. Das Absehen
von Strafe ist damit zwar keine „Strafe" im eigentlichen Sinn, wohl aber eine Form
der Reaktion auf die Tat, die im Hinblick auf den mit der Entscheidung notwendig
verbundenen Schuldspruch in der „ersten Spur" des Sanktionssystems systematisch
richtig eingeordnet ist.

Indem die Strafe ein sozialethisches Unwerturteil über das Täterhandeln zum
Ausdruck bringt, kommt ihr eine Bedeutung zu, die über das Verhältnis Täter – Gericht hinausgreift und in den **gesellschaftlichen Kontext** hinein weist. Die Strafe
erlangt eine Bedeutung, die auf Wahrnehmung durch Dritte abzielt, wobei insbesondere die Wahrnehmung durch den Verletzten und sein Umfeld beabsichtigt sind. Die
den „Frieden" wiederherstellende, zur – auch wörtlich zu verstehenden – „Beruhigung" gerade des Verletzten beitragende Wirkung kann nur dann eintreten, wenn die
Strafe in den gesellschaftlichen Raum hinein vermittelt, kommuniziert wird. Rechtlich gewährleistet wird diese Kommunikation durch die Öffentlichkeit der Hauptverhandlung einschließlich der Urteilsverkündung (§ 169 GVG) sowie durch die
Mitteilung des Ausgangs des gerichtlichen Verfahrens gegenüber dem Verletzten
(§ 406d StPO). Es ist insofern nur konsequent, wenn der Strafe in der neueren Literatur auch eine „expressiv-kommunikative" Funktion beigemessen wird.[5]

2.1.2 Die Straftheorien im Überblick

Welchen Sinn hat nun diese sich aus Übelszufügung und öffentlichem sozialethischen
Unwerturteil konstituierende Strafe? Wie lassen sich die Androhung, Verhängung und
Vollstreckung der Strafe theoretisch rechtfertigen? Die Antwort auf diese Fragen liefern
die **Straftheorien**. Unterschieden werden kann dabei zwischen der absoluten und den
relativen Straftheorien (vgl. zum Folgenden Abb. 2.1). Die absolute Straftheorie sieht
die Begründung der Strafe darin, dass mit der Strafe die schuldhaft begangene

---

[5] *Hörnle und von Hirsch* GA 1995, 265 ff.; *Hörnle* 1999, 114 ff.; *Hörnle* 2011, 29 ff.

1. Absolute Straftheorie
   Die Rechtfertigung der Strafe wird abgeleitet aus dem Gebot der
   Gerechtigkeit.
   Strafe ist die Wiederherstellung des Geltungsanspruchs der
   gebrochenen Norm: Vergeltung.

2. Relative Straftheorien
   Die Rechtfertigung der Strafe wird abgeleitet aus der Aufgabe des
   Staates, Straftaten zu verhindern (Prävention).

   a. Theorie der Generalprävention
      Die Strafe dient der Einwirkung auf die *Allgemeinheit* durch
      negativ: Abschreckung
      positiv: Stärkung des Normvertrauens

   b. Theorie der Spezialprävention
      Die Strafe dient der Einwirkung auf den *Täter* durch
      negativ: Abschreckung und Sicherung
      positiv: Befähigung zu einem Leben ohne Straftaten (Resozialisierung)

3. Vereinigungstheorien

Abb. 2.1 Straftheorien

Rechtsverletzung ausgeglichen wird. Als „absolute" Theorie wird sie deshalb bezeichnet, weil sie den Sinn der Strafe abgelöst von jeder sozialen Wirkung allein in der Wiederherstellung von Gerechtigkeit sieht.[6] Die relativen Straftheorien sehen die Legitimation der Strafe demgegenüber gerade in der Herbeiführung derartiger sozialer Wirkungen,
nämlich in der Verhinderung (Prävention) weiterer Taten. Je nachdem, auf welcher
Ebene diese Wirkungen angesiedelt werden, wird dabei weiter zwischen der Generalprävention, d. h. der Einwirkung auf die Allgemeinheit, und der Spezialprävention, der
Einwirkung auf den verurteilten Täter, unterschieden.

Mit Ausschließlichkeitsanspruch werden diese Theorien heute kaum noch vertreten. Durchgesetzt hat sich vielmehr eine Sichtweise, die sich – bei Akzentsetzungen
im Einzelnen – um die Integration der unterschiedlichen Theorieelemente bemüht
(„Vereinigungstheorie"). Gleichwohl ist es sinnvoll, sich zunächst die theoretischen
Ausgangspunkte, ihre Vereinbarkeit mit dem Verfassungsrecht sowie die zu den theoretischen Aussagen jeweils verfügbaren empirischen Befunde zu vergegenwärtigen.

2.2   Absolute Straftheorie

2.2.1   Darstellung

Für die absolute Straftheorie ergibt sich die Rechtfertigung der Strafe aus der begangenen Tat, wegen der die Verurteilung erfolgt. Die Strafe hat die Aufgabe, das

---

[6]Lateinisch ausgedrückt: „poena *absoluta* est ab effectu".

geschehene Unrecht zu vergelten und hierdurch Gerechtigkeit zu üben. **Vergeltung** ist nach der absoluten Theorie nicht gleichzusetzen mit Rache; sie ist die Antwort des Rechts auf das begangene Unrecht. Indem der Staat dem Täter das Strafleid auferlegt, erfährt er **Genugtuung** dafür, dass der Täter der Rechtsordnung Schaden zugefügt hat.[7]

> Maßgeblich geprägt wurde die absolute Straftheorie vom deutschen Idealismus, namentlich von *Kant* und *Hegel*.[8] *Immanuel Kant* (1724–1804) entwickelte die Auffassung, die Strafe dürfe nicht um der Erreichung bestimmter Nützlichkeitszwecke willen verhängt werden, da dies mit der Würde des Menschen nicht vereinbar sei („denn der Mensch kann nie bloß als Mittel zu den Absichten eines anderen gehandhabt und unter die Gegenstände des Sachenrechts gemengt werden, wowider ihn seine angeborne Persönlichkeit schützt"[9]). Die Strafe könne ihre Rechtfertigung allein aus der begangenen Tat beziehen. Das Strafgesetz sei ein kategorischer Imperativ; wer gegen das Gesetz verstoße, müsse um der Gerechtigkeit willen bestraft werden. Gerecht sei die Strafe dann, wenn sie sich am Prinzip der Gleichheit orientiere („Nur das Wiedervergeltungsrecht [ius talionis] … kann die Qualität und Quantität der Strafe bestimmt angeben …"[10]; „Nur dann kann der Verbrecher nicht klagen, dass ihm unrecht geschehe, wenn er seine Übeltat sich selbst über den Hals zieht, und ihm … das widerfährt, was er an anderen verbrochen hat"[11]).
>
> Auch *Georg Wilhelm Friedrich Hegel* (1770–1831) lehnte zur Rechtfertigung der Strafe Nützlichkeitserwägungen ab, wobei er sich insbesondere vom Abschreckungskonzept *Feuerbachs* (unten Abschn. 2.3.1) abgrenzte. Derartige Überlegungen setzten den Menschen nicht als Freien voraus und wollten ihn durch die Vorstellung eines Übels zur Normbefolgung zwingen („Es ist mit der Begründung der Strafe auf diese Weise, als wenn man gegen einen Hund den Stock erhebt, und der Mensch wird nicht nach seiner Ehre und Freiheit, sondern wie ein Hund behandelt"[12]). Die Strafe sei allein deshalb gerechtfertigt, weil die in der Tat liegende Verletzung des Rechts durch die Zufügung eines Übels aufgehoben werden müsse; gegenüber dem „besonderen Willen des Verbrechers" müsse der „an sich seiende Wille" des Gesetzes wiederhergestellt werden. Dies entspreche auch dem „an sich seienden Willen" des Täters, die Strafe sei sein Recht („Die Verletzung, die dem Verbrecher widerfährt, ist nicht nur an sich gerecht …, sondern sie ist auch ein Recht an den Verbrecher selbst …"[13]; „Dass die Strafe darin als sein eigenes Recht enthaltend angesehen wird, darin wird der Verbrecher als Vernünftiges geehrt"[14]).

2.2.2 Würdigung

Aus heutiger Sicht vermag sich aus der absoluten Straftheorie **keine ausreichende Legitimation** der Strafe zu ergeben. Gegen sie sprechen vor allem zwei Überlegun-

---

[7] Vgl. *Binding* 1975, 203 ff., 226 ff. m. w. N.

[8] Krit. zu der nachfolgenden Bezugnahme auf einige plakative „Stellen" aus den Werken von Kant und Hegel: *Zaczyk* 2005, 209 ff.

[9] *Kant* 1982, 453.

[10] *Kant* 1982, 454.

[11] *Kant* 1982, 488.

[12] *Hegel* 1986, 190.

[13] *Hegel* 1986, 190.

[14] *Hegel* 1986, 191.

gen: Zum einen kann die absolute Straftheorie nicht begründen, warum es um der
Verwirklichung der Gerechtigkeit willen gerade der Strafe bedarf. Denkbar ist es
durchaus, dass „Gerechtigkeit" nach einer Tat auch anders geübt – der „Verbrecher"
auch anders „als Vernünftiges geehrt" – werden kann als durch die staatliche Zufügung von Strafleid. So ist es durchaus vorstellbar, dass Gerechtigkeit von Seiten der
staatlichen Organe auch dadurch geübt werden könnte, dass die Voraussetzungen
für eine sozial-konstruktive Verarbeitung des Tatgeschehens geschaffen werden,
etwa indem dem Täter beim Ausgleich mit dem Verletzten und der Wiedergutmachung der Folgen der Tat durch die Bereitstellung geeigneter prozeduraler Rahmenbedingungen oder die Einrichtung staatlich finanzierter Opferfonds die notwendige
Unterstützung gewährt wird.[15] Dass das „Gleichgewicht" zwischen Recht und Unrecht nur durch die Zufügung von neuem Leid wiederhergestellt werden kann, ist
eine in abstraktem Denken verhaftete Vorstellung, die für sich genommen zur
Rechtfertigung der Strafe nicht genügt.

Zum anderen vermag die These nicht zu überzeugen, dass es die Würde und
Freiheit des Menschen verbiete, bei der Sinngebung der Strafe Nützlichkeitserwägungen anzustellen. Der von *Kant* und *Hegel* verfochtenen Straftheorie liegt ein
Menschenbild zugrunde, das dem heutigen Menschenbild nicht mehr entspricht.
Auch der Verfassungsstaat des Grundgesetzes, der der Menschenwürde explizit verpflichtet ist (Art. 1 Abs. 1 GG), geht davon aus, dass der Mensch nicht „zum bloßen
Objekt" gemacht – in den Worten *Kants*: „unter die Gegenstände des Sachenrechts
gemengt" – werden darf.[16] Dies bedeutet indessen nicht, dass soziale Zwecksetzungen mit staatlichen Maßnahmen nicht verfolgt werden dürften. Das Grundgesetz
sieht den Menschen als eigenverantwortliche Persönlichkeit, die sich *innerhalb der
sozialen Gemeinschaft* frei entfaltet.[17] Staatliche Maßnahmen, die der Gestaltung
des sozialen Zusammenlebens dienen, sind deshalb zulässig, wenn und soweit sie
verfassungslegitimen Zwecken dienen, den Anforderungen des Verhältnismäßigkeitsprinzips entsprechen und den Kernbereich der Persönlichkeit unberührt lassen.
„Nützlichkeitserwägungen" bei der Strafverhängung sind damit jedoch nicht nur
prinzipiell erlaubt. Aus den Freiheitsrechten des Einzelnen und der Menschenwür-
degarantie folgt vielmehr, dass freiheitsbeschränkende Maßnahmen verfassungsrechtlich *nur* über die Gemeinschaftsgebundenheit des Menschen begründet und
legitimiert werden können. Strafende Eingriffe in seine Freiheit braucht der Täter –
genau entgegengesetzt der idealistischen Rechtsphilosophie – *nur* dann hinzunehmen, wenn mit der Strafe „Nützlichkeitserwägungen" im Sinne verfassungslegiti-
mer Zwecke verfolgt werden; fehlen sie, wird der Eingriff zu einer Maßnahme, die
die Freiheit rechtswidrig verletzt. Strafe kann niemals Selbstzweck sein, sagt das
BVerfG.[18] Erst die mit der Strafe verbundene Folgenorientierung lässt den Eingriff

---

[15] Zur Ersetzung des „Prinzips Gegenschlag" durch das „Prinzip Verantwortung" vgl. etwa *Rössner*
1989, 17 ff.

[16] *BVerfGE* 27, 1 (6); 45, 187 (228); 72, 105 (115 f.).

[17] *BVerfGE* 4, 7 (15 f.); 32, 98 (107 f.).

[18] *BVerfGE* 39, 1 (46); 72, 105 (114).

zu einem mit dem Menschenbild des Grundgesetzes vereinbaren Vorgehen der staatlichen Organe werden.

Die absolute Straftheorie als Grundlage für die Rechtfertigung der Strafe abzulehnen, bedeutet auf der anderen Seite nicht, dass die Theorie in allen ihren Elementen zu verwerfen wäre. Dies gilt insbesondere für die **Idee der Gerechtigkeit**, auf die sich *Kant* und *Hegel* berufen. Die gegen den Täter verhängte Strafe darf nicht ungerecht sein, auch und gerade im Verfassungsstaat des Grundgesetzes nicht. Die Gerechtigkeit kann jedoch als lediglich abstrakte Wertorientierung nicht zur **Begründung** der Strafe, sondern nur zu ihrer **Begrenzung** herangezogen werden. Wenn und soweit gegen den Täter eine Strafe verhängt wird – wie auch immer sie im Einzelnen legitimiert werden mag –, muss die Schwere der Strafe zur Schwere der Tat und der Schuld des Täters in einem gerechten Verhältnis stehen.[19] Der von der absoluten Theorie thematisierte Gesichtspunkt des Verhältnisses von Tat und Strafe („… damit jedermann das widerfahre, was seine Taten wert sind"[20]) verdient daher weiterhin Beachtung. Im Geltungsbereich des Grundgesetzes (vgl. Art. 102 GG: Verbot der Todesstrafe) und der EMRK (Art. 3 EMRK: Verbot unmenschlicher oder erniedrigender Strafen) hilft dabei zwar der Hinweis *Kants* auf das Talionsprinzip nicht weiter, wohl aber der Hinweis *Hegels* auf die *Wertgleichheit* von Tat und Strafe („die Gleichheit bleibt nur die Grundregel für das Wesentliche, was der Verbrecher verdient hat, aber nicht für die äußere spezifische Gestalt dieses Lohns"[21]).

2.3 Relative Straftheorie

Im Gegensatz zur absoluten Theorie ergibt sich die Rechtfertigung der Strafe für die relativen Theorien aus den sozial nützlichen Zwecken, die mit der Strafe verfolgt werden: Die Strafe rechtfertigt sich aus der Aufgabe, weiteren Normbrüchen entgegenzuwirken und das damit verbundene weitere Leid zu verhindern (**Prävention**). Erstmals ausformuliert wurde der Grundgedanke der relativen Straftheorien in der Aufklärung, namentlich von *Cesare Beccaria* (1738–1794). Schon *Beccaria* unterschied dabei zwischen den zwei möglichen Wirkungsebenen der Strafe: der Einwirkung auf den Täter und der Einwirkung auf die Allgemeinheit („Der Zweck der Strafe kann somit kein anderer als der sein, den Schuldigen daran zu hindern, seinen Mitbürgern abermals Schaden zuzufügen, und die anderen davon abzuhalten, das gleiche zu tun"[22]). Während die erste Wirkungsrichtung heute mit dem Begriff der Individual- bzw. (gebräuchlicher) Spezialprävention bezeichnet wird, hat sich für die zweite Wirkungsrichtung der Begriff der Generalprävention durchgesetzt.

---

[19] *BVerfGE* 45, 187 (228); 50, 205 (215); 90, 145 (173).
[20] *Kant* 1982, 455.
[21] *Hegel* 1986, 194.
[22] *Beccaria* 1988, 84.

2.3.1 Theorie der Generalprävention

2.3.1.1 Darstellung

Die Theorie der Generalprävention siedelt die präventiven Wirkungen auf der Ebene der **Allgemeinheit** an: Durch die Androhung, Verhängung und Vollstreckung der Strafe soll die Allgemeinheit von weiteren Taten abgehalten werden.

> In der historischen Entwicklung verbindet sich die Theorie der Generalprävention vor allem mit dem Namen *Paul Johann Anselm v. Feuerbach* (1775–1833). Anknüpfend an die in der Aufklärung entwickelte These, dass der Entstehungsgrund von Straftaten in der Sinnlichkeit und dem Streben nach Eigennutz zu sehen sei, rechtfertigte *v. Feuerbach* die Strafe mit ihrer Funktion, dem sinnlichen Antrieb zur Tat einen „psychologischen Zwang" entgegenzusetzen: Der Täter müsse schon vor der Tat wissen, dass die Tat mit einem Übel geahndet werde, dann werde er als ein mit Vernunft ausgestatteter Mensch die Tat unterlassen („Alle Übertretungen haben ihren psychologischen Entstehungsgrund in der Sinnlichkeit ... Dieser sinnliche Antrieb kann dadurch aufgehoben werden, dass Jeder weiss, auf seine That werde unausbleiblich ein Uebel folgen, welches grösser ist, als die Unlust, die aus dem nicht befriedigten Antrieb zur That entspringt"[23]). Der Zweck ergab sich für *v. Feuerbach* damit bereits aus der bloßen Androhung der Strafe im Gesetz; die Verhängung und Vollstreckung dienten ihm lediglich der Glaubhaftmachung der Drohung („Der Zweck der Androhung der Strafe im Gesetz ist Abschreckung Aller ... Der Zweck der Zufügung derselben ist die Begründung der Wirksamkeit der gesetzlichen Drohung, inwiefern ohne sie diese Drohung leer ... sein würde"[24]).

V. Feuerbachs Überlegungen werden heute meist als **„negative" Generalprävention** (Abschreckungsgeneralprävention) bezeichnet. Damit ist indessen nur eine mögliche Form der Einwirkung auf die Allgemeinheit umschrieben. Einen anderen Ansatzpunkt bildet die **„positive" Generalprävention** („Integrationsprävention"): Durch die Strafe soll gegenüber der Allgemeinheit auch die Normgeltung bestätigt werden.[25] Die Strafe soll zeigen, dass sich das Recht gegenüber dem vom Täter begangenen Unrecht durchsetzt; sie soll gegenüber der Allgemeinheit die „Unverbrüchlichkeit des Rechts" demonstrieren.[26] Die Rechtfertigung ergibt sich damit aus der Verdeutlichungsfunktion der Strafe gegenüber der Allgemeinheit. Die Verbindungslinien zu der in der neueren Literatur thematisierten „expressiv-kommunikativen" Funktion der Strafe (oben Abschn. 2.1.1) liegen dabei auf der Hand.[27]

Dass es sich bei der „positiven" Funktionsbestimmung der Strafe nicht um eine Variante der absoluten Theorie, sondern um einen präventiven Ansatz handelt,[28]

---

[23] *v. Feuerbach* 1847, 38.

[24] *v. Feuerbach* 1847, 39.

[25] Zu den verschiedenen Spielarten der positiven Generalprävention genauer *Hassemer* 1998, 29 ff.

[26] *BGHSt* 24, 40 (44) zum Begriff der „Verteidigung der Rechtsordnung" in § 56 Abs. 3 StGB; vgl. auch *BVerfGE* 45, 187 (256); 64, 261 (271).

[27] Vgl. *Baurmann* GA 1994, 378 f., 383 f.; *Hörnle und von Hirsch* GA 1995, 266, 278; *Hörnle* 2011, 31.

[28] Anders *Hassemer* 1990, 328; NK 2017, *Hassemer und Neumann*, Vor § 1 Rn. 295 („keine relative Straftheorie klassischer Observanz"); krit. auch *Pawlik* 2004, 222 ff.

wird daran deutlich, dass die Bestätigung der Normgeltung nicht um ihrer selbst oder der Gerechtigkeit willen erfolgen soll, sondern um „Orientierungsmuster für den sozialen Kontakt",[29] d. h. Verhaltenssicherheit zu bieten und damit die Voraussetzungen des gesellschaftlichen Zusammenlebens zu gewährleisten. Durch die Demonstration der Unverbrüchlichkeit des Rechts soll künftigen ähnlichen Rechtsverletzungen potenzieller Täter vorgebeugt werden.[30] Mit besonderer Deutlichkeit tritt dieser präventive Charakter der Theorie bei denjenigen Autoren hervor, die die verhaltenssteuernde Wirkung der Strafe mit einzelnen Effekten umschreiben. So unterscheidet etwa *Jakobs* zwischen der „Einübung in Normvertrauen", der „Einübung in Rechtstreue" und der „Einübung in die Akzeptation der Konsequenzen".[31] Und *Roxin*, der selbst kein Vertreter dieser Theorie ist, unterscheidet zwischen dem sozialpädagogisch motivierten „Lerneffekt", der durch die Tätigkeit der Strafjustiz hervorgerufen werde; dem „Vertrauenseffekt", der sich ergebe, wenn der Bürger sehe, dass sich das Recht durchsetze; und dem „Befriedungseffekt", der sich einstelle, wenn sich das allgemeine Rechtsbewusstsein aufgrund der Sanktion über den Rechtsbruch beruhige und den Konflikt mit dem Täter als erledigt ansehe.[32]

2.3.1.2 Würdigung

Die Theorie der Generalprävention hat heute vor allem in ihrer positiven Spielart zahlreiche Anhänger. Hierfür dürfte mit entscheidend sein, dass die vom Gesetzgeber an verschiedenen Stellen verwendete Formulierung **„Verteidigung der Rechtsordnung"** (§§ 47 Abs. 1, 56 Abs. 3, 59 Abs. 1 Satz 1 Nr. 3 StGB) nach der von der Rechtsprechung gefundenen Auslegung[33] allgemein als Hinweis auf den Strafzweck der positiven Generalprävention verstanden wird. Die Theorie der positiven Generalprävention hat darüber hinaus den Vorteil, dass sie die Integration der sozialwissenschaftlichen Überlegungen zur Funktion der sozialen Kontrolle ermöglicht: Indem die Strafe mit der Aufgabe gerechtfertigt wird, um der Aufrechterhaltung der Normgeltung willen den Rechtsbruch nicht reaktionslos hinzunehmen, wird der Strafe dieselbe Aufgabe zugewiesen, die auch anderen Instrumenten der formellen oder informellen Sozialkontrolle zukommt (oben Abschn. 1.1).[34] Aber auch die Theorie der negativen Generalprävention kann darauf verweisen, dass sie Überlegungen aus anderen Wissenschaftsbereichen aufgreift: So kommt es etwa für die modernen ökonomischen Kriminalitätstheorien wesentlich darauf an, wie hoch die für eine Tat zu erwartende Strafart, Strafhöhe und Strafgewissheit sind; für die ökonomischen Kriminalitätstheorien steigt die Wahrscheinlichkeit normabweichenden Verhaltens dann an, wenn der potenzielle Täter in der Normverletzung unter

---

[29] So etwa *Jakobs* 1991, 1. Abschn Rn. 11.

[30] Vgl. *BGHSt* 24, 40 (44).

[31] *Jakobs* 1991, 1. Abschn Rn. 15.

[32] *Roxin* 2006, § 3 Rn. 27.

[33] Vgl. *BGHSt* 24, 40 (44 ff.), 64 (66 f.).

[34] Vgl. *Hassemer* 1990, 316 ff., 324 ff.; NK 2017, *Hassemer und Neumann*, Vor § 1 Rn. 289 f.; weiterführend Baurmann GA 1994, 373 ff.; kritisch Bock JuS 1994, 96 f.

Kosten-Nutzen-Aspekten die günstigere Verhaltensalternative sieht.[35] Nicht von un-
gefähr wird dem Abschreckungsgedanken daher auf der europäischen Ebene bspw.
bei der Bekämpfung von Betrug zum Nachteil der EU zentrale Bedeutung beigemessen (vgl. Art. 325 Abs. 1 AEUV).[36]

Ungeachtet ihrer (gegenwärtigen) Popularität ist allerdings auch die Theorie der
Generalprävention **Einwänden** ausgesetzt. Der Haupteinwand geht dahin, dass die
Theorie über *keinen* inhaltlichen *Maßstab zur Begrenzung der Strafe* verfügt. Zwar
kann sie, namentlich in ihrer positiven Variante, begründen, warum überhaupt gestraft werden muss: Die Strafe hat die Aufgabe, um des Schutzes bestimmter
Rechtsgüter willen die Normgeltung zu bekräftigen und die Allgemeinheit von weiteren Taten abzuhalten. Anders als die absolute Theorie, die insoweit auf die Gerechtigkeit und das Prinzip der (Wert-) Gleichheit von Strafe und Tat verweisen
kann, kann die Theorie der Generalprävention jedoch nicht erklären, warum auf
leichte Delikte mit geringen und auf schwere Delikte mit harten Strafen reagiert
werden soll. Um die Allgemeinheit abzuschrecken oder die Unverbrüchlichkeit des
Rechts zu demonstrieren, ist grundsätzlich jede Strafe gleichermaßen geeignet; theoretische Aussagen darüber, dass ein bestimmtes Strafmaß zur Erreichung dieser
Effekte erforderlich sei, aber auch genüge, fehlen. Die Theorie der Generalprävention begünstigt damit eine Form von Kriminalpolitik, die begangene Rechtsverletzungen als Indikator dafür nimmt, dass bisherige Strafen nicht ausgereicht hätten,
um eine effektive generalpräventive Wirkung zu entfalten, und die ihr Heil in härteren Strafen sucht („viel hilft viel"). In der theoretischen Diskussion leitet sich hieraus der Einwand ab, dass die Theorie der Generalprävention die Überschätzung des
Maßes dessen fördere, was zur Normstabilisierung notwendig sei, und die deshalb
die Gefahr des staatlichen Terrors in sich berge.[37] Namentlich die negative Variante
der Generalprävention leidet zudem unter dem Manko, dass sich der von ihr be-
hauptete Wirkungsmechanismus in der empirischen Sanktionsforschung bislang
noch nicht mit der erwarteten Deutlichkeit bestätigt: Die empirischen Belege für
die Abschreckungswirkung der Strafe sind bislang eher gering (dazu unten
Abschn. 2.3.3.1).

2.3.2 Theorie der Spezialprävention

2.3.2.1 Darstellung
Die Theorie der Spezialprävention siedelt die präventiven, die Strafe rechtfertigen-
den Wirkungen beim **Täter** an: Durch die Strafe, namentlich durch die für den
Verurteilten unmittelbar erfahrbaren Konsequenzen der vollstreckten Strafe, soll der
Täter von weiteren Taten abgehalten werden.

---

[35] Vgl. *Otto* 1982, 3 ff.; *Frank* KrimJ 1987, 55 ff.; *Baurmann* GA 1994, 371 ff.
[36] *Frisch* GA 2009, 401 ff.
[37] *Roxin* 2006, § 3 Rn. 32; *Jescheck und Weigend* 1996, 75; *Hassemer* 1990, 310.

In der historischen Entwicklung war es in Deutschland vor allem *Franz von Liszt* (1851–1919), der erstmals dafür eintrat, die individualpräventiven Wirkungen der Strafe in den Blick zu nehmen und nur solche Strafen zu verhängen, die zum Schutz der betroffenen Rechtsgüter notwendig seien („Nur die notwendige Strafe ist gerecht. ... Der Zweckgedanke ... verlangt Anpassung des Mittels an den Zweck und möglichste Sparsamkeit in seiner Verwendung"[38]). Anknüpfend an die sich in der 2. Hälfte des 19. Jhdts. entwickelnden Ansätze zur empirischen Erforschung des Verbrechens und seiner Ursachen (Positivismus) forderte *v. Liszt* im „Marburger Programm" (1882), das Verbrechen als soziale Erscheinung zu begreifen und auch der Strafe eine soziale Funktion zu geben. *v. Liszt* erkannte in der Strafe drei unterschiedliche Wirkungen: Sie sei geeignet, die altruistischen, sozialen Motive des Täters zu stärken und ihn zu bessern; sie könne die egoistischen Motive kräftigen und ihn abschrecken; und sie könne den Täter vorübergehend oder dauernd aus der Gesellschaft ausschließen und ihn damit unschädlich machen („Besserung, Abschreckung, Unschädlichmachung: das sind… die unmittelbaren Wirkungen der Strafe; die in ihr liegenden Triebkräfte, durch welche sie den Schutz der Rechtsgüter bewirkt"[39]). Diesen drei Hauptwirkungen der Strafe ordnete *v. Liszt* drei nach präventiven Gesichtspunkten unterschiedene Kategorien von Verurteilten zu („Besserung der besserungsfähigen und besserungsbedürftigen Verbrecher; Abschreckung der nicht besserungsbedürftigen Verbrecher; Unschädlichmachung der nicht besserungsfähigen Verbrecher[40]). Auch wenn die Kategorienbildung eher auf Plausibilitätserwägungen als auf empirisch validierten Zuordnungskriterien beruhte,[41] konnte *v. Liszt* damit einen methodischen Hinweis darauf liefern, nach welchen Gesichtspunkten bei der Strafbemessung zu verfahren sei.

Ebenso wie bei der Generalprävention wird heute auch bei der Spezialprävention meist zwischen „negativen" und „positiven" Wirkungen unterschieden. Als **„negative" Spezialprävention** werden die *Abschreckung* und – als zusätzliches Element ohne Entsprechung bei der Generalprävention – die sichernde, weitere Straftaten durch *unmittelbaren Zwang* verhindernde Einwirkung auf den Täter („Unschädlichmachung" in der Terminologie *v. Liszts*), als **„positive" Spezialprävention** die auf sozialpädagogische *Befähigung zu einem Leben ohne Straftaten* abzielende Einwirkung („Besserung" im Sinne *v. Liszts*) bezeichnet.

Im Einzelnen geht terminologisch vieles durcheinander. So lässt sich feststellen, dass der Sicherungsaspekt der Strafe gelegentlich mit dem aus der anglo-amerikanischen Diskussion stammenden Begriff der „incapacitation"[42] gleichgesetzt wird. Der Bedeutungsgehalt wird hierdurch reduziert, denn „incapacitation" bezieht sich lediglich auf die „Unschädlichmachung" durch freiheitsentziehende Maßnahmen (in Deutschland etwa auf die Sicherungsverwahrung, § 66 StGB), während sich der Sicherungsaspekt der Strafe auch auf andere Formen der Verhinderung weiterer Taten durch unmittelbaren Zwang bezieht, etwa auf das Fahrverbot (§ 44 StGB), durch das der Verurteilte vorübergehend von der Teilnahme am Straßenverkehr ausgeschlossen wird.

Die „positive Spezialprävention " wird im Schrifttum in der Regel mit „Resozialisierung" gleichgesetzt, zum Teil wird auch von „Wiedereingliederung" oder – wiederum in Anlehnung an die anglo-amerikanische Terminologie – von „Rehabilitation" gesprochen. Auch insoweit wird die Bedeutung verkürzt, da sie auf die spezifische Perspektive des Straf-

---

[38] *v. Liszt* 1905, 161.

[39] *v. Liszt* 1905, 164.

[40] *v. Liszt* 1905, 166.

[41] Vgl. *Schöch* ZStW 94 (1982), 870 („scheinrationalistische Konstruktion").

[42] Vgl. dazu etwa *von Hirsch und Ashworth* 1998, 88 ff.

vollzugs und die innerhalb des Strafvollzugs unternommenen Behandlungsmaßnahmen zugeschnitten wird. Erfasst wird mit der „positiven Spezialprävention" indessen auch die Gesamtheit der Bemühungen, die außerhalb des Strafvollzugs unternommen werden, um den
Verurteilten zu einem Leben ohne Straftaten zu befähigen. Auch die Weisungen, die einem
Verurteilten erteilt werden, wenn die Vollstreckung der Freiheitsstrafe zur Bewährung ausgesetzt wird (§ 56c StGB), oder die Unterstellung unter die Aufsicht und Leitung eines Bewährungshelfers (§ 56d StGB) sind Maßnahmen der „positiven Spezialprävention".

2.3.2.2 Würdigung

Die Theorie der Spezialprävention hat die **Kriminalpolitik des 20. Jhdts. maßgeblich geprägt**. Die Abschichtung des Jugendstrafrechts vom allgemeinen Strafrecht
durch das Jugendgerichtsgesetz von 1923, die Ausdifferenzierung von Strafen und
Maßregeln durch das Gewohnheitsverbrechergesetz von 1933 (vgl. dazu unten
Abschn. 5.1.1), die Einführung der Strafaussetzung zur Bewährung und der Reststrafenaussetzung durch das 3. StrÄndG von 1953, die Strafrechtsreformgesetze
von 1969/1974 sowie das Strafvollzugsgesetz von 1976 sind Reformwerke, die in
der Tradition *Franz v. Liszt* s stehen und ein primär spezialpräventives Anliegen
verfolgen.[43] Dennoch genießt die Theorie der Spezialprävention heute kein großes
Ansehen mehr. Was sind hierfür die Gründe?

Gegen die Theorie der Spezialprävention lassen sich zunächst verschiedene **theoretische Einwände** erheben. Anders als die Theorie der Generalprävention, der es
vor allem um den Schutz der Normen geht, verfügt der spezialpräventive Ansatz seit
v. Liszt über einen klaren inhaltlichen Maßstab für die Strafbemessung: die Notwendigkeit zum Schutz der betroffenen Rechtsgüter („nur die notwendige Strafe ist
gerecht"). Die beiden ersten Einwände gegen die Theorie entzünden sich an diesem
Maßstab.[44]

Zum einen lässt sich einwenden, dass der Maßstab nach oben hin keine Grenze
aufweist: Mit der Notwendigkeit lassen sich grundsätzlich alle Strafen rechtfertigen
bis hin zur „Unschädlichmachung" des Täters im Sinne der physischen Vernichtung.[45] Die Unvereinbarkeit mit den Gerechtigkeitsvorstellungen des deutschen Ide-
alismus, wonach zwischen der Schwere der Strafe und Schwere der Tat bzw. Schuld
ein angemessenes Verhältnis bestehen muss („damit jedermann das widerfahre, was
seine Taten wert sind"), ist offensichtlich. Die in der Konsequenz des *v. Liszt'schen*
Ansatzes liegende unbestimmte Freiheitsstrafe, die es im deutschen Jugendstrafrecht (§ 19 JGG) bis 1990 und über viele Jahrzehnte hinweg bspw. auch im US-
amerikanischen Strafrecht[46] gab, steht zu derartigen idealistischen, auch im Rechtsstaatsprinzip verwurzelten Grundsätzen im offenen Widerspruch. Auch die nur
spezialpräventiv zu rechtfertigende Sicherungsverwahrung (§ 66 StGB), die heute
noch in Deutschland für gefährliche Straftäter die lebenslange Entziehung der Freiheit erlaubt, ist mit derartigen Gerechtigkeitsvorstellungen nicht vereinbar und lässt

---

[43] Zur Wirkungsgeschichte *Naucke* ZStW 94 (1982), 525 ff.

[44] Zum Folgenden *Roxin* 2006, § 3 Rn. 16 ff.; *Jescheck und Weigend* 1996, 75; *Hassemer* 1990,
291.

[45] Vgl. *Naucke* ZStW 94 (1982), 547 f.

[46] Vgl. *Weigend* ZStW 90 (1978), 1114 ff.; *Weigend* ZStW 94 (1982), 805 ff.

sich theoretisch nur mit dem Hinweis darauf rechtfertigen, dass es sich hierbei eben nicht um eine „Strafe", sondern um eine „Maßregel" handele.

Zum zweiten lässt sich einwenden, dass der spezialpräventive Ansatz insofern inkonsequent ist, als er die Fallkonstellation der „nicht notwendigen Strafe" nicht anerkennt. Auch bei der Täterkategorie der „nicht besserungsbedürftigen" Täter hält *v. Liszt* eine Strafe grundsätzlich für notwendig, um die Täter durch einen „Denkzettel" zu warnen und abzuschrecken, und zwar auch dann, wenn die Gefahr weiterer Taten nur gering ist. Die Strafe hier mit der Notwendigkeit zur Verhinderung weiterer Taten gerade des Verurteilten zu begründen, ist jedoch nicht möglich. In Wahrheit ist es wohl eher der absolute Begründungsansatz, den *v. Liszt* im Sinn hat, wenn er die Notwendigkeit der Strafe auch für die „nicht Besserungsbedürftigen" begründet („Hier soll die Strafe … die Autorität des übertretenen Gesetzes herstellen"[47]).

Speziell gegen den Aspekt der „Besserung " lässt sich darüber hinaus zum dritten einwenden, dass die Menschenwürde gegenüber einer „Zwangserziehung" von Erwachsenen rechtliche Grenzen setzt: Der Staat hat nicht das Recht, seinen Bürgern die Freiheit zu entziehen, nur um sie zu „bessern", solange sie weder sich selbst noch andere gefährden.[48] Selbst wenn unter dem Gesichtspunkt, dass dies der Verhinderung weiterer Straftaten diene, eine „Zwangserziehung" im Einzelfall rechtlich zulässig sein mag, darf sie den unantastbaren Persönlichkeitskern des Verurteilten nicht berühren. Im Verfassungsstaat des Grundgesetzes bricht sich der Resozialisierungsgedanke an dem mit der absoluten Theorie verknüpften Verbot, den Einzelnen „unter die Gegenstände des Sachenrechts" zu mengen.

Der Hauptgrund für den Ansehensverlust der spezialpräventiven Theorie liegt indessen nicht in ihrer theoretischen Schwäche, sondern darin, dass sich das von ihr postulierte Wirkungsmodell, wonach durch die Strafe weitere Taten verhindert werden können, in der empirischen Forschung nicht mit der erwarteten Eindeutigkeit bestätigt hat. Dies lenkt den Blick auf die Ergebnisse der empirisch-kriminologischen Sanktionsforschung.

2.3.3   Die Ergebnisse der kriminologischen Sanktionsforschung

2.3.3.1 Generalpräventionsforschung

Kriminologische Untersuchungen zu der Frage, ob und inwieweit die Aussagen der Theorie der Generalprävention , also der Einwirkung auf die Allgemeinheit, bestätigt werden können, haben bislang vor allem in zwei Formen stattgefunden: durch Vergleich von offiziell ermittelten Kriminalitätsraten mit bestimmten Verfolgungs- und Sanktionierungsstrategien, die weitgehend ebenfalls anhand der offiziellen Statistiken über Ermittlungs- und Verurteilungsziffern sowie die Schwere der verhängten Strafen operationalisiert wurden („Makroebene" der Abschreckung), sowie durch Untersuchungen im individuellen Bereich, die subjektive Annahmen über die Wahrscheinlichkeit und Schwere der Bestrafung mit der Häufigkeit von Deliktsbe-

---

[47] *v. Liszt* 1905, 172.
[48] *BVerfGE* 22, 180 (219 f.).

gehungen in Beziehung gesetzt haben („Mikroebene" der Abschreckung). In der jüngeren Zeit treten erste Überlegungen zur empirischen Erforschung der positiven Seite der Generalprävention hinzu.

In der ersten Gruppe sind vor allem die schon etwas älteren Untersuchungen zur **abschreckenden Wirkung der Todesstrafe** bei Tötungsdelikten bedeutsam gewesen. Obwohl die Befunde hier zum Teil nicht ganz konsistent waren, haben sie überwiegend zu dem Ergebnis geführt, dass ein Zusammenhang zwischen der Schwere der Sanktionspraxis in einem Bezugsgebiet, z. B. der Vollstreckung der Todesstrafe, und dem Kriminalitätsaufkommen *nicht* nachgewiesen werden konnte.[49] Ein Zusammenhang wurde jedoch festgestellt zwischen der Entwicklung der Kriminalitätsrate und der *Entdeckungs-/Bestrafungswahrscheinlichkeit* in dem betreffenden Gebiet. Auch neuere Untersuchungen, die die Strafverfolgungspraxis auf Aggregatdatenebene unabhängig von der Todesstrafe zur Kriminalitätsbelastung in Beziehung setzen, zeigen, dass es für die Abschreckungswirkung in erster Linie auf die *Verurteilungswahrscheinlichkeit* ankommt.[50] Entgegen einer weit verbreiteten Vorstellung, dass die Strafe vor allem dann abschreckend wirkt, wenn sie der Tat auf dem Fuße folgt, gibt es im Übrigen Hinweise darauf, dass auch die Schnelligkeit der Reaktion *keinen* nachweisbaren Einfluss auf die Kriminalitätsrate hat.[51]

Die Forschungsergebnisse zur „Mikroebene" der Abschreckung, also dem **Zusammenhang zwischen** der subjektiven **Sanktionserwartung und** dem selbst berichtetem **Legalverhalten**, lassen sich wie folgt zusammenfassen: Die Art und die objektiv erhobene Schwere der Sanktion haben auch in diesen Untersuchungen *keinen* Einfluss auf die (Nicht-) Begehung von Straftaten; unter den Strafvariablen geht lediglich vom *Entdeckungsrisiko* sowie von der *subjektiv empfundenen Strafschwere* ein gewisser Abschreckungseffekt aus. Größere Bedeutung als den Strafvariablen kommt der *moralischen Verbindlichkeit der Norm* und den *informellen Reaktionen* im Umfeld des Täters zu: Je verwerflicher die Tat eingestuft wird und je stärker die von Freunden und Bekannten, aber z. B. auch die von der Mutter erwartete Missbilligung ist, desto größer ist die Wahrscheinlichkeit, dass die Tat nicht begangen wird.[52] Diese Feststellungen gelten sowohl für das allgemeine als auch für das Jugendstrafrecht.[53]

Welche **Schlussfolgerungen** lassen sich aus diesen Ergebnissen ziehen? Die Ergebnisse machen zunächst deutlich, dass die Abschreckungswirkung harter Strafen *nicht überschätzt* werden darf.[54] Der Nachweis für die These „viel hilft viel" ist bislang nicht erbracht; die Abschreckungswirkung nimmt nicht zu, wenn härter

---

[49] Grundlegend *Sellin* 1959, 19 ff.; in Deutschland *Exner* MschrKrim 20 (1929), 10 ff.; kritisch demgegenüber *Ehrlich* American Economic Review 65 (1975), 397 ff.; zusammenfassend *Kovandzic et al.* 2009, 803 ff.; *Hermann* 2010, 791 ff.; *Folter* 2014.

[50] *Entorf und Spengler* MschrKrim 88 (2005), 313 ff.; *Dölling et al.* 2009, 209 ff.; *Spirgath* 2013.

[51] *Bliesener und Thomas* ZJJ 2012, 382 ff. (zum Jugendstrafrecht).

[52] *Dölling* 1983, 59 ff.; *Schöch* 1985, 1098 ff.; *Dölling et al.* 2009, 215 ff.

[53] *Schumann et al.* 1987, 34 ff.; *Schumann* 1989, 159 ff.

[54] Vertiefend *Kury* Soziale Probleme 2013, 11 ff.

gestraft wird.[55] Unter den Strafvariablen kommt augenscheinlich allein der Entde-
ckungs- bzw. Bestrafungswahrscheinlichkeit Einfluss zu. Im Übrigen scheint es weniger die von der staatlichen Strafverfolgung ausgehende Abschreckungswirkung
als vor allem die innere Bindung an die Norm sowie der von den erwarteten informellen Sanktionen ausgehende Druck zu sein, der die Sanktionsadressaten zu
normkonformem Verhalten motiviert. Auf der anderen Seite bieten die Ergebnisse
keinen Anlass zu der Annahme, dass Strafen *überhaupt nicht* abschreckend wirken.
Hiergegen sprechen die Befunde, dass sowohl das Entdeckungsrisiko als auch die
subjektiv empfundene Strafschwere in gewissem Rahmen Abschreckungseffekte
entfalten; beide Umstände beziehen ihre Wirkung vermutlich vor allem daraus, dass
die hinter ihnen stehende Strafe mit Übelszufügung und öffentlicher Stigmatisierung verbunden ist.

Versucht man die Ergebnisse einzuordnen ist die Interpretation naheliegend, dass
die geringen und eher indirekten Abschreckungseffekte, die sich bisher in den meisten Untersuchungen gezeigt haben, darauf zurückzuführen sind, dass die strafrechtlichen Sanktionen nicht bei allen Adressaten in der gleichen Weise wirken, die wesentlichen **Randbedingungen der Abschreckungswirkung** aber erst unzureichend
erfasst sind. So gibt es Hinweise darauf, dass die *Fähigkeit zur Selbstkontrolle* von
Bedeutung ist: Der Abschreckungseffekt der Strafe ist vor allem bei solchen Adressaten nachweisbar, die bei einer hohen Bereitschaft zur Begehung von Straftaten
nur über ein geringes Maß an Selbstkontrolle verfügen.[56] Auch Erfahrungswerte
scheinen eine Rolle zu spielen, allerdings anders als es sich die generalpräventive
Theorie erhofft: Kriminalitätserfahrene Personen schätzen die Entdeckungs- und
auch die Sanktionierungswahrscheinlichkeit geringer – aus empirischer Sicht: rea-
listischer – ein als Personen, die noch keine Straftaten verübt haben.[57] Neben den
adressatenbezogenen Unterschieden scheint die *Schwere der Taten* eine Rolle zu
spielen; je leichter die Delikte sind, im Hinblick auf die die Begehungswahrschein-
lichkeit erfragt wird, desto größer scheint die Bedeutung der formellen Sanktionen
zu sein, während bei den schweren Delikten der Einfluss der inneren Normbindung
überwiegt.[58] Aber auch für leichte Delikte wie den Ladendiebstahl scheint zu gelten,
dass es auf Abschreckungseffekte nur dann ankommt, wenn die Normakzeptanz
gering ist, d. h. wenn der „moralische Kompass" versagt.[59] Die staatlichen Strafen
entfalten ihre Abschreckungswirkung danach offenbar in einem relativ eng begrenzten Bereich von handlungsleitenden Faktoren, über deren genaue Zusammenset-
zung in der Sanktionsforschung erst wenig bekannt ist.[60] Die bislang vorliegenden
Befunde mahnen deshalb zu Vorsicht und Zurückhaltung im Umgang mit den der
Theorie der Generalprävention zugrunde liegende Annahmen. Alltagstheoretisch ist
die Abschreckungshypothese zwar *hochplausibel* (und wird deshalb sowohl in der

---

[55] Zur nicht-linearen Wirkung der Strafschwere genauer *Killias* 2012, 652 ff.

[56] *Wright et al.* Journal of Research in Crime and Delinquency 41 (2004), 180 ff.

[57] *Seddig, Hirtenlehner & Reinecke* KZfSS 2017, 260 ff.

[58] *Dölling und Hermann* 2003, 157 ff.

[59] *Hirtenlehner et al.* MschrKrim 96 (2013), 293 ff., 308.

[60] *Dölling et al.* 2007, 648.

praktischen Kriminalpolitik als auch in der Justizpraxis gerne zur Begründung harter Sanktionen herangezogen). Die empirische Befundlage lässt derzeit aber noch viele Fragen offen.

Mit den genannten Befunden ist im Übrigen lediglich die negative Generalprävention angesprochen; über die **positive Generalprävention**, also über die Bedeutung der Strafe für das allgemeine Vertrauen in die Gültigkeit der Normen und die Durchsetzungskraft des Rechts, ist damit noch nichts gesagt. Die positive Generalprävention entzieht sich weitgehend der empirischen Überprüfung. Diese „Immunität" gegenüber der Empirie ergibt sich jedoch nicht daraus, dass sich die positive Generalprävention auf Irrationalität oder Metaphysik stützen würde. Sie ist in erster Linie eine Folge der Tatsache, dass hochkomplexe Vorgänge wie die Bildung von Vertrauen oder gar die Entwicklung eines allgemeinen Rechtsbewusstsein durch so viele Determinanten beeinflusst und gesteuert werden, dass der Anteil einzelner Faktoren wie der der Strafe nicht mehr isolierbar und damit nicht mehr messbar ist.[61] Auch die Annahme, dass Strafen eine vertrauensbildende und zugleich auch friedensstiftende Wirkung haben, ist deshalb in der Sanktionsforschung bislang weder eindeutig bestätigt noch widerlegt worden.

Aus der empirischen Forschung ergibt sich nach alledem derzeit ein „**non liquet**" für die Theorie. Ein empirischer „Beweis" ist bislang weder für die negative noch für die positive Variante der Generalprävention erbracht. Dies bedeutet nicht zwingend, dass die Theorie „falsch" ist. Ihre Überzeugungskraft bezieht die Theorie jedoch trotz aller Plausibilität nicht aus empirischen Argumenten.

2.3.3.2 Spezialpräventionsforschung

Auch zur Theorie der Spezialprävention liegt eine große Zahl von kriminologischen Untersuchungen vor, die sich mit der Frage beschäftigen, ob und inwieweit der Verurteilte durch die Strafe in seinem Verhalten beeinflusst, insbesondere von weiteren Taten abgehalten werden kann. Die Untersuchung dieser Frage ist ebenfalls mit zahlreichen **methodischen Problemen** behaftet.

Vergröbernd lassen sich zwei Gruppen von Problemen unterscheiden: Die erste Gruppe betrifft die Frage, anhand welcher Kriterien der *Erfolg* der strafrechtlichen Sanktionen gemessen werden kann. Überwiegend wird heute davon ausgegangen, dass das maßgebliche Kriterium die *Legalbewährung* sein muss, also die Tatsache, dass keine Straftaten begangen werden. Ausgeschieden werden damit Kriterien wie die direkten Leistungsziele einzelner Behandlungsmaßnahmen im Straf- oder Maßregelvollzug, beispielsweise die Verbesserung der Impulskontrolle, Einstellungsänderungen oder die Befreiung von einer Sucht.[62] Die Legalbewährung ist allerdings kein unproblematisches Kriterium, denn sie wirft die Frage auf, wie sie gemessen werden soll. Soll es auf die amtliche Registrierung neuer Straftaten ankommen, gar auf die Verurteilung, oder soll die Begehung einer im Dunkelfeld verbleibenden Tat genügen, um von einem „Misserfolg" zu sprechen? Die zweite Gruppe von methodischen Problemen betrifft die Frage der Nachweisbarkeit der *Kausalität* der Sanktionen für den gemessenen Erfolg, also die Frage, ob und inwieweit

---

[61] Vgl. aber *Baurmann* GA 1994, 376 ff., und *Schumann* 1998, 17 ff., die sich mit den Bedingungen der empirischen Beweisbarkeit der Grundannahmen der positiven Generalprävention beschäftigen.
[62] *Suhling* 2012, 176 ff.; 2016, 163 ff.; *Endres und Schwanengel* BewHi 2015, 312 ff.

man ein zeitlich nach der Verhängung einer Sanktion beobachtbares Verhalten (z. B. die Legalbewährung) kausal als *Wirkung gerade der verhängten Sanktion* interpretieren kann. Eine Kausalbeziehung kann empirisch grundsätzlich nur mit einer experimentellen Untersuchungsanordnung nachgewiesen werden, was die freie Veränderbarkeit der unabhängigen Variablen (Sanktionsart) und die Kontrolle der maßgeblichen Moderatorvariablen (z. B. Alter und Geschlecht) voraussetzt. Es liegt auf der Hand, dass in der forensischen Praxis die Voraussetzungen hierfür aus rechtlichen und auch aus ethischen Gründen regelmäßig nicht gegeben sind; die Strafzumessung darf sich ausschließlich an den Grundsätzen der §§ 46 ff. StGB orientieren. Methodisch gesehen muss deshalb meist auf versuchs*ähnliche* Untersuchungsanordnungen (ex post facto-Erklärungen und quasi-experimentelle Untersuchungsanordnungen) zurückgegriffen werden.[63]

Die methodischen Probleme lassen sich anhand der **Rückfallstatistik** verdeutlichen. Als „Rückfallstatistik" wird eine vom Bundesjustizministerium veranlasste, nicht-amtliche Auswertung des Datenbestands des Bundeszentralregisters (unten Abschn. 7.6) bezeichnet, die die Legalbewährung der Verurteilten nach unterschiedlichen Sanktionsformen beschreibt.[64] Für sämtliche im Bundeszentralregister Eingetragenen, die in den Bezugsjahren 2004, 2007 und 2010 entweder zu Strafe verurteilt oder aus dem Strafvollzug entlassen wurden, wird angegeben, welcher Anteil innerhalb von 3 Jahren in dem Sinne rückfällig wurde, dass es zu einer weiteren Eintragung im Bundeszentralregister kam. Wie sich Tab. 2.1 entnehmen lässt, erhält etwa ein Drittel aller Verurteilten innerhalb von 3 Jahren einen weiteren Eintrag; die Unterschiede zwischen den Bezugsjahren sind vernachlässigbar gering (34,8 bzw. 33,8 %).

Die skizzierten methodischen Überlegungen weisen darauf hin, dass bei der Interpretation der Rückfallstatistik zweierlei berücksichtigt werden muss. Als „*Rückfall*" wird hier nur dasjenige strafbare Verhalten ausgewiesen, das innerhalb des Beobachtungszeitraums zur Kenntnis der Strafverfolgungsorgane gelangt ist und zu einer Verurteilung geführt hat; Verfahrenseinstellungen sind im Erwachsenenstrafrecht anders als im Jugendstrafrecht nicht eintragungspflichtig (§ 3 f. BZRG). Das „tatsächliche" Ausmaß, in dem weitere Straftaten begangen und den Strafverfolgungsorganen bekannt werden, wird in der Statistik deshalb nicht abgebildet, sondern nur ein Mindestmaß. Die zweite methodische Überlegung bezieht sich auf die erheblichen Unterschiede in den Rückfallquoten, die in der Statistik nach den einzelnen Sanktionsformen

Tab. 2.1 Rückfallraten innerhalb von drei Jahren nach Verurteilung oder Entlassung aus dem Strafvollzug

	Bezugsjahr 2004[a]	Bezugsjahr 2007[b]	Bezugsjahr 2010[c]
Alle Verurteilten	33,8	34,8	34,8
Geldstrafe	27,8	28,9	30,1
Freiheitsstr. *mit* Bewährung	38,1	38,8	39,4
Mit Bewährungshelfer	50,4	50,5	49,3
Ohne Bewährungshelfer	32,3	31,7	30,5
Freiheitsstr. *ohne* Bewährung	48,1	46,2	44,9

[a]Jehle et al. 2010, 54, 78
[b]Jehle et al. 2013, 48, 73
[c]Jehle et al. 2016, 56, 74

---

[63] *Suhling* 2012, 210 ff.
[64] *Jehle et al.* 2010, 2013, 2016; vertiefend *Spiess* BewHi 2012, 17 ff.

sichtbar werden (vgl. Tab. 2.1): Die Rückfallquote ist nach einer Geldstrafe am geringsten (zwischen 27,8 bzw. 30,1 %), nach einer zur Bewährung ausgesetzten Freiheitsstrafe ist sie um ca. 10 Prozentpunkte höher, und nach einer nicht ausgesetzten Freiheitsstrafe ist sie noch einmal um 5–10 Prozentpunkte höher. Auf den ersten Blick scheinen mit der Geldstrafe also die besten spezialpräventiven Erfolge zu erzielen zu sein, während die verbüßte Freiheitsstrafe spezialpräventiv unwirksam und vielleicht sogar dysfunktional zu wirken scheint. Dieser Schluss wäre indes verfehlt, da sich mit der Rückfallstatistik *keine Aussagen über die Kausalität* gerade der verhängten Sanktion für die erneute Begehung von Straftaten treffen lassen. Deutlich machen lässt sich dies am Beispiel der Freiheitsstrafe mit und ohne Bewährung: Die Gerichte dürfen eine Freiheitsstrafe nach dem Gesetz nur dann zur Bewährung aussetzen, wenn erwartet werden kann, „dass der Verurteilte auch ohne die Einwirkung des Strafvollzugs keine Straftaten mehr begehen wird" (§ 56 Abs. 1 Satz 1 StGB; genauer unten Abschn. 3.7.2). Wenn die Rückfallquote nach Bewährungsaussetzungen geringer ist als nach vollstreckten Freiheitsstrafen (Abb. 2.1), bestätigt der Befund also lediglich, dass die Gerichte das Rückfallrisiko zutreffend eingeschätzt haben. Dasselbe zeigt sich bei der Unterstellung des Verurteilten unter die Aufsicht und Leitung der Bewährungshilfe; auch die Unterstellung erfolgt nach dem Gesetz nur dann, wenn dies „angezeigt" ist, um den Verurteilten von weiteren Straftaten abzuhalten (§ 56d Abs. 1 StGB; genauer unten Abschn. 3.7.3.4). Die Frage, ob es nach einer Verurteilung zu weiteren Straftaten („Rückfalltaten") kommt, ist von einer Vielzahl von Umständen abhängig, unter denen die vom Gericht verhängte Sanktion nur ein Umstand von vielen ist (vgl. oben Abschn. 1.1.3). Ob und in welchem Ausmaß mit der strafrechtlichen Sanktion weitere Taten verhindert werden können, lässt sich anhand der Rückfallstatistik nicht klären, sondern bedarf methodisch aufwändigerer Untersuchungen.

Auf die **Ergebnisse** einzelner Untersuchungen, in denen den methodischen Problemen Rechnung getragen wird, wird bei der Darstellung der einzelnen Sanktionsarten genauer eingegangen. Im vorliegenden Zusammenhang ist es jedoch erforderlich, schon vorab und verallgemeinernd auf einen Befund einzugehen, der unter dem Begriff **„Gleichwirkung"** bzw. **„Austauschbarkeit der Sanktionen"** diskutiert wird. Mit dem Schlagwort ist gemeint, dass die verschiedenen vom Strafrecht zur Verfügung gestellten Sanktionsformen unter spezialpräventiven Gesichtspunkten weitgehend austauschbar erscheinen. Die anhand der Rückfallstatistik nach einzelnen Sanktionsformen erkennbaren Unterschiede (Tab. 2.1) gleichen sich in kriminologischen Untersuchungen aus, wenn man nur solche Verurteilten miteinander vergleicht, die zum Zeitpunkt des Urteils ein vergleichbares Rückfallrisiko aufweisen. Im Durchschnitt, also im Mittelfeld der nach Alter, Geschlecht und Vorstrafen homogenisierten Verurteilten, ist die Rückfallquote in kriminologischen Untersuchungen immer annähernd gleich groß, unabhängig davon, welche Art von Sanktion im Einzelnen verhängt wird.[65] Diese Beobachtung der „Gleichwirkung" wird dabei gerne in einen Zusammenhang mit einem Befund gestellt, der schon in den 1970er und 1980er Jahren die Diskussion über den Strafzweck der Spezialprävention maßgeblich beeinflusst hat. Gemeint ist ein Forschungsbericht von *Robert Martinson*, der 1974 unter dem Titel **„What works?"** die Ergebnisse einer Meta-Evaluation zur rückfallhemmenden Effizienz der Resozialisierungsbemühungen im US-amerikanischen Strafvollzug zusammenfasste.[66] Obwohl *Martinson* sich selbst eher

---

[65] Vgl. etwa *Albrecht, H. J. et al.* MschrKrim 64 (1981), 322 ff.; *Albrecht, H.-J.* 1982, 217 ff.; *Hirtenlehner und Birklbauer* NK 2008, 25 ff., 31; *Tetal* 2018, 538 ff.
[66] *Martinson* The Public Interest 35 (1974), 22 ff.; zur Rezeption *Weigend* ZStW 94 (1982), 808 ff.

vorsichtig ausdrückte („I am bound to say that these data … give us very little rea-
son to hope that we have in fact found a sure way of reducing recidivism through
rehabilitation"[67]), wurden seine Ergebnisse weltweit mit dem Schlagwort **„nothing
works"** zusammengefasst.

Derartige generalisierende Aussagen muss man indes mit **Vorsicht** betrachten.
Es handelt sich um in kriminalpolitischer Absicht geprägte Kurzformeln, die der
insgesamt etwas differenzierteren Befundlage nicht ausreichend Rechnung tragen.[68]

> Die Problematik derartiger pauschalierender Formeln wird deutlich, wenn man sich verge-
> genwärtigt, welche Bedingungen eigentlich theoretisch erfüllt sein müssten, um einen
> Straftäter durch Strafe zu einem Leben ohne weitere Straftaten zu befähigen (ihn zu „bes-
> sern" im Sinne v. *Liszts*). Erforderlich wäre eine individualisierende Strafzumessung, die
> sich nicht an der Tat, sondern an den in der Person des Täters erkennbaren Einwirkungs-
> möglichkeiten und -notwendigkeiten orientiert. Dies wiederum würde eine kriminologi-
> sche Einzelfallanalyse und eine individualisierende Prognose über sein voraussichtliches
> weiteres Verhalten in bestimmten Strafzumessungssettings voraussetzen.[69] Dabei wäre von
> vornherein zu erwarten, dass die Wirkungen der Strafe eher gering sind, da die Strafe als
> Instrument der Verhaltensbeeinflussung zu einem Zeitpunkt zum Einsatz gebracht wird, bei
> dem der Täter die wichtigsten prägenden Sozialisationsphasen bereits durchlaufen hat.
> Das gegenwärtige Sanktions- und Strafzumessungssystem bietet für eine solche, aus der
> Theorie entwickelte Vorgehensweise nur wenig Raum. Zwar gibt es Ansatzpunkte, bei denen
> sich die Strafzumessungsentscheidung im geltenden Recht ausschließlich nach spezialprä-
> ventiven Gesichtspunkten richtet (§§ 47 Abs. 1, 56 Abs. 1, 57 Abs. 1 StGB). Hiervon abgese-
> hen wird das Strafzumessungssystem jedoch durch den Gedanken des Tatschuldausgleichs
> dominiert (§ 46 Abs. 1 Satz 1 StGB; unten Abschn. 4.2.1 und Abschn. 4.4.1), der von den auf
> die Person des einzelnen Täters zugeschnittenen Einwirkungsmöglichkeiten und -notwendig-
> keiten unabhängig ist. In der großen Masse der Fälle ist die Rückfallprävention für die Ge-
> richte bedeutungslos; die Gerichte *erhoffen* sich zwar den Eintritt dieses Effekts, aber sie
> richten die Sanktion nicht hieran aus. Dass bei einer derartigen, primär am Gedanken des
> Schuldausgleichs ausgerichteten Sanktionspraxis unter dem Gesichtspunkt der Rückfallprä-
> vention keine positiven Effekte festgestellt werden können, die Sanktionsformen mit Blick
> auf die Legalbewährung vielmehr weitgehend austauschbar sind, kann deshalb nicht verwun-
> dern. Über die Effektivität der Bemühungen, die darauf abzielen, in dem durch die Gerichte
> gezogenen, allgemeinen Rahmen mit konkreten Einzelmaßnahmen zu versuchen, auf den
> Verurteilten spezialpräventiv einzuwirken, ist damit aber noch nichts gesagt. Für die Erzie-
> lung und den Nachweis spezialpräventiver (Besserungs-)Effekte kommt es im gegenwärtigen
> Sanktions- und Strafzumessungssystem allerdings nicht auf die abstrakte Sanktionskategorie,
> sondern auf die konkrete Ausgestaltung der Sanktion an, auf die Individualisierung und An-
> passung an die spezifische Situation des Verurteilten. Spezialpräventive Effekte sind deshalb
> von vornherein eher im Bereich der Strafvollstreckung und psychosozialen Begleitung und
> Betreuung des Verurteilten (im StVollzG von 1976 wurde hierfür der Begriff der „Behand-
> lung" verwendet) zu erwarten als im Bereich der richterlichen Sanktionsverhängung.

Die neuere Forschung äußert sich denn auch vorsichtiger und lässt dabei insgesamt
eine Tendenz zu einer **positiveren Einschätzung** des spezialpräventiven Ansatzes

---

[67] *Martinson* The Public Interest 35 (1974), 49.
[68] NK 2017, *Villmow*, Vor §§ 38 Rn. 68 ff.; *Streng* 2012, 162 f. (Rn. 331 ff.); *Meier*, JZ 2010, 113 ff.
[69] *Bock* ZStW 102 (1990), 526 ff.

erkennen.[70] So deuten die Ergebnisse kanadischer Meta-Analysen darauf hin, dass Behandlungsmaßnahmen nachweisbare Effekte dann zeigen, wenn bei ihrer Anwendung der *unterschiedlichen Gefährlichkeit* (im Sinne von Rückfallwahrscheinlichkeit, „risk"), den individuellen Ursachen der Tat und hieraus resultierenden *Bedürfnissen des Täters* („need") und der *unterschiedlichen Ansprechbarkeit des Täters* auf einzelne Programme („responsivity") Rechnung getragen wird (RNR-Prinzipien).[71] Der hieraus folgende, vor allem auf „Risikomanagement" zielende Umgang mit Verurteilten[72] wird dabei in jüngerer Zeit ergänzt durch einen zweiten Ansatz, der die individuellen Interessen, Fähigkeiten und Ziele der Täter in den Blick nimmt und die Verurteilten dabei unterstützt, die für das Erreichen ihrer (prosozialen) Ziele erforderlichen Ressourcen zu erwerben („Good Lives Model", GLM),[73] was sich in der Praxis zu bewähren scheint.[74] Studien, die im deutschsprachigen Raum zur spezialpräventiven Effektivität der Sozialtherapie (einer besonderen Form des Strafvollzugs, in der auf die spezifischen Problemlagen einzelner Gefangenengruppen individualisierend eingegangen wird; unten Abschn. 5.1.6) sowie zur Behandlung von Sexualstraftätern durchgeführt worden, haben jedenfalls überwiegend positive Ergebnisse erbracht.

So zeigte eine schon etwas ältere, von *Lösel* durchgeführte Meta-Analyse, dass bei den Probanden aus sozialtherapeutischen Einrichtungen im Durchschnitt um 8–14 % häufiger positive Veränderungen (z. B. kein Rückfall) festzustellen waren als bei Probanden aus dem Normalvollzug; im Gesamtmittel über alle Studien und Modelle zeigte sich ein durchschnittlicher Behandlungserfolg von 11 %.[75] Diejenigen Probanden, die aus der sozialtherapeutischen Anstalt direkt in Freiheit entlassen werden konnten, zeigten erwartungsgemäß bessere Werte als diejenigen Probanden, die wegen Abbruchs der Behandlung in den Regelvollzug zurückverlegt werden mussten.[76] Eine spätere Meta-Analyse, bei der weitere Einzelstudien berücksichtigt werden konnten, führte im Wesentlichen zu denselben Ergebnissen.[77] Eine von *Lösel* und *Schmucker* durchgeführte Meta-Analyse zur Effektivität der Sexualstraftäterbehandlung zeigte, dass das Risiko, mit weiteren Sexualstraftaten auffällig zu werden, mit spezialpräventiven Behandlungsmaßnahmen von durchschnittlich 17,5 % auf 11,1 % gesenkt werden kann. Als besonders erfolgreich erwiesen sich dabei die hormonelle Medikation sowie kognitiv-behaviorale Behandlungsmethoden.[78] In der Praxis haben

---

[70] Zusammenfassend *Lösel und Schmucker* 2008, 160 ff.; *Lösel und Bender* FS 2018, 48 ff., 144 ff.

[71] *Bonta und Andrews* 2017, 175 ff.; *Hanson et al.* Criminal Justice and Behavior 36 (2009), 865 ff.

[72] Vgl. etwa *Mayer* BewHi 2014, 171 ff.; *Mayer und Treuthardt* BewHi 2014, 132 ff.

[73] *Ward und Gannon* Aggression and Criminal Behavior 11 (2006), 77 ff.; *Göbbels et al.* FPPK 2013, 122 ff.

[74] Vgl. *Suhling et al.* 2012, 251 ff. zum Umgang mit Gefangenen mit geringer Veränderungs- und Behandlungsmotivation.

[75] *Lösel et al.* 1987, 224 f.

[76] *Lösel et al.* 1987, 246.

[77] *Lösel* 1994, 15 ff.

[78] *Lösel und Schmucker*, Journal of Experimental Criminology 2005, 127 ff.; *Schmucker und Lösel* 2007, 306 ff.; weitere Befunde bei *Pniewski* MschrKrim 2017, 179 ff.; *Lischewski* 2018; *Rettenberger* 2018, 601 ff.

die positiven Befunde in Behandlungsprogrammen für Sexualstraftäter Niederschlag gefunden, bei denen die kognitiv-behaviorale Therapie im Mittelpunkt steht.[79]

Die neueren Forschungen zeigen, dass die Befundlage keineswegs so eindeutig ne-
gativ ist wie es das Schlagwort „nothing works" oder die These von der „Austauschbarkeit der Sanktionen" suggerieren. Viel spricht für die Vermutung, dass die relative
Erfolglosigkeit zahlreicher Bemühungen um die Resozialisierung des Täters vor allem eine Folge von Sanktions- und Behandlungsstrategien ist, die weitgehend unabhängig von den Ursachen der Tat und den sozio-biografischen Entwicklungen der
Täter primär den Schuldausgleich suchen und die individualisierende Einwirkung
weitgehend vernachlässigen. Die neueren empirischen Befunde lassen jedenfalls
vermuten, dass **mit differenzierenden Sanktions- und Behandlungsstrategien**,
die die Deliktsart und die hierin zum Ausdruck gelangenden individuellen (Fehl-)
Entwicklungen zum Ausgangspunkt ihrer Bemühungen machen, tendenziell **bessere
Erfolge** zu erzielen sind als mit generalisierenden Ansätzen, die spezialpräventiv
gemeinte Sanktionsgestaltungen nach dem „Gießkannenprinzip" verteilen. In ähnlicher Weise wie die Ergebnisse der Generalpräventionsforschung lassen deshalb auch
die Ergebnisse der spezialpräventiven Sanktionsforschung gegenwärtig keine abschließenden Schlussfolgerungen für die theoretische Diskussion über den Sinn und
Zweck der Strafe zu. Empirisch ist die Theorie der Spezialprävention bislang zwar
nur in Teilbereichen bestätigt, aber jedenfalls auch nicht widerlegt worden.

2.4 Vereinigungstheorien

Nach dem bisher Gesagten verwundert es nicht, dass in Deutschland die „Vereinigungstheorien" vorherrschend sind, also diejenigen Theorien, die sich um die Integration der drei Grundpositionen bemühen. Unterscheiden lassen sich „vergeltende"
und „präventive Vereinigungstheorie".[80] Wenn man sich der Auffassung anschließt,
dass erst die Folgenorientierung die Strafe zu einem mit dem Menschenbild des
Grundgesetzes vereinbaren Eingriff macht (oben Abschn. 2.2), dann liegt es nahe,
in den präventiven Vereinigungstheorien den überzeugenderen Ansatz zu sehen.

Nach der präventiven Vereinigungstheorie, wie sie mit Unterschieden im Einzel-
nen heute wohl überwiegend vertreten wird[81] und wie sie im Folgenden auch diesem
Lehrbuch zugrunde gelegt wird, benötigt die Strafe einen *verfassungslegitimen
Zweck*, der ihre Androhung, Verhängung und Vollstreckung rechtfertigt. Dieser
Zweck ist etwas anderes als eine abstrakte Wertorientierung; es genügt nicht zu sa-
gen, dass die Strafe der Verwirklichung von Wahrheit und Gerechtigkeit dient. Es

---

[79] *Wischka* R&P 2013a, 138 ff.; *Wischka* 2013b, 539 ff.

[80] *Roxin* 2006, § 3 Rn. 33 ff.

[81] *Roxin* 2006, § 3 Rn. 37 ff.; *Roxin* 2001, 701 ff.; MüKo 2016 ff., *Radtke*, Vor § 38 Rn. 31; S/S
2019, *Kinzig*, Vorbem §§ 38 ff. Rn. 1 ff.; *Kett-Straub und Kudlich* 2017, § 3 Rn. 20 ff.; krit. NK
2017, *Hassemer und Neumann*, Vor § 1 Rn. 287; monographisch vertiefend *Montenbruck* 2018,
73 ff.

muss sich um einen Zweck handeln, der auf die Herbeiführung konkret fassbarer
Wirkungen in der Gesellschaft abzielt und der insoweit als „sozialer Zweck" bezeichnet werden kann. Für die Vereinigungstheorie besteht der Zweck der Strafe
ebenso wie der Zweck der anderen strafrechtlichen Rechtsfolgen der Tat – etwa der
Maßregeln – im **präventiven Rechtsgüterschutz**. Indem auf die Verletzung der
strafrechtlichen Normen eine staatliche Reaktion erfolgt, sollen solche Verhaltensweisen, die das gesellschaftliche Zusammenleben in besonders gravierender Weise
beeinträchtigen, für die Zukunft verhindert bzw. – um es im Hinblick auf die Ergebnisse der empirischen Sanktionsforschung etwas vorsichtiger auszudrücken – unwahrscheinlicher gemacht werden.

Im Gesamtspektrum der strafrechtlichen Sanktionen besteht die spezifische Aufgabe der Strafe nach der präventiven Vereinigungstheorie darin, durch das Aussprechen eines sozialethischen Unwerturteils und die zwangsweise Zufügung eines
Übels die **Geltung der verletzten Norm** zu verdeutlichen und zu bekräftigen. Den
Ausgangspunkt der theoretischen Rechtfertigung bildet also das Konzept der positiven Generalprävention: Indem dem Verurteilten die Verantwortung für sein Handeln zugewiesen und ihm die rechtlichen Konsequenzen hierfür auferlegt werden,
werden der Stellenwert und die Bedeutung der strafrechtlich geschützten Rechtsgüter und der zu ihrem Schutz erlassenen Rechtsnormen ihm und der Allgemeinheit
gegenüber zum Ausdruck gebracht.

Die Vereinigungstheorie geht davon aus, dass die sozial nützlichen Wirkungen
dieser Demonstration auf zwei Ebenen eintreten können: bei der **Allgemeinheit**,
indem ihr Vertrauen in die Geltungskraft des Rechts gestärkt und eventuell auch ein
Abschreckungseffekt erzeugt wird, und bei dem **Verurteilten**, indem er mit der
Strafe einen Impuls zur künftigen Befolgung der Strafrechtsnormen erhält, indem
ihm Angebote unterbreitet werden, die ihn beim Erlernen normkonformer Verhaltensweisen unterstützen, aber auch indem er durch die Beschränkung seiner Freiheit
an weiteren Taten physisch gehindert wird. Auf welche Weise diese Wirkungen eintreten und wie groß ihre verhaltenssteuernden Effekte sind, wird von der Vereinigungstheorie als empirisch noch nicht restlos aufgeklärt akzeptiert. Dies schließt es
indessen nicht aus, in der Theorie auf der Grundlage der vorhandenen empirischen
Befunde bis auf weiteres davon auszugehen, dass die Strafe diese Wirkungen haben
kann und deshalb ein gleichermaßen geeignetes wie wirksames Instrument zum
Schutz der strafrechtlichen Rechtsgüter sein *kann*; soweit hierfür bei der Sanktionsverhängung Anknüpfungspunkte vorhanden sind, können und ggf. müssen diese
Wirkungen zum Tragen gebracht werden. Die These, dass die Strafe die beschriebenen rechtsgüterschützenden Wirkungen haben *kann*, gilt dabei auch dann, wenn die
Strafe in ihren Wirkungen ambivalent ist, wenn mit ihr im Einzelfall also, insbesondere mit ihrer Vollstreckung, auch nicht beabsichtigte und für das Ziel des Rechtsgüterschutzes dysfunktionale Nebenwirkungen einhergehen.

Um den Stellenwert und die Bedeutung der strafrechtlich geschützten Rechtsgüter zum Ausdruck zu bringen, muss zwischen der Schwere der Tat und der Schwere
der Strafe *Wertgleichheit* bestehen. Geringfügige Vergehen dürfen nur mit leichten
Strafen belegt werden, harte Strafen müssen für schwere Verbrechen reserviert bleiben; in der Diktion des *BVerfG* heißt dies: Tatbestand und Rechtsfolge müssen

sachgerecht aufeinander abgestimmt sein.[82] Für die Vereinigungstheorie bildet deshalb der auf die **Proportionalität von Tat und Strafe** verweisende Vergeltungsgedanke den Maßstab und zugleich auch die Grenze des präventiven Eingriffs. Da die Strafe ein sozialethisches Unwerturteil enthält, das dem Täter sein Handeln zum Vorwurf macht, darf nach der Vereinigungstheorie allerdings nicht die Schwere des „objektiv" verwirklichten Unrechts den Anknüpfungspunkt bilden, sondern nur die Schwere der „subjektiven" Vorwerfbarkeit der Tat: die **Schuld** .[83] Die Strafe muss sich am Maß des gegen den Täter wegen des verwirklichten Unrechts zu erhebenden Vorwurfs orientieren – ein Gebot, das das *BVerfG*, das sich im Übrigen in der Frage der Straftheorie nicht festlegt, im Grundgesetz, namentlich im Rechtsstaatsprinzip verankert sieht.[84]

Auch im Mittelpunkt eines ausschließlich präventiv gerechtfertigten Strafensystems kann und muss damit die schuldangemessene Strafe stehen; nur sie kann verdeutlichen, für wie verwerflich die Gesellschaft das Täterhandeln hält. Die Frage, was „schuldangemessen" ist, lässt sich dabei in vielen Fällen nicht eindeutig beantworten; sie wird traditional und durch Vergleich bestimmt. Soweit der Gesetzgeber, der insoweit die Einschätzungsprärogative hat, keine eindeutigen Festlegungen vornimmt (wie z. B. bei Mord: lebenslange Freiheitsstrafe), können und müssen notwendige Spielräume mit präventiven Erwägungen aufgefüllt werden. General- und spezialpräventive Überlegungen dürfen dabei nach der Vereinigungstheorie nicht gegeneinander ausgespielt werden. Beide Ansätze stehen gleichberechtigt nebeneinander und müssen im Einzelfall zum Ausgleich gebracht werden.

2.5 Die Bedeutung des Opfers

Von einer Person war bislang noch nicht die Rede, obwohl sie im Prozess eine wichtige Rolle spielt: das Opfer der Straftat. In der theoretischen Strafzweckdiskussion bleibt es meist ausgeblendet, was an sich erstaunlich ist, da es doch das Opfer ist, das durch die abgeurteilte Tat konkret betroffen ist und das das Verfahren im Regelfall durch seine Anzeige erst in Gang gesetzt hat. Im Hintergrund des Desinteresses am Opfer steht das tradierte Verständnis vom Strafrecht als einer Schutzordnung für abstrakte Rechtsgüter, nicht für konkrete Personen. Der Täter wird bestraft, weil er das staatliche Recht verletzt hat; der in der Tat liegende Konflikt ist ein *Rechts*konflikt, kein Konflikt unter Bürgern, für dessen Aufarbeitung nach dem herkömmlichen Verständnis allein das Zivilrecht zuständig ist.[85] Gerade in der Neutralisierung des Opfers und der Generalisierung des Opferinteresses sieht das traditionelle System eine wesentliche zivilisatorische Errungenschaft.[86]

---

[82] *BVerfGE* 45, 187 (228, 259 f.).

[83] *BVerfGE* 20, 323 (331).

[84] Vgl. *BVerfGE* 45, 187 (228); 50, 205 (215); 73, 206 (253); 90, 145 (173); 95, 96 (140).

[85] *Binding* 1965, 284 ff.

[86] *Hassemer* 1990, 70 f.

Dass dieses auf die klassische Strafrechtsschule zurückgehende Verständnis heute
der Revision bedarf, zeigt der Blick auf die Stellung, die die neuere Gesetzgebung
dem Verletzten im Strafverfahren einräumt (5. Buch der StPO, §§ 374 ff. StPO): Der
Verletzte wirkt am Verfahren aus eigenem Recht mit; sofern er sich als Nebenkläger
beteiligt, hat er umfassende Gestaltungsmöglichkeiten bis hin zur Möglichkeit, gegen das freisprechende Urteil Rechtsmittel einzulegen (§§ 395 ff. StPO). Zumindest
die Rechtsmittelbefugnis des Nebenklägers ergibt nur dann Sinn, wenn man in der
Straftat nicht nur einen abstrakten Rechtsbruch, sondern auch einen Angriff auf die
durch das Recht geschützten, *konkreten Interessen des Verletzten* begreift. Die Normen des materiellen Strafrechts, die traditionell als objektiv-rechtliche Gewährleistungen für den Rechtsgüterschutz verstanden werden, bedürfen demgemäß der
Neuinterpretation als Schutznormen, die auch dem Interesse des Einzelnen zu
dienen bestimmt sind und diesem ein *subjektives öffentliches Recht auf Einschreiten*
der Strafverfolgungsorgane in dem durch die Strafprozessordnung gezogenen Rahmen verschaffen.[87] Die Strafrechtsnormen schützen die Rechtsgüter nicht nur um
ihrer selbst, sondern auch um der Verhinderung aller derjenigen konkreten Folgen
willen, die für den Verletzten mit dem Taterleben und der Aufarbeitung des Tatgeschehens verbunden sind.[88] Das strafbewehrte Verbot des Diebstahls, des Betrugs
und der Körperverletzung soll zwar Eigentum, Vermögen und körperliche Unversehrtheit als gesellschaftliche „Funktionseinheiten"[89] erhalten, aber es soll auch dem
Opfer und seinen Angehörigen die mit der Viktimisierung einhergehenden physischen, psychischen, wirtschaftlichen und sozialen Folgen ersparen. In der Konsequenz dieses Ansatzes liegt es, neben dem Rechtsbruch auch die **„Realdimension"
der Tat** in den Blick zu nehmen,[90] also die konkreten Beeinträchtigungen, die sich
aus der Tat für den Verletzten ergeben, und danach zu fragen, mit welchen Interessen,
Bedürfnissen und Erwartungen sich der Verletzte am Strafverfahren beteiligt.

Fraglich ist indes, ob sich aus der Einbeziehung des Realkonflikts in die Betrachtung Konsequenzen für die Begründung der staatlichen Strafe ergeben. Naheliegend
ist der Gedanke, das Interesse vieler Opfer, nach der Tat die Orientierung im sozialen Leben wiederzugewinnen, zu einem eigenständigen Strafzweck zu erheben.
Dem Strafzweck der Resozialisierung des Täters könnte so etwa als weiterer Zweck
die **Resozialisierung des Opfer** zur Seite gestellt werden, dessen Ziel die Unterstützung des Geschädigten bei der Verarbeitung der Traumatisierung ist.[91] Hiergegen sprechen jedoch drei Gründe. Zum einen gibt es ein „Recht des Opfers auf die

---

[87] *Schöch* NStZ 1984, 387; aus jüngerer Zeit *Hörnle* JZ 2006, 953 ff.; *Walther* 2007, 1048 ff.; sowie
grundlegend *Holz* 2007, 111 ff., 122 ff.

[88] Ansätze insoweit bereits bei *Hillenkamp* 1981, 154 f., der dem Strafgesetz allerdings nur die
faktische Wirkung einer „magna charta des potentiellen Opfers" bescheinigt.

[89] SK StGB 2017 ff., *Jäger*, Vor § 1 Rn. 16.

[90] Grundlegend *Walther* 2000.

[91] *Reemtsma* 1999, 26 f.; *Jerouscheck* JZ 2000, 193 f.; *Kilchling* NStZ 2002, 58 f.; ähnlich *Holz*
2007, 190 ff. (Theorie der „Spezialrestitution"); *Sautner* 2010, 367 ff. („Opferprävention" als
Strafzweck).

Bestrafung des Täters"[92] jedenfalls nicht in dem Sinn, dass der Geschädigte Anspruch auf eine bestimmte Strafhöhe hätte; die differenziert ausgestaltete Rechtsmittelbefugnis des Nebenklägers zeigt, dass er dieses Recht gerade *nicht* hat, sondern lediglich ein „Recht" auf die Verurteilung des Täters (§§ 400 f. StPO).[93] Zum zweiten würde es sich hierbei um einen Strafzweck handeln, der nur bei bestimmten Deliktskategorien, nämlich bei Delikten mit Opferbezug zum Tragen käme. Während es sich bei den anderen Straftheorien – gleich ob absolute Theorie, Generalprävention oder Spezialprävention – um Strafbegründungen handeln würde, die auf alle Strafen in der gleichen Weise anwendbar wären, würde einem opferbezogenen Strafzweck dieser Anspruch auf Allgemeingültigkeit fehlen; es wäre ein Strafzweck „zweiter Klasse". Zum dritten ist zu bedenken, dass es eines solchen eigenständigen Strafzwecks gar nicht bedarf; die Opferinteressen sind in dem Strafzweck der **positiven Generalprävention** vollständig **mit enthalten**. Auch wenn es das Opfer ist, das durch die Tat konkret betroffen ist, und nicht die Allgemeinheit, werden die Opferinteressen im Strafzweck der positiven Generalprävention doch aufgegriffen und zur Rechtfertigung des staatlichen Eingriffs umformuliert: Mit der Bestrafung soll die Normgeltung nicht nur gegenüber der Allgemeinheit, sondern auch und gerade gegenüber dem Verletzten und seinem Umfeld demonstriert werden; vor allem ihm, dem Geschädigten, und nicht der gesichtslosen Allgemeinheit gilt die Symbolik des richterlichen Bestrafungsakts.[94]

Der richtige Ort für die Einbeziehung des Realkonflikts in die Betrachtung ist nicht die Straftheorie, die allein nach der Rechtfertigung der Strafe fragt, sondern die Straf*rechts*theorie, die sich mit der Funktion des Strafrechts als einer Einrichtung zur Wiederherstellung und Sicherung der sozialen Ordnung (des sozialen Friedens, des Rechtsfriedens) beschäftigt (oben Abschn. 1.1.3). Wenn die Strafrechtsnormen nicht nur gesellschaftliche Funktionseinheiten schützen sollen, sondern auch eine Schutzfunktion für den einzelnen Verletzten haben, ergibt sich hieraus, dass die Verletzteninteressen nicht nur bei der Verhängung und Bemessung der Strafe, sondern in dem *gesamten Prozess* berücksichtigt werden müssen, in dem das strafrechtliche Kontrollsystem seine Schutzaufgabe wahrnimmt.[95] Auf welchem Weg auch immer das Strafrecht versucht, die durch den Tatverdacht gestörte soziale Ordnung wiederherzustellen und zu sichern, stets muss es die Interessen, Bedürfnisse und Erwartungen desjenigen im Blick behalten, der behauptet, durch eine Straftat verletzt worden zu sein. Ohne die Berücksichtigung der Verletzteninteressen kann der Rechtsfrieden nicht wiederhergestellt werden, ohne sie kann die Beruhigung über den mit der Tat verbundenen Konflikt nicht eintreten. Dies gilt nicht nur für das Interesse des Verletzten an der *Bestrafung* des Täters, dem durch die Verhängung und Bemessung der Strafe Rechnung getragen wird, sowie für das hierin enthaltene Interesse am *Schuldspruch*, der das dem Verletzten widerfahrene Unrecht

---

[92] So der Titel der Veröffentlichung von *Reemtsma* 1999.

[93] Für einen Anspruch auf unrechtsangemessene Sanktionierung bei schweren Delikten jedoch *Weigend* RW 2010, 52 f.; *Hörnle* JZ 2006, 956.

[94] *Hamel* 2009, 181 ff.

[95] *Holz* 2007, 137 ff.

öffentlich als Unrecht kennzeichnet und ihn dadurch von Selbstzweifeln entlastet.
Dies gilt auch für das mit dem Konflikt untrennbar verbundene Interesse am *Ausgleich der materiellen und immateriellen Folgen* der Tat. Dabei geht es um eine
genuine Aufgabe des Strafrechtssystems, nicht, wie dies die klassische Strafrechtsschule annahm, um eine Aufgabe des Zivilrechts. Den Verletzten auf das Zivilrecht zu verweisen, bedeutet, ihn mit seinen konkreten Interessen allein zu lassen. Das Zivilrecht begrenzt und verkürzt die Aufarbeitung des Tatgeschehens auf
den materiellen Schadensausgleich (einen zivilrechtlichen Anspruch z. B. auf Erklärung des „Warum?" oder Entschuldigung gibt es nicht) und ist zudem mit seinen
spezifischen Kosten- und Beweislastregeln in hohem Maß opferfeindlich. Erst das
Strafrecht mit seinen opferentlastenden Verfahrensregeln eröffnet dem Verletzten
die Möglichkeit, sich nach der Tat der Solidarität der Gesellschaft zu versichern und
bei der Verarbeitung der Tatfolgen Unterstützung zu erfahren.

2.6   Zusammenfassung und Ausblick

Nach der heute in Deutschland überwiegend vertretenen, zutreffenden Auffassung
wird die Strafe durch einen die unterschiedlichen Grundpositionen von absoluten
und relativen Theorien integrierenden Ansatz legitimiert. Die Strafe ist deshalb gerechtfertigt, weil sie ein Instrument des präventiven Rechtsgüterschutzes ist. Die
Strafe hat die Aufgabe, die Geltung der verletzten Norm sowohl gegenüber dem
Täter als auch gegenüber der Allgemeinheit, namentlich dem Opfer, zu verdeutlichen und so einen spezifischen Beitrag zu Verhinderung weiterer Rechtsgutsverletzungen zu leisten. Die Schuld des Täters liefert hierfür den Maßstab.

   Die hier skizzierte Position liegt auch dem **geltenden Recht** zugrunde. Anders als
die Maßregeln der Besserung und Sicherung dürfen Strafen im geltenden Recht nur
dann verhängt werden, wenn die Schuld des Täters festgestellt ist, d. h. wenn dem
Täter die rechtswidrige Tat zum Vorwurf gemacht werden kann. Nach § 46 Abs. 1
Satz 1 StGB liefert die Schuld des Täters auch den Maßstab: Die Schuld ist die
Grundlage für die Zumessung der Strafe. „Grundlage" bedeutet dabei nicht, dass
sich die Strafe – jedenfalls nach dem vorherrschenden, namentlich von der Rechtsprechung entwickelten Verständnis – ausschließlich an der Schuld zu orientieren
hätte: Innerhalb der durch die Schuld gezogenen Grenzen können auch die präventiven Strafzwecke zum Tragen gebracht werden. Besonders deutlich wird dies im
geltenden Recht bei den Entscheidungen über die Wahl der Strafart (§§ 47, 56 StGB):
Sowohl für die Frage, ob Geldstrafe oder eine kurze Freiheitsstrafe zu verhängen ist,
als auch für die Frage, ob die Vollstreckung einer Freiheitsstrafe zur Bewährung
auszusetzen ist, kommt es ausschließlich auf spezial- und generalpräventive Erwägungen an. Präventive Erwägungen spielen darüber hinaus aber auch bei der Bemessung der Höhe der im Einzelfall zu verhängenden Strafe eine Rolle.

   Auf die Einzelheiten des sich hieraus ergebenden Spannungsverhältnisses zwischen den einzelnen Strafzwecken und seine Bedeutung für die Strafzumessung ist
erst später einzugehen (unten Abschn. 4.2). Zunächst ist der Blick auf die verschiedenen in Betracht kommenden Strafarten zu richten.

Kontrollfragen

1. Was besagen die absolute Straftheorie, die Theorie der Generalprävention und die Theorie der Spezialprävention? (Abschn. 2.2, 2.3.1 und 2.3.2)
2. Inwieweit ist die absolute Straftheorie mit den Prämissen des Grundgesetzes vereinbar? (Abschn. 2.2)
3. Lässt sich aus den empirischen Befunden zur Abschreckungswirkung der Strafe die Schlussfolgerung ableiten, dass auf Strafe verzichtet werden kann? (Abschn. 2.3.3.2)
4. Was rechtfertigt die Verhängung von Strafe nach der präventiven Vereinigungstheorie? (Abschn. 2.4)

Literatur

Albrecht, H.-J. (1982). *Legalbewährung bei zu Geldstrafe und Freiheitsstrafe Verurteilten*. Freiburg: Max-Planck-Institut für ausländisches und internationales Strafrecht.

Albrecht, H.-J., Dünkel, F., & Spieß, G. (1981). Empirische Sanktionsforschung und die Begründbarkeit von Kriminalpolitik. *Monatsschrift für Kriminologie und Strafrechtsreform (MschrKrim), 64*, 310–326.

Baurmann, M. (1994). Vorüberlegungen zu einer empirischen Theorie der positiven Generalprävention. *Goltdammer's Archiv für Strafrecht (GA)*, 368–384.

Beccaria, C. (1988). *Über Verbrechen und Strafen*. Frankfurt a. M.: Insel. (Übers. und hrsg. von W. Alff). Erstausgabe 1766.

Binding, K. (1965). *Die Normen und ihre Übertretung. Eine Untersuchung über die rechtmäßige Handlung und die Arten des Delikts* (Bd. 1, Aufl. 1.4.). Leipzig: Felix Meiner.

Binding, K. (1975). *Grundriss des Deutschen Strafrechts. Allgemeiner Teil* (8. Aufl.). Leipzig: Felix Meiner.

Bliesener, T., & Thomas, J. (2012). Wirkt Strafe, wenn sie der Tat auf dem Fuße folgt? Zur psychologisch-kriminologischen Evidenz des Beschleunigungsgebots. *Zeitschrift für Jugendkriminalrecht und Jugendhilfe (ZJJ)*, 382–389.

Bock, M. (1990). Kriminologie und Spezialprävention. Ein skeptischer Lagebericht. *Zeitschrift für die gesamte Strafrechtswissenschaft (ZStW), 102*, 504–533.

Bock, M. (1994). Prävention und Empirie – Über das Verhältnis von Strafzwecken und Erfahrungswissen. *Juristische Schulung (JuS), 34*, 89–99.

Bonta, J., & Andrews, D. (2017). *The psychology of criminal conduct* (6. Aufl.). New York: Routledge.

Dölling, D. (1983). Strafeinschätzung und Delinquenz bei Jugendlichen und Heranwachsenden – Ein Beitrag zur empirischen Analyse der generalpräventiven Wirkungen der Strafe. In H.-J. Kerner, H. Kury & K. Sessar (Hrsg.), *Deutsche Forschungen zur Kriminalitätsentstehung und Kriminalitätskontrolle* (S. 51–85). Köln: Heymanns.

Dölling, D., & Hermann, D. (2003). Befragungsstudien zur negativen Generalprävention: Eine Bestandsaufnahme. In H.-J. Albrecht & H. Entorf (Hrsg.), *Kriminalität, Ökonomie und Europäischer Sozialstaat* (S. 133–166). Heidelberg: Physica.

Dölling, D., et al. (2007). Metaanalyse empirischer Abschreckungsstudien – Untersuchungsansatz und erste empirische Befunde. In F. Lösel, D. Bender & J.-M. Jehle (Hrsg.), *Kriminologie und wissensbasierte Kriminalpolitik* (S. 633–648). Mönchengladbach: Forum.

Dölling, D., Entorf, H., Hermann, D., & Rupp, T. (2009). Is deterrence effective? Results of a meta-analysis of punishment. *European Journal on Criminal Policy and Research, 15*, 201–224.

Ehrlich, I. (1975). The deterrent effect of capital punishment: A question of life and death. *American Economic Review, 65*, 397–417.

Endres, J., & Schwanengel, F. (2015). Straftäterbehandlung. *Bewährungshilfe (BewHi)*, 293–319.

Entorf, H., & Spengler, H. (2005). Die generalpräventive Wirkung erwarteter Strafe. Eine umfassende Auswertung kombinierter Kriminal- und Strafverfolgungsstatistiken im langfristigen Bundesländervergleich. *Monatsschrift für Kriminologie und Strafrechtsreform (MschrKrim)*, *88*, 313–338.

Exner, F. (1929). Mord und Todesstrafe in Sachsen 1855–1927. *Monatsschrift für Kriminalpsychologie und Strafrechtsreform (MschrKrim)*, *20*, 1–17.

von Feuerbach, P. J. A. (1847). *Lehrbuch dem gemeinen in Deutschland gültigen Peinlichen Rechts* (14. Aufl.). Giessen: G. F. Heyer's. (Hrsg. von C. J. A. Mittermaier).

Folter, C. B. (2014). *Die Abschreckungswirkung der Todesstrafe. Eine qualitative Metaanalyse.* Münster: Lit.

Frank, J. (1987). Ökonomische Modelle der Abschreckung. *Kriminologisches Journal (KrimJ)*, *19*, 55–65.

Frisch, W. (2009). Konzepte der Strafe und Entwicklungen des Strafrechts in Europa. *Goltdammer's Archiv für Strafrecht (GA)*, *7*, 385–405.

Frisch, W. (2016). Voraussetzungen und Grenzen staatlichen Strafens. *Neue Zeitschrift für Strafrecht (NStZ)*, *36*, 16–25.

Göbbels, S., Ward, T., & Willis, G. (2013). Die Rehabilitation von Straftätern. Das „Good lives"-Modell. *Forensische Psychiatrie, Psychologie, Kriminologie (FPPK)*, *7*, 122–132.

Hamel, R. (2009). *Strafen als Sprechakt. Die Bedeutung der Strafe für das Opfer.* Berlin: Duncker und Humblot.

Hanson, K., et al. (2009). The principles of effective correctional treatment also apply to sexual offenders: A meta-analysis. *Criminal Justice and Behavior, 36*, 865–891.

Hassemer, W. (1990). *Einführung in die Grundlagen des Strafrechts* (2. Aufl.). München: Beck.

Hassemer, W. (1998). Variationen des positiven Generalprävention. In B. Schünemann, A. von Hirsch & N. Jareborg (Hrsg.), *Positive Generalprävention. Kritische Analysen im deutschenglischen Dialog* (S. 29–50). Heidelberg: C.F. Müller.

Hegel, G. W. F. (1986). *Grundlinien der Philosophie des Rechts. Werke* (Bd. 7). Frankfurt a. M.: Suhrkamp (Erstausgabe 1821).

Hermann, D. (2010). Die Abschreckungswirkung der Todesstrafe – Ein Artefakt der Forschung? In D. Dölling, B. Götting, B.-D. Meier & T. Verrel (Hrsg.), *Verbrechen – Strafe – Resozialisierung, Festschrift für Heinz Schöch* (S. 791–810). Berlin: de Gruyter.

Hillenkamp, T. (1981). *Vorsatztat und Opferverhalten.* Göttingen: Schwarz.

von Hirsch, A., & Ashworth, A. (1998). *Principled sentencing. Readings on theory and policy* (2. Aufl.). Oxford: Hart Publishing.

Hirtenlehner, H., & Birklbauer, A. (2008). Rückfallsprävention durch Entlassungspolitik? Ein natürliches Experiment. *Neue Kriminalpolitik (NK)*, *20*, 25–32.

Hirtenlehner, H., Leitgöb, H., & Bacher, J. (2013). Hängen Abschreckungseffekte vom Ausmaß der Normbindung ab? Das Fallbeispiel Ladendiebstahlsdelinquenz. *Monatsschrift für Kriminologie und Strafrechtsreform (MschrKrim)*, *96*, 293–313.

Holz, W. (2007). *Justizgewährungsanspruch des Verbrechensopfers.* Berlin: Dunker & Humblot.

Hörnle, T. (1999). *Tatproportionale Strafzumessung.* Berlin: Duncker & Humblot.

Hörnle, T. (2006). Die Rolle des Opfers in der Straftheorie und im materiellen Strafrecht. *JuristenZeitung (JZ)*, 950–958.

Hörnle, T. (2011). *Straftheorien.* Tübingen: Mohr Siebeck.

Hörnle, T., & von Hirsch, A. (1995). Positive Generalprävention und Tadel. *Goltdammer's Archiv für Strafrecht (GA)*, 261–282.

Jakobs, G. (1991). *Strafrecht. Allgemeiner Teil* (2. Aufl.). Berlin: de Gruyter.

Jehle, J.-M., Albrecht, H.-J., Hohmann-Fricke, S., & Tetal, C. (2010). *Legalbewährung nach strafrechtlichen Sanktionen. Eine bundesweite Rückfalluntersuchung 2004 bis 2007.* Mönchengladbach: Forum.

Jehle, J.-M., Albrecht, H.-J., Hohmann-Fricke, S., & Tetal, C. (2013). *Legalbewährung nach strafrechtlichen Sanktionen. Eine bundesweite Rückfalluntersuchung 2007 bis 2010 und 2004 bis 2010.* Mönchengladbach: Forum.

Jehle, J.-M., Albrecht, H.-J., Hohmann-Fricke, S., & Tetal, C. (2016). *Legalbewährung nach straf-rechtlichen Sanktionen. Eine bundesweite Rückfalluntersuchung 2010 bis 2013 und 2004 bis 2013.* Mönchengladbach: Forum.

Jerouscheck, G. (2000). Straftat und Traumatisierung. *JuristenZeitung (JZ),* 185–194.

Jescheck, H.-H., & Weigend, T. (1996). *Lehrbuch des Strafrechts. Allgemeiner Teil* (5. Aufl.). Berlin: Duncker & Humblot.

Kant, I. (1982). *Die Metaphysik der Sitten* (Bd. 8). Frankfurt a. M.: Suhrkamp (*Werksausgabe hrsg. von W. Weischedel*). Erstausgabe 1797.

Kett-Straub, G., & Kudlich, H. (2017). *Sanktionenrecht.* München: C.H. Beck.

Kilchling, M. (2002). Opferschutz und der Strafanspruch des Staates – Ein Widerspruch? *Neue Zeitschrift für Strafrecht (NStZ),* 22, 57–63.

Killias, M. (2012). Auch auf die Schwere der Strafen kommt es an – Ein Zwischenruf. In E. Hilgendorf & R. Rengier (Hrsg.), *Festschrift für Wolfgang Heinz* (S. 652–662). Baden-Baden: Nomos.

Kovandzic, T., Vieraitis, L., & Boots, D. P. (2009). Does the death penalty save lives? *Criminology and Public Policy,* 8, 803–843.

Kühl, K. (2005). Zum Missbilligungscharakter der Strafe. In J. Arnold et al. (Hrsg.), *Menschengerechtes Strafrecht, Festschrift für Albin Eser* (S. 149–162). München: Beck.

Kühl, K. (2006). Konsequenzen der Sanktion ‚Strafe' für das materielle und formelle Strafrecht. In E. Kempf, G. Jansen & E. Müller (Hrsg.), *Verstehen und Widerstehen, Festschrift für Christian Richter II* (S. 341–356). Baden-Baden: Nomos.

Kury, H. (2013). Zur (Nicht-)Wirkung von Sanktionen. Ergebnisse internationaler empirischer Untersuchungen. *Soziale Probleme,* 24, 11–41.

Lischewski, C. (2018). *Wirksamkeit der stationären Behandlung von Sexualstraftätern in Deutschland.* Online-Publikation. https://www.nzkrim.de/publikationen/berichte. Zugegriffen am 25.03.2019.

von Liszt, F. (1905). *Strafrechtliche Aufsätze und Vorträge* (Bd. 1). Berlin: J. Guttentag.

LK. (2006 ff.). *Leipziger Kommentar* (12. Aufl.). Berlin: de Gruyter. (Hrsg. Laufhütte, H. W., Rissing-van Saan, R., & Tiedemann, K.).

Lösel, F. (1994). Meta-analytische Beiträge zur wiederbelebten Diskussion des Behandlungsgedankens. In M. Steller, K.-P. Dahle & M. Basqué (Hrsg.), *Straftäterbehandlung. Argumente für eine Revitalisierung in Forschung und Praxis* (S. 13–34). Centaurus: Pfaffenweiler.

Lösel, F., & Bender, D. (2018). Konzepte, Ergebnisse und Perspektiven der Behandlung von Straftätern. Ein internationaler Überblick. *Forum Strafvollzug (FS),* 48–52, 144–153.

Lösel, F., & Schmucker, M. (2005). The effectiveness of treatment for sexual offenders: A comprehensive meta-analysis. *Journal of Experimental Criminology,* 1, 117–146.

Lösel, F., & Schmucker, M. (2008). Evaluation der Straftäterbehandlung. In R. Volbert & M. Steller (Hrsg.), *Handbuch der Rechtspsychologie* (S. 160–171). Göttingen: Hogrefe.

Lösel, F., Köferl, P., & Weber, F. (1987). *Meta-Evaluation der Sozialtherapie.* Stuttgart: Enke.

Martinson, R. (1974). What works? Questions and answers about prison reform. *The Public Interest,* 35, 22–54.

Mayer, K. (2014). Risikoorientierung – Der nächste Schritt. Herausforderungen und Bedingungen der Förderung von Interventionsresponsivität. *Bewährungshilfe (BewHi),* 171–188.

Mayer, K., & Treuthardt, D. (2014). Risikoorientierung in Straf- und Maßnahmenvollzug und Bewährungshilfe. Strukturen, Prozesse und Instrumente. *Bewährungshilfe (BewHi),* 132–144.

Meier, B.-D. (2010). What works? Die Ergebnisse der neueren Sanktionsforschung aus kriminologischer Sicht. *JuristenZeitung (JZ),* 112–120.

Montenbruck, A. (2018). *Deutsche Straftheorie. Ein Lehrbuch* (3. Aufl.). Online-Publikation. https://refubium.fu-berlin.de/handle/fub188/22237. Zugegriffen am 25.03.2019.

MüKo. (2016 ff.). *Münchener Kommentar zum Strafgesetzbuch* (3. Aufl.). München: Beck. (Hrsg. Joecks, W., & Miebach, K.)

Naucke, W. (1982). Die Kriminalpolitik des Marburger Programms 1982. *Zeitschrift für die gesamte Strafrechtswissenschaft (ZStW),* 94, 525–564.

NK. (2017). *Nomos Kommentar zum Strafgesetzbuch* (Bd. 1, 5. Aufl.). Baden-Baden: Nomos. (Hrsg Kindhäuser, U., Neumann, U., & Paeffgen, H.-U.)

Otto, H.-J. (1982). *Generalprävention und externe Verhaltenskontrolle. Wandel vom soziologischen zum ökonomischen Paradigma in der nordamerikanischen Kriminologie?* Freiburg: Max-Planck-Institut für ausländisches und internationales Strafrecht.

Pawlik, M. (2004). Kritik der präventionstheoretischen Strafbegründungen. In K. Rogall et al. (Hrsg.), *Festschrift für Hans-Joachim Rudolphi* (S. 213–230). Neuwied: Wolters Kluwer.

Pniewski, B. (2017). Ambulante Maßnahmen zur Rückfallprävention bei Sexualtätern. Ein Überblick über wissenschaftliche Erkenntnisse zur Wirksamkeit aus Deutschland. *Monatsschrift für Kriminologie und Strafrechtsreform (MschrKrim), 100*, 179–206.

Reemtsma, J. P. (1999). *Das Recht des Opfers auf die Bestrafung des Täters – Als Problem.* München: Beck.

Rettenberger, M. (2018). Effekte der Tertiärprävention bei Sexualstraftätern – Ein kriminalpräventives Erfolgsmodell. In M. Walsh et al. (Hrsg.), *Evidenzorientierte Kriminalprävention in Deutschland. Ein Leitfaden für Politik und Praxis* (S. 601–618). Wiesbaden: Springer.

Rössner, D. (1989). Wiedergutmachen statt übelvergelten – (Straf-)theoretische Begründung und Eingrenzung der kriminalpolitischen Idee. In E. Marks & D. Rössner (Hrsg.), *Täter-Opfer-Ausgleich. Vom zwischenmenschlichen Weg zur Wiederherstellung des Rechtsfriedens* (S. 7–41). Forum: Bonn.

Roxin, C. (2001). Wandlungen der Strafzwecklehre. In G. Britz et al. (Hrsg.), *Grundfragen staatlichen Strafens, Festschrift für Heinz Müller-Dietz* (S. 701–716). München: Beck.

Roxin, C. (2006). *Strafrecht. Allgemeiner Teil* (Bd. 1, 4. Aufl.). München: Beck.

Roxin, C. (2009). Strafe und Strafzwecke in der Rechtsprechung des Bundesverfassungsgerichts. In W. Hassemer, E. Kempf & S. Moccia (Hrsg.), *In dubio pro libertate, Festschrift für Klaus Volk* (S. 601–616). München: Beck.

S/S. (2019). *Strafgesetzbuch. Kommentar* (30. Aufl.). München: Beck. (Hrsg. Schönke, A., & Schröder, H.)

Sautner, L. (2010). *Opferinteressen und Strafrechtstheorien. Zugleich ein Beitrag zum restorativen Umgang mit Straftätern.* Innsbruck: Studien.

Schmidhäuser, E. (2004). *Vom Sinn der Strafe* (2. Aufl.). Berlin: Logos.

Schmucker, M., & Lösel, F. (2007). Wie erfolgreich ist die Therapie von Sexualstraftätern? Ergebnisse und Probleme der Wirkungsforschung. In F. Lösel, D. Bender & J.-M. Jehle (Hrsg.), *Kriminologie und wissensbasierte Kriminalpolitik* (S. 295–314). Mönchengladbach: Forum.

Schöch, H. (1982). Das Marburger Programm aus der Sicht der modernen Kriminologie. *Zeitschrift für die gesamte Strafrechtswissenschaft (ZStW), 94*, 864–887.

Schöch, H. (1984). Die Rechtsstellung des Verletzten im Strafverfahren. *Neue Zeitschrift für Strafrecht (NStZ), 4*, 385–391.

Schöch, H. (1985). Empirische Grundlagen der Generalprävention. In T. Vogler (Hrsg.), *Festschrift für Hans-Heinrich Jescheck Hbd. 1* (S. 1081–1106). Berlin: Duncker & Humblot.

Schumann, K. F. (1989). Verlust der Rechtstreue der Bevölkerung und des Vertrauens in die Bestands- und Durchsetzungskraft der Rechtsordnung als Folge informeller Erledigungsweisen? Ergebnisse der Generalpräventionsforschung. In Bundesministerium der Justiz (Hrsg.), *Jugendstrafrechtsreform durch die Praxis – Informelle Reaktionen und neue ambulante Maßnahmen auf dem Prüfstand* (S. 154–167). Bonn: Eigen.

Schumann, K. F. (1998). Empirische Beweisbarkeit der Grundannahmen von positiver Generalprävention. In B. Schünemann, A. von Hirsch & N. Jareborg (Hrsg.), *Positive Generalprävention. Kritische Analysen im deutsch-englischen Dialog* (S. 17–28). Heidelberg: C.F. Müller.

Schumann, K. F., Berlitz, C., Guth, H.-W., & Kaulitzki, R. (1987). *Jugendkriminalität und die Grenzen der Generalprävention.* Neuwied: Luchterhand.

Seddig, D., Hirtenlehner, H., & Reinecke, J. (2017). Beeinflussen Sanktionsrisikoeinschätzungen das delinquente Handeln junger Menschen oder ist es umgekehrt? Befunde einer deutschen Längsschnittuntersuchung. *Kölner Zeitschrift für Soziologie und Sozialpsychologie (KZfSS), 69*, 259–282.

Sellin, T. (1959). *The Death Penalty.* Philadelphia: American Law Institute.

SK StGB (2017 ff.). *Systematischer Kommentar zum Strafgesetzbuch* (9. Aufl.). Köln: Wolters Kluwer. (Hrsg. Wolter, J.).

Spirgath, T. (2013). *Zur Abschreckungswirkung des Strafrechts – Eine Metaanalyse kriminalstatistischer Untersuchungen.* Münster: Lit.

Spiess, G. (2012). Sanktionspraxis und Rückfallstatistik. Die Bedeutung rückfallstatistischer Befunde die Dokumentation und Bewertung des Sanktionensystems. *Bewährungshilfe (BewHi),* 17–39.

Streng, F. (2012). *Strafrechtliche Sanktionen. Die Strafzumessung und ihre Grundlagen* (3. Aufl.). Stuttgart: Kohlhammer.

Suhling, S. (2012). Ansätze zur Bestimmung von Ergebnis-, Struktur- und Prozessqualität. In B. Wischka, W. Pecher & H. van den Boogaart (Hrsg.), *Behandlung von Straftätern. Sozialtherapie, Maßregelvollzug, Sicherungsverwahrung* (S. 162–232). Centaurus: Freiburg.

Suhling, S. (2016). Wirksamkeitsuntersuchungen im Strafvollzug. *Forum Strafvollzug (FS),* 163–167.

Suhling, S., Pucks, M., & Bielenberg, G. (2012). Ansätze zum Umgang mit Gefangenen mit geringer Veränderungs- und Behandlungsmotivation. In B. Wischka, W. Pecher & H. van den Boogaart (Hrsg.), *Behandlung von Straftätern. Sozialtherapie, Maßregelvollzug, Sicherungsverwahrung* (S. 233–293). Centaurus: Freiburg.

Tetal, C. (2018). Die Wirkung strafrechtlicher Sanktionen auf die Legalbewährung. In M. Walsh et al. (Hrsg.), *Evidenzorientierte Kriminalprävention in Deutschland. Ein Leitfaden für Politik und Praxis* (S. 533–556). Wiesbaden: Springer.

Walther, S. (2000). *Vom Rechtsbruch zum Realkonflikt. Grundlagen und Grundzüge einer Wiedergutmachung und Strafe verbindenden Neuordnung des kriminalrechtlichen Santionensystems.* Berlin: Duncker & Humblot.

Walther, S. (2007). Subjektiv-öffentliche Rechte auf Erstattung von Strafanzeige und Durchführung strafrechtlicher Ermittlungen. In H. Müller-Dietz et al. (Hrsg.), *Festschrift für Heike Jung* (S. 1045–1060). Baden-Baden: Nomos.

Ward, T., & Gannon, T. (2006). Rehabilitation, etiology, and self-regulation: The comprehensive good lives model of treatment for sexual offenders. *Aggression and Violent Behavior, 11,* 77–94.

Weigend, T. (1978). Entwicklungen und Tendenzen der Kriminalpolitik in den USA. *Zeitschrift für die gesamte Strafrechtswissenschaft (ZStW), 90,* 1083–1127.

Weigend, T. (1982). „Neoklassizismus" – Ein transatlantisches Mißverständnis. *Zeitschrift für die gesamte Strafrechtswissenschaft (ZStW), 94,* 801–814.

Weigend, T. (2010). „Die Strafe für das Opfer?" – Zur Renaissance des Genugtuungsgedankens im Straf- und Strafverfahrensrecht. *Rechtswissenschaft Zeitschrift für rechtswissenschaftliche Forschung (RW), 1,* 30–57.

Wischka, B. (2013a). Das Behandlungsprogramm für Sexualstraftäter (BPS-R). Erfahrungen und Evaluationsergebnisse. *Recht und Psychiatrie (R & P), 31,* 138–145.

Wischka, B. (2013b). Kognitiv-behaviorale Therapie für Sexualstraftäter im Kontext einer integrativen Sozialtherapie. In A. Dessecker & W. Sohn (Hrsg.), *Rechtspsychologie, Kriminologie und Praxis. Festschrift für Rudolf Egg* (S. 539–586). KrimZ: Wiesbaden.

Wright, B., et al. (2004). Does the perceived risk of punishment deter criminally prone Individuals? *Journal of Research in Crime and Delinquency, 41,* 180–213.

Zaczyk, R. (2005). Zur Begründung der Gerechtigkeit menschlichen Strafens. In J. Arnold et al. (Hrsg.), *Menschengerechtes Strafrecht, Festschrift für Albin Eser* (S. 207–220). München: Beck.

Strafarten

3

3.1 Grundlagen

3.1.1 Die Entwicklung des Strafensystems

Das System der Strafarten, so wie wir es heute kennen, geht in seinen wesentlichen Grundstrukturen auf die **Strafrechtsreform des Jahres 1969** zurück.

Vorbereitet wurde die Strafrechtsreform durch zwei Gesetzentwürfe, die in ihren Aussagen zum Sanktionssystem unterschiedliche Positionen vertraten: den „E 1962",[1] der straftheoretisch eher dem Vergeltungsgedanken nahe stand, und den von einem Arbeitskreis deutscher und schweizerischer Hochschullehrer vorgelegten „Alternativ-Entwurf",[2] der sich vor allem dem Gedanken der Spezialprävention verpflichtet fühlte.[3] Aus der Verschmelzung beider Entwürfe wurden in den Jahren 1966 bis 1969 vom „Sonderausschuss für die Strafrechtsreform" die Grundlagen für das 1. und 2. StrRG erarbeitet.[4]

Kernstück des 1. StrRG vom 25.06.1969, in Kraft getreten z. T. am 01.09.1969, z. T. am 01.04.1970, waren die Ersetzung der bis dahin verfügbaren 4 Arten von Freiheitsentziehung (Zuchthaus, Gefängnis, Einschließung und Haft) durch die einheitliche Freiheitsstrafe, ferner die Einführung der „ultima ratio"-Klausel für die Verhängung der kurzen Freiheitsstrafe (heute § 47 StGB), die Neufassung der Vorschriften über die Strafaussetzung zur Bewährung sowie die Einführung der Möglichkeit zum Absehen von Strafe. Inhalt des 2. StrRG vom 04.07.1969, in Kraft getreten am 01.01.1975, waren neben einer Neufassung der Paragraphenfolge vor allem die Anhebung des Mindestmaßes der Freiheitsstrafe auf einen Monat, die Umgestaltung der Geldstrafe nach dem skandinavischen Tagessatzsystem und die Einführung der Verwarnung mit Strafvorbehalt.[5] Ebenfalls im Zusammenhang mit

---

[1] BT-Drucks. 4/650.

[2] *Baumann et al.* 1969 (Erstauflage 1966; BT-Drucks. 5/2285); vgl. dazu auch *Baumann* 1968b.

[3] *Roxin* 2006, § 4 Rn. 17 ff.; *Baumann et al.* 2016, § 4 Rn. 65, § 4 Rn. 27; LK 2006 ff., *Weigend*, Einl Rn. 35.

[4] 1. und 2. Schriftlicher Bericht des Sonderausschusses für die Strafrechtsreform, BT-Drucks. 5/4094 und 5/4095.

[5] Übersicht über die wichtigsten Reformelemente bei *Roxin* 2006, § 4 Rn. 24 ff.

© Springer-Verlag GmbH Deutschland, ein Teil von Springer Nature 2019
B.-D. Meier, *Strafrechtliche Sanktionen*, Springer-Lehrbuch,
https://doi.org/10.1007/978-3-662-59442-1_3

dem 1. und 2. StrRG zu nennen sind die Reformen, die das EGStGB vom 02.03.1974 gebracht hat: die Aufhebung der Deliktskategorie der „Übertretungen" und die Einführung der „prozessualen Lösung" für die Ahndung der Bagatellkriminalität (§§ 153, 153a StPO).

Die vom Gesetzgeber seit dieser Zeit vorgenommenen Änderungen beinhalten vor allem die weitere *Ausdifferenzierung* des Strafensystems für besondere Tätergruppen. In der jüngeren Vergangenheit werden darüber hinaus Tendenzen sichtbar, die auf eine *Verschärfung* der Rechtsfolgen hindeuten.

Hervorzuheben sind die folgenden seit der Strafrechtsreform der 1960er-/1970er-Jahre ergangenen Gesetzesänderungen:

- Das Gesetz zur Neuordnung des Betäubungsmittelrechts vom 28.07.1981 schuf für betäubungsmittelabhängige Täter die Möglichkeit der Therapieüberleitung (§§ 35 ff. BtMG).
- Das 20. StrÄndG vom 08.12.1981 eröffnete die Möglichkeit zur Aussetzung des Strafrests für Täter, die zu lebenslanger Freiheitsstrafe verurteilt wurden (§§ 57a f. StGB).
- Durch das 23. StrÄndG vom 13.04.1986 wurden die Möglichkeiten zur Aussetzung des Strafrests nach Verbüßung der Hälfte der verhängten Freiheitsstrafe erweitert (§ 57 Abs. 2 StGB).
- Das Gesetz zur Bekämpfung des illegalen Rauschgifthandels und anderer Erscheinungsformen der Organisierten Kriminalität vom 15.07.1992 (OrgKG) erweiterte die Möglichkeiten, mithilfe der strafrechtlichen Sanktionen illegal erlangte Gewinne abzuschöpfen (§§ 43a, 73d StGB).
- Das Verbrechensbekämpfungsgesetz vom 28.10.1994 (VerbrBekG) eröffnete die Möglichkeit, nach freiwilliger Schadenswiedergutmachung die Strafe nach den Grundsätzen des § 49 Abs. 1 StGB zu mildern oder ganz von Strafe abzusehen (§ 46a StGB).
- Durch das Gesetz zur Bekämpfung von Sexualdelikten und anderen gefährlichen Straftaten vom 26.01.1998 (SexBG) wurden die Prognosevoraussetzungen für die Entlassung aus dem Straf- und Maßregelvollzug verschärft und die Möglichkeiten zur Anordnung von Sicherungsverwahrung für bestimmte Tätergruppen erweitert (§§ 57 Abs. 1, 66 Abs. 3, 67d Abs. 2 StGB).
- Das am selben Tag erlassene 6. StrRG hatte die Harmonisierung der Strafrahmen zum Ziel. Der Gesetzgeber, dem es vor allem um die Beseitigung von Wertungswidersprüchen ging, nahm die angestrebte Harmonisierung dabei allerdings nahezu ausschließlich „nach oben", d. h. durch Verschärfung der Strafdrohungen und die Vermehrung von Qualifikationstatbeständen, vor.

Betrachtet man das Strafensystem in seiner heutigen Gestalt, so stehen im Mittelpunkt die beiden Hauptstrafe n: die *Geldstrafe*, welcher im Bereich der kleinen und mittleren Kriminalität grundsätzlich der Vorrang zukommt (§ 47 StGB), und die *Freiheitsstrafe*. Unterhalb der Geldstrafe gibt es zwei weitere Strafarten, deren Anwendungsbereich etwas unscharf ist: das *Absehen von Strafe*, bei dem sich das Gericht mit einem Schuldspruch begnügt und dem Täter kein Strafübel auferlegt, und die *Verwarnung mit Strafvorbehalt*, bei der das Gericht den Täter zusätzlich zum Schuldspruch verwarnt und bereits eine (Geld-) Strafe bestimmt, die Verurteilung zu dieser Strafe aber aussetzt. Die Freiheitsstrafe ist die schwerste Strafart, die das heutige Sanktionssystem kennt; sie kann entweder als *zeitige* oder als *lebens-*

lange Freiheitsstrafe verhängt werden. Weitere Differenzierungen ergeben sich daraus, dass die Freiheitsstrafe nicht zwingend vollstreckt zu werden braucht; die Vollstreckung kann entweder bereits im Urteil oder nach Verbüßung einer bestimmten Mindestdauer *zur Bewährung ausgesetzt* werden. Abgerundet und ergänzt wird das Strafensystem durch eine Nebenstrafe , das *Fahrverbot* , das im Urteil nicht selbständig, sondern nur in Kombination mit einer Hauptstrafe verhängt werden kann.

3.1.2 Die Schuld als Voraussetzung der Strafe

Die gemeinsame Voraussetzung aller Strafen ist die in der Verurteilung zum Ausdruck gelangende Feststellung des Gerichts, dass der Täter schuldhaft gehandelt hat. **Strafe setzt Schuld voraus**; dem Täter muss – in der bekannten Formulierung des *BGH* [6] – vorgeworfen werden können, dass er sich nicht rechtmäßig verhalten hat, obwohl er sich rechtmäßig hätte verhalten können, dass er sich für das Unrecht entschieden hat, obwohl er sich für das Recht hätte entscheiden können. Die Notwendigkeit der Schuld lässt sich dabei mit den *Strafzwecken* begründen: Wenn die Strafe die Aufgabe hat, durch das Aussprechen eines sozialethischen Unwerturteils und die zwangsweise Zufügung eines Übels die Normgeltung zu bestätigen (oben Abschn. 2.4), dann setzt dies voraus, dass der Täter durch sein Verhalten die Normgeltung zurechenbar in Frage gestellt hat. Fehlt es im Einzelfall trotz tatbestandsmäßigen und rechtswidrigen Handelns an einem derartigen „Infragestellen", dann lässt sich die Strafe präventiv nicht legitimieren; würde sie gleichwohl verhängt, so würde dies einen Akt darstellen, der für die Wiederherstellung der sozialen Ordnung nicht erforderlich ist. Es ist deshalb allgemein anerkannt, dass die Schuld die notwendige – wenn auch nicht hinreichende[7] – Bedingung der Strafe ist und dass der diesen Zusammenhang ausdrückende Schuldgrundsatz *im Verfassungsrecht verankert* ist.[8]

Welche *Inhalte* sich mit dem Begriff der Schuld verbinden, ist damit noch nicht gesagt.[9] Im vorliegenden Zusammenhang genügt es freilich, auf die strafrechtsdogmatischen Voraussetzungen für die Verurteilung des Angeklagten zu verweisen und damit das Fehlen von Schuldausschließungs- und Entschuldigungsgründen in Bezug zu nehmen (genauer im Hinblick auf die Strafzumessung unten Abschn. 4.4.1). Die „Bestrafung des Schuldigen" setzt voraus, dass keine Umstände vorliegen, die der individuellen Zurechnung des rechtswidrigen Verhaltens entgegenstehen. Dabei ist neben dem Umstand, dass sich der Täter nicht in einem unvermeidbaren Verbotsirrtum (§ 17 Satz 1 StGB) oder in einer gegenwärtigen, nicht anders abwendbaren Gefahr (§ 35 Abs. 1 StGB) befunden hat, vor allem an zwei Umstände zu denken:

---

[6] *BGHSt* 2, 194 (200).

[7] *Roxin* 2006, § 19 Rn. 9.

[8] *BVerfGE* 20, 323 (331); 45, 187 (228 f.); 90, 145 (173); *Jescheck und Weigend* 1996, 23 f.; S/S 2019, *Eisele*, Vorbem. §§ 13 ff. Rn. 103 f.

[9] Übersicht bei *Roxin* 2006, § 19 Rn. 18 ff.

an das Alter des Täters und an das etwaige Vorliegen psychischer Störungen. Strafe kann nur dann verhängt werden, wenn der Täter bei Tatbegehung *nicht jünger als 14 Jahre* war (§ 19 StGB); war er weniger als 21 Jahre alt, bestimmt sich die Frage, ob gegen ihn Strafe verhängt werden darf, nach den besonderen Regeln des Jugendstrafrechts (§§ 3 Satz 1, 105 Abs. 1 JGG). Bezüglich der *psychischen Störungen* gilt, dass diese zum Zeitpunkt der Tat die Einsichts- oder Steuerungsfähigkeit nicht aufgehoben haben dürfen (§ 20 StGB). Strafe setzt voraus, dass sich der Täter trotz vorhandener Einsichts- und Steuerungsfähigkeit falsch verhalten hat; fehlt ihm eine dieser Fähigkeiten, scheidet die Verhängung von Strafe aus. Der Täter kann in diesem Fall allerdings mit schuldunabhängigen Maßregeln belegt werden, wenn und soweit eine solche Maßnahme aus präventiven Gründen erforderlich ist (unten Abschn. 5.1.1).

Fraglich ist, ob die Fähigkeit zum Andershandelnkönnen, die den Bezugspunkt des Schuldvorwurfs bildet, nur auf Individuen bezogen werden kann, oder ob sie auch juristischen Personen und Personenvereinigungen zukommt. Abgesehen davon, dass es im derzeit geltenden deutschen Recht keine Strafen gibt, die gegen juristische Personen verhängt werden können („**Verbandsstrafen**"), geht die wohl überwiegende Auffassung in der Literatur davon aus, dass von „Schuld" allein im Zusammenhang mit dem Handeln natürlicher Personen gesprochen werden kann; juristische Personen sollen nicht bestraft werden können.[10] Zwingend ist diese Auffassung indessen nicht. Die zivilrechtlichen Regeln über die Organhaftung (§ 31 BGB) zeigen, dass es ungeachtet der persönlichen Haftung des Vorstands durchaus möglich ist, juristischen Personen pflichtwidriges Verhalten ihrer vertretungsberechtigten Organe zuzurechnen. Auch § 30 OWiG sieht vor, dass bei Fehlverhalten der Organe gegen juristische Personen oder Personenvereinigungen Geldbußen verhängt werden können. Es ist deshalb nicht unmittelbar einleuchtend, warum nicht auch die Schuld im strafrechtlichen Sinn auf das Handeln der Organe bezogen werden kann. Eine „Bestrafung" der juristischen Personen könnte ohne Verstoß gegen den Schuldgrundsatz immer dann anzunehmen sein, wenn sich die tatbestandsmäßig und rechtswidrig für die juristische Person handelnden Organe in einer Situation befunden haben, in der sie sich auch anders, nämlich normgemäß, hätten verhalten können. Die Verbandsstrafbarkeit würde in diesem Fall allerdings eine *Erweiterung des Strafensystems* um spezifisch auf juristische Personen zugeschnittene Rechtsfolgen (z. B. Verbandsgeldstrafe, Zwangsaufsicht, Betriebsschließung) voraussetzen.[11]

3.1.3 Abgeschafft: die Todesstrafe

Jeder Blick auf das Strafensystem ist unvollständig, der sich nicht auch mit der Frage beschäftigt, welche Strafen das geltende System *nicht* kennt. Insoweit fällt

---

[10] *Jescheck und Weigend* 1996, 227 ff.; *Roxin* 2006, § 8 Rn. 59 ff.; S/S 2019, *Heine und Weißer*, Vorbem. §§ 25 ff. Rn. 121; *Otto* Jura 1998, 415 ff.
[11] Vgl. die Überlegungen von *Henssler u. Ä.* NZWiSt 2018, 1 ff.

vor allem Art. 102 GG ins Auge: Die Todesstrafe ist in Deutschland abgeschafft. Auch die Mitgliedsstaaten des Europarats haben sich im 6. und 13. Zusatzprotokoll zur EMRK verpflichtet, die Todesstrafe abzuschaffen,[12] und die Mitgliedsstaaten der Europäischen Union haben in Art. 2 Abs. 2 der Grundrechte-Charta festgelegt, dass niemand zur Todesstrafe verurteilt oder hingerichtet werden darf. § 8 IRG verlängert diese Vorgaben ins Auslieferungsrecht und erklärt es für unzulässig, einen Straftäter an ein Land auszuliefern, in dem die Todesstrafe droht, es sei denn, dass der die Auslieferung ersuchende Staat zusichert, die Todesstrafe werde nicht verhängt oder vollstreckt.

Historisch-philosophisch hat die Abschaffung der Todesstrafe ihre Wurzeln in der **Aufklärung**. Schon *Cesare Beccaria* forderte die Abschaffung und begründete dies mit dem Gesellschaftsvertrag: Kein Mensch überlasse anderen Menschen die Befugnis, ihn zu töten; die Todesstrafe sei deshalb kein Recht, sondern ein „Krieg der Nation gegen einen Bürger, weil sie die Vernichtung seines Daseins für notwendig oder nützlich erachtet".[13] Die Entscheidung des deutschen Verfassungsgebers von 1949 erklärt sich vor allem aus den Erfahrungen, die mit der inflationären Verwendung dieser Strafart während der Terrorherrschaft des „**Dritten Reichs**" gesammelt wurden und deren Wiederholung für immer ausgeschlossen werden sollte. Das *BVerfG* interpretierte Art. 102 GG in einer Entscheidung aus dem Jahr 1964 als „Bekenntnis zum grundsätzlichen Wert des Menschenlebens und zu einer Staatsauffassung, die sich in betonten Gegensatz zu den Anschauungen eines politischen Regimes stellt, dem das einzelne Leben wenig bedeutete und das deshalb mit dem angemaßten Recht über Leben und Tod des Bürgers schrankenlosen Missbrauch trieb."[14]

Jenseits dieser historischen Gründe sind es heute vor allem sozial-ethische Gesichtspunkte, die gegen die Todesstrafe ins Feld geführt werden und die einen **internationalen Trend zur Ächtung** dieser Strafart stützen. Auf den Gedanken der Wiedervergeltung, die Talion („Auge um Auge, Zahn um Zahn"[15]), kann die Todesstrafe selbst bei Tötungsdelikten nicht gestützt werden, weil das verlorene Leben nicht dadurch wiederhergestellt werden kann, dass der Mörder hingerichtet wird. Das Talionsprinzip ist in einem weltlichen Staat nur insoweit akzeptabel, als es auf die *Wertgleichheit* von Tat und Strafe verweist, die bei schwersten Delikten auch durch die Verhängung der lebenslangen Freiheitsstrafe gewährleistet werden kann (oben Abschn. 2.2.2). Begründet man die Strafe mit ihrer präventiven Notwendigkeit, kommen als weitere Gesichtspunkte hinzu, dass die empirische Befundlage bzgl. einer abschreckenden Wirkung brüchig ist (oben Abschn. 2.3.3.1) und dass die Sicherung vor dem „gefährlichen" Straftäter ebenso wirksam wiederum durch die le-

---

[12] Zur europäischen Rechtspolitik genauer *Rosenau* ZIS 2006, 338 ff.; *Schmahl*, DTIEV-Online 2/2011; zur historischen Entwicklung auch *Koch* 2013, 165 ff.

[13] *Beccaria* 1988, 123.

[14] *BVerfGE* 18, 112 (117); vgl. zum historischen Hintergrund auch *Ebel und Kunig* Jura 1998, 617 ff.; *Koch* 2013, 165 ff.; den aktuellen Diskussionsstand zusammenfassend *Schmitt-Leonardy* JuS 2018, 848 ff.

[15] 2. Mose, 21, 24; vgl. aber auch Matth. 5, 38–39.

benslange Freiheitsstrafe oder auch durch die Sicherungsverwahrung gewährleistet werden kann. Hinzu kommt der pragmatische Gesichtspunkt, dass Fehlurteile nach dem Vollzug der Strafe nicht mehr korrigiert werden können, dass es aber kein Justizsystem gibt, in dem Fehlurteile sicher auszuschließen sind.

Trotz dieser beeindruckenden Gründe, die gegen die Todesstrafe sprechen und die ihre Beseitigung in Europa als eine Kulturleistung erscheinen lassen, gibt es nach Angaben von „Amnesty International" derzeit weltweit immer noch 55 Staaten, in denen die Todesstrafe praktiziert wird. Zu den Staaten, die die Todesstrafe auch heute noch kennen und praktizieren, gehören vor allem China, Iran, Irak, Saudi-Arabien, Pakistan und, wenn auch weniger häufig, die USA. In den USA wurden laut „Amnesty International" im Jahr 2017 insgesamt 23 Personen exekutiert.[16]

Unzulässig ist in Europa im Übrigen nicht nur die Todesstrafe. Art. 3 EMRK verbietet **jede unmenschliche oder erniedrigende Strafe**. Der EGMR hat dieses Verbot vor allem für die Prügelstrafe konkretisiert,[17] die bis in die 1970er-Jahre hinein auf der *Isle of Man* noch vollzogen wurde.[18] Unvereinbar mit Art. 3 EMRK können aber auch die Haftbedingungen und die Haftdauer sein, die ein Verurteilter, dessen Auslieferung aus einem europäischen Staat von den USA beantragt worden ist, in der Todeszelle in den USA zu erwarten hat („Todeszellensyndrom").[19]

3.1.4 Die quantitative Bedeutung der Strafen

Ehe genauer auf die einzelnen Strafarten eingegangen wird, sei noch ein kurzer Blick auf die quantitative Bedeutung der Hauptstrafen geworfen (Tab. 3.1).[20] Insoweit lässt sich zunächst feststellen, dass die *Geldstrafe* in der Gerichtspraxis die mit Abstand häufigste Sanktionsform ist. 2017 wurden etwa 84 % aller ausgeurteilten Strafen als Geldstrafe verhängt; der Rest entfiel auf die Freiheitsstrafe. Bei den *Freiheitsstrafen* verteilen sich die zur Bewährung ausgesetzte und die vollstreckte Strafe etwa im Verhältnis 2:1. Die nicht zur Bewährung ausgesetzte Freiheitsstrafe stellt damit im Gesamtspektrum der Strafarten eine vergleichsweise seltene Sanktion dar. An dieser Grundstruktur hat sich seit der Strafrechtsreform von 1969 nichts Wesentliches geändert. Während um die Jahrtausendwende noch ein leichter Trend zur Abnahme der Geldstrafe erkennbar war,[21] steigt er in den letzten Jahren wieder leicht an, korrespondierend zur Abnahme der Freiheitsstrafe.

---

[16]Amnesty International 2018; grundlegend im Übrigen der Überblick von *Hood und Hoyle* 2015, 75 ff.; zur politischen und wissenschaftlichen Auseinandersetzung in den USA auch *Kreuzer* 2004, 163 ff.

[17]*EGMR* NJW 1979, 1089 – Fall Tyrer.

[18]Zur heute noch vollzogenen Prügelstrafe in Singapur *Graef* JZ 1996, 1171 f.

[19]*EGMR* NJW 1990, 2183 (2186 ff.) m. Anm. *Lagodny* – Fall Soering.

[20]Vgl. dazu ausführlich die Internet-Publikationen des Konstanzer Instituts für Rechtstatsachenforschung unter http://www.ki.uni-konstanz.de/kis/.

[21]Möglicherweise wurde in dieser Zeit ein Teil der früheren Geldstrafen-Fälle durch Einstellungen nach § 153a StPO erledigt.

Tab. 3.1 Entwicklung der Hauptstrafen. (*Quelle*: Statistisches Bundesamt, Strafverfolgung, zuletzt Tab. 3.1, Tab. 3.3)

	Verurteilte[a]	Freiheitsstrafe (in %)		Geldstrafe (in %)
		Ohne Bewährung	Mit Bewährung	
1960	485.661	19,0	11,8	69,2
1965	505.441	23,0	11,6	65,4
1970	553.692	7,6	8,5	83,9
1975	567.605	6,5	10,2	83,3
1980	599.832	6,0	11,6	82,4
1985	600.798	6,3	12,4	81,3
1990	615.089	5,3	11,4	83,3
1995[b]	683.258	5,2	11,8	83,0
2000	638.893	6,4	13,2	80,3
2005	674.004	5,6	13,4	81,0
2010[c]	704.802	5,3	13,1	81,6
2015	674.145	4,7	11,2	84,1
2017	656.376	5,1	10,8	84,1

[a]Nur nach allgemeinem Strafrecht Verurteilte (ohne Jugendstrafrecht)
[b]Seit 1995 einschl. Ost-Berlin
[c]Seit 2007 alte und neue Bundesländer

Im Vergleich mit der Sanktionsstruktur vor der Strafrechtsreform von 1969 lässt Tab. 3.1 erkennen, dass der Anteil der nicht zur Bewährung ausgesetzten Freiheitsstrafen vor 1969 um das Drei- bis Vierfache höher war als danach. In diesem Rückgang schlägt sich nieder, dass eine Freiheitsstrafe unter sechs Monaten seit 1970 nur noch in Ausnahmefällen verhängt werden darf; die Zurückdrängung der kurzen Freiheitsstrafe war eines der wesentlichen Anliegen der Reformgesetzgebung (§ 47 StGB; dazu genauer unten Abschn. 3.6.2.2). Tab. 3.1 zeigt, dass dieses Ziel erreicht wurde und die Praxis bis heute geprägt hat.[22]

3.2 Absehen von Strafe

3.2.1 Kriminalpolitische Zielsetzung

Beim Absehen von Strafe, der schwächsten Reaktionsform, die das deutsche Sanktionssystem kennt, handelt es sich nicht um eine „Strafe", sondern um das Gegenteil: den *Verzicht* auf eine Strafe. Ein Übel, das mit jeder „Strafe" notwendigerweise verbunden ist (oben Abschn. 2.1.1), wird dem Verurteilten nicht auferlegt; der Verurteilte wird vom Gericht noch nicht einmal verwarnt. Die staatliche Reaktion erschöpft sich im **Schuldspruch**, also in der mit staatlicher Autorität getroffenen öffentlichen Feststellung, dass der Täter die Strafrechtsnormen in zurechenbarer

[22]Ausführlich zur Beurteilung des reformierten Sanktionssystems NK 2017, *Villmow*, Vor §§ 38 ff. Rn. 85 ff.

Weise verletzt hat.[23] In diesem Schuldspruch drückt sich das **sozialethische Unwerturteil über die Tat** aus, das die symbolischen Wirkungen des Strafrechts zum
Tragen bringt: Dem Täter wird die personale Verantwortung für das Geschehen zugewiesen und es wird die Solidarität der Gemeinschaft mit dem Opfer öffentlich
bekundet (oben Abschn. 1.1.3). Das Absehen von Strafe ist damit eine Sanktionsform eigener Art, die jedoch wegen ihrer Anbindung an die Schuld des Täters systematisch in den Kontext der Strafen gehört.

3.2.2 Voraussetzungen

Das Absehen von Strafe kommt in verschiedenen Zusammenhängen in Betracht.
Zum einen gibt es über das StGB verteilt eine Reihe von Einzelregelungen, die
diese Form der Reaktion als **Alternative zur strafrahmenverschiebenden Milderung** nach § 49 Abs. 1 oder 2 StGB (dazu genauer unten Abschn. 4.3.2) vorsehen.

> Wichtigstes Beispiel für die Kombination mit der Strafmilderung nach § 49 Abs. 1 StGB ist
> die durch das VerbrBekG von 1994 geschaffene Regelung über die Rechtsfolgen nach
> Täter-Opfer-Ausgleich oder Schadenswiedergutmachung (§ 46a StGB), auf deren Voraus-
> setzungen an anderer Stelle genauer eingegangen wird (unten Kap. 6). Beispiele für die
> Kombination mit der Ermessensmilderung nach § 49 Abs. 2 StGB bilden die Regelungen
> über den grob unverständigen untauglichen Versuch (§ 23 Abs. 3 StGB), den Aussagenot-
> stand (§ 157 StGB), die Aussageberichtigung (§ 158 Abs. 1 StGB) oder die tätige Reue
> (§ 306e Abs. 1 StGB).

Zum anderen gibt es eine Vorschrift (§ 60 StGB), die das Absehen von Strafe als
alleinige Form der Reaktion vorsieht. Wenn das Gericht die Voraussetzungen für
gegeben erachtet, hat es also nicht – wie bei den anderen Vorschriften – die Möglichkeit, zwischen dem Regelstrafrahmen, dem nach § 49 StGB gemilderten Strafrahmen und dem Absehen von Strafe zu wählen, sondern es *muss* das Absehen von
Strafe im Urteil *zwingend* aussprechen. Ein Ermessen ist ihm nicht eingeräumt.
Diese durch das 1. StrRG von 1969 neu in das StGB eingefügte Regelung war wegen ihrer weit reichenden Konsequenzen kriminalpolitisch lange Zeit umstritten,[24]
hat sich in der Zwischenzeit aber fest etabliert.

Voraussetzung für das Absehen von Strafe nach § 60 StGB ist, dass der Täter
bereits durch die Folgen der Tat schwer getroffen ist. Zu den „**Folgen der Tat**"
können grundsätzlich alle einen Bezug zur Person des Täters aufweisenden Auswirkungen gehören, die ihre Wurzel im Tatgeschehen haben. Es kommt nicht darauf
an, ob die Folgen für den Täter vorhersehbar waren oder nicht, ob sie den Täter
unmittelbar oder nur mittelbar getroffen haben, oder ob sie für ihn mit physischen,
psychischen oder wirtschaftlichen Einbußen verbunden gewesen sind.[25] Entschei-

---

[23] *Wagner* GA 1972, 36 f.

[24] Vgl. *Eser* 1972, 257 ff.; *Wagner* GA 1972, 33 ff.; *Hassemer* 1981, 65 ff.; weitere Nachw. bei LK
2006 ff., *Hubrach*, § 60 Rn. 1.

[25] LK 2006 ff., *Hubrach*, § 60 Rn. 14 ff.; S/S 2019, *Kinzig*, § 60 Rn. 3 ff.; *Lackner und Kühl* 2018,
§ 60 Rn. 2.

dend ist allein ihr *Erheblichkeitsgrad*. Die Folgen der Tat müssen sich von den typischerweise mit der Begehung von Straftaten verbundenen Folgen (z. B. zivilrechtlichen Ausgleichspflichten, Kostenfolgen etc., aber auch normalen Reaktionen und Gemütsbewegungen wie Erschrecken und Schuldgefühlen[26]) deutlich abheben und für den Täter eine Lage begründen, die ihn als in außergewöhnlicher Weise belastet erscheinen lässt.

Beispiele

Der Täter wird bei der Tat (z. B. einer Brandstiftung) oder in der Nachtatphase (z. B. bei der Verfolgung durch die Polizei) selbst schwer verletzt. – Bei einem alkoholbedingt verursachten Verkehrsunfall verliert der Täter die geliebte Ehefrau und Mutter von vier gemeinsamen, noch minderjährigen Kindern.[27] – Ein seine kranke Ehefrau über Jahre hinweg aufopferungsvoll pflegender Ehemann sorgt bei einer Verschlechterung des Gesundheitszustands nicht rechtzeitig für medizinische Behandlung; er leidet erheblich unter dem Verlust seiner Frau.[28]

Da § 60 StGB als Rechtsfolge allein das Absehen von Strafe vorsieht, ist die Anwendung dieser Vorschrift nur dann mit den Strafzwecken vereinbar, wenn die Folgen, die den Täter getroffen haben, die Schuld als hinreichend kompensiert erscheinen lassen, und es keine präventiven Gesichtspunkte gibt, die die Verhängung von Strafe erforderlich machen. Die Folgen müssen für den Täter den Charakter einer Belastung tragen, die so schwer ist, dass die zusätzliche Zufügung eines Strafübels „**offensichtlich verfehlt**" wäre. In der Literatur wird insoweit zum Teil von „poena naturalis" (natürliche Strafe) gesprochen.[29] Die Entbehrlichkeit von Strafe muss sich dabei, wie das Wort „offensichtlich" in § 60 Satz 1 StGB deutlich macht, unmittelbar aufdrängen; das Ergebnis muss jedem ernsthaften Zweifel entrückt sein.[30]

Das Absehen von Strafe nach § 60 StGB kommt grundsätzlich bei allen Delikten in Betracht; kein Deliktsbereich ist vom Anwendungsbereich ausgeschlossen. Eine gewisse Einschränkung ergibt sich jedoch daraus, dass der Täter für die Tat **keine Freiheitsstrafe von mehr als einem Jahr verwirkt** haben darf (§ 60 Satz 2 StGB). Der Gesetzgeber hat insoweit eine Grenze aufgestellt, jenseits derer unwiderleglich davon auszugehen ist, dass ein Verzicht auf Strafe mit den Strafzwecken nicht vereinbar wäre. Das Gericht kann das Absehen von Strafe deshalb nur dann aussprechen, wenn es zuvor genau geprüft hat, welche Strafe der Täter „an sich", d. h. unter Berücksichtigung sämtlicher Strafzumessungsgesichtspunkte erhalten müsste (und insofern „verwirkt" hat).

---

[26] *BayObLG* NJW 1971, 766 (767).

[27] Vgl. *OLG Karlsruhe* NJW 1974, 1006.

[28] *BGH* NStZ 1997, 121 m. Anm. *Stree*.

[29] Vgl. *Lackner und Kühl* 2018, § 60 Rn. 1; *Jescheck und Weigend* 1996, 862.

[30] *BGHSt* 27, 298 (300); *BGH* NStZ 1997, 121; *Lackner und Kühl* 2018, § 60 Rn. 3.

Fraglich ist, ob das Gericht bei dem hypothetischen Strafzumessungsvorgang auch die den Täter belastenden Folgen der Tat berücksichtigen darf. Von der h.M. wird dies bejaht.[31] Schlüssig begründen lässt sich diese Auffassung jedoch nicht, denn das Gericht kann nicht auf der einen Seite erklären, dass „an sich" eine mehrmonatige Strafe verwirkt wäre, und auf der anderen Seite feststellen, dass eine derartige Strafe „offensichtlich verfehlt" wäre. Man wird deshalb davon auszugehen haben, dass die Folgen der Tat im Strafzumessungsvorgang *nur einmal* berücksichtigt werden dürfen. Erreichen lässt sich dies nur dann, wenn die in § 60 StGB angesprochenen Folgen der Tat als besonderer Strafzumessungsfaktor verstanden werden, der bei der Festlegung der verwirkten Strafe zunächst außer Betracht zu bleiben hat und erst dann zum Tragen gebracht werden darf, wenn geprüft wird, ob die verwirkte Strafe im Hinblick auf die besonderen Folgen der Tat „offensichtlich verfehlt" wäre.[32]

3.2.3 Verfahren

Das Absehen von Strafe muss in der Urteilsformel zum Ausdruck gebracht werden (§ 260 Abs. 4 Satz 4 StPO). Der Tenor lautet etwa: „Der Angeklagte ist der fahrlässigen Tötung schuldig. Von der Verhängung einer Strafe wird abgesehen."[33] Ausgesprochen werden kann die Rechtsfolge auch im Strafbefehl (§ 407 Abs. 2 Satz 1 Nr. 3 StPO). Trotz des Absehens von Strafe werden dem Verurteilten die Verfahrenskosten auferlegt (§ 465 Abs. 1 Satz 2 StPO). Daneben können im Urteil Maßregeln der Besserung und Sicherung angeordnet werden, z. B. die Unterbringung in einem psychiatrischen Krankenhaus (§ 63 StGB).

Eine wesentliche Einschränkung des Anwendungsbereichs der Reaktionsform ergibt sich daraus, dass ein Verfahren dann von der Staatsanwaltschaft **eingestellt** werden kann, wenn die Voraussetzungen für das Absehen von Strafe vorliegen (§ 153b Abs. 1 StPO). Die Staatsanwaltschaft wird diesem Weg schon aus verfahrensökonomischen Gründen regelmäßig den Vorrang einräumen. Zu einem im richterlichen Urteil ausgesprochenen Absehen von Strafe kommt es in der Praxis deshalb nur dann, wenn entweder die Voraussetzungen für das Absehen von Strafe erst in der Hauptverhandlung festgestellt werden oder wenn die Staatsanwaltschaft mit dieser Form der informellen Verfahrenserledigung nicht einverstanden ist. Das im Urteil ausgesprochene Absehen von Strafe ist – wie jedes Urteil – nicht an die Zustimmung der Staatsanwaltschaft gebunden.

In den weit reichenden Einstellungsmöglichkeiten, die § 153b StPO eröffnet, dürfte der wesentliche Grund dafür liegen, dass das Absehen von Strafe im Urteil vergleichsweise selten ausgesprochen wird. Im Jahr 2017 wurden im gesamten Bundesgebiet lediglich 176 Personen unter Absehen von Strafe nach allgemeinem Strafrecht (Erwachsenenstrafrecht) abgeurteilt (0,02 % der Abgeurteilten).[34]

---

[31] *Fischer* 2019, § 60 Rn. 3; *Lackner und Kühl* 2018, § 60 Rn. 4; *Jescheck und Weigend* 1996, 864.

[32] So zu Recht *Streng* 2012, 354 (Rn. 713); *Schall* 2017, 395 ff.

[33] *Meyer-Goßner und Appl* 2014, 36 (Rn. 113).

[34] Statistisches Bundesamt, Strafverfolgung 2017, Tab. 2.2

3.3 Verwarnung mit Strafvorbehalt

3.3.1 Kriminalpolitische Zielsetzung

Auch bei der Verwarnung mit Strafvorbehalt (§ 59 StGB) wird dem Täter zunächst kein Strafübel zugefügt. Das Verfahren endet mit einem **Schuldspruch** und einer **Verwarnung**, aber ohne die Verhängung einer Strafe. Die Strafe bleibt „vorbehalten", d. h. die verwirkte Strafe wird im Urteil zwar bereits angegeben, aber ihre Verhängung wird für die Dauer einer zwischen einem und 2 Jahren liegenden Bewährungszeit ausgesetzt. Bewährt sich der Verwarnte in dieser Zeit, so bleibt er von der Verurteilung zu Strafe endgültig verschont. Bewährt er sich hingegen nicht (z. B. weil er eine weitere Straftat begeht), so wird gegen ihn die bereits im Urteil bestimmte Strafe verhängt.

Das Ziel der Verwarnung mit Strafvorbehalt ist es, im unteren Bereich der Kriminalität dem Täter, insbesondere dem Ersttäter, die **Bestrafung** zu **ersparen**.[35] Vom Absehen von Strafe unterscheidet sie sich darin, dass der Täter verwarnt und die verwirkte Strafe im Urteil bereits bestimmt wird. Auch wenn dem Täter das Strafübel nicht zugefügt wird, wird ihm der Ernst der Situation damit vor Augen geführt und es wird ihm deutlich gemacht, welches Verhalten in Zukunft von ihm erwartet wird. Der auf den Täter ausgeübte Druck kann dabei durch Anweisungen (§ 59a Abs. 2 StGB) weiter verstärkt und spezialpräventiv sinnvoll angereichert werden. Von den Strafen wie namentlich der Geld- und der Freiheitsstrafe unterscheidet sich die Verwarnung mit Strafvorbehalt darin, dass die Verurteilung zu Strafe unterbleibt. Dieser Unterschied zu den Strafen besteht auch dann, wenn die Vollstreckung der Strafe – wie es bei der Freiheitsstrafe möglich ist – zur Bewährung ausgesetzt wird: Der lediglich verwarnte Täter bleibt, wenn er die Bewährungszeit erfolgreich durchsteht, von dem Makel des „Vorbestraftseins" einschließlich der damit verbundenen sozialen Stigmatisierung (Eintragung im Bundeszentralregister) verschont.

3.3.2 Voraussetzungen

3.3.2.1 Formelle Voraussetzungen

Formell setzt die Verwarnung mit Strafvorbehalt voraus, dass der Täter eine **Geldstrafe von nicht mehr als 180 Tagessätzen verwirkt** hat (§ 59 Abs. 1 StGB). Werden dem Täter mehrere Taten zur Last gelegt, gilt die Obergrenze für die verwirkte Gesamtgeldstrafe (§ 59c Abs. 1 StGB). Mit einer nicht nur verwirkten, sondern vom Gericht verhängten Strafe – Geldstrafe, Freiheitsstrafe oder Fahrverbot – kann die Verwarnung nicht kombiniert werden, da dies der Grundidee des Sanktionsmittels, dem Täter die Verurteilung zu Strafe zu ersparen, zuwiderlaufen würde.[36] Auch mit

---

[35] S/S 2019, *Kinzig*, § 59 Rn. 2.; LK 2006 ff., *Hubrach*, Vor § 59 Rn. 3; § 59 Rn. 1.

[36] LK 2006 ff., *Hubrach*, § 59 Rn. 3; hinsichtlich des Kombinationsverbots mit dem Fahrverbot vgl. *BayObLG* NStZ 1982, 258 m. Anm. *Meyer-Goßner*.

den Maßregeln der Besserung und Sicherung kann die Verwarnung nicht kombiniert werden (§ 59 Abs. 2 Satz 2 StGB), da die für die Maßregelverhängung erforderliche Gefährlichkeitsprognose nicht mit der für die Verwarnung erforderlichen günstigen Legalprognose vereinbar wäre. Andererseits ist es zulässig, neben der Verwarnung auf Einziehung oder Unbrauchbarmachung zu erkennen (§ 59 Abs. 2 Satz 1 StGB); diese drei Maßnahmen verfolgen eine andere Zielrichtung als die Strafen und die Maßregeln und können sogar unabhängig von jeder Verurteilung im „objektiven" Verfahren angeordnet werden (§ 76a StGB).

3.3.2.2 Materielle Voraussetzungen

3.3.2.2.1 Positive Legalprognose
Materiell setzt die Verwarnung mit Strafvorbehalt zunächst eine positive Legalprognose voraus: Es muss zu erwarten sein, dass der Täter künftig auch ohne die Verurteilung zu Strafe keine Straftaten mehr begehen wird (§ 59 Abs. 1 Satz 1 Nr. 1 StGB). Diese Voraussetzung ähnelt der entsprechenden Voraussetzung bei der Aussetzung der Freiheitsstrafe zur Bewährung (§ 56 Abs. 1 StGB; zu den Einzelheiten genauer unten Abschn. 3.7.2.2). Entscheidend ist, dass es nach der Überzeugung des Gerichts **überwiegend wahrscheinlich** ist, dass der Täter in Zukunft **keine Straftaten mehr** begehen wird[37]; kann sich das Gericht diese Überzeugung nicht verschaffen, fällt die Entscheidung im Zweifel zu Lasten des Täters aus.[38] Für die Prognose müssen alle Umstände herangezogen werden, die Rückschlüsse auf das zukünftige Legalverhalten zulassen. Hierzu gehören namentlich die Persönlichkeit des Täters, das Vorleben, die Umstände der Tat, das Verhalten nach der Tat, die Lebensverhältnisse des Täters sowie die Wirkungen, die von der Verwarnung mit Strafvorbehalt für den Täter zu erwarten sind (§ 59 Abs. 1 Satz 2 i. V. m. § 56 Abs. 1 Satz 2 StGB). Der zuletzt genannte Gesichtspunkt ist dabei für die Prognosestellung insofern bedeutsam, als das Gericht auch die präventiven Wirkungen berücksichtigen muss, die mit den nach § 59a Abs. 2 StGB möglichen Anweisungen erreicht werden können.[39]

> Nach § 59 Abs. 2 StGB a. F. war die Verwarnung mit Strafvorbehalt in der Regel ausgeschlossen, wenn der Täter während der letzten drei Jahre vor der Tat mit Strafvorbehalt verwarnt oder zu Strafe verurteilt worden war. Diese sog. Ersttäterregelung wurde durch das 2. JuMoG mit der Begründung gestrichen, dass ein schematischer Ausschluss vorbelasteter Täter nicht gerechtfertigt erscheint; in diesen Fällen hat vielmehr eine Einzelfallbeurteilung zu erfolgen, ob die besonderen Umstände dadurch wieder entfallen können.[40]

3.3.2.2.2 Besondere Umstände
Neben der positiven Legalprognose setzt die Verwarnung mit Strafvorbehalt voraus, dass nach der **Gesamtwürdigung von Tat und Persönlichkeit des Täters** beson-

---

[37] LK 2006 ff., *Hubrach*, § 59 Rn. 6; *Jescheck und Weigend* 1996, 858; vgl. auch S/S 2019, *Kinzig*, § 59 Rn. 8.

[38] S/S 2019, *Kinzig*, § 59 Rn. 8.

[39] S/S 2019, *Kinzig*, § 59 Rn. 9; LK 2006 ff., *Hubrach*, § 59 Rn. 7.

[40] BT-Drucks. 16/3038, 59; *Fischer* 2019, § 59 Rn. 6.

dere Umstände vorliegen, die eine Verhängung der Strafe entbehrlich machen (§ 59 Abs. 1 Satz 1 Nr. 2 StGB).

Das Vorliegen der „**besonderen Umstände**" kann sich entweder aus der Tat oder der Persönlichkeit des Täters ergeben. Die frühere Formulierung des Gesetzes, wonach die besonderen Umstände in der Tat *und* der Persönlichkeit gegeben sein mussten, ist durch das 23. StrÄndG beseitigt worden; vorausgesetzt wird heute lediglich die „Gesamtwürdigung" der beiden Bereiche. Die Formulierung deckt sich mit den entsprechenden Formulierungen bei der Strafaussetzung zur Bewährung im Bereich von bis zu zwei Jahren (§ 56 Abs. 2 StGB) und der Strafrestaussetzung nach Verbüßung der Hälfte der Freiheitsstrafe (§ 57 Abs. 2 StGB).

Die Verwarnung mit Strafvorbehalt kommt dann in Betracht, wenn die Tatschuld ungewöhnlich stark herabgesetzt ist, wenn beim Täter eine ungewöhnliche Strafempfindlichkeit festzustellen ist oder wenn eine Kombination von tat- und täterbezogenen mildernden Umständen vorliegt, die das Geschehen insgesamt in einem außergewöhnlichen Licht erscheinen lassen.[41] Diese Voraussetzungen können etwa bei einer fahrlässigen Körperverletzung im Straßenverkehr mit erheblichen Folgen gegeben sein, bei der ein erhebliches Mitverschulden des Verletzten (z. B. Befahren des Radwegs in der falschen Richtung) mitgewirkt hat[42] oder bei der sich der Täter nach der Tat über Gebühr um den Verletzten gekümmert hat.[43] In der Praxis hat sich durchgesetzt, „besondere Umstände" auch dann anzunehmen, wenn der Täter in einer finanziellen Notlage gehandelt hat und eine Geldstrafe oder Zahlungsauflage nach § 153a StPO angesichts der schlechten wirtschaftlichen Verhältnisse des Täters unangebracht erscheint.[44]

Nach der vor dem 2. JuMoG geltenden Rechtslage kam es zusätzlich darauf an, ob die besonderen Umstände es „angezeigt" erscheinen ließen, den Täter „von der Verurteilung zu Strafe zu verschonen", wobei diese zusätzliche Voraussetzung in der Literatur auch als „Würdigkeitsklausel"[45] bezeichnet wurde. Um die Anwendung der Verwarnung mit Strafvorbehalt in der Praxis zu stärken, wurde diese Einschränkung aus dem Gesetzeswortlaut gestrichen.[46] Nunmehr muss das Gericht nur noch überprüfen, ob in dem konkreten Fall besondere Umstände vorliegen, die die Verhängung von Strafe entbehrlich machen.[47]

Die Aufwertung der Verwarnung mit Strafvorbehalt war von der „Kommission zur Reform des strafrechtlichen Sanktionssystems" empfohlen und auch in der Literatur bereits verschiedentlich gefordert worden (zu der Erweiterung durch das Gesetz zur Stärkung der

---

[41] *OLG Hamm* NStZ-RR 2007, 170 (171); *OLG Düsseldorf* wistra 2007, 235 (236); *Jescheck und Weigend* 1996, 859; ähnlich S/S 2019, *Kinzig*, § 59 Rn. 11; SK StGB 2017 ff., *Schall*, § 59 Rn. 12 ff.

[42] *OLG Celle* StV 1988, 109.

[43] *OLG Zweibrücken* NStZ 1984, 312 (313) m. krit. Anm. *Lackner und Gehrig*.

[44] BT-Drucks. 12/3718, 13; empirisches Material hierzu bei *Scheel* 1997, 134 ff.; weitere Beispiele bei *Schubert* HRRS 2017, 238.

[45] LK 2003 ff., *Gribbohm*, § 59 Rn. 8.

[46] BT-Drucks. 16/3038, 58 f.; LK 2006 ff., *Hubrach*, § 59 Rn. 14.

[47] *Lackner und Kühl* 2018, § 59 Rn. 6.

Täterverantwortung vom 15.11.2012 vgl. unten Abschn. 3.3.3).[48] Im Hintergrund stehen
vor allem zwei Überlegungen. Zum einen ist davon auszugehen, dass mit einer häufigeren
Anwendung dieser Sanktionsform ein Teil der bisher mit Geldstrafe geahndeten Fälle ab-
geschöpft und damit das Risiko unerwünschter Ersatzfreiheitsstrafen in diesen Fällen reduziert werden kann. Zum anderen kann mit Hilfe eines breiteren Anwendungsbereichs für
die Verwarnung mit Strafvorbehalt das vielfach beklagte spezialpräventive Defizit der
Geldstrafe besser aufgefangen werden. Gegenüber der zur Bewährung ausgesetzten Freiheitsstrafe weist die Verwarnung mit Strafvorbehalt dabei den zusätzlichen Vorteil auf, dass
bei Nichtbefolgung der Anweisungen nicht die – unter spezialpräventiven Gesichtspunkten
problematische – Freiheitsstrafe, sondern lediglich die Verhängung der vorbehaltenen
Geldstrafe droht. Die Verwarnung mit Strafvorbehalt erscheint damit als *das* Mittel der
Wahl, um den im internationalen Raum geläufigen „Zwischensanktionen" auch im deutschen Sanktionssystem unterhalb des Anwendungsbereichs der Freiheitsstrafe einen festen
Platz zuzuweisen.

3.3.2.2.3 Verteidigung der Rechtsordnung

Nach § 59 Abs. 1 Satz 1 Nr. 3 StGB darf die Reaktionsform nur dann gewählt werden, wenn nicht die „Verteidigung der Rechtsordnung" die Verurteilung zu Strafe
gebietet. Gegenüber der spezialpräventiv ausgerichteten Voraussetzung in Nr. 2 enthält Nr. 3 damit das **generalpräventive Korrektiv**, das der Gesetzgeber auch in
anderen Zusammenhängen verwendet (§§ 47 Abs. 1, 56 Abs. 3 StGB). Nach der
Rechtsprechung ist die Verurteilung zu Strafe zur Verteidigung der Rechtsordnung
geboten, wenn die bloße Verwarnung auch bei Beachtung der Besonderheiten des
Einzelfalls „für das allgemeine Rechtsempfinden unverständlich erscheinen müsste
und das Vertrauen der Bevölkerung in die Unverbrüchlichkeit des Rechts und in den
Schutz der Rechtsordnung vor kriminellen Angriffen dadurch erschüttert werden
könnte".[49] Allgemeine Aussagen darüber, wann diese Voraussetzung erfüllt ist, sind
kaum möglich. Feststellen lässt sich lediglich, dass bestimmte Kriminalitätsberei-
che (z. B. Verkehrskriminalität) nicht von vornherein aus dem Anwendungsbereich
der Verwarnung mit Strafvorbehalt ausgeschlossen werden dürfen.[50] Auf der anderen Seite kann z. B. ein langfristig angelegter, systematischer Sozialleistungsbetrug
zur Verteidigung der Rechtsordnung die Verhängung einer Geldstrafe erforderlich
machen.[51] Bei der Prüfung muss im Blick behalten werden, dass der Schuldspruch
und die damit bewirkte Klassifizierung des Täterverhaltens als rechtswidrig und
schuldhaft für das allgemeine Rechtsempfinden meist eine stärkere Bedeutung haben wird als die Festsetzung des hierfür verhängbaren Strafübels[52]; dies gilt umso

---

[48] Abschlussbericht der Kommission zur Reform des strafrechtlichen Sanktionensystems 2000,
37 ff.; *Schöch* 1992b, C 106 ff.; krit. BR-Drucks. 550/06, 7 ff.

[49] *BayObLG* NJW 1990, 58 (59); LK 2006 ff., *Hubrach*, § 59 Rn. 18.

[50] So aber offenbar *OLG Hamm* MDR 1976, 418; *BayObLG* JR 1976, 511 m. Anm. *Zipf*; *OLG
Düsseldorf* NStZ 1985, 362 (363) m. Anm. *Horn* und *Schöch* JR 1985, 378; wie hier dagegen *OLG
Zweibrücken* NStZ 1984, 312 m. Anm. *Lackner und Gehrig*; SK StGB 2017 ff., *Schall*, § 59
Rn. 20; *Fischer* 2019, § 59 Rn. 10; LK 2006 ff., *Hubrach*, § 59 Rn. 5, 19.

[51] *OLG Nürnberg* NJW 2007, 526 (527).

[52] *Jescheck und Weigend* 1996, 859.

mehr als es sich bei der verhängbaren Strafe ohnehin nur um Geldstrafe bis zu 180 Tagessätzen handeln würde. Eine allzu große Bedeutung kommt dieser Voraussetzung daher meist nicht zu.

3.3.2.3 Ermessen des Gerichts

Die Verwarnung mit Strafvorbehalt steht nach dem Gesetzeswortlaut im Ermessen des Gerichts. Da alle wesentlichen Gesichtspunkte der Schuldschwere sowie der Spezial- und der Generalprävention bereits in den Voraussetzungen der Sanktionsnorm erfasst sind, sind zusätzliche Aspekte, die im Rahmen der Ermessensausübung noch eine eigenständige Bedeutung erlangen könnten, kaum vorstellbar. *Faktisch* ist das Gericht daher *gebunden*: Wenn die Voraussetzungen erfüllt sind, ist die Verwarnung mit Strafvorbehalt im Regelfall obligatorisch.[53]

3.3.3 Rechtsfolgen

Rechtsfolge der Verwarnung mit Strafvorbehalt ist, dass der Täter nur schuldig gesprochen und verwarnt, aber nicht zu Strafe verurteilt wird. Die verwirkte Strafe wird jedoch bestimmt, d. h. das Gericht gibt im Tenor der Entscheidung an, wie der Täter im Fall der Verurteilung zu bestrafen gewesen wäre. Die Verwarnung wird in das Bundeszentralregister eingetragen (§ 4 Nr. 3 BZRG).

Zugleich mit der Verwarnung wird vom Gericht eine Entscheidung über die Dauer der Bewährungszeit und die dem Täter zu erteilenden Anweisungen getroffen. Die **Bewährungszeit** (§ 59a Abs. 1 StGB) bewegt sich im Rahmen zwischen einem und zwei Jahren und ist damit deutlich kürzer als die Bewährungszeit, die bei der Aussetzung der Vollstreckung der Freiheitsstrafe festzulegen ist (§ 56a Abs. 1 StGB). Eine nachträgliche Verkürzung oder Verlängerung der Bewährungszeit ist nicht vorgesehen; ihre Zulässigkeit kann angesichts des Fehlens einer planwidrigen Regelungslücke auch nicht aus einer Analogie zu § 56a Abs. 2 Satz 2 StGB hergeleitet werden.[54] Während der Bewährungszeit ist der Verwarnte auf sich allein gestellt; er kann nicht der Aufsicht oder Leitung eines Bewährungshelfers unterstellt werden.

Mit dem Gesetz zur Stärkung der Täterverantwortung vom 15.11.2012 ist der bisherige Katalog der Anweisungen (§ 59a Abs. 2 Satz 1 StGB) um die Weisung zur Teilnahme an einem sozialen Trainingskurs (Nr. 5) erweitert worden.[55] Der Katalog enthält insgesamt sowohl Auflagen, die der Genugtuung für das begangene Unrecht dienen (Nr. 1 und 3), als auch Weisungen, die den Täter, anknüpfend an

---

[53] *OLG Celle* StV 1988, 109; SK StGB 2017 ff., *Schall*, § 59 Rn. 21; *Fischer* 2019, § 59 Rn. 11; S/S 2019, *Kinzig*, § 59 Rn. 16; *Jescheck und Weigend* 1996, 859 f.; a. Ä.; LK 2006 ff., *Hubrach*, § 59 Rn. 22.

[54] So aber *Lackner und Kühl* 2018, § 59a Rn. 1; wie hier dagegen S/S 2019, *Kinzig*, § 59a Rn. 3; LK 2006 ff., *Hubrach*, § 59a Rn. 3; SK StGB 2017 ff., *Schall*, § 59a Rn. 3.

[55] Zum gesetzgeberischen Hintergrund und zu den Neuerungen des Gesetzes insgesamt *Busch* JR 2013, 402 ff.

die Entstehungsgründe der Tat, in seinem Bemühen um ein Leben ohne Straftaten unterstützen und fördern sollen (Nr. 1, 2, 4, 5 und 6). Die Anweisungen haben damit teils Denkzettelcharakter, teils den Charakter ambulanter Resozialisierungsmaßnahmen.[56] Sie bilden – anders als die Weisungen nach § 56c Abs. 2 StGB – einen abschließenden Katalog und nicht nur eine beispielhafte, erweiterungsfähige Aufzählung.

Hinsichtlich des Inhalts und der Grenzen der Anweisungen gelten grundsätzlich dieselben Regeln wie bei den Auflagen und Weisungen, die im Zusammenhang mit der Strafaussetzung zur Bewährung erteilt werden können (dazu genauer unten Abschn. 3.7.3). An die Lebensführung des Verwarnten dürfen keine unzumutbaren Anforderungen gestellt werden; die Anweisungen, einen Geldbetrag zu zahlen, eine ambulante Heilbehandlung bzw. Entziehungskur durchzuführen, an einem sozialen Trainingskurs oder an einem Verkehrsunterricht teilzunehmen, dürfen zur Bedeutung der begangenen Tat nicht außer Verhältnis stehen (§ 59a Abs. 2 Satz 2 StGB). Die Weisung, sich einer mit einem körperlichen Eingriff verbundenen Heilbehandlung oder einer Entziehungskur zu unterziehen, darf nur mit der Einwilligung des Verwarnten erteilt werden (§ 59a Abs. 2 Satz 3 i. V. m. § 56c Abs. 3 StGB). Von den Weisungen kann abgesehen werden, wenn der Verwarnte entsprechende Zusagen für seine Lebensführung macht und die Einhaltung der Zusagen zu erwarten ist (§ 59a Abs. 2 Satz 3 i. V. m. § 56c Abs. 4 StGB); dasselbe sollte für die dem Verwarnten erteilbaren Auflagen gelten, auch wenn die entsprechende Regelung (§ 56b Abs. 3 StGB) in § 59a StGB nicht in Bezug genommen worden ist.[57] Sämtliche Anweisungen können auch nachträglich getroffen, geändert und wieder aufgehoben werden (§ 59a Abs. 2 Satz 3 i. V. m. § 56e StGB).

Für die **weiteren Rechtsfolgen** kommt es auf das Verhalten des Verwarnten in der Bewährungszeit an. Begeht er in der Bewährungszeit erneut eine Straftat und zeigt dadurch, dass die ihm ausgestellte positive Legalprognose nicht mehr aufrechterhalten werden kann, oder verstößt er gröblich oder beharrlich gegen die ihm erteilten Anweisungen, so wird er zu der vorbehaltenen Strafe *verurteilt* (§ 59b Abs. 1 i. V. m. § 56 f. Abs. 1 StGB). Wenn es zur Sicherstellung des Bewährungserfolgs ausreicht, dem Verwarnten weitere Anweisungen zu erteilen oder die erteilten Anweisungen zu ändern oder wieder aufzuheben, darf unter Verhältnismäßigkeitsgesichtspunkten von der Verurteilung abgesehen werden (§ 59b Abs. 1 i. V. m. § 56f Abs. 2 StGB).[58] Treten hingegen bis zum Ablauf der Bewährungszeit keine Umstände auf, die die Verurteilung zu der vorbehaltenen Strafe rechtfertigen könnten, so stellt das Gericht nach Ablauf der Bewährungszeit fest, dass es bei der Verwarnung sein *Bewenden* hat (§ 59b Abs. 2 StGB). Die Feststellung bedeutet, dass der Verwarnte endgültig von der Verurteilung zu Strafe verschont bleibt. Die in das Bundeszentralregister eingetragene Verwarnung wird aus dem Register wieder entfernt (§ 12 Abs. 2 Satz 2 BZRG); sie darf dem Betroffenen im Rechtsverkehr nicht mehr vorgehalten und nicht zu seinem Nachteil verwertet werden (§ 51 Abs. 1 BZRG).

---

[56] S/S 2019, *Kinzig*, § 59a Rn. 4.

[57] LK 2006 ff., *Hubrach*, § 59a Rn. 14; S/S 2019, *Kinzig*, § 59a Rn. 11.

[58] SK StGB 2017 ff., *Schall*, § 59b Rn. 2 ff.; LK 2006 ff., *Hubrach*, § 59b Rn. 8.

3.3.4 Verfahren

Wird die Verwarnung mit Strafvorbehalt im Urteil ausgesprochen, so lautet der Tenor etwa wie folgt: „Der Angeklagte ist der fahrlässigen Körperverletzung schuldig. Er wird deswegen verwarnt. Die Verurteilung zu einer Geldstrafe von 10 Tagessätzen zu 50 € bleibt vorbehalten."[59] Die nach § 59a StGB zulässigen Nebenentscheidungen ergehen in einem gesonderten, zugleich mit dem Urteil verkündeten Beschluss (§ 268a StPO). Die Überwachung des Verwarnten während der Bewährungszeit obliegt dem Gericht des ersten Rechtszugs. Das Gericht des ersten Rechtszugs trifft auch die nachträglichen Entscheidungen über die erteilten Anweisungen sowie die abschließende Entscheidung über die Verurteilung zu der vorbehaltenen Strafe (§§ 453, 453b, 462a Abs. 2 Satz 1 StPO).

3.3.5 Kriminologische Aspekte

Im Jahr 2017 wurden im gesamten Bundesgebiet 6.492 Verwarnungen mit Strafvorbehalt ausgesprochen.[60] Die Verwarnung ist damit zwar im Vergleich zu den sonstigen Sanktionsformen – Geld- und Freiheitsstrafe, aber auch der Verfahrenseinstellung nach § 153a StPO – ein eher seltenes Ereignis, dessen spärliches Auftreten den in den gesetzlichen Voraussetzungen angelegten Ausnahmecharakter widerspiegelt. Auf der anderen Seite lässt sich allerdings ebenfalls feststellen, dass die Anwendungshäufigkeit der Verwarnung mit Strafvorbehalt gegenüber früheren Jahren zugenommen hat (1980: 1.309; 1990: 3.572; 2000: 4.681; 2005: 7.074; 2010: 8.083; 2015: 7.015).[61] Am häufigsten wurde die Sanktionsform 2017 im Zusammenhang mit Betrug angewandt (20,4 % aller Verwarnungen); vergleichsweise hohe Anteile entfielen darüber hinaus auf einfache Körperverletzung (11,0 %; ohne Straßenverkehr), Diebstahl (6,3 %), und Verkehrsdelikte ohne Trunkenheit (5,7 %). Auffällig ist überdies, dass fast ein Drittel aller Verwarnungen (30,3 %) gegenüber Frauen ausgesprochen wurde.

Die Fälle, in denen der Verwarnte zu der vorbehaltenen Strafe verurteilt werden muss (§ 59b Abs. 1 StGB), sind selten: 2017 machten die Gerichte lediglich gegenüber 494 Personen von dem Vorbehalt Gebrauch und sprachen die Verurteilung zu Geldstrafe aus. Zu der Zahl der in diesem Jahr Verwarnten lässt sich die Zahl der nach § 59b Abs. 1 StGB Verurteilten dabei wegen der bis zu zwei Jahre betragenden Bewährungszeit nicht direkt in Beziehung setzen. Die Gegenüberstellung lässt jedoch erkennen, dass bei der Verwarnung die Misserfolgsquote offenbar nur sehr gering (unter 10 %) ist.[62]

---

[59] *Meyer-Goßner und Appl* 2014, 37 (Rn. 117); vgl. auch *Fischer* 2019, § 59 Rn. 12.

[60] Vgl. zum Folgenden Statistisches Bundesamt, Strafverfolgung 2017, Tab. 2.2; zum Ausmaß möglicher Registrierfehler und zur – sehr unterschiedlichen – regionalen Verteilung vgl. *Scheel* 1997, 71 f., 95 ff.

[61] Ausführliches Zahlenmaterial aus früheren Jahren bei *Scheel* 1997, 78 ff.; *Neumayer-Wagner* 1998, 73 ff.

[62] Statistisches Bundesamt, Strafverfolgung 2017, Tab. 3.5.

3.4 Geldstrafe

3.4.1 Zielsetzung und kriminalpolitische Problematik

Bei der Geldstrafe besteht das dem Täter zugefügte Strafübel in dem Entzug von Geldmitteln und dem hieraus folgenden Zwang zum **zeitweisen Verzicht auf Konsum und Bedürfnisbefriedigung**.[63] Die Geldstrafe knüpft damit an den Umstand an, dass in einer Gesellschaft, in der das Konsumdenken und die Erfüllung materieller Wünsche eine zentrale Rolle spielen, dem erzwungenen Konsumverzicht und der hieraus folgenden Einschränkung des Lebensstandards der Charakter einer Einbuße zukommt, die weithin als „Strafe" empfunden wird.

Die Geldstrafe wirkt in erster Linie als „**Denkzettel**"; ihr Akzent liegt auf der Warnung und Abschreckung, die sich mit dem Entzug der finanziellen Mittel verbindet. Dem Verurteilten wird eine Belastung auferlegt, die ihn an seiner gewohnten Lebensführung hindert, ohne ihn jedoch – wie die Freiheitsstrafe – aus seinen familiären und sozialen Bezügen herauszureißen. Angesichts der vielfältigen Wiedereingliederungsschwierigkeiten, mit denen ein Strafgefangener nach seiner Entlassung regelmäßig konfrontiert ist, liegt hierin sicherlich ein nicht unwesentlicher Vorteil. Auf der anderen Seite muss man sehen, dass die Geldstrafe keinerlei Anknüpfungspunkte für solche Maßnahmen bietet, mit denen der Verurteilte bei seinen Bemühungen um ein Leben ohne Straftaten unterstützt und gefördert werden kann; Anweisungen, wie sie etwa im Zusammenhang mit der Verwarnung mit Strafvorbehalt möglich sind (§ 59a Abs. 2 StGB), können im Zusammenhang mit der Geldstrafe nicht ergehen. Hält das Gericht im Einzelfall derartige Weisungen für erforderlich, muss es deshalb entweder – was aus rechtlichen Gründen (vgl. § 59 Abs. 1 Satz 1 Nr. 2 StGB; „besondere Umstände"!) nicht immer möglich ist – auf diese leichtere Sanktionsform zurückgreifen oder „zur Einwirkung auf den Täter" (vgl. § 47 Abs. 1 StGB; unten Abschn. 3.6.2.2) die schwerere Freiheitsstrafe verhängen.

Da Geld und Vermögen in der Gesellschaft nicht gleich verteilt sind, ist die Geldstrafe mit dem Problem der **ungleichen Wirkung auf Arm und Reich** konfrontiert.[64] Vom Gesetzgeber müssen deshalb besondere Vorkehrungen dafür getroffen werden, dass das erzeugte Strafleid in den Fällen gleicher Schuld für die Betroffenen im Wesentlichen gleich ist, und zwar auch dann, wenn die wirtschaftlichen Verhältnisse der Täter unterschiedlich sind; es ist ein Gebot der Gerechtigkeit, dass nicht der weniger begüterte Täter mit einem größeren Übel belegt wird als der wohlhabende Täter. Das geltende Recht trägt diesem Gedanken der „Opfergleichheit"[65] dadurch Rechnung, dass es die Geldstrafe nach dem **Tagessatzsystem** bemisst: Die Geldstrafe wird nicht als ein von vornherein festgelegter Geldbetrag verhängt, sondern getrennt nach Tagessatzzahl und -höhe. Während sich die Festsetzung der Tagessatz*zahl* dabei an den allgemeinen Grundsätzen der Strafzumessung, nament-

---

[63] *Jescheck und Weigend* 1996, 769; *v. Selle* 1997, 74 ff.

[64] NK 2017, *Albrecht*, § 40 Rn. 11; *Jescheck und Weigend* 1996, 769.

[65] Zur Herkunft des Begriffs aus dem Steuerrecht *v. Selle* 1997, 36 ff.

lich dem Maß des verschuldeten Unrechts orientiert (§ 46 StGB), sind für die Bestimmung der Tagessatz*höhe* die persönlichen und wirtschaftlichen Verhältnisse des Täters maßgeblich (zu den Einzelheiten unten Abschn. 3.4.3.2). Die Differenzierung ermöglicht es, bei unterschiedlichen wirtschaftlichen Verhältnissen (ausgedrückt in ungleichen Tagessatz*höhen*) in Fällen gleicher Schuld (ausgedrückt in gleichen Tagessatz*zahlen*) Strafübel zu erzeugen, die die Betroffenen trotz unterschiedlicher Gesamtbeträge in vergleichbarer Weise belasten.

Das Problem der ungleichen Wirkung auf Arm und Reich wird hierdurch indessen nicht gänzlich gelöst. Da dem Verurteilten auch bei weitgehendem Verzicht auf Konsum und Bedürfnisbefriedigung bestimmte Ausgaben für die Lebensführung in jedem Fall verbleiben, die auch dann abgedeckt werden müssen, wenn die vorhandenen Geldmittel für die Begleichung der Geldstrafe bereitgestellt werden, bleibt das Problem, dass der wirtschaftlich Wohlhabende diesen finanziellen Engpass besser überwinden kann als der wirtschaftlich Schwache.[66] Durch die Bewilligung von **Zahlungserleichterung** en, wie sie nach § 42 StGB möglich ist, kann das Problem allenfalls ansatzweise gelöst werden.

Ein weiteres Problem ergibt sich daraus, dass das Gut, in das mit der Geldstrafe eingegriffen wird (Geld), anders als das Gut, in das mit der Freiheitsstrafe eingegriffen wird (Fortbewegungsfreiheit), **keinen höchstpersönlichen Charakter** trägt.[67] Während die Freiheitsstrafe ohne weiteres in der Lage ist, bei dem Täter ein höchstpersönliches Strafleid zu erzeugen – ähnlich verhält es sich bei der gemeinnützigen Arbeit oder bei der Teilnahme am Täter-Opfer-Ausgleich –, greift die Geldstrafe auf ein Gut zu, das von dem Täter selbst, aber auch von Dritten erbracht werden kann.[68]

> Zu denken ist in diesem Zusammenhang etwa an Straftaten, die vom Täter in Ausübung beruflicher Tätigkeiten begangen worden sind (z. B. Wirtschafts-, Umwelt- oder Verkehrsstraftaten) und deren Begleichung vom Arbeitgeber zuweilen gleichsam als Lohn- oder Gehaltsbestandteil übernommen wird. Zu denken ist auch an Geldstrafen Heranwachsender oder junger Erwachsener, die von wohlmeinenden Familienangehörigen (Eltern, Großeltern etc.) gezahlt werden, oder an die Geldstrafe des nicht verdienenden Ehepartners, die von dem verdienenden Partner übernommen wird. – Eine Vollstreckungsvereitelung (§ 258 Abs. 2 StGB) der Dritten wird von der Rechtsprechung in diesen Fällen nicht gesehen.[69]

Da dem Täter mit der Strafe persönliches Strafleid zugefügt und eine persönliche Leistung abverlangt werden soll (anderenfalls ergäbe die Voraussetzung der Schuld keinen Sinn; oben Abschn. 3.1.2), wird in diesen Fällen, in denen die Geldstrafe von einem Dritten übernommen wird, jedenfalls der Sinn der Strafe verfehlt. Wenn im Prozess Anhaltspunkte dafür zutage treten, dass die Geldstrafe nicht vom Täter, sondern von einem Dritten gezahlt werden wird, kann zwar in Betracht gezogen

---

[66] Anschaulich NK 2017, *Albrecht*, § 40 Rn. 11.

[67] Vgl. auch *v. Selle* 1997, 75, wonach Geld „qualitätslos und unindividuell" ist.

[68] NK 2017, *Albrecht*, § 40 Rn. 12; *Hillenkamp* 1987, 456 ff.

[69] *BGHSt* 37, 226 (229) m. krit. Anm. *Wodicka* NStZ 1991, 487 und *Hillenkamp* JR 1992, 74; kritisch auch *Scholl* NStZ 1999, 599 ff.

werden, von der Verhängung einer Geldstrafe abzusehen und stattdessen – „zur Einwirkung auf den Täter" (§ 47 Abs. 1 StGB) – eine Freiheitsstrafe auszusprechen.[70] Eine vergleichbare Regelung findet sich im Jugendstrafrecht; eine Geldauflage soll gegen einen Jugendlichen nur dann angeordnet werden, wenn „anzunehmen ist, dass er den Geldbetrag aus Mitteln zahlt, über die er selbstständig verfügen darf" (§ 15 Abs. 2 Nr. 1 JGG). Es bleibt indessen das Problem, dass sich diese Fälle im Prozess kaum je identifizieren lassen und die Höchstpersönlichkeit der Geldstrafe damit praktisch kaum gewährleistet ist.

Die Geldstrafe stellt sich somit im Gesamtspektrum der strafrechtlichen Sanktionen als ein zwar einfach zu handhabendes, humanes, weil nicht mit Freiheitsentzug verbundenes, und – vor allem – kostengünstiges Sanktionsinstrument dar, das nicht die Staatskasse mit Aufwendungen für stationären Vollzug belastet, sondern ihr umgekehrt sogar noch Einnahmen verschafft. Als „Königsweg" der strafrechtlichen Sanktionierung kann die Geldstrafe, auch wenn sie heute die Praxis dominiert, gleichwohl *nicht* angesehen werden. Hiergegen sprechen nicht nur die genannten Einwände, die die Frage nach der Gerechtigkeit der Geldstrafe aufkommen lassen, sondern auch ihre weitgehend ungeklärte und mit zunehmender Tatschwere deutlich **nachlassende symbolische Eignung**, den durch die Tat gestörten Rechtsfrieden durch die Inpflichtnahme des Täters wiederherzustellen. Insoweit spielt es auch eine Rolle, dass die vom Verurteilten als Geldstrafe gezahlten Beträge allein der Staatskasse zugutekommen und die Interessen des durch die Tat Geschädigten dabei weitgehend unberücksichtigt bleiben.

3.4.2 Anwendungsbereich

Die Geldstrafe ist im Gesetz bei allen *Vergehen* vorgesehen, die *nicht mit einer im Mindestmaß erhöhten Freiheitsstrafe* bedroht sind, also etwa bei der einfachen Körperverletzung sowie bei allen einfachen Eigentums- und Vermögensdelikten, aber z. B. *nicht* beim Diebstahl in einem besonders schweren Fall (§ 243 Abs. 1 Satz 1 StGB). Die Geldstrafe wird in diesen Fällen stets als Alternative zur Freiheitsstrafe angedroht; Strafnormen, die allein die Geldstrafe vorsehen, gibt es im deutschen Recht nicht.

> Nach *§ 47 Abs. 2 StGB* kommt die Geldstrafe daneben bei allen Straftaten in Betracht, bei denen das Gesetz die Geldstrafe zwar nicht explizit vorsieht, bei denen das Gericht aber eine *Freiheitsstrafe von weniger als 6 Monaten* für *angemessen* hält.[71] Praktische Bedeutung erlangt diese Fallkonstellation immer dann, wenn das Gesetz für die Tat eine mindestens dreimonatige Freiheitsstrafe androht (z. B. §§ 224 Abs. 1, 2. Alt. oder 243 Abs. 1 Satz 1 StGB) oder wenn es zwar eine höhere Mindeststrafe androht, das Gericht die Strafe aber

---

[70] *Hillenkamp* 1987, 464 f.; SK StGB 2017 ff., *Wolters*, § 47 Rn. 35; die Zulässigkeit der Verhängung von Freiheitsstrafe in diesem Fall ist umstritten, a. A. etwa *BayObLG* NJW 1994, 1167.

[71] Vgl. auch *Horn* NStZ 1990, 270 f.; zum Verhältnis von § 47 Abs. 2 StGB und Art. 12 Abs. 1 EGStGB.

nach § 49 Abs. 1 oder 2 StGB mildert. Das Mindestmaß der Geldstrafe muss sich dabei an dem Mindestmaß der angedrohten Freiheitsstrafe orientieren; z. B. für den Diebstahl in einem besonders schweren Fall liegt es bei 90 Tagessätzen (§ 47 Abs. 2 Satz 2, 2. Halbs. StGB).

Eine weitere Anwendungsmöglichkeit für die Geldstrafe eröffnet *§ 49 Abs. 2 StGB*. In den Fällen, in denen das Gesetz auf diese Regelung verweist (z. B. §§ 23 Abs. 3, 113 Abs. 4, 157, 158 Abs. 1, 306e Abs. 1, 314a Abs. 1 und 2 StGB), kann das Gericht eine Geldstrafe auch dann verhängen, wenn die Norm, aus der der Täter verurteilt wird, die Geldstrafe selbst nicht vorsieht. Die Regelung überschneidet sich in weiten Teilen mit der soeben erwähnten Norm des § 47 Abs. 2 StGB. Eine eigenständige Bedeutung kommt § 49 Abs. 2 StGB nur dann zu, wenn das Gericht eine Freiheitsstrafe von 6 Monaten oder mehr für angemessen hält; für eine geringere Freiheitsstrafe geht die Sonderregel des § 47 Abs. 2 StGB vor.[72]

Neben einer Freiheitsstrafe darf eine Geldstrafe *grundsätzlich nicht* angeordnet werden. Hinter diesem Verbot einer „Doppelbestrafung" steht die Vorstellung, dass es für die Erreichung der Strafzwecke grundsätzlich genügt, entweder die eine oder die andere Sanktionsform zu verhängen; bei einer Kumulation besteht die Gefahr der nicht mehr schuldangemessenen und tendenziell resozialisierungsfeindlichen Überbelastung des Täters. Auch neben einer zur Bewährung ausgesetzten Freiheitsstrafe darf deshalb grundsätzlich keine Geldstrafe verhängt werden; die Funktionen der Geldstrafe übernimmt hier die dem Verurteilten erteilte Auflage, einen Geldbetrag zugunsten einer gemeinnützigen Einrichtung oder der Staatskasse zu zahlen (§ 56b Abs. 2 Satz 1 Nr. 2, 4 StGB).

Eine *Ausnahme* vom Verbot der Kumulation von Geldstrafe und Freiheitsstrafe enthält *§ 41 StGB*. Eine Geldstrafe darf danach dann neben einer Freiheitsstrafe angeordnet werden, wenn sich der Täter durch die Tat *bereichert oder zu bereichern versucht* hat und die Kumulation unter Berücksichtigung der persönlichen und wirtschaftlichen Verhältnisse des Täters *angebracht* erscheint. Die Vorschrift soll in den Fällen, in denen es nach der Art von Tat und Täter sinnvoll erscheint, den Täter nicht nur an der Freiheit, sondern auch an seinem Vermögen zu treffen, eine auf den Einzelfall abgestimmte Sanktion ermöglichen[73]; die Flexibilität des Gerichts bei der Sanktionsentscheidung soll also erhöht werden[74] und insbesondere solche Täter treffen, die gegenüber Geldstrafen besonders empfindlich sind.

§ 41 StGB kann es ermöglichen, dass eine an sich verwirkte Freiheitsstrafe von mehr als zwei Jahren im Hinblick auf eine kumulativ verhängte Geldstrafe gemildert und die Vollstreckung nach § 56 Abs. 2 StGB zur Bewährung ausgesetzt wird.[75] Das „Gesamtpaket" von Freiheitsstrafe und Geldstrafe muss sich allerdings stets an den allgemeinen Strafzumessungsgrundsätzen (§ 46 Abs. 1 StGB) messen lassen. Dabei muss berücksichtigt werden, dass der Verurteilte bei Uneinbringlichkeit der

---

[72] S/S 2019, *Kinzig*, § 49 Rn. 10.

[73] *BGHSt* 26, 325 (328); *Maurach et al. (Dölling)* 2014, § 59 Rn. 32 f.

[74] *BGHSt* 32, 60 (67).

[75] *BGH* NJW 1985, 1719; *Jescheck und Weigend* 1996, 768; kritisch NK 2017, *Albrecht*, § 41 Rn. 5.

Geldstrafe u. U. eine Ersatzfreiheitsstrafe verbüßen muss (§ 43 StGB; dazu unten Abschn. 3.4.5.2); die Grenzen der schuldangemessenen Strafe dürfen auch in diesem Fall nicht überschritten werden.[76] Im Übrigen muss bei der Bemessung der Geldstrafe dem Umstand Rechnung getragen werden, dass der Verurteilte im Strafvollzug nur noch über ein reduziertes Einkommen verfügt.

3.4.3 Die Bemessung der Geldstrafe nach dem Tagessatzsystem

Die Bemessung der Geldstrafe nach dem Tagessatzsystem erfolgt in drei Schritten: Zunächst wird die **Anzahl der Tagessätze** festgelegt, d. h. es wird auf der Grundlage der Schuld des Täters (§ 46 Abs. 1 StGB) festgelegt, welchen Schweregrad das dem Täter zugefügte Strafübel haben soll (§ 40 Abs. 1 StGB). Sodann wird die **Tagessatzhöhe** bestimmt, d. h. es wird unter Berücksichtigung der persönlichen und wirtschaftlichen Verhältnisse des Täters festgelegt, welche Belastung von ihm getragen werden kann (§ 40 Abs. 2 StGB); dieser zweite Akt der Geldstrafenbemessung dient der Herstellung der „Opfergleichheit" zwischen Verurteilten aus unterschiedlichen wirtschaftlichen Verhältnissen. Das Produkt aus Tagessatzzahl und -höhe ergibt den Gesamtbetrag der vom Täter zu zahlenden Strafe. Grundsätzlich ist der Gesamtbetrag bei Fälligkeit in einem Stück zu zahlen; die bei Einführung des Tagessatzsystems in der Reformdiskussion empfohlene „Laufzeitgeldstrafe", d. h. die Verpflichtung zur wiederholten Erbringung von Teilleistungen über einen längeren Zeitraum,[77] ist vom Gesetzgeber nicht übernommen worden. Gleichwohl muss auch nach dem geltenden Recht in einem dritten Schritt geprüft werden, ob dem Verurteilten **Zahlungserleichterung en** zu bewilligen sind (§ 42 StGB).

3.4.3.1 Der erste Schritt: Die Festlegung der Anzahl der Tagessätze
Der erste Schritt orientiert sich an den allgemeinen Grundsätzen für die Strafzumessung, namentlich an § 46 StGB (zu den Einzelheiten genauer unten Kap. 4). Für die Bestimmung der Tagessatzzahl steht dem Gericht ein Rahmen von **5 bis 360 Tagessätzen** zur Verfügung (§ 40 Abs. 1 Satz 2 StGB), der sich im Fall der Gesamtstrafenbildung auf **720 Tagessätze** erhöht (§ 54 Abs. 2 Satz 2 StGB). Grundsätzlich können bei der Bestimmung der Tagessatzzahl alle Umstände herangezogen und verwertet werden, die auch sonst im Rahmen der Strafzumessung herangezogen werden dürfen, auch die persönlichen und wirtschaftlichen Verhältnisse des Täters (vgl. § 46 Abs. 2 Satz 2 StGB), wenn und soweit sie einen Rückschluss auf die Schuld zulassen.

---

[76] SK StGB 2017 ff., *Wolters*, § 41 Rn. 3; S/S 2019, *Kinzig*, § 41 Rn. 8; *Maurach et al. (Dölling)* 2014, § 59 Rn. 34.

[77] *Baumann et al.* 1969, 99 (§ 49 AE-AT).

> **Beispiel**
> A wird in der Lebensmittelabteilung eines Kaufhauses bei einem Diebstahl er-
> wischt. Er ist Sozialhilfeempfänger und wollte die Lebensmittel für seine Kinder
> entwenden. – Die ungünstigen wirtschaftlichen Verhältnisse, die die Tat des A
> u. U. sogar in Notstandsnähe rücken können, führen zur Herabmilderung der
> Vorwerfbarkeit der Tat und damit bereits zur Reduzierung der Tagessatz*zahl*; sie
> dürfen also *nicht* erst und allein bei der Bestimmung der Tagessatz*höhe* (vgl.
> § 40 Abs. 2 Satz 1 StGB) berücksichtigt werden.[78]

Als Hilfsüberlegung kann in diesem ersten Schritt die Frage gestellt werden, wie
viele Tage Freiheitsstrafe die abzuurteilende Tat „wert" wäre.[79] Gerechtfertigt ist
diese Hilfsüberlegung deshalb, weil im Fall der Uneinbringlichkeit der Geldstrafe
ein Tagessatz als ein Tag Ersatzfreiheitsstrafe umzurechnen ist (§ 43 Satz 2 StGB;
unten Abschn. 3.4.5.2).

3.4.3.2 Der zweite Schritt: Die Bestimmung der Höhe des Tagessatzes

3.4.3.2.1 Kriminalpolitischer Hintergrund

Schwieriger als der erste ist der zweite Schritt. Um die „Opfergleichheit" zwischen
Verurteilten aus unterschiedlichen wirtschaftlichen Verhältnissen herzustellen, sind
theoretisch verschiedene Wege denkbar. Die kriminalpolitisch sinnvollste und dogmatisch stimmigste Lösung besteht darin, die Tagessatzhöhe an der dem Täter zu-
mutbaren **Einbuße** zu orientieren. Ausgehend von den erzielbaren Einkünften, dem
verwertbaren Vermögen und dem tatsächlichen Lebenszuschnitt wird danach gefragt, welchen Betrag der Täter bei Berücksichtigung seiner Unterhalts- und sonstigen Zahlungsverpflichtungen sowie seiner persönlichen Verhältnisse im Durchschnitt täglich entbehren kann. Dem Täter verbleibt bei dieser Lösung – jedenfalls
gedanklich – derjenige Betrag, den er als notwendigen Lebensunterhalt zur
Befriedigung der Grundbedürfnisse benötigt, wobei für die nähere Konkretisierung
etwa auf die Freigrenzen für die Pfändbarkeit des Arbeitseinkommens (§§ 850 ff.
ZPO) abgestellt werden kann.[80]

Der Gesetzgeber hat diese Lösung – obwohl sie im Gesetzgebungsverfahren zunächst vorgesehen war[81] – *nicht* gewählt, sondern sich dafür entschieden, die Tagessatzhöhe an dem verfügbaren **Nettoeinkommen** des Täters zu orientieren (§ 40
Abs. 2 Satz 2 StGB). Ebenso wie nach dem Einbußeprinzip ist auch bei dieser

---

[78] Einhellige Meinung, vgl. MüKo 2016 ff., *Radtke*, § 40 Rn. 31; *Fischer* 2019, § 40 Rn. 5;
S/S 2019, *Kinzig*, § 40 Rn. 4; SK StGB 2017 ff., *Wolters*, § 40 Rn. 5; *Grebing* ZStW 88 (1976),
1057; *Maurach et al. (Dölling)* 2014, § 59 Rn. 39.

[79] BGHSt 27, 70 (72); SK StGB 2017 ff., *Wolters*, § 40 Rn. 6; S/S 2019, *Kinzig*, § 40 Rn. 4; kritisch
Jescheck und Weigend 1996, 770.

[80] So der Vorschlag des „Alternativ-Entwurfs", vgl. § 49 Abs. 2 Satz 2 AE-AT.

[81] Vgl. 2. Schriftlicher Bericht, BT-Drucks. 5/4095, 20.

Vorgehensweise von dem Betrag auszugehen, den der Täter an einem Tag verdient oder bei zumutbarem Einsatz seiner Arbeitskraft verdienen könnte. Der Unterschied besteht jedoch darin, dass Abzüge vom verfügbaren Einkommen nur in geringem Umfang zulässig sind; insbesondere darf kein Abzug für den zur Befriedigung der Grundbedürfnisse erforderlichen „Selbstbehalt" gemacht werden.

Der Gesetzgeber hat sich für das Nettoeinkommensprinzip vor allem deshalb entschieden, weil er ein zu starkes Absinken der Geldstrafengesamthöhe und damit den Verlust von generalpräventiver Wirksamkeit fürchtete[82]; auch Praktikabilitätsgründe haben vermutlich eine Rolle gespielt. Im Ergebnis führt das Nettoeinkommensprinzip jedoch zu einer erheblichen **Mehrbelastung** des Täters, die unbefriedigend ist.[83] Dogmatisch lässt sich kritisieren, dass das Nettoeinkommensprinzip den das gesamte öffentliche Recht durchziehenden Grundsatz der Verhältnismäßigkeit (Zumutbarkeit) unberücksichtigt lässt; gedanklich erwartet es von demjenigen Täter, der über keine Rücklagen verfügt, eine subjektiv unmögliche Leistung. Kriminalpolitisch lässt sich kritisieren, dass es die von der Geldstrafe ausgehenden resozialisierungshemmenden Wirkungen unberücksichtigt lässt und dem Täter nicht erklärt, wie er die ihm abverlangten Beträge aufbringen soll. Auch der Gesichtspunkt, dass die Staatskasse bei Zugrundelegung des Nettoeinkommensprinzips im Fall der Verurteilung eines Sozialleistungsempfängers mit der einen Hand das nimmt, was die andere zuvor gegeben hat, kann Irritationen erzeugen.[84]

In der **Praxis** sind die Unterschiede zwischen Einbuße- und Nettoeinkommensprinzip indessen geringer als es auf den ersten Blick den Anschein hat. Der Gesetzgeber hat in § 40 Abs. 2 Satz 2 StGB lediglich festgelegt, dass das Gericht „in der Regel" vom Nettoeinkommen des Täters „auszugehen" hat; für einen starren Rigorismus bietet das Gesetz keine Grundlage.[85] Die Rechtsprechung hält es dementsprechend für zulässig, jedenfalls bei einer hohen Zahl von Tagessätzen der Belastung des Verurteilten und der Notwendigkeit der Bestreitung des Lebensbedarfs durch eine Verringerung der Tagessatzhöhe Rechnung zu tragen.[86] Auch die großzügige Bewilligung von Zahlungserleichterungen, über die bei der Geldstrafenbemessung im dritten Schritt zu entscheiden ist, kann die Problematik des Nettoeinkommensprinzips im Einzelfall abmildern. Die zwischenzeitlich gesammelten Erfahrungen haben jedenfalls gezeigt, dass auch das Nettoeinkommensprinzip flexibel genug ist, um im Einzelfall zu sachgerechten und kriminalpolitisch noch tragbaren Ergebnissen zu führen.

---

[82] Vgl. *Grebing* ZStW 88 (1976), 1062 f.

[83] Kritisch *Grebing* ZStW 88 (1976), 1063 ff.

[84] Vgl. NK 2017, *Albrecht*, § 40 Rn. 11.

[85] SK StGB 2017 ff., *Wolters*, § 40 Rn. 8; S/S 2019, *Kinzig*, § 40 Rn. 8; NK 2017, *Albrecht*, § 40 Rn. 19.

[86] *BGHSt* 26, 325 (331); SK StGB 2017 ff., *Wolters*, § 40 Rn. 15; *Fischer* 2019, § 40 Rn. 24; *Jescheck und Weigend* 1996, 773; kritisch *Maurach et al. (Dölling)* 2014, § 59 Rn. 37; *Heghmanns* NStZ 1994, 520 ff.

3.4.3.2.2 Nettoeinkommen

Den Ausgangspunkt für die Bestimmung der Tagessatzhöhe bildet das Nettoeinkommen, das der Täter an einem Tag hat oder haben könnte (§ 40 Abs. 2 Satz 2 StGB). Um das Nettoeinkommen zu berechnen, müssen die Einnahmen des Täters und die Ausgaben gegenübergestellt werden, wobei zu berücksichtigen ist, dass der Begriff des „Nettoeinkommens" ein rein **strafrechtlicher, kein steuerrechtlicher Begriff** ist:[87] „Nettoeinkommen" i. S. des § 40 StGB und steuerpflichtige „Einkünfte" (vgl. § 2 Abs. 1 EStG) sind nicht identisch; zum „Nettoeinkommen" rechnen grundsätzlich auch steuerfreie (vgl. § 3 EStG) Einnahmen. Umgekehrt schlagen sich nicht alle Ausgaben, die steuerrechtlich in Abzug gebracht werden können (z. B. durch Freibeträge, Sonderausgabenabzug oder als außergewöhnliche Belastungen), auch bei der Berechnung des Nettoeinkommens im Sinne des Strafrechts einkommensmindernd nieder.[88]

Unter dem strafrechtlichen Begriff des Nettoeinkommens sind dementsprechend die Einnahmen des Täters zu verstehen, von denen die Steuern, die Sozialabgaben, vergleichbare Ausgaben für die private Alters- oder Krankenversicherung, Betriebsausgaben und Werbungskosten abzuziehen sind.[89] Es spielt keine Rolle, aus welchen Quellen die Einnahmen stammen; Einkünfte aus nichtselbständiger Arbeit, aus selbstständiger Arbeit, aus Kapitalvermögen sowie aus Vermietung und Verpachtung gehören hierzu ebenso wie etwa das (einkommenssteuerfreie) Arbeitslosengeld, die Arbeitslosenhilfe, Sozialhilfe oder das Arbeitsentgelt des Strafgefangenen.[90] Bei nicht erwerbstätigen haushaltsführenden Ehegatten sowie bei Schülern und Studierenden, die noch bei ihren Eltern wohnen, bestimmt sich das Nettoeinkommen nach dem tatsächlich gewährten Unterhalt (Bar- und Naturalunterhalt) einschließlich – z. B. bei Studierenden – staatlicher Förderungsleistungen (z. B. Leistungen nach BAföG)[91]; ein etwaiger Hinzuverdienst – z. B. durch einen „Nebenjob" während der Semesterferien – ist zu berücksichtigen.[92]

> Einkommensschwankungen, die nicht nur durch „Ferienjobs", sondern etwa auch durch vorübergehende Arbeitslosigkeit, Umsatzeinbußen oder – z. B. bei Künstlern – saisonale Kreativitäts- und Schaffensphasen bedingt sein können, müssen durch die Berechnung des

---

[87] *BGH* StraFo 2017, 338; *Fischer* 2019, § 40 Rn. 7.

[88] In diese Richtung zielen die Vorschläge von *Tipke* JuS 1985, 351 f.

[89] *Maurach et al. (Dölling)* 2014, § 59 Rn. 48; NK 2017, *Albrecht*, § 40 Rn. 25.

[90] Vgl. nur *OLG Frankfurt* NStZ-RR 2007, 167 (168); die umfangreiche Rechtsprechung insbesondere zur Bemessung der Tagessatzhöhe bei einkommensschwachen Personen wird nachgewiesen bei MüKo 2016 ff., *Radtke*, § 40 Rn. 84 ff.; S/S 2019, *Kinzig*, § 40 Rn. 8 ff.; *Fischer* 2019, § 40 Rn. 6 ff.

[91] *OLG Köln* JMBl. NRW 1983, 126 (bzgl. Ehefrau); *OLG Köln* NJW 1976, 636; *LG Offenburg* NStZ 2006, 40 (bzgl. Studierende); vgl. aber auch SK StGB 2017 ff., *Wolters*, § 40 Rn. 11, der bzgl. des nicht erwerbstätigen Ehegatten zu einer pauschalierenden Regelung (20 % des Nettoeinkommens des erwerbstätigen Ehegatten) rät; zur Anrechnung eines wesentlich höheren Einkommens des Ehepartners bei geringem eigenen Arbeitseinkommen *OLG Celle* NJW 2011, 2983 (2984).

[92] *OLG Frankfurt* NJW 1976, 635 (636); *OLG Köln* NJW 1976, 636.

Einkommensdurchschnitts ausgeglichen werden.[93] Maßgeblicher Bezugspunkt für die Berechnung der Einkommenslage ist grundsätzlich der Zeitpunkt der letzten tatrichterlichen Hauptverhandlung.[94] Ist jedoch sicher absehbar, dass sich die Einkommenslage nach diesem Zeitpunkt wesentlich verändern wird (z. B. durch Abschluss der Berufsausbildung und Übernahme in ein Beschäftigungsverhältnis, Verrentung o. ä.), muss den Bezugspunkt der Zeitraum bilden, in dem die Geldstrafe zu zahlen sein wird.[95]

Bei der Bestimmung der Tagessatzhöhe ist in der Regel von dem Nettoeinkommen auszugehen, das dem Täter im Durchschnitt tatsächlich zur Verfügung steht. Das Gericht ist hierauf allerdings nicht festgelegt. § 40 Abs. 2 Satz 2 StGB eröffnet auch die Möglichkeit, bei der Bestimmung der Tagessatzhöhe das **potenziell verfügbare Einkommen** des Täters zu Grunde zu legen („haben könnte"). Im Hintergrund steht die Vorstellung, dass es Täter geben kann, die ihre wirtschaftliche Leistungsfähigkeit im Hinblick auf die drohende Geldstrafe bewusst herabsetzen, etwa indem sie ihre Arbeitsstelle kündigen oder an einen schlechter bezahlten Arbeitsplatz wechseln. Wenn in diesem Fall auf das tatsächliche Einkommen abgestellt werden müsste, würde die Strafwirkung der Geldstrafe unterlaufen werden können. Um dies zu verhindern, kann das Gericht in den Fällen, in denen es Anhaltspunkte dafür hat, dass sich der Täter der Geldstrafe entziehen will, dasjenige Einkommen zu Grunde legen, das von ihm mit zumutbarem Aufwand tatsächlich erzielbar ist. Dabei muss es die individuelle Leistungsfähigkeit des Täters ebenso berücksichtigen wie arbeitsmarktstrukturelle Gesichtspunkte, z. B. den Umstand, dass der Arbeitsmarkt in dem betreffenden Bereich für die Aufnahme einer Teilzeitbeschäftigung (k)eine realistische Chance bietet.[96] Auch muss berücksichtigt werden, dass die Geldstrafe nicht auf dem Umweg über das potenzielle Einkommen zu einer *verkappten Arbeitsstrafe* werden darf. Sinn der Klausel in § 40 Abs. 2 Satz 2 StGB ist es lediglich, die Strafwirkung der Geldstrafe sicherzustellen; ihr Sinn ist es nicht, den Verurteilten zur bestmöglichen Ausnutzung seiner wirtschaftlichen Leistungsfähigkeit anzuhalten.[97] Im Einzelfall kann die Abgrenzung erhebliche Schwierigkeiten bereiten.

> **Beispiel**
>
> Student S erhält von seinen Eltern Unterhalt in Höhe von monatlich 435 €. Das Gericht meint, dass es S zumutbar sei, in den Semesterferien durch Gelegenheitsjobs weitere Einkünfte zu erzielen. – Im Grundsatz ist die Entscheidung des S, sich ganz auf die Ausbildung zu konzentrieren, zu akzeptieren; von dieser

---

[93] SK StGB 2017 ff., *Wolters*, § 40 Rn. 14; *Maurach et al. (Dölling)* 2014, § 59 Rn. 50.

[94] *BGHSt* 28, 360 (362).

[95] *OLG Hamm* JR 1978, 165; ähnlich *BGHSt* 26, 325 (328); *Maurach et al. (Dölling)* 2014, § 59 Rn. 62; a. A. SK StGB 2017 ff., *Wolters*, § 40 Rn. 14; zur Zurückhaltung rät auch S/S 2019, *Kinzig*, § 40 Rn. 10.

[96] *Frank* MDR 1976, 627 f.; vgl. auch *Maurach et al. (Dölling)* 2014, § 59 Rn. 52 mit Hinweis auf die im Recht der Arbeitslosen- und Sozialhilfe geltenden Grundsätze.

[97] NK 2017, *Albrecht*, § 40 Rn. 45; S/S 2019, *Kinzig*, § 40 Rn. 11; *Lackner und Kühl* 2018, § 40 Rn. 9.

Grundentscheidung geht auch die staatliche Ausbildungsförderung (BAföG) aus.
Dies spricht dafür, bei der Bemessung der Tagessatzhöhe nicht vom potenziellen,
sondern allein vom tatsächlichen Einkommen des S, den Unterhaltsleistungen
der Eltern, auszugehen. Auf der anderen Seite wird man aber auch dem bisherigen Verhalten des S in den Semesterferien Aufmerksamkeit schenken müssen:
Hat S früher in den Ferien regelmäßig gearbeitet und gibt er an, dies in Zukunft
unterlassen zu wollen, ist eine weitere Erforschung der Lebenssituation des S
und seiner Motivlage unvermeidlich; dabei muss insbesondere auch nach dem
konkreten Stand des Studiums (Examensnähe, Prüfungstermine etc.) und einer
etwaigen Behinderung des Studiums durch weitere Ferienjobs gefragt werden.[98]

3.4.3.2.3 Persönliche und wirtschaftliche Verhältnisse des Täters

Das Nettoeinkommen bildet lediglich den Ausgangspunkt der Überlegungen; um
die Tagessatzhöhe konkret festzusetzen, müssen zudem die persönlichen und wirtschaftlichen Verhältnisse des Täters berücksichtigt werden (§ 40 Abs. 2 Satz 1
StGB).

Von dem Nettoeinkommen müssen deshalb jedenfalls die **Unterhaltsleistungen**
abgezogen werden, die vom Täter gegenüber Dritten erbracht werden. Die Unterhaltsleistungen dürfen bei der Bestimmung der Tagessatzhöhe schon deshalb nicht
unberücksichtigt bleiben, weil die Geldstrafe allein den Verurteilten, nicht aber
seine Familienangehörigen treffen soll. Darüber hinaus ist es aber auch ein Ausfluss
des Prinzips der „Opfergleichheit", dass der kinderlose Ledige und der unterhalts-
verpflichtete Elternteil nicht gleich behandelt werden. Auf der anderen Seite muss
jeder blinde Schematismus vermieden werden.[99] Insbesondere die für Kinder erbrachten Unterhaltsleistungen können im Einzelfall sehr unterschiedlich sein; für in
der Ausbildung stehende Kinder ist regelmäßig ein höherer Unterhaltsbetrag erforderlich als etwa für Kleinkinder. Entscheidend sind letztlich allein die vom Täter
tatsächlich erbrachten geldwerten Unterhaltsleistungen, die oberhalb, aber auch
unterhalb pauschalierter Werte liegen können. Leistet der Täter pflichtwidrig keinen
Unterhalt (ggf. Straftat nach § 170 StGB), können insoweit auch keine Beträge in
Abzug gebracht werden.[100]

Zweifelhaft ist, ob neben den Unterhaltsleistungen auch **sonstige Verbindlichkeiten** des Täters in Abzug gebracht werden dürfen. Verpflichtungen, die zur *Ab-
deckung der Grundbedürfnisse* dienen wie z. B. Aufwendungen für Wohnung, Verpflegung oder Kleidung, dürfen *nicht* abgezogen werden, da der Gesetzgeber mit
der Entscheidung für das Nettoeinkommensprinzip zum Ausdruck gebracht hat,
dass grundsätzlich das gesamte Nettoeinkommen für die Geldstrafe herangezogen
werden soll und es sich insoweit um Aufwendungen handelt, die von allen Tätern in

---

[98] Vgl. zum Ganzen *BGHSt* 27, 212; *OLG Frankfurt* NJW 1976, 635; *OLG Köln* NJW 1976, 636;
S/S 2019, *Kinzig*, § 40 Rn. 11a; *Fischer* 2019, § 40 Rn. 10.
[99] *Fischer* 2019, § 40 Rn. 21.
[100] *BayObLG* NStZ 1988, 499 m. Anm. *Terhorst*; *Krehl* NStZ 1989, 464 f.; S/S 2019, *Kinzig*, § 40
Rn. 14.

vergleichbarer Weise erbracht werden müssen.[101] Finanzielle Verbindlichkeiten, die aus der *abgeurteilten Straftat* herrühren (Schadenswiedergutmachung, Anwalts- und Verfahrenskosten) sollen nach überwiegender Meinung ebenfalls *nicht* in Abzug gebracht werden können.[102] Dieser Auffassung ist zuzustimmen, da es andernfalls zu Ungerechtigkeiten bei der Geldstrafenbemessung käme: Derjenige, der nur einen geringen materiellen Schaden verursacht hat, müsste eine höhere Geldstrafensumme zahlen als derjenige, der einen hohen Schaden verursacht hat. In Abzug gebracht werden können demgegenüber *außergewöhnliche Belastungen* wie etwa die besonderen finanziellen Aufwendungen eines Körperbehinderten oder besondere Kinderbetreuungskosten.[103]

Im Übrigen lassen sich kaum verallgemeinerbare Richtlinien aufstellen. Die Praxis unterzieht die von dem Täter eingegangenen Verpflichtungen einer **Angemessenheitsprüfung** und entscheidet danach, ob die Aufwendungen für eine angemessene Lebensführung dienlich sind (z. B. Ausbildungskosten, Wohnungseinrichtung, Altersversorgung) oder nicht (z. B. aufwendiges Hobby, spekulative Vermögensbildung).[104] Aus dem Sinn und Zweck der Geldstrafe oder dem Gedanken der „Opfergleichheit" heraus lässt sich die Differenzierung nach der Angemessenheit jedoch nicht begründen; zudem verbindet sich mit ihr die Gefahr der Diskriminierung unerwünschter oder unverstandener Lebensstile.[105] Im Hinblick auf den Gleichbehandlungsgrundsatz ist deshalb eher darauf abzustellen, ob es sich um Belastungen handelt, bei deren Nichtberücksichtigung wesentlich Ungleiches gleich behandelt werden würde; entscheidend dürfte also auch insoweit der *Maßstab der (Außer)Gewöhnlichkeit* der eingegangenen Verpflichtungen sein.[106]

Unklar ist weiterhin, ob und in welchem Umfang das **Vermögen** des Täters bei der Bestimmung der Tagessatzhöhe berücksichtigt werden darf. Das Gesetz ist in diesem Punkt nicht ganz eindeutig: Während nach § 40 Abs. 2 Satz 2 StGB in der Regel das Nettoeinkommen zur Grundlage der Tagessatzhöhe gemacht werden soll, wird das Vermögen in Abs. 3 ausdrücklich erwähnt. Nach dem Sinn und Zweck der Geldstrafe darf das Vermögen bei der Bestimmung der Tagessatzhöhe an sich nicht in Ansatz gebracht werden, da die Geldstrafe lediglich auf die zeitweise Beschränkung des Lebensstandards abzielt; dies lässt sich sinnvoll nur dann erreichen, wenn mit der Geldstrafe an das Einkommen (und damit ggf. auch an die Einkünfte aus dem Vermögen wie Zinsen u. ä.) angeknüpft wird, nicht aber, wenn mit ihr an das Ver-

---

[101] *OLG Celle* NJW 1975, 2029; kritisch *v. Selle* 1997, 130 f.

[102] *Fischer* 2019, § 40 Rn. 15; *Jescheck und Weigend* 1996, 771; vgl. auch *OLG Stuttgart* NJW 1995, 67 (68); S/S 2019, *Kinzig*, § 40 Rn. 14a; a. A. zur Schadenswiedergutmachung NK 2017, *Albrecht*, § 40 Rn. 35.

[103] S/S 2019, *Kinzig*, § 40 Rn. 15; *Fischer* 2019, § 40 Rn. 17.

[104] Vgl. *OLG Köln* JMBl. NRW 1978, 194 (195); *BayObLG* NJW 1992, 2582 (2583); S/S 2019, *Kinzig*, § 40 Rn. 14a f.; kritisch schon *Grebing* ZStW 88 (1976), 1077 f.

[105] NK 2017, *Albrecht*, § 40 Rn. 34.

[106] Vgl. auch *v. Selle* 1997, 213 ff.

mögen selbst angeknüpft wird.[107] Auf der anderen Seite besteht die Gefahr, dass die Geldstrafe bei Tätern mit großem Vermögen ihre Wirkung verfehlt, wenn der Täter durch die jederzeit mögliche Verwertung liquider Vermögensbestandteile (z. B. den Verkauf eines wertvollen Gemäldes, einer Jacht oder eines Grundstücks) die mit der Geldstrafe beabsichtigte Belastung ohne spürbare Einbuße ausgleichen kann.[108]

Beispiel

A ist Geschäftsführerin der X-KG, an der sie selbst zu 1/3 und ihr Ehemann zu 2/3 beteiligt ist. Als Geschäftsführerin bezieht A ein monatliches Nettoeinkommen von 2000 €. Die X-KG ist Eigentümerin zahlreicher vermieteter Immobilien; dabei handelt es sich um mindestens 1500 Wohneinheiten, die in einer Universitätsstadt vorwiegend an Studierende vermietet sind. Die Grundstücke sind zu 80 % ihres Wertes beliehen; die Mieteinnahmen werden voll zur Bedienung der Zins- und Tilgungsraten für die aufgenommenen Darlehen verwendet, so dass ein Überschuss nicht verbleibt.

In diesem Fall würde es dem Grundsatz der Opfergleichheit widersprechen, wenn bei der Berechnung der Tagessatzhöhe lediglich das Gehalt der A als Geschäftsführerin berücksichtigt werden würde. Fraglich ist indessen, in welcher Weise das Grundstücksvermögen in Ansatz gebracht werden kann. Weiterführend erscheint hier der Vorschlag von *Schöch*, auf die Bewertungsmaßstäbe des Vermögens- und Grundsteuerrechts zurückzugreifen und die potenzielle Ertragskraft der Vermögenssubstanz mit 1–1,25 % des Verkehrswerts anzusetzen.[109]

3.4.3.2.4 Grenzen

Die anhand der genannten Leitlinien ermittelte Höhe eines Tagessatzes darf nicht weniger als 1 und nicht mehr als 30.000 € betragen (§ 40 Abs. 2 Satz 3 StGB). Der Tagessatz muss auf einen vollen Eurobetrag lauten.[110] Der Höchstbetrag wurde mit dem 43. StÄG im Jahr 2009 von 5000 € auf den jetzigen Betrag angehoben. Der Gesetzgeber begründete dies mit der Einkommensentwicklung der letzten 30 Jahre und der sich daraus ergebenden, unter dem Gesichtspunkt der Belastungsgleichheit erforderlichen Erfassung von Tätern der allerhöchsten Einkommensgruppe.[111] Das Produkt aus Zahl und Höhe der verhängten Tagessätze kann sich damit in einem Gesamtrahmen von 5 € bis 10,8 Mio. € bzw. bei Tatmehrheit (vgl. § 54 Abs. 2 Satz 2 StGB) 21,6 Mio. € bewegen.

---

[107] Ebenso *v. Selle* 1997, 168 ff., der in diesem Zusammenhang auf das Personalitätsprinzip hinweist.

[108] *BayObLG* NJW 1987, 2029.

[109] *Schöch* in Anm. zu *OLG Celle* NStZ 1983, 315; vgl. zum Ganzen auch NK 2017, *Albrecht*, § 40 Rn. 27 ff.; SK StGB 2017 ff., *Wolters*, § 40 Rn. 13; S/S 2019, *Kinzig*, § 40 Rn. 13.; *Fischer* 2019, § 40 Rn. 12; *v. Selle* 1997, 181 ff.

[110] MüKo 2016 ff., *Radtke*, § 40 Rn. 54; *Lackner und Kühl* 2018, § 40 Rn. 6; *OLG Köln* MDR 1976, 597; a. A. unter Aufgabe der vorgenannten Rspr. *OLG Köln* VRS 114, 237 f.; S/S 2019, *Kinzig*, § 40 Rn. 7.

[111] BT-Drucks. 16/11606, 6.

3.4.3.3   Der dritte Schritt: Die Entscheidung über die Bewilligung von Zahlungserleichterungen

Der dritte Schritt der Geldstrafenbemessung, bei dem vom erkennenden Gericht über die Bewilligung von Zahlungserleichterungen zu entscheiden ist, stellt bereits einen *Akt vorweggenommener Strafvollstreckung* dar.[112] Bei der Entscheidung spielen die Strafzwecke keine Rolle mehr; es geht allein um die Beurteilung der Liquidität des Verurteilten und die Frage, ob er den aus Tagessatzzahl und -höhe gebildeten Endbetrag bei Fälligkeit auf einmal erbringen kann. Die Prüfung dieser Frage ist Ausfluss des allgemeinen rechtsstaatlichen Grundsatzes, dass einem Bürger keine subjektiv unmöglichen oder unzumutbaren Pflichten auferlegt werden dürfen; daneben drängt aber auch die der Geldstrafe immanente **Gefahr der Drittwirkung** auf die Familienangehörigen des Verurteilten dazu, die Auswirkungen der Sanktion in einem abschließenden Schritt einer nochmaligen Kontrolle zu unterziehen. Die Prüfung, ob Zahlungserleichterungen zu bewilligen sind, erfolgt dementsprechend nicht auf Antrag, sondern von Amts wegen.[113] Das Urteil muss sich zur Frage der Zahlungserleichterungen verhalten, wenn es naheliegt, dass der Angeklagte die Geldstrafe aus dem laufenden Einkommen, aus Rücklagen oder Vermögen nicht sofort begleichen kann.[114]

Maßstab ist die Frage, ob dem Verurteilten die sofortige Zahlung der Geldstrafe nach seinen persönlichen oder wirtschaftlichen Verhältnissen **zumutbar** ist (§ 42 Satz 1 StGB). Das Gericht muss dabei auf der einen Seite berücksichtigen, dass die Geldstrafe im Interesse einer wirksamen Strafrechtspflege grundsätzlich mit Nachdruck und Beschleunigung vollstreckt werden muss (§ 2 Abs. 1 StVollstrO). Auf der anderen Seite muss es aber auch berücksichtigen, dass das monatliche Einkommen in vielen Fällen bereits fest verplant ist: Unterhaltspflichten, Aufwendungen für Wohnung, Verpflegung und Kleidung, Zahlungspflichten, die aus der abgeurteilten Straftat herrühren, und sonstige Verbindlichkeiten, z. B. Bankkredite, lassen es oft nicht zu, die Geldstrafe sofort und in einem Betrag zu begleichen. Die Vollstreckung der Geldstrafe darf nicht zu einer finanziellen Überforderung führen, die die Gefahr der Entsozialisierung mit sich bringt.[115] Im dritten Schritt der Geldstrafenbemessung muss die Geldstrafenforderung deshalb in das Gesamtspektrum der vom Verurteilten zu erfüllenden Verpflichtungen eingepasst werden; eine Pflicht des Verurteilten zur vorrangigen Befriedigung der Geldstrafenforderung besteht nicht.[116]

Die Zahlungserleichterungen, die dem Verurteilten bewilligt werden können, sind die **Stundung** und die Gewährung der Möglichkeit zur **Ratenzahlung**. Zeitliche Grenzen lassen sich dabei weder für die eine noch die andere Form der Zahlungserleichterung angeben.[117] So kann es durchaus sachgerecht sein, einem aus der

---

[112] NK 2017, *Albrecht*, § 42 Rn. 10.

[113] SK StGB 2017 ff., *Wolters*, § 42 Rn. 5.

[114] *BGH* NStZ-RR 2018, 238.

[115] *BGHSt* 26, 325 (330); SK StGB 2017 ff., *Wolters*, § 42 Rn. 3.

[116] Aus § 42 Satz 3 StGB lässt sich eher umgekehrt ein Vorrang des Verletzten auf Schadenswiedergutmachung ableiten.

[117] NK 2017, *Albrecht*, § 42 Rn. 7.

Strafhaft entlassenen Verurteilten durch Stundung zunächst die Gelegenheit zu geben, sich wieder eine wirtschaftliche Existenz aufzubauen.[118] Ist hingegen absehbar, dass die Geldstrafe auch bei Bewilligung von Zahlungserleichterungen nicht in einer angemessenen Frist oder in angemessenen Teilbeträgen gezahlt werden wird, brauchen die Vergünstigungen nicht gewährt zu werden.[119] Wird dem Verurteilten die Ratenzahlung gestattet, kann sich die Geldstrafe praktisch einer „Laufzeitgeldstrafe" annähern, wie sie in der Reformdiskussion verschiedentlich empfohlen worden war (§ 49 AE-AT). Im Übrigen kann das Gericht zugleich mit der Bewilligung von Zahlungserleichterungen anordnen, dass die Vergünstigung entfällt, wenn ein Teilbetrag nicht rechtzeitig beglichen wird (§ 42 Satz 2 StGB; „Verfallklausel").

Nach dem durch das 2. JuMoG vom 22 12 2006 eingefügten § 42 Satz 3 StGB soll eine Ratenzahlung oder die Stundung der Zahlungen auch dann gewährt werden, wenn ein durch die abgeurteilte Straftat verursachter Schaden vorliegt und dessen *Wiedergutmachung* durch die Zahlung der Geldstrafensumme *erheblich gefährdet* wäre. Zugunsten des Verletzten sollte das Spannungsverhältnis zwischen dem Interesse des Fiskus an der Geldstrafenvollstreckung und dem Opferinteresse an der Schadenswiedergutmachung neu austariert werden. In der Regel sind diese Zahlungserleichterungen daher nur dann nicht zu gewähren, wenn gewichtige Gründe entgegenstehen, namentlich wenn der Verurteilte die Schadenswiedergutmachung verweigert oder wenn die Anordnung nicht sinnvoll wäre, da bereits im Zeitpunkt des Urteils sicher erkennbar ist, dass die Wiedergutmachungsbemühungen fruchtlos wären.[120] Mit dieser Vorschrift sollen die Opferinteressen auf Wiedergutmachung gestärkt werden, indem ihnen bei der Vollstreckung von Geldstrafen der Vorrang eingeräumt wird.[121] Betreibt der Verurteilte die Wiedergutmachung jedoch nicht, so kann die Vollstreckungsbehörde die Entscheidung über die Zahlungserleichterungen nachträglich aufheben oder ändern (vgl. § 459a Abs. 2 Satz 1 StPO).[122]

3.4.4 Verfahrensfragen

Für die richtige Bemessung der Geldstrafe kommt der **Ermittlung der persönlichen und wirtschaftlichen Verhältnisse** persönliche des Täters zentrale Bedeutung zu. Im Grundsatz gilt, dass die Bemessungsgrundlagen (Einkünfte, Unterhaltspflichten, Verbindlichkeiten etc.) *von Amts wegen aufgeklärt* (§ 244 Abs. 2 StPO; vgl. auch Nr. 14 RiStBV) und *im Wege des Strengbeweises* (z. B. durch Vernehmung des Angeklagten, Zeugenvernehmung des Arbeitgebers oder Verlesung von Gehaltsbescheinigungen) in die Hauptverhandlung eingeführt werden müssen[123]; das

---

[118] *OLG Bremen* NJW 1962, 217; *OLG Stuttgart* StV 1993, 475.

[119] *BGHSt* 13, 356 (357).

[120] *Fischer* 2019, § 42 Rn. 8.

[121] BT-Drucks. 16/3038, 25; *Lackner und Kühl* 2018, § 42 Rn. 3.

[122] BT-Drucks. 16/30338, 58.

[123] Zu den Beweiserhebungsmöglichkeiten, die im Hinblick auf die persönlichen und wirtschaftlichen Verhältnisse des Täters in Betracht kommen, ausführlich *Krehl* 1985, 122 ff.

Gericht muss, wenn es die Geldstrafe festsetzt, vom (Nicht-) Vorliegen der entsprechenden Tatsachen *überzeugt* sein (§ 261 StPO).[124] Im Einzelfall kann dies jedoch mit erheblichen Schwierigkeiten und hohem Aufwand verbunden sein; dies gilt umso mehr, als der Angeklagte wegen seiner Aussagefreiheit nicht verpflichtet ist, an der Aufklärung mitzuwirken (vgl. §§ 136 Abs. 1 Satz 2, 243 Abs. 5 Satz 1 StPO). Um hier Erleichterungen zu schaffen, sieht das Gesetz vor, dass die Einkünfte des Täters, sein Vermögen und die anderen Grundlagen der Tagessatzbemessung vom Gericht geschätzt werden können (§ 40 Abs. 3 StGB).

Über den Anwendungsbereich der Regelung besteht Streit. Unzweifelhaft ist zunächst, dass die **Schätzung** immer dann zulässig ist, wenn die der Tagessatzbemessung zu Grunde zu legenden Tatsachen nicht oder nur mit erheblichen Schwierigkeiten aufgeklärt werden können. Zu denken ist etwa an den Fall, dass der freiberuflich Tätige über seine Einkommensverhältnisse keine Angaben macht und Ansatzpunkte für genauere Ermittlungen nicht vorhanden sind. Ein Zugriff auf die Unterlagen des Finanzamts, der in diesen Fällen weiterhelfen würde, ist wegen des Steuergeheimnisses (vgl. § 355 StGB) nicht möglich.[125] Um zu verhindern, dass sich der Täter der angemessenen Geldstrafe entziehen kann, darf das Gericht in dieser Verfahrenslage die Einkommenshöhe schätzen und der Geldstrafenbemessung dasjenige Einkommen zu Grunde legen, von dem zu vermuten ist, dass es der Täter mit überwiegender Wahrscheinlichkeit erzielt haben wird. Die Grundlagen der Schätzung müssen in der Hauptverhandlung erörtert werden; dem Angeklagten muss rechtliches Gehör gewährt werden. Die bewusste Überschätzung des Einkommens, um den Angeklagten zur Offenbarung seiner Vermögensverhältnisse zu zwingen, ist genauso unzulässig wie eine „Schätzung ins Blaue hinein".[126]

In der Praxis scheint weitgehend unklar zu sein, ob das Gericht die Grundlagen für die Geldstrafenbemessung darüber hinaus auch dann schätzen darf, wenn die Aufklärung der entsprechenden Tatsachen zwar möglich wäre, aber der damit verbundene Aufwand im Hinblick auf die Schwere der Tat und die Zahl der zu erwartenden Tagessätze nicht angemessen erscheint. In früherer Zeit wurde die Schätzung auch in diesem Fall *aus prozessökonomischen Gründen* für zulässig gehalten, wobei es als Leitlinie galt, dass eingehende Nachforschungen erst ab einer zu erwartenden Geldstrafe von 60 Tagessätzen oder mehr angestellt werden mußten.[127] Gegen die Zulässigkeit der Schätzung in den minder schweren Fällen lässt sich jedoch geltend machen, dass die Vorgehensweise im Beweisrecht der StPO (§§ 244, 245 StPO) keine Stütze findet und auch nicht vom Willen des historischen Gesetz-

---

[124] Zu den misslichen Konsequenzen, wenn dies – z. B. im Strafbefehlsverfahren – nicht geschieht, vgl. *Hennig* BewHi 1999, 302 f.

[125] In der Reformdiskussion war die Durchbrechung des Steuergeheimnisses empfohlen worden (vgl. § 49 Abs. 3 Satz 2 AE-AT); diese Empfehlung hatte sich jedoch nicht durchsetzen können, vgl. LK 1985 ff., *Tröndle*, § 40 Rn. 67.

[126] *BVerfG* StV 2016, 554 (554); *OLG Celle* NJW 1984, 185 (186); SK StGB 2017 ff., *Wolters*, § 40 Rn. 17.

[127] *Tröndle und Fischer* 2001, § 40 Rn. 26.

gebers getragen wird; auch in leichteren Fällen darf nicht vorschnell auf die Schätzungsmöglichkeit zurückgegriffen werden.[128] Allerdings lässt sich nicht übersehen, dass die Aufklärung der persönlichen und wirtschaftlichen Verhältnisse im Einzelfall mit erheblichen stigmatisierenden Auswirkungen verbunden sein kann (z. B. wenn der Arbeitgeber des Angeklagten zur Höhe des gezahlten Arbeitsentgelts vernommen wird, obwohl er sonst von dem Verfahren keine Kenntnis erlangt hätte); im Hinblick auf den Verhältnismäßigkeitsgrundsatz erscheint deshalb die Begrenzung des Umfangs der Ermittlungen in den Fällen der leichteren Kriminalität sinnvoll und richtig.[129]

Die Anzahl der verhängten Tagessätze und ihre Höhe müssen im **Tenor** angegeben werden (§ 40 Abs. 4 StGB). Werden Zahlungserleichterungen bewilligt, müssen auch die Zahlungsfrist und die zu zahlenden Teilbeträge in die Urteilsformel aufgenommen werden.[130] Beispiel: „Der Angeklagte wird wegen Diebstahls zu einer Geldstrafe von 100 Tagessätzen zu 20 € verurteilt. Ihm wird gestattet, die Geldstrafe in monatlichen Teilbeträgen von 100 €, fällig jeweils am 1. eines Monats, erstmals fällig am 1. des auf die Rechtskraft des Urteils folgenden Monats zu bezahlen. Zahlt er einen Teilbetrag nicht rechtzeitig, so entfällt die Teilzahlungsbefugnis." Der letzte Satz enthält die zulässige, aber nicht zwingend erforderliche „Verfallklausel" (§ 42 Satz 2 StGB).

Im **Rechtsmittelverfahren** ist die Entscheidung über die *Höhe des Tagessatzes selbstständig anfechtbar*. Überschneiden sich die Festsetzung der Tagessatzzahl und die Bestimmung der Tagessatzhöhe, kann das Rechtsmittelgericht die Beschränkung der Anfechtung auf die Tagessatzhöhe als unbeachtlich ansehen und die Prüfung auch auf die Zahl der verhängten Tagessätze erstrecken.[131] Die isolierte Anfechtung der Tagessatzzahl ist nicht zulässig.[132]

Das *Verschlechterungsverbot* (§§ 331 Abs. 1, 358 Abs. 2 StPO) steht im Rechtsmittelverfahren sowohl einer Erhöhung der Tagessatzzahl als auch einer Erhöhung des Geldstrafenendbetrags entgegen. Zulässig ist es allerdings, wenn im Fall der Verbesserung der wirtschaftlichen Verhältnisse des Angeklagten eine Anhebung der Tagessatzhöhe durch die Herabsetzung der Tagessatzzahl ausgeglichen wird.[133] Der Ausgleich kann ggf. auch durch andere Umstände erfolgen, z. B. dadurch, dass ein neben der Geldstrafe angeordnetes Fahrverbot in Wegfall gebracht wird.[134]

---

[128] *Hellmann* GA 1997, 514 f.; zur vom Gesetzgeber zunächst beabsichtigten Beschränkung auf die Fälle der Beweisnot vgl. 2. Schriftlicher Bericht, BT-Drucks. 5/4095, 21.

[129] NK 2017, *Albrecht*, § 40 Rn. 47 f.; S/S 2019, *Kinzig*, § 40 Rn. 20; *Schäfer et al.* 2017, 36 (Rn. 142).

[130] *Meyer-Goßner und Appl* 2014, 24 (Rn. 79).

[131] BGHSt 27, 70 (73); 34, 90 (92 f.); OLG Köln NJW 1977, 307.

[132] S/S 2019, *Kinzig*, § 40 Rn. 23; SK StGB 2017 ff., *Wolters*, § 40 Rn. 19; NK 2017, *Albrecht*, § 40 Rn. 56; a. Ä. *Fischer* 2019, § 40 Rn. 26.

[133] OLG Celle NJW 1976, 121 (122); SK StGB 2017 ff., *Wolters*, § 40 Rn. 20; NK 2017, *Albrecht*, § 40 Rn. 53.

[134] BayObLG NJW 1980, 849; S/S 2019, *Kinzig*, § 40 Rn. 23.

3.4.5 Vollstreckung

3.4.5.1 Einforderung und Beitreibung

Das auf Geldstrafe lautende Urteil begründet für den Verurteilten die **öffentlich-rechtliche Pflicht zur Zahlung** des festgesetzten Geldbetrags an die Staatskasse.[135] Die Rechtsgrundlagen für die Vollstreckung finden sich in §§ 459 ff. StPO und der JBeitrO; ergänzend gelten die Vorschriften der StVollstrO und der EBAO.[136] Die Vollstreckung setzt die Rechtskraft des Urteils voraus (§ 449 StPO). Zur Sicherstellung der Vollstreckung kann allerdings schon vor diesem Zeitpunkt eine Sicherheitsleistung verlangt (§ 132 Abs. 1 Satz 1 Nr. 1 StPO) oder, wenn das Urteil bereits ergangen, aber noch nicht rechtskräftig geworden ist, der dingliche Arrest angeordnet werden (§ 111d Abs. 1 Satz 2 StPO).

Wenn das auf Geldstrafe lautende Urteil rechtskräftig geworden und die **Einforderung** angeordnet worden ist, erhält der Verurteilte eine Kostenrechnung (§ 4 EBAO). Zahlt er daraufhin nicht, wird er gemahnt (§ 7 EBAO). Geht auch auf die Mahnung hin keine Zahlung ein, so entscheidet die Vollstreckungsbehörde (§ 451 StPO, konkret: der Rechtspfleger, § 31 Abs. 2 RPflG), welche **Vollstreckungsmaßnahmen** ergriffen werden sollen (§ 8 EBAO). Grundsätzlich stehen der Vollstreckungsbehörde dieselben Formen der Zwangsvollstreckung wegen Geldforderungen in das bewegliche und das unbewegliche Vermögen des Verurteilten zur Verfügung, die auch ein privater Gläubiger hat, etwa die Pfändung von Gegenständen oder Geldforderungen (§ 6 JBeitrO i. V. m. §§ 808, 829, 835 ZPO).

Auch nach Eintritt der Rechtskraft des Urteils können dem Verurteilten von der Vollstreckungsbehörde noch **Zahlungserleichterung** en bewilligt werden. Die Vollstreckungsbehörde muss dabei vor allem auf die Konkurrenz mit den Ansprüchen des Verletzten auf Schadenswiedergutmachung achten (§ 42 Satz 3 StGB). Ist gegen den Verurteilten in demselben (vgl. § 41 StGB) oder einem anderen Verfahren Freiheitsstrafe verhängt worden, kann das Gericht (§§ 462 Abs. 1, 462a StPO)[137] zur Erleichterung der Wiedereingliederung anordnen, dass die Vollstreckung der Geldstrafe ganz oder zum Teil unterbleibt (§ 459d StPO). Wird die Geldstrafe trotz der Bewilligung von Zahlungserleichterungen nicht beglichen und wird auch nicht das Unterbleiben der Vollstreckung angeordnet, so wird auf Anordnung der Vollstreckungsbehörde die Ersatzfreiheitsstrafe vollstreckt (§ 43 StGB, § 459e StPO). Nur dann, wenn die Vollstreckung für den Verurteilten eine unbillige Härte bedeuten würde (z. B. weil er unverschuldet den Arbeitsplatz verloren hat, alleinerziehend ist o. ä.), kann das Gericht anordnen, dass die Vollstreckung der Ersatzfreiheitsstrafe unterbleibt (§ 459f StPO).

---

[135] *Maurach et al. (Dölling)* 2014, § 59 Rn. 31.
[136] *Meyer-Goßner* 2018, § 459 Rn. 1.
[137] Zur Zuständigkeit vgl. KK StPO 2013, *Appl*, § 459d Rn. 8.

3.4.5.2 Ersatzfreiheitsstrafe

Die Ersatzfreiheitsstrafe ist eine echte (Ersatz-) Strafe, nicht lediglich ein Zwangsmittel, um die Bezahlung der Geldstrafe doch noch durchzusetzen.[138] Für die Ersatzfreiheitsstrafe gelten deshalb die für die Vollstreckung und den Vollzug von Freiheitsstrafen einschlägigen Vorschriften einschließlich – nach umstrittener, aber wohl richtiger Auffassung – der Möglichkeit der Aussetzung des Strafrests zur Bewährung (§ 57 StGB; dazu genauer unten Abschn. 3.8.2).

Voraussetzung für die Vollstreckung der Ersatzfreiheitsstrafe ist die **Uneinbringlichkeit der Geldstrafe** (§ 43 Satz 1 StGB); der Verurteilte hat also *kein Wahlrecht* ,ob er die Geldstrafe begleichen oder die Ersatzfreiheitsstrafe verbüßen will. Ist die Ersatzfreiheitsstrafe vollstreckt worden, so kommt die weitere Beitreibung der Geldstrafe nicht mehr in Betracht. Bei der Bemessung der Dauer der Ersatzfreiheitsstrafe entspricht ein Tagessatz einem Tag Freiheitsstrafe (§ 43 Satz 2 StGB). Hat der Verurteilte auf die Geldstrafe bereits *Teilbeträge* entrichtet, so werden diese auf die Ersatzfreiheitsstrafe *angerechnet*.[139] Das Mindestmaß der Ersatzfreiheitsstrafe beträgt einen Tag (§ 43 Satz 3 StGB, der insoweit § 38 Abs. 2 StGB abändert).

3.4.5.3 Gemeinnützige Arbeit

Eine Alternative zur Ersatzfreiheitsstrafe eröffnet Art. 293 EGStGB. Die Vorschrift sieht vor, dass die Vollstreckung der Ersatzfreiheitsstrafe durch „freie Arbeit" (= Arbeit außerhalb des geschlossenen Vollzugs) abgewendet werden kann; die nähere Ausgestaltung wird den Ländern überlassen („Schwitzen statt Sitzen"). Alle Bundesländer haben die ihnen eingeräumte Befugnis zum Erlass entsprechender Rechtsverordnungen genutzt.[140] *In der Regel* wird dem Geldstrafenschuldner die Möglichkeit eingeräumt, mit *sechs Stunden* gemeinnütziger Arbeit einen Tag Ersatzfreiheitsstrafe abzulösen.[141] Die freie Arbeit muss unentgeltlich sein und darf nicht erwerbswirtschaftlichen Zwecken dienen (Art. 293 Abs. 1 Satz 3 EGStGB); praktisch werden die Geldstrafenschuldner häufig in sozialen Einrichtungen oder im Umweltschutz eingesetzt. Soweit der Verurteilte die freie Arbeit geleistet hat, ist die Ersatzfreiheitsstrafe erledigt (Art. 293 Abs. 1 Satz 2 EGStGB). Schlechtleistung, Nichtantritt der Arbeit und unentschuldigtes Fernbleiben führen hingegen zur Fortsetzung der Vollstreckung der Geldstrafe und damit zur Vollstreckung der Ersatzfreiheitsstrafe.[142]

---

[138] S/S 2019, *Kinzig*, § 43 Rn. 2; *Jescheck und Weigend* 1996, 775.

[139] S/S 2019, *Kinzig*, § 43 Rn. 5; SK StGB 2017 ff., *Wolters*, § 43 Rn. 6 mit Rechenbeispiel.

[140] Vgl. *Block* 1997, 121 ff.; zur statistischen Entwicklung und zu unterschiedlichen Praxismodellen zur Vermeidung der Ersatzfreiheitsstrafe ausführlich *Dünkel* FS 2011, 143 ff.; genauer zur heutigen Situation in Berlin *Henjes* FS 2018, 33 ff., und *Nalezinski* FS 2018, 35 ff.; Bremen *Matt und Schwiers* FS 2018, 32 f.; Niedersachsen *Teschner* FS 2018, 30 ff.; Nordrhein-Westfalen *Bögelein, Ernst und Neubacher* BewHi 2014, 282 ff.; Sachsen *Frankfurth* FS 2011, 163 ff.; Schleswig-Holstein *Berger et al.* FS 2011, 166 ff.

[141] Zum Umrechnungsmaßstab ausführlich *Schall* NStZ 1985, 109 ff.; vgl. auch die Übersicht zu den Regelungen in 10 Bundesländern bei *Dünkel* FS 2011, 147.

[142] NK 2017, *Albrecht*, § 43 Rn. 10; *Feuerhelm* 1997, 285 f.

3.4.6   Abgrenzung zu anderen finanziellen Sanktionen

Die nach §§ 40 ff. StGB verhängte und vollstreckte Geldstrafe muss unterschieden werden von der Geldauflage und der Geldbuße. Die **Geldauflage**, die als Begleitsanktion zur Vollstreckungsaussetzung bei der Freiheitsstrafe (§§ 56b Abs. 2 Satz 1 Nr. 2, 4, 57 Abs. 3 Satz 1, 57a Abs. 3 Satz 2 StGB) oder der Verwarnung mit Strafvorbehalt (§ 59a Abs. 2 Satz 1 Nr. 3 StGB) oder als Voraussetzung für die Verfahrenseinstellung (§ 153a Abs. 1 Satz 2 Nr. 2 StPO) verhängt werden kann, hat zwar ebenso wie die Geldstrafe eine „Denkzettelfunktion"; ihr Zweck besteht darin, einen der Genugtuung dienenden Ausgleich für das begangene Unrecht zu schaffen (vgl. § 56b Abs. 1 Satz 1 StGB). Gleichwohl handelt es sich nur um eine strafähnliche Maßnahme,[143] nicht um eine echte Strafe: Der Geldauflage fehlt die Eigenständigkeit, sie wird nicht durch Urteil angeordnet (vgl. § 268a Abs. 1 StPO) und ist nicht selbständig vollstreckbar.

Die **Geldbuße** hingegen ist die Hauptsanktion des Ordnungswidrigkeitenrechts (§ 17 OWiG). Auch sie hat eine „Denkzettelfunktion": Der Täter soll an seine Pflichten erinnert und zur Normtreue ermahnt werden.[144] Anders als die Geldauflage ist die Geldbuße jedoch selbstständig vollstreckbar; wird sie von dem Betroffenen nicht gezahlt, so wird sie in der gleichen Weise wie die Geldstrafe beigetrieben. Als Druckmittel steht der Vollstreckungsbehörde (§ 92 OWiG) die Erzwingungshaft (§ 96 OWiG) zur Verfügung. Der Unterschied zur Geldstrafe besteht in dem schwächeren Diskriminierungseffekt; mit der Geldbuße wird über den Täter *kein sozialethisches Unwerturteil* gefällt.[145] Freilich sollte man sich dabei nicht darüber hinwegtäuschen, dass auch der stigmatisierende Effekt der Geldstrafe jedenfalls dann, wenn es nicht zur Vollstreckung der Ersatzfreiheitsstrafe oder der Ableistung gemeinnütziger Arbeit kommt, letztlich nur gering ist.

3.4.7   Kriminologische Aspekte

Die Geldstrafe wurde 2017 im gesamten Bundesgebiet gegen 551.957 Personen (84,1 % aller Verurteilten; vgl. oben Abschn. 3.1.4, Tab. 3.1) verhängt. **Delikte**, bei denen die Geldstrafe überproportional häufig verhängt wurde, waren die Beleidigungsdelikte (95,5 %), die Umweltdelikte (97,4 %) und die Straßenverkehrsdelikte (94,6 %), wobei die Straßenverkehrsdelikte vor allem dann mit Geldstrafe geahndet wurden, wenn der Täter eine Verkehrsunfallflucht (98,3 %) oder, ohne alkoholisiert zu sein, eine fahrlässige Körperverletzung (98,7 %) begangen hatte. Auch im Nebenstrafrecht dominierte die Geldstrafe (z. B. bei Verstößen gegen das Pflichtversicherungsgesetz: 97,2 %).[146]

---

[143] *Lackner und Kühl* 2018, § 56b Rn. 1.
[144] *Mitsch* 2005, § 14 Rn. 3.
[145] *BVerfGE* 9, 167 (171); *Mitsch* 2005, § 14 Rn. 3.
[146] Statistisches Bundesamt, Strafverfolgung 2017, Tab. 2.3.

Tab. 3.2 Zahl und Höhe der Tagessätze der Geldstrafe 2017. (*Quelle*: Statistisches Bundesamt, Strafverfolgung 2017, Tab. 3.3)

Tagessatzzahl	Verurteilte N	%	Tagessatzhöhe in €	Verurteilte N	%
			≤5	797	1,6
			6–10	14.182	29,2
5–15	48.594	8,8	11–25	18.742	38,6
			26–50	13.806	28,4
			>50	1067	2,2
			≤5	2605	1,4
			6–10	46.572	24,7
16–30	188.809	34,2	11–25	69.707	36,9
			26–50	63.940	33,9
			>50	5985	3,2
			≤5	4871	1,8
			6–10	72.871	27,0
31–90	269.733	48,9	11–25	98.066	36,4
			26–50	84.511	31,3
			>50	9414	3,5
			≤5	1278	3,1
			6–10	13.290	32,1
91–180	41.455	7,5	11–25	15.548	37,5
			26–50	10.094	24,3
			>50	1245	3,0
			≤5	60	1,9
			6–10	653	21,0
181–360	3110	0,6	11–25	1111	35,7
			26–50	925	29,7
			>50	361	11,6
>360	256	0,05	–	–	–
insgesamt	551.957	100,0			

Betrachtet man die **Tagessatzzahlen**, so zeigt sich, dass gegen die Verurteilten überwiegend Geldstrafen im Bereich bis zu 90 Tagessätzen ausgesprochen werden; 2017 geschah dies in mehr als 9 von 10 Fällen (91,9 %; Tab. 3.2). Höhere Geldstrafen sind selten, obwohl die gesetzlichen Regelungen bis zu viermal bzw. bei Tatmehrheit sogar bis zu achtmal höhere Geldstrafen erlauben und § 47 StGB im Bereich unter 6 Monaten (=180 Tagessätzen) die Freiheitsstrafe nur als „ultima ratio" vorsieht.

Die gegenüber hohen Tagessatzzahlen zurückhaltende Praxis dürfte in erster Linie darauf zurückzuführen sein, dass die Bezahlung der höheren Strafen bei den meisten Tätern zu erheblichen Schwierigkeiten führt; nicht auszuschließen ist, dass die Gerichte bei erkennbaren Liquiditätsengpässen entgegen der Intention des § 47 StGB auf die zur Bewährung ausgesetzte Freiheitsstrafe ausweichen.

Daneben ist freilich auch nicht auszuschließen, dass die Gerichte bei den mit mehr als 90 Tagessätzen zu ahndenden Delikten die Geldstrafe aus spezial- oder generalpräventiven Gründen als zur Ahndung der Tat nicht mehr als ausreichend ansehen. Der Umstand, dass die Gerichte das vom Gesetzgeber bereitgestellte Spektrum nicht ausschöpfen, kann ein Indikator dafür sein, dass der Anwendungsbereich der Geldstrafe „nach oben" begrenzt ist und sich rechtspolitisch nicht beliebig ausweiten lässt. Auch die Tatsache, dass bei einer Anzahl von nicht mehr als 90 Tagessätzen eine Eintragung in das Führungszeugnis zur besseren Wiedereingliederung des Täters unterbleibt (dazu unten Abschn. 7.6), könnte im Zweifel eine Tendenz der Gerichte zur Nichtüberschreitung der 90 Tagessätze auslösen.

Die Tagessatzhöhen liegen überwiegend im Bereich zwischen 11 und 25 € (Tab. 3.2). Auffällig ist insoweit, dass bei den höheren Tagessatzzahlen (181 bis 360 Tagessätze) der Anteil der über 50 € liegenden Tagessatzhöhen zunimmt. Im Bereich der mittelschweren Delinquenz scheint die Geldstrafe demnach überproportional häufig bei den besser situierten Tätern zum Zuge zu kommen. Der Anteil der ausweislich der Tagessatzhöhe als arm einzuschätzenden Täter (Tagessätze bis 5 €) schwankt zwischen 2 und 5 %.

Die Zahl derjenigen zu Geldstrafe Verurteilten, bei denen die **Ersatzfreiheitsstrafe** vollstreckt werden muss, lässt sich anhand der amtlichen Statistiken nicht zuverlässig ermitteln. Festgestellt werden kann lediglich, dass am Stichtag 31.3.2018 in Deutschland 42.873 Personen im Strafvollzug einsaßen, von denen 4.753 Personen (11,1 %) eine Ersatzfreiheitsstrafe verbüßten; dabei sind zwischen den einzelnen Bundesländern z. T. erhebliche Unterschiede erkennbar.[147] Verallgemeinernd dürfte sich, auch mit Blick auf frühere Jahre, in denen eine andere Statistik zur Verfügung stand,[148] sagen lassen, dass sich der Anteil der zu Geldstrafe Verurteilten, bei denen die Ersatzfreiheitsstrafe vollstreckt werden muss, um die 10 % bewegen dürfte.

Aus empirischen Einzeluntersuchungen ist bekannt, dass diejenigen Verurteilten, bei denen die Ersatzfreiheitsstrafe vollstreckt werden muss, keine zufällige Auswahl aus der Gesamtzahl der zu Geldstrafe Verurteilten darstellen. *H.-J. Albrecht* ermittelte in einer schon etwas älteren Untersuchung, dass die Vollstreckung der Ersatzfreiheitsstrafe mit der wirtschaftlichen Lage der Verurteilten korreliert und dass sie vor allem bei solchen Tätergruppen vollstreckt wird, die durch *Arbeitslosigkeit* und *niedrige Berufspositionen* gekennzeichnet sind. Ein Vergleich der Sozialprofile zeigte, dass diejenigen Personen, die Ersatzfreiheitsstrafe verbüßten, starke *Ähnlichkeiten mit denjenigen* aufwiesen, *die zu Freiheitsstrafe* mit oder ohne Bewährung *verurteilt worden waren*, während sich im Vergleich zu denjenigen, die zu Geldstrafe verurteilt worden waren und die diese sofort beglichen hatten, deutliche Unterschiede ergaben.[149]

---

[147] Statistisches Bundesamt, Bestand der Gefangenen und Verwahrten in den deutschen Justizvollzugsanstalten, Stichtag 31. März 2018.

[148] Vgl. hierzu die 3. Aufl. des vorliegenden Werks (*Meier* 2009, 276).

[149] *Albrecht, H.-J.* 1980, 257 ff.; ähnlich die Befunde einer Untersuchung zum Kurzstrafenvollzug in Hamburg, vgl. *Villmow* 1998, 1296 ff.; ferner *Matt* MschrKrim 88 (2005), 339 ff.

In einer ebenfalls schon etwas älteren Untersuchung von *Janssen* wurden diese Ergebnisse im Wesentlichen bestätigt. In einer multivariaten Analyse wurde deutlich, dass die Art der Verfahrenserledigung vor allem von der *Vorstrafenbelastung* der Verurteilten abhängig war: Verurteilte mit wenigen Vorstrafen gehörten häufiger zu der Gruppe, die die Geldstrafe direkt zahlte, während die Ersatzfreiheitsstrafe häufiger von erheblich vorbestraften Tätern verbüßt wurde. Darüber hinaus waren die anwaltliche Vertretung, das Geschlecht (Frauen zahlen häufiger als Männer), die Anzahl der im Vollstreckungsverfahren gestellten Anträge sowie die Nationalität (Nichtdeutsche zahlen häufiger als Deutsche) von Bedeutung.[150] Von Interesse ist dabei neben dem Merkmal „*anwaltliche Vertretung*", das auf die bessere Einkommenssituation der Direktzahler hindeutet, das Merkmal „*Anzahl der Anträge*": Das Verfahren der Geldstrafenvollstreckung ist in der Praxis ein weitgehend formalisiertes, durch Handlungsroutinen geprägtes Verfahren, in dem Einzelfallprüfungen und -entscheidungen meist nur auf entsprechende Anträge hin vorgenommen werden. Wenn vom Verurteilten bei einer schwierigen Einkommenssituation keine Anträge auf Bewilligung von Vollstreckungserleichterung gestellt werden, wächst daher die Gefahr, dass es zur Vollstreckung von Ersatzfreiheitsstrafe kommt. In der Untersuchung von *Janssen* zeigte sich insoweit, dass etwa die Hälfte derjenigen Verurteilten, die die Ersatzfreiheitsstrafe verbüßen mussten, noch nicht einmal einen einzigen Antrag zur Vollstreckungserleichterung gestellt hatte (Verkehrsdelikte 41,9 %, klassische Kriminalität 56,6 %).[151] Die sich hierin ausdrückende *geringe Handlungskompetenz* scheint damit unmittelbar zu einer *Benachteiligung* bei der Art der Verfahrenserledigung zu führen.[152]

Dass sich die Verhältnisse bis heute nicht geändert haben, zeigt eine aktuelle Untersuchung von *Kolsch*. Auch *Kolsch* stellte fest, dass das Nettoeinkommen und der sozioökonomische Status derjenigen, die die Ersatzfreiheitsstrafe verbüßen, signifikant geringer waren als das Einkommen und der Status derjenigen, die die Geldstrafe bezahlten oder die Ersatzfreiheitsstrafe durch gemeinnützige Arbeit abwenden konnten. Ebenso wie in der Untersuchung von *Janssen* war auch bei ihr die Vorstrafenbelastung der Verbüßer signifikant höher als die der Nichtverbüßer. Die weiteren Analysen zeigten, dass Vollstreckung der Ersatzfreiheitsstrafe auch eine Folge fehlender Informationen der Strafverfolgungsorgane über die wirtschaftliche Situation der Verurteilten sowie der Nichtgewährung von Zahlungserleichterungen war: Zur Vollstreckung von Ersatzfreiheitsstrafe kam es in *Kolschs* Untersuchung vor allem dann, wenn die Geldstrafe im Strafbefehlsverfahren verhängt und die Tagessatzhöhe wegen fehlender Informationen über das Nettoeinkommen „ins Blaue hinein" geschätzt worden war; hierzu konnte es dann kommen, wenn im Ermittlungsverfahren keine Beschuldigtenvernehmung stattgefunden hatte (vgl. § 163a Abs. 1 StPO). Umgekehrt kam es dann, wenn die Gerichte nach § 42 StGB

---

[150] *Janssen* 1994, 206 f.

[151] *Janssen* 1994, 147 ff.

[152] Ähnlich auch hier wieder die Ergebnisse der Hamburger Untersuchung, vgl. *Villmow* 1998, 1302 ff., die „Indizien für eine gewisse Gleichgültigkeit" (S. 1305) ermittelte.

Zahlungserleichterungen gewährt hatten, in keinem Fall zur Vollstreckung von Ersatzhaft.[153] Die Schwierigkeiten, vor denen wirtschaftlich schwache Verurteilte bei der Verhängung von Geldstrafe stehen, werden durch die eingefahrenen Handlungsroutinen der Strafverfolgungsorgane bei der Aufklärung und Bewertung des Strafzumessungssachverhalts mithin noch einmal deutlich verstärkt.[154]

3.5   Vermögensstrafe

Anders als die Geld- oder die Freiheitsstrafe, die grundsätzlich gegenüber allen Tätern verhängt werden können, zielte die 1992 in das StGB eingefügte und 2002 für verfassungswidrig erklärte Vermögensstrafe (§ 43a StGB) auf die Sanktionierung einer hochspeziellen Tätergruppe ab: Erfasst werden sollten solche Täter, die in Verbindung zur **Organisierten Kriminalität** standen und in diesem Zusammenhang Gewinne erwirtschaftet hatten. Das kriminalpolitische Motiv des Gesetzgebers bestand darin, OK-Tätern mit dem Instrument der Vermögensstrafe die Mittel zu entziehen, die für den Aufbau oder die Erhaltung einer auf kriminellen Erwerb gerichteten Organisation erforderlich waren.[155] Die Zielsetzung der Vermögensstrafe überschnitt sich in gewisser Weise mit der Aufgabe der Vorschriften über die Einziehung von Taterträgen (früher „Verfall", §§ 73 ff. StGB; unten Abschn. 7.3.1); die Abgrenzung bereitete Schwierigkeiten. Der *BGH* versuchte diese Schwierigkeiten dadurch zu beseitigen, dass er der Vermögensstrafe eine den Charakter der Strafe betonende Ausrichtung gab: Die Vermögensstrafe durfte danach nicht das Ziel der Gewinnabschöpfung verfolgen, sondern musste sich an den allgemeinen Strafzumessungsgesichtspunkten orientieren.[156] Während die Einziehung von Taterträgen heute noch darauf abzielt, dem Täter diejenigen Vermögenswerte zu entziehen, die er nachweislich oder mutmaßlich (§ 73a StGB) aus begangenen Straftaten gezogen hat, sollte die Vermögensstrafe die Aufgabe haben, den Täter unabhängig davon zu treffen, ob das Vermögen rechtswidrig oder rechtmäßig erworben worden war. Entscheidend für die Verhängung und Bemessung sollte die Überlegung sein, dass OK-Täter, bei denen die finanziellen Interessen regelmäßig im Vordergrund stehen, durch eine Vermögensstrafe u. U. stärker beeindruckt – und die Strafzwecke dadurch besser erreicht – werden können als durch eine allein auf Freiheitsentzug lautende Freiheitsstrafe.

Das *BVerfG* hat die gesetzliche Regelung im Jahr 2002 wegen Unvereinbarkeit mit dem Bestimmtheitsgrundsatz (Art. 103 Abs. 2 GG) für verfassungswidrig erklärt.[157] Auf Kritik stießen drei Punkte. Zum einen kritisierte das *BVerfG*, dass der

---

[153] *Kolsch* 2019, 232 ff.

[154] Die kriminologische Problematik insbesondere der Ersatzfreiheitsstrafe vertiefend *Wilde* MschrKrim 2015, 348 ff.; *ders.* NK 2017, 205 ff.; *Bögelein* FS 2018, 19 ff.

[155] Vgl. BT-Drucks. 11/5461, 5; ausführlich *Hörnle* ZStW 108 (1996), 336 ff.

[156] *BGHSt* 41, 20 (24 ff.) m. zust. Anm. *v. Selle* StV 1995, 582; krit. Anm. *Park* JR 1995, 343 und *Dierlamm* NStZ 1995, 334; *BGHSt* 41, 278 (279 f.) m. krit. Anm. *Park* JR 1996, 380.

[157] *BVerfGE* 105, 135 (152 ff.) m. zust. Anm. *Park* StV 2002, 395.

Gesetzgeber den Strafgerichten keine inhaltlichen Vorgaben an die Hand gegeben hatte, nach denen entschieden werden konnte, ob die Vermögensstrafe überhaupt in Betracht kam oder nicht. Die Zielsetzung der Regelung sei verschwommen und unterschiedlichen Auslegungen zugänglich; es sei erforderlich gewesen, die Gerichte mit präzisen, verlässlichen und kontrollierbaren Strafzumessungsregeln auszustatten. Zum zweiten enthalte das Gesetz keinen konkreten Strafrahmen. § 43a Abs. 1 StGB hatte vorgesehen, dass die Strafe nach „oben" durch den Wert des Vermögens des Täters begrenzt sein sollte. Das *BVerfG* hielt dies für unzulässig, weil es sich hierbei nicht um einen abstrakt bestimmten – und damit transparenten und vorhersehbaren – Strafrahmen handle, sondern um einen individuellen, „wandernden" Rahmen, der in jedem Einzelfall anders gelagert sei. Zum dritten habe der Gesetzgeber keine Maßgaben gemacht, mit deren Hilfe die Gerichte die Höhe der Vermögensstrafe hätte bemessen und diese ins Verhältnis zu der an sich verwirkten Freiheitsstrafe bzw. zur für den Fall der Uneinbringlichkeit zu verbüßenden Ersatzfreiheitsstrafe setzen können; die traditionellen Strafzumessungsgrundsätze würden bei dieser neuen Strafart nicht weiterhelfen.

Das Urteil war innerhalb des *BVerfGs* nicht unumstritten; drei Richter konnten die Unvereinbarkeit mit dem Bestimmtheitsgrundsatz nicht erkennen.[158] Die herausgehobene Bedeutung des Urteils liegt indes gar nicht so sehr in dem eigentlichen Entscheidungsgegenstand: der Verfassungswidrigkeit der Vermögensstrafe. Mit seinen Passagen zur Bedeutung des Bestimmtheitsgrundsatzes im Sanktionsrecht entfaltet das Urteil eine über die Vermögensstrafe hinausweisende Bedeutung. Der Gesetzgeber ist verfassungsrechtlich gehalten, jedenfalls bei neuen Sanktionsformen die grundsätzlichen Entscheidungen zur Art und dem Ausmaß der denkbaren Rechtsfolgen selbst zu treffen und den Strafgerichten den Rahmen, innerhalb dessen sie sich bewegen müssen, möglichst klar vorzugeben.

3.6   Freiheitsstrafe

3.6.1   Zielsetzung und kriminalpolitische Problematik

Neben der Geldstrafe bildet die Freiheitsstrafe die zweite Hauptstrafe des geltenden Rechts. In der kriminalpolitischen Diskussion wird meist davon ausgegangen, dass sich mit dieser am tiefsten in die Rechtsstellung des Verurteilten eingreifenden Strafart das gesamte Spektrum der in Betracht kommenden **Strafzwecke** abdecken lässt: Die Freiheitsstrafe soll Vergeltung für die Tat üben und die Sühne ermöglichen, sie soll dem Täter die Möglichkeit eröffnen, im Vollzug die für ein Leben ohne Straftaten erforderlichen Voraussetzungen zu erwerben, sie soll abschrecken, sie soll die Gesellschaft durch die sichere Unterbringung des Verurteilten schützen und sie soll das durch die Tat erschütterte Vertrauen der Allgemeinheit in die Bestands- und Durchsetzungskraft des Rechts wiederherstellen. Auch wenn die

---

[158] Vgl. *BVerfGE* 105, 135 (172 ff.); kritisch auch MüKo 2003 ff., *Radtke*, § 43a Rn. 34 ff.

Ergebnisse der empirischen Sanktionsforschung insoweit zu Skepsis und Zurückhaltung mahnen, verwundert es angesichts dieser Vielfalt zugewiesener Aufgaben nur wenig, dass die Freiheitsstrafe zuweilen als das „Rückgrat" des heutigen Strafensystems bezeichnet wird.[159]

Kommt es zur Vollstreckung der Freiheitsstrafe, so besteht das Strafübel in der **Entziehung der Fortbewegungsfreiheit**.[160] Das Strafübel verfügt dabei über zwei Teilaspekte, denen aus kriminalpolitischer Sicht eine je eigene Problematik anhaftet: Der Verurteilte wird zum einen durch die Inhaftnahme daran gehindert, sein bisheriges Leben in unveränderter Weise fortzuführen; er wird zwangsweise aus seinem bisherigen sozialen Umfeld herausgenommen. Zum anderen wird er in das Anstaltsleben einer geschlossenen Institution integriert, das ihn unvermeidbar mit vielfältigen Entbehrungen und Einschränkungen, aber auch mit ganz eigenen Anforderungen und Erwartungen konfrontiert und ihm erhebliche Anpassungsleistungen abverlangt.

Der erste Aspekt beschreibt die mit der Freiheitsstrafe einhergehenden **desintegrierenden Wirkungen**. Der Strafantritt bringt für den Verurteilten – wenn er nicht zuvor schon in Untersuchungshaft gewesen ist oder in einer anderen Sache Strafhaft verbüßt hat – einen tiefen Einschnitt in die bisherige Lebenskontinuität mit sich. Diejenigen inneren und äußeren Bindungen, die sein Leben bisher geprägt und gestützt haben (Familie, Freunde, Arbeitsplatz, Wohnung), werden aufgehoben und nicht selten auf Dauer zerstört. In dieser zielgerichteten Desintegration muss nicht immer und unter allen Umständen ein für die weitere Entwicklung des Verurteilten schädlicher Eingriff liegen; insbesondere in solchen Fällen, in denen sich aus dem sozialen Umfeld des Täters kriminalitätsfördernde Einflüsse ergeben haben (z. B. bei Einbindung in kriminelle Subkulturen), kann in der Trennung die erste Voraussetzung für ein Leben ohne Straftaten liegen. Weitaus größer als die mit der Desintegration verbundenen Chancen sind jedoch die aus ihr folgenden Risiken für den spezialpräventiven Erfolg der Strafe: Mit der Auflösung der gewachsenen Bindungen wächst die Gefahr, dass die nach der Strafverbüßung erforderliche Reintegration misslingt und der Entlassene in wichtigen Lebensbereichen auf Dauer bindungslos bleibt (ohne Partnerin oder Partner, ohne Arbeit, ohne festen Wohnsitz etc.); die mit dem Vollzug der Freiheitsstrafe angestrebte Resozialisierung kann hierdurch schon im Ansatz erheblich belastet werden.

Der zweite Aspekt bezieht sich auf die zwangsweise Unterbringung des Gefangenen in einer **geschlossenen Einrichtung** („totalen Institution"[161]). Auch wenn der Strafvollzug von seiner Zielsetzung her auf die Resozialisierung des Gefangenen hin ausgerichtet ist (vgl. § 2 Satz 1 StVollzG und die Strafvollzugsgesetze der Länder, z. B. § 5 NJVollzG, § 2 HmbStVollzG, Art. 2 BayStVollzG) und im Vollzug durch Ausbildung und Arbeit, Beratung, soziale Hilfen und andere Behandlungs-

---

[159] LK 1985 ff., *Tröndle*, Vor § 38 Rn. 22.

[160] Vgl. auch *EGMR* NJW 2009, 971 ff.; ausführlich zum Strafübel bei der Freiheitsstrafe *Seebode* 1997, 78 ff.

[161] *Goffman* 1972, 15 ff.

maßnahmen versucht wird, dem Gefangenen die für ein Leben ohne Straftaten erforderlichen Kompetenzen zu vermitteln, kann nicht übersehen werden, dass im Vollzug auch ein *dysfunktionaler Gegenprozess* stattfinden kann.[162] Die Gefangenen untereinander und in ihrer Interaktion mit dem Vollzugspersonal bilden eine eigenständige „*Gefängnisgesellschaft*" mit eigenen Wertvorstellungen und Normen, Umgangsformen, Rangordnungen und Konfliktlösungsmechanismen, denen sich der einzelne Verurteilte, der auch im Vollzug auf mitmenschliche Kontakte angewiesen ist, mehr oder weniger anpassen muss. Es ist zwar auch insoweit nicht gesagt, dass dieser Prozess der Anpassung an die subkulturellen Normen der „Gefängnisgesellschaft", die „Prisonisierung", dem Resozialisierungsziel zwingend entgegenstehen muss; manchem Gefangenen mag es gelingen, die gemachten Erfahrungen im Sinn des Vollzugszieles produktiv zu verarbeiten. Je deutlicher jedoch in einer Anstalt eine eigene Gefangenensubkultur existiert und je stärker sich diese Subkultur in ihren Wertvorstellungen und Normen von der Leitidee der Resozialisierung entfernt (z. B. indem sie physische Gewalt als Mittel der Interessendurchsetzung akzeptiert), desto schwieriger dürfte das Vollzugziel im Einzelfall zu erreichen sein. Hinzu kommt, dass mit der zwangsweisen Unterbringung im Strafvollzug für den Gefangenen meist ein erheblicher *Stigmatisierungseffekt* verbunden ist, der die Wiedereingliederung nach der Entlassung zusätzlich erschwert.

> Dass die Entziehung der Fortbewegungsfreiheit, einhergehend mit ihrer desintegrierenden Wirkung und der zwangsweisen Unterbringung in einer geschlossenen Einrichtung, einen drastischen Einschnitt darstellt, macht auch eine bundesweite Studie zu Suiziden von Gefangenen deutlich.[163] Danach haben sich in den Jahren 2000 bis 2008 bundesweit 784 Gefangene das Leben genommen, fast die Hälfte davon in den ersten 3 Monaten ihrer Inhaftierung. Dabei ließ die Auswertung der Daten darauf schließen, dass eine nicht geringe Anzahl aller Suizide in Haft vor dem Hintergrund fehlender sozialer Unterstützung als Ergebnis nicht gelungener Anpassungsprozesse beschrieben werden kann.[164]

Kriminalpolitisch ist die Freiheitsstrafe damit eine *ebenso zentrale wie problematische Form der staatlichen Reaktion*. Um die mit ihr einhergehenden Gefahren für die soziale Reintegration des Verurteilten abzumildern, hat der Gesetzgeber versucht, den Anwendungsbereich der Freiheitsstrafe auf unterschiedlichen Ebenen einzugrenzen und deutlich zu machen, dass die Freiheitsstrafe nur als „**ultima ratio**" des Strafensystems in Betracht kommt. Bedeutsamster Beleg hierfür ist die Regelung in § 47 StGB, wonach *kurze Freiheitsstrafen* unter 6 Monaten *nur in Ausnahmefällen* verhängt werden dürfen. Freiheitsstrafen von weniger als einem Monat sind sogar gänzlich unzulässig (§ 38 Abs. 2 StGB). Ist die Verhängung von Freiheitsstrafe unvermeidbar, besteht bei Freiheitsstrafen bis zu 2 Jahren die Möglichkeit, die *Vollstreckung zur Bewährung auszusetzen* und darauf zu vertrauen, dass sich der Täter schon die Verurteilung zur Warnung dienen lässt und künftig auch

---

[162] Vgl. hierzu *Laubenthal* 2015, 137 ff. (Rn. 211 ff.); *Laubenthal* 2006, 593 ff.; *Walter* 1999, 252 ff.; *Hürlimann* 1993, 3 ff.; krit. *Kaiser und Schöch* 2002, § 5 Rn. 13.

[163] *Bennefeld-Kersten* BewHi 2009, 396 ff.

[164] *Bennefeld-Kersten* BewHi 2009, 397.

ohne die Einwirkung des Strafvollzugs keine Straftaten mehr begeht (§ 56 StGB). Bei betäubungsmittelabhängigen Tätern kann die Vollstreckung einer nicht zur Bewährung ausgesetzten Freiheitsstrafe zurückgestellt werden (§§ 35 f. BtMG). Ist die Vollstreckung der Freiheitsstrafe unvermeidlich, so kann durch zahlreiche Einzelmaßnahmen wie etwa die Unterbringung des Gefangenen im *offenen Vollzug* (§ 10 StVollzG, sowie bspw. § 12 NJVollzG, § 11 HmbStVollzG, Art. 12 BayStVollzG) oder die Gewährung von *Vollzugslockerungen* (§§ 11, 13 StVollzG, § 13 NJVollzG, § 12 HmbStVollzG, Art. 13 BayStVollzG) versucht werden, die Bindungen an die Außenwelt aufrechtzuerhalten und den schädlichen Wirkungen des Strafvollzugs entgegenzuwirken. Schlussendlich kann nach Verbüßung einer bestimmten Mindestdauer auch der *Strafrest zur Bewährung ausgesetzt* werden; dies gilt sogar bei solchen Gefangenen, die zu lebenslanger Freiheitsstrafe verurteilt worden sind (§§ 57, 57a StGB; vgl. unten Abschn. 3.8.2.3). Die Freiheitsstrafe verfügt damit heute über ein breites Arsenal an Gestaltungs- und Modifizierungsmöglichkeiten, die – wenn auch nur in Grenzen – eine flexible Anpassung an die in der Tat oder der Person des Täters liegenden Besonderheiten erlauben.

3.6.2 Anwendungsbereich, Dauer und Bemessung der Freiheitsstrafe

3.6.2.1 Überblick

Systematisch lassen sich zwei Anwendungsbereiche der Freiheitsstrafe unterscheiden: die primäre und die sekundäre Freiheitsstrafe. Von **„primärer" Freiheitsstrafe** wird gesprochen, wenn die Freiheitsstrafe vom erkennenden Gericht im Urteil ausgesprochen worden ist (Tenor: „Der Angeklagte wird wegen versuchten Mordes in Tateinheit mit vollendeter gefährlicher Körperverletzung zu einer Freiheitsstrafe von sieben Jahren verurteilt."); dieser Anwendungsbereich steht meist im Vordergrund, wenn allgemein von „der Freiheitsstrafe" gesprochen wird. Mit dem Begriff der **„sekundären" Freiheitsstrafe** ist demgegenüber der Fall gemeint, dass das erkennende Gericht im Urteil zunächst eine andere Sanktionsform ausspricht (z. B. eine Geldstrafe verhängt oder eine Freiheitsstrafe, deren Vollstreckung zur Bewährung ausgesetzt wird), die Vollstreckung dieser anderen Sanktion aber nicht in der vorgesehenen Weise möglich ist (z. B. weil die Geldstrafe nicht beigetrieben werden kann oder der Verurteilte sich entgegen der Erwartung nicht bewährt); die Vollstreckung der sekundären (Ersatz-) Freiheitsstrafe hat in diesem Fall die Aufgabe, das richterliche Urteil auf andere Weise durchzusetzen. Sachliche Unterschiede sind mit der systematischen Differenzierung zwischen primärer und sekundärer Freiheitsstrafe nicht verbunden; in beiden Fällen handelt es sich um eine echte Kriminalstrafe, deren Vollstreckung und Vollzug denselben Regeln folgen.

Die Verhängung von (primärer) Freiheitsstrafe setzt theoretisch voraus, dass die Freiheitsstrafe in der Strafnorm, wegen der der Täter verurteilt wird, vom Gesetzgeber als zulässige Rechtsfolge der Tat bezeichnet worden ist. Praktisch bedeutet dies jedoch keine Einschränkung, da jede in Deutschland existierende Strafnorm als Rechtsfolge entweder allein oder wahlweise neben der Geldstrafe die Freiheitsstrafe vorsieht; Strafnormen, bei denen die Freiheitsstrafe nicht angedroht würde, gibt es in Deutschland nicht.

Bei der primären Freiheitsstrafe lassen sich zwei Formen unterscheiden: die zeitige und die lebenslange Freiheitsstrafe. Die **lebenslange Freiheitsstrafe** muss im Gesetz ausdrücklich als solche bezeichnet werden (wie etwa in § 211 Abs. 1 und § 212 Abs. 2 StGB). Wenn das Gesetz die lebenslange Freiheitsstrafe nicht ausdrücklich vorsieht, handelt es sich bei der angedrohten Strafe um eine **zeitige Freiheitsstrafe** (§ 38 Abs. 1 StGB).

Das **Mindest-** und das **Höchstmaß** der zeitigen Freiheitsstrafe sind in vielen Fällen entweder spezialgesetzlich geregelt (z. B. § 243 Abs. 1 Satz 1 StGB: Freiheitsstrafe von 3 Monaten bis zu 10 Jahren) oder sie ergeben sich aus der Regelung über die Strafmilderung in den gesetzlich dafür vorgesehenen Fällen (§ 49 Abs. 1 StGB). Nur wenn und soweit eine solche spezielle Regelung fehlt oder im konkreten Fall nicht eingreift, gelten die allgemeinen Grenzen des § 38 Abs. 2 StGB: Das gesetzliche Mindestmaß der zeitigen Freiheitsstrafe beträgt 1 Monat, das Höchstmaß 15 Jahre. Das *gesetzliche Mindestmaß* darf bei der primären Freiheitsstrafe *in keinem Fall unterschritten* werden. Wird der Täter also z. B. wegen Beihilfe zum Diebstahl in einem besonders schweren Fall verurteilt, liegt der anwendbare Strafrahmen zwischen 1 Monat (§ 38 Abs. 2 StGB) und 7 Jahren, 6 Monaten Freiheitsstrafe (§§ 27 Abs. 2 Satz 2, 49 Abs. 1 Nr. 2 und 3 StGB).

Ebenso wie das gesetzliche Mindestmaß der zeitigen primären Freiheitsstrafe nicht unterschritten werden darf, darf das bei 15 Jahren angesiedelte, im internationalen Vergleich eher niedrige[165] *Höchstmaß nicht überschritten* werden. Dies gilt grundsätzlich auch im Fall der Gesamtstrafenbildung (§ 54 Abs. 2 Satz 2 StGB). Die Freiheitsstrafe unterscheidet sich hier von der Geldstrafe, bei der im Fall der Gesamtstrafenbildung die Verdoppelung des Höchstmaßes zulässig ist. Eine Überschreitung der 15-Jahresgrenze kommt bei der Freiheitsstrafe nur in zwei Fallkonstellationen in Betracht. Zum einen ist die Überschreitung der 15-Jahresgrenze dann zulässig, wenn eine *Gesamtstrafe* nicht aus mehreren Einzelstrafen zu bilden ist (allein hierauf bezieht sich die Obergrenze des § 54 Abs. 2 Satz 2 StGB), sondern *aus mehreren Gesamtstrafen*. In der Praxis ist dieser Fall jedoch äußerst selten.[166]

Zum anderen darf die 15-Jahresgrenze dann überschritten werden, wenn *mehrere Freiheitsstrafen nacheinander* zu vollstrecken sind und die Voraussetzungen für eine nachträgliche Gesamtstrafenbildung nicht vorliegen.[167] Hierbei handelt es sich allerdings nicht um eine Frage der Begrenzung der Höchststrafe, sondern um die Konsequenz aus der Tatsache, dass der Täter mehrere nicht gesamtstrafenfähige Straftaten begangen hat.

---

[165] Vgl. *Jescheck und Weigend* 1996, 765 f.
[166] Beispiel: *BGHSt* 43, 216 m. Anm. *Fahl* JR 1998, 430.
[167] *RGSt* 4, 53 (54 f.); *BGHSt* 33, 367 (368 f.); *OLG Hamm* NJW 1971, 1371 (1372).

A wird 2010 wegen eines 2009 begangenen schweren Raubes zu einer Freiheitsstrafe von 13 Jahren verurteilt. Nach dieser Verurteilung begeht er im Strafvollzug eine Geiselnahme, wegen der er 2011 zu einer Freiheitsstrafe von 10 Jahren verurteilt wird. – Zwischen den beiden Strafen kann keine Gesamtstrafe gebildet werden, da A die Geiselnahme erst nach der früheren Verurteilung begangen hat (vgl. § 55 Abs. 1 StGB). Das Höchstmaß der von A insgesamt zu verbüßenden Freiheitsstrafe beträgt damit 23 Jahre. Die hierin liegende Härte muss vom zweiten Gericht bei der Strafzumessung berücksichtigt werden.

Hinsichtlich der **Zeiteinheiten**, in denen die primäre Freiheitsstrafe zu bemessen ist, bestimmt § 39 StGB, dass die Freiheitsstrafe unter 1 Jahr nach vollen Wochen und Monaten, die Freiheitsstrafe von längerer Dauer nach vollen Monaten und Jahren zu bemessen ist. Zulässig ist also z. B. eine Freiheitsstrafe von 7 Monaten und 2 Wochen, unzulässig ist eine Strafe von 1 Jahr und 6 Wochen.

Probleme können sich insoweit wieder bei der Gesamtstrafenbildung ergeben. Nach der gesetzlichen Regelung muss bei der Gesamtstrafenbildung die verwirkte höchste Strafe um eine Strafeinheit erhöht werden, die Summe der Einzelstrafen darf aber nicht erreicht werden (§ 54 Abs. 1 Satz 2, Abs. 2 Satz 1 StGB; hierzu genauer unten Abschn. 4.3.3.2). Wenn sich dieser Grundsatz der Gesamtstrafenbildung mit den genannten, in § 39 StGB vorgegebenen Zeitenheiten nicht verwirklichen lässt, darf das Gericht unter Umgehung von § 39 StGB eine Gesamtfreiheitsstrafe von unter einem Jahr ausnahmsweise auch in Tagen, eine Gesamtfreiheitsstrafe von einem Jahr oder mehr ausnahmsweise auch in Wochen verhängen.

Bei A muss eine Gesamtstrafe aus einer Freiheitsstrafe von 5 Monaten und einer Geldstrafe von 7 Tagessätzen gebildet werden. Der maßgebliche Strafrahmen liegt zwischen 5 Monaten, 1 Tag und 5 Monaten 6 Tage.[168]

Bei B muss die Gesamtstrafe aus einer Einzelstrafe von 1 Jahr und einer Einzelstrafe von 1 Monat Freiheitsstrafe gebildet werden. Strafrahmen: 1 Jahr, 1 Woche bis 1 Jahr, 3 Wochen Freiheitsstrafe.[169]

Innerhalb des breiten Spektrums zulässiger Freiheitsstrafen verdienen zwei Bereiche besondere Aufmerksamkeit: die am „unteren Ende" angesiedelte kurze Freiheitsstrafe und ihr Gegenpol, die lebenslange Freiheitsstrafe.

---

[168] *OLG Karlsruhe* MDR 1995, 404; *Fischer* 2019, § 39 Rn. 6.
[169] *BGH* NStZ 1996, 187; S/S 2019, *Kinzig*, § 39 Rn. 4; vgl. auch *BGH* NStZ-RR 2016, 240.

3.6.2.2   Kurze Freiheitsstrafe

3.6.2.2.1   Kriminalpolitischer Hintergrund
In der kriminalpolitischen Diskussion wird die kurze Freiheitsstrafe unterschiedlich beurteilt. Während es eine Reihe von europäischen Staaten gibt (namentlich Schweiz, Niederlande, Skandinavien), in denen die kurze Freiheitsstrafe als zentraler und unverzichtbarer Bestandteil des Sanktionssystems angesehen wird, ist in Deutschland in der Vergangenheit immer wieder ihre Beseitigung gefordert worden.[170]

> Die ersten derartigen Forderungen reichen weit über 100 Jahre zurück. Schon *Franz v. Liszt* rief 1889 zum „Kreuzzug gegen die kurzzeitige Freiheitsstrafe" auf und formulierte: „Dass … die kurze Freiheitsstrafe an und für sich … nichts taugt, darüber sind heute wohl alle Einsichtigen einer und derselben Ansicht."[171] In der Reformdiskussion der 1960er-Jahre machte sich der „Alternativ-Entwurf" dieses Anliegen zueigen und trat für die Beseitigung der kurzen, weniger als 6 Monate dauernden Freiheitsstrafe ein: Es entspreche einer viele Jahrzehnte alten internationalen Erkenntnis, dass die kurze Freiheitsstrafe in aller Regel mehr schade als nütze; der Täter müsse seine Arbeitsstelle und seine Familie verlassen, die Haft gefährde ihn durch die Berührung mit anderen Straffälligen und dadurch, dass sie ihn zum Kriminellen stemple; tief greifende Resozialisierungsbemühungen scheiterten aber meist an der Kürze der Zeit.[172]

Der deutsche Gesetzgeber hat sich dieser Forderung nicht angeschlossen, sondern einen **Kompromiss** angestrebt. Er hat sich im 1. StRG – anders als bei der Jugendstrafe (vgl. § 18 Abs. 1 Satz 1 JGG) – grundsätzlich *für* die Beibehaltung der kurzen Freiheitsstrafe entschieden. Allerdings hat er auf zwei Wegen versucht, den *Anwendungsbereich* der kurzen Freiheitsstrafe *einzudämmen*: durch die bereits angesprochene Anhebung des Mindestmaßes der Freiheitsstrafe auf einen Monat (§ 38 Abs. 2 StGB) und durch die „**ultima ratio**"-Klausel des **§ 47 StGB**, nach der die Freiheitsstrafe im Bereich von weniger als 6 Monaten nur in Ausnahmefällen verhängt werden darf.

3.6.2.2.2   Voraussetzungen
Besondere Umstände
Voraussetzung für die Verhängung einer kurzen Freiheitsstrafe, d. h. einer solchen unter 6 Monaten, ist nach § 47 Abs. 1 StGB zunächst, dass in der Tat oder der Persönlichkeit des Täters „**besondere Umstände**" festgestellt werden, die das Geschehen von den Durchschnittsfällen der gewöhnlich vorkommenden Kriminalität abheben.[173] „Besondere Umstände" liegen nach der Rechtsprechung dann vor, wenn entweder bestimmte Tatsachen die konkrete Tat in einer bestimmten Beziehung aus

---

[170] Historischer Abriss bei *Maurach et al. (Dölling)*, § 64 Rn. 13 ff.; *Kohlmann* 1996, 606 ff.
[171] *v. Liszt* 1905, 346, 347.
[172] *Baumann et al.* 1969, 75; *Baumann* 1968a; kritisch hierzu *Weigend* JZ 1986, 262 ff., 266 f.; *Jescheck und Weigend* 1996, 760.
[173] *OLG Frankfurt a. M.* StV 1997, 252 (253).

dem Durchschnitt der praktisch vorkommenden Taten der betreffenden Art herausheben oder wenn bestimmte Eigenschaften oder Verhältnisse beim Täter diesen von
durchschnittlichen Tätern solcher Taten unterscheiden.[174]

> Es ist nicht zulässig, bei der Prüfung dieser Voraussetzung generalisierende Erwägungen
> anzustellen und ganze Tatbestände (z. B. Trunkenheitsfahrten,[175] Hehlerei[176]) oder Tatbe-
> standsgruppen (z. B. Veräußerung harter Drogen,[177] Straftaten von Asylbewerbern[178]) aus
> dem Anwendungsbereich der Geldstrafe herauszunehmen und als grundsätzlich nur mit
> Freiheitsstrafe ahndbar anzusehen. Dies würde dem Sinn und Zweck des § 47 StGB und der
> hierin getroffenen gesetzgeberischen Vorrangentscheidung zugunsten der Geldstrafe zuwi-
> derlaufen. Zulässig ist es jedoch, besondere Umstände *in der Tat* mit der Art der Tataus-
> führung (z. B. der Menge des erworbenen Rauschgifts[179]), dem Maß der Pflichtwidrigkeit
> oder den verschuldeten Folgen der Tat zu begründen.[180] Besondere Umstände *in der Per-
> sönlichkeit* des Täters können sich beispielsweise aus der Vorstrafenbelastung, der Vielzahl
> der begangenen Einzeltaten oder jahrelangem Drogenkonsum ergeben.[181] In diesem Zu-
> sammenhang kann auch der Umstand Bedeutung erlangen, dass eine Geldstrafe voraus-
> sichtlich nicht vom Täter selbst, sondern einem Dritten gezahlt werden wird.

Hat das Gericht besondere Umstände festgestellt, so muss in einem zweiten Schritt
geprüft werden, ob diese Umstände die Feststellung tragen, dass die Verhängung
einer Freiheitsstrafe zur Einwirkung auf den Täter oder zur Verteidigung der Rechtsordnung unerlässlich ist. Mit der ersten Alternative wird auf die Möglichkeit der
spezialpräventiven, mit der zweiten Alternative auf die Möglichkeit der *generalpräventiven* Rechtfertigung der kurzen Freiheitsstrafe abgestellt.

Zur Einwirkung auf den Täter unerlässlich

„Zur Einwirkung auf den Täter" ist die kurze Freiheitsstrafe dann „unerlässlich",
wenn sie bei Gesamtwürdigung aller die Tat und den Täter kennzeichnenden Umstände unverzichtbar ist, um den Täter dazu zu bringen, künftig keine Straftaten
mehr zu begehen.[182] Das Gericht muss also eine **Sanktionsprognose** vornehmen,
bei der es die voraussichtlichen Wirkungen einer Geldstrafe, ggf. in Kombination
mit weiteren Sanktionsformen wie einem Fahrverbot oder der Entziehung der
Fahrerlaubnis , mit den voraussichtlichen Wirkungen einer Freiheitsstrafe vergleicht. Da die Freiheitsstrafe nicht notwendig auch vollstreckt zu werden
braucht – die „Unerlässlichkeit" der Einwirkung auf den Täter und die für die

---

[174] *Hans.OLG* JR 2007, 212 ff. m. Anm. *van Gemmeren*; *OLG Düsseldorf* StV 1991, 264; *Bay-
OblG* NJW 1996, 798.

[175] *OLG Düsseldorf* NJW 1970, 767.

[176] *BGHR*, StGB § 47 Abs. 1, Umstände 5.

[177] *BayObLG* NJW 1996, 798.

[178] *OLG Frankfurt a. M.* StV 1997, 252 (254).

[179] *BayObLG* NJW 1995, 3264 (3265).

[180] LK 2006 ff., *Theune*, § 47 Rn. 10.

[181] *OLG Düsseldorf* StV 1991, 264; *BayObLG* NJW 1995, 3264 (3265).

[182] Vgl. *Fischer* 2019, § 47 Rn. 10.

Strafaussetzung erforderliche positive Legalprognose schließen sich nicht wechselseitig aus[183] –, sind in die Überlegungen auch die Wirkungen einzubeziehen, die mit Auflagen und Weisungen oder der Unterstellung des Verurteilten unter die Aufsicht und Leitung eines Bewährungshelfers erreicht werden können (§§ 56a ff. StGB).[184] Zulässig ist die Verhängung einer kurzen Freiheitsstrafe – gleichgültig ob sie vollstreckt oder ihre Vollstreckung zur Bewährung ausgesetzt werden soll[185] – nur dann, wenn sich *anhand bestimmter Tatsachen* darlegen lässt, dass sich das *Rückfallrisiko* entweder wirksam allein *mit einer Freiheitsstrafe vermindern* lässt oder dass von einer Freiheitsstrafe insoweit zumindest doch deutlich bessere Erfolge zu erwarten sind. Diesbezüglich verbleibende Zweifel haben nach der gesetzlichen Systematik zur Konsequenz, dass eine Geldstrafe verhängt werden muss.[186]

Bei der erforderlichen Gesamtwürdigung darf **nicht schematisch** vorgegangen werden. Mehrere einschlägige Vorstrafen können zwar zu den „besonderen Umständen in der Persönlichkeit des Täters" zählen, die das Geschehen aus dem Spektrum der Durchschnittskriminalität herausheben. Es kann jedoch nicht zwingend davon ausgegangen werden, dass die Freiheitsstrafe in jedem Fall auch die geeignetere Sanktionsform ist, um einen Wiederholungstäter zur Nichtbegehung weiterer Straftaten zu veranlassen.[187]

Beispiel

A ist wiederholt wegen kleinerer Ladendiebstähle (Schaden jeweils unter 5 €) verurteilt worden; dreimal hat sie eine Geldstrafe erhalten, einmal eine kurze, zur Bewährung ausgesetzte Freiheitsstrafe. Die bisherigen Verurteilungen haben sie nicht von der erneuten Begehung eines Ladendiebstahls abgehalten. Es ist davon auszugehen, dass A, die in wirtschaftlich und persönlich bedrückenden Verhältnissen lebt, auch weiterhin kleinere Diebstähle begehen wird.

Für die Beurteilung der Frage, ob eine Freiheitsstrafe zur Einwirkung auf A „unerlässlich" ist, kommt es darauf an, welche Wirkungen mit einer vollstreckten oder zur Bewährung ausgesetzten Freiheitsstrafe erzielt werden können. Diese Frage muss im Prozess sorgfältig abgeklärt werden; Gesichtspunkte sind die Art und Anzahl, das Gewicht und der zeitliche Abstand der Vorstrafen, die näheren Umstände der Anlasstat und die Lebensumstände der Täterin. Geht man

---

[183] *BGHSt* 24, 164 (165 f.).
[184] *BGHSt* 24, 164 (166); LK 2006 ff., *Theune*, § 47 Rn. 15; SK StGB 2017 ff., *Wolters*, § 47 Rn. 16 ff.
[185] Für eine Minderung der an die „Unerlässlichkeit" zu stellenden Anforderungen beim Vergleich mit der zur Bewährung ausgesetzten Freiheitsstrafe plädiert mit guten Gründen SK StGB 2017 ff., *Wolters*, § 47 Rn. 19.
[186] *OLG Celle* NJW 1970, 872; LK 2006 ff., *Theune*, § 47 Rn. 14.
[187] Vgl. auch *Hans.OLG* JR 2007, 212 ff. m. Anm. *van Gemmeren*, JR 2007, 215.

davon aus, dass ein spezialpräventiver Erfolg voraussichtlich weder mit der Geldstrafe noch mit der Freiheitsstrafe erreicht werden kann, muss nach § 47 StGB im Zweifel eine Geldstrafe verhängt werden.[188]

Hierin liegt nur auf den ersten Blick eine „Resignation der Justiz gegenüber unverbesserlichen und immer wieder rückfälligen Straftätern".[189] Bei genauerer Betrachtung drückt sich hierin die weise Einsicht aus, dass die verhaltensbestimmende Wirksamkeit des Strafrechts letztlich nur begrenzt ist und im Bagatellbereich ein vollständiger Schutz der Allgemeinheit nicht gewährleistet werden kann.[190] Wenn und soweit davon auszugehen ist, dass die Verhängung einer „bloßen" Geldstrafe von der Allgemeinheit nicht verstanden werden würde, kann im Einzelfall ein Ausweg in der Verhängung einer kurzen Freiheitsstrafe „zur Verteidigung der Rechtsordnung" liegen.[191] Auch hier bestehen allerdings hohe Hürden, da die kurze Freiheitsstrafe auch insoweit „unerlässlich" sein muss. Soweit dieser Ausweg verschlossen ist, muss deshalb eine Geldstrafe verhängt werden.

Eine schematische Vorgehensweise verbietet sich nicht nur im Zusammenhang mit den Vorstrafen des Täters, sondern auch im Zusammenhang mit anderen Umständen. So darf etwa allein aus der Zahlungsunfähigkeit des Täters nicht geschlossen werden, dass der Täter mit einer Geldstrafe nicht erreichbar, eine Geldstrafe also vermutlich wirkungslos sei. Die nach dem Gesetz mögliche differenzierte Vorgehensweise bei der Bemessung der Tagessatzhöhe sowie die Einräumung von Zahlungserleichterungen erlauben die Anpassung auch an sehr beengte wirtschaftliche Verhältnisse; vorschnelle Festlegungen hinsichtlich der voraussichtlichen Ineffizienz der Geldstrafe sollten daher mit Vorsicht betrachtet werden.[192] Auf eine Sonderkonstellation weist der bereits erwähnte besondere Umstand hin, dass eine Geldstrafe voraussichtlich von einem Dritten gezahlt werden wird. In diesen Fällen besteht die Gefahr, dass eine Geldstrafe ihren Sinn schon im Ansatz verfehlt, weil sie dem Täter keine persönliche Leistung abverlangt. Mit einer zur Bewährung ausgesetzten Freiheitsstrafe, bei der dem Täter mit einer Auflage ein höchstpersönlich wirkender „Denkzettel" erteilt wird (z. B. eine Arbeitsauflage), kann hier spezialpräventiv u. U. mehr erreicht werden als mit einer individuell nicht spürbaren Geldstrafe.[193]

---

[188] *OLG Schleswig* NJW 1982, 116; SK StGB 2017 ff., *Wolters,* § 47 Rn. 20; *Meier* ZStW 2017, 436 ff.; ablehnend demgegenüber *OLG Hamm* NJW 1969, 1222; *BayObLG* JZ 1989, 696 (697) mit krit. Anm. *Köhler.*

[189] So *BayObLG* JZ 1989, 696 (697).

[190] So mit Nachdruck SK StGB 2017 ff., *Wolters,* § 47 Rn. 20. – Vgl. in diesem Zusammenhang auch den Ansatz des *OLG Stuttgart* NJW 2002, 3188 (3189), das die Zulässigkeit der Verhängung einer Freiheitsstrafe auch am Übermaßverbot misst, mit Anm. *Krumm* NJW 2004, 328 ff.; vgl. hierzu aber auch *BGHSt* 52, 84.

[191] *BayObLG* NJW 1970, 871; *OLG Celle* NJW 1970, 872 (873).

[192] SK StGB 2017 ff., *Wolters,* § 47 Rn. 34; LK 2006 ff., *Theune,* § 47 Rn. 20.

[193] *Hillenkamp* 1987, 464 f.; SK StGB 2017 ff., *Wolters,* § 47 Rn. 33; ablehnend demgegenüber *BayObLG* NJW 1994, 1167; S/S 2019, *Kinzig,* § 47 Rn. 11 f.; differenzierend LK 2006 ff., *Theune,* § 47 Rn. 24 f.

Zur Verteidigung der Rechtsordnung unerlässlich

„Zur Verteidigung der Rechtsordnung" ist die kurze Freiheitsstrafe „unerlässlich",
wenn sie bei Gesamtwürdigung aller die Tat und den Täter kennzeichnenden Umstände unverzichtbar ist, um das durch die Tat erschütterte Vertrauen der Allgemeinheit in die Durchsetzung des Rechts wiederherzustellen und das allgemeine Rechtsbewusstsein zu beruhigen.[194] Der Begriff der „Verteidigung der Rechtsordnung"
nimmt allein auf den Strafzweck der Generalprävention Bezug. Nicht vom Begriff
umfasst sind der Gesichtspunkt der Tatvergeltung bzw. der Sühne für das begangene
Unrecht, die Rücksicht auf die Belange des Verletzten und seiner Angehörigen sowie
der Gesichtspunkt der Schwere der Schuld. Der Schuldschwere kann nach der Rechtsprechung allerdings eine mittelbare Bedeutung zukommen[195]; die Notwendigkeit
der Verhängung von Freiheitsstrafe zum Zweck der „Verteidigung der Rechtsordnung" soll sich umso eher bejahen lassen, je schwerer in dem gesteckten Rahmen
(also in dem Bereich von 1 Monat bis unter 6 Monaten) die Schuld des Täters wiegt.[196]

Um die „Unerlässlichkeit" einer kurzen Freiheitsstrafe aus generalpräventiven
Gründen zu prüfen, muss das Gericht eine Einschätzung vornehmen, bei der die
voraussichtliche **Akzeptanz** einer Geldstrafe verglichen wird mit der voraussichtlichen Akzeptanz einer Freiheitsstrafe. Dabei muss berücksichtigt werden, dass eine
Freiheitsstrafe im Bereich von weniger als 6 Monaten nur aus spezialpräventiven,
nicht auch aus generalpräventiven Gründen vollstreckt werden kann (§ 56 Abs. 1
und 3 StGB). Bei Tätern mit positiver Legalprognose muss die Geldstrafe also mit
einer zur Bewährung ausgesetzten Freiheitsstrafe verglichen werden; nur bei Tätern
mit negativer Legalprognose kann in die Überlegungen auch eine vollstreckte Freiheitsstrafe einbezogen werden. Das Gericht darf sich im Übrigen auch bei dieser
Prüfung nicht mit der pauschalen Feststellung begnügen, die Allgemeinheit werde
eine Geldstrafe nicht verstehen und ihr Vertrauen in die Wirksamkeit der Rechts-
pflege verlieren. Zum Unverständnis der Bevölkerung und dem Verlust des Vertrauens in die Unverbrüchlichkeit des Rechts muss vielmehr hinzukommen, dass das
Absehen von Freiheitsstrafe die *Rechtstreue der Bevölkerung ernstlich und nachhaltig beeinträchtigen* würde.[197]

Fallkonstellationen, in denen die Verhängung einer kurzen Freiheitsstrafe aus generalpräventiven Gründen in Betracht kommen kann, sind danach insbesondere solche Fälle,
bei denen wegen der Häufung ähnlicher Delikte in der Bevölkerung Unruhe und Unsicherheit entstanden sind[198]; zu denken ist etwa an sich in einer Stadt häufende neonazis-
tische Schmierereien oder Verwüstungen von Friedhöfen, an wiederholte Übergriffe auf
Randgruppenangehörige (z. B. Obdachlose) oder an Taten, die im Zusammenhang mit

---

[194] *BGHSt* 24, 40 (44 ff.); 64 (66); *KG* StV 1993, 120 (121); *Maurach et al. (Dölling)* 2014, § 64
Rn. 30.

[195] *BGHSt* 24, 40 (44); 64 (65 f.).

[196] S/S 2019, *Kinzig*, § 47 Rn. 15; vgl. auch LK 2006 ff., *Theune*, § 47 Rn. 28.

[197] *OLG Celle* StV 1993, 195 (196); LK 2006 ff., *Theune*, § 47 Rn. 27.

[198] LK 1985 ff., *Gribbohm*, § 47 Rn. 29.

regelmäßig wiederkehrenden Ereignissen begangen werden („Chaos-Tage", Fußball-spiele etc.). Auch der Gesichtspunkt, dass die Tat zu erheblichen, von der Öffentlichkeit beachteten Folgen geführt hat (z. B. fahrlässige Tötung[199]) oder dass Täter oder Opfer in besonderer Weise in der Öffentlichkeit exponiert sind (z. B. Körperverletzung im Amt durch einen Polizeibeamten[200]; Verleumdung eines Politikers), kann im Einzelfall aus generalpräventiven Gründen die Verhängung einer Freiheitsstrafe nahe legen.[201]

Wenn kein Ausnahmefall vorliegt, der die Verhängung einer kurzen, weniger als 6 Monate betragenden Freiheitsstrafe rechtfertigt, muss das Gericht eine Geldstrafe verhängen. Dies gilt sowohl dann, wenn die Geldstrafe in der Strafnorm, deren Ver-letzung dem Täter zur Last gelegt wird, explizit als Alternative zur Freiheitsstrafe genannt wird, als auch dann, wenn die Geldstrafe hier nicht erwähnt wird. In letzte-rem Fall eröffnet § 47 Abs. 2 StGB die Möglichkeit zur Verhängung einer Geld-strafe (oben Abschn. 3.4.2).

3.6.2.3 Lebenslange Freiheitsstrafe

Die lebenslange Freiheitsstrafe ist seit der Abschaffung der Todesstrafe durch Art. 102 GG in Deutschland die **schwerste Form der Bestrafung** eines Verurteil-ten.[202] Sie ist ausschließlich für die Fälle der schwersten Kriminalität vorgesehen und wird vom Gesetz entweder allein (z. B. in § 211 Abs. 1 und § 212 Abs. 2 StGB) oder wahlweise neben der zeitigen Freiheitsstrafe angedroht (z. B. in §§ 178, 251, 316a Abs. 3 StGB).[203]

In ihrer Ausgestaltung ist die lebenslange Freiheitsstrafe maßgeblich durch die **Rechtsprechung des BVerfG** geprägt worden.[204] Das *BVerfG* hat dabei bislang kei-nen Zweifel daran aufkommen lassen, dass es die lebenslange Freiheitsstrafe für eine mit der Verfassung grundsätzlich zu vereinbarende Form der Sanktionierung hält. Schon in seiner ersten, 1977 ergangenen Entscheidung[205] hat das Gericht aller-dings betont, dass ein menschenwürdiger, mit Art. 1 Abs. 1 GG und dem Rechts-staatsprinzip vereinbarer Vollzug voraussetze, dass dem Verurteilten eine konkrete und grundsätzlich auch realisierbare Chance verbleibe, zu einem späteren Zeitpunkt die Freiheit wiederzuerlangen. Auch dem zu lebenslanger Freiheitsstrafe Verurteil-ten stehe ein *Anspruch auf Resozialisierung* im Behandlungsvollzug zu.[206]

---

[199] Vgl. *OLG Hamm* VRS 39, 330 (331 f.).

[200] Vgl. *OLG Köln* NJW 1981, 411 (412).

[201] SK StGB 2017 ff., *Wolters*, § 47 Rn. 36 ff.

[202] Zu den Strafrahmen im europäischen Vergleich siehe die tabellarische Übersicht bei NK 2017, *Dünkel*, § 38 Rn. 46.

[203] Überblick über die geschichtliche Entwicklung bei *Laubenthal* 1987, 49 ff.; ausführlich zur le-benslangen Freiheitsstrafe insgesamt auch *Kett-Straub* 2011.

[204] Vgl. *Grünwald* 1997, 161 ff.; *Bock und Mährlein* ZRP 1997, 376 ff.; *Kett-Straub* 2011, 9.

[205] *BVerfGE* 45, 187 (222 ff.) mit Besprechung von *Schmidhäuser* JR 1978, 265 ff.; vgl. auch den Vorlagebeschluss des *LG Verden* NJW 1976, 980 sowie die Dokumentation von *Jescheck und Triffterer* 1978.

[206] Vgl. hierzu auch *BVerfG* NStZ 1996, 614.

In der 1977 ergangenen Entscheidung stellte das *BVerfG* vor diesem Hintergrund fest, dass es aus rechtsstaatlichen Gründen geboten sei, die Voraussetzungen, unter denen die Vollstreckung einer lebenslangen Freiheitsstrafe zur Bewährung ausgesetzt werden könne, und das dabei anzuwendende Verfahren gesetzlich zu regeln; die bis dahin allein gegebene Möglichkeit der Begnadigung genüge den verfassungsrechtlichen Vorgaben nicht. Der Gesetzgeber ist diesem Auftrag des Verfassungsgerichts 1981 gefolgt und hat § 57a StGB eingeführt, wonach die Vollstreckung des Rests einer lebenslangen Freiheitsstrafe zur Bewährung ausgesetzt werden kann, wenn 15 Jahre der Strafe verbüßt sind und die besondere Schwere der Schuld die weitere Vollstreckung nicht gebietet (zu den Einzelheiten und weiteren Voraussetzungen genauer unten Abschn. 3.8.2.3).

Das *BVerfG* hat sich mit dieser Neuregelung indessen nicht zufriedengegeben, sondern für die Vollstreckung und den Vollzug der lebenslangen Freiheitsstrafe aus der Verfassung weitere Maßgaben abgeleitet. 1992 stellte es im Wege der verfassungskonformen Auslegung fest, dass über das vom Gesetzgeber aufgestellte Entlassungshindernis der „besonderen Schwere der Schuld" entgegen der gesetzlichen Regelung (§ 57a StGB, §§ 454, 462 StPO) nicht vom Vollstreckungsgericht, sondern vom erkennenden Gericht (Schwurgericht; §§ 74 Abs. 1, Abs. 2 Satz 1 Nr. 4 GVG) zu entscheiden sei; das Vollstreckungsgericht sei an diese Entscheidung gebunden. Im Übrigen sei von den Vollstreckungsgerichten im Fall einer die Reststrafenaussetzung ablehnenden Entscheidung anzugeben, bis wann die Vollstreckung unter dem Gesichtspunkt der Schuldschwere fortzusetzen sei; der voraussichtliche Zeitpunkt der Entlassung müsse bekannt sein, damit die Vollzugsbehörden rechtzeitig mit den Entlassungsvorbereitungen beginnen könnten.[207] In der Sache hat das *BVerfG* die vom Gesetzgeber geschaffenen Regelungen damit in wesentlichen Punkten umgestaltet.

Infolge der vom *BVerfG* angebrachten Korrekturen ist die lebenslange Freiheitsstrafe heute in der Regel keine Strafe mehr, die vom Verurteilten bis zum Ende seiner Lebenszeit verbüßt werden muss. Zwar gibt es immer noch einen nicht ganz unerheblichen Prozentsatz von Gefangenen, die bis zu ihrem Tod in Haft bleiben; über die Jahre hinweg liegt der Anteil, einschließlich der Selbsttötungen, bei 12–15 %.[208] Die Mehrzahl der Verurteilten wird jedoch vor ihrem Lebensende aus dem Strafvollzug entlassen, überwiegend auf der Rechtsgrundlage des § 57a StGB, der – als gesetzlichen Regelfall – die Strafrestaussetzung zur Bewährung vorsieht (etwa 2/3 aller Beendigungen des Vollzugs). In den Jahren 2002 bis 2015 erfolgte die Entlassung gem. § 57a StGB nach einer Verbüßungsdauer von durchschnittlich etwa 19 Jahren, der Median liegt bei 17 Jahren; jede 7. Person (15 %) war länger als 25 Jahre im Vollzug.[209] Neben § 57a StGB bleibt als Möglichkeit zur Beendigung des Vollzugs zwar noch Raum für Gnadenentscheidungen.[210] Diese spielen in der Praxis aber, im Gegensatz zu früheren Jahren,[211] heute kaum noch eine Rolle.[212] An Bedeutung gewonnen hat demgegenüber die Beendigung des Vollzugs durch

---

[207] *BVerfGE* 86, 288 (310 ff.) mit krit. Besprechung von *Meurer* JR 1992, 441 ff.

[208] *Dessecker* 2017, 16, 40; vgl. zum Ganzen auch *Meier* 2018, 41 f.

[209] *Dessecker* 2017, 19 f.

[210] MüKo 2016 ff., *Groß*, § 57a Rn. 2; LK 2006 ff., *Häger*, § 38 Rn. 27.

[211] Vgl. *Weber* 1999, 54 ff.

[212] So auch MüKo 2016 ff., *Groß*, § 57a Rn. 2; Überblick zu Gnadenentscheidungen bei *Kett-Straub* GA 2007, 344 ff.

Ausweisung und andere Maßnahmen, die zu einem Absehen von Strafvollstreckung in Deutschland und einer Überstellung an ausländische Behörden führen. Im Zeitraum von 2002 bis 2015 machten diese Entscheidungen etwa 20 % aller Beendigungsfälle aus, wobei sich die Bedeutungszunahme insbesondere seit dem Jahr 2006 zeigt.[213] Insgesamt betrachtet stellt sich für die Mehrzahl der Verurteilten die lebenslange Freiheitsstrafe heute weniger als eine echte Lebenszeitstrafe dar denn als eine *„Freiheitsstrafe von relativ unbestimmter Dauer"*.[214]

3.6.3 Vollstreckung und Vollzug der Freiheitsstrafe

Bei der Ausführung des auf Freiheitsstrafe lautenden richterlichen Urteils ist ebenso wie bei allen anderen freiheitsentziehenden Sanktionen zwischen der Strafvollstreckung und dem Strafvollzug zu unterscheiden: Die **Strafvollstreckung** umfasst alle Maßnahmen, mit denen die angeordnete Sanktion durchgesetzt wird, also z. B. die Ladung zum Strafantritt, den Erlass eines Vorführungs- oder Haftbefehls, wenn sich der Verurteilte nicht zum Strafantritt einfindet, die Berechnung der Strafzeit und die Entscheidung über die Aussetzung des Strafrests zur Bewährung. Der **Strafvollzug** hingegen umfasst alle Maßnahmen, die sich auf die konkrete Durchführung der Sanktion beziehen, also etwa die Durchführung des Aufnahmeverfahrens in der Anstalt, die Behandlungsuntersuchung, die Unterbringung, die Zuweisung von Arbeit, die Entscheidung über Art und Ausmaß des Verkehrs mit der Außenwelt (Besuche, Schriftwechsel, Telefongespräche, Paketempfang) sowie über Vollzugslockerungen (Ausführung, Ausgang, Außenbeschäftigung, Freigang) und Urlaub aus der Haft. Vereinfacht ausgedrückt regeln die Strafvollstreckung das „Ob" und der Strafvollzug das „Wie" der Ausführung des auf Freiheitsstrafe lautenden Urteils.[215]

Die **Rechtsgrundlagen** für die Vollstreckung der Freiheitsstrafe finden sich in den §§ 449 ff. StPO und der StVollstrO. Die Vollstreckung setzt die Rechtskraft des Urteils voraus (§ 449 StPO). Hat der Verurteilte aus Anlass der Tat, die Gegenstand des Verfahrens gewesen ist, schon vor diesem Zeitpunkt Untersuchungshaft oder eine andere Form der Freiheitsentziehung erlitten, so ist die in staatlichem Gewahrsam verbrachte Zeit auf die Dauer der zu vollstreckenden Freiheitsstrafe anzurechnen (§ 51 StGB, §§ 450 f. StPO; unten Abschn. 4.9). Seit der Föderalismusreform vom 28.06.2006 steht die Gesetzgebungskompetenz im Bereich Strafvollzug nicht mehr dem Bund, sondern den Ländern zu. Als erste Länder hatten Niedersachsen, Hamburg und Bayern von dieser Kompetenz Gebrauch gemacht und die Materie des Strafvollzuges in einem eigenen Vollzugsgesetz geregelt, das zum 01.01.2008 in Kraft trat. Im Jahr 2010 folgten zunächst Baden-Württemberg und dann Hessen mit eigenen Landesgesetzen. Unter Federführung der Länder Berlin und Thüringen

---

[213] *Dessecker* 2017, 20.
[214] NK 2017, *Dünkel*, § 38 Rn. 34; *Kett-Straub* 2011, 86.
[215] *Laubenthal* 2015, 14 (Rn. 12).

einigten sich 10 weitere Bundesländer[216] am 23.08.2011 auf einen Musterentwurf zum Landesstrafvollzugsgesetz, der als Arbeitsgrundlage für die Gesetzgebungsverfahren der jeweiligen Länder diente. Für alle Länder, die noch kein eigenes Strafvollzugsgesetz erlassen hatten, fanden sich für die Übergangzeit bis zum Erlass eigener Gesetze die Rechtsgrundlagen für den Vollzug der Freiheitsstrafe weiterhin im Bundes-StVollzG vom 16.03.1976 (vgl. Art. 125a Abs. 1 GG).

Institutionell liegt die Durchführung der Strafvollstreckung in den Händen der **Staatsanwaltschaft** als Vollstreckungsbehörde (§ 451 StPO). Innerhalb der Staatsanwaltschaft werden die Aufgaben grundsätzlich vom Rechtspfleger erledigt (§ 31 Abs. 2 Satz 1 RPflG).[217] Nur in den in § 31 Abs. 2a und Abs. 2b RPflG bestimmten Fällen kann (Abs. 2b) bzw. muss (Abs. 2a) eine Vorlage an den Staatsanwalt erfolgen. Bestimmte, im Zusammenhang mit der Strafvollstreckung notwendige, Entscheidungen (z. B. die Entscheidung über die Aussetzung des Strafrests zur Bewährung) werden nicht von der Staatsanwaltschaft getroffen, sondern von der **Strafvollstreckungskammer** (§ 462a Abs. 1 StPO), wobei zu beachten ist, dass die Strafvollstreckungskammer entgegen ihrer Bezeichnung als „Kammer" bei den meisten Entscheidungen nur mit einem Richter besetzt ist (vgl. § 78b GVG).

Der Vollzug der Freiheitsstrafe erfolgt in **Anstalten der Landesjustizverwaltung** (§§ 1, 139 ff. StVollzG). Entsprechend dem Trennungs- und Differenzierungsgebot (§§ 140 f. StVollzG und die Strafvollzugsgesetze der Länder[218]) lassen sich unterschiedliche Anstaltsformen unterscheiden, mit denen unterschiedlichen Behandlungsbedürfnissen Rechnung getragen wird. Unterscheiden lassen sich etwa Anstalten bzw. getrennte Abteilungen für Männer und Frauen (§ 140 Abs. 2, 3 StVollzG), Anstalten bzw. Abteilungen des offenen und des geschlossenen Vollzugs (§ 10 StVollzG[219]), sozialtherapeutische Anstalten (§§ 9, 123 ff. StVollzG[220]), Anstalten, in denen nach Strafantritt die Behandlungsuntersuchung durchgeführt und ein Vollzugsplan aufgestellt wird (§§ 6 f., 152 Abs. 2 StVollzG[221]), sowie offene Einrichtungen, die der Vorbereitung der Entlassung und der Erleichterung der Rückkehr in die Freiheit dienen (§ 147 StVollzG).

Die Einzelheiten des Strafvollzugs bilden den Gegenstand eines eigenständigen Lehrgebiets.[222] Lediglich vereinfachend und vergröbernd kann hier darauf hingewiesen werden, dass das **Vollzugsziel** die Resozialisierung des Gefangenen ist, also

---

[216] Berlin, Bremen, Brandenburg, Mecklenburg-Vorpommern, Rheinland-Pfalz, Saarland, Sachsen, Sachsen-Anhalt, Schleswig-Holstein und Thüringen.

[217] Mit dem 1. JuMoG vom 24.08.2004 wurde die Verordnung über die Begrenzung der Geschäfte des Rechtspflegers bei der Vollstreckung in Straf- und Bußgeldsachen aufgehoben und zugleich § 31 RPflG weitgehend neu gefasst, wodurch die Aufgaben des Rechtspflegers im Rahmen der Strafvollstreckung erheblich erweitert wurden. Zur geschichtlichen Entwicklung siehe LR 2016 ff., *Graalmann-Scheerer*, § 451 Rn. 28 ff.

[218] Übersicht bei SBJL 2013, *Maelicke*, § 140 Rn. 9 ff.; SBJL 2013, *Wirth*, § 141 Rn. 22 ff.

[219] Übersicht zu den Gesetzen der Länder bei SBJL 2013, *Lindner*, § 10 Rn. 15 ff.

[220] SBJL 2013, *Egg*, § 9 Rn. 19 ff.

[221] SBJL 2013, *Wischka*, § 6 Rn. 36 ff., § 7 Rn. 16 ff.

[222] Aus dem umfangreichen Schrifttum vgl. nur *Laubenthal* 2015.

die Befähigung des Gefangenen, künftig in sozialer Verantwortung ein Leben ohne
Straftaten zu führen (§ 2 Satz 1 StVollzG und die Strafvollzugsgesetze der Länder[223]). Dem Gefangenen sollen die Fähigkeit und der Wille zu verantwortlicher
Lebensführung vermittelt werden, er soll lernen, sich unter den Bedingungen einer
freien Gesellschaft ohne Rechtsbruch zu behaupten, ihre Chancen wahrzunehmen
und ihre Risiken zu bestehen.[224] Verfassungsrechtlich wurzelt das Interesse des Verurteilten an der Resozialisierung im Grundrecht aus Art. 2 Abs. 1 i. V. m. 1 Abs. 1
GG, von der Gemeinschaft aus betrachtet im Sozialstaatsprinzip.[225] Das verfassungsrechtliche Resozialisierungsgebot bestimmt den gesamten Strafvollzug; es
gilt, wie bereits erwähnt, auch für den Vollzug der lebenslangen Freiheitsstrafe. Dabei darf nicht übersehen werden, dass das Vollzugsziel der Resozialisierung der individualisierenden Anpassung an die Behandlungsbedürfnisse und die Behand-
lungsfähigkeit des einzelnen Gefangenen bedarf. Bei Gefangenen, die bereits über
eine hohe soziale Handlungskompetenz verfügen und die vor ihrer Inhaftierung
sozial voll integriert waren, hat dieses Vollzugsziel eine andere, vor allem auf die
Anpassung des Vollzugslebens an die allgemeinen Lebensverhältnisse und die Ge-
gensteuerung hinsichtlich schädlicher Folgen der Freiheitsentziehung (§ 3 Abs. 1
und 2 StVollzG[226]) gerichtete Bedeutung als bei Gefangenen, bei denen in der persönlichen und sozialen Entwicklung vielfältige Auffälligkeiten und sozialisatori-
sche Defizite festzustellen sind. Bei Gefangenen, die erst nach langer Strafzeit entlassen werden, hat es eine andere Bedeutung als bei Gefangenen, die lediglich eine
Kurzstrafe verbüßen, und bei Gefangenen, die nach dem Strafende in ihre bisherige
Umgebung entlassen werden, eine andere als bei Gefangenen, die später als Nichtdeutsche ausgewiesen werden (§§ 50 ff. AufenthG). Andere Gesichtspunkte als die
Resozialisierung des Gefangenen und die Aufgabe des Schutzes der Allgemeinheit
vor weiteren Straftaten (vgl. § 2 Satz 2 StVollzG) dürfen bei der Ausgestaltung des
Vollzugs nicht berücksichtigt werden. Insbesondere sind die übrigen Strafzwecke,
die bei der Verhängung der Freiheitsstrafe noch eine Rolle spielen dürfen (Schuldausgleich und Vergeltung, Abschreckung), aus den Überlegungen ausgeschlossen.[227]

Der Umstand, dass der Gesetzgeber die Resozialisierung des Gefangenen zum
allgemeingültigen, verbindlichen Vollzugsziel erklärt, wirft zwangsläufig die Frage
nach den **bei der Behandlung angewandten Methoden** auf. Vor allzu hochge-
spannten Erwartungen muss gewarnt werden. Der Strafvollzug ist, jedenfalls soweit
es den Regelvollzug und nicht die Sozialtherapie betrifft (§§ 9, 123 ff. StVollzG und
die Strafvollzugsgesetze der Länder[228]), infolge des dauerhaften Sparzwangs der

---

[223] Übersicht bei SBJL 2013, *Jehle*, § 2 Rn. 21 ff.

[224] Vgl. *BVerfGE* 35, 202 (235).

[225] *BVerfGE* 35, 202 (235); 45, 187 (238 f.); 98, 169 (200 f.).

[226] SBJL 2013, *Jehle*, § 3 Rn. 14 ff.

[227] Die Frage ist umstritten, wie hier *Laubenthal* 2015, 118 ff. (Rn. 175 ff.); *Calliess und Mül-
ler-Dietz*, § 2 Rn. 8; a. A. die Rechtsprechung, vgl. etwa *OLG Karlsruhe* JR 1978, 213 (214 ff.);
OLG Frankfurt NStZ 1981, 157; *BVerfGE* 64, 261 (274 ff.); differenzierend SBJL 2013, *Jehle*, § 2
Rn. 7.

[228] Übersicht bei SBJL 2013, *Egg*, § 9 Rn. 19 ff.

öffentlichen Haushalte vielfach nicht in der Lage, die Resozialisierung durch gezielte, an den individuellen Problemlagen ausgerichtete Behandlungsmaßnahmen in dem an sich erforderlichen Umfang anzubieten. Über die Arbeitspflicht (§ 41 StVollzG[229]) und die vereinzelte Gewährung von sozialen Hilfen (§ 71 StVollzG[230]) hinaus ist eine gezielte Förderung meist nicht möglich. Umso größer ist die Bedeutung, die der *Kommunikation des Gefangenen mit der Außenwelt* und der *Öffnung des Vollzugs nach außen* beizumessen ist. Vor allem die Vollzugslockerungen, die dem Gefangenen gewährt werden können, namentlich Ausgang und Freigang (§ 11 StVollzG[231]), sowie die Gewährung von Urlaub aus der Haft, der bis zu 21 Kalendertagen pro Jahr betragen kann (§ 13 StVollzG[232]), spielen für die Resozialisierung eine entscheidende Rolle. Sie ermöglichen es, die desintegrierenden Wirkungen der Haft und die mit der Unterbringung in der „totalen Institution" verbundenen Gefahren gering zu halten, die Eigenverantwortlichkeit des Gefangenen zu fördern und die für einen erfolgreichen Übergang in die Freiheit erforderlichen Außenweltkontakte und Bindungen herzustellen. Die Öffnung des Vollzugs nach „draußen" wird in der unaufgeklärten Öffentlichkeit häufig mit Skepsis und Ablehnung betrachtet. Dies gilt insbesondere dann, wenn es einmal – was nur äußerst selten geschieht[233] – im Zusammenhang mit einer Lockerung zu einer erneuten Straftat kommt. Bei genauerer Betrachtung zeigt sich jedoch, dass die Öffnung nach „draußen" unabdingbarer Bestandteil eines rationalen Behandlungsvollzugs ist[234]; mit unangemessenen Vergünstigungen haben die Lockerungen nichts zu tun.

Der Strafgefangene hat im Strafvollzug die gleiche **Rechtsstellung** inne, die er auch in Freiheit einnimmt; insbesondere gelten für ihn auch die Grund- und Freiheitsrechte des GG und der EMRK (etwa das in Art. 3 EMRK ausdrücklich niedergelegte Verbot unmenschlicher oder erniedrigender Behandlung). Eingriffe können daher nicht mit dem besonderen Gewaltverhältnis gerechtfertigt werden, dem der Gefangene im Strafvollzug unterworfen ist, sondern bedürfen einer gesetzlichen Grundlage.[235] Der Gefangene unterliegt dementsprechend nur den im StVollzG ausdrücklich vorgesehenen Freiheitsbeschränkungen (§ 4 Abs. 2 Satz 1 StVollzG und die Strafvollzugsgesetze der Länder[236]). Soweit das StVollzG eine besondere Regelung nicht enthält, dürfen ihm nur solche Beschränkungen auferlegt werden, die zur Aufrechterhaltung der Sicherheit oder zur Abwendung einer schwerwiegenden Störung der Anstaltsordnung unerlässlich sind (§ 4 Abs. 2 Satz 2 StVollzG).[237]

---

[229] SBJL 2013, *Laubenthal*, § 41 Rn. 18 ff.

[230] SBJL 2013, *Best*, § 71 Rn. 10 ff.

[231] SBJL 2013, *Ullenbruch*, § 11 Rn. 29 ff.

[232] SBJL 2013, *Ullenbruch*, § 13 Rn. 48 ff.

[233] Vgl. *v. Harling* 1997, 127 ff.

[234] *Laubenthal* 2015, 346 ff. (Rn. 483 f.); *Calliess und Müller-Dietz*, § 11 Rn. 1 f.

[235] *BVerfGE* 33, 1 (9 ff.); 40, 276 (283 ff.); SBJL 2013, *Jehle*, Vor § 1 Rn. 15.

[236] Übersicht bei SBJL 2013, *Jehle*, § 4 Rn. 28 ff.

[237] Zur Auslegung dieser Generalklausel genauer *Laubenthal* 2015, 160 ff. (Rn. 245 ff.); Überblick über die Kasuistik bei *Calliess und Müller-Dietz*, § 4 Rn. 21.

Wenn der Gefangene durch eine Maßnahme der Vollzugsverwaltung (z. B. durch die Anordnung, den Sichtspion in der Tür des Haftraums freizuhalten[238]) oder ihre Ablehnung (z. B. die Ablehnung eines Antrags auf Gewährung von Vollzugslockerungen) oder Unterlassung (z. B. die Unterlassung der Bereitstellung vegetarischer Speisen) in seinen Rechten verletzt wird, kann er hiergegen einen Antrag auf gerichtliche Entscheidung stellen (§ 109 StVollzG). Über den Antrag entscheidet die Strafvollstreckungskammer (§ 110 StVollzG, §§ 78a f. GVG), gegen deren Entscheidung die Rechtsbeschwerde an das OLG zulässig ist (§ 116 StVollzG).

3.6.4 Abgrenzung zu anderen freiheitsentziehenden Sanktionen

Die nach §§ 38 f. StGB verhängte und vollstreckte Freiheitsstrafe muss unterschieden werden von der Jugendstrafe und dem Strafarrest. Die **Jugendstrafe** ist die der Freiheitsstrafe vergleichbare schwerste Sanktionsform des Jugendstrafrechts. Entsprechend der dem Erziehungsgedanken verpflichteten Zielsetzung des JGG darf die Jugendstrafe nicht nur bei schwerer Schuld, sondern auch dann verhängt werden, wenn nach der Einschätzung des Gerichts wegen der in der Tat hervorgetretenen schädlichen Neigungen eine andere, weniger belastende Sanktionsform zur spezialpräventiven Einwirkung nicht genügt (§ 17 JGG). Die Jugendstrafe wird in gesonderten Jugendstrafanstalten vollzogen. Aufgrund der Entscheidung des BVerfG vom 31.05.2006 zu den gesetzlichen Anforderungen des Jugendstrafvollzuges[239] und der Übertragung der Gesetzgebungskompetenz durch die Föderalismusreform haben nunmehr alle Länder eigene Jugendstrafvollzugsgesetze erlassen.[240]

Der **Strafarrest**, der wiederum nicht mit der spezifisch jugendstrafrechtlichen Sanktionsform des Jugendarrests (§ 16 JGG) verwechselt werden darf, ist eine Sonderform der strafrechtlichen Sanktionen für den Geltungsbereich des Wehrstrafrechts. Der Strafarrest ersetzt die Freiheitsstrafe nicht insgesamt, sondern lediglich im Bereich der leichteren und mittleren militärischen Kriminalität; sein Mindestmaß liegt bei 2 Wochen, sein Höchstmaß bei 6 Monaten (§ 9 Abs. 1 WStG). Der Strafarrest wird grundsätzlich durch die Behörden der Bundeswehr vollzogen; der Soldat muss grundsätzlich weiterhin am Dienst teilnehmen. Für den Vollzug gilt die BwVollzO. Nur soweit der Strafarrest in Justizvollzugsanstalten vollzogen wird, gelten die wesentlichen Bestimmungen des StVollzG (§ 167 StVollzG).

---

[238] Vgl. *BGHSt* 37, 380 m. Anm. *Böhm* JR 1992, 174; *Müller-Dietz* Jura 1992, 193 ff.
[239] *BVerfGE* 116, 69 ff.
[240] Überblick bei *Eisenberg* NStZ 2008, 250 ff.; ausführlich *Laubenthal* 2015, 636 ff. (Rn. 859 ff.).

3.6.5   Kriminologische Aspekte

3.6.5.1   Verhängung der Freiheitsstrafe

Die Freiheitsstrafe wurde 2017 gegen 104.417 Personen verhängt (15,9 % aller Verurteilten; vgl. oben Abschn. 3.1.4, Tab. 3.1). **Delikte**, die überproportional häufig mit Freiheitsstrafe geahndet wurden, waren die vorsätzlichen Tötungsdelikte (§§ 211 bis 216 StGB; 100,0 %), die gewaltsamen Sexualdelikte (§ 177 Abs. 5 bis 8, § 178 StGB; 98,0 %) sowie Raub und räuberische Erpressung (§§ 249 bis 252, 255 StGB; 98,3 %). Hier spiegelt sich der Umstand wider, dass die Mindeststrafe für Verbrechen bei einem Jahr Freiheitsstrafe liegt. Etwas seltener, aber immer noch überproportional häufig wurden mit Freiheitsstrafe geahndet der sexuelle Missbrauch von Kindern (§§ 176 bis 176b StGB; 90,9 %) und die erschwerten Formen des Diebstahls (§§ 243 bis 244a StGB; 75,6 %).[241]

Die **Dauer** der verhängten Freiheitsstrafe bewegt sich überwiegend im unteren Bereich. Ein Viertel aller Freiheitsstrafen (25,8 %) wird von den Gerichten als kurze, weniger als 6 Monate betragende Freiheitsstrafe verhängt; mehr als zwei Drittel (71,4 %) bewegen sich im Bereich bis zu einem Jahr (Tab. 3.3).

Auf den ersten Blick erscheint die große Zahl kurzer Freiheitsstrafen als ein hoher, den Intentionen des § 47 StGB zuwiderlaufender Anteil. Hier lohnt allerdings der vergleichende Blick auf die von den Gerichten verhängten Geldstrafen: Im Bereich bis zu 180 Tagessätzen bzw. 6 Monaten Freiheitsstrafe werden gut 90 % aller Strafen als Geldstrafe verhängt. Die Geldstrafe ist in diesem Bereich also – im Einklang mit den Intentionen des § 47 StGB – die Regelstrafe, wobei zu berücksichtigen ist, dass in diesen Vergleich auch die von § 47 StGB gar nicht erfassten, auf

Tab. 3.3 Dauer der verhängten Freiheitsstrafe und Strafaussetzung zur Bewährung 2017. (*Quelle*: Statistisches Bundesamt, Strafverfolgung 2017, Tab. 3.1)

Dauer der Freiheitsstrafe	Verurteilte		davon zur Bewährung ausgesetzt	
	N	%	N	%
<6 Monate	26.899	25,8	19.183	71,3
6 Monate	14.121	13,5	11.231	79,5
>6–9 Monate	17.862	17,1	13.994	78,3
>9 Monate–1 Jahr	15.688	15,0	12.264	78,3
>1–2 Jahre	20.397	19,5	14.460	70,9
>2–3 Jahre	4497	4,3	–	–
>3–5 Jahre	3299	3,2	–	–
>5–10 Jahre	1447	1,4	–	–
>10–15 Jahre	116	0,1	–	–
Lebenslang	91	0,1	–	–
Insgesamt	104.417	100,0	71.132	68,1

---

[241] Statistisches Bundesamt, Strafverfolgung 2017, Tab. 3.1.

Tab. 3.4 Geldstrafe und Freiheitsstrafe 2017 im Vergleich. (*Quelle*: Statistisches Bundesamt, Strafverfolgung 2017, Tab. 3.1, Tab. 3.3)

	Verurteilte insgesamt (= 100 %)	Geldstrafe		Freiheitsstrafe	
		N	%	N	%
Geldstrafe bis 180 Tagessätze oder Freiheitsstrafe bis 6 Monate (jew. einschl.)	589.611	548.591	93,0	41.020	7,0
Geldstrafe 181 bis 360 Tagessätze oder Freiheitsstrafe über 6 Monate bis 1 Jahr (jew. einschl.)	36.410	3110	8,5	33.350	91,6

genau 180 Tagessätze bzw. 6 Monate lautenden Strafen mit einbezogen worden sind. Umgekehrt stellt in dem darüber liegenden Bereich bis zu 360 Tagessätzen bzw. 1 Jahr Freiheitsstrafe die Freiheitsstrafe die Regelsanktion dar (Tab. 3.4).

Langdauernde Freiheitsstrafen sind selten. Nur etwa jeder 11. Angeklagte, der 2017 zu einer Freiheitsstrafe verurteilt wurde (9,1 %), erhielt eine nicht mehr aussetzungsfähige Strafe von mehr als 2 Jahren. Die lebenslange Freiheitsstrafe wurde von den Gerichten nur in 91 Fällen verhängt. Dabei kann man davon ausgehen, dass die erkennenden Gerichte in gut einem Viertel der Fälle die besondere Schwere der Schuld feststellen. Dies ist insbesondere dann der Fall, wenn der Täter nicht nur wegen einer Tat (typischerweise Mord), sondern wegen weiterer, realkonkurrierender Taten verurteilt wird.[242]

Im **Längsschnittvergleich** zeigt sich, dass der Anteil der kurzen primären Freiheitsstrafe über die Jahrzehnte hinweg kontinuierlich zurückgegangen ist: Wurden 1960 noch zwei Drittel aller verhängten Freiheitsstrafen im Bereich von weniger als 6 Monaten verhängt, so lag der entsprechende Anteil 2017 nur noch bei einem Viertel (Tab. 3.5). Die Einführung der „ultima-ratio"-Klausel des § 47 StGB im Jahr 1970 hat die Zurückdrängung der kurzen Freiheitsstrafe dabei zwar deutlich gefördert, aber auch in den nachfolgenden Jahren ist der Anteil noch weiter zurückgegangen. Der Rückgang bei den kurzen Freiheitsstrafen wird durch eine Zunahme bei den langdauernden zeitigen Freiheitsstrafen ausgeglichen.

3.6.5.2 Auswirkungen im Strafvollzug

Am Stichtag 31.03.2018 gab es in Deutschland insgesamt 180 Justizvollzugsanstalten mit einer Haftplatzkapazität[243] von 73.336 Plätzen.[244] Zur Verbüßung von Frei-

---

[242] Weiterführende Angaben zur lebenslangen Freiheitsstrafe bei *Meier* 2018, 222 ff.

[243] Für die Verbüßung von Freiheitsstrafe, Jugendstrafe, Sicherungsverwahrung, Untersuchungshaft und sonstigen Formen der Freiheitsentziehung.

[244] Statistisches Bundesamt, Bestand der Gefangenen und Verwahrten in den deutschen Justizvollzugsanstalten, Stichtag 31.03.2018.

Tab. 3.5 Entwicklung der Dauer der verhängten Freiheitsstrafe. (*Quelle*: Statistisches Bundesamt, Strafverfolgung, zuletzt Tab. 3.1)

	Verurteilte mit Freiheitsstrafe (100 %)	Dauer der verhängten Freiheitsstrafe (prozentuale Anteile)				
		<6 Mon.	6 Mon.–1 Jahr	1–2 Jahre	2–15 Jahre	Lebenslang
1960[a]	148.662[b]	66,7	26,5	4,7	2,1	0,03
1965	174.100	72,5	21,4	3,8	2,2	0,04
1970	88.248	63,3	26,4	6,8	3,5	0,08
1975	94.018	50,2	37,9	7,7	4,2	0,07
1980	104.850	48,0	39,1	8,0	4,9	0,05
1985	111.876	44,0	40,3	9,7	6,0	0,08
1990	102.454	45,8	37,8	10,8	5,6	0,05
1995[c]	115.767	39,8	39,5	13,6	7,1	0,08
2000	125.305	37,1	41,1	14,3	7,5	0,09
2005	127.981	34,5	41,7	16,0	8,1	0,08
2010[d]	129.717	31,9	43,2	17,0	7,8	0,11
2015	107.089	27,9	45,2	18,7	8,1	0,08
2017	104.417	25,8	45,6	19,5	9,0	0,09

[a]Ohne Saarland und Berlin
[b]Zuchthaus, Gefängnis, Einschließung und Haft
[c]Seit 1995 einschl. Ost-Berlin
[d]Seit 2007 alte und neue Bundesländer

heitsstrafe saßen insgesamt 46.690 Personen ein.[245] Die Verteilung der **Delikte**, wegen denen die Gefangenen einsaßen, erklärt sich zum einen aus der der Häufigkeit, mit der die einzelnen Delikte zur Aburteilung gelangen, und zum anderen aus der Länge der von den Gerichten verhängten Strafen. Der größte Teil der am 31.03.2018 einsitzenden Strafgefangenen verbüßte eine Freiheitsstrafe wegen Diebstahls oder Unterschlagung (24,4 %). Weitere hohe Anteile entfielen auf Btm-Delikte (13,6 %) und Raubtaten (§§ 249 bis 255, 316a StGB; 10,7 %); etwa jeder 13. Gefangene saß wegen eines Tötungsdelikts ein (7,6 %).[246]

Bei gut einem Drittel der Gefangenen (37,7 %) handelte es sich um Personen, bei denen die (voraussichtliche[247]) **Vollzugsdauer** bis zu 9 Monaten betrug. Zu berücksichtigen ist hier, dass der Anteil der Kurzstrafenverbüßer im Strafvollzug in Wirklichkeit deutlich höher liegt; durch die Stichtagserhebung werden diese in der Statistik nicht adäquat erfasst. Etwa die Hälfte der Gefangenen (50,6 %) verbüßte am 31.03.2018 eine Freiheitsstrafe von mehr als 9 Monaten bis zu 5 Jahren, von 5 bis

---

[245] Statistisches Bundesamt, Strafvollzug – Demographische und kriminologische Merkmale der Strafgefangenen zum Stichtag 31.03.2018, Tab. 1.1.

[246] Statistisches Bundesamt, Strafvollzug – Demografische und kriminologische Merkmale der Strafgefangenen zum Stichtag 31.03.2018, Tab. 5.

[247] Also ohne Berücksichtigung der Möglichkeit der Aussetzung des Strafrests zur Bewährung (§ 57 StGB).

zu 15 Jahren verbüßte etwa jeder 11. Gefangene (7,8 %). Wegen einer lebenslangen Freiheitsstrafe befanden sich 1794 Personen (3,8 %) in Haft.[248]

Bei den meisten Gefangenen (94,0 %) handelte es sich um Männer; die Frauen stellten nur einen auffällig geringen Anteil (6,0 %). Etwa ein Drittel der Gefangenen (32,3 %) waren Ausländer oder Staatenlose. Dieser Ausländeranteil, der seit dem Anfang der 1990er-Jahre deutlich gestiegen ist (1990 waren nur 12,5 % der Strafgefangenen Ausländer), stellt den Strafvollzug wegen der damit oft verbundenen interkulturellen Kommunikationsprobleme und der im Hintergrund stehenden Ausweisungsproblematik vor große Herausforderungen. Die meisten Strafgefangenen sind im Übrigen entweder ledig (68,5 %) oder geschieden (13,5 %); nur knapp ein Fünftel ist verheiratet oder verwitwet (18,0 %).[249]

3.7   Strafaussetzung zur Bewährung

3.7.1   Kriminalpolitische Zielsetzung

Im Bereich bis zu 2 Jahren Freiheitsstrafe kann das Gericht die Vollstreckung der Freiheitsstrafe nach § 56 StGB zur Bewährung aussetzen. Der Verurteilte braucht die Strafe in diesem Fall nicht anzutreten. Er muss den Auflagen und Weisungen nachkommen, zu denen ihn das Gericht im Bewährungsbeschluss verpflichtet; ggf. wird er der Aufsicht und Leitung eines Bewährungshelfers unterstellt. Begeht der Verurteilte innerhalb des vom Gericht festgelegten Zeitraums keine weiteren Taten und kommt er den ihm erteilten Verpflichtungen nach, dann wird die Strafe nach Ablauf der Bewährungszeit erlassen; hält er sich nicht an die Maßgaben, dann wird die Aussetzungsentscheidung widerrufen und die Freiheitsstrafe vollstreckt.

Das kriminalpolitische Ziel dieser durch das 3. StrÄndG im Jahr 1953 eingeführten[250] und 1969 durch das 1. StrRG sowie 1986 durch das 23. StrÄndG stark erweiterten Sanktionsoption besteht in der Förderung des Strafzwecks der **Spezialprävention**.[251] In denjenigen Fällen der leichteren und mittleren Kriminalität, in denen dies mit den Strafzwecken vereinbar ist, soll dem Verurteilten die Unterbringung im geschlossenen Strafvollzug erspart bleiben. Auch wenn hierin aus spezialpräventiver Sicht schon ein eigenständiger Wert liegt (Vermeidung von Desintegration), zielt die Strafaussetzung doch darüber hinaus zusätzlich darauf ab, in geeigneten Fällen an die Stelle des Strafvollzugs eine Form der **ambulanten Sanktionierung**

---

[248] Statistisches Bundesamt, Strafvollzug – Demografische und kriminologische Merkmale der Strafgefangenen zum Stichtag 31.03.2018, Tab. 3.1; weiterführende Angaben zur Dauer und Beendigung der lebenslangen Freiheitsstrafe bei *Dessecker* 2017, 16 ff.

[249] Statistisches Bundesamt, Strafvollzug – Demografische und kriminologische Merkmale der Strafgefangenen am 31.03.2018, Tab. 2.

[250] Zur historischen Entwicklung genauer *Dünkel* ZStW 95 (1983), 1039 ff.

[251] Vgl. *Jescheck und Weigend* 1996, 833.

treten zu lassen, die dem Täter einerseits *Hilfe und Unterstützung* bei der Bewältigung von Problemlagen gewährt, und ihn andererseits mit dem *Druck des drohenden Widerrufs* dazu zwingt, sich an die Anforderungen der Gesellschaft (Leben
ohne Straftaten) anzupassen.

3.7.2 Voraussetzungen der Strafaussetzung

3.7.2.1 Anwendungsbereich

Nach § 56 Abs. 1 bis 3 StGB kann die Vollstreckung von **Freiheitsstrafen, die 2
Jahre nicht übersteigen**, zur Bewährung ausgesetzt werden. Die Regelung be-
schränkt sich auf *primäre Freiheitsstrafen*. Die Vollstreckung der Ersatzfreiheits-
strafe kann nach geltendem Recht nicht ausgesetzt werden[252]; die Aussetzung der
Vollstreckung der stationären Maßregeln richtet sich nach § 67b StGB (dazu unten
Abschn. 5.4.4.1).

Maßgeblich für die Aussetzungsentscheidung ist die Dauer der vom Gericht im
Urteil ausgesprochenen (Gesamt-) Strafe (§ 58 StGB). Die Aussetzung bezieht sich
stets auf die *gesamte Dauer* der erkannten Strafe; die *Aussetzung* lediglich *eines
Teils* ist *unzulässig* (§ 56 Abs. 4 Satz 1 StGB). Hierzu steht es nicht im Widerspruch,
dass eine Strafe auch dann zur Bewährung ausgesetzt werden kann, wenn ein Teil
durch die Anrechnung von Untersuchungshaft oder einer anderen Freiheitsentziehung nach § 51 StGB erledigt ist (§ 56 Abs. 4 Satz 2 StGB). Die Anrechnung darf
die verhängte Strafe in diesem Fall allerdings nicht in vollem Umfang aufzehren;
wenn infolge der Anrechnung kein Strafrest mehr vorhanden ist, dessen Vollstreckung zur Bewährung ausgesetzt werden könnte, darf auch keine Aussetzungsentscheidung ergehen, obwohl dies für den Verurteilten registerrechtliche Vorteile hätte
(vgl. § 34 Abs. 1 BZRG).[253]

Da es allein auf die Dauer der vom Gericht verhängten Strafe ankommt, kann
eine Freiheitsstrafe, die die in § 56 StGB festgelegten Grenzen überschreitet, selbst
dann nicht zur Bewährung ausgesetzt werden, wenn etwa infolge der Anrechnung
von U-Haft ein zu verbüßender Strafrest verbleibt, der an sich aussetzungsfähig
wäre.[254] Das Gericht darf im Übrigen bei der Festsetzung der Strafdauer nur innerhalb des durch die Schuldschwere gezogenen Spielraums (unten Abschn. 4.3.1
und 4.9) dem Umstand Bedeutung beimessen, dass die Strafe oberhalb bestimmter
Grenzen nicht mehr aussetzungsfähig ist. Das Bestreben, einem Täter die Strafaussetzung zu bewilligen oder – umgekehrt – zu versagen, darf nicht dazu führen, dass
die schuldangemessene Strafe unter- oder überschritten wird.[255]

---

[252] LK 2006 ff., *Hubrach*, § 56 Rn. 4; *Fischer* 2019, § 56 Rn. 2; anders nur NK 2017, *Albrecht*, § 43
Rn. 7.
[253] *BGHSt* 31, 25 (28 f.) m. abl. Anm. *Stree* NStZ 1982, 327; SK StGB 2017 ff., *Schall*, § 56 Rn. 9.
[254] *BGHSt* 5, 377.
[255] *BGHSt* 29, 319 (321); *BGH* NStZ 1992, 489; StV 1996, 263; *Jescheck und Weigend* 1996, 835.

Auch für die Voraussetzungen, unter denen die Vollstreckung der Freiheitsstrafe zur Bewährung ausgesetzt werden kann, kommt es entscheidend auf die Dauer der vom Gericht erkannten Strafe an. Das Gesetz stellt an die Aussetzung unterschiedliche Anforderungen, je nachdem ob sich die Strafe unterhalb von 6 Monaten, zwischen einschließlich 6 Monaten und 1 Jahr oder zwischen mehr als 1 Jahr bis zu einschließlich 2 Jahren Freiheitsstrafe bewegt.

3.7.2.2 Aussetzung im Bereich unter sechs Monaten Freiheitsstrafe

3.7.2.2.1 Notwendigkeit einer empirisch begründeten Legalprognose

Im Bereich unter 6 Monaten Freiheitsstrafe ist die Aussetzung allein davon abhängig, dass zu erwarten ist, der Täter werde sich schon die Verurteilung zur Warnung dienen lassen und künftig auch ohne die Einwirkung des Strafvollzugs keine Straftaten mehr begehen (§ 56 Abs. 1 StGB). Gefordert wird mithin eine Prognose über das künftige Verhalten des Täters im strafrechtlich geschützten Normbereich (**Legal- bzw. Kriminalprognose**). Auf das sonstige Sozialverhalten, also z. B. darauf, dass der Täter weiter seiner Arbeit nachgehen und seine Schulden bezahlen kann oder seine Familie nicht verlassen wird, kommt es für die Aussetzungsentscheidung grundsätzlich nicht an. Während das Gesetz bis zum Erlass des 1. StrRG noch die Erwartung aufstellte, dass der Täter „in Zukunft ein gesetzmäßiges und geordnetes Leben führen wird", genügt es heute, dass von ihm keine weiteren „Straftaten" zu erwarten sind.[256] Als Prognosebasis für die Legalprognose kommt dem zu erwartenden Sozialverhalten jedoch nach wie vor indizielle Bedeutung zu; eine strikte Trennung zwischen den Bereichen ist bei der konkreten Prognosestellung kaum möglich.

Nach dem Gesetz muss die zukünftige Straffreiheit des Täters „zu erwarten" sein. „**Erwarten**" i. S. des § 56 Abs. 1 StGB setzt schon sprachlich *nicht die sichere Gewähr* für ein künftiges straffreies Leben voraus. In den meisten Fällen lässt sich die Möglichkeit, dass in Zukunft weitere Taten begangen werden, nicht ausschließen. Würde die positive Legalprognose in diesen Fällen verneint, so würde die kriminalpolitische Zielsetzung der Regelung vereitelt. Ein gewisses Risiko, dass es auch in Zukunft zu weiteren Straftaten kommt, muss deshalb in Kauf genommen werden. Nach der Rechtsprechung und der überwiegenden Meinung in der Literatur darf die Bejahung einer günstigen Prognose nicht vom Vorhandensein eines hohen Wahrscheinlichkeitsgrads abhängig gemacht werden. Als ausreichend wird es angesehen, dass die empirisch begründete *Wahrscheinlichkeit künftigen straffreien Verhaltens größer* ist *als diejenige neuer Straftaten.*[257]

In der Literatur wird diese Auffassung vor allem von *Frisch* kritisiert. *Frisch* wendet ein, die genannten Umschreibungen seien keine hinreichend klaren, Rechtssicherheit und Rechtsgleichheit gewährleistenden Aussagen. Die postulierten

---

[256] *Schäfer et al.* 2017, 45 (Rn. 198).

[257] *BGH* NStZ 1997, 594; 1986, 27; NStZ-RR 2005, 38; LK 2006 ff., *Hubrach*, § 56 Rn. 12; *Lackner und Kühl* 2018, § 56 Rn. 8; *Fischer* 2019, § 56 Rn. 4a.

Anforderungen seien im Prozess nicht feststellbar und sie orientierten sich auch nicht am Normzweck des § 56 StGB. Das Gesetz fordere vom Gericht nicht eine empirisch begründete Vorhersage dessen, was die Zukunft bringen werde, sondern eine interessenorientierte Bewertung von **Risikosachverhalten**. Bei § 56 Abs. 1 StGB sei es das Ziel des Gesetzes, die Vollstreckung von Freiheitsstrafe überall dort zu vermeiden, wo es ihrer zur Verhütung weiterer Straftaten nicht bedürfe. Sofern die künftige Entwicklung des Täters ungewiss sei, sei es im Zweifel angezeigt, auf die Vollstreckung zu verzichten; vollstreckt werden dürfe die Strafe nur dann, wenn dem Täter aufgrund seiner Persönlichkeitsstruktur eine „Schlechtprognose" attestiert werden könne.[258]

In der Sache sind die herrschende Meinung und die Auffassung von *Frisch* weniger weit voneinander entfernt als es auf den ersten Blick den Anschein hat. Auch nach der Rechtsprechung und der überwiegenden Meinung in der Literatur beruhen die Prognoseentscheidungen *nicht ausschließlich* auf empirisch begründeten Aussagen über die Wahrscheinlichkeit zukünftigen Legalverhaltens, sondern setzen stets auch normativ begründete Risikobewertungen voraus. Die Frage, wann aus einer günstigen Prognose eine ungünstige wird (wann also die in § 56 Abs. 1 StGB vorausgesetzte „Erwartung" künftigen Legalverhaltens nicht mehr gegeben ist und in eine negative, zur Vollstreckung der Freiheitsstrafe führende Prognose „umschlägt"), lässt sich auch nach der herrschenden Meinung – selbst wenn dies nicht immer ausreichend deutlich gemacht wird – ohne normativ begründete Stellungnahme zur Größe des im Einzelfall noch hinnehmbaren Risikos nicht beantworten.[259]

> Konkret bedeutet dies, dass bei der Bestimmung des Wahrscheinlichkeitsgrads, mit dem weitere Taten zu erwarten sind, auch nach der herrschenden Meinung stets die *Schwere der jeweils drohenden Taten* berücksichtigt werden muss. Im Bereich der kleineren Kriminalität ist das Risiko weiterer Taten eher hinnehmbar als im Bereich der mittleren Kriminalität. Selbst die sichere Erwartung, dass es in Zukunft zu Bagatelldelikten kommen wird, schließt deshalb die „positive" Legalprognose i. S. des § 56 Abs. 1 StGB nicht zwingend aus.[260]

Der Unterschied zwischen der herrschenden Meinung und der Position *Frischs* liegt letztlich allein darin, dass sich die Prognoseentscheidung nach *Frisch* jenseits der prognostisch eindeutigen Fälle *ausschließlich* an normativen Bewertungen orientieren soll, während der Prognosesachverhalt nach der herrschenden Meinung auch im Bereich des prognostisch nicht eindeutigen „Mittelfelds" *soweit wie nur irgend möglich aufgeklärt und ausgewertet* werden muss.

Zustimmung verdient dabei die Position der herrschenden Meinung.[261] Der Gesetzgeber hat sich mit der Strafrechtsreform der 1960er Jahre – und zwar gerade

---

[258] *Frisch* 1983, 49 ff., 65 ff., 133 ff.; *Frisch* 1994, 74 ff., 109 ff.; *Frisch* 2010, 250, 252, bezogen auf Maßnahmen der Verbrechensvorbeugung.

[259] Vgl. *Volckart und Grünebaum* 2015, III. Teil Rn. 366.

[260] *Lackner und Kühl* 2018, § 56 Rn. 8; SK StGB 2017 ff., *Schall*, § 56 Rn. 13.

[261] Zur Kritik an der Position *Frischs* vgl. auch *Bock* NStZ 1990, 459 f.

auch mit der Erweiterung des Instituts der Strafaussetzung zur Bewährung – für ein *individualisierendes*, auf die *Erforderlichkeit der Sanktion im Einzelfall* abstellendes Rechtsfolgensystem entschieden. Eine Auffassung, die die Entscheidung über die Rechtsfolgen in einem weiten Bereich allein nach normativen Bewertungen treffen will, kann diesem Grundanliegen der Strafrechtsreform nicht gerecht werden. Die **weitest mögliche Ausschöpfung des tatsächlichen Prognosesachverhalts** ist und bleibt deshalb eine Grundvoraussetzung für die Aussetzungsentscheidung im geltenden Recht. Dies muss auch dann gelten, wenn kaum bestreitbar ist,[262] dass die richtige (treffsichere) Prognose des künftigen Legalverhaltens eines Täters im breiten Mittelfeld der nicht eindeutigen Fälle mit erheblichen Schwierigkeiten verbunden ist.

Legt man die herrschende Meinung zugrunde, muss die Prognoseentscheidung in zwei Schritten erfolgen: Im ersten Schritt muss eine empirisch begründete Vorhersage über das wahrscheinliche künftige Legalverhalten des Täters getroffen werden, und im zweiten Schritt muss diese empirische Aussage einer normativen Bewertung unterzogen werden.

3.7.2.2.2 Vorgehensweise bei der Prognoseerstellung

Für die im ersten Schritt zu treffende Vorhersage über das künftige Legalverhalten des Täters kommt es auf die Rezeption der Erkenntnisse der empirischen Kriminologie und der Verhaltenswissenschaften, namentlich der Psychologie bzw. Psychiatrie, an. In die Beurteilung fließen eine Vielzahl von Umständen aus dem Persönlichkeitsbereich des Verurteilten, seiner Biografie und den für sein Verhalten maßgeblichen Lebensverhältnissen ein, die in § 56 Abs. 1 Satz 2 StGB nur exemplarisch angesprochen sind („namentlich"); der Kreis der bei der Prognosestellung in Betracht zu ziehenden Gesichtspunkte ist nicht auf die dort genannten Merkmale beschränkt.[263]

Die **prognostischen Instrumente**, die von den empirischen Wissenschaften zur Verhaltensvorhersage entwickelt worden sind, sind **vielgestaltig**.[264] Um sie zu verstehen, muss man sich vergegenwärtigen, dass sämtliche Prognoseverfahren mit zwei methodischen Problemen konfrontiert sind: mit der Auswahl der richtigen Prädiktoren (Vorhersagefaktoren) und mit der Frage der Treffsicherheit des Instruments.

Auswahl der Vorhersagefaktoren
Die Auswahl der Prädiktoren ist in erster Linie von der jeweils zu Grunde gelegten Verhaltenstheorie abhängig. Die Frage, welche Umstände mit welchem Gewicht in die Prognose einfließen sollen, wird in der Kriminologie heute überwiegend vor dem Hintergrund von Sozialisations- und Kontrolltheorien mit dem Hinweis auf die

---

[262] Vgl. *Eisenberg und Kölbel* 2017, § 21 Rn. 11 ff.

[263] *OLG Düsseldorf* JR 1988, 72 (73) m. Anm. *Greger*; Übersicht über die Rechtsprechung zu den im Gesetzestext genannten Einzelmerkmalen bei *Schäfer und Sander* BewHi 2000, 189 ff; *Schäfer et al.* 2017, 50 ff. (Rn. 208 ff.).

[264] Übersicht bei *Rettenberger und von Franqué* 2013; *Kobbé* 2017.

Relevanz von Variablen zur **bisherigen Entwicklung des Täters** und seiner **sozialen Einbindung** beantwortet; von psychologisch/psychiatrischer Seite wird darüber hinaus auch auf die Bedeutung von **Persönlichkeitsvariablen** hingewiesen.[265] In einer von *Gendreau, Little* und *Goggin* 1996 vorgelegten Metaanalyse der Ergebnisse von 131 in den Jahren 1970 bis 1994 veröffentlichten Rückfalluntersuchungen zeigte sich etwa, dass bei Erwachsenen zu den stärksten Prädiktoren für künftige Straffälligkeit die folgenden Variablenbereiche gehörten: *kriminelle Kontakte* (Identifizierung bzw. Sozialisation mit anderen Straffälligen), *antisoziale Persönlichkeit* (erfasst mittels psychologisch/psychiatrischer Erhebungsinstrumente), *kriminogene Bedürfnisse* (antisoziale Einstellungen, die einen antisozialen Lebensstil bzw. ein entsprechendes Verhalten im Hinblick auf Ausbildung und Beschäftigung unterstützen) und *bisherige Straffälligkeit als Erwachsener.*[266]

In Deutschland werden in der Literatur meist drei Prognoseverfahren unterschieden: die statistische Prognose, die klinische Prognose und die intuitive Prognose. Als „**statistische Prognose**" wird dasjenige Verfahren bezeichnet, bei dem für die Prognose ein abgeschlossener Katalog bestimmter Merkmale auf ihr (Nicht-) Vorliegen beim Täter hin überprüft wird. Die Merkmalskataloge („Prognosetafeln") sind auf empirisch-statistischem Weg in der Weise gewonnen worden, dass anhand von Eichstichproben verurteilter Straftäter danach gefragt wurde, mit welcher Häufigkeit die Verurteilten rückfällig wurden, wenn bestimmte Merkmalsausprägungen vorlagen. Diese Rückfallhäufigkeit wird in den **älteren statistischen Verfahren** als diejenige Wahrscheinlichkeit interpretiert, mit der auch andere Verurteilte beim Vorliegen der entsprechenden Merkmale rückfällig werden. Merkmale, die vor allem in älteren Verfahren immer wieder als prognoserelevant bezeichnet wurden, sind: belastende Familienverhältnisse, Erziehungsschwierigkeiten, Auffälligkeiten (Unstetigkeit, Versagen) in der schulischen und beruflichen Ausbildung, Auffälligkeiten am Arbeitsplatz, übermäßiger Alkoholkonsum bzw. Betäubungsmittelabhängigkeit sowie Art und Verlauf der bisherigen Delinquenz.[267] **Neuere Verfahren** wie das von *Andrews* und *Bonta* entwickelte *Level of Service Inventory-Revised* (LSI-R) stellen auf 10 Risikobereiche (z. B. Strafrechtliche Vorgeschichte, Ausbildung/Beruf/Arbeit, finanzielle Situation, Wohnsituation) ab, die potenziell kriminogene Einflussfaktoren darstellen und die es ermöglichen, individuelle Risikoprofile zu erstellen. Diesen Risikobereichen sind insgesamt 54 Merkmale zugeordnet (z. B. Umfang und Art früherer Delikte, Schulbildung, finanzielle Probleme, Stetigkeit), wobei die Anzahl der einzelnen Merkmale in den Risikobereichen unterschiedlich ist.[268]

Als „**klinische Prognose**" wird dasjenige Verfahren bezeichnet, bei dem ein Psychologe oder Psychiater die individuelle Täterpersönlichkeit nach den allgemeinen Grundsätzen der psychologischen bzw. psychiatrischen Persönlichkeitsdiagnostik erforscht. Grundlage der Prognose ist eine ausführliche Exploration des Täters, die im Einzelfall noch um weitere Untersuchungsschritte ergänzt werden kann.[269] Anders als bei den statistischen Prognoseverfahren liegen die Regeln, nach denen die Prognose erstellt wird, bei den klinischen

---

[265] Vgl. *Endres* ZfStrVo 2000, 70 ff.

[266] *Gendreau et al.* Criminology 34 (1996), 581 ff.; vgl. auch *Andrews und Bonta* 2017, 189 ff.

[267] Vgl. *Kaiser und Schöch* 2015, Fall 6 Rn. 38.

[268] *Andrews und Bonta* 1995; eine ausführlichere Darstellung findet sich bei *Dahle* 2006, 35 ff.

[269] Zur Vorgehensweise genauer *Steller* 2010, 185 ff.; *Leygraf* 2015, 420 f.

Verfahren nicht von vornherein fest, sondern beruhen auf der Erfahrung des Gutachters mit Straffälligen und empirisch validierten Kriterienlisten. Um das Verfahren zu verdeutlichen, seien beispielhaft diejenigen Merkmalsbereiche (Dimensionen) genannt, die nach *Rasch* für die Begutachtung geprüft und deren Befunde gegeneinander abgewogen werden müssen: die *Tat*, die zur Aburteilung ansteht, wobei danach gefragt werden muss, ob sie stärker durch die Persönlichkeit des Täters geprägt wurde oder ob für sie eher situative Bedingungen entscheidend waren; die *Persönlichkeit des Täters*, die unter dem Gesichtspunkt erforscht werden muss, welche Dispositionen sich für welches Verhalten woraus ableiten lassen; die *Entwicklung des Täters nach der Tat*, wobei etwa danach gefragt werden muss, ob es zu weiteren Taten gekommen ist und inwieweit der Täter Einsicht in die eigenen Probleme zeigt; schließlich die *Perspektiven* des Täters, die daraufhin überprüft werden müssen, ob und inwieweit sie eine Stabilisierung des Verhaltens erwarten lassen.[270]

Während die statistische und die klinische Prognose zu den „wissenschaftlichen" Prognoseverfahren zählen, dominiert in der juristischen Praxis ein anderes Verfahren: die „**intuitive Prognose**".[271] Die Prognose beruht hier auf der Menschenkenntnis, der Berufserfahrung und der individuellen Werthierarchie des jeweiligen Beurteilers; weder die Kriterien, anhand derer die Prognose erstellt wird, noch die Richtigkeit der jeweiligen Entscheidung unterliegen der wissenschaftlich-systematischen Kontrolle. Dies bedeutet indessen nicht zwingend, dass die „intuitiv" erstellten Prognosen im Einzelfall zu anderen, weniger richtigen Ergebnissen gelangten als die wissenschaftlichen Prognoseverfahren.[272]

Probleme der Treffsicherheit

Für die forensische Praxis brauchbar sind die von den empirischen Wissenschaften entwickelten Prognoseverfahren nur dann, wenn sie zu *richtigen Ergebnissen* führen. Eine gute Prognose muss dasjenige Ereignis, von dessen (Nicht-) Eintritt die Sanktion abhängig gemacht werden soll – im vorliegenden Zusammenhang also die Begehung weiterer Straftaten –, *möglichst exakt vorhersagen*. Die betreffenden Instrumente müssen daher nicht nur mit den richtigen Prädiktoren arbeiten, sondern sie müssen mit diesen Prädiktoren auch eine *möglichst hohe Rate richtiger Entscheidungen* herbeiführen; die Fehlerrate, d. h. die Rate falscher Entscheidungen, muss möglichst gering ausfallen.

Die Sicherheit der richtigen Vorhersage stellt indessen ein erhebliches Problem dar. Methodisch lässt sich zeigen, dass das Ausmaß falscher Vorhersagen nicht nur von der **Güte der Prädiktoren**, sondern noch von mindestens zwei weiteren Umständen abhängt: von der Häufigkeit des Ereignisses, dessen Eintritt vorhergesagt werden soll („**Basisrate**"), und von der bereits angesprochenen Entscheidung, an welchem Punkt die günstige Prognose in eine ungünstige umschlagen soll („**Umschlagspunkt**", „cutting score"). In denjenigen Fällen, in denen sich die Vorhersage auf ein vergleichsweise seltenes Ereignis wie die Begehung einer Straftat bezieht, ist der Anteil derjenigen Ereignisse, die falsch prognostiziert werden, schon aus statistischen Gründen unvermeidbar hoch. Ebenso gilt, dass die Treffsicherheit der

---

[270] *Konrad und Rasch* 2014, 395 ff.; vgl. auch *Leygraf* 2015, 420 ff.
[271] Zum praktischen Hintergrund *Lackner und Kühl* 2018, § 56 Rn. 14.
[272] Vgl. *Eisenberg und Kölbel* 2017, § 21 Rn. 14, 17 ff.

Prognose durch die Entscheidung beeinflusst wird, bei welcher Prädiktorenkonstellation der „Umschlagspunkt" angesiedelt wird, d. h. bezogen auf § 56 Abs. 1 StGB: bei welcher Konstellation davon ausgegangen wird, dass von dem Verurteilten weitere Taten „zu erwarten" sind.[273] Die Treffsicherheit von Prognosen muss dementsprechend gegenwärtig eher mit *Skepsis und Zurückhaltung* beurteilt werden als mit übereiltem Optimismus hinsichtlich der exakten Identifizierbarkeit derjenigen Täter, die künftig tatsächlich weitere Taten begehen werden.

3.7.2.2.3 Normative Bewertung

Im zweiten Schritt der Prognoseentscheidung muss das Gericht die empirische Aussage einer normativen Bewertung unterziehen. In der Sache handelt es sich hierbei um eine **Risikoverteilung**, bei der das Risiko, dass ein zu Unrecht günstig Prognostizierter (in der Literatur spricht man von „*false negatives*") entgegen der Erwartung eine weitere Straftat begeht, abgewogen werden muss gegen das Risiko, dass ein zu Unrecht ungünstig Prognostizierter („*false positives*") erwartungswidrig keine weiteren Taten begeht. Zu den allgemeinen strafprozessualen Grundsätzen darf sich die Abwägung dabei nicht in Widerspruch setzen. So darf beispielsweise der prognostisch sicherlich bedeutsame Gesichtspunkt, dass der nach dem Ergebnis der Hauptverhandlung als überführt anzusehende Angeklagte den Tatvorwurf bestreitet und für die Aufarbeitung des Tatgeschehens keine therapeutische Hilfe in Anspruch nimmt, nicht zur Begründung einer ungünstigen Prognose herangezogen werden; die Wahrnehmung seiner prozessualen Rechte darf dem Angeklagten nicht zum Vorwurf gemacht werden.[274]

Das Problem dieses zweiten Schritts liegt dabei darin, dass der zweite Fall anders als der erste niemals „bewiesen" werden kann, da der Täter in diesem Fall die Strafe verbüßen muss und praktisch keine Gelegenheit erhält, unter Beweis zu stellen, dass er keine weiteren Taten mehr begehen wird. Während die missliche Konsequenz einer Fehlentscheidung *im ersten Fall* also darin liegt, dass mit der weiteren Straftat neues menschliches Leid einhergeht – wobei die (mediale) Öffentlichkeit auf solche Fehlentscheidungen stets sehr empfindlich reagiert –, liegt sie *im zweiten Fall* darin, dass einem Täter ein „Sonderopfer" abverlangt wird, das er richtigerweise, d. h. bei einer genaueren Prognose, nicht zu tragen hätte – eine Konsequenz, die ebenfalls mit viel menschlichem Leid und zudem für den Justizhaushalt mit unnötigen Kosten verbunden ist.[275]

In die Risikoentscheidung müssen dementsprechend drei Gesichtspunkte einfließen: die **Schwere der** im Fall einer Fehlentscheidung **zu erwartenden Taten** und die Wahrscheinlichkeit ihrer Begehung, die **Dauer der** im Fall einer Fehlentscheidung vom Verurteilten **zu verbüßenden Freiheitsstrafe** und die **Treffsicher-**

---

[273] Vgl. *Volckart und Grünebaum* 2015, III. Teil Rn. 366; *Schöch* 1998b, 1248 ff.; *Endres* ZfStrVo 2000, 68 ff; S/S 2019, *Kinzig*, § 56 Rn. 17.

[274] *BGH* StV 1998, 378; NStZ-RR 2015, 107 (108).

[275] Zu den beiden möglichen Fehlentscheidungen genauer *Volckart und Grünebaum* 2015, III. Teil Rn. 372 ff.; *Volckart* R&P 2002, 106 ff.; *Endres* ZfStrVo 2000, 69.

heit der empirisch begründeten **Prognose.**[276] Ist die Vorhersagegenauigkeit der Prognose nur gering, muss den beiden zuerst genannten Gesichtspunkten ein größeres Gewicht beigemessen werden. Dabei muss man sich vergegenwärtigen, dass bei einer geringen „Basisrate" des vorherzusagenden Ereignisses das **Risiko,** dass es zu einem solchen Ereignis kommt, **systematisch überschätzt** wird; die Wahrscheinlichkeit, dass ein „ungefährlicher" Verurteilter zu Unrecht in den Strafvollzug geschickt wird, ist statistisch größer als die Wahrscheinlichkeit, dass ein „gefährlicher" Verurteilter zu Unrecht eine Strafaussetzung zur Bewährung erhält.[277]

Die normative Entscheidung muss sich am *Sinn und Zweck des § 56 StGB* orientieren, der auch und gerade darauf abzielt, bereits wiederholt auffällig gewordenen Tätern eine Alternative zum Strafvollzug zu bieten. Eine Entscheidungshilfe für den vom Gericht nur nach normativen Gesichtspunkten zu bestimmenden „Umschlagspunkt" bietet die in der Rechtsprechung gefundene Formulierung, dass die Wahrscheinlichkeit künftigen straffreien Verhaltens größer sein muss als diejenige neuer Straftaten.[278] Die Formulierung lässt erkennen, dass die Strafaussetzung zur Bewährung in einer Situation, in der beide Alternativen gleichermaßen wahrscheinlich sind, nicht erfolgen kann.[279] Diese von der Rechtsprechung gefundene Form der „Zweifelsentscheidung" ist durch den im Wortlaut des § 56 Abs. 1 StGB zum Ausdruck kommenden Sinn und Zweck der Norm gedeckt. Sie bedeutet indessen nicht notwendig, dass davon ausgegangen wird, der Verurteilte könne innerhalb des Strafvollzuges besser resozialisiert werden als außerhalb. Sie bedeutet vor allem, dass der Verurteilte bei Verbüßung der Freiheitsstrafe physisch daran gehindert wird, weitere Straftaten zu begehen, und steht insoweit vor allem auch zu dem Strafzweck der negativen Spezialprävention in Beziehung.

3.7.2.2.4 Reichweite des Grundsatzes „in dubio pro reo"

Zuweilen besteht eine gewisse Unsicherheit darüber, welche Bedeutung dem Grundsatz „in dubio pro reo" bei der Prognoseerstellung zukommt. Anwendbar ist der Grundsatz – den allgemeinen Regeln des Prozessrechts folgend – nur auf die tatsächlichen Grundlagen der Prognose, also auf diejenigen Grundlagen der Entscheidung, die prinzipiell dem Beweis zugänglich sind.[280] Dabei handelt es sich zum einen um diejenigen Tatsachen, die die „Prognosebasis" bilden (oben Abschn. 3.7.2.2.2), und zum anderen um die Schlussfolgerungen, die nach den Regeln der jeweiligen empirischen Bezugswissenschaften (der Kriminologie, der Psychologie etc.) aus den betreffenden Merkmalen gezogen werden müssen. Für die aus diesen tatsächlichen Grundlagen abzuleitenden Bewertungen kann der in dubio

---

[276] Zu letzterem Gesichtspunkt im Kontext von § 67d Abs. 2 StGB *BVerfG* NJW 2013, 3228 (3230).

[277] *Schöch* 1998b; *Eisenberg und Kölbel* 2017, § 21 Rn. 23; *Volckart und Grünebaum* 2015, III. Teil Rn. 374.

[278] *BGH* NStZ 1997, 594; NStZ-RR 2005, 38.

[279] *Lackner und Kühl* 2018, § 56 Rn. 8; S/S 2019, *Kinzig*, § 56 Rn. 17.

[280] Vgl. *BayObLG* StV 1994, 186 (187); *Lackner und Kühl* 2018, § 56 Rn. 8.

pro reo-Grundsatz demgegenüber keine Gültigkeit beanspruchen[281]; die normativen Entscheidungen dürfen sich allein am Sinn und Zweck der jeweiligen Norm orientieren.[282]

Beispiel

In manchen Prognoseverfahren spielen die Sozialkontakte des Täters außerhalb der familiären und partnerschaftlichen Bezüge eine Rolle, insbesondere der Kontakt zu Personen, die ihrerseits in kriminelle Aktivitäten verstrickt sind. Wenn sich dieser, die Risikoeinschätzung ersichtlich verschlechternde Umstand weder in der Befragung des Täters noch auf auf andere Weise aufklären lässt, führt die Anwendung des in dubio pro reo-Grundsatzes dazu, dass das Vorliegen dieses Umstands verneint werden muss. Daneben unterliegt bei statistischen Prognoseverfahren grundsätzlich auch die mathematische Schlussfolgerung, die aus den ermittelten Prognosefaktoren gezogen werden kann, dem in dubio-Grundsatz. Praktisch wirkt sich dies allerdings nur dann aus, wenn das angewendete Verfahren mehrere Schlussfolgerungen zulässt, weil in dem Manual Konfidenzintervalle angegeben werden (beispielsweise: „Die Rückfallwahrscheinlichkeit liegt zwischen 56 und 60 %"); in diesem Fall zwingt der in dubio pro reo-Grundsatz dazu, im Zweifel von der für den Täter günstigsten Variante (56 %) auszugehen.

Die eigentlichen, wissenschaftlichen Probleme, die die Prognoseverfahren aufwerfen, befinden sich demgegenüber nicht im tatsächlichen Bereich, sondern im Bereich der theoretisch und methodisch bedingten Unsicherheit der Schlussfolgerung (oben Abschn. 3.7.2.2.2) sowie bei der Frage, ob das statistische Ergebnis („Rückfallwahrscheinlichkeit = 58 %") die für die Versagung der Strafaussetzung erforderliche Wahrscheinlichkeitsschwelle erreicht oder gar übersteigt. Diese beiden Probleme liegen jedoch nicht in dem durch weitere Beweiserhebungen, z. B. unter Zuhilfenahme eines weiteren Sachverständigen aufklärbaren Bereich, sondern im normativen, allein vom Gericht zu entscheidenden Bereich. Der in dubio pro reo-Grundsatz kann insoweit keine Rolle spielen.

3.7.2.2.5 Maßgeblicher Zeitpunkt

Maßgeblicher Zeitpunkt für die Beurteilung der Prognosevoraussetzungen ist der Zeitpunkt der **letzten tatrichterlichen Hauptverhandlung**.[283] Prognoserelevante Entwicklungen, die bis zu diesem Zeitpunkt stattgefunden haben, müssen auch dann berücksichtigt werden, wenn sie erst nach der Tat eingesetzt haben (z. B. eine Stabilisierung der Lebensverhältnisse seit der Tat[284] oder zwischenzeitliche erneute

---

[281] *OLG Karlsruhe* NJW 1980, 133 (134); *OLG Düsseldorf* JR 1988, 72 (73) m. Anm. *Greger*; SK StGB 2017 ff., *Schall*, § 56 Rn. 20; *Fischer* 2019, § 56 Rn. 4a; LK 2006 ff., *Hubrach*, § 56 Rn. 12.

[282] Skeptisch bzgl. der Unterscheidbarkeit von Basistatsachen und Wertung *Montenbruck* 1985, 100 ff.; wie hier demgegenüber *Volckart* R&P 2002, 109 f. m. w. N.

[283] *Schäfer et al.* 2017, 50 (Rn. 207); S/S 2019, *Kinzig*, § 56 Rn. 23.

[284] *BGH* StV 1991, 346 (347).

Straffälligkeit). Ebenfalls berücksichtigt werden müssen solche, zum Zeitpunkt des Urteils bereits angelegten Entwicklungen, die eine positive Wirkung auf den Verurteilten in der Zukunft erst noch entfalten sollen.[285] Eine besondere Bedeutung kommt insoweit den Nebenentscheidungen zu, die zusammen mit dem Urteil verkündet werden. Das Gericht muss deshalb prüfen, ob Auflagen und Weisungen in Betracht kommen, die die weitere Entwicklung des Verurteilten positiv beeinflussen können und geeignet sind, einer Rückfallgefahr zu begegnen.[286]

3.7.2.2.6 Sonderregelungen

Die Erwartung des Gerichts muss dahin gehen, dass der Verurteilte „künftig", d. h. ab dem Erlass des Urteils, keine Straftaten mehr begehen wird.[287] Eine Sonderregelung hat der Gesetzgeber jedoch insoweit für Täter geschaffen, die wegen exhibitionistischer Handlungen verurteilt werden: Die Strafaussetzung kann in diesen Fällen trotz ungünstiger Zukunftsprognose auch dann erfolgen, wenn nur erwartet werden kann, dass der Täter nach einer längeren Heilbehandlung keine exhibitionistischen Handlungen mehr vornehmen wird (§ 183 Abs. 3 StGB).[288]

3.7.2.3 Aussetzung im Bereich bis zu einem Jahr Freiheitsstrafe

In dem Bereich von 6 Monaten bis zu 1 Jahr Freiheitsstrafe ist die Aussetzung zusätzlich zum Vorliegen einer positiven Legalprognose davon abhängig, dass nicht die „**Verteidigung der Rechtsordnung**" die Vollstreckung der Strafe gebietet (§ 56 Abs. 3 StGB). Das Gesetz nimmt damit, wie auch in anderen Zusammenhängen (§§ 47 Abs. 1, 59 Abs. 1 Satz 1 Nr. 3 StGB; oben Abschn. 3.3.2.2.3 und 3.6.2.2.2), auf den Strafzweck der *Generalprävention* Bezug. In der von der Rechtsprechung gefundenen Formulierung ist die Strafvollstreckung zum Zweck der Verteidigung der Rechtsordnung dann geboten, wenn die Aussetzung der Strafe „im Hinblick auf schwerwiegende Besonderheiten des Einzelfalles für das allgemeine Rechtsempfinden schlechthin unverständlich erscheinen müsste und das Vertrauen der Bevölkerung in die Unverbrüchlichkeit des Rechts und in den Schutz der Rechtsordnung vor kriminellen Angriffen dadurch erschüttert werden könnte".[289] Maßgeblicher Gesichtspunkt soll die Erhaltung der Rechtstreue der Allgemeinheit sein. Andere Gesichtspunkte wie etwa Überlegungen zur Sühne, zur Schwere der Schuld oder den Genugtuungsinteressen des Verletzten dürfen nicht berücksichtigt werden. Auch auf das dem jeweiligen Fall entgegengebrachte Medieninteresse kommt es nicht an.[290]

---

[285] *BGH* NJW 1978, 599.

[286] *BGH* StV 1987, 63; NJW 1991, 3289 (3290); StV 1992, 63; SK StGB 2017 ff., *Schall*, § 56 Rn. 18.

[287] Vgl. *Jescheck und Weigend* 1996, 836; SK StGB 2017 ff., *Schall*, § 56 Rn. 21; anders noch SK StGB 1997 ff., *Horn*, § 56 Rn. 11.

[288] Hierzu genauer *BGHSt* 34, 150; *Schall* JR 1987, 397 ff: *BGH* NStZ 2008, 92.

[289] *BGHSt* 24, 40 (46); vgl. auch *BGHSt* 24, 64 (66); LK 2006 ff., *Hubrach*, § 56 Rn. 49.

[290] *BGH* NJW 2017, 3011 (3013) m. Anm. *Esposito*.

Die Rechtstreue der Allgemeinheit ist als Orientierungspunkt für die Entscheidung im Einzelfall genauso schwer zu erfassen wie im Urteil zu begründen. Nach der Rechtsprechung bedarf es einer **Gesamtwürdigung** aller die Tat und den Täter kennzeichnenden Umstände.[291] Ein generalisierender Ausschluss bestimmter Tatbestände oder Tatbestandsgruppen von der Strafaussetzung ist unzulässig. Bei Trunkenheitsfahrten darf die Versagung der Aussetzung nicht allein mit dem Hinweis auf die Gefährlichkeit dieser Taten, bei Steuerminderungsdelikten nicht allein mit dem Hinweis auf die allgemein schlechte Haushaltslage der öffentlichen Hand begründet werden.[292] Berücksichtigt werden können im Einzelfall jedoch Umstände wie die schweren Folgen einer Trunkenheitsfahrt[293] oder der beträchtliche Umfang der hinterzogenen Steuern[294]; andere einzelfallbezogene Gesichtspunkte können etwa der gezielte Missbrauch der Vertrauensstellung als Rechtsanwalt[295] oder die wiederholte Lieferung von Betäubungsmitteln in eine Justizvollzugsanstalt sein.[296] Auch dem auf die negative Generalprävention verweisenden Gesichtspunkt, dass die Tat Ausdruck einer verbreiteten Einstellung ist, die eine durch einen erheblichen Unwertgehalt gekennzeichnete Norm nicht ernst nimmt und von vornherein auf die Aussetzung einer etwaigen Freiheitsstrafe vertraut, kann für die Entscheidung Bedeutung zukommen.[297] Positiv kann auf der anderen Seite ins Gewicht fallen, dass der Verurteilte bereits mehr als 9 Monate in U-Haft verbracht hat.[298]

Maßstab ist bei alledem „die von dem Sachverhalt voll und zutreffend unterrichtete Bevölkerung",[299] wobei dieser Maßstab nach Auffassung der Rechtsprechung nicht empirisch, sondern normativ zu verstehen ist. „**Geboten**" ist die Vollstreckung der Freiheitsstrafe im Hinblick auf die Verteidigung der Rechtsordnung nur dann, wenn sich für die Vollstreckung ein unabweisbares Bedürfnis feststellen lässt. Ähnlich wie in § 47 Abs. 1 StGB („unerlässlich") stellt das Gesetz insoweit Anforderungen auf, die über die bloße Erforderlichkeit der Vollstreckung hinausgehen.[300]

3.7.2.4 Aussetzung im Bereich bis zu zwei Jahren Freiheitsstrafe

In dem Bereich von mehr als 1 bis zu 2 Jahren Freiheitsstrafe ist die Aussetzung von drei Voraussetzungen abhängig: einer positiven Legalprognose , dem Nichtentgegenstehen generalpräventiver Gesichtspunkte sowie davon, dass „nach der Gesamtwürdigung von Tat und Persönlichkeit des Verurteilten besondere Umstände

---

[291] Übersicht über die neuere Rechtsprechung bei *Schäfer et al.* 2017, 55 ff. (Rn. 221 ff.).

[292] Vgl. *BGH* StV 1996, 265 (266).

[293] *BGHSt* 24, 64 (67 f.); *OLG Celle* BA 1999, 188 (190).

[294] *BGH* GA 1979, 59 (60); NStZ 1985, 459; *BGHSt* 53, 71 (86).

[295] *BGH* NStZ 1988, 126 (127); wistra 1995, 186.

[296] *BGH* NStZ-RR 2008, 319.

[297] *BGHSt* 24, 40 (47).

[298] *BGH* StV 1999, 645 (646).

[299] *BGHSt* 24, 64 (69); vgl. auch *BGH* StV 1989, 150.

[300] Vgl. *BGH* NStZ 1988, 126 (127); LK 2006 ff., *Hubrach*, § 56 Rn. 50.

vorliegen" (§ 56 Abs. 2 Satz 1 StGB). Der Gesetzgeber hat den Anwendungsbereich der Strafaussetzung damit gegenüber der zuvor geltenden Regelung bewusst erweitern wollen.[301] Sonderlich klar ist die gewählte Formulierung indessen nicht. Strafen, die über ein Jahr hinausgehen, sind in der Regel durch einen beträchtlichen Unrechts- und Schuldgehalt gekennzeichnet. Der Strafzweck der Spezialprävention wird bereits mit dem Erfordernis der positiven Legalprognose, der Strafzweck der Generalprävention mit dem Erfordernis der nicht gebotenen Verteidigung der Rechtsordnung angesprochen. Welche „besonderen Umstände" bleiben danach noch als Anknüpfungspunkt für die Aussetzungsentscheidung übrig?

Aus der Systematik des § 56 StGB und dem Begriff der „**besonderen Umstände**" wird deutlich, dass Freiheitsstrafen in dem Bereich zwischen 1 und 2 Jahren an sich grundsätzlich vollstreckt werden müssen. Von diesem Grundsatz sollen jedoch Ausnahmen gelten. In der Rechtsprechung hat sich insoweit die Auffassung durchgesetzt, dass es maßgeblich darauf ankommt, „ob Umstände von besonderem Gewicht vorliegen, die eine Strafaussetzung trotz des erheblichen Unrechts- und Schuldgehalts, der sich in der Strafhöhe widerspiegelt, als nicht unangebracht und als den allgemeinen vom Strafrecht geschützten Interessen nicht zuwiderlaufend erscheinen lassen."[302] Die Umstände brauchen **keinen „Ausnahmecharakter"** zu haben; es genügt, dass es sich um Umstände handelt, die im Vergleich mit gewöhnlichen, einfachen Milderungsgründen von *besonderem Gewicht* sind.[303] Die Umstände müssen dabei umso gewichtiger sein, je näher die Strafe an der 2-Jahresgrenze liegt.[304]

> Der Kreis der insoweit in Betracht zu ziehenden Umstände ist nicht begrenzt.[305] Der Hinweis des Gesetzgebers auf das Bemühen um Schadenswiedergutmachung (Abs. 2 Satz 2) soll lediglich auf einen rechtspolitisch besonders bedeutsamen Bereich aufmerksam machen, aber keine abschließende Regelung darstellen („namentlich"). „Besondere Umstände" können sich aus denselben Tatsachen ergeben, die vom Gericht bereits bei der Festsetzung der Höhe der Freiheitsstrafe berücksichtigt worden sind (z. B. die besonderen Folgen der Tat für den Täter)[306]; es kann sich um dieselben Tatsachen handeln, die bereits bei der Prüfung der positiven Legalprognose nach Abs. 1 herangezogen worden sind (z. B. die Bereitschaft zum Antritt einer Therapie).[307] Es kann sich um Umstände handeln, die bei einer Einzelbewertung nur durchschnittliche und einfache Milderungsgründe wären und erst durch ihr Zusammentreffen das Gewicht besonderer Umstände erlangen (z. B. hohes Alter, fehlende Vorstrafen, Minderbegabung, Handeln unter dem Einfluss eines Dritten, erheblicher Zeitablauf zwischen Tat und Urteil).[308] Ebenso wie bei der Prüfung der Legalprognose des Verurteilten und der Voraussetzung der „Verteidigung der Rechtsordnung" ist auch für die Prüfung der „besonderen Umstände" eine Gesamtwürdigung erforderlich.

---

[301] *Dölling* NJW 1987, 1042; zur Rechtsentwicklung der Vorschrift *Schäfer et al.* 2017, 58 (Rn. 235).

[302] *BGHSt* 29, 370 (371).

[303] *BGH* NJW 2017, 3011 (3012); *Schall* 2018, 255 ff.; *Fischer* 2019, § 56 Rn. 20.

[304] *BGH* NJW 2016, 2349 (2351); 2017, 3011 (3012).

[305] Übersicht bei *Schäfer et al.* 2017, 60 ff. (Rn. 242).

[306] *BGH* NStZ 1987, 172 (173).

[307] *BGH* NStZ 1997, 434; NStZ-RR 2017, 107.

[308] *BGH* StV 1998, 260; *Fischer* 2019, § 56 Rn. 22.

Während die Strafaussetzung zur Bewährung bei Freiheitsstrafen bis zu 1 Jahr immer dann erfolgen muss, wenn das Gericht das Vorliegen der Voraussetzungen festgestellt hat, ist die Entscheidung bei Freiheitsstrafen bis zu 2 Jahren in das **Ermessen** des Gerichts gestellt. Anwendungsfälle, in denen die Aussetzung versagt werden könnte, obwohl „besondere Umstände" vorliegen und auch die übrigen Voraussetzungen für die Aussetzung erfüllt sind, sind allerdings nicht ersichtlich.[309]

3.7.3 Sanktionsentscheidungen im Bewährungsbeschluss

Wird die Vollstreckung der Freiheitsstrafe im Urteil zur Bewährung ausgesetzt, so muss das Gericht in einem zusammen mit dem Urteil zu verkündenden Beschluss eine Entscheidung über diejenigen Maßnahmen treffen, die die Strafaussetzung flankieren sollen (§ 268a Abs. 1 StPO). Dabei muss über vier Punkte entschieden werden: über die Dauer der *Bewährungszeit* , über die dem Verurteilten ggf. zu erteilenden *Auflagen* , über die ihm ggf. zu erteilenden *Weisungen* und über die Frage, ob der Verurteilte der Aufsicht und Leitung der *Bewährungshilfe* zu unterstellen ist.

3.7.3.1 Bewährungszeit

Die Bewährungszeit muss **mindestens 2** und darf **höchstens 5 Jahre** dauern (§ 56a Abs. 1 Satz 2 StGB). Für die Bemessung kommt es grundsätzlich allein auf spezialpräventive Erwägungen an. Entscheidend ist, wie viel Zeit das Gericht für erforderlich, aber auch für ausreichend hält, um den Täter mit dem Druck des drohenden Bewährungswiderrufs sowie mit Hilfe der Weisungen und der Unterstellung unter die Bewährungshilfe zu einem dauerhaften Leben ohne Straftaten zu veranlassen.[310] Die Schuld des Täters und – anders als bei der Aussetzung des Straf*rests* zur Bewährung (§ 57 Abs. 3 Satz 2, 2. Halbsatz StGB) – die Höhe der verhängten Strafe sind für die Bemessung der Dauer der Bewährungszeit grundsätzlich bedeutungslos[311]; allerdings kann aus der Höhe der Strafe möglicherweise auch unter dem Gesichtspunkt der spezialpräventiven Einwirkungsnotwendigkeit auf das Erfordernis einer langen Einwirkungszeit zu schließen sein.[312] Die Bewährungszeit muss mindestens genauso lang sein wie die Zeit, die das Gericht für die Unterstellung unter die Bewährungshilfe festlegt. Sie kann aber auch darüber hinausgehen (§ 56d Abs. 1 StGB), so dass sie vom Gericht als eine Zeit *abgestufter*, auf zunehmende Selbstständigkeit des Verurteilten abzielender *Einwirkung und Kontrolle* ausgestaltet werden kann.

Die Bewährungszeit beginnt mit der Rechtskraft des Urteils, in dem die Aussetzungsentscheidung ergangen ist (§ 56a Abs. 2 Satz 1 StGB). Da nur das Urteil, nicht

---

[309] SK StGB 2017 ff., *Schall*, § 56 Rn. 42; LK 2006 ff., *Hubrach*, § 56 Rn. 43.

[310] SK StGB 2017 ff., *Schall*, § 56a Rn. 3.

[311] SK StGB 2017 ff., *Schall*, § 56a Rn. 3; MüKo 2016 ff., *Groß*, § 56a Rn. 8; anders *OLG Zweibrücken* JR 1988, 30; *Fischer* 2019, § 56a Rn. 1; und wohl auch S/S 2019, *Kinzig*, § 56a Rn. 1.

[312] Vgl. *Schäfer et al.* 2017, 64 (Rn. 250).

aber der Bewährungsbeschluss in Rechtskraft erwächst, können die im Bewährungsbeschluss getroffenen Nebenentscheidungen auch nach dem Eintritt der Rechtskraft des Urteils noch verändert werden. Die Bewährungszeit kann nachträglich bis auf das gesetzliche Mindestmaß verkürzt oder vor ihrem Ablauf bis auf das Höchstmaß verlängert werden (§ 56a Abs. 2 Satz 2 StGB). Unter den Voraussetzungen des § 56f Abs. 1 StGB kann die Dauer auch nach dem Ablauf der Bewährungszeit und über das Höchstmaß hinaus verlängert werden, insgesamt jedoch nicht um mehr als die Hälfte der zunächst bestimmten Bewährungszeit (§ 56f Abs. 2 Satz. 2 StGB).[313]

3.7.3.2 Auflagen

Die Auflagen sollen der **Genugtuung für das begangene Unrecht** dienen (§ 56b Abs. 1 Satz 1 StGB). Mit dieser Festlegung knüpft der Gesetzgeber an die Schuldausgleichsfunktion der Strafe an: Indem das Gericht dem Verurteilten im Hinblick auf das begangene Unrecht eine Belastung auferlegt, erfahren Staat, Gesellschaft und ggf. der Verletzte eine Genugtuung dafür, dass der Täter die Normen des Rechts verletzt hat. Da das eigentliche Strafleid bei der Strafaussetzung zur Bewährung in der verhängten, aber nicht vollstreckten Freiheitsstrafe liegt, übernehmen die Auflagen keine eigenständigen, sondern nur „strafähnliche" Aufgaben: Sie bilden den „Ersatz" dafür, dass dem Täter das Übel der vollstreckten Freiheitsstrafe erspart bleibt, und haben die Funktion, im Sanktionssystem unter Schuldgesichtspunkten Belastungsgleichheit zu ermöglichen: Derjenige Täter, dessen Freiheitsstrafe zur Bewährung ausgesetzt wird, soll im Ergebnis nicht weniger spürbar belastet werden als derjenige Täter, dessen weniger gravierende Tat „nur" mit Geldstrafe geahndet wird.[314]

Anders als die Weisungen sind die zulässigen Auflagen in einem **abschließenden Katalog** festgelegt. Nach § 56b Abs. 2 Satz 1 StGB können dem Verurteilten die folgenden Auflagen erteilt werden:

* die Auflage, nach Kräften **den durch die Tat verursachten Schaden wiedergutzumachen** (Nr. 1). Mit dem Begriff der Schadenswiedergutmachung verweist der Gesetzgeber auf das Zivilrecht, namentlich die §§ 249 ff. BGB.[315] Dem Täter wird mit dem strafrechtlichen Instrument der Auflage abverlangt, dass er den durch die Tat verursachten materiellen und immateriellen Schaden durch die Zahlung von Schadensersatz und Schmerzensgeld ausgleicht. In geeigneten Fällen (z. B. bei Sonderqualifikationen des Täters) dürfte, soweit der Verletzte hiermit einverstanden ist, auch ein Ausgleich durch Naturalrestitution in Betracht kommen. Mit dem Hinweis darauf, dass die Wiedergutmachung dem Täter nur „nach Kräften" abverlangt werden darf, ist die wirtschaftliche Leistungsfähig-

---

[313] Vgl. *BVerfG* NStZ 1995, 437 m. krit. Anm. *Lammer* StV 1996, 161.

[314] *Jescheck und Weigend* 1996, 840; MüKo 2016 ff., *Groß*, § 56b Rn. 2.

[315] *OLG Stuttgart* NJW 1980, 1114; LK 2006 ff., *Hubrach*, § 56b Rn. 5 f.; SK StGB 2017 ff., *Schall*, § 56b Rn. 6.

keit des Täters in Bezug genommen.[316] Auch wenn der Verurteilte zivilrechtlich den vollständigen Ausgleich des Schadens schuldet, darf ihm strafrechtlich keine Leistungspflicht auferlegt werden, die ihn wirtschaftlich überfordert; dies würde gegen das Verbot verstoßen, dass an den Verurteilten keine unzumutbaren Anforderungen gestellt werden dürfen (§ 56b Abs. 1 Satz 2 StGB).

- Obwohl der Wiedergutmachungsauflage das autonome Element fehlt, das für die in § 46a StGB angesprochenen sozial-konstruktiven Alternativen zur Strafe unabdingbar ist (unten Kap. 6), ist die Wiedergutmachungsauflage aus der Sicht des Verletzten eine in jedem Fall zu begrüßende Form des Strafersatzes, da sie ihm den u. U. zeit- und kostenaufwendigen Weg über eine Zivilklage mit anschließender, häufig erfolgloser Vollstreckung erspart. Der Wiedergutmachungsauflage kommt deshalb, wie auch die gesetzliche Systematik deutlich macht, gegenüber den anderen Auflagen grundsätzlich der Vorrang zu (§ 56b Abs. 2 Satz 2 StGB).[317]

- die Auflage, einen **Geldbetrag zugunsten einer gemeinnützigen Einrichtung** zu zahlen (Nr. 2). „Gemeinnützige Einrichtung" ist jede öffentliche oder private Einrichtung, die gemeinnützige, insbesondere soziale oder kulturelle Zwecke verfolgt.[318] Zu denken ist etwa an das Rote Kreuz, den Weißen Ring, den Bund gegen Alkohol und Drogen im Straßenverkehr, den Kinderschutzbund, Frauenhäuser, Tierheime, Vereine der Entlassenenfürsorge, Resozialisierungsfonds, Opferfonds etc. Die Auswahl obliegt dem Gericht. Da es sich bei der Auflage um eine Form der dem Täter abverlangten „symbolischen" Wiedergutmachung handelt, sollte das Gericht möglichst eine Einrichtung auswählen, deren Aktivitäten sich zu dem Tatgeschehen in Beziehung setzen lassen. Die Höhe des Geldbetrags richtet sich nach der Schuld des Täters auf der einen und seiner wirtschaftlichen Leistungsfähigkeit auf der anderen Seite. Unzumutbare Anforderungen dürfen an den Verurteilten wiederum nicht gestellt werden (§ 56b Abs. 1 Satz 2 StGB). Es bietet sich an, für die Bemessung der Höhe das Nettoeinkommen als Orientierungspunkt zu nehmen und danach zu fragen, welches Nettoeinkommen der Verurteilte während der Dauer der zur Bewährung ausgesetzten Freiheitsstrafe hat.[319] Allerdings kann der so ermittelte Betrag nur den Ausgangspunkt für die weiteren Überlegungen bilden, da der Verurteilte neben der Geldauflage noch weitere Belastungen zu tragen hat (Weisungen, Unterstellung unter die Bewährungshilfe und das „Damoklesschwert" des Bewährungswiderrufs), die bei der Festsetzung der Auflagenhöhe ebenfalls zu berücksichtigen sind. Von dem Betrag, der als fiktives Nettoeinkommen errechnet wird, sind daher in der Regel erhebliche Abschläge zu machen.

- Die Klausel „wenn dies im Hinblick auf die Tat und die Persönlichkeit des Täters angebracht ist" weist im Zusammenhang mit der Vorrangregelung für die Wieder-

---

[316] LK 2006 ff., *Hubrach*, § 56b Rn. 9.

[317] *Lackner und Kühl* 2018, § 56b Rn. 3; *Fischer* 2019, § 56b Rn. 2.

[318] LK 2006 ff., *Hubrach*, § 56b Rn. 14.

[319] So der Vorschlag von *Horn* StV 1992, 539 f.; *Schäfer et al.* 2017, 65 (Rn. 255); vgl. auch *OLG Frankfurt a. M.* StV 1989, 250.

gutmachungsauflage (Abs. 2 Satz 2) darauf hin, dass die Geldauflage vor allem dann in Betracht zu ziehen ist, wenn bei günstiger finanzieller Lage des Täters zur Genugtuung für das begangene Unrecht neben der Wiedergutmachungsauflage noch eine weitere „strafähnliche" Form der Reaktion erforderlich erscheint.[320]

- die Auflage, **sonst gemeinnützige Leistungen zu erbringen** (Nr. 3). Die Auflage kommt vor allem dann in Betracht, wenn sowohl die Schadenswiedergutmachung als auch die Zahlung eines Geldbetrags an eine gemeinnützige Einrichtung aufgrund der finanziellen Situation des Täters nicht möglich sind. Zu denken ist vor allem an Hilfsdienste in Krankenhäusern, Kinderheimen, Altersheimen und ähnlichen gemeinnützigen Einrichtungen. Der Begriff der „gemeinnützigen Leistung" ist jedoch weiter als der der „Arbeitsleistung", der sich im Jugendstrafrecht findet (§ 15 Abs. 1 Satz 1 Nr. 3 JGG). „Gemeinnützige Leistung" ist daher z. B. auch die an einen Gemüsehändler erteilte Auflage, in bestimmtem Umfang Naturalien an eine gemeinnützige Einrichtung zu liefern.[321] Auch die Leistungsauflage bezieht ihre Legitimation im Übrigen allein aus dem Gedanken des Ausgleichs für das begangene Unrecht; es kommt für ihre Anordnung nicht darauf an, dass der Verurteilte in seinem Arbeitsverhalten Störungen aufweist.[322]

- Die zu erbringenden Leistungen sind wiederum nach Art und Umfang grundsätzlich vom Gericht zu bestimmen,[323] wenngleich in der Praxis häufig zu beobachten ist, dass die Gerichte im Hinblick auf die mit der Suche nach einer geeigneten Einrichtung verbundene Zeitverzögerung die Konkretisierung der Auflage der ebenfalls eingesetzten Bewährungshilfe überlassen. Die Art der dem Verurteilten abverlangten Leistung sollte sich, ähnlich wie bei der Geldauflage, an der Art des begangenen Unrechts orientieren. Dabei ist nicht nur die Mitwirkungsbereitschaft der betreffenden Einrichtung, sondern vor allem auch die Leistungsfähigkeit des Verurteilten zu berücksichtigen. Unzumutbare Anforderungen dürfen an den Verurteilten auch hier nicht gestellt werden (§ 56b Abs. 1 Satz 2 StGB). Hinsichtlich des zeitlichen Umfangs gilt, dass auch bei einer längeren ausgesetzten Freiheitsstrafe eine Obergrenze von 360 h nicht überschritten werden sollte, um den Verurteilten nicht übermäßig zu belasten.[324] In England und Wales, wo die „community order" fest etabliert ist, liegt die Obergrenze sogar noch unter diesem Wert (300 h).[325] Im Übrigen richtet sich der zeitliche Umfang wie bei der Geldauflage nach der Schuld des Täters auf der einen und seiner individuellen Leistungsfähigkeit auf der anderen Seite; auch die weiteren mit der Aussetzungsentscheidung einhergehenden Belastungen des Verurteilten sind zu berücksichtigen.

---

[320] *Lackner und Kühl* 2018, § 56b Rn. 4a.

[321] Vgl. LK 2006 ff., *Hubrach*, § 56b Rn. 17.

[322] SK StGB 2017 ff., *Schall*, § 56b Rn. 16; a. A. *OLG Celle* NStZ 1990, 148 m. krit. Anm. *Arloth*.

[323] SK StGB 2017 ff., *Schall*, § 56b Rn. 18.

[324] So der Vorschlag von *Feuerhelm* 1997, 179 ff., 406 f.

[325] Vgl. *Mair* Probation Journal 58 (2011), 220.

- Die Auflage, sonst gemeinnützige Leistungen zu erbringen, ist mit dem Grundgesetz vereinbar.[326] Sie berührt nicht den Schutzbereich des in Art. 12 Abs. 2 und 3 GG niedergelegten Verbots von Arbeitszwang und Zwangsarbeit. Die genannten Grundrechte wollen den Einzelnen lediglich vor der Herabwürdigung durch die Anwendung bestimmter, in totalitär beherrschten Staaten üblicher Methoden des Arbeitseinsatzes bewahren, aber nicht vor begrenzten Arbeitspflichten im Rahmen eines gesetzlich ausgeformten und abgestuften Sanktionssystems. Das *BVerfG* hält – was nicht ganz unproblematisch ist – die Arbeitsauflage auch mit dem Bestimmtheitsgebot des Art. 103 Abs. 2 GG für vereinbar. Die Voraussetzungen, Ziele und Begrenzungen der Auflage seien in §§ 56, 56a und 56b StGB so ausführlich geregelt, wie es in einem notwendig abstrakt formulierten Gesetz geboten sei.
- die Auflage, einen **Geldbetrag zugunsten der Staatskasse** zu zahlen (Nr. 4). Die Auflage gleicht der Auflage, einen Geldbetrag an eine gemeinnützige Einrichtung zu zahlen (Nr. 2), sollte gegenüber dieser jedoch, wie auch die Systematik des § 56b Abs. 2 StGB deutlich macht, nur subsidiär zum Zug kommen.[327] Hinsichtlich der Höhe des festzusetzenden Geldbetrags gelten dieselben Anforderungen wie bei der Auflage nach Nr. 2.

Die Entscheidung über die Erteilung der Auflagen steht – abgesehen von den in § 56b Abs. 1 Satz 2, Abs. 2 Satz 2 StGB genannten Einschränkungen – im **Ermessen** des Gerichts. Das Gericht kann deshalb – etwa im Hinblick auf anderweitige Belastungen des Täters – auch ganz davon absehen, dem Verurteilten Auflagen zu erteilen.[328]

Eine Sonderregelung enthält § 56b Abs. 3 StGB: Danach *muss* das Gericht von der Erteilung von Auflagen vorläufig absehen, wenn sich der Verurteilte freiwillig zu angemessenen Leistungen bereiterklärt, die der Genugtuung für das begangene Unrecht dienen. „**Angemessene Leistungen**" sind dabei zunächst alle Leistungen, die das Gericht dem Verurteilten auch im Wege der Auflage abverlangen könnte; das Gesetz trägt insoweit dem Gedanken des Vorrangs autonomer Wiedergutmachungsbemühungen Rechnung. Erfasst werden jedoch auch solche freiwilligen Leistungen, die das Gericht dem Verurteilten *nicht* abverlangen könnte, etwa weil es sich um eine unzumutbare Leistung handelt (z. B. eine freiwillige Blutspende) oder weil es sich um eine Leistung handelt, auf die sich der Katalog des § 56b Abs. 2 StGB nicht bezieht (z. B. die Vermittlung einer Wohnung oder eines Arbeitsplatzes für den Verletzten durch den Verurteilten).[329] Im Fall eines derartigen Anerbietens „angemessener Leistungen" ist das Gericht zur Erteilung von Auflagen erst dann berechtigt, wenn der Verurteilte die entsprechenden Leistungen erwartungswidrig nicht erbringt (vgl. § 56e StGB).

---

[326] *BVerfGE* 83, 119 (125 ff.); vgl. auch *BVerfG* 74, 102 (115 ff.); Zweifel an der Verfassungsmäßigkeit nach wie vor bei S/S 2019, *Kinzig*, § 56b Rn. 13 ff.

[327] A.A. *Fischer* 2019, § 56b Rn. 8b („gleichrangig").

[328] SK StGB 2017 ff., *Schall*, § 56b Rn. 20.

[329] LK 2006 ff., *Hubrach*, § 56b Rn. 27; *Fischer* 2019, § 56b Rn. 9; SK StGB 2017 ff., *Schall*, § 56b Rn. 23.

3.7.3.3 Weisungen

Die Weisungen sollen dem Verurteilten helfen, keine Straftaten mehr zu begehen (§ 56c Abs. 1 Satz 1 StGB). Die Weisungen unterscheiden sich damit von den Auflagen darin, dass sie keine „strafähnliche", auf Schuldausgleich gerichtete, sondern eine ausschließlich **spezialpräventive Zielsetzung** verfolgen. Sie haben die Funktion, die ambulante (d. h. außerhalb des stationären Strafvollzugs stattfindende), auf Befähigung zu einem Leben ohne Straftaten abzielende Einwirkung auf den Verurteilten zu ermöglichen. Bei den Weisungen handelt es sich dementsprechend um richterlich angeordnete *Gebote und Verbote*, die *in die Lebensführung des Verurteilten eingreifen* und sich – anknüpfend an die für das Gericht erkennbaren individuellen Ursachen der Straffälligkeit – *um Korrekturen bemühen*.

Anders als die Auflagen sind die zulässigen Weisungen im Gesetz **nicht abschließend** aufgezählt („namentlich"). Nach § 56c Abs. 2 StGB kommen vor allem die folgenden Weisungen in Betracht:

- Anordnungen, die sich auf **Aufenthalt, Ausbildung, Arbeit** oder **Freizeit** oder auf die **Ordnung der wirtschaftlichen Verhältnisse** beziehen (Nr. 1). Der Verurteilte kann unter diesem Gesichtspunkt bspw. angewiesen werden, bestimmte Orte (Bahnhofsbereich), Einrichtungen (Lokale, Diskotheken) oder auch Wohnungen (Wohnung des Tatopfers) zu meiden. Er kann angewiesen werden, sich um eine seinen Fähigkeiten und Neigungen entsprechende Ausbildung oder um eine versicherungspflichtige Tätigkeit zu bemühen.[330] „Ordnung der wirtschaftlichen Verhältnisse" kann bedeuten, dass der Verurteilte zur Aufstellung eines Schuldentilgungsplans verpflichtet wird.
- die Verpflichtung, **sich zu bestimmten Zeiten bei Gericht oder einer anderen Stelle zu melden** (Nr. 2). Mit dieser Weisung kann bspw. erreicht werden, dass der Verurteilte den Kontakt zu seinem Bewährungshelfer hält, wodurch bei unzuverlässigen Verurteilten die Voraussetzung für eine stabile Zusammenarbeit geschaffen werden kann.
- die Verpflichtung, **mit bestimmten Personen** oder mit Personen einer bestimmten Gruppe, die ihm Gelegenheit oder Anreiz zu weiteren Straftaten bieten können, **nicht zu verkehren, sie nicht zu beschäftigen, auszubilden oder zu beherbergen** (Nr. 3). Die Weisung zielt einerseits darauf ab, den Kontakt zu solchen Personen zu unterbinden, die sich im „Milieu" bewegen, andererseits soll sie aber auch den Kontakt zum Verletzten und zu potenziellen Opfern unterbinden. Der Verurteilte kann dementsprechend z. B. angewiesen werden, jeden Kontakt zum geschiedenen Ehepartner zu unterlassen.[331]
- die Verpflichtung, **bestimmte Gegenstände**, die die Gelegenheit oder Anreiz zu weiteren Straftaten bieten können, **nicht zu besitzen, bei sich zu führen oder verwahren zu lassen** (Nr. 4). Mit einer solchen Weisung kann verhindert werden, dass der Verurteilte Gegenstände besitzt, die zur Begehung von Straftaten

---

[330]Vgl. *BVerfG* NJW 1983, 442; *OLG Jena* NStZ-RR 2004, 138 f.
[331]*BGH* b. *Holtz* MDR 1988, 1001.

geeignet sind (Diebeswerkzeuge, Waffen, Fälscherwerkzeuge etc.). Selbst wenn die bei der Tat verwendeten Gegenstände vom Gericht eingezogen werden können (§ 74 Abs. 1 StGB), kann nur mit Hilfe einer solchen Weisung verhindert werden, dass sich der Verurteilte entsprechende Ersatzgegenstände verschafft.

- die Anordnung, den **Unterhaltspflichten** nachzukommen (Nr. 5). Das Ziel dieser Weisung ist es, neue Straftaten nach § 170 StGB zu verhindern. Die auferlegten Leistungen dürfen jedoch die zivilrechtliche Unterhaltsverpflichtung nicht überschreiten (Selbstbehalt!).

Da § 56c Abs. 2 StGB keine abschließende Aufzählung der zulässigen Weisungen enthält, kann das Gericht auch andere, ihm geeignet erscheinende Weisungen erteilen. Beispiele:

- die Verpflichtung, an einem verkehrsrechtlichen Aufbauseminar teilzunehmen (vgl. § 153a Abs. 1 Satz 2 Nr. 7 StPO);
- die Weisung, sich an sozialpädagogischen, familientherapeutischen oder anderen unterstützenden Maßnahmen zu beteiligen (vgl. Nr. 235 Abs. 3 RiStBV)[332];
- die an einen drogengefährdeten Verurteilten gerichtete Weisung, keine Betäubungsmittel mehr zu konsumieren und zum Nachweis der Drogenfreiheit in bestimmten Zeitabständen einen Urintest durchführen zu lassen.[333]

Zwei Anordnungen dürfen vom Gericht nur dann erteilt werden, wenn der Verurteilte zuvor seine **Einwilligung** gegeben hat. Hierbei handelt es sich um (§ 56c Abs. 3 StGB):

- die Weisung, sich einer **Heilbehandlung**, die mit einem körperlichen Eingriff verbunden ist, oder einer **Entziehungskur** zu unterziehen (Nr. 1). Die Weisung kommt vor allem bei solchen Tätern in Betracht, die vermindert schuldfähig sind, bei denen aber die vergleichsweise hohen Voraussetzungen für die Unterbringung nach §§ 63 oder 64 StGB nicht erfüllt sind.[334] Bei dem Begriff der „Heilbehandlung" ist in erster Linie an psychotherapeutische Behandlungsmaßnahmen zu denken. In Betracht kommt die Weisung aber auch bei solchen Tätern, die im Fall der Vollstreckung der Freiheitsstrafe eine Behandlung in einer sozialtherapeutischen Anstalt erhalten würden (vgl. § 9 StVollzG).[335] „Mit einem körperlichen Eingriff verbunden" ist die Behandlung namentlich dann, wenn

---

[332] Zur Beratungs„auflage" vgl. auch *Beulke* und *Theerkorn* NStZ 1995, 474 ff.

[333] Vgl. *BVerfG* NJW 1993, 3315; *Lackner* und *Kühl* 2018, § 56c Rn. 4; krit. *Hoferer* NStZ 1997, 172 ff.

[334] SK StGB 2017 ff., *Schall*, § 56c Rn. 18; *Lackner* und *Kühl* 2018, § 56c Rn. 8.

[335] *Fischer* 2019, § 56c Rn. 12; zu Behandlungsmöglichkeiten von Sexualstraftätern in forensischen Ambulanzen bei Bewährungsweisung vgl. *Schatz* und *Thiel* FS 2009, 118 ff; *Douka von Bormann* BewHi 2008, 159 ff.

Medikamente verabreicht werden sollen.[336] Eine Heilbehandlung, die nicht mit einem körperlichen Eingriff verbunden ist, kann grundsätzlich auch ohne Einwilligung durchgeführt werden. Aus spezialpräventiver Sicht werden derartige „Zwangstherapien" jedoch zum Teil skeptisch beurteilt.[337]

- die Weisung, in einem geeigneten **Heim** oder in einer geeigneten **Anstalt** Aufenthalt zu nehmen (Nr. 2). Auch hier ist vor allem an solche Täter zu denken, bei denen die Voraussetzungen für die Unterbringung nach §§ 63 oder 64 StGB nicht erfüllt sind. Die Verpflichtung nach Nr. 2 kann die Voraussetzungen dafür schaffen, dass der Verurteilte in einer stützenden, betreuenden und überwachenden Umgebung (z. B. auf einer Pflegestation oder in einem Altersheim) unterkommt, wodurch ggf. weiteren Straftaten entgegengewirkt werden kann. Ohne die ausdrückliche („qualifizierte") Einwilligung darf der Verurteilte in diesem Zusammenhang jedoch nicht auf einer geschlossenen Station untergebracht werden. Im Übrigen können die Weisungen nach Nr. 1 und 2 auch miteinander kombiniert werden, so dass einem Verurteilten bei vorliegender Einwilligung z. B. aufgegeben werden kann, seinen Aufenthalt in einer sozialpsychiatrischen Station zu nehmen, wo ihm eine medikamentöse Heilbehandlung zuteil wird.

Anders als die Erteilung von Auflagen steht die Erteilung von Weisungen **nicht im Ermessen des Gerichts**, sondern muss *immer dann* erfolgen, wenn das Gericht feststellt, dass der Verurteilte *der besagten Hilfen bedarf, um keine Straftaten mehr zu begehen* (§ 56c Abs. 1 Satz 1 StGB). Umgekehrt gilt, dass eine Weisung dann nicht verhängt werden darf, wenn der Verurteilte dieser Hilfen nicht bedarf. Eine Weisung, die ausschließlich den Zweck verfolgt, die Überwachung des Verurteilten durch das Gericht zu erleichtern (z. B. die in der Praxis häufige Weisung, dem Gericht während der Bewährungszeit jeden Wohnungswechsel anzuzeigen), ist unzulässig.[338]

Abgesehen von dem Einwilligungserfordernis (§ 56c Abs. 3 StGB) und der auch bei den Weisungen geltenden Zumutbarkeitsschranke (§ 56c Abs. 1 Satz 2 StGB) muss das Gericht bei der Auswahl und Konkretisierung der Weisungen die von der Verfassung vorgegebenen Grenzen beachten. Weisungen, die die *Grundrechte verletzen* (z. B. die Weisung, einem bestimmten Verein oder einer Religionsgemeinschaft [nicht] beizutreten), sind *unzulässig*.[339] Unzulässig sind Weisungen aber auch dann, wenn sie *ungeeignet* sind, um dem Verurteilten bei einer straffreien Lebensführung zu helfen, oder wenn sie das *Maß des Erforderlichen übersteigen*. Macht der Verurteilte *freiwillige Zusagen* für seine künftige Lebensführung, muss das Gericht vorläufig von Weisungen absehen und zunächst abwarten, ob der Verurteilte

---

[336] Vgl. *Lackner und Kühl* 2018, § 56c Rn. 8b.

[337] Vgl. *Jäger* ZRP 2001, 28 ff.

[338] *OLG Köln* NStZ 1994, 509 m. krit. Anm. *Bringewat* BewHi 1994, 463; *OLG Frankfurt a. M.* NStZ-RR 1997, 2 (3); SK StGB 2017 ff., *Schall*, § 56c Rn. 8.

[339] Vgl. LK 2006 ff., *Hubrach*, § 56c Rn. 24 ff. mit zahlr. Beispielen.

seine Zusagen einhält (§ 56c Abs. 4 StGB). Im Übrigen ist das Gericht bei der Auswahl und Konkretisierung der Weisungen frei. Allerdings muss es die Weisungen dazu einsetzen, um die Voraussetzungen für die günstige Prognose zu schaffen, die vorliegen muss, damit die Freiheitsstrafe überhaupt zur Bewährung ausgesetzt werden kann.

3.7.3.4 Bewährungshilfe

3.7.3.4.1 Zielsetzung
Die Unterstellung des Verurteilten unter die Aufsicht und Leitung eines Bewährungshelfers (§ 56d Abs. 1 StGB) verfolgt ebenso wie die Erteilung von Weisungen eine ausschließlich **spezialpräventive Zielsetzung**. Die Unterstellung hat die Funktion, dem Verurteilten diejenige *Hilfe und Unterstützung*, aber auch *Kontrolle* zuteilwerden zu lassen, die zweckmäßig und notwendig ist, um ihm außerhalb des Strafvollzugs ein Leben ohne Straftaten zu ermöglichen.

> Viele Verurteilte sind unabhängig von der abgeurteilten Tat und ihren Folgen mit einer Vielzahl unterschiedlicher psychosozialer Problemsituationen konfrontiert, die ihren Weg in die Kriminalität begünstigt haben. Arbeitslosigkeit, fehlende berufliche Qualifikation, materielle Not, Verschuldung, Obdachlosigkeit, persönliche Vereinsamung, zum Teil auch Suchtabhängigkeit oder psychische bis psychiatrische Auffälligkeiten prägen häufig das Bild.[340] Es liegt auf der Hand, dass viele Verurteilte zu einer eigenständigen Bewältigung ihrer Problemlagen nicht in der Lage sind. Die Bewährungshilfe soll den Verurteilten vor diesem Hintergrund bei der Bewältigung ihrer Problemlagen helfend und betreuend zur Seite stehen (§ 56d Abs. 3 Satz 1 StGB). Gleichzeitig soll sie den Verurteilten aber auch überwachen und dem Gericht über die Lebensführung des Verurteilten (§ 56d Abs. 3 Satz 2) sowie über gröbliche oder beharrliche Verstöße gegen Auflagen, Weisungen, Anerbieten und Zusagen berichten (§ 56d Abs. 3 Satz 3 StGB). Erst diese Überwachung ermöglicht es dem Gericht zu beurteilen, ob der Verurteilte die in ihn gesetzte, die Strafaussetzung rechtfertigende Erwartung erfüllt, dass er künftig keine Straftaten mehr begehen wird. Der Bewährungshilfe kommt damit bei der Durchführung der Maßnahme eine **Doppelrolle** zu: Sie ist einerseits Hilfe für den Verurteilten und übernimmt die Aufgabe der sozialarbeiterischen Betreuung, und sie ist andererseits Hilfe für das Gericht und überstützt das Gericht bei der Überwachung und Kontrolle.[341]

Ebenso wie die Erteilung von Weisungen steht die Unterstellung unter die Bewährungshilfe **nicht im Ermessen des Gerichts**, sondern muss immer dann erfolgen, wenn das Gericht feststellt, dass die Maßnahme angezeigt ist, um den Verurteilten von weiteren Straftaten abzuhalten (§ 56d Abs. 1 StGB). Umgekehrt gilt auch hier, dass die Unterstellung dann nicht erfolgen darf, wenn der Verurteilte dieser Maßnahme nicht bedarf. Der Gesetzgeber hat in diesem Zusammenhang eine

---

[340] So auch die Ergebnisse einer Lebenslagenuntersuchung der Klientel der Bewährungshilfe im Landgerichtsbezirk Halle *Herbert* BewHi 2006, 128 ff.; sowie eine Studie zu Probanden der sozialen Dienste der Justiz in Berlin *Cornel* BewHi 2006, 107 ff.

[341] Zu dem sich hieraus ergebenden Rollenkonflikt genauer *Streng* 2012, 102 f. (Rn. 208); *Böttner* 2004; aus der Sicht von Bewährungshelfern und Strafrichtern *Kurze* 1999, 436 ff.

Regelvermutung aufgestellt, nach der die Unterstellung als kriminalpräventive Maßnahme in der Regel dann angezeigt ist, wenn der Verurteilte eine *Freiheitsstrafe von mehr als 9 Monaten* erhält und *noch nicht 27 Jahre alt* ist (§ 56d Abs. 2 StGB). Wie auch die obligatorische Unterstellung unter die Bewährungshilfe im Jugendstrafrecht zeigt (§ 24 Abs. 1 JGG), sind es also vor allem die auch in der Statistik überproportional häufig in Erscheinung tretenden *jüngeren und zu längeren Freiheitsstrafen verurteilten Täter*, bei denen sich der Gesetzgeber von der Unterstellung einen besonderen kriminalpräventiven Erfolg verspricht. Das Gericht darf in diesen Fällen von der Unterstellung nur dann absehen, wenn *besondere Gründe* vorliegen, die die Maßnahme als entbehrlich erscheinen lassen. Diese Gründe können sich z. B. daraus ergeben, dass sich der Verurteilte einer Heilbehandlung unterzieht oder seinen Aufenthalt in einem geeigneten Heim nimmt (§ 56c Abs. 3 StGB), wodurch eine andere, weniger belastende Form der Betreuung und Überwachung gewährleistet sein kann. Außerhalb des Anwendungsbereichs der Regelvermutung muss das Gericht die Indikation für die Unterstellung besonders begründen.[342]

Die Unterstellung erfolgt für die Dauer oder einen Teil der Bewährungszeit (§ 56d Abs. 1 StGB), d. h. für einen Zeitraum von 2 bis 5 Jahren, theoretisch auch noch über die 5-Jahresgrenze hinaus (§§ 56a Abs. 1, 56 f Abs. 2 StGB). Praktisch dürfte es sich empfehlen, die **Unterstellungs- und** die **Bewährungszeit** nicht vollständig parallel verlaufen zu lassen, sondern die Unterstellung als eine Form der in ihrer Intensität und Verfügbarkeit *abgestuften Einwirkung* auszugestalten, die dem Verurteilten einen zunehmend größer werdenden Freiraum zu eigenverantwortlicher Lebensgestaltung zubilligt bzw. abverlangt. Dabei ist im Blick zu behalten, dass die Unterstellungszeit nicht von vornherein kürzer bemessen werden muss als die Bewährungszeit, sondern dass die Entscheidung über eine etwaige Abkürzung auch nachträglich getroffen werden kann (§ 56e StGB). Die Abkürzung kann damit von einem sich abzeichnenden positiven Bewährungsverlauf abhängig gemacht werden.[343]

3.7.3.4.2 Durchführung

Wenn das Gericht den Verurteilten der Aufsicht und Leitung eines Bewährungshelfers unterstellt, muss es den Bewährungshelfer namentlich benennen; es darf die Auswahl nicht Dritten überlassen (§ 56d Abs. 4 Satz 1 StGB).[344]

Die Tätigkeit des Bewährungshelfers wird entweder **haupt- oder ehrenamtlich** ausgeübt (§ 56d Abs. 5 StGB). In der Praxis ist die hauptamtliche Tätigkeit die Regel. Voraussetzung für die Einstellung ist dabei meist eine abgeschlossene sozialpädagogische Ausbildung oder die staatliche Anerkennung als Sozialarbeiter. Hinsichtlich der Eignung für die Übernahme der ehrenamtlichen Tätigkeit macht das

---

[342] LK 2006 ff., *Hubrach*, § 56d Rn. 3.

[343] *Schöch* NStZ 1992a, 369.

[344] Vgl. *OLG Köln* NStZ 1991, 453 m. Anm. *Horn* JR 1991, 476; zur (problematischen) praktischen Seite MüKo 2016 ff., *Groß*, § 56d **Rn. 11**; *Kurze* 1999, 246 ff.

Gesetz keine Vorgaben.[345] Zu denken ist vor allem an solche Personen, die auf dem Gebiet der Sozialarbeit bereits Erfahrungen gesammelt haben, die über Einfühlungsvermögen verfügen und die psychisch belastbar sind.

Die **Organisation** der (hauptamtlichen) Bewährungshilfe obliegt dem Landesrecht und ist zum Teil sehr unterschiedlich ausgestaltet.[346] Überwiegend ist die Bewährungshilfe bei der Justizverwaltung angesiedelt und als Dienststelle den Landgerichten zugeordnet. Dienstvorgesetzter der Bewährungshelfer ist in diesen Fällen der Präsident des Landgerichts; ausgeübt wird die Dienstaufsicht aber häufig auch im Zusammenwirken mit besonders berufenen geschäftsführenden Bewährungshelfern bzw. Sprechern oder Koordinatoren.[347] Die Fachaufsicht obliegt den auftraggebenden Stellen, im Zusammenhang mit der Strafaussetzung zur Bewährung also demjenigen Gericht, das den Bewährungshelfer bestellt hat (§ 56d Abs. 4 StGB).[348]

Bezüglich der konkreten Tätigkeit der Bewährungshilfe existieren nur wenige normative Vorgaben.[349] Unterscheidet man in Anlehnung an § 56d Abs. 3 StGB zwischen der Betreuungs- und der Überwachungstätigkeit, so gelten für die **Betreuungstätigkeit** in erster Linie die fachlichen Standards der Sozialpädagogik bzw. Sozialarbeit.[350] Kern der Betreuungstätigkeit (§ 56d Abs. 3 Satz 1 StGB) ist der Aufbau eines *Vertrauensverhältnisses* zu dem Verurteilten, aus dem heraus die weiteren Aktivitäten entwickelt werden können. Um welche Aktivitäten es sich dabei im Einzelnen handelt, richtet sich nach der Lebenssituation des jeweiligen Verurteilten und ihren spezifischen Problemen. Typische Betreuungstätigkeiten sind etwa die Unterstützung bei der Wohnraumbeschaffung, die Hilfe bei der Regelung von Sozialleistungsansprüchen, die Unterstützung bei der Schuldenregulierung, die Vermittlung von Arbeitsstellen oder Maßnahmen der beruflichen Förderung, die Vermittlung von Therapieplätzen und die Klärung der Kostenübernahme, die Hilfe in akuten persönlichen Krisen, etwa bei Suizidgefährdung, etc. Leitlinie der Betreuung muss das Prinzip der „Hilfe zur Selbsthilfe" sein. Schon im Hinblick auf die nur begrenzte Dauer der Unterstellung kommt es nicht darauf an, dem Verurteilten eine allumfassende Dienstleistungsversorgung zu gewähren; entscheidend muss vielmehr sein, ihn in seinen Fähigkeiten zur eigenständigen Lebensbewältigung so zu fördern, dass er auch nach der Beendigung der Unterstellung zu einem straffreien Leben in der Lage ist.

Hinsichtlich der **Überwachungstätigkeit** ergeben sich aus dem Gesetz vor allem drei Anforderungen (§ 56d Abs. 3 Satz 2 und 3 StGB): Der Bewährungshelfer muss die Erfüllung der Auflagen und Weisungen sowie der Anerbieten und Zusa-

---

[345] Vgl. aber *Block* BewHi 1998, 121 ff.

[346] Übersicht bei *Block* 1997, 141 ff.; zur neueren Situation in Baden-Württemberg *Steindorfner* FS 2007, 205 ff.; in Niedersachsen *Scherrer* BewHi 2008, 284 ff.

[347] Vgl. *Kurze* 1999, 252 ff.

[348] Kritisch *Cornel* GA 1990, 55 ff.

[349] Zu einem methodischen Gesamtkonzept in der Bewährungshilfe *Klug* BewHi 2007, 241 ff.

[350] Vgl. zum Folgenden auch *Bockwoldt* GA 1983, 551 ff. sowie die Umfrageergebnisse von *Kurze* 1999, 344 ff.

gen überwachen; er muss dem Gericht in regelmäßigen Zeitabständen über die Lebensführung des Verurteilten berichten; und er muss gröbliche oder beharrliche Verstöße gegen Auflagen, Weisungen, Anerbieten oder Zusagen dem Gericht mitteilen. Die Überwachung der Auflagen und Weisungen geschieht dabei „im Einvernehmen mit dem Gericht". Dies macht deutlich, dass die prinzipielle Verpflichtung des Gerichts zur Überwachung (§ 453b StPO) von der Einschaltung eines Bewährungshelfers unberührt bleibt. Im Übrigen gilt, dass sich die Mitteilungspflicht zwar auf der einen Seite nur auf *schwerwiegende Verstöße* gegen Auflagen und Weisungen bezieht, da auch nur diese zu einem Widerruf der Strafaussetzung berechtigen (§ 56f Abs. 1 Satz 1 Nr. 2 und 3 StGB). Auf der anderen Seite bezieht sie sich aber auch auf *neue, zum Widerruf berechtigende Straftaten* des Verurteilten (§ 56f Abs. 1 Satz 1 Nr. 1 StGB), soweit der Bewährungshelfer von ihnen erfahren hat.[351]

3.7.3.5 Nachträgliche Entscheidungen

Die Entscheidungen über die Erteilung von Auflagen und Weisungen sowie über die Unterstellung unter die Bewährungshilfe brauchen vom Gericht nicht zwingend in dem zusammen mit dem Urteil verkündeten Bewährungsbeschluss getroffen zu werden; zulässig sind insoweit auch nachträgliche Entscheidungen (Anordnungen, Abänderungen oder Aufhebungen), die *innerhalb der* festgelegten *Bewährungszeit* getroffen werden (§ 56e StGB). Auch die einmal festgelegte Bewährungszeit kann nachträglich verkürzt oder verlängert werden (§ 56a Abs. 2 Satz 2 StGB). Sinn dieser Entscheidungsoptionen ist es, diejenigen Maßnahmen, die die Strafaussetzung flankieren und ihren Erfolg absichern sollen, *flexibel* an den Bewährungsverlauf, die Entwicklung des Verurteilten und seine sich verändernde Lebenssituation *anzupassen*, um so ein möglichst optimales Maß an spezialpräventiv sinnvoller und rechtsstaatlich notwendiger Einwirkung zu erreichen.

Voraussetzung für eine nachträgliche Entscheidung ist, dass sich entweder die *Umstände geändert* haben, von denen das Gericht beim Erlass des Bewährungsbeschlusses ausgegangen ist (z. B. Verschlechterung der Vermögensverhältnisse, Trennung vom Partner und Auszug aus der gemeinsamen Wohnung), oder dass das Gericht erst nachträglich *von schon vorher bestehenden Umständen erfährt* (z. B. der Verurteilte verfügt über ein höheres Einkommen als zunächst angenommen wurde, er ist alkohol- oder drogenabhängig). Ebenfalls zulässig ist eine nachträgliche Entscheidung, wenn bereits bekannte Umstände (z. B. die Aggressivität des Verurteilten oder seine extremistische Gesinnung) durch *neue Einsichten* in einem *neuen Licht* erscheinen.[352] Unzulässig sind nachträgliche Entscheidungen demgegenüber dann, wenn sie nur deshalb erfolgen, weil das Gericht in anderer Besetzung die einmal

---

[351] S/S 2019, *Kinzig*, § 56d Rn. 6; LK 2006 ff., *Hubrach*, § 56d Rn. 9.

[352] LK 2006 ff., *Hubrach*, § 56e Rn.3; a. A. *Schäfer et al.* 2017, 68 (Rn. 271); *OLG Koblenz* Beschluss vom 12. Januar 2011, 2 Ws 16/11.

getroffenen Maßnahmen für zu milde, zu hart oder für unzweckmäßig hält.[353] Die zulässigen Änderungen können sich sowohl zugunsten als auch zuungunsten des Verurteilten auswirken; das Verbot der reformatio in peius gilt insoweit nicht.[354]

3.7.4 Beendigung der Strafaussetzung: Widerruf oder Straferlass

Die Strafaussetzung zur Bewährung kann auf zweierlei Weise beendet werden: durch Widerruf oder durch Straferlass.

Die **Widerrufsgründe** sind im Gesetz abschließend aufgeführt (§ 56f Abs. 1 StGB). An der Spitze steht der Widerruf wegen **Begehung einer neuen Straftat** (Abs. 1 Satz 1 Nr. 1). Er liegt dann vor, wenn der Verurteilte in dem Zeitraum zwischen der letzten tatrichterlichen Entscheidung[355] über die Strafaussetzung (Abs. 1 Satz 2) und dem Ende der vom Gericht festgesetzten Bewährungszeit oder in der Zeit zwischen der Entscheidung über die Strafaussetzung in einem einbezogenen Urteil und deren Rechtskraft eine Straftat begeht, die zeigt, dass sich die Erwartung, der Verurteilte werde keine Straftaten mehr begehen, nicht erfüllt hat.

Mit dieser auf den ersten Blick etwas unklaren Formulierung ist eine Einschränkung der Widerrufsgründe beabsichtigt. Nicht jede neue Tat soll zum Widerruf berechtigen, sondern nur eine solche, an die das Gericht bei der Aussetzungsentscheidung gedacht hat. Die neue Tat muss deshalb zu der früheren Tat in einem *inneren Zusammenhang* stehen, sie muss nach ihrer Art, den Umständen oder Beweggründen als die *Fortsetzung einer Linie* erscheinen, die auch der früheren Tat zugrunde gelegen hat.[356] Die Klausel wird in Rechtsprechung und Literatur nicht ganz einheitlich interpretiert.[357] Gleichwohl entspricht es überwiegender Auffassung, dass bspw. nach der Verurteilung wegen eines (vorsätzlichen) Eigentums- oder Vermögensdelikts die Begehung eines fahrlässigen Straßenverkehrsdelikts kaum zum Widerruf berechtigt.

In prozessualer Hinsicht setzt der Begriff der „Straftat" voraus, dass der Täter wegen der neuen Tat in einem förmlichen Strafverfahren rechtskräftig verurteilt worden ist; hierzu zwingt die **Unschuldsvermutung** (Art. 2 EMRK).[358] Ob und inwieweit von diesem Erfordernis abgewichen werden darf, ist dabei noch nicht abschließend geklärt. Zutreffend

---

[353] *OLG Stuttgart* NJW 1969, 1220.

[354] *Fischer* 2019, § 56e Rn. 1; *LK* 2006 ff., *Hubrach*, § 56e Rn. 6.; vgl. auch *OLG Frankfurt a. M.* NStZ-RR 1996, 220; rechtsstaatliche Zweifel demgegenüber bei S/S 2019, *Kinzig* § 56e Rn. 3; *Jescheck und Weigend* 1996, 845.

[355] *OLG Hamburg* NStZ-RR 2007, 198: gilt nicht bereits ab der die Strafaussetzung erstmals bewilligenden erstinstanzlichen Entscheidung; zustimmend *Seifert* Jura 2008, 686.

[356] Zum „kriminologischen Zusammenhang", der auch bei dem früheren § 48 StGB a. F. eine Rolle gespielt hat, genauer *Meier* 1983, 58 ff.; ebenso NK 2017, *Ostendorf*, § 56f Rn. 4; ablehnend demgegenüber LK 2006 ff., *Hubrach*, § 56f Rn. 14; *Fischer* 2019, § 56f Rn. 8a.

[357] Vgl. die Übersicht bei *Stree* NStZ 1992, 158 ff.

[358] *EGMR* v. 03.10.2002, Beschwerde Nr. 37568/97, StV 2003, 82, 85 m. Anm. *Pauly*; grundlegend *Kraus* 2007, 103 ff.

erscheint es, ausgehend von der Schutzfunktion der EMRK in der Unschuldsvermutung ein „Prozessgrundrecht" zu sehen, auf das der Betroffene – nach der Aufklärung über die Konsequenzen – wirksam verzichten kann.[359] Ein Widerruf kann deshalb auch dann erfolgen, wenn der Täter hinsichtlich der neuen Tat vor einem Richter ein glaubhaftes Geständnis abgelegt und das über den Widerruf entscheidende Gericht von der Schuld des Täters überzeugt ist. Für den Täter kann dieser Weg von Vorteil sein, wenn er einen schnelleren Strafantritt anstrebt, um im Anschluss an die Strafverbüßung sein Leben möglichst rasch neu zu ordnen.

Die Strafaussetzung zur Bewährung kann darüber hinaus dann widerrufen werden, wenn der Verurteilte gröblich oder beharrlich **gegen** die ihm erteilten **Weisungen verstößt** bzw. die **Zusammenarbeit mit dem Bewährungshelfer verweigert** (Abs. 1 Satz 1 Nr. 2) oder wenn er gröblich oder beharrlich **gegen** die ihm erteilten **Auflagen verstößt** (Abs. 1 Satz 1 Nr. 3). Die in beiden Fällen verwendete Formulierung „gröblich oder beharrlich" macht deutlich, dass kleinere Verstöße nicht genügen, sondern dass nur die schwerwiegende, trotz Ermahnung fortgesetzte Missachtung der vom Gericht verfügten Maßnahmen zum Widerruf berechtigt. Maßgeblich hierfür ist, ob unter Berücksichtigung der gesamten Umstände der Verstoß zu der kriminellen Neigung oder Auffälligkeit des Verurteilten so in einer kausalen Beziehung steht, dass die Gefahr weiterer Straftaten besteht; die Fachgerichte müssen daher ihrer Entscheidung eine erneute Prognose zugrunde legen, die das Verhalten während der Bewährungszeit einbezieht.[360] Bei den Auflagen, die den „Ersatz" dafür bilden, dass dem Täter das Übel der vollstreckten Freiheitsstrafe erspart geblieben ist, hat der Widerruf ähnlich wie im Jugendstrafrecht (§ 15 Abs. 3 Satz 2 i. V. m. § 11 Abs. 3 JGG) die Funktion des Beugemittels.

Sofern ein Widerrufsgrund vorliegt, muss das Gericht prüfen, ob es zum Widerruf **Alternativen** gibt, die den Verurteilten weniger belasten als die an sich zwingende Konsequenz der Vollstreckung der Freiheitsstrafe.[361] Als Alternativen kommen die Erteilung weiterer (anderer) Auflagen oder Weisungen, die (erstmalige) Unterstellung unter die Aufsicht und Leitung eines Bewährungshelfers sowie die Verlängerung der Bewährungs- oder der Unterstellungszeit in Betracht (§ 56f Abs. 2 StGB). Die Verlängerung der Bewährungszeit kann die gesetzliche Höchstdauer von 5 Jahren (§ 56a Abs. 1 Satz 2 StGB) überschreiten, darf insgesamt aber nicht mehr als die Hälfte der vom Gericht zunächst festgelegten Bewährungszeit ausmachen (§ 56f Abs. 2 Satz 2). Die absolute Höchstgrenze liegt damit bei 7 Jahren und 6 Monaten.[362]

Wenn die genannten Alternativen nicht ausreichen, um den Zweck der Strafaussetzung zu verwirklichen (etwa weil der Verurteilte hierdurch nicht zu beeindrucken

---

[359] NK 2017, *Ostendorf*, § 56f Rn. 7; *Kraus* 2007, 191 ff.

[360] Vgl. *BVerfG* NStZ-RR 2007, 338.

[361] Zu den Wechselwirkungen zwischen der möglichen Widerrufsentscheidung und der Strafzumessungsentscheidung des für die Aburteilung der neuen Straftat zuständigen Gerichts *Radtke* 2001, 609 ff.

[362] Vgl. LK 2006 ff., *Hubrach*, § 56f Rn. 32 ff.; *Fischer* 2019, § 56f Rn. 17.

ist[363]), ist der **Widerruf** der Aussetzungsentscheidung unvermeidlich. Der Verurteilte muss in diesem Fall die Freiheitsstrafe verbüßen. *Leistungen*, die er zur Erfüllung von Auflagen, Anerbieten, Weisungen oder Zusagen erbracht hat, werden ihm *nicht erstattet*. Das Gericht kann jedoch nach seinem Ermessen geleistete Auflagen und Anerbieten (mit Ausnahme der Schadenswiedergutmachung) auf die zu vollstreckende Strafe *anrechnen* (§ 56f Abs. 3 StGB).

Wenn die (ggf. verlängerte) Bewährungszeit verstrichen ist, ohne dass es zu einem Widerruf gekommen ist, wird die Strafe vom Gericht erlassen (§ 56 g Abs. 1 StGB). „Erlass" bedeutet nicht, dass die Strafe rückwirkend entfiele und der Verurteilte sich nunmehr als „unbestraft" bezeichnen dürfte; anders als bei der Verwarnung mit Strafvorbehalt (vgl. § 59b Abs. 2 StGB; § 12 Abs. 2 Satz 2 BZRG) wird die in das Bundeszentralregister eingetragene Freiheitsstrafe mit dem Erlass nicht wieder aus dem Register entfernt (vgl. § 12 Abs. 1 Nr. 3 BZRG). „Erlass" bedeutet lediglich, dass es bei der Verhängung der Strafe sein Bewenden hat und die Vollstreckung endgültig nicht mehr in Betracht kommt. – Unter bestimmten, eng begrenzten Voraussetzungen kann der Straferlass widerrufen werden (vgl. im Einzelnen § 56 g Abs. 2 StGB).

3.7.5 Verfahrensfragen

Die Aussetzungsentscheidung ergeht im Urteil. Tenor: „Der Angeklagte wird wegen Diebstahls zu einer Freiheitsstrafe von 10 Monaten verurteilt. Die Vollstreckung der Strafe wird zur Bewährung ausgesetzt."[364] In den Urteilsgründen muss die Entscheidung zur Aussetzung begründet werden (§ 267 Abs. 3 Satz 4 StPO). Zugleich mit dem Urteil ist der Bewährungsbeschluss zu verkünden, in dem die zulässigen Nebenentscheidungen getroffen werden (§ 268a StPO). Die Aussetzungsentscheidung kann isoliert mit Berufung und Revision angefochten werden,[365] der Bewährungsbeschluss mit dem Rechtsmittel der Beschwerde (§ 305a StPO). Die im Jugendstrafrecht eröffnete Möglichkeit, die Strafvollstreckung nachträglich zur Bewährung auszusetzen (§§ 57, 61 bis 61b JGG; „Vorbewährung"), ist im allgemeinen Strafrecht nicht zulässig.

Die Überwachung des Verurteilten während der Bewährungszeit obliegt grundsätzlich dem Gericht des ersten Rechtszugs. Das Gericht des ersten Rechtszugs trifft auch die nachträglichen Entscheidungen gem. § 56e StGB sowie die abschließende Entscheidung über den Widerruf bzw. den Straferlass (§§ 453, 453b, 462a Abs. 2 Satz 1 StPO). Gegen den Widerruf ist die sofortige Beschwerde zulässig (§ 453 Abs. 2 Satz 3 StPO).

---

[363] Vgl. *OLG Düsseldorf* NStZ-RR 1997, 323.

[364] *Meyer-Goßner und Appl* 2014, 36 (Rn. 114).

[365] *BGH* NJW 1983, 1624.

3.7.6   Sonderform: „Therapie statt Strafe"

In engem Zusammenhang mit der Strafaussetzung zur Bewährung stehen die Therapieregelungen des BtMG für **betäubungsmittelabhängige Täter**. Bei dieser Tätergruppe stellt sich häufig das Problem, dass die Voraussetzungen für eine positive Legalprognose nicht bejaht werden können, da die Wahrscheinlichkeit weiterer Straftaten vergleichsweise hoch ist. Dies gilt vielfach auch dann, wenn man in Rechnung stellt, dass die Voraussetzungen für eine positive Prognose durch die Verknüpfung der Strafaussetzung mit einer Therapieweisung nach § 56c Abs. 3 StGB vom Gericht gefördert werden können bzw. – als Ausfluss der Fürsorgepflicht – u. U. sogar gefördert werden müssen.[366] Die Anordnung der Unterbringung in einer Entziehungsanstalt nach § 64 StGB kommt auf der anderen Seite nur dann in Betracht, wenn die dafür erforderlichen hohen Voraussetzungen erfüllt sind; insbesondere muss mit weiteren „erheblichen" Straftaten zu rechnen sein.

Um in diesen Fällen die Vollstreckung der Freiheitsstrafe im Strafvollzug zu vermeiden, wo dem btm-abhängigen Verurteilten eine auf seine spezifischen Bedürfnisse zugeschnittene Behandlung meist nicht zuteil wird,[367] stellt der Gesetzgeber die rechtliche Konstruktion der **Zurückstellung der Strafvollstreckung** (§§ 35 f. BtMG) zur Verfügung. Das kriminalpolitische Ziel dieser vielfach mit dem Schlagwort „Therapie statt Strafe" umschriebenen Regelung besteht darin, btm-abhängigen Tätern einen *alternativen Weg in die Therapie* zu eröffnen[368]: Befindet sich der Verurteilte wegen seiner Abhängigkeit bereits in einer seiner Rehabilitation dienenden Behandlung oder ist der Beginn einer solchen Behandlung gewährleistet, so kann die Vollstreckung der Strafe zurückgestellt werden. Die vom Verurteilten in einer Behandlungseinrichtung verbrachte Zeit wird ähnlich wie bei der Unterbringung im Maßregelvollzug (§ 67 Abs. 4 StGB) auf bis zu zwei Drittel der verhängten Strafe *angerechnet* (§ 36 Abs. 1 Satz 1, Abs. 3 BtMG). Wird die Therapie vom Verurteilten regulär beendet, so kann die Vollstreckung des noch nicht erledigten Teils der Strafe *zur Bewährung ausgesetzt* werden (§ 36 Abs. 1 Satz 3, Abs. 2 BtMG). Der Verurteilte kann auf diese Weise erreichen, dass ihm die Vollstreckung der Freiheitsstrafe u. U. ganz erspart bleibt. Zur Vollstreckung gelangt die Strafe nur dann, wenn die Zurückstellung wegen Nichtantritts oder Abbruchs der Behandlung oder wegen Vollstreckung einer anderen Sanktion widerrufen wird (§ 35 Abs. 5, 6 BtMG).

Im Einzelnen müssen für die Zurückstellung folgende Voraussetzungen erfüllt sein (§ 35 Abs. 1 BtMG):

- die Verurteilung muss wegen einer Tat erfolgt sein, die der Verurteilte **auf Grund seiner Betäubungsmittelabhängigkeit** begangen hat; dabei kann es sich um

---

[366] Vgl. *BGH* NJW 1991, 3289; StV 1992, 63; NStZ-RR 1997, 231.
[367] Zur Drogentherapie im Strafvollzug genauer *Laubenthal* 2015, 413 ff. (Rn. 579 ff.).
[368] Vgl. *Körner et al.* 2019, § 35 Rn. 3, 7 ff.

Verstöße gegen das BtMG, aber etwa auch um Straftaten aus dem Bereich der Beschaffungskriminalität handeln[369];

- die zu vollstreckende **Freiheitsstrafe** darf **nicht mehr als zwei Jahre** betragen; dabei kann es sich entweder um eine „primäre", vom Gericht verhängte Freiheitsstrafe bzw. Gesamtfreiheitsstrafe handeln (§§ 35 Abs. 1 Satz 1, Abs. 3 Nr. 1 BtMG) oder um einen zu vollstreckenden Strafrest (§ 35 Abs. 3 Nr. 2 BtMG), d. h. die Zurückstellung der (weiteren) Strafvollstreckung kommt auch dann in Betracht, wenn der Täter zunächst einen Teil der (2 Jahre möglicherweise übersteigenden) Freiheitsstrafe verbüßt hat;
- der Verurteilte muss sich wegen seiner Abhängigkeit entweder bereits in einer **seiner Rehabilitation dienenden Behandlung** befinden oder zusagen, sich einer derartigen Behandlung zu unterziehen, wobei in diesem Fall der Behandlungsbeginn gewährleistet sein muss. Hinsichtlich der Behandlung ist ein Tätigwerden mit dem Ziel ausreichend, die in der Abhängigkeit liegende Störung zu heilen oder zu lindern, sofern die Behandlung von qualifiziertem Fachpersonal nach einem anerkannten Therapiekonzept in einer Einrichtung durchgeführt wird, die auch nach ihren räumlichen Voraussetzungen einen Therapieerfolg erwarten lässt.[370] Die Behandlung kann *stationär oder ambulant* erfolgen[371]; obligatorisch ist die Anrechung der Behandlungszeit auf die Freiheitsstrafe allerdings in jedem Fall nur dann, wenn die Behandlung in einer staatlich anerkannten Einrichtung erfolgt (§ 36 Abs. 1, 3 BtMG).

Anders als bei der Strafaussetzung zur Bewährung ist für die Zurückstellung nach § 35 BtMG nicht das Gericht des ersten Rechtszugs, sondern die **Staatsanwaltschaft** als Vollstreckungsbehörde (§ 451 StPO) zuständig. Das Gericht des ersten Rechtszugs muss der Zurückstellung jedoch zustimmen (§ 35 Abs. 1, 2 BtMG).

In der Praxis wird dieser Sonderweg für btm-abhängige Täter vergleichsweise **rege genutzt**.[372] Der Praxis kommt dabei zugute, dass § 35 BtMG ein flexibles Instrument zur Verfügung stellt. Da die Therapieüberleitung auch bei 2 Jahre übersteigenden Freiheitsstrafen und aus dem Strafvollzug heraus erfolgen kann, haben die Vollstreckungsbehörden weitreichende Möglichkeiten, btm-abhängigen Verurteilten die Chance des Therapieantritts zu eröffnen. Auch schließt es der Widerruf einer Zurückstellung nicht aus, dem Verurteilten ggf. eine weitere Chance zu gewähren und die Strafvollstreckung erneut zurückzustellen. Eine schon etwas ältere Untersuchung der Kriminologischen Zentralstelle, die sich auf den Urteilsjahrgang 1984 bezog, zeigte, dass die vom Verurteilten zugesagte Therapie zwar in etwa 11 % der Fälle nicht angetreten und in 47 % der Fälle vorzeitig abgebrochen wurde, dass aber in immerhin *42 % der Fälle* eine *reguläre Beendigung* zu verzeichnen war, in denen

---

[369] *Körner et al.* 2019, § 35 Rn. 52.

[370] *Weber* 2017, § 35 Rn. 57.

[371] Zu den einzelnen Phasen der Behandlung mit stationärer oder ambulanter Therapie ausführlich *Weber* 2017, § 35 Rn. 69 ff.

[372] Vgl. zum Folgenden auch *Jehle* 2007, 366 ff.

die Justiz mit Anrechnung und Aussetzung der Reststrafe zur Bewährung reagierte.[373] Auch wenn eine spätere Untersuchung des Max-Planck-Instituts insoweit zu etwas ungünstigeren Anteilen gelangte,[374] muss man bei der Interpretation dieser Ergebnisse die problematische Ausgangsprognose der btm-abhängigen Täter im Blick behalten. Die empirischen Befunde weisen deshalb trotz aller Skepsis darauf hin, dass sich der Sonderweg „Therapie statt Strafe" bei dieser schwierigen Täterklientel *bewährt* hat.

3.7.7   Abgrenzung zu anderen Formen der Aussetzung

Die Aussetzung der Strafvollstreckung nach § 56 StGB und die Zurückstellung nach § 35 BtMG stellen nur zwei Möglichkeiten der bedingten Verschonung des Täters dar.[375] Eine weitere Möglichkeit kennt das Jugendstrafrecht: Dort kann nicht nur – wie im allgemeinen Strafrecht – die Vollstreckung der Jugendstrafe zur Bewährung ausgesetzt werden (§ 21 JGG), vielmehr kann dort auch die *Verhängung* der Jugendstrafe ausgesetzt werden (§ 27 JGG). Der Unterschied besteht darin, dass bei der **Aussetzung der Verhängung** lediglich ein Schuldspruch erfolgt und die Entscheidung über den Strafausspruch zurückgestellt wird; je nach Bewährungsverlauf wird die Strafe später entweder verhängt (was nicht notwendig bedeutet, dass sie auch vollstreckt wird) oder der Schuldspruch wird getilgt.

Mit der aus dem anglo-amerikanischen Rechtskreis bekannten Sanktionsform der *probation* hat die Strafaussetzung zur Bewährung nach § 56 StGB nur wenig gemein. Die *probation* ähnelt eher der Aussetzung der Verhängung der Strafe nach dem Modell des § 27 JGG. Es handelt sich um eine eigenständige Sanktionsform, bei der der Verurteilte für eine bestimmte Zeit der Aufsicht eines Bewährungshelfers unterstellt wird. Im Fall des Bewährungsversagens ist es nicht zwingend, dass als *„back-up sanction"* Freiheitsstrafe vollstreckt wird; vielmehr wird im Fall des Versagens neu über die Frage der Rechtsfolgen der Tat entschieden.[376]

3.7.8   Kriminologische Aspekte

Im Jahr 2017 wurden mehr als zwei Drittel (68,1 %) aller von den Gerichten verhängten Freiheitsstrafen zur Bewährung ausgesetzt (oben Tab. 3.3).

Bezieht man den Anteil der ausgesetzten Strafen lediglich auf die aussetzungsfähigen Freiheitsstrafen (nicht mehr als 2 Jahre) und schlüsselt zudem weiter nach den drei Anwendungsstufen des § 56 StGB auf, zeigen sich noch höhere Anteile: Im Bereich bis zu einem Jahr, in dem die weitaus meisten Freiheitsstrafen verhängt

---

[373] *Kurze* 1994, 191 ff., 209 ff.

[374] *Baumgart* 1994, 348 ff.

[375] Übersicht bei *Maurach et al. (Dölling)* 2014, § 65 Rn. 1 ff.

[376] Ausführliche Darstellung bei *King* 1983, 196 ff.

Tab. 3.6 Anteil der ausgesetzten Freiheitsstrafen im Zeitvergleich. (*Quelle*: Statistisches Bundesamt, Strafverfolgung, Tab. 3.1)

Dauer der verhängten Freiheitsstrafe		Freiheitsstrafen insgesamt	Davon zur Bewährung ausgesetzt	
		N	N	%
bis unter 6 Monate	1990	46.873	36.444	77,7
	2000	46.459	34.916	75,2
	2010	41.341	30.743	74,4
	2015	29.861	21.689	72,6
	2017	26.899	19.183	71,3
6 Monate bis 1 Jahr	1990	38.714	27.290	70,5
	2000	51.444	38.058	74,0
	2010	56.054	45.022	80,3
	2015	48.404	38.746	80,0
	2017	47.671	37.489	78,6
über 1 bis 2 Jahre	1990	11.035	5971	54,1
	2000	17.872	11.578	64,8
	2010	22.052	16.292	73,9
	2015	20.024	14.785	73,8
	2017	20.397	14.460	70,9

Bezugsgebiet: 1990 nur alte Bundesländer einschl. West-Berlin; 2000 unter Einschluss von Gesamt-Berlin; seit 2010 Deutschland insgesamt

werden, werden **drei Viertel** der Strafen ausgesetzt, im Bereich von über einem Jahr jedenfalls deutlich mehr als **zwei Drittel** (Tab. 3.6). Die Strafen werden im Bereich der Straßenverkehrsdelikte etwas häufiger zur Bewährung ausgesetzt (78,7 %) als im Bereich der klassischen Delinquenz (67,2 %); bei den Körperverletzungsdelikten liegt der Anteil höher (76,3 %) als bei Diebstahl und Unterschlagung (56,4 %).[377] Bezogen auf die Geschlechtsverteilung zeigt sich, dass die Aussetzung bei verurteilten Frauen häufiger erfolgt (80,0 %) als bei verurteilten Männern (66,6 %), was indessen vor allem Konsequenz der geringeren Schwere der von den Frauen begangenen Delikte sein dürfte.

Der Anteil derjenigen Verurteilten, bei denen die Freiheitsstrafe zur Bewährung ausgesetzt wurde und die gem. § 56d StGB flankierend einem **Bewährungshelfer** unterstellt wurden, lässt sich nicht genau angeben; der Rückfallstatistik von *Jehle et al.* lässt sich entnehmen, dass er im Jahr 2010 bei etwa 38 % lag.[378] Am 31.12.2011 (seither ist die sog. Bewährungshilfestatistik nicht mehr erschienen) waren im früheren Bundesgebiet[379] der Bewährungshilfe insgesamt 98.059 Verurteilte nach § 56d StGB unterstellt.[380] Zum Vergleich: Ein Vierteljahr später (31.03.2012) befanden sich in demselben Bezugsgebiet 42.969 Personen im Vollzug der Freiheits-

[377] Statistisches Bundesamt, Strafverfolgung 2017, Tab. 3.1.
[378] *Jehle et al.* 2013, 74; vgl. auch *Streng* 2012, 101 f. (Rn. 205).
[379] Einschließlich Gesamt-Berlin, ohne Hamburg.
[380] Statistisches Bundesamt, Bewährungshilfe 2011, Tab. 1.2.1.

strafe.[381] Auch wenn sich die Zahlen nicht unmittelbar miteinander vergleichen lassen, zeigt sich hier die große Bedeutung, die die Praxis der ambulanten Alternative zum Strafvollzug beimisst. Die Fallbelastung der einzelnen Bewährungshelfer liegt im Durchschnitt etwa bei *60 bis 70 Probanden*.[382] Allerdings muss man berücksichtigen, dass der Bewährungshilfe 2011 nur zwei Drittel der Probanden (65,1 %) im Wege der Strafaussetzung nach § 56 StGB unterstellt waren; knapp ein Drittel der Probanden (26,7 %) war aus dem Strafvollzug nach § 57 StGB entlassen worden, ein kleiner Teil (0,5 %) war im Wege der Gnade unterstellt worden. Zudem muss man berücksichtigen, dass der Bewährungshilfe 2011 auch 32.002 Probanden nach Jugendstrafrecht unterstellt waren.[383]

Der **Erfolg** der Bewährungshilfe spiegelt sich in den Beendigungsgründen wider, wobei man allerdings berücksichtigen muss, dass die Beendigungsgründe in der Bewährungshilfestatistik nicht danach differenziert wurden, ob die Unterstellung nach § 56d StGB oder nach § 57 Abs. 3 i. V. m. § 56d StGB erfolgt war. 2011 wurden 45.227 Unterstellungen beendet, die nach allgemeinem Strafrecht erfolgt waren. In mehr als *zwei Drittel* der Fälle (71,1 %) hatten sich die Probanden bewährt. In einem knappen Drittel der Fälle (28,9 %) musste die Bewährung widerrufen werden, und zwar überwiegend deshalb, weil der Proband eine neue Straftat begangen hatte (73,2 %).[384] Aus der insoweit etwas differenzierteren Rückfallstatistik von *Jehle et al.* ergibt sich eine höhere Wiederverurteilungsquote: Von denjenigen Verurteilten, die 2010 nach § 56d StGB der Bewährungshilfe unterstellt worden waren, wurde innerhalb von 3 Jahren knapp die Hälfte (49,3 %) rückfällig, während von denjenigen, die der Bewährungshilfe *nicht* unterstellt woren waren, nur knapp ein Drittel rückfällig wurde.[385] Die Verteilung darf indes nicht als Misserfolg der Bewährungshilfe interpretiert werden; zu berücksichtigen ist vielmehr, dass die Gerichte vor allem diejenigen Probanden der Bewährungshilfe unterstellen, bei denen sie eine ungünstigere psychosoziale Ausgangslage und damit verbunden ein von vornherein erhöhtes Rückfallrisiko wahrnehmen (oben Abschn. 2.3.3.2).

3.8   Aussetzung des Strafrests zur Bewährung

3.8.1   Kriminalpolitische Zielsetzung

Die Verurteilung zu einer Freiheitsstrafe, deren Vollstreckung nicht zur Bewährung ausgesetzt wird, bedeutet nicht zwingend, dass der Verurteilte die Freiheitsstrafe in ihrer vollen Länge verbüßen muss. Nach Verbüßung von zwei Dritteln, ggf. auch

---

[381] Statistisches Bundesamt, Strafvollzug 2012, Reihe 4.1, Tab. 1.2.

[382] *Streng* 2012, 104 (Rn. 212); 2. Periodischer Sicherheitsbericht, 2006, 599 ff.

[383] Statistisches Bundesamt, Bewährungshilfe 2011, Tab. 1.2.1.

[384] Statistisches Bundesamt, Bewährungshilfe 2011, Tab. 3.2.; differenziertere Daten bei *Eisenberg und Kölbel* 2017, § 30 Rn. 25 (Tab. 30).

[385] *Jehle et al.* 2013, 74.

schon nach Verbüßung der Hälfte der Strafzeit kann die Vollstreckung des Strafrests einer zeitigen Freiheitsstrafe zur Bewährung ausgesetzt und der Verurteilte aus der Strafhaft entlassen werden, wenn dies unter Berücksichtigung des Sicherheitsinteresses der Allgemeinheit verantwortbar erscheint (§ 57 StGB). Auch bei Tätern, die zu lebenslanger Freiheitsstrafe verurteilt werden, kommt nach 15 Jahren die Strafrestaussetzung in Betracht, soweit nicht die besondere Schwere der Schuld die weitere Vollstreckung gebietet (§ 57a StGB).

Das kriminalpolitische Ziel der Strafrestaussetzung besteht in der konsequenten Umsetzung des Strafzwecks der **Spezialprävention**.[386] Zum einen soll auf diesem Weg dem Umstand entgegengewirkt werden, dass die Schwierigkeiten des Gefangenen bei der Wiedereingliederung mit zunehmender Vollzugsdauer größer werden. Dabei soll dem Gefangenen mit der Chance der vorzeitigen Entlassung[387] auch ein *Anreiz* gegeben werden, während des Vollzugs an der Behandlung mitzuwirken, um die Voraussetzungen für die positive Prognose zu schaffen, die für die Strafrestaussetzung erforderlich ist. Die Strafrestaussetzung stellt insoweit ähnlich wie die Gewährung von Vollzugslockerungen (§§ 11, 13 StVollzG) ein wesentliches Element in dem vom Gesetzgeber geschaffenen, am Resozialisierungsgedanken orientierten Vollzugskonzept dar. Zum anderen soll durch die mit der Strafrestaussetzung geschaffene Bewährungssituation nach der Entlassung für den Verurteilten ein *zusätzlicher Druck* erzeugt werden, sich an die Anforderungen der Gesellschaft (Leben ohne Straftaten) anzupassen. Dem Verurteilten kann dabei durch die Möglichkeit der Erteilung von Weisungen und die Unterstellung unter die Bewährungshilfe (§§ 57 Abs. 3, 57a Abs. 3 i. V. m. §§ 56a ff. StGB) eine zusätzliche Hilfestellung gegeben werden. Die Strafrestaussetzung verfolgt unter diesem Gesichtspunkt dasselbe Ziel wie die primäre Strafaussetzung nach § 56 StGB, nämlich das der ambulanten, die Nachteile des geschlossenen Strafvollzugs vermeidenden Behandlung des Täters.

3.8.2 Voraussetzungen

Zulässig ist die Strafrestaussetzung bei der zeitigen und der lebenslangen Freiheitsstrafe sowie bei der Ersatzfreiheitsstrafe. Hinsichtlich der *Ersatzfreiheitsstrafe* ist die Anwendbarkeit des § 57 StGB zwar umstritten, richtigerweise jedoch zu bejahen.[388] Die Ersatzfreiheitsstrafe ist kein Beugemittel, sondern Strafersatz; für ihre Vollstreckung müssen deshalb dieselben Grundsätze gelten wie für die Vollstreckung der primären Freiheitsstrafe (vgl. auch § 50 Abs. 1 StVollstrO). Wäre es anders, so wäre derjenige, der lediglich zu Geldstrafe verurteilt worden ist, diese

---

[386] Vgl. zum Folgenden *Jescheck und Weigend* 1996, 849; NK 2017, *Dünkel*, § 57 Rn. 1.

[387] Kritisch zu diesem Begriff *Volckart* ZfStrVo 2000, 196.

[388] Wie hier *OLG Zweibrücken* NJW 1976, 155; *OLG Koblenz* GA 1977, 222; NStZ 1987, 120; NStZ 1995, 254; *Dölling* NStZ 1981, 86 ff.; *Streng* 2012, 143 (Rn. 289); NK 2017, *Dünkel*, § 57 Rn. 7; *Schatz* ZRP 2002, 438 ff.; a. Ä. etwa *OLG Oldenburg* NStZ-RR 2007, 253; *OLG Bamberg* NStZ-RR 1998, 380; *ThürOLG* StV 1999, 491; *OLG Celle* NStZ 1998, 533; *Groß* StV 1999, 508 ff.; *Volckart* ZfStrVo 2000, 196.

aber nicht bezahlen kann, schlechter gestellt als derjenige, der zu Freiheitsstrafe verurteilt worden ist und ggf. nur einen Teil dieser Strafe zu verbüßen braucht – ein ungerechtes Ergebnis.

Hinsichtlich der Voraussetzungen, unter denen die Vollstreckung des Strafrests zur Bewährung ausgesetzt werden kann, ist zwischen der *zeitigen* und der *lebenslangen Freiheitsstrafe* zu unterscheiden. Bei der zeitigen Freiheitsstrafe ist weiter zwischen der Aussetzung zum *Zweidrittelzeitpunkt* und der *Halbstrafenaussetzung* zu unterscheiden.

3.8.2.1 Zweidrittelaussetzung

Der Rest einer zeitigen Freiheitsstrafe wird zur Bewährung ausgesetzt, wenn kumulativ drei Voraussetzungen erfüllt sind (§ 57 Abs. 1 StGB):

- Der Verurteilte muss zwei Drittel der verhängten Strafe, mindestens jedoch zwei Monate, verbüßt haben (Nr. 1);
- die Strafrestaussetzung muss unter Berücksichtigung des Sicherheitsinteresses der Allgemeinheit verantwortet werden können (Nr. 2); und
- der Verurteilte muss in die Aussetzung einwilligen (Nr. 3).

Für die Berechnung der **Mindestverbüßungszeit** (Nr. 1) ist die Dauer der vom Gericht verhängten Strafe maßgeblich. „Verbüßt" ist die Strafe auch dann, wenn sie durch Anrechnung erledigt ist (§ 57 Abs. 4 StGB), also etwa, weil der Verurteilte aus Anlass der Tat Untersuchungshaft erlitten hat (§ 51 Abs. 1 StGB), weil er sich in einer Therapieeinrichtung für btm-abhängige Straftäter befunden hat (§ 36 Abs. 1 Satz 1, Abs. 3 BtMG) oder weil er im Maßregelvollzug nach §§ 63 oder 64 StGB untergebracht gewesen ist (§ 67 Abs. 4 StGB). Werden bei einem Verurteilten mehrere Freiheitsstrafen nacheinander vollstreckt, so wird die Vollstreckung jeder einzelnen Strafe nach Erledigung der Mindestverbüßungszeit unterbrochen und die Vollstreckung der nächsten Freiheitsstrafe (wiederum bis zum Zweidrittelzeitpunkt) angeschlossen, damit über die Aussetzung der Vollstreckung der Reste aller Strafen gleichzeitig entschieden werden kann (§ 454b Abs. 2, 3 StPO).[389]

Mit der Formulierung, dass die Strafrestaussetzung unter Berücksichtigung des **Sicherheitsinteresses der Allgemeinheit** verantwortet werden können muss (Nr. 2), bringt der Gesetzgeber das Erfordernis einer positiven Prognose über das weitere Legalverhalten des Verurteilten zum Ausdruck.[390] An die Wahrscheinlichkeit, dass keine weiteren Taten begangen werden, sind dabei, wie die abweichende Formulierung („verantworten" statt „erwarten") deutlich macht, nicht dieselben hohen Anforderungen zu stellen, wie sie bei der primären Strafaussetzung nach § 56 Abs. 1 StGB, aber auch bei der Aussetzung der Maßregelvollstreckung nach § 67d Abs. 2 StGB (unten Abschn. 5.4.4) gelten. Es kommt also nicht darauf an, dass die Wahr-

---

[389] Vgl. SK StGB 2017 ff., *Schall*, § 57 Rn. 10; *Fischer* 2019, § 57 Rn. 10; sowie ausführlich *Volckart* ZfStrVo 2000, 198 ff.

[390] Zur Frage, wie sich das Leugnen der Tat auf die Aussetzung der Reststrafe auswirkt *Schneider* FPPK 2010, 32 ff.

scheinlichkeit künftigen straffreien Verhaltens größer ist als diejenige neuer Straftaten (oben Abschn. 3.6.2.2); eine solche Feststellung könnte angesichts der kaum
vermeidbaren schädlichen Folgen des Strafvollzugs auch nur in seltenen Fällen getroffen werden. Ausreichend ist es, dass die *begründete Aussicht künftigen straffreien
Verhaltens* besteht und die Strafrestaussetzung trotz dieses Risikos unter Berücksichtigung des Sicherheitsinteresses der Allgemeinheit verantwortbar erscheint.[391]
Der Begriff des „**Verantwortens**" macht dabei deutlich, dass der Entscheidung über
die Strafrestaussetzung unvermeidbar das Risiko des Fehlschlags anhaftet. Es handelt sich indessen um ein Risiko, das nicht nur um der Resozialisierung des Verur-
teilten willen eingegangen werden darf, sondern das kriminalpolitisch sinnvoller
Weise auch eingegangen werden sollte. Man muss sich vergegenwärtigen, dass der
Verurteilte – sofern gegen ihn nicht Sicherungsverwahrung verhängt worden ist – die
Freiheit ohnehin nach Ablauf der Strafzeit wiedererlangt (absolute „Sicherheit" vor
ihm auf Dauer also nicht zu erzielen ist) und die Strafrestaussetzung mit der großen
Chance der spezialpräventiv wirksamen, ambulanten Einwirkung verbunden ist.

Obwohl der Gesetzgeber mit dem Erlass des SexBG im Jahr 1998 die zuvor
geltende „Erprobungsklausel"[392] beseitigt hat, hat sich der Charakter der Strafrestaussetzung als einer Risikoentscheidung hierdurch nicht grundlegend geändert.
Nach wie vor gilt, dass nach der Feststellung des Wahrscheinlichkeitsgrads weiterer
Straftaten eine **Abwägung** zwischen dem Resozialisierungsinteresse des Verurteilten und dem Sicherheitsinteresse der Allgemeinheit vorzunehmen ist.[393] In die allein
nach normativen Gesichtspunkten zu treffenden Abwägung müssen dabei drei Gesichtspunkte einfließen: Schwere der im Fall einer Fehlentscheidung zu erwartenden Taten, Dauer der im Fall einer Fehlentscheidung vom Verurteilten noch zu verbüßenden Freiheitsstrafe und Treffsicherheit der empirisch begründeten Prognose
(vgl. hierzu im Einzelnen oben Abschn. 3.7.2.2.3). Der „*Umschlagspunkt*", an dem
aus einer günstigen, die Strafrestaussetzung rechtfertigenden Prognose eine ungünstige wird, hat sich durch die Neuregelung gegenüber der früheren Fassung jedoch *leicht verschoben*; die gesetzliche Neuformulierung weist auf eine „*Vor-
Wertung*" *zugunsten des Sicherheitsinteresses der Allgemeinheit* hin.[394] Die
Anforderungen an die Wahrscheinlichkeit künftigen straffreien Verhaltens werden
dabei umso größer, je stärker das Gewicht des bei einer etwaigen Wiederholungstat
bedrohten Rechtsguts ist.[395] Auch wenn die empirisch begründete Möglichkeit, dass
es zu weiteren Straftaten kommen kann, gleich erscheint, wird die Abwägung daher

---

[391] Vgl. *OLG Köln* StV 2001, 30 (31); restriktiver *OLG Bremen* NStZ 2000, 671; *OLG Koblenz*
NStZ 1998, 591 m. Anm. *Feuerhelm* NStZ 1999, 270; unklar *OLG Düsseldorf* StV 2000, 685.

[392] „… wenn verantwortet werden kann zu erproben, ob der Verurteilte außerhalb des Strafvollzugs
keine Straftaten mehr begehen wird …".

[393] Vgl. BT-Drucks. 13/9062, 9; *BGH* NStZ-RR 2003, 200 (201); S/S 2019, *Kinzig* § 57 Rn. 10;
Fischer 2019, § 57 Rn. 12; ferner *Schöch* NJW 1998a, 1257 ff.; *Schöch* 1998b, 1241 ff.

[394] Wie hier *OLG Koblenz* StV 1998, 667; NStZ 1998, 591; SK StGB 2017 ff., *Schall*, § 57 Rn. 15;
Schöch NJW 1998a, 1258; *Volckart* R&P 1998, 9; a. A. *Lackner und Kühl* 2018, § 57 Rn. 7.

[395] *BGH* NStZ-RR 2003, 200 (201); *OLG Stuttgart* StV 1998, 668 m. Anm. *Schüler-Springorum*;
OLG Bamberg NJW 1998, 3508 (3509); *Schöch* 1998b, 1255 f.

bspw. dann, wenn „nur" weitere Verstöße gegen das BtMG oder das AufenthG drohen, zu einem anderen Ergebnis führen als dann, wenn es sich bei den weiteren Taten um Gewaltdelikte handelt, bei denen mit schweren körperlichen oder seelischen Schäden zu rechnen ist.

Mit dem **Einwilligungserfordernis** (Nr. 3) soll sichergestellt werden, dass der Verurteilte an der spezialpräventiven Zielsetzung der Strafrestaussetzung mitwirkt.[396] Soweit er die Einwilligung nur deshalb versagt, weil er die mit der Bewährungsaussetzung verbundenen Belastungen vermeiden will, ist im Blick zu behalten, dass sich an die Vollverbüßung von längeren Freiheitsstrafen kraft Gesetzes die Führungsaufsicht anschließt (§ 68f StGB; dazu unten Abschn. 5.2.2.2).

Wenn die genannten Voraussetzungen vorliegen, ist die Aussetzung des Strafrests **obligatorisch**; darauf, ob – etwa im Rahmen einer vollstreckungsrechtlichen Gesamtwürdigung – generalpräventive Erwägungen die weitere Vollstreckung angezeigt erscheinen lassen, kommt es nicht an.[397] Die einzige Ausnahme von diesen Grundsätzen findet sich in § 57 Abs. 6 StGB: Wenn der Verurteilte über den *Verbleib der Beute oder des Lösegelds* unzureichende oder falsche Angaben macht, kann das Gericht von der Aussetzung des Strafrests absehen.[398]

3.8.2.2 Halbstrafenaussetzung

Die Vollstreckung des Rests einer zeitigen Freiheitsstrafe kann schon nach Verbüßung der Hälfte der Strafzeit zur Bewährung ausgesetzt werden, wenn der Verurteilte mindestens 6 Monate verbüßt hat, die Voraussetzungen für die Zweidrittelaussetzung erfüllt sind und alternativ eine der beiden folgenden Konstellationen vorliegt (§ 57 Abs. 2 StGB):

- der Verurteilte verbüßt erstmals eine Freiheitsstrafe, wobei die Freiheitsstrafe nicht mehr als zwei Jahre beträgt (Nr. 1), oder
- aus der Gesamtwürdigung von Tat, Persönlichkeit und Entwicklung des Verurteilten während des Strafvollzugs ergeben sich besondere Umstände, die die Halbstrafenaussetzung rechtfertigen (Nr. 2).

Die „**Erstverbüßer-Regelung**" (Nr. 1) beruht auf der Vorstellung, dass die Chance der erfolgreichen Wiedereingliederung nach der Verbüßung der ersten Freiheitsstrafe am größten ist, während sie nach weiteren Strafverbüßungen geringer wird; der erste Freiheitsentzug soll beim Verurteilten den spürbarsten Eindruck hinterlassen.[399] Aus dieser Zielsetzung wird von der h. M. gefolgert, dass

---

[396] *Gross* 2002, 691 ff.; krit. *Laubenthal* JZ 1988, 951 ff.; *Volckart* ZfStrVo 2000, 197; empirische Befunde bei *Böhm und Erhard* MschrKrim 67 (1984), 376 f.

[397] SK StGB 2017 ff., *Schall*, § 57 Rn. 28; a. A. *OLG Düsseldorf* NStZ 1999, 478 m. krit. Anm. *Krehl* NStZ 2000, 333.

[398] Anwendungsbeispiele: *OLG München* JR 1988, 294 m. Anm. *Terhorst*; *OLG Düsseldorf* NStZ-RR 2010, 220.

[399] Vgl. *Dölling* NJW 1987, 1043.

der Begriff der „Freiheitsstrafe" in diesem Zusammenhang nicht wörtlich (also als Freiheitsstrafe i. S. von § 38 StGB) zu verstehen ist. Der Begriff soll sich vielmehr auch auf die Vorverbüßung von Jugendstrafe beziehen,[400] wohingegen die Vorverbüßung von Ersatzfreiheitsstrafe[401] oder Untersuchungshaft[402] die Anwendbarkeit der „Erstverbüßer-Regelung" nicht ausschließen soll.

„**Besondere Umstände**", die die Halbstrafenaussetzung rechtfertigen (Nr. 2), sind solche, die im Vergleich mit gewöhnlichen Milderungsgründen besonderes Gewicht besitzen und die Aussetzung trotz des Unrechts- und Schuldgehalts der Tat als mit den Strafzwecken vereinbar erscheinen lassen. Dabei dürfen auch solche Umstände Berücksichtigung finden, die vom erkennenden Gericht bereits bei der Strafzumessung berücksichtigt worden sind. Die Halbstrafenaussetzung kann dementsprechend bspw. gerechtfertigt sein, wenn der bisher unbestrafte Täter durch die staatlichen Organe in Straftaten verstrickt worden ist[403] oder wenn er durch freiwillige Offenbarung seines Wissens auch noch während des Strafvollzugs dazu beigetragen hat, die Tat über den eigenen Tatbeitrag hinaus aufzudecken.[404] Auch Tatsachen, die für sich genommen nur durchschnittliche Milderungsgründe darstellen, können durch ihr Zusammentreffen ein solches Gewicht erlangen, dass ihnen in ihrer Gesamtheit die Bedeutung „besonderer Umstände" zuerkannt werden muss.[405]

Die Entscheidung über die Strafrestaussetzung steht in beiden Fällen im **Ermessen** des Gerichts. Angesichts der Vorentscheidung des Gesetzgebers zugunsten der Wiedereingliederung dürfen Schuldgesichtspunkte und generalpräventive Erwägungen im Zusammenhang mit der „Erstverbüßer-Regelung" jedoch grundsätzlich keine Rolle spielen.[406] Lediglich im Zusammenhang mit der Gesamtwürdigung „besonderer Umstände" ist das Gericht bei der Halbstrafenaussetzung freier gestellt.[407]

3.8.2.3 Aussetzung bei der lebenslangen Freiheitsstrafe

Der Rest einer lebenslangen Freiheitsstrafe[408] wird (ohne Ermessen) zur Bewährung ausgesetzt, wenn kumulativ vier Voraussetzungen erfüllt sind (§ 57a Abs. 1 StGB):

- Der Verurteilte muss mindestens 15 Jahre der Strafe verbüßt haben (Nr. 1), wobei hier jede Freiheitsentziehung, die er aus Anlass der Tat erlitten hat (z. B. U-Haft), angerechnet wird (§ 57a Abs. 2 StGB);

---

[400] *OLG Stuttgart* JZ 1987, 1085 m. Anm. *Eisenberg; OLG Karlsruhe* NStZ 1989, 323 (324); krit. *Volckart* ZfStrVo 2000, 197, a. A. MüKo 2016 ff., *Groß*, § 57 Rn. 25.

[401] *OLG Stuttgart* StV 1994, 250 (251).

[402] *OLG Stuttgart* NStZ 1990, 103 (104); *OLG Zweibrücken* StV 1998, 670; a. A. *OLG Karlsruhe* StV 1990, 119 m. Anm. *Groß*.

[403] *OLG Koblenz* StV 1991, 429 (430).

[404] Vgl. *OLG Frankfurt a. M.* NStZ-RR 1996, 213.

[405] *OLG Koblenz* StV 1991, 428.

[406] Vgl. *BGH* NStZ 1988, 495; *OLG Hamburg* StV 1990, 414.

[407] Krit. *Volckart* ZfStrVo 2000, 198.

[408] Ausführlich zur Entstehungsgeschichte, den Voraussetzungen und dem Verfahren der Strafrestaussetzung gem. § 57 a StGB *Kett-Straub* 2011, 93 ff.

- die weitere Vollstreckung darf nicht im Hinblick auf die besondere Schwere der Schuld geboten sein (Nr. 2);
- die Strafrestaussetzung muss unter Berücksichtigung des Sicherheitsinteresses der Allgemeinheit verantwortet werden können; und
- der Verurteilte muss in die Aussetzung einwilligen (Nr. 3)[409].

Im Mittelpunkt dieser vom *BVerfG* erzwungenen Regelung (oben Abschn. 3.6.2.3) steht das Erfordernis der **„besonderen Schwere der Schuld"**,[410] über das bereits vom erkennenden Schwurgericht zu befinden ist.[411] Der *BGH* hat es auch in diesem Zusammenhang abgelehnt, den Begriff anhand der Rechtsfigur des „normativen Normalfalls" zu konkretisieren (vgl. dazu genauer unten Abschn. 4.6). Die „besondere Schwere der Schuld" sei nicht mittels bestimmter Definitionen zu erfassen, die an begriffliche Abstufungen der Tatschuld anknüpften. Das erkennende Gericht müsse vielmehr sämtliche schuldrelevanten Umstände ermitteln und im Weg einer zusammenfassenden Würdigung von Tat und Täterpersönlichkeit bewerten. Die Annahme einer „besonderen Schwere der Schuld" komme nur dann in Betracht, wenn *Umstände* vorlägen, *die Gewicht hätten*.[412] Solche Umstände können sich bspw. aus der Begehung mehrerer Mordtaten oder im Zusammenhang mit einem Mord aus der Begehung weiterer schwerer Straftaten ergeben.[413] Bei ihrer Feststellung muss das Gericht das *Doppelverwertungsverbot* (§ 46 Abs. 3 StGB) beachten; die besondere Schuldschwere darf deshalb nicht ohne weiteres mit dem Vorliegen von „niedrigen Beweggründen" begründet werden, da dieses Mordmerkmal seinerseits an die „besondere Verwerflichkeit" der Tat anknüpft.[414]

Die vom erkennenden Gericht zu treffende Feststellung der besonderen Schwere der Schuld ist systematisch kein Teil der Entscheidung zum Schuld- oder Strafausspruch, sondern Entscheidung in einer *vollstreckungsrechtlichen Vorfrage*.[415] Im Vollstreckungsverfahren muss erneut eine Gesamtwürdigung vorgenommen werden, in deren Rahmen die Strafvollstreckungskammer zwar bei der Bewertung der Schuld an die Gewichtung des erkennenden Gerichts gebunden ist; die Strafvollstreckungskammer muss jedoch selbstständig darüber entscheiden, ob unter Berücksichtigung des Geschehens und der Persönlichkeitsentwicklung des Verurteilten im Vollzug die besondere Schwere der Schuld die weitere Vollstreckung der Strafe „gebietet".[416] Im Rahmen dieser **vollstreckungsrechtlichen**

---

[409] Krit. *Kett-Straub* GA 2007, 339 f.

[410] Zur Problematik der Schuldschwereklausel und einem Verzicht de lege ferenda *Heine et al.* GA 2008, 193, 255 ff.; krit. dazu *Duttge* 2009, 274.

[411] Eingehend zur „Schwurgerichtslösung" und den Folgeproblemen *Czerner* 2013, 549 ff.

[412] *BGHSt* (GS) 40, 360 (368 ff.) m. Anm. *Kintzi* JR 1995, 249; *Streng* JZ 1995, 556 ff.

[413] Vgl. SK StGB 2017 ff., *Schall*, § 57a Rn. 10; *Blanke-Roeser* JuS 2017, 828.

[414] *BGHSt* 42, 226 (229) m. Anm. *Horn* JR 1997, 248.

[415] *BGHSt* 39, 208 (209); 40, 360 (366 f.).

[416] *OLG Frankfurt a. M.* NStZ 1994, 54, vgl. auch *Kett-Straub* GA 2007, 338, 340 ff. am Beispiel der ehemaligen RAF-Terroristen.

Gesamtwürdigung kann bspw. dem Umstand Gewicht zukommen, dass seit der Verurteilung eine positive Persönlichkeitsentwicklung stattgefunden oder dass sich der Gesundheitszustand des Verurteilten im Vollzug erheblich verschlechtert hat. Wird die Strafrestaussetzung abgelehnt, so muss in der Entscheidung verbindlich angegeben werden, bis wann die Vollstreckung unter dem Gesichtspunkt der Schwere der Schuld – also vorbehaltlich einer Änderung der für die Beurteilung maßgebenden Verhältnisse des Verurteilten – fortzusetzen ist.[417] Wird die Vollstreckungsdauer in diesem Zusammenhang bspw. auf 38 Jahre festgesetzt, so kann auch eine derart lange Strafzeit mit den Grundrechten des Verurteilten noch vereinbar sein.[418]

3.8.3 Rechtsfolgen

Wenn der Rest einer zeitigen oder lebenslangen Freiheitsstrafe zur Bewährung ausgesetzt wird, gelten die meisten Regelungen über die im Fall der primären Strafaussetzung zulässigen und notwendigen Nebenentscheidungen entsprechend (§§ 57 Abs. 3, 57a Abs. 3 StGB). Die Bewährungszeit beträgt im Fall der zeitigen Freiheitsstrafe zwischen **2 und 5 Jahren**; sie darf nicht kürzer sein als der zur Bewährung ausgesetzte Strafrest. Im Fall der lebenslangen Freiheitsstrafe beträgt die Bewährungszeit zwingend 5 Jahre.

Die Aussetzung des Strafrests kann unter denselben Voraussetzungen wie die primäre Strafaussetzung widerrufen werden (vgl. § 57 Abs. 5 Satz 1 i. V. m. §§ 56f, 56 g StGB). Darüber hinaus ist gem. § 57 Abs. 5 Satz 2 StGB ein Widerruf auch dann möglich, wenn der Verurteilte in dem Zeitraum zwischen Verkündung des letzten tatrichterlichen Urteils und der Aussetzungsentscheidung eine Straftat begangen hat, die bei der Aussetzungsentscheidung aus tatsächlichen Gründen nicht berücksichtigt werden konnte und welche im Falle der Berücksichtigung zur Versagung der Strafrestaussetzung geführt hätte. Dies betrifft vor allem Taten, die der Verurteilte z. B. vor Beginn der Strafvollstreckung, während eines Hafturlaubs oder im Rahmen des offenen Vollzuges begangen hat und die dem Gericht nicht bekannt oder zum Entscheidungszeitpunkt nicht nachweisbar waren.[419] Erfolgt ein **Widerruf**, so wird eine nochmalige (praktisch meist kürzere) Strafrestaussetzung hierdurch rechtlich nicht ausgeschlossen.[420] In der Praxis hat der Widerruf jedoch in der Regel die Vollverbüßung der Freiheitsstrafe zur Konsequenz.[421]

---

[417] *BVerfGE* 86, 288 (331 f.); vgl. auch *BVerfG* NStZ 1996, 53 (54 f.).

[418] Vgl. *BVerfG* NJW 1995, 3244 (3245 f.).

[419] BT-Drucks. 16/3038, 58.

[420] *OLG Stuttgart* NStZ 1984, 363 (364); *OLG Frankfurt a. M.* StV 1984, 25.

[421] *Böhm und Erhard* MschrKrim 67 (1984), 370.

3.8.4 Verfahrensfragen

Über die Aussetzung des Strafrests zur Bewährung entscheidet in der Regel die **Strafvollstreckungskammer**, in deren Bezirk die Strafanstalt liegt, in der der Verurteilte die Strafe verbüßt (§§ 454 Abs. 1, 462a Abs. 1 StPO). Soweit es um die Aussetzung des Rests einer lebenslangen Freiheitsstrafe geht, entscheidet die Kammer in der Besetzung mit drei Richtern, sonst in der Besetzung mit nur einem Richter (§ 78b Abs. 1 GVG).

Die Entscheidung ergeht von Amts wegen oder auf Antrag des Verurteilten. Das Verfahren muss so frühzeitig eingeleitet werden, dass der Vollzugsbehörde im Fall der positiven Entscheidung ausreichend Zeit zur Vorbereitung der Entlassung verbleibt. Die gerichtliche Entscheidung kann dabei auch schon mehr als 3 Monate vor dem Entlassungszeitpunkt ergehen (vgl. § 454a Abs. 1 StPO).[422] Soweit es um Restaussetzung einer lebenslangen Freiheitsstrafe oder um die Restaussetzung einer zeitigen, 2 Jahre übersteigenden Freiheitsstrafe geht, die wegen eines Verbrechens, einer Sexualtat, eines erheblichen Körperverletzungsdelikts oder einer Rauschtat in Verbindung mit einem der genannten Delikte verhängt worden ist, muss vom Gericht zur Vorbereitung der Entscheidung regelmäßig ein **Sachverständigengutachten** eingeholt werden, das sich zur Legalprognose des Verurteilten äußert (§ 454 Abs. 2 StPO).[423]

Die Entscheidung der Strafvollstreckungskammer ergeht durch Beschluss, der mit der sofortigen Beschwerde anfechtbar ist (§ 454 Abs. 3 StPO). Im Fall der ablehnenden Entscheidung kann das Gericht eine Frist (höchstens 6 Monate bzw. bei lebenslanger Freiheitsstrafe höchstens 2 Jahre) bestimmen, vor deren Ablauf ein erneuter Antrag des Verurteilten auf Strafrestaussetzung unzulässig ist (§§ 57 Abs. 7, 57a Abs. 4 StGB).

3.8.5 Kriminologische Aspekte

Im Jahr 2017 wurden in Deutschland ca. 57.972 Personen aus den Justizvollzugsanstalten in die Freiheit entlassen.[424] In knapp einem Drittel der Fälle (30,4 %) erfolgte die Entlassung, weil der Strafrest zur Bewährung ausgesetzt worden war; in den übrigen Fällen war das Ende der Strafzeit erreicht worden. Die **Vollverbüßung** ist danach in der Praxis der deutlich **häufigere Fall**. Dabei muss man allerdings im Blick behalten, dass die gesetzliche Mindestverbüßungsdauer bei 2 Monaten liegt (§ 57 Abs. 1 Satz 1 Nr. 1 StGB). Bei kurzen (vollstreckten) Freiheitsstrafen und

---

[422] *OLG Zweibrücken* NStZ 1991, 207; zur Anwendung des § 454a StPO bei versagten Vollzugslockerungen durch Vollzugsbehörden *BVerfG* NJW 2009 1941; *Krehl* 2011, 301 ff.

[423] Vgl. *OLG Frankfurt a. M.* NStZ 1998, 639 m. Anm. *Cramer*; krit. *Schöch* NJW 1998a, 1259; *Schöch* 1998b, 1241 ff.

[424] Genaue Zahlen sind insoweit nicht möglich; die Angaben beruhen auf einer Hochrechnung aus der Stichtagserhebung Bestand der Gefangenen und Verwahrten.

namentlich bei Ersatzfreiheitsstrafen, die sich in der Mehrzahl der Fälle deutlich unterhalb der 60-Tages-Marge bewegen, kommt daher eine Strafrestaussetzung schon aus rechtlichen Gründen gar nicht in Betracht, ohne dass es insoweit auf die umstrittene Frage ankäme, ob der Strafrest der Ersatzfreiheitsstrafe überhaupt zur Bewährung ausgesetzt werden darf (oben Abschn. 3.8.2). Bei den vollstreckten primären Freiheitsstrafen dürfte der Anteil von Strafrestaussetzungen deshalb deutlich über 30 % liegen.

Die meisten Strafrestaussetzungen entfallen auf die **Zweidrittelaussetzung** nach § 57 Abs. 1 StGB (Tab. 3.7). Allerdings lässt sich sowohl bei den Zweidrittel-

Tab. 3.7 Art der Strafrestaussetzung im Zeitvergleich. (*Quelle*: Statistisches Bundesamt, bis 2002: Strafvollzug, Reihe 4.2, Tab. 1.3; seit 2003: Stichtagserhebung Bestand der Gefangenen und Verwahrten, Hochrechnung aus den drei Erhebungsmonaten März, August und November; Bezugsgebiet: Deutschland; 1990: früheres Bundesgebiet)

Die Aussetzung des Strafrests erfolgte		N	%[a]
Nach § 57 Abs. 1 StGB	1990	11.577	64,0
	2000	11.914	51,9
	2010	10.004	36,9
	2015	8324	42,9
	2017	7660	43,5
Nach § 57 Abs. 2 Nr. 1 StGB	1990	1081	6,0
	2000	1162	5,1
	2010	848	3,1
	2015	732	3,8
	2017	664	3,8
Nach § 57 Abs. 2 Nr. 2 StGB	1990	206	1,1
	2000	204	0,9
	2010	180	0,7
	2015	128	0,7
	2017	104	0,6
Nach § 57a StGB	1990	63	0,3
	2000	49	0,2
	2010	72	0,3
	2015	80	0,4
	2017	84	0,5
Im Wege der Gnade	1990	1008	5,6
	2000	2190	9,5
	2010	8008	29,5
	2015	5048	26,0
	2017	4744	26,9
Nach anderen Vorschriften	1990	4147	22,9
	2000	7421	32,3
	2010	8024	29,6
	2015	5080	26,2
	2017	4356	24,7

[a]Bezogen auf die Gesamtzahl der Strafrestaussetzungen in dem jeweiligen Bezugsjahr

aussetzungen als auch bei den Erstverbüßeraussetzungen nach § 57 Abs. 2 Nr. 1 StGB seit 1990 ein gewisser *Bedeutungsrückgang* feststellen. Der Bedeutungsrück-gang wird kompensiert durch eine Zunahme der gnadenweisen Strafentlassungen sowie der Entlassungen nach „anderen Vorschriften" (namentlich Entlassungen aus dem Jugendstrafvollzug [§ 88 JGG] sowie Zurückstellungen der [weiteren] Straf-vollstreckung nach § 35 BtMG). Im Wesentlichen zu demselben Ergebnis kommt eine Studie von *Cornel*, in der die Entwicklung der Strafrestaussetzung von 1994 bis Ende des Jahres 2010 unter Zugrundelegung von monatlichen Gefangenenbe-standszahlen betrachtet wurde.[425] Rechtspolitisch problematisch sind dabei vor al-lem die Zuwächse bei den *Gnadenentscheidungen*, weil hier eine „Grauzone" recht-lich kaum konturierten und gerichtlich nicht überprüfbaren Handlungsermessens der Landesjustizverwaltungen besteht. Da die genauen Zahlen in der Statistik seit 2003 nicht mehr ausgewiesen werden, sondern nur noch Hochrechnungen möglich sind, mag es sich bei den Zuwächsen allerdings auch um ein statistisches Artefakt handeln; in die Hochrechnung fließt maßgeblich der Monat November ein, in dem mit Blick auf das bevorstehende Weihnachtsfest traditionell viele Gnadenentschei-dungen ergehen.[426]

3.9 Fahrverbot

3.9.1 Kriminalpolitische Zielsetzung

Das Fahrverbot, das das Gericht gegen den Täter für die Dauer von 1 bis 6 Monaten anordnen kann (§ 44 StGB), ist die einzige vom Gesetzgeber ausdrücklich so be-zeichnete **Nebenstrafe** des geltenden Rechts. Damit ist gemeint, dass das Fahrver-bot nicht isoliert gegen den Täter verhängt werden kann, sondern nur in Kombina-tion mit einer der beiden Hauptstrafen (Geld- oder Freiheitsstrafe). Eine Erweiterung des Anwendungsbereichs im Jahr 2017[427] hatte vor allem die Kombination mit der Geldstrafe im Blick: Indem den Gerichten die Anordnung eines Fahrverbots neben einer Geldstrafe auch in den Fällen der „klassischen" Kriminalität ermöglicht wurde, sollte erreicht werden, dass die Gerichte seltener auf die Verhängung oder Vollstreckung kurzer Freiheitsstrafen setzen, wenn ihnen dies zur Erzielung spezi-fischer spezial- oder generalpräventiver Wirkungen angezeigt erscheint (vgl. § 47 Abs. 1, § 56 Abs. 1 und 3 StGB).

Anders als die Maßregel der Entziehung der Fahrerlaubnis (§ 69 StGB; dazu unten Abschn. 5.2.1) zielt das Fahrverbot nicht darauf ab, die Allgemeinheit vor ungeeigneten Verkehrsteilnehmern zu schützen. Seine Funktion besteht viel-mehr darin, solchen Tätern, die aus beruflichen oder privaten Gründen mit Kraft-

[425] *Cornel* 2013, 777 ff., 788.
[426] *Figl* BewHi 2001, 392 ff.; *Schmitz* StV 2007, 608 ff.
[427] Gesetz zur effektiveren und praxistauglicheren Ausgestaltung des Strafverfahrens v. 17.08.2017, BGBl. I, 3202; vertiefend *Schöch* NStZ 2018, 15 ff.

fahrzeugen am Straßenverkehr teilnehmen, zusätzlich zur Hauptstrafe einen „**Denkzettel**" zu verpassen. Durch die Erfahrung, für einen bestimmten Zeitraum von der Teilnahme am Kraftfahrzeugverkehr ausgeschlossen zu sein, soll dem Täter ein Gefühl für das begangene Unrecht vermittelt werden; durch die Notwendigkeit, seine Mobilitätsbedürfnisse auf andere Weise als durch die Benutzung eines Kraftfahrzeugs befriedigen zu müssen, soll er ein Strafübel erfahren, das bei ihm einen stärkeren Eindruck hinterlässt als er nur mit der Geldstrafe möglich wäre.

Rechtspolitisch ist die vom Gesetzgeber 2017 vorgenommene Ausdehnung des Anwendungsbereichs nach wie vor umstritten.[428] Vor der Gesetzesänderung konnte das Fahrverbot ausschließlich dann verhängt werden, wenn der Täter wegen einer Straftat verurteilt wurde, die er bei oder im Zusammenhang mit dem Führen eines Kraftfahrzeugs oder unter Verletzung der Pflichten eines Kraftfahrzeugführers begangen hatte. Heute stellt diese Voraussetzung nur noch eine vom Gesetzgeber besonders hervorgehobene Beispielsgruppe dar (§ 44 Abs. 1 Satz 2 StGB). Das erklärte Ziel des Gesetzgebers war es, die Gestaltungsmöglichkeiten der Gerichte bei der Sanktionierung zu erweitern; es sollte eine zusätzliche Möglichkeit geschaffen werden, um auf den Verurteilten auch außerhalb der Verkehrsdelikte „zielgenau, spürbar und schuldangemessen" einwirken zu können.[429] Dass dies nur dann gelingt, wenn bei der Strafzumessung so weit wie möglich auf die konkreten Verkehrsverhältnisse vor Ort und die individuelle Situation des Verurteilten abgestellt wird, ist selbstverständlich und entspricht dem Grundprinzip individualisierender Strafzumessung (§ 46 Abs. 1 Satz 2 StGB; unten Abschn. 4.7.3); in einer Großstadt, in der ein gut ausgebautes System des öffentlichen Personennahverkehrs besteht, werden Verurteilte vom Fahrverbot weniger getroffen als auf dem Land, wo es zur Nutzung des Autos vielleicht keine Alternative gibt. Dass der Aufwand der Gerichte bei der Feststellung des Strafzumessungssachverhalts damit zunimmt und vielleicht auch die Gefahr von Ungleichbehandlung steigt, wie es von Kritikern behauptet wird,[430] mag sein. Bei den anderen Sanktionen, insbesondere bei der „bloßen" Geldstrafe, ist dies allerdings nicht anders: Auch hier setzt die Aufklärung des Strafzumessungssachverhalts richtigerweise mehr voraus als die in der Praxis verbreitete Schätzung der Bemessungsgrundlagen „ins Blaue hinein"[431] und auch hier führt insbesondere die Vollstreckung der Ersatzfreiheitsstrafe zur einer deutlichen Ungleichbehandlung von Arm und Reich (oben Abschn. 3.4.7). Den Problemen muss, kann in der Praxis aber auch, durch eine zurückhaltende, im Einzelfall gut begründete Anwendung der Nebenstrafe Rechnung getragen werden.

---

[428] Vertiefend *Wedler* NZV 2015, 209 ff.

[429] BT-Drucks. 18/11272, S. 14.

[430] *Fischer* 2019, § 44 Rn. 7; *Kett-Straub und Kudlich* 2017, § 13 Rn. 7.

[431] *BVerfG* StV 2016, 554 (554).

3.9.2   Voraussetzungen

Voraussetzung für die Verhängung eines Fahrverbots ist, dass der Täter wegen einer **Straftat** zu einer Geld- oder Freiheitsstrafe verurteilt wird (§ 44 Abs. 1 Satz 1 StGB). Anders als bei der Entziehung der Fahrerlaubnis (§ 69 Abs. 1 Satz 1 StGB) genügt es nicht, wenn wegen fehlender Schuldfähigkeit lediglich die Begehung einer „rechtswidrigen Tat" (§ 11 Abs. 1 Nr. 5 StGB) festgestellt wird. Ebenfalls genügt es nicht, wenn der Täter wegen einer Straftat lediglich schuldig gesprochen und von Strafe abgesehen oder er lediglich verwarnt wird (§ 59 StGB); es entspricht dem Charakter einer *Neben*strafe, dass die Sanktion nur in **Kombination mit einer Hauptstrafe** verhängt werden darf. Aus der Funktion des Fahrverbots als einer Neben*strafe* ergibt sich darüber hinaus, dass der Täter im Straßenverkehr Kraftfahrzeuge tatsächlich führt. Wer dies nicht tut – beispielsweise weil er ein passionierter Fahrradfahrer ist oder seine Fahrerlaubnis aus Altersgründen wieder zurückgegeben hat –, wird vom Fahrverbot nicht getroffen[432]; die Sanktion kann sich bei ihm nicht als „Übel" auswirken (oben Abschn. 2.1.1).

An die Art der Straftat werden seit der Gesetzesänderung von 2017 keine besonderen Anforderungen mehr gestellt. Die Straftat kann wie schon zuvor „bei oder im Zusammenhang mit dem Führen eines Kraftfahrzeugs oder unter Verletzung der Pflichten eines Kraftfahrzeugführers" begangen worden sein (§ 44 Abs. 1 Satz 2, 1. Alt. StGB). Zu den Taten, die „beim Führen eines Kraftfahrzeugs" begangen werden, gehören die typischen Verkehrsdelikte, insbesondere die §§ 315c und 316 StGB sowie die §§ 222 und 229 StGB, soweit sie die Folge von Verkehrsverstößen sind. „Im Zusammenhang mit dem Führen eines Kraftfahrzeugs" ist eine Straftat dann begangen, wenn sich der Täter für die Vorbereitung oder Durchführung einer Tat, bei der es sich nicht zwingend um ein Verkehrsdelikt gehandelt haben muss, oder anschließend für die Ausnutzung oder Verdeckung der Tat eines Kraftfahrzeugs bedient hat. Die frühere Einschränkung des BGH, wonach ein bloß äußerer – örtlicher oder zeitlicher – Zusammenhang für die Verhängung eines Fahrverbots nicht genügte,[433] spielt heute keine Rolle mehr. „Unter Verletzung der Pflichten eines Kraftfahrzeugführers" ist eine Straftat dann begangen, wenn der Täter gegen spezifisch verkehrsrechtliche Pflichten (z. B. die unzulängliche Absicherung einer Unfallstelle [§ 34 StVO], wodurch es zu einem weiteren Verkehrsunfall kommt) oder gegen andere Pflichten verstoßen hat; ein Fahrverbot ist unter diesem Gesichtspunkt beispielsweise auch dann zulässig, wenn sich der Täter gegen eine Blutentnahme zur Wehr setzt (§ 113 StGB).[434] Das Fahrverbot kann darüber hinaus auch bei anderen Anlasstaten angeordnet werden. Nach der Neufassung des Gesetzes kommt dies namentlich dann in Betracht, wenn die Anordnung „zur Einwirkung auf den Täter oder zur Verteidigung der Rechtsordnung erforderlich erscheint oder hierdurch

---

[432] *Dölling* 2018, 863.
[433] *BGHSt* 22, 328 (329 f.).
[434] *OLG Hamm* VRS 8, 46.

die Verhängung einer Freiheitsstrafe oder deren Vollstreckung vermieden werden kann" (§ 44 Abs. 1 Satz 2, 2. Alt. StGB). Dabei ist insbesondere an solche Täter zu denken, die allein mit einer Geldstrafe nicht oder nicht ausreichend zu beeindrucken sind, beispielsweise an wohlhabende Täter, die die Geldstrafe selbst bei sachgerecht bemessener Tagessatzhöhe (vgl. § 40 Abs. 2 StGB) „aus der Portokasse" bezahlen könnte, oder an Täter, für die das Auto oder Motorrad ein Prestigeobjekt ist.[435] In jedem Fall ist das Gericht gehalten zu prüfen, ob die aus Geldstrafe und Fahrverbot gebildete Gesamtsanktion und das dadurch dem Verurteilten auferlegte Gesamtübel nicht genügen, um die Verhängung oder Vollstreckung einer Freiheitsstrafe entbehrlich zu machen. Mit dieser expliziten Formulierung in § 44 StGB macht der Gesetzgeber deutlich, dass das Fahrvebot nicht als Sanktion für Bagatellstraftaten gedacht ist, sondern im Bereich der leichteren bis mittleren Kriminalität zu Anwendung kommen soll.[436]

Wenn die Voraussetzungen erfüllt sind, steht die Anordnung des Fahrverbots im **Ermessen** des Gerichts. § 44 Abs. 1 Satz 3 StGB schränkt das Ermessen allerdings insofern ein, als bei Verurteilungen wegen Trunkenheitsdelikten nach § 315c Abs. 1 Nr. 1 Buchst. a), Abs. 3 oder § 316 StGB die Anordnung „**in der Regel**" dann erfolgen soll, wenn dem Täter nicht die Fahrerlaubnis entzogen wird. Hierdurch soll sichergestellt werden, dass diese Verkehrsvergehen nicht ohne spürbare verkehrsspezifische Reaktion bleiben.

Das Gericht entscheidet über die Anordnung des Fahrverbots und die Bestimmung seiner Dauer nach den allgemeinen Strafzumessungsregeln (§ 46 StGB). Zwischen der Haupt- und der Nebenstrafe besteht dabei eine Wechselwirkung; beide Sanktionen zusammen dürfen das Maß der Tatschuld nicht überschreiten.[437] Die Belastung, die den Verurteilten in Form der Nebenstrafe trifft, ist deshalb bei der Hauptstrafe mildernd zu berücksichtigen. Das Gericht kann das Verbot im Übrigen zur Wahrung der Schuldangemessenheit der Gesamtsanktion auf bestimmte Arten von Kraftfahrzeugen beschränken.

3.9.3 Rechtsfolgen

Das Fahrverbot, das mit Eintritt der Rechtskraft des Urteils wirksam wird (§ 44 Abs. 2 Satz 1 StGB), hat zur Konsequenz, dass dem Verurteilten für eine Dauer zwischen einem und sechs Monaten untersagt ist, im Straßenverkehr Kraftfahrzeuge zu führen. Der Verstoß gegen dieses Verbot stellt eine erneute Straftat dar (§ 21 Abs. 1 und 2 StVG). Der Führerschein wird in amtliche Verwahrung genommen (§ 44 Abs. 2 Satz 2 StGB); die Verbotsfrist beginnt an dem Tag zu laufen, an dem die Inverwahrnahme erfolgt (§ 44 Abs. 3 Satz 1 StGB). Wird der Führerschein nicht freiwillig herausgegeben, so wird er beschlagnahmt (§ 463b StPO). Die Fahrerlaubnis bleibt vom

---

[435]Weitere Beispiele bei *Schöch* NStZ 2018, 16 f.; *Dölling* 2018, 859 ff.

[436]*Schöch* NStZ 2018, 15.

[437]*BGHSt* 29, 58 (60 f.).

Fahrverbot unberührt. Wenn der Führerschein dem Verurteilten nach Ablauf der Verbotsfrist wieder ausgehändigt wird, darf der Verurteilte daher wieder am Straßenverkehr teilnehmen, ohne zuvor die Fahrerlaubnis neu erwerben zu müssen.

3.9.4 Kriminologische Aspekte

Das Fahrverbot nach § 44 StGB wurde 2017 im gesamten Bundesgebiet gegen 26.072 Personen verhängt (3,6 % aller Verurteilten). Es wird damit deutlich seltener angeordnet als die Entziehung der Fahrerlaubnis (unten Abschn. 5.2.1.6). Bei den zu einem Fahrverbot Verurteilten handelte es sich in den weitaus meisten Fällen um erwachsene Täter (93,2 %); Heranwachsende (5,7 %) und Jugendliche (1,0 %) spielten – entsprechend ihrer geringeren Bedeutung als Verkehrsteilnehmer – keine herausgehobene Rolle.[438]

Die Dauer des Fahrverbots belief sich 2017 in knapp zwei Fünftel der Fälle (38,0 %) auf mehr als 2 bis zu den früher gesetzlich zulässigen 3 Monaten; die übrigen Fahrverbote bewegten sich im Rahmen zwischen 1 und 2 Monaten. Die im Sanktionssystem sonst typische J-kurvenförmige Verteilung[439] zeigt sich hier also *nicht*, was sich rechtspolitisch als Indikator und Beleg für die Notwendigkeit der 2017 vorgenommenen Anhebung der Obergrenze auf 6 Monate verstehen lässt.

Die meisten Anordnungen erfolgten im Zusammenhang mit Straftaten im Straßenverkehr (82,8 %), insbesondere mit unerlaubtem Entfernen vom Unfallort (§ 142 StGB; 41,3 %), gefolgt von fahrlässiger Körperverletzung im Straßenverkehr (§ 229 StGB; 9,5 %).

Kontrollfragen

1. Was rechtfertigt es, das **Absehen von Strafe** systematisch bei den Strafen einzuordnen? (Abschn. 3.2.1)
2. Unter welchen Voraussetzungen kommt die **Verwarnung mit Strafvorbehalt** in Betracht? (Abschn. 3.3.2)
3. Wie lautet bei der Verwarnung mit Strafvorbehalt die Urteilsformel? (Abschn. 3.3.4)
4. Worin liegt das Strafübel bei der **Geldstrafe**? (Abschn. 3.4.1)
5. Wie wird die Tagessatzhöhe festgesetzt? (Abschn. 3.4.3)
6. Unter welchen Voraussetzungen kommt es zur Vollstreckung der Ersatzfreiheitsstrafe? (Abschn. 3.4.5.2)
7. Wie kann die Vollstreckung der Ersatzfreiheitsstrafe abgewendet werden? (Abschn. 3.4.5.3)
8. Aus welchen Gründen wurde die **Vermögensstrafe** für verfassungswidrig erklärt? (Abschn. 3.5)

---

[438] Statistisches Bundesamt, Strafverfolgung 2017, Tab. 5.3.
[439] Zum Begriff *Eisenberg und Kölbel* 2017, § 1 Rn. 20.

9. Warum soll eine kurze, unter sechs Monaten liegende **Freiheitsstrafe** nur in Ausnahmefällen verhängt werden (§ 47 StGB)? (Abschn. 3.6.2.2.1)
10. Wann ist die lebenslange Freiheitsstrafe eine Strafe auf Lebenszeit? (Abschn. 3.6.2.3)
11. Unter welchen Voraussetzungen kann die Vollstreckung der Freiheitsstrafe **zur Bewährung ausgesetzt** werden? (Abschn. 3.7.2)
12. Welche Nebenentscheidungen müssen bei der Aussetzung zur Bewährung getroffen werden? (Abschn. 3.7.3)
13. Ist es zulässig, bei der Prüfung der Legalprognose zu berücksichtigen, dass die Voraussetzungen für ein Leben ohne Straftaten durch die Verhängung von Weisungen oder Unterstellung unter die Bewährungshilfe gefördert werden können? (Abschn. 3.7.2.2.4)
14. Welche Grenzen sind bei der Geldauflage und bei der Auflage, gemeinnützige Leistungen zu erbringen, zu beachten? (Abschn. 3.7.3.2)
15. In welchem Rollenkonflikt steht der Bewährungshelfer? (Abschn. 3.7.3.4.1)
16. Ist für den Widerruf der Strafaussetzung wegen einer neuen Straftat die Verurteilung erforderlich? (Abschn. 3.7.4)
17. Worin besteht der Sinn und Zweck der **Aussetzung des Strafrests zur Bewährung**? (Abschn. 3.8.1)
18. Ist die Aussetzung des Strafrests zur Bewährung auch bei der Vollstreckung einer Ersatzfreiheitsstrafe zulässig? (Abschn. 3.8.2)
19. Welche Besonderheiten gelten bei der Aussetzung des Strafrests einer lebenslangen Freiheitsstrafe? (Abschn. 3.8.2.3)
20. Unter welchen Voraussetzungen kann bei Verurteilung wegen eines Sexualdelikts ein **Fahrverbot** verhängt werden? (Abschn. 3.9.2)

Literatur

Abschlussbericht der Kommission zur Reform des strafrechtlichen Sanktionensystems. (2000). http://www.bib.uni-mannheim.de/fileadmin/pdf/fachinfo/jura/abschlussber-der-komm-strafreform.pdf. Zugegriffen am 29.01.2014.

Albrecht, H.-J. (1980). *Strafzumessung und Vollstreckung bei Geldstrafen unter Berücksichtigung des Tagessatzsystems*. Berlin: Duncker & Humblot.

Amnesty International. (2018). *Death Sentences and Executions 2017. Global Report*. https://www.amnesty.org/en/documents/act50/7955/2018/en/. Zugegriffen am 19.03.2019.

Andrews, D., & Bonta, J. (1995). *LSI-R: The level of service inventory – revised*. Toronto: Multi Health Systems.

Andrews, D., & Bonta, J. (2017). *The psychology of criminal conduct* (6. Aufl.). New York: Routledge.

Baumann, J. (1968a). *Beschränkung des Lebensstandards anstatt kurzfristiger Freiheitsstrafe*. Neuwied: Luchterhand.

Baumann, J. (1968b). *Programm für ein neues Strafgesetzbuch. Der Alternativ-Entwurf der Strafrechtslehrer*. Frankfurt a. M.: Fischer.

Baumann, J., et al. (1969). *Alternativ-Entwurf eines Strafgesetzbuches. Allgemeiner Teil. (AE-AT)* (2. Aufl.). Tübingen: J.C.B. Mohr.

Baumann, J., Weber, U., Mitsch, W., & Eisele, J. (2016). *Strafrecht. Allgemeiner Teil* (12. Aufl.). Bielefeld: Gieseking.

Baumgart, M. C. (1994). *Illegale Drogen – Strafjustiz – Therapie. Eine empirische Untersuchung zu den strafjustiziellen Anwendungsstrukturen der §§ 35, 36 BtMG.* Freiburg: Max-Planck-Institut für ausländisches und internationales Strafrecht.

Beccaria, C. (1988). *Über Verbrechen und Strafen.* Frankfurt a. M.: Insel. (Übers. und Hrsg. von W. Alff). Erstausgabe 1766.

Bennefeld-Kersten, K. (2009). Suizide von Gefangenen in der Bundesrepublik Deutschland in den Jahren 2000–2008. *Bewährungshilfe (BewHi),* 396–405.

Berger, T., et al. (2011). Vermittlung Gemeinnütziger Arbeit durch freie Träger. Erfahrung aus Schleswig-Holstein zur Abwendung von Ersatzfreiheitsstrafen. *Forum Strafvollzug (FS),* 166–169.

Beulke, W., & Theerkorn, G. (1995). Gewalt im sozialen Nahraum – Beratungsauflage als (ein) Ausweg? Bericht über das „Passauer Modell". *Neue Zeitschrift für Strafrecht (NStZ), 15,* 474–481.

Blanke-Roeser, C. (2017). Die besondere Schwere der Schuld iSd § 57a I 1 Nr. 2 StGB. *Juristische Schulung (JuS), 57,* 826–828.

Block, P. (1997). *Rechtliche Strukturen der Sozialen Dienste in der Justiz* (2. Aufl.). Wiesbaden: KrimZ.

Block, P. (1998). Rechtliche Strukturen der ehrenamtlichen Bewährungshilfe. *Bewährungshilfe (BewHi), 45,* 121–132.

Bock, M. (1990). Zur dogmatischen Bedeutung unterschiedlicher Arten empirischen Wissens bei prognostischen Entscheidungen im Strafrecht. *Neue Zeitschrift für Strafrecht (NStZ), 10,* 457–463.

Bock, W., & Mährlein, C. (1997). Die lebenslange Freiheitsstrafe in verfassungsrechtlicher Sicht. *Zeitschrift für Rechtspolitik (ZRP), 30,* 376–381.

Bockwoldt, R. (1983). Bewährungshilfe und Wissenschaft. Erwägungen zur Wechselwirkung von Theorie und Praxis. *Goltdammer's Archiv für Strafrecht (GA),* 546–563.

Bögelein, N. (2018). „Ich bin eine Geldstrafe". Wie Inhaftierte eine Ersatzfreiheitsstrafe erleben. *Forum Strafvollzug (FS), 67,* 19–22.

Bögelein, N., Ernst, A., & Neubacher, F. (2014). Wie kann die Vermeidung von Ersatzfreiheitsstrafen gelingen? Zur Lebenssituation der Verurteilten und zur Zusammenarbeit staatlicher und nichtstaatlicher Organisationen. *Bewährungshilfe (BewHi), 61,* 282–294.

Böhm, A., & Erhard, C. (1984). Die Praxis der bedingten Strafrestaussetzung. Eine Untersuchung zur Anwendung des § 57 StGB in Hessen. *Monatsschrift für Kriminologie und Strafrechtsreform (MschrKrim), 67,* 365–378.

Böttner, S. (2004). *Der Rollenkonflikt der Bewährungshilfe in Theorie und Praxis.* Baden-Baden: Nomos.

Busch, R. (2013). Gesetz zur Stärkung der Täterverantwortung. *Juristische Rundschau (JR),* 402–406.

Cornel, H. (1990). Rechtliche Aspekte der Wahrnehmung der Dienst- und Fachaufsicht im Bereich der Bewährungshilfe. *Goltdammer's Archiv für Strafrecht (GA),* 55–69.

Cornel, H. (2006). Probanden der Sozialen Dienste der Justiz in Berlin – Daten zur Legal- und Sozialbiographie sowie zur sozialen Situation und Durchführung der Aufsichten. *Bewährungshilfe (BewHi), 53,* 99–124.

Cornel, H. (2013). Der Anteil der Strafrestaussetzungen an den Entlassungen aus deutschem Strafvollzug Entwicklungen und Ländervergleich. In K. Boers et al. (Hrsg.), *Kriminologie – Kriminalpolitik – Strafrecht, Festschrift für Hans-Jürgen Kerner* (S. 777–790). Tübingen: Mohr Siebeck.

Czerner, F. (2013). Die Schuldschwere-Feststellung in § 57a I Nr. 2 StGB als kumulative Aufgabe von Schwurgericht und Vollstreckungsgericht bei Strafrestaussetzung einer lebenslangen Freiheitsstrafe wegen Mordes? In K. Boers et al. (Hrsg.), *Kriminologie – Kriminalpolitik – Strafrecht, Festschrift für Hans-Jürgen Kerner* (S. 547–560). Tübingen: Mohr Siebeck.

Dahle, K.-P. (2006). Grundlagen und Methoden der Kriminalprognose. In H.-L. Kröber, D. Dölling, N. Leygraf & H. Sass (Hrsg.), *Handbuch der Forensischen Psychiatrie* (Bd. 3, S. 1–67). Darmstadt: Steinkopff.

Dessecker, A. (2017). *Die Vollstreckung lebenslanger Freiheitsstrafen. Dauer und Gründe der Beendigung im Jahr 2015*. Wiesbaden: KrimZ.

Dölling, D. (1981). Die Aussetzung des Restes der Ersatzfreiheitsstrafe zur Bewährung. *Neue Zeitschrift für Strafrecht (NStZ), 1*, 86–90.

Dölling, D. (1987). Das Dreiundzwanzigste Strafrechtsänderungsgesetz – Strafaussetzung zur Bewährung. *Neue Juristische Wochenschrift (NJW), 40*, 1041–1049.

Dölling, D. (2018). Die Nebenstrafe des Fahrverbots bei allgemeiner Kriminalität. In S. Barton, R. Eschelbach, M. Hettinger, E. Kempf, C. Krehl & F. Salditt (Hrsg.), *Festschrift für Thomas Fischer*. Beck: München.

Douka von Bormann, H. (2008). Entstehungsgeschichte und Konzeption der Forensisch-Therapeutischen Ambulanzen für Sexual- und Gewalttäter in Berlin. *Bewährungshilfe (BewHi), 55*, 159–166.

Dünkel, F. (1983). Rechtliche, rechtsvergleichende und kriminologische Probleme der Strafaussetzung zur Bewährung. *Zeitschrift für die gesamte Strafrechtswissenschaft (ZStW), 95*, 1039–1075.

Dünkel, F. (2011). Ersatzfreiheitsstrafen und ihre Vermeidung. Aktuelle statistische Entwicklung, gute Praxismodelle und rechtspolitische Überlegungen. *Forum Strafvollzug (FS), 60*, 143–153.

Duttge, G. (2009). Zur Problematik der Schuldschwereklausel des § 57a StGB. In H. E. Müller, G. M. Sander & H. Válková (Hrsg.), *Festschrift für Ulrich Eisenberg* (S. 271–286). München: Beck.

Ebel, F., & Kunig, P. (1998). Die Abschaffung der Todesstrafe – Historie und Gegenwart. *Juristische Ausbildung (Jura), 20*, 617–622.

Eisenberg, U. (2008). Jugendstrafvollzugsgesetze der Bundesländer – Eine Übersicht. *Neue Zeitschrift für Strafrecht (NStZ), 28*, 250–262.

Eisenberg, U., & Kölbel, R. (2017). *Kriminologie* (7. Aufl.). München: Beck.

Endres, J. (2000). Die Kriminalprognose im Strafvollzug: Grundlagen, Methoden und Probleme der Vorhersage von Straftaten. *Zeitschrift für Strafvollzug und Straffälligenhilfe (ZfStrVo), 49*, 67–83.

Eser, A. (1972). Absehen von Strafe – Schuldspruch unter Strafverzicht. Rechtsvergleichende kriminalpolitische Bemerkungen, namentlich im Blick auf das DDR-Strafrecht. In F.-C. Schroeder & H. Zipf (Hrsg.), *Festschrift für Reinhart Maurach* (S. 257–274). Karlsruhe: C.F. Müller.

Feuerhelm, W. (1997). *Stellung und Ausgestaltung der gemeinnützigen Arbeit im Strafrecht*. Wiesbaden: KrimZ.

Figl, E. (2001). „Alle Jahre wieder …"? Vorzeitige Entlassung von Strafgefangenen aus Anlass des Weihnachtsfestes. *Bewährungshilfe (BewHi), 48*, 392–398.

Fischer, T. (2019). *Strafgesetzbuch und Nebengesetze* (66. Aufl.). München: Beck.

Frankfurth, M. (2011). Das „day-for-day-Prinzip". Ein Projekt zur Vermeidung bzw. Verkürzung der Vollstreckung von Ersatzfreiheitsstrafen. *Forum Strafvollzug (FS), 60*, 163–164.

Frisch, W. (1983). *Prognoseentscheidungen im Strafrecht. Zur normativen Relevanz empirischen Wissens und zur Entscheidung bei Nichtwissen*. Heidelberg: v. Decker.

Frisch, W. (1994). Strafrechtliche Prognoseentscheidungen aus rechtswissenschaftlicher Sicht – Von der Prognose zukünftigen Verhaltens zum normorientierten Umgang mit Risikosachverhalten. In W. Frisch & T. Vogt (Hrsg.), *Prognoseentscheidungen in der strafrechtlichen Praxis* (S. 55–136). Baden-Baden: Nomos.

Frisch, W. (2010). Defizite empirischen Wissens und ihre Bewältigung im Strafrecht. In R. Bloy et al. (Hrsg.), *Gerechte Strafe und legitimes Strafrecht, Festschrift für Manfred Maiwald* (S. 239–262). Berlin: Duncker & Humblot.

Gendreau, P., Little, T., & Goggin, C. (1996). A meta-analysis of the predictors of adult offender recidivism: What works! *Criminology, 34*, 575–607.

Goffman, E. (1972). *Asyle: Über die soziale Situation psychiatrischer Patienten und anderer Insassen*. Frankfurt a. M.: Suhrkamp.

Graef, R. O. (1996). „Caning" – die Prügelstrafe in Singapur. *JuristenZeitung (JZ), 51*, 1171–1172.

Grebing, G. (1976). Probleme der Tagessatz-Geldstrafe. *Zeitschrift für die gesamte Strafrechtswissenschaft (ZStW), 88*, 1049–1115.

Groß, K.-H. (1999). Reststrafenaussetzung von Ersatzfreiheitsstrafen? *Strafverteidiger (StV), 19*, 508–510.

Grünwald, G. (1997). Überlegungen zur lebenslangen Freiheitsstrafe. In J. Schulz & T. Vormbaum (Hrsg.), *Festschrift für Günter Bemmann* (S. 161–174). Baden-Baden: Nomos.

von Harling, A. (1997). *Der Mißbrauch von Vollzugslockerungen zu Straftaten. Eine empirische Untersuchung zur Bewährung der Lockerungspraxis am Beispiel Niedersachsens in den Jahren 1990 und 1991*. München: Fink.

Hassemer, W. (1981). Das „Absehen von Strafe" als kriminalpolitisches Instrument. In R. Hamm (Hrsg.), *Festschrift für Werner Sarstedt* (S. 65–80). Berlin: de Gruyter.

Heghmanns, M. (1994). Abweichungen vom Nettoeinkommensprinzip bei der Bemessung von Geldstrafen. *Neue Zeitschrift für Strafrecht (NStZ), 14*, 519–523.

Heine, G., et al. (2008). Alternativ-Entwurf Leben (AE-Leben). *Golddammer's Archiv für Strafrecht (GA)*, 193–270.

Hellmann, U. (1997). Richterliche Überzeugungsbildung und Schätzung bei der Bemessung strafrechtlicher Sanktionen. *Golddammer's Archiv für Strafrecht (GA)*, 503–524.

Henjes, H. (2018). Berliner Projekt „day-by-day". *Geldstrafentilgung durch freie Arbeit im Berliner Vollzug. Forum Strafvollzug (FS), 67*, 33–35.

Hennig, D. (1999). Rettet die Geldstrafe – und macht sie einbringlich. *Bewährungshilfe (BewHi), 46*, 298–305.

Henssler, M., Hoven, E., Kubiciel, M., & Weigend, T. (2018). Kölner Entwurf eines Verbandssanktionengesetzes. *Neue Zeitschrift für Wirtschafts-, Steuer- und Unternehmensstrafrecht (NZWiSt), 7*, 1–10.

Herbert, F. (2006). Integration vs. Exklusion. Essentials einer Lebenslagenuntersuchung der Klientel der Bewährungshilfe im Landgerichtsbezirk Halle. *Bewährungshilfe (BewHi), 53*, 125–136.

Hillenkamp, T. (1987). Zur Höchstpersönlichkeit der Geldstrafe. In W. Küper (Hrsg.), *Festschrift für Karl Lackner* (S. 455–470). Berlin: de Gruyter.

Hoferer, C. (1997). Zur Frage der Rechtmäßigkeit von Weisungen nach dem Jugendgerichtsgesetz, sich des Umganges mit Betäubungsmitteln zu enthalten und zum Nachweis der Drogenfreiheit für eine bestimmte Zeit Urinproben abzugeben. *Neue Zeitschrift für Strafrecht (NStZ), 17*, 172–174.

Hood, R., & Hoyle, C. (2015). *The death penalty. A worldwide perspective* (5. Aufl.). Oxford: Oxford University Press.

Horn, E. (1990). Probleme bei der Bestimmung der Mindest- und Höchstgeldstrafe. *Neue Zeitschrift für Strafrecht (NStZ), 10*, 270–271.

Horn, E. (1992). Die Bemessung der Geldauflage nach § 56b Abs. 2 Nr. 2 StGB – tatsächlich ein Rechtsproblem. *Strafverteidiger (StV), 12*, 537–540.

Hörnle, T. (1996). Die Vermögensstrafe. *Zeitschrift für die gesamte Strafrechtswissenschaft (ZStW), 108*, 333–353.

Hürlimann, M. (1993). *Führer und Einflußfaktoren in der Subkultur des Strafvollzugs*. Pfaffenweiler: Centaurus.

Jäger, M. (2001). Sicherheit durch Therapie – Alibifunktion der Strafgesetzgebung? *Zeitschrift für Rechtspolitik (ZRP), 34*, 28–33.

Janssen, H. (1994). *Die Praxis der Geldstrafenvollstreckung*. Frankfurt a. M.: Peter Lang.

Jehle, J.-M. (2007). Drogentherapie im strafrechtlichen Rahmen – die Zurückstellungslösung der §§ 35, 38 Betäubungsmittelgesetz. In H.-L. Kröber, D. Dölling, N. Leygraf & H. Sass (Hrsg.), *Handbuch der Forensischen Psychiatrie* (Bd. 1, S. 349–378). Darmstadt: Steinkopff.

Jehle, J.-M., Albrecht, H.-J., Hohmann-Fricke, S., & Tetal, C. (2013). *Legalbewährung nach strafrechtlichen Sanktionen. Eine bundesweite Rückfalluntersuchung 2010 bis 2013 und 2004 bis 2013*. Mönchengladbach: Forum.

Jescheck, H.-H., & Tiffterer, O. (1978). *Ist die lebenslange Freiheitsstrafe verfassungswidrig?* Baden-Baden: Nomos.

Jescheck, H.-H., & Weigend, T. (1996). *Lehrbuch des Strafrechts. Allgemeiner Teil* (5. Aufl.). Berlin: Duncker & Humblot.

Kaiser, G., & Schöch, H. (2002). *Strafvollzug. Ein Lehrbuch* (5. Aufl.). Heidelberg: C.F. Müller.

Kaiser, G., & Schöch, H. (2015). *Kriminologie, Jugendstrafrecht, Strafvollzug* (8. Aufl.). München: Beck.

Kett-Straub, G. (2007). Auch Terroristen haben einen Rechtsanspruch auf Freiheit. Aussetzung der Reststrafe in Mordfällen mit besonderer Schuldschwere. *Goltdammer's Archiv für Strafrecht (GA)*, 332–347.

Kett-Straub, G. (2011). *Die lebenslange Freiheitsstrafe. Legitimation, Praxis, Strafrestaussetzung und besondere Schwere der Schuld.* Tübingen: Mohr Siebeck.

Kett-Straub, G., & Kudlich, H. (2017). *Sanktionenrecht.* München: C.H. Beck.

King, J. (1983). Unterschiedliche Formen der Strafaussetzung zur Bewährung und Bewährungshilfe in England und Wales. In F. Dünkel & G. Spiess (Hrsg.), *Alternativen zur Freiheitsstrafe. Strafaussetzung zur Bewährung und Bewährungshilfe im internationalen Vergleich* (S. 196–220). Freiburg: Max-Planck-Institut für ausländisches und internationales Strafrecht.

KK StPO. (2013). *Karlsruher Kommentar zur Strafprozessordnung* (7. Aufl.). München: Beck. (Hrsg. Hannich, R.).

Klug, W. (2007). Methodische Grundlagen der Bewährungshilfe – Vorschlag für ein Gesamtkonzept. *Bewährungshilfe (BewHi)*, 54, 235–248.

Kobbé, U. (2017). *Forensische Prognosen. Ein transdisziplinäres Praxismanual. Standards, Leitfäden, Kritik.* Lengerich: Pabst Science.

Koch, A. (2013). Die Todesstrafe im 21. Jahrhundert. Nationale, europäische und globale Perspektiven. In A. Koch et al. (Hrsg.), *Gerechtigkeitsfragen in Gesellschaft und Wirtschaft. 40 Jahre Juristische Fakultät der Universität Augsburg* (S. 165–192). Baden-Baden: Nomos.

Kohlmann, G. (1996). Vollstreckung kurzfristiger Freiheitsstrafen – wirksames Mittel zur Bekämpfung von Kriminalität? In K. Schmoller (Hrsg.), *Festschrift für Otto Triffterer* (S. 603–616). Wien: Springer.

Kolsch, J. (2019). *Sozioökonomische Ungleichheit im Strafverfahren. Eine empirische Analyse unter besonderer Berücksichtigung abgekürzter Verfahrensarten.* Jur. Diss, Hannover.

Konrad, N., & Rasch, W. (2014). *Forensische Psychiatrie* (4. Aufl.). Stuttgart: Kohlhammer.

Körner, H. H., Patzak, J., & Volkmer, M. (2019). *Betäubungsmittelgesetz* (9. Aufl.). München: Beck.

Kraus, K. (2007). *Der Bewährungswiderruf gemäß § 56f Abs. 1 Satz 1 Nr. 1 StGB und die Unschuldsvermutung.* Münster: Lit.

Krehl, C. (1985). *Die Ermittlung der Tatsachengrundlage zur Bemessung der Tagessatzhöhe bei der Geldstrafe.* Frankfurt a. M.: Peter Lang.

Krehl, C. (1989). Die Berücksichtigung von Verbindlichkeiten bei der Geldstrafenbemessung. *Neue Zeitschrift für Strafrecht (NStZ)*, 9, 463–465.

Krehl, C. (2011). Vollzugslockerungen und Reststrafenaussetzung. In K. Bernsmann & T. Fischer (Hrsg.), *Festschrift für Ruth Rissing-van Saan* (S. 301–316). Berlin: de Gruyter.

Kreuzer, A. (2004). Aktuelle Aspekte der Todesstrafe – Unter besonderer Berücksichtigung der Entwicklung in den USA mit einem deutsch-amerikanischen Vergleich zur Meinungsforschung. In O. Triffterer (Hrsg.), *Gedächtnisschrift für Theo Vogler* (S. 163–182). Heidelberg: C.F. Müller.

Krumm, C. (2004). Verfassungsrechtliches Übermaßverbot und kurze Freiheitsstrafe. *Neue Juristische Wochenschrift (NJW)*, 54, 328–330.

Kurze, M. (1994). *Strafrechtspraxis und Drogentherapie. Eine Implementationsstudie zu den Therapieregelungen des Betäubungsmittelrechts* (2. Aufl.). Wiesbaden: KrimZ.

Kurze, M. (1999). *Soziale Arbeit und Strafjustiz. Eine Untersuchung zur Arbeit von Gerichtshilfe, Bewährungshilfe, Führungsaufsicht.* Wiesbaden: KrimZ.

Lackner, K., & Kühl, K. (2018). *Strafgesetzbuch* (29. Aufl.). München: Beck.

Laubenthal, K. (1987). *Lebenslange Freiheitsstrafe. Vollzug und Aussetzung des Strafrests zur Bewährung.* Lübeck: Schmidt-Roemhild.

Laubenthal, K. (1988). Die Einwilligung des Verurteilten in die Strafrestaussetzung zur Bewährung. *JuristenZeitung (JZ),* 951–957.

Laubenthal, K. (2006). Erscheinungsformen subkultureller Gegenordnungen im Strafvollzug. In T. Feltes, C. Pfeiffer & G. Steinhilper (Hrsg.), *Kriminalpolitik und ihre wissenschaftlichen Grundlagen, Festschrift für Hans-Dieter Schwind* (S. 593–602). Heidelberg: C.F. Müller.

Leygraf, N. (2015). Die Begutachtung der Gefährlichkeitsprognose. In U. Venzlaff & K. Foerster (Hrsg.), *Psychiatrische Begutachtung. Ein praktisches Handbuch für Ärzte und Juristen* (6. Aufl., S. 415–526). München: Urban & Fischer.

von Liszt, F. (1905). *Strafrechtliche Aufsätze und Vorträge* (Bd. 1). Berlin: J. Guttentag.

LK. (1985 ff.). *Leipziger Kommentar* (10. Aufl.). Berlin: de Gruyter. (Hrsg. Jescheck, H. H., Ruß, W., & Willms, G.).

LK. (2003 ff.). *Leipziger Kommentar* (11. Aufl.). Berlin: de Gruyter. (Hrsg. Jähnke, B., Laufhütte, H. W., & Odersky, W.).

LK. (2006 ff.). *Leipziger Kommentar* (12. Aufl.). Berlin: de Gruyter. (Hrsg. Laufhütte, H. W., Rissing-van Saan, R., & Tiedemann, K.).

LR (2016 ff.). *Löwe-Rosenberg. Die Strafprozeßordnung und das Gerichtsverfassungsgesetz* (27. Aufl.). Berlin: de Gruyter. (Hrsg. Erb, V., et al.).

Mair, G. (2011). The community order in England and Wales: Policy and practice. *Probation Journal, 58,* 213–232.

Matt, E. (2005). Haft und keine Alternative? Zur Situation von Ersatzfreiheitsstrafen-Verbüßern am Beispiel Bremen. *Monatsschrift für Kriminologie und Strafrechtsreform (MschrKrim), 88,* 339–350.

Matt, E., & Schwiers, H. (2018). Das „Stadtticket Extra" in Bremen. *Forum Strafvollzug (FS), 67,* 32–33.

Maurach, R., Gössel, K. H., & Zipf, H. (2014). *Strafrecht. Allgemeiner Teil. Teilband 2.* (8. Aufl.). Heidelberg: C.F. Müller.

Meier, B.-D. (1983). *Die Bestrafung von Rückfalltätern in der Bundesrepublik Deutschland und in den USA. Eine rechtstatsächliche und rechtsvergleichende Untersuchung zu § 48 StGB. jur. Diss.* Göttingen: Dissertationsdruck.

Meier, B.-D. (2009). *Strafrechtliche Sanktionen* (3. Aufl.). Berlin: Springer.

Meier, B.-D. (2017). Bagatellarische Tatbestände. *Zeitschrift für die gesamte Strafrechtswissenschaft (ZStW), 129,* 433–447.

Meier, B.-D. (2018). Was wir wirklich wissen. Empirische Befunde zur Verhängung und Vollstreckung der lebenslangen Freiheitsstrafe. In S. Schaede, G. Koop & W. Wirth (Hrsg.), *Für und Wider der lebenslangen Freiheitsstrafe? Eine lange Diskussion …* (S. 35–54). Wiesbaden: Gesellschaft für Fortbildung der Strafvollzugsbediensteten.

Meurer, D. (1992). Strafaussetzung durch Strafzumessung bei lebenslanger Freiheitsstrafe – Zehn Anmerkungen zur Entscheidung des Bundesverfassungsgerichts vom 03.06.1992. *Juristische Rundschau (JR),* 441–450.

Meyer-Goßner, L. (2018). *Strafprozessordnung* (61. Aufl.). München: Beck.

Meyer-Goßner, L., & Appl, E. (2014). *Die Urteile in Strafsachen* (29. Aufl.). München: Vahlen.

Mitsch, W. (2005). *Recht der Ordnungswidrigkeiten* (2. Aufl.). Berlin: Springer.

Montenbruck, A. (1985). *In dubio pro reo aus normtheoretischer, straf- und strafverfahrensrechtlicher Sicht.* Berlin: Duncker & Humblot.

MüKo. (2003 ff.). *Münchener Kommentar zum Strafgesetzbuch* (1. Aufl.). München: Beck. (Hrsg. Joecks, W., & Miebach, K.).

MüKo (2016 ff.). *Münchener Kommentar zum Strafgesetzbuch* (3. Aufl.). München: Beck. (Hrsg. Joecks, W., & Miebach, K.).

Müller-Dietz, H. (1992). Sicherungsmaßnahmen im Strafvollzug. *Juristische Ausbildung (Jura), 14,* 193–201.

Nalezinski, M. (2018). Vermeidung der Ersatzfreiheitsstrafe in Berlin. Tilgungspraxis und Tilgungsrevision. *Forum Strafvollzug (FS), 67,* 35–37.

Neumayer-Wagner, E.-M. (1998). *Die Verwarnung mit Strafvorbehalt. Ihre Entstehung, gegenwärtige rechtliche Gestaltung, praktische Handhabung und ihr Entwicklungspotential*. Berlin: Duncker & Humblot.

NK. (2017). *Nomos Kommentar zum Strafgesetzbuch* (Bd. 1, 5. Aufl.). Baden-Baden: Nomos. (Hrsg. Kindhäuser, U., Neumann, U., & Paeffgen, H.-U.).

Otto, H. (1998). Die Haftung für kriminelle Handlungen in Unternehmen. *Juristische Ausbildung (Jura), 20,* 409–418.

Radtke, H. (2001). Wechselwirkungen zwischen Widerruf der Strafaussetzung zur Bewährung und der Sanktionierung des Bewährungsbruchs. In G. Britz et al. (Hrsg.), *Grundfragen staatlichen Strafens, Festschrift für Heinz Müller-Dietz* (S. 609–626). München: Beck.

Rettenberger, M., & von Franqué, F. (2013). *Handbuch kriminalprognostischer Verfahren*. Göttingen: Hogrefe.

Rosenau, H. (2006). Europäische Rechtspolitik zur Abschaffung der Todesstrafe. *Zeitschrift für Internationale Strafrechtsdogmatik (ZIS),* 338–343.

Roxin, C. (2006). *Strafrecht. Allgemeiner Teil* (Bd. 1, 4. Aufl.). München: Beck.

S/S. (2019). *Strafgesetzbuch. Kommentar* (30. Aufl.). München: Beck. (Hrsg. Schönke, A., & Schröder, H.).

SBJL. (2013). *Strafvollzugsgesetz – Bund und Länder* (6. Aufl.). Berlin: de Gruyter. (Hrsg. Schwind, H.-D., Böhm, A., Jehle, J.-M., & Laubenthal, K.).

Schäfer, G., & Sander, G. M. (2000). Strafaussetzung zur Bewährung in der Rechtsprechung des Bundesgerichtshofs. *Bewährungshilfe (BewHi),* 186–195.

Schäfer, G., Sander, G. M., & van Gemmeren, G. (2017). *Praxis der Strafzumessung* (6. Aufl.). München: Beck.

Schall, H. (1985). Die Sanktionsalternative der gemeinnützigen Arbeit als Surrogat der Geldstrafe. *Neue Zeitschrift für Strafrecht (NStZ),* 104–111.

Schall, H. (1987). Die Strafaussetzung zur Bewährung nach § 183 Abs. 3 StGB. *Juristische Rundschau (JR),* 397–402.

Schall, H. (2017). Strafzumessung und Absehen von Strafe: ein Paradoxon? In C. Safferling, G. Kett-Straub, C. Jäger & H. Kudlich (Hrsg.), *Festschrift für Franz Streng zum 70. Geburtstag* (S. 391–400). Heidelberg: C.F. Müller.

Schall, H. (2018). Strafaussetzung zur Bewährung bei illegalen Autorennen mit tödlichen Folgen? In U. Stein, L. Greco, C. Jäger & J. Wolter (Hrsg.), *Systematik in Strafrechtswissenschaft und Gesetzgebung. Festschrift für Klaus Rogall* (S. 251–266). Berlin: Duncker & Humblot.

Schatz, H. (2002). Strafrestaussetzung zur Bewährung: Auch bei Ersatzfreiheitsstrafen. *Zeitschrift für Rechtspolitik (ZRP), 35,* 438–442.

Schatz, H., & Thiel, A. (2009). Forensische Ambulanzen in Hamburg – Regelangebote für Haftentlassene im Kontext von Führungsaufsicht und Bewährungshilfe. *Forum Strafvollzug (FS),* 118–121.

Scheel, J. (1997). *Die Rechtswirklichkeit der Verwarnung mit Strafvorbehalt*. Göttingen: Cuvillier.

Scherrer, S. (2008). Fortschritt statt Stillstand. Niedersachsen auf dem Weg zu einem modernen, kompetenten und zukunftsfähigen Justizsozialdienst. *Bewährungshilfe (BewHi), 55,* 284–292.

Schmahl, S. (2011). *Die Abschaffung der Todesstrafe in Europa*. DTIEV-Online 2/2011. http://www.fernuni-hagen.de/imperia/md/content/rewi/iev/schmahldtiev-online2011nr2.pdf. Zugegriffen am 19.03.2019.

Schmidhäuser, E. (1978). Urteil des Bundesverfassungsgerichts vom 21.06.1977: Verfassungswidrigkeit der lebenslangen Freiheitsstrafe für Mord und Verfassungswidrigkeit der BGH-Rechtsprechung zur Heimtücke als Mordmerkmal. *Juristische Rundschau (JR),* 265–271.

Schmitt-Leonardy, C. (2018). Warum waren wir nochmal gegen die Todesstrafe? *Juristische Schulung (JuS), 58,* 848–451.

Schmitz, M. (2007). Gnadenbringende Weihnachtszeit … auch für sog. „Vollverbüßer"! *Strafverteidiger (StV), 27,* 608–614.

Schneider, H. (2010). Das Leugnen der Tat bei der Entscheidung über die Aussetzung der Reststrafe. *Forensische Psychiatrie, Psychologie, Kriminologie (FPPK), 4,* 23–31.

Schöch, H. (1992a). Bewährungshilfe und Führungsaufsicht in der Strafrechtspflege. *Neue Zeitschrift für Strafrecht (NStZ), 12*, 364–372.

Schöch, H. (1992b). *Empfehlen sich Änderungen und Ergänzungen bei den strafrechtlichen Sanktionen ohne Freiheitsentzug? Gutachten C für den 59. Deutschen Juristentag.* München: Beck.

Schöch, H. (1998a). Das Gesetz zur Bekämpfung von Sexualdelikten und anderen gefährlichen Straftaten vom 26.01.1998. *Neue Juristische Wochenschrift (NJW), 51*, 1257–1262.

Schöch, H. (1998b). Kriminologische Grenzen der Entlassungsprognose. In H.-J. Albrecht et al. (Hrsg.), *Internationale Perspektiven in Kriminologie und Strafrecht, Festschrift für Günther Kaiser* (S. 1239–1256). Berlin: Duncker & Humblot.

Schöch, H. (2018). Zur Auslegung und Anwendung des neuen § 44 StGB. *Neue Zeitschrift für Strafrecht (NStZ), 38*, 15–18.

Scholl, A. (1999). Die Bezahlung einer Geldstrafe durch Dritte – ein altes Thema und noch immer ein Problem. *Neue Zeitschrift für Strafrecht (NStZ), 19*, 599–605.

Schubert, D. (2017). Unter Vorbehalt. *Höchstrichterliche Rechtsprechung zum Strafrecht (HRRS)*, 236–239.

Seebode, M. (1997). *Strafvollzug – Recht und Praxis, 1. Teil: Grundlagen*. Lingen: Kriminalpädagogischer.

Seifert, J. (2008). § 56f I 1 Nr. 1 StGB – Der Bewährungswiderruf infolge einer neuerlichen Straftat in der Praxis. *Juristische Ausbildung (Jura), 30*, 684–690.

von Selle, D. (1997). *Gerechte Geldstrafe. Eine Konkretisierung des Grundsatzes der Opfergleichheit*. Berlin: Arno Spitz.

SK StGB. (1997 ff.). *Systematischer Kommentar zum Strafgesetzbuch* (7. Aufl.). Köln: Wolters Kluwer. (Hrsg. Rudolphi, H.-J.).

SK StGB. (2017 ff.). *Systematischer Kommentar zum Strafgesetzbuch* (9. Aufl.) Köln: Wolters Kluwer. (Hrsg. Wolter, J.).

Steindorfner, M. (2007). Die Einbeziehung Dritter in der baden-württembergischen Justiz. *Forum Strafvollzug (FS), 56*, 205–209.

Steller, M. (2010). Gegenstandsbereiche und Methodik der psychologischen Begutachtung. In H.-L. Kröber, D. Dölling, N. Leygraf & H. Sass (Hrsg.), *Handbuch der Forensischen Psychiatrie* (Bd. 2, S. 185–212). Berlin: Springer.

Stree, W. (1992). Probleme des Widerrufs einer Strafaussetzung wegen einer neuen Straftat. *Neue Zeitschrift für Strafrecht (NStZ), 12*, 153–160.

Streng, F. (1995). „Besonders schwer" – in Relation wozu? – § 57a I S. 1 Nr. 2 StGB. *JuristenZeitung (JZ), 50*, 556–562.

Streng, F. (2012). *Strafrechtliche Sanktionen. Die Strafzumessung und ihre Grundlagen* (3. Aufl.). Stuttgart: Kohlhammer.

Teschner, B. (2018). Notbremse vor dem Gefängnistor. Ratenzahlungsvereinbarung mit Abtretungserklärung statt Ersatzfreiheitsstrafen. *Forum Strafvollzug (FS), 67*, 30–32.

Tipke, K. (1985). Das Einkommen als zentraler Begriff des öffentlichen Schuldrechts. *Juristische Schulung (JuS), 25*, 345–352.

Tröndle, H., & Fischer, T. (2001). *Strafgesetzbuch und Nebengesetze* (50. Aufl.). München: Beck.

Villmov, B. (1998). Kurze Freiheitsstrafe, Ersatzfreiheitsstrafe und gemeinnützige Arbeit. Erfahrungen und Einstellungen von Betroffenen. In H.-J. Albrecht et al. (Hrsg.), *Internationale Perspektiven in Kriminologie und Strafrecht, Festschrift für Günther Kaiser* (S. 1291–1324). Berlin: Duncker & Humblot.

Volckart, B. (1998). Die Aussetzungsprognosen nach neuem Recht. *Recht und Psychiatrie (R & P), 16*, 3–11.

Volckart, B. (2000). Die Aussetzung des Strafrests. *Zeitschrift für Strafvollzug und Straffälligenhilfe (ZfStrVo), 49*, 195–203.

Volckart, B. (2002). Zur Bedeutung der Basisrate in der Kriminalprognose. *Recht und Psychiatrie (R & P), 20*, 105–114.

Volckart, B., & Grünebaum, R. (2015). *Maßregelvollzug. Das Recht des Vollzuges der Unterbringung nach §§ 63, 64 StGB in einem psychiatrischen Krankenhaus und in einer Entziehungsanstalt* (8. Aufl.). Köln: Carl Heymanns.

Wagner, H. (1972). Die selbständige Bedeutung des Schuldspruchs im Strafrecht, insbesondere beim Absehen von Strafe gemäß § 16 StGB. *Goltdammer's Archiv für Strafrecht (GA)*, 33–53.

Walter, M. (1999). *Strafvollzug. Lehrbuch* (2. Aufl.). Stuttgart: Boorberg.

Weber, H.-M. (1999). *Die Abschaffung der lebenslangen Freiheitsstrafe. Für eine Durchsetzung des Verfassungsanspruchs*. Baden-Baden: Nomos.

Weber, K. (2017). *Betäubungsmittelgesetz. Arzneimittelgesetz* (5. Aufl.). München: Beck.

Wedler, S. (2015). Fahrverbot für jugendliche Hooligans? Zur Aufwertung des Fahrverbots zu einer eigenständigen Sanktion im Erwachsenen- und Jugendstrafrecht. *Neue Zeitschrift für Verkehrsrecht (NZV)*, 28, 209–214.

Weigend, T. (1986). Die kurze Freiheitsstrafe – eine Sanktion mit Zukunft? *JuristenZeitung (JZ)*, 41, 260–269.

Wilde, F. (2015). Die Geldstrafe – ein unsoziales Rechtsinstitut? *Monatsschrift für Kriminologie und Strafrechtsreform (MschrKrim)*, 98, 348–364.

Strafzumessung

4

4.1   Der Strafzumessungsvorgang im Überblick

Die Strafzumessung ist der wichtigste und zugleich schwierigste Teil der strafrichterlichen Rechtsfolgenentscheidung. Bei der Strafzumessung wird das verschuldete Unrecht der Tat gewichtet und in ein bestimmtes, vollstreckbares Strafmaß umgesetzt; es wird festgelegt, mit welcher konkreten Strafe die Tat geahndet und welches Maß an Freiheitsbeschränkung dem Täter auferlegt wird. Da das Gericht mit der Strafzumessungsentscheidung die Bewertung der Schwere der Tat zum Ausdruck bringt und so den Vergleich mit anderen Taten erlaubt, steht dieser Teil des richterlichen Urteils regelmäßig im Mittelpunkt des Interesses und der Aufmerksamkeit aller Verfahrensbeteiligten sowie der Öffentlichkeit.

Die **Schwierigkeiten**, vor denen das Gericht bei der Strafzumessung steht, werden deutlich, wenn man sich Folgendes vor Augen führt:

Das Gericht muss sich zwar bei der Festlegung der Art und Höhe der zu verhängenden Strafe an den gesetzlichen Strafrahmen orientieren. Diese erweisen sich jedoch bei genauerer Betrachtung als nur von begrenztem Nutzen, da die Eckpunkte weit gespannt sind. Deutlich wird dies schon beim einfachen Diebstahl (§ 242 Abs. 1 StGB): Hier reicht der Strafrahmen von einer Mindeststrafe von 5 Tagessätzen Geldstrafe (§ 40 Abs. 1 StGB) bis zu einer Höchststrafe von 5 Jahren Freiheitsstrafe. Bezieht man die vom Gesetzgeber aufgestellten Qualifikationsformen in die Betrachtung mit ein, kann der Strafrahmen sogar eine noch größere Spannbreite erhalten: Wird der Diebstahl mit Waffen begangen, erhöht sich die Obergrenze der Freiheitsstrafe auf 10 Jahre (§ 244 Abs. 1 StGB). Ähnlich ist es beim Totschlag: Hier reicht der Strafrahmen von einem Mindestmaß von einem Jahr Freiheitsstrafe für den minder schweren Fall (§ 213 StGB) bis zu einem Höchstmaß von lebenslanger Freiheitsstrafe (§ 212 Abs. 2 StGB).

Innerhalb dieser weiten Strafrahmen wird die Strafzumessungsentscheidung des Gerichts durch die in den §§ 46 ff. StGB normierten gesetzlichen Strafzumessungsrichtlinien sowie die in Rechtsprechung und Literatur entwickelten Grundsätze der Strafzumessung bestimmt. Schon ein kurzer Blick auf § 46 StGB zeigt jedoch, dass dieses System von Richtlinien und Grundsätzen bei weitem nicht denselben Grad an Präzision und Transparenz erreicht wie etwa die Dogmatik der Strafbarkeitsvoraussetzungen: Die Schuld ist

© Springer-Verlag GmbH Deutschland, ein Teil von Springer Nature 2019
B.-D. Meier, *Strafrechtliche Sanktionen*, Springer-Lehrbuch,
https://doi.org/10.1007/978-3-662-59442-1_4

lediglich die „Grundlage" für die Zumessung der Strafe, die von der Strafe ausgehenden Wirkungen sind lediglich zu „berücksichtigen", die einzelnen Strafzumessungstatsachen sind „gegeneinander abzuwägen", die in § 46 Abs. 2 Satz 2 StGB genannten Umstände kommen nur „namentlich" in Betracht. Die dem Gericht an die Hand gegebenen Richtlinien enthalten keine abschließenden Aussagen. Sie sind nach allen Seiten hin offen und vage.

Auch wenn die Herstellung der richterlichen Strafzumessungsentscheidung durch legislative Vorentscheidungen und die Regeln der Strafzumessungstheorie erleichtert wird, kann dem Gericht schließlich eine Schwierigkeit nicht abgenommen werden: die „Umwertung " des Falls in den vorgegebenen Strafrahmen, also die „Übersetzung" einer qualitativen Aussage (z. B. Trunkenheitsfahrt mit Unfall und nicht unerheblichen Verletzungen, keine Vorstrafen) in eine quantitative Aussage (z. B. die Tat ist eine Geldstrafe von 90 Tagessätzen „wert").

Strukturell weist diese „Umwertung" dieselben Schwierigkeiten auf, die sich in vergleichbaren Situationen auch in anderen Lebensbereichen beobachten lassen, etwa bei der Einstufung einer juristischen Examensleistung durch Einordnung auf einer 18-Punkteskala oder – im Bereich des Personalmanagements – durch Entlohnung einer Arbeitsleistung in Geld. Jedenfalls soweit es die Strafzumessung betrifft, existieren für diesen Vorgang keine verbindlichen Leitlinien, allenfalls bestimmte, in der Kammer, im Gericht oder im jeweiligen Bezirk übliche „Taxen" (z. B. dass Ersttäter einer Straftat gem. § 316 StGB eine Geldstrafe in Höhe von 30 Tagessätzen erhalten). Der Strafzumessungsvorgang ist daher durch eine weitgehende Unsicherheit gekennzeichnet, die sich in divergierenden Auffassungen über die „Richtigkeit" der Entscheidung ausdrücken (vgl. etwa das Auseinanderfallen der Anträge von Staatsanwalt und Verteidiger in der Hauptverhandlung) und Kritik provozieren kann („Urteilsschelte"). Auch beinhaltet der Vorgang der Umwertung eine gewisse, letztlich nicht auflösbare Form der Irrationalität, wenn man ihn einmal mit dem typischen juristischen Deduktionsverfahren (Syllogismus) vergleicht.

Sachgerecht bewältigen lassen sich die genannten Schwierigkeiten nur dann, wenn man die Strafzumessung als einen **Akt rechtlich gebundenen Ermessens** ansieht. Das Gericht darf über die Art und Höhe der verhängten Strafe nicht nach seinem freien Ermessen, geschweige denn willkürlich entscheiden, sondern ist verpflichtet, die erforderlichen Abwägungen und Umwertungen im Rahmen der normativen Vorgaben unter Bezugnahme auf die mit der Strafe verfolgten Zwecke zu entscheiden.

Sieht man die Strafzumessung als einen Akt rechtlich gebundenen Ermessens an, dann versteht es sich beinahe von selbst, dass die richtige Strafe nicht „irgendwie" gefunden und festgelegt werden darf, sondern dass ihre Festlegung einem klaren, aus den normativen Vorgaben heraus entwickelten **Schema** folgen muss. Zwar lässt sich nicht übersehen, dass die Strafzumessung in der tatrichterlichen Praxis zum Teil auch an Gesichtspunkten orientiert wird, die in diesem normativen Schema nicht vertreten sind. Beispiele bilden die Überlegung des Gerichts, welches Strafmaß vom Angeklagten voraussichtlich noch hingenommen werden wird, ohne dass er Rechtsmittel einlegt, oder – bei der Verhängung von Geldstrafe – die Überlegung, welche Kosten dem Fiskus im Zusammenhang mit dem Strafverfahren entstanden sind („die Kosten müssen wieder hereinkommen"). In einem rationalen, transparenten und von den Obergerichten kontrollierbaren Strafzumessungssystem können derartige Erwägungen jedoch keinen legitimen Platz beanspruchen. Zwar mögen sie im Einzelfall ebenfalls „irgendwie" einen Beitrag zur Wiederherstellung des Rechtsfriedens leisten. Den gesetzlichen Anforderungen an die Strafzumessung werden sie jedoch nicht gerecht.

Legt man die vom Gesetzgeber vorgegebenen sowie die von Rechtsprechung und Literatur entwickelten Orientierungspunkte zugrunde, dann lässt sich der Strafzumessungsvorgang in sieben Phasen einteilen:[1]

1. Zunächst müssen die **Strafzwecke** bestimmt werden, d. h. es muss festgelegt werden, welche Ziele mit der Strafe überhaupt erreicht werden sollen. Erst wenn man sich darüber im Klaren ist, *warum* gestraft werden soll, stehen die maßgeblichen Leitlinien zur Verfügung, auf die die Strafe hin ausgerichtet werden kann. In der Sache ist die Frage auf der Grundlage von § 46 Abs. 1 StGB im Sinne der präventiven Vereinigungstheorie zu beantworten (oben Abschn. 2.4).

2. Sodann muss der gesetzliche **Strafrahmen** ermittelt werden, der im zu entscheidenden Fall zur Verfügung steht. Der Strafrahmen legt die Eckpunkte fest, innerhalb derer die zu verhängende Strafe gefunden werden muss. Diese Phase der Strafzumessung kann im Einzelfall mit Schwierigkeiten verbunden sein, da der Gesetzgeber im Hinblick auf mögliche Besonderheiten des Delikts und des Täterhandelns eine Vielzahl von Ansatzpunkten für Strafrahmenverschiebungen „nach unten" oder „oben" zur Verfügung stellt. Eine praktisch besondere Bedeutung kommt in diesem Zusammenhang den Konkurrenzregeln (§§ 52 ff. StGB) zu.

3. Im dritten Schritt müssen die relevanten **Strafzumessungstatsachen** ermittelt werden. Der Kreis der insoweit in Betracht zu ziehenden Umstände geht über die im gesetzlichen Tatbestand genannten Merkmale weit hinaus. Für die Strafzumessung „relevant" sind alle diejenigen Tatsachen, die im Hinblick auf die zuvor festgelegten Strafzwecke für die Bestimmung des Grades der Schuld und der Präventionsnotwendigkeit von Bedeutung sind, also etwa der Wert der gestohlenen Sache, die durch die Tat verursachten Folgen für das Opfer, die Motive des Täters, sein Vorleben und sein Verhalten nach der Tat. Einen Anhaltspunkt für die in Betracht zu ziehenden Umstände liefert § 46 Abs. 2 Satz 2 StGB. Berücksichtigt werden muss in diesem Zusammenhang, dass diejenigen Tatsachen, die vom Gericht in der zweiten Phase bereits bei der Auswahl des anzuwendenden Strafrahmens berücksichtigt worden sind, in der dritten und den nachfolgenden Phasen nicht noch einmal in Ansatz gebracht werden dürfen (Doppelverwertungsverbot, § 46 Abs. 3 StGB).

4. Nachdem die strafzumessungsrelevanten Tatsachen ermittelt worden sind, muss ihre **Bewertungsrichtung** festgelegt werden. Damit ist gemeint, dass entschieden werden muss, ob eine für relevant gehaltene Tatsache den Täter *be*lasten oder *ent*lasten soll, ob sie also straf*schärfend* oder straf*mildernd* in Ansatz gebracht werden soll. Die Entscheidung kann im Hinblick auf die verschiedenen Strafzwecke zu unterschiedlichen Ergebnissen führen; in der Literatur wird dieser Sachverhalt als „Ambivalenz der Strafzumessungstatsachen" gekennzeichnet.

---

[1] Ähnliche, in der Sache kaum unterschiedliche Einteilungen finden sich etwa bei *Günther* JZ 1989, 1026 ff.; *Schall* und *Schirrmacher* Jura 1992, 515 ff.; *Dölling* 2011, 85 ff.; *Fischer* 2019, § 46 Rn. 13; krit. gegenüber derartigen Phaseneinteilungen *Streng* 2012, 322 f. (Rn. 650 ff.); *Frisch* 1993, 19 ff., 24 ff.

5. An die – u. U. zu gegenläufigen Ergebnissen führende – Festlegung der Bewertungsrichtung schließen sich die **Gewichtung und Abwägung** der einzelnen
Strafzumessungsfaktoren an. Mit „*Gewichtung*" ist gemeint, dass festgelegt werden muss, welche Bedeutung einzelnen Strafzumessungstatsachen im Vergleich
zu anderen Strafzumessungstatsachen beigemessen werden soll. Bei der Findung des Strafmaßes kommt nicht allen Umständen dasselbe Gewicht zu, vielmehr sind gewichtigere von weniger gewichtigen Umständen zu unterscheiden.
„*Abwägung*" bedeutet, dass die gewichteten Strafzumessungstatsachen zueinander in Beziehung gesetzt werden müssen. Belastende und entlastende Umstände müssen gegenübergestellt, im Hinblick auf die verfolgten Strafzwecke
miteinander verglichen und in eine Rangfolge gebracht werden (§ 46 Abs. 2
Satz 1 StGB). Dabei ist es möglich, strafschärfende und strafmildernde Umstände gegeneinander aufzuwiegen, das Problem der „Ambivalenz der Strafzumessungstatsachen" also durch wechselseitige Kompensation zu lösen.

6. Der sechste Schritt ist der bereits angesprochene schwierigste: die „**Umwertung**" des Ergebnisses des Abwägungsprozesses durch Einordnung der Tat in
den gesetzlichen Strafrahmen. Anhaltspunkte dafür, wo die richtige „Einstiegsstelle" innerhalb des Strafrahmens zu suchen ist, ergeben sich aus dem
Vergleich des Ergebnisses des Abwägungsprozesses (5. Schritt) mit den vom
Strafrahmen angegebenen Eckpunkten (2. Schritt). Versteht man den Strafrahmen mit der ganz h. M. als eine tatbestandlich vertypte Strafzumessungsvor-
gabe des Gesetzgebers an die Gerichte, dann bestimmt der Strafrahmen nicht
nur die Eckpunkte des rechtlich Zulässigen, sondern enthält zugleich eine wertende Vorgabe für die Einordnung des zu entscheidenden Falls: Die Mindeststrafe gibt an, wie die denkbar leichtesten, die Höchststrafe, wie die denkbar
schwersten Erscheinungsformen des in Rede stehenden Delikts bestraft werden sollen. Problematisch ist die Einordnung der zwischen diesen beiden Eckpunkten liegenden Fälle. In der Literatur wird darüber diskutiert, ob es möglich bzw. zulässig ist, die Einordnung der dazwischen liegenden Fälle an den
Konstruktionen des *gedanklichen Durchschnittsfall s* (sog. normativer Normalfall) oder des statistisch am häufigsten vorkommenden *Regelfall s* zu
orientieren. Die überlegene Lösung dürfte hier im zweiten Weg, der Bezugnahme auf den statistischen Regelfall, zu sehen sein. In den Blick gerät damit
die Entscheidungspraxis der Justiz in ähnlich gelagerten Fällen, wobei freilich
die Prüfung der „Ähnlichkeit" wiederum mit ganz eigenen Schwierigkeiten
verbunden ist. Bei der Festlegung des Strafmaßes müssen zudem die *Wirkungen*, die von der Strafe für das künftige Leben des Täters zu erwarten sind,
sowohl unter dem Gesichtspunkt der Schuldangemessenheit der Strafe als
auch unter dem Gesichtspunkt ihrer präventiven Notwendigkeit berücksichtigt
werden (§ 46 Abs. 1 Satz 2 StGB).

7. Ist der Fall in den Strafrahmen eingeordnet und als Reaktion auf die Tat ein indi-
viduelles Strafmaß gefunden, so müssen die ggf. erforderlichen Folgeentscheidungen über die Strafart (z. B. die Aussetzung der Vollstreckung zur Bewährung
einschließlich die in diesem Zusammenhang erforderlichen Nebenentscheidungen), die Nebenfolgen (z. B. Einziehung von Taterträgen) und die sonstigen

---

1. Bestimmung der Strafzwecke

2. Ermittlung des gesetzlichen Strafrahmens

3. Ermittlung der relevanten Strafzumessungstatsachen

4. Festlegung der Bewertungsrichtung der Strafzumessungstatsachen

5. Gewichtung und Abwägung der Strafzumessungstatsachen

6. „Umwertung" des Abwägungsergebnisses durch Einordnung des Falls in den ermittelten Strafrahmen

7. Abschließende Gesamtbetrachtung

Abb. 4.1 Die sieben Phasen der Strafzumessung

gegen den Täter zu verhängenden Maßnahmen (z. B. Maßregeln der Besserung und Sicherung) getroffen werden. Die Beurteilung der Schuldangemessenheit des gefundenen Strafmaßes und seiner präventiven Notwendigkeit kann sich durch diese weiteren Entscheidungen noch einmal verändern. Erforderlich ist deshalb im letzten Schritt eine **abschließende Gesamtbetrachtung**, bei der das Strafmaß im Kontext der übrigen Sanktionen und sonstigen Rechtsfolgen der Tat auf seine Angemessenheit und Notwendigkeit hin überprüft wird. Im Ergebnis kann dies dazu führen, dass das im sechsten Schritt gefundene Strafmaß abschließend noch einmal korrigiert werden muss.

Eine Zusammenfassung der sieben Phasen, die jeder Strafzumessungsvorgang durchlaufen muss, lässt sich Abb. 4.1 entnehmen. Im Folgenden wird auf die einzelnen Phasen und die mit ihnen jeweils verbundene Problematik genauer eingegangen.

4.2   Die Bedeutung der Strafzwecke für die Strafzumessung

Im ersten Schritt müssen die Zwecke bestimmt werden, die mit der Strafe erreicht werden sollen. Nach der hier vertretenen, in § 46 Abs. 1 StGB verankerten Auffassung ist von der **präventiven Vereinigungstheorie** auszugehen, nach der die Strafe dem Zweck dient, durch eine schuldangemessene Reaktion auf die Tat weiteren Taten entgegenzuwirken (oben Abschn. 1.4). Der Umstand, dass die Besinnung auf die Strafzwecke in dem hier vorgeschlagenen Schema an den Anfang der Strafzumessung gestellt wird, darf nicht zu dem Missverständnis verleiten, dass vom Gericht bei jedem Strafzumessungsvorgang erneut in die Strafzweckdiskussion eingestiegen und danach gefragt werden müsste, welchem Strafzweck der Vorzug zu gewähren ist.[2] In der praktischen Rechtsanwendung wird die Frage nach den Strafzwecken vor dem Hintergrund der vom Gesetzgeber in § 46 Abs. 1 StGB

---

[2] So die Kritik von *Frisch* 1993, 20 ff.

getroffenen Grundentscheidung für die Leitfunktion des Schuldgedankens in allen Fällen stets in der gleichen Weise zu beantworten sein. Die hier an den Anfang gestellte erste Phase der Strafzumessung hat lediglich die Aufgabe, sich bei der Entscheidung konkreter Strafzumessungsfragen der Zielsetzung des Strafens zu vergewissern und strafzumessungsfremde Orientierungspunkte (z. B. die Ankündigung des Angeklagten, er werde bei einem bestimmten Strafmaß Rechtsmittel einlegen) aus dem Strafzumessungsvorgang auszuscheiden.

Orientiert man sich für die Strafzumessung an der präventiven Vereinigungstheorie, so stellt sich das Problem, dass es im Verlauf des weiteren Strafzumessungsvorgangs zu **Zielkonflikten** kommen kann: Die präventive Zielsetzung der Strafe kann für die Findung des Strafmaßes in eine andere Richtung weisen als das Schuldmaß, das nach § 46 Abs. 1 Satz 1 StGB die „Grundlage" der Strafzumessung bilden muss. In der Literatur wird insoweit von der „Antinomie der Strafzwecke" gesprochen.[3]

Beispiel 1

Der geistig leicht zurückgebliebene, schlecht ausgebildete und auf dem Arbeitsmarkt chancenlose A wird wiederholt wegen Diebstahls von PKW auffällig; als Erklärung gibt er an, dass er Autofahren „geil" finde und dies immer wieder tun werde. – Während die Tatschuld hier, je nach Anzahl der entwendeten PKW und ihres Werts, eher für eine moderate Form der Sanktionierung spricht, ist die in der Einlassung deutlich werdende Wiederholungsgefahr eher ein Beleg für die Notwendigkeit einer längeren Unterbringung im Strafvollzug, wo auf den Täter mit dem Ziel der Resozialisierung eingewirkt werden kann (vgl. § 2 StVollzG).

Beispiel 2

Eine Ehefrau hat gemeinsam mit ihrer Tochter den Ehemann erschlagen, der die beiden über lange Jahre hinweg ständig tyrannisiert hat; beide sind zuvor noch nie strafrechtlich in Erscheinung getreten. – Unter Schuldgesichtspunkten ist hier eine eher hohe, den erheblichen Unrechtsgehalt der Tat zum Ausdruck bringende Strafe angezeigt, während unter dem Gesichtspunkt der Spezialprävention an sich auf eine Strafe verzichtet werden kann, da mit weiteren Taten nicht zu rechnen ist.

Für die Auflösung der zwischen den einzelnen Strafzwecken bestehenden Zielkonflikte werden in Rechtsprechung und Literatur unterschiedliche Herangehensweisen („Strafzumessungstheorien") diskutiert, die unter den Bezeichnungen „Spielraumtheorie", „Stellenwerttheorie" und „Tatproportionalität stheorie" bekannt geworden sind. Das gemeinsame Kennzeichen aller drei Herangehensweisen ist, dass entsprechend § 46 Abs. 1 Satz 1 StGB die Schuld des Täters den Ausgangspunkt für die Strafzumessung bildet.

---

[3] *Stratenwerth* 1972, 22 ff.; *Bruns und Güntge* 2019, 91 ff.; *Schäfer et al.* 2017, 293 f. (Rn. 814 ff.).

4.2.1 Spielraumtheorie

Nach der von der ganz h. M., namentlich der Rechtsprechung vertretenen „Spielraumtheorie" ist das zwischen den Strafzwecken bestehende Spannungsverhältnis in der Weise aufzulösen, dass zunächst über die Schuldwertung ein Schuld*rahmen* zu bilden ist, innerhalb dessen sodann unter Präventionsgesichtspunkten das endgültige Strafmaß festgelegt wird.[4] Die schuldangemessene Strafe ist nach der Spielraumtheorie keine punktförmige Größe, vielmehr hat der Richter bei der Bestimmung ihres Maßes einen (Beurteilungs-) **Spielraum** (daher der Name), der nach unten durch die „*schon schuldangemessene*" und nach oben durch die „*noch schuldangemessene*" Strafe begrenzt wird. Die präventiven Strafzwecke können grundsätzlich nur innerhalb dieser Grenzen berücksichtigt werden.

Hinsichtlich des zuletzt genannten Punktes werden allerdings Ausnahmen diskutiert. Umstritten ist, ob nicht unter bestimmten, eng begrenzten Voraussetzungen die durch den Schuldrahmen gezogenen Grenzen aus präventiven Gründen durchbrochen werden dürfen. Während es insoweit einhellige Meinung ist, dass eine *Über*schreitung des Schuldrahmens grundsätzlich nicht in Betracht kommt, und zwar schon deshalb nicht, weil dies gegen das verfassungsrechtlich verbürgte Schuldprinzip verstoßen würde[5], wird zum Teil vertreten, dass eine *Unter*schreitung der „schon schuldangemessenen" Strafe aus präventiven Gründen zulässig sei.[6]

Beispiele

Bei zwischenzeitlich unauffällig lebenden, sozial gut integrierten NS-Tätern, die während der Schreckensherrschaft des „Dritten Reichs" schwere Schuld auf sich geladen hatten, war unter dem Gesichtspunkt der Spezialprävention eine Strafe oft nicht geboten. Ähnlich kann es heute bei Tätern sein, die z. B. einen als „Haustyrannen" auftretenden Familienangehörigen getötet haben (s. o.).

Will man in diesem Streit Position beziehen, so dürfte es richtig sein, die Schuldunterschreitung prinzipiell für zulässig zu halten, denn eine Strafe, die sich präventiv nicht begründen lässt, stellt einen unverhältnismäßigen und deshalb ungerechtfertigten Eingriff in die Rechtssphäre des Verurteilten dar. Zu berücksichtigen ist indessen auch, dass sich das Leitziel der Prävention nach der Vereinigungstheorie nicht in der Verwirklichung spezialpräventiver Zielsetzungen erschöpft, sondern die generalpräventive Aufgabe des Strafrechts mit umfasst. Die Schuldunterschreitung aus präventiven Gründen kann deshalb praktisch nur in Ausnah-

---

[4] Grundlegend *BGHSt* 7, 28 (32); 20, 264 (266 f.); vgl. auch LK 2006 ff., *Theune*, § 46 Rn. 39; MüKo 2016 ff., *Radtke*, Vor §§ 38 ff. Rn. 59 ff.; NK 2017, *Streng*, § 46 Rn. 97 ff.; *Streng* 2012, 309 ff.; *Bruns und Güntge* 2019, 121 ff.

[5] *BVerGE* 45, 187 (260); *BGHSt* 20, 264 (266 f.); LK 2006 ff., *Theune*, Vor §§ 46–50 Rn. 30; *Schäfer et al.* 2017, 294 (Rn. 820).

[6] So etwa *Roxin* 1979, 307; anders die h. M., vgl. *BGHSt* 24, 132 (133 f.); 29, 319 (321 f.); *BGH* NJW 1978, 174 (175); MüKo 2016 ff., *Radtke*, Vor §§ 38 ff. Rn. 57.

mefällen in Betracht kommen, nämlich dann, wenn die Schuldunterschreitung nicht nur spezialpräventiv indiziert ist, sondern wenn sie auch für das allgemeine Rechtsbewusstsein als einzig angemessene Form der Reaktion erscheint (Beispiele unten Abschn. 4.4.2.1.1).[7]

Der Streit um die Zulässigkeit der Schuldunterschreitung zeigt, dass auf der Grundlage der Spielraumtheorie eine eindeutige Lösung der durch die Vereinigungstheorie hervorgebrachten Zielkonflikte nicht möglich ist. Weder ist bis heute vollends geklärt, nach welchen Gesichtspunkten der Schuldrahmen zu bestimmen ist – im richterlichen Urteil braucht der Rahmen nicht angegeben zu werden[8] –, noch ist die Bedeutung geklärt, die den präventiven Strafzwecken (welchen Strafzwecken genau? mit welchem Gewicht?) in diesem Rahmen zukommt. Die Strafzumessung auf der Grundlage der Spielraumtheorie stellt einen höchst komplexen, letztlich nicht ganz transparenten Vorgang dar, der in der Vergangenheit immer wieder Anlass zur Kritik geboten hat.

Gegen die Spielraumtheorie werden vor allem von zwei Seiten **Einwände** erhoben. Einige Kritiker teilen den straftheoretischen Ausgangspunkt der h. M., dass bei der Strafzumessung neben dem Gesichtspunkt des Schuldausgleichs grundsätzlich auch general- und spezialpräventive Überlegungen anzustellen seien. Der Einwand geht jedoch dahin, dass der Zielkonflikt zwischen Schuldausgleich und Prävention von der Spielraumtheorie nicht sachgerecht gelöst werde. Indem die Prävention schon zur Bestimmung der Straf*höhe* (nämlich zur Bestimmung des endgültigen Strafmaßes innerhalb der durch den Schuldrahmen gezogenen Grenzen) herangezogen werde, werde ein Anspruch verfolgt, der in Wirklichkeit nicht eingelöst werden könne. Die Heranziehung von spezial- und/oder generalpräventiven Kriterien zur Bestimmung der Straf*höhe* müsse solange unverbindlich-akademisch bleiben, wie noch nicht geklärt sei, von welcher Straf*art* der Täter eigentlich betroffen werden solle.[9] Als Alternative wird der Spielraumtheorie von diesen Kritikern die „Stufen"- bzw. „Stellenwerttheorie" entgegengesetzt (unten Abschn. 4.2.2).

Eine neuere Richtung in der Literatur bezweifelt demgegenüber schon den straftheoretischen Ausgangspunkt der herrschenden Meinung. Welche der postulierten präventiven Mechanismen der Strafe wie wirkten, könne beim heutigen Wissensstand nicht als geklärt gelten. Auch wenn der präventive Ansatz bei manchen Deliktskategorien in hohem Maße einleuchtend und durch empirische Untersuchungen begründbar sei, lasse sich die Institution Strafe nicht mit einer einheitlichen präventiven Straftheorie begründen. Konsequenterweise könnten aus den Straftheorien aber auch keinerlei Schlussfolgerungen für die Bestimmung einzelner, konkreter Strafmaße abgeleitet werden; vielmehr sei es erforderlich, für die Rechtfertigung der Strafzumessung einen eigenständigen Begründungsansatz zu finden.[10] In den

---

[7] Vgl. S/S 2019, *Kinzig*, Vorbem. §§ 38 ff. Rn. 21; MüKo 2016 ff., *Radtke*, Vor §§ 38 ff. Rn. 56 f.

[8] *Schäfer et al.* 2017, 297 (Rn. 833).

[9] So etwa SK StGB 2017 ff., *Horn und Wolters*, § 46 Rn. 23 ff.

[10] Vgl. *Albrecht, H. J.* 1994, 37 ff.; *Hörnle* 1999b, 27 ff.

Mittelpunkt wird von dieser neueren Richtung die bereits angesprochene „expressiv-kommunikative Funktion" von Strafe gestellt (oben Abschn. 2.1.1). Die Strafzumessung dürfe nicht an die Person des Täters anknüpfen, sondern allein an die Schwere der Tat und das mit dem Strafmaß zum Ausdruck zu bringende, tatproportionale Ausmaß der Unwertigkeit (unten Abschn. 4.2.3).

4.2.2 Stellenwerttheorie

Das Kennzeichen der „Stufen"- oder „Stellenwerttheorie" besteht in der klaren Trennung von Schuld und Prävention. Die Sanktionsfestsetzung ist nach dieser Auffassung ein Prozess, der in **zwei „Stufen"** aufzuspalten ist. Das Gericht muss zunächst das Gewicht des verschuldeten Unrechts in ein fiktives Straf*quantum* umsetzen, d. h. es muss die Dauer einer hypothetisch zu verbüßenden Freiheitsstrafe bestimmen. Das Gericht hat dabei zwar einen gewissen Beurteilungsspielraum (insofern besteht Übereinstimmung mit der Spielraumtheorie); es ist jedoch gehalten, innerhalb dieses Spielraums die Strafe grundsätzlich am unteren Ende zu suchen, da nach § 46 Abs. 1 Satz 2 StGB diejenige Strafe zu wählen ist, die der Wiedereingliederung des Täters am wenigsten abträglich ist („passive Spezialprävention"). Im Übrigen dürfen präventive Gesichtspunkte auf der ersten Stufe nicht berücksichtigt werden. In einem zweiten Schritt muss das Gericht sodann entscheiden, in welcher *Art* die schuldangemessene Strafe zu verhängen ist und ob die verhängte Strafe auch tatsächlich zu vollstrecken ist; auf dieser zweiten Stufe, die wesentlich durch die §§ 47 und 56 StGB geprägt wird, sollen ausschließlich spezial- und/oder generalpräventive Überlegungen eine Rolle spielen.[11]

Obwohl die Stellenwerttheorie das Problem der Antinomie der Strafzwecke mit der Verteilung der Strafzwecke auf zwei „Stufen" vergleichsweise elegant löst, ist sie erheblichen **Einwänden** ausgesetzt.[12] So lässt sich zunächst feststellen, dass die Reichweite der Theorie begrenzt ist: Das empfohlene zweistufige, nach Strafhöhe und -art differenzierende Vorgehen ist nur im Bereich bis zu 2 Jahren Freiheitsstrafe möglich; oberhalb dieser Grenze ist mit der Entscheidung für eine bestimmte Strafdauer schon kraft Gesetzes auch die Entscheidung für eine bestimmte Strafart getroffen (Freiheitsstrafe ohne Bewährung). Will man oberhalb dieser Grenze außer dem Gesichtspunkt der „passiven Spezialprävention" noch weiteren spezial- und/oder generalpräventiven Vorstellungen Raum geben (etwa – nach sachverständiger Beratung – für einen Sexualstraftäter im Hinblick auf § 9 StVollzG eine bestimmte für sinnvoll erachtete Mindestverbüßungsdauer in der Sozialtherapie in Erwägung ziehen), so ist dies nach der Stellenwerttheorie nicht möglich.

---

[11] Grundlegend *Henkel* 1969, 39 ff.; SK StGB 2017 ff., *Horn und Wolters*, § 46 Rn. 33 ff.; vgl. auch *Horn* 1975, 241 ff.; *Horn* 1978, 165 ff.; *Schöch* 1975, 258 ff.; *Wolters* GA 2008, 223, 224 ff.

[12] Zur krit. Würdigung der Stellenwerttheorie vgl. auch *Bruns* 1977, 256 ff.; *Roxin* 1978, 186 ff.; *Streng* 2012, 313 f. (Rn. 634 f.).

Hinzu kommt, dass die Stellenwerttheorie auch in ihrem eigentlichen Anwendungsbereich, dem Bereich von Freiheitsstrafen bis zu 2 Jahren, erheblicher Skepsis begegnet. Es ist nämlich zweifelhaft, ob es in diesem Bereich wirklich stimmt, dass man das der Schuld entsprechende Strafübel allein unter Bezugnahme auf die Höhe einer hypothetisch zu verbüßenden Freiheitsstrafe ausdrücken und die in Betracht kommende Strafart aus den Überlegungen völlig ausblenden kann. Nach § 46 Abs. 1 Satz 2 StGB müssen bei der Strafzumessung auch die Wirkungen der Strafe berücksichtigt werden. Die von der Stellenwerttheorie vorgenommene Reduzierung dieser Anweisung auf den Aspekt der „passiven Spezialprävention" schöpft den Gehalt der Norm nicht aus, vielmehr wird man davon ausgehen müssen, dass sich auch die Schuldangemessenheit einer Strafe kaum ohne den individualisierenden Blick auf die Wirkungen der Strafe beurteilen lässt (vgl. unten Abschn. 4.7.3). Damit gerät aber schon bei der Festlegung der Straf*höhe* auch die *Art* der verhängten Strafe in den Blick. Viel spricht dafür, dass in der Verhängung von z. B. 90 Tagessätzen Geldstrafe nicht nur eine spezialpräventiv (möglicherweise) sinnvollere, sondern auch eine den Täter insgesamt weniger belastende Sanktion zu sehen ist als in der – nach der Stellenwerttheorie unter Schuldgesichtspunkten angeblich gleichwertigen – Verhängung einer Freiheitsstrafe von 3 Monaten Dauer.[13] Wenn dies aber so ist, dann kann dieser Umstand schon bei der Festlegung des Straf*quantums* nicht unberücksichtigt bleiben und darf nicht gänzlich auf die zweite Stufe, die Festlegung der Strafart, abgeschoben werden.

4.2.3 Lehre von der Tatproportionalität

Die Lehre von der Tatproportionalität stellt nicht die Person des Täters, sondern die **Schwere der Tat** in den Mittelpunkt ihrer Überlegungen. Für die Beurteilung der Tatschwere soll allein auf das Unrecht der Tat, differenziert nach der Schwere des Erfolgs- und des Handlungsunrechts, sowie auf etwaige, die subjektive Zurechenbarkeit der Tat einschränkende schuldmindernde Umstände abgestellt werden. Unberücksichtigt bleiben sollen all diejenigen auf die Täterpersönlichkeit bezogenen Umstände, die sich nicht in eine Beziehung zu Unrecht und Schuld bringen lassen. *Hörnle*, die sich mit der Tatproportionalitätstheorie bislang am ausführlichsten beschäftigt hat, rechnet hierzu etwa die undifferenzierte Bezugnahme auf die „kriminelle Energie" des Täters oder auf die Beweggründe der Tat, aber auch Umstände wie die Überredung des Täters durch einen Lockspitzel der Polizei oder die in der Praxis besonders relevanten Vorstrafen des Täters. Auch präventive Überlegungen, gleich welcher Provenienz, sollen nach der Lehre von der Tatproportionalität aus der Strafzumessung ausgeschlossen bleiben. Mit § 46 Abs. 1 Satz 2 StGB sei dieser Ausschluss vereinbar. Die Regelung zwinge lediglich dazu, bei der Strafzumessung die für die Schuldwertung bedeutsame Strafempfindlichkeit des Täters zu berück-

---

[13]Anhaltspunkte hierfür liefern die in der kriminologischen Forschung verwendeten Indizes zur Erfassung der Sanktionsschwere, vgl. *Kolsch* 2019, 129 ff.

sichtigen; auf die Strafempfänglichkeit, die etwas über die präventive Einwirkungsnotwendigkeit aussage, brauche sie nicht zwingend bezogen zu werden.[14]

Die Ausblendung der präventiven Gesichtspunkte hat für den Strafzumessungsvorgang zur Konsequenz, dass sich das Problem der „Antinomie der Strafzwecke"
nicht stellt; der Strafzumessungssachverhalt wird ausschließlich unter Unrechts-
und Schuldgesichtspunkten gewürdigt. Eine nach der Spielraumtheorie zulässige
Strafschärfung, um bestimmte der Resozialisierung dienende Behandlungsmaßnahmen zu erreichen, ist nach der Tatproportionalitätstheorie ebenso ausgeschlossen
wie eine Strafmilderung, die allein das Ziel verfolgt, nicht behandlungsbedürftigen
Tätern den Strafvollzug ggf. zu ersparen.[15]

Auch die Lehre von der Tatproportionalität ist **Einwänden** ausgesetzt.[16] Keine
Zustimmung verdient der Ansatz, den präventiven Strafzwecken, namentlich der
Spezialprävention, für die Begründung der Strafzumessungsentscheidung jede Bedeutung abzusprechen. Zum einen ist es nicht richtig, dass im Zusammenhang mit
den freiheitsentziehenden Sanktionen keine Behandlungseffekte nachweisbar seien
(vgl. oben Abschn. 2.3.3.2). Die empirische Erkenntnis, dass Behandlungsmaßnahmen vor allem dann wirksam sind, wenn sie nicht allen Probanden gleichermaßen
zugutekommen, sondern an die Deliktsart und die in ihr zum Ausdruck kommenden
individuellen Störungen und Defizite anknüpfen, gibt ganz im Gegenteil allen Anlass, die Spezialprävention nicht resignierend aus dem Strafzumessungsprogramm
zu streichen, sondern sie beizubehalten und auch auf der theoretischen Ebene weiter
zu fördern. Es ist ein sinnvolles und in der Praxis durchaus geläufiges Vorgehen, bei
der Festsetzung der Strafhöhe bereits bestimmte Vollstreckungsmodalitäten in den
Blick zu nehmen (z. B. §§ 35 f. BtMG, §§ 57 ff., 67 Abs. 4, 5 StGB, § 9 StVollzG)
und hierdurch innerhalb des durch die Schuldschwere gezogenen Rahmens den
Weg zu einer spezialpräventiv aussichtsreichen Ausgestaltung der „Gesamtsanktion" zu eröffnen. Die Möglichkeiten zu derartigen kriminalpolitisch sinnvollen
Modifikationen der Strafe dürfen durch eine Strafzumessungstheorie nicht von
vornherein verschüttet werden.

Zum anderen ist es nur bei Anerkennung des eigenständigen Werts der Spezialprävention für die Strafzumessung begründbar, dass die Strafe immer dann, wenn
Ansätze für mögliche Behandlungsmaßnahmen nicht erkennbar sind und generalpräventive Erwägungen nicht entgegenlaufen, im Zweifel am unteren Rand der
„schon schuldangemessenen" Strafe angesiedelt werden muss. Würde die Strafe
allein an der Tatproportionalität ausgerichtet, so würde dies im Ergebnis zwangsläufig zu einer Erhöhung des (statistischen) durchschnittlichen Strafmaßes führen.

---

[14] Grundlegend *Hörnle* 1999b, 143 ff.; *Hörnle* JZ 1999a, 1080 ff.; *Frisch et al.* 2003; *von Hirsch
und Ashworth* 2005; vgl. auch *Giannoulis* ZIS 2014, 522 ff., der den Ansatz auf die Bestrafung von
Wiederholungstätern überträgt.

[15] So ausdrücklich *Hörnle* 1999b, 336 ff.

[16] Zur Kritik vgl. *Dölling* 1999, 193 ff.; *Ellscheid* 2001, 201 ff.; *Streng* 2012, 315 ff. (Rn. 637 ff.);
NK 2017, *Streng*, § 46 Rn. 110 ff.

Auch unter den kriminalpolitischen Leitgesichtspunkten der Humanität und der
Freiheitlichkeit spricht viel für die Beibehaltung des spezialpräventiven Potenzials
in der Strafzumessung.

4.2.4 Schlussfolgerungen

Im Ergebnis stellen sich weder die Stellenwert- noch die Tatproportionalitätstheorie
als überlegene Alternativen zur Spielraumtheorie dar. Beiden Ansätzen gelingt zwar
eine auf den ersten Blick schlüssige Lösung des Antinomieproblems; die genauere
Betrachtung weist jedoch auf eigene Schwächen hin. Die gegen die Spielraumtheorie vorgebrachten Einwände sind damit zwar nicht ausgeräumt. Vor allem mag gelten, dass den auf der Grundlage der Spielraumtheorie anzustellenden Überlegungen
letztlich immer der Geruch der „Beliebigkeit" anhaftet. Der *Vorzug der Spielraumtheorie* besteht indessen gerade darin, dass sie die Komplexität des Strafzumessungsvorgangs anerkennt und die Integration sämtlicher Strafzwecke grundsätzlich – theoretisch – erlaubt. Sie weist dabei diejenige Unschärfe auf, die für die
Durchführung eines so vielschichtigen Vorgangs, wie ihn die Zumessung einer
Strafe darstellt, unabdingbar ist. Die Bezeichnung als „Theorie" mag angesichts
dieser Unschärfe unangemessen sein. Die Spielraum„theorie" liefert jedoch zumindest ein heuristisches Modell, an dem sich die Praxis bei der Findung eines Strafmaßes orientieren kann.[17] Auch bei der nachfolgenden Beschreibung der weiteren
Phasen der Strafzumessung wird deshalb von der Spielraumtheorie ausgegangen,
und es werden ohne weitere Differenzierung nach Strafart und -höhe stets sowohl
die Schuld- als auch die Präventionskomponente der Strafe in den Blick genommen.

4.3   Die Bedeutung des gesetzlichen Strafrahmens

Den zweiten Schritt der Strafzumessung bildet die Ermittlung des gesetzlichen
Strafrahmens, innerhalb dessen die Strafzumessung zu erfolgen hat. Das Gericht ist
kraft Verfassung (Art. 97 Abs. 1 GG) an den Strafrahmen und die in ihm zum Ausdruck gelangende Vorwertung des Gesetzgebers hinsichtlich der Schwere der in
dem jeweiligen Tatbestand normierten Unrechtsmaterie gebunden. Es darf die ge-
setzgeberische Wertung (z. B. hinsichtlich der Angemessenheit eines Mindestmaßes
von 5 Jahren Freiheitsstrafe für einen räuberischen Angriff auf Kraftfahrer nach
§ 316a Abs. 1 StGB) nicht durch eigene Wertentscheidungen unterlaufen.[18]
   Die Ermittlung des gesetzlichen Strafrahmens kann im Einzelfall mit Schwierigkeiten verbunden sein. Bei zahlreichen Delikten (z. B. bei Körperverletzung, Totschlag, Diebstahl, Raub) unterscheidet der Gesetzgeber zwischen dem „Normalfall"
der Strafzumessung und „Sonderfällen", bei denen es zu **Strafrahmenverschiebun-**

---

[17]Zum Praxisbezug vgl. *Schäfer et al.* 2017, 297 (Rn. 832); *Güntge* ZIS 2018, 384 ff.; *Bruns und
Güntge* 2019, 123 ff. (Kap. 7 Rn. 64 ff.).
[18]*BGHSt* 24, 173 (178).

gen kommt. Der „Normalfall" ist in einem Grunddelikt geregelt (z. B. dem Grunddelikt des Totschlags, § 212 Abs. 1 StGB, mit einem Strafrahmen zwischen 5 und 15 Jahren Freiheitsstrafe); die deliktsspezifischen „Sonderfälle" sind in tatbestandlichen Abwandlungen erfasst, die die für das Grunddelikt vorgesehene Rechtsfolge entweder mildern (z. B. in § 213 StGB mit der Absenkung des Strafrahmens auf 1 Jahr bis 10 Jahre Freiheitsstrafe) oder verschärfen (z. B. in § 211 Abs. 1 oder § 212 Abs. 2 StGB mit der Rechtsfolge lebenslanger Freiheitsstrafe). Darüber hinaus gilt, dass sich die vom Gesetzgeber bei den einzelnen Delikten genannten Strafrahmen – gleich ob es sich um Grunddelikte oder tatbestandliche Abwandlungen handelt – lediglich auf solche Täter beziehen, die die Tatbestandsmerkmale nur dieses einen Delikts vollständig erfüllen und dabei mit voller Schuld handeln.[19] Für besondere Erscheinungsformen des Täterhandelns, die das Unrecht und/oder die Schuld in einem abweichenden, milderen oder schwereren Licht erscheinen lassen (z. B. Versuch statt Vollendung, Beihilfe, verminderte Schuldfähigkeit, Verwirklichung weiterer Tatbestände), gelten wiederum Sonderregeln, die ebenfalls zu Strafrahmenverschiebungen „nach unten"oder „oben" führen können (z. B. bei versuchtem Totschlag zu einem Strafrahmen von 2 Jahren bis 11 Jahren, 3 Monaten Freiheitsstrafe, § 23 Abs. 2 i. V. m. § 49 Abs. 1 StGB). Einen Überblick über die verschiedenen Möglichkeiten der Strafrahmenverschiebung „nach unten" oder „oben" liefert Abb. 4.2

Der Überblick zeigt, dass der Gesetzgeber bei der Normierung von Strafmilderungen und -schärfungen zum Teil **unterschiedliche Wege** geht. So fällt auf, dass die Regelbeispielstechnik nur im Zusammenhang mit der Strafrahmenverschiebung „nach oben" angewandt wird, obwohl sie theoretisch bei Delikten mit erhöhtem Mindeststrafrahmen auch „nach unten" eingesetzt werden könnte. Darüber hinaus fällt auf, dass allgemeine, nicht deliktsspezifische Strafschärfungsregeln heute nur noch in Form der Konkurrenzregeln (§§ 52 ff. StGB) existieren. Bis in das Jahr 1986 hinein war das anders; bis zu diesem Zeitpunkt gab es als weitere allgemeine Strafschärfungsregel noch eine Sondervorschrift für Wiederholungstäter: Diejenigen, die zum dritten Mal verurteilt wurden und denen vorzuwerfen war, dass sie sich die früheren Verurteilungen nicht hatten zur Warnung dienen lassen, wurden zwingend mit Freiheitsstrafe von wenigstens 6 Monaten bestraft (§ 48 StGB a. F.).[20] Zu berücksichtigen ist schließlich, dass der Gesetzgeber zuweilen auch „Mischformen" wählt, die in der Abbildung nicht erfasst sind. So kombiniert der Gesetzgeber etwa bei § 213 StGB eine Privilegierung mit einem unbenannten Strafmilderungsgrund („oder sonst ein minder schwerer Fall"), was im Ergebnis der Anwendung der Regelbeispielstechnik nahekommt.

Von den verschiedenen Möglichkeiten der Strafrahmenverschiebung „nach unten" und „oben" verdienen vor allem die unbenannten Strafrahmenmodifikationen, also die „minder" und die „besonders schweren Fälle", ferner die Strafrahmenverschiebungen nach § 49 Abs. 1 und 2 StGB sowie die Konkurrenzregeln besondere Aufmerksamkeit.

---

[19] SK StGB 2017 ff., *Horn und Wolters*, § 46 Rn. 56.
[20] Aufgehoben durch das 23. StrÄndG v. 13.04.1986; zu den Hintergründen *Dölling* NJW 1987, 1045.

1. Strafmilderungsregeln

    a. Privilegierende Abwandlungen eines Grunddelikts
      (z.B. § 216 Abs. 1 gegenüber § 212 Abs. 1 StGB)

    b. Unbenannte Strafmilderungsgründe, die vom Gesetz als „minder
      schwere Fälle" bezeichnet werden (z.B. § 249 Abs. 2 gegenüber
      § 249 Abs. 1 StGB)

    c. Allgemeine, d.h. nicht deliktsspezifische, gesetzlich vertypte Straf-
      milderungsgründe, die sich weiter unterscheiden lassen in

    - obligatorische Strafmilderungsgründe, die auf § 49 Abs. 1 StGB
      verweisen (z.B. § 27 Abs. 2 S. 2, § 28 Abs. 1, § 30 Abs. 1 S. 2
      StGB)

    - fakultative Strafmilderungsgründe, die auf § 49 Abs. 1 StGB ver-
      weisen (z.B. § 13 Abs. 2, § 17 S. 2, §§ 21, 23 Abs. 2, §§ 46a, 46b
      Abs. 1 S. 1 StGB)

    - Ermessensmilderungsgründe, die auf § 49 Abs. 2 StGB verweisen
      (z.B. § 23 Abs. 3, §§ 157, 158 Abs. 1, § 306e Abs. 1 StGB)

2. Strafschärfungsregeln

    a. Qualifizierende Abwandlungen eines Grunddelikts
      (z.B. § 244 Abs. 1 gegenüber § 242 Abs. 1 StGB)

    b. Unbenannte Strafschärfungsgründe, die vom Gesetz als
      „besonders schwere Fälle" bezeichnet werden (z.B. § 212 Abs. 2
      gegenüber § 212 Abs. 1 StGB)

    c. Regelbeispiele, die keine Tatbestandsmerkmale, sondern tatbestand-
      lich vertypte Strafzumessungsmerkmale enthalten
      (z.B. § 243 gegenüber § 242 Abs. 1 StGB)

    d. Allgemeine, d.h. nicht deliktsspezifische, gesetzlich vertypte Straf-
      schärfungsgründe (z.B. § 54 StGB)

Abb. 4.2 Möglichkeiten der Strafrahmenverschiebung „nach unten" und „oben"

4.3.1 „Minder" und „besonders schwere Fälle"

Während der Gesetzgeber bei den als „Privilegierung" bzw. „Qualifikation" bezeichneten Abwandlungen eines Grunddelikts genau angibt, unter welchen Voraussetzungen vom Gericht ein abgesenkter oder erhöhter Strafrahmen gewählt werden
muss, ist dies bei den unbenannten „minder" und „besonders schweren Fällen" anders. Der Gesetzgeber enthält sich hier einer Festlegung der Voraussetzungen für
die Strafrahmenverschiebung und räumt den Gerichten einen nicht näher konkretisierten **Beurteilungsspielraum** ein.

Eine Zwischenform zwischen den tatbestandlichen Abwandlungen und den unbenannten
Strafrahmenmodifikationen nehmen unter Bestimmtheitsgesichtspunkten die „Regelbei-
spiele" ein: Der Gesetzgeber gibt hier an, dass in „besonders schweren Fällen" ein erhöhter
Strafrahmen gewählt werden müsse, macht aber gleichzeitig in tatbestandlich vertypter
Form deutlich, welche Fallkonstellationen damit „in der Regel" erfasst sein sollen. Für das

Gericht bedeutet dies, dass die Strafe grundsätzlich dem erhöhten Strafrahmen entnommen werden muss, wenn die Voraussetzungen eines im Gesetz genannten Regelbeispiels erfüllt sind (z. B. Diebstahl nach Einbruch in einen Geschäftsraum, §§ 242, 243 Abs. 1 Satz 2 Nr. 1 StGB); lediglich wenn Umstände vorliegen, die deutlich zugunsten des Täters sprechen (z. B. der bei dem Einbruch entwendete Gegenstand war nur geringwertig, vgl. § 243 Abs. 2 StGB), kann es die Strafe auch dem „Normalstrafrahmen" entnehmen.[21] Umgekehrt ist die Annahme eines „besonders schweren Falls" nicht zwingend an das Vorliegen eines Regelbeispiels gebunden; das Gericht kann den erhöhten Strafrahmen nach h. M. also auch dann anwenden, wenn ein Regelbeispiel nicht erfüllt ist, der Fall aber atypische Umstände aufweist, die die Anwendung des Sonderstrafrahmens geboten erscheinen lassen (z. B. wenn der Diebstahl zu einem außergewöhnlich hohen Schaden geführt hat).[22]

Es liegt auf der Hand, dass die unbenannten Strafrahmenverschiebungen im Hinblick auf den **Bestimmtheitsgrundsatz** (Art. 103 Abs. 2 GG) problematisch sind. Das *BVerfG* hält die Verwendung der Klausel „besonders schwerer Fall" unter der Voraussetzung für verfassungsrechtlich unbedenklich, dass sich „mit Hilfe der üblichen Auslegungsmethoden, insbesondere durch Heranziehung anderer Vorschriften desselben Gesetzes, durch Berücksichtigung des Normzusammenhangs oder aufgrund einer gefestigten Rechtsprechung eine zuverlässige Grundlage für die Auslegung und Anwendung der Norm" gewinnen lässt.[23] Bejahen lassen dürften sich diese vergleichsweise geringen Anforderungen an sich nur für diejenigen Normierungen, in denen der Gesetzgeber zur Kennzeichnung der Voraussetzungen für die Strafrahmenmodifikation die *Regelbeispiel stechnik* verwendet. Verwendet er demgegenüber einen in dem jeweiligen Normzusammenhang nicht näher konkretisierten, *unbenannten „besonders schweren Fall"*, dürfte sich dies mit dem verfassungsrechtlichen Bestimmtheitsgebot kaum noch vereinbaren lassen; der Gesetzgeber lässt das Gericht hier mit der Strafzumessungsaufgabe allein und wird seiner Mitverantwortung für die Strafzumessung nicht gerecht.[24] Die Konsequenz, dem Gesetzgeber insoweit Verfassungswidrigkeit zu attestieren, erscheint freilich gewagt. Positiv lässt sich allerdings vermerken, dass der Gesetzgeber in der jüngeren Zeit verstärkt dazu übergegangen ist, unbenannte „besonders schwere" Fälle durch die Nennung von Regelbeispielen anzureichern. Eine besondere Bedeutung kommt insoweit dem 6. StRG aus dem Jahr 1998 zu, das zahlreiche neue Regelbeispiele eingeführt hat.[25]

Steht im Gesetz für „minder" oder „besonders schwere Fälle" ein Sonderstrafrahmen zur Verfügung, so stellt sich die Frage, an welchen Überlegungen sich das Gericht bei der Entscheidung über die **Anwendung des Sonderstrafrahmens** zu orientieren hat. Auszugehen ist von der bereits angesprochenen Feststellung, dass

---

[21] *BGH* NJW 1987, 2450; StV 1989, 432; *Maiwald* NStZ 1984, 438; *Fischer* 2019, § 46 Rn. 91; S/S 2019, *Kinzig*, Vorbem. §§ 38 ff. Rn. 48.

[22] *BGHSt* 29, 319 (322); *Wessels* 1987, 429; *Maurach et al. (Dölling)* 2014, § 62 Rn. 56; ablehnend *Calliess* NJW 1998, 935.

[23] *BVerfGE* 45, 363 (371 f.).

[24] *Krahl* 1999, 127 ff.; vgl. auch *Maurach et al. (Dölling)* 2014, § 62 Rn. 48.

[25] Krit. indessen auch insoweit *Calliess* NJW 1998, 929 ff.

zwischen dem im Grunddelikt des jeweiligen Tatbestands geregelten „Normalfall" der Strafzumessung und den mit abgesenkten oder angehobenen Strafrahmen verbundenen „Sonderfällen" zu unterscheiden ist. Wenn der Gesetzgeber für das Gesamtspektrum aller möglichen Sachverhaltskonstellationen mehrere Strafrahmen zur Verfügung stellt, bringt er zum Ausdruck, dass für das betreffende Delikt unterschiedliche Wertgruppen existieren, die unterschiedlich harte Reaktionen erfordern.[26] Für die Strafzumessung bedeutet dies, dass das Gericht, sofern ein Sonderstrafrahmen in Betracht kommt, zunächst zu prüfen hat, ob die Tat einen „Normalfall" darstellt, der in die Wertskala des Regelstrafrahmens einzuordnen ist, oder ob es sich angesichts des Vorliegens besonderer, den Täter entlastender oder belastender Umstände um einen „Sonderfall" handelt, für den die Strafe in dem Sonderstrafrahmen zu suchen ist. Erst wenn diese Entscheidung über den im konkreten Fall zu Grunde zu legenden Strafrahmen getroffen ist, ist in einem zweiten Schritt die Strafe innerhalb des gefundenen Strafrahmens nach den allgemeinen Grundsätzen zuzumessen.[27]

Noch nicht beantwortet ist damit allerdings die Frage, nach welchen Kriterien das Gericht die Zuordnung zu den in Betracht kommenden Wertgruppen vornehmen soll, wie es also entscheiden soll, ob ein Fall als „Normalfall" oder als „Sonderfall" einzuordnen ist. Sofern der Gesetzgeber für die Konkretisierung des Sonderfalls Regelbeispiele aufgestellt hat, kann für die Zuordnung auf die aus diesen Regelbeispielen ersichtlichen Entscheidungsmaßstäbe zurückgegriffen werden; die Regelbeispiele entfalten insoweit eine beschränkte Analogiewirkung.[28]

Beispiel

Diebstahl unter Verwendung eines dem Inhaber entwendeten Schlüssels – Der Schlüssel ist nicht „falsch" i. S. des § 243 Abs. 1 Satz 2 Nr. 1 StGB, solange er vom Berechtigten nicht entwidmet worden ist.[29] In ihrem Unwertgehalt sind die Verwendung eines „falschen" und eines entwendeten Schlüssels aber vergleichbar, so dass die Annahme eines „besonders schweren Falls" angezeigt sein kann.

Stehen für die Konkretisierung keine Regelbeispiele zur Verfügung, stellt sich die Frage, ob das Gericht bei der Entscheidung über die Anwendung des Sonderstrafrahmens nur solche Umstände berücksichtigen darf, die das spezifische Unrecht des Normalfalltatbestands verändern (z. B. die besondere Höhe des Schadens, ungewöhnliche Tatmodalitäten oder eine hervorgehobene Tatbeteiligung), oder ob insoweit auf das Gesamtspektrum der Strafzumessungstatsachen einschließlich der Umstände aus dem Vor- und Nachtatverhalten sowie der Folgen von Tat, Strafe und Verfahren in ihrer Wirkung auf den Täter abzustellen ist. Die Rechtsprechung und

---

[26] SK StGB 2017 ff., *Horn und Wolters*, § 46 Rn. 58 ff.; *Jescheck und Weigend* 1996, 873.
[27] *BGH* NStZ 1983, 407.
[28] *Fischer* 2019, § 46 Rn. 93.
[29] Vgl. *Fischer* 2019, § 243 Rn. 8 f.

Teile der Literatur differenzieren: Im Hinblick auf die „minder schweren" Fälle vertreten sie die zuletzt genannte Auffassung und fordern eine Gesamtabwägung sämtlicher strafzumessungserheblichen Gesichtspunkte;[30] im Hinblick auf die „besonders schweren" Fälle wollen sie bei der Gesamtabwägung nur die tatbezogenen Merkmale berücksichtigt wissen.[31]

Die Differenzierung erscheint kaum sachgerecht. Gegen die Berücksichtigung aller strafzumessungserheblichen Umstände bei der Strafrahmenmilderung spricht, dass die nicht unmittelbar auf die Tat bezogenen Umstände bereits im Rahmen des „Normaltatbestands" und des Regelstrafrahmens ausreichend gewürdigt werden können. Es erscheint genauso wenig sachgerecht, dass eine Tat nur deshalb als „minder schwer" eingeordnet werden können soll, weil z. B. die Folgen der Strafe den Täter besonders hart treffen,[32] wie es richtig erscheint, sie nur deshalb als „besonders schwer" einzustufen, weil sie von einem mehrfach rückfälligen Delinquenten begangen worden ist. Der Vorstellung von unterschiedlichen, das tatbestandliche Delikt konkretisierenden „Wertgruppen" entspricht es eher, die Unterschiede in allen Fällen allein in den Besonderheiten der Tatbilder festzumachen und lediglich darauf abzustellen, ob ein Fall insoweit aus dem Spektrum der erfahrungsgemäß gewöhnlich vorkommenden Taten herausragt und ihr eine neue Unrechtsqualität verleiht, so dass die Anwendung des Ausnahmestrafrahmens geboten erscheint.[33] Die jeweiligen Tatbesonderheiten dürfen dabei nicht isoliert betrachtet werden, sondern müssen in ihrer Bedeutung für das Gesamtbild gewürdigt werden. Einzelne herausragende erschwerende Umstände können durch gegenläufige mildernde Umstände kompensiert werden und damit auch in vordergründig gravierenden Fällen eine Entscheidung für den Regelstrafrahmen nahelegen.

Die Notwendigkeit, ggf. schon bei der Bestimmung des gesetzlichen Strafrahmens eine umfassende Würdigung von Strafzumessungstatsachen vornehmen zu müssen, weist auf die Grenzen des eingangs entwickelten siebenstufigen Schemas der Strafzumessung hin (Abb. 4.1). Das Schema geht davon aus, dass über den Strafrahmen auf der zweiten Stufe entschieden wird. Die bisherigen Ausführungen machen indessen deutlich, dass diese Vorgehensweise bei der Entscheidung über Sonderstrafrahmen nicht eingehalten werden kann, da diese Entscheidung ohne die vorherige Bestimmung und die Bewertung der für die Prüfung der Voraussetzungen eines „minder" oder „besonders schweren Falls" maßgeblichen Umstände nicht möglich ist. Der Wert des in erster Linie didaktischen Zwecken dienenden Schemas darf deshalb nicht überschätzt werden; es erfasst lediglich den „Normalfall" der Strafzumessung.

---

[30] *BGHSt* 4, 8 (9); 26, 97 (99); *Schäfer et al.* 2017, 401 ff. (Rn. 1101 f., 1109); *Streng* 2012, 248 f. (Rn. 512); *Fischer* 2019, § 46 Rn. 85; S/S 2019, *Kinzig*, Vorbem. §§ 38 ff. Rn. 55; krit. *Gerhold* ZJS 2009, 261.

[31] *BGHSt* 5, 124 (130); *BGH* NStZ 1984, 413; *Schäfer et al.* 2017, 411 f. (Rn. 1136); *Detter* 2009, III. Teil Rn. 44; S/S 2019, *Kinzig*, Vorbem. §§ 38 ff. Rn. 54.

[32] Vgl. *BGH* StV 1989, 152.

[33] Ebenso SK StGB 2017 ff., *Horn und Wolters*, § 46 Rn. 59 f., 65 f.; *Streng* NStZ 1988, 485 ff.; zur Anwendungspraxis z. B. des § 213 StGB bei der Tötung von Kindern unter 6 Jahren *Höynck et al.* ZIS 2014, 111 f.

4.3.2 Strafrahmenverschiebungen nach § 49 Abs. 1 und 2 StGB

Die allgemeinen – nicht deliktsspezifischen – gesetzlich vertypten Strafmilderungsgründe können den Strafrahmen in dreierlei Weise beeinflussen: Sie können obligatorisch eine Strafrahmenmilderung nach § 49 Abs. 1 StGB auslösen, sie können es in das Ermessen des Gerichts stellen, ob der Strafrahmen nach § 49 Abs. 1 StGB gemildert werden soll, und sie können dem Gericht schließlich die Möglichkeit der Strafrahmenmilderung nach § 49 Abs. 2 StGB eröffnen (Abb. 4.2). § 49 Abs. 1 und 2 StGB haben eine *unterschiedliche Reichweite*: Abs. 1 schreibt genau vor, auf welche Weise das Höchstmaß und das Mindestmaß der Strafe zu reduzieren sind; Abs. 2 eröffnet dem Gericht pauschal die Möglichkeit, die Strafe bis zum gesetzlichen Mindestmaß der jeweiligen Strafart zu mildern (also bis zu einer Freiheitsstrafe von 1 Monat bzw. einer Geldstrafe von 5 Tagessätzen, §§ 38 Abs. 2, 40 Abs. 1 StGB) und in den Fällen, in denen das Gesetz lediglich die Freiheitsstrafe androht (z. B. im Fall des § 243 StGB), statt auf Freiheitsstrafe auf Geldstrafe zu erkennen (dazu oben Abschn. 3.4.2).

Die erste Fallgruppe (die **obligatorische Strafrahmenmilderung** nach § 49 Abs. 1 StGB) bereitet in der Rechtspraxis keine Probleme. Allenfalls die richtige Berechnung des Strafrahmens kann im Einzelfall, etwa bei Mehrfachmilderungen, mit Ungewissheiten verbunden sein.

Beispiel

Das Gericht verurteilt A wegen Beihilfe zum Raub mit Todesfolge. Es will die Strafe wegen der erheblich verminderten Schuldfähigkeit des A nach § 21 StGB mildern. – Der Regelstrafrahmen des § 251 StGB beträgt Freiheitsstrafe „nicht unter zehn Jahren" (Höchststrafe: 15 Jahre, § 38 Abs. 2 StGB) oder lebenslange Freiheitsstrafe. Da für die Strafmilderung bei der zeitigen Freiheitsstrafe andere Regeln gelten (§ 49 Abs. 1 Nr. 2 und 3 StGB) als für die Strafmilderung bei der lebenslangen Freiheitsstrafe (Abs. 1 Nr. 1), muss sich das Gericht zunächst entscheiden, ob bei Fehlen der gesetzlichen Milderungsgründe eine zeitige oder die lebenslange Freiheitsstrafe zu verhängen wäre.[34] Geht man davon aus, dass eine zeitige Freiheitsstrafe angemessen wäre, kann bzw. muss der Strafrahmen des § 251 StGB (10 bis 15 Jahre) einmal unter dem Gesichtspunkt der Beihilfe (§ 27 Abs. 2 Satz 2 StGB) und einmal unter dem Gesichtspunkt der verminderten Schuldfähigkeit (§ 21 StGB) gemildert werden. Durch die erste Milderung reduziert sich das Höchstmaß der Freiheitsstrafe auf 11 Jahre und 3 Monate (3/4 von 15 Jahren bzw. 180 Monaten) und das Mindestmaß auf 2 Jahre. Durch die zweite Milderung reduziert sich das Höchstmaß weiter auf 8 Jahre, 5 Monate und 1 Woche,[35] das Mindestmaß auf 6 Monate. Würde das Gericht bei A demgegenüber von der lebenslangen Freiheitsstrafe ausgehen, so stünde ihm nach der Doppelmilderung ein Strafrahmen von 6 Monaten bis 11 Jahre, 3 Monate zur Verfügung.

---

[34] *BGH* NStZ 1994, 485 (486); S/S 2019, *Kinzig*, § 49 Rn. 3; LK 2006 ff., *Theune*, § 49 Rn. 13.

[35] Entgegen § 39 StGB ist insoweit die Angabe von Wochen zulässig, vgl. *Fischer* 2019, § 39 Rn. 3, § 49 Rn. 4.

Die zweite und die dritte Fallgruppe (die **Ermessensmilderungen** nach § 49 Abs. 1 und Abs. 2 StGB) sind mit größeren Schwierigkeiten verbunden. Die Probleme sind hier ähnlich wie bei der Entscheidung über die Annahme eines „minder" oder „besonders schweren Falls" (oben Abschn. 4.3.1); sie ergeben sich aus der Unsicherheit darüber, welche Umstände bei der Ausübung des Ermessens berücksichtigt werden dürfen. Die Rechtsprechung und Teile der Literatur halten hier ebenso wie bei den „minder schweren Fälle" eine Gesamtbetrachtung aller Umstände aus dem Bereich von Tat und Täterpersönlichkeit für zulässig.[36] Vorzugswürdig dürfte demgegenüber auch hier wieder eine engere Auffassung sein. Über den Strafrahmen sollte in diesen Fällen nur nach solchen Sachgesichtspunkten entschieden werden dürfen, die in der auf § 49 Abs. 1 StGB verweisenden Norm enthalten sind, also etwa bei der Beihilfemilderung nach der Art und dem Maß der Tatbeteiligung oder bei der verminderten Schuldfähigkeit nach dem Grad der Minderung der Einsichts- und Steuerungsfähigkeit.[37] Für die engere Auffassung spricht die Überlegung, dass die gesetzliche Wertentscheidung für die Eröffnung konkret benannter Strafmilderungsoptionen nicht durch Erwägungen unterlaufen werden darf, die grundsätzlich auch innerhalb des Normalstrafrahmens ausreichend zum Tragen gebracht werden können.

Beispiel

A bricht nachts in ein Kino ein, um dort aus dem Tresor Geld zu erbeuten. Er versucht zunächst, das Schloss des Tresors mit Hammer und Meißel zu öffnen; als ihm dies nicht gelingt, versucht er, den Tresor aus der Wand zu schlagen. Nach einer Stunde erfolglosen Bemühens wird er festgenommen. – Zu entscheiden ist hier, ob der Strafrahmen des Diebstahls in einem besonders schweren Fall (§§ 242, 243 Abs. 1 Satz 2 Nr. 1 StGB: 3 Monate bis 10 Jahre Freiheitsstrafe) unter dem Gesichtspunkt des Versuchs nach § 23 Abs. 2 i. V. m. § 49 Abs. 1 StGB gemildert werden soll (möglicher Strafrahmen: 1 Monat bis 7 Jahre, 6 Monate Freiheitsstrafe). Die Rechtsprechung hält es für zulässig, in diesem Zusammenhang auch Gesichtspunkte aus dem Vor- und Nachtatverhalten zu berücksichtigen, etwa den Umstand, dass A erst eine Woche zuvor aus dem Strafvollzug entlassen worden ist, was sowohl unter Schuld- als auch unter Präventionsgesichtspunkten straferschwerend wirken kann.[38] Nach der Gegenauffassung darf hier nur berücksichtigt werden, dass das geschützte Tatobjekt offensichtlich nur in geringem Maß gefährdet war; die erhebliche Rückfallgeschwindigkeit des A muss ggf. innerhalb des gemilderten Strafrahmens in Ansatz gebracht werden.

Fraglich ist, wie zu entscheiden ist, wenn unter ein und demselben Gesichtspunkt sowohl eine Strafmilderung nach § 49 Abs. 1 oder 2 StGB als auch eine Strafrahmenmilderung in einem „minder schweren Fall" in Betracht kommen. Möglich ist

---

[36] *BGHSt* 16, 351 (353); 17, 266 (267); 26, 311; einschränkend *BGHSt* 36, 1 (18); *BGH* NStZ 1993, 134; vgl. *Schäfer et al.* 2017, 328 ff. (Rn. 921 ff.).

[37] Ebenso SK StGB 2017 ff., *Horn und Wolters*, § 46 Rn. 69; *Jescheck und Weigend* 1996, 523 f., 900.

[38] *BGHSt* 16, 351 (353).

dies etwa bei versuchtem Raub (Strafmilderung nach § 23 Abs. 2 StGB oder Strafrahmenmodifikation nach § 249 Abs. 2 StGB?) oder bei Totschlag im Zustand der
verminderten Schuldfähigkeit (§ 21 StGB oder § 213 StGB?). Die Annahme eines
„minder schweren Falls" kann für den Täter in manchen Fällen günstiger sein als
die Strafrahmenmilderung nach § 49 Abs. 1 StGB (etwa bei Totschlag, wo die Strafmilderung nach § 49 Abs. 1 StGB zu einem Strafrahmen von 2 Jahren bis 11 Jahren,
3 Monaten Freiheitsstrafe führt, der „minder schwere Fall" des § 213 StGB hingegen einen Strafrahmen von 1 bis 10 Jahren Freiheitsstrafe aufweist).[39] § 50 StGB
lässt sich entnehmen, dass das Gericht in seiner Entscheidung grundsätzlich frei ist;
ausgeschlossen ist es lediglich, ein und denselben Umstand (z. B. Versuch, verminderte Schuldfähigkeit) doppelt in Ansatz zu bringen.[40] Sofern keine Sachgesichts-
punkte entgegenstehen, sollte in diesen Fällen deshalb derjenigen Lösung der Vorzug gegeben werden, die für den Täter am günstigsten ist.[41]

4.3.3 Konkurrenzregeln

Strafrahmenverschiebungen können sich schließlich im Zusammenhang mit den
Konkurrenzen ergeben. Für den Fall der Tateinheit (§ 52 StGB) und den Fall der
Tatmehrheit (§§ 53 ff. StGB) gelten dabei unterschiedliche Regeln.

4.3.3.1 Tateinheit

Stehen mehrere Gesetzesverletzungen im Verhältnis der Tateinheit zueinander, so
wird vom Gericht nur auf **eine Strafe** erkannt, und zwar unabhängig davon, ob ein
Fall der gleichartigen oder der ungleichartigen Idealkonkurrenz gegeben ist (§ 52
Abs. 1 StGB). Liegt ein Fall der „*gleichartigen Idealkonkurrenz*" vor (dieselbe
Handlung verletzt dasselbe Strafgesetz mehrmals, z. B. durch einen Verkehrsunfall
werden mehrere Menschen getötet), ist bei der Strafzumessung der Strafrahmen des
mehrfach verletzten Gesetzes zu Grunde zu legen (z. B. § 222 StGB). Liegt ein Fall
der „*ungleichartigen Idealkonkurrenz*" vor (dieselbe Handlung verletzt mehrere
Strafgesetze, z. B. wird bei einem schweren Raub zugleich ein versuchter Mord begangen), so ist derjenige Strafrahmen zu Grunde zu legen, der die schwerste Strafe
androht (§ 52 Abs. 2 Satz 1 StGB). Die Prüfung, welches Gesetz die schwerste
Strafe androht, setzt dabei voraus, dass zuvor für jeden Tatbestand gesondert festgestellt worden ist, welcher Strafrahmen im Einzelfall konkret anzuwenden ist.[42]

---

[39] *BGH* NStZ 1987, 72; *Schäfer et al.* 2017, 330 (Rn. 929).
[40] Vgl. hierzu *BGH* NJW 1980, 950; *Schäfer et al.* 2017, 415 (Rn. 1151); *Fischer* 2019, § 50 Rn. 2.
[41] SK StGB 2017 ff., *Horn und Wolters*, § 46 Rn. 69, SK StGB 2017 ff., *Wolters*, § 50 Rn. 5; *Jescheck und Weigend* 1996, 901; LK 2006 ff., *Theune*, § 50 Rn. 15 f.; S/S 2019, *Kinzig*, § 50 Rn. 2;
vgl. auch *BGH* NStZ-RR 2018, 104, wonach vorrangig der minder schwere Fall zu prüfen ist.
[42] *BGH* NStZ 1989, 72; *Schäfer et al.* 2017, 323 (Rn. 909); LK 2006 ff., *Rissing-van Saan*, § 52
Rn. 47.

Beispiel

Ob der Tatbestand des schweren Raubes oder der des versuchten Mordes die schwerere Strafdrohung enthält, lässt sich erst feststellen, wenn zuvor entschieden worden ist, welche Form des schweren Raubes im konkreten Fall vorliegt (§ 250 Abs. 1, 2 oder 3 StGB?), und ob beim Mordtatbestand im Hinblick auf den Versuch von der Strafrahmenmilderung nach § 23 Abs. 2 i. V. m. § 49 Abs. 1 StGB Gebrauch gemacht wird. Wird z. B. ein Fall des qualifizierten schweren Raubes nach § 250 Abs. 2 StGB angenommen (Strafrahmen: Freiheitsstrafe von 5 bis 15 Jahren), dann enthält der Mordtatbestand die schwerere Strafdrohung, wenn dem Täter die Strafmilderung nach § 49 Abs. 1 StGB versagt wird (Strafdrohung: lebenslange Freiheitsstrafe); er enthält die geringere Strafdrohung, wenn die Strafe nach § 49 Abs. 1 Nr. 1 StGB gemildert wird (Strafdrohung: Freiheitsstrafe von 3 bis 15 Jahren).

Ist im Fall der ungleichartigen Idealkonkurrenz derjenige Strafrahmen ausgewählt, der die schwerste Strafe androht, so bedeutet dies nicht, dass die übrigen Gesetzesverletzungen im weiteren Verlauf der Strafzumessung vernachlässigt werden dürften. Das zurücktretende („absorbierte") mildere Gesetz bleibt insofern bedeutsam, als es eine „**Sperrwirkung**" entfaltet: Die vom Gericht letztlich verhängte Strafe darf nicht milder sein als es das zurücktretende Gesetz zulässt (§ 52 Abs. 2 Satz 2 StGB). Auch eine ggf. nach § 41 StGB zulässige kumulative Geldstrafe (oben Abschn. 3.4.2) kann auf das mildere Gesetz gestützt werden (§ 52 Abs. 3 StGB). Schließlich ist es ebenfalls zulässig, auf das mildere Gesetz diejenigen Nebenstrafen, Nebenfolgen und sonstigen Maßnahmen zu stützen, die in dem zurücktretenden Gesetz zugelassen oder vorgeschrieben sind (§ 52 Abs. 4 StGB). Aus dem Tatbestand, der die schwerste Strafe androht, und den im zurücktretenden Gesetz vorgesehenen Rechtsfolgen kann auf diese Weise eine auf den Einzelfall zugeschnittene, „kombinierte" Gesamtsanktion gebildet werden.

Beispiel 1

A fährt im Zustand der absoluten Fahruntüchtigkeit mit seinem PKW nach Hause. Beim Überholen in einer unübersichtlichen Linkskurve muss er vor Gegenverkehr ausweichen und drängt dabei den überholten PKW von der Straße. Der abgedrängte PKW überschlägt sich, der Fahrer wird verletzt. A, der den Unfall bemerkt hat, setzt seine Fahrt fort und flüchtet. – Das Verhalten des A ist im ersten Handlungsabschnitt nach §§ 315c und 229 StGB, im zweiten Abschnitt nach §§ 142 und 316 StGB zu beurteilen. Geht man davon aus, dass A die Straßenverkehrsgefährdung insgesamt nur fahrlässig begangen hat (§ 315c Abs. 3 Nr. 1 oder 2 StGB), ist im ersten Abschnitt die fahrlässige Körperverletzung das schwerere Delikt. Die Strafe muss insoweit also dem Tatbestand des § 229 StGB entnommen werden; § 315c StGB tritt zurück. Gleichwohl kann im Hinblick auf § 315c StGB gegenüber A auch die Entziehung der Fahrerlaubnis angeordnet werden (§ 69 Abs. 2 Nr. 1 i. V. m. § 52 Abs. 4 StGB).

Beispiel 2

B wird wegen versuchten Mordes in Tateinheit mit schwerer räuberischer Erpressung verurteilt. Das Gericht sieht davon ab, den Strafrahmen des § 211 StGB wegen des Versuchs zu mildern. Konsequenz: Gegen B muss die lebenslange Freiheitsstrafe verhängt werden (§ 52 Abs. 2 Satz 1 StGB). Die Verwirklichung des Tatbestands der räuberischen Erpressung kann damit zwar bei der Bestimmung des Strafmaßes nicht mehr zum Tragen kommen. Dies schließt es indessen nicht aus, dass gegen B zusätzlich die Einziehung der bei ihm aufgefundenen Gegenstände angeordnet wird (§ 73 Abs. 1 i. V. m. § 11 Abs. 1 Nr. 8, § 52 Abs. 4 StGB).

Im Übrigen können die zurücktretenden Gesetzesverletzungen lediglich noch einmal als mögliche Strafzumessungsfaktoren bei der Festsetzung des konkreten Strafmaßes eine gewisse Bedeutung entfalten (also auf der dritten und den nachfolgenden Ebenen der Strafzumessung, vgl. oben Abb. 4.1). Das Gericht kann innerhalb des ausgewählten Strafrahmens sowohl den Umstand, dass der Täter dasselbe Gesetz mehrfach verletzt hat, als auch den Umstand, dass er durch eine Handlung mehrere Gesetze verletzt hat, strafschärfend verwerten. Bei der ungleichartigen Idealkonkurrenz setzt dies allerdings voraus, dass die verschiedenen Tatbestände unterschiedliche Rechtsgüter schützen (wie z. B. im Fall des tateinheitlichen Zusammentreffens von Betrug und Urkundenfälschung).[43]

4.3.3.2 Tatmehrheit

Stehen mehrere Gesetzesverletzungen im Verhältnis der Tatmehrheit zueinander, so muss vom Gericht eine Gesamtstrafe gebildet werden (§ 53 Abs. 1 StGB). Die **Gesamtstrafenbildung** vollzieht sich in zwei Phasen.[44] In einem ersten Schritt muss zunächst für jede vom Täter begangene Tat eine *Einzelstrafe* festgesetzt werden. Die Strafzumessung wird insoweit nach den allgemeinen Regeln vorgenommen; es gelten die vom Gesetzgeber bei den jeweiligen Tatbeständen ausgewiesenen Strafrahmen. Strafrahmenänderungsgründe, die unmittelbar eine Einzeltat betreffen (z. B. eine Strafrahmenmilderung nach § 21 StGB), müssen bereits hier berücksichtigt werden.[45] Soweit eine Einzeltat aus mehreren tateinheitlich konkurrierenden Gesetzesverletzungen besteht, ist die Einzelstrafe nach den Grundsätzen des § 52 StGB zu bestimmen.

Im zweiten Schritt folgt sodann die Würdigung des Gesamtkomplexes der abgeurteilten Taten. Das Gericht darf die Einzelstrafen dabei nicht einfach zusammenrechnen („kumulieren"), sondern muss einen eigenständigen Strafzumessungsvorgang durchführen, für den Sonderregeln gelten. Den Ausgangspunkt bildet die höchste, im ersten Schritt festgesetzte Einzelstrafe („*Einsatzstrafe*"). Sofern nicht eine der Einzelstrafen die lebenslange Freiheitsstrafe ist (vgl. § 54 Abs. 1 Satz 1

---

[43]Vgl. *BGHSt* 39, 100 (108 f.); *BGH* NStZ 1987, 70; NStZ 1993, 537; *Schäfer et al.* 2017, 323 f. (Rn. 910 ff.).

[44]*Lackner und Kühl* 2018, § 53 Rn. 3, § 54 Rn. 6.

[45]*BGH* NJW 1966, 509 (510); NStZ-RR 1998, 107.

StGB), muss die Einsatzstrafe in diesem zweiten Schritt noch einmal erhöht werden (§ 54 Abs. 1 Satz 2 StGB; „Asperationsprinzip"). Für die Erhöhung gilt ein *Sonder-strafrahmen*, dessen Mindestmaß durch die um mindestens eine Strafeinheit erhöhte Einsatzstrafe gebildet wird. Auf der anderen Seite darf die Gesamtstrafe weder die Summe der Einzelstrafen (§ 54 Abs. 2 Satz 1 StGB) noch bestimmte, im Gesetz abstrakt festgelegte Strafrahmenobergrenzen (15 Jahre Freiheitsstrafe, 720 Tagessätze Geldstrafe; vgl. 54 Abs. 2 Satz 2 StGB) erreichen.

Beispiel 1

A werden drei Kaufhausdiebstähle zur Last gelegt, bei denen unterschiedlich wertvolle Gegenstände entwendet wurden. – Das Gericht muss zunächst drei Einzelstrafen festsetzen, z. B. drei Geldstrafen, bei denen der Täter für die ersten beiden Diebstähle jeweils 60 und für den dritten Diebstahl 90 Tagessätze verwirkt hat. Die „Einsatzstrafe" für die Gesamtstrafenbildung ist die höchste verwirkte Geldstrafe, also die Geldstrafe von 90 Tagessätzen. Die im zweiten Schritt zu bildende Gesamtstrafe muss höher sein als die Einsatzstrafe, aber sie darf die Summe der Einzelstrafen nicht erreichen. Der Strafrahmen für die Gesamtstrafenbildung liegt also zwischen dem Mindestmaß von 91 Tagessätzen und dem Höchstmaß von 209 Tagessätzen.

Beispiel 2

B werden ein Kaufhausdiebstahl und ein Einbruchsdiebstahl zur Last gelegt. Das Gericht geht davon aus, dass B für den Kaufhausdiebstahl eine Geldstrafe von 90 Tagessätzen und für den Einbruchsdiebstahl eine Freiheitsstrafe von 10 Monaten verwirkt hat. – Einsatzstrafe ist die Freiheitsstrafe. Der Strafrahmen wird hier durch die um eine Strafeinheit erhöhte Einsatzstrafe (Freiheitsstrafe von 10 Monaten und 1 Woche, vgl. § 39, 1. Alt. StGB) auf der einen und die um eine Strafeinheit verminderte Summe beider Einzelstrafen (Freiheitsstrafe von 12 Monaten, vgl. § 39, 2. Alt. StGB) gebildet. Bei der Berechnung entspricht ein Tagessatz Geldstrafe einem Tag Freiheitsstrafe (§ 54 Abs. 3 StGB).

Bei der Bildung der Gesamtstrafe muss das Gericht eine **zusammenfassende Würdigung** der Person des Täters und der einzelnen Straftaten vornehmen (§ 54 Abs. 1 Satz 3 StGB). Bei dieser zusammenfassenden Würdigung sind namentlich das Verhältnis der einzelnen Straftaten zueinander, insbesondere ihr Zusammenhang, ihre größere oder geringere Selbstständigkeit, ferner die Häufigkeit der Begehung, die Gleichheit oder Verschiedenheit der verletzten Rechtsgüter und der Begehungsweisen sowie das Gesamtgewicht des abzuurteilenden Sachverhalts zu berücksichtigen. Bei der Würdigung der Person des Täters sind seine Strafempfindlichkeit, seine größere oder geringere Schuld im Hinblick auf das Gesamtgeschehen sowie seine innere Einstellung zu den Taten in die Überlegungen einzustellen.[46] Es liegt auf der Hand,

---

[46] *BGHSt* 24, 268 (269 f.); *BGH* NJW 1995, 2234; StV 2018, 487; *Schäfer et al.* 2017, 433 (Rn. 1206); *Fischer* 2019, § 54 Rn. 6.

dass es sich bei dieser zusammenfassenden Würdigung nicht vermeiden lässt, in begrenztem Umfang erneut auf solche Umstände einzugehen, die bereits bei der Bildung der Einzelstrafen verwertet wurden. Mit dem Doppelverwertungsverbot (unten Abschn. 4.4.3) ist dies vereinbar, da die betreffenden Umstände in der Regel noch nicht unter dem Gesichtspunkt ihrer Bedeutung für den Gesamtkomplex des Tatgeschehens „verbraucht" sind.[47]

Eine Gesamtstrafe wird grundsätzlich auch dann gebildet, wenn der Täter **Einzelstrafen unterschiedlicher Art** (Freiheitsstrafe und Geldstrafe) verwirklicht hat; die Einsatzstrafe ist dann regelmäßig die Freiheitsstrafe. Das Gericht kann in diesem Fall allerdings auch von der Bildung einer Gesamtstrafe absehen und den Täter zu zwei Einzelstrafen verurteilen (§ 53 Abs. 2 Satz 2 StGB). Diese Vorgehensweise kommt dann in Betracht, wenn nach den besonderen Umständen des Einzelfalls (etwa weil die Grenze für die Aussetzbarkeit der Freiheitsstrafe zur Bewährung sonst überschritten würde oder bestimmte beamtenrechtliche Folgen eintreten würden) eine Gesamtstrafe als das schwerere Übel erscheint.[48] Im Übrigen gilt, dass bei der Gesamtstrafenbildung in ähnlichem Umfang wie bei der Tateinheit kumulative Geldstrafe, Nebenstrafen, Nebenfolgen und sonstige Maßnahmen verhängt werden können, soweit dies bei einem der angewendeten Gesetze zugelassen oder vorgeschrieben ist (§ 53 Abs. 3 StGB).

Die Gesamtstrafenbildung kann sowohl dann erfolgen, wenn mehrere Straftaten vom Gericht *gleichzeitig* abgeurteilt werden (vgl. § 53 Abs. 1 StGB), als auch dann, wenn sie *getrennt* abgeurteilt werden. Voraussetzung ist im zweiten Fall allerdings, dass die zweite Aburteilung zu einem Zeitpunkt erfolgt, zu dem die Strafe aus dem ersten Urteil noch nicht vollständig vollstreckt worden ist. Darüber hinaus muss die Tat, die der zweiten Verurteilung zugrunde liegt, zeitlich vor der früheren Verurteilung begangen worden sein (§ 55 Abs. 1 StGB).[49] Hintergrund dieser etwas komplizierten Regelung ist die Überlegung, dass der Täter durch den verfahrensrechtlichen Zufall der getrennten Aburteilung weder besser noch schlechter gestellt werden soll.[50] Die nachträgliche Gesamtstrafenbildung kann dabei sowohl in dem der ersten Aburteilung nachfolgenden zweiten *Urteil* als auch in einem diesem zweiten Urteil im Vollstreckungsverfahren nachfolgenden *Beschluss* ergehen (§§ 460, 462a Abs. 3 StPO).

4.4   Die Ermittlung der relevanten Strafzumessungstatsachen

Nach der Festlegung des anzuwendenden Strafrahmens besteht die Aufgabe in der dritten Phase der Strafzumessung darin, aus der Vielzahl der möglichen Strafzumessungstatsachen die im konkreten Fall maßgeblichen Gesichtspunkte herauszuarbeiten

---

[47]Vgl. *BGHSt* 24, 268 (270 f.); *Lackner und Kühl* 2018, § 54 Rn. 6; NK 2017, *Frister*, § 54 Rn. 22 ff.

[48]*BGH* StV 1986, 58; *Schäfer et al.* 2017, 439 (Rn. 1221).

[49]*Klappstein und Kossmann* JuS 2010, 787 f. mit Beispielen.

[50]*BGHSt* 7, 180 (182); 32, 190 (193); LK 2006 ff., *Rissing-van Saan*, § 55 Rn. 2; zu dem notwendigen „Härteausgleich", der stattfinden muss, wenn diese Voraussetzungen nicht gegeben sind, vgl. *Meier* JuS 2005, 881.

und sachfremde Gesichtspunkte aus den Überlegungen auszuscheiden. Den Bezugspunkt müssen die in der ersten Phase festgelegten Strafzwecke bilden. Nach der hier zu Grunde gelegten präventiven Vereinigungstheorie haben bei der Strafzumessung alle diejenigen Gesichtspunkte eine Bedeutung, die eine Aussage über die Schuld des Täters und/oder die präventiven Erfordernisse des Falls erlauben. Damit ist freilich nur eine allgemeine Leitlinie angegeben. Noch nicht beantwortet ist die Frage, welche Umstände insoweit konkret als strafzumessungsrelevant anzusehen sind. Um sich hierüber Klarheit zu verschaffen, muss zwischen den Merkmalen mit Bezug zur Schuld und den Merkmalen mit Bezug zur Prävention unterschieden werden.

4.4.1   Schuldmerkmale

4.4.1.1   Der Begriff der Schuld

Im Bereich der Schuldmerkmale setzt die Abgrenzung voraus, dass man sich zunächst vergegenwärtigt, was mit dem Begriff der „Schuld" gemeint ist. Die „Schuld" als der Zentralbegriff des Strafrechts kann in drei Ausprägungen verstanden werden: als Schuldidee, als Strafbegründungsschuld oder als Strafzumessungsschuld.[51] Mit **Schuldidee** ist gemeint, dass das Schuldprinzip das in der Verfassung verankerte Leitprinzip für die Ausgestaltung des gesamten Strafrechts ist: Die von den staatlichen Organen verhängte Strafe setzt voraus, dass das Unrecht dem Täter vorgehalten und zum Vorwurf gemacht werden kann – nulla poena sine culpa. Die Schuld wird in dieser Ausprägung als Grundlage, Grenze und innere Rechtfertigung der staatlichen Strafe angesprochen.

Mit der Strafbegründungsschuld und der Strafzumessungsschuld wird die Schuldidee auf die Ebenen der konkreten Rechtsanwendung bezogen. Die ***Strafbegründungsschuld*** ist der Inbegriff der Voraussetzungen, von deren Vorliegen die persönliche Zurechnung der rechtswidrigen Tat abhängig ist.[52] Zur Strafbegründungsschuld gehören vor allem die Voraussetzungen der Schuldfähigkeit (§§ 19, 20 StGB), des Unrechtsbewusstseins (§ 17 StGB) und des Fehlens von Entschuldigungsgründen (z. B. § 35 StGB), in Ausnahmefällen auch das (Nicht-) Vorliegen einzelner tatbestandlich vertypter spezieller Schuldmerkmale (z. B. „niedrige Beweggründe", § 211 Abs. 2 StGB, oder „rücksichtslos", § 315c Abs. 1 Nr. 2 StGB).

Die in § 46 Abs. 1 Satz 1 StGB angesprochene ***Strafzumessungsschuld*** ist der Inbegriff derjenigen Umstände, aus deren Vorliegen oder Nichtvorliegen das Maß des gegen den Täter erhobenen Vorwurfs abgeleitet werden kann. Anhaltspunkte dafür, welche Umstände insoweit in Betracht kommen, liefert § 46 Abs. 2 Satz 2 StGB. Die Strafzumessungsschuld ist eine graduierbare, in unterschiedlichen Schweregraden (größere oder geringere Schuld) ausdrückbare Kategorie. Während

---

[51] *Achenbach* 1974, 2 ff.; *Roxin* 2006, § 19 Rn. 54 f.; S/S 2019, *Eisele*, Vorbem. §§ 13 ff. Rn. 107 ff.

[52] Zum strafrechtsdogmatischen Schuldbegriff *Frister* JuS 2013, 1057 ff.

es für die Straf*begründungs*schuld immer nur auf das (Nicht-) Vorliegen der entsprechenden Schuldvoraussetzungen ankommt, ist für die Straf*zumessungs*schuld ihre Steigerungsfähigkeit wesentlich: Eine höhere Strafe setzt höhere Schuld, eine geringere Strafe geringere Schuld voraus.[53]

Obwohl die Strafbegründungsschuld und die Strafzumessungsschuld ihre Bedeutung in ganz unterschiedlichen systematischen Zusammenhängen entfalten, können beide Begriffe nicht unabhängig voneinander gesehen werden. Mit beiden Begriffen wird über dieselbe Sachfrage entschieden, nämlich über die **Vorwerfbarkeit des** vom Täter begangenen **Unrechts**. Ihr Unterschied besteht darin, dass die Strafbegründungsschuld nach dem „Ob" der Vorwerfbarkeit fragt, während die Strafzumessungsschuld die Vorwerfbarkeit gewichtet und das *„wie schwer"* in den Blick nimmt. Es ist deshalb sachgerecht, für die Auslegung und das Verständnis der beiden Schuldbegriffe an dieselben strafrechtsdogmatischen Kategorien anzuknüpfen: an das Unrecht als den Bezugspunkt und Gegenstand des Schuldurteils und an die Vorwerfbarkeit als ihren Maßstab.[54]

Freilich gibt es auch Unterschiede, die sich aus den unterschiedlichen Funktionen der beiden Begriffe bei der Bewertung der Tat ergeben. Verschieden sind die für die Schuldbewertung maßgeblichen Sachverhalte: Während für die Strafbegründungsschuld ein abgeschlossener Kreis von Schuldvoraussetzungen eine Rolle spielt, ist die Zahl der Umstände, die die Strafzumessungsschuld beeinflussen können, prinzipiell unbegrenzt. Auch im Gesetz kommt diese Verschiedenartigkeit zum Ausdruck: § 46 Abs. 2 Satz 2 StGB verweist nur „namentlich" auf die dort genannten, dem Gesetzgeber als besonders bedeutsam erscheinenden strafzumessungsrelevanten Umstände und hält den Kreis der für die Bestimmung der Strafzumessungsschuld maßgeblichen Umstände damit offen.

4.4.1.2   Das Unrecht als Bezugspunkt der Schuld

4.4.1.2.1   Tatschuld, nicht Täterschuld

Der gemeinsame Bezugspunkt der Strafzumessungsschuld ebenso wie der Strafbegründungsschuld ist das Unrecht. Beide Begriffe machen eine Aussage darüber, ob (Strafbegründungsschuld) bzw. in welchem Ausmaß (Strafzumessungsschuld) dem Täter Unrecht zugerechnet werden kann. Um die Unrechtsbezogenheit der Schuld zu kennzeichnen, wird die Strafzumessungsschuld auch als „*Tatschuld*" bezeichnet.[55] In der Sache verbindet sich mit dieser Bezeichnung mehr als ein bloßes Spiel mit Worten. Indem die Strafzumessungsschuld als Tatschuld eingeordnet wird, werden sog. Täter-

---

[53] *Hettinger* 1982, 119.

[54] Die Darstellung folgt hier im Wesentlichen *Erhard* 1992, 163 f., 185 ff., 205 ff.; vgl. auch *Frisch* 1993, 13 ff., 28 ff.; *Frisch* 2001, 237 ff.; *Hörnle* 1999b, 143 ff.; *Hörnle* JZ 1999a, 1082 f. – Grundsätzlich anders die wohl noch h. M., die weder zwischen Unrecht und Vorwerfbarkeit noch zwischen Erfolgs- und Handlungsunwert differenziert, sondern nur pauschal nach tatbezogenen und täterbezogenen Strafzumessungsmerkmalen fragt, vgl. *Bruns und Güntge* 2019, 183 ff., 197 ff.; LK 2006 ff., *Theune*, § 46 Rn. 82 ff.

[55] *Stratenwerth* 1972, 5 ff.; *Jescheck und Weigend* 1996, 423 f.; *Roxin* 2006, § 19 Rn. 62 f.; SK StGB 2017 ff., *Horn und Wolters*, § 46 Rn. 46; LK 2006 ff., *Theune*, § 46 Rn. 6; im Ergebnis auch *BGH* NStZ 1984, 259.

schuldkonzepte aus den Überlegungen ausgeblendet. Im Zusammenhang mit dem früheren § 20a StGB[56] entwickelte Konzeptionen, nach denen dem Täter nicht die rechtswidrige Tat, sondern seine charakterlichen Dispositionen, sein So-sein oder auch die Art und Weise seiner Lebensführung zum Vorwurf gemacht werden konnten („Charakterschuld", „Lebensführungsschuld" u. Ä.),[57] erscheinen heute unvertretbar. Sie beruhen nicht nur auf kriminologisch zweifelhaften Vorstellungen über die Entstehungsgründe krimineller Verhaltensweisen (die Tat als Ausdruck von Charakterschwäche?), sondern sind auch mit dem geltenden Recht nicht vereinbar. In einem freiheitlichen, rechtsstaatlichen Prinzipien verpflichteten und damit eingriffsbeschränkten Strafrechtssystem müssen die an den Bürger gerichteten Verhaltensanforderungen und dementsprechend auch die Voraussetzungen der Schuld normativ begründbar sein. Einen allgemeinen Gesetzesbefehl, sich eines bestimmten Charakters zu enthalten oder sich einer bestimmten Lebensführung zu befleißigen, gibt es aber nicht, und wenn es ihn gäbe, wäre er wegen Verstoßes gegen die freiheitlichen Grundprinzipien der Verfassung nichtig.

4.4.1.2.2 Erfolgsunwert und Handlungsunwert

Bezieht man die Strafzumessungsschuld ebenso wie die Strafbegründungsschuld auf das vom Täter verwirklichte Unrecht, ist es möglich, für die inhaltliche Konturierung der Schuld auf die Erfolgs- und die Handlungskomponente des Unrechts zu verweisen.[58] Die Schuld wird danach auf der einen Seite durch den vom Täter geschaffenen *Erfolgsunwert* bestimmt, also durch diejenigen Umstände, die das Ausmaß der Gefährdung oder Verletzung des jeweiligen Schutzobjekts kennzeichnen. Auf der anderen Seite wird sie bestimmt durch den vom Täter verwirklichten *Handlungsunwert*, also durch diejenigen Umstände, die die Art und Weise der Tatbegehung beschreiben, wobei sich diese sowohl auf die Verletzung der tatbestandlich formulierten Verhaltensanforderungen und die damit verbundene Pflichtwidrigkeit (z. B. „vorspiegeln", § 263 StGB, „Widerstand leisten", § 113 StGB) als auch auf die in der Person des Täters liegenden Unrechtsmerkmale (z. B. Handlungswille, Absichten, Vorsatz, Sorgfaltspflichtverletzung) beziehen können.[59] Die Erfolgs- und die Handlungsunwertkomponente stehen *gleichrangig* nebeneinander; für die vollständige Erfassung der (Strafzumessungs-) Schuld kann nicht nur auf eine von ihnen abgestellt werden.

---

[56] Diese durch das GewohnheitsverbrecherG vom 24.11.1933 eingeführte und durch das 1. StrRG wieder aufgehobene Vorschrift sah für „gefährliche Gewohnheitsverbrecher" eine drastische Strafschärfung vor.

[57] Vgl. etwa *Mezger* ZStW 57 (1937), 688.

[58] *Maurach et al. (Dölling)* 2014, § 63 Rn. 19 ff.; *Erhard* 1992, 205 ff.; *Schäfer et al.* 2017, 208 f. (Rn. 577 ff.); *Hörnle* 1999b, 195 ff.; vgl. auch *BGH* JZ 1988, 367.

[59] Bedeutung und Inhalt der Handlungs- und der Erfolgskomponente des Unrechts sind in der strafrechtsdogmatischen Literatur umstritten. Im Text wird die derzeit h.M. zugrunde gelegt, vgl. *Roxin* 2006, § 10 Rn. 88 ff.; *Jescheck und Weigend* 1996, 239 ff.; S/S 2019, *Eisele*, Vorbem. §§ 13 ff. Rn. 52 ff.; zur Gegenposition vgl. etwa *Zielinski* 1973, 128 ff., 143 f.; *Freund* 2009, § 2 Rn. 57.

4.4.1.2.3 Die Graduierbarkeit des Unrechts

Das vom Täter verwirklichte Unrecht ist, was für die Strafzumessungsschuld wesentlich ist, sowohl in der Erfolgs- als auch in der Handlungskomponente ein steigerungsfähiger Begriff.[60] Unrecht liegt nicht nur entweder vor oder nicht vor, sondern existiert auch in *unterschiedlichen Schweregraden*. Erkennbar wird dies an den unterschiedlichen Strafrahmen, die der Gesetzgeber für die Bestrafung zur Verfügung stellt. Sie bringen zum Ausdruck, dass schon nach der gesetzlichen Wertung zwischen größerem und geringem Unrecht unterschieden werden kann.

> **Beispiele**
>
> Ein Totschlag verwirklicht ein größeres Erfolgsunrecht als eine Körperverletzung. – Eine vollendete Tat stellt wegen der hinzutretenden Erfolgskomponente größeres Unrecht dar als eine versuchte Tat. – Eine vorsätzliche Körperverletzung ist wegen des größeren Handlungsunrechts schwerer zu bewerten als eine fahrlässige Körperverletzung.

Unrecht lässt sich indessen nicht nur dann in unterschiedlichen Schweregraden ausdrücken, wenn dies durch unterschiedliche Strafrahmen nahegelegt wird. Auch die innerhalb ein und desselben Strafrahmens angeordneten unrechtskonstitutiven Merkmale lassen sich in eine Schwereskala bringen.

> **Beispiele**
>
> Der Wert des entwendeten Gegenstands oder die Größe des eingetretenen Vermögensschadens lassen sich in Geld ausdrücken. – Ein „gefährliches Werkzeug" kann zwar unter bestimmten Voraussetzungen auch schon ein „beschuhter Fuß" sein, doch ist die Anwendung einer Stich- oder Schusswaffe in der Regel gefährlicher. – Beim Handeltreiben mit Betäubungsmitteln (§ 29 Abs. 1 Nr. 1 StGB) richtet sich die Schwere des Unrechts nach der Art und der Menge des betreffenden Rauschgifts.

Der Graduierung der unrechtskonstitutiven Merkmale sind allerdings *Grenzen* gesetzt. Bestimmte Merkmale entziehen sich schon aus verfassungsrechtlichen Gründen der Einteilung in unterschiedliche Schweregrade, etwa das im Zusammenhang mit der Verletzung höchstpersönlicher Rechtsgüter regelmäßig relevant werdende Merkmal „ein anderer". Die Gefährdung oder Verletzung „eines anderen" verwirklicht ceteris paribus regelmäßig das gleiche Unrecht; Abstufungen nach dem Alter oder dem Gesundheitszustand des Opfers sind z. B. im Zusammenhang mit Körperverletzungs- oder Tötungsdelikten unzulässig. „Alt sein, Rentner sein, jung sein, hübsch sein, reich sein … geben als solche keine Zumessungsgründe her",[61] lautet eine schon frühe Erkenntnis der Strafzumessungsdogmatik. Nicht graduieren lassen

---

[60] *Hettinger* 1982, 111 ff.

[61] *Schüler-Springorum* 1970, 210; aus der Rechtsprechung vgl. aber etwa auch *OLG Frankfurt a. M.* JR 1980, 76 m. Anm. *Bruns*; *BGH* NStZ-RR 1996, 33 (34).

sich aber auch bestimmte andere unrechtskonstitutive Merkmale, etwa die Aussage bei den Eidesdelikten oder die Urkunde bei den Fälschungsdelikten.

Aufmerksamkeit verdient im Übrigen die Beobachtung, dass sich nicht nur die unrechtsbegründenden Merkmale graduieren lassen, sondern auch die **unrechts-ausschließenden Kategorien**, etwa die Voraussetzungen der Rechtfertigungs-gründe. Die gesetzlichen oder gewohnheitsrechtlich anerkannten Regelungen, die zum Unrechtsausschluss führen (z. B. Einwilligung oder Notwehr), sind in der Re-gel an eine Vielzahl von Bedingungen geknüpft, die kumulativ erfüllt sein müssen, wenn die unrechtsbeseitigende Wirkung eintreten soll. Ist im Einzelfall nur eine dieser Bedingungen nicht erfüllt, so ist der *Grenzwert* überschritten, der das Ver-halten des Täters zur grundsätzlich unrechtmäßigen Rechtsgutsverletzung macht. Gleichwohl ist es im Hinblick auf die Bestimmung des Schuldmaßes der Tat von Bedeutung, wenn der Täter zwar nicht sämtliche, wohl aber *fast alle* Bedingungen erfüllt, die für den Unrechtsausschluss vorliegen müssen.[62] Der Unrechtsgehalt der Tat ist in diesem Fall geringer als in dem Fall, in dem der Täter überhaupt keine derartigen Bedingungen erfüllt.

Beispiel 1

A ist Betreuer einer Jugendgruppe. Während eines Zeltlagers freundet er sich mit der 15-jährigen F an. Infolge wechselseitiger Zuneigung kommt es zu sexuellen Handlungen. – Die Strafbarkeit des A ergibt sich aus § 174 Abs. 1 Nr. 1 StGB. Im Hinblick auf das Alter der F ist eine Einwilligung nicht möglich. Da im Übrigen jedoch alle Voraussetzungen einer rechtfertigenden Einwilligung gegeben sind, ist das Unrecht der Tat deutlich gemindert (vgl. auch § 174 Abs. 4 StGB).[63]

Beispiel 2

A, B und C beschließen, sich die Zeit mit „Auto-Surfen" zu vertreiben. A fährt den PKW, B und C liegen auf dem Dach. In einer Kurve fliegt B vom Dach und verletzt sich schwer. – Eine tatbestandsausschließende Selbstgefährdung des B liegt hier nicht vor, da B keinen Einfluss auf die Verletzungshandlung hatte. An-gesichts der Größe der Gefahr verstößt eine Einwilligung in die fahrlässige Kör-perverletzung des A gegen die guten Sitten (§ 228 StGB).[64] Gleichwohl muss bei der Strafzumessung berücksichtigt werden, dass B sich um des Nervenkitzels willen freiwillig beteiligt und im Übrigen in die Gefahr eingewilligt hat.

Die Mitwirkung des Verletzten am Tatgeschehen kann damit im Einzelfall für die richtige Beurteilung des Erfolgs- und Handlungsunrechts von erheblicher Bedeu-tung sein. Sofern der Verletzte am Tatgeschehen mitgewirkt hat, ist deshalb die

---

[62] *Hillenkamp* 1981, 235 ff.; *Maeck* 1983, 49 ff.; krit. *Neumann* 1987, 232 f.

[63] Vgl. *Hillenkamp* 1981, 243 f.; zu einem ähnlichen Fall vgl. *BayObLG* JZ 1992, 259 m. Anm. *Grasnick*.

[64] *OLG Düsseldorf* NStZ-RR 1997, 325 (327).

vollständige Aufklärung der Mitwirkungsanteile und der Täter-Opfer-Beziehung in der konkreten Tatsituation unabdingbar.

4.4.1.3 Die Vorwerfbarkeit als Maßstab der Schuld

4.4.1.3.1 Pragmatisch soziales Schuldkonzept

Um die Verhängung von Strafe rechtfertigen zu können, müssen dem Täter diejenigen Umstände, die den für die Bestimmung der Strafzumessungsschuld relevanten Unrechtssachverhalt bilden, vorgeworfen werden können. Nur dann, wenn sich begründen lässt, dass ihm die entsprechenden Umstände persönlich zurechenbar sind und er für ihr (Nicht-) Vorliegen verantwortlich ist, ist es zulässig, ihn mit der Strafe in einem der Schwere des Vorwurfs entsprechenden Maß zur Verantwortung zu ziehen. Zu der Ermittlung des Ausmaßes des relevanten Erfolgs- und Handlungsunwerts muss deshalb eine Aussage über das Maß der Vorwerfbarkeit hinzutreten.

Auch im Hinblick auf die Vorwerfbarkeit bestehen zwischen der Strafzumessungs- und der Strafbegründungsschuld Gemeinsamkeiten. Der gemeinsame Maßstab der Strafzumessungsschuld ebenso wie der Strafbegründungsschuld ist der Vorwurf, dass sich der Täter rechtswidrig verhalten hat, obwohl er sich auch anders, nämlich rechtmäßig, hätte verhalten können.[65] Die regelmäßig im Zusammenhang mit der Strafbegründungsschuld erörterte Frage, welche Konsequenzen sich daraus ergeben, dass die *Fähigkeit des Andershandelnkönnens* empirisch nicht beweisbar ist, stellt sich auch bei der Strafzumessungsschuld. Hier wie dort kann sie letztlich nur pragmatisch, nämlich mit dem Rückgriff auf einen sozial-vergleichenden Maßstab beantwortet werden. Abzustellen ist darauf, ob sich ein *durchschnittlicher anderer* in einer äußeren und inneren Situation wie derjenigen, in der der Täter gestanden hat, generell anders, nämlich normgemäß, verhalten hätte, weil ihm nach dem derzeitigen Stand des empirischen Erfahrungswissens ein Handlungsspielraum zur Verfügung gestanden hätte.[66]

4.4.1.3.2 Einsichts- und Steuerungsfähigkeit

Die Frage, ob bzw. in welchem Umfang dem Täter das verwirklichte Unrecht zum Vorwurf gemacht werden kann, beantwortet sich bei der Strafzumessungs- ebenso wie bei der Strafbegründungsschuld in erster Linie nach den kognitiven, emotionalen und sozialen Fähigkeiten des Täters, die juristisch mit den Begriffen der Einsichts- und Steuerungsfähigkeit auf den Punkt gebracht werden. Für die Vorwerfbarkeit kommt es danach zum einen darauf an, ob bzw. in welchem Ausmaß der Täter zur Zeit der Tat in der Lage war, das Unrecht der Tat *einzusehen*, d. h. zu erkennen, dass sein Verhalten zur Rechtsordnung in Widerspruch steht und daher rechtlich verboten ist. Dass ein Vorwurf bei vollständig fehlender Einsicht nicht erhoben werden kann, lässt sich anhand der Regelung über den Verbotsirrtum (§ 17

---

[65] Grundlegend *BGHSt* 2, 194 (200).

[66] *Schreiber und Rosenau* 2015, 92 ff.; *Jescheck und Weigend* 1996, 427 f.; krit. *Roxin* 2006, § 19 Rn. 20 ff.

StGB) zeigen. Zum anderen kommt es für die Vorwerfbarkeit darauf an, ob der Täter zur Zeit der Tat fähig war, entsprechend der Einsicht zu *handeln*, also das normwidrige Verhalten zu unterlassen und sich normgemäß zu verhalten. Die Steuerungsfähigkeit kann aus unterschiedlichen Gründen reduziert sein, z. B. aufgrund Alters (§ 19 StGB, § 3 Satz 1 JGG), bestimmter psychologischer oder psychiatrischer Befunde (§ 20 StGB) oder in bestimmten Zwangs- oder Gefahrenlagen (§ 35 StGB). Die Einsichts- und die Steuerungsfähigkeit bilden zwei eigenständige Voraussetzungen der Schuld, deren (Nicht-) Vorliegen einer eigenen Prüfung bedarf; insbesondere ist es nicht zulässig, die Handlungsfähigkeit schon aus der Einsichtsfähigkeit zu folgern.

4.4.1.3.3   Die Gesinnung des Täters

Neben der Einsichts- und der Steuerungsfähigkeit kommt es für die Bestimmung der Schuld auf die in der Tat zum Ausdruck kommende Gesinnung des Täters an, also auf seine Einstellung zu den Anforderungen der Rechtsordnung.[67] In Bezug genommen werden damit all diejenigen Umstände, die – soweit sie nicht schon bei der Konstituierung des Handlungsunrechts verwertet worden sind (oben Abschn. 4.4.1.2.2) – einen Hinweis auf die innere Einstellung des Täters geben. § 46 Abs. 2 Satz 2 StGB spricht die Strafzumessungsrelevanz dieser Umstände explizit an, wenn er „die Beweggründe und die Ziele des Täters" sowie auf „die Gesinnung, die aus der Tat spricht" und den „bei der Tat aufgewendete(n) Wille(n)" als zu berücksichtigende Strafzumessungsfaktoren benennt.

Beispiel 1

Hat sich der Täter durch Mitleid mit dem Opfer zur Tat motivieren lassen (z. B. Tötung eines unheilbar kranken Angehörigen) oder hat er aus Angst oder Verzweiflung gehandelt, deutet der Ausnahmecharakter der Tat darauf hin, dass der Täter grundsätzlich bereit ist, die Anforderungen der Rechtsordnung zu erfüllen, so dass er Nachsicht verdient hat.

Beispiel 2

Hat der Täter die Tat aus krass egoistischen Motiven begangen (z. B. der verlassene Ehemann kann es nicht ertragen, dass sich seine Frau einem anderen zuwendet, und übt „Vergeltung"), legt er ein besonders skrupelloses Verhalten an den Tag (z. B. wenn er das von einem arglosen Kind entgegengebrachte Vertrauen ausnutzt) oder handelt er ausschließlich deshalb, um einem anderen Schaden zuzufügen, dann kann dies auf eine erhebliche Gleichgültigkeit im Umgang mit den durch die Strafrechtsnormen geschützten Freiheitsrechten anderer hindeuten und deshalb einen schwereren Vorwurf rechtfertigen.

Die Berücksichtigungsfähigkeit der Gesinnungsmerkmale hängt davon ab, dass der Gesinnungsunwert gerade in der dem Täter zur Last gelegten Tat zum Ausdruck

---

[67] *Jescheck und Weigend* 1996, 426, 429 f.

kommt. Wird etwa ein Rechtsanwalt wegen Betrugs gegenüber einer Versicherung verurteilt, dann kann ihm die allgemein nachlässige Form der Praxisführung (z. B. stundenlanges Wartenlassen der Mandanten) nicht zum Vorwurf gemacht werden.[68]

4.4.1.3.4 Die Graduierbarkeit der Vorwerfbarkeit

Der unter Bezugnahme auf die Einsichts- und Steuerungsfähigkeit sowie auf den in der Tat zum Ausdruck gelangten Gesinnungsunwert konstituierte Schuldvorwurf ist ebenso wie das Erfolgs- und Handlungsunrecht eine steigerungsfähige Größe. Die Vorwerfbarkeit kann variieren, je nachdem wie groß bei sozial-vergleichender Betrachtung der dem Täter in der Tatsituation zur Verfügung stehende Handlungsspielraum einzuschätzen ist, in welchem Umfang er das Unrecht der Tat erkannt hat (bzw. hätte erkennen können) und in welchem Umfang ihm Verhaltensalternativen zur Verfügung standen. Die Vorwerfbarkeit kann auch danach variieren, wie weit sich der Täter mit seinen Einstellungen von den Verhaltensanforderungen der Rechtsordnung entfernt hat. Ein Beleg dafür, dass auch der Gesetzgeber davon ausgeht, dass die Vorwerfbarkeit eine graduierbare Größe ist, findet sich in der Gegenüberstellung von §§ 20 und 21 StGB: Der Vergleich zeigt, dass die Einsichts- und die Steuerungsfähigkeit Komponenten der Schuld sind, die nicht nur entweder vorliegen oder nicht vorliegen (§ 20 StGB), sondern die auch in Abstufungen existieren können (§ 21 StGB).[69] Dass im Übrigen auch eine fehlerhafte Gesinnung das Ausmaß der Vorwerfbarkeit beeinflussen kann, zeigt § 211 Abs. 2 StGB, wonach namentlich die „niedrigen Beweggründe" des Täters die Vorwerfbarkeit des Totschlags qualitativ steigern können.[70]

4.4.1.4 Der für die Bemessung der Strafzumessungsschuld relevante Sachverhalt

Es wurde bereits darauf hingewiesen, dass die Zahl derjenigen Faktoren, die bei der Beurteilung der Strafzumessungsschuld Bedeutung erlangen können, prinzipiell *unbegrenzt* ist. Wie bereits die in § 46 Abs. 2 Satz 2 StGB enthaltenen Hinweise auf die Beweggründe, die Ziele und die Gesinnung des Täters, die Auswirkungen der Tat, das Vorleben und das Verhalten nach der Tat zeigen, geht der bei der Prüfung der Strafzumessungsschuld zu Grunde zu legende Sachverhalt weit über die im gesetzlichen Tatbestand genannten Umstände hinaus. Strafzumessungsrelevant ist ein weites Spektrum von möglichen Umständen, dessen einzige Einschränkung darin besteht, dass sich die Umstände *zum tatbestandlichen Unrecht in Beziehung* setzen lassen müssen. Umstände, die eine solche Beziehung nicht aufweisen (z. B. der Umstand, dass der Angeklagte mit dem Richter befreundet ist oder dass er voraussichtlich eine bestimmte Strafhöhe akzeptieren wird, ohne Rechtsmittel einzulegen), können das Maß der Strafzumessungsschuld nicht beeinflussen und scheiden

---

[68] *BGH* NJW 1979, 1835.

[69] *Hettinger* 1982, 119 ff.; *Jescheck und Weigend* 1996, 426.

[70] Dies anerkennt auch *Hörnle* JZ 1999a, 1089.

deshalb aus den weiteren Überlegungen aus. – Aus der Vielzahl derjenigen Umstände, denen bei der Bemessung der Strafzumessungsschuld Bedeutung zukommen kann, sollen im Folgenden die gesetzlich normierten Umstände sowie einige ausgewählte Problemkonstellationen genauer betrachtet werden.

4.4.1.4.1 Die verschuldeten Auswirkungen der Tat

Das größte Gewicht bei der auf einer späteren Stufe des Strafzumessungsvorgangs erfolgenden Abwägung und Einordnung in den gesetzlichen Strafrahmen (unten Abschn. 4.6 und 4.7) kommt in der Regel den in § 46 Abs. 2 Satz 2 StGB erst an 4. Stelle genannten „verschuldeten Auswirkungen der Tat" zu. In erster Linie geht es dabei um die **Art und** die **Schwere der Rechtsgutverletzung**, die in den Tatbeständen des Besonderen Teils näher umschrieben wird, also bei den Eigentums- und Vermögensdelikten um die Höhe des durch die Tat angerichteten materiellen Schadens, bei der Steuerhinterziehung (§ 370 AO) um die Höhe der verkürzten Steuer[71] oder bei den Delikten gegen Leib und Leben um die Schwere der bewirkten Verletzungen. Indes ist der Kreis der berücksichtigungsfähigen Auswirkungen der Tat nicht auf die Folgen bei den eigentlichen Rechtsgütern (Eigentum, Vermögen, körperliche Unversehrtheit etc.) beschränkt. Berücksichtigt werden können alle Auswirkungen, vor denen das Gesetz nach seinem Sinn und Zweck bewahren will, also z. B. auch die psychischen Auswirkungen beim Opfer, die eine Tathandlung nach sich zieht. Bei Sexualdelikten kommt es dementsprechend nicht nur auf die nur abstrakt bestimmbare Schwere des Verstoßes gegen die Freiheit der sexuellen Selbstbestimmung an, sondern auch und vornehmlich auf die durch die Tat konkret hervorgerufene seelische Erschütterung des Opfers.[72] Aber auch bei klassischen Eigentumsdelikten wie dem Wohnungseinbruchsdiebstahl (§ 244 Abs. 1 Nr. 3 StGB) kann die durch die Tat hervorgerufene seelische Beeinträchtigung (z. B. das Ausmaß der Störung des Sicherheitsgefühls) in die Strafzumessung Eingang finden. Eine schematische Beurteilung der Tatfolgen muss allerdings in jedem Fall unterbleiben. Die im Urteil festgestellten Auswirkungen der tatbestandlichen Handlung können das Erfolgsunrecht je nach Lage des Einzelfalles nicht nur erhöhen, sondern auch vermindern. So kann es sich z. B. günstig auf das Erfolgsunrecht auswirken, dass in ähnlich gelagerten Fällen typischerweise zu erwartende Schäden im konkreten Fall gerade *nicht* eingetreten sind.[73] Auch bei der Feststellung der strafzumessungsrelevanten Umstände gilt der Zweifelssatz „in dubio pro reo", was zur Folge hat, dass sich das Erfolgsunrecht nicht aufgrund nur vermutlich aufgetretener Schäden erhöhen kann.[74]

Neben der Schwere und dem Ausmaß der vom Täter bewirkten Schäden kann auch das **Ausmaß einer Gefährdung** Bedeutung erlangen, namentlich bei Gefährdungsdelikten wie §§ 315c und 316 StGB oder beim Versuch, § 22 StGB. Das Erfolgsunrecht

---

[71] *BGHSt* 53, 71 (80) m. Anm. *Bilsdorfer* NJW 2009, 477 ff.; krit. *Jung* 2010, 56 ff.; *BGHSt* 57, 123; bei Schmuggel (§ 373 AO) *BGH* NJW 2012, 2599.

[72] Vgl. *BGH* StV 2017, 35; MüKo 2016 ff., *Miebach* und *Maier*, § 46 Rn. 215.

[73] *BGH* StV 2006, 523.

[74] *BGH* NStZ-RR 2004, 41; StV 1983, 456.

der Tat erhöht sich bspw. auch dann, wenn eine Brandstiftung über den eingetretenen Schaden hinaus andere Objekte in Gefahr gebracht hat. Im Fall des Versuchs spielt die Nähe zur Tatvollendung die entscheidende Rolle. Werden andererseits mit Hilfe eines Lockspitzels provozierte Handlungen von den Sicherheitsbehörden so überwacht, dass eine erhebliche Gefährdung des angegriffenen Rechtsguts ausgeschlossen ist, verringert sich regelmäßig der Erfolgsunwert der Tat.[75]

Beispiel

V-Mann M bringt mit Erlaubnis und unter ständiger Observation durch die pakistanische und deutsche Polizei Heroin nach Deutschland und übergibt es dem Angeklagten A, der dieses verkaufen soll. Auch A steht unter ständiger Beobachtung. – In diesem Fall besteht von Anfang an objektiv keine Gefahr für die Volksgesundheit (das vom BtMG geschützte Rechtsgut), so dass dies bei der Bewertung des Erfolgsunrechts der Tat zu berücksichtigen ist.[76]

Wie bereits angedeutet können die **Persönlichkeit des Opfers und seine konkreten Lebensumstände**, namentlich das Maß der dem Täter zurechenbaren Betroffenheit des Opfers, strafzumessungsrechtlich von Bedeutung sein.[77] Bei Vermögens- und Eigentumsdelikten sind dementsprechend die konkreten wirtschaftlichen Verhältnisse des Opfers zu berücksichtigen, soweit sie maßgebend dafür sind, in welchem Ausmaß das Opfer von der Tat betroffen ist.[78] Konsequenterweise müssen für die Strafzumessung auch die *Vorteile* einbezogen werden, die dem Geschädigten unmittelbar aus der Tat erwachsen sind.[79] Bei Körperverletzungs- und Sexualdelikten ist die besondere körperliche Konstitution des Opfers in der Abwägung zu berücksichtigen. Zu beachten ist jedoch, dass das Alter des Opfers niemals als Kriterium herangezogen werden darf, denn der Wert eines Menschenlebens ist Abstufungen nicht zugänglich (vgl. Art. 1 Abs. 1 GG), sodass es rechtfehlerhaft wäre, das Erfolgsunrecht einer Tat mit der Begründung als erhöht anzusehen, „der Täter habe den Tod zweier unschuldiger Kinder verursacht, die ihr Leben noch vor sich hatten" (vgl. oben Abschn. 4.4.1.2.3).[80] Berücksichtigt werden kann andererseits bspw. der Umstand, dass der Täter einen Todkranken von seinem Leiden befreit hat.[81]

Zu den „verschuldeten Auswirkungen der Tat" gehört im Übrigen nicht nur das Ausmaß der im Tatbestand der verletzten Norm umschriebenen Rechtsgutsverlet-

---

[75] *BGH* NJW 1986, 1764; StV 1986, 100 (101).
[76] *BGH* StV 1988, 295.
[77] *Fischer* 2019, § 46 Rn. 59.
[78] S/S 2019, *Kinzig*, § 46 Rn. 19; SK StGB 2017 ff., *Horn und Wolters*, § 46 Rn. 114.
[79] LK 2006 ff., *Theune*, § 46 Rn. 146.
[80] *BGH* NStZ 1996, 129; *Schäfer et al.* 2017, 211 (Rn. 590).
[81] *BGH* StV 1995, 634; LK 2006 ff., *Theune*, § 46 Rn. 148.

zung. Auch die **Art und Schwere der außertatbestandlichen Folgen** der Tat können für die Bestimmung des Unwertgehalts Bedeutung erlangen.

Beispiele

Das Opfer eines Betrugs gerät gegenüber anderen Gläubigern in Zahlungsschwierigkeiten und es kommt zum Insolvenzverfahren. – Das Opfer einer Vergewaltigung begeht einen Selbsttötungsversuch. – Im Strafverfahren gegen X macht A eine den X belastende Falschaussage. X verliert daraufhin seinen Job.

Voraussetzung für die Berücksichtigung der außertatbestandlichen Folgen ist, dass der Täter durch sein Verhalten für den Eintritt der betreffenden Folgen eine *Ursache* gesetzt hat. Ferner muss der Eintritt der Folgen für ihn *vorhersehbar* gewesen sein; die frühere Rechtsprechung,[82] wonach es lediglich darauf ankam, dass der Täter schuldhaft eine Gefahrenlage geschaffen hatte, aus der die Folgen entsprungen waren, war mit dem Schuldprinzip nicht vereinbar.[83] Zum dritten müssen die betreffenden Folgen in den *Schutzbereich der Norm* fallen, deren Verletzung dem Täter vorgeworfen wird.[84] Schließlich müssen auch die entsprechenden Folgen zum tatbestandlichen Erfolgs- oder Handlungsunrecht in *Beziehung* gesetzt werden können. Hiervon wird man freilich regelmäßig ausgehen können: Die sich aus dem tatbestandlichen Unrecht heraus entwickelnden Folgen lassen in der Regel nicht nur das Erfolgsunrecht in einem anderen Licht erscheinen, sondern modifizieren wegen der hinzutretenden, auf die außertatbestandlichen Folgen bezogenen Sorglosigkeit des Täters auch das Maß des vorwerfbaren Handlungsunrechts.

4.4.1.4.2 Die Art der Ausführung

Neben den „verschuldeten Auswirkungen der Tat" bildet die in § 46 Abs. 2 Satz 2 StGB angesprochene „Art der Ausführung" in der Regel den zweiten wichtigen Strafzumessungsfaktor. Das Handlungsunrecht einer Tat wird durch die Umstände bestimmt, die die Tat begleiten und prägen.[85] Für die Festlegung der Strafe müssen deshalb die Tatmodalitäten wie Ort, Zeit, Dauer und Tatmittel näher betrachtet werden.[86]

---

[82] *BGHSt* (GS) 10, 259 (264 f.); vgl. auch *BGHSt* 16, 124 (126 f.) und 23, 375 (376) zu § 323a StGB sowie *Bruns und Güntge* 2019, 194 f. zu weiteren Entscheidungen.

[83] *BGH* NStZ 1986, 85 (86) m. Anm. *Berz*; StV 1987, 100; *Bruns und Güntge* 2019, 195; *Frisch* ZStW 99 (1987), 755; *Maurach et al.* (Dölling) 2014, § 63 Rn. 37 ff.; *Jescheck und Weigend* 1996, 888.

[84] *Frisch* ZStW 99 (1987), 753 f.; SK StGB 2017 ff., *Horn und Wolters*, § 46 Rn. 123; *Bloy* ZStW 107 (1995), 585 ff.; *Schäfer et al.* 2017, 215 f. (Rn. 598); *Jescheck und Weigend* 1996, 888.

[85] S/S 2019, *Kinzig*, § 46 Rn. 18; SK StGB 2017 ff., *Horn und Wolters*, § 46 Rn. 113; *Fischer* 2019, § 46 Rn. 32.

[86] *Schäfer et al.* 2017, 224 (Rn. 631).

Geht der Täter besonders brutal, grausam oder hartnäckig vor, kann dadurch das Handlungsunrecht gesteigert werden.[87] Besonders dilettantisches Vorgehen hingegen vermag die Schuld des Täters zu mindern, denn im Gegensatz zum Handeln nach Plan fällt hierbei die Handlungsintensität geringer aus.[88] Das StGB selbst enthält in vielen Qualifikationen und Regelbeispielen gesetzliche Wertungen, auf die das Gericht bei seiner Bewertung der Tatumstände zurückgreifen kann, z. B. hinsichtlich des Einsatzes von Waffen, gefährlichen Werkzeugen, der Anwendung von Gewalt, usw.

Es gilt jedoch auch im Rahmen der Art der Tatausführung, dass sich jede schematische Einordnung verbietet. So kann zum einen ein in der *Gruppe* begangenes Delikt unter dem Aspekt der besonderen Gefährlichkeit und der Einbindung in eine kriminelle Vereinigung als handlungsunrechterhöhend angesehen werden. Andererseits ist es möglich, dass der Täter nur unter Gruppenzwang gehandelt hat ("Mitläufer") und sich erst dadurch zur Tat hat hinreißen lassen.[89] Ebenso ergibt sich eine ambivalente Betrachtung, wenn man die Art des gewählten *Tatortes* betrachtet. So kann es einerseits als besonders dreistes Vorgehen bewertet werden, wenn der Täter das Opfer auf offener Strasse überfällt, auf der anderen Seite kann aber auch die Tatbegehung an einem besonders schützenswerten Ort (z. B. in der Wohnung des Opfers) als rücksichtslos eingestuft werden.[90] Dasselbe gilt für die Beurteilung der *Tatzeit*. Die Begehung einer Straftat zur Nachtzeit begründet nicht schon als solche eine besondere, über die Tatbegehung hinausgehende Schuld des Täters. Diese muss vielmehr durch die Besonderheiten des Einzelfalles besonders begründet werden, die Tatzeit selbst wird insofern nur als Indiz herangezogen.[91]

Hat der Täter mehrere Modalitäten eines Tatbestands oder mehrere Regelbeispiele verwirklicht, so kann dies unter dem Aspekt eines erhöhten Handlungsunrechts zu berücksichtigen sein.[92] Verwirklicht der Täter mehrere Delikte, die in *Gesetzeskonkurrenz* zueinander stehen, so fließt die Erfüllung von Merkmalen des verdrängten Gesetzes ebenfalls in die Beurteilung der Tatschuld ein, wenn sie gegenüber dem angewendeten Gesetz selbstständiges Unrecht enthalten, z. B. durch Verletzung eines anderen Rechtsgutes oder Erhöhung des Gesamtschadens.[93] Ähnliches gilt im Fall von *tateinheitlich* begangenen Delikten: Soweit sich die Tatbestände überschneiden, kann das in den Bereich der Überschneidung fallende Unrecht dem Angeklagten nur einmal angelastet werden, darüber hinausgehendes Unrecht wirkt jedoch schuldsteigernd (oben Abschn. 4.3.3.1).[94]

---

[87] *BGH* NStZ 1988, 310; LK 2006 ff., *Theune*, § 46 Rn. 139.

[88] *Fischer* 2019, § 46 Rn. 33; HK-GS 2017, *Kempfer*, § 46 Rn. 28.

[89] *BGH* StV 1993, 520; NStZ 1998, 354.

[90] *BGH* bei *Dallinger* MDR 1973, 16 (Tatort Kirche); LK 2006 ff., *Theune*, § 46 Rn. 127.

[91] *BGH* StV 1986, 58 (Tatbegehung zur Nachtzeit).

[92] S/S 2019, *Kinzig*, § 46 Rn. 19, 21 mit weiteren Beispielen; *Schäfer et al.* 2017, 225 (Rn. 633).

[93] *RGSt* 26, 312 (313); *BGHSt* 1, 152 (155); 6, 25 (27); LK 2006 ff., *Theune*, § 46 Rn. 130.

[94] *BGHSt* 39, 100 (109); *BGH* NStZ-RR 2000, 104; NStZ 1993, 434; NJW 1999, 1041 (1042); LK 2006 ff., *Rissing-van Saan*, § 52 Rn. 48.

Beispiel

Der Angeklagte fordert das Opfer mit vorgehaltenem Messer auf, Kasse und Geldtresor zu öffnen. Während die Kassiererin die Geldrollen aus dem Tresor holt, leert der Täter selbst die Kasse.[95] – Der in diesem Fall tateinheitlich verwirklichten räuberischen Erpressung kommt gegenüber dem schweren Raub kein eigenständiges schulderhöhendes Gewicht zu. Es ist dadurch weder eine zusätzliche psychische Belastung für das Opfer noch ein weiterer Vermögensschaden entstanden.

Bei *Serientätern* muss differenziert werden. Es ist im konkreten Fall zu untersuchen, ob die Straftaten einem kriminellen Hang bzw. bei Fahrlässigkeitsdelikten einer allgemein gleichgültigen Einstellung entspringen oder ob es sich um Gelegenheitsdelikte ohne innere Verbindung handelt.[96] Die wiederholte Begehung gleichartiger Taten kann ebenso Ausdruck einer von Tat zu Tat abnehmenden Hemmschwelle sein.[97] Zu Ungunsten des Täters kann es jedoch berücksichtigt werden, wenn er trotz Aufdeckung seiner Straftaten und der Einleitung eines Verfahrens sein strafbares Verhalten fortsetzt oder sogar in der Erwartung gehandelt hat, die weiteren Taten würden aufgrund des Asperationsprinzips (oben Abschn. 4.3.3.2) bei der Bildung der Gesamtstrafe nicht ins Gewicht fallen und damit praktisch straflos bleiben.[98]

Daneben ist es dem Richter nicht verwehrt, den Unrechts- und Schuldgehalt einer Tat unterschiedlich zu beurteilen, je nachdem ob sie durch aktives Tun oder *Unterlassen* begangen wurde, sofern der Tatbestand beide Modalitäten erfasst. Nach einer Gesamtschau aller tat- und täterbezogenen Umstände kann der Begehung durch Unterlassen ein geringeres Handlungsunrecht zugrunde liegen als bei positivem Tun.[99] Darauf weist bereits die fakultative Milderungsmöglichkeit der § 13 Abs. 2, § 49 Abs. 1 StGB hin.

4.4.1.4.3   Das Maß der Pflichtwidrigkeit

Ein weiterer im Gesetz genannter Strafzumessungsfaktor ist „das Maß der Pflichtwidrigkeit". Eine Erhöhung des Handlungsunrechts ist auch dadurch möglich, dass der Täter ihm besonders obliegende Pflichten verletzt. Vor allem bei Fahrlässigkeitsdelikten bestimmen die Schwere der Pflichtverletzung und das Maß der Nachlässigkeit bei der Tat die Höhe des Handlungsunwertes mit. Das Unrechtsgewicht der objektiven Sorgfaltswidrigkeit wird dabei durch Attribute wie „leichte" und „grobe" Fahrlässigkeit oder Begriffe wie „Leichtfertigkeit" bestimmt; die Unterscheidung zwischen „bewusster" und „unbewusster" Fahrlässigkeit hat demgegenüber keinen Einfluss auf das Maß der Schuld.[100]

---

[95] Bsp. nach *BGH* NStZ-RR 2000, 104.

[96] *BGHSt* 24, 268 (270).

[97] *BGH* wistra 2003, 19; MüKo 2016 ff., *Miebach und Maier*, § 46 Rn. 209.

[98] *BGHSt* 24, 268 (270).

[99] LK 2006 ff., *Theune*, § 46 Rn. 143.

[100] LK 2006 ff., *Theune*, § 46 Rn. 125; S/S 2019, *Kinzig*, § 46 Rn. 17.

Das Gewicht der Pflichtwidrigkeit hängt davon ab, wie weit der Täter nach seinen persönlichen Fähigkeiten in der Lage war, die Pflichtverletzung zu vermeiden. Im Einzelfall kann es schon als fahrlässig angesehen werden, wenn er eine riskante Aufgabe übernimmt, obgleich er weiß oder wissen muss, dass er ihr nicht gewachsen ist.[101] Ähnliches gilt für unechte Unterlassungsdelikte i. S. von § 13 StGB (bei denen es um den Umfang der Verletzung der Garantenpflicht geht) sowie für solche Tatbestände, bei denen dem Täter der Verstoß gegen besondere Rechtspflichten vorgeworfen wird (z. B. die Vermögensbetreuungspflicht bei der Untreue, § 266 StGB, die Pflicht, sich sexueller Kontakte zu Schutzbefohlenen zu enthalten, § 174 StGB, oder die Pflicht zur Wahrung einer sachlichen Amtsführung bei den Amtsdelikten, §§ 331 ff. StGB). Auch hier ist maßgeblich, wie weit sich der Täter von den ihm obliegenden Pflichten entfernt hat bzw. wie weit ihm die Pflichterfüllung möglich und zumutbar war. Bei der Verletzung beruflicher oder sozialer Pflichten kommt es auf die Bedeutung der Pflicht in dem betreffenden Lebenskreis sowie darauf an, dass zwischen der besonderen Stellung des Täters und der Tat ein innerer, den Unwertgehalt der Tat erhöhender Zusammenhang besteht.[102]

Beispiel

Die Justizministerin des Landes A hatte einem Mitglied der Partei, der sie ebenfalls angehörte, in zwei Fällen Ergebnisse eines gegen ihn geführten Ermittlungsverfahrens mitgeteilt, welche ihr von der ermittelnden Staatsanwaltschaft übermittelt worden waren. – Der BGH entschied, dass es in diesem Fall zu Recht für die Verurteilung nach § 353b Abs. 1 Satz 1 Nr. 1 StGB schulderhöhend gewertet wurde, dass die Angeklagte Dienstgeheimnisse offenbarte, die ihr aufgrund der durch Verwaltungsanordnung vorgeschriebenen Berichtpflicht der Staatsanwaltschaft als Ausfluss der Aufsichts- und Leitungsbefugnis gem. § 147 GVG bekannt geworden waren. Damit missbrauchte sie die ihr aufgrund ihrer beruflichen Stellung zustehende Möglichkeit zur Dienstaufsicht. Der Schutz des besonders wichtigen öffentlichen Interesses, Ermittlungsverfahren nicht zu gefährden, rechtfertigte hier aufgrund des besonderen Ausmaßes der Pflichtverletzung sogar die Verhängung einer Freiheitsstrafe, nicht nur einer Geldstrafe.[103]

4.4.1.4.4 Die Beweggründe und Ziele des Täters

Gem. § 46 Abs. 2 Satz 2 StGB müssen ferner „die Beweggründe und die Ziele des Täters" in die Abwägung einbezogen werden. Sie sind je nach Qualität und Stärke für die Zumessung der Strafe von Bedeutung.[104] Soweit gefühlsmäßige oder triebhafte Regungen in Betracht kommen, muss der Täter diese über die Erkenntnis ihrer

---

[101] S/S 2019, *Kinzig*, § 46 Rn. 35.

[102] Vgl. *BGH* NJW 1996, 3089 (3090); MüKo 2016 ff., *Miebach und Maier*, § 46 Rn. 199; LK 2006 ff., *Theune*, § 46 Rn. 119 ff.; *Schäfer et al.* 2017, 223 (Rn. 627).

[103] *BGH* NJW 2008, 2057.

[104] S/S 2019, *Kinzig*, § 46 Rn. 13; LK 2006 ff., *Theune*, § 46 Rn. 87; *Schäfer et al.* 2017, 219 (Rn. 608).

handlungsleitenden Wirkung hinaus gedanklich beherrschen und gefühlsmäßig steuern können.[105] Daher sind nur vorwerfbare Motive verwertbar, aber nicht ohne Weiteres auch solche, die auf einem zu erheblich verminderter Schuldfähigkeit (§ 21 StGB) führenden Zustand beruhen (z. B. krankhafter Eifersuchtswahn).[106]

Teilweise sind Motivationen bereits Bestandteil des gesetzlichen Tatbestandes, z. B. die Mordmerkmale der Habgier oder der niedrigen Beweggründe in § 211 StGB oder die Bereicherungsabsicht beim Betrug. Das heißt jedoch nicht, dass Modifikationen derselben nicht für die Bemessung der Strafe verwertet werden dürften (unten Abschn. 4.4.3).[107] Die gesetzlichen Wertungen können darüber hinaus auch bei anderen Delikten herangezogen werden. Bei Totschlags- und Körperverletzungsdelikten können Beweggründe und Ziele umso milder bewertet werden, je weiter sie sich vom niedrigen Beweggrund entfernen; bei Vermögens- und Eigentumsdelikten ist das Maß des Eigennutzes ausschlaggebend.[108] Achtenswerte oder zumindest nachvollziehbare Motive können die Vorwerfbarkeit der Tat vermindern, so z. B. wenn der Täter aus Mitleid oder aus einer Zwangslage heraus gehandelt hat.[109] Umgekehrt hat der Gesetzgeber durch eine Gesetzesänderung im Jahr 2015, die auf die mit dem Rechtsterrorismus gesammelten Erfahrungen zurückging, deutlich gemacht, dass rassistische, fremdenfeindliche oder sonst menschenverachtende Beweggründe und Ziele die Vorwerfbarkeit typischerweise erhöhen.[110]

4.4.1.4.5 Die aus der Tat sprechende Gesinnung

Einen weiteren subjektiven Strafzumessungsaspekt stellt die Gesinnung des Täters dar, also die Grundhaltung, die den Handlungen und Zielsetzungen des Täters zugrunde liegt und die seine Einstellung zu den Anforderungen der Rechtsordnung deutlich macht.[111] Ein und derselbe Unrechtsgehalt kann durch die Gesinnung des Täters unterschiedliches Gewicht erlangen.

Beispiel[112]

Das Verhalten eines Arztes, der einen Patienten bei der Behandlung an der Gesundheit schädigt, verdient unterschiedliche Bestrafung je nachdem, ob er den Behandlungsfehler aus arbeitsbedingter Übermüdung, aus Gleichgültigkeit gegenüber der körperlichen Unversehrtheit des Patienten oder aus wirtschaftlichen Motiven begangen hat.

---

[105] *BGHSt* 8, 210 (212).

[106] *BGH* NStZ-RR 2003, 362.

[107] *Schäfer et al.* 2017, 218 (Rn. 608).

[108] MüKo 2016 ff., *Miebach und Maier*, § 46 Rn. 184 f.; *Schäfer et al.* 2017, 219 (Rn. 610).

[109] *BGH* wistra 1994, 353; LK 2006 ff., *Theune*, § 46 Rn. 89; *Frisch* ZStW 99 (1987), 768.

[110] BR-Drucks. 396/14, S. 11 ff.

[111] *Hörnle* hält die Berücksichtigung der Einzeltatgesinnung für überflüssig, vgl. JZ 1999a, 1080 ff.; *Hörnle* 1999b, 354.

[112] *Jescheck und Weigend* 1996, 887.

Wie bereits festgestellt (oben Abschn. 4.4.1.2.1), handelt es sich beim geltenden deutschen Strafrecht nicht um ein Täter-, sondern um ein Tatstrafrecht. Das Unrecht, auf das sich der Schuldvorwurf bezieht, besteht in der Begehung einer bestimmten Tat oder in der Unterlassung einer von der Rechtsordnung gebotenen Handlung, nicht jedoch in einer rechtlich missbilligten Lebensführung, denn eine „schuldhafte" Lebensführung allein erfüllt keinen gesetzlichen Tatbestand; allgemeine moralisierende Erwägungen sind nicht geeignet, einen Rechtsfolgenausspruch zu tragen.[113] Das Gesetz verlangt daher, dass die Gesinnung „aus der Tat spricht", also gerade in ihr zum Ausdruck gekommen sein muss. Unzulässig sind somit Erwägungen, der Angeklagte habe keine Anstrengungen unternommen, um seinen Lebenswandel zu ändern, er zeige eine ignorante Grundeinstellung gegenüber der Rechtsordnung oder er habe sein persönliches Schicksal ignoriert.[114] Ein innerer Zusammenhang zur Tat besteht jedenfalls dann, wenn und soweit die Gesinnung den Unrechtsgehalt der Tat bestimmt, weil sie Schlüsse auf den Grad der rechtsfeindlichen, den Rechtsfrieden bedrohenden Einstellung des Täters zulässt, die sich in der Tat manifestiert hat.[115]

Beispiel

Wer die Tötung eines Menschen als Mittel einsetzt, um ein anderes Tötungsdelikt begehen zu können und dabei unentdeckt zu bleiben, lässt damit eine besonders verwerfliche Gesinnung erkennen. Der Täter bringt mit der Tat eine außergewöhnliche Missachtung des menschlichen Lebens zum Ausdruck.[116]

In zahlreichen Tatbeständen des Besonderen Teils finden sich so genannte Gesinnungsmerkmale, die eine bestimmte innere Einstellung des Täters zur Voraussetzung der Strafbarkeit machen. Zu denken ist an Merkmale wie „böswillig" (§ 130 Abs. 2 Nr. 1, § 225 Abs. 1 StGB), „rücksichtslos" (§ 315c Abs. 1 Nr. 2 StGB), „grausam" (§ 211 Abs. 2 StGB) oder „roh" (§ 225 Abs. 1 StGB). Diese Merkmale bringen allgemeine gesetzliche Wertungen zum Ausdruck und können deshalb auch bei anderen Taten, für die sie keine Tatbestandsvoraussetzungen darstellen, im Rahmen der Strafzumessung als Indiz für eine rechtsfeindliche Gesinnung fruchtbar gemacht werden.[117] Auf der anderen Seite muss es zugunsten des Täters in die Bewertung einfließen, wenn er sich bemüht hat, dem Opfer keine weiteren Schäden zuzufügen und unbeteiligte Dritte zu schonen.[118]

---

[113] Vgl. *Jescheck und Weigend* 1996, 423; MüKo 2016 ff., *Miebach und Maier*, § 46 Rn. 193; NK 2017, *Streng*, § 46 Rn. 53; *Streng* 2012, 269 (Rn. 552); *Roxin* 2006, § 19 Rn. 62.

[114] *BGH* NStZ-RR 2007, 195; *Detter* 2009, II. Teil Rn. 7.

[115] LK 2006 ff., *Theune*, § 46 Rn. 94.

[116] *BGH* NJW 1982, 2264 (2265).

[117] S/S 2019, *Kinzig*, § 46 Rn. 16; *Jescheck und Weigend* 1996, 427; vgl. zum Thema Gesinnungsmerkmale auch *Kelker* 2007.

[118] *Streng* 2012, 269 (Rn. 552).

Besondere Beachtung verdient ein Täter, der sich gegen die Rechtsordnung auflehnt, weil seine politische, sittliche oder religiöse **Überzeugung** ihm dies gebietet. Das Strafrecht stellt im Interesse der Allgemeinheit Mindestanforderungen an den Einzelnen und kann von jedem verlangen, dass seine Ge- und Verbote auch entgegen der eigenen Überzeugung respektiert werden.[119] Die Schuld des Überzeugungstäters liegt deshalb darin, dass er bewusst an die Stelle der Wertordnung der Gemeinschaft seine eigene setzt und von dieser her im Einzelfall eine rechtlich falsche Wertung vornimmt.[120] In welchem Umfang die Schuld gemindert ist, hängt auch bei ihm von der Bewertung der Beweggründe ab.[121] Die Motivation durch Gewissensgründe, die den Täter zu einer achtbaren, durch ernste innere Auseinandersetzung gewonnenen Entscheidung gebracht haben, begründet bei der Strafzumessung ein „Wohlwollensgebot", das sich schuldmindernd auswirken kann.[122] Die strafzumessungsrechtliche Besonderheit besteht darin, dass die Willensstärke des Täters, die für sich betrachtet ebenso wie die damit verbundene Hartnäckigkeit und Uneinsichtigkeit für eine gesteigerte Schuld sprechen könnte, durch eine achtenswerte Motivation aber an strafzumessungsrechtlicher Relevanz verliert und ausgeglichen wird.[123]

Dass der Täter seine persönlichen (z. B. religiösen) Wertmaßstäbe und Verhaltensnormen verfehlt, geht jedoch nur ihn allein etwas an und kann daher keinen Strafzumessungsgesichtspunkt abgeben.[124]

4.4.1.4.6 Der bei der Tat aufgewendete Wille

Weiteres Kriterium für die Bemessung der Strafe ist nach § 46 Abs. 2 Satz 2 StGB „der bei der Tat aufgewendete Wille". Je größer die Schwierigkeiten waren, die der Täter zu überwinden hatte, und je hartnäckiger er sein Ziel verfolgte, desto mehr lässt sich ihm die Tat zum Vorwurf machen und desto größer ist demgemäß seine Schuld. Erleichtern dagegen fehlende Kontrollmechanismen oder die besondere Vertrauensseligkeit des Opfers die Tatbegehung, kann die Intensität des Täterwillens geringer ausfallen. Die ausgiebige Vorbereitung der Tat, besondere Raffinesse bei der Tatausführung oder Maßnahmen, die das Entdeckungsrisiko von vornherein vermindern sollen, lassen eher auf einen erhöhten Täterwillen schließen.[125] Anders ist dies zu beurteilen, wenn beim Täter eine allgemeine Willensschwäche vorliegt, die ihn immer wieder der Versuchung zu Gelegenheitstaten erliegen lässt. Handelt der Täter nicht aus seinem eigenen Entschluss heraus, sondern musste er von einem Dritten angestiftet werden oder wurde die

---

[119] S/S 2019, *Kinzig*, § 46 Rn. 15; SK StGB 2017 ff., *Horn und Wolters*, § 46 Rn. 129.

[120] *BGHSt* 2, 194 (208).

[121] *BGHSt* 8, 162 (163); MüKo 2016 ff., *Miebach und Maier*, § 46 Rn. 186; NK 2017, *Streng*, § 46 Rn. 52.

[122] *BVerfGE* 23, 127 (134); *Fischer* 2019, § 46 Rn. 28.

[123] *BGH* NJW 1980, 2424 (2425); LK 2006 ff., *Theune*, § 46 Rn. 106.

[124] *BGH* NStZ 2000, 366; *BGH* bei *Detter* NStZ 2000, 580; *Streng* 2012, 269 (Rn. 552).

[125] *BGH* bei *Detter* NStZ 2005, 145; NStZ 1990, 177; StV 1998, 652.

Tat wesentlich von einem Dritten gefördert, folgt daraus, dass er eine geringere Willenskraft aufbringen musste, um die Straftat zu begehen, wodurch regelmäßig auch seine Schuld aufgrund einer geringeren Handlungsintensität herabgesetzt ist.[126]

Die Vorsatzformen als solche sind kein taugliches Kriterium für die Strafzumessung, denn sowohl das äußere Unrecht als auch das Ausmaß der Fähigkeit zu richtigem Handeln sind bei ihnen nicht wesentlich verschieden, sodass sie nur im Rahmen der Würdigung der Tätervorstellungen und -ziele Berücksichtigung finden können.[127] Deshalb kann allein mit der Feststellung, der Täter habe den Erfolg „sicher vorausgesehen" oder er habe dessen Eintritt zwar nur für möglich gehalten, aber „bezweckt", kein erhöhtes Handlungsunrecht begründet werden.[128] Anders kann dies nach der neueren Rechtsprechung allerdings bei absichtlichem Handeln sein; der auf die Rechtsgutsverletzung gerichtete Wille sei in besonderem Maß mit einem sozialen Unwerturteil belegt.[129]

Häufig wird in Literatur und Rechtsprechung auf den Begriff der „**kriminellen Energie**" zurückgegriffen. Dieser hat jedoch lediglich summarischen Charakter, der über die tatsächliche Intensität des Täterwillens nichts auszusagen vermag.[130] Konkrete Kriterien, nach denen sich die „kriminelle Energie" bestimmen soll, existieren nicht. Dem Begriff soll ein sog. „Überwindungsmodell" zugrunde liegen, wonach die Schuld des Täters umso höher ist, je mehr Hemmschwellen er überwinde. Diese Sichtweise hat jedoch zur Folge, dass der Anwendungsbereich umso beliebiger und breiter wird, je mehr vom Täter zu überwindende psychische Hemmnisse vom Tatrichter entdeckt und anerkannt werden.[131] Der Begriff wird oftmals auf oberflächliche Art und Weise pauschal als Argument für eine Schuldsteigerung herangezogen, um einer differenzierten Auseinandersetzung mit Strafzumessungserwägungen zu entgehen und unter diesem Topos generalpräventive Erörterungen zu verbergen.[132] Auf den Rückgriff auf solche Begriffshülsen sollte in der Strafzumessungsbegründung jedoch tunlichst verzichtet werden.

4.4.1.4.7 Das Vorleben des Täters

Mit dem „Vorleben des Täters" spricht § 46 Abs. 2 Satz 2 StGB einen Strafzumessungsfaktor an, der in der Praxis zwar eine herausgehobene Rolle spielt – Vorstrafen werden nach einer langen Rechtstradition in der Regel strafschärfend berücksichtigt –,[133] dessen richtige Zuordnung zu den einzelnen Elementen der Strafzumessungsbegründung jedoch nicht ganz einfach zu erschließen ist. Lediglich in Ausnahme-

---

[126] *BGH* StV 1986, 100 (101); *Schäfer et al.* 2017, 222 (Rn. 621).

[127] *BGH* StV 1990, 304; *BGH* bei Holtz, MDR 1992, 633; *Schäfer et al.* 2017, 221 (Rn. 618); HK-GS 2017, *Kempfer*, § 46 Rn. 21; MüKo 2016 ff., *Miebach und Maier*, § 46 Rn. 194; *Frisch* 2000, 290.

[128] SK StGB 2017 ff., *Horn und Wolters*, § 46 Rn. 125.

[129] *BGHSt* 63, 54 (59) m. Anm. *Kett-Straub* NStZ 2018, 535.

[130] *Schäfer et al.* 2017, 221 (Rn. 619); MüKo 2016 ff., *Miebach und Maier*, § 46 Rn. 196.

[131] *Walter* GA 1985, 197 ff.; *Walter* 1986, 493 ff.

[132] *Hörnle* 1999b, 58; SK StGB 2017 ff., *Horn und Wolters*, § 46 Rn. 135.

[133] *Meier* 1983, 1334.

fällen hat der Gesetzgeber angeordnet, dass Umstände aus dem Vorleben bereits bei der *Tatbestandsprüfung* zu berücksichtigen sind (z. B. durch die Erhebung gewerbsmäßigen Handelns oder rechtskräftiger Vorverurteilungen zum gesetzlichen Strafschärfungsgrund, § 243 Abs. 1 Satz 2 Nr. 3, § 176a Abs. 1 StGB). Im Übrigen gilt von Gesetzes wegen lediglich der allgemeine Grundsatz, dass „das Vorleben des Täters" bei der Strafzumessung berücksichtigt werden muss. Dabei stellt sich im vorliegenden Zusammenhang allein die Frage, ob und unter welchen Voraussetzungen das Vorleben die **Strafzumessungs*schuld*** beeinflusst. Dass das Vorleben neben der Strafzumessungsschuld die *präventiven* Überlegungen beeinflussen kann und für die *Prognose* über das zukünftige Verhalten des Täters vielleicht sogar den wichtigsten Anknüpfungspunkt bildet, ist unzweifelhaft, spielt im gegebenen Zusammenhang aber keine Rolle (vgl. dazu oben Abschn. 3.7.2.2.2; unten Abschn. 4.4.2.2).

Als Leitschnur für die Prüfung der Schuldrelevanz des Vorlebens muss wieder gelten, dass sich die entsprechenden Umstände zum tatbestandlichen Unrecht in Beziehung setzen lassen müssen. Nur dann, wenn sich eine solche Beziehung herstellen lässt, ist sichergestellt, dass mit dem Unwerturteil der Schuld eine Aussage über die dem Täter zur Last gelegte Tat getroffen und nicht eine Generalabrechnung mit der Art seiner Lebensführung betrieben wird.[134]

Fragt man danach, ob und inwieweit sich das Vorleben des Täters – bzw., konkreter, der für die Praxis wichtigste Ausschnitt aus dem Vorleben: die Zahl der bisherigen Verurteilungen sowie die Art und Schwere der bislang verhängten Strafen – zum tatbestandlichen Unrecht in Beziehung setzen lässt, zeigt sich schnell, dass sich jedenfalls *zur Erfolgskomponente* des Unrechts *keine Beziehung* herstellen lässt.[135] Der Erfolgsunwert einer Tat ist von den die Person des Täters kennzeichnenden Merkmalen unabhängig; für ihn spielt es keine Rolle, ob die Tat von einem Ersttäter oder von einem Wiederholungstäter begangen wird. Aber auch *zum Handlungsunwert* der Tat lässt sich *regelmäßig kein Zusammenhang* herstellen.[136] Dass ein Täter, der durch eine frühere Verurteilung möglicherweise eine besondere Warnung empfangen hat, bei der erneuten Begehung einer Straftat eine ihm auferlegte Sonderpflicht verletzt oder mit einem geschärften und deshalb deutlicheren Vorsatz gehandelt hätte, dürfte sich im Regelfall kaum begründen lassen.[137] Indessen sind solche Fälle auch nicht von vornherein ausgeschlossen.

Beispiel

A nimmt, nachdem er erheblich dem Alkohol zugesprochen hat, mit seinem PKW am Straßenverkehr teil. – Wenn A wegen vorsätzlicher Trunkenheit im Verkehr (§ 316 Abs. 1 StGB) verurteilt werden soll, setzt dies voraus, dass er sich zumindest der Möglichkeit seiner Fahruntüchtigkeit bewusst gewesen ist. Im

---

[134] *BGH* NStZ 1984, 259; NStZ-RR 2017, 168 (169); LK 2006 ff., *Theune*, § 46 Rn. 167.

[135] Ebenso *Erhard* 1992, 260 ff.

[136] So jedoch *Maurach et al. (Dölling)* 2014, § 63 Rn. 52, 54, der allerdings von einem etwas anderen Verständnis von „Handlungsunwert" ausgeht.

[137] Vgl. *Erhard* 1992, 263 ff.

Einzelfall mag dieser Vorsatz nicht festgestellt werden können; A wird dann nur wegen fahrlässiger Tatbegehung verurteilt (§ 316 Abs. 2 StGB). Ist A jedoch wegen einschlägiger Taten bereits mehrfach vorbestraft, kann dies ein Anhaltspunkt dafür sein, dass er bei der Wiederholungstat im Hinblick auf seine Fahruntüchtigkeit vorsätzlich gehandelt hat.[138] In diesem Fall erhöht sich durch die Vorstrafen das Handlungsunrecht der Wiederholungstat.

Die Feststellung, dass die Vorstrafe n den Erfolgsunwert der Tat gar nicht und den Handlungsunwert nur in Ausnahmefällen berühren, bedeutet indessen nicht, dass die Vorstrafen bei der Schuldbemessung praktisch irrelevant wären. Der richtige Anknüpfungspunkt für ihre Berücksichtigung liegt jedoch nicht beim Unrecht, sondern bei der Frage, in welchem Maß das Unrecht dem Täter *vorgeworfen* werden kann. Die früheren Verurteilungen und Vorstrafen können sich sowohl auf das Maß der *Einsichts- und Steuerungsfähigkeit* zur Zeit der Tat als auch auf die Bewertung der aus der Tat sprechenden *Gesinnung* auswirken.

Geht man davon aus, dass sich über die Gesinnung nur in besonders krass liegenden Fällen wertende Aussagen treffen lassen,[139] muss sich die Aufmerksamkeit auf die Frage konzentrieren, wie sich die Vorstrafen auf die **Voraussetzungen des Andershandelnkönnens** ausgewirkt haben. Nach dem hier vertretenen pragmatisch-sozialen Schuldkonzept ist entscheidend, ob bzw. auf welche Weise sich die kognitiven, emotionalen und sozialen Handlungskompetenzen des Täters durch die früheren Verurteilungen und Sanktionierungen verändert haben bzw. von welchen Veränderungen nach den Ergebnissen der empirisch-kriminologischen Forschung insoweit bei „durchschnittlichen anderen" auszugehen ist. In der Regel ist hierfür die vollständige Aufklärung der Hintergründe der betreffenden Taten sowie der durch die früheren Verurteilungen und Sanktionierungen bewirkten Veränderungen erforderlich.

Beispiel

Der wegen Diebstahls angeklagte A weist eine Reihe von Vorstrafen auf, die wegen einschlägiger Delikte verhängt worden sind: Geldstrafen, zur Bewährung ausgesetzte Freiheitsstrafen und einen Bewährungswiderruf, der zur Verbüßung einer mehrmonatigen Freiheitsstrafe geführt hat. – Betrachtet man diesen Sachverhalt nicht unter dem Gesichtspunkt der Prävention (also der Erforderlichkeit der Sanktion, um zu erreichen, dass sich A in Zukunft straffrei führt), sondern der Vorwerfbarkeit des Unrechts und damit der Handlungsspielräume des A, zeigt sich, dass der Umstand, dass A mehrere einschlägige Vorstrafen aufweist, zu zwei gegenläufigen Überlegungen führen kann:

Die Vorverurteilungen können A gewarnt und seine Verbotskenntnis („Du sollst nicht stehlen!") geschärft haben, sie können Lernprozesse ausgelöst und ihn während des vorangegangenen Aufenthalts im Strafvollzug entsprechend § 2

---

[138] *OLG Frankfurt a. M.* NStZ-RR 1996, 85 (86).
[139] Vgl. insoweit die Kritik von *Erhard* 1992, 279 f.; *Frisch* ZStW 99 (1987), 774 ff.

StVollzG durch arbeitstherapeutische Maßnahmen oder soziale Trainingskurse zu einem Leben ohne Straftaten befähigt haben. In diesem Fall kann man davon ausgehen, dass A bei Begehung der Wiederholungstat über bessere Einsichten und bessere soziale Handlungskompetenzen verfügte als ein Ersttäter. *Konsequenz*: Gegen ihn kann ein größerer Vorwurf erhoben werden als gegen einen vergleichbaren Ersttäter.[140]

Möglich ist aber auch das Gegenteil: Die vorangegangenen Verurteilungen, insbesondere der Bewährungswiderruf, können A stigmatisiert und sozial desintegriert haben. Sie können dazu geführt haben, dass er die Arbeitsstelle verloren hat, dass sich seine Ehefrau von ihm abgewandt hat, dass er nach der Entlassung aus dem Strafvollzug nicht mehr wusste, wohin er sich wenden und wie er an Arbeit kommen sollte. In diesem Fall wird man davon ausgehen müssen, dass sich sein Handlungsspielraum durch die vorangegangenen Verurteilungen nicht erweitert, sondern verengt hat und er bei Begehung der Wiederholungstat über *weniger* Verhaltensalternativen verfügte als bei seinen ersten Taten. *Konsequenz*: Der gegen A erhebbare Vorwurf ist geringer als bei einem vergleichbaren Ersttäter.[141]

Wie die einzelnen Strafzumessungstatsachen zu bewerten sind, ob die Vorstrafen also die Vorwerfbarkeit der Wiederholungstat erhöht oder vermindert haben, ist in der 3. Phase der Strafzumessung nicht zu entscheiden (dazu unten Abschn. 4.5). Vergegenwärtigen muss man sich jedoch, dass sich ein schematischer Umgang mit dem scheinbar so einfachen Strafzumessungsfaktor „Vorstrafen des Täters" verbietet. Um die Schuldrelevanz der Vorstrafen richtig einschätzen zu können, ist es erforderlich, nach den konkret-individuellen Auswirkungen der früheren Verurteilungen zu fragen. Erforderlich ist eine **Gesamtwürdigung**, die auch psychische Faktoren, die individuellen Eigenschaften des Täters und seine Lebensumstände einbezieht.[142] In den Blick genommen werden müssen dabei nicht nur die Anzahl der bislang erfolgten Verurteilungen, ihr zeitlicher Abstand, die abnehmende oder zunehmende Deliktsschwere und der innere Zusammenhang zwischen den Taten („Einschlägigkeit"[143]). Betrachtet werden müssen auch die in § 46 Abs. 2 Satz 2 StGB ebenfalls ausdrücklich angesprochenen „persönlichen Verhältnisse" des Täters (unten Abschn. 4.4.1.4.8), vor deren Hintergrund die Wirkungsweise der Vorverurteilungen individuell gewürdigt werden muss.

---

[140] Vgl. *Maurach et al. (Dölling)* 2014, § 63 Rn. 156 ff.; *Schäfer et al.* 2017, 233 ff. (Rn. 657 ff.); auf die Strafschärfung wegen gesteigerter Schuld stellte auch die durch das 23. StrÄndG beseitigte allgemeine Rückfallvorschrift (§ 48 StGB a. F.) ab, vgl. LK 1985 ff., *Hirsch*, § 48 Rn. 32. – Grundsätzlich gegen die Annahme, dass die Schuld über das volle Maß der Zurechenbarkeit des Unrechts hinaus gesteigert werden kann, *Erhard* 1992, 255 ff.; 284 ff.; 302 f.; *Hörnle* 1999b, 151 ff., 159 ff.; skeptisch auch *Frisch* ZStW 99 (1987), 772 ff.

[141] Vgl. *Stratenwerth* 1972, 15 ff.; *Meier* 1983, 1338 ff.; *Janssen* ZRP 1991, 53.

[142] *BVerfGE* 50, 125 (136); vgl. auch *Meier* 1983, 1353; *Horstkotte* 1992, 170; SK StGB 2017 ff., *Horn und Wolters*, § 46 Rn. 145 ff.

[143] *BGH* NStZ 2014, 202 (203); zur Strafzumessungsrelevanz auch nicht einschlägiger Vorstrafen vgl. *BGHSt* 24, 198 (199 f.) m. Anm. *Maurach* JZ 1972, 130.

Auch wenn sich im Einzelfall begründen lässt, dass und warum dem „Vorleben des Täters" Strafzumessungsrelevanz zukommt, ist damit noch nicht gesagt, welche Umstände aus dem „Vorleben" dabei unter welchen Voraussetzungen für die Strafzumessung herangezogen werden dürfen. Insoweit gilt zunächst, dass abgeurteilte und damit **gerichtlich festgestellte Taten**, für die der Täter bestraft worden ist, grundsätzlich ohne weitere Einschränkungen herangezogen werden dürfen, und zwar ungeachtet der Frage, ob die Verurteilung in Deutschland oder in einem anderen Mitgliedsstaat der Europäischen Union erfolgt ist.[144] Bei der Verwertung abgeurteilter Taten ist das Gericht nicht an die Feststellungen aus dem früheren Urteil gebunden, sondern muss ggf. selbst eine Klärung herbeiführen. Will das Gericht die besondere Art und Weise der Tatbegehung seiner Strafzumessungsentscheidung zugrunde legen, muss es diese durch Verlesung der Urteilsgründe feststellen, soweit die Aufklärungspflicht oder Beweisanträge keine anderen Beweiserhebungen gebieten.[145] Die umfassende Einbeziehung von Vorverurteilungen findet ihre Grenze jedoch in § 51 Abs. 1 BZRG, wonach getilgte oder tilgungsreife Verurteilungen nicht mehr berücksichtigt werden dürfen,[146] und zwar auch dann nicht, wenn der Angeklagte die frühere Verurteilung freiwillig einräumt oder sich zu seiner Verteidigung auf sie beruft.[147]

Für die Strafzumessung sind jedoch nicht nur frühere Straftaten relevant, für die der Beschuldigte rechtskräftig verurteilt wurde. Für die Beurteilung der Strafzumessungsschuld kann auch auf **nicht abgeurteilte Taten** abgestellt werden, sofern sich aus ihnen Hinweise auf das Maß der Vorwerfbarkeit der Rückfalltat gewinnen lassen. Dabei gilt, dass der wesentliche Unrechtsgehalt der nicht abgeurteilten Taten prozessordnungsgemäß so bestimmt festgestellt worden sein muss, dass die Berücksichtigung eines bloßen Verdachts ausscheidet.[148]

Damit können auch Taten berücksichtigt werden, deren Verfolgung ein dauerndes Prozesshindernis entgegensteht, namentlich durch Verjährung oder einen fehlenden Strafantrag.[149] Taten, die gem. §§ 153, 154, 154a StPO von der Verfolgung ausgenommen wurden, dürfen dann zur Bewertung herangezogen werden, wenn sie prozessordnungsgemäß festgestellt wurden und an den Angeklagten im Verfahren wegen der Rückfalltat der Hinweis ergangen ist, dass eine straferschwerende Berücksichtigung beabsichtigt wird, da sich sonst das Verhalten der Justiz als widersprüchlich und missverständlich darstellt, weil für den Angeklagten ein Vertrauenstatbestand geschaffen wurde.[150] Selbst frühere Strafverfahren, die mit einer Einstellung nach § 170 Abs. 2

---

[144] Rahmenbeschluss 2008/675/JI vom 24.07.2008, ABl. L 220/32.

[145] *BGHSt* 43, 106; *Schäfer et al.* 2017, 237 (Rn. 666).

[146] *BGH* NStZ 2006, 587.

[147] *BGH* NStZ-RR 2001, 237; StV 2003, 444; vgl. aber auch *BGHSt* 27, 108.

[148] S/S 2019, *Kinzig*, § 46 Rn. 33; *BGH* NStZ-RR 1997, 130; *BGH* bei *Detter*, NStZ 2000, 187; *Schäfer et al.* 2017, 237 (Rn. 666); Bedenken: *Gillmeister* NStZ 2000, 344 ff.; *Stuckenberg* StV 2007, 655 ff.

[149] *Fischer* 2019, § 46 Rn. 38d.

[150] *BGH* NStZ 2004, 277; *BGHSt* 30, 147; 31, 302; SK StGB 2017 ff., *Horn und Wolters*, § 46 Rn. 151; ein solcher Hinweis ist dann nicht erforderlich, wenn der Vertrauenstatbestand nicht vom Gericht geschaffen wurde, z. B. im Fall des § 154 Abs. 1 StPO: *Schäfer et al.* 2017, 235 (Rn. 662); *Sander* StraFO 2004, 47.

StPO oder Freispruch endeten, können relevant werden, wenn sie für die jetzt abzu-urteilende Tat eine spezifische Warnfunktion entfalten mussten, da eine zunächst er-folgte Tätigkeit der Strafverfolgungsorgane jedenfalls einen jeweils näher bestimmten Verdachtsgrad voraussetzt.[151] Durch die Verwertung solcher Taten darf jedoch keine Ersatzbestrafung erfolgen, sodass sie nicht mit demselben Gewicht wie eine den Schuldspruch tragende Tat eingebracht werden dürfen.[152]

4.4.1.4.8   Die persönlichen und wirtschaftlichen Verhältnisse des Täters
Lebensalter und Entwicklungsstand
Der in § 46 Abs. 2 Satz 2 StGB genannte Strafzumessungsfaktor „persönliche und wirtschaftliche Verhältnisse" umfasst eine Vielzahl von Einzelaspekten, von denen hier nur einige exemplarisch behandelt werden können. Nach den allgemeinen strafrechtlichen Wertungen spielt zunächst der sich im Alter ausdrückende Ent-wicklungsstand des Täters eine maßgebliche Rolle. Bevor nicht ein sich im Alter ausdrückender biologischer Reifungsprozess abgeschlossen ist, kann ein Schuld-vorwurf entweder überhaupt nicht erhoben werden (unwiderlegbare Vermutung der Schuldunfähigkeit bis zur Vollendung des 14. Lebensjahres, § 19 StGB) oder er er-fordert die positive Feststellung, dass der Täter einen Grad an intellektueller Ent-wicklung, sittlicher Reife und Willenskraft erreicht hat, der es rechtfertigt, seine in der Tat aktualisierte Einstellung zum Recht nach jugendgemäßen, aber doch immer-hin strafrechtlichen Maßstäben zu messen (§ 3 Satz 1 JGG).[153]

Beim erwachsenen Straftäter geht das StGB grundsätzlich davon aus, dass dieser die erforderliche Reife besitzt, um für sein Tun zur Verantwortung gezogen werden zu können, und regelt daher nur das ausnahmsweise Fehlen der Schuldfähigkeit (§ 17 Satz 1, § 20 StGB). Die Rechtsprechung berücksichtigt es jedoch auch bei grundsätz-lich gegebener Schuldfähigkeit, wenn der Täter in einem **„hohen" Alter** straffällig geworden ist.[154] Dann soll das Alter sowohl bei der Wahl des Strafrahmens (minder schwerer Fall) als auch sonst bei der Bemessung der konkreten Strafe zu berücksich-tigen sein, weil die Belastungen für einen älteren Angeklagten aufgrund der kürzeren in Freiheit verbleibenden Zeit höher sein können als für einen jüngeren (unten Abschn. 4.7.3). Daneben gibt gerade auch die Tatsache, dass der Täter erstmals im fortgeschrittenen Alter straffällig wurde, Anlass zur Prüfung, ob er ein Stadium er-reicht hat, in dem eine erhebliche Verminderung der Schuldfähigkeit aufgrund seines Alters jedenfalls nicht mehr ausgeschlossen werden kann.[155] Die Fähigkeit eines al-

---

[151] *BGHSt* 25, 64 (65); *BGH* MDR/H 1979, 635; *BGH* bei Detter, NStZ 2005, 145; S/S 2019, *Kin-zig*, § 46 Rn. 32; der Verwertung eines Freispruchs wird entgegengehalten, dass damit dem Täter ein eventueller Fehler der Strafverfolgungsorgane vorgehalten wird: LK 2006 ff., *Theune*, § 46 Rn. 171.

[152] *BGH* StV 2016, 558; LK 2006 ff., *Theune*, § 46 Rn. 178, 180; *Lackner und Kühl* 2018, § 46 Rn. 37a; *Fischer* 2019, § 46 Rn. 37a; *Sander* StraFO 2004, 47; krit. MüKo 2016 ff., *Miebach und Maier*, § 46 Rn. 230 ff.

[153] *Jescheck und Weigend* 1996, 434; LK 2006 ff., *Schöch*, § 19 Rn. 10.

[154] *BGH* StV 1990, 303; 1991, 206; NJW 2006, 2129 (2130); *Nobis* NStZ 2006, 489 f.

[155] *BGH* NStZ-RR 2002, 258; NStZ-RR 2006, 38.

ternden Menschen, der Einsicht in das Unerlaubte seines Tuns gemäß zu handeln, kann durch Altersabbau beeinträchtigt sein, ohne dass Intelligenzausfälle oder das äußere Erscheinungsbild auf ein Schwinden der geistigen und seelischen Kräfte hindeuten.[156] Auch einem Täter mit geringer Lebenserwartung aufgrund einer **Krankheit**, z. B. infolge einer Aids- oder Krebserkrankung (sogar im Fall einer bloßen HIV-Infektion), wird in der Regel aufgrund der existenziellen Grenzsituation eine deutlich geringere Schuld zugestanden als einem gesunden Täter.[157]

Psychische Störungen, Alkoholisierung
Neben dem Altersabbau können auch andere geistig-seelische Defekte dazu führen, dass die Einsichts- oder Handlungsfähigkeit ganz ausgeschlossen (Schuldunfähigkeit gem. § 20 StGB) oder erheblich eingeschränkt ist. Bei einer *erheblichen Verminderung der Schuldfähigkeit* (mit der Folge einer fakultativen Strafrahmenmilderung nach §§ 21, 49 Abs. 1 StGB) sind innerhalb dieses Rahmens weitere Abstufungen nach dem jeweiligen Schweregrad der psychischen Störung geboten, um dem Maß der Einschränkung der Handlungskompetenz des Täters gerecht zu werden.[158] Die Schuldminderung kann jedoch nach einer Gesamtwürdigung aller Umstände in der Tat und der Person des Täters durch andere erschwerende Umstände ausgeglichen werden, weshalb eine Strafrahmenverschiebung nach § 49 Abs. 1 StGB ausgeschlossen sein kann.[159] An eine solche Ablehnung sind umso höhere Anforderungen zu stellen, je stärker sich der gemilderte Strafrahmen vom nicht gemilderten unterscheidet.[160] Auch dann muss jedoch berücksichtigt werden, dass der in seiner normativen Ansprechbarkeit erheblich eingeschränkte Täter im Vergleich mit einem psychisch gesunden Menschen, bei dem ebenfalls schulderhöhende Umstände vorliegen, immer noch mit geringerer Schuld handelt.[161] Ist die Schuldfähigkeit des Angeklagten vermindert, dürfen Handlungsmodalitäten, soweit sie Ausdruck und Folge der verminderten Hemmungsfähigkeit waren, dem Täter nicht mehr zum Vorwurf gemacht werden.[162] Die *Berücksichtigung der konkreten Vorgehensweise* ist dadurch aber nicht von vornherein völlig ausgeschlossen, denn der gem. § 21 StGB vermindert Schuldfähige ist für die von ihm begangene Tat in ihrer konkreten Ausgestaltung verantwortlich, so dass für die Verwertung der Handlungsintensität bei der Strafzumessung gleichwohl Raum bleibt.[163] Selbst wenn die *Erheblichkeitsschwelle* des § 21 StGB *nicht überschritten* wurde, bedeutet dies nicht, dass die Einschränkung der normativen An-

---

[156] *BGH* NJW 1964, 2213; NStZ 1983, 34.

[157] *BGH* NJW 1987, 2882; NJW 1991, 763; NK 2017, *Streng*, § 46 Rn. 73a; *Dalquen* 2003, 18; *Jescheck und Weigend* 1996, 890.

[158] LK 2006 ff., *Schöch*, § 21 Rn. 27.

[159] *BGHSt* 49, 239 (246); *Schäfer et al.* 2017, 368 (Rn. 1023); *Jescheck und Weigend* 1996, 444; *Roxin* 2006, § 20 Rn. 40; S/S 2019, *Perron und Weißer*, § 21 Rn. 17; LK 2006 ff., *Schöch*, § 21 Rn.43.

[160] *BGH* StV 1990, 157; LK 2006 ff., *Theune*, § 49 Rn. 9.

[161] *Roxin* 2006, § 20 Rn. 41.

[162] *BGH* NJW 1993, 3210 (3211); NStZ 1988, 310; NStZ 1992, 538.

[163] *BGH* NJW 1993, 3210 (3211); StV 2001, 615 (616).

sprechbarkeit unberücksichtigt bleiben muss; ihr wird vielmehr bei der Strafzumessung innerhalb des Regelstrafrahmens Rechnung getragen.[164]

Besonders praxisrelevant ist die Frage, wie sich eine **Alkoholisierung** des Täters auf die Vorwerfbarkeit auswirkt. Es gibt hier keinen Erfahrungssatz, der es gebietet, ohne Rücksicht auf die im konkreten Fall feststellbaren psychodiagnostischen Kriterien allein anhand einer Blutalkoholkonzentration von zur Tatzeit 2,0‰ an aufwärts (aufgrund der höheren Hemmschwelle bei schweren Gewalthandlungen gegen Leib und Leben ab 2,2‰) vom Vorliegen eines mittleren oder schweren Alkoholrausches auszugehen, der als krankhafte seelische Störung im Sinne der §§ 20, 21 StGB zu bewerten wäre, denn Alkohol wirkt auf jeden Menschen je nach seiner Konstitution und den konkreten Umständen anders.[165] Das Gericht muss deshalb neben dem Blutalkoholgehalt auch alle wesentlichen objektiven und subjektiven Umstände, die sich auf das Erscheinungsbild und das Verhalten des Täters vor, während und nach der Tat beziehen, beurteilen und gegeneinander abwägen.[166]

Auch dabei ist zu beachten, dass sich eine schematische Beurteilung verbietet und es auf den konkreten Einzelfall ankommt. Der Beweiswert der Blutalkoholkonzentration ist umso geringer, je mehr sonstige aussagekräftige psychodiagnostische Kriterien zur Verfügung stehen.[167] Gegen eine Verminderung der Schuldfähigkeit sprechen Umstände wie planmäßiges, zielstrebiges und folgerichtiges Verhalten, situative Anpassungsleistungen und reflektierende Auseinandersetzungen mit dem aktuellen Geschehen[168] oder auch detailreiche Erinnerungen an die Tat[169]. Bei alkoholgewöhnten Menschen hängt es ebenfalls vom Einzelfall ab, welches Gewicht diesem Umstand zukommt.[170] Bei Alkoholgewöhnung ist häufig die Leistungsfähigkeit trotz hoher Blutalkoholwerte in weitaus geringerem Maße von der Alkoholintoxikation beeinträchtigt als bei nicht alkoholgewöhnten Menschen.[171] Andererseits zeigt sich gerade bei Alkoholikern oft eine durch Übung erworbene erstaunliche Kompensationsfähigkeit im Bereich grobmotorischer Auffälligkeiten, so dass das Fehlen von Ausfallerscheinungen einer erheblichen Verminderung der Steuerungsfähigkeit nicht unbedingt entgegensteht; äußeres Leistungsverhalten und innere Steuerungsfähigkeit können bei diesen Personen durchaus weit auseinander fallen.[172] Fraglich ist indes, ob die Herabsetzung der Steuerungsfähigkeit im Ergebnis auch zu einer Minderung der Vorwerfbarkeit und damit zu einer Strafmilderung führt oder ob sie nicht

---

[164] *BGH* StV 1992, 318; S/S 2019, *Perron und Weißer*, § 21 Rn. 25.

[165] *BGHSt* 43, 66 (71); 57, 247 (251); *Maatz* StV 1998, 281; *Schöch* GA 2006, 371.

[166] *BGHSt* 43, 66 (71); 57, 247 (252); *Schäfer et al.* 2017, 345 f. (Rn. 968 ff.).

[167] *BGHSt* 57, 247 (252).

[168] *BGH* NStZ-RR 2011, 10 (11).

[169] *BGH* NStZ-RR 2011, 10 (11).

[170] *BGHSt* 43, 66 (76).

[171] *BGHSt* 57, 247 (253); *Schäfer et al.* 2017, 347 (Rn. 973).

[172] *BGH* NStZ 2007, 696; *BGH* Beschluss vom 21.04.2010 – 4 StR 64/10; *Fischer* 2019, § 20 Rn. 23a; *Schäfer et al.* 2017, 347 f. (Rn. 974).

durch gegenläufige Umstände ausgeglichen wird. Beruht die Verminderung der Schuldfähigkeit auf einer selbst zu verantwortenden Trunkenheit, so soll dies nach der Rechtsprechung bei § 21 StGB in der Regel *gegen* eine Strafrahmenverschiebung sprechen, und zwar auch dann, wenn eine vorhersehbare signifikante Erhöhung des Risikos der Begehung von Straftaten aufgrund der persönlichen oder situativen Verhältnisse *nicht* festgestellt ist.[173]

> Der BGH rückt mit der Entscheidung des Großen Senats aus dem Jahr 2017 von der früheren Rechtsprechung ab, wonach es für die Versagung der Strafmilderung darauf ankam, ob sich das Risiko von Straftaten *vorhersehbar erhöht* hatte. Dies wurde insbesondere angenommen, wenn der Täter wusste oder damit rechnen musste, dass er unter Alkoholeinfluss zu strafbaren Verhaltensweisen neigte und trotzdem Alkohol trank; auf einschlägige Vorverteilungen sollte es insoweit nicht ankommen.[174] Nach der Entscheidung des Großen Senats ist davon heute auszugehen, dass das dem Alkoholkonsum innewohnende Risiko zum *Allgemeinwissen* zählt. Wenn jemand dieses allgemeinkundige Risiko einer Alkoholintoxikation vorwerfbar eingeht, so ist schon allein dadurch das Handlungsunrecht einer unter Alkoholeinfluss begangenen Tat signifikant erhöht, so dass bei § 21 StGB die Strafrahmenverschiebung regelmäßig zu versagen ist.[175] *Nicht* vorwerfbar ist die mit dem Alkoholkonsum verbundene Risikoerhöhung dann, wenn der Täter alkoholkrank ist und den Alkohol aufgrund eines unwiderstehlichen oder ihn beherrschenden Hangs trinkt oder wenn der Alkoholkonsum auf anderen nach § 20 StGB zum Schuldausschluss führenden Umständen beruht.

Die zum Alkoholrausch entwickelten Grundsätze sind nicht ohne Weiteres auf **andere Betäubungsmittel** übertragbar, denn bei ihnen sind die Wirkungsweisen nicht notwendig dieselben wie beim Alkohol und daher unter Umständen weniger konkret vorhersehbar, zumal die Dosierung und die individuelle Verträglichkeit meist von Fall zu Fall erheblichen Schwankungen unterliegen.[176] Drogenkonsum führt nur ausnahmsweise zu verminderter Schuldfähigkeit, wenn langjähriger Betäubungsmittelgenuss schwerste Persönlichkeitsveränderungen zur Folge gehabt hat oder der Täter unter starken Entzugserscheinungen leidet und durch sie dazu getrieben wird, sich durch eine Straftat neue Drogen zu verschaffen.[177]

Migrationshintergrund
Bei der Verurteilung von Tätern mit Migrationshintergrund stellt sich häufig die Frage, inwieweit die Tatsache, dass ein Täter **ausländischer Staatsbürger** ist, für die Strafzumessung relevant sein kann. Aus Art. 3 Abs. 3 GG ergibt sich bereits, dass die Ausländereigenschaft an sich nicht als Differenzierungskriterium gewertet

---

[173] *BGHSt* (GS) 62, 247 m. Anm. *Jahn* NJW 2018, 1184.

[174] *BGHSt* 49, 239 *(241); BGH* NStZ 2006, 274 (275); 2017, 84 (86); *Schöch* GA 2006, 374.

[175] *BGHSt* (GS) 62, 247 (266); *Fischer* 2019, § 21 Rn. 29.

[176] *BGHSt* 49, 239 (246); *BGH* StV 2005, 19; S/S 2019, *Perron und Weißer*, § 21 Rn. 20.

[177] *BGH* NStZ-RR 1997, 227; NStZ-RR 2002, 263; NStZ 2002, 32; *BGH* Beschluss vom 17.09.2013 – 3 StR 209/13.

werden darf. Der Gesetzgeber macht weder im StGB noch in den Nebengesetzen einen Unterschied nach der Staatsbürgerschaft des Täters, so dass es keine gesteigerte Pflicht gibt, sich im Gastland straffrei zu führen.[178] Ob die Tat von einem Deutschen oder Nichtdeutschen begangen wurde, ändert nichts am Erfolgs- und Handlungsunrecht, ebenso wenig am Maß der Vorwerfbarkeit.[179] Die Tat kann aber dann durch die Ausländereigenschaft des Täters oder seine Stellung als Asylbewerber in einer für die Schuldgewichtung erheblichen Weise geprägt sein, wenn der Täter nur in der Bundesrepublik eingereist ist, um hier Straftaten zu begehen oder Leistungen zu erschleichen, die ihm gerade aus Rücksicht auf seine Ausländereigenschaft gewährt werden, oder wenn die Straftat gegen die innere Sicherheit in Deutschland gerichtet ist oder sie im Zusammenhang mit einem Nationalitätenkonflikt steht.[180]

Unabhängig davon, ob der Täter die deutsche Staatsangehörigkeit besitzt oder nicht, können durch den Migrationshintergrund bedingte **abweichende Wertorientierungen** Einfluss auf die Vorwerfbarkeit der Tat haben. Für die Auslegung des deutschen Strafrechts sind die Vorstellungen der deutschen Rechtsgemeinschaft maßgeblich, weshalb es nicht zulässig ist, dem Täter anzulasten, dass er im Heimatland mit einer deutlich höheren Strafe zu rechnen gehabt hätte.[181] Ebenso wenig dürfen besonders hohe Tabuvorstellungen eines ausländischen Angeklagten, die die hiesigen Verbotsvorstellungen übersteigen (z. B. im Zusammenhang mit Sexualdelikten), die Vorwerfbarkeit der Tat erhöhen, denn dies hieße sonst, den anerkannten Grundsatz, dass Wahndelikte straffrei bleiben, auf der Ebene der Strafzumessung außer Kraft zu setzen.[182]

Allein der Umstand, der Täter stamme aus einem fremden Kulturkreis, rechtfertigt noch keine Verminderung der Vorwerfbarkeit.[183] Die abweichenden Wertvorstellungen können jedoch das Unrechtsbewusstsein im konkreten Einzelfall einschränken, vor allem wenn das jeweilige Verhalten tatsächlich im Einklang mit der fremden Rechtsordnung steht.[184] Auch der Umstand, dass der Täter zur Begehung der Tat eine geringere Hemmschwelle zu überwinden hatte, weil er, einem anderen Kulturkreis mit anderen Wertvorstellungen entstammend, unter dem Erwartungsdruck seiner Familie gestanden hat, kann strafmildernd berücksichtigt werden.[185] Voraussetzung dafür ist gleichwohl, dass der Täter noch fest mit seinem Heimatland

---

[178] *BGH* NJW 2017, 1491; StV 1991, 557; NJW 1972, 2191; *OLG Bremen* StV 1994, 130.

[179] *BGH* StV 1993, 358 (359); LK 2006 ff., *Theune*, § 46 Rn. 187.

[180] *BGH* StV 1993, 358 (359); NStZ 1993, 337; LK 2006 ff., *Theune*, § 46 Rn. 188; *Fischer* 2019, § 46 Rn. 43.

[181] *BGH* StV 1996, 205; NK 2017, *Streng*, § 46 Rn. 149; S/S 2019, *Kinzig*, § 46 Rn. 36; *Lackner und Kühl* 2018, § 46 Rn. 36b.

[182] NK 2017, *Streng*, § 46 Rn. 149; ebenso *Streng* JZ 1993a, 109.

[183] *BGH* NStZ-RR 1999, 358; LK 2006 ff., *Theune*, § 46 Rn. 192.

[184] *BGH* NStZ-RR 2009, 689; *Schäfer et al.* 2017, 224 (Rn. 630).

[185] *BGH* NStZ-RR 2007, 137; MüKo 2016 ff., *Miebach und Maier*, § 46 Rn. 244; S/S 2019, *Kinzig*, § 46 Rn. 36.

verwurzelt ist, wobei dieser Gesichtspunkt umso mehr an Gewicht verliert, je länger der Täter bereits in Deutschland lebt, da es ihm dann zuzumuten ist, sich mit der neuen Rechtsordnung auseinander zu setzen.[186]

Ausländerrechtliche Folgen, die eine Verurteilung nach sich ziehen kann, begründen für sich keinen bestimmenden Strafzumessungsgrund, was selbst dann gelten soll, wenn ein zwingender Ausweisungsgrund nach §§ 53, 54 Abs. 1 Nr. 1, 1a AufenthG in Betracht kommt,[187] da Besonderheiten im Ausweisungsverfahren Berücksichtigung finden können.[188] Ist die Ausweisung nicht zwingend geboten, ist ohnehin davon auszugehen, dass die Ausländerbehörden etwaige Härten im Rahmen ihres Ermessens zu bedenken haben.[189]

Wirtschaftliche Verhältnisse

Neben den persönlichen Verhältnissen kann nach § 46 Abs. 2 Satz 2 StGB auch die wirtschaftliche Situation des Beschuldigten eine Rolle spielen. Allerdings ist dabei zu beachten, dass hier ebenfalls ein innerer Zusammenhang mit der Tat notwendig ist. So kann vor allem bei Vermögens- und Eigentumsdelikten die wirtschaftliche Bedrängnis des Täters in Ansatz gebracht werden, wenn sich der Angeklagte bei Tatbegehung in einer für ihn menschlich bedrückenden Lage befand.[190] Je nach Lage des Einzelfalles ist zu beurteilen, ob der Umstand, dass der Angeklagte nicht in Geldnot war oder dass er es bei seinen Verdienstmöglichkeiten nicht nötig hatte, eine Straftat zu begehen, einen Strafzumessungsgrund darstellt (unten Abschn. 4.5). Eine solche Feststellung wird häufig so zu verstehen sein, dass die Tat aufgrund einer Motivation begangen wurde, für die in Anbetracht seiner wirtschaftlichen Verhältnisse kein Verständnis aufgebracht werden kann;[191] sie kann im Einzelfall aber auch als Indiz für eine besonders verwerfliche Gesinnung und Missachtung der Rechtsordnung gewertet werden.[192]

4.4.1.4.9 Das Verhalten des Täters nach der Tat

Spiegelbildlich zu der Frage, ob und unter welchen Voraussetzungen das Vorleben des Täters bei der Strafzumessung berücksichtigt werden kann (oben Abschn. 4.4.1.4.7), stellt sich die Frage, inwieweit sein Verhalten *nach* der Tat berücksichtigungsfähig ist.

Auf den ersten Blick erscheint es zweifelhaft, dass das Verhalten nach der Tat *überhaupt* einen relevanten Strafzumessungsfaktor abgeben können soll: Unrecht und Schuld scheinen mit der Beendigung der Tat endgültig festgelegt zu sein, für

---

[186] *BGH* NStZ-RR 1998, 298; NStZ 1996, 80; S/S 2019, *Kinzig*, § 46 Rn. 36; MüKo 2016 ff., *Miebach und Maier*, § 46 Rn. 244.

[187] *BGH* NStZ 2002, 196; NStZ-RR 2004, 11; zur besonderen Begründungspflicht des Tatrichters vgl. *BGH* NJW 1997, 403; StV 2008, 298; NK 2017, *Streng*, § 46 Rn. 148.

[188] *BGH* NJW 1997, 403; NStZ 2002, 196; NStZ-RR 2004, 11.

[189] *BGH* NStZ 2002, 196.

[190] LK 2006 ff., *Theune*, § 46 Rn. 193; *Detter* 2009, II. Teil Rn. 16; NK 2017, *Streng*, § 46 Rn. 73.

[191] *BGHSt* (GS) 34, 345.

[192] LK 2006 ff., *Theune*, § 46 Rn. 195.

eine nachträgliche Veränderung der Schuldwertung scheint es keinen Raum zu geben. Bei genauerer Betrachtung zeigt sich indes, dass der Gesetzgeber dem Nachtatverhalten eine *erhebliche Bedeutung* beimisst. Zwar wird das „Verhalten nach
der Tat" in dieser Pauschalität als Strafzumessungsfaktor vom Gesetz nur einmal,
nämlich in § 46 Abs. 2 Satz 2 StGB, genannt. Zwei Ausschnitte aus dem Nachtatverhalten werden vom Gesetzgeber jedoch in der Weise besonders hervorgehoben,
dass sie über die allgemeine Strafzumessungsrelevanz nach § 46 Abs. 2 StGB hinaus zur Strafrahmenmilderung gem. § 49 Abs. 1 StGB und sogar zum Absehen von
Strafe führen können: der Täter-Opfer-Ausgleich bzw. die Schadenswiedergutmachung (§ 46a StGB) und die Hilfe zur Aufklärung oder Verhinderung schwerer
Straftaten (§ 46b StGB). In denjenigen Fällen, in denen der Täter nach vollendeter
Tat tätige Reue zeigt, kann im Übrigen auch dieser Umstand, wenn er schon nicht
zur Strafaufhebung führt, strafmildernd bis zum Absehen von Strafe berücksichtigt
werden (§ 306e Abs. 1, § 314a Abs. 1 und 2, § 320 Abs. 1 und 2 StGB).

Dass das Verhalten nach der Tat die Strafzumessung überhaupt beeinflussen kann,
kann danach nicht zweifelhaft sein. Fraglich kann lediglich sein, wie sich *begründen*
lässt, dass das Nachtatverhalten bei der Strafzumessung berücksichtigt werden darf.
Die frühere Rechtsprechung hat insoweit gelegentlich eine „*Indizkonstruktion*" bemüht: Das Nachtatverhalten könne den Rückschluss auf den Unrechtsgehalt der Tat
oder die innere Einstellung des Täters zu seiner Tat erlauben und das Maß der Schuld
damit mittelbar beeinflussen.[193] Überzeugend ist dieser Weg jedoch nicht, da die psychologische Situation nach der Tat häufig eine ganz andere ist als zum Zeitpunkt der
Tatbegehung; sie kann daher nur sehr eingeschränkt als Indiz für das Maß der Schuld
zu dem u. U. schon lange zurückliegenden Tatzeitpunkt herangezogen werden.[194]
Vorzugswürdig erscheint es daher, das Nachtatverhalten einer *eigenständigen Bewertung* zu unterziehen und danach zu fragen, ob und inwieweit es sich zum tatbestandlichen Unrecht in Beziehung setzen lässt. Entgegen dem ersten Anschein ist das
Maß der Schuld mit der Beendigung der Tat noch nicht endgültig festgelegt, sondern
wird auch durch das Nachtatverhalten bestimmt. Die engen Grenzen des materiell-
rechtlichen Tatbegriffs gelten im Strafzumessungsrecht nicht.[195]

Schadensbeseitigung und Wiedergutmachung
Der erste Ausschnitt aus dem Nachtatverhalten, der vom Gesetzgeber in besonderer
Weise hervorgehoben wird, betrifft die Bemühungen des Täters um Schadensbeseiti-
gung und Wiedergutmachung. Zwei Formen stehen in der jüngeren Entwicklung im
Mittelpunkt: der Täter-Opfer-Ausgleich und die Schadenswiedergutmachung. Beide

---

[193] *BGHSt* 1, 105 (106); *BGH* NJW 1971, 1758; NStZ 1985, 545; StV 1990, 259 (260); 1995, 131
(132).
[194] Krit. deshalb auch *Frisch* ZStW 99 (1987), 779 f.; *Dencker* ZStW 102 (1990), 56 f.; *Pielsticker*
2004, 94 ff.; *Meier* GA 2015, 445 f.; zusammenfassend *Dölling* 2013, 1185; *Maurach et al. (Dölling)* 2014, § 63 Rn. 56.
[195] So bereits *Schaffstein* 1973, 112 ff.

dürfen gem. § 46 Abs. 2 Satz 2 StGB innerhalb des Normalstrafrahmens berücksichtigt werden, können aber unter bestimmten Voraussetzungen auch gem. § 46a StGB zu einem Sonderstrafrahmen führen. Daneben gehören in diesen Kontext auch die bereits angesprochenen Vorschriften über die tätige Reue, die zur Strafrahmenverschiebung nach § 49 Abs. 2 StGB oder zum Absehen von Strafe führen können. Für die Bemessung der Strafzumessungsschuld sind die auf Schadensbeseitigung und Wiedergutmachung gerichteten Bemühungen des Täters deshalb von Bedeutung, weil sie sich zum tatbestandlichen Unrecht in Beziehung setzen lassen. Beide für die Bemessung der Strafzumessungsschuld zentralen Unrechtselemente, die Erfolgs- und die Handlungskomponente, sind offen für nachträgliche Veränderungen.

> **Beispiel**
>
> A hat in einer Diskothek den ihm bis dahin unbekannten X verprügelt, weil dieser sich „zu lange" mit der Freundin des A unterhalten habe. Obwohl X keine ernsthaften Verletzungen erlitten hat, erstattet er wegen der erlittenen Schmach Strafanzeige wegen Körperverletzung. A sucht daraufhin X auf, entschuldigt sich bei ihm und schenkt ihm als Ausgleich zwei Eintrittskarten für ein demnächst stattfindendes Rockkonzert.

Ebenso wie sich der vom Täter gesetzte *Erfolgsunwert* nicht in den Folgen erschöpft, die bei Beendigung der Tathandlung bereits eingetreten sind, sondern für sämtliche, dem Täter zurechenbaren tatbestandlichen und außertatbestandlichen Weiterungen offen ist (oben Abschn. 4.4.1.4.1), kann er auch durch solche gegenläufigen, auf Folgenbeseitigung gerichteten Aktivitäten modifiziert werden, die der Täter nach Abschluss der Tat entfaltet. Sozial-konstruktive Leistungen, die der Täter nach der Tat gerade im Hinblick auf das gesetzte Unrecht erbringt, können das Ausmaß des zurechenbaren Erfolgsunwerts reduzieren, indem sie entweder die eingetretenen Folgen *rückgängig* machen (z. B. bei Beleidigung durch Entschuldigung, bei Diebstahl durch Rückgabe der entwendeten Sache) oder indem sie dem Erfolgsunwert einen *eigenständigen Erfolgswert* entgegensetzen, der den eingetretenen Erfolgsunwert *kompensiert* (z. B. bei Körperverletzung durch die Übernahme der Behandlungskosten und die Zahlung von Schmerzensgeld).[196]

Auch der *Handlungsunwert* wird durch das auf Folgenbeseitigung gerichtete Nachtatverhalten berührt. Erbringt der Täter die entsprechenden Wiedergutmachungsleistungen *freiwillig* bzw. zeigt er, wenn ihm die Wiedergutmachung nicht gelingt, zumindest ein darauf gerichtetes *Bemühen*, dann stellen die hierin liegende Distanzierung von der Tat und die Anerkennung der verletzten Rechtsnorm einen *positiven Handlungswert* dar, der dem Handlungsunwert der Tat entgegengesetzt und durch den auch dieser *kompensiert* werden kann.[197] Der Ausgleich der Folgen der Tat durch eine freiwillige, vom Täter nach Abschluss der Tat erbrachte Leistung lässt das Ausmaß des tatbestandlichen Unrechts in einem neuen Licht erscheinen

---

[196] *Maurach et al. (Dölling)* 2014, § 63 Rn. 55; *Brauns* 1996, 176 ff.; krit. *Pielsticker* 2004, 104 ff.
[197] *Brauns* 1996, 204 ff.; krit. *Pielsticker* 2004, 104 ff.; *Kaspar* 2004, 91 f.

und hat deshalb unmittelbar Einfluss auf das Maß der Schuld (ausführlicher hierzu unten Abschn. 6.2.4.2.1).[198]

Hilfe zur Aufklärung oder Verhinderung schwerer Straftaten

Der zweite Ausschnitt, der vom Gesetzgeber in besonderer Weise hervorgehoben wird, betrifft die Hilfe des Täters bei der Aufklärung bereits begangener oder der Verhinderung geplanter schwerer Straftaten. Wenn der Täter einer schweren Straftat, die mit einer im Mindestmaß erhöhten Freiheitsstrafe oder mit lebenslanger Freiheitsstrafe bedroht ist, durch Offenbarung seines Wissens dazu beiträgt, dass eine mit seiner Tat in Zusammenhang stehende Tat aufgedeckt oder verhindert werden kann, kann der Strafrahmen für die Anlasstat nach § 49 Abs. 1 StGB gemildert oder ganz von Strafe abgesehen werden (§ 46b Abs. 1 StGB). Rechtspolitisch ist die vom Gesetzgeber durch das 43. StÄG v. 30.07.2009 in das StGB eingefügte Vorschrift („**Kronzeugenregelung**") umstritten, weil sie denjenigen privilegiert, der in kriminelle Strukturen verstrickt ist und deshalb über „Sonderwissen" verfügt, das er den Behörden offenbaren kann, während dem Einzeltäter, der ein solches Wissen nicht hat, die Strafmilderung versagt bleibt. Kriminalpolitisch ist auch nicht recht einzusehen, warum die Aufklärungshilfe nur im Bereich der Schwerkriminalität zur Strafrahmenverschiebung nach § 49 Abs. 1 StGB führt, während sie im Bereich der leichten Kriminalität nur als allgemeiner Strafzumessungsfaktor nach § 46 StGB berücksichtigt werden kann.[199] § 46b StGB wird flankiert durch eine Sonderregelung für den Bereich der Drogenkriminalität (§ 31 BtMG, hier ohne die Beschränkung auf schwere Straftaten) sowie durch qualifizierte Strafdrohungen für denjenigen, der im Rahmen der Aufklärungs- oder Präventionhilfe falsche Angaben macht (§ 145d Abs. 3 und 4, § 164 Abs. 3 StGB).

Begründet werden kann die Strafmilderung für die Aufklärungs- und Präventionshilfe wiederum damit, dass der Täter durch die freiwillige Offenbarung seines Wissens eine Leistung erbringt, die dem Unrecht der Tat gegenübergestellt und mit ihm „verrechnet" werden kann.[200] Ähnlich wie die Schadenswiedergutmachung stellt auch die Offenbarung von „Sonderwissen", das zur Aufdeckung oder Verhinderung einer Tat einen Beitrag leistet, aus der Sicht der Rechtsordnung einen **Erfolgswert** dar, der das Maß der Tatschuld in einem anderen Licht erscheinen lassen kann. Dies gilt umso mehr als der Täter bei der Aufklärungshilfe Umstände aufdecken muss, die über seinen eigenen Tatbeitrag hinausgehen (§ 46b Abs. 1 Satz 3 StGB); allein ein Geständnis oder die Hilfe bei der Aufklärung der *eigenen* Beteiligung an der Tat genügen nicht.[201] Für die Schuldrelevanz der Aufklärungs- und Präventionshilfe spricht aber insbesondere, dass der Gesetzgeber § 46b StGB im Jahr 2013 noch einmal reformiert und ein Konnexitätserfordernis aufgenommen

---

[198] Grundsätzlich anders der Ansatz von *Frisch* ZStW 99 (1987), 387 f., 780 ff., der darauf abstellt, ob das Nachtatverhalten das Bedürfnis nach Behebung des tatbedingten Normgeltungsschadens beeinflusst.

[199] NK 2017, *Streng*, § 46b Rn. 6; SK StGB 2017 ff., *Wolters*, § 46b Rn. 9; *König* NJW 2009, 2481 ff.; *Mellinghoff* 2010, 512; *Kaspar und König* ZRP 2011, 159.

[200] A.A. *Kaspar und Wengenroth* GA 2010, 463 f. (Aufklärungshilfe ist schuldindifferent).

[201] *BGH* NStZ-RR 2012, 201; *Fischer* 2019, § 46b Rn. 13.

hat: Zur Strafrahmenmilderung nach § 49 Abs. 1 StGB und zum Absehen von Strafe ist die Offenbarung des Wissens nur dann geeignet, wenn es zur Aufdeckung oder Verhinderung einer Tat führt, die mit der dem Täter zur Last gelegten Tat *„im Zusammenhang steht"*. Es genügt also *nicht*, dass der Täter einen Beitrag zur Aufklärung oder Verhinderung *irgendwelcher* Taten leistet, vielmehr muss sich sein Beitrag zu seiner eigenen Tat in *Beziehung* setzen lassen. Dabei ist der Begriff des „Zusammenhangs" weit zu verstehen; es muss sich nicht zwingend um dieselbe Tat im materiellen oder prozessualen Sinn handeln, sondern es genügt, dass die eigene und die offenbarte Tat Teil eines „kriminellen Gesamtgeschehens" sind.[202]

Ebenso wie bei der Schadenswiedergutmachung stellt der Umstand, dass der Täter sein Wissen *freiwillig* offenbart, einen **Handlungswert** dar, der der eigenständigen Würdigung zugänglich ist; dabei ist zu beachten, dass das Wissens spätestens bis zur Eröffnung des Hauptverfahrens offenbart worden sein muss (§ 46b Abs. 3 StGB). Nach diesem Zeitpunkt erfolgende Mitteilungen können nur noch im Rahmen der allgemeinen Strafzumessungsregeln nach § 46 StGB berücksichtigt werden.[203] Im Übrigen sind die wichtigsten Gesichtspunkte, die für die Bewertung der vom Täter erbrachten Leistung unter Schuldgesichtspunkten von Bedeutung sind (z. B. Art und Umfang der offenarten Tatsachen), in § 46b Abs. 2 StGB aufgelistet.

Übriges Nachtatverhalten, Verhalten im Prozess

Fraglich ist, ob es neben den auf Schadensbeseitigung und Wiedergutmachung gerichteten Leistungen und der Aufklärungs- bzw. Präventionshilfe im Nachtatverhalten noch weitere Anknüpfungspunkte gibt, die sich zum tatbestandlichen Unrecht in Beziehung setzen lassen. In Betracht kommen insoweit vor allem die Spurenbeseitigung nach der Tat und das Verhalten des Täters im Prozess.

Auszugehen ist dabei von der Feststellung, dass sich der Täter nach der Tat auf eine durch die Regeln des Verfahrensrechts *klar definierte Rechtsposition* beziehen kann: Er hat ein Schweigerecht (§ 136 Abs. 1 Satz 2 StPO), er braucht an der Aufklärung nicht mitzuwirken oder sich selbst zu belasten (nemo tenetur se ipsum accusare), er ist nicht an die Wahrheitspflicht gebunden (§ 153 StGB bezieht sich nur auf Zeugen und Sachverständige) und zu seinen Gunsten gilt die Unschuldsvermutung (Art. 6 Abs. 2 EMRK). Zu der insoweit gekennzeichneten Rechtsposition dürfen sich die Strafzumessungserwägungen nicht in Widerspruch setzen. Wenn das nemo tenetur-Prinzip dem Täter die Freiheit gewährt, nach Begehung einer Straftat selbst darüber zu befinden, ob er zu ihrer Aufklärung beitragen will,[204] dann folgt hieraus als Grundsatz, dass die Strafzumessung an die bloße **Beseitigung der Tatspuren** nicht anknüpfen darf. Selbst die kaltblütige Spurenbeseitigung (z. B. das umsichtige Beiseiteschaffen der Leiche) oder die Flucht müssen für den Täter

---

[202] BT-Drucks. 17/9695, 8; krit. *Peglau* NJW 2013, 1910 ff.

[203] *BGHSt* 56, 191 (193).

[204] *BGHSt* 42, 139 (153).

strafzumessungsrechtlich folgenlos bleiben.[205] Umstände, die die Tatbegehung selbst prägen, und sachlich-rechtliche Regelungen, die hieran anknüpfen, werden von diesem Grundsatz jedoch nicht berührt.[206] Bei der Strafzumessung berücksichtigt werden darf es deshalb, wenn das spätere Nachtatverhalten von vornherein in die Tatplanung einbezogen wird und der Täter dadurch zusätzliches Erfolgs- oder Handlungsunrecht bewirkt oder wenn er mit seinem Verhalten weitere Ziele verfolgt, die ein ungünstiges Licht auf ihn werfen.[207] Schuldsteigernd können daher z. B. eine sorgfältige Maskierung oder die Vornahme anderer Vorkehrungen wirken, die darauf abzielen, das Überführungsrisiko zu vermindern.[208]

Beispiel

Der Nachtrunk, dessen einziger Zweck darin besteht, die zuverlässige Bestimmung des Blutalkoholgehalts zu erschweren, kann im Einzelfall als ein zusätzlicher Erfolgs- und Handlungsunwert angesehen werden, etwa dann, wenn dies die Durchsetzung der zivilrechtlichen Ansprüche des Geschädigten gefährdet oder vereitelt.[209]

Auch der Umstand, dass der Täter im Prozess von seinen **verfahrensrechtlichen Befugnissen** Gebrauch macht, ist strafzumessungsrechtlich neutral und darf weder zu seinen Gunsten noch zu seinen Lasten gewertet werden; ein indirekter Druck, auf bestimmte Verteidigungspositionen zu verzichten, darf von den Strafzumessungserwägungen nicht ausgehen.[210] Überdies muss bedacht werden, dass es normative Maßstäbe dafür, wie sich ein Täter im Prozess „richtigerweise" zu verhalten hat, nicht gibt. Allein der Umstand, dass die Aufklärung des Falls mit größeren (z. B. durch einen Nachtrunk erschwerten) oder mit geringeren (z. B. durch ein Geständnis erleichterten) Schwierigkeiten verbunden ist, kann deshalb für sich genommen bei der Strafzumessung nicht bewertet werden. Dies schließt es auf der anderen Seite nicht aus, dem betreffenden Umstand im Einzelfall eine Bedeutung für die Schuldbemessung zuzuerkennen, wenn sich aus ihm bei einer Gesamtbetrachtung mit anderen Umständen Anhaltspunkte für die Bewertung der Unrechtsschwere oder der Vorwerfbarkeit ergeben. Generalisierende Aussagen über die Strafzumessungsrelevanz des Prozessverhaltens sind in diesem Zusammenhang kaum möglich.

Wenn der Täter durch sein freiwilliges **Geständnis** die Aufklärung erleichtert und bspw. einem Zeugen die sonst erforderliche, belastende Vernehmung erspart, kann hierin ein eigenständiger Erfolgs- und Handlungswert liegen, der dem durch die Tat

---

[205] *BGH* NStZ 1985, 21; StV 1989, 12; 1990, 259 (260).

[206] *BGH* NStZ 1998, 188 (189).

[207] *Schäfer et al.* 2017, 238 f. (Rn. 670).

[208] LK 2006 ff., *Theune*, § 46 Rn. 201.

[209] Vgl. *BGHSt* 17, 143 (144); *OLG Oldenburg* NJW 1968, 1293 (1294); LK 2006 ff., *Theune*, § 46 Rn. 204; *Maurach et al. (Dölling)* 2014, § 63 Rn. 176 spricht insofern anschaulich von „Schadensvertiefung".

[210] *BGH* NStZ 2014, 396 (397); LK 2006 ff., *Theune*, § 46 Rn. 198, 205.

verwirklichten Unwert gegenübergestellt und schuldmindernd in Ansatz gebracht werden kann.[211] Dies gilt insbesondere dann, wenn das Geständnis persönlich abgelegt wird und von Einsicht in das begangene Unrecht getragen ist.[212] Neben einem solchen, für die Strafzumessung unzweifelhaft bedeutsamen Geständnis treten in der Praxis vielfach Geständnisse auf, die im Rahmen von Absprachen zwischen Prozessbeteiligten abgelegt werden (vgl. § 257c Abs. 2 Satz 2 StPO). Nach ständiger Rechtsprechung kann auch ein solches Geständnis das Unrecht der Tat mindern.[213] Hierbei ist jedoch besonders zu beachten, dass das Gewicht eines Geständnisses geringer ist, wenn es erst nach Durchführung der Beweisaufnahme erfolgt oder wenn prozesstaktische Überlegungen bzw. eine aussichtslose Beweislage bestimmend waren.[214]

Besonders problematisch ist es, wenn aus dem **hartnäckigen Leugnen** des Angeklagten oder daraus, dass er die Glaubwürdigkeit eines Zeugen in Zweifel zieht, Schlussfolgerungen gezogen werden sollen. Entsprechend der von der Rechtsprechung entwickelten „Indizkonstruktion" sollen sich aus derartigem Nachtatverhalten Anhaltspunkte für die „inneren" Voraussetzungen der Schuld ableiten lassen, also etwa für den Grad der Unrechtseinsicht oder die Art der Gesinnung.[215] Grundsätzlich steht es jedoch im freien Ermessen des Angeklagten, die aus seiner Sicht günstigste Form der Verteidigung zu wählen. Schuldrelevanz dürfte einem derartigen Prozessverhalten deshalb nur in krassen Ausnahmefällen zukommen.[216] Vom Angeklagten kann bspw. nicht verlangt werden, dass er sich von seiner Tat distanziert oder Reue zeigt, denn damit würde die Freiheit der Verteidigung unzulässig eingeschränkt.[217] Auch darf er sich selbst in der Weise verteidigen, dass er die Schuld einem anderen zuschiebt, indem er die Täterschaft ableugnet oder eine ihm günstigere Sachverhaltsvariante behauptet. Geht er allerdings vom bloßen Leugnen belastender Tatsachen zum angriffsweisen Vorbringen unwahrer ehrenrühriger Tatsachen wider besseres Wissen über einen anderen über, überschreitet er die Grenzen rechtlich zulässiger Verteidigung und setzt damit neues Unrecht.[218]

4.4.1.5 Zusammenfassung

Für die Bestimmung der Schwere der Schuld i. S. des § 46 Abs. 1 Satz 1 StGB kommen nach alledem eine Vielzahl von Umständen in Betracht, deren einzige gemeinsame Voraussetzung darin besteht, dass sie sich zum tatbestandlichen Unrecht in Beziehung setzen lassen müssen. Alle Umstände, die sich nach den normativen Wer-

---

[211] Vgl. *Dencker* ZStW 102 (1990), 60 f.; *Streng* 2012, 282 f. (Rn. 575); *Meier* GA 2015, 449 ff.; aus anwaltlicher Sicht *Hammerstein* StV 2007, 48 ff.

[212] *Schäfer et al.* 2017, 242 (Rn. 679).

[213] *BGHSt* 43, 195 (210); *BGH* NStZ 2014, 169; krit. *Meier* GA 2015, 447 ff.

[214] *Schäfer et al.* 2017, 243 (Rn. 680); *Murmann* 2013, 1147.

[215] *BGHSt* 1, 103 (104 f.); 105 (106); *BGH* NJW 1961, 85; *Bruns und Güntge* 2019, 278 ff.

[216] Für einen Anwendungsfall vgl. etwa *BGH* NStZ 1991, 181 (182), sowie LK 2006 ff., *Theune*, § 46 Rn. 211.

[217] *BGH* NStZ 1983, 453; *BGH* bei Detter, NStZ 2000, 579; *Detter* 2009, II. Teil Rn. 174.

[218] *Schäfer et al.* 2017, 241 f. (Rn. 675); LK 2006 ff., *Theune*, § 46 Rn. 207.

tungen des StGB entweder mit der Schwere des Unrechts oder dem Grad seiner Vorwerfbarkeit in Verbindung bringen lassen, dürfen und müssen in der dritten Phase der Strafzumessung zusammengetragen und ausgewertet werden. In § 46 Abs. 2 Satz 2 StGB sind diese Umstände nur exemplarisch angesprochen; das Gesetz begnügt sich mit einer Aufzählung der als besonders wesentlich angesehenen Strafzumessungsfaktoren („namentlich"). Dabei liefert allein die gesetzliche Aufzählung noch keine Begründung dafür, *warum* die genannten Umstände von Bedeutung sind. Diese Begründung ergibt sich erst, wenn man den vom Gesetz in den Mittelpunkt gestellten Begriff der „Schuld" in seine unterschiedlichen Aspekte zerlegt.

Nach der hier vertretenen Konzeption liefert die Strafzumessungsschuld eine Aussage darüber, in welchem Maß dem Täter das verwirklichte Unrecht vorgeworfen werden kann. Bezugspunkt der Strafzumessungsschuld ist die Schwere des zurechenbaren Unrechts, welches sich weitergehend in eine Erfolgs- und eine Handlungskomponente unterteilen lässt; ihr Maßstab ist der Grad der Vorwerfbarkeit (oben Abschn. 4.4.1.2 und 4.4.1.3). Viele der vorstehend (oben Abschn. 4.4.1.4) behandelten Strafzumessungsfaktoren lassen sich nicht zwingend nur einem einzigen dieser Teilaspekte zuordnen; viele sind in mehrfacher Hinsicht von Bedeutung. Gleichwohl ist es möglich, die wichtigsten Umstände nach ihrem primären Einflussbereich entweder mit dem Unrecht oder der Vorwerfbarkeit in Beziehung zu setzen (Abb. 4.3).

Das dem Täter zurechenbare *Unrecht* wird auf der einen Seite durch den vom Täter geschaffenen *Erfolgsunwert* bestimmt, also durch diejenigen Umstände, die die Art und das Ausmaß der Verletzung des jeweiligen Schutzobjekts kennzeichnen.

1. Merkmale, die das vom Täter gesetzte Unrecht kennzeichnen

   a) Merkmale mit Bezug zum Erfolgsunrecht, z.B.
      - Art und Schwere des tatbestandlichen Erfolgs
      - Art und Schwere der außertatbestandlichen Folgen der Tat
   b) Merkmale mit Bezug zum Handlungsunrecht, z.B.
      - Art der Ausführung, Maß der Pflichtwidrigkeit
      - bei der Tat aufgewendeter Wille
   c) Merkmale mit Bezug zum Erfolgs- und Handlungsunrecht, z.B.
      - Schadensbeseitigung und Wiedergutmachung
      - Hilfe zur Aufklärung oder Verhinderung schwerer Straftaten
      - Übriges Nachtatverhalten, Verhalten im Prozess

2. Merkmale, die die Vorwerfbarkeit des Unrechts kennzeichnen

   a) Merkmale mit Bezug zur Einsichts- und Steuerungsfähigkeit, z.B.
      - Alter des Täter, Entwicklungsstand
      - psychische Störungen, Alkoholisierung
      - Vorleben des Täters, insbesondere Vorstrafen
      - persönliche und wirtschaftliche Verhältnisse zur Zeit der Tat
   b) Merkmale mit Bezug zur Gesinnung des Täters, z.B.
      - Beweggründe und Ziele des Täters
      - aus der Tat sprechende Gesinnung

Abb. 4.3 Die bei der Strafzumessung relevanten Schuldmerkmale

Elemente des Erfolgsunwert s sind neben dem tatbestandlichen Erfolg auch die vom Täter verursachten außertatbestandlichen Folgen der Tat, deren Eintritt in den Schutzbereich der verletzten Norm fällt. Auf der anderen Seite wird das zurechenbare Unrecht durch den vom Täter verwirklichten *Handlungsunwert* bestimmt, also durch diejenigen Umstände, die die Art und Weise der Tatbegehung beschreiben. Neben denjenigen Merkmalen, die die Verletzung der tatbestandlich formulierten Verhaltensanforderungen kennzeichnen, gehören hierzu die auf die Person des Täters bezogenen, „inneren" Unrechtsmerkmale. Das in Zusammenhang mit dem tatbestandlichen Unrechtserfolg stehende Nachtatverhalten des Täters kann sowohl die Erfolgs- als auch die Handlungskomponente des Unrechts verändern.

Die Schwere der *Vorwerfbarkeit* des Unrechts wird in erster Linie dadurch bestimmt, in welchem Grad der Täter zum Zeitpunkt der Tat in der Lage war, das Unrecht der Tat *einzusehen* und sich entsprechend zu *verhalten*. Alter, psychische Störungen, Alkoholisierung und Drogenkonsum, die bereits im Zusammenhang mit der Strafbegründungsschuld Bedeutung erlangen können, sind hinsichtlich ihres Grades auch für die Strafzumessungsschuld relevant. Für die Prüfung, in welchem Ausmaß der Täter Verhaltensalternativen gehabt hätte, ist darauf abzustellen, wie sich ein durchschnittlicher anderer in der Situation des Täters verhalten hätte. Die Tat darf dabei nicht isoliert gesehen werden, sondern muss vor dem Hintergrund des Vorlebens des Täters, insbesondere der Wirkung von Vorstrafen, sowie der persönlichen und wirtschaftlichen Verhältnisse zur Zeit der Tat beurteilt werden. Daneben kommt es für den Grad der Vorwerfbarkeit auf die Beweggründe und Ziele des Täters sowie auf die Art der in der Tat zum Ausdruck kommenden *Gesinnung* an, also auf die Grundeinstellung des Täters zu den Anforderungen der Rechtsordnung.

4.4.2 Präventionsmerkmale

Nach § 46 Abs. 1 Satz 1 StGB ist die Schuld des Täters lediglich die „Grundlage" für die Strafzumessung. Neben der Schuld erlangen bei der Strafzumessung alle diejenigen Umstände Bedeutung, die eine Aussage über die präventiven Erfordernisse des Falls erlauben, also über die Notwendigkeit, die gegen den Täter zu verhängende Strafe innerhalb des durch die Schuld gezogenen Rahmens aus präventiven Gründen zu schärfen oder zu mildern. Die Umstände sind unterschiedlich, je nachdem ob der Fall unter dem Gesichtspunkt der Generalprävention oder der Spezialprävention gewürdigt wird.

4.4.2.1 Generalprävention

4.4.2.1.1 Positive Generalprävention
Der Strafzweck der Generalprävention verfügt über eine positive und eine negative Ausrichtung (ausführlich oben Abschn. 2.3.1.1). Mit positiver Generalprävention (Integrationsprävention) ist gemeint, dass die Strafe nach ihrer Art und Schwere dazu dient, dem in der Tat liegenden Normbruch eine angemessene staatliche Reaktion entgegenzusetzen und damit die Normgeltung zu bekräftigen. Dass die posi-

tive Generalprävention in bestimmten Fällen bei der Wahl der Straf*art* berücksichtigt werden muss, ergibt sich bereits aus § 47 Abs. 1, § 56 Abs. 3 und § 59 Abs. 1 StGB, wo auf den Strafzweck mit dem Begriff der „Verteidigung der Rechtsordnung" Bezug genommen wird. Die positive Generalprävention kann darüber hinaus aber auch bei der Bemessung der Straf*höhe* zum Zug kommen und innerhalb des durch die Schuld gezogenen Rahmens eine höhere oder geringere Strafe rechtfertigen.[219]

Eine solcherart begründete Modifizierung der Strafe wird indessen **nur in Ausnahmefällen** in Betracht kommen. Obwohl es aus empirischer Sicht nicht von vornherein ausgeschlossen erscheint, über generalpräventiv legitimierte Strafmaße empirisch fundierte Aussagen machen zu können,[220] sind derartige Aussagen beim gegenwärtigen Stand der kriminologischen Forschung (noch) nicht möglich. Mangels anderer Anhaltspunkte wird man im Regelfall davon ausgehen müssen, dass der Generalprävention am ehesten dann Rechnung getragen wird, wenn die verhängte Strafe das *Maß der Schuld* des Täters zum Ausdruck bringt. Eine Strafe, die die *Schuldproportionalität* in den Mittelpunkt stellt und sich zweckfrei allein an der Vorwerfbarkeit des Unrechts orientiert, dürfte in der Allgemeinheit am ehesten als gerecht empfunden werden und deshalb am ehesten damit rechnen können, als richtige Form der staatlichen Bekräftigung der Normgeltung akzeptiert zu werden.[221] Im Regelfall ist die schuldangemessene Strafe also die auch aus integrationspräventiver Sicht wirksamste.

Ausnahmen von der Gleichsetzung von positiver Generalprävention und Schuldproportionalität sind jedoch möglich. Dabei handelt es sich um Fälle, in denen Besonderheiten vorliegen, die zwar nicht den Schuldgehalt der Tat berühren, wohl aber die Notwendigkeit der Reaktion in einem geänderten Licht erscheinen lassen.

Beispiel

Der bislang nicht einschlägig in Erscheinung getretene A wird von V, einer – was A nicht weiß – im staatlichen Auftrag handelnden Vertrauensperson der Polizei, in ein Heroingeschäft hineingezogen (Straftat nach §§ 29 ff. BtMG). – Selbst wenn man in Rechnung stellt, dass in diesem Fall die Schuld des A gemindert ist, weil das Geschäft von den staatlichen Organen überwacht wird und deshalb weniger gefährlich ist als andere Geschäfte (geringerer Erfolgsunwert; oben Abschn. 4.4.1.4.1) und A darüber hinaus erst von V zu der Tat überredet werden musste (geringerer Handlungsunwert; oben Abschn. 4.4.1.4.6), muss bei der Strafzumessung auch dem schuldunabhängigen Gesichtspunkt Rechnung getragen werden, dass A von den staatlichen Organen in eine Falle gelockt worden ist. In besonderen Kriminalitätsbereichen wie dem Handel mit Betäubungsmitteln mag der gezielte Einsatz heimlicher Ermittlungsmethoden unverzichtbar sein.

---

[219] HK-GS 2017, *Kempfer*, § 46 Rn. 17; *Schäfer et al.* 2017, 303 (Rn. 846).

[220] Vgl. *Baurmann* GA 1994, 368 ff.; *Schumann* 1998, 17 ff.

[221] Vgl. *Roxin* 1979, 304 f.; *Jescheck und Weigend* 1996, 881; *Frisch* 2000, 279; vertiefend *Hörnle* 1999b, 93 ff.

Wenn und soweit mit diesen Methoden jedoch auch solche Bürger in Schuld und Strafe verstrickt werden, die eine derartige Tat ansonsten nicht begangen hätten, werden die Betreffenden von den staatlichen Organen für die Zwecke einer effektiven Strafverfolgung instrumentalisiert. Die Doppelrolle des Staates als Initiator des Geschäfts einerseits und Betreiber der Strafverfolgung andererseits stößt in weiten Kreisen der Bevölkerung auf Vorbehalte. Diesen Vorbehalten muss, wenn man A mit der h. M. grundsätzlich für strafbar[222] und entgegen der neueren Rechtsprechung[223] ein Verfahrenshindernis nicht gegeben hält, durch Strafmilderung Rechnung getragen werden; eine Bestrafung des A, die das widersprüchliche Verhalten der staatlichen Organe unberücksichtigt lassen würde, wäre als Vertrauen schaffender und Rechtsfrieden stiftender Akt nicht geeignet. In solchen Fällen kann deshalb innerhalb des gesetzlichen Strafrahmens ausnahmsweise sogar die Unterschreitung der an sich schuldangemessenen Strafe geboten sein (oben Abschn. 4.2.1; unten Abschn. 4.9.2.2).[224]

Sachverhaltskonstellationen, bei denen die schuldangemessene Strafe im Hinblick auf die Erfordernisse der positiven Generalprävention gemildert werden kann, treten vor allem dann auf, wenn die Vorgehensweise der Ermittlungsorgane und der Justiz im Zusammenhang mit der Begehung, Verfolgung und Aburteilung des Täters – unabhängig von ihrer Rechtmäßigkeit – problematisch erscheint und in der Allgemeinheit auf Unverständnis stößt. Neben der Fallgruppe der *Tatprovokation* durch polizeilich gesteuerte Lockspitzel können die durch die Justiz verschuldete überlange *Verfahrensdauer* (beides unten Abschn. 4.9.2) sowie die Fälle, in denen die Strafverfolgungsorgane im Strafverfahren *sonstige Fehler* begangen haben (z. B. Unterlassen der Belehrung nach § 57 StPO), die auf die Strafbarkeit des Verhaltens (auch bei unterlassener Belehrung ist der Zeuge nach §§ 153 ff. StGB strafbar) keinen Einfluss haben, weitere Fallgruppen bilden.[225] Die Strafmilderung dient in diesen Fällen der generalpräventiv gebotenen Korrektur verfehlter Strafverfolgungsmaßnahmen.[226]

4.4.2.1.2 Negative Generalprävention

Mit negativer Generalprävention ist die abschreckende Wirkung gemeint, die von der Art und Schwere der Strafe auf die Allgemeinheit ausgeht. Normative Anhaltspunkte dafür, dass die Strafe im Rahmen der Schuldangemessenheit angehoben werden darf, um andere Täter abzuschrecken, gibt es kaum; lediglich in Art. 325 Abs. 1 AEUV findet sich ein entsprechender Hinweis. Dennoch ist in der

---

[222] Grundlegend *BGHSt* 32, 345 (348 ff.) mit Besprechung von *Bruns* StV 1984, 388 ff.

[223] *BGHSt* 60, 276 (282 ff.) m. Anm. *Jahn und Kudlich* JR 2016, 54.

[224] *BGHSt* 45, 321 (339, 341 f.); vgl. auch *BGH* StV 1995, 131; *Schäfer et al.* 2017, 304 ff. (Rn. 849 ff.); MüKo 2016 ff., *Radtke*, Vor §§ 38 ff. Rn. 58.

[225] *BGHSt* 8, 186 (190); *BGH* StV 1986, 341; vgl. auch *BGH* NStZ 1989, 526.

[226] Anders *Jescheck und Weigend* 1996, 898, wonach die Strafmilderung auf dem „schlechten Gewissen des Staates" beruhen soll.

Rechtsprechung anerkannt, dass eine Strafschärfung aus Gründen der Abschreckung zulässig ist, wenn sie dazu dient, einer **gemeinschaftsgefährlichen Zunahme** solcher oder ähnlicher Taten, wie sie zur Aburteilung stehen, entgegenzuwirken.[227]

Beispiele

In einer Stadt werden jedes Jahr im Anschluss an ein Treffen von Liebhabern amerikanischer Autos abends auf öffentlichen Straßen illegale Autorennen veranstaltet. – In einer anderen Stadt häufen sich Schutzgelderpressungen zum Nachteil der Inhaber italienischer Restaurants.

Bei der Strafschärfung zum Zweck der Abschreckung künftiger Täter dürfen wegen des Doppelverwertungsverbots (§ 46 Abs. 3 StGB; unten Abschn. 4.4.3) nur solche Umstände herangezogen werden, die außerhalb der vom Gesetzgeber bereits berücksichtigten allgemeinen Abschreckung liegen.[228] Die entsprechenden Umstände müssen vom Gericht zudem im Einzelnen festgestellt werden. Erforderlich ist also eine empirisch fundierte Stellungnahme zur jeweils aktuellen kriminalpolitischen Situation in der betroffenen Region. Dabei ist es zulässig, auf eine außergewöhnliche Häufung von Straftaten der betreffenden Art in der letzten Zeit oder im Bezirk des Gerichts hinzuweisen.[229] Nicht ausreichend ist es hingegen, wenn z. B. vom Gericht lediglich pauschal darauf hingewiesen wird, es sei „allgemein bekannt", dass die Dunkelziffer bei innerfamiliären Straftaten hoch sei.[230] Die mit Abschreckungserwägungen begründete Strafschärfung darf im Übrigen die Obergrenze der noch schuldangemessenen Strafe nicht überschreiten;[231] der zur Aburteilung anstehende Fall darf nicht zum Anlass dafür genommen werden, am Täter ein „Exempel zu statuieren".

4.4.2.2   Spezialprävention

4.4.2.2.1   Positive Spezialprävention

Auch der Strafzweck der Spezialprävention verfügt über eine positive und eine negative Komponente (ausführlich oben Abschn. 2.3.2.1). Mit dem Begriff der positiven Spezialprävention wird der Besserungseffekt beim Täter durch die Strafe angesprochen: Die Strafe verfolgt den Zweck, den Täter zu einem Leben ohne Straftaten zu befähigen. Damit ist freilich zunächst nicht mehr als ein allgemeiner Programmsatz formuliert. Sobald man versucht, den Strafzweck präziser zu fassen und für die Aufgaben der Strafzumessung fruchtbar zu machen, stößt man auf Schwierigkeiten. Selbst wenn man mit der neueren Forschung davon ausgeht, dass der Strafzweck der positiven Spezialprävention kein prinzipiell unrealistisches Anliegen verfolgt (oben

---

[227] *BGHSt* 17, 354 (357); *BGH* NStZ 1986, 358; 1988, 309; LK 2006 ff., *Theune*, § 46 Rn. 26.

[228] *BGHSt* 17, 321 (324); MüKo 2016 ff., *Miebach und Maier*, § 46 Rn. 447.

[229] *BGH* NStZ 1992, 275; 2007, 702.

[230] *BGH* StV 1994, 424.

[231] *BGHSt* 20, 264 (267); 28, 318 (326 f.); *BGH* NStZ 1986, 358; LK 2006 ff., *Theune*, § 46 Rn. 25.

Abschn. 2.3.3.2), stellt sich die Frage, wie das Anliegen – den straffällig Gewordenen mit dem Mittel der Strafe zu einem an den Strafnormen orientierten Leben zu befähigen – im Einzelfall bei der Strafzumessung konkret umgesetzt werden kann.

Die erste und wichtigste Schlussfolgerung, die man im Zusammenhang mit der Strafzumessung aus den empirischen Forschungsbefunden ziehen muss, dürfte in der Erinnerung bestehen, dass sich der Strafzweck der positiven Spezialprävention ohne den Blick auf die Erkenntnisse der empirischen Verhaltenswissenschaften, namentlich von **Psychologie und Psychiatrie**, nicht verwirklichen lässt. Allein auf normativem Weg können über die Möglichkeiten zur Beeinflussung des künftigen Täterverhaltens keine Aussagen gewonnen werden. Mag auch diese erste „Schlussfolgerung" zunächst recht banal klingen, lässt sich in der Praxis immer wieder beobachten, dass sie von den Gerichten nicht beachtet wird.

Beispiel

In Urteilsbegründungen findet sich im Zusammenhang mit Vorstrafen zuweilen der Hinweis, der Angeklagte habe aus den früheren Verurteilungen offenbar „nichts gelernt", so dass jetzt aus spezialpräventiven Gründen eine härtere Strafe auszusprechen sei. – Aus verhaltenspsychologischer Sicht ist der Zusammenhang zwischen Strafe und Verhaltensänderung nicht so eindeutig, wie eine solche Urteilsbegründung glauben machen will.[232] Insbesondere dem Umstand, mit welcher Regelmäßigkeit auf das verbotene Verhalten mit Strafe reagiert wird, kommt insoweit eine erhebliche Bedeutung zu. Damit gerät aber unweigerlich die Dunkelfeldproblematik in den Blick. Wenn ein Täter – z. B. im Zusammenhang mit Ladendiebstahl – mit seinem Verhalten mehrfach erfolgreich gewesen ist (d. h. der Diebstahl ist unentdeckt geblieben) und nur einmal einen Misserfolg erlebt hat (Entdeckung der Tat, Anzeige, Bestrafung), dann wird der wichtigste von der Strafe ausgehende Lerneffekt vermutlich nicht darin bestehen, dass er das Diebstahlsverbot beachten muss, sondern lediglich darin, dass er bessere Vorkehrungen gegen das Entdecktwerden treffen muss. Dass in diesem Zusammenhang mit jeder entdeckten Tat härter werdende Strafen („more of the same") zu anderen, aus justizieller Sicht: *besseren* Lerneffekten führen, erscheint eher zweifelhaft.

Für die spezialpräventive Effektivität kann es nicht genügen, dass die Strafe als aversiver Reiz oder negativer Verstärker im Rahmen der durch die Schwere der Tatschuld gezogenen Grenzen „irgendwie" zur Anwendung gebracht wird. Diskussionen, die sich abstrakt darum ranken, ob beispielsweise eine Geldstrafe von 30 Tagessätzen (z. B. für eine erste [entdeckte!] Trunkenheitsfahrt) oder eine solche von 60 Tagessätzen (z. B. für die zweite [entdeckte!] Trunkenheitsfahrt) oder eine (vollstreckte) Freiheitsstrafe von 12 oder 15 Monaten spezialpräventiv wirksamer sei, gehen an der Sache vorbei.[233] Erforderlich ist vielmehr, bei der Bemessung der Strafe die **individuellen Ursachen der Tat**, die **Wiederholungswahrscheinlichkeit**

---

[232] Zusammenfassend *Gerrig* 2015, 222 f.

[233] Vgl. *Schöch* 1975, 262 f.

und die unterschiedliche **Ansprechbarkeit des Täters** auf einzelne Maßnahmen in den Blick zu nehmen (vgl. hierzu bereits oben Abschn. 2.3.3.2). Der Strafzweck der positiven Spezialprävention gebietet es, die Strafe als „Behandlungsstrategie" zu verstehen, die nur dann erfolgreich sein kann, wenn sie differenzierend angelegt ist und das der Verurteilung zu Grunde liegende Delikt sowie die in ihm zum Ausdruck kommenden individuellen Störungen und Defizite zum Ausgangspunkt der Bemühungen macht.

Es liegt insoweit auf der Hand – hier verdient die Stellenwerttheorie Zustimmung (oben Abschn. 4.2.2) –, dass der Strafzweck der positiven Spezialprävention in erster Linie im Zusammenhang mit der Entscheidung über die Straf*art* zum Tragen kommt, also namentlich im Zusammenhang mit den durch die §§ 47 und 56 StGB vorgezeichneten Entscheidungen. Freilich können – wenngleich seltener – auch Entscheidungen über die Straf*höhe* spezialpräventiv beeinflusst werden, etwa dann, wenn das Gericht bei der Strafzumessung bereits bestimmte Vollstreckungsmodalitäten in den Blick nimmt (z. B. §§ 35 f. BtMG, §§ 57 ff., § 67 Abs. 4, 5 StGB, § 9 StVollzG). Gerade im Zusammenhang mit der durch das SexBG von 1998 gestärkten Vollstreckung der Freiheitsstrafe in sozialtherapeutischen Anstalten dürfte dem Gesichtspunkt der Straf*dauer* eine nicht unerhebliche Bedeutung für das spezialpräventive Potenzial der Sanktion zukommen, wobei allerdings nochmals davor zu warnen ist, über diese Fragen in der Hauptverhandlung ohne sachverständige Beratung zu entscheiden. Im Übrigen muss man sich darüber im Klaren sein, dass sich der Strafzweck der positiven Spezialprävention dann, wenn Ansätze für mögliche Behandlungsmaßnahmen im Einzelfall nicht erkennbar sind (sei es, dass es sie nicht gibt, sei es, dass der Täter nicht „behandlungsbedürftig" ist), am besten immer noch dadurch verwirklichen lässt, dass durch das Strafmaß zumindest der mit jeder Strafe einhergehenden Gefahr der Entsozialisierung entgegengewirkt wird.

In der dritten Phase der Strafzumessung ist daher der Sachverhalt auf die relevanten Merkmale aus dem Bereich der Täterpersönlichkeit, des Vorlebens und der aktuellen Lebenssituation hin auszuschöpfen.[234] Die Bezugnahme auf den Strafzweck der positiven Spezialprävention setzt – wenn sich hiermit mehr verbinden soll als ein bloßes Lippenbekenntnis – voraus, dass die Persönlichkeit des Täters in den kriminologisch relevanten Dimensionen ebenso analysiert wird wie die prognostische Ausgangssituation. Auf der Grundlage einer solchen kriminologischen Diagnose müssen die konkreten, d. h. die innerhalb der durch den Schuldrahmen gezogenen, in Betracht kommenden Maßnahmen in den Blick genommen und auf ihre voraussichtlichen Wirkungen hin analysiert werden (vgl. § 46 Abs. 1 Satz 2 StGB). In ihrer Länge und Ausführlichkeit wird die Beurteilung dabei allein durch **Verhältnismäßigkeit serwägungen** begrenzt: Bei leichten Delikten, geringem Unrechts- und Schuldgehalt der Tat und dementsprechend nur geringer Strafe braucht die Befassung mit der Täterpersönlichkeit und der spezialpräventiven Geeignetheit der Strafe nur weniger weit zu gehen als bei schweren Delikten und entsprechend hoher Strafe.[235]

---

[234] Vgl. *Kerner* 1992, 231 ff.

[235] Vgl. *BGH* NStZ 1981, 389.

4.4.2.2.2 Negative Spezialprävention

Mit dem Begriff der negativen Spezialprävention sind der auf den Täter bezogene Abschreckungseffekt der Strafe sowie der Sicherungseffekt angesprochen, der davon ausgeht, dass der Täter durch die Strafe teilweise oder ganz in seiner Freiheit beschränkt wird. Im Hinblick auf den **Abschreckungseffekt** wiederholen sich die Überlegungen, die bereits im Zusammenhang mit der Generalprävention angestellt wurden: Der Strafzweck besagt, dass die Strafe dazu eingesetzt werden darf, um den Täter zu beeindrucken, ihm das begangene Unrecht deutlich vor Augen zu führen, ihn durch die Zufügung eines spürbaren Übels an die Einhaltung der Strafrechtsnormen zu erinnern und ihn so zu einem Leben ohne Straftaten zu motivieren. Mangels anderer, empirisch begründeter Anhaltspunkte wird man im Regelfall davon ausgehen müssen, dass diese Zwecksetzung am ehesten dann verwirklicht wird, wenn die verhängte Strafe das Maß der Schuld des Täters zum Ausdruck bringt. Auch insoweit dürfte also eine weitgehende Kongruenz von schuldangemessenem und präventiv wirksamem Strafmaß bestehen. Zwar wird es allgemein für zulässig gehalten, die Strafe im Rahmen der Schuld auch dann zu erhöhen, wenn davon ausgegangen werden kann, dass hierin ein geeignetes Mittel zur individuellen Abschreckung liegt. Gegenüber derartigen Überlegungen ist freilich auch hier wieder auf die kriminologischen Befunde zur Abschreckungswirkung der Strafe zu verweisen, wonach Abschreckungseffekte vor allem von der Höhe des Entdeckungs- und Verfolgungsrisikos, nicht aber von der Art und Schwere der verhängten Strafe ausgehen. Lediglich bei solchen Tätern, die vor der Tatbegehung rational mit der Strafschwere kalkulieren (z. B. in Bereichen der Umwelt- und Wirtschaftskriminalität oder der Organisierten Kriminalität), mag der Strafschwere auch ein empirisch begründbarer Abschreckungseffekt zukommen. Dies bedarf allerdings im Einzelfall genauer Aufklärung über die individuellen Hintergründe der Tat und darf keinesfalls pauschalierend unterstellt werden.

 Sicherungseffekte sind nicht nur mit der vollstreckten Freiheitsstrafe verbunden, sondern grundsätzlich mit allen Formen der Strafe: Auch die zur Bewährung ausgesetzte Freiheitsstrafe hat einen Sicherungseffekt insofern, als der Täter während der Bewährungszeit der kontrollierenden Betreuung der Bewährungshilfe unterstellt werden kann (§ 56d StGB), die Geldstrafe beschneidet seine finanziellen Möglichkeiten, in strafbarer Weise am Wirtschaftsleben teilzunehmen, und das Fahrverbot hindert ihn für einen abgegrenzten Zeitraum daran, weiterhin Straftaten im Zusammenhang mit dem Straßenverkehr zu begehen. Dem Sicherungsgedanken sind freilich bei der Strafzumessung insofern Grenzen gesetzt als die eigentliche Domäne des Sicherungsgedankens nicht bei der Strafe, sondern bei den Maßregeln der Besserung *„und Sicherung"*, namentlich bei der *Sicherungs*verwahrung (§ 66 StGB), liegt (unten Abschn. 5.3.3). Ganz ausgeschlossen sind andererseits, wie der Blick auf die Voraussetzungen für die Aussetzung des Rests einer vollstreckten Freiheitsstrafe zu Bewährung zeigt (§ 57 Abs. 1 Satz 1 Nr. 2 StGB), Sicherungsüberlegungen auch bei der Strafe nicht. Derartige Überlegungen dürfen allerdings nur bei entsprechender, kriminologisch begründeter Gefährlichkeitsprognose und nur innerhalb des durch die Tatschuld gezogenen Rahmens zum Tragen gebracht werden.[236]

---

[236] *BGHSt* 20, 264 (266 f.); LK 2006 ff., *Theune*, § 46 Rn. 19 ff.

4.4.3   Doppelverwertungsverbot

Bei der Ermittlung der Strafzumessungstatsachen muss das Doppelverwertungsverbot beachtet werden, auf das der Gesetzgeber in § 46 Abs. 3 und § 50 StGB hinweist. Das Doppelverwertungsverbot besagt, dass diejenigen Umstände, die in der zweiten Phase der Strafzumessung bereits Gegenstand der gesetzlichen Bewertung des Tatgeschehens gewesen und vom Gericht bei der Festlegung des anzuwendenden Strafrahmens berücksichtigt worden sind, in der dritten und den nachfolgenden Phasen bei der Bestimmung des konkreten Strafmaßes nicht noch einmal in Ansatz gebracht werden dürfen. Im Hintergrund steht die richterliche Bindung an das Gesetz (Art. 97 Abs. 1 GG) und damit an die in den Strafrechtsnormen zum Ausdruck gelangenden Vorwertungen des Gesetzgebers. Derjenige Teil der Strafzumessung, den der Gesetzgeber bereits in abstrakt-genereller Weise behandelt hat, nämlich durch die Vertatbestandlichung von Unrechts- und Schuldfaktoren, ist der erneuten eigenständigen Wertung durch das Gericht bei der Festlegung des konkreten Strafmaßes entzogen.[237] Das Doppelverwertungsverbot gilt dabei nicht nur, worauf § 46 Abs. 3 StGB hinzudeuten scheint, für die Tatbestandsmerkmale im engeren Sinn, sondern auch für die sonstigen unrechts- und schuldbegründenden Umstände sowie für den kriminalpolitischen Zweck, der dem Tatbestand im Ganzen zu Grunde liegt.[238]

Beispiele

Bei einer Verurteilung wegen Totschlags darf nicht strafschärfend berücksichtigt werden, dass sich der Täter über das Leben eines anderen hinweggesetzt hat (§ 46 Abs. 3 StGB).[239] – Unzulässig ist es, bei der Strafzumessung zuungunsten des Angeklagten zu berücksichtigen, dass seine Tat nicht durch Notwehr geboten war.[240] – Erfolgt die Verurteilung wegen sexuellen Missbrauchs eines Kindes (§§ 174, 176 StGB), darf dem Angeklagten nicht angelastet werden, dass er durch sein Verhalten in die ungestörte sexuelle Entwicklung des Kindes eingegriffen hat.[241]

Das Doppelverwertungsverbot gilt bei alledem nur für diejenigen Umstände, die abstrakt-generell für die Bewertung von Unrecht und Schuld wesentlich sind. Das Gericht ist nicht daran gehindert, bei der Strafzumessung solche Gesichtspunkte zu berücksichtigen, die die abstrakt-generellen Vorgaben des Gesetzes auf die konkret-individuellen Umstände des Einzelfalls beziehen. Einzelne **Modalitäten der Tatbestandsverwirklichung**, die die Art und Weise der Deliktsverwirklichung prägen

---

[237] *Maurach et al. (Dölling)* 2014, § 63 Rn. 63 ff.; *Bruns und Güntge* 2019, 170 f.; Übersicht über die in der Literatur vertretenen Auffassungen bei *Fahl* 1996, 18 ff.

[238] *Lackner und Kühl* 2018, § 46 Rn. 45; LK 2006 ff., *Theune*, § 46 Rn. 263 ff.; *Detter* 2009, II. Teil Rn. 155; *Schall und Schirrmacher* Jura 1992, 626.

[239] Vgl. *BGH* StV 1982, 167.

[240] *BGH* StV 1997, 519; vgl. auch *BGH* NStZ 2014, 512 (514).

[241] *BGH* StV 1998, 656 (657).

oder die besondere Quantität oder Qualität des Vorliegens oder Nichtvorliegens von Unrechts- und Schuldmerkmalen kennzeichnen, dürfen daher vom Gericht bei der Strafzumessung berücksichtigt werden, ohne dass hierin ein Verstoß gegen das Doppelverwertungsverbot liegt.[242]

> **Beispiele**
>
> Berücksichtigt werden dürfen bei § 212 StGB die besonderen Qualen, die das Opfer erlitten hat, ehe es getötet worden ist, bei § 223 StGB die Schwere der Gesundheitsbeschädigung, bei § 263 StGB die Größe des tatbestandsmäßigen Schadens, bei Straftaten nach dem KWKG die besondere Gefährlichkeit der eingeführten Kriegswaffen.[243]

Fraglich ist, ob es außer den Tatbestandsmerkmalen, den sonstigen unrechts- und schuldbegründenden Merkmalen sowie dem kriminalpolitischen Zweck der Norm weitere Umstände gibt, die dem Doppelverwertungsverbot unterfallen und die damit der richterlichen Strafzumessung entzogen sind. Die Diskussion rankt insoweit um den Begriff des **„Regeltatbilds"**, womit das „normale", „übliche" Erscheinungsbild der Tat gemeint ist, dessen Elemente zwar nicht notwendig, aber doch typischerweise mit der Verwirklichung der jeweiligen Tatbestände verbunden sind.[244] Da davon auszugehen ist, dass diese „Regeltatbilder" dem Gesetzgeber bekannt sind und ihn zum Erlass der betreffenden Strafrechtsnormen motiviert haben, stellt sich die Frage, ob sich das Doppelverwertungsverbot auch auf diese regelmäßigen bzw. typischen Begleitumstände und Folgen der Tat bezieht.

> **Beispiel**
>
> Darf bei einer Verurteilung wegen Vergewaltigung strafschärfend berücksichtigt werden, dass der Täter den gewaltsamen Geschlechtsverkehr ungeschützt bis zum Samenerguss in die Scheide der Frau durchgeführt hat? Gehören die beiden Umstände nicht zum „normalen Erscheinungsbild" einer Vergewaltigung, so dass sie bei der Strafzumessung nicht noch einmal strafschärfend herangezogen werden dürfen?[245]

Herrschend war über lange Zeit hinweg die Auffassung, dass alle diejenigen Umstände, die zum „Regeltatbild" gehören, dem Doppelverwertungsverbot unterfallen und daher bei der Strafzumessung unberücksichtigt bleiben müssen.[246] Dies änderte

---

[242] *Bruns und Güntge* 2019, 173; *Schäfer et al.* 2017, 250 (Rn. 694); HK-GS 2017, *Kempfer*, § 46 Rn. 37; LK 2006 ff., *Theune*, § 46 Rn. 263.

[243] Vgl. *BayObLG* NStZ-RR 1997, 134 (135); vgl. aber auch *BGH* StV 1991, 558.

[244] Zum Begriff *Fahl* ZStW 111 (1999), 159 f.

[245] Vgl. *BGH* NStZ 1985, 215 einerseits, *BGHSt* 37, 153 (155) andererseits.

[246] Vgl. etwa *BGH* bei *Holtz* MDR 1978, 985; *BGH* NStZ 1981, 343; 1985, 215; StV 1987, 195; NJW 1990, 2570; *Bruns und Güntge* 2019, 176 f.

sich jedoch mit einer Entscheidung des *BGH* im Jahr 1990.[247] Der *BGH* entwickelte hier die Auffassung, § 46 Abs. 3 StGB biete keine Handhabe, den gesetzlichen Tatbestandsmerkmalen solche Umstände gleichzusetzen, die die Straftat mehr oder weniger häufig in ihrer Ausgestaltung mitprägten. Bei diesen Umständen handele es sich vielmehr um Gesichtspunkte, die Aufschluss über die Art und Weise der Deliktsverwirklichung gäben, so dass sie in die Strafzumessung ohne Verstoß gegen das Doppelverwertungsverbot Eingang finden dürften.

Dieser neuen Rechtsprechung, die die Figur des „Regeltatbilds" im Zusammenhang mit dem Doppelverwertungsverbot praktisch beseitigt hat (zur Bedeutung auf den nachfolgenden Stufen des Strafzumessungsvorgangs vgl. unten Abschn. 4.5; 4.7.1), ist mit der heute wohl herrschenden Lehre zuzustimmen.[248] Die Gesetzesbindung des Gerichts kann sich nur auf solche Umstände beziehen, die bei abstraktgeneller Betrachtung für sämtliche dem Straftatbestand unterfallenden Deliktsverwirklichungen in der gleichen Weise gelten. Jenseits dieses „**gesetzlichen Minimums**" kann eine Bindung des Gerichts nicht bestehen, so dass alle übrigen Umstände vom Gericht bei der Strafzumessung berücksichtigt werden dürfen, wenn und soweit sie den Rückschluss auf das Ausmaß von Unrecht und Schuld bzw. der Erfordernisse von General- oder Spezialprävention ermöglichen.

Beispiel

Der Tatbestand der Vergewaltigung (§ 177 Abs. 2 Satz 2 Nr. 1 StGB) ist bereits dann vollendet, wenn der Täter die Frau mit Gewalt dazu nötigt, das Eindringen in den Körper zu dulden.[249] Nur soweit Umstände für die Kennzeichnung dieses Vorgangs erforderlich sind, müssen sie bei allen Vergewaltigungen in der gleichen Weise vorliegen und unterfallen daher dem Doppelverwertungsverbot. Die Art des Eindringens, Zeitdauer, etwaige Schutzvorkehrungen und die Tatsache des Samenergusses sind für die Tatbestandsvollendung demgegenüber bedeutungslos und können bei der Strafzumessung eigenständig gewürdigt werden.

Das Doppelverwertungsverbot gilt im Übrigen nicht nur insoweit, als Merkmale des gesetzlichen Regelstrafrahmens nicht zweifach verwertet werden dürfen, sondern es gilt auch für die Merkmale von **Sonderstrafrahmen**. Derjenige Umstand, der einen Sonderstrafrahmen auslöst – z. B. die Verwirklichung eines Regelbeispiels nach § 243 Abs. 1 Satz 2 StGB, verminderte Schuldfähigkeit (§ 21 StGB), Versuch (§ 23 Abs. 2 StGB) oder ein Umstand, der zur Annahme eines unbenannten „minder schweren Falls" nach § 250 Abs. 3 StGB führt –, darf zur Begründung eines bestimmten Strafmaßes innerhalb dieses Sonderstrafrahmens nicht noch einmal herangezogen werden. Allerdings können auch hier wieder die besonderen Modalitäten

---

[247] *BGHSt* 37, 153 m. Anm. *Neumann* StV 1991, 256; *Weßlau* StV 1991, 259; *Grasnick* JZ 1991, 933; *Hettinger* GA 1993, 1 ff.

[248] Ebenso *Schall und Schirrmacher* Jura 1992, 627; *Jescheck und Weigend* 1996, 902; *Fahl* 1996, 94 f.; *Fahl* ZStW 111 (1999), 165.

[249] Vgl. *Laubenthal* 2012, Rn. 233; S/S 2019, *Eisele*, § 177 Rn. 20, 22 i. V. m. *Bosch/Schittenhelm*, § 173 Rn. 3; weitergehend *BGHSt* 16, 175; *BGH* NJW 2001, 455.

der Deliktsverwirklichung strafschärfend oder -mildernd berücksichtigt werden, ohne dass hierin ein Verstoß gegen das Doppelverwertungsverbot liegt.[250]

Eine Sonderkonstellation behandelt in diesem Zusammenhang § 50 StGB. Ein und derselbe Umstand darf nicht sowohl zur Annahme eines minder schweren Falls als auch zur Strafrahmenmilderung nach § 49 Abs. 1 StGB herangezogen werden.

Beispiel

A wird wegen versuchten schweren Raubes verurteilt. Wenn das Gericht den Umstand, dass A den Raub nur versucht hat, zur Begründung eines minder schweren Falls (§ 250 Abs. 3 StGB) verwendet, darf es denselben Umstand nicht noch einmal zur Begründung einer Strafrahmenmilderung nach §§ 23 Abs. 2, 49 Abs. 1 StGB heranziehen (vgl. hierzu auch oben Abschn. 4.3.2).

Das Verbot des § 50 StGB schließt Doppelmilderungen („minder schwerer Fall" mit abgesenktem Strafrahmen nach § 49 Abs. 1 StGB) nicht grundsätzlich aus. Erforderlich ist hierfür jedoch, dass die zweite Milderung auf einen *anderen* Umstand gestützt wird als die erste.[251] Wird also etwa ein Täter nach §§ 213, 22, 23 StGB verurteilt, ist die Doppelmilderung dann möglich, wenn der reduzierte Strafrahmen des § 213 StGB bspw. mit der „Notwehrnähe" des Täterhandelns und die Strafrahmenmilderung nach §§ 23 Abs. 2, 49 Abs. 1 StGB mit dem Gesichtspunkt der Vollendungsferne begründet wird.

4.5   Festlegung der Bewertungsrichtung

Nachdem in der dritten Phase der Strafzumessung aus der Vielzahl der möglichen Strafzumessungstatsachen die im konkreten Fall maßgeblichen Merkmale herausgearbeitet worden sind, besteht in der vierten Phase die Aufgabe darin, ihre Bewertungsrichtung festzulegen.[252] Die Festlegung erfolgt, indem für jeden einzelnen Strafzumessungsfaktor geprüft wird, ob er den Täter *be*lastet oder *ent*lastet, ob er also straf*schärfend* oder *-mildernd* in Ansatz gebracht werden soll. Den Maßstab bilden in dieser Phase wieder die zuvor festgelegten Strafzwecke, also die Schwere der Schuld und die Notwendigkeit der Strafe aus Gründen der Prävention.

Die Bestimmung der Bewertungsrichtung anhand der Strafzwecke bereitet in den meisten Fällen keine größeren Schwierigkeiten: Ein hoher Schaden spiegelt einen hohen Erfolgsunwert der Tat wider und erhöht die Schuld; die wirtschaftliche Not des Täters, die diesen zur Begehung eines Diebstahls veranlasst hat, reduziert

---

[250] *Schäfer et al.* 2017, 253. (Rn. 699); aus der Rechtsprechung, die hier nicht genügend differenziert, sondern eine „Gesamtwürdigung"für zulässig hält, vgl. *BGHSt* 26, 311 sowie LK 2006 ff., *Theune,* § 46 Rn. 263 ff., 277.

[251] Vgl. *BGH* NJW 1975, 743; NStZ 1981, 299; LK 2006 ff., *Theune,* § 50 Rn. 2.

[252] Ausführlich hierzu *Bruns und Güntge* 2019, 304 ff.

den Handlungsunwert und die Vorwerfbarkeit; der Umstand, dass der Täter sozial gut integriert ist, spricht für eine milde Strafe, die die Notwendigkeit resozialisierender Einwirkung auf ihn gering hält. Es gibt indessen auch Fälle, in denen sich die Bewertungsrichtung eines Strafzumessungsfaktors nicht so eindeutig erschließt, weil er, je nachdem unter welchem Blickwinkel man ihn betrachtet, einmal gegen und einmal für den Täter spricht, ihn einmal belastet und einmal entlastet. Im Prinzip kann dieses Phänomen der **Ambivalenz** bei allen Strafzumessungstatsachen auftreten, auch bei den scheinbar „eindeutigen".

Beispiele

Die Vorstrafen eines Täters können die Vorwerfbarkeit der erneuten Tat im Hinblick auf die verbesserte Handlungskompetenz steigern und eine Schulderhöhung rechtfertigen, sie können sie aber auch reduzieren, weil sie die Fähigkeit zum Andershandelnkönnen eingeschränkt haben und damit eine *Schuldminderung* nahelegen (oben Abschn. 4.4.1.4.7). Bezieht man den Strafzweck der Spezialprävention in die Überlegungen mit ein, so scheint dies wiederum eher für eine *Strafschärfung* zu sprechen, z. B. für die Verurteilung zu einer Freiheitsstrafe ohne Bewährung, um etwa für die Entfaltung resozialisierender Bemühungen ausreichend Zeit zur Verfügung zu haben. – Der Umstand, dass ein wegen Diebstahls verurteilter Täter in besonders schlechten wirtschaftlichen Verhältnissen lebt, kann ihn unter *Schuldgesichtspunkten* entlasten, da der Handlungsunwert und die Vorwerfbarkeit gemindert erscheinen, unter *präventiven Gesichtspunkten* kann er ihn aber belasten, weil sich hieraus die Notwendigkeit ergeben kann, auf die Tat eine deutliche Reaktion folgen zu lassen, um weiteren Straftaten durch den Täter selbst oder andere, potenzielle Täter entgegenzuwirken.

Für die Auflösung der Ambivalenz lassen sich kaum allgemeine Richtlinien angeben. Zunächst geht es sicherlich darum, den relevanten Sachverhalt so weit wie nur irgend möglich *aufzuklären*; die Frage etwa, ob die Vorstrafen die Fähigkeit des Täters zum Andershandelnkönnen erweitert oder beschränkt haben, ist – in Grenzen – aufklärbar. Sodann kommt es darauf an, die *Schutzrichtung* der verletzten Strafnorm auszuleuchten und danach zu fragen, welche Bedeutung dem Strafzumessungsfaktor in dem jeweiligen rechtlichen Kontext zukommt. Die *starke* Alkoholisierung etwa kann im Zusammenhang mit einem Beleidigungsdelikt den Täter *ent*lasten (Grundgedanke des § 21 StGB), im Zusammenhang mit einem Verkehrsdelikt (z. B. § 316 StGB) jedoch *be*lasten; die Selbstbegünstigungsabsicht kann bei einem Aussagedelikt *zu Gunsten* (§ 157 StGB), bei einem Tötungsdelikt (Verdeckungsabsicht) *zu Lasten* des Täters ausschlagen. Schließlich lässt sich das Problem der Ambivalenz auch dadurch reduzieren, dass man sich vergegenwärtigt, dass in der Strafzumessung nicht allen Strafzwecken die gleiche Bedeutung zukommt, sondern dass eine *Rangfolge* besteht: Präventiven Gesichtspunkten darf nach der Spielraumtheorie nur innerhalb der durch die Schuldschwere gezogenen Grenzen Rechnung getragen werden.

Gleichwohl verbleiben auch hiernach noch **Restunsicherheiten**. Zeigen lässt sich dies daran, dass allein schon im Rahmen der Strafzumessungsschuld, also bei völliger Ausblendung der präventiven Zwecke, unterschiedliche Komponenten eine Rolle spielen, so dass sich ein und derselbe Strafzumessungsfaktor bei den einzelnen Komponenten unterschiedlich auswirken kann, ohne dass hierin notwendig ein Widerspruch liegen muss. Um noch einmal das Beispiel der Vorstrafen zu bemühen: Die Vorverurteilungen können die Verbotskenntnis des Täters („Einsichtsfähigkeit ") geschärft, aber seine Handlungskompetenz („Steuerungsfähigkeit") eingeschränkt haben, also im Hinblick auf ein und denselben Strafzweck (Schuldausgleich) sowohl belastend als auch entlastend wirken. Ähnlich liegt es etwa dann, wenn der Täter einer Sexualstraftat die besondere Naivität, Unerfahrenheit und Kritiklosigkeit des Opfers ausgenutzt hat: Auch dieser Umstand kann einerseits unrechtserhöhend wirken, weil der Täter das ihm entgegengebrachte Vertrauen missbraucht hat, andererseits aber auch schuldmindernd, weil ihm das Opfer die Tat besonders leicht gemacht hat. Die Einordnung und Bewertung der Strafzumessungstatsachen entzieht sich insoweit jedem Schematismus, und es liegt letztlich allein im tatrichterlichen, auch durch die Revisionsinstanzen nur begrenzt kontrollierbaren Ermessen, hier im Einzelfall die richtige Bewertung vorzunehmen.[253]

Die Festlegung der Bewertungsrichtung einzelner Strafzumessungsfaktoren wird zusätzlich dadurch erschwert, dass es nicht möglich ist, für die Bewertung von einem (fiktiven) **normativen Normalfall** auszugehen, im Hinblick auf dessen (Nicht-) Vorliegen der einzelne Faktor eingeordnet werden kann. Das Fehlen eines strafmildernden Umstands (z. B. das Fehlen wirtschaftlicher Not bei einem Diebstahlstäter; die Nichtwiedergutmachung des Schadens nach der Tat) darf daher für sich genommen genauso wenig strafschärfend berücksichtigt werden wie das Fehlen eines strafschärfenden Umstands (z. B. das Fehlen von Vorstrafen) für sich genommen strafmildernd in Ansatz gebracht werden darf.[254] Der durch solche Erwägungen suggerierte (normative) „Normalfall" (Diebstähle werden aus wirtschaftlicher Not heraus begangen, der Schaden wird nach der Tat wieder gutgemacht etc.) **existiert** so **nicht** und kann als verlässliche Bezugsgröße weder aus den deliktsübergreifenden Regeln des Allgemeinen Teils des StGB noch aus einzelnen deliktsspezifischen Wertentscheidungen des Besonderen Teils abgeleitet werden.[255] Es ist vielmehr auch insoweit unvermeidlich, auf die Bedeutung des jeweiligen Umstands im Gesamtkontext der Strafzumessung abzustellen und danach zu fragen, welche Konsequenzen sich aus dem (Nicht-) Vorliegen eines Umstands bei Berücksichtigung der anderen Umstände des Einzelfalls für die Festlegung der Bewertungsrichtung anhand der Strafzwecke ergeben. Die wirtschaftlichen Verhältnisse des Täters etwa können als Strafzumessungsfaktor unterschiedlich bewertet werden und eine Straferhöhung ebenso rechtfertigen wie eine Strafmilderung; entscheidend sind z. B. der Lebenszuschnitt des Täters, seine Bedürfnisse und Verpflichtungen,

---

[253] *BGH* NStZ 1995, 1038 unter Bezugnahme auf *BGHSt* (GS) 34, 345 (351); krit. LK 2006 ff., *Theune*, § 46 Rn. 81, 341.

[254] *BGHSt* (GS) 34, 345 (350 ff.) m. Anm. *Bruns* NStZ 1987, 451 und *Grasnick* JZ 1988, 157; *Foth* JR 1985, 397 ff.; *Fischer* 2019, § 46 Rn. 74; zur Entwicklung der Rechtsprechung *Fahl* 1996, 162 ff.

[255] So aber etwa *Schall* und *Schirrmacher* Jura 1992, 628 ff.; LK 2006 ff., *Theune*, § 46 Rn. 61 ff.

aber auch die Verhältnisse des Opfers im Vergleich zu denen des Täters sowie die Einbuße an Lebensqualität, die sich aus der Tat für das Opfer ergibt.[256] Im Zusammenhang mit dieser „Gesamtschau" besteht zweifellos die Gefahr, dass die Strafzumessungsbegründung zu einem undurchsichtigen Strafzumessungs „brei" wird, mit dem sich alles und nichts begründen lässt. Gleichwohl muss man sich dieser Gefahr stellen, um über die Bewertung der einzelnen Strafzumessungsfaktoren ein auf die Besonderheiten des jeweiligen Einzelfalls bezogenes Gesamtbild zu erhalten.

4.6 Gewichtung und Abwägung

In der fünften Phase der Strafzumessung besteht die Aufgabe darin, die zuvor in ihrer Bewertungsrichtung festgelegten Strafzumessungstatsachen zu gewichten und gegeneinander abzuwägen (§ 46 Abs. 2 Satz 1 StGB). Wichtigere Strafzumessungsfaktoren müssen von weniger wichtigen getrennt und alle Faktoren zueinander in Beziehung gesetzt werden.[257] Den die *Schuld* des Täters kennzeichnenden Merkmalen kommt größere Bedeutung zu als den für die Beurteilung der präventiven Erfordernisse maßgeblichen Faktoren; sie bilden die Grundlage der Strafzumessung. Unter den Schuldmerkmalen wiederum haben diejenigen Umstände, die das Maß des verschuldeten *tatbestandlichen Unrechts* kennzeichnen, insbesondere also die Art und Schwere des tatbestandlichen Erfolgs und die Merkmale des darauf bezogenen Handlungsunrechts, größere Bedeutung als die Umstände aus dem außertatbestandlichen Bereich wie bspw. aus dem Bereich des Vorlebens und des Nachtatverhaltens.[258] Bei den *Präventionsmerkmalen* kommt es für die Gewichtung darauf an, welche Vorhersagequalität der betreffende Faktor für die Erreichung des jeweiligen Präventionsziels hat; die gegenwärtigen Lebensumstände eines erwachsenen Verurteilten etwa haben im Hinblick auf die Legalprognose und damit für die Verwirklichung spezialpräventiver Zwecksetzungen eine größere Aussagekraft als frühere Auffälligkeiten im Jugendalter.

Bei der **Abwägung** müssen die so gewichteten Faktoren zueinander in Beziehung gesetzt werden. Ausgehend von denjenigen Merkmalen, die das Maß des verschuldeten tatbestandlichen Unrechts kennzeichnen, müssen die belastenden und die entlastenden Umstände gegenübergestellt, im Hinblick auf die verfolgten Strafzwecke miteinander verglichen und in eine Rangfolge gebracht werden. Das Gewicht der berücksichtigten Faktoren kann sich dabei dadurch verändern, dass einzelne Faktoren für die Begründung der Heranziehung eines Sonderstrafrahmens (z. B. einer Strafrahmenmilderung nach §§ 21, 49 Abs. 1 StGB) in Anspruch genommen werden; sie werden hierdurch zwar nicht „verbraucht", können aber wegen

---

[256] Vgl. zum zuletzt genannten Gesichtspunkt auch *Hörnle* 1999b, 226 ff.

[257] Vgl. *Bruns und Güntge* 2019, 318 ff.

[258] Ebenso der Ansatz von *Schäfer et al.* 2017, 424 ff. (Rn. 1178 ff.).

des Doppelverwertungsverbots innerhalb des Sonderstrafrahmens kein besonderes Gewicht mehr entfalten.[259] Darüber hinaus können die belastenden und die entlastenden Merkmale in gewissem Maß auch gegeneinander aufgewogen werden, sodass etwa ein straferhöhender Umstand (z. B. ein hoher Schaden) bei Gegenüberstellung mit einem strafmildernden Umstand (z. B. Bemühen um Wiedergutmachung) im Ergebnis zu einer Bewertung führt, die einer Tat ohne derartige straferhöhende und -mildernde Umstände entspricht.[260]

Das Ergebnis dieses Abwägungsprozesses kann eine Darstellung sein, bei der der Fall in seinen wesentlichen **Leitmerkmal en** auf einer **groben Schwereskala** als „sehr leicht", „leicht", „schwer" oder „sehr schwer" eingeordnet wird.[261] Die Einordnung als „mittelschwer" sollte man hier vermeiden, nicht nur, weil bei jeder Unsicherheit über die Gewichtung im Zweifel jeder Fall „mittelschwer" erscheint, sondern auch deshalb, weil das Verständnis dieses Begriffs mit spezifischen Schwierigkeiten verbunden ist.

4.7   „Umwertung" in ein bestimmtes Strafmaß

4.7.1   Bezugsgrößen innerhalb des Strafrahmens

In der sechsten Phase findet die Einordnung des Ergebnisses des Abwägungsprozesses in den gesetzlichen Strafrahmen statt. Das Hauptproblem besteht in dieser Phase darin, innerhalb des Strafrahmens die richtige „*Einstiegsstelle*" für die weiteren Erwägungen zu finden. Eine erste Hilfestellung geht insoweit von den **Eckpunkten des Strafrahmens** aus.

Versteht man die Strafrahmen nicht nur pauschal als Ausdruck der gesetzgeberischen Bewertung bestimmter deliktischer Erscheinungsformen, sondern differenzierter als vom Gesetzgeber bereitgestellte Schwereskalen für die Einordnung der unterschiedlichen Variationsformen von Unrecht und Schuld innerhalb des jeweiligen Deliktstyps, dann markieren die Strafrahmen mit ihren beiden Eckpunkten die **Schweregrenzwerte**, innerhalb derer die Strafe gefunden werden muss. Das gesetzliche *Mindestmaß* der Strafe bezeichnet in dieser Hinsicht diejenige Strafschwere, die für die denkbar leichtesten Fälle verhängt werden muss, das gesetzliche *Höchstmaß* entsprechend die Grenze für die denkbar schwersten Fälle. Die zwischen diesen beiden Eckpunkten liegenden Schweregrade der Strafe bilden die Skala, auf der alle zwischen dem denkbar leichtesten und dem denkbar schwersten Fall liegenden Erscheinungsformen des jeweiligen Delikts eingeordnet werden können.[262] Die Strafrahmen sind in diesem Sinn Ausdruck des arbeitsteiligen Zusammenwirkens

---

[259] *BGH* NStZ 1988, 85 (86 f.) m. Anm. *Meyer*; *Schäfer et al.* 2017, 319 (Rn. 891).

[260] *Bruns und Güntge* 2019, 319.

[261] Vgl. *Bruns* JZ 1988, 1054; *Streng* NStZ 1989, 398.

[262] *BGHSt* 27, 2 (3); *Dreher* 1947, 61; *Dreher* 1978, 149 f.; *Maurach et al. (Dölling)* 2014, § 62 Rn. 9; krit. NK 2017, *Streng*, § 46 Rn. 115 ff.; *Brandenstein* 2006, 364 ff.

zwischen Gesetzgeber und Gericht bei der Findung des richtigen Strafmaßes, wobei die gesetzgeberischen Vorentscheidungen nicht vom Gericht nach eigenem Ermessen korrigiert, d. h. durch Nichtberücksichtigung unterlaufen werden dürfen.[263]

Wenn hier von dem **„denkbar leichtesten"** und dem **„denkbar schwersten"** Delikt die Rede ist, so ist dies nicht wörtlich zu verstehen; Taten, die sich am unteren Rand der Bagatelldelinquenz bewegen oder die sich – umgekehrt – durch eine besondere Brutalität und Grausamkeit auszeichnen, sind je nach der Fantasiefähigkeit des Gerichts in die eine wie in die andere Richtung stets noch in gesteigerter Form vorstellbar. Die durch den Strafrahmen gezogenen Eckpunkte müssen deshalb immer schon dann in Erwägung gezogen werden, wenn die konkret zu beurteilende Tat bereits in die *unmittelbare Nähe* eines solchen Eckpunkts rückt.[264] Die Mindeststrafe etwa kann auch dann schon verhängt werden, wenn in einem Fall zwar mehrere Strafschärfungsgründe gegeben sind, die strafmildernden Faktoren jedoch so überwiegen, dass die belastenden Gesichtspunkte zurücktreten.[265]

Stehen mit der Mindest- und der Höchststrafe die Eckpunkte für die Einordnung des Falls in den Strafrahmen zur Verfügung, die praktisch nur selten relevant werden dürften, so stellt sich die Frage, wie mit den zwischen diesen beiden Eckpunkten liegenden Fällen umzugehen ist. Der Blick richtet sich dabei zwangsläufig auf diejenigen Fallkonstellationen, die im *Mittelfeld* des Strafrahmens angesiedelt sind und die umgangssprachlich als **„mittelschwer"** gekennzeichnet werden.

Bei der Betrachtung des Mittelfelds sind zwei Fallkonstellationen auseinander zuhalten: der gedankliche Durchschnittsfall und der statistisch am häufigsten vorkommende Regelfall.[266] Als gedanklicher **Durchschnittsfall** lässt sich der Fall bezeichnen, der gewichtsmäßig in der *Mitte* zwischen dem denkbar leichtesten und dem denkbar schwersten Fall einzuordnen ist. Geht man davon aus, dass die durch den Strafrahmen gebildete Strafschwereskala kontinuierlich ansteigt (woran sich durchaus zweifeln lässt),[267] dann liegt es auf der Hand, dass der Durchschnittsfall auch in der Mitte des Strafrahmens zu platzieren ist, also z. B. bei einfachem Raub (Strafrahmen 1 bis 15 Jahre) im Umkreis von 8 Jahren Freiheitsstrafe. Als statistischer **Regelfall** lässt sich demgegenüber derjenige Fall bezeichnen, der in der Praxis *am häufigsten* vorkommt. Der Unrechts- und Schuldgehalt des Regelfalls liegt erfahrungsgemäß deutlich *unter* dem Unrechts- und Schuldgehalt des gedanklichen Durchschnittsfalls. Dabei handelt es sich nicht nur um eine Beobachtung, die die Justizpraxis macht. Gestützt wird die Beobachtung auch durch den gesicherten kriminologischen Befund, dass die Schwere der praktisch vorkommenden Fälle im Hellfeld wie im Dunkelfeld bei grafischer Darstellung nicht einer Normalverteilung folgt (d. h. die meisten Fälle

---

[263] Vgl. *BGH* NStZ 1984, 117.
[264] *BGH* NStZ 1984, 349 m. Anm. *Zipf*; LK 2006 ff., *Theune*, § 46 Rn. 317; krit. *Fahl* 1996, 186 ff.
[265] *BGH* NStZ 1988, 497.
[266] Grundlegend *BGHSt* 27, 2 (4 f.); *Dreher* 1947, 62 ff.; *Dreher* 1978, 150.
[267] Vgl. *Montenbruck* 1983, 32; SK StGB 2017 ff., *Horn und Wolters*, § 46 Rn. 105.

liegen nicht im grafischen Mittelpun/kt der Kurve), sondern einer (umgekehrt) J-förmigen Verteilung, d. h. diejenigen Delikte sind am häufigsten, die nur einen vergleichsweise geringen Unrechts- und Schuldgehalt aufweisen, während die Häufigkeit von Delikten mit zunehmender Deliktsschwere abnimmt.[268]

Bei Einordnung auf der Strafschwereskala muss der statistische Regelfall, seinem vergleichsweise geringen Unrechts- und Schuldgehalt entsprechend, im Bereich **unterhalb der Mitte** des gesetzlichen Strafrahmens angesiedelt werden.[269] Dabei erscheint es im Anschluss an *Horn* richtig, die Strafhöhe regelmäßig im unteren Drittel des zur Verfügung stehenden Strafrahmens zu suchen, bei einfachem Raub also etwa in dem Bereich zwischen 1 und 5 Jahren Freiheitsstrafe.[270]

Umstritten ist, ob und inwieweit sich der Durchschnitts- und der Regelfall dazu eignen, bei der Einordnung von aktuell zu entscheidenden Fällen das „Einstiegsproblem" zu lösen. Nach der bereits im Zusammenhang mit der Festlegung der Bewertungsrichtung vertretenen Position (oben Abschn. 4.5) ist die Antwort hier vorgezeichnet: Schon oben ist deutlich geworden, dass für die Bewertung einzelner Tatbestandsmerkmale ein normativer Normalfall nicht zur Verfügung steht, sondern dass es sich insoweit um ein *fiktives Konstrukt* handelt, das sich normativer Validierung weitgehend entzieht. Die Problematik wiederholt sich bei der Einordnung eines Falls in den Strafrahmen. Auch hier steht ein normativer Normalfall (gedanklicher Durchschnittsfall), für den gesagt werden könnte, dass er eine Strafe aus der arithmetischen Mitte des Strafrahmens rechtfertigen würde („Null-Linie" der Strafzumessung[271]), *nicht* zur Verfügung.[272]

Beispiel

A vergewaltigt die F. Der erzwungene Geschlechtsverkehr findet ungeschützt und mit Samenerguss in die Scheide statt. – Wenn man versucht, den Fall für die Zwecke der „Umwertung" zum gedanklichen Durchschnittsfall einer Vergewaltigung in Beziehung zu setzen, stellt sich die Frage, ob es zum (normativ) normalen Erscheinungsbild einer Vergewaltigung gehört, dass der Geschlechtsverkehr ungeschützt und mit Samenerguss in die Scheide stattfindet, oder ob es hierfür auf diese beiden Merkmale nicht ankommt.[273] Normative Maßstäbe für die Antwort fehlen. Für die Verwirklichung des Tatbestands der Vergewaltigung (§ 177 Abs. 2 Satz 2 Nr. 1 StGB) kommt es allein darauf an, ob der „Beischlaf vollzogen" wird; hinsichtlich der weiteren Einzelheiten lassen sich dem Gesetz keine Anhaltspunkte entnehmen (vgl. schon oben Abschn. 4.4.3). Die Bewertung und Gewichtung der

---

[268] Vgl. *Eisenberg und Kölbel* 2017, § 1 Rn. 20; *Meier* 2016, 148.

[269] *BGHSt* 27, 2 (4 f.); *BGH NStZ* 1983, 217; 1984, 20; LK 2006 ff., *Theune*, § 46 Rn. 314.

[270] SK StGB 2017 ff., *Horn und Wolters*, § 46 Rn. 98; *Schall und Schirrmacher* Jura 1992, 519.

[271] Vgl. *Foth* JR 1985, 397.

[272] *BGHSt* (GS) 34, 345 (350 f.) m. Anm. *Bruns* NStZ 1987, 451 und *Grasnick* JZ 1988, 157; *Hettinger* 1982, 143 ff.; *Hettinger* 2013, 1165; *Streng* NStZ 1989, 396; *Fahl* 1996, 203 ff.

[273] So etwa *BGH* NStZ 1985, 215.

einzelnen Tatumstände können dementsprechend nur auf der Grundlage einer Gesamtschau aller Gesichtspunkte stattfinden; ein (normativer) Normalfall, für den
sie in den Strafrahmen eingeordnet werden könnten, existiert nicht.[274]

Eine Lösung des „Einstiegsproblems" kann deshalb nur über die Figur des statistischen **Regelfalls** erfolgen.[275] Zwar ist auch insoweit nicht zu verkennen, dass die
Leistungsfähigkeit dieses Ansatzes vor allem in den Bereichen begrenzt ist, in denen
sich „Fälle" insgesamt nur selten ereignen, etwa im Bereich der schweren Gewalt-
delinquenz. Der Vorzug des Regelfalls gegenüber dem Durchschnittsfall besteht jedoch darin, dass der Regelfall prinzipiell **offen** ist **für empirische Erkenntnisse**
über die Erscheinungsformen einzelner Delikte und typische Fallgestaltungen.[276]
Das Gericht darf dementsprechend auch bei der Bezugnahme auf den statistischen
Regelfall *nicht schematisch* vorgehen; vielmehr muss sorgfältig geprüft werden, ob
der zur Entscheidung anstehende Fall tatsächlich dem Bereich der durchschnittlich
am häufigsten vorkommenden „*Alltagskriminalität*" entstammt.[277] Dabei kommt es
nicht darauf an, dass der aktuell abzuurteilende Fall zu einem in seinen Merkmalen
konkret zu definierenden „Alltagsfall" in Beziehung gesetzt wird; entscheidend ist
vielmehr die durch Erfahrung geprägte und dem gesellschaftlichen Wandel folgende
Zuordnung zu bestimmten Tatbildern. Als *Beurteilungsbasis* kann dabei die empfohlene, auf die wesentlichen Leitmerkmale reduzierte Darstellung der wesentlichen
Strafzumessungstatsachen dienen (oben Abschn. 4.6, am Ende). Wenn der konkret
zu entscheidende Fall nach der Einschätzung des Gerichts in diesem Sinn als ein Fall
einzuordnen ist, wie er „immer wieder" vorkommt, dann ist die **„Einstiegsstelle" im
unteren Drittel** des Strafrahmens damit vorgezeichnet. Der statistische Regelfall
bietet deshalb neben dem denkbar leichtesten und dem denkbar schwersten Fall den
dritten Anhaltspunkt, der die Einordnung eines Falls in den Strafrahmen ermöglicht.

4.7.2   Der Vergleich mit der Strafzumessungspraxis in anderen Fällen

Die Figuren des denkbar leichtesten, des denkbar schwersten und des Regelfalls
liefern nur erste, grobe Richtwerte. Eine wirkliche Hilfestellung kann bei der
Einordnung eines konkreten Falls in den Strafrahmen nur vom Vergleich mit der

---

[274] *BGHSt* 37, 153 (156) m. krit. Anm. *Grasnick* JZ 1991, 933 sowie *Neumann* und *Weßlau* StV
1991, 256 ff.; krit. auch *Schall* und *Schirrmacher* Jura 1992, 629 ff. mit einem Versuch zur Entwicklung normativer Kriterien; *Fahl* 1996, 138 ff.

[275] Ebenso *Verrel* 2013, 802 ff.; vgl. aber auch *BGH* StV 1999, 576 (577); *Schäfer et al.* 2017, 420 f.
(Rn. 1168 f.), wonach dies für Totschlag nicht gelten soll; krit. auch LK 2006 ff., *Theune,* § 46
Rn. 316.

[276] *Bruns* JZ 1988, 1057 f.; *Götting* 1997, 61 f., 214 f.; *Verrel* 2013, 806 ff. mit dem Appell, die
empirischen Erkenntnismöglichkeiten deutlich weiter auszuschöpfen; krit. insoweit *Hettinger*
1982, 149 ff.; *Streng* NStZ 1989, 396 f.; NK 2017, *Streng,* § 46 Rn. 179; *Schall* und *Schirrmacher*
Jura 1992, 628; *Fahl* 1996, 206 ff.

[277] *Horn* StV 1986, 169 f.

Strafzumessungspraxis in anderen Fällen ausgehen.[278] Insoweit bestehen allerdings erhebliche **methodische Schwierigkeiten.** Der Vergleich mit der Strafzumessungspraxis in anderen Fällen setzt voraus, dass geprüft und begründet werden kann, dass die zum Vergleich herangezogenen Fälle mit dem jeweils aktuell zu entscheidenden Fall tatsächlich vergleichbar sind. Je stärker der Fall jedoch individualisiert ist (z. B. „Diebstahl am Arbeitsplatz, es wurde eine CD mit für den Arbeitgeber wichtigen Informationen entwendet, der Täter hat die CD zurückgegeben, schweigt sich aber darüber aus, ob er sie zuvor kopiert hat"), desto genauer lässt er sich zwar mit anderen vergleichen, desto weniger Fälle stehen aber als Vergleichsbasis zur Verfügung. Umgekehrt gilt: Je abstrakter die Fallbeschreibung gefasst wird (z. B. „Diebstahl", „Körperverletzungsdelikt"), desto größer ist zwar die Vergleichsbasis, desto ungenauer sind aber auch die Aussagen, die sich aus dem zum Vergleich herangezogenen Fallmaterial ableiten lassen. Für den Vergleich mit der Strafzumessungspraxis in anderen Fällen muss daher ein Mittelweg zwischen Individualisierung und Verallgemeinerung gewählt werden.

Erforderlich ist bei der „Umwertung" deshalb ein **zweistufiges Vorgehen.**[279] Der zur Aburteilung anstehende Fall muss – wie bereits im Zusammenhang mit der Abwägung empfohlen – zunächst auf einige wenige, den Unrechts- und Schuldgehalt der Tat sowie die präventiven Erfordernisse in besonders deutlicher Weise charakterisierende und insofern **„typische" Leitmerkmale** reduziert werden.[280] In der Sache dürften dies meist die Deliktsart sowie ihre tatbestandlich normierten Varianten (besonders schwerer Fall, minder schwerer Fall, Versuch), die Frage nach Gewaltanwendung und Schadenshöhe – soweit diese Merkmale nicht schon über tatbestandliche Qualifikationen erfasst sind – sowie die drei auf die Person des Täters bezogenen Merkmale Vorstrafenbelastung, Alkoholeinfluss und Geständnisbereitschaft sein. Der solchermaßen reduzierte Fall kann mit anderen Fällen und der dort zugemessenen Strafe verglichen und vergleichend auf der Strafschwereskala grob eingeordnet werden.

Ist auf diese Weise der „Einstieg" in den Strafrahmen erfolgt, muss in einem zweiten Schritt der Fall **re-individualisiert,** die Besonderheiten herausgearbeitet und die Strafe entsprechend ausdifferenziert und an die Besonderheiten des Einzelfalls angepasst werden. Im Rahmen dieses notwendigen Folgeschritts erlangen all diejenigen Unrechts- und Präventionsmerkmale (wieder) Bedeutung, die für den Vergleich mit der Strafpraxis in anderen Fällen zunächst ausgeblendet wurden. Diese „Zusatzmerkmale" müssen daraufhin ausgewertet werden, ob und ggf. auf welche Weise sie die gefundene „Einstiegsstelle" zugunsten oder zulasten des Täters verändern; an die den „Einstieg" auf der Strafschwereskala tragende „Grobeinschätzung" muss sich die „Feinabstimmung" anschließen.

---

[278] Ausführlich hierzu *Maurer* 2005, 94 ff., 180 ff.

[279] *Streng* NStZ 1989, 397 ff.; *Streng* JuS 1993b, 926; *Streng* 2012, 372 ff. (Rn. 755 ff.); *Jescheck und Weigend* 1996, 874 f.

[280] *Montenbruck* 1989, 27 beschreibt diesen Vorgang anschaulich als „Reduktion des Originals auf einen Schwarz-Weiß-Holzschnitt".

Als **Vergleichsbasis** für einen in seiner Merkmalsvielfalt reduzierten Fall stehen vor allem zwei Informationsquellen zur Verfügung: Statistiken, die angeben, wie in der Vergangenheit mit derartigen Fällen umgegangen *wurde*, und informelle, meist nicht schriftlich fixierte, gleichwohl aber existente Vorstellungen in der Justiz darüber, wie mit bestimmten Fällen umgegangen werden *sollte*. Die Unterschiede zwischen diesen beiden Vergleichspunkten sind nicht so groß wie sie auf den ersten Blick erscheinen. Beide Informationsquellen beeinflussen sich zwangsläufig wechselseitig: Die statistische Verteilung wird durch die Vorstellungen der Praxis darüber beeinflusst, wie geurteilt werden sollte, und die Vorstellungen über die „richtige" Strafe werden wiederum durch die bisherige Strafpraxis bestimmt.

Unter den zum Vergleich heranziehbaren Statistiken kommt der **Strafverfolgungsstatistik** eine zentrale Bedeutung zu, da sie die Sanktionspraxis für den gesamten Bereich der Bundesrepublik angibt. Die Auswertung der Strafverfolgungsstatistik erlaubt es, dem (statistischen) Regel*fall* der in der Praxis immer wieder vorkommenden Fälle eine Regel*strafe* gegenüberzustellen, die in der Praxis in bestimmten Deliktskonstellationen immer wieder verhängt wird.[281] Auch wenn die Regelstrafe nicht notwendig diejenige (fiktive) Strafe ist, die für den statistisch häufigsten Regelfall verhängt wird – etwa wegen der Selektionsproblematik nach §§ 153 ff. StPO –, ist der Blick auf die Regelstrafe lohnend, da sie einen Anhaltspunkt dafür liefert, in welchem Bereich der Strafschwereskala der statistische Regelfall etwa einzuordnen ist.

> **Beispiel**
>
> A, ein 35-jähriger, nicht vorbestrafter Metallfacharbeiter, fährt mit 2,3‰ Blutalkoholgehalt seinen PKW von einem Kegelabend nach Hause. Beim Überholen in einer unübersichtlichen Linkskurve muss er vor Gegenverkehr ausweichen und drängt dabei den überholten PKW von der Straße. Der abgedrängte PKW überschlägt sich, und der Fahrer erleidet Rippenbrüche und Schnittverletzungen im Gesicht. A, der den Unfall bemerkt hat, flüchtet und wird wenig später in seiner Wohnung festgenommen.[282] – Fragt man danach, welche Strafen in den im Ausgangsfall relevanten Tatbeständen 2012 von der Justiz verhängt worden sind, zeigt der Blick auf die Strafverfolgungsstatistik, dass die Regelstrafe für die Delikte nach §§ 229, 315c Abs. 1 Nr. 1a und 142 Abs. 1 StGB im Bereich zwischen 31 und 90 Tagessätzen lag. Bei Straftaten nach § 316 StGB lag die Regelstrafe im Bereich zwischen 16 und 90 Tagessätzen, also noch darunter; hierbei ist allerdings zu beachten, dass die in der Statistik für § 316 StGB ausgewiesenen Werte sich nur auf Taten beziehen, die *nicht* in Verbindung mit einem unerlaubten Entfernen vom Unfallort erfolgt sind.[283]

---

[281] So der Ansatz der Untersuchung von *Götting* 1997, 61 ff., 213 ff.; *Götting* NStZ 1998, 543; aus früherer Zeit *Schöch* 1973, 67 ff.

[282] Fall nach *Streng* 1984, 98.

[283] Statistisches Bundesamt, Strafverfolgung 2017, Tab. 2.3., 3.3.

Die Vorstellungen der Justiz über die „richtige" Strafzumessung beruhen in der Regel auf der Erfahrung im Umgang mit früher entschiedenen Fällen – auch auf der Erfahrung mit der Bestandsfähigkeit bestimmter tatrichterlicher Entscheidungen in der Revisionsinstanz – und dem Bestreben, die Strafzumessungsentscheidung nach möglichst gleichmäßigen Maßstäben zu entscheiden. Die Vorstellungen sind vor allem durch die richterliche Tradition geprägt und meist regional, lokal und z. T. auch innerhalb ein und desselben Gerichts unterschiedlich ausgestaltet. Ihr Kennzeichen ist, dass sie nur in seltenen Fällen schriftlich fixiert sind; lediglich Referendaren wird gelegentlich ein Merkblatt an die Hand gegeben. Zutreffend sind sie deshalb einmal von *Dreher* als **„geheimes Metermaß"** der Justiz bezeichnet worden.[284] Eine der – auch aus methodischer Sicht – größten Schwierigkeiten besteht dementsprechend darin, als Außenstehender oder Berufsanfänger über die entsprechenden Vorstellungen und die dabei zu Grunde gelegten Beurteilungskriterien Aufschluss zu erhalten. Gleichwohl gibt es auch insoweit Anhaltspunkte.[285]

Hinsichtlich der im soeben angesprochenen Fall (Trunkenheitsfahrt) relevanten Tatbestände zeigt der Blick auf die von *Schäfer* zusammengestellte Kasuistik, dass allein für die fahrlässige Körperverletzung angesichts der Folgen (Rippenbrüche) mit einer Geldstrafe ab 30 Tagessätzen gerechnet werden sollte. Im Ausgangsfall tritt die Straßenverkehrsgefährdung hinzu. Geht man davon aus, dass A im Hinblick auf seine Fahruntauglichkeit vorsätzlich gehandelt hat, wird von *Schäfer* für den „reinen" § 315c StGB eine Geldstrafe zwischen 50 und 70 Tagessätzen empfohlen, die im Hinblick auf das Hinzutreten der fahrlässigen Körperverletzung „leicht" zu erhöhen sei. – Die Angaben für eine Strafe wegen Unfallflucht sind unspezifisch. Deutlich wird lediglich, dass die Strafe bei einer Unfallflucht nach einer Körperverletzung „erheblich" über 40 Tagessätzen liegen sollte. Die mit der Unfallflucht einhergehende Trunkenheitsfahrt würde für sich genommen in der Praxis wegen des hohen Blutalkoholgehalts etwa mit 60 Tagessätzen geahndet werden.[286]

Den Wert dieser informellen Strafzumessungsvorstellungen hervorzuheben, bedeutet nicht, dass empfohlen wird, sich für die Strafzumessung an **Straftaxen** zu binden und eingefahrene Strafzumessungsmechanismen zu perpetuieren. In der Rechtsprechung ist anerkannt, dass bei der Strafzumessung nicht schematisch vorgegangen werden darf.[287] Gleichwohl wäre es verkehrt, die entsprechenden Vorstellungen bei der Entscheidung konkreter Fälle völlig auszublenden. Abgesehen davon, dass sie das „Einstiegsproblem" erleichtern – *Schöch* bezeichnet sie insofern zutreffend als „Rechtserkenntnisquelle"[288] –, wird man ihnen auch einen eigenständigen normativen Wert nicht ganz absprechen können. Beobachten lässt sich nämlich, dass die Straftaxen,

---

[284] *Dreher*, Anm. zu *OLG Stuttgart* MDR 1961, 344.

[285] Vgl. etwa die Zusammenstellung bei *Schäfer et al.* 2017, 643 ff. (Rn. 1598 ff.); oder auch die Entscheidung des *BGH* Beschluss vom 02.12.2008 – 1 StR 416/08 zur Strafhöhe bei Steuerhinterziehung.

[286] *Schäfer et al.* 2017, 686 ff. (Rn. 1720, 1727, 1730, 1732, 1733).

[287] *BGHSt* 28, 318 (323 ff.); *BGH* NStZ-RR 1997, 196 (197); *OLG Hamburg* NJW 1963, 2387; *OLG Köln* NJW 1966, 895; *Fischer* 2019, § 46 Rn. 75; *Schäfer et al.* 2017, 316 (Rn. 880).

[288] *Schöch* 1973, 76.

ungeachtet ihrer rechtlichen Unverbindlichkeit, in der Praxis durchaus beachtet werden und damit eine im Gesetz zwar nicht vorgesehene, faktisch aber dennoch existente Form der Ermessensbindung der Tatgerichte auf der Strafschwereskala widerspiegeln. Sofern sich also bei massenhaft auftretenden Taten typischer Prägung (z. B. bei folgenlosen Trunkenheitsfahrten) eine allgemeine Strafpraxis herausgebildet hat, kann es deshalb auch aus rechtlichen Gründen geboten sein, den Gesichtspunkt der Gleichmäßigkeit des Strafens in die Strafzumessungserwägungen mit einzubeziehen und jedenfalls ein auffälliges Abweichen von der in einer solchen Praxis zum Ausdruck kommenden allgemeinen Auffassung von der richtigen Strafe zu vermeiden.[289]

Wenn das Gericht die Regelstrafe bzw. die für den Fall übliche Strafgröße kennt, muss es dementsprechend den aktuell zu entscheidenden Fall zu diesen beiden Anhaltspunkten in Beziehung setzen. Das Gericht muss danach fragen, ob der Fall in seinen wesentlichen Leitmerkmalen dem statistischen Regelfall bzw. dem in etwaigen Strafzumessungsvorstellungen in Bezug genommenen Fallmaterial entspricht oder ob er sich hiervon in die eine oder andere Richtung unterscheidet. Je nach dem Ergebnis dieses Vergleichs kann der „Einstieg" auf der Strafschwereskala erfolgen und der gefundene Orientierungspunkt sodann im Folgeschritt an die Umstände des Einzelfalls angepasst werden.

4.7.3   Die Wirkungen der Strafe

Im Rahmen dieses notwendigen Folgeschritts kommt neben den bereits angesprochenen „Zusatztatsachen" dem durch § 46 Abs. 1 Satz 2 StGB vorgegebenen Blick auf die Wirkungen der Strafe wesentliche Bedeutung zu. Nach verbreiteter Auffassung dient § 46 Abs. 1 Satz 2 StGB allein dem Zweck, die kriminalpolitische Schwerpunktverlagerung des Reformgesetzgebers von 1969 auf den Strafzweck der Spezialprävention zu verdeutlichen.[290] Der Bedeutungsgehalt der Vorschrift wird hierdurch jedoch nicht ausgeschöpft. Auch in einem ausschließlich am Schuldausgleich orientierten Strafensystem hätte die Vorschrift ihre Berechtigung, da sich auch die Schuldangemessenheit einer Strafe ohne den Blick auf ihre Wirkungen und das mit ihr verbundene individuelle Strafleid nicht zuverlässig beurteilen lässt.[291] Die Klausel ist deshalb in einem umfassenderen Sinn so zu verstehen, dass bei der Strafzumessung nicht nur unter Präventions-, sondern auch unter Schuldgesichtspunkten danach gefragt werden muss, welche Wirkungen die in Aussicht genommene Strafe voraussichtlich entfalten wird. In den Blick geraten damit die Gesichtspunkte der Strafempfindlichkeit und der Strafempfänglichkeit des Täters.[292]

---

[289] *BGHSt* 28, 318 (324); LK 2006 ff., *Theune*, § 46 Rn. 319.

[290] *BGHSt* 24, 40 (42 f.); *BGH NJW* 1978, 174; *Stratenwerth* 1972, 9; *Jescheck und Weigend* 1996, 878 f.; *Maurach et al. (Dölling)* 2014, § 63 Rn. 89 ff.

[291] *Frisch* 1998, 772; *Schäfer et al.* 2017, 259 (Rn. 717).

[292] Vgl. hierzu *Maurach et al. (Döllling)* 2014, § 63 Rn. 115 ff.; *Bruns und Güntge* 2019, 248 f.; S/S 2019, *Kinzig*, § 46 Rn. 54.

Bezugspunkt der **Strafempfindlichkeit** ist die Schuldausgleichsfunktion der Strafe. Der Grundsatz der Schuldangemessenheit verlangt nicht unbedingt, dass in vergleichbaren Fällen objektiv gleiche Strafgrößen verhängt werden; seine Zielrichtung ist es vielmehr, in Fällen gleicher Schuld ein subjektiv gleiches Strafleiden zu erzeugen.[293] Um das individuell unterschiedliche Strafleid richtig erfassen zu können, muss die als „Strafempfindlichkeit" bezeichnete Leidempfindlichkeit des Täters erfasst und bei der Strafzumessung berücksichtigt werden. Im Grundsatz erfordert dies die sorgfältige Auswertung aller verfügbaren Informationen über die Täterpersönlichkeit, das soziale Umfeld sowie die persönlichen und wirtschaftlichen Verhältnisse zur Zeit der letzten tatrichterlichen Hauptverhandlung.[294]

Dabei lässt sich nicht übersehen, dass selbst dann, wenn alle diese Informationen zur Verfügung stehen, die Umsetzung in Aussagen über die Strafempfindlichkeit des Täters und damit in Aussagen über die Schwere des subjektiv empfundenen Strafleids allenfalls auf einer Plausibilitätsebene vollzogen werden kann (z. B. „jeden Ersttäter trifft jede Strafe härter als den gerichtserfahrenen Täter"[295]). Empirisch begründete Aussagen über die Quantifizierung von „Strafleid" sind derzeit genauso wenig möglich wie es überhaupt valide Indikatoren dafür gibt, was eigentlich „Strafleid" ausmacht. Auch besteht hier wieder die Gefahr, dass unzutreffende Fehlurteile über die Gesamtpersönlichkeit gefällt werden oder dass einer als „Klassenjustiz" erscheinenden Urteilspraxis Vorschub geleistet wird, indem bspw. einem in Gelddingen vielleicht besonders sensiblen Mittelschichtangehörigen wegen seiner größeren Strafempfindlichkeit eine geringere Geldstrafe auferlegt wird als einem insoweit möglicherweise unbekümmerteren Unterschichtangehörigen.[296] Der Individualisierung der Strafe unter dem Gesichtspunkt der unterschiedlichen Strafempfindlichkeit sind deshalb **Grenzen** gezogen. Eine mit der erhöhten Strafempfindlichkeit des Täters begründete Strafmilderung kommt nur in klar zutage tretenden Ausnahmefällen in Betracht, etwa dann, wenn der Täter unter einer Haftpsychose leidet und er deshalb vom Freiheitsentzug besonders betroffen ist[297], wenn er an einer schweren Krankheit (z. B. Aids oder Krebs) leidet und nur noch eine Lebenserwartung von wenigen Jahren hat[298] oder wenn er noch vergleichsweise jung ist und von einer mehrjährigen Haft gewichtige Nachteile für seine persönliche Entwicklung zu erwarten sind.[299]

---

[293] *Maurach et al. (Dölling)* 2014, § 63 Rn. 116; S/S 2019, *Kinzig*, § 46 Rn. 9b; vgl. auch *BGHSt* 7, 28 (31).

[294] Vgl. *BGH* JR 1977, 162 m. Anm. *Bruns*.

[295] *Schäfer et al.* 2017, 259 (Rn. 719).

[296] *Bruns und Güntge* 2019, 247; *Jescheck und Weigend* 1996, 890 f.

[297] *BGH* StV 1984, 151.

[298] *BGH* StV 1987, 101; 345 (346); 1989, 152; 1991, 207; NStZ 2018, 331 m. Anm. *Kett-Straub*.

[299] *BGH* StV 1993, 27.

Bezugspunkt der **Strafempfänglichkeit** ist die spezialpräventive Zwecksetzung der Strafe. „Strafempfänglichkeit" bedeutet, dass die Art und das Maß der Strafe am Grad der präventiven Ansprechbarkeit des Täters mit dem Mittel der Strafe ausgerichtet werden müssen. Auch hier stellt sich freilich wieder das Problem, dass die Leistungsfähigkeit der empirischen Wissenschaften im Zusammenhang mit der Einschätzung der Strafempfänglichkeit des Täters begrenzt ist und zuverlässige Prognosen über die Wirksamkeit bestimmter Strafformen derzeit kaum abgegeben werden können.[300] Bei der Ausrichtung der Strafe an der Strafempfänglichkeit kann es deshalb nicht allein darum gehen, ein Strafmaß zu finden, mit dem der Täter „gebessert" und positiv zu einem Leben ohne Straftaten befähigt werden kann. § 46 Abs. 1 Satz 2 StGB wird auch schon dann Rechnung getragen, wenn bei der Strafzumessung jedenfalls darauf geachtet wird, die unbeabsichtigten Nebenwirkungen von Verurteilung und Vollstreckung gering zu halten und etwaigen schädlichen Folgen entgegenzuwirken (dazu schon oben Abschn. 4.4.2.2.1).[301] Sofern keine begründeten Anhaltspunkte für ein spezialpräventiv sinnvolles Strafmaß vorhanden sind, dürfte dem Strafzweck der Spezialprävention deshalb **im Zweifel** am besten dadurch gedient sein, dass bei der Strafzumessung die Strafe innerhalb des zur Verfügung stehenden Spielraums **am unteren Ende der „schon schuldangemessenen" Strafe** angesiedelt wird.[302] Die Gefahr der desintegrierenden und damit resozialisierungsfeindlichen Wirkung der Strafe wird auf diese Weise im Rahmen des rechtlich Zulässigen gering gehalten. Diese „Zweifelsregel" gilt freilich nur im Hinblick auf die Teilkomponente der positiven Spezialprävention; der Abschreckungs- und der Sicherungsgedanke können wiederum ganz andere – gegenläufige – Erwägungen nahelegen.

4.7.4 Individualisierung der Strafe und Gleichheitssatz

Es liegt auf der Hand, dass die auf die individuellen Verhältnisse zugeschnittene Strafe, die auf die vorstehend beschriebene Weise gefunden worden ist, unter Gleichheitsgesichtspunkten Fragen aufwerfen kann. Mit besonderer Deutlichkeit kann sich die Gleichheitsfrage dabei dann stellen, wenn zwei Mittäter zu unterschiedlichen Strafen verurteilt werden.[303]

> **Beispiel**
> A und B begehen als Mittäter einen Einbruchsdiebstahl. A wird zu einer Freiheitsstrafe von 6 Monaten verurteilt, deren Vollstreckung zur Bewährung ausgesetzt wird, B zu einer Freiheitsstrafe von 15 Monaten, die er im Strafvollzug verbüßen muss.

---

[300] *Stratenwerth* 1972, 33 f.; *Schöch* 1975, 262 ff.; *Kerner* 1992, 220 ff.; *Frisch* 1998, 779 ff.
[301] *BGHSt* 24, 40 (42 f.); *Jescheck und Weigend* 1996, 878 f.; *Schäfer et al.* 2017, 292 f. (Rn. 812).
[302] SK StGB 2006 ff., *Horn*, § 46 Rn. 35, 121, der insoweit den Begriff der „passiven Spezialprävention" verwendet; *Streng* 2007a, 91 f.
[303] Vgl. zum Folgenden auch *Streng* JuS 1993b, 924 f.

Bei der Überprüfung dieser und ähnlicher Fälle am Gleichheitssatz muss man sich vergegenwärtigen, dass sich das Strafzumessungssystem **nicht allein am äußeren Tatbild** und der Tatproportionalität orientiert. Mögen auch die vom Gesetzgeber für die Durchführung der Strafzumessung in § 46 Abs. 1 und 2 StGB aufgestellten Regeln, namentlich die Hinweise auf die „Schuld des Täters" und die „Wirkungen, die von der Strafe für das künftige Leben des Täters in der Gesellschaft zu erwarten sind", in ihrem Aussagegehalt vage und unbestimmt sein, in einem Punkt lassen sie kaum einen Zweifel zu: Dass die Strafzumessung weit über das äußere Tatbild hinausgreifen und auch Umstände aus dem persönlichen Lebensumfeld des Täters und seiner Stellung in der Gesellschaft einbeziehen muss. Ob man es bei der Strafzumessung mit „gleichen" oder mit „ungleichen" Sachverhalten zu tun hat, lässt sich dementsprechend nur dann beurteilen, wenn man eine **Vielzahl schuld- und präventionsrelevanter Umstände** in die Überlegungen einbezieht. Auch bei Mittätern, denen die Begehung derselben Tat zur Last gelegt wird, können deshalb unterschiedliche Strafmaßentscheidungen durchaus zwingend und mit dem Gleichheitsgrundsatz (Verbot der Gleichbehandlung von wesentlich Ungleichem) vereinbar sein.[304]

Gleichwohl gibt es **Grenzen**. Es muss sichergestellt sein, dass bei der individualisierenden Strafzumessung die gesetzlichen Vorgaben eingehalten und keine willkürlichen, durch die Strafzwecke nicht gedeckten Unterscheidungen getroffen werden (z. B. dass ein Angeklagter eine geringere Strafe nur deshalb erhält, weil er ein guter Freund des Richters ist). Die verhängten Strafen müssen insgesamt in einem gerechten Verhältnis zueinander stehen und ggf. Unterschiede im Urteil erläutert werden.[305] Etwas anderes gilt allerdings, wenn Mittäter von unterschiedlichen Gerichten oder auch Kammern abgeurteilt werden. Hier ist das Gericht nicht verpflichtet, sich strafvergleichend mit dem bereits ergangenen Urteil auseinanderzusetzen.[306] Sichergestellt sein muss darüber hinaus, dass im Strafmaß keine Differenzierungen getroffen werden, mit denen pauschalierend an das Geschlecht, die Abstammung, die Religionszugehörigkeit oder die anderen in Art. 3 Abs. 2 und 3 GG genannten Merkmale angeknüpft wird.[307] Strafzumessungsentscheidungen, die dies nicht beachten, verstoßen nicht nur gegen das verfassungsrechtlich verbürgte Willkürverbot. Sie bergen auch die Gefahr in sich, dass sie von den Beteiligten nicht als gerechte Form der Reaktion akzeptiert werden und ihre integrations- und individualpräventive Aufgabe damit verfehlen.[308]

---

[304] Vgl. *BVerfGE* 1, 332 (345 f.); *BGHSt* 28, 318 (323 ff.); *BGH* StV 2008, 295 (296) m. Anm. *Köberer*; S/S 2019, *Kinzig*, § 46 Rn. 68; *Schäfer et al.* 2017, 313 ff. (Rn. 872 ff.).

[305] *BGH* StV 1981, 122 (123); NJW 1994, 1885 (1886); NStZ-RR 2009, 71.

[306] *BGHSt* 56, 262 (264 ff.); m. krit. Anm. *Hörnle* HRRS 2011, 512.

[307] *Bruns und Güntge* 2019, 253 ff.

[308] *Streng* 1984, 16 ff.

4.7.5 Zusammenfassung

Bei der Einordnung eines konkreten Einzelfalls in den Strafrahmen wird man nach alledem zweckmäßigerweise so vorgehen, dass man sich zunächst losgelöst vom konkreten Fall über die *denkbar leichtesten*, die *denkbar schwersten* und die Erscheinungsbilder des am häufigsten vorkommenden *Regelfalls* vergewissert. Im Anschluss hieran versucht man, den konkreten Fall zuzuordnen, indem man anhand einiger weniger, den Unrechts- und Schuldgehalt der Tat sowie die präventiven Erfordernisse charakterisierender *Leitmerkmale* eine *Grobeinschätzung* der Fallschwere vornimmt und – evtl. unter Bezugnahme auf statistische Veröffentlichungen oder die Besonderheiten der örtlichen Sanktionspraxis – auf der Stufenfolge der Strafenskala einen Bereich auswählt, innerhalb dessen die Strafe für den konkreten Fall zu suchen ist („Einstiegsstelle"). In einem zweiten Schritt wird der gefundene Orientierungsbereich sodann – im Wege der „*Feinabstimmung*" – an die Besonderheiten des konkreten Falls (z. B. Vorstrafenbelastung, Geständnis, Wiedergutmachung, Strafempfindlichkeit und Strafempfänglichkeit etc.) angepasst und auf der Strafenskala das für den konkreten Fall zutreffende Strafmaß festgelegt.

Die praktische Bedeutung des Folgeschritts der „Feinabstimmung" darf dabei nicht überschätzt werden. Einer übergroßen Individualisierung sind letztlich Erkenntnisgrenzen gesetzt, da sich weder das mit einzelnen Strafmaßen verbundene Leid noch die mit ihnen verbundenen präventiven Wirkungen empirisch zuverlässig einschätzen lassen. Die tatrichterliche Praxis trägt dem Rechnung und begnügt sich in der Regel mit der Orientierung an Straftaxen und der pauschalierenden Zuordnung der Fälle zu immer wieder verhängten, „runden" Strafgrößen (z. B. 60 Tagessätzen Geldstrafe anstelle von 56 oder 63 Tagessätzen).[309]

4.8 Abschließende Gesamtbetrachtung

In der siebten und letzten Phase der Strafzumessung muss das im sechsten Schritt gefundene Strafmaß in den Gesamtkontext der gegen den Täter verhängten Sanktionen und sonstigen Rechtsfolgen der Tat eingeordnet werden. Erforderlich ist in diesem Zusammenhang zunächst, dass vom Gericht die gegen den Täter zu verhängenden Folgeentscheidungen getroffen werden. In der Literatur wird insoweit von **„Strafzumessung im weiteren Sinn"** gesprochen.[310] Dies ist insofern richtig, als es bei diesen Folgeentscheidungen nicht mehr allein um das Strafmaß als vielmehr um die Bestimmung der Modalitäten der Strafe sowie um die Entscheidung über zusätzlich zu verhängende weitere Sanktionen geht.

---

[309] Zur sog. „Prägnanztendenz"im Strafurteil vgl. *Rolinski* 1969, 15 ff.; aus empirischer Sicht *Schott* 2004, 241 ff.

[310] *Günther* JZ 1989, 1030; *Schall und Schirrmacher* Jura 1992, 519; *Fischer* 2019, § 46 Rn. 14; *Schöch* 1993, 523 f.

Konkret bedeutet dies, dass etwa über die Aussetzung der Vollstreckung der Freiheitsstrafe
zur Bewährung (§ 56 StGB), über die Dauer der Bewährung, etwaige Auflagen und Weisungen sowie über die Unterstellung unter die Aufsicht eines Bewährungshelfers entschieden
werden muss (vgl. § 268a Abs. 1 StPO). Ebenfalls entschieden werden muss über die Nebenfolgen der Strafe wie den Verlust der Amtsfähigkeit, der Wählbarkeit und des Stimmrechts (§ 45 StGB) sowie über die Einziehung von Taterträgen und Tatmitteln (§§ 73 ff.
StGB). Ggf. muss auch über parallel zur Strafe zu verhängende Maßregeln der Besserung
und Sicherung entschieden werden, z. B. die Entziehung der Fahrerlaubnis (§ 69 StGB).
Ordnet das Gericht die Unterbringung im psychiatrischen Krankenhaus oder in einer Entziehungsanstalt an (§§ 63 f. StGB), muss es auch eine Entscheidung über die Vollstreckungsreihenfolge treffen (§ 67 StGB).

Die Folgeentscheidungen werden vom Gericht zum Teil nach den allgemeinen Grundsätzen der Strafzumessung (§ 46 StGB), zum Teil aber auch nach anderen Grundsätzen (Verhältnismäßigkeitserwägungen, vgl. § 62 StGB) getroffen; hierauf wird bei
den betreffenden Sanktionsarten genauer eingegangen. Im Zusammenhang mit der
hier allein interessierenden „Strafzumessung im engeren Sinn" ist lediglich von Bedeutung, dass sich das im sechsten Schritt gefundene Strafmaß durch die vom Gericht
zu treffenden Folgeentscheidungen sowie auch durch die übrigen aus Anlass der Tat
eintretenden Rechtsfolgen (z. B. die Verpflichtung zur Zahlung von Schadensersatz
und Schmerzensgeld, §§ 823 Abs. 2, 847 BGB, oder den Eintritt von disziplinarrecht-
lichen Folgen) unter Umständen noch einmal verändern kann.[311] Im siebten und letzten Schritt der Strafzumessung muss deshalb eine abschließende Gesamtbetrachtung
erfolgen, die das im sechsten Schritt gefundene Strafmaß vor dem Hintergrund der
übrigen Folgen der Tat auf seine *Angemessenheit und Notwendigkeit* hin noch einmal
überprüft, nach *Alternativen* fragt und ggf. korrigiert. Bei dieser abschließenden Gesamtbetrachtung geht es nicht darum, den Strafzumessungsvorgang im letzten Schritt
für rechtlich nicht begründbare Erwägungen zu öffnen und die durch die Zergliede-
rung in unterschiedliche Phasen erreichte Transparenz und Rationalität durch die Ermöglichung einer abschließenden „intuitiven" Korrektur wieder zu verschütten. Das
Ziel dieser letzten Phase ist es vielmehr, dem Gericht mit allen im Einzelfall in Betracht kommenden Sanktionen eine abgestimmte Einwirkung auf den Täter zu ermöglichen, um so die Strafzwecke auf bestmögliche Weise zum Tragen zu bringen.

4.9   Anrechnung im Verfahren erlittener Nachteile

Zu den Folgen der Tat, die unter dem Gesichtspunkt der Strafempfindlichkeit und
-empfänglichkeit des Täters sowie unter dem zuletzt angesprochenen Gesichtspunkt
der Feinabstimmung der Strafe zu berücksichtigen sind, gehören auch diejenigen
Nachteile, die der Täter im Zusammenhang mit der Durchführung des Strafverfahrens

---

[311] Vgl. *BGH* NStZ-RR 2018, 104; zur Berücksichtigung von mittelbaren Straftatfolgen bei der
Strafzumessung vertiefend *Mestek-Schmülling* 2004.

durch die staatlichen Organe erlitten hat.[312] Der Umstand etwa, dass ein Täter, der zuvor noch nie inhaftiert war, während des Verfahrens in Untersuchungshaft genommen worden ist, kann vom Gericht im Urteil strafmildernd berücksichtigt werden, wenn und soweit festzustellen ist, dass ihn schon die Erfahrung des U-Haftvollzugs in besonderer Weise belastet hat, z. B. wegen fehlender Sprachkenntnisse mit der Folge sozialer Isolation.[313] Nicht ausgeschlossen ist es auch, im Hinblick auf die U-Haft unter dem Gesichtspunkt einer etwaigen günstigeren Prognose die Vollstreckung einer Freiheitsstrafe zur Bewährung auszusetzen. Das Gericht muss sich bei alledem allerdings darüber im Klaren sein, dass bestimmte Nachteile schon **kraft Gesetzes** auf die Strafe angerechnet werden; die gegen den Täter vollstreckte Strafe kann sich schon hierdurch erheblich reduzieren, so dass es einer richterlichen Kompensation der erlittenen Nachteile in der Strafzumessung nicht bedarf.

4.9.1 Anrechnung kraft Gesetzes

Bei den gesetzlichen Regelungen über die Anrechnung verfahrensbedingter Nachteile auf die Strafe (§ 51 StGB, vgl. aber auch §§ 450 f. StPO) handelt es sich streng genommen nicht um Strafzumessungsregeln, sondern um Rechtsnormen, die die **Strafvollstreckung** betreffen.[314] Sie sind von der Strafvollstreckungsbehörde von Amts wegen zu beachten, auch wenn das Gericht hierüber im Urteil keine ausdrückliche Anordnung getroffen hat. Äußert sich das Gericht im Urteil dennoch zu den schon kraft Gesetzes eintretenden Rechtsfolgen, so kommt dem Urteil insoweit nur eine deklaratorische Bedeutung zu.[315]

Grundgedanke der gesetzlichen Anrechnungsregeln ist die Überlegung, dass der Angeklagte im Verlauf des Verfahrens u. U. Nachteile hinnehmen muss (Untersuchungshaft, Auslieferungshaft, vorläufige Entziehung der Fahrerlaubnis u. Ä.), die ihm im überwiegenden Interesse der Allgemeinheit an der Durchführung des Strafverfahrens abverlangt werden. Dem Angeklagten, der sich bis zu seiner Verurteilung auf die Unschuldsvermutung (Art. 6 Abs. 2 EMRK) berufen kann, wird hierdurch ein **Sonderopfer** auferlegt, das grundsätzlich – im Rahmen der Billigkeit – nach Fortfall des rechtfertigenden Grundes des Ausgleichs bedarf. Bleibt der Angeklagte im Verfahren unverurteilt, so kann er deshalb ggf. Auslagenerstattungsansprüche gegen die Staatskasse oder Ansprüche nach dem StrEG geltend machen. Ein Ausgleich der verfahrensbedingten Nachteile muss jedoch grundsätzlich auch dann erfolgen, wenn der Angeklagte verurteilt wird, da er ansonsten schlechter gestellt wäre als ein Angeklagter, der verurteilt wird, *ohne* zuvor die entsprechenden Nach-

---

[312] *Schäfer et al.* 2017, 267 ff. (Rn. 741 ff.); zur Berücksichtigung sonstiger für den Täter aus der Tat resultierender Nachteile grundlegend *Mestek-Schmülling* 2004.

[313] *Fischer* 2019, § 46 Rn. 70; *Schäfer et al.* 2017, 267 f. (Rn. 742).

[314] NK 2017, *Kett-Straub*, § 51 Rn. 2; *Jescheck und Weigend* 1996, 903.

[315] *BGHSt* 24, 29 (30); 27, 287 (288); *BGH* NStZ 1994, 335.

teile erlitten zu haben. Der Ausgleich kann insoweit sinnvoll allerdings nur in der Weise stattfinden, dass die erlittenen Nachteile auf die vom Gericht erkannte Strafe angerechnet werden[316], wobei Billigkeitskorrekturen – wie stets im Aufopferungsrecht – grundsätzlich möglich sind.

In den Grundzügen besagen die gesetzlichen Anrechnungsregeln Folgendes: Jede in- oder ausländische Freiheitsentziehung, die der Verurteilte aus Anlass einer Tat erlitten hat, die Gegenstand des Verfahrens ist oder gewesen ist, muss auf die erkannte Strafe angerechnet werden (§ 51 Abs. 1 Satz 1 StGB). Die Freiheitsentziehung kann Untersuchungshaft gewesen sein; in Betracht kommt aber auch eine einstweilige Unterbringung (§ 126a StPO), eine Unterbringung zur Beobachtung (§ 81 StPO), Vorführungshaft (§ 230 Abs. 2 StPO), im Ausland erlittene Auslieferungshaft oder jede andere Form der Freiheitsentziehung. Die Freiheitsentziehung muss nicht wegen der Tat erfolgt sein, wegen der der Angeklagte später verurteilt wird; es genügt, dass die Freiheitsentziehung aufgrund einer Tat erfolgt ist, die zu irgendeinem Zeitpunkt Gegenstand des Verfahrens gewesen ist (Grundsatz der Verfahrenseinheit).[317]

Beispiel

A wird eine Vergewaltigung seiner ehemaligen Freundin F und die missbräuchliche Benutzung ihrer Kreditkarte vorgeworfen. Wegen des Vorwurfs der Vergewaltigung wird A in Untersuchungshaft genommen (§ 112a Abs. 1 Satz 1 Nr. 1 StPO). Im Urteil wird er von dem Vorwurf der Vergewaltigung freigesprochen und lediglich wegen einer Straftat nach § 263a StGB zu einer Geldstrafe verurteilt. – Nach § 51 Abs. 1 Satz 1 StGB wird die Dauer der erlittenen Untersuchungshaft trotz des teilweisen Freispruchs auf die Strafe angerechnet.

Die Freiheitsentziehung wird sowohl auf zeitige Freiheitsstrafe als auch auf Geldstrafe angerechnet. Wird der Täter zu Geldstrafe verurteilt, so wird bei der Anrechnung ein Tag Freiheitsentziehung mit einem Tagessatz Geldstrafe verrechnet (§ 51 Abs. 4 Satz 1 StGB); wird er zu Freiheitsstrafe verurteilt, kann die erlittene Freiheitsentziehung direkt auf die Freiheitsstrafe angerechnet werden. Hat der Täter die vorherige Freiheitsentziehung im Ausland erlitten, so steht der Umrechnungsmaßstab wegen der Unterschiedlichkeit der Vollzugsverhältnisse im Ermessen des Gerichts (§ 51 Abs. 4 Satz 2 StGB).[318]

Die gesetzlichen Anrechnungsregeln stehen, wie bereits angedeutet, unter dem den öffentlich-rechtlichen Aufopferungsanspruch beherrschenden **Billigkeitsvorbehalt**. Dem Gericht ist dementsprechend die Anordnung vorbehalten, dass die Anrechnung

---

[316] *Schäfer et al.* 2017, 267 (Rn. 741); NK 2017, *Kett-Straub*, § 51 Rn. 2; *Jescheck und Weigend* 1996, 903 f.

[317] LK 2006 ff., *Theune*, § 51 Rn. 9; S/S 2019, *Kinzig*, § 51 Rn. 10.

[318] *Kett-Straub und Kudlich* 2017, § 7 Rn. 18; eine Übersicht zu bisher von den Gerichten angenommenen Anrechnungsmaßstäben findet sich bei NK 2017, *Kett-Straub*, § 51 Rn. 40.

ganz oder teilweise unterbleibt, wenn sie im Hinblick auf das Verhalten des Verurteilten nach der Tat nicht gerechtfertigt ist (§ 51 Abs. 1 Satz 2 StGB). Nach dem insoweit eindeutigen Gesetzeswortlaut kann die Versagung allerdings nicht mit Umständen begründet werden, die sich auf die Tat beziehen, wegen der die Verurteilung erfolgt; es ist also nicht möglich, einem Täter, der ein besonders abscheuliches Verbrechen begangen hat, die Anrechnung zu versagen, um ihm hierdurch ein zusätzliches Übel aufzuerlegen. Auch darauf, dass der Täter nach der Tat den Schaden nicht wiedergutgemacht hat, kann die Versagung nicht gestützt werden. Die Versagung der Anrechnung kommt vielmehr nur dann in Betracht, wenn der Täter das Verfahren durch nicht sachgerechtes Prozessverhalten böswillig verschleppt hat.[319] Wenn die Anrechnung unterbleiben soll, muss dies vom Gericht im Urteilstenor ausdrücklich festgestellt werden.[320]

Kraft Gesetzes angerechnet werden im Übrigen nicht nur Freiheitsentziehungen, deren Zweck darin besteht, die Durchführung des Verfahrens sicherzustellen. Angerechnet werden auch rechtskräftig verhängte und bereits vollstreckte Strafen, auf die in einem früheren Verfahren erkannt worden ist, wenn und soweit sie in einem späteren Verfahren im Wege der nachträglichen Gesamtstrafenbildung (§ 55 StGB) durch eine neue Strafe ersetzt werden (§ 51 Abs. 2 StGB). Angerechnet werden auch Strafen, die wegen derselben Tat im Ausland verhängt und vollstreckt worden sind (§ 51 Abs. 3 StGB); die Anrechnungsregel kompensiert hier die Härten, die sich daraus ergeben, dass das Doppelbestrafungsverbot (ne bis in idem, Art. 103 Abs. 3 GG) gegenüber ausländischen Verurteilungen nicht gilt. Schließlich werden bei der Verhängung eines Fahrverbots (§ 44 StGB) auch die Dauer der vorläufigen Entziehung der Fahrerlaubnis (§ 111a StPO) und die Beschlagnahme des Führerscheins (§ 94 Abs. 3 StPO) kraft Gesetzes angerechnet (§ 51 Abs. 5 StGB).

4.9.2 Von der Rechtsprechung entwickelte Fallgruppen

Neben den in § 51 StGB geregelten Fällen, in denen die im Verfahren erlittenen Nachteile kraft Gesetzes auf die Strafe anzurechnen sind, haben sich in der Rechtsprechung weitere Fallgruppen herausgebildet, in denen Verfahrensbesonderheiten bei der Strafzumessung zu berücksichtigen sind. Auf zwei Problemkreise soll im Folgenden genauer eingegangen werden: auf die Verfahrensverzögerung sowie auf die Tatprovokation.

4.9.2.1 Verfahrensverzögerung

4.9.2.1.1 Langer Zeitabstand zwischen Tat und Verurteilung
Im Grundsatz gilt, dass die Länge des Zeitraums zwischen der Tat und der Verurteilung des Täters strafzumessungsrechtlich neutral ist. Das vom Täter gesetzte Unrecht steht unverrückbar in der Welt, gleich wie viel Zeit seit der Tat verstri-

---

[319] *BGHSt* 23, 307; LK 2006 ff., *Theune*, § 51 Rn. 44 f.
[320] *BGHSt* 24, 29 (30).

chen ist. Etwas anderes gilt jedoch dann, wenn die Tat schon ungewöhnlich lange zurück liegt. Ein langer zeitlicher Abstand zwischen der Tat und dem Urteil lässt das Strafbedürfnis geringer erscheinen; insoweit kommt es auf die konkrete Dauer des Verfahrens selbst nicht an.[321] Vor allem wenn sich der Täter seither straffrei geführt, sein Leben geändert, sich erfolgreich um sozialgerechtes Verhalten bemüht hat und die Strafe nun möglicherweise entsozialisierende Wirkung hätte, erscheint eine dem Maß der Vorwerfbarkeit entsprechende Strafe häufig nicht mehr angemessen (oben Abschn. 4.2.1).[322] Aber auch für die Allgemeinheit verliert die Tat an Bedeutung, je mehr Zeit vergeht; die Verjährungsregeln machen deutlich, dass das Interesse der Allgemeinheit an der Strafe nachlässt und der Konflikt mit dem Täter auch ohne Verfahren und Urteil irgendwann als „erledigt" anzusehen ist. Das Gericht muss dem bei der Strafzumessung Rechnung tragen. Das gilt auch bei Verurteilungen wegen sexuellen Missbrauchs von Kindern; die Frage, wie sich der zeitliche Abstand zwischen Tat und Urteil auf die Strafzumessung auswirkt, ist einzelfallabhängig und nicht in Abhängigkeit von der Deliktsgruppe zu beurteilen.[323]

4.9.2.1.2 Belastungen durch eine überlange Verfahrensdauer

Neben dem langen Abstand zwischen Tat und Urteil kommt einer überdurchschnittlich langen Verfahrensdauer mildernde Wirkung zu, denn die mit dem Verfahren verbundenen Belastungen (z. B. infolge der Ungewissheit über den möglicherweise existenzgefährdenden Ausgang oder soziale Konsequenzen) können für den Angeklagten eine Quasi-Strafwirkung nach sich ziehen.[324] Insoweit kommt es nicht darauf an, ob die lange Verfahrensdauer sachliche Gründe hatte und inwieweit sie von den Strafverfolgungsorganen zu vertreten war.[325] Auch dass die lange Verfahrensdauer auf das Verteidigungsverhalten des Beschuldigten zurückzuführen ist, spielt keine Rolle; der Beschuldigte muss sich nur eine offensichtliche Prozessverschleppung seinerseits entgegenhalten lassen.[326]

4.9.2.1.3 Rechtsstaatswidrige Verfahrensverzögerung

Besonderheiten gelten, wenn sich eine *rechtsstaatswidrige* Verfahrensverzögerung feststellen lässt. Aus Art. 2 Abs. 1 GG i. V. m. dem Rechtsstaatsprinzip sowie aus Art. 6 Abs. 1 Satz 1 EMRK ergibt sich ein Recht des Angeklagten auf ein angemessen beschleunigtes Verfahren.

---

[321] *BGH* StV 2016, 558; MüKo 2016 ff., *Miebach und Maier*, § 46 Rn. 320.

[322] *Schäfer et al.* 2017, 269 f. (Rn. 746).

[323] *BGHSt* (GS) 62, 184 (200) m. Anm. *Renzikowski* NJW 2017, 3541; *BGH* NStZ 2018, 413.

[324] *Streng* 2012, 302 (Rn. 613); *Schäfer et al.* 2017, 270 (Rn. 748).

[325] *BGH* NStZ 1999, 181; MüKo 2016 ff., *Miebach und Maier*, § 46 Rn. 326.

[326] LK 2006 ff., *Theune*, § 46 Rn. 242.

Für die Bestimmung, *wann* ein Verstoß gegen dieses Beschleunigungsgebot vorliegt, ist der Zeitraum zwischen Bekanntgabe des Schuldvorwurfes und dem rechtskräftigen Verfahrensabschluss maßgeblich.[327] Dabei kommt es nicht darauf an, ob sich ein einzelner Verfahrensabschnitt über unangemessen lange Zeit hingezogen hat; bestimmend ist nach der Rechtsprechung die Gesamtdauer des Verfahrens.[328] Für die Angemessenheit des Zeitraums sind weder das Gewicht der Tat noch das Maß der Schuld relevant, denn die Kompensation der Verfahrensverzögerung dient allein dem Ausgleich eines objektiven Verfahrensunrechts; maßgeblich sind der Umfang und die Schwierigkeit des Verfahrensgegenstandes sowie das Ausmaß der mit dem Andauern des Verfahrens verbundenen Belastungen.[329] Genaue Zeitangaben, ab wann ein Verfahren in diesem Sinn übermäßig lang dauert, lassen sich nicht treffen; festgestellt wurde allerdings, dass jedenfalls eine Verfahrensdauer von 7 ½ Jahren das Beschleunigungsgebot verletzt.[330]

Hinsichtlich der *Rechtsfolgen*, die sich aus einer rechtsstaatswidrigen Verfahrensverzögerung ergeben, hat in der Rechtsprechung ein *Wandel* stattgefunden. Lange Zeit vertrat die Rechtsprechung die **Strafabschlagslösung**, wonach eine rechtsstaatswidrige Verfahrensverzögerung auf der Ebene der Strafzumessung wie auch in den beiden zuvor genannten Fällen (oben Abschn. 4.9.2.1.1 und 4.9.2.1.2) durch Strafmilderung zu kompensieren war. Die Verletzung des Beschleunigungsgebotes musste dafür ausdrücklich im Urteil festgestellt und das Maß der Strafmilderung rechnerisch exakt durch Vergleich mit der ohne Berücksichtigung der Verletzung angemessenen Strafe bestimmt werden.[331] Dabei konnte es bereits bei der Prüfung des anzuwendenden Strafrahmens geboten sein, die Voraussetzungen eines minder schweren Falles anzunehmen oder einen besonders schweren Fall abzulehnen.[332] Ein eigenständiges Verfahrenshindernis sollte nur dann vorliegen, wenn eine angemessene Berücksichtigung des Verstoßes im Rahmen einer Sachentscheidung nicht mehr möglich erschien.

Zu *Problemen* führte diese Strafabschlagslösung jedoch in den Fällen, in denen der Angeklagte zu einer lebenslangen Freiheitsstrafe verurteilt wurde (denn bei der absoluten Strafe findet keine Strafzumessung statt, in deren Rahmen ein Abschlag erfolgen kann)[333], sowie in den Fällen, in denen es infolge des Abschlags zu einem Unterschreiten der gesetzlichen Strafrahmenuntergrenze gekommen wäre. In der

[327] *BGH* NStZ 2004, 504; MüKo 2016 ff., *Miebach und Maier*, § 46 Rn. 349 ff.

[328] *BGH* bei *Detter* NStZ 2005, 145, 499; krit. *Krehl und Eidam* NStZ 2006, 4.

[329] *BGHSt* (GS) 52, 124 (137); zustimmend *Schäfer et al.* 2017, 273 ff. (Rn. 756, 764); *Wittling-Vogel und Ulick* DRiZ 2008, 87; *Keiser* GA 2008, 686 ff.; anders noch *BGH* NStZ 2004, 504 (505).

[330] *BVerfG* NStZ 2004, 335 (336).

[331] *BVerfG* NStZ 1997, 591; *BGH* NStZ 1999, 181 (182); 2003, 601.

[332] *Schäfer et al.* 2017, 277 (Rn. 767).

[333] *BGH* NJW 2006, 1529 (1535); *BVerfG* NStZ 2006, 680 (681 f.).

Entscheidung vom 17. Januar 2008 wandte sich der Große Senat des *BGH* deshalb nach Vorlage des 3. Senats von der bisherigen Rechtsprechung ab.[334] Nunmehr vertritt er die so genannte **Vollstreckungslösung**, die ihre rechtlichen Grundlagen in den Bestimmungen der EMRK und deren Entschädigungsprinzip findet und die den Rechtsgedanken des § 51 Abs. 1 Satz 1, Abs. 4 Satz 2 StGB fruchtbar macht.

Die Kompensation der rechtsstaatswidrigen Verfahrensverzögerung soll danach nicht mehr im Rahmen der Strafzumessung, sondern ebenso wie die Anrechnung nach § 51 StGB erst auf der Ebene der Strafvollstreckung erfolgen. Neben der Feststellung des Verstoßes gegen das Beschleunigungsgebot soll nunmehr in der Urteilsformel ausgesprochen werden, dass zur Entschädigung ein *bezifferter Teil* der verhängten Strafe bereits *als vollstreckt gilt*.[335] Dieses Modell respektiert die im Gesetz vorgegebenen Mindeststrafen, die nach der Bewertung des Gesetzgebers auch im denkbar mildesten Fall noch einen angemessenen Schuldausgleich gewährleisten; damit erübrigen sich von vornherein Überlegungen, ob für besondere Ausnahmefälle ein Unterschreiten der gesetzlichen Mindeststrafe oder ein Absehen von der gesetzlich vorgeschriebenen lebenslangen Freiheitsstrafe in Betracht gezogen werden darf.[336] In allen Fällen, in denen es innerhalb oder außerhalb des Strafrechts auf die Höhe der verhängten Strafe ankommt (z. B. für die Ausweisung nach §§ 53 ff. AufenthG oder bei erneuten Straftaten für die Möglichkeit der Anordnung der Sicherungsverwahrung, §§ 66 ff. StGB), ist überdies nicht mehr die durch den Abschlag verminderte Strafe, sondern die nach § 46 StGB angemessene Strafe maßgeblich.[337] Damit fördert die Vollstreckungslösung eine höhere Transparenz der Rechtsfolgenbemessung, indem alle Beteiligten erkennen können, in welchem Umfang das geringere Strafübel für den Angeklagten allein durch den Verstoß gegen das Beschleunigungsverbot bedingt ist.

Nach der neuen Strafvollstreckungslösung ist zunächst zu prüfen, ob es zur Kompensation einer rechtsstaatswidrigen Verfahrensverzögerung genügt, die Konventionswidrigkeit der Verfahrensverzögerung in den Urteilsgründen ausdrücklich festzustellen oder ob das Gericht darüber hinaus noch feststellen muss, dass ein bezifferter Teil der verhängten Strafe mit Blick auf die Verfahrensverzögerung bereits als vollstreckt gilt.[338]

Beispiel 1

In einem Fall, in dem sich der Angeklagte bereits wegen einer anderen Sache in Haft befand, stellte eine Verfahrensverzögerung von weniger als 6 Monaten und die damit verbundene Ungewissheit über den Ausgang des Verfahrens nur eine

---

[334] *BGHSt* (GS) 52, 124 (128 ff.); zum Vorwurf der Unzuständigkeit des GrS *Ignor und Bertheau* NJW 2008, 2211 f.

[335] *BGHSt* (GS) 52, 124 (146 f.).

[336] *BGHSt* (GS) 52, 124 (135).

[337] *BGHSt* (GS) 52, 124 (141); zustimmend *Streng* JZ 2008, 983 ff; vgl. auch *Streng* 2014, 502 ff.

[338] *BGHSt* (GS) 52, 124 (146 f.); *BGH* StV 2008, 298; krit. *Gaede* JZ 2008, 422.

geringe Belastung dar, so dass nach Berücksichtigung der Strafmilderungsgründe die in den Urteilsgründen deutlich herausgestellte Feststellung der rechtswidrigen Verfahrensverzögerung zur Kompensation ausreichte.[339]

Beispiel 2

In dem Fall, der zur Rechtsprechungsänderung geführt hatte, lag zwischen dem
Eingang der Anklageschrift bei Gericht und dem Erlass des Eröffnungsbeschlus-
ses ein Zeitraum von knapp anderthalb Jahren. Hier hätte laut *BGH* allein die
Feststellung der rechtsstaatswidrigen Verfahrensverzögerung als Kompensation
nicht genügt.[340]

In extremen Ausnahmefällen kommt auch eine Einstellung nach §§ 153 ff. StPO,
eine Verwarnung mit Strafvorbehalt nach § 59 StGB oder das Absehen von Strafe
nach § 60 StGB in Betracht.[341] Auch die Annahme eines Verfahrenshindernisses ist
in Extremfällen denkbar.[342]
Wenn ein Teil der Strafe für vollstreckt erklärt werden muss, bildet die Gesamtstrafe den Anknüpfungspunkt für die Kompensation, denn nur sie ist für die Strafvollstreckung relevant (vgl. auch § 58 Abs. 1 StGB).[343] Die Strafmilderung ist dabei
nicht durch eine schematische Anrechnung der jeweiligen Verzögerungsdauer vorzunehmen, sondern bemisst sich aufgrund einer wertenden Betrachtung der maßgeblichen Umstände des Einzelfalles, weshalb sie auch bereits durch den Tatrichter
im Erkenntnisverfahren vorzunehmen ist und nicht den Vollstreckungsbehörden
überlassen werden darf.[344] Um die gewährte Kompensation in der Urteilsformel
zum Ausdruck zu bringen, wird in der Literatur als Formulierung vorgeschlagen:
„Der Angeklagte wird wegen ... zu einer Freiheitsstrafe von vier Jahren verurteilt.
Von dieser gelten sechs Monate als vollstreckt."[345]

Mit dem am 03.12.2011 in Kraft getretenen *Gesetz über den Rechtsschutz bei überlangen
Gerichtsverfahren und strafrechtlichen Ermittlungsverfahren* hat der Gesetzgeber in
§§ 198 f. GVG einen Rechtsbehelf zur Sicherung des Anspruchs auf „Verhandlung innerhalb der Frist" (Art. 6 Abs. 1 EMRK) eingeführt und damit auf eine Forderung des
EGMR zur Sicherstellung eines innerstaatlichen Rechtsbehelfs bei überlangen Verfahren

---

[339] *BGH* Beschluss vom 11.03.2008–3 StR 36/08.

[340] *BGH* NJW 2007, 3294 (3295).

[341] *Fischer* 2019, § 46 Rn. 139; MüKo 2016 ff., *Miebach und Maier*, § 46 Rn. 407.

[342] *BGHSt* 46, 159; *Fischer* 2019, § 46 Rn. 139; MüKo 2016 ff., *Miebach und Maier*, § 46 Rn. 408.

[343] Die Vollstreckungslösung hat der BGH nun auch auf sog. „Härteausgleichsfälle" übertragen, in
denen der Angeklagte zu einer lebenslangen Freiheitsstrafe verurteilt wurde, eine nachträgliche
Gesamtstrafenbildung aber wegen bereits erfolgter Vollstreckung der einzubeziehenden Strafe
nicht möglich war (*BGHSt* 54, 259; 55, 1).

[344] Genauer zur Festsetzung der Kompensationshöhe *Pohlit* 2011, 464; eine Übersicht zu Kompen-
sationsentscheidungen des BGHfindet sich bei *Schäfer et al.* 2017, 283 f. (Rn. 782).

[345] *Schäfer et al.* 2017, 282 (Rn. 780).

reagiert.[346] Diese *Verzögerungsrüge* ermöglicht eine *angemessene Entschädigung*, wenn ein Verfahrensbeteiligter infolge unangemessener Dauer eines Gerichtsverfahrens einen Nachteil erleidet, § 198 Abs. 1 Satz 1 GVG. In § 198 Abs. 2 Satz 3 GVG ist für den Regelfall eine Entschädigung in Höhe von 1200 € für jedes Jahr der Verzögerung vorgesehen, wovon in Einzelfällen nach oben oder unten abgewichen werden kann (§ 198 Abs. 2 Satz 4 GVG). In § 199 Abs. 1 GVG wird der Rechtsschutz (nach Maßgabe der Absätze 2 bis 4) auch auf Verzögerungen bei staatsanwaltschaftlichen Ermittlungsverfahren erweitert. Insgesamt kann eine Entschädigung aber nur beansprucht werden, wenn nicht „Wiedergutmachung auf andere Weise" ausreichend ist (§ 198 Abs. 2 Satz 2 GVG). Diese Wiedergutmachung auf andere Weise hat der Gesetzgeber in § 199 Abs. 3 Satz 1 GVG für das Strafverfahren durch Hinweis auf die von der Rechtsprechung entwickelten Kompensationsmodelle konkretisiert und damit die Vollstreckungslösung des *BGH* ausdrücklich gebilligt.[347]

4.9.2.2 Tatprovokation

Der Einsatz von Lockspitzeln und verdeckten Ermittlern wird gemeinhin zur Bekämpfung besonders gefährlicher und schwer aufklärbarer Kriminalität als legitim und notwendig angesehen. Provoziert der Staat selbst strafbares Verhalten, kann sich daraus aber ein Strafmilderungsgrund ergeben. Dies gilt grundsätzlich unabhängig davon, ob es sich um eine zulässige oder unzulässige Tatprovokation handelt; der Umfang der Strafmilderung hängt im Wesentlichen vom Ausmaß der Einflussnahme des verdeckten Ermittlers auf den Täter ab.[348] Liegt allerdings eine unzulässige, gegen das Rechtsstaatsprinzip und den Grundsatz des fairen Verfahrens nach Art. 6 Abs. 1 Satz 1 EMRK verstoßende Form der Tatprovokation vor, erlangt der Strafmilderungsgrund besondere Bedeutung. Eine rechtsstaats- und konventionswidrige Form ist dann gegeben, wenn der Lockspitzeleinsatz erfolgt ist, obwohl es keine zureichenden tatsächlichen Anhaltspunkte dafür gab, dass die angesprochene Person an einer bereits begangenen Straftat beteiligt oder zu einer zukünftigen Straftat bereit war.[349]

Nach der Rechtsprechung des EGMR muss das erkennende Gericht in diesen Fällen die Unzulässigkeit des Lockspitzeleinsatzes in den Urteilsgründen ausdrücklich feststellen und den Verstoß gegen die EMRK bei der Festsetzung der Rechtsfolgen angemessen kompensieren. Dabei ist zweifelhaft, ob es zur Kompensation genügt, die rechtsstaats- und konventionswidrige Tatprovokation lediglich bei den Rechtsfolgen zu berücksichtigen, indem die verhängte Strafe gemildert wird. Die vom BGH zunächst vertretene Auffassung, wonach dies ausreichend sei,[350] ist vom EGMR im Jahr 2014 korrigiert worden.[351] Seither vertritt auch der BGH die Auffassung, dass die rechtsstaatswidrige Provokation einer Straftat regelmäßig ein Verfahrenshindernis zur Folge hat; das Verfahren muss also eingestellt

---

[346] BT-Drucks. 17/3802, 1, 15.

[347] BT-Drucks. 17/3802, 16; *Schäfer et al.* 2017, 287 (Rn. 790).

[348] So schon *BGH* StV 1986, 100 (101); NStZ 1992, 488.

[349] *BGHSt* 45, 321 (337).

[350] *BGHSt* 45, 321 (339 f.); 60, 238 (239 ff.); *BGH* NStZ 2014, 277 (280).

[351] *EGMR* NJW 2015, 3631 (3634 f.); *Schmidt* ZIS 2017, 56 ff.

werden.[352] Dessenungeachtet gilt indes, dass die Tatprovokation immer auch Auswirkungen auf die Schuldbewertung der Tat hat; derjenige, der zur Tat verleitet worden ist, handelt mit geringerer Schuld als derjenige, der die Tat aus freien Stücken begangen hat (oben Abschn. 4.4.1.4.6). Auch der Strafzweck der positiven Generalprävention kann die Notwendigkeit der Strafe in einem geänderten Licht erscheinen lassen (oben Abschn. 4.4.2.1.1). War die Einflussnahme auf den Täter im Einzelfall rechtlich zulässig, so dass ein Verfahrenshindernis nicht in Betracht kommt, muss die Tatprovokation deshalb nach wie vor bei der Strafzumessung berücksichtigt werden.[353]

4.10 Kriminologische Aspekte der Strafzumessung

4.10.1 Untersuchungen zur Gleichheit bzw. Ungleichheit der Strafzumessung

Die empirische Kriminologie beschäftigt sich mit der Strafzumessung schon seit langer Zeit. Als „Meilenstein" der Entwicklung gilt die 1931 von *Franz Exner* vorgelegte Untersuchung über die Strafzumessungspraxis im Deutschen Reich. Ausgehend von der Reichskriminalstatistik (die Unterscheidung von „Kriminal-" und „Strafverfolgungsstatistik" war seinerzeit noch nicht geläufig) untersuchte *Exner* die zeitlichen, örtlichen und sachlichen Unterschiede in den Strafmaßen. Besonders auffällig erschienen ihm die großen örtlichen Unterschiede: „Für den Dieb, der vor einen Hamburger Richter kommt, ist … die Aussicht, mit einer höheren Strafe belegt zu werden, viermal größer als für seinen Genossen im Stuttgarter Bezirk."[354]

Auch in den neueren kriminologischen Arbeiten zur Strafzumessung stehen die Fragen der Gleichheit bzw. Ungleichheit des Strafens im Mittelpunkt. In **methodischer Hinsicht** stellt sich dabei das Problem, dass sich Ungleichheit empirisch nicht ohne weiteres nachweisen lässt, da empirisch beobachtbare Variationen im Strafmaß dem normativen Programm der §§ 46 ff. StGB durchaus entsprechen und damit sachlich begründet sein können; das deutsche Strafzumessungssystem orientiert sich, worauf bereits hingewiesen wurde, nicht allein am äußeren Tatbild und der Proportionalität von Tat und Strafe, sondern am Grundsatz der Individualisierung der Strafe (oben Abschn. 4.7.4).

Methodisch „in den Griff bekommen" lässt sich die Erhebung von Strafzumessungsgleichheit nur auf zwei Wegen, die allerdings ihrerseits wiederum mit eigenen methodischen Schwierigkeiten verbunden sind. Der eine Weg besteht darin, von der Justiz entschiedene

---

[352] *BGHSt* 60, 276 (282 ff.) m. Anm. *Jahn und Kudlich* JR 2016, 54.

[353] *Schäfer et al.* 2017, 304 (Rn. 849), 310 (Rn. 860); MüKo 2016 ff., *Radtke*, Vor §§ 38 ff. Rn. 58; S/S 2019, *Kinzig*, § 46 Rn. 13.

[354] *Exner* 1931, 49. – *Exner* erklärte die Unterschiede mit den „Nachwirkungen" der unterschiedlichen früheren Landesrechte (S. 55), die allerdings schon seit mehr als einem halben Jahrhundert (Erlass des RStGB 1871) aufgehoben waren.

reale Fälle daraufhin zu untersuchen, ob sich für bestimmte, möglicherweise entscheidungsrelevante Merkmale ex post ein Einfluss nachweisen lässt. Diese Vorgehensweise ist mit der Schwierigkeit verbunden, dass die möglichen Einflussfaktoren nicht vollständig kontrolliert werden können und man darauf vertrauen muss, dass die nicht kontrollierten Variablen in der untersuchten Stichprobe nach Zufallskriterien gleichmäßig streuen. Der zweite Weg besteht darin, Entscheidungsträger mit *fiktiven Fällen* zu konfrontieren und sie insoweit um eine Strafmaßentscheidung zu bitten.[355] Bei dieser Vorgehensweise hat man zwar eine nahezu uneingeschränkte Kontrolle über die in die Strafzumessung einfließenden Variablen; zweifelhaft ist jedoch, ob sich die in der fiktiven Entscheidungssituation angegebenen Strafmaße auf das Verhalten in realen Entscheidungssituationen übertragen lassen. In der neueren kriminologischen Forschung wird wegen des zuletzt genannten, gravierenderen Problems meist der erste Weg eingeschlagen.

Das wichtigste Ergebnis der neueren deutschen Strafzumessungsforschung dürfte in der kriminalpolitisch beruhigenden Feststellung bestehen, dass sich die richterliche Strafzumessungspraxis den Erwartungen entsprechend vor allem an den normativen Vorgaben des Strafzumessungsrechts orientiert. Die Gerichte gehen bei der Festsetzung des Strafmaßes in der Regel von einigen wenigen Fallmerkmalen aus, die im normativen Programm des Strafzumessungsrechts verankert sind (**„legale"** **Strafzumessungsfaktoren**).

Deutlich wird dies in einer Untersuchung von *H.-J. Albrecht*, der mittels einer Aktenanalyse die Strafzumessungspraxis von deutschen und österreichischen Gerichten analysierte.[356] Der deutschen Stichprobe lagen 1223 Verurteilungen aus den Jahren 1979 bis 1981 zugrunde, bei denen die Verurteilung wegen schwerer Kriminalität (Einbruchsdiebstahl, Raub und Vergewaltigung) erfolgt war. In *Albrechts* Untersuchung zeigte sich, dass das Strafmaß bei *Einbruchsdiebstahl* in erster Linie durch die Anzahl der abgeurteilten Diebstähle, die Schadenshöhe und die Vorstrafenbelastung des Angeklagten bestimmt wird, das Strafmaß bei *Raub* vor allem durch die Einordnung der Tat als „minder schwerer Fall", die Schadenshöhe, die Drohungsintensität und die Vorstrafenbelastung, das Strafmaß bei *Vergewaltigung* ebenfalls durch die Einordnung als „minder schwerer Fall", ferner durch die Verletzungsintensität, die Vorstrafenbelastung, die Schwere der sexuellen Beeinträchtigung und die Drohungsintensität.

Auch andere Untersuchungen belegen den überragenden Einfluss der Vorstrafen, aber auch der Deliktsschwere bzw. bei Eigentums- und Vermögensdelikten der Schadenshöhe, der Anzahl der abgeurteilten Einzeltaten sowie der Entscheidung für die Wahl eines Sonderstrafrahmens.[357] Dass die Einordnung der Tat in einen Sonderstrafrahmen eine für die Strafzumessungsentscheidung so bedeutsame Wirkung

---

[355] So etwa die Untersuchung von *Häßler und Greve* Soziale Probleme 2012, 167 ff. zu der Frage, ob deutsche und nichtdeutsche Täter unterschiedlich hart bestraft werden (Befragung von Bekannten und Angehörigen von Studierenden der Erziehungswissenschaften anhand fiktiver Fallvignetten).

[356] *Albrecht, H. J.* 1994, 330 ff.

[357] *Schöch* 1973, 125 ff. (betr. Trunkenheit im Straßenverkehr); *Albrecht, H. J.* 1980, 185 ff. (leichte und mittlere Kriminalität); *Meier* 1983, 1349 ff. (Wiederholungstäter); *Hoppenworth* 1991, 258 ff. (Raub); *Verrel* 1995, 244 ff. (Tötungsdelikte); *Dölling* 1999, 190 ff. (Raub); *Höfer* MschrKrim 88 (2005), 131 ff. (Wiederholungstäter); *Streng* 2007b, 443 (Vergleich Jugendstrafrecht/Erwachsenenstrafrecht).

entfaltet, verdient dabei deshalb besondere Aufmerksamkeit, weil die Strafrahmen die Strafzumessung im Übrigen nur wenig beeinflussen; die oberen Bereiche eines Strafrahmens werden von der Praxis in der Regel nicht ausgeschöpft.[358]

Im Unterschied zu den normativ verankerten, primär unrechtsbezogenen Einflussfaktoren spielen andere Gesichtspunkte (**„extralegale" Faktoren**) bei der Strafzumessung nur eine geringe Rolle. Dies gilt etwa für solche Merkmale, die sich auf die berufliche Position der *urteilenden Richter*, ihre Einstellungen und Strafzweckpräferenzen oder auf ihre soziale Herkunft beziehen.[359] Gering ist auch der Einfluss, der von solchen Merkmalen ausgeht, die auf eine nicht durch den Gleichheitssatz (Art. 3 GG) gedeckte *Diskriminierung* hindeuten könnten. Für einen Einfluss der Schichtzugehörigkeit, der ethnischen Zugehörigkeit (Eigenschaft als Ausländer) oder des Geschlechts des/der Angeklagten haben sich in der Vergangenheit bei Kontrolle der unrechtsbezogenen Merkmale kaum nennenswerte Belege finden lassen.[360]

Lediglich für die bereits von *Exner* beschriebenen **regionalen Strafmaßdifferenzen** gibt es auch in der jüngeren Zeit Anhaltspunkte, die sich selbst bei Kontrolle der Verteilung der unrechtsbezogenen Faktoren nicht vollständig neutralisieren lassen.[361] Erklären lassen sich die regionalen Unterschiede dabei vermutlich am ehesten mit der Existenz eigenständiger „lokaler Justizkulturen"[362], die durch gemeinsame Überzeugungen von der „Richtigkeit" bestimmter Strafmaße geprägt sind und „vor Ort" eine relativ homogene Strafzumessungspraxis sichern, die sich erst beim Vergleich mit der Strafzumessungspraxis in anderen Orten als Ungleichbehandlung darstellt. Hier spiegelt sich wider, worauf bereits im Zusammenhang mit der Erörterung der „Einstiegsstelle" in den Strafrahmen hingewiesen wurde: Das Problem der „Umwertung" der festgestellten Strafzumessungstatsachen lässt sich letztlich nur in der Weise bewältigen, dass der zur Beurteilung anstehende Fall mit der Strafzumessungspraxis in anderen Fällen verglichen wird, wobei der Entscheidungspraxis „vor Ort" zwangsläufig eine maßgebliche Bedeutung zukommt (oben Abschn. 4.7.2).

4.10.2 Gleichmäßigkeit und Ungleichmäßigkeit im Zeitverlauf

Die Frage nach der Gleichheit bzw. Ungleichheit der richterlichen Strafzumessung stellt sich nicht nur unter dem Gesichtspunkt, ob die Strafmaßentscheidungen der Justiz von normativ verankerten („legalen") oder normativ nicht verankerten und

---

[358] *Albrecht, H. J.* 1994, 277 ff. (279); *Götting* 1997, 223 ff.

[359] Vgl. *Albrecht, H. J.* 1994, 330 ff.; *Oswald* 1994, 169 ff.; *Streng* 1984, 107 ff.; zum (geringen) Einfluss der Geschlechtsvariable in diesem Zusammenhang auch *Drewniak* 1994, 104 ff.

[360] *Albrecht, H. J.* 1994, 345 ff.; *Kolsch* 2019, 243 ff.; vgl. aber etwa auch *Häßler und Greve* Soziale Probleme 2012, 167 ff.

[361] *Pfeiffer und Savelsberg* 1989, 33 ff.; *Albrecht, H. J.* 1994, 348 ff.; *Schott* 2004, 224 ff.; *Grundies* 2016, 511 ff.; *ders.* 2018, 295 ff.; zum Gleichbehandlungsgrundsatz bei regionaler und lokaler Divergenz *Hörnle* 2010, 120 ff.; *Meier* 2011, 31 ff.

[362] Hierzu *Langer* 1994, 139 ff.

damit angreifbaren („außerrechtlichen" bzw. „extralegalen") Umständen abhängig sind. Sie stellt sich auch unter dem Gesichtspunkt, wie sich die Strafzumessungspraxis über die Jahre hinweg entwickelt, ob sich also im Zeitverlauf eher Gleichmäßigkeit oder eher Ungleichmäßigkeit feststellen lässt. Derartige **Längsschnittbetrachtungen** sind in der Vergangenheit erst in geringem Umfang durchgeführt worden, was vermutlich vor allem auf den großen Aufwand zurückzuführen ist, der mit solchen Untersuchungen verbunden ist.[363] Ein erster Eindruck lässt sich allerdings anhand der Strafverfolgungsstatistik gewinnen, die im Zeitreihenvergleich nicht nur Aufschluss über die Entwicklung der Sanktionsstruktur gibt (dazu schon oben Abschn. 3.1.4), sondern auch über die Entwicklung der Strafzumessungspraxis bei einzelnen Delikten.

Der Blick auf die Strafverfolgungsstatistik zeigt, dass die Strafzumessungspraxis der deutschen Gerichte über die Jahre hinweg ein hohes Maß an **Gleichförmigkeit und Stabilität** aufweist. Der Anteil derjenigen Strafquanten, die für einzelne Delikte verhängt werden, verändert sich in kleineren Zeiträumen nur geringfügig; erst im größeren Zeitreihenvergleich lassen sich Tendenzen erkennen.[364]

Zur Verdeutlichung kann beispielhaft das Einzeldelikt des *einfachen Raubes* (§ 249 StGB) genannt werden.[365] Das Delikt spielt in der gerichtlichen Praxis eine nicht unerhebliche Rolle: Als Verbrechen ist es im Regelstrafrahmen mit einer Freiheitsstrafe von wenigstens einem Jahr bedroht, hebt sich also von der Alltagskriminalität deutlich „nach oben" ab. Die Verfahren können nicht nach §§ 153 ff. StPO eingestellt werden. Lässt man die qualifizierten Formen des Raubes (§§ 250, 251 StGB) außer Betracht, so wurden 2017 insgesamt 880 Personen unter Anwendung des allgemeinen Strafrechts nach § 249 StGB verurteilt. Die Zahlen haben sich damit über die Jahre hinweg kaum verändert, wenngleich es Anfang der 1990er-Jahre und nach der Einbeziehung der neuen Bundesländer in die Statistik im Jahr 2007 zu einem vorübergehenden Anstieg in den absoluten Zahlen gekommen war (1988: 872 Verurteilte; 1993: 1045 Verurteilte; 1998: 925 Verurteilte; 2003: 869 Verurteilte; 2008: 1067 Verurteilte; 2013: 1058 Verurteilte). Hinsichtlich der Entwicklung der Schwere der von den Gerichten verhängten Strafen (Abb. 4.4) zeigt sich zunächst in den Randbereichen ein sehr hohes Maß an Stabilität: Geldstrafe (möglich bei Annahme eines „minder schweren Falls" in Kombination mit einer Strafmilderung nach § 49 Abs. 1 StGB) wurde für Raub über die Jahre hinweg gleichmäßig genauso selten verhängt wie Freiheitsstrafe von mehr als 5 bis einschließlich 15 Jahre. Tendenzielle Verschiebungen lassen sich demgegenüber im Bereich der Freiheitsstrafe von mehr als 6 Monaten bis zu 2 Jahren beobachten: Hier zeigt sich, dass sich der Bereich der Freiheitsstrafe von mehr als einem bis einschließlich 2 Jahre Freiheitsstrafe über die Jahre hinweg auf Kosten der Freiheitsstrafe unter einem Jahr ausgeweitet hat. Während 1988 nur 33,7 % der Strafen in die Kategorie mehr als ein bis 2 Jahre fiel, stieg der Anteil bis 1998 auf 40,6 %, bis 2008 auf 47,1 %, und erreichte 2012 einen vorläufigen Höhepunkt mit 50,7 % (2017: 49,4 %).

Vor allzu vordergründigen Erklärungen dieser Entwicklung ist zu warnen. Zum einen ist festzustellen, dass mit der Strafschwere auch die Aussetzungsquoten gestiegen sind. Während in dem Bereich von mehr als einem bis zu 2 Jahren Freiheitsstrafe 1988 nur 37,3 % der

---

[363] Ansätze bei *Albrecht, H. J.* 1994, 354 ff., vgl. auch 158 ff.

[364] Zu möglichen Erklärungen der Stabilität vgl. *Blumstein und Cohen* Journal of Criminal Law and Criminology 1973, 198 ff.

[365] Ausführlich zur Strafzumessung bei Raub *Hoppenworth* 1991; *Dölling* 1999, 177 ff.

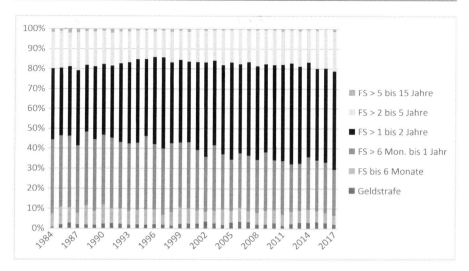

Abb. 4.4 Entwicklung der Strafschwere bei Verurteilungen wegen Raubes (§ 249 StGB). (Quelle: Statistisches Bundesamt, Strafverfolgung, zuletzt Tab. 3.1 und 3.3)

Strafen zur Bewährung ausgesetzt wurden, lag dieser Anteil im Jahr 2017 bei 64,1 %. Die Justiz hat den Anstieg in der Strafschwere also wenigstens zum Teil durch eine großzügigere Aussetzungspraxis kompensiert. Zum anderen lassen sich der Strafverfolgungsstatistik keine Hinweise auf die *Tat*schwere entnehmen. Nicht auszuschließen ist, dass den Verurteilungen heute andere Raubtaten zugrunde liegen als in früheren Jahren (intensivere Formen von Drohung und Gewalt, größere materielle Schäden), so dass der Anstieg der Strafschwere nicht als Beleg für eine größere Punitivität herangezogen werden kann, sondern eher umgekehrt als ein Indikator für eine geänderte Kriminalitätslage, die sich in höheren Strafen niederschlägt. Hierzu bedürfte es genauerer Einzeluntersuchungen. Die in anderen Kriminalitätsbereichen zu beobachtende Tendenz zu einer „härteren Gangart" der Justiz[366] (vgl. auch oben Abschn. 3.6.5.1, Tab. 3.5) lässt sich anhand der Strafverfolgungsstatistik für den einfachen Raub nur in Ansätzen nachweisen.

4.10.3 Strafzumessung im europäischen Vergleich

Die Frage nach der Gleichheit bzw. Ungleichheit kann schließlich auch im internationalen Kontext aufgeworfen werden: Wie stellt sich die Strafzumessungspraxis der deutschen Gerichte im Vergleich zur Strafzumessungspraxis anderer Länder dar? Sind die deutschen Strafmaße eher milde oder eher streng?

Auch ein derartiger Vergleich mit der Strafzumessungspraxis in anderen Ländern ist mit vielfältigen **methodischen Problemen** behaftet. Drei Hauptprobleme stehen im Vordergrund. Zum einen muss berücksichtigt werden, dass die *Deliktsdefinitionen*, die die Gerichte

---

[366] *Kury et al.* 2004, 66 ff. (betr. Vergewaltigung und gefährliche Körperverletzung); *Meier* StV 2008, 264 f. (betr. sexuellen Missbrauch von Kindern).

bei der Strafzumessung zu Grunde legen, nicht in allen Ländern identisch sind. In manchen
Ländern erfassen die gesetzlichen Definitionen ein breiteres, in anderen Ländern ein
schmaleres, möglicherweise auf besonders schwere Fälle reduziertes Spektrum deliktischer
Erscheinungsformen. So ist etwa das deutsche Konzept der „Körperverletzung" nicht de-
ckungsgleich mit dem anglo-amerikanischen Konzept des „assault" (in Deutschland steht
die Verletzung der körperlichen Integrität im Vordergrund, im anglo-amerikanischen
Rechtskreis dagegen der physische Angriff); auch werden bspw. unter dem Begriff der
„Vergewaltigung" in vielen Ländern ganz unterschiedliche Verhaltensweisen verstanden.
Zum zweiten muss berücksichtigt werden, dass die *Verfahren*, in denen die Strafe verhängt
wird, in der Regel unterschiedlich strukturiert sind. Äußern kann sich dies etwa in der Abhängigkeit des Verfahrens von einem Strafantrag des Verletzten, in der Eröffnung von Möglichkeiten zur Diversion und alternativer Verfahrenserledigung in den nicht so gravierenden
Fällen (mit der Konsequenz, dass von vornherein nur die schwereren Fälle in das Blickfeld
der Strafgerichte geraten) oder in unterschiedlichen Altersgrenzen, ab denen sich straffällig
gewordene junge Menschen nach den für Erwachsene geltenden Standards verantworten
müssen. Zum dritten erschweren nationale Unterschiede bei der *statistischen Erfassung* der
ausgeurteilten Sanktionen den Überblick. Nicht in allen Ländern werden die interessierenden Informationen nach denselben Regeln erhoben; etwa bei der Frage, wie mehrere Delikte (Beispiel: vollendeter Raub in Tateinheit mit versuchtem Mord) oder mehrere Sanktionen (Beispiel: Geldstrafe und Entziehung der Fahrerlaubnis) statistisch erfasst werden,
kann es erhebliche Unterschiede geben.

Trotz dieser methodischen Schwierigkeiten erlaubt das unter Beteiligung des Europarats entstandene „**European Sourcebook of Crime and Criminal Justice Statistics**" einen ersten Überblick über die Strafzumessungspraxis in Europa und die
Einordnung des Schwereniveaus der von den deutschen Gerichten verhängten Sanktionen.[367] Greift man hier wieder den Raubtatbestand heraus und konzentriert den
Blick auf einige wichtige Nachbarstaaten Deutschlands, lässt sich zunächst feststellen, dass sich die Verurteiltenziffer in Deutschland im Jahr 2006 (eine aktuellere Ausgabe des European Sourcebook ist anders aufgebaut und deshalb für den hier anzustellenden Vergleich ungeeignet) mit 13 Verurteilten wegen Raubes pro 100.000
Einwohner etwa auf dem Niveau der anderen Länder bewegte (Österreich: 9; Schweiz:
11; England/Wales: 15; Niederlande: 18).[368] Interessant ist nun allerdings, dass Raub
in Deutschland 2006 nach allgemeinem Strafrecht zwar weit überwiegend (in 97,8 %
der Fälle) mit Freiheitsstrafe geahndet wurde (deutlich geringer ist dieser Anteil etwa
in den Niederlanden, wo lediglich 54,4 % der Verurteilten eine Freiheitsstrafe erhiel-
ten), dass sich der Anteil der *vollstreckten*, nicht zur Bewährung ausgesetzten Strafen
mit einem Anteil von 53,8 % im europäischen Vergleich aber durchaus im Mittelfeld
bewegte (z. B. auch in den Niederlanden: 48,0 %). Die deutlich höheren Anteile voll-
streckter freiheitsentziehender Sanktionen, die bspw. in Österreich (86,7 %) oder
England/Wales (81,3 %) verhängt wurden, wurden in Deutschland nicht erreicht.[369]

---

[367] *Aebi et al.* 2010; vgl. dazu auch *Jehle* 2013, 191 ff.; *Meier* 2016, 336 ff.
[368] *Aebi et al.* 2010, 183 (Tab. 3.2.1.10); zur Deliktsdefinition *Aebi et al.* 2010, 360.
[369] *Aebi et al.* 2010, 225 (Tab. 3.2.3.10).

Deutet dies im europäischen Vergleich auf eine moderate Sanktionspraxis der deutschen Gerichte hin, weisen die Angaben zur Straf*dauer* in eine etwas andere Richtung. Bezieht man sich hier nur auf die vollstreckten Freiheitsstrafen (lässt also die zur Bewährung ausgesetzten Strafen außer Betracht), zeigt sich, dass in manchen Ländern offenbar sehr viel stärker als in Deutschland das Instrument der kurzen Freiheitsstrafe eingesetzt wird. Ein Beispiel ist Frankreich, wo sich – wenn auch in einem früheren Bezugsjahr (1999) und ohne Beschränkung auf das Erwachsenenstrafrecht – etwas mehr als die Hälfte (61,4 %) der wegen Raubes verhängten, nicht ausgesetzten Jugend- und Freiheitsstrafen in dem Bereich bis zu 12 Monaten bewegten. Ähnlich hoch war der Anteil der kurzen Jugend- und Freiheitsstrafen in den Niederlanden (66,0 %).[370] Strafrechtsdogmatisch lässt sich der geringe Anteil von Kurzstrafen in Deutschland zwanglos mit der für das Erwachsenenstrafrecht verbindlichen Mindeststrafdrohung von einem Jahr Freiheitsstrafe im Regelstrafrahmen erklären. Kriminalpolitisch stellt sich allerdings die Frage, ob diese Mindeststrafdrohung wirklich notwendig ist oder ob nicht aus dem vergleichenden Blick auf die Strafzumessungspraxis in den anderen Ländern der Schluss gezogen werden kann, dass die Mindeststrafdrohung bei Raub de lege ferenda auch in Deutschland zugunsten kürzerer freiheitsentziehender Sanktionen aufgegeben werden kann.[371]

Kontrollfragen

1. Was bedeutet der Begriff der „Schuld" in § 46 Abs. 1 Satz 1 StGB? (Abschn. 4.4.1)

2. Das Gericht will einen Angeklagten verurteilen, dem eine Vergewaltigung zur Last gelegt wird. Darf das Gericht bei der Strafzumessung berücksichtigen, dass das Opfer noch Jungfrau war und mit dem „ersten Mal" warten wollte, bis sie „den Richtigen" kennen gelernt hatte? (Abschn. 4.4.1.4.1)

3. Unter welchen Voraussetzungen dürfen bei der Strafzumessung Vorstrafen des Angeklagten berücksichtigt werden? (Abschn. 4.4.1.4.7)

4. Darf ein Geständnis strafmildernd berücksichtigt werden und, wenn ja, warum? (Abschn. 4.4.1.4.9)

5. Worin besteht der Unterschied zwischen dem „Durchschnitts-" und dem „Regelfall"? (Abschn. 4.7.1)

6. Auf welche Weise lässt sich ermitteln, welches in Deutschland das übliche Strafmaß für eine fahrlässige Tötung ist? (Abschn. 4.7.2)

7. Welche Bedeutung hat § 46 Abs. 1 Satz 2 StGB für die Strafzumessung? (Abschn. 4.7.3)

---

[370] *Killias et al.* 2003, 170 f. (Tab. 3.2.4.7).

[371] Zur Möglichkeit der Normumgehung durch Ausweichen auf den „minder schweren Fall" (§ 249 Abs. 2 StGB) vgl. *Albrecht, H. J.* 1994, 291 ff.

Literatur

Achenbach, H. (1974). *Historische und dogmatische Grundlagen der strafrechtssystematischen Schuldlehre*. Berlin: J. Schweitzer.

Aebi, M., et al. (2010). *European sourcebook of crime and criminal justice statistics* (4. Aufl.). Internet-Publikation. https://wp.unil.ch/europeansourcebook/printed-editions-2/. Zugegriffen am 23.03.2019.

Albrecht, H.-J. (1980). *Strafzumessung und Vollstreckung bei Geldstrafen unter Berücksichtigung des Tagessatzsystems*. Berlin: Duncker & Humblot.

Albrecht, H.-J. (1994). *Strafzumessung bei schwerer Kriminalität. Eine vergleichende theoretische und empirische Studie zur Herstellung und Darstellung des Strafmaßes*. Berlin: Duncker & Humblot.

Baurmann, M. (1994). Vorüberlegungen zu einer empirischen Theorie der positiven Generalprävention. *Goltdammer's Archiv für Strafrecht (GA)*, 368–384.

Bilsdorfer, P. (2009). Klarere Strafzumessungsregeln bei Steuerhinterziehung. *Neue Juristische Wochenschrift (NJW), 62*, 476–478.

Bloy, R. (1995). Die Berücksichtigungsfähigkeit außertatbestandlicher Auswirkungen der Tat bei der Strafzumessung. *Zeitschrift für die gesamte Strafrechtswissenschaft (ZStW), 107*, 576–596.

Blumstein, A., & Cohen, J. (1973). A theory of the stability of punishment. *Journal of Criminal Law and Criminology, 64*, 198–207.

Brandenstein, M. (2006). Strafzweckerfüllungen als abhängige Variable der Zeit. In J. Obergfell-Fuchs & M. Brandenstein (Hrsg.), *Nationale und internationale Entwicklungen in der Kriminologie, Festschrift für Helmut Kury* (S. 357–396). Frankfurt a. M.: für Polizeiwissenschaft.

Brauns, U. (1996). *Die Wiedergutmachung der Folgen der Straftat durch den Täter. Ein Beitrag zur Neubewertung eines Strafzumessungsfaktors de lege lata und de lege ferenda*. Berlin: Duncker & Humblot.

Bruns, H.-J. (1977). „Stellenwerttheorie" oder „Doppelspurige Strafhöhenbemessung"? In H.-H. Jescheck & H. Lüttger (Hrsg.), *Festschrift für Eduard Dreher* (S. 251–265). Berlin: de Gruyter.

Bruns, H.-J. (1984). Zur Frage der Folgen tatprovozierenden Verhaltens polizeilicher Lockspitzel. *Strafverteidiger (StV), 4*, 388–394.

Bruns, H.-J. (1988). Die Bedeutung des Durchschnitts-, des Regel- und des Normalfalls im Strafzumessungsrecht. *JuristenZeitung (JZ)*, 1053–1058.

Bruns, H.-J., & Güntge, G.-F. (2019). *Das Recht der Strafzumessung* (3. Aufl.). Köln: Heymanns.

Calliess, R.-P. (1998). Der Rechtscharakter der Regelbeispiele im Strafrecht. Zum Problem von Tatbestand und Rechtsfolge im 6. Strafrechtsreformgesetz. *Neue Juristische Wochenschrift (NJW), 51*, 929–935.

Dalquen, T. (2003). *Strafzumessung bei Angeklagten mit geringer Lebenserwartung*. Bonn: Druckerei Schwarz.

Dencker, F. (1990). Zum Geständnis im Straf- und Strafprozeßrecht. *Zeitschrift für die gesamte Strafrechtswissenschaft (ZStW), 102*, 51–79.

Detter, K. (2009). *Einführung in die Praxis des Strafzumessungsrechts*. Köln: Wolters Kluwer.

Dölling, D. (1987). Das Dreiundzwanzigste Strafrechtsänderungsgesetz – Strafaussetzung zur Bewährung. *Neue Juristische Wochenschrift (NJW), 40*, 1041–1049.

Dölling, D. (1999). Über die Strafzumessung beim Raub. In K. H. Gössel & O. Triffterer (Hrsg.), *Gedächtnisschrift für Heinz Zipf* (S. 177–196). Heidelberg: C.F. Müller.

Dölling, D. (2011). Die rechtliche Struktur der Strafzumessungsentscheidung im deutschen Strafrecht. In W. Frisch (Hrsg.), *Grundfragen des Strafzumessungsrechts aus deutscher und japanischer Sicht* (S. 85–94). Tübingen: Mohr Siebeck.

Dölling, D. (2013). Zur Bedeutung des Nachtatverhaltens des Täters für die Strafzumessung. In G. Freund et al. (Hrsg.), *Grundlagen und Dogmatik des gesamten Strafrechtssystems, Festschrift für Wolfgang Frisch* (S. 1181–1188). Berlin: Duncker & Humblot.

Dreher, E. (1947). *Über die gerechte Strafe. Eine theoretische Untersuchung für die deutsche strafrechtliche Praxis*. Heidelberg: Lambert Schneider.

Dreher, E. (1978). Über Strafrahmen. In W. Frisch & W. Schmid (Hrsg.), *Festschrift für Hans-Jürgen Bruns* (S. 141–164). Köln: Heymanns.

Drewniak, R. (1994). *Strafrichterinnen als Hoffnungsträgerinnen? Eine vergleichende Analyse strafrechtlicher Orientierungen von Richterinnen und Richtern.* Stuttgart: Enke.

Eisenberg, U., & Kölbel, R. (2017). *Kriminologie* (7. Aufl.). München: Beck.

Ellscheid, G. (2001). Tatproportionale Strafzumessung und Strafaussetzung zur Bewährung – Bemerkungen zu einem kategorialen Irrweg. In G. Britz et al. (Hrsg.), *Grundfragen staatlichen Strafens, Festschrift für Heinz Müller-Dietz* (S. 201–212). München: Beck.

Erhard, C. (1992). *Strafzumessung bei Vorbestraften unter dem Gesichtspunkt der Strafzumessungsschuld. Zugleich ein Beitrag zur Struktur der in § 46 StGB verwendeten Systemkategorie „Schuld".* Berlin: Duncker & Humblot.

Exner, F. (1931). *Studien über die Strafzumessungspraxis der deutschen Gerichte.* Leipzig: Ernst Wiegandt.

Fahl, C. (1996). *Zur Bedeutung des Regeltatbilds bei der Bemessung der Strafe.* Berlin: Duncker & Humblot.

Fahl, C. (1999). Zur Bedeutung des Regeltatbilds für die Bemessung der Strafe. *Zeitschrift für die gesamte Strafrechtswissenschaft (ZStW), 111*, 156–174.

Fischer, T. (2019). *Strafgesetzbuch und Nebengesetze* (66. Aufl.). München: Beck.

Foth, E. (1985). Strafschärfung/Strafmilderung – Eine noch unerledigte Frage der Strafzumessung. *Juristische Rundschau (JR), 10*, 397–399.

Freund, G. (2009). *Strafrecht. Allgemeiner Teil. Personale Straftatlehre* (2. Aufl.). Berlin: Springer.

Frisch, W. (1987). Gegenwärtiger Stand und Zukunftsperspektiven der Strafzumessungsdogmatik. Das Recht der Strafzumessung im Lichte der systematischen Darstellungen von Hans-Jürgen Bruns und Franz Pallin. *Zeitschrift für die gesamte Strafrechtswissenschaft (ZStW), 99*, 349–388, 751–805.

Frisch, W. (1993). Straftatsystem und Strafzumessung. Zugleich ein Beitrag zur Struktur der Strafzumessungsentscheidung. In J. Wolter (Hrsg.), *140 Jahre Goltdammer's Archiv für Strafrecht* (S. 1–38). Heidelberg: R. v. Decker's /G. Schenk.

Frisch, W. (1998). Individualprävention und Strafbemessung. Zur unterschiedlichen Angewiesenheit rechtlicher Normprogramme auf empirische Befunde. In H.-J. Albrecht et al. (Hrsg.), *Internationale Perspektiven in Kriminologie und Strafrecht, Festschrift für Günther Kaiser* (S. 765–792). Berlin: Duncker & Humblot.

Frisch, W. (2000). Strafkonzept, Strafzumessungstatsachen und Maßstäbe der Strafzumessung in der Rechtsprechung des Bundesgerichtshofs. In C. Roxin & G. Widmaier (Hrsg.), *50 Jahre Bundesgerichtshof. Festgabe aus der Wissenschaft, Bd. IV Strafrecht, Strafprozeßrecht* (S. 269–308). München: Beck.

Frisch, W. (2001). Unrecht und Schuld im Verbrechensbegriff und in der Strafzumessung. In G. Britz et al. (Hrsg.), *Grundfragen staatlichen Strafens, Festschrift für Heinz Müller-Dietz* (S. 237–260). München: Beck.

Frisch, W., von Hirsch, A., & Albrecht, H.-J. (2003). *Tatproportionalität. Normative und empirische Aspekte einer tatproportionalen Strafzumessungr.* Heidelberg: C. F. Mülle.

Frister, H. (2013). Der strafrechtsdogmatische Begriff der Schuld. *Juristische Schulung (JuS), 12*, 1057–1065.

Gaede, K. (2008). Anmerkung zur Entscheidung des Großen Senats vom 17.01.2008 – GSSt 1/07. *JuristenZeitung (JZ)*, 422–424.

Gerhold, S. (2009). Der unbenannte minder schwere Fall im Strafrecht und seine Bedeutung für die Strafzumessung. *Zeitschrift für das Juristische Studium (ZJS), 3*, 260–266.

Gerrig, R. J. (2015). *Psychologie* (20. Aufl.). Hallbergmoos: Pearson.

Giannoulis, G. (2014). Vorstrafen und das Modell der allmählich abnehmenden Strafmilderung. *Zeitschrift für Internationale Strafrechtsdogmatik (ZIS)*, 522–535.

Gillmeister, F. (2000). Strafzumessung aus verjährten und eingestellten Straftaten. *Neue Zeitschrift für Strafrecht (NStZ), 7*, 344–348.

Götting, B. (1997). *Gesetzliche Strafrahmen und Strafzumessungspraxis. Eine empirische Untersuchung anhand der Strafverfolgungsstatistik für die Jahre 1987 bis 1991*. Frankfurt a. M.: Peter Lang.

Götting, B. (1998). Die Bedeutung der gesetzlichen Strafrahmen für die Strafzumessung. *Neue Zeitschrift für Strafrecht (NStZ), 11*, 542–548.

Grundies, V. (2018). Regionale Unterschiede in der gerichtlichen Sanktionspraxis in der Bundesrepublik Deutschland. Eine empirische Analyse. In D. Hermann & A. Pöge (Hrsg.), *Kriminalsoziologie. Handbuch für Wissenschaft und Praxis* (S. 295–315). Baden-Baden: Nomos.

Grundies. v (2016). Gleiches Recht für alle? – Eine empirische Analyse lokaler Unterschiede in der Sanktionspraxis in der Bundesrepublik Deutschland. In F. Neubacher & N. Bögelein (Hrsg.), *Krise – Kriminalität – Kriminologie* (S. 511–525). Mönchengladbach: Forum Godesberg.

Güntge, G.-F. (2018). Die Spielraumtheorie – Dominanz einer „unwissenschaftlichen" Strafzumessungslehre? *Zeitschrift für Internationale Strafrechtsdogmatik (ZIS)*, 384–387.

Günther, H.-L. (1989). Systematische Grundlagen der Strafzumessung. Eine Bestandsaufnahme. *JuristenZeitung (JZ)*, 1025–1030.

Hammerstein, D. (2007). Das Geständnis und sein Wert – Lippenbekenntnisse in der Strafzumessung. *Strafverteidiger (StV), 27*, 48–52.

Häßler, U., & Greve, W. (2012). Bestrafen wir Erkan härter als Stefan? Befunde einer experimentellen Studie. *Soziale Probleme, 23*, 167–181.

Henkel, H. (1969). *Die „richtige" Strafe. Gedanken zur richterlichen Strafzumessung*. Tübingen: J.C.B. Mohr.

Hettinger, M. (1982). *Das Doppelverwertungsverbot bei strafrahmenbildenden Umständen (§§ 46 Abs. 3, 50 StGB)*. Berlin: Duncker & Humblot.

Hettinger, M. (1993). Zum Geltungsbereich des Doppelverwertungsverbots und zum Begriff des „normalen Erscheinungsbildes". *Goltdammer's. Archiv für Strafrecht (GA), 140*, 1–27.

Hettinger, M. (2013). Über „Fälle"als Vergleichsfälle und „Umstände"als Ausgangswerte oder Bezugspunkte zur Ermittlung der Bewertungsrichtung bei der Strafzumessung. Zugleich zu dem Satz, dass das Fehlen strafmildernder Umstände nicht strafschärfend und das Fehlen strafschärfender Umstände nicht strafmildernd berücksichtigt werden darf. In G. Freund et al. (Hrsg.), *Grundlagen und Dogmatik des gesamten Strafrechtssystems, Festschrift für Wolfgang Frisch* (S. 1153–1180). Berlin: Duncker & Humblot.

Hillenkamp, T. (1981). *Vorsatztat und Opferverhalten*. Göttingen: Schwarz.

von Hirsch, A., & Ashworth, A. (2005). *Proportionate sentencing. Exploring the principles*. Oxford: Oxford University Press.

HK-GS (2017). In D. Dölling, C. Duttge & D. Rössner (Hrsg.), *Gesamtes Strafrecht. Handkommentar* (4. Aufl.). Baden-Baden: Nomos.

Höfer, S. (2005). Zur Kongruenz von Recht und Praxis der Strafzumessung. *Monatsschrift für Kriminologie und Strafrechtsreform (MschrKrim), 88*, 127–134.

Hoppenworth, E. (1991). *Strafzumessung beim Raub. Eine empirische Untersuchung der Rechtsfolgenzumessung bei Verurteilungen wegen Raubes nach allgemeinem Strafrecht und nach Jugendstrafrecht*. München: VVF.

Horn, E. (1975). Wider die „doppelspurige" Strafhöhenzumessung. In G. Grünwald et al. (Hrsg.), *Festschrift für Friedrich Schaffstein* (S. 241–254). Göttingen: Schwarz.

Horn, E. (1978). Zum Stellenwert der „Stellenwerttheorie". In W. Frisch & W. Schmid (Hrsg.), *Festschrift für Hans-Jürgen Bruns* (S. 165–182). Köln: Heymanns.

Horn, E. (1986). Strafschärfung und Strafmilderung – im Verhältnis wozu? *Strafverteidiger (StV)*, 168–170.

Hörnle, T. (1999a). Das antiquierte Schuldverständnis der traditionellen Strafzumessungsrechtsprechung und -lehre. *JuristenZeitung (JZ)*, 1080–1089.

Hörnle, T. (1999b). *Tatproportionale Strafzumessung*. Berlin: Duncker & Humblot.

Hörnle, T. (2010). Strafzumessungslehre im Lichte des Grundgesetzes. In E. Schumann (Hrsg.), *Das strafende Gesetz im sozialen Rechtsstaat. 15. Symposion der Kommission „Die Funktion des Gesetzes in Geschichte und Gegenwart"* (S. 105–138). Berlin: de Gruyter.

Hörnle, T. (2011). Vergleichende Strafzumessung bei Tatbeteiligung. Anmerkung zum Beschluss des BGH 1 StR 282/11 vom 28.06.2011. *Zeitschrift für Höchstrichterliche Rechtsprechung im Strafrecht (HRRS)*, 511–512.

Horstkotte, H. (1992). Gleichmäßigkeit und Schuldangemessenheit der Strafzumessung. In J.-M. Jehle (Hrsg.), *Individualprävention und Strafzumessung. Ein Gespräch zwischen Strafjustiz und Kriminologie* (S. 151–180). Wiesbaden: KrimZ.

Höynck, T., Behnsen, M., & Haug, M. (2014). Der Alternativentwurf Leben (AE-Leben). Überlegungen zur Frage der Folgen des Entwurfs für Nahraumtötungen am Beispiel von Tötungsdelikten an Kindern. *Zeitschrift für Internationale Strafrechtsdogmatik (ZIS)*, 102–122.

Ignor, A., & Bertheau, C. (2008). Die so genannte Vollstreckungslösung des Großen Senats für Strafsachen – wirklich eine „Lösung"? *Neue Juristische Wochenschrift (NJW)*, 61, 2209–2213.

Janssen, B. (1991). Probleme der Strafzumessung bei Rückfalltätern. *Zeitschrift für Rechtspolitik (ZRP)*, 24, 52–54.

Jehle, J.-M. (2013). Crime and criminal justice in Europe – The approach of the European sourcebook. In A. Kuhn et al. (Hrsg.), *Kriminologie, Kriminalpolitik und Strafrecht aus internationaler Perspektive, Festschrift für Martin Killias* (S. 191–206). Bern: Stämpfli.

Jescheck, H.-H., & Weigend, T. (1996). *Lehrbuch des Strafrechts. Allgemeiner Teil* (5. Aufl.). Berlin: Duncker & Humblot.

Jung, H. (2010). Zur Strafzumessung in Steuerstrafsachen. In W. Joecks et al. (Hrsg.), *Recht – Wirtschaft – Strafe, Festschrift für Erich Samson* (S. 55–64). Heidelberg: C.F. Müller.

Kaspar, J. (2004). *Wiedergutmachung und Mediation im Strafrecht. Rechtliche Grundlagen und Ergebnisse eines Modellprojekts zur anwaltlichen Schlichtung*. Münster: Lit.

Kaspar, J., & König, S. (2011). Pro & Contra: Kronzeugenregelung. *Zeitschrift für Rechtspolitik (ZRP)*, 44, 159–160.

Kaspar, J., & Wengenroth, L. (2010). Die neue „Kronzeugenregelung" in § 46b StGB: Voraussetzungen, Kritikpunkte und straftheoretische Bedeutung. *Goltdammer's Archiv für Strafrecht (GA)*, 453–471.

Keiser, C. (2008). Das Rechtsfolgensystem auf dem Prüfstand. Zugleich Besprechung von BGH (Großer Senat), Beschluss vom 17.1.2008. *Goltdammer's Archiv für Strafrecht (GA)*, 686–701.

Kelker, B. (2007). *Zur Legitimität von Gesinnungsmerkmalen im Strafrecht: Eine strafrechtlich – rechtsphilosophische Untersuchung*. Frankfurt a. M.: Vittorio Klostermann.

Kerner, H.-J. (1992). Kriminologische Kriterien für eine individualpräventive Sanktionsentscheidung. In J.-M. Jehle (Hrsg.), *Individualprävention und Strafzumessung. Ein Gespräch zwischen Strafjustiz und Kriminologie* (S. 209–239). Wiesbaden: KrimZ.

Kett-Straub, G., & Kudlich, H. (2017). *Sanktionenrecht*. München: C.H. Beck.

Killias, M., et al. (2003). *European sourcebook of crime and criminal justice statistics* (2. Aufl.). Internet-Publikation. https://wp.unil.ch/europeansourcebook/printed-editions-2/. Zugegriffen am 23.03.2019.

Klappstein, V., & Kossmann, J. (2010). Die Gesamtstrafenbildung. *Juristische Schulung (JuS)*, 9, 785–790.

Kolsch, J. (2019). *Sozioökonomische Ungleichheit im Strafverfahren. Eine empirische Analyse unter besonderer Berücksichtigung abgekürzter Verfahrensarten*. Jur. Diss. Hannover.

König, S. (2009). Wieder da: Die große „Kronzeugenregelung". *Neue Juristische Wochenschrift (NJW)*, 34, 2481–2484.

Krahl, M. (1999). *Tatbestand und Rechtsfolge. Untersuchungen zu ihrem strafrechtsdogmatisch-methodologischen Verhältnis*. Frankfurt a. M.: Vittorio Klostermann.

Krehl, C., & Eidam, L. (2006). Die überlange Dauer von Strafverfahren. *Neue Zeitschrift für Strafrecht (NStZ)*, 26, 1–10.

Kury, H., Kania, H., & Obergfell-Fuchs, J. (2004). Worüber sprechen wir, wenn wir über Punitivität sprechen? Versuch einer konzeptionellen und empirischen Begriffsbestimmung. *Kriminologisches Journal (KrimJ)*, Beiheft, 8, 51–88.

Lackner, K., & Kühl, K. (2018). *Strafgesetzbuch* (29. Aufl.). München: Beck.

Langer, W. (1994). *Staatsanwälte und Richter. Justitielles Entscheidungsverhalten zwischen Sachzwang und lokaler Justizkultur*. Stuttgart: Enke.

Laubenthal, K. (2012). *Handbuch Sexualstraftaten*. Berlin: Springer.

LK. (1985 ff.). *Leipziger Kommentar* (10. Aufl.). Berlin: de Gruyter. (Hrsg. Jescheck, H. H., Ruß, W., & Willms, C.).

LK. (2006 ff.). *Leipziger Kommentar* (12. Aufl.). Berlin: de Gruyter. (Hrsg. Laufhütte, H. W., Rissing van Saan, R., & Tiedemann, K.).

Maatz, K. R. (1998). §§ 20, 21 StGB, Privilegierung der Süchtigen? Zur normativen Bestimmung der Schuldfähigkeit alkoholisierter Straftäter. *Strafverteidiger (StV), 18*, 279–285.

Maeck, M. (1983). *Opfer und Strafzumessung. Ein Beitrag zur Systematik und Dogmatik der richterlichen Strafzumessung*. Stuttgart: Enke.

Maiwald, M. (1984). Zur Problematik der „besonders schweren Fälle" im Strafrecht. *Neue Zeitschrift für Strafrecht (NStZ), 4*, 433–440.

Maurach, R., Gössel, K. H., & Zipf, H. (2014). *Strafrecht. Allgemeiner Teil* (Bd. 2, 8. Aufl.). Heidelberg: C.F. Müller.

Maurer, M. (2005). *Komparative Strafzumessung. Ein Beitrag zur Fortentwicklung des Sanktionenrechts*. Berlin: Humblot.

Meier, B.-D. (1983). Die Strafzumessung bei Rückfalltätern in der Bundesrepublik Deutschland. In H.-J. Kerner, H. Kury, & K. Sessar (Hrsg.), *Deutsche Forschungen zur Kriminalitätsentstehung und Kriminalitätskontrolle* (S. 1333–1360). Köln: Heymanns.

Meier, B.-D. (2005). Licht ins Dunkel: Die richterliche Strafzumessung. *Juristische Schulung (JuS)*, 769–773, 879–881.

Meier, B.-D. (2008). Kriminalpolitik in kleinen Schritten – Entwicklungen im strafrechtlichen Rechtsfolgensystem. *Strafverteidiger (StV), 28*, 263–271.

Meier, B.-D. (2011). Regionale Justizkulturen in der Strafrechtspraxis: Ein Problem für den Rechtsstaat? In A. Dessecker & R. Egg (Hrsg.), *Justizvollzug und Strafrechtsreform im Bundesstaat* (S. 31–50). Wiesbaden: KrimZ.

Meier, B.-D. (2015). Nachtatverhalten und Strafzumessung. *Goltdammer's. Archiv für Strafrecht (GA), 162*, 443–452.

Meier, B.-D. (2016). *Kriminologie* (5. Aufl.). München: Beck.

Mellinghoff, R. (2010). Strafgleichheit. In F. Herzog & U. Neumann (Hrsg.), *Festschrift für Winfried Hassemer* (S. 503–520). Heidelberg: C. F. Müller.

Mestek-Schmülling, K. (2004). *Mittelbare Straftatfolgen und ihre Berücksichtigung bei der Strafzumessung*. Berlin: Duncker & Humblot.

Mezger, E. (1937). Die Straftat als Ganzes. *Zeitschrift für die gesamte Strafrechtswissenschaft (ZStW), 57*, 675–701.

Montenbruck, A. (1983). *Strafrahmen und Strafzumessung*. Berlin: Duncker & Humblot.

Montenbruck, A. (1989). *Abwägung und Umwertung. Zur Bemessung der Strafe für eine Tat und für mehrere Taten*. Berlin: Duncker & Humblot.

MüKo. (2016 ff.). *Münchener Kommentar zum Strafgesetzbuch* (3. Aufl.). München: Beck. (Hrsg. Joecks, W., & Miebach, K.).

Murmann, U. (2013). Strafzumessung und Strafverfahren. In G. Freund et al. (Hrsg.), *Grundlagen und Dogmatik des gesamten Strafrechtssystems, Festschrift für Wolfgang Frisch* (S. 1131–1152). Berlin: Duncker & Humblot.

Neumann, U. (1987). Die Stellung des Opfers im Strafrecht. In W. Hassemer (Hrsg.), *Strafrechtspolitik. Bedingungen der Strafrechtsreform* (S. 225–254). Frankfurt a. M.: Peter Lang.

NK. (2017). *Nomos Kommentar zum Strafgesetzbuch* (Bd. 1, 5. Aufl.). Baden-Baden: Nomos. (Hrsg. Kindhäuser, U., Neumann, U., & Paeffgen, H.).

Nobis, F. (2006). Strafobergrenze durch hohes Alter. *Neue Zeitschrift für Strafrecht (NStZ), 26*, 489–492.

Oswald, M. (1994). *Psychologie des richterlichen Strafens*. Stuttgart: Enke.

Peglau, J. (2013). Neues zur „Kronzeugenregelung" – Beschränkung auf Zusammenhangstaten. *Neue Juristische Wochenschrift (NJW), 66*, 1910–1913.

Pfeiffer, C., & Savelsberg, J. J. (1989). Regionale und altersgruppenbezogene Unterschiede der Strafzumessung. In C. Pfeiffer & M. Oswald (Hrsg.), *Strafzumessung. Empirische Forschung und Strafrechtsdogmatik im Dialog* (S. 17–42). Stuttgart: Enke.

Pielsticker, S. (2004). *§ 46a StGB – Revisionsfalle oder sinnvolle Bereicherung des Sanktionenrechts?* Berlin: Duncker & Humblot.

Pohlit, J. (2011). Die Rechtsprechung des Bundesgerichtshofs zum Vollstreckungsmodell (BGHSt 52,124). In K. Bernsmann & T. Fischer (Hrsg.), *Festschrift für Ruth Rissing-van Saan* (S. 453–470). Berlin: de Gruyter.

Rolinski, K. (1969). *Die Prägnanztendenz im Strafurteil.* Hamburg: Kriminalistik.

Roxin, C. (1978). Prävention und Strafzumessung. In W. Frisch & W. Schmid (Hrsg.), *Festschrift für Hans-Jürgen Bruns* (S. 183–204). Köln: Heymanns.

Roxin, C. (1979). Zur jüngsten Diskussion über Schuld, Prävention und Verantwortlichkeit im Strafrecht. In A. Kaufmann, G. Bemmann, D. Krauss & K. Volk (Hrsg.), *Festschrift für Paul Bockelmann* (S. 279–310). München: Beck.

Roxin, C. (2006). *Strafrecht. Allgemeiner Teil* (Bd. 1, 4. Aufl.). München: Beck.

S/S. (2019). *Strafgesetzbuch. Kommentar* (30. Aufl.). München: Beck. (Hrsg. Schönke, A., & Schröder, H.).

Sander, G. M. (2004). Verteidigung gegen die Berücksichtigung verjährter und ausgeschiedener Taten oder Tatteile bei der Strafzumessung. *Strafverteidiger Forum (StraFo)*, 47–51.

Schäfer, G., Sander, G. M., & van Gemmeren, G. (2017). *Praxis der Strafzumessung* (6. Aufl.). München: Beck.

Schaffstein, F. (1973). Spielraum-Theorie, Schuldbegriff und Strafzumessung nach den Strafrechtsreformgesetzen. In K. Lackner et al. (Hrsg.), *Festschrift für Wilhelm Gallas* (S. 99–116). Berlin: de Gruyter.

Schall, H., & Schirrmacher, G. (1992). Doppelverwertungsverbot und Bewertungsrichtung in der Systematik des richterlichen Strafzumessungsaktes. *Juristische Ausbildung (Jura)*, 514, 624–519, 631.

Schmidt, C. (2017). Kompensation der unzulässigen staatlichen Tatprovokation. Zu den Auswirkungen der Rechtsprechung des EGMR in Deutschland und Österreich. *Zeitschrift für Internationale Strafrechtsdogmatik (ZIS)*, 56–65.

Schöch, H. (1973). *Strafzumessungspraxis und Verkehrsdelinquenz. Kriminologische Aspekte der Strafzumessung am Beispiel einer empirischen Untersuchung zur Trunkenheit im Verkehr.* Stuttgart: Enke.

Schöch, H. (1975). Grundlage und Wirkungen der Strafe – Zum Realitätsgehalt des § 46 Abs. 1 StGB. In G. Grünwald et al. (Hrsg.), *Festschrift für Friedrich Schaffstein* (S. 255–274). Göttingen: Schwarz.

Schöch, H. (1993). Strafzumessung. In G. Kaiser, H.-J. Kerner, F. Sack & H. Schellhoss (Hrsg.), *Kleines Kriminologisches Wörterbuch* (3. Aufl., S. 523–528). Heidelberg: C.F. Müller.

Schöch, H. (2006). Abschied von der Strafmilderung bei alkoholbedingter Dekulpation. *Goltdammer's Archiv für Strafrecht (GA)*, 153, 371–375.

Schott, T. (2004). *Gesetzliche Strafrahmen und ihre tatrichterliche Handhabung. Eine empirische Untersuchung zu Gesetzessystematik und Rechtstatsächlichkeit bei ausgewählten Deliktsbereichen.* Baden-Baden: Nomos.

Schreiber, H.-L., & Rosenau, H. (2015). Rechtliche Grundlagen der psychiatrischen Begutachtung. In U. Venzlaff & K. Foerster (Hrsg.), *Psychiatrische Begutachtung. Ein praktisches Handbuch für Ärzte und Juristen* (6. Aufl., S. 89–152). München: Urban & Fischer.

Schüler-Springorum, H. (1970). Über Victimologie. In E. Barth (Hrsg.), *Festschrift für Richard M. Honig* (S. 201–215). Göttingen: Schwartz.

Schumann, K. F. (1998). Empirische Beweisbarkeit der Grundannahmen von positiver Generalprävention. In B. Schünemann, A. von Hirsch & N. Jareborg (Hrsg.), *Positive Generalprävention. Kritische Analysen im deutsch-englischen Dialog* (S. 17–28). Heidelberg: C.F. Müller.

SK StGB. (2017 ff.). *Systematischer Kommentar zum Strafgesetzbuch* (9. Aufl.). Köln: Wolters Kluwer. (Hrsg. Wolter, J.).

Stratenwerth, G. (1972). *Tatschuld und Strafzumessung.* Tübingen: J.C.B. Mohr.

Streng, F. (1984). *Strafzumessung und relative Gerechtigkeit. Eine Untersuchung zu rechtlichen, psychologischen und soziologischen Aspekten ungleicher Strafzumessung.* Heidelberg: Decker's & Schenck.

Streng, F. (1988). Mittelbare Strafwirkungen und Strafzumessung. Zur Bedeutung disziplinar-
rechtlicher Folgen einer Verurteilung für die Bejahung minder schwerer Fälle. *Neue Zeitschrift
für Strafrecht (NStZ)*, *8*, 485–487.
Streng, F. (1989). Die Strafzumessungsbegründung und ihre Orientierungspunkte. Ein Beitrag
zur Idee und Praxis vergleichender Strafzumessung. *Neue Zeitschrift für Strafrecht (NStZ)*, *9*,
393–400.
Streng, F. (1993a). Die Öffnung der Grenzen und die Grenzen des Strafrechts. *JuristenZeitung
(JZ)*, *48*, 109–119.
Streng, F. (1993b). Grundfälle zum Strafzumessungsrecht. *Juristische Schulung (JuS)*, *33*, 919–927.
Streng, F. (2007a). Die Wirksamkeit strafrechtlicher Sanktionen – Zur Tragfähigkeit der Aus-
tauschbarkeitsthese. In F. Lösel, D. Bender & J.-M. Jehle (Hrsg.), *Kriminologie und wissens-
basierte Kriminalpolitik*. Mönchengladbach: Forum.
Streng, F. (2007b). Sanktionswahl und Strafzumessung im Jugendstrafrecht – Ergebnisse einer
empirischen Studie. In H. Schöch et al. (Hrsg.), *Recht gestalten – Dem Recht dienen, Fest-
schrift für Reinhard Böttcher* (S. 431–464). Berlin: de Gruyter Recht.
Streng, F. (2008). Strafabschlag oder Anrechnung als Strafersatz. *JuristenZeitung (JZ)*, *73*, 979–986.
Streng, F. (2012). *Strafrechtliche Sanktionen. Die Strafzumessung und ihre Grundlagen* (3. Aufl.).
Stuttgart: Kohlhammer.
Streng, F. (2014). „Strafmilderung". In M. Heger, B. Kelker & E. Schramm (Hrsg.), *Festschrift für
Kristian Kühl* (S. 489–506). München: Beck.
Stuckenberg, C.-F. (2007). Strafschärfende Verwertung früherer Einstellungen und Freisprüche –
Doch ein Verstoß gegen die Unschuldsvermutung? *Strafverteidiger (StV)*, *27*, 655–663.
Verrel, T. (1995). *Schuldfähigkeitsbegutachtung und Strafzumessung bei Tötungsdelikten*. Mün-
chen: Fink.
Verrel, T. (2013). Die normative Kraft des Faktischen. Plädoyer für eine konsequentere empirische
Fundierung der Strafzumessung. In M. A. Zöller et al. (Hrsg.), *Gesamte Strafrechtswissen-
schaft in internationaler Dimension, Festschrift für Jürgen Wolter* (S. 799–814). Berlin: Duncker & Humblot.
Walter, M. (1985). Läßt sich der Handlungsunwert an der aufgewendeten „kriminellen Energie"
ermessen? *Goltdammer's Archiv für Strafrecht (GA)*, 197–213.
Walter, M. (1986). Die Bestimmung der Tatschuld und Bemessung der Strafe nach der vom Täter
entwickelten „kriminellen Energie"– Ein Beitrag zur Entfernung pseudo-kriminologischer Be-
grifflichkeit aus dem Strafrecht. In H. J. Hirsch, G. Kaiser & H. Marquardt (Hrsg.), *Gedächt-
nisschrift für Hilde Kaufmann* (S. 493–512). Berlin: de Gruyter.
Wessels, J. (1987). Zur Indizwirkung der Regelbeispiele für besonders schwere Fälle einer Straftat.
In W. Küper (Hrsg.), *Festschrift für Karl Lackner* (S. 423–438). Berlin: de Gruyter.
Wittling-Vogel, A., & Ulick, I. (2008). Kriterien für die Bewertung der Verfahrensdauer nach
Art. 6 Abs. 1 EMRK. *Deutsche Richterzeitung (DRiZ)*, 87–89.
Wolters, G. (2008). Höchst Lebendiges im sanktionenrechtlichen Werk Eckhard Horns. *Goltdam-
mer's Archiv für Strafrecht (GA)*, 723–740.
Zielinski, D. (1973). *Handlungs- und Erfolgsunwert im Unrechtsbegriff. Untersuchungen zur
Struktur von Unrechtsbegründung und Unrechtsausschluß*. Berlin: Duncker & Humblot.

Maßregeln der Besserung und Sicherung

5

5.1 Grundlagen

5.1.1 Kriminalpolitischer Hintergrund

Die in den vorstehenden Kapiteln beschriebene Bestrafung setzt die Schuld des Täters voraus. Bestraft werden darf der Täter nur dann, wenn ihm die begangene Tat zum Vorwurf gemacht werden kann; die Schwere der Strafe muss sich am Maß der Schuld orientieren. Die Aufgabe des Strafrechts erschöpft sich jedoch nicht im Ausgleich von Schuld und der damit einhergehenden Verdeutlichung und Bekräftigung der Normgeltung, sondern geht darüber hinaus. Das übergreifende Ziel ist die kontrollierte Wiederherstellung und Sicherung der durch die Tat gestörten Ordnung; durch die auf die Tat folgende Reaktion sollen auch die durch die Strafrechtsnormen geschützten Rechtsgüter vor weiteren Angriffen bewahrt werden (oben Abschn. 1.1.3).

Sieht man die Aufgabe des Strafrechts im präventiven Rechtsgüterschutz, dann liegt es auf der Hand, dass das Strafrecht diese Aufgabe allein mit dem Instrument der Strafe nicht vollständig erfüllen kann. Zwei Konstellationen sind es, in denen sich die Strafe als unzulänglich erweist: Es gibt Täter, gegenüber denen (z. B. wegen einer psychischen Erkrankung) ein Schuldvorwurf nicht erhoben werden kann, bei denen aber anzunehmen ist, dass sie in Zukunft weitere rechtswidrige Taten begehen werden, und es gibt Täter, bei denen die am Schuldmaßstab orientierte Strafe nicht ausreicht, um die Gefahr weiterer Taten wirksam zu bannen. Damit das Strafrecht auch in diesen Fällen seine Aufgabe wirksam erfüllen kann, hat der Gesetzgeber neben das Sanktionssystem der Strafen ein zweites, eigenständiges und von der Strafe weitgehend unabhängiges Sanktionssystem gestellt: die Maßregeln der Besserung und Sicherung (§§ 61 ff. StGB). Bei dieser **„zweiten Spur"** des **strafrechtlichen Sanktionssystems** handelt es sich um reine Präventionsmaßnahmen, die sozialethisch indifferent sind, also ein Unwerturteil über Tat und Täter nicht enthalten, und die deshalb von Schuld und Schuldhöhe ablösbar sind (vgl. oben Abschn. 2.1.1 und 3.1.2).

© Springer-Verlag GmbH Deutschland, ein Teil von Springer Nature 2019   273
B.-D. Meier, *Strafrechtliche Sanktionen*, Springer-Lehrbuch,
https://doi.org/10.1007/978-3-662-59442-1_5

Das StGB kennt insgesamt sechs Maßregeln der Besserung und Sicherung, drei ambulante (Entziehung der Fahrerlaubnis, Führungsaufsicht, Berufsverbot) und drei stationäre, d. h. freiheitsentziehende Maßregeln (Unterbringung in einem psychiatrischen Krankenhaus, in einer Entziehungsanstalt und in der Sicherungsverwahrung; § 61 StGB). Ebenfalls zu den Maßregeln der Besserung und Sicherung zu rechnen sind zwei Spezialsanktionen aus dem Nebenstrafrecht: das Verbot der Tierhaltung (§ 20 TierschutzG) und die Entziehung des Jagdscheins (§ 41 BJagdG). Das durch die Maßregeln geschaffene System der Zweispurigkeit gilt – mit Abstrichen – auch für die Sanktionierung von Jugendlichen und Heranwachsenden (vgl. §§ 7, 105 Abs. 1, 106 Abs. 3 bis 7 JGG).

Die Maßregeln der Besserung und Sicherung wurden durch das **Gewohnheitsverbrechergesetz vom 24.11.1933** in das StGB eingefügt. Obwohl das Gesetz während der Terrorherrschaft des Naziregimes erlassen wurde und an einzelnen Stellen Einflüsse des nationalsozialistischen Gedankenguts durchaus erkennbar waren,[1] stellt es im Ganzen kein typisch nationalsozialistisches Unrecht dar.[2] Die 1933 eingeführten Regelungen wurden daher mit einigen Ausnahmen[3] auch nach dem Zusammenbruch des „Dritten Reichs" im StGB beibehalten.

Die Wurzeln der hinter dem Gesetz von 1933 stehenden kriminalpolitischen Konzeption reichen zurück bis zum „Marburger Programm" *Franz von Liszt s* aus dem Jahr 1882 und der dort entwickelten Vorstellung einer ausschließlich am Gedanken der Spezialprävention orientierten „**Zweckstrafe**" (oben Abschn. 2.3.2.1).[4] Wie der Streit zwischen der „klassischen" und der „modernen Schule" zeigte, war eine Integration der von *v. Liszt* entwickelten Ideen in das Dogma der reinen „Vergeltungsstrafe" nicht möglich; jede Verknüpfung der Strafe mit spezialpräventiven Vorstellungen erschien den Vertretern der „klassischen Schule" als unzulässige Verwässerung der liberal-rechtsstaatlichen Ideen, die sie mit der „Vergeltungsstrafe" verbanden.[5] Der Ansatz, die spezialpräventiven Zwecksetzungen nicht mit der Strafe, sondern mit einem gänzlich neuen Instrument – eben einer *neben der Strafe* installierten „*zweiten Spur*" – zu verwirklichen, bot hier die Möglichkeit zu einem Kompromiss, der von den Vertretern der „klassischen" ebenso wie von denen der „modernen Schule" akzeptiert werden konnte: Die Vergeltungsstrafe blieb im Prinzip unangetastet; dem Gedanken der Spezialprävention wurde mit der zweiten Spur der schuldunabhängigen Maßregeln zum Durchbruch verholfen.[6]

Den Weg hatte der von *Carl Stooss* 1893 vorgelegte *Vorentwurf für ein Schweizerisches Strafgesetzbuch* gewiesen,[7] der vorgesehen hatte, die Möglichkeit zur Anordnung bestimmter sichernder Maßnahmen des Verwaltungsrechts auf den Strafrichter zu übertragen.[8] Mit dem Vorentwurf zu einem Deutschen Strafgesetzbuch von 1909 war die Vorstellung einer

---

[1] So gab es im „Dritten Reich" auch die rassenhygienisch motivierte Maßregel der zwangsweisen „Entmannung"; vgl. *Müller* 1997, 41 ff., 98 f.

[2] Allgemeine Meinung; vgl. nur LK 2006 ff., *Schöch*, Vor § 61 Rn. 8.

[3] Zur Neuregelung der Kastration vgl. LK 2006 ff., *Schöch*, § 61 Rn. 7.

[4] *v. Liszt* 1905, 145 ff.; vgl. hierzu *Frisch* ZStW 94 (1982), 566 ff.

[5] *Schmidt* 1947, 357.

[6] *Frisch* ZStW 94 (1982), 571 f.; *Frisch* ZStW 102 (1990a), 345 ff.

[7] *Stooss* 1894.

[8] Vgl. *Stooss* SchwZStr 18 (1905), 4 ff.

neben der Strafe angesiedelten zweiten Spur auch in Deutschland zu einem festen Bestandteil sämtlicher Reformentwürfe geworden, die bis zum Gewohnheitsverbrechergesetz von
1933 vorgelegt wurden.[9]

Die erste – und bislang einzige – größere Umgestaltung, die das Maßregelrecht
nach dem Zusammenbruch des „Dritten Reichs" erfuhr, ist das Ergebnis der **Strafrechtsreform von 1969**.

Kernpunkte des **1. StrRG** vom 25.06.1969 waren die Abschaffung des Arbeitshauses, die
gesetzliche Anerkennung des Verhältnismäßigkeitsgrundsatzes und die restriktivere Fassung der Voraussetzungen für die Anordnung der Sicherungsverwahrung, Kernpunkte des
2. StrRG vom 04.07.1969 die Einführung der Sozialtherapeutischen Anstalt, die
Ermöglichung des Aussetzens der Maßregelvollstreckung zur Bewährung, die Zulassung
des Vikariierens von Strafe und Maßregel sowie die Neugestaltung der Führungsaufsicht.
Die Umgestaltung durch das 1. und 2. StrRG zeigte, dass sich das System der Zweispurigkeit nach der Auffassung des Reform gesetzgebers insgesamt bewährt hatte und lediglich
der Anpassung an die neuere rechts- und kriminalpolitische Entwicklung (Stärkung des
Verhältnismäßigkeitsprinzips, Betonung des Vorrangs des Besserungsgedankens gegenüber
dem Sicherungsgedanken, Differenzierung des Maßregelsystems entsprechend der neueren
Erkenntnisse der Behandlungsforschung) bedurfte.

Die gesetzlichen Änderungen, die das Maßregelrecht seit dieser Zeit erfahren hat,
haben das System der Zweispurigkeit insgesamt nicht mehr in Frage gestellt; zum
Teil wurden allerdings die in der Strafrechtsreform von 1969 geschaffenen Änderungen – dem sich wandelnden kriminalpolitischen Zeitgeist entsprechend – durch
einzelne Gesetze wieder rückgängig gemacht oder umgestaltet (Beschränkung der
Anrechnung des Maßregelvollzugs auf die Strafe, Beseitigung der Maßregel der
Unterbringung in der Sozialtherapeutischen Anstalt, Lockerung der Voraussetzungen für die Anordnung der Sicherungsverwahrung, Ausbau der Führungsaufsicht).
Während die Zweispurigkeit von Strafen und Maßregeln damit heute als fest
etabliertes Grundelement des deutschen Sanktionssystems gelten kann, das – trotz
einzelner Krisensymptome[10] – allseits akzeptiert wird, hat sich der Gedanke einer
neben den Strafen angesiedelten zweiten Spur von schuldunabhängigen Maßregeln
im **internationalen Bereich** nicht durchsetzen können.

Ein zweispuriges System ist nach wie vor in der Schweiz anzutreffen, aber etwa auch in
Österreich, Italien, Belgien, den Niederlanden, Norwegen, Spanien, Polen und Ungarn.
„Zweispurigkeit" bedeutet dabei zwar nicht unbedingt, dass sich die Ausgestaltung der
Maßregeln in diesen Ländern direkt mit dem deutschen Maßregelrecht vergleichen ließe;
insbesondere hinsichtlich der in Deutschland vorgesehenen Möglichkeit des Vikariierens
(des Vorwegvollzugs der freiheitsentziehenden Maßregel und der Anrechnung auf die
Strafe; unten Abschn. 5.4.2) bestehen zum Teil erhebliche Unterschiede. In der Grundstruktur ähneln die Sanktionssysteme in diesen Ländern jedoch dem deutschen.[11] In den meisten

---

[9] Zur Gesetzgebungsgeschichte *Dessecker* 2004, 25 ff.; *Eser* 2001, 213 ff.; *Müller* 1997, 22 ff.

[10] Zur „Krise der Zweispurigkeit" vgl. *Kaiser* 1990; LK 2006, *Schöch*, Vor § 61 Rn. 21 ff.; NK
2017, *Pollähne*, § 61 Rn. 16.

[11] Vgl. *Jescheck* 1984, 2065 ff.; *Frisch* ZStW 102 (1990a), 347 ff.; NK 2010, *Böllinger und Pollähne*, § 61 Rn. 6 ff.

übrigen Ländern ist die Zweispurigkeit hingegen unbekannt bzw. nach einer Phase des Experimentierens wieder beseitigt worden. Sieht man einmal von der Sonderkonstellation der Unterbringung unzurechnungsfähiger Straftäter ab, gibt es in Ländern wie Frankreich, England und Wales, Schweden oder den USA heute lediglich einspurige Systeme. In der Sache übernimmt hier – ganz so wie es *v. Liszt* mit der „Zweckstrafe" vorgeschlagen hatte – die lang andauernde Freiheitsstrafe die gesellschaftssichernden Funktionen, die in Deutschland von den Maßregeln, namentlich von der Sicherungsverwahrung, wahrgenommen werden.

5.1.2   Grundgedanken und Rechtfertigung des Maßregelrechts

Zentraler Leitgedanke des Maßregelrechts ist die Idee der rechtsstaatlich ausgeformten **Spezialprävention**. Von den drei Elementen der Spezialprävention – Abschreckung, Besserung und Sicherung – sind im Maßregelrecht – wie es auch die vom Gesetzgeber vorgegebene Überschrift des 6. Titels zum Ausdruck bringt – nur die Besserung und die Sicherung bedeutsam. Die *Abschreckung* spielt, mag sie auch bei manchen Maßregeln wie etwa der Entziehung der Fahrerlaubnis faktisch wirksam sein, weder bei der Anordnung noch bei der Vollstreckung eine Rolle.

Die einzelnen Maßregeln knüpfen zum Teil an sehr unterschiedliche Voraussetzungen an (psychischer Zustand des Täters, Suchtmittelabhängigkeit, mangelnde Eignung zum Führen von Kraftfahrzeugen etc.) und verfolgen nach Art, Stoßrichtung und Einwirkungsmitteln im Einzelnen sehr verschiedenartige kriminalpolitische Zwecke. Dessen ungeachtet verfügen sie alle über ein *gemeinsames Ziel*: die **Verhinderung von Straftaten**, die von einer bestimmten Person in Zukunft drohen. Bezogen auf die drei Elemente der Spezialprävention besteht das generelle Ziel sämtlicher Maßregeln also in der *Sicherung*, d. h. dem Schutz der Allgemeinheit vor weiteren Straftaten. Die *Besserung* spielt – auch wenn die Überschrift des 6. Titels insoweit in eine andere Richtung weist – für die meisten Maßregeln auf der Ebene der *Anordnung* keine Rolle, sondern entfaltet ihre eigentliche Bedeutung erst auf der Ebene der Ausgestaltung, d. h. der *Vollstreckung und des Vollzugs* der einzelnen Sanktionen.[12]

Mit ihrer von der Schuld des Täters abgelösten alleinigen Orientierung am Ziel der Sicherung und des Gesellschaftsschutzes sind die Maßregeln ein Instrument der kriminalpolitischen Zweckmäßigkeit. Dies bedeutet indessen nicht, dass die neben den Strafen angesiedelte „zweite Spur" nicht gerechtfertigt werden könnte. Seit dem „Schulenstreit", in dessen Folge die Maßregeln in das deutsche Recht eingefügt wurden, sind zahlreiche Versuche zur **theoretischen Legitimation** des Maßregelrechts unternommen worden.[13]

Ansätze, die die Maßregeln sozialethisch aus der *Unfähigkeit des Betroffenen zur Freiheit* rechtfertigen wollen,[14] führen dabei jedoch nicht weiter. Mit der Unfähigkeit zur Freiheit kann kaum mehr gemeint sein als die Freiheit, das Unrecht erkennen und sich entsprechend

---

[12] Allgemeine Meinung; vgl. LK 2006, *Schöch*, Vor § 61 Rn. 30 ff; *Frisch* ZStW 102 (1990a), 358.

[13] Übersicht bei LK 2003, *Hanack*, Vor §§ 61 ff Rn. 28 ff.; *Frisch* ZStW 102 (1990a), 364 ff.

[14] So etwa *Welzel* 1969, 245.

verhalten zu können, mithin die Schuldfähigkeit i. S. der §§ 20, 21 StGB. Es knüpfen jedoch nicht sämtliche Maßregeln an die Schuldunfähigkeit des Verurteilten an; gerade die besonders problematische Maßregel der Unterbringung in der Sicherungsverwahrung ist nur gegenüber schuld*fähigen* Tätern möglich. Auch Ansätze, die die Maßregeln auf den Gedanken der *Notwehr* stützen wollen,[15] führen nicht weiter, da die Situation, in der die Maßregeln verhängt werden, mangels „Gegenwärtigkeit" der zu erwartenden Taten kaum mit einer Notwehrlage vergleichbar ist und im Übrigen auch der das Maßregelrecht prägende Verhältnismäßigkeitsgedanke (§ 62 StGB) im Notwehrrecht grundsätzlich keine Rolle spielt.

Richtigerweise wird man die Rechtfertigung der Maßregeln aus der verfassungsrechtlich verankerten Schutzverpflichtung des Staates[16] ableiten und auf das **Prinzip des überwiegenden öffentlichen Interesses** stützen müssen.[17] Aus der Schutzverpflichtung des Staates ergibt sich die Aufgabe, die Allgemeinheit vor künftigen Rechtsgutsverletzungen zu schützen. Wenn und soweit entsprechende Gefahren erkennbar sind, sind die staatlichen Organe berechtigt und verpflichtet, diejenigen Maßnahmen zu ergreifen, die zur Gefahrenabwehr geeignet, erforderlich und angemessen sind; dies schließt die unvermeidbaren Eingriffe in die Rechtsstellung Einzelner mit ein. Die Grundrechte des von dem Eingriff Betroffenen und die Schutzverpflichtung des Staates sind dabei gegeneinander abzuwägen; ein Eingriff in die Grundrechte des Einzelnen ist nur dann zulässig, wenn das Sicherungsinteresse der Allgemeinheit die ihm entgegenstehenden Individualinteressen überwiegt. Den staatlichen Organen ist damit kein „Freibrief" ausgestellt, der das Maßregelrecht zur Verwirklichung jedweder kriminalpolitischen Interessen anwendbar machen würde; die Verhütung von Straftaten ist – mögen auch manche Äußerungen im politischen Raum zuweilen einen anderen Eindruck erwecken – im Verfassungsstaat des Grundgesetzes kein Höchstwert.[18] Erst dann, wenn den für die Zukunft zu erwartenden Taten ein gewisser, im Einzelnen unterschiedlich zu bestimmender Erheblichkeitswert zukommt, ist die Anordnung von Maßregeln zulässig.

5.1.3   Der Grundsatz der Verhältnismäßigkeit

Die Rechtfertigung des Maßregelrechts aus dem überwiegenden öffentlichen Interesse lenkt den Blick auf den Grundsatz der Verhältnismäßigkeit, an dem sich die Abwägung zwischen allgemeinem und individuellem Interesse vollzieht. Der Gesetzgeber hat das Verhältnismäßigkeitsprinzip ausdrücklich im Gesetz normiert (§ 62 StGB). Da das Verhältnismäßigkeitsprinzip aus dem **Rechtsstaatsprinzip** folgt, würde es allerdings auch dann gelten, wenn eine ausdrückliche Regelung fehlen würde.[19]

---

[15] So *Sax* 1959, 965; im Ansatz auch LK 2006 ff., *Schöch*, Vor § 61 Rn. 39.

[16] Vgl. *BVerfGE* 39, 1 (41 f., 44 ff.); 88, 203 (251 ff.); 109, 190 (236), 128, 326 (376 f.).

[17] Wie hier *Nowakowski* 1963, 103 ff.; *Baumann et al.* 1969, 31 (§ 2 Abs. 2 AE-AT); *Frisch* ZStW 102 (1990a), 367 ff., 378 ff.; MüKo 2016 ff., *van Gemmeren*, § 61 Rn. 2.

[18] So schon *Nowakowski* 1963, 104.

[19] *BVerfGE* 70, 297 (312).

Nach § 62 StGB dürfen Maßregeln, die zur Bedeutung der vom Täter begangenen und zu erwartenden Taten sowie zu dem Grad der von ihm ausgehenden Gefahr außer Verhältnis stehen, nicht angeordnet werden. Die Formulierung zeigt, dass der Gesetzgeber offenbar davon ausgeht, dass es sich bei der **Anordnung** der Maßregeln unter den in den §§ 63 ff. StGB im Einzelnen genannten Voraussetzungen grundsätzlich um einen verhältnismäßigen, von dem Betroffenen hinzunehmenden Eingriff handelt; ausgeschlossen soll die Anordnung nur dann sein, wenn sie ausnahmsweise unverhältnismäßig ist. Ob ein solch begrenztes Verständnis von der Reichweite des Verhältnismäßigkeitsprinzips mit den Vorgaben der Verfassung vereinbar ist, erscheint indessen zweifelhaft. Über den Wortlaut des § 62 StGB hinaus spielen Verhältnismäßigkeitserwägungen auch bei der **Auslegung der einzelnen Anordnungsvoraussetzungen** eine Rolle, etwa bei der Auslegung des – in verschiedenen Normen verwendeten (§§ 63, 64, 66 StGB), dabei jedoch nicht einheitlich zu verstehenden – Begriffs der „Erheblichkeit" der künftig zu erwartenden Taten.[20]

Nach § 62 StGB setzt die Prüfung voraus, dass die Schwere des mit der Anordnung verbundenen Eingriffs zu den drei Bezugspunkten *begangene Taten*, *zu erwartende Taten* und *Grad der Gefahr* ins Verhältnis gesetzt wird. Erforderlich ist dabei eine **Gesamtwürdigung aller Umstände**. Die Zulässigkeit einer Maßnahme darf also nicht nach ihrem Verhältnis zu jedem einzelnen der drei Bezugspunkte getrennt beurteilt werden, sondern muss einer Gesamtbetrachtung unterzogen werden.[21] Bei der Gesamtbetrachtung kommt, wie sich aus dem übergeordneten Ziel aller Maßregeln – dem Schutz der Allgemeinheit – ergibt, der *Bedeutung der in Zukunft zu erwartenden Taten* regelmäßig das größte Gewicht zu. Die Anordnung einer Maßregel ist daher auch dann zulässig, wenn die bisherigen Taten für sich betrachtet weniger gewichtig erscheinen, für die Zukunft aber Taten von erheblichem Gewicht zu erwarten sind.[22] Der Grad der *Besserungschancen* im Maßregelvollzug spielt im Rahmen dieser Gesamtbetrachtung grundsätzlich keine Rolle;[23] lediglich bei der Unterbringung in der Entziehungsanstalt kommt es schon für die Anordnung der Maßregel auch auf die Geeignetheit zur Besserung an (vgl. unten Abschn. 5.3.2.1), so dass dieser Gesichtspunkt hier ausnahmsweise auch in die Verhältnismäßigkeitsprüfung einfließen kann.[24] Bei der *Entziehung der Fahrerlaubnis* kommt es im Übrigen lediglich auf die Feststellung an, dass der Täter zum Führen von Kraftfahrzeugen *ungeeignet* ist; wurde diese Feststellung vom Gericht getroffen, spielen weitere Verhältnismäßigkeitserwägungen keine Rolle (§ 69 Abs. 1 Satz 2 StGB); insbesondere ist es bedeutungslos, wie sich die Fahrerlaubnisentziehung auf den Betroffenen wirtschaftlich auswirkt (zu den Einzelheiten unten Abschn. 5.2.1.2.3).

---

[20] SK StGB 2016 ff., *Sinn*, § 62 Rn. 3; LK 2006 ff., *Schöch*, § 62 Rn. 17.

[21] *BGHSt* 24, 134 (135).

[22] *BGHSt* 24, 134 (135); LK 2006 ff., *Schöch*, § 62 Rn. 25; S/S 2019, *Kinzig*, § 62 Rn. 8.

[23] LK 2006 ff., *Schöch*, § 62 Rn. 28 ff.; SK StGB 2016 ff., *Sinn*, § 62 Rn. 6; a. A. S/S 2019, *Kinzig*, § 62 Rn. 8.

[24] Bzgl. der Entziehungsanstalt ebenso SK StGB 2016 ff., *Sinn*, § 62 Rn. 7.

Obwohl sich der Wortlaut des § 62 StGB nur auf die Anordnung der Maßregeln bezieht, muss die Verhältnismäßigkeit schließlich auch bei den **Folgeentscheidungen**, insbesondere bei den Entscheidungen über die Aussetzung der Maßregelvollstreckung berücksichtigt werden.[25] Der Grundsatz der Verhältnismäßigkeit gebietet es, eine Maßregel nur solange zu vollstrecken, wie der Zweck der Maßregel es unabweisbar erfordert und zu seiner Erreichung weniger belastende Maßnahmen nicht genügen.[26] Bei zeitlich nicht begrenzten Maßregeln wie der Unterbringung in einem psychiatrischen Krankenhaus oder in der Sicherungsverwahrung gewinnt der Freiheitsanspruch des Untergebrachten im Laufe der Zeit zunehmendes Gewicht. In Ausnahmefällen kann dies dazu führen, dass der Maßregelvollzug auch bei fortbestehendem Risiko weiterer Taten allein aus Gründen der drohenden Unverhältnismäßigkeit zu beenden ist (unten Abschn. 5.4.4.1.5 und 5.4.5).

5.1.4 Maßregelkonkurrenz

Aus dem Grundsatz der Verhältnismäßigkeit folgt, dass im Fall der Maßregelkonkurrenz (also in dem Fall, dass die tatbestandlichen Voraussetzungen für mehrere Maßregeln erfüllt sind) grundsätzlich die den Täter am wenigsten belastende Lösung gewählt werden muss. Obwohl die Lösung der Konkurrenzproblematik damit an sich auf der Hand liegt, hat der Gesetzgeber insoweit noch eine klarstellende Regelung erlassen (§ 72 StGB). Danach ist wie folgt zu differenzieren:

Ist unter mehreren an sich möglichen Maßregeln eine einzelne zur Erreichung des Maßregelzwecks geeignet und ausreichend, so darf nur diese Maßregel angeordnet werden; von **mehreren gleich geeigneten Maßregeln** muss derjenigen der Vorzug gegeben werden, die den Täter **am wenigsten beschwert** (§ 72 Abs. 1 StGB). Im Verhältnis der *ambulanten* zu den *stationären* Maßregeln bereitet die Auswahl der den Täter am wenigsten belastenden Sanktion dabei regelmäßig keine Schwierigkeiten: Kann der Maßregelzweck (z. B. der Schutz der Allgemeinheit vor einem psychisch kranken, pädophilen Klavierlehrer) ebenso gut durch ambulante (z. B. die Anordnung eines Berufsverbots) wie durch stationäre Maßnahmen erreicht werden (die Unterbringung in einem psychiatrischen Krankenhaus), so darf aus Gründen der Verhältnismäßigkeit nur die ambulante Maßnahme verhängt werden. Schwierigkeiten kann die Auswahl der den Täter am wenigsten belastenden Maßnahme jedoch dann bereiten, wenn *mehrere ambulante oder mehrere stationäre Maßregeln* in Betracht kommen.

Beispiel

Der infolge einer schweren seelischen Abartigkeit i. S. des § 21 StGB nur vermindert schuldfähige A wird vom Gericht wegen Vergewaltigung in Tateinheit mit sexueller Nötigung zu einer Freiheitsstrafe von 10 Jahren verurteilt. Von ihm

---

[25] *BVerfGE* 70, 297 (312); *BVerfG* NJW 1995, 3048; SK StGB 2016 ff., *Sinn*, § 62 Rn. 2.
[26] *BVerfGE* 70, 297 (314), 128, 326 (377).

sind auch in Zukunft weitere erhebliche rechtswidrige Taten zu erwarten. Das Gericht hält sowohl die Voraussetzungen für die Unterbringung im psychiatrischen Krankenhaus (§ 63 StGB) als auch die Voraussetzungen für die Unterbringung in der Sicherungsverwahrung (§ 66 StGB) für gegeben.[27]

Eine generalisierende Lösung ist in diesen Fällen nicht möglich. Psychiatrisches Krankenhaus und Sicherungsverwahrung sind für den davon Betroffenen zwei Übel unterschiedlicher Art. Beiden Maßregeln ist zwar gemeinsam, dass dem Betroffenen zeitlich grundsätzlich unbefristet (vgl. § 67d StGB) die Freiheit entzogen wird. Die Art des Vollzugs und die dabei verfolgten Vollzugsziele lassen sich jedoch unter dem Gesichtspunkt der Belastung in keine Rangfolge bringen.[28] Die Auswahl muss deshalb wertend im Hinblick auf die Vollzugsziele, namentlich den Besserungszweck, die therapeutische Ansprechbarkeit des Betroffenen, die Behandlungsmöglichkeiten in den Anstalten und die von dem Betroffenen vorgetragenen, sachlich begründeten Wünsche erfolgen; sie setzt eine Gesamtwürdigung aller Umstände des Einzelfalls voraus.[29] Die Entscheidung ist durch die im Jahr 2013 erfolgte Neuregelung zur Sicherungsverwahrung, durch die ein freiheitsorientierter und therapiegerichteter Vollzug der Sicherungsverwahrung festgeschrieben wird (vgl. § 66c StGB), noch schwieriger geworden.

Ist unter mehreren an sich möglichen Maßregeln **keine für sich allein** zur Erreichung des Maßregelzwecks **geeignet**, so dürfen **mehrere Maßregeln nebeneinander** angeordnet werden (§ 72 Abs. 2 StGB). In Betracht kommt die Kombination von Maßregeln etwa in dem Fall, dass ein suchtmittelabhängiger Täter zusätzlich eine die Maßregelanordnung rechtfertigende psychische Erkrankung aufweist (Kombination von Unterbringung in der Entziehungsanstalt und Unterbringung im psychiatrischen Krankenhaus) oder dass von einem alkoholkranken Täter zum Urteilszeitpunkt, also ohne Berücksichtigung des möglichen Erfolgs einer Entziehungskur,[30] weitere Verkehrsstraftaten zu erwarten sind (Kombination von Unterbringung in der Entziehungsanstalt und Entziehung der Fahrerlaubnis).

Werden mehrere stationäre Maßregeln nebeneinander angeordnet, so muss das Gericht eine Entscheidung darüber treffen, welche Maßregel zuerst zu vollstrecken ist. Vor dem Ende des Vollzugs der ersten Maßregel muss erneut geprüft werden, ob die Vollstreckung der nächsten Maßregel zur Erreichung des Maßregelzwecks noch erforderlich ist. Ist das nicht der Fall, kann die Vollstreckung der nächsten Maßregel zur Bewährung ausgesetzt oder die Maßregel ganz für erledigt erklärt werden (§ 72 Abs. 3 StGB).

---

[27] *BGH* NStZ 1981, 390.

[28] *BGHSt* 5, 312 (314).

[29] *BGHSt* 5, 312 (315); *BGH* NStZ 1995, 284, 588 (durch Neufassung des § 67d StGB inzwischen überholt); vgl. auch S/S 2019, *Kinzig*, § 72 Rn. 4a (grundsätzlich Vorrang der Unterbringung im psychiatrischen Krankenhaus).

[30] SK StGB 2016 ff., *Sinn*, § 72 Rn. 5.

5.1.5 Verfahren

Sollen Maßregeln gegenüber einem schuldfähigen oder allenfalls vermindert schuldfähigen Angeklagten angeordnet werden, so gelten für das Urteil grundsätzlich keine Besonderheiten. Stellt sich im Verlauf des Hauptverfahrens heraus, dass der Angeklagte bei Begehung der Tat schuldunfähig war (§ 20 StGB) oder dass seine Schuldunfähigkeit jedenfalls nicht ausgeschlossen werden kann, so muss er, wenn auch keine Bestrafung nach § 323a StGB in Betracht kommt, von dem ihm zur Last gelegten Vorwurf **freigesprochen** werden.[31] Sofern die Voraussetzungen für die Unterbringung in einem psychiatrischen Krankenhaus oder in einer Entziehungsanstalt, für die Entziehung der Fahrerlaubnis oder die Verhängung eines Berufsverbots erfüllt sind, kann das Gericht die genannten Maßregeln jedoch **selbstständig**, also ohne den Schuldspruch als Grundlage der Vollstreckung, **anordnen** (§ 71 StGB).[32] Das gleiche gilt, wenn das reguläre Strafverfahren wegen der Verhandlungsunfähigkeit des Angeklagten nicht durchführbar ist und das Verfahren deshalb an sich eingestellt werden muss. Die selbstständige Anordnung der genannten Maßregeln setzt voraus, dass das reguläre Strafverfahren allein an der Schuld- bzw. Verhandlungsfähigkeit des Angeklagten scheitert. Andere Gründe, die die Verurteilung hindern können wie etwa die Nichterweislichkeit der Tat oder der Eintritt der Verfolgungsverjährung, vermögen die selbstständige Maßregelanordnung nicht zu tragen.[33]

Gegen Beschuldigte, deren Schuld- oder Verhandlungsunfähigkeit vor der Eröffnung des Hauptverfahrens feststeht, darf das reguläre Strafverfahren nicht durchgeführt werden, da die Verurteilung des Angeklagten in diesem Fall nicht mit hinreichender Wahrscheinlichkeit erwartet werden kann. Stattdessen kann die Maßregel in diesem Fall in einem selbstständigen Verfahren angeordnet werden, dem „**Sicherungsverfahren**" (§§ 413 ff. StPO).

Als einzige Maßregel kann die Entziehung der Fahrerlaubnis auch im Strafbefehlsverfahren (§ 407 Abs. 2 Satz 1 Nr. 2 StPO) sowie im beschleunigten Verfahren (§ 419 Abs. 1 Satz 3 StPO) verhängt werden.

5.1.6 Die nicht verwirklichte Maßregel: Unterbringung in einer sozialtherapeutischen Anstalt

Bevor auf die einzelnen Maßregeln des geltenden Rechts genauer eingegangen wird, sei ein kurzer Blick auf die *nicht* verwirklichte Maßregel geworfen: die Unterbringung in einer sozialtherapeutischen Anstalt. Durch das 2. StRG wurde die Maßregel als § 65 in das StGB eingefügt. Das *Inkrafttreten* der Regelung wurde

---

[31] KK StPO 2013, *Ott*, § 260 Rn. 24; LR 2013, *Stuckenberg*, § 260 Rn. 37, 47, 135; zur Abfassung des Urteilstenors *Meyer* JuS 2014, 411.

[32] Vgl. *BGHSt* 18, 167 (168).

[33] *BGHSt* 31, 132 (134) m. Anm. *Blau* JR 1984, 27; S/S 2019, *Kinzig*, § 71 Rn. 3.

vom Gesetzgeber jedoch immer wieder *hinausgezögert*; durch Gesetz vom 20.12.1984 wurde die Maßregel schließlich wieder aus dem StGB herausgenommen. Schon die kurze Gesetzgebungsgeschichte zeigt, dass die Maßregel der Unterbringung in einer sozialtherapeutischen Anstalt **kriminalpolitisch umstritten** war.

> Die Maßregel ging auf ausländische Vorbilder und Vorschläge des Arbeitskreises „Alternativ-Entwurf" (oben Abschn. 3.1.1) zurück.[34] Sie war gedacht als „zentrale, spezialpräventiv gezielte Maßregel für erheblich Rückfällige …, für die der gewöhnliche Strafvollzug keinen Resozialisierungserfolg verspricht, die aber auch keiner ärztlichen Hilfe und Pflege bedürfen".[35] Gegenüber vier Tätergruppen sollte die Maßregel angeordnet werden können: gegenüber Wiederholungstätern, die eine schwere Persönlichkeitsstörung aufwiesen, gegenüber Sexualstraftätern, gegenüber Hangtätern, die das 27. Lebensjahr noch nicht vollendet hatten, sowie gegenüber schuldunfähigen oder vermindert schuldfähigen Tätern, bei denen die Unterbringung in einer sozialtherapeutischen Anstalt für die Resozialisierung besser geeignet erschien als die Unterbringung im psychiatrischen Krankenhaus. Zu den in der Anstalt bereitgestellten Mitteln sollten Einzelhilfe und Einzeltherapie ebenso gehören wie Gruppenpädagogik und Gruppentherapie, progressive Formen des Vollzugs und die selbstverantwortliche Mitwirkung des Eingewiesenen am Resozialisierungsvorgang.

Dass das anspruchsvolle Programm nicht umgesetzt wurde, hatte in erster Linie *finanzielle Gründe*. Wenn die Maßregel Gesetz geworden wäre, hätten über die wenigen seit 1969 auch in Deutschland eingerichteten Modellanstalten hinaus weitere personal- und betreuungsintensive Anstalten geschaffen werden müssen; angesichts sich schon seinerzeit einengender finanzieller Spielräume waren die Landesjustizverwaltungen hierzu jedoch zunehmend weniger bereit. Die finanziellen Gründe waren allerdings nicht allein ausschlaggebend. Hinzu traten aufkommende *Zweifel an den* in § 65 StGB a. F. genannten *Einweisungskriterien* sowie die allgemeine, die späten 1970er- und 1980er-Jahre kennzeichnende *Ernüchterung* über die spezialpräventive Wirksamkeit der strafrechtlichen Sanktionen, die durch das Schlagwort der „*Abkehr von der Behandlungsideologie*" gekennzeichnet war (oben Abschn. 2.3.3.2). Erste Evaluationen, die in den verschiedenen bereits eingerichteten Modellanstalten durchgeführt worden waren, wurden mit großer Skepsis beurteilt.[36]

Anstelle der ursprünglich geplanten „Maßregellösung" hat sich der Gesetzgeber 1984 für die „**Vollzugslösung**" entschieden. Die Unterbringung in einer sozialtherapeutischen Anstalt kann danach zwar nicht mehr vom erkennenden Gericht als Maßregel der Besserung und Sicherung angeordnet werden, wohl aber kann ein zu einer (zu vollstreckenden) Freiheitsstrafe Verurteilter vom Regelvollzug in eine sozialtherapeutische Anstalt verlegt werden (§ 9 StVollzG und die Strafvollzugsgesetze der Länder).[37] Die Verlegung in die Sozialtherapie ist heute also eine spezielle

---

[34] *Baumann et al.* 1969, 132 ff. (§ 69 AE-AT).

[35] *Baumann et al.* 1969, 133.

[36] Zum heutigen Stand der Evaluation vgl. demgegenüber SBJL 2013, *Egg*, § 9 Rn. 6; *Suhling* 2013, 162 ff.

[37] Übersicht bei SBJL 2013, *Egg*, § 9 Rn. 19 ff.

Behandlungsmaßnahme im Rahmen des Strafvollzugs, über die nach der Behandlungsuntersuchung von den entsprechenden Vollzugsorganen entschieden wird.[38] Vorgesehen ist die Verlegung in der Regel für alle Gefangenen, bei denen die besonderen therapeutischen Mittel und sozialen Hilfen einer sozialtherapeutischen Anstalt zur Erreichung des Vollzugsziels besser geeignet erscheinen als die Behandlungsmaßnahmen im Regelvollzug (vgl. § 9 Abs. 2 StVollzG). Eine Sonderrolle nehmen seit der Neufassung des StVollzG durch das SexBG von 1998 jedoch die nach §§ 174 bis 180 oder 182 StGB verurteilten *Sexualstraftäter* ein: Für sie ist die Verlegung in der Regel dann vorgesehen, wenn sie zu einer Freiheitsstrafe von mehr als 2 Jahren verteilt worden sind und die Betreuung in einer sozialtherapeutischen Anstalt zur Erreichung des Vollzugsziels angezeigt erscheint (vgl. § 9 Abs. 1 StVollzG). Obwohl die Zeichen für die Sozialtherapie in Deutschland nach der Aufhebung des § 65 StGB zunächst nicht günstig standen, ist die Idee damit im Grundsatz erhalten geblieben und hat durch die Gesetzesänderung von 1998 noch einmal einen erheblichen Bedeutungszuwachs erfahren: Während es am Stichtag 31.03.1997 in Deutschland nur 20 sozialtherapeutische Anstalten mit insgesamt 888 Haftplätzen gab,[39] standen am Stichtag 31.03.2013 mehr als dreimal so viele, nämlich 66 Einrichtungen mit 2348 Haftplätzen zur Verfügung.[40]

5.1.7 Die quantitative Bedeutung der Maßregeln

Unter den insgesamt sechs Maßregeln der Besserung und Sicherung wird in der Praxis mit Abstand am häufigsten die Entziehung der Fahrerlaubnis angewandt: Im Jahr 2017 entfielen 96,0 % aller Maßregeln auf diese eine Sanktionsform; in früheren Jahren war der Anteil sogar noch höher (Tab. 5.1). Die unter dem Gesichtspunkt der Schwere des Eingriffs in die Freiheitssphäre des Täters bedeutsameren stationären Maßregeln werden demgegenüber vergleichsweise selten angewandt; allerdings ist erkennbar, dass die Unterbringung in der Entziehungsanstalt seit den 1990er Jahren einen erheblichen Bedeutungszuwachs erfahren hat. Die Sicherungsverwahrung, deren Anwendungsbereich durch das 1. StrRG erheblich zurückgestutzt wurde, wird seit den 1970er-Jahren trotz eines zwischenzeitlichen „Hochs" in den Jahren 2008 bis 2010 nur noch mit großer Zurückhaltung angewandt. Die richterlich angeordnete Führungsaufsicht und das Berufsverbot spielen in der Praxis ebenfalls nur eine geringe Rolle. Von erheblicher Bedeutung ist allerdings mit etwa 30.000 Fällen pro Jahr die in Tab. 5.1 nicht aufgeführte, *kraft Gesetzes* eintretende Führungsaufsicht (unten Abschn. 5.2.2.5); in der Praxis ist dies das zentrale Instrument für die Gestaltung des Übergangsmanagements vom Straf- bzw. Maßregelvollzug in die Freiheit.

---

[38] Vertiefend *Laubenthal* 2015, Rn. 585 ff.
[39] *Egg und Schmidt* ZfStrVo 1998, 131.
[40] *Niemz* 2013, 7 ff.

Tab. 5.1 Abgeurteilte mit Maßregeln der Besserung und Sicherung (abgeurteilt nach allgemeinem Strafrecht und nach Jugendstrafrecht. (Quelle: Statistisches Bundesamt, Strafverfolgung, zuletzt Tab. 5.1 und 5.4)

	Psychiatr. Krankenhaus	Entziehungs-anstalt	Sicherungs-verwahrung	Gerichtlich angeordnete Führungs-aufsicht	Berufsverbot	Entziehung der Fahrerlaubnis
1960[a]	533	241	210	–	297	28.278
1965	419	236	213	–	163	75.083
1970	306	172	110	–	93	136.832
1975	336	268	52	98	70	162.348
1980	366	585	41	353	63	194.979
1985	425	526	39	107	66	172.520
1990	432	626	31	54	57	173.232
1995[b]	559	757	45	70	132	176.023
2000	758	1267	60	73	234	139.471
2005	861	1628	75	44	99	118.533
2010[c]	948	2323	101	31	91	102.278
2015	818	2460	47	30	48	88.189
2017	804	2829	57	25	62	90.742

[a]Ohne Saarland
[b]Seit 1995 einschl. Ost-Berlin
[c]Seit 2007 alte und neue Bundesländer

5.2   Maßregeln ohne Freiheitsentzug

5.2.1   Entziehung der Fahrerlaubnis

5.2.1.1   Kriminalpolitische Zielsetzung

Die in der Praxis am häufigsten verhängte Maßregel ist die Entziehung der Fahrerlaubnis (§ 69 StGB). Ihr Zweck ist der Schutz der Allgemeinheit vor **Gefahren im Straßenverkehr**: Der Straßenverkehr soll von solchen Personen freigehalten werden, die zum Führen von Kraftfahrzeugen ungeeignet sind. Dass § 69 StGB damit auf den Schutz der Allgemeinheit in einem besonders gefahrträchtigen Lebensbereich abzielt, macht ein Blick auf die Unfallstatistik deutlich: 2017 ereigneten sich in Deutschland 302.656 Verkehrsunfälle mit Personenschäden und 2.340.442 Unfälle mit Sachschäden. Bei den Unfällen wurden 390.312 Personen verletzt und 3180 Personen getötet; unter den Verkehrsunfällen mit Sachschäden befanden sich 74.461 Unfälle, die in Verbindung mit einem Straftatbestand oder einer Ordnungswidrigkeit standen und bei denen mindestens ein Fahrzeug abgeschleppt werden musste.[41] Wenn man sich vergegenwärtigt, dass 2017 beispielsweise „nur" 731 Personen durch vorsätzliche vollendete Tötungsdelikte (namentlich §§ 211, 212 StGB) sowie 874 Personen durch fahrlässige Tötung (§ 222 StGB, *nicht* i. V. m.

---

[41] Statistisches Bundesamt, Statistisches Jahrbuch 2018, Tab. 25.5.2.

einem Verkehrsunfall) ihr Leben verloren haben,[42] zeigt sich, dass die Gefahren des Straßenverkehrs kaum überschätzt werden können.

Die motorisierte Teilnahme am Straßenverkehr setzt im Regelfall die Erteilung einer Fahrerlaubnis durch die zuständige Behörde voraus (§ 2 Abs. 1 StVG, § 4 FeV); wer ohne Fahrerlaubnis am Straßenverkehr teilnimmt, macht sich strafbar (§ 21 StVG). Die Maßregel des § 69 StGB wirkt, indem demjenigen, der sich als zum Führen von Kraftfahrzeugen ungeeignet erweist, die Fahrerlaubnis entzogen und er so von der weiteren Teilnahme am Straßenverkehr ausgeschlossen wird. Die Maßregel verfolgt damit allein eine die Gefahren neutralisierende, den Betreffenden – in der Terminologie *Franz v. Listzs* – „unschädlich" machende Wirkung; ein Besserungseffekt ist mit ihr nicht beabsichtigt. *Mittelbar* geht von der Maßregel allerdings insofern ein Besserungseffekt aus, als die *Wiedererteilung* der Fahrerlaubnis nach Ablauf der vom Gericht angeordneten Sperrfrist nur dann erfolgen darf, wenn sich der Betroffene nunmehr als zum Führen von Kfz geeignet erweist; dies setzt bei erheblicher oder wiederholter Verkehrsdelinquenz die Beibringung des Gutachtens einer amtlich anerkannten medizinisch-psychologischen Untersuchungsstelle voraus (§ 11 Abs. 3 Satz 1 Nr. 5 FeV) und kann zudem bei bestimmten Tätergruppen von vorangegangenen Nachschulungen abhängig gemacht werden.[43] Mittelbar hat die Entziehung der Fahrerlaubnis also auch die Konsequenz, dass nur „gebesserte" Täter zur Teilnahme am Straßenverkehr wieder zugelassen werden.

5.2.1.2 Voraussetzungen

5.2.1.2.1 Formelle Voraussetzungen

Die Entziehung der Fahrerlaubnis nach § 69 StGB setzt in formeller Hinsicht voraus, dass eine „**rechtswidrige Tat**" begangen worden ist, also eine Tat, die den Tatbestand eines Strafgesetzes verwirklicht (§ 11 Abs. 1 Nr. 5 StGB); eine Ordnungswidrigkeit genügt nicht. Der Täter muss für die Tat verurteilt oder nur deshalb nicht verurteilt werden, weil seine Schuldunfähigkeit (§ 20 StGB) erwiesen oder nicht auszuschließen ist. Die Verurteilung darf also nur an der Voraussetzung der Schuldfähigkeit scheitern; scheitert sie daran, dass der Täter von einem Versuch strafbefreiend zurückgetreten ist, dass er sich in einem unvermeidbaren Verbotsirrtum (§ 17 Satz 1 StGB) oder in einem entschuldigenden Notstand (§ 35 StGB) befunden hat, kommt die Fahrerlaubnisentziehung nicht in Betracht.[44] Umgekehrt ist es für die Verurteilung nicht erforderlich, dass der Täter auch bestraft wird; die Entziehung darf deshalb auch dann angeordnet werden, wenn der Täter lediglich schuldig gesprochen und im Übrigen (z. B. nach § 142 Abs. 4 StGB) von Strafe abgesehen wird.

---

[42] Polizeiliche Kriminalstatistik 2017, Tab. 91.

[43] Vgl. *Bode* DAR 1994, 348 ff.

[44] *BGH* b. *Hürxthal* DRiZ 1983, 183; S/S 2019, *Kinzig*, § 69 Rn. 10; SK StGB 2016 ff., *Sinn*, § 69 Rn. 13.

Die Tat muss „bei oder im Zusammenhang mit dem Führen eines Kraftfahrzeugs oder unter Verletzung der Pflichten eines Kraftfahrzeugführers" begangen worden sein. Die Voraussetzung deckt sich mit der zum Teil auch heute noch gleichlautenden Voraussetzung für die Verhängung des Fahrverbots (§ 44 Abs. 1 Satz 2, 1. Alt. StGB; oben Abschn. 3.9.2); allerdings muss die unterschiedliche Zweckrichtung der Maßregel (Gewährleistung der Sicherheit des Straßenverkehrs statt „Denkzettel" für eine begangene Tat) berücksichtigt werden. Praktische Konsequenzen hat dies vor allem bei der Auslegung des Merkmals **„im Zusammenhang mit dem Führen eines Kraftfahrzeugs"**. Das Merkmal wird im Allgemeinen so definiert, dass die Benutzung des Fahrzeugs der Vorbereitung, Durchführung oder unmittelbaren Förderung einer Straftat gedient haben muss.[45] Wenn man davon ausgeht, dass der alleinige Zweck der Maßregel im Schutz der Allgemeinheit vor den Gefahren des Straßenverkehrs besteht, kann man den erforderlichen Zusammenhang nur dann bejahen, wenn das Verhalten des Täters die Sicherheit des Straßenverkehrs gefährdet hat; zwischen der Anlasstat, dem Führen eines Kraftfahrzeugs und der Gefährdung der Verkehrssicherheit muss eine *innere Beziehung*, ein *verkehrsspezifischer Gefahrzusammenhang* bestehen.[46]

In der Rechtsprechung ist dies lange Zeit anders gesehen worden. Der für die Verhängung der Maßregel erforderliche Zusammenhang wurde schon dann angenommen, wenn sich zwischen dem Führen eines Kraftfahrzeugs und irgendeiner Straftat eine *funktionale Beziehung* herstellen ließ, sei es, dass das Fahrzeug zur Erlangung eines sonst nicht gewährten Kredits genutzt[47] oder seinerseits durch Betrug erlangt wurde,[48] sei es, dass es zur Durchführung illegaler Rauschgiftgeschäfte[49] oder zum Verschleppen des Opfers eines Sexualdelikts an den Tatort[50] eingesetzt wurde. Mit dieser Auslegung wurde der Maßregelzweck erweitert; die Entziehung der Fahrerlaubnis diente nicht mehr nur der Gewährleistung der Verkehrssicherheit, sondern allgemein dem Schutz der Bevölkerung vor Straftaten, für die sich ein Bezug zu einem Kraftfahrzeug herstellen ließ.

Einen Wandel brachte in dieser Hinsicht erst eine Entscheidung des Großen Senats im Jahr 2005. Der Große Senat stellte fest, dass der Schutzzweck des § 69 StGB lediglich in der Sicherung des Straßenverkehrs besteht, und folgerte hieraus, die Anlasstat müsse tragfähige Rückschlüsse darauf zulassen, dass der Täter bereit sei, die Sicherheit des Straßenverkehrs seinen eigenen kriminellen Zielen unterzuordnen. Dies sei zwar nicht nur bei verkehrsspezifischer Kriminalität gegeben, sondern könne auch bei Taten der allgemeinen Kriminalität denkbar sein. Eine Zusammenhangstat liege jedoch nur dann vor, wenn der Täter vor, während oder nach der

---

[45] *BGH* VRS 36, 265 (266); SK StGB 2016 ff., *Sinn*, § 69 Rn. 8.

[46] *BGH* NStZ 2004, 86 (87 f.); LK 2006 ff., *Geppert*, § 69 Rn. 34; a. A. *BGH* NStZ 2003, 658 (659); MüKo 2016 ff., *Athing und von Heintschel-Heinegg*, § 69 Rn. 34 f.

[47] *BGHSt* 5, 179 (181 f.).

[48] *BGHSt* 17, 218 (220).

[49] *BGH* NStZ 1992, 586.

[50] *BGH* VRS 36, 265 (266).

Tat zeige, dass er bereit sei, sich zur Erreichung seiner kriminellen Ziele über die im Verkehr gebotene Rücksichtnahme und Sorgfalt hinwegzusetzen.[51] Der BGH ist damit auf die zuvor schon in der Literatur und einzelnen Senaten vertretene Linie eingeschwenkt. Bei Banküberfällen liegt der erforderliche Zusammenhang danach in der Regel dann vor, wenn der Täter eine verkehrsgefährdende Verwendung des fluchtbereit tatortnah abgestellten Fahrzeugs ersichtlich geplant hat oder mit einer solchen nahe liegend rechnen musste. Andererseits liegt eine Gefahr für die Verkehrssicherheit bei der bloßen Nutzung eines Kfz zur Suche nach geeigneten Tatobjekten oder Opfern nicht nahe. Auch in den Kurierfällen, in denen der Täter im Fahrzeug Rauschgift transportiert, sind die Belange der Verkehrssicherheit nicht ohne weiteres berührt.

5.2.1.2.2 Materielle Voraussetzungen

In materieller Hinsicht setzt die Entziehung der Fahrerlaubnis voraus, dass der Täter **„zum Führen von Kraftfahrzeugen ungeeignet"** ist. Auch bei der Auslegung dieses Begriffs muss die Funktion der Maßregel als Instrument zur Sicherung der Allgemeinheit vor den Gefahren des Straßenverkehrs berücksichtigt werden. Als zum Führen von Kraftfahrzeugen „ungeeignet" kann der Täter nur dann angesehen werden, wenn die Prognose abgegeben werden kann, dass von ihm auch in Zukunft weitere rechtswidrige, die Verkehrssicherheit beeinträchtigende Taten zu erwarten sind.[52] In der Sache übernimmt das Merkmal der „Ungeeignetheit" damit dieselben Aufgaben, die bei den anderen Maßregeln der Gefährlichkeitsprognose zukommt. Wird die „Ungeeignetheit" zum Führen von Kraftfahrzeugen bejaht, ist allerdings wegen des engen Zusammenhangs zwischen Nichteignung und Gefährlichkeit eine gesonderte Feststellung, dass weitere Taten wahrscheinlich sind, nicht mehr erforderlich: Aus der Bejahung der Ungeeignetheit ergibt sich zwingend, dass bei Nichtentziehung der Fahrerlaubnis mit weiteren Gefährdungen zu rechnen ist.[53]

Die Prüfung, ob ein Eignungsmangel vorliegt, wird dadurch erleichtert, dass der Gesetzgeber in § 69 Abs. 2 StGB fünf Tatbestände aufgeführt hat, die im Regelfall zur Bejahung eines Eignungsmangels führen sollen. Bei den fünf **Regelbeispielen** handelt es sich ausschließlich um Straßenverkehrsdelikte: Straßenverkehrsgefährdung (§ 315c StGB), Kraftfahrzeugrennen (§ 315d StGB), Trunkenheit im Straßenverkehr (§ 316 StGB), unerlaubtes Sichentfernen vom Unfallort, wenn der Täter weiß oder wissen kann, dass der Unfall schwere Folgen gehabt hat (§ 142 StGB), und Vollrausch in Verbindung mit einem dieser vier Delikte (§ 323a StGB). Der Gesetzgeber geht davon aus, dass die aufgeführten Taten im Regelfall einen solchen Grad des Versagens vor den Anforderungen des Straßenverkehrs und der Verantwortungslosigkeit offenbaren, dass damit zugleich die mangelnde Eignung zum Führen

---

[51] *BGHSt* (GS) 50, 93 (97 ff.) m. Anm. *Duttge* JZ 2006, 102 ff.
[52] SK StGB 2016 ff., *Sinn*, § 69 Rn. 14; NK 2017, *Böse*, § 69 Rn. 12.
[53] *BGHSt* 7, 165 (172 f.); LK 2006 ff., *Geppert*, § 69 Rn. 58; MüKo 2016 ff., *Athing und von Heintschel-Heinegg*, § 69 Rn. 52.

von Kraftfahrzeugen feststeht, ohne dass dies einer weiteren Begründung bedürfte.[54] Die gesetzliche Vermutung ist allerdings widerlegbar; besondere Umstände in der Tat oder der Persönlichkeit des Täters können die Indizwirkung entfallen lassen.

Beispiel

A hat bei einer Abendveranstaltung erhebliche Mengen Wein getrunken und sich deshalb entschlossen, nicht mit seinem PKW nach Hause zu fahren, sondern ein Taxi zu benutzen. Zuvor allerdings begibt er sich zu Fuß zu seinem Auto und bewegt es, wissend um seine Fahruntüchtigkeit, nachts um 00:40 Uhr im Bereich eines öffentlichen Parkplatzes 15–20 m weit, damit sein Fahrzeug am nächsten Morgen nicht an einem tagsüber gebührenpflichtigen Standplatz steht und er ein Verwarnungsgeld zu gewärtigen hat. Im Zuge dieser Standortveränderung fährt A – ohne Schadensfolgen – gegen einen Stein und lenkt durch das hierdurch entstehende Geräusch die Aufmerksamkeit von Polizeibeamten auf sich, die in der Nähe Dienst tun. Die wenig später entnommene Blutprobe ergibt einen Alkoholgehalt von 1,57 ‰. – Das Verhalten des A erfüllt den Tatbestand des § 316 StGB und damit die gesetzliche Vermutung für die Ungeeignetheit zum Führen von Kraftfahrzeugen (§ 69 Abs. 2 Nr. 2 StGB). Bei der Trunkenheitsfahrt des A handelt es sich jedoch um eine Bagatelltat, deren Zweck gerade darin bestand, einen verkehrsstörenden Zustand zu vermeiden. Damit liegt ein wesentliches Gegenindiz vor, das die Regelwirkung beseitigt. Sofern keine weiteren, die Ungeeignetheit des A begründenden Umstände ersichtlich sind, darf die Fahrerlaubnis deshalb nicht entzogen werden.[55]

Die „Ungeeignetheit" zum Führen von Kraftfahrzeugen kann sich nach der Rechtsprechung im Übrigen aus körperlichen, geistigen oder charakterlichen Mängeln ergeben.[56] Während die Prüfung **körperlicher und geistiger Mängel** (z. B. Beeinträchtigung des Sehvermögens oder der Reaktionsschnelligkeit, Drogenabhängigkeit) in der Regel keine Schwierigkeiten bereitet, ist die Bezugnahme auf **charakterliche Mängel** problematisch. Nach der früheren Rechtsprechung sollte es nicht darauf ankommen, dass sich aus dem Verhalten des Täters die mangelnde Eignung zum verkehrssicheren Führen von Kraftfahrzeugen folgern ließ; vielmehr sollten auch solche Mängel zur Entziehung der Fahrerlaubnis führen können, die den Schluss erlaubten, dass die für die Führung eines Kraftfahrzeugs „allgemein erforderliche charakterliche Zuverlässigkeit" nicht mehr gegeben sei.[57] Die Entscheidung des Großen Senats aus dem Jahr 2005 hat auch insoweit einen Wandel gebracht. Rückschlüsse auf die charakterliche Ungeeignetheit lassen sich danach aus

---

[54] BT-Drucks. 4/651, 17; vgl. auch *OLG Köln* DAR 1966, 271; *OLG Koblenz* VRS 55, 355 (357); 71, 278; S/S 2019, *Kinzig*, § 69 Rn. 34.

[55] Vgl. *OLG Stuttgart* NJW 1987, 142.

[56] *BGHSt* 7, 165 (173); 15, 393 (396).

[57] *BGHSt* 5, 179 (180) m. abl. Anm. *Schmidt-Leichner* NJW 1954, 161 f.; vgl. auch *BGHSt* 10, 333 (335).

der Tat nur noch dann ziehen, wenn sich zeigt, dass der Täter bereit ist, die Sicherheit des Straßenverkehrs seinen eigenen kriminellen Zielen unterzuordnen.[58] Von einer die Entziehung der Fahrerlaubnis rechtfertigenden charakterlichen Ungeeignetheit sollte demgemäß nur dann gesprochen werden, wenn der Täter durch sein Verhalten *fehlendes Risikobewusstsein* und *Verantwortungslosigkeit* gerade *im Hinblick auf die Gefahren des Straßenverkehrs* gezeigt hat;[59] dies kann insbesondere darin zum Ausdruck kommen, dass er die Wirkungen des Alkohol- oder Drogenkonsums bagatellisiert.

Eine erhebliche praktische Bedeutung kommt der Frage zu, ob die zwischenzeitlich erfolgte **Teilnahme an einer Nachschulung**, wie sie insbesondere für alkoholauffällige Ersttäter angeboten wird, ein die Regelwirkung beseitigendes Gegenindiz darstellt. Der maßgebliche Zeitpunkt für die Beurteilung der Eignung ist der Zeitpunkt der jeweiligen tatrichterlichen Entscheidung, nicht der Zeitpunkt der Tat.[60] Grundsätzlich sind daher zwischenzeitlich eingetretene Veränderungen, zu denen auch die erfolgreiche Teilnahme an einer Nachschulung gehören kann, zu berücksichtigen. Ob und inwieweit die Regelwirkung schon durch die erfolgreiche Kursteilnahme beseitigt wird, lässt sich indessen nicht verallgemeinernd angeben, sondern bedarf einer Gesamtwürdigung von Tat und Persönlichkeit des Täters, bei der auch weitere Umstände wie insbesondere die vorläufige Entziehung der Fahrerlaubnis nach § 111a StPO und deren Dauer eine Rolle spielen können.[61]

Eine **Gesamtwürdigung** der Tat und der Persönlichkeit des Täters ist auch dann erforderlich, wenn der Täter keinen der in § 69 Abs. 2 StGB genannten Tatbestände erfüllt hat und die Regelwirkung daher nicht eingreift. Ausgehend von der Tat sind alle Umstände zu berücksichtigen, die einen Rückschluss auf die Eignung zum Führen von Kraftfahrzeugen und damit auf die Wahrscheinlichkeit der Begehung weiterer rechtswidriger, die Verkehrssicherheit beeinträchtigender Taten erlauben. Die Basis der Prüfung bilden dabei die empirischen Erkenntnisse zur Wiederholungswahrscheinlichkeit bei Straßenverkehrsdelinquenz. Maßgebliche Bedeutung kommt danach den strafrechtlichen *Vorauffälligkeiten* zu. Dabei signalisieren etwa bei Trunkenheitstätern nicht nur einschlägige Vorstrafen, sondern gerade auch das Zusammentreffen von Verkehrsauffälligkeiten mit Vorstrafen wegen Vermögens- und Gewaltdelikten die Wahrscheinlichkeit weiterer Verkehrs-delikte.[62] Aus empirischer Sicht sprechen darüber hinaus Merkmale wie der Tatanlass „Zechtour", die *kurze Dauer des Führerscheinbesitzes* (weniger als drei Jahre) und ein *hoher Blutalkoholgehalt* bei der Anlasstat (mehr als 1,8 ‰) für eine gesteigerte Rückfallwahrscheinlichkeit.[63]

---

[58] *BGHSt* (GS) 50, 93 (102 f.).

[59] Vgl. LK 2006 ff., *Geppert*, § 69 Rn. 54 f.; weitere Indikatoren bei *Fischer* 2019, § 69 Rn. 18.

[60] *BGHSt* 7, 165 (175); LK 2006 ff., *Geppert*, § 69 Rn. 58; S/S 2019, *Kinzig*, § 69 Rn. 55.

[61] *OLG Köln* DAR 1980, 251 (252); *OLG Koblenz* BA 1984, 91 (93); *Fischer* 2019, § 69 Rn. 36; LK 2006 ff., *Geppert*, § 69 Rn. 99 ff.; NK 2017, *Böse*, § 69 Rn. 15.

[62] Vgl. *Schöch* NJW 1971, 1861 ff.; *Schöch* 1973, 180.

[63] *Schöch* 1973, 181; *Schöch* NStZ 1991, 17.

5.2.1.2.3 Keine weitere Verhältnismäßigkeitsprüfung

Wenn die formellen und die materiellen Voraussetzungen für die Fahrerlaubnisent-ziehung gegeben sind, ist die Anordnung der Maßregel **obligatorisch**. Eine weitere Prüfung, ob die Anordnung verhältnismäßig ist, findet nicht mehr statt (§ 69 Abs. 1 Satz 2 StGB). Im Hintergrund des Ausschlusses jeder weiteren Verhältnismäßig-keitsprüfung steht das Ergebnis einer bereits vom Gesetzgeber vorgenommenen Güterabwägung: Angesichts der Größe der von ungeeigneten Kraftfahrern ausge-henden Gefahren und angesichts des Umstands, dass der Verlust der Fahrerlaubnis in der Regel eine wesentlich geringere Einbuße darstellt als sie mit der Anordnung der anderen Maßregeln verbunden ist, erschien es dem Gesetzgeber unzweifelhaft, dass die Entziehung der Fahrerlaubnis mit dem Verhältnismäßigkeitsgrundsatz in jedem Fall vereinbar ist.[64] Ob diese vom Gesetzgeber vorweggenommene Entschei-dung den durch den Individualverkehr geprägten Lebensverhältnissen tatsächlich gerecht wird, ist indessen nicht ganz unproblematisch. Insbesondere in den Fällen, in denen die Möglichkeit zur Teilnahme am Straßenverkehr für den Täter kein Lu-xus ist, sondern eine Lebensnotwendigkeit darstellt (Berufskraftfahrer, Behinderte, Menschen auf dem Land), kann die Entziehung der Fahrerlaubnis eine *unverhält-nismäßige Härte* bedeuten. De lege lata lässt sich diesem Problem jedoch nur durch eine Verkürzung der Sperrfrist (§ 69a Abs. 1 StGB) oder durch die Zulassung mög-licher Ausnahmen von der Sperre (§ 69a Abs. 2 StGB) Rechnung tragen.[65]

5.2.1.3 Rechtsfolgen

Wird die Maßregel angeordnet, so **erlischt** die **Fahrerlaubnis** mit der Rechtskraft des Urteils bzw. des Strafbefehls (§ 69 Abs. 3 Satz 1 StGB). Beschränkungen der Fahrerlaubnisentziehung auf bestimmte Fahrzeug- oder Nutzungsarten oder Zeit-abschnitte (Tage, Wochen oder Monate) sind nicht möglich; die Fahrerlaubnis er-lischt in vollem Umfang und für immer (was nicht ausschließt, dass dem Täter nach Ablauf der Sperrfrist eine gänzlich neue Fahrerlaubnis erteilt wird, § 20 Abs. 1 FeV).[66] Der **Führerschein**, also die amtliche Bescheinigung über die Fahrerlaubnis (§ 4 Abs. 2 FeV), wird, soweit er von den inländischen Behörden ausgestellt worden ist, **eingezogen** (§ 69 Abs. 3 Satz 2 StGB); die Einziehung wird durch die Weg-nahme der Urkunde vollstreckt (§ 463 Abs. 1 i. V. m. § 459g Abs. 1 StPO).

Hat der Täter die Fahrerlaubnis im **Ausland** erworben, besteht die Wirkung der Maßregel nicht in der Entziehung der Fahrerlaubnis, sondern lediglich in einem auf das Inland begrenzten Fahrverbot (§ 69b Abs. 1 StGB), da ein deutsches Gericht rechtlich nicht in der Lage ist, eine von einer ausländischen Behörde erteilte Erlaub-nis aufzuheben.[67] Aus demselben Grund wird der von einer ausländischen Behörde

---

[64] 1. Schriftlicher Bericht, BT-Drucks. 5/4094, 24.

[65] LK 2006 ff., *Geppert*, § 69 Rn. 67; SK StGB 2016 ff., *Sinn*, § 69 Rn. 15; krit. NK 2017, *Böse*, § 69 Rn. 18; vgl. auch *Piesker* BA 2002, 197 ff., der sich allgemein für eine restriktive Anwendung ausspricht.

[66] *BGHSt* 6, 183 (184 f.); *BGH* NStZ 1983, 168; LK 2006 ff., *Geppert*, § 69 Rn. 113 f.

[67] LK 2006 ff., *Geppert*, § 69b Rn. 1; MüKo 2016 ff., *Athing und von Heintschel-Heinegg*, § 69b Rn. 1; SK StGB 2016 ff., *Sinn*, § 69b Rn. 2.

ausgestellte Führerschein auch nicht eingezogen, sondern es wird auf der ausländischen Urkunde lediglich ein entsprechender Vermerk angebracht (§ 69b Abs. 2 StGB).

Zugleich mit der Entziehung der Fahrerlaubnis wird vom Gericht eine **Sperre für die Erteilung einer neuen Fahrerlaubnis** angeordnet (§ 69a Abs. 1 Satz 1 StGB). Hierdurch soll sichergestellt werden, dass der zum Führen von Kraftfahrzeugen ungeeignete Täter für die voraussichtliche Dauer seiner Ungeeignetheit von der Teilnahme am Straßenverkehr ausgeschlossen bleibt. Anders als bei der Entscheidung über die Entziehung der Fahrerlaubnis, die die Fahrerlaubnis in vollem Umfang erfasst, kann das Gericht von der Sperre bestimmte Arten von Kraftfahrzeugen ausnehmen, wenn der Zweck der Maßregel dadurch nicht gefährdet wird (§ 69a Abs. 2 StGB). Zu denEucken ist in diesem Zusammenhang etwa an Berufskraftfahrer und Landwirte, die die Anlasstat nicht während der Berufs- oder Arbeitszeit und mit ihrem beruflich zu nutzenden Fahrzeug (z. B. Lkw, Bus, Traktor), sondern nach Feierabend mit einem für Privatfahrten benutzten Fahrzeug (z. B. Pkw, Motorrad) begangen haben.[68] Voraussetzung für die Ausnahme ist allerdings, dass „besondere Umstände" vorliegen. Diese Voraussetzung wird in der Rechtsprechung restriktiv gehandhabt; insbesondere sollen allein wirtschaftliche Gesichtspunkte die Ausnahme nicht rechtfertigen können.[69] Wird eine Fahrzeugart von der Sperre ausgenommen, bedeutet dies, dass der Täter hinsichtlich der ausgenommenen Fahrzeugart sofort die Erteilung einer neuen Fahrerlaubnis beantragen kann.

Hinsichtlich der **Dauer der Sperre** ist dem Gericht ein weiter Ermessensspielraum eingeräumt. Die Sperrfrist kann zwischen 6 Monaten und 5 Jahren betragen, u. U. aber auch lebenslang dauern (§ 69a Abs. 1 Satz 1 und 2 StGB); bei Wiederholungstätern liegt ihr Mindestmaß bei 1 Jahr (§ 69a Abs. 3 StGB). Entsprechend dem Sicherungszweck der Maßregel kommt es für die Bemessung allein auf die voraussichtliche Dauer der Ungeeignetheit des Täters zum Führen von Kraftfahrzeugen an: Das Gericht muss Grund und Umfang des festgestellten Eignungsmangels daraufhin überprüfen, für welchen Zeitraum der Mangel noch bestehen wird.[70] Die allgemeinen Strafzumessungsregeln (Schuldausgleich, „Denkzettel"-Wirkung, Generalprävention) dürfen hierzu nicht herangezogen werden.[71] Die damit verbundenen Anforderungen an die Gerichte sind erheblich; die erforderlichen Aussagen dürften sich ohne eine genauere Analyse der Täterpersönlichkeit, der Bedeutung der Tat im Lebenslängs- und -querschnitt sowie der von der Fahrerlaubnisentziehung zu erwartenden Wirkungen praktisch kaum treffen lassen.

---

[68] LK 2006 ff., *Geppert*, § 69a Rn. 9.

[69] *OLG Koblenz* VRS 60, 44 (45); *OLG Celle* DAR 1985, 90; BA 1988, 196 (197); LK 2006 ff., *Geppert*, § 69a Rn. 11 f.; S/S 2019, *Kinzig*, § 69a Rn. 28.

[70] *BGH* VRS 35, 416 (417); SK StGB 2016 ff., *Sinn*, § 69a Rn. 6.

[71] *BGH* NStZ 1991, 183.

Obwohl darüber, an welchen Kriterien sich die Bemessung der Dauer der Sperrfrist zu orientieren hat, weitgehend Einigkeit besteht, wird in der Praxis anders verfahren. Die Praxis bemüht sich in den meisten Fällen nicht um die Aufhellung der Hintergründe der Tat, sondern geht bei der Bemessung der Sperrfrist *schematisch* vor, wobei sie sich allein an der Art und Schwere der begangenen Tat orientiert.[72] Typisch ist es insoweit etwa, wenn in manchen LG-Bezirken für die folgenlose Trunkenheitsfahrt (§ 316 StGB) eines Ersttäters eine Sperrfrist von 1 Jahr und im Wiederholungsfall eine Sperre von 2 Jahren ausgesprochen wird. Argumentativ wird die Verbindung zu der an sich gebotenen individualisierten und auf die Zukunft bezogenen Bemessung dadurch hergestellt, dass behauptet wird, aus der Schwere der Tatschuld ließen sich Hinweise auf die charakterliche Unzuverlässigkeit des Täters und damit auf den Grad seiner Ungeeignetheit ableiten.[73] Angesichts des der empirischen Überprüfung kaum zugänglichen normativen Gehalts des Begriffs der „charakterlichen Unzuverlässigkeit" lässt sich diese Behauptung jedoch empirisch weder bestätigen noch, was aus Tätersicht bedeutsamer wäre, widerlegen. Die Entziehung der Fahrerlaubnis wird hierdurch faktisch in die Nähe einer Nebenstrafe gerückt, wobei die Wirkungen der Maßregel insofern gravierender sind als die eines Fahrverbots, als der Täter die materielle Berechtigung zum Führen von Kraftfahrzeugen unwiderruflich verliert.[74]

Die vom Gericht festgesetzte **Sperre** kann vor Ablauf der Sperrfrist wieder **aufgehoben** werden. Voraussetzung hierfür ist, dass neue Tatsachen vorliegen, die Grund zu der Annahme bieten, dass der Täter zum Führen von Kraftfahrzeugen nicht mehr ungeeignet ist (§ 69a Abs. 7 StGB). Allein der Umstand, dass seit der Entziehung der Fahrerlaubnis längere Zeit verstrichen ist, in der der Täter nicht erneut auffällig geworden ist, genügt hierfür ebenso wenig wie allein der Umstand, dass der Täter an der Wiedererlangung der Fahrerlaubnis ein erhebliches berufliches oder wirtschaftliches Interesse hat.[75] Eine die Aufhebung rechtfertigende neue Tatsache kann andererseits bspw. die erfolgreiche Teilnahme an einem Nachschulungskurs für alkoholauffällige Kraftfahrer sein.[76]

Nach Ablauf der Sperrfrist kann der Täter die **Erteilung einer neuen Fahrerlaubnis** beantragen. Die Neuerteilung setzt voraus, dass gegen die Eignung des Täters zum Führen von Kraftfahrzeugen keine Bedenken mehr bestehen; die Behörde stellt insoweit entsprechende Ermittlungen an (§ 20 Abs. 1 i. V. m. § 11 Abs. 3 Satz 1 Nr. 5 FeV). Über die Eignung und die Neuerteilung der Fahrerlaubnis entscheidet die Behörde dabei in eigener Kompetenz. Sie darf allerdings eine Ablehnung der Neuerteilung nicht auf dieselben Gründe stützen, die das Strafgericht bei seiner Entscheidung bereits berücksichtigt hat; dies würde dem Grundsatz der materiellen Rechtskraft des Strafurteils widersprechen und eine unzulässige Korrektur der richterlichen Entscheidung bedeuten.[77]

---

[72] So bereits *Dencker* StV 1988, 454 f.

[73] *BGH* StV 1989, 388; NStZ 1991, 183; vgl. auch schon BT-Drucks. 4/651, 16.

[74] Zur Kritik vgl. auch *Dencker* StV 1988, 455 f.; LK 2006 ff., *Geppert*, § 69a Rn. 17.

[75] *OLG München* NJW 1981, 2424; *OLG Düsseldorf* NZV 1990, 237 (238); VRS 64, 432 (434); 82, 20 (23); LK 2006 ff., *Geppert*, § 69a Rn. 86.

[76] *OLG Düsseldorf* GA 1984, 232 (234); *Fischer* 2019, § 69a Rn. 44; LK 2006 ff., *Geppert*, § 69a Rn. 88.

[77] LK 2006 ff., *Geppert*, § 69 Rn. 119; MüKo 2016 ff., *Athing und von Heintschel-Heinegg*, § 69a Rn. 58; NK 2017, *Böse*, § 69a Rn. 1.

In den Fällen, in denen der Täter keine Fahrerlaubnis hat (etwa, weil er noch keine Fahrerlaubnis erworben hat oder weil sie ihm bereits in einem anderen Verfahren entzogen worden ist), wird vom Gericht nur eine Sperre für die Erteilung der Fahrerlaubnis ausgesprochen (§ 69a Abs. 1 Satz 3 StGB). Die „**isolierte Sperrfristerteilung**" stellt in diesen Fällen eine alternative Maßregel dar, die an dieselben formellen und materiellen Voraussetzungen gebunden ist wie die Maßregel nach § 69 StGB.[78]

Wird der Täter zwar wegen einer Straßenverkehrsgefährdung (§ 315c StGB) oder wegen Trunkenheit im Straßenverkehr (§ 316 StGB) verurteilt, unterbleibt aber, obwohl es sich bei diesen Delikten um Indiztaten nach § 69 Abs. 2 StGB handelt, die Entziehung der Fahrerlaubnis, so muss in der Regel ein Fahrverbot verhängt werden (§ 44 Abs. 1 Satz 3 StGB; oben Abschn. 3.9.2).

5.2.1.4 Verfahren

Die Entziehung der Fahrerlaubnis und die Bestimmung der Sperre für die Erteilung einer neuen Fahrerlaubnis erfolgen in einer einheitlichen Entscheidung. **Tenor**: „Dem Angeklagten wird die Erlaubnis zum Führen von Kraftfahrzeugen entzogen. Der ihm erteilte Führerschein wird eingezogen. Dem Angeklagten darf für die Dauer von … keine neue Fahrerlaubnis erteilt werden."[79] Wird gegen den Angeklagten lediglich eine isolierte Sperre verhängt, beschränkt sich der Urteilstenor auf den letzten Satz. Wird die Fahrerlaubnis nicht entzogen, obwohl in der Hauptverhandlung ein dahingehender Antrag gestellt worden ist, so wird dies nicht im Urteilstenor zum Ausdruck gebracht, sondern es wird hierauf nur in den Urteilsgründen eingegangen.

Im Interesse der allgemeinen Verkehrssicherheit kann die Maßregel als **vorläufige Maßnahme** auch schon im Ermittlungsverfahren verhängt werden (§ 111a StPO).[80] Voraussetzung hierfür ist, dass dringende Gründe für die Annahme sprechen, dass die Fahrerlaubnis entzogen werden wird. Konkret bedeutet dies zum einen, dass der Beschuldigte aufgrund bestimmter Tatsachen dringend verdächtig sein muss, die ihm zur Last gelegte Tat begangen zu haben; zum anderen muss eine hohe Wahrscheinlichkeit dafür bestehen, dass das erkennende Gericht im späteren Hauptverfahren die Entziehung der Fahrerlaubnis aussprechen wird.[81] Die vorläufige Maßnahme ist damit in der Sache an dieselben Voraussetzungen geknüpft wie die endgültige Maßregelverhängung nach § 69 StGB. Die Anordnung darf nur durch einen Richter erfolgen. Bei „Gefahr im Verzug" dürfen Polizei und Staatsanwaltschaft allerdings den Führerschein beschlagnahmen (§§ 94 Abs. 3, 98 Abs. 1 Satz 1 StPO). Materiell ist die *Führerscheinbeschlagnahme* unter denselben Voraussetzungen zulässig wie die vorläufige Entziehung der Fahrerlaubnis (§ 111a Abs. 1

---

[78] LK 2006 ff., *Geppert*, § 69a Rn. 3; NK 2017, *Böse*, § 69a Rn. 5.

[79] S/S 2019, *Kinzig*, § 69 Rn. 71.

[80] Zum kriminalpolitischen Hintergrund vgl. LK 2006 ff., *Geppert*, § 69 Rn. 124.

[81] *Meyer-Goßner* 2018, § 111a Rn. 2.

StPO);[82] „Gefahr im Verzug" liegt also dann vor, wenn zu befürchten ist, dass der Beschuldigte ohne die Abnahme des Führerscheins weitere Trunkenheitsfahrten unternehmen oder sonst Verkehrsvorschriften in erheblicher Weise verletzen wird.[83] Die Zeit, in der der Täter wegen der Beschlagnahme des Führerscheins und/oder der vorläufigen Entziehung der Fahrerlaubnis nicht zur Teilnahme am Straßenverkehr berechtigt war, muss im späteren Hauptverfahren bei der Bemessung der Dauer der Sperrfrist berücksichtigt werden (§ 69a Abs. 4 und 6 StGB).

5.2.1.5 Abgrenzung zu anderen Reaktionsformen

Die Reaktionsmöglichkeiten, die den staatlichen Organen zur Verfügung stehen, um die Sicherheit des Straßenverkehrs zu gewährleisten, sind vielfältig. Die Fahrerlaubnis kann nicht nur im Zusammenhang mit einer Straftat entzogen werden, sondern grundsätzlich immer dann, wenn sich jemand als ungeeignet zum Führen von Kraftfahrzeugen erweist. Zuständig hierfür ist die Verwaltungsbehörde (§ 3 Abs. 1 StVG). In Betracht kommt die **verwaltungsbehördliche Entziehung der Fahrerlaubnis** insbesondere im Zusammenhang mit bußgeldpflichtigen Verkehrsordnungswidrigkeiten. Allgemein bekannt ist bspw., dass die Fahrerlaubnis in der Regel bei demjenigen entzogen wird, der wiederholt gegen die verkehrsrechtlichen Vorschriften verstoßen und hierfür innerhalb eines Zeitraums von zwei Jahren im Verkehrszentralregister achtzehn Punkte erhalten hat (§ 4 Abs. 3 Satz 1 Nr. 3 StVG).

Soweit es die strafrechtlichen Sanktionen betrifft, bestehen enge Verbindungen zum **Fahrverbot** nach § 44 StGB: Sowohl § 69 StGB als auch § 44 StGB knüpfen zumindest teilweise daran an, dass bei oder im Zusammenhang mit dem Führen eines Kraftfahrzeugs oder unter Verletzung der Pflichten eines Kraftfahrzeugführers eine mit Strafe bedrohte rechtswidrige Tat begangen worden ist. Dennoch erfüllen die beiden Sanktionsformen unterschiedliche Funktionen: Aufgabe der Maßregel ist der Ausschluss des ungeeigneten Kraftfahrers von der weiteren Teilnahme am Straßenverkehr, Aufgabe der Nebenstrafe ist der an den geeigneten, aber pflichtvergessenen Kraftfahrer gerichtete „Denkzettel". Die beiden Sanktionsformen stehen dementsprechend grundsätzlich in einem Exklusivitätsverhältnis zueinander;[84] nur in Ausnahmefällen, z. B. wenn die Verkehrsausschließung auch fahrerlaubnisfreie Fahrzeuge (z. B. Mofas) umfassen soll, kommt die gleichzeitige Anordnung beider Sanktionsformen in Betracht.[85] Zur Gegenüberstellung von Maßregel und Nebenstrafe vgl. Abb. 5.1.

5.2.1.6 Kriminologische Aspekte

Die Entziehung der Fahrerlaubnis wurde 2017 gegenüber 90.742 Personen ausgesprochen (Tab. 5.1). Sie stellt damit nicht nur die mit Abstand häufigste Maßregel dar, sondern wird auch drei- bis viermal häufiger angeordnet als das Fahrverbot

---

[82] *OLG Stuttgart* NJW 1969, 760 (761); *Meyer-Goßner* 2018, § 111a Rn. 15.

[83] *BGHSt* 22, 385 (392 f.).

[84] *OLG Celle* NJW 1968, 1102.

[85] NK 2017, *Böse*, § 44 Rn. 6; S/S 2019, *Kinzig*, § 44 Rn. 2.

	Entziehung der Fahrerlaubnis (§§ 69 ff. StGB)	Fahrverbot (§ 44 StGB)
Sanktionsart	Maßregel	Nebenstrafe
Voraussetzung	Eignungsmangel	Verschulden
Rechtsfolge	Verlust der Erlaubnis	Untersagung der Ausübung der Erlaubnis
Dauer	6 Monate – lebenslang	1–6 Monate
Bemessung	voraussichtliche Dauer der Ungeeignetheit; keine Verhältnismäßigkeit	§ 46 StGB (Schuld)
Vorläufige Anordnung	§ 111a StPO	—

Abb. 5.1 Entziehung der Fahrerlaubnis und Fahrverbot

nach § 44 StGB. Die meisten Anordnungen entfielen auf **Straftaten im Straßenverkehr** (91,5 %); andere Delikte, die nach der Rechtsprechung als Anlasstaten ebenfalls in Betracht kommen, spielten nur eine untergeordnete Rolle (vgl. Tab. 5.2). Die Maßregel wird in der Praxis vor allem zur Reaktion auf Trunkenheitstaten eingesetzt. Das häufigste Einzeldelikt war die folgenlose Trunkenheit im Straßenverkehr (§ 316 StGB); knapp die Hälfte aller Anordnungen (48,8 %) entfielen auf diesen einen Tatbestand. Die weitaus meisten Anordnungen ergingen im Übrigen gegen Männer; Frauen waren hiervon nur selten betroffen (85,7 % gegenüber 14,3 %).[86]

Betrachtet man die **Dauer der Sperrfrist**, die von den Gerichten festgesetzt wurde, und konzentriert sich hierbei auf die abgeurteilten Erwachsenen, zeigt sich zunächst, dass mehr als drei Viertel aller Sperrfristen (79,3 %) in dem Bereich zwischen über 6 und 24 Monaten liegen; längere Sperrfristen sind eher selten (Tab. 5.2). Bei unerlaubtem Entfernen vom Unfallort (§ 142 StGB) zeigt sich in der Praxis eine Tendenz zu kürzeren Sperrfristen; umgekehrt wird bei fahrlässiger Tötung im Straßenverkehr (§ 222 StGB) eher eine lange Sperrfrist verhängt. Auch hier deutet sich also eine aus dem Maßregelzweck nicht unmittelbar erklärbare Orientierung der Sperrfristdauer an der Schwere des eingetretenen Erfolgs an.

5.2.2 Führungsaufsicht

5.2.2.1 Kriminalpolitische Zielsetzung
Die in den §§ 68 ff. StGB geregelte Führungsaufsicht, die ihren Vorläufer in der Polizeiaufsicht hat, wurde durch das 2. StrRG vom 04.07.1969 in das StGB

---

[86] Statistisches Bundesamt, Strafverfolgung 2017, Tab. 5.4.

Tab. 5.2 Entziehung der Fahrerlaubnis und Dauer der Sperrfrist bei Erwachsenen 2017. (Quelle: Statistisches Bundesamt, Strafverfolgung 2017, Tab. 5.4)

Art der Straftat	Abgeurteilte, bei denen die FE entzogen wurde		Dauer der Sperrfrist (nur Erwachsene)[a]			
	N	%	Bis einschl. 6 Monate	6 Monate bis einschl. 2 Jahre	2 Jahre bis einschl. 5 Jahre	Für immer
Straftaten im Straßenverkehr	83.002	91,5	19,8	79,6	0,6	0,0
Darunter						
§ 315c StGB	10.870	12,0	18,7	80,8	0,4	0,0
§ 316 StGB	44.260	48,8	16,8	82,8	0,4	0,0
§ 142 StGB	11.867	13,0	30,6	69,0	0,4	-
§ 229 StGB im Straßenverkehr	3316	3,7	20,2	79,1	0,7	0,0
§ 222 StGB im Straßenverkehr	136	0,1	19,7	61,5	17,1	1,7
Straftaten außerhalb des Straßenverkehrs	7740	8,5	20,0	76,1	3,8	0,2
Straftaten insgesamt	90.742	100,0	19,8	79,3	0,8	0,0

[a]Prozentualer Anteil bezogen auf die Zahl der abgeurteilten Erwachsenen

eingefügt.[87] Die Maßregel verfolgt einen doppelten Zweck: Sie soll den Täter durch engmaschige **Überwachung und Kontrolle** an der Begehung weiterer Taten hindern und sie soll ihn durch **Hilfe und Betreuung** bei der Bewältigung seiner psychosozialen Schwierigkeiten in die Lage versetzen, außerhalb geschlossener Einrichtungen ein Leben ohne Straftaten zu führen.[88] Sicherungs- und Besserungszweck sind eng miteinander verzahnt; nach der Konzeption des Gesetzes kommt keinem von ihnen der Vorrang zu. In ihrer Doppelfunktion hat die Führungsaufsicht Ähnlichkeiten mit der Bewährungshilfe, die als Weisung im Zusammenhang mit der Strafaussetzung zur Bewährung angeordnet werden kann (oben Abschn. 3.7.3.4). Während die Bewährungshilfe jedoch nur für Täter mit positiver Legalprognose in Betracht kommt, zielt die Führungsaufsicht auch auf die Überwachung und Betreuung von solchen Tätern ab, von denen *in Zukunft weitere Straftaten zu erwarten* sind. In der Praxis hat die Überwachungsfunktion deshalb bei der Führungsaufsicht eine deutlich größere Bedeutung als bei der Bewährungshilfe, was sich auch in einer unterschiedlichen Organisationsstruktur ausdrückt.

Von der Bewährungshilfe unterscheidet sich die Führungsaufsicht aber nicht nur in der Prognose der jeweiligen Zielgruppe. Ein zweiter, wesentlicher Unterschied

---

[87]Zur Gesetzgebungsgeschichte vgl. LK 2006 ff., *Schneider, H.*, Vor § 68 Rn. 16 ff.

[88]LK 2006 ff., *Schneider, H.*, Vor § 68 Rn. 3; S/S 2019, *Kinzig*, § 68 Rn. 3; SK StGB 2016 ff., *Sinn*, § 68 Rn. 2; vgl. auch NK 2017, *Ostendorf*, Vor §§ 68 bis 68g Rn. 9 f., der noch weitergehend zwischen den Zielen und den Mitteln der Führungsaufsicht differenziert.

besteht darin, dass die Führungsaufsicht ihre Wirkungen typischerweise nicht unmittelbar mit dem Eintritt der Rechtskraft des Urteils, sondern erst *im Anschluss an die Vollstreckung langdauernder Strafen und freiheitsentziehender Maßregeln* (psychiatrisches Krankenhaus, Entziehungsanstalt, Sicherungsverwahrung) entfaltet. Die Maßregel hat die Aufgabe, den Übergang eines Täters vom Freiheitsentzug in die Eigenständigkeit zu gestalten und ihm hierbei nicht nur Hilfe und Betreuung zukommen zu lassen, sondern zugleich auch die u. U. weiterhin erforderliche fortdauernde Überwachung und Kontrolle zu gewährleisten. Die Führungsaufsicht liefert dementsprechend den rechtlichen Rahmen für die Gestaltung der **justiziellen „Nachsorge"** für Tätergruppen, die aus ganz unterschiedlichen Einrichtungen in die Freiheit entlassen werden und entsprechend unterschiedliche Problemlagen aufweisen; „Vollverbüßer" aus dem Strafvollzug befinden sich ebenso hierunter wie aus der Psychiatrie entlassene Patienten und ehemalige Sicherungsverwahrte.[89] Durch eine differenzierende, den unterschiedlichen Bedürfnissen der Entlassenen, aber auch der Allgemeinheit Rechnung tragende Ausgestaltung kann die Führungsaufsicht einen wesentlichen Beitrag dazu leisten, dass der schwierige Prozess der Wiedereingliederung gelingt und die Gefahr erneuter Straffälligkeit gering gehalten wird. Indirekt kann die Maßregel damit auch auf die Entscheidung über die Aussetzung der stationären Maßregeln zur Bewährung einen positiven Einfluss ausüben: Soweit etwa die Entlassung psychisch kranker Täter aus dem Maßregelvollzug in Frage steht (z. B. nach § 67d Abs. 2 StGB), kann die Strafvollstreckungskammer oft erst im Hinblick auf die spezifischen Einwirkungsmöglichkeiten der Führungsaufsicht (etwa die Weisung zur regelmäßigen Vorstellung bei einem Arzt oder die Teilnahme an einer ambulanten Therapie) zu der Prognose gelangen, dass vom Untergebrachten außerhalb des Maßregelvollzugs keine weiteren erheblichen rechtswidrigen Taten mehr zu erwarten sind. Die Unterbringungsdauer im Maßregelvollzug kann hierdurch zum Teil beträchtlich abgekürzt werden.[90]

Der Gesetzgeber hat die mit der Führungsaufsicht verbundenen Einwirkungsmöglichkeiten in den letzten Jahren deutlich ausgebaut und die Maßregel gestärkt. Bemerkenswert ist, dass dabei keineswegs nur die repressiven, auf Überwachung und Kontrolle abzielenden Einwirkungsmöglichkeiten erweitert wurden, sondern dass auch die positiven, die Unterstützung bei der Wiedereingliederung durch Hilfe und Betreuung fördernden Möglichkeiten verbessert wurden.[91]

Der Ausbau verlief in drei Etappen. Durch das SexBG vom 26.01.1998 wurde zunächst die ursprüngliche Befristung der Maßregel auf 5 Jahre gelockert und die Möglichkeit der unbefristeten Führungsaufsicht geschaffen (§ 68c Abs. 2 StGB). Mit dem Gesetz zur Reform der Führungsaufsicht und zur Änderung der Vorschriften über die nachträgliche Sicherungsverwahrung vom 13.04.2007 wurde der Katalog der zulässigen Weisungen erweitert; neu eingeführt wurden das Abstinenzgebot mit Kontrollweisung, die Vorstellungsweisung und die Therapieweisung (§ 68b Abs. 1 Satz 1 Nr. 10 und 11, Abs. 2 Satz 2 und 3 StGB).

---

[89] Überblick über Konzepte und Erfahrungen aus der Praxis bei *Egg* 2004.
[90] NK 2017, *Ostendorf*, Vor §§ 68 bis 68g Rn. 18.
[91] Übersicht bei *Dessecker* BewHi 2011, 267 ff.; *Kammermeier* BewHi 2013, 159 ff.

Ferner wurde in die Organisationsstruktur der Führungsaufsicht die „forensische Ambulanz" integriert (§ 68a Abs. 7 und 8 StGB) und es wurde die Möglichkeit einer schnell vollziehbaren „Krisenintervention" geschaffen, bei der ein aus dem psychiatrischen Maßregelvollzug Entlassener befristet wieder in die Einrichtung aufgenommen werden kann (§ 67h StGB). Die bislang letzte Änderung erfolgte durch das Gesetz zur Neuordnung des Rechts der Sicherungsverwahrung vom 22.12.2010; durch dieses Gesetz wurde die elektronische Aufenthaltsüberwachung in den Katalog der zulässigen Weisung aufgenommen. (§ 68b Abs. 1 Satz 1 Nr. 12 StGB)

Mit dem insoweit geschaffenen rechtlichen Rahmen kommt der Führungsaufsicht für den Umgang mit vielfältig belasteten und rückfallgefährdeten Tätergruppen außerhalb des geschlossenen Vollzugs eine zentrale Bedeutung zu, was auch in gestiegenen Anwendungszahlen zum Ausdruck kommt (unten Abschn. 5.2.2.5).

5.2.2.2 Voraussetzungen
Die Führungsaufsicht ist die einzige Maßregel, die nicht nur vom Gericht angeordnet werden kann (§ 68 Abs. 1 StGB), sondern die darüber hinaus auch kraft Gesetzes eintritt (§ 68 Abs. 2 StGB).

5.2.2.2.1 Richterlich angeordnete Führungsaufsicht
Die richterlich angeordnete Führungsaufsicht (§ 68 Abs. 1 StGB) ist eine unselbstständige, d. h. nicht isoliert verhängbare **Zusatzsanktion**, mit der im Einzelfall die sichernden und resozialisierenden Funktionen der Freiheitsstrafe ergänzt werden können. Für die Anordnung kommt es nicht darauf an, ob die Freiheitsstrafe vollstreckt oder zur Bewährung ausgesetzt wird; in letzterem Fall haben die Regelungen über die Führungsaufsicht vor den Regelungen zur Ausgestaltung der Bewährung grundsätzlich Vorrang (vgl. § 68g StGB).

In formeller Hinsicht setzt die richterlich angeordnete Führungsaufsicht voraus, dass jemand wegen einer Straftat, bei der das Gesetz die Maßregel besonders vorsieht, zu einer zeitigen **Freiheitsstrafe von mindestens 6 Monaten** verurteilt wird. Die leichtere Kriminalität ist damit aus dem Anwendungsbereich der Maßregel ausgeschlossen. Besonders vorgesehen ist die Führungsaufsicht in zahlreichen Normen des StGB sowie des Nebenstrafrechts, bspw. im Zusammenhang mit bestimmten Sexualstraftaten (§ 181b StGB), mit erpresserischem Menschenraub und Geiselnahme (§ 239c StGB), Diebstahl (§ 245 StGB), Raub und Erpressung (§ 256 Abs. 1 StGB), Hehlerei und Geldwäsche (§ 262 StGB), Betrug (§ 263 Abs. 6 StGB) und bestimmten schweren Verstößen gegen das BtMG (§ 34 BtMG). Wird der Täter wegen mehrerer Taten verurteilt, genügt es, wenn nur eines der anwendbaren Gesetze Führungsaufsicht zulässt (§§ 52 Abs. 4 Satz 2, 53 Abs. 4 StGB). Stehen die mehreren Taten in Tatmehrheit zueinander, so muss die Einzelstrafe für die Tat, für die das Gesetz Führungsaufsicht vorsieht, bei mindestens 6 Monaten Freiheitsstrafe liegen.[92]

---

[92] *BGHSt* 12, 85 (87); LK 2006 ff., *Schneider, H.*, § 68 Rn. 6; NK 2017, *Ostendorf*, § 68 Rn. 5; vgl. aber auch S/S 2019, *Kinzig*, § 68 Rn. 5.

In materieller Hinsicht setzt die Anordnung voraus, dass von dem Täter auch in Zukunft **weitere Straftaten zu erwarten** sind. Ebenso wie bei den anderen Maßregeln ist auch hier erforderlich, dass zwischen der Anlasstat und den weiteren zu erwartenden Taten ein *symptomatischer Zusammenhang* besteht; Anlasstat und weitere Taten müssen also Ausdruck einer bestimmten „*kriminellen Kontinuität*"[93] sein. Bei den zu erwartenden Taten darf es sich ebenfalls nicht um bloße Bagatelldelikte handeln; vielmehr müssen sie in ihrem Gewicht der Anlasstat entsprechen. Darüber hinaus genügt hinsichtlich ihrer Begehung nicht eine vage Befürchtung, sondern es muss *wahrscheinlich* sein, dass es zu den entsprechenden Taten kommt. Für die Prognose ist der Zeitpunkt maßgeblich, zu dem über die Anordnung der Führungsaufsicht entschieden wird. Etwaigen späteren Veränderungen in der Einschätzung der Tätergefährlichkeit kann durch die Wiederaufhebung der Führungsaufsicht Rechnung getragen werden (§ 68e Abs. 2 StGB).

Die Anordnung steht im **Ermessen** des Gerichts. Anderen, zur Gefahrabwendung ebenso geeigneten Maßnahmen ist, wenn sie den Täter weniger belasten, im Hinblick auf den Verhältnismäßigkeitsgrundsatz der Vorzug zu geben.

5.2.2.2.2 Führungsaufsicht kraft Gesetzes

Kraft Gesetzes (§ 68 Abs. 2 StGB) tritt die Führungsaufsicht sowohl im Zusammenhang mit Freiheitsstrafen ein, wenn diese vollständig vollstreckt werden, als auch im Zusammenhang mit freiheitsentziehenden Maßregeln, die für erledigt erklärt werden oder bei denen die Vollstreckung zur Bewährung ausgesetzt wird.

In der ersten Fallkonstellation setzt der Eintritt der Führungsaufsicht voraus, dass der Täter wegen einer vorsätzlichen Straftat zu einer Freiheitsstrafe oder Gesamtfreiheitsstrafe von mindestens 2 Jahren oder wegen einer Sexualtat zu einer Freiheitsstrafe oder Gesamtfreiheitsstrafe von mindestens 1 Jahr verurteilt worden ist und die **Strafe vollständig verbüßt** hat. Dies gilt nur dann nicht, wenn der Verurteilte im Anschluss an die Strafverbüßung im Maßregelvollzug, etwa in der Sicherungsverwahrung untergebracht wird (§ 68f Abs. 1 StGB). Der Regelung liegt die Einschätzung zugrunde, dass derjenige, der eine längerfristige Freiheitsstrafe voll verbüßt und damit der fortdauernden Kontrolle des Gerichts sowie der Hilfe und Betreuung des Bewährungshelfers (§§ 56 ff., 57 ff. StGB) entzogen ist, im Interesse der Allgemeinheit noch einige Zeit beaufsichtigt und betreut werden muss.[94] Der Führungsaufsicht kommt insoweit die Funktion eines „Bewährungshilfeersatzes" zu.[95]

Rechtliche Bedenken lassen sich gegen diese Regelung nicht erheben. Die Regelung verstößt nicht gegen das Verbot der Doppelbestrafung (Art. 103 Abs. 3 GG), was sich schon daraus ergibt, dass Strafe und Maßregeln unterschiedliche Zielset-

---

[93] SK StGB 2016 ff., *Sinn*, § 68 Rn. 8; LK 2006 ff., *Schneider, H.*, § 68 Rn. 9; nahestehend NK 2017, *Ostendorf*, § 68 Rn. 6 (Straftat derselben Deliktsgruppe).

[94] SSW-StGB 2019, *Jehle und Harrendorf*, § 68f Rn. 1; S/S 2019, *Kinzig*, § 68f Rn. 1; krit. NK 2017, *Ostendorf*, § 68f Rn. 2.

[95] S/S 2019, *Kinzig*, § 68f Rn. 1; *Baur und Groß* JuS 2010, 404.

zungen verfolgen.[96] Auch ein Verstoß gegen das Verhältnismäßigkeitsprinzip lässt sich nicht feststellen, da die Maßregel entfällt, wenn das Gericht vor der Entlassung des Täters aus dem Strafvollzug zu der Überzeugung gelangt, dass von ihm keine weiteren Taten zu erwarten sind (§ 68f Abs. 2 StGB). Im Übrigen muss man sehen, dass erheblich rückfallgefährdeten Tätern bei entsprechender richterlicher Anordnung u. U. sogar die Sicherungsverwahrung droht, also die schuldunabhängige, im Extremfall unbefristete freiheitsentziehende Unterbringung (unten Abschn. 5.3.3); die Führungsaufsicht, die in diesem Zusammenhang als „ambulante Sicherungsverwahrung" bezeichnet werden kann, stellt sich insofern als eindeutig weniger belastende Maßnahme dar.

Im Zusammenhang mit **freiheitsentziehenden Maßregeln** sind die Fallgruppen, für die die Führungsaufsicht kraft Gesetzes vorgesehen ist, vielgestaltiger. Im Einzelnen gilt, dass Führungsaufsicht eingreift,

- wenn das Gericht zugleich mit der Anordnung der Unterbringung im psychiatrischen Krankenhaus oder in der Entziehungsanstalt beschließt, dass die Vollstreckung der Maßregel zur Bewährung ausgesetzt wird (§ 67b Abs. 2);
- wenn eine freiheitsentziehende Maßregel erst nach der Freiheitsstrafe vollstreckt werden soll und das Gericht die Maßregelvollstreckung vor dem Ende der Strafvollstreckung zur Bewährung aussetzt (§ 67c Abs. 1 Satz 1, 2. HS StGB);
- wenn der Vollzug einer freiheitsentziehenden Maßregel 3 Jahre nach Rechtskraft der Anordnung noch nicht begonnen hat und das Gericht die Maßregelvollstreckung nunmehr zur Bewährung aussetzt (§ 67c Abs. 2 Satz 4, 2. HS StGB);
- wenn eine freiheitsentziehende Maßregel vollstreckt wird, für die keine Höchstfrist vorgesehen ist, und das Gericht die weitere Vollstreckung zur Bewährung aussetzt (§ 67d Abs. 2 Satz 3 StGB);
- wenn das Gericht die Unterbringung in der Sicherungsverwahrung nach Ablauf von zehn Jahren für erledigt erklärt (§ 67d Abs. 3 Satz 2 StGB);
- wenn die gesetzliche Höchstfrist der Unterbringung in der Entziehungsanstalt abgelaufen und die Maßregel damit kraft Gesetzes erledigt ist (§ 67d Abs. 4 Satz 3 StGB);
- wenn die Unterbringung in der Entziehungsanstalt erfolgt ist und das Gericht feststellt, dass die Voraussetzungen des § 64 Satz 2 StGB nicht mehr vorliegen, d. h. wenn keine hinreichende Aussicht auf den Erfolg der Behandlung mehr besteht (§ 67d Abs. 5 Satz 2 StGB);
- wenn das Gericht die Unterbringung in einem psychiatrischen Krankenhaus für erledigt erklärt, weil die Voraussetzungen der Maßregel nicht vorliegen oder deren weitere Vollstreckung unverhältnismäßig wäre (§ 67d Abs. 6 Satz 2 StGB).

Stellt das Gericht im Zusammenhang mit der Entscheidung über die Aussetzung oder die Erledigung der stationären Maßregel fest, dass der Betreffende auch ohne die Führungsaufsicht keine Straftaten mehr begehen wird, bleibt die Führungsaufsicht trotzdem für die Mindestdauer von 2 Jahren wirksam und kann erst nach

---

[96] *BVerfGE* 55, 28 (30).

diesem Zeitraum aufgehoben werden (§ 68e Abs. 2 Satz 2 StGB). Etwas anderes gilt nur für den zuletzt genannten Fall, dass die Unterbringung in einem psychiatrischen Krankenhaus für erledigt erklärt wird (§ 67d Abs. 6 Satz 3 StGB). Eine analoge Anwendung des § 68f Abs. 2 StGB, der sich allein auf die vollständige Verbüßung der Freiheitsstrafe bezieht, scheitert an der fehlenden planwidrigen Regelungslücke.[97]

5.2.2.3 Durchführung

5.2.2.3.1 Weisungen

Mit den Weisungen (§ 68b Abs. 1, 2 StGB) gestaltet das Gericht während der Führungsaufsicht den äußeren Rahmen für die Lebensführung des Verurteilten. Entsprechend der Doppelfunktion der Maßregel (oben Abschn. 5.2.2.1) haben die Weisungen die Aufgabe, in der Nachentlassungsphase die Überwachung und Kontrolle zu gewährleisten, dem Verurteilten aber auch die gerade in dieser Phase besonders wichtige psychosoziale Hilfe und Unterstützung zukommen zu lassen. Die Weisungen dürfen keine Genugtuungszwecke verfolgen;[98] ihre Aufgabe besteht allein in der Sicherung der Allgemeinheit und der Resozialisierung des Entlassenen. An die Lebensführung des Verurteilten dürfen keine unzumutbaren Anforderungen gestellt werden (§ 68b Abs. 3 StGB).

Hinsichtlich der an den Verurteilten gerichteten Weisungen ist danach zu unterscheiden, ob es sich um eine dem geschlossenen Katalog des § 68b Abs. 1 StGB entnommene Weisung oder um eine nach § 68b Abs. 2 StGB zulässige weitere Weisung handelt. Der geschlossene Katalog nach Abs. 1 nimmt insofern eine Sonderstellung ein, als ein Verstoß gegen eine der darin genannten Weisungen die Strafbarkeit nach § 145a StGB auslöst.

Strafbewehrte Weisungen

Dass der Gesetzgeber in § 145a StGB für die Nichtbefolgung einzelner Weisungen Freiheitsstrafe bis zu 3 Jahren oder Geldstrafe androht, erklärt sich daraus, dass einige der Zielgruppen der Führungsaufsicht, namentlich die aus dem Strafvollzug entlassenen „Vollverbüßer" (oben Abschn. 5.2.2.2.2), anders nicht zu erreichen sind. Da sie ihre Strafe bereits vollständig verbüßt haben, steht kein anderes strafrechtliches **Druckmittel** zur Verfügung (etwa der Widerruf eines Aussetzungsbeschlusses), um sie zur Befolgung der erteilten Weisungen zu veranlassen. Bestraft wird der der Führungsaufsicht Unterstellte dann, wenn er gegen die in § 68b Abs. 1 genannten Weisungen verstößt und dadurch den Zweck der Führungsaufsicht, d. h. den Schutz der Allgemeinheit vor weiteren Straftaten, gefährdet. Die Tat ist ein abstraktes Gefährdungsdelikt.[99]

---

[97] Wie hier SSW-StGB 2019, *Jehle und Harrendorf*, § 68e Rn. 5; MüKo 2016 ff., *Groß*, § 68e Rn. 14; a. A. S/S 2019, *Kinzig*, § 68e Rn. 13; noch weitergehend SK StGB 2016 ff., *Sinn*, § 68 Rn. 14.

[98] NK 2017, *Ostendorf*, § 68b Rn. 24.

[99] MüKo 2016 ff., *Groß*, § 145a Rn. 3; S/S 2019, *Sternberg-Lieben*, § 145d Rn. 1; a. A. SSW-StGB 2019, *Jeßberger*, § 145a Rn. 2; *Fischer* 2019, § 145a Rn. 2 (konkretes Gefährdungsdelikt).

Rechtspolitisch ist die Strafvorschrift umstritten. In der Vergangenheit wurde verschiedentlich ihre vollständige Abschaffung und Ersetzung durch andere Zwangsmittel wie die Beugehaft empfohlen.[100] Dem ist der Gesetzgeber jedoch nicht gefolgt. Im Zuge der Reform der Führungsaufsicht wurde der Strafrahmen für Weisungsverstöße sogar von bis dahin einem Jahr auf nunmehr 3 Jahre Freiheitsstrafe erhöht. Der Gesetzgeber folgte damit einem Bedürfnis der Praxis, die moniert hatte, dass die bis dahin geltende Strafdrohung kaum geeignet gewesen sei, die der Führungsaufsicht unterstellten, manchmal sehr hafterfahrenen Probanden zur Befolgung der Weisungen zu motivieren.[101] Bei der vom Gesetzgeber 2007 gefundenen Lösung ist allerdings nicht ersichtlich, dass der Ungehorsam gegenüber dem Gericht tatsächlich so schweres Unrecht verwirklicht, dass er eine dreimal höhere Strafe rechtfertigt als etwa die Beleidigung, die Bedrohung, die Trunkenheitsfahrt oder die unterlassene Hilfeleistung, bei denen sich der Gesetzgeber bis heute mit einer Höchststrafdrohung von einem Jahr begnügt, ohne dass dies bislang als unerträglich empfunden wurde. Daneben ist auch völlig unklar, nach welchen Gesichtspunkten sich im Rahmen des § 145a StGB die Strafzumessung richten soll, namentlich worauf sich der Schuldvorwurf zu beziehen hat und nach welchen Gesichtspunkten sich die Schuldgewichtung richten soll. Zu beachten ist im Übrigen, dass die Straftat nach § 145a StGB unter bestimmten Voraussetzungen auch zur Anordnung der Sicherungsverwahrung führen kann (§ 66 Abs. 1 Satz 1 Nr. 1 Buchst. c StGB; unten Abschn. 5.3.3.2.1).

Der in § 68b Abs. 1 StGB enthaltene Katalog der strafbewehrten Weisungen ist abschließend. Um dem Bestimmtheitsgrundsatz (Art. 103 Abs. 2 GG) Genüge zu tun, muss das Gericht das verbotene oder verlangte Verhalten genau bezeichnen (Abs. 1 Satz 2).[102]

Das Gericht kann den Verurteilten mit dem Druckmittel der Strafe u. a. anweisen, den Wohn- oder Aufenthaltsort oder einen bestimmten Bereich (in größeren Orten z. B. einen genau bezeichneten Stadtteil) nicht ohne Erlaubnis der Aufsichtsstelle zu verlassen (§ 68b Abs. 1 Satz 1 Nr. 1; **Mobilitätsverbot**). Umgekehrt kann der Verurteilte auch angewiesen werden, sich nicht an bestimmten Orten aufzuhalten, die ihm Gelegenheit oder Anreiz zu weiteren Straftaten geben können (Nr. 2; **Ortsverbot**), sich also bspw. im Umkreis einer Schule oder eines Schwimmbads aufzuhalten. Mit dem Gesetz zur Reform der Führungsaufsicht von 2007 wurden zusätzlich ein **Kontakt- und Verkehrsverbot** (Nr. 3) aufgenommen, um zu verhindern, dass ein erneuter Kontakt zu potenziellen oder früheren Opfern hergestellt wird. Weiterhin enthält der Katalog nun ein **Alkohol- und Rauschmittelverbot**, wenn aufgrund bestimmter Tatsachen Gründe für die Annahme bestehen, dass der Konsum solcher Mittel zur Begehung weiterer Straftaten beitragen wird (Nr. 10). Um die Überprüfung der Einhaltung dieser Weisung zu ermöglichen, kann sie daran gekoppelt werden, dass sich der Verurteilte regelmäßig Alkohol- oder Suchtmittelkontrollen zu unterziehen hat, die nicht mit einem körperlichen Eingriff verbunden sind (z. B. Atemalkoholmessung, Urinkontrollen).

Um den Verurteilten unter dem Druck der Strafandrohung zu einem ersten Schritt in Richtung Therapie und zur Kontaktaufnahme mit einem Therapeuten zwingen zu können, wurde in den Katalog der strafbewehrten Weisungen die **Vorstellungsweisung** nach § 68b Abs. 1 Satz 1 Nr. 11 StGB aufgenommen. Die Verpflichtung kann dabei auch dahin gehen, dass sich der Verurteilte in einer forensischen Ambulanz vorzustellen hat (oben Abschn. 5.2.2.3.1). Ergänzt wird die Vorstellungsweisung durch die nicht strafbewehrte Therapieweisung in § 68b Abs. 2 Satz 2 und 3 StGB, nach der das Gericht den Verurteilten ohne den Druck einer Strafdrohung anweisen kann, sich psychiatrisch, psycho- und sozialtherapeutisch betreuen und behandeln zu lassen.

---

[100] *Schöch* NStZ 1992, 370 f.; *Weigelt* ZRP 2006, 254.

[101] BT-Drucks. 16/1993, 24; vgl. auch *Kammermeier* BewHi 2013, 175.

[102] *BGHSt* 58, 72 (74); 136 (138) m. Anm. *Pollähne* StV 2014, 161 ff.; *OLG Dresden* NStZ-RR 2008, 27.

Seit dem Gesetz zur Neuordnung des Rechts der Sicherungsverwahrung vom 22.12.2010 kann das Gericht dem Verurteilten die Weisung erteilen, die für die **elektronische Überwachung des Aufenthaltsorts** erforderlichen technischen Mittel („elektronische Fußfessel") ständig in betriebsbereitem Zustand bei sich zu führen und ihre Funktionsfähigkeit nicht zu beeinträchtigen (§ 68b Abs. 1 Satz 1 Nr. 12 StGB).[103] Da die elektronische Aufenthaltsüberwachung (EAÜ) in erheblicher Weise in die Rechtsstellung des Verurteilten, insbesondere in sein Grundrecht auf informationelle Selbstbestimmung eingreift, hat der Gesetzgeber die Weisung an enge Voraussetzungen gebunden (Abs. 1 Satz 3). So darf die Weisung nur im Zusammenhang mit der vollständigen Verbüßung einer Freiheitsstrafe oder Gesamtfreiheitsstrafe von mindestens 3 Jahren oder der Erledigung einer freiheitsentziehenden Maßregel erteilt werden (Satz 3 Nr. 1); bei Verurteilungen wegen politisch motivierter Straftaten genügt eine (Gesamt-) Freiheitsstrafe von 2 Jahren (Satz 5).[104] Im Zusammenhang mit einer Maßregelaussetzung zur Bewährung (bspw. nach § 67d Abs. 2 StGB) ist die EAÜ unzulässig. Die Zulässigkeit der Weisung setzt überdies voraus, dass die EAÜ erforderlich erscheint, um den Verurteilten durch die Möglichkeit der Datenverwendung, also die spätere Feststellung des Aufenthaltsorts zu bestimmten Zeitpunkten und das hiermit verbundene Entdeckungsrisiko, von der Begehung weiterer schwerer Straftaten abzuhalten (Satz 3 Nr. 4).

Für die Durchführung der EAÜ haben die Bundesländer in einem Staatsvertrag die Errichtung einer gemeinsamen elektronischen Überwachungsstelle vereinbart, die ihren Sitz in Hessen (Bad Vilbel) hat. Die von der „elektronischen Fußfessel" übermittelten Daten werden dort automatisiert erhoben und gespeichert. Das System gibt ein (Alarm-)Signal ab, wenn der automatisierte Abgleich der Geodaten ergibt, dass sich der Verurteilte außerhalb bzw. innerhalb eines Bereichs bewegt, der im Führungsaufsichtsbeschluss als Gebots- bzw. Verbotszone festgelegt worden ist. Die Wohnung des Betroffenen ist als erhebungsfreier Raum von der Überwachung ausgenommen. Innerhalb der Wohnung dürfen keine Bewegungsprofile angefertigt werden, sondern es darf lediglich festgestellt werden, ob bzw. dass der Verurteilte in seiner Wohnung anwesend ist (§ 463a Abs. 4, Satz 1, 2. HalbSatz StPO). Wenn das Gericht die EAÜ angeordnet hat, muss die Fortdauer der Weisung nach dem Gesetz spätestens vor Ablauf von 2 Jahren geprüft werden (§ 68d Abs. 2 StGB). Im Hinblick auf die mit dem Tragen einer „elektronischen Fußfessel" unvermeidbar verbundenen Belastungen (etwa bei der Aufnahme neuer sexuellen Beziehungen) sollte die Fortdauer der Weisung in kürzeren Abständen, etwa im Abstand von einem Jahr überprüft werden.[105]

Nicht strafbewehrte Weisungen

Den weiteren Weisungen nach Abs. 2 fehlt die Strafbewehrung, allerdings muss das Gericht auch hier das entsprechende Verhalten möglichst genau beschreiben, um unnötige Reibungsverluste bei der Überwachung zu vermeiden.[106] Die in Abs. 2 genannten Weisungen sind nicht abschließend. Das Gericht darf dem der Führungsaufsicht Unterstellten im Rahmen der Verhältnismäßigkeit und der Zumutbarkeit (Abs. 3) jede Weisung erteilen, die erforderlich ist, um den Zweck der Führungsaufsicht, den Schutz der Allgemeinheit vor weiteren Straftaten, zu erreichen. Eine her-

---

[103] *Brauneisen* StV 2011, 311 ff.; krit. *Haverkamp et al.* R&P 2012, 9 ff.; *Häßler et al.* FPPK 2013, 56 ff.

[104] Kritisch zur Ausweitung auf politisch motivierte Straftaten *Baur* KriPoZ 2017, 119 ff.

[105] *Häßler et al.* FPPK 2013, 61; zu den Erfahrungen aus Probandensicht *Wößner und Schwedler* BewHi 2013, 140 f.; aus der Sicht der Justizministerien *Fünfsinn und Kolz* StV 2016, 191 ff.

[106] LK 2006 ff., *Schneider, U.*, § 68b Rn. 9.

ausgehobene Rolle kommt der **Therapieweisung** zu: Sie knüpft an die strafbewehrte Vorstellungsweisung (§ 68b Abs. 1 Satz 1 Nr. 11 StGB) an und verpflichtet
den Entlassenen, sich bei einem Arzt, einem Psychotherapeuten oder in einer
forensischen Ambulanz psychiatrisch, psycho- oder sozialtherapeutisch betreuen
und behandeln zu lassen (Abs. 2 Satz 2 und 3). Die Weisung kann dabei nur den
Anstoß zur Therapie liefern; letztlich setzt die Therapie die *freiwillige* Mitwirkung
des Unterstellten voraus. Lehnt der Entlassene die Therapie trotz Motivationsbemü-
hungen der Therapeuten ab, muss sie als sinnlos abgebrochen werden.[107] Sofern mit
der Behandlung körperliche Eingriffe verbunden sind oder ein Aufenthalt in einer
Behandlungseinrichtung notwendig ist, sind die entsprechenden Weisungen nur mit
Einwilligung des Verurteilten zulässig (Abs. 2 Satz 4). Der Verurteilte muss grundsätzlich auch die Kosten der Therapie tragen.[108]

5.2.2.3.2 Krisenintervention

Wenn der aus dem Straf- oder Maßregelvollzug Entlassene die ihm für die Dauer
der Führungsaufsicht erteilten Weisungen nicht befolgt, kann, soweit es sich um
strafbewehrte Weisungen handelt, mit der Stellung eines Strafantrags (§ 68a Abs. 6
StGB) und im Übrigen mit der Verlängerung der Dauer der Führungsaufsicht
(§ 68c Abs. 2, 3 StGB), der Erteilung weiterer Weisungen oder bei Bewährungsaussetzungen mit dem Widerruf der Aussetzung (§ 67g StGB; unten Abschn. 5.4.4.2)
reagiert werden. Daneben hat das Gericht seit dem Gesetz zur Reform der Führungsaufsicht von 2007 bei Verurteilten, die auf Bewährung aus dem Maßregelvollzug nach §§ 63 oder 64 StGB entlassen wurden, eine weitere Möglichkeit: Alternativ zum Widerruf der Aussetzungsentscheidung kann das Gericht die ausgesetzte
Unterbringung **befristet wieder in Vollzug** setzen, um krisenhaften Entwicklungen entgegenzuwirken und einen Widerruf der Aussetzung zu vermeiden (§ 67h
Abs. 1 StGB). Konsequenz ist, dass seit der Gesetzesänderung auf die frühere von
der Praxis entwickelte Notlösung verzichtet werden kann, den Verurteilten in Krisensituationen über einen Sicherungshaftbefehl nach § 453c Abs. 1 StPO wieder in
den Maßregelvollzug aufzunehmen; die hierfür erforderliche Verhaftung wurde
vielfach als stigmatisierend empfunden.[109] Auf die Möglichkeit der Krisenintervention durch befristetes Wiederinvollzugsetzen der ausgesetzten Unterbringungs-
entscheidung kann das Gericht sowohl dann zurückgreifen, wenn die Widerrufs-
voraussetzungen des § 67g Abs. 2 StGB noch nicht vorliegen, bei ungehinderter
Weiterentwicklung aber demnächst eintreten würden, als auch dann, wenn diese
Voraussetzungen an sich bereits vorliegen, der Zweck des Widerrufs, nämlich die
Beseitigung der gefahrträchtigen Zustandsverschlechterung aber schon durch
eine befristete Krisenintervention zu erreichen ist.[110] Die Anordnung kann von je-

---

[107] NK 2017, *Ostendorf*, § 68b Rn. 25; zur Praxis *Kammermeier* BewHi 2013, 171 f.

[108] *OLG Bremen* NStZ 2011, 216.

[109] BT-Drucks. 16/1993, 17; SSW-StGB 2019, *Jehle und Harrendorf*, § 67h Rn. 2.

[110] *OLG Stuttgart* StV 2009, 541; LK 2006 ff., *Rissing-van Saan und Peglau*, § 67h Rn. 15; *Fischer*
2019, § 67h Rn. 4; zur Anwendung in der Praxis *Lau und Peters* R&P 2008, 75 ff.

der an der Führungsaufsicht beteiligten Stelle unmittelbar beim Vollstreckungsgericht angeregt werden; eines förmlichen Antrages bedarf es hierfür nicht.[111] Die Anordnung darf für höchstens 3 Monate erfolgen; sie kann jedoch bis zur Höchstgrenze von 6 Monaten erneut angeordnet oder verlängert werden, wenn die Voraussetzungen weiterhin vorliegen (§ 67h Abs. 1 Satz 2 und 3 StGB). Wenn die Kriseninterventionsbehandlung nicht binnen des vorgesehenen Zeitraums beendet werden kann, liegt regelmäßig eine so schwerwiegende Störungsproblematik vor, dass ein Widerruf der Maßregel unabwendbar ist.[112]

Worauf sich die gesetzliche Höchstgrenze von 6 Monaten bezieht, ist umstritten. Zum Teil wird vertreten, dass die Summe aller Invollzugsetzungen nach § 67h StGB in Bezug auf dieselbe Maßregelverhängung insgesamt die 6-Monatsgrenze nicht übersteigen darf.[113] Gerade bei längerer oder unbefristeter Führungsaufsicht sind jedoch in größeren Abständen immer einmal wieder Zustandsverschlechterungen möglich, denen jeweils mit mehrmonatigen Kriseninterventionen begegnet werden könnte; daher erscheint es unverhältnismäßig, wenn man in diesen Fällen wegen des Erreichens der Höchstfrist zum Widerruf gezwungen wäre. Die Höchstfrist sollte deshalb nur für jede einzelne Anordnung gelten.[114] Ist der Zweck der Maßnahme vor Ablauf der vom Gericht gesetzten Frist erreicht, hebt das Gericht die Maßnahme auf (§ 67h Abs. 2 StGB).

5.2.2.3.3 Dauer

Mit Blick auf die Dauer ist zwischen der befristeten und der unbefristeten Führungsaufsicht zu unterscheiden. Grundsätzlich, d. h. sofern das Gericht keine andere Regelung trifft, ist die Führungsaufsicht **befristet** und dauert **5 Jahre**. Das Gericht kann die Dauer auf mindestens 2 Jahre abkürzen (§ 68c Abs. 1 StGB). Die Entscheidung orientiert sich am Zweck der Führungsaufsicht, die Allgemeinheit vor weiteren Straftaten des Verurteilten zu schützen. Maßgeblich ist die Legalprognose des Verurteilten.[115] Ist sie günstig, was insbesondere bei der kraft Gesetzes eintretenden Führungsaufsicht der Fall sein kann,[116] ist das Gericht zur Abkürzung verpflichtet. Die Entscheidung muss nicht zu Beginn der Führungsaufsicht ergehen, sondern kann auch noch zu einem späteren Zeitpunkt getroffen werden (§ 68d Abs. 1 StGB).

In bestimmten Fällen kann das Gericht eine die Höchstdauer von 5 Jahren überschreitende **unbefristete Führungsaufsicht** anordnen. Die Anordnung kommt in drei Konstellationen in Betracht. Zum einen kann die unbefristete Führungsaufsicht dann angeordnet werden, wenn der Verurteilte in eine mit einem körperlichen Eingriff verbundene Heilbehandlung oder Entziehungskur **nicht einwilligt** oder wenn

---

[111] S/S 2019, *Kinzig*, § 67h Rn. 15.

[112] BT-Drucks. 16/1993, 18; hierzu *Fischer* 2019, § 67h Rn. 4a.

[113] *Fischer* 2019, § 67h Rn. 7; NK 2017, *Pollähne*, § 67h Rn. 30; MüKo 2016 ff., *Groß*, § 67h Rn. 15.

[114] *OLG Stuttgart* NJW 2011, 93 (94); *Schuster* StV 2011, 509; LK 2006 ff., *Rissing-van Saan* und *Peglau*, § 67h Rn. 21; SSW-StGB 2019, *Jehle* und *Harrendorf*, § 67h Rn. 11.

[115] A. A. LK 2006 ff., *Schneider, H.*, § 68c Rn. 5 (auch Strafhöhe bedeutsam).

[116] S/S 2019, *Kinzig*, § 68c Rn. 1.

er einer solchen Maßnahme oder einer Therapieweisung **nicht nachkommt** und infolgedessen weitere erhebliche Straftaten zu befürchten sind (§ 68c Abs. 2 Satz 1 StGB). Die Anordnung der unbefristeten Führungsaufsicht hat hier die Funktion, auf den Verurteilten Druck auszuüben und ihn zur Mitwirkung an der Maßnahme zu veranlassen. Sie darf dann nicht erfolgen, wenn der Verurteilte die Mitwirkung aus nachvollziehbaren Gründen versagt, etwa weil er Angst vor Schmerzen oder Nebenwirkungen hat; andernfalls würde das Freiwilligkeitserfordernis entwertet.[117]

Zum zweiten kann die unbefristete Verlängerung angeordnet werden, wenn bei psychisch kranken Verurteilten nach der Aussetzung der Unterbringung im psychiatrischen Krankenhaus erkennbar wird, dass sie andernfalls **erneut in einen Zustand der Schuldunfähigkeit** geraten, in dem sie weitere erhebliche Straftaten begehen werden (§ 68c Abs. 3 Satz 1 Nr. 1 StGB). Die unbefristete Verlängerung hat hier eine ähnliche Funktion wie die Krisenintervention nach § 67h StGB (oben Abschn. 5.2.2.3.2): Mit der Verlängerung soll auf Entwicklungen reagiert werden, die im Verlauf der Führungsaufsicht zutage treten und die die Fortdauer der Führungsaufsicht im Interesse des Schutzes der Allgemeinheit über die 5-Jahresgrenze hinaus erforderlich erscheinen lassen. Die unbefristete Verlängerung kann in Kombination mit der befristeten Wiederinvollzugsetzung der Unterbringung nach § 63 StGB erfolgen.

Zum dritten kann die unbefristete Verlängerung angeordnet werden, wenn **Sexual- oder Gewalttäter gegen Weisungen verstoßen** oder andere Anhaltspunkte dafür zutage treten, dass eine Gefährdung der Allgemeinheit durch die Begehung weiterer erheblicher Straftaten zu befürchten ist (§ 68c Abs. 3 Satz 1 Nr. 2 StGB). Die Anordnung hat hier dieselbe Funktion wie im Fall des § 68c Abs. 2 StGB: Mit ihr soll Druck auf den Verurteilten ausgeübt und er soll zur Kooperation mit den Vollstreckungsorganen veranlasst werden. Ebenso wie dort sind auch hier die Gründe zu würdigen, aus denen der Verurteilte den Weisungen nicht nachkommt; ggf. sind die Weisungen anzupassen (§ 68d Abs. 1 StGB).

In allen drei Konstellationen ist zu beachten, dass die Anordnung nur dann erfolgen darf, wenn infolge des Verhaltens des Verurteilten oder der Veränderung seines Zustands eine **Gefährdung der Allgemeinheit durch die Begehung weiterer erheblicher Straftaten zu befürchten** ist. Erst die negative Prognose rechtfertigt es, die Lebensführung des Verurteilten auf Dauer zu überwachen. Die Anordnung der unbefristeten Führungsaufsicht kann nachträglich wieder aufgehoben werden, wenn zu erwarten ist, dass der Verurteilte auch ohne sie keine Straftaten mehr begehen wird (§ 68e Abs. 2 Satz 1 StGB). Die Entscheidung ist in regelmäßigen Abständen, längstens nach zwei Jahren zu überprüfen (§ 68e Abs. 3 StGB).

5.2.2.3.4 Beendigung

Die Beendigung der Führungsaufsicht tritt entweder kraft Gesetzes oder kraft gerichtlicher Entscheidung ein. **Kraft Gesetzes** ist die Führungsaufsicht beendet, wenn die gesetzliche oder die richterlich abgekürzte Höchstdauer abgelaufen ist

---

[117] MüKo 2016 ff., *Groß*, § 68c Rn. 8 f.; S/S 2019, *Kinzig*, § 68c Rn. 3.

(§ 68c Abs. 1 StGB). Ebenfalls kraft Gesetzes endet die Führungsaufsicht, wenn eine wegen derselben Tat verhängte Freiheitsstrafe, deren Vollstreckung nach § 56 oder § 57 StGB zur Bewährung ausgesetzt worden ist, erlassen oder ein zur Bewährung ausgesetztes Berufsverbot für erledigt erklärt wird und es sich nicht um eine unbefristete Führungsaufsicht handelt (§ 68g Abs. 3 StGB). **Kraft richterlicher Entscheidung** ist die Führungsaufsicht beendet, wenn die Maßregel vom Gericht aufgehoben wird, weil nach Prüfung des Einzelfalls erwartet werden kann, dass der Verurteilte auch ohne sie keine Straftaten mehr begehen wird. Die Aufhebung darf frühestens nach Ablauf der gesetzlichen Mindestdauer von 2 Jahren erfolgen (§ 68e Abs. 2 StGB). Ohne Bindung an die gesetzliche Mindestdauer darf die Aufhebung bei „Vollverbüßern" dann erfolgen, wenn entgegen der Einschätzung des Gesetzgebers im Einzelfall zu erwarten ist, dass der Verurteilte keine Straftaten mehr begehen wird (§ 68f Abs. 2 StGB).

Neben diesen klar geregelten Beendigungsgründen gibt es Konstellationen, in denen die Führungsaufsicht deshalb entfällt, weil sie wegen erneuter Straftaten des Verurteilten mit anderen Rechtsfolgen zusammentrifft, die die Funktionen der Führungsaufsicht übernehmen. Der Gesetzgeber unterscheidet insoweit zwischen Konstellationen, in denen die Führungsaufsicht kraft Gesetzes endet (§ 68e Abs. 1 Satz 1 StGB), in denen sie ruht (§ 68e Abs. 1 Satz 2 StGB) und in denen das Gericht das Entfallen der Maßregel anordnet, weil es ihrer mit Blick auf die anderen den Verurteilten treffenden Rechtsfolgen nicht bedarf (§ 68e Abs. 1 Satz 3 und 4 StGB). Ziel der Regelung ist es, **Doppelbetreuungen** zu **vermeiden**, ohne dabei die Schutzfunktion der Führungsaufsicht preiszugeben. Dies erklärt die Sonderstellung der unbefristeten Führungsaufsicht, die sich gerade durch die erkennbar fortdauernde Gefährdung der Allgemeinheit legitimiert (oben Abschn. 5.2.2.3.4): Auch bei Zusammentreffen mit anderen Rechtsfolgen endet die Führungsaufsicht hier nicht kraft Gesetzes, sondern nur nach richterlicher Entscheidung im Einzelfall.

5.2.2.4 Verfahrensfragen

Die richterlich angeordnete Führungsaufsicht (§ 68 Abs. 1 StGB) wird zugleich mit der Verhängung der Freiheitsstrafe im Urteil ausgesprochen. Über die Ausgestaltung der Führungsaufsicht (Bestellung eines Bewährungshelfers, Weisungen, Dauer) ergeht ein gesonderter Beschluss, der zugleich mit dem Urteil verkündet wird (§ 268a Abs. 2 StPO);[118] der Verurteilte wird in diesem Zusammenhang auch über die Möglichkeit einer Bestrafung nach § 145a StGB belehrt (§ 268a Abs. 3 Satz 2 und 3 StPO). Da die Nebenentscheidungen auch nachträglich getroffen werden können (§ 68d Abs. 1 StGB), kann die nähere Ausgestaltung der Führungsaufsicht bis zum Beginn der Durchführung der Maßregel zurückgestellt werden.

Für die nachträglichen Entscheidungen (§ 68d Abs. 1 StGB) und für die im Zusammenhang mit der kraft Gesetzes eintretenden Führungsaufsicht (§ 68 Abs. 2 StGB) erforderlich werdenden Entscheidungen ist in der Regel die Strafvollstreckungskammer zuständig (§ 463 Abs. 2 und 7 i. V. m. §§ 453 und 462a Abs. 1 StPO).

---

[118] Zur Tenorierung einzelner Weisungen *Maltry* BewHi 2013, 121 ff.

5.2.2.4.1 Beteiligte

Die Durchführung der Führungsaufsicht ist durch ein netzwerkartiges Zusammenwirken unterschiedlicher Akteure gekennzeichnet. Nach der gesetzlichen Konstruktion obliegt die Durchführung vor allem zwei Beteiligten: der Führungsaufsichtsstelle und einem Bewährungshelfer (§ 68a Abs. 1 StGB). Beide Beteiligte nehmen gemeinsam die Aufgaben der Hilfe und Betreuung sowie der Überwachung des Täters wahr (§ 68a Abs. 2, 3 StGB), verfolgen dabei allerdings unterschiedliche Akzentsetzungen.

Aufsichtsstellen

Die Aufsichtsstellen gehören zum Geschäftsbereich der Landesjustizverwaltungen (Art. 295 Abs. 1 EGStGB). Die organisatorische Ausgestaltung ist in den einzelnen Bundesländern verschieden; überwiegend sind die Aufsichtsstellen jedoch bei den Landgerichten eingerichtet.[119] Die Funktionen des Leiters der Aufsichtsstelle werden meist von einem erfahrenen und engagierten Richter wahrgenommen, der häufig zugleich Vorsitzender einer Strafvollstreckungskammer ist (vgl. Art. 295 Abs. 2 EGStGB). Im Übrigen sind die Aufsichtsstellen in den einzelnen Bundesländern unterschiedlich besetzt; in einigen Ländern sind sie, was zur Erfüllung der Betreuungsaufgabe durchaus sinnvoll erscheint, mit Sozialarbeitern besetzt, die allerdings wegen der vom Gesetzgeber gewollten dualen Struktur der Führungsaufsicht ihrerseits nicht zugleich als Bewährungshelfer tätig sein dürfen.

Im Vordergrund der Tätigkeit der Aufsichtsstellen steht die **Überwachung des Verurteilten** (§ 68a Abs. 3 StGB). Anders als bei der Bewährungshilfe (§ 56d Abs. 3 Satz 2 StGB) erstreckt sich die Überwachung nicht nur auf die Erfüllung der dem Täter nach § 68b StGB erteilten Weisungen, sondern auf das gesamte Verhalten des Verurteilten. Zweck der Überwachung ist es, problematische Entwicklungen, die zu erneuten Straftaten führen können, rechtzeitig festzustellen und erforderlichenfalls für Abhilfe zu sorgen.[120] Für die Erfüllung der Überwachungsaufgabe stehen den Aufsichtsstellen weiterreichende Möglichkeiten zur Verfügung als dem Bewährungshelfer. Die Aufsichtsstellen können von allen öffentlichen Behörden Auskunft verlangen (z. B. durch Nachfragen beim Einwohnermeldeamt) und Ermittlungen jeder Art (außer eidlichen Vernehmungen) entweder selbst vornehmen oder durch andere Behörden, namentlich die Polizei oder das Gesundheitsamt, vornehmen lassen (z. B. polizeiliche Kontrolle, ob sich der Betreffende an bestimmten Orten – z. B. in bestimmten Gaststätten oder an Bahnhöfen oder Kinderspielplätzen – aufhält oder Überprüfung von Urinproben durch das Gesundheitsamt); auch können sie den Täter oder sein Fahrzeug zur polizeilichen Beobachtung ausschreiben lassen (§ 463a Abs. 1, 2 StPO). Mit dem Gesetz zur Reform der Führungsaufsicht wurden die Ermittlungs- und Zwangsbefugnisse noch erweitert. Der Leiter der Aufsichtsstelle hat nunmehr auch das Recht, die Ausschreibung des Verurteilten zur Aufenthaltsermittlung und einen Vorführungsbefehl zu beantragen, wenn der

---

[119] *Dessecker* BewHi 2011, 268 f.; *Kammermeier* BewHi 2013, 161 ff.
[120] S/S 2019, *Kinzig*, § 68a Rn. 5.

Verurteilte einer Meldeweisung oder einer Vorstellungsweisung nicht nachgekommen ist (§ 463a Abs. 1 Satz 2, Abs. 3 StPO). Wenn die Aufsichtsstelle feststellt, dass der Verurteilte gegen eine strafbewehrte Weisung nach § 68b Abs. 1 StGB verstößt (unten Abschn. 5.2.2.3.2), kann sie nach Anhörung des Bewährungshelfers den für die Strafverfolgung erforderlichen Strafantrag stellen (§ 68a Abs. 6 StGB).

Neben den Überwachungsaufgaben spielen die **Betreuungsaufgaben** bei den Aufsichtsstellen in der Praxis nur eine geringe Rolle. Die Betreuungsleistungen, die die Aufsichtsstelle erbringen kann, sind in erster Linie abhängig von ihrer Besetzung und der hieraus folgenden sozialarbeiterischen Kompetenz. In Abgrenzung zu der eher auf Einzelbetreuung ausgerichteten Tätigkeit des Bewährungshelfers erscheint es sinnvoll, wenn die Aufsichtsstelle ihre Betreuungsaufgabe auf die überindividuelle Kontakt- und Informationsvermittlung konzentriert, also auf die Vermittlung und Abstimmung der verschiedenen örtlichen Hilfs-, Unterstützungs-, Versorgungs- und Fördermöglichkeiten (z. B. Wohnungsämter, Wohnungsgesellschaften, Schuldnerberatungsstellen, Entschuldungsfonds, Drogen- und Suchtberatungsstellen etc.).[121] Durch die Übernahme dieser Aufgaben kann die Arbeit des Bewährungshelfers entlastet und wertvolle Zeit für die Einzelbetreuung gewonnen werden.

Bewährungshilfe
Der Bewährungshelfer hat im Rahmen der Führungsaufsicht im Wesentlichen dieselben Aufgaben wie im Rahmen der Strafaussetzung zur Bewährung bzw. der Aussetzung des Strafrests zur Bewährung (§§ 56d, 57 Abs. 3 Satz 1, § 57a Abs. 3 Satz 2 StGB; oben Abschn. 3.7.3.4).[122] Ihm obliegt vor allem der persönlich-betreuende Kontakt zu dem Täter, die Herstellung einer Vertrauensbeziehung sowie die Beratung und Unterstützung bei der alltäglichen Lebensbewältigung und in Krisensituationen, wozu etwa die Hilfe bei der Überwindung von Reintegrations- und Anpassungsschwierigkeiten nach der Entlassung gehört oder auch die Hilfe beim verantwortungsbewussten Umgang mit Geld und Freizeit. Die Überwachungsaufgaben des Bewährungshelfers bestehen in erster Linie in der Überwachung der Erfüllung der Weisungen sowie in Berichten an die Aufsichtsstelle über die Entwicklung des Täters und etwaige Weisungsverstöße, die den Zweck der Führungsaufsicht gefährden.[123]

Bewährungshelfer und Aufsichtsstelle sind zu **einvernehmlichem Zusammenwirken** verpflichtet (§ 68a Abs. 2, 3 StGB), was in der Praxis allerdings zumindest früher nicht immer möglich zu sein schien; berichtet wurde namentlich von weitgehend formalisierten Beziehungen, fehlender wechselseitiger Information, mangelnder Koordinierung und unvereinbaren Interessengegensätzen bei der Erfüllung der Aufgaben.[124] Festzuhalten ist insoweit, dass der Bewährungshelfer in Fragen der

---

[121] NK 2017, *Ostendorf*, § 68a Rn. 10 f.

[122] LK 2006 ff., *Schneider, H.*, § 68a Rn. 18; kritisch NK 2017, *Ostendorf*, § 68a Rn. 9.

[123] Empirische Befunde zum Umgang mit Sexualstraftätern bei *Klug* BewHi 2018,138 ff.

[124] *Floerecke* 1990, 57 ff.; über eher positive Erfahrungen berichtet demgegenüber *Kurze* 1999, 468 f.

Hilfe und Betreuung kein untergeordnetes Organ der Aufsichtsstelle ist, sondern vom Gesetzgeber eine selbstständige, eigenverantwortlich auszufüllende Position zugewiesen erhalten hat. Lässt sich in Fragen der Hilfe und Betreuung das geforderte Einvernehmen nicht herstellen, muss der Konflikt vom Gericht als „neutralem Dritten" entschieden werden (§ 68a Abs. 4 StGB).

Gericht

Neben der Aufsichtsstelle und der Bewährungshilfe wirkt an der Durchführung der Führungsaufsicht das Gericht mit. Das Gericht hat verschiedene Aufgaben: Ihm obliegt die Bestellung des Bewährungshelfers (§ 68a Abs. 1 StGB), die Vorgabe der allgemeinen „Marschrichtung"[125] für die Überwachung (§ 68a Abs. 3 StGB), die soeben erwähnte Entscheidung von Meinungsverschiedenheiten zwischen Aufsichtsstelle und Bewährungshelfer (§ 68a Abs. 4 StGB), die Erteilung von Anweisungen an die Aufsichtsstelle und den Bewährungshelfer für die Durchführung ihrer Tätigkeit (§ 68a Abs. 5 StGB) sowie die Erteilung von Weisungen an den Verurteilten, mit denen sichernd und unterstützend in die Lebensführung des Verurteilten eingegriffen wird (§ 68b StGB; unten Abschn. 5.2.2.3.2). Nicht explizit geregelt ist die Berichtspflicht der Aufsichtsstelle gegenüber dem Gericht; die Berichtspflicht kann aber zum Gegenstand einer Anweisung (§ 68a Abs. 5 StGB) gemacht werden.[126]

Forensische Ambulanzen

Seit der Reform von 2007 beteiligen sich auch die forensischen Ambulanzen an der Führungsaufsicht (§ 68a Abs. 7, § 68b Abs. 1 Satz 1 Nr. 11 und Abs. 2 Satz 2 und 3 StGB). Der Begriff bezeichnet **ambulante Nachsorgeeinrichtungen**, in denen für Patienten aus dem psychiatrischen Maßregelvollzug nach §§ 63 oder 64 StGB sowie für entlassene Strafgefangene, die in einer sozialtherapeutischen Anstalt untergebracht waren (vgl. § 9 StVollzG), die Fortsetzung der begonnenen psychiatrischen bzw. sozial- oder psychotherapeutischen Behandlung sichergestellt werden kann.[127] Die forensischen Ambulanzen sind in den Bundesländern unterschiedlich organisiert. Meist wird unterschieden zwischen *forensischen Institutsambulanzen*, in denen ehemalige Patienten aus dem Maßregelvollzug behandelt werden, und justizeigenen *„sozialtherapeutischen Ambulanzen"*, deren Zielgruppe die aus dem Strafvollzug entlassenen „Vollverbüßer" sind. In der Praxis scheint der Versorgungsgrad für die erste Zielgruppe besser gewährleistet zu sein als für die zweite Gruppe der „Vollverbüßer".[128]

Mit der Einführung der forensischen Ambulanzen griff der Gesetzgeber 2007 eine Entwicklung auf, die sich in der ambulanten Straftäterbehandlung vollzogen

---

[125] LK 2006 ff., *Schneider, H.*, § 68a Rn. 10.

[126] MüKo 2016 ff., *Groß*, § 68a Rn. 20; vgl. auch LK 2006 ff., *Schneider, H.*, § 68a Rn. 22.

[127] BT-Drucks. 16/1993, 17.

[128] SSW-StGB 2019, *Jehle und Harrendorf*, § 68a Rn. 7; *Dessecker* BewHi 2011, 269 f.; *Kammermeier* BewHi 2013, 167, 173 f.; zur Situation in Baden-Württemberg *Cless und Wulf* R&P 2011, 132 ff.; in Berlin *Voß et al.* FPPK 2011, 253 ff.

hatte, und band sie in die Vorschriften zur Führungsaufsicht ein. Ziel der Regelung ist es, für die Probanden der Führungsaufsicht eine **durchgehende Kette aufeinander abgestimmter Behandlungs- und Betreuungsmaßnahmen** zu ermöglichen, die nach den vorliegenden Erfahrungen die Chancen einer erfolgreichen Reintegration erhöht und das Risiko erneuter Straffälligkeit verringert. In ihrer Stellung gleichen die forensischen Ambulanzen insoweit der Bewährungshilfe, als sie die Aufsichtsstelle bei der Überwachung des Probanden unterstützen (vgl. § 68a Abs. 7 Satz 2 StGB). Im Übrigen unterliegen die Ambulanzen in der konkreten Ausgestaltung der therapeutischen Arbeit keinerlei Einschränkungen. Der Gesetzgeber stellt ausdrücklich klar, dass weder die Aufsichtsstellen noch das Gericht durch Weisungen in die Behandlung „hineinregieren" dürfen.[129] Darüber hinaus sind die forensischen Ambulanzen nicht zur Aufnahme bestimmter Täter verpflichtet; sie prüfen eigenständig, ob ihr Behandlungskonzept für einen Täter geeignet ist und ob ihre Kapazitäten ausreichen. Dem Gericht obliegt es, diese Frage vor der Erteilung einer Vorstellungs- oder Nachsorgeweisung zu klären.[130]

Um den zur Betreuung des Probanden erforderlichen Austausch zwischen allen beteiligten Stellen zu gewährleisten, sind Aufsichtsstelle, Bewährungshelfer sowie die Ärzte, Psychologen und Sozialarbeiter der forensischen Ambulanzen verpflichtet, sich untereinander mit den notwendigen Informationen zu versorgen, auch wenn diese an sich der Schweigepflicht nach § 203 StGB unterfallen (§ 68a Abs. 8 Satz 1 StGB). Darüber hinaus treffen die Mitarbeiter der forensischen Ambulanzen gegenüber dem Gericht und der Aufsichtsstelle gem. § 68a Abs. 8 Satz 2 StGB weitere Offenbarungspflichten, die vor allem der Überwachung und der Verhinderung neuer schwerwiegender Straftaten dienen.[131] Diese Pflichten sind zur effizienten Ausgestaltung der Führungsaufsicht unerlässlich,[132] begründen jedoch zugleich die Gefahr, dass sie dem Vertrauensverhältnis zwischen dem Probanden und den Mitarbeitern der forensischen Ambulanz abträglich sind.[133] Erste Einschätzungen zur spezialpräventiven Wirksamkeit der forensischen Nachsorge sind positiv.[134]

Polizei

Ein Beteiligter, der im Gesetz nur an versteckter Stelle genannt wird, der in der Praxis aber eine in den letzten Jahren gewachsene Rolle spielt, ist die Polizei, die den Aufsichtsstellen bei der Durchführung ihrer Aufgaben **Amtshilfe** leistet.[135] Der Gesetzgeber hat den Aufsichtsstellen ein umfangreiches Instrumentarium an Ermittlungs- und Zwangsbefugnissen an die Hand gegeben, mit dessen Hilfe diese das Verhalten des Täters und die Erfüllung der Weisungen überwachen können (oben

---

[129] BT-Drucks. 16/1993, 18; NK 2017, *Ostendorf*, § 68a Rn. 25.

[130] BT-Drucks. 16/1993, 20.

[131] *Fischer* 2019, § 68a Rn. 10.

[132] *Peglau* NJW 2007, 1559; *Schneider, U.*, NStZ 2007, 445 f.

[133] LK 2006 ff., *Schneider, H.*, § 68a Rn. 24; NK 2017, *Ostendorf*, § 68a Rn. 28.

[134] *Sauter et al.* BewHi 2017, 146 ff.

[135] *Dessecker* 2012, 635 ff.

Abschn. 5.2.2.3.1). Zur Umsetzung dieser Befugnisse sind die Aufsichtsstellen aber in den meisten Fällen selbst nicht in der Lage, da ihnen hierfür die erforderlichen personellen und technischen Ressourcen fehlen. Ähnlich wie die Staatsanwaltschaft im Ermittlungsverfahren (§ 161 Abs. 1 StPO) sind die Aufsichtsstellen deshalb berechtigt, die Polizei mit der Durchführung von Ermittlungen zu beauftragen (§ 463a Abs. 1 StPO) und in diesem Zusammenhang auch ein Bewegungsprofil des Verurteilten und seines Fahrzeugs erstellen zu lassen (§ 463a Abs. 2 StPO).[136] Wenn der Verurteilte einer Melde- oder Vorstellungsweisung nicht nachkommt, können sie beim Gericht die Vorführung durch die Polizei beantragen (§ 463a Abs. 3 StPO). Sofern die elektronische Aufenthaltsüberwachung angeordnet worden ist, können die Aufsichtsstellen die Polizei mit der Durchführung der Maßnahme, einschließlich der Erhebung und Verarbeitung der betreffenden Daten beauftragen (§ 463 Abs. 4 Satz 4 StPO). Umgekehrt ist die Polizei im Rahmen ihrer Zuständigkeit verpflichtet, allen diesen Aufträgen nachzukommen.

Eine noch darüber hinausgehende, eigenständige und im Gesetz nicht geregelte Aufgabe hat die Polizei seit geraumer Zeit im Umgang mit **haftentlassenen Gewalt- und Sexualstraftätern** übernommen.[137] In allen Bundesländern gibt es unter unterschiedlichen Bezeichnungen Programme (z. B. KURS[138] in Baden-Württemberg, Niedersachsen und Nordrhein-Westfalen; HEADS[139] in Bayern, Brandenburg und Bremen), die in ihrem Kern darauf abzielen, Gewalt- und Sexualstraftäter, die unter Führungsaufsicht stehen, einer besonderen, auch präventivpolizeilich motivierten Kontrolle zu unterwerfen. Das Risikoprofil der betreffenden Täter wird individuell bewertet; die Täter werden in unterschiedliche Risikogruppen eingestuft, und für die betroffen Personen werden zur Verhinderung weiterer Taten **individuelle Überwachungs- und Interventionskonzepte** entwickelt.[140] Dabei sammelt die Polizei sämtliche relevanten Informationen in einer zentralen Datei und steuert den Informationsfluss zwischen den beteiligten Stellen, namentlich den Vollzugsbehörden, den Staatsanwaltschaften und den Führungsaufsichtsstellen. Zusätzlich zu den Überwachungsmaßnahmen, die von den Führungsaufsichtsstellen durchgeführt werden können, ergreift die Polizei auf polizeirechtlicher Grundlage die für erforderlich gehaltenen Maßnahmen, etwa die Aktualisierung und Vervollständigung erkennungsdienstlicher Unterlagen, Verbleibskontrollen und Gefährderansprachen. Die genannten Programme stehen damit für *neue Formen der Zusammenarbeit*, die sich in der Praxis entwickelt haben und die allein durch den Blick auf die materiellen Anwendungsvoraussetzungen der einzelnen strafrechtlichen Sanktionen nicht erfasst werden können.[141] Gleichzeitig lassen sie erkennen, welche An-

---

[136] Zur (Un-) Zulässigkeit der Dauerobservation *Greve und von Lucius* DÖV 2012, 97 ff.

[137] *Popp* BewHi 2011, 335 ff.; *Dessecker* 2012, 638 ff.; vertiefend *Kammermeier* BewHi 2016, 73 ff.

[138] Konzeption zum Umgang mit rückfallgefährdeten Sexualstraftäterinnen und Sexualstraftätern.

[139] Haft-Entlassenen-Auskunfts-Datei Sexualstraftäter.

[140] *Thomaßen* FPPK 2012, 25 ff.

[141] *Popp* BewHi 2011, 344.

strengungen erforderlich sein können, um dem Gedanken der Spezialprävention – der Besserung ebenso wie der Sicherung (oben Abschn. 2.3.2) – bei vielfach belasteten Tätergruppen außerhalb der geschützten Formen des Freiheitsentzugs Rechnung zu tragen. Inwieweit die beschriebenen Maßnahmen tatsächlich zu einer Reduzierung der Rückfallquote beitragen, ist bislang noch nicht untersucht worden.

5.2.2.5 Kriminologische Aspekte

Die kraft Gesetzes eintretende Führungsaufsicht hat in der Praxis eine ungleich größere Bedeutung als die richterlich angeordnete Führungsaufsicht. Während die richterliche Anordnung nur in ca. 20–50 Fällen pro Jahr erfolgt (oben Tab. 5.1), findet die Unterstellung kraft Gesetzes in mehr als 30.000 Fällen statt; genaue Zahlen stehen nicht zur Verfügung.[142] Zur Häufigkeit der einzelnen Unterstellungsgründe lässt sich nur grob sagen, dass gut die Hälfte der Fälle auf Entlassungen aus dem Strafvollzug (§ 68f StGB) und der andere Teil auf ausgesetzte oder erledigte Maßregelanordnungen entfällt.

Die **Risikoprognosen und Problemlagen** der Tätergruppen, die der Führungsaufsicht unterstellt werden, sind sehr **heterogen**. Schon den gesetzlichen Eintrittsvoraussetzungen lässt sich entnehmen, dass die „Vollverbüßer", die keine Strafrestaussetzung nach § 57 StGB erhalten haben, und die „therapieresistenten" Suchtmittelabhängigen (§ 67d Abs. 5 StGB), bei denen keine hinreichend konkrete Aussicht auf einen Behandlungserfolg (mehr) besteht, eine eher ungünstige Prognose aufweisen. Eine eher günstige Prognose liegt demgegenüber bei denjenigen Verurteilten vor, bei denen die (weitere) Vollstreckung des psychiatrischen Maßregelvollzugs zur Bewährung ausgesetzt worden ist, etwa weil ärztliche Heilversuche erste Erfolge erzielt haben (§ 67d Abs. 2 StGB). Beim Blick auf die **Rückfallstatistik** werden diese Einschätzungen bestätigt. Von denjenigen Personen, die 2010 der Führungsaufsicht kraft Gesetzes unterstellt wurden, wurden aufs Ganze gesehen 44,5 % der Unterstellten innerhalb von 3 Jahren erneut verurteilt. Die Rückfallquote der „Vollverbüßer" lag dabei deutlich oberhalb des Durchschnitts (56,5 %), und auch nach der Entlassung aus der Entziehungsanstalt waren die Rückfallquoten erheblich (34,3 %, wenn die Maßregel isoliert, 48,0 %, wenn sie neben einer Freiheitsstrafe angeordnet wurde). War der Unterstellte dagegen aus dem psychiatrischen Krankenhaus entlassen worden, lag die Rückfallquote lediglich bei 5,1 % (bei isolierter Maßregelanordnung) bzw. bei 14,1 % (bei Anordnung zusätzlich zu einer Parallelstrafe).[143] Sehr unterschiedlich sind auch die psychosozialen Problemlagen der Unterstellten. Schon die Gegenüberstellung von schuldfähigen „Vollverbüßern", Suchtmittelabhängigen und ehemaligen Psychiatriepatienten zeigt, dass in der Führungsaufsicht Tätergruppen zusammengeführt werden, die nicht nur ganz unterschiedliche institutionelle Vorerfahrungen aufweisen, sondern die auch deutlich voneinander zu unterscheidende Behandlungs- und Betreuungsbedürfnisse

---

[142] Internetquelle (Bundesamt für Justiz, Statistik der Führungsaufsicht 2015); vgl. auch *Baur und Kinzig* 2015, 54; *Kinzig* NK 2015, 243 f.

[143] *Jehle et al.* 2016, 80 f.

haben.[144] Die Heterogenität der Prognosen und Probleme verlangt den in der Führungsaufsicht Tätigen – ganz im Sinne des „Risk-Need-Responsivity-Ansatzes" (oben Abschn. 2.3.3.2) – ein hohes Maß an differenzierender Überwachung und Betreuung ab.

5.2.3 Berufsverbot

5.2.3.1 Kriminalpolitische Zielsetzung

Die dritte ambulante Maßregel ist das Berufsverbot (§ 70 StGB). Sein Zweck ist der Schutz der Allgemeinheit vor den **Gefahren**, die sich **aus der Berufs- oder Gewerbeausübung des Täters** ergeben.[145] Ebenso wie die Entziehung der Fahr-erlaubnis verfolgt das Berufsverbot ausschließlich einen Sicherungszweck: Dem Täter wird die gefahrenträchtige Tätigkeit untersagt; er wird aus dem betreffenden Lebensbereich ausgeschlossen. Nimmt er die ihm verbotene Tätigkeit gleichwohl vor oder lässt sie durch einen anderen für sich vornehmen, so macht er sich strafbar (§ 145c StGB). Ein Besserungseffekt ist mit dem Berufsverbot nicht beabsichtigt. Meist werden die mit dem Berufsverbot einhergehenden, ausschließenden und stigmatisierenden Wirkungen (dem Täter wird in der Regel die Grundlage für seine wirtschaftliche Existenz entzogen) sogar eher eine der Resozialisierung geradezu entgegenstehende Belastung darstellen. Im überwiegenden öffentlichen Interesse an der Verhinderung weiterer Gefahren ist diese Belastung jedoch vom Täter hinzunehmen. Obwohl das Berufsverbot in das Grundrecht aus Art. 12 Abs. 1 GG eingreift, lassen sich gegen die Maßregel keine verfassungsrechtlichen Bedenken geltend machen.[146]

5.2.3.2 Voraussetzungen

Formelle Voraussetzung für die Anordnung eines Berufsverbots ist die Begehung einer **rechtswidrigen Tat** (§ 11 Abs. 1 Nr. 5 StGB), für die der Täter verurteilt oder nur deshalb nicht verurteilt wird, weil seine Schuldunfähigkeit (§ 20 StGB) erwiesen oder nicht auszuschließen ist.

Die Tat muss unter **Missbrauch des Berufs oder Gewerbes** oder unter grober **Verletzung der mit dem Beruf oder Gewerbe verbundenen Pflichten** begangen worden sein. Die Begriffe „Beruf" und „Gewerbe" lassen sich dabei nicht scharf voneinander abgrenzen. Mit dem Begriff des „*Berufs*" ist die auf Dauer gerichtete, eine gewisse Sachkenntnis und Aufmerksamkeit verlangende Lebenstätigkeit gemeint, mit dem Begriff des „*Gewerbes*" das in der Absicht der Gewinnerzielung erfolgende Unterhalten eines auf die Herstellung, Verarbeitung oder den Umsatz

---

[144] *Baur und Kinzig* 2015, 65 ff.

[145] MüKo 2016 ff., *Bockemühl*, § 70 Rn. 2; LK 2006 ff., *Hanack*, § 70 Rn. 1; SK StGB 2016 ff., *Sinn*, § 70 Rn. 2.

[146] *BVerfGE* 25, 88 (101).

von Waren, Gütern oder sonstigen Leistungen gerichteten Betriebs;[147] beides kann – wie im Fall des ein Fotoatelier betreibenden Fotografen – ineinander übergehen.

Die Anlasstat muss mit der Ausübung des Berufs oder Gewerbes in einem *inneren Zusammenhang* stehen. Ein „*Missbrauch*" setzt voraus, dass der Täter unter bewusster Missachtung der ihm gerade durch seinen Beruf oder sein Gewerbe gestellten Aufgaben seine Tätigkeit ausnutzt, um einen diesen Aufgaben zuwiderlaufenden Zweck zu verfolgen.[148] Eine „*grobe Verletzung der Pflichten*" liegt vor, wenn die Ausübung des Berufs oder Gewerbes durch spezifische Pflichten konturiert wird, gegen die der Täter verstößt.[149] In beiden Fällen kommt es darauf an, dass die Tat Ausfluss der Berufs- oder Gewerbetätigkeit ist und nicht lediglich „bei Gelegenheit" begangen wird. Für die Abgrenzung ist entscheidend, welche Tätigkeiten mit dem entsprechenden Beruf oder Gewerbe typischerweise verbunden sind.

> **Beispiel**
>
> Der Computerhändler H ist überschuldet und zahlungsunfähig. Gleichwohl bestellt er unter Vorspiegelung seiner Zahlungsfähigkeit bei mehreren Lieferanten neue Ware. – Zu den mit der Ausübung eines Computerhandels typischerweise verbundenen Tätigkeiten gehört der laufende Abschluss von Verträgen mit Lieferanten und Abnehmern. Wenn H die betrügerischen Handlungen im Zusammenhang mit diesen Geschäften begeht, nutzt er die ihm durch sein Gewerbe eröffneten Möglichkeiten zur Begehung von Straftaten aus; gleichzeitig verstößt er gegen das aus der Sorgfaltspflicht eines ordentlichen Kaufmanns (§ 347 Abs. 1 HGB) abzuleitende Schädigungsverbot gegenüber den Lieferanten. Der erforderliche innere Zusammenhang mit der Gewerbeausübung ist also gegeben.[150] Der Zusammenhang würde demgegenüber fehlen, wenn H nicht Händler, sondern z. B. Makler wäre und sich die finanziellen Mittel zur Ausstattung und Fortführung seines Betriebs durch Betrug verschafft hätte; in diesem Fall wären die Taten lediglich „bei Gelegenheit" der Maklertätigkeit begangen worden.[151]

Umstritten ist, ob die Verletzung der Pflicht zum Abführen der *Arbeitnehmerbeiträge zur Sozialversicherung* die Anordnung eines Berufsverbots rechtfertigen kann. Bei dieser Pflicht handelt es sich nicht um eine nur auf *einen* Beruf oder ein Gewerbe bezogene *Sonderpflicht*, sondern um eine *allgemeine*, aus der gewerblichen Tätigkeit erwachsene Pflicht, die alle Arbeitgeber gleichermaßen trifft. Allerdings hat die Abführungspflicht ihren maßgeblichen Grund gerade in der gewerblichen Tätigkeit: Wenn und soweit der Täter sein Gewerbe unter Einsatz von versicherungspflichtigen Arbeitnehmern betreibt, ergeben sich hieraus bestimmte

---

[147] Vgl. LK 2006 ff., *Hanack*, § 70 Rn. 13 f.

[148] *BGHSt* 22, 144 (146); *BGH* NJW 1989, 3231 (3232); NK 2017, *Pollähne*, § 70 Rn. 17; *Fischer* 2019, § 70 Rn. 4.

[149] Vgl. *Fischer* 2019, § 70 Rn. 6.

[150] Vgl. *BGH* NJW 1989, 3231 (3232) m. Anm. *Geerds* JR 1990, 296.

[151] Vgl. *BGH* NStZ 1988, 176.

Zusatzpflichten, die die typische Folge der spezifischen Form der Gewerbeausübung des Täters sind. Im Ergebnis wird man hier deshalb den inneren Zusammenhang wohl bejahen müssen.[152] In einem gewissen Widerspruch hierzu steht es, wenn in Teilen von Rechtsprechung und Literatur der innere Zusammenhang verneint wird, soweit der Täter seiner Pflicht nicht nachkommt, *Umsatz-, Einkommens- und Gewerbesteuer* zu zahlen:[153] Auch die Steuerpflicht hat ihren Anknüpfungspunkt in der Tätigkeit des Täters; erst durch das berufliche oder gewerbliche Tätigwerden wird dem Täter die Möglichkeit zur Schädigung des Fiskus eröffnet, so dass der Zusammenhang richtigerweise auch in diesem Fall zu bejahen ist.[154]

Materiell setzt die Anordnung voraus, dass die **Gefahr** besteht, dass **weitere erhebliche rechtswidrige Taten** begangen werden. Die Gefährlichkeitsprognose ist aufgrund einer Gesamtwürdigung des Täters und der Tat zu treffen. Wenn ein Täter erstmalig wegen einer im Zusammenhang mit seinem Beruf oder Gewerbe stehenden Tat straffällig wird, sind an die Prognose besonders hohe Anforderungen zu stellen; insbesondere muss geprüft werden, ob nicht schon die Verurteilung an sich genügt, um ihn von weiteren Taten abzuhalten.[155] Bei den für die Zukunft zu erwartenden Taten muss es sich um solche „der bezeichneten Art" handeln, d. h. um Taten, die unter Missbrauch des Berufs oder Gewerbes bzw. unter grober Verletzung der mit ihnen verbundenen Pflichten begangen werden; die Anlasstat muss für die prognostizierten Taten also Symptomcharakter besitzen.

Die Anordnung der Maßregel steht im **Ermessen** des Gerichts. Aus dem das Maßregelrecht durchziehenden Verhältnismäßigkeitsprinzip folgt, dass anderen zur Gefahrabwendung ebenso geeigneten, den Täter insgesamt aber weniger belastenden Maßnahmen grundsätzlich der Vorrang einzuräumen ist. Vorrang kommt deshalb etwa Weisungen nach §§ 56c oder 68b StGB zu (z. B. der Weisung, regelmäßig den Nachweis zu erbringen, dass die Arbeitnehmerbeiträge zur Sozialversicherung abgeführt worden sind), wenn und soweit mit ihrer Hilfe die Gefahr weiterer berufs- oder gewerbespezifischer Taten wirksam gebannt werden kann.[156] Im Übrigen darf sich die Anordnung des Gerichts nur auf diejenige berufliche oder gewerbliche Tätigkeit beziehen, von der die Gefahr weiterer Straftaten ausgeht. Wird etwa ein Musiklehrer wegen sexueller Verfehlungen gegenüber Jugendlichen verurteilt und ergibt die Gesamtwürdigung, dass nur eine Gefahr für die Altersgruppe der Jugendlichen besteht, so muss sich das Verbot darauf beschränken, Schüler dieser Altersgruppe zu unterrichten; ggf. muss sich das Verbot sogar noch weitergehend darauf beschränken, nur männliche oder nur weibliche Jugendliche nicht zu unterrichten.[157]

---

[152] Ebenso *LG München* wistra 1987, 261; LK 2006 ff., *Hanack*, § 70 Rn. 29 f.; a. A. *BayObLG* NJW 1957, 958 m. abl. Anm. *Martens* NJW 1957, 1289; S/S 2019, *Kinzig*, § 70 Rn. 10.

[153] *KG* JR 1980, 247; LK 2006 ff., *Hanack*, § 70 Rn. 31; *Fischer* 2019, § 70 Rn. 7.

[154] Ebenso *BGH* NStZ 1995, 124.

[155] *BGH* NStZ 1995, 124; LK 2006 ff., *Hanack*, § 70 Rn. 43.

[156] LK 2006 ff., *Hanack*, § 70 Rn. 47; SK StGB 2016 ff., *Sinn*, § 70 Rn. 18; S/S 2019, *Kinzig*, § 70 Rn. 18.

[157] *BGH* StV 2004, 653 m. Anm. *Kugler*; S/S 2019, *Kinzig*, § 70 Rn. 20.

Gegenüber **Presseangehörigen** ist die Anordnung eines Berufsverbots grundsätzlich ebenfalls zulässig.[158] Das Gericht muss sich allerdings darüber im Klaren sein, dass durch das Berufsverbot in den grundrechtlich geschützten Bereich des Rechts auf freie Meinungsäußerung (Art. 5 Abs. 1 GG) eingegriffen wird. § 70 StGB i. V. mit dem Straftatbestand, der das dem Täter vorgeworfene Verhalten erfasst, stellt ein „allgemeines Gesetz" dar, das das Recht auf Meinungsfreiheit beschränkt (Art. 5 Abs. 2 GG). Dieses „allgemeine Gesetz" muss seinerseits im Lichte der Bedeutung des Grundrechts ausgelegt werden,[159] woraus sich gegenüber Presseangehörigen die Notwendigkeit einer restriktiven Anwendung des § 70 StGB ergibt.

5.2.3.3 Rechtsfolgen

Wird ein Berufsverbot nach § 70 StGB ausgesprochen, so bedeutet das, dass der Täter die ihm **untersagte Tätigkeit nicht ausüben** darf.

> Um Umgehungen zu vermeiden, ist es ebenfalls verboten, dass der Täter die untersagte Tätigkeit für einen anderen als sich selbst ausübt oder durch eine von seinen Weisungen abhängige Person für sich ausüben lässt (§ 70 Abs. 3 StGB). Mit der ersten Variante soll verhindert werden, dass etwa ein Metzger, dem die Ausübung seines Handwerks verboten worden ist, als gesetzlicher Vertreter einer Kapitalgesellschaft tätig wird, die eine Großmetzgerei betreibt.[160] Die zweite Variante soll verhindern, dass das Berufsverbot durch den Einsatz von „Strohmännern" umgangen wird. Nicht verboten ist es allerdings, dass das Gewerbe des Täters von einem selbstständigen Dritten fortgeführt wird, der die Erträge an den von dem Verbot Betroffenen abführt.[161]

Das Berufsverbot wird für eine **Dauer** zwischen 1 und 5 Jahren ausgesprochen; in Ausnahmefällen kann es auch für immer angeordnet werden (§ 70 Abs. 1 Satz 2 StGB). Für die Bemessung kommt es darauf an, wie lange die berufs- oder gewerbespezifische Gefährlichkeit des Täters voraussichtlich andauert.[162]

Das Verbot kann vom Gericht zur **Bewährung** ausgesetzt werden (§ 70a StGB). Voraussetzung hierfür ist, dass Tatsachen vorliegen, aus denen sich ergibt, dass die für die Anordnung des Berufsverbots vorausgesetzte Gefahr weiterer Taten nicht mehr besteht. Anders als bei den Maßregeln nach §§ 63 und 64 StGB, bei denen die Aussetzung zugleich mit der Anordnung erfolgen kann (§ 67b StGB), ist die Aussetzung des Berufsverbots frühestens ein Jahr nach der Anordnung zulässig.[163] Wird das Berufsverbot ausgesetzt, so gelten hinsichtlich der Dauer der Bewährung, der Möglichkeit zur Erteilung von Weisungen, der Unterstellung unter die Bewährungs-

---

[158] *BGHSt* 17, 38; *BGH* NJW 1965, 1388 m. krit. Anm. *Wilke* NJW 1965, 2211; ebenso *BVerfGE* 25, 88 (95 ff.), soweit es um Strafnormen geht, die dem Schutz vor verfassungswidrigen Parteien dienen. Für Zulässigkeit auch LK 2006 ff., *Hanack*, § 70 Rn. 64 ff.; NK 2017, *Pollähne*, § 70 Rn. 8 f.; SK StGB 2016 ff., *Sinn*, § 70 Rn. 8.

[159] Vgl. *BVerfGE* 7, 198 (208).

[160] NK 2017, *Pollähne*, § 70 Rn. 31.

[161] MüKo 2016 ff., *Bockemühl*, § 70 Rn. 31; LK 2006 ff., *Hanack*, § 70 Rn. 83.

[162] LK 2006 ff., *Hanack*, § 70 Rn. 59; S/S 2019, *Kinzig*, § 70 Rn. 23.

[163] Zur kriminalpolitischen Problematik vgl. LK 2006 ff., *Hanack*, § 70a Rn. 8.

hilfe und der nachträglichen Abänderbarkeit dieser Entscheidungen die Vorschriften über die Aussetzung der Freiheitsstrafe entsprechend (§ 70a Abs. 3 i. V. m. §§ 56a, 56c bis 56e StGB). Die Aussetzung kann widerrufen werden, wenn sich der Täter nicht bewährt (vgl. § 70b Abs. 1 und 2 StGB). Erfolgt während der Bewährungszeit kein Widerruf, so wird das Berufsverbot nach ihrem Ablauf vom Gericht für erledigt erklärt (§ 70b Abs. 5 StGB).

5.2.3.4　Verfahren

Das Berufsverbot wird im Urteil ausgesprochen. Der untersagte Beruf oder Berufszweig bzw. das Gewerbe oder der Gewerbezweig muss genau bezeichnet werden (§ 260 Abs. 2 StPO), damit Unsicherheiten bei einer etwaigen späteren Strafverfolgung wegen Verstoßes gegen § 145c StGB vermieden werden.[164] Im überwiegenden Interesse der Allgemeinheit kann die Maßregel als vorläufiges Berufsverbot auch schon im Ermittlungsverfahren verhängt werden (§ 132a StPO). Wird ein solches vorläufiges Berufsverbot verhängt, verkürzt sich für die im Urteil ausgesprochene Maßregel die Mindestdauer entsprechend; die Mindestfrist von 3 Monaten darf jedoch in keinem Fall unterschritten werden (§ 70 Abs. 2 StGB).

5.2.3.5　Abgrenzung zu anderen Reaktionsformen

Richtet sich das Urteil gegen einen **Beamten**, so überschneidet sich die Möglichkeit der Anordnung eines Berufsverbots nach § 70 StGB mit den in § 45 StGB kraft Gesetzes eintretenden Nebenfolgen (unten Abschn. 7.2). Mit der überwiegenden Meinung ist dabei davon auszugehen, dass § 45 StGB gegenüber § 70 StGB lex specialis ist, so dass die Frage eines Amtsverbots ausschließlich nach § 45 StGB zu beurteilen ist, während § 70 StGB nur insoweit von Bedeutung sein kann, als es um das Verbot bestimmter außerdienstlicher Tätigkeiten des Beamten geht.[165] Sinngemäß das gleiche gilt, soweit sich das Urteil gegen einen **Notar** richtet (§ 49 BNotO i. V. m. § 45 StGB).[166]

Neben dem strafrichterlich angeordneten Berufsverbot nach § 70 StGB existieren eine Vielzahl weiterer **bundes- und landesrechtlicher Vorschriften**, nach denen die Ausübung des Berufs oder Gewerbes untersagt, Betriebe geschlossen oder Approbationen und Zulassungen entzogen werden können. Zu denken ist insoweit etwa an die Untersagung der Gewerbeausübung wegen Unzuverlässigkeit (§ 35 GewO), den Widerruf der Gaststättenerlaubnis (§ 15 GastG) oder den Widerruf der Zulassung zur Rechtsanwaltschaft (§ 14 BRAO). Diese Regelungen sind grundsätzlich unabhängig vom Berufsverbot nach § 70 StGB zu sehen, was indessen nicht ausschließt, dass sie im Rahmen der Ermessensausübung zu beachten sind.[167]

---

[164]Zu einzelnen Beispielen zulässiger und unzulässiger Urteilsformeln vgl. LK 2006 ff., *Hanack*, § 70 Rn. 53 ff.; NK 2017, *Pollähne*, § 70 Rn. 28 f.; *Fischer* 2019, § 70 Rn. 12.

[165]*BGH* NJW 1987, 2685 (2687); NStZ 2002, 198; LK 2006 ff., *Hanack*, § 70 Rn. 32 f.; S/S 2019, *Kinzig*, § 70 Rn. 5; SK StGB 2016 ff., *Sinn*, § 70 Rn. 7.

[166]*BGH* wistra 1987, 60.

[167]Vgl. zu den Einzelheiten LK 2006 ff., *Hanack*, § 70 Rn. 86 ff.; S/S 2019, *Kinzig*, § 70 Rn. 4; NK 2017, *Pollähne*, § 70 Rn. 33.

5.3 Maßregeln mit Freiheitsentzug

5.3.1 Unterbringung in einem psychiatrischen Krankenhaus

5.3.1.1 Kriminalpolitische Zielsetzung

Die Unterbringung in einem psychiatrischen Krankenhaus dient dem **Schutz** der Allgemeinheit vor **psychisch kranken oder gestörten Tätern**. Untergebracht werden können solche Täter, die im Zustand der verminderten Schuldfähigkeit oder der Schuldunfähigkeit eine rechtswidrige Tat begangen haben und von denen infolge ihres Zustands für die Zukunft weitere erhebliche Taten zu erwarten sind (vgl. § 63 StGB). Im Vordergrund der Maßregel steht der Sicherungsgedanke. Die gefährlichen, psychisch kranken oder gestörten Täter sollen auf eine Weise untergebracht werden, die primär dem Sicherheitsbedürfnis der Allgemeinheit Rechnung trägt, d. h. die durch Freiheitsentzug verhindert, dass weitere Straftaten begangen werden. Der Besserungsgedanke ist demgegenüber erst in zweiter Linie von Bedeutung. Er spielt bei der Anordnung der Maßregel keine Rolle und wird erst auf der Ebene des Maßregel*vollzugs* relevant: Wenn eine Unterbringung angeordnet worden ist, soll der Untergebrachte nach ärztlichen Gesichtspunkten behandelt und soweit möglich geheilt oder sein Zustand zumindest gebessert werden (vgl. § 136 StVollzG; unten Abschn. 5.3.1.4). Die Besserung ist mithin bloßer Nebenzweck der Maßnahme, gewünschtes, aber nicht immer erreichbares Ziel der Behandlung.[168]

5.3.1.2 Anordnungsvoraussetzungen

5.3.1.2.1 Formelle Voraussetzungen

Formell setzt die Unterbringung voraus, dass der Täter eine rechtswidrige Tat im Zustand der Schuldunfähigkeit oder der verminderten Schuldfähigkeit begangen hat. Der Begriff der „**rechtswidrigen Tat**" ist gesetzlich definiert (§ 11 Abs. 1 Nr. 5 StGB). Als Anknüpfungspunkt für die Anordnung sind insbesondere die Ordnungswidrigkeiten ausgeschlossen. Darauf, ob die rechtswidrige Tat vorsätzlich oder fahrlässig begangen worden ist, kommt es nicht an (§ 15 StGB).[169] Die Unterbringung ist jedoch unzulässig, wenn die rechtswidrige Tat ein Antragsdelikt und der Strafantrag vom Verletzten nicht gestellt worden ist oder wenn die rechtswidrige Tat nicht zur Vollendung gelangt und der Täter vom Versuch strafbefreiend zurückgetreten ist (§ 24 StGB).[170]

Die Prüfung des Vorliegens einer „rechtswidrigen Tat" kann im Einzelfall Schwierigkeiten bereiten. Immer dann, wenn die psychische Erkrankung des Täters nicht nur die Schuldfähigkeit beeinträchtigt (§§ 20, 21 StGB), sondern auch auf die auf anderen Ebenen des strafrechtsdogmatischen Verbrechensaufbaus angesiedelten

---

[168] *OLG Hamburg* NJW 1995, 2424 (2425); LK 2006 ff., *Schöch*, § 63 Rn. 1 ff.

[169] LK 2006 ff., *Schöch*, § 63 Rn. 50.

[170] *BGHSt* 31, 132; SK StGB 2016 ff., *Sinn*, § 63 Rn. 8 f.

Strafbarkeitsvoraussetzungen Ausstrahlungswirkungen gehabt hat, stellt sich die Frage, ob dies zum Ausschluss einer „rechtswidrigen Tat" führt. Zu denken ist vor allem an solche Fälle, in denen die Krankheit zu einer Fehleinschätzung des Geschehens und damit strafrechtsdogmatisch zur Annahme eines den VorSatz ausschließenden Tatbestandsirrtums (§ 16 StGB) führt.

Beispiel

A leidet an einer chronischen Manie; er hat jeden Maßstab für seine finanzielle Leistungsfähigkeit und seine Erwerbsmöglichkeiten verloren („krankhafte seelische Störung" i. S. des § 20, 1. Alt. StGB). In Verkennung seiner Lage erweckt er bei verschiedenen Geschäftspartnern den Eindruck der Zahlungsfähigkeit und veranlasst sie zur Gewährung von Leistungen, die er nicht bezahlen kann. – Objektiv hat A den Tatbestand des Betrugs (§ 263 StGB) erfüllt; subjektiv fehlt ihm der Täuschungsvorsatz.[171]

Ob in derartigen Fällen vom Vorliegen einer „rechtswidrigen Tat" ausgegangen werden kann, ist umstritten. Eine in der Literatur vertretene Mindermeinung verneint diese Frage mit dem Hinweis darauf, dass der Tatbestandsirrtum den Tatbestand und damit den Anknüpfungspunkt für die Unterbringung vernichte.[172] Die herrschende, auch von der Rechtsprechung vertretene Gegenmeinung differenziert demgegenüber zwischen krankheitsbedingten und anderen Fehlvorstellungen. Sie argumentiert, der Schutzgedanke des § 63 StGB gebiete es, die Unterbringung auch dann zu ermöglichen, wenn es gerade der krankhafte Zustand sei, der den Irrtum hervorgerufen habe; für das Vorliegen einer „rechtswidrigen Tat" genüge ein „natürlicher Tatwille".[173] Die besseren Argumente liegen hier auf der Seite der zuletzt erwähnten Gegenmeinung. Neben dem Schutzzweck des § 63 StGB spricht für sie vor allem, dass die erste Auffassung ihr Ergebnis in kaum vermittelbarer Weise von den Zufälligkeiten der strafrechtsdogmatischen Lösung abhängig macht.

Beispiel

A leidet an Verfolgungswahn („krankhafte seelische Störung" i. S. des § 20, 1. Alt. StGB). Als er eines Tages von X angesprochen wird, der ihn um eine Zigarette bitten will, fühlt er sich angegriffen und schlägt ihn mit einem Faustschlag nieder. – Für die Frage, ob eine „rechtswidrige Tat" vorliegt, kommt es nach der überwiegenden Auffassung in der Lit. und wohl auch nach der Rspr. darauf an, ob in diesem Fall des Erlaubnistatbestandsirrtums § 16 StGB analog oder nur in den Rechtsfolgen (Ausschluss der Vorsatzschuld, h. M.) angewendet wird. Von einer „rechtswidrigen Tat" des A kann bei dogmatischer Betrachtung nur im zweiten Fall ausgegangen werden, was dann allerdings die Frage provoziert,

---

[171] Vgl. *BGHSt* 3, 287.

[172] NK 2017, *Pollähne*, § 63 Rn. 43.

[173] *BGHSt* 3, 287 (289); 10, 355 (357); LK 2006 ff., *Schöch*, § 63 Rn. 45 ff.; S/S 2019, *Kinzig*, § 63 Rn. 9; MüKo 2016 ff., *van Gemmeren*, § 63 Rn. 14; SK StGB 2016 ff., *Sinn*, § 63 Rn. 4.

warum der Fall des Erlaubnistatbestandsirrtums im Hinblick auf Zulässigkeit der Unterbringung anders behandelt werden soll als der Fall des fehlenden Täuschungsvorsatzes.

Das Erfordernis, dass die rechtswidrige Tat „im Zustand der **Schuldunfähigkeit** (§ 20 StGB) oder der **verminderten Schuldfähigkeit** (§ 21 StGB)" begangen worden sein muss, bedeutet, dass zumindest die erhebliche Minderung der Schuldfähigkeit positiv festgestellt werden muss. Wird § 21 StGB nur deshalb angewandt, weil sich verminderte Schuldfähigkeit *nicht ausschließen* lässt, genügt dies für die Anordnung der Unterbringung nach § 63 StGB *nicht*; die Anwendung von § 21 StGB ist zwar im Rahmen der Strafzumessung eine den Täter begünstigende und deshalb im Zweifel gerechtfertigte Lösung, im Rahmen der Maßregelanordnung führt sie jedoch zu einer den Täter belastenden Maßnahme, die mit dem „in dubio pro reo"-Grundsatz nicht vereinbar ist.[174] Umgekehrt ist es unerheblich, wenn es ungeklärt bleibt, ob die Schuldfähigkeit des Täters zur Zeit der Tat ausgeschlossen oder nur erheblich vermindert war, und die Anwendung des Grundsatzes „in dubio pro reo" zu dem Ergebnis führt, dass der Täter nicht bestraft werden kann; die Anordnung der Maßregel ist nach § 63 StGB in jedem der beiden Fälle zulässig, so dass ein Verstoß gegen den „in dubio"-Grundsatz nicht vorliegen kann.[175]

Der vom Gesetzgeber im Zusammenhang mit der Schuldunfähigkeit verwendete Begriff des „**Zustands**" ebenso wie die Notwendigkeit eines durch den Zustand vermittelten **symptomatischen Zusammenhangs** zwischen der Anlasstat und den für die Zukunft zu erwartenden weiteren Taten machen deutlich, dass die Schuldunfähigkeit bzw. die verminderte Schuldfähigkeit auf einem *länger dauernden, nicht nur vorübergehenden psychischen Defekt* beruhen müssen. Bei nur vorübergehenden Defekten wie z. B. einem vorübergehenden Rausch oder einem hochgradigen Affekt scheidet die Unterbringung aus.[176] Auch eine bloße Abhängigkeit von Alkohol oder anderen Rauschmitteln begründet für sich genommen noch nicht den für die Unterbringung erforderlichen „Zustand"; vielmehr fordert die Rechtsprechung zur besseren Abgrenzung zur Unterbringung nach § 64 StGB, dass für die Unterbringung im psychiatrischen Krankenhaus eine *krankhafte* Alkohol- oder Drogensucht *im Sinne der Überempfindlichkeit* gegeben sein muss oder dass der Betroffene aufgrund eines von der Drogensucht unterscheidbaren *psychischen Defekts* im Sinne einer krankhaften seelischen Störung alkohol- oder drogensüchtig sein muss.[177] Auch die nicht stoffgebundene „Spielsucht" genügt deshalb für sich genommen nicht, um die Anordnung der Unterbringung im psychiatrischen Krankenhaus zu rechtfertigen.[178] Wird bei dem Täter eine „Borderline"-Persönlich-

---

[174] *BGH* NJW 1983, 350.

[175] *BGHSt* 18, 167; 22, 1 (4); LK 2006 ff., *Schöch*, § 63 Rn. 62.

[176] *BGHSt* 34, 22 (27); S/S 2019, *Kinzig*, § 63 Rn. 14; SK StGB 2016 ff., *Sinn*, § 63 Rn. 8, 18.

[177] *BGHSt* 34, 313 (314); 44, 338 (339); 369 (373); *BGH* StV 2017, 572 (573); LK 2006 ff., *Schöch*, § 63 Rn. 113 ff.

[178] *BGHSt* 58, 192 (196).

keitsstörung diagnostiziert,[179] bedarf die Dauerhaftigkeit des Zustands ebenfalls einer besonders sorgfältigen Prüfung.[180]

5.3.1.2.2 Materielle Voraussetzungen

Materiell setzt die Anordnung der Maßregel voraus, dass die Gesamtwürdigung des Täters und seiner Tat ergibt, dass von dem Täter infolge seines Zustands weitere erhebliche rechtswidrige Taten zu erwarten sind und er deshalb für die Allgemeinheit gefährlich ist. Gefordert ist mithin eine **negative Prognose über das zukünftige Legalverhalten des Täters**. Maßgeblicher Zeitpunkt für die Beurteilung ist der Zeitpunkt der jeweiligen tatrichterlichen Entscheidung, nicht der Zeitpunkt der Tat.[181] Zwischenzeitlich eingetretene Veränderungen sind zu berücksichtigen. Hat sich der Täter bspw. nach der Tat freiwillig in psychiatrische Behandlung begeben und kann er inzwischen als geheilt bzw. ein nach der Tat vielleicht noch hohes Rückfallrisiko als deutlich gemindert angesehen werden, müssen diese Veränderungen in die Beurteilung Eingang finden. Auf der anderen Seite darf sich das Gericht nicht auf Spekulationen darüber einlassen, ob der Täter auch bei Beginn der Maßregelvollstreckung noch „gefährlich" sein wird. Von Bedeutung ist diese Einschränkung in den Fällen, in denen der nur vermindert schuldfähige Täter zu Freiheitsstrafe verurteilt und die Freiheitsstrafe ausnahmsweise vor der Maßregel vollstreckt wird (§ 67 Abs. 2 StGB). In diesen Fällen ist vor Beginn der Maßregelvollstreckung zu prüfen, ob der Zweck der Maßregel die Unterbringung noch erfordert (§ 67c Abs. 1 StGB; unten Abschn. 5.4.4.1.2).[182]

Zulässig ist die Anordnung der Maßregel nur dann, wenn für die Zukunft „**erhebliche rechtswidrige Taten zu erwarten**" sind. Die Prüfung dieser Voraussetzung erfordert eine sorgfältige, auf den Einzelfall bezogene und sämtliche verfügbaren Informationen auswertende Abwägung zwischen dem Freiheitsinteresse des Täters und dem die Anordnung der Unterbringung legitimierenden Sicherheitsinteresse der Allgemeinheit. Die therapeutische Nützlichkeit der Unterbringung darf entsprechend der eingeschränkten Zielsetzung der Vorschrift in diesem Zusammenhang keine Rolle spielen.

In der Sache verbergen sich hinter der Prognoseklausel zwei Voraussetzungen, die in enger Verbindung zum Verhältnismäßigkeitsprinzip (§ 62 StGB) stehen: Die prognostizierbaren rechtswidrigen Taten (§ 11 Abs. 1 Nr. 5 StGB) müssen „erheblich" sein und sie müssen zu „erwarten" sein. Ausgeschlossen ist die Maßregelanordnung mithin in den Fällen, in denen für die Zukunft entweder nur „unerhebliche" Taten prognostizierbar sind oder in denen weitere erhebliche Taten zwar möglich, aber nicht wahrscheinlich sind. Beide Voraussetzungen stehen in einem Wechselverhältnis derart, dass die Anforderungen an die Wahrscheinlichkeit der zu erwartenden Taten umso geringer sind, je gravierender die prognostizierten Taten sind, und umgekehrt.

---

[179] Zum Begriff vgl. *Herpertz und Sass* 2010, 461 ff.

[180] *BGHSt* 42, 385 m. krit. Anm. *Kröber* und *Dannhorn*, NStZ 1998, 80 ff.

[181] SK StGB 2016 ff., *Sinn*, § 63 Rn. 16; MüKo 2016 ff., *van Gemmeren*, § 63 Rn. 61.

[182] *BGHSt* 25, 59 (61 f.).

Die Einordnung der für die Zukunft zu erwartenden Taten als „**erheblich**" wird durch die Formulierung konkretisiert, dass die Opfer „seelisch oder körperlich erheblich geschädigt oder erheblich gefährdet werden oder schwerer wirtschaftlicher Schaden angerichtet wird". Zu den von § 63 StGB damit unzweifelhaft nicht erfassten Taten gehören jedenfalls die lediglich „lästigen" Taten, wie sie gerade von einer psychisch kranken Klientel häufig begangen werden. Zu denken ist etwa an solche Taten, die wegen der Ungeschicklichkeit des Täters oder der nach außen jedermann erkennbaren psychischen Defekte nicht als ernsthafter Angriff auf ein Rechtsgut gewertet werden können und die, auch wenn sie den Tatbestand einer Strafnorm (Beleidigung, Hausfriedensbruch, versuchter Diebstahl, versuchter Betrug o. ä.) erfüllen, keinen Schaden im eigentlichen Sinn bewirken.[183] Nicht zu den „erheblichen" Taten gehören aber auch diejenigen Delikte, bei denen ein Schaden zwar eintritt, sich aber nur im Bagatellbereich bewegt, wie etwa bei Zechprellereien, Beförderungserschleichungen oder kleineren Ladendiebstählen;[184] der Umstand, dass es sich bei den zu erwartenden Taten um Antragsdelikte handelt oder dass sie wie bspw. die einfache Nachstellung (§ 238 Abs. 1 StGB) im Höchstmaß nur mit Freiheitsstrafe unter 5 Jahren bedroht sind,[185] kann insofern ein Indiz für die Einordnung bilden.

Im Übrigen lassen sich generalisierende Aussagen kaum treffen. Die Rechtsprechung unterscheidet zwischen Kleinkriminalität, mittlerer Kriminalität und schwererer Kriminalität und schließt lediglich die Kleinkriminalität aus dem Anwendungsbereich des § 63 StGB aus.[186] Der Ansatz suggeriert – obwohl er von der Rechtsprechung so nicht verstanden wird –, dass nach einzelnen Deliktstypen unterschieden werden könne. Richtig dürfte es sein, die Entscheidung von der Schwere der im Einzelfall konkret zu erwartenden Taten abhängig zu machen und dabei auf Kriterien wie die Schwere des zu erwartenden Schadens, die Bedrohung höchstpersönlicher Rechtsgüter sowie die Zahl und Häufigkeit der künftigen Taten abzustellen.[187] Unter diesen Voraussetzungen kann deshalb auch die Bedrohung nach § 241 StGB eine „erhebliche" Straftat sein, wenn sie geeignet ist, den Bedrohten nachhaltig und massiv in seinem elementaren Sicherheitsempfinden zu beeinträchtigen.[188] Als „grobe Richtschnur" für einen zu erwartenden „schweren wirtschaftlichen Schaden" soll ein Betrag von 5000 € gelten.[189] Ist die begangene rechtswidrige Tat nicht erheblich (z.B. Diebstahl mit einer Schadenshöhe unter 1000 €), so müssen besondere Umstände die Erwartung rechtfertigen, dass für die Zukunft erhebliche rechtswidrige Taten zu erwarten sind (§ 63 Satz 2 StGB).[190] Im Vergleich zur Sicherungsverwahrung (§ 66 Abs. 1 Satz 1 Nr. 4 StGB) ist die Erheblichkeitsschwelle niedriger anzusetzen.[191]

---

[183] LK 2006 ff., *Schöch*, § 63 Rn. 86 ff.

[184] Vgl. demgegenüber noch *BGH* NJW 1967, 297, wo die Gefahr zukünftiger Zechprellereien als ausreichend angesehen wird.

[185] *BGH* NJW 2013, 3383 (3385).

[186] *BGHSt* 27, 246 (248); *BGH* NJW 1989, 2959; NStZ 1992, 178; StV 2017, 575 (577).

[187] NK 2017, *Pollähne*, § 63 Rn. 48.

[188] *BGH* StV 2017, 580 (582).

[189] *BGH* NStZ-RR 2017, 201 (202); 2018, 239 (240).

[190] *BGH* NStZ-RR 2017, 171.

[191] *BGH* NJW 1976, 1949.

Mit dem Erfordernis der „**Erwartung**" wird der Grad der Gefahr der zukünftigen Begehung von rechtswidrigen Taten bezeichnet. Die höchstrichterliche Rechtsprechung grenzt dabei zum Teil nicht lediglich zwischen Wahrscheinlichkeit und bloßer Möglichkeit ab, sondern unterscheidet noch weitergehend zwischen „Wahrscheinlichkeit höheren Grades" und „einfacher Möglichkeit", wobei die Anordnung der Maßregel nur im ersten Fall zulässig sein soll.[192] Die Ausführungen dürften in erster Linie als Ermahnung an die Instanzgerichte zu verstehen sein, die Anforderungen an die Wahrscheinlichkeit weiterer Taten nicht zu gering anzusetzen und schon die bloße Wiederholungsmöglichkeit ausreichen zu lassen. Angesichts der Schwierigkeiten, die mit der Erstellung zuverlässiger Prognosen verbunden sind, ist die Maßgabe, innerhalb des Wahrscheinlichkeitsspektrums noch genaue weitere Differenzierungen vorzunehmen, jedoch nicht ganz unproblematisch. Die Anforderungen an die Prüfung der Wahrscheinlichkeit und die sprachliche Darstellung dieser Prüfung in den schriftlichen Urteilsgründen dürfen nicht überspannt werden. Bei der Anordnung muss sich das Gericht im Übrigen bewusst sein, dass der Gesetzgeber mit der Verwendung des Begriffs der „Erwartung" zum Ausdruck gebracht hat, dass ein gewisses Rückfallrisiko durchaus hinzunehmen ist und § 63 StGB nicht die Aufgabe hat, einen umfassenden, lückenlosen Schutz vor weiteren Taten psychisch kranker Täter zu gewährleisten.

Bei der Anordnung der Unterbringung nach § 63 StGB gilt es, zwei weitere Einschränkungen zu beachten. Die für die Zukunft zu erwartenden Taten müssen Folge des Zustands sein, der zum Ausschluss oder zur Verminderung der Schuldfähigkeit bei der Anlasstat geführt hat. Festgestellt werden muss also, dass zwischen dem seelischen Zustand und der Gefährlichkeit des Täters ein **symptomatischer Zusammenhang** in dem Sinne besteht, dass die begangenen und noch zu erwartenden Taten ihre Ursache in dem krankhaften seelischen Zustand des Täters haben.[193] In der Regel wird dieser Zusammenhang gegeben sein, so dass es insoweit keiner besonderen Erörterungen im Urteil bedarf.[194] Handelt es sich bei der Anlasstat jedoch um eine Gelegenheits- oder Konflikttat, liegt der erforderliche Zusammenhang regelmäßig nicht vor, so dass es in diesen Fällen einer genaueren Prüfung bedarf. Es muss ausgeschlossen werden, dass die begangene Tat bloßer „Auslöser" der strafrichterlich angeordneten Unterbringung ist.[195]

Beispiel

Die im Obdachlosenmilieu lebende A ist bereits wiederholt von Männern, bei denen sie Unterkunft gefunden hat, sexuell belästigt worden. Als sie erneut, und zwar von B, sexuell bedrängt wird, ersticht sie ihn. Bei A wird eine Schizophrenie festgestellt; sie ist schuldunfähig (§ 20, 1. Alt. StGB). – Geht man davon aus, dass die Voraussetzungen der Notwehr nicht erfüllt sind (Erfordernis der „rechts-

---

[192] *BGH* b. *Detter* NStZ 1992, 480; *BGH* NStZ 1993, 7; 1999, 611 (612).

[193] *BGHSt* 27, 246 (249 f.); 34, 22 (27); *BGH* StV 1984, 508; NStZ 1985, 309 (310); 1991, 528; SK StGB 2016 ff., *Sinn*, § 63 Rn. 17; LK 2006 ff., *Schöch*, § 63 Rn. 101.

[194] *BGHSt* 27, 246 (250).

[195] SK StGB 2016 ff., *Sinn*, § 63 Rn. 17.

widrigen Tat") und auch § 33 StGB nicht eingreift, kommt es für die Anordnung der Unterbringung im Maßregelvollzug darauf an, ob von A infolge ihres Zustands für die Zukunft weitere Taten zu erwarten sind. Dabei ist zu berücksichtigen, dass die Anlasstat offenbar Konsequenz ihrer besonderen Lebenssituation im Obdachlosenmilieu war und insofern Ausnahmecharakter hatte. Abgesehen davon, dass auch die Wahrscheinlichkeit weiterer Taten problematisch sein dürfte, wird man deshalb Zweifel haben müssen, dass sich zwischen der bei A festgestellten Schizophrenie und den künftigen Taten ein „symptomatischer Zusammenhang" herstellen lässt.[196]

Die zweite vom Gesetzgeber vorgesehene Einschränkung geht dahin, dass sich aus der Prognose der Schluss ergeben muss, dass der Täter **„für die Allgemeinheit gefährlich ist"**. Die Unterbringung darf daher jedenfalls dann nicht angeordnet werden, wenn die Prognose dahin geht, dass sich der Täter infolge seines Zustands *selbst* erheblichen Schaden zufügen wird, wobei es jedoch in diesen Fällen meist auch an einer zu erwartenden „rechtswidrigen Tat" fehlen dürfte. Ob die Anordnung der Unterbringung nach § 63 StGB darüber hinaus auch dann ausscheidet, wenn sich die prognostizierbaren Taten nur *gegen eine bestimmte Person* richten, wie es etwa bei Familien- oder Partnerschaftskonflikten der Fall ist, ist umstritten. In der Literatur wird die Anwendbarkeit des § 63 StGB zum Teil mit dem Hinweis darauf verneint, dass die Gefahr in diesen Fällen meist auf andere Weise abgewendet werden könne, etwa durch eine nach anderen Rechtsgrundlagen (unten Abschn. 5.3.1.5) angeordnete Unterbringung.[197] Aus Opfersicht kann dies jedoch schwerlich überzeugen. Man wird vielmehr davon ausgehen müssen, dass die Allgemeinheit ein Interesse daran hat, Rechtsgutsträger unabhängig davon zu schützen, in welcher Beziehung sie zu dem Täter stehen, so dass zu erwartende Angriffe auf nahestehende Personen (z. B. Ehefrau oder Kinder) stets auch als „für die Allgemeinheit gefährlich" einzustufen sind.[198]

Die Prüfung der genannten Voraussetzungen bedarf, was an sich selbstverständlich ist, einer umfassenden **„Gesamtwürdigung** des Täters und seiner Tat".[199] Eine schematische Vorgehensweise verbietet sich. Die Prognose darf sich nicht nur auf eine Beurteilung der äußeren Entwicklungsdaten beziehen, sondern muss auch eine Querschnittsbetrachtung der derzeitigen Lebenssituation des Täters einschließlich der Auswirkungen seiner psychischen Krankheit und ihrer Bedeutung für die begangenen und künftigen Taten beinhalten.

5.3.1.2.3 Obligatorische Anordnung

Wenn die formellen und materiellen Voraussetzungen für die Unterbringung nach § 63 StGB vorliegen, ist die Anordnung obligatorisch. Etwaige Überlegungen

---

[196] Vgl. *BGH* NStZ 1991, 528.

[197] NK 2017, *Pollähne*, § 63 Rn. 50.

[198] *BGHSt* 26, 321 (324); *BGH* JR 1996, 290 m. Anm. *Laubenthal*; *BGH* NStZ-RR 2018, 139 (140); LK 2006 ff., *Schöch*, § 63 Rn. 98 f.

[199] Vgl. *BGHSt* 24, 134.

derart, dass der Zweck der Maßregel auch auf andere Weise erreicht werden kann, bspw. durch eine nach zivilrechtlichen Vorschriften angeordnete Unterbringung oder durch eine ambulante Behandlung, können die Anordnung der Maßregel jedoch entbehrlich machen. Voraussetzung hierfür ist allerdings, dass die Alternativen im Wesentlichen die gleiche Sicherheit bieten wie die strafrechtliche Unterbringung nach § 63 StGB und auch hinsichtlich ihrer Behandlungsperspektiven gleichwertig ist.[200]

Beispiel

A bettelt vor einem Supermarkt. Als sie von einer Mitarbeiterin aufgefordert wird, das Gelände zu verlassen, und der Konflikt eskaliert, schlägt A eine mitgeführte gefüllte Bierflasche gegen den Hinterkopf der Mitarbeiterin. A ist bereits zweimal mit Gewaltdelikten in Erscheinung getreten. Sie leidet an einer chronischen paranoid-halluzinatorischen Psychose. Das Gericht spricht A wegen Schuldunfähigkeit vom Vorwurf der gefährlichen Körperverletzung frei. – Das Subsidiarität sprinzip gebietet es, vor der Anordnung der Unterbringung in einem psychiatrischen Krankenhaus zu prüfen, ob die Gefährlichkeit der A durch andere Maßnahmen vertretbar abgemildert werden kann. Hierzu gehört auch die Möglichkeit der Begründung eines Betreuungsverhältnisses nach §§ 1896 ff. BGB (unten Abschn. 5.3.1.5).[201]

5.3.1.3 Verfahrensfragen

Die Unterbringung im psychiatrischen Krankenhaus darf nur vom Landgericht angeordnet werden (§§ 24 Abs. 1 Nr. 2, Abs. 2, 74 Abs. 1 Satz 2 GVG). Da die Beurteilung der Voraussetzungen des § 63 StGB erhebliche Anforderungen an die Kompetenz im Umgang mit medizinischen, psychiatrischen und psychologischen Befunden stellt, muss in der Hauptverhandlung ein **Sachverständiger** vernommen werden, wenn damit zu rechnen ist, dass die Unterbringung angeordnet werden wird (§ 246a Abs. 1 Satz 1 StPO). Dem Sachverständigen muss, möglichst schon im Ermittlungsverfahren, die Gelegenheit zur Vorbereitung des Gutachtens gegeben werden (§§ 80a, 246a Abs. 3 StPO), d. h. ihm muss, was in der Regel durch Aktenüberlassung geschieht, der gesamte den Zustand des Angeklagten und die Behandlungsaussichten betreffende Sachverhalt bekannt gemacht[202] und darüber hinaus auch der Zugang zum Angeklagten selbst eröffnet und die Gelegenheit zur Untersuchung geboten werden. Wenn der Beschuldigte die Mitwirkung verweigert, kann die Untersuchung auch gegen seinen Willen angeordnet werden (§ 81a StPO). Zur Vorbereitung des Gutachtens kann der Beschuldigte für die Dauer von bis zu sechs Wochen in einem psychiatrischen Krankenhaus untergebracht werden (§ 81 StPO).

---

[200] LK 2006 ff., *Schöch*, § 63 Rn. 159 ff, 171; MüKo 2016 ff., *van Gemmeren*, § 63 Rn. 129 ff.; NK 2017, *Pollähne*, § 63 Rn. 77 ff.; S/S 2019, *Kinzig*, § 63 Rn. 22 f.; anders BGH StraFo 2017, 426, wonach die Alternativen erst auf der Vollstreckungsebene (§ 67b StGB) Bedeutung erlangen; differenzierend *BGH* NStZ-RR 2018, 86 (88).

[201] Vgl. *BGH* NStZ-RR 2007, 300 (301).

[202] Vgl. *BGHSt* 27, 166 (167).

Unabhängig von der Unterbringung zur Vorbereitung eines Gutachtens gem. § 81 StPO kann die Maßregel nach § 63 StGB auch schon vor dem rechtskräftigen Abschluss des Verfahrens als vorläufige Maßregel verhängt werden. Zulässig ist die **einstweilige Unterbringung** unter drei Voraussetzungen: Dringende Gründe müssen dafür sprechen, dass der Beschuldigte im Zustand der Schuldunfähigkeit oder der verminderten Schuldfähigkeit eine rechtswidrige Tat begangen hat, dringende Gründe müssen erwarten lassen, dass deswegen die Maßregel nach § 63 StGB angeordnet werden wird, und die öffentliche Sicherheit muss die einstweilige Unterbringung schon vor der endgültigen Entscheidung erfordern (§ 126a Abs. 1 StPO). Wegen der Parallele zur Untersuchungshaft gelten die meisten Vorschriften für den Haftbefehl entsprechend (§ 126a Abs. 2 StPO).[203]

5.3.1.4 Vollstreckung und Vollzug

Die **Rechtsgrundlagen** für die Vollstreckung der Maßregel finden sich in den §§ 67 bis 67h StGB, § 463 StPO, §§ 53 f. StVollstrO (dazu genauer unten Abschn. 5.4). Der Vollzug richtet sich nach §§ 136, 138 StVollzG und den Maßregelvollzugs- bzw. Unterbringungsgesetzen der Länder.[204] Bis zur Föderalismusreform von 2006 stand dem Bundesgesetzgeber die Kompetenz zum Erlass eines Bundesmaßregel- vollzugsgesetzes zu (vgl. Art. 74 Abs. 1 Nr. 1 GG a. F.),[205] die er jedoch nie ausgeübt hat.[206] Soweit die Länder die ihnen nunmehr ausschließlich zustehende Gesetzge- bungskompetenz nicht wahrgenommen haben, gilt das in § 136 StVollzG genannte Behandlungsziel fort (Art. 125a Abs. 1 GG). Weiterhin gelten bundeseinheitlich fort die Vorschriften über die Unpfändbarkeit von Überbrückungsgeld und Beihilfe zu den Kosten für die Heimreise nach der Entlassung sowie über das Rechtsschutz- system (§ 138 Abs. 1 Satz 2, Abs. 3 StVollzG), für die weiterhin der Bund die Ge- setzgebungskompetenz hat. Rechtsschutz steht den Untergebrachten in der gleichen Weise und unter denselben Voraussetzungen zu wie den Strafgefangenen. Wichtigs- ter Rechtsbehelf ist der Antrag auf gerichtliche Entscheidung an die Strafvollstre- ckungskammer (§ 138 Abs. 3, §§ 109, 110 StVollzG).

Vollzogen wird die Maßregel entweder in zentralen **Sondereinrichtungen für den Maßregelvollzug** (z. B. in Haina/Hessen oder in Moringen/Niedersachsen) oder in **allgemein-psychiatrischen Krankenhäusern**. Beide Vollzugsformen ha- ben ihre Vor- und Nachteile. Grundsätzlich spricht nichts dagegen, die nach § 63 StGB Untergebrachten gemeinsam mit den sonstigen Patienten der klinischen Psy- chiatrie zu versorgen; unter dem Gesichtspunkt der „heimatnäheren" Unterbringung erscheint dies möglicherweise sogar als der bessere Weg. Aus der Notwendigkeit, in diesem Fall für die forensischen Patienten Vorkehrungen gegen das Entweichen zu treffen, ergibt sich allerdings in der Praxis auch bei der Versorgung in allgemeinen

---

[203] Zu den vollzugsrechtlichen Grundlagen *Pollähne*, R&P 2011, 140 ff.

[204] Abgedruckt bei *Volckart und Grünebaum* 2015, V. Teil (Anhang); zu den Rechtsgrundlagen auch SBJL 2013, *Jehle*, Vor §§ 136 ff. Rn. 1, 9, § 138 Rn. 8.

[205] *BVerfGE* 85, 134 (142); *Müller-Dietz* NStZ 1983, 205.

[206] Zu den früheren Bemühungen vgl. BT-Drucks. 8/2565, 216 ff.

Krankenhäusern regelmäßig eine getrennte Unterbringung in besonderen Stationen oder Abteilungen. Bedacht werden muss darüber hinaus, dass wohl nur die zentralen Maßregelvollzugskrankenhäuser die Größe aufweisen, die für eine sachgerechte Differenzierung der Patienten und Spezialisierung der Behandlungsansätze erforderlich ist.[207] Da die Durchführung des Maßregelvollzugs zum Kernbereich hoheitlicher Tätigkeit gehört und damit dem Funktionsvorbehalt des Art. 33 Abs. 4 GG unterfällt, sind der Privatisierung der betreffenden Einrichtungen Grenzen gesetzt.[208]

Auch wenn sich aus dem Wesen der Unterbringung als einer freiheitsentziehenden Maßregel für den Täter erhebliche Einschränkungen ergeben, besteht das **Ziel der Unterbringung** allein in der Behandlung und Besserung des Zustands, der zu der Unterbringung geführt hat. Aus dem Rechtsstaatsprinzip ebenso wie aus dem verfassungsrechtlich verbürgten Freiheitsanspruch des Einzelnen folgt, dass alles getan werden muss, um den Zustand, der die Unterbringung rechtfertigt, zu beseitigen und dem Täter die Wiedererlangung der Freiheit und die Wiedereingliederung zu ermöglichen. Da es sich bei den Untergebrachten i. d. R. um psychisch kranke Personen handelt, muss sich die Behandlung im Maßregelvollzug nach ärztlichen Gesichtspunkten richten (§ 136 Satz 1 StVollzG), wobei an psychotherapeutische Behandlungsmethoden, aber auch an die Behandlung mit Psychopharmaka zu denken ist.[209] Das Ziel ist die Heilung der Krankheit; soweit dies nicht möglich ist, soll der Zustand des Untergebrachten zumindest soweit gebessert werden, dass er nicht mehr gefährlich ist (§ 136 Satz 2 StVollzG).[210] Je nach Zustand wird dem Untergebrachten die nötige Aufsicht, Betreuung und Pflege zuteil (§ 136 Satz 3 StVollzG). Mit zunehmender Verweildauer im Maßregelvollzug besteht die Gefahr, dass der Zustand, der zu der Unterbringung geführt hat, durch Hospitalisierungsdefekte überlagert wird. Der Maßregelvollzug muss sich deshalb in der gleichen Weise wie der Strafvollzug (vgl. § 3 StVollzG und die Vollzugsgesetze der Länder) auch an der Vorgabe orientieren, dass der Aufenthalt im Krankenhaus den allgemeinen Lebensverhältnissen soweit wie möglich anzugleichen und den schädlichen Folgen des Freiheitsentzugs mit geeigneten Mitteln entgegenzuwirken ist.[211]

Mit der Konkretisierung dieser allgemeinen Grundsätze können sich im Einzelfall vielfältige Probleme verbinden. Ein in der letzten Zeit viel diskutiertes Problem tritt im Zusammenhang mit der Frage nach Umfang und Grenzen ärztlicher **Zwangsbehandlung** auf: Kann der Untergebrachte ggf. auch gegen seinen Willen bspw. mit Psychopharmaka behandelt werden, wenn dies aus ärztlicher Sicht zur Heilung angezeigt ist, der Untergebrachte die Behandlung aber mit Blick auf die zu erwartenden Nebenwirkungen ablehnt? Mit der Zwangsbehandlung wird in das Grundrecht auf körperliche Unversehrtheit (Art. 2 Abs. 2 Satz 1 GG) eingegriffen. Zulässig ist

---

[207] *Nedopil und Müller-Isberner* MschrKrim 1995, 236 ff.

[208] *BVerfGE* 130, 76 (110 ff.); *Grünebaum* R&P 2012, 121 ff.; *Pollähne* 2008, 139 ff.; zur Situation in Niedersachsen: *Jehle* 2010, 96 ff.

[209] Vgl. *Leygraf* 1988, 163 ff.; *Leygraf* 2006, 198 ff., 211 ff.; *Müller-Isberner et al.* 2015, 374 ff.

[210] Zum Umgang mit der kleinen Gruppe „untherapierbarer" Straftäter vgl. *Braasch* 2006.

[211] *Volckart und Grünebaum* 2015, III. Teil Rn. 54; *Laubenthal* 2015, Rn. 905.

ein solcher Eingriff nach mehreren Entscheidungen des *BVerfG* nur dann, wenn der Untergebrachte zu einer eigenverantwortlichen Beurteilung der Maßnahme deshalb nicht in der Lage ist, weil ihm krankheitsbedingt die Einsicht in die Schwere seiner Krankheit und deren Behandlungsbedürftigkeit fehlt; im Übrigen darf sich die Anstaltsleitung nicht über seinen Willen hinwegsetzen. Die Behandlungsmaßnahme muss darauf abzielen, die tatsächlichen Voraussetzungen für die freie Selbstbestimmung des Untergebrachten wiederherzustellen. Sie bedarf einer gesetzlichen Grundlage in den Unterbringungs- und Maßregelvollzugsgesetzen der Länder, und sie darf nur dann erfolgen, wenn mildere Mittel keinen Erfolg versprechen. Die Zwangsbehandlung setzt voraus, dass ihr der ernsthafte, mit dem nötigen Zeitaufwand und ohne Ausübung unzulässigen Drucks unternommene Versuch vorausgegangen ist, eine auf Vertrauen gegründete Zustimmung des Untergebrachten zu erreichen. Das *BVerfG* fordert darüber hinaus besondere verfahrensmäßige Sicherungen; vor allem muss gewährleistet sein, dass der Untergebrachte vor Durchführung der Maßnahme Rechtsschutz erlangen kann, sofern es sich nicht um einen akuten Notfall handelt.[212] Die Länder haben ihre Unterbringungs- und Maßregelvollzugsgesetze inzwischen entsprechend angepasst.

Ein zweites Problemfeld tritt im Zusammenhang mit der Gewährung von **Vollzugslockerungen** auf, die ähnlich wie im Strafvollzug auch im Maßregelvollzug möglich und zur Erprobung von Behandlungserfolgen ebenso wie zur Verbesserung der Wiedereingliederungschancen nach der Entlassung sinnvoll und notwendig sind. Auch insoweit finden sich die einschlägigen Rechtsgrundlagen in den Unterbringungs- und Maßregelvollzugsgesetzen der Länder. Maßgeblich ist danach vor allem die Prognose, dass sich der Täter nicht dem weiteren Vollzug entziehen und keine rechtswidrigen Taten begehen wird. Die Prognose ist im Einzelfall nur schwer zu treffen; die zu erwartende Reaktion in der (Medien-) Öffentlichkeit, wenn es im Zusammenhang mit einer Vollzugslockerung zu einer erneuten Straftat kommt, stellt eine zusätzliche Belastung dar. Es besteht deshalb die Gefahr, dass die Entscheidung – nicht zuletzt wegen der dem Krankenhauspersonal selbst drohenden Strafbarkeitsrisiken – im Zweifel eher zugunsten des Sicherheitsinteresses der Allgemeinheit als zugunsten der Erprobungs- und Wiedereingliederungsinteressen des Untergebrachten ausfällt, was dem Sinn und Zweck der Vollzugslockerungen sicherlich zuwiderläuft.[213]

Ein drittes Problemfeld schließlich betrifft die Beendigung der Unterbringung und die **Wiedereingliederung** des Täters. Die erfolgreiche Bewältigung dieser schwierigen Phase setzt voraus, dass die Entlassung gründlich vorbereitet und durch ein festes Netz der Nachsorge abgesichert wird.[214] Geklärt werden müssen dabei nicht nur die Fragen von Wohnung, Arbeit und Sozialleistungen; vielmehr kommt es in vielen Fällen auch darauf an, die psychiatrische Betreuung ambulant fortzu-

---

[212] *BVerfGE* 128, 282 (300 ff.); 129, 269 (280 ff.); *BVerfG* NJW 2013, 2337 (2338 ff.); *OLG Celle* StV 2012, 104; *LG Potsdam* R&P 2013, 113 m. Anm. *Kammeier*; *Marschner* R&P 2011, 160 ff.; *Finzen* R&P 2013, 71 ff.; *Henking* und *Mittag* JR 2013, 341 ff.

[213] Vgl. *Royen* StV 2008, 606 ff.; *Volckart* und *Grünebaum* 2015, III. Teil Rn. 298 ff.

[214] *Volckart* und *Grünebaum* 2015, IV. Teil Rn. 11 ff.; grundlegend *Egg* 2004.

setzen und dem Entlassenen in Krisensituationen Hilfe und Unterstützung zukommen zu lassen. Wird die weitere Vollstreckung der Maßregel zur Bewährung ausgesetzt, so tritt zur Kontrolle des Täters, aber auch zu seiner Unterstützung bei der Wiedereingliederung kraft Gesetzes Führungsaufsicht ein (§ 67d Abs. 2 Satz 2 StGB); zur weiteren Absicherung können dem Täter von der Strafvollstreckungskammer Weisungen erteilt werden (§ 68b StGB; zu weiteren Einzelheiten oben Abschn. 5.2.2). Darüber hinaus besteht die Möglichkeit, die Maßregel bei einer vorübergehenden Verschlechterung seines Zustandes befristet wieder in Vollzug zu setzen (§ 67h StGB; oben Abschn. 5.2.2.3.2). Die psychiatrische Betreuung kann durch Institutsambulanzen an allgemeinpsychiatrischen Kliniken oder durch psychotherapeutische Kontaktstellen sichergestellt werden. Nur in Ausnahmefällen, etwa bei chronisch Kranken oder bei Alterskranken, ist es denkbar, die Unterbringung nach § 63 StGB aufzuheben und den Täter auf einer anderen Rechtsgrundlage (insbesondere § 1906 BGB) in einer psychiatrischen Einrichtung unterzubringen.

5.3.1.5 Abgrenzung zu anderen Formen der Unterbringung

Die Unterbringung von psychisch kranken Straftätern nach § 63 StGB muss unterschieden werden von zwei anderen, nichtstrafrechtlichen Formen der Unterbringung. Personen, die an einer psychischen Krankheit, Störung oder Behinderung leiden, können auch dann, wenn sie keine rechtswidrige Tat begangen haben, gegen ihren Willen in geschlossenen Abteilungen von Krankenhäusern untergebracht werden, wenn infolge ihrer Krankheit die *Gefahr* besteht, dass sie *entweder sich selbst oder die Rechtsgüter anderer schädigen*. Die Rechtsgrundlagen für diese Form der **polizeirechtlichen motivierten Unterbringung** finden sich in den Landesgesetzen über Hilfen für psychisch Kranke (PsychKG) oder – dort zusammen mit den Vollzugsregelungen über die Unterbringung nach § 63 StGB – in den Unterbringungsgesetzen der Länder. Zuständig für die Anordnung sind die Betreuungsgerichte beim Amtsgericht (§ 23c GVG i. V. m. § 312 Nr. 3 FamFG; zum Richtervorbehalt vgl. Art. 104 Abs. 2 Satz 1 GG).

Personen, die an einer psychischen Krankheit oder Behinderung leiden, können ferner auch dann, wenn sie weder eine rechtswidrige Tat begangen haben noch für die Allgemeinheit gefährlich sind, in ihrem eigenen wohlverstandenen Interesse geschlossen untergebracht werden. Die Unterbringung erfolgt in diesem Fall durch den rechtlichen Betreuer; sie bedarf der Genehmigung des Betreuungsgerichts (§ 1906 Abs. 1 und 2 BGB, § 23c GVG i. V. m. § 312 Nr. 1 FamFG). Voraussetzung für diese **zivilrechtliche Form der Unterbringung** ist, dass die Unterbringung erforderlich ist, um die *Gefahr* abzuwenden, dass der Betroffene *sich selbst tötet* oder sich einen *erheblichen gesundheitlichen Schaden* zufügt, oder dass sie erforderlich ist, um eine ärztliche Untersuchung, eine Heilbehandlung oder einen Eingriff durchzuführen.

Zwischen den drei Formen der Unterbringung bestehen vielfältige Überschneidungen, die im Einzelfall zu schwierigen Abgrenzungsproblemen führen können. Wegen der Einzelheiten wird auf die Spezialliteratur verwiesen.[215]

---

[215]Vgl. *Marschner et al.* 2010, Teil C Rn. 61 f.

5.3.1.6   Kriminologische Aspekte

5.3.1.6.1   Anordnungs- und Unterbringungshäufigkeit

Die Maßregel nach § 63 StGB wurde 2017 gegen 804 Personen angeordnet (vgl. Tab. 5.1), davon in 631 Fällen (78,9 %) gegen schuldunfähige und in 163 Fällen (20,3 %) gegen vermindert schuldfähige Personen. Die Anordnung erfolgte vor allem im Zusammenhang mit Körperverletzungs-, Tötungs- und Sexualdelikten; in mehr als zwei Dritteln der Fälle (68,7 %) lässt sich die Anlasstat einem dieser drei Deliktsbereiche zuordnen.[216] Der Anteil der Verfahren, in denen die Vollstreckung der Maßregel mit der Anordnung zur Bewährung ausgesetzt wurde (§ 67b StGB), lässt sich der Strafverfolgungsstatistik nicht entnehmen.[217]

Da die Maßregelvollstreckung zeitlich nicht befristet ist (vgl. allerdings § 67d Abs. 6 Satz 2 und 3 StGB), liegt die Zahl der in psychiatrischen Kliniken Untergebrachten deutlich über der Zahl der Anordnungen. Genaue Zahlen liegen für das Bundesgebiet allerdings nicht vor. Feststellen lässt sich lediglich, dass sich am Stichtag 31.03.2016 in den alten Bundesländern ohne Rheinland-Pfalz, aber mit Mecklenburg-Vorpommern (also in einem deutlich kleineren Bezugsgebiet als bei den Anordnungszahlen) 6081 Personen im Maßregelvollzug gem. § 63 StGB befanden; der Anteil der untergebrachten Frauen lag bei 8,3 %.[218] Seit dem Anfang der 1990er-Jahre sind die Zahlen für die im psychiatrischen Maßregelvollzug Untergebrachten zumindest bis zum Jahr 2012 deutlich angestiegen; seither scheinen die Zahlen zurückzugehen, sind aber seit 2015 mit den früheren Jahren nur noch eingeschränkt vergleichbar (Abb. 5.2). Maßgeblich für den Anstieg dürften unterschiedliche Gründe gewesen sein. Zum Teil scheint sich die Anordnungspraxis der Gerichte verändert zu haben: Heute wird bei vorsätzlichen Tötungsdelikten und gemeingefährlichen Straftaten ein größerer Anteil der Abgeurteilten in den psychiatrischen Kliniken untergebracht als in früheren Jahren. Bei Sexual-, Raub- und vorsätzlichen Körperverletzungsdelikten dürfte der Anstieg hingegen darauf zurückzuführen sein, dass sich die absolute Zahl der Aburteilungen erhöht hat; heute werden wegen dieser Delikte mehr Personen abgeurteilt als früher, während der Anteil der Untergebrachten in etwa gleich geblieben ist.[219] Zum Teil und vor allem scheint der Anstieg der Patientenzahlen aber auch die Folge einer längeren Verweildauer im Maßregelvollzug zu sein; insbesondere wenn die psychiatrische Diagnose eine Persönlichkeitsstörung ist, sind die Vollstreckungskammern mit der Aussetzung oder Erledigung der Maßregel vorsichtiger geworden.

---

[216] Statistisches Bundesamt, Strafverfolgung 2017, Tab. 5.1, 5.5 bis 5.7

[217] Vertiefende statistische Analysen zur Anordnungspraxis bei *Heinz* R&P 2011, 63 ff.; *Dessecker* Soziale Probleme 2013b, 67 ff.

[218] Statistisches Bundesamt, Zusammenstellung von Länderlieferungen zum Maßregelvollzug im Auftrag des BMJV zum Stichtag 31.03.2016, Tab. 2.

[219] *Heinz* R&P 2011, 65 ff.; *Dessecker* Soziale Probleme 2013b, 70 ff.

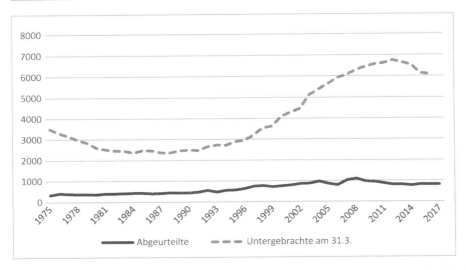

Abb. 5.2 Entwicklung der Unterbringung im Psychiatrischen Krankenhaus. (Quellen: Statistisches Bundesamt, Strafverfolgung, zuletzt Tab. 5.1; Strafvollzug – Demographische und kriminologische Merkmale der Strafgefangenen zum Stichtag 31.3., Tab. 6; seit 2015 Zusammenstellung von Länderlieferungen im Auftrag des BMJV, alte Bundesländer einschl. Mecklenburg-Vorpommern, ohne Rheinland-Pfalz)

5.3.1.6.2 Anordnungs- und Unterbringungspraxis

Um Erkenntnisse zu erhalten, die über diese Basisdaten hinausgehen, muss auf kriminologische Einzeluntersuchungen zurückgegriffen werden. Besondere Berücksichtigung verdienen hier nach wie vor zwei Untersuchungen aus den 1980er Jahren, die weder regional noch auf einzelne Problemgruppen beschränkt waren, sondern die Unterbringungspraxis in ihrer Gesamtheit beleuchteten: eine bundesweite Auswertung von Patientenakten durch *Leygraf* sowie ein von der Kriminologischen Zentralstelle (KrimZ) durchgeführtes Forschungsprojekt. Als Beispiel für eine aktuellere, wenn auch regional und von der Stichprobenbildung her begrenzte Untersuchung kann eine Studie von *Bezzel* aus dem bayerischen Maßregelvollzug herangezogen werden.

> *Leygraf* führte seine Untersuchung in dem Zeitraum 01.06.1984 bis 31.05.1986 durch. Er konnte 2042 Patientenakten auswerten und erfasste damit 86,5 % der in diesem Zeitraum nach § 63 StGB Untergebrachten. – Die KrimZ erfasste eine anhand der Bundeszentralregisterdaten ermittelte Auswahl derjenigen Täter, bei denen 1980 und 1986 die Unterbringung nach § 63 StGB angeordnet worden war. Ausgewertet wurden 154 (1980) bzw. 184 Fälle (1986); die Daten sind für die alten Bundesländer repräsentativ. – *Bezzels* Untersuchung bezog sich auf die Patienten in der Fachklinik für Forensische Psychiatrie und Psychotherapie in Regensburg, in der für sämtliche nach §§ 63 und 64 StGB Untergebrachten aus dem Raum Oberpfalz der Maßregelvollzug stattfindet. Einbezogen wurden sämtliche Patienten, die zwischen 2001 und 2006 aus der Klinik entlassen worden waren und die zur Mitwirkung bereit waren. Insgesamt handelte es sich um 72 Personen.

Die Untersuchungen zeigen, dass diejenigen, bei denen die Maßregel der Unterbringung in einem psychiatrischen Krankenhaus angeordnet wird, bereits deutliche

Vorauffälligkeiten aufweisen. *Leygraf* ermittelte, dass bei 61,3 % der Untergebrachten bereits eine oder mehrere psychiatrische Behandlungen vorausgegangen waren; die KrimZ ermittelte insoweit sogar noch einen deutlich höheren Prozent-Satz (1980: 76,0 %; 1986: 79,2 %). In *Bezzels* Untersuchung waren vier von fünf Untergebrachten (80,0 %) schon vor der Unterbringung psychiatrisch behandelt worden, die meisten von ihnen bereits mehrfach. Drei von fünf Untergebrachten (*Leygraf*: 64,2 %; KrimZ: 64,5 % bzw. 59,8 %), in der bayerischen Untersuchung sogar drei von vier Untergebrachten (78,6 %) sind darüber hinaus vor der Bezugsentscheidung schon mindestens einmal strafrechtlich verurteilt worden, ein nicht unerheblicher Teil bereits zu einer Freiheitsstrafe ohne Bewährung.[220]

Unter den aktuellen **psychiatrischen Diagnosen**, auf die die Unterbringungsanordnung gestützt wird, dominiert in der Untersuchung von *Leygraf* die Persönlichkeitsstörung (18,4 % der Erstdiagnosen, 33,2 % der Zweitdiagnosen). Ihr folgen die Oligophrenie (28,9 % bzw. 16,0 %), die schizophrene Psychose (35,4 % bzw. 0,8 %) und die hirnorganische Störung (6,6 % bzw. 29,2 %). Ähnlich ist das Bild in der Untersuchung der KrimZ. Hier dominieren die schizophrenen Psychosen (1980: 33,1 %; 1986: 43,5 %). Mit besonderer Häufigkeit treten aber auch hier die Diagnosen Persönlichkeitsstörung (29,2 % bzw. 31,5 %), intellektuelle Minderbegabung (31,2 % bzw. 20,1 %) sowie hirnorganische Störung (18,8 % bzw. 20,1 %) auf. Die Aussagekraft dieser Befunde darf allerdings nicht überschätzt werden. In nicht wenigen Fällen muss die Einweisungsdiagnose im Verlauf der Unterbringung geändert werden. In der der aktuelleren bayerischen Untersuchung stehen Persönlichkeits- und Verhaltensstörungen (31.0 % aller Diagnosen) sowie die Psychosen aus dem schizophrenen Formenkreis (20,9 %) im Vordergrund.[221]

Angaben zum **Vollstreckungsverlauf** sowie zur Legalbewährung lassen sich lediglich der von der KrimZ durchgeführten Untersuchung entnehmen. In etwa zwei Drittel der Fälle (65,0 % bzw. 63,6 %) wird danach von den Gerichten die Anordnung der Unterbringung nach § 63 StGB isoliert ausgesprochen, in etwa einem Drittel der Fälle wird, was im Zusammenhang mit der Annahme verminderter Schuldfähigkeit (§ 21 StGB) möglich ist, zusätzlich zur Unterbringung eine Freiheitsstrafe verhängt. Die Vollstreckung der Unterbringung wird in etwa jedem vierten bis fünften Fall (19,5 % bzw. 24,4 %) gem. § 67b StGB sofort zur Bewährung ausgesetzt.[222] Sofern die Maßregel vollzogen wird, beträgt die Unterbringungsdauer in der Stichprobe von 1980 im Durchschnitt (Median) 4,3 Jahre.[223] Eine aktuellere Erhebung der KrimZ, die auf der Auswertung sämtlicher Fälle beruht, in denen die Unterbringung in einem psychiatrischen Krankenhaus 2006 beendet wurde (*n* = 478), zeigt, dass sich die Unterbringungsdauer auf im Durchschnitt (Median) 5,5 Jahre erhöht hat.[224]

---

[220] *Leygraf* 1988, 54 ff., 75 ff.; *Dessecker* 1997, 52 ff., 56 ff.; *Bezzel* 2008, 146 f., 154.

[221] *Leygraf* 1988, 46 f.; *Dessecker* 1997, 54 ff.; *Bezzel* 2008, 143 ff.

[222] *Dessecker* 1997, 82 f., 89 ff.

[223] *Dessecker* 1997, 120 ff.; vgl. zur Unterbringungsdauer auch *Leygraf* 1988, 109 f., der aufgrund der Anlage seiner Untersuchung jedoch nur nach der Dauer der bisherigen Unterbringung fragen konnte und insoweit einen Median von Z = 3,8 Jahre ermittelte.

[224] *Dessecker* 2008, 29, 34 f.

Wieder etwas geringere Werte werden in der Untersuchung von *Bezzel* angegeben. Bei regulären Entlassungen, bei denen die Unterbringung nicht infolge
von Entweichung oder Verlegung, sondern aufgrund bedingter Entlassung endet,
beträgt die Therapiedauer hier im Durchschnitt 1663 Tage, der Median liegt bei
1495 Tagen (etwa 4 Jahre 1 Monat). Bei Gewalttätern liegt die mittlere Unterbringungsdauer im Schnitt etwas höher als bei Sexualtätern (Median: 1503 gegenüber 1271 Tage). Zu berücksichtigen ist bei der Interpretation der Zahlen allerdings, dass in *Bezzels* Untersuchung nahezu ausschließlich solche Probanden
entlassen wurden, bei denen sich mit Blick auf das Krankheits- bzw. Störungs-
bild, das Sozialverhalten und eine etwaige Suchtproblematik eine Besserung erkennen ließ. Probanden mit schwierigen Therapieverläufen verblieben in der
Einrichtung oder wurden verlegt, wurden aber jedenfalls nicht für die bedingte
Entlassung vorgeschlagen.[225] Die Ergebnisse sind daher nicht ohne Weiteres mit
den zuvor genannten Befunden vergleichbar; im Allgemeinen ist davon auszugehen, dass sich die durchschnittliche Unterbringungsdauer gegenüber früheren
Jahren verlängert hat.

Die **Rückfallquoten** nach Entlassung aus dem Maßregelvollzug liegen deutlich günstiger als die Rückfallquoten nach Entlassung aus dem Strafvollzug. Von
den Entlassenen sind in der KrimZ-Untersuchung von 1997 nach zwei Jahren
17,0 % und nach fünf Jahren 36,2 % erneut wegen einer Straftat aufgefallen.
Stellt man nicht auf erneute Eintragungen im Bundeszentralregister ab, sondern
auf den Widerruf der Bewährung, zeigt sich, dass die sofortige Aussetzung nach
§ 67b StGB in ca. 30 % der Fälle und die nachträgliche Aussetzung gem. § 67d
Abs. 2 StGB in ca. 17 % der Fälle widerrufen werden muss.[226] In jüngerer Zeit
scheinen die Rückfallquoten noch weiter gesunken zu sein. *Seifert et al.* ermittelten für einen Beobachtungszeitraum von mehr als 16 Jahren eine Rückfallquote
von 35,2 %; die Rückfalltaten wurden dabei vor allem in den ersten drei Jahren
nach der Entlassung aus dem Maßregelvollzug sowie direkt nach dem Ende der
Führungsaufsicht begangen.[227] Die allgemeine Rückfallstatistik, die auf der Auswertung des Bundeszentralregisters beruht, weist ähnlich günstige Werte aus: Von
den 2010 Entlassenen wurden danach innerhalb eines Dreijahreszeitraums lediglich 5,1 % erneut verurteilt, wenn die Maßregel nach § 63 StGB isoliert angeordnet worden war; war sie parallel zu einer Freiheitsstrafe angeordnet worden, lag
die Rückfallquote bei 14,1 %.[228] Eine eindeutige Interpretation lassen diese Zahlen dabei nicht zu. Sie können sowohl als Hinweis auf eine erfolgreiche Behandlung im Vollzug als auch als Hinweis darauf verstanden werden, dass die Entlassung aus dem Maßregelvollzug heute nur noch unter besonders restriktiven
Voraussetzungen erfolgt.

---

[225] *Bezzel* 2008, 162 ff., 168 ff.

[226] *Dessecker* 1997, 131 ff.

[227] *Seifert et al.* FPPK 2018, 139 ff.; Überblick über die Ergebnisse weiterer Untersuchungen dort
(S. 141) sowie bei *Dessecker* Soziale Probleme 2013b, 76 ff.

[228] *Jehle et al.* 2016, 80 f.

5.3.2 Unterbringung in einer Entziehungsanstalt

5.3.2.1 Kriminalpolitische Zielsetzung

Die Unterbringung in einer Entziehungsanstalt nach § 64 StGB dient dem Schutz der Allgemeinheit vor gefährlichen suchtmittelabhängigen Tätern. Untergebracht werden können solche Täter, die den Hang haben, Alkohol oder andere berauschende Mittel im Übermaß zu sich zu nehmen, und bei denen die Gefahr besteht, dass sie infolge dieses Hang s weitere erhebliche Taten begehen werden. Einschränkend gilt, dass die Unterbringung nur dann angeordnet werden darf, wenn die hinreichend konkrete Aussicht besteht, dass der Täter in der Entziehungsanstalt erfolgreich behandelt werden kann. Anders als die Unterbringung im psychiatrischen Krankenhaus verfolgt die Unterbringung in der Entziehungsanstalt damit schon auf der Anordnungsebene eine **doppelte Zielsetzung**: Sie will sowohl durch sichere Unterbringung die Allgemeinheit vor dem gefährlichen, suchtmittelabhängigen Täter schützen als auch den Täter dadurch bessern, dass sie ihm in der Anstalt eine die Alkohol- oder Drogenabhängigkeit beseitigende oder zumindest reduzierende Behandlung zukommen lässt.[229] Ist der Täter zwar für die Allgemeinheit gefährlich, aber nicht behandlungsfähig, bspw. weil sich seine Suchthaltung nach mehreren erfolglosen Entziehungskuren so weit verfestigt hat, dass er als „therapieresistent" angesehen werden muss, darf die Maßregel nach § 64 StGB wegen des nicht mehr erreichbaren zweiten Maßregelzwecks nicht angeordnet werden. In Betracht kommt in diesem Fall nur die Vollstreckung des Strafvollzugs (ggf. mit der Möglichkeit, von dort aus die Verlegung in ein Vollzugskrankenhaus zu betreiben, vgl. § 65 StVollzG und die Strafvollzugsgesetze der Länder) oder (wenn die Abhängigkeit auf einem psychischen Defekt beruht) die Unterbringung in einem psychiatrischen Krankenhaus nach § 63 StGB. Diese doppelte, sowohl auf Sicherung als auch auf Besserung abzielende Zwecksetzung der Unterbringung in der Entziehungsanstalt, die schon bisher in der Regelungsstruktur des § 64 StGB a. F. angelegt war (Abs. 2), ist durch eine 1994 ergangene Entscheidung des *BVerfG* noch einmal unterstrichen worden.[230] Der Gesetzgeber reagierte auf die Entscheidung mit der Einführung des § 64 Satz 2 StGB, wodurch die Anordnung der Maßregel nunmehr unter dem Vorbehalt steht, dass eine hinreichend konkrete Aussicht auf einen Behandlungserfolg vorliegen muss.

5.3.2.2 Anordnungsvoraussetzungen

5.3.2.2.1 Suchtmittelabhängigkeit

Die Anordnung der Maßregel setzt zunächst voraus, dass der Täter den Hang hat, alkoholische Getränke oder andere berauschende Mittel im Übermaß zu sich zu

---

[229] LK 2006 ff., *Schöch*, § 64 Rn. 1 ff.; vgl. auch MüKo 2016 ff., *van Gemmeren*, § 64 Rn. 1 (primär Sicherungszweck); S/S 2019, *Kinzig*, § 64 Rn. 1; NK 2017, *Pollähne*, § 64 Rn. 26 (primär Besserungszweck).

[230] *BVerfGE* 91, 1 (27 f.).

nehmen (§ 64 Satz 1 StGB). Bei den Begriffen, die der Gesetzgeber zur Kennzeichnung des Anknüpfungspunkts für die Maßregelanordnung gewählt hat, handelt es sich um juristische Begriffe („Hang", „Übermaß"), die in der klinischen Terminologie keine Entsprechung haben. In der Praxis kann es daher bei der Prüfung der Voraussetzungen zwischen Juristen und medizinischen Sachverständigen zu Verständigungsschwierigkeiten kommen.

Der Begriff des „**Hangs**" bedeutet nach einer gebräuchlichen juristischen Definition die eingewurzelte, aufgrund psychischer Disposition oder durch Übung erworbene intensive Neigung, immer wieder Alkohol oder andere Rauschmittel im Übermaß zu sich zu nehmen.[231] Sachlich ist der Begriff des „Hangs" gleichbedeutend mit dem der Sucht bzw. *Abhängigkeit*.[232] Maßgeblich ist, dass – unabhängig von der Art des Suchtmittels – eine zunehmende innere Besetzung mit dem süchtigen Verhalten eintritt.[233] Kennzeichen ist das nur noch eingeschränkt kontrollierbare Verlangen nach dem Rauschmittel, um Unlustgefühle oder Missbehagen zu vermeiden und die psychischen Wirkungen des Mittels eintreten zu lassen.[234] Für die Anordnung der Unterbringung in der Entziehungsanstalt genügt die psychische Abhängigkeit; eine physische Abhängigkeit, von der man dann spricht, wenn das Absetzen der Substanz zu körperlichen Entzugserscheinungen führt (zittern, frieren, schwitzen etc.), ist nicht erforderlich.[235]

Beispiel

Der 36jährige A soll wegen mehrerer schwerer Delikte verurteilt werden. In der Hauptverhandlung wird festgestellt, dass A bereits im Alter von 15 Jahren Kontakt zu Drogen hatte und zunächst Haschisch rauchte. In der Folgezeit sammelte er Erfahrungen auch mit anderen Drogen, konsumierte jedoch in erster Linie weiterhin Haschisch. Sein täglicher Konsum steigerte sich auf 7 bis 8 g und erreichte in Spitzenzeiten 15 g Haschisch. Auch vor und während der Taten, die ihm jetzt zu Last gelegt werden, rauchte A Haschisch. – Das Gericht muss prüfen, ob eine Unterbringung nach § 64 StGB in Betracht kommt. Dass langandauernder Haschischkonsum zu körperlicher Abhängigkeit führt, ist wissenschaftlich nicht erwiesen. Für die Annahme eines „Hangs" kommt es hierauf jedoch nicht an; vielmehr genügt es, wenn feststeht, dass A von Haschisch *psychisch* abhängig ist. Von psychischer Abhängigkeit kann bereits dann gesprochen werden, wenn der Entzug des Mittels innere Unruhe, Angst oder depressive Verstimmungen auslöst.[236]

---

[231] *BGH* NStZ-RR 2006, 103; 2008, 198 (199); 2011, 242; 2018, 105.

[232] MüKo 2016 ff., *van Gemmeren*, § 64 Rn. 23; LK 2006 ff., *Schöch*, § 64 Rn. 45 f., 56 ff.

[233] *Rasch* R&P 1991, 110.

[234] *Nedopil* 2017, 138 ff.; *Schreiber und Rosenau* 2015, 121.

[235] *BGH* StV 1994, 76 (77); NStZ 1998, 407; StV 2008, 405 (406); MüKo 2016 ff., *van Gemmeren* § 64 Rn. 26.

[236] *BGH* StV 1994, 76 m. krit. Anm. *Gebhardt*; zu den Indikatoren für physische und psychische Abhängigkeit vgl. auch *Nedopil* 2017, 139 f.

Der Hang muss dahin gehen, die Rauschmittel „**im Übermaß**" zu konsumieren. Eine eigenständige Bedeutung kommt diesem Merkmal nicht zu. Gemeint ist, dass der hangbedingte Konsum das Maß desjenigen übersteigen muss, was der Täter körperlich vertragen kann.[237] Die Grenze kann nicht allein medizinisch bestimmt werden, sondern beinhaltet auch eine sozial-normative Komponente: Aus dem Anwendungsbereich der Vorschrift sollen vor allem diejenigen Täter ausgeschlossen werden, deren Rauschmittelkonsum sich im Bereich des sozial Erträglichen bewegt (z. B. Täter, die täglich beim Essen einen Schoppen Wein trinken und einmal im Rausch eine rechtswidrige Tat begehen).[238] Die Grenze zum „Übermaß" ist nach h. M. dann überschritten, wenn infolge des häufigen Rauschmittelkonsums die Gesundheit geschädigt oder die Arbeits- und Leistungsfähigkeit herabgesetzt wird.[239]

Die Anordnung nach § 64 StGB kann umgekehrt nicht allein darauf gestützt werden, dass der Täter Rauschmittel „im Übermaß" zu sich nimmt, wenn und solange nicht feststeht, dass der übermäßige Konsum auf einen entsprechenden „Hang" zurückgeht. Der bloße „*Missbrauch*" eines Rauschmittels – also der einmalige, mehrmalige oder sogar ständige Gebrauch eines Rauschmittels ohne ärztliche Indikation und/oder in übermäßiger Dosierung (z. B. der übermäßige Alkoholkonsum auf einer Party) – berechtigt für sich genommen nicht dazu, die Unterbringung in der Entziehungsanstalt anzuordnen. Die Abgrenzung zwischen „Missbrauch" und „Abhängigkeit" ist dabei nicht ganz trennscharf. Aus medizinischer Sicht gehen die beiden Erscheinungsformen des Rauschmittelkonsums ineinander über; der „Missbrauch" weist häufig auf eine entsprechende Suchtproblematik hin und kann damit eine Vorstufe der „Abhängigkeit" darstellen, die in bestimmten, eng begrenzten Fällen bereits zur Anordnung nach § 64 StGB berechtigen kann.[240]

Der Hang muss sich darauf beziehen, „**alkoholische Getränke oder andere berauschende Mittel**" zu konsumieren. Der Begriff des „anderen Mittels" ist weit zu verstehen. Er erfasst alle festen, flüssigen oder gasförmigen Substanzen, die in ähnlicher Weise wie Alkohol eine berauschende Wirkung haben können. Hierzu gehören vor allem die im BtMG Anlage I bis III aufgeführten Stoffe und Zubereitungen (z. B. Heroin, Kokain, Marihuana, Haschisch), aber auch in Lösungs-, Klebe- oder Reinigungsmitteln enthaltene „Schnüffelstoffe" sowie bestimmte Arznei- und Aufputschmittel.[241] Ein Hang, der sich auf nicht stoffgebundene Süchte bezieht (z. B. Spielsucht), wird von § 64 StGB nicht erfasst.[242]

---

[237] *BGHSt* 3, 339 (340).

[238] LK 2006 ff., *Schöch*, § 64 Rn. 47; NK 2017, *Pollähne*, § 64 Rn. 45.

[239] *BGHSt* 3, 339 (341); *BGH* StV 2008, 405 (406); LK 2006 ff., *Schöch*, § 64 Rn. 51; S/S 2019, *Kinzig*, § 64 Rn. 6.

[240] LK 2006 ff., *Schöch*, § 64 Rn. 59 f.; *Schreiber und Rosenau* 2015, 121.

[241] MüKo 2016 ff., *van Gemmeren* § 64 Rn. 18 f.; LK 2006 ff., *Schöch*, § 64 Rn. 66 ff.

[242] *BGH* NJW 2005, 230 (231) m. Anm. *Bottke* NStZ 2005, 327.

5.3.2.2.2 Formelle Voraussetzungen

Neben dem Hang zum übermäßigen Rauschmittelkonsum setzt die Anordnung der Maßregel voraus, dass der Täter wegen einer rechtswidrigen Tat, die er im Rausch begangen hat oder die auf seinen Hang zurückgeht, verurteilt oder nur deshalb nicht verurteilt wird, weil seine Schuldunfähigkeit erwiesen oder nicht auszuschließen ist (zum Begriff der **„rechtswidrigen Tat"** vgl. § 11 Abs. 1 Nr. 5 StGB). Die Prüfung dieser Voraussetzung kann in den Fällen Schwierigkeiten bereiten, in denen der Rauschmittelkonsum des Täters zu einer Fehleinschätzung des Tatgeschehens und damit zum Fehlen des subjektiven Tatbestands oder der falschen Vorstellung von Rechtfertigungs- oder Entschuldigungsgründen führt; die Probleme sind hier in der gleichen Weise zu lösen wie bei § 63 StGB (oben Abschn. 5.3.1.2.1). Für die Anordnung der Unterbringung in der Entziehungsanstalt kommt es nicht darauf an, ob der Täter im Zustand der Schuldfähigkeit gehandelt hat oder nicht; die Anordnung kann sowohl dann erfolgen, wenn die Voraussetzungen von §§ 20 oder 21 StGB festgestellt worden sind, als auch dann, wenn der Täter in vollem Umfang schuldfähig gewesen ist.

Bei der rechtswidrigen Tat muss es sich um ein Geschehen handeln, das für den Hang des Täters zum übermäßigen Rauschmittelkonsum symptomatisch ist. Ein derartiger **symptomatischer Zusammenhang** besteht dann, wenn der Täter die rechtswidrige Tat im Rausch begangen hat oder die Tat in sonstiger Weise auf den Hang zurückzuführen ist. Eine Begehung der Tat „im Rausch" liegt regelmäßig bei einer Verurteilung nach § 323a StGB vor, ist hierauf jedoch nicht beschränkt, sondern greift immer dann ein, wenn sich der Täter während der Tat in dem für das jeweilige Rauschmittel typischen Intoxikationszustand befunden hat.[243] In sonstiger Weise geht die Tat auf den Hang zurück, wenn sich zwischen Hang und Tat ein ursächlicher Zusammenhang feststellen lässt; die hangbedingte Gefährlichkeit des Täters muss sich gerade in der Tat äußern.[244] Die Anordnung der Unterbringung in der Entziehungsanstalt kommt dementsprechend etwa auch im Zusammenhang mit Beschaffungsdelikten in Betracht (z. B. Apothekeneinbrüche, Rezeptfälschungen, Eigentums- und Vermögensdelikte, um Geld für den Erwerb von Rauschmitteln zu erlangen). Die Prüfung des symptomatischen Zusammenhangs bedarf im Prozess des sorgfältigen Eingehens auf die Hintergründe der Tat.

Beispiel

Der in bescheidenen wirtschaftlichen Verhältnissen lebende A begeht einen Banküberfall, um seine gesamte Lebenssituation zu verbessern. A ist alkohol- und tablettenabhängig. In den Stunden vor dem Überfall nimmt er, um sich Mut zu machen, erhebliche Mengen Alkohol zu sich. – Geht man davon aus, dass A die Tat „im Rausch" begangen hat, genügt dies allein für die Anordnung der Maßregel nach § 64 StGB nicht; vielmehr muss die Tat auf die Abhängigkeit des A zurückzuführen sein. Am Vorliegen dieser Voraussetzung kann man hier

---

[243] LK 2006 ff., *Schöch*, § 64 Rn. 37 f.; vgl. auch SK StGB 2016 ff., *Sinn*, § 64 Rn. 7.
[244] *BGH* JR 1991, 161; StV 2017, 672 (673); LK 2006 ff., *Schöch*, § 64 Rn. 40 f.

Zweifel haben, weil A die Tat begangen hat, um seine allgemeine Lebenssituation zu verbessern, und nicht, um sich Geld gerade für die Beschaffung von Alkohol oder Tabletten zu verschaffen. Auch auf den Umstand, dass A sich Mut angetrunken hat, lässt sich der symptomatische Zusammenhang nicht stützen, da ein solches Verhalten auch bei Tätern vorkommt, bei denen kein Hang zum übermäßigen Alkoholkonsum besteht.[245]

5.3.2.2.3 Materielle Voraussetzungen
Prognose weiterer erheblicher Straftaten

Materielle Voraussetzung für die Anordnung ist nach § 64 Satz 1 StGB die **Prognose**, dass der Täter **infolge seines Hanges weitere erhebliche rechtswidrige Taten** begehen wird. Maßgeblicher Zeitpunkt für die Prognosestellung ist der Zeitpunkt der Entscheidung. Seit der Tat eingetretene Veränderungen (z. B. der Umstand, dass sich der Täter inzwischen erfolgreich einer Entziehungskur unterzogen hat) müssen berücksichtigt werden. Anders als bei § 63 StGB hat der Gesetzgeber darauf verzichtet, für die Prognose eine Gesamtwürdigung des Täters und seiner Tat vorzuschreiben. Ein sachlicher Unterschied ist hiermit jedoch nicht verbunden; die Notwendigkeit, eine derartige „Gesamtwürdigung" vorzunehmen, folgt bereits aus dem Wesen der Prognose.[246]

Die für die Zukunft prognostizierbaren Taten müssen „**erheblich**" sein. Ebenso wie bei § 63 StGB sind damit auch bei § 64 StGB minderschwere Delikte aus dem Anwendungsbereich der Maßregel ausgeschlossen (oben Abschn. 5.3.1.2.2). Umstritten ist jedoch, ob die Erheblichkeitsschwelle bei beiden Maßregeln dieselbe ist oder ob sie bei § 64 StGB niedriger anzusetzen ist. Geht man davon aus, dass der mit der Unterbringung in der Entziehungsanstalt verbundene Eingriff in die Rechtsstellung des Täters angesichts der zeitlichen Begrenzung der Maßnahme (vgl. § 67d Abs. 1 Satz 1 StGB) weniger schwer wiegt als der Eingriff, der mit einer Unterbringung im psychiatrischen Krankenhaus verbunden ist, wird man der Auffassung zustimmen müssen, dass für die Unterbringung nach § 64 StGB ein geringerer Erheblichkeitsgrad genügt.[247] Auf der anderen Seite darf nicht außer Betracht gelassen werden, dass trotz der zeitlichen Begrenzung auch die Unterbringung nach § 64 StGB mit erheblichen Belastungen verbunden ist (Freiheitsentzug, Behandlung unter Zwang). In der Abgrenzung zu § 63 StGB kann es sich daher nur um graduelle, sprachlich kaum fassbare Unterschiede handeln. Ist bei betäubungsmittelabhängigen Tätern lediglich damit zu rechnen, dass sie auch künftig kleine Rauschgiftmengen zum Eigenkonsum erwerben werden (vgl. §§ 29 Abs. 5, 31a BtMG), so kann dies allein die Unterbringung nach § 64 StGB noch nicht rechtfertigen.[248]

Umstritten ist auch, ob der **Wahrscheinlichkeitsgrad**, mit dem die Begehung der künftigen Taten prognostiziert wird, bei §§ 63 und 64 StGB ein unterschiedli-

---

[245] *BGH* JR 1991, 161 m. Anm. *Stree.*
[246] LK 2006 ff., *Schöch*, § 64 Rn. 99; NK 2017, *Pollähne*, § 64 Rn. 41.
[247] Vgl. LK 2006 ff., *Schöch*, § 64 Rn. 86 ff.; *Fischer* 2019, § 64 Rn. 15.
[248] *BGH* NStZ 1994, 280.

cher ist. Der Gesetzgeber hat in beiden Normen mit unterschiedlichen Formulierungen gearbeitet: Während § 63 StGB voraussetzt, dass weitere Taten „zu erwarten" sind, lässt § 64 StGB die bloße „Gefahr" weiterer Taten genügen. Aus dieser unterschiedlichen Formulierung wird man – wiederum vor dem Hintergrund der zeitlichen Begrenzung der Maßnahme nach § 64 StGB – nur den Schluss ziehen können, dass für die Anordnung der Unterbringung in der Entziehungsanstalt ein geringerer Wahrscheinlichkeitsgrad genügt. Auch hier lassen sich allerdings die sachlichen Unterschiede sprachlich kaum zum Ausdruck bringen. Die bloße abstrakte Wiederholungsmöglichkeit, mit der gerade bei abhängigen Tätern immer zu rechnen ist, genügt für die Anordnung jedenfalls nicht.[249]

Die für die Zukunft zu erwartenden Taten müssen Folge des Hang s zu übermäßigen Rauschmittelkonsum sein. Auch zwischen dem Hang des Täters und den künftigen Taten muss also ein *symptomatischer Zusammenhang* festgestellt werden können.

Hinreichende Aussicht auf Behandlungserfolg
Neben der Gefahr weiterer Straftaten setzt die Anordnung in materieller Hinsicht voraus, dass im Maßregelvollzug eine hinreichend konkrete Aussicht auf einen Behandlungserfolg besteht. Erforderlich ist die Prognose, dass der Untergebrachte durch die Behandlung in der Entziehungsanstalt geheilt oder eine erhebliche Zeit vor dem Rückfall in den Hang bewahrt und von der Begehung weiterer hangbedingter Taten abgehalten werden kann (§ 64 Satz 2 StGB). Die Voraussetzung geht auf eine Neufassung des Gesetzes im Jahr 2007 zurück.

Nach früherem Recht (§ 64 Abs. 2 StGB a. F.) durfte die Unterbringung in der Entziehungsanstalt dann *nicht* angeordnet werden, wenn eine Entziehungskur „von vornherein aussichtslos erscheint". Mit dieser Einschränkung sollte zum Ausdruck gebracht werden, dass das Ziel der Unterbringung nicht nur im Schutz der Allgemeinheit, sondern auch in der Besserung des Täters besteht. Praktisch bedeutete dies, dass neben der Legalprognose auch eine Behandlungsprognose erforderlich war. Nach dem Wortlaut des § 64 Abs. 2 StGB a. F. kam die Anordnung der Maßregel allerdings nur in Ausnahmefällen nicht in Betracht, nämlich dann, wenn ein Erfolg der Therapie zweifelsfrei ausgeschlossen war. Sofern das Ergebnis der Behandlung im Maßregelvollzug ungewiss war – und das war namentlich bei jedem ersten Therapieversuch der Fall, häufig aber auch bei therapieunwilligen Tätern, denen die entsprechende Motivation im Vollzug möglicherweise noch vermittelt werden konnte –,[250] war die Unterbringung in der Entziehungsanstalt zulässig. Insoweit stand diese Regelung jedoch laut Beschluss des B VerfG vom 16. März 1994 zu den Grundrechten des Täters aus Art. 2 Abs. 1 und Abs. 2 Satz 2 GG in Widerspruch.[251] Von Verfassungs wegen dürfe die Unterbringung nur in den Fällen erfolgen, in denen sie geeignet sei, den Schutzzweck des § 64 StGB gerade durch Behandlung zu erreichen. Da das Gesetz diesen Zusammenhang nicht ausreichend zum Ausdruck brachte, wurde die Norm teilweise für nichtig erklärt. Der Gesetzgeber reagierte mehr als 10 Jahre später durch das Gesetz zur Sicherung der Unter-

---

[249] LK 2006 ff., *Schöch*, § 64 Rn. 84; S/S 2019, *Kinzig*, § 64 Rn. 12; *BGH* NStZ 1994, 30 (31).

[250] *BGH* NJW 1991, 126 (127).

[251] *BVerfGE* 91, 1 (33 f.); aus dem z. T. sehr kritischen Schrifttum zu dieser Entscheidung vgl. *Müller-Dietz* JR 1995, 353 ff.; *Stree* 1995, 581 ff.; *von der Haar* NStZ 1995, 315 ff.; *Dessecker* NStZ 1995, 318 ff.

bringung in einem psychiatrischen Krankenhaus und in einer Entziehungsanstalt vom 16.07.2007 mit einer Neufassung des § 64 StGB. Nach dem nunmehr eingefügten § 64 Satz 2 StGB ist die Anordnung der Maßregel nur noch in den Fällen zulässig, in denen die hinreichend konkrete Aussicht besteht, den Süchtigen zu heilen oder doch über eine gewisse Zeitspanne vor dem Rückfall in die akute Sucht zu bewahren.

Das Gericht hat nunmehr vor der Anordnung positiv und konkret festzustellen, „ob der Täter nach der bisherigen Entwicklung seiner Sucht, nach seiner physischen und psychischen Struktur und ggf. trotz seiner kriminellen Prägung (noch) therapierbar" ist.[252] Diesbezüglich wird keine sichere oder unbedingte Gewähr verlangt, sondern eine **durch Tatsachen begründete Wahrscheinlichkeit des Behandlungserfolges**.[253] Sachlich wurden die Voraussetzungen für die Anordnung der Maßregel damit insofern umgestaltet, als die vorher negative Behandlungsprognose des § 64 Abs. 2 StGB a. F. („aussichtslos") in eine *positive Prognose* umgedeutet („hinreichend konkrete Aussicht") und die Anordnungsschwelle damit geringfügig angehoben wurde. Ausgeschlossen vom Anwendungsbereich der Maßregel sind nicht mehr nur die Fälle, in denen die Aussicht auf einen Behandlungserfolg klar verneint werden muss, sondern auch die Fälle, in denen die Erfolgsaussichten äußerst zweifelhaft sind. Das Gericht muss auch insoweit eine *Gesamtwürdigung* der für und gegen einen Therapieerfolg sprechenden Umstände vornehmen.[254]

Dass der Anwendungsbereich der Maßregel hierdurch – wie es in der Literatur z. T. behauptet worden ist –[255] sachwidrig eingeschränkt worden sei, ist zu bezweifeln. Vielmehr ist umgekehrt davon auszugehen, dass der Maßregelvollzug von der klareren Bestimmung der von § 64 StGB erfassten Zielgruppe profitiert hat. Erhöht worden ist allerdings der Druck auf die Gerichte, die Anordnungsvoraussetzungen sorgsam zu prüfen und sich mit den – auch aus psychiatrischer Sicht noch nicht abschließend geklärten – Kriterien für die Behandlungsprognose auseinanderzusetzen. Nicht übersehen werden darf außerdem, dass sich die Entlastung des Maßregelvollzugs im Ergebnis wahrscheinlich zulasten des Strafvollzugs ausgewirkt hat, da diejenigen suchtmittelabhängigen Täter, für die seit der Entscheidung des *BVerfG* der Weg in die Entziehungsanstalt versperrt ist, trotz gestiegener Anordnungszahlen vermutlich überwiegend dem Strafvollzug zugewiesen werden.

5.3.2.2.4 Rechtsfolgen

Mit der gesetzlichen Neugestaltung des § 64 StGB wurden nicht nur die Anforderungen des *BVerfGs* umgesetzt. Nach früher geltendem Recht *musste* das Gericht die Maßregel anordnen, wenn ihre Voraussetzungen vorlagen; dem Gericht war kein Ermessen eingeräumt. Dies wurde nun insoweit verändert, als die Norm in eine „**Soll-Vorschrift**" umformuliert wurde. Dadurch hat sich die Vorschrift jedoch nicht zu einer Ermessensvorschrift im engeren Sinne gewandelt; liegen die Voraussetzun-

---

[252] *BVerfGE* 91, 1 (26 ff., 30).

[253] BT-Drucks. 16/1110, 13.

[254] *BGH* NStZ-RR 2018, 13; zu den insoweit heranzuziehenden Indikatoren und unzulässigen Gesichtspunkten MüKo 2016 ff., *van Gemmeren*, § 64 Rn. 65 f., 69; LK 2006 ff., *Schöch*, § 64 Rn. 137 ff.

[255] *Müller-Dietz* JR 1995, 359.

gen des Hanges und der konkreten Erfolgsaussicht vor, so darf von der Anordnung der Maßregel auch nach Ansicht des Gesetzgebers nur in Ausnahmefällen abgesehen werden, denn auch im Rahmen der Soll-Vorschrift sind nach wie vor die Gesichtspunkte der Besserung und Sicherung dominant.[256] Diese Änderung ermöglicht es nun, in Fällen, in denen eine Erfolgsaussicht vielleicht gerade noch bejaht werden kann, die Ausgangsbedingungen aber sehr ungünstig sind, von der Unterbringung Abstand zu nehmen und dadurch den Maßregelvollzug von einem faktisch nicht zu leistenden Therapieaufwand zu entlasten, der den aussichtsreichen Fällen die knappen Ressourcen entzieht.[257] Im Gesetzgebungsverfahren wurden hierzu drei Fallgruppen entwickelt, in denen eine Nichtanordnung in Betracht zu ziehen ist.[258]

Zum einen handelt es sich um die Fälle ausländischer Verurteilter, mit denen aufgrund *unzureichender Sprachkenntnisse* eine Verständigung und damit eine therapeutische Behandlung nicht oder nur mit Hilfe eines Dolmetschers möglich ist. Die Sprachunkundigkeit allein kann aber nicht Grund dafür sein, auf eine Unterbringung zu verzichten, denn es ist Aufgabe der für den Maßregelvollzug zuständigen Behörden, geeignete Vollstreckungsmöglichkeiten bereitzustellen.[259] Nur wenn der Schaffung dieser Voraussetzungen unüberwindbare Schwierigkeiten entgegenstehen, z. B. weil der ausländische Verurteilte eine in Deutschland sehr selten vertretene Fremdsprache spricht und im Einzelfall auch nicht erwartet werden kann, dass die verurteilte Person im Maßregel- oder Strafvollzug ausreichend Deutsch lernen wird, um an einer Therapie mitwirken zu können, soll auf eine Unterbringung verzichtet werden dürfen.[260]

Die zweite Fallgruppe betrifft *ausländische Täter*, die *kurz vor der Ausweisung* stehen, wie beispielsweise durchreisende, schwer betäubungsmittelabhängige Drogenkuriere, bei denen die Voraussetzungen des § 64 StGB vorliegen. In diesen Fällen erscheint es schwer vertretbar, die beschränkten Ressourcen des Maßregelvollzuges für diese Täter einzusetzen, wenn die Ausweisung bevorsteht und die ohnehin problematischen Therapiebedingungen noch deutlich erschwert sind aufgrund regelmäßig erhöhter Fluchtgefahr, die Lockerungserprobungen entgegensteht.[261]

Die dritte Fallgruppe umfasst Täter mit *Persönlichkeitsstörungen*, bei denen eine Disposition für die Begehung von Straftaten nicht wesentlich durch den Hang zu übermäßigem Drogenkonsum, sondern durch weitere Persönlichkeitsprobleme begründet wird und bei denen deshalb Erprobungen unter Lockerungsbedingungen in den meisten Fällen ebenfalls nicht möglich sind.[262]

---

[256] BT-Drucks. 16/5137, 10; *Fischer* 2019, § 64 Rn 23; LK 2006 ff., *Schöch*, § 64 Rn. 156.

[257] BT-Drucks. 16/1344, 12.

[258] BT-Drucks. 16/1344, 12; vgl. auch LK 2006 ff., *Schöch*, § 64 Rn. 157 ff.

[259] *BGHSt* 36, 199 (201); *BGH* NStZ-RR 2002, 7.

[260] BT-Drucks. 16/5137, 10.

[261] BT-Drucks. 16/1344, 12.

[262] BT-Drucks. 16/1344, 12.

Weitere Fallkonstellationen, in denen trotz der Suchtmittelabhängigkeit des Täters die Nichtanordnung der Maßregel in Betracht kommt, sind nur schwer auszu-
machen. Einer der wenigen weiteren Fälle, in dem die Anordnung der Maßregel
unterbleiben kann, dürfte entgegen der Rechtsprechung dann gegeben sein, wenn
bei BtM-Tätern zugleich mit den Maßregelvoraussetzungen die Voraussetzungen
für die *Zurückstellung nach § 35 f. BtMG* vorliegen; in diesem Fall ist die Zurückstellungslösung vorzuziehen, weil der Täter durch sie weniger belastet wird (unten
Abschn. 5.3.2.5).

5.3.2.3 Anordnungsverfahren
Die Unterbringung in der Entziehungsanstalt darf auch von den Amtsgerichten angeordnet werden (vgl. § 24 Abs. 1 Nr. 2, Abs. 2 GVG). Hinsichtlich der Notwendigkeit der Beiziehung eines Sachverständigen (§§ 80a, 246a StPO) sowie der Möglichkeit der einstweiligen Unterbringung (§ 126a StPO) kann auf das im
Zusammenhang mit § 63 StGB Gesagte verwiesen werden (oben Abschn. 5.3.1.3).

5.3.2.4 Vollstreckung und Vollzug
Die **Rechtsgrundlagen** für die Vollstreckung finden sich in den §§ 67 bis 67h StGB,
§ 463 StPO, §§ 53 f. StVollstrO. Der Vollzug der Maßregel richtet sich nach
§§ 137, 138 StVollzG und den Maßregelvollzugs- bzw. Unterbringungsgesetzen der
Länder (zu den Rechtsgrundlagen vgl. im Übrigen oben Abschn. 5.3.1.4).

Die Vollzug erfolgt entweder in **psychiatrischen Krankenhäusern**, in denen
auch die Maßregel nach § 63 StGB vollzogen wird, oder in **Sondereinrichtungen**,
die sich auf die Suchtmitteltherapie spezialisiert haben.[263] Gegen die Unterbringung
der suchtmittelabhängigen Täter im allgemeinen psychiatrischen Maßregelvollzug
bestehen Bedenken insoweit, als die für die Suchtbehandlung erforderlichen besonderen therapeutischen Mittel und sozialen Hilfen hier oft nicht in ausreichendem
Maß zur Verfügung stehen. Im Interesse einer erfolgreichen Behandlung wünschenswert sind möglichst differenzierte Einrichtungen, wobei zu den wünschens-
werten Differenzierungen auch die getrennte Unterbringung von alkohol- und drogenabhängigen Tätern gehört.[264] Zur Unterbringung von suchtkranken Jugendlichen
und Heranwachsenden vgl. §§ 93a, 110 Abs. 1 JGG.

Ziel des Maßregelvollzugs in der Entziehungsanstalt ist es, den Untergebrachten „von seinem Hang zu heilen und die zugrunde liegende Fehlhaltung zu beheben" (§ 137 StVollzG). Der Gesetzgeber greift damit die bereits eingangs für die
Maßregelanordnung beschriebene Zielsetzung wieder auf, durch die Behandlung
des Täters weitere Straftaten zu verhindern. Der Vorstellung, einen Suchtmittelabhängigen „heilen", d. h. von seiner Sucht vollständig befreien, und die zugrunde
liegende Fehlhaltung „beheben" zu können, ist indessen mit Skepsis zu begegnen.
Der *Rückfall* des Abhängigen in das frühere Suchtverhalten wird in der Literatur als

---

[263] NK 2017, *Pollähne*, § 64 Rn. 7.
[264] *Volckart und Grünebaum* 2015, III. Teil Rn. 583 f.

Realität jeder Form von ambulanter oder stationärer Suchttherapie beschrieben.[265]
Obwohl die vollständige „Heilung" des Abhängigen daher als Fernziel uneinge-
schränkt Gültigkeit haben kann, müssen sich die therapeutischen Bemühungen in
der Realität oft mit einem „Weniger" begnügen. In vielen Fällen kann das Vollzugsziel nur darin bestehen, den Täter über eine gewisse Zeitspanne vor dem Rückfall in
die akute Sucht zu bewahren, d. h. ihn so zu *stabilisieren* und zu *beeinflussen*, dass
er auch nach Beendigung der Entziehungskur und außerhalb der Anstalt den Sucht-
mittelkonsum nicht wieder fortsetzt, sondern stattdessen *in Krisensituationen von
sich aus ambulante Hilfen wie Selbsthilfegruppen oder Beratungsstellen aufsucht.*[266]
    Bei der Umsetzung des Vollzugsziels in der suchttherapeutischen Behandlung
besteht ein breites Spektrum unterschiedlicher Konzepte, die an die unterschiedlichen Abhängigkeitsformen und individuellen Bedürfnislagen anknüpfen. Verallgemeinernd lassen sich in der **Suchtmitteltherapie** vier Phasen des Therapieverlaufs
unterscheiden: die Phase der Entgiftung und Motivierung des Abhängigen zur Mitwirkung an der Therapie, die eigentliche Entwöhnungsbehandlung, in der die psychischen und sozialen Ursachen der Sucht analysiert und aufgearbeitet werden, die
Entlassungsvorbereitung sowie die Phase der Nachsorge nach der Entlassung aus
dem geschlossenen Vollzug. Im Mittelpunkt stehen psychotherapeutische und medikamentöse Behandlungsmaßnahmen; die Qualität der therapeutischen Beziehung
spielt auch insoweit eine wesentliche Rolle.[267] In der Praxis kann die Behandlung
durch therapiebelastende Vorkommnisse wie die bereits erwähnten Rückfälle, aber
auch durch Ausbrüche, Entweichungen und den Missbrauch von Vollzugslockerungen wie etwa die Überziehung von Urlaub belastet werden.[268]

5.3.2.5 Abgrenzung zu anderen Formen der Unterbringung

Soweit die Unterbringung in der Entziehungsanstalt bei schuldunfähigen oder nur
vermindert schuldfähigen Tätern erfolgt, kann sich der Anwendungsbereich des
§ 64 StGB mit dem des § 63 StGB überschneiden,[269] so dass sich die Frage stellt, ob
gegen einen suchtmittelabhängigen Täter auch die **Unterbringung im psychiatrischen Krankenhaus** angeordnet werden darf. Hier kommt es maßgeblich darauf
an, ob der Zweck der Maßnahme durch die den Täter insgesamt weniger belastende
Maßregel erreicht werden kann (§ 72 Abs. 1 StGB), wobei als *weniger belastende
Maßnahme* die *Unterbringung in der Entziehungsanstalt* anzusehen ist, da diese
Form der Unterbringung im Höchstmaß grundsätzlich auf zwei Jahre beschränkt ist
(vgl. § 67d Abs. 1 Satz 1 StGB; oben Abschn. 5.1.4). Für die Erreichung des Zwecks
der Maßregel ist die Unterbringung in der Entziehungsanstalt regelmäßig dann aus-

---

[265] Vgl. etwa *Bezzel* 2008, 222 (Suchtmittelrückfall während der Therapie bei 55 % der Probanden).

[266] LK 2006 ff., *Schöch*, § 64 Rn. 128; SK StGB 2016 ff., *Sinn*, § 64 Rn. 16; *von der Haar* NStZ
1995, 315; von der Verfassungsmäßigkeit dieser eingeschränkten Zielsetzung geht auch *BVerfGE*
91, 1 (30) aus.

[267] *Seifert* 2009, 476 ff.; *Schalast* 2006, 328 ff.

[268] *Schalast* R&P 1994, 4 f.; *Marneros et al.* MschrKrim 1993, 173 f.

[269] Vgl. etwa *BGHSt* 44, 338; 369; *BGH* NStZ 1994, 30.

reichend, wenn die Einschränkung bzw. der Ausschluss der Schuldfähigkeit des Täters allein auf die festgestellte Suchtmittelabhängigkeit zurückzuführen ist. In vielen Fällen wird sich jedoch außer der Suchtproblematik noch eine weitere psychische Erkrankung und/oder Persönlichkeitsstörung feststellen lassen.[270] In diesem Fall können die Maßregeln nach §§ 64 und 63 StGB *nebeneinander* angeordnet werden (§ 72 Abs. 2 StGB).[271]

Bei betäubungsmittelabhängigen Tätern kann sich darüber hinaus die Frage stellen, in welchem Verhältnis die Unterbringung nach § 64 StGB zu den **Zurückstellungsvorschriften des Betäubungsmittelrechts** (§§ 35 ff. BtMG, oben Abschn. 3.7.6) steht. Hier gilt, dass die Anordnung der Maßregel seit der Neufassung des Gesetzes im Jahr 2007 nicht mehr zwingend zu erfolgen braucht, wenn die Voraussetzungen der §§ 35 ff. BtMG erfüllt sind; die neu geschaffene „Soll"-Regelung schafft die hierfür erforderliche Flexibilität.[272] Wird die Maßregel aber dennoch verhängt, ist eine Korrektur dieser Entscheidung immer noch im Vollstreckungsverfahren möglich: Die Vollstreckungsbehörde kann mit Zustimmung des Gerichts des ersten Rechtszugs nicht nur die Vollstreckung der Freiheitsstrafe, sondern auch die Vollstreckung der Maßregel für längstens zwei Jahre zurückstellen, wenn eine Behandlung der Abhängigkeit außerhalb des Maßregelvollzugs geplant ist und die übrigen Voraussetzung für die Zurückstellung erfüllt sind (§ 35 Abs. 1 Satz 1 BtMG). Die Möglichkeit der Aussetzung der Maßregelvollstreckung nach § 67b StGB, die im Unterschied zu § 35 BtMG an eine besondere Prognose geknüpft ist, bleibt bei alledem unberührt.

5.3.2.6 Kriminologische Aspekte

5.3.2.6.1 Anordnungs- und Unterbringungshäufigkeit
Die Unterbringung in der Entziehungsanstalt wurde 2017 gegen 2829 Abgeurteilte angeordnet (vgl. Tab. 5.1). Die Anordnung erfolgte in gut einem Viertel der Fälle (28,3 %) gegen vermindert schuldfähige und nur äußerst selten (2,2 %) gegen schuldunfähige Täter; im Übrigen wurde sie gegen voll schuldfähige Täter angeordnet. Typische Anlasstaten waren vor allem Eigentums- und Vermögensdelikte, namentlich Raub (19,9 %; hier liegt der Gedanke an Beschaffungsdelinquenz nahe), Körperverletzungsdelikte (16,9 %) sowie Verstöße gegen das BtMG (29,1 %). Im Zusammenhang mit Straßenverkehrsdelikten, die gerade die alkoholisierte Teilnahme am Straßenverkehr kriminalisieren (§§ 315c, 316 StGB), wurde die Unterbringung vergleichsweise selten, nämlich nur in 1,9 % der Fälle angeordnet.[273]

Die Zahl von insgesamt nur 2829 Anordnungen überrascht, wenn man sich vergegenwärtigt, dass 2017 von der Polizei – unter Ausschluss der Straßenverkehrsdelikte – etwa 128.000 Tatverdächtige ermittelt wurden, die als Konsumenten harter

---

[270] Vgl. *Bezzel* 2008, 195 ff.

[271] LK 2006 ff., *Hanack*, § 72 Rn. 21; *BGH* b. *Theune* NStZ 1989, 499.

[272] S/S 2019, *Kinzig*, § 64 Rn. 18; LK 2006 ff., *Schöch*, § 64 Rn. 114; a. A. *BGH* StV 2008, 405 (406).

[273] Statistisches Bundesamt, Strafverfolgung 2017, Tab. 5.1.

Drogen bekannt waren, sowie etwa 230.000 Tatverdächtige, die bei der Tatausführung unter Alkoholeinfluss gestanden hatten.[274] Auch wenn man die vielfältigen Selektionsprozesse in Rechnung stellt, die dazu führen, dass ein Fall nicht mit einer Aburteilung endet, deutet die erhebliche Divergenz zwischen den polizeilichen Daten und der Häufigkeit der Maßregelanordnung auf der Ebene der Justiz darauf hin, dass die Gerichte die Unterbringung in einer Entziehungsanstalt offenbar nicht bei allen Tätern anordnen, bei denen eine Suchtmittelabhängigkeit besteht und die Voraussetzungen für die Anordnung an sich erfüllt sind. Eine der Hauptursachen für die Divergenz dürfte darin liegen, dass die Suchtmittelproblematik den Gerichten in den meisten Fällen verborgen bleibt.

Die Zahl der in Entziehungsanstalten Untergebrachten liegt erwartungsgemäß über der Zahl der Anordnungen. Am Stichtag 31.03.2016 befanden sich in den alten Bundesländern ohne Rheinland-Pfalz, aber mit Mecklenburg-Vorpommern (also wiederum in einem deutlich kleineren Bezugsgebiet als bei den Anordnungszahlen) 3789 Personen im Maßregelvollzug gem. § 64 StGB; der Anteil der untergebrachten Frauen lag bei 5,8 %.[275] Die Belegungszahlen in den Einrichtungen sind ebenso wie die Anordnungszahlen in den letzten Jahren deutlich angestiegen (Abb. 5.3).[276]

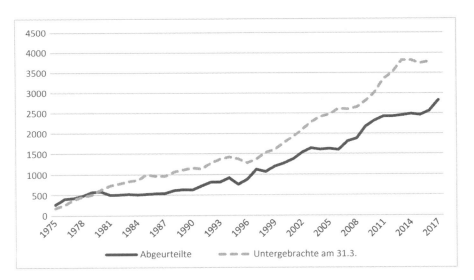

Abb. 5.3 Entwicklung der Unterbringung in der Entziehungsanstalt. (Quellen: Statistisches Bundesamt, Strafverfolgung, zuletzt Tab. 5.1; Strafvollzug – Demographische und kriminologische Merkmale der Strafgefangenen zum Stichtag 31.3., Tab. 6; seit 2015 Zusammenstellung von Länderlieferungen im Auftrag des BMJV, alte Bundesländer einschl. Mecklenburg-Vorpommern, ohne Rheinland-Pfalz)

---

[274] Polizeiliche Kriminalstatistik 2017, Band 3, S. 114 f.

[275] Statistisches Bundesamt, Strafvollzug – Demographische und kriminologische Merkmale der Strafgefangenen zum Stichtag 31.03.2013, Tab. 6.

[276] Vertiefend *Heinz* R&P 2011, 63 ff.; *Dessecker* Soziale Probleme 2013b, 67 ff.

5.3.2.6.2 Anordnungs- und Vollstreckungspraxis

Um sich einen genaueren Überblick über die Anordnungs- und Vollstreckungspraxis zu verschaffen, kann wieder auf die bereits erwähnten Untersuchungen von *Leygraf* und der Kriminologischen Zentralstelle (KrimZ) zurückgegriffen werden (oben Abschn. 5.3.1.6.2). *Leygraf* konnte in seiner Untersuchung auch 728 Akten auswerten, die sich auf nach § 64 StGB Untergebrachte bezogen. Die Kriminologische Zentralstelle erfasste in ihrer Untersuchung 249 Fälle, in denen 1986 die Unterbringung nach § 64 StGB angeordnet worden war. Aufschlussreich sind darüber hinaus eine Studie von *Metrikat*, die sich mit den Auswirkungen der Entscheidung des *BVerfG* aus dem Jahr 1994 befasst[277] und die niedersächsische Praxis in den Jahren 1992/93 mit der Praxis in den Jahren 1995/96 vergleicht, sowie die Untersuchung von *Bezzel* aus dem bayerischen Maßregelvollzug, die sich auch auf 662 Patienten bezieht, die nach § 64 StGB untergebracht waren.

Die meisten Untersuchungen zeigen, dass im Maßregelvollzug nach § 64 StGB diejenigen Täter dominieren, die wegen einer **Alkoholabhängigkeit** untergebracht worden sind. In der Studie von *Leygraf* waren 66,9 % der Täter wegen einer Alkoholabhängigkeit und nur 33,1 % der Täter wegen einer **Betäubungsmittelabhängigkeit** untergebracht. Ähnlich waren die Ergebnisse von *Metrikat*. Die Kriminologische Zentralstelle ermittelte einen Anteil von 76,7 % Alkoholtätern, dem 20,9 % betäubungsmittelabhängige und 2,4 % **medikamentenabhängige Täter** gegenüberstanden. Zu einem anderen Ergebnis gelangte lediglich die Studie von *Bezzel*, in der die drogen- bzw. medikamentenabhängigen Untergebrachten die größte Gruppe stellten (68,6 % gegenüber 31,4 % Alkoholabhängige). Für die Interpretation wies schon *Leygraf* einschränkend darauf hin, dass sich klinisch zwischen den beiden Gruppen oft keine deutlichen Unterscheidungen treffen lassen, da ein nicht unerheblicher Teil der Untergebrachten *politoxikoman* ist, d. h. verschiedenartige Suchtmittel konsumiert. Dessen ungeachtet ließ sich allerdings feststellen, dass die alkoholkranken Untergebrachten im Durchschnitt deutlich älter sind als die drogenabhängigen Patienten und zudem einen späteren Suchtbeginn sowie eine längere Suchtdauer aufweisen.[278]

Ebenfalls weitgehend übereinstimmend sind die Ergebnisse zum Suchtverlauf bis zur Anlasstat sowie zur Vorstrafenbelastung. Die Kriminologische Zentralstelle ermittelte, dass bei 53,4 % der Täter **vor der Unterbringung** nach § 64 StGB noch keine **Suchtbehandlung** erfolgt war. Zu einem nahezu identischen Ergebnis gelangte *Leygraf* für die Teilgruppe der alkoholabhängigen Untergebrachten: Trotz eines beachtlichen (allerdings nicht immer exakt bestimmbaren) Zeitraums zwischen Suchtbeginn und Unterbringungsdelikt, der im Durchschnitt bei ca. 12 Jahren lag, war bei mehr als der Hälfte der Untergebrachten (53,9 %) noch keine stationäre Behandlung vorausgegangen; die Unterbringung nach § 64 StGB stellte den ersten Behandlungsversuch der Suchtproblematik dar. Auch *Bezzel* stellte fest, dass 53,5 % der Patienten keine stationäre Vorbehandlung aufwiesen. Auf der anderen

---

[277] *BVerfGE* 91, 1.

[278] *Leygraf* Fortschr. Neurol. Psychiatr. 1987, 232 f.; *Dessecker* 1996, 75 f.; *Metrikat* 2002, 130 ff.; *Bezzel* 2008, 195 ff., 216 f.

Seite wurde in allen drei Untersuchungen ebenfalls übereinstimmend ermittelt, dass die **Kriminalitätsvorbelastung** bei den Untergebrachten beträchtlich ist: Nahezu alle Untergebrachten (*Leygraf*: 92,5 %; *Bezzel*: 94,5 %) sind bereits vorbestraft, wobei sowohl die Vorstrafenhäufigkeit (*Leygraf*: durchschnittlich 8,3 Vorstrafen; KrimZ: 8,2 frühere Sanktionen) als auch die bisherige Haftdauer (*Leygraf*: durchschnittlich 4,2 Jahre; KrimZ: 39,8 Monate) erheblich sind.[279] Der vergleichsweise hohe Anteil von Tätern, deren Rauschmittelabhängigkeit bislang unbehandelt geblieben ist, kann damit als Indiz dafür verstanden werden, dass die Suchtproblematik von den Strafverfolgungsbehörden entweder nicht erkannt oder in ihrer Bedeutung unterschätzt worden ist.

Für die Teilgruppe der *alkoholabhängigen Untergebrachten* konnte *Leygraf* feststellen, dass sich in der Vorstrafenbelastung, aber auch in den wichtigsten **Sozialmerkmalen** deutlich zwischen den (strafrechtlich und sozial stärker belasteten) „frühkriminellen" und den „spätkriminellen" Alkoholikern unterscheiden lasse: Während sich bei den „*Frühkriminellen*" dissoziales Verhalten und Suchtproblematik meist parallel entwickelt hätten, stelle sich die Delinquenz bei den „*spätkriminellen*" Patienten oft als Folge der Sucht dar.[280] In einer Untersuchung für den nordrhein-westfälischen Maßregelvollzug bestätigte *Schalast* diese Unterscheidung und wies ergänzend darauf hin, dass die Patientengruppe mit dem niedrigeren Alter bei der ersten Straftat im Behandlungsverlauf die größeren Schwierigkeiten (Entweichungen, Rückfälle, neue Straftaten) bereite als die Gruppe der „spätkriminellen" Patienten.[281]

Angaben zum **Vollstreckungsverlauf** sowie zur Legalbewährung lassen sich der von der KrimZ durchgeführten Untersuchung sowie den Untersuchungen von *Metrikat* und *Bezzel* entnehmen. Eine isolierte Anordnung der Maßregel gem. § 64 StGB erfolgt danach vergleichsweise selten, während in der weit überwiegenden Zahl der Fälle parallel zur Unterbringung eine Freiheitsstrafe verhängt wird. Die Vollstreckung der Unterbringung wird in etwa jedem sechsten Fall gem. § 67b StGB sofort zur Bewährung ausgesetzt.[282] Sofern die Maßregel vollzogen wird, liegt die Unterbringungsdauer in den 1980er-Jahren (KrimZ) mit im Durchschnitt 23 Monaten knapp unterhalb der Grenze, die vom Gesetzgeber für den Regelfall als Obergrenze festgeschrieben worden ist, die aber, wenn parallel zur Unterbringung eine Freiheitsstrafe verhängt wird, auch über dieses Maß hinaus verlängert werden kann (§ 67d Abs. 1 Satz 1, 3 StGB). Die durchschnittliche Verbüßungsdauer ist bei alkoholabhängigen Tätern ebenso lang wie bei betäubungsmittelabhängigen Tätern. Bei etwa jedem 10. Untergebrachten (11,4 %) muss die Maßregel wegen nachträglicher Feststellung der Aussichtslosigkeit beendet werden.[283] In den 1990er-Jahren nimmt

---

[279] *Leygraf* Fortschr. Neurol. Psychiatr. 1987, 234; *Dessecker* 1996, 76 ff.; *Metrikat* 2002, 137 ff.; *Bezzel* 2008, 198 ff., 206 ff.

[280] *Leygraf* Fortschr. Neurol. Psychiatr. 1987, 236.

[281] *Schalast* R&P 1994, 4 f.

[282] *Dessecker* 1996, 110 f., 150 ff.; *Metrikat* 2002, 188 ff.

[283] *Dessecker* 1996, 159 ff.

die Unterbringungsdauer rapide ab; in den Jahren 1992/1993 liegt sie bei im Durchschnitt bei gut 18 Monaten, in den Jahren 1995/1996 bei etwas weniger als 16 Monaten. Der Anteil derjenigen Untergebrachten, bei denen die Maßregelvollstreckung wegen Aussichtslosigkeit beendet wird, hat sich gegenüber den 1980er-Jahren deutlich erhöht (44,0 bzw. 46,2 %).[284] In den 2000er-Jahren ermittelte *Bezzel* bis zur bedingten Entlassung nach § 67d Abs. 2 StGB in Bayern eine durchschnittliche Unterbringungsdauer von 20 Monaten; der Anteil der Abbrecher lag in ihrer Untersuchung bei 49,2 %. Bis zum Abbruch waren die Patienten zwischen 6 und 10 Monaten untergebracht gewesen (Median: 191 Tage; arithmet. Mittel: 294 Tage).[285] Bundesweit ist wieder ein Trend zu längeren Unterbringungszeiten erkennbar.[286]

Für die Beurteilung der **Effektivität** der Maßregel kann entweder auf die „Heilung" des Abhängigen bzw. die Veränderung seines Umgangs mit der Sucht (Abstinenz) oder auf die Legalbewährung abgestellt werden. Die Erhebung von Suchtmittelrückfällen außerhalb der Einrichtungen des Maßregelvollzugs ist praktisch nur mithilfe von Selbstauskünften der Entlassenen möglich, die allerdings mit fremdanamnestischen Informationen (etwa von Bewährungshelfern) verglichen werden können. Eine Untersuchung von *Hartl u. a.* zeigte insoweit ein Jahr nach der Entlassung deutlich höhere Abstinenzquoten bei den regulär entlassenen ehemaligen Patienten als bei denjenigen, deren Therapie mangels Aussicht auf Erfolg abgebrochen worden war (56,0 % gegenüber 30,1 %).[287] Auch wenn die beiden Gruppen nicht unbedingt miteinander vergleichbar sind, deutet dies auf einen positiven Behandlungseffekt hin.

Stellt man für die Erfolgsmessung auf das Legalverhalten der Probanden nach der Beendigung der Unterbringung in den Entziehungsanstalten ab, liegen die ermittelten Rückfallquoten höher als bei den nach § 63 StGB Untergebrachten, aber immer noch niedriger als bei den aus dem Strafvollzug Entlassenen. Innerhalb eines Beobachtungszeitraums von zwei Jahren wurde in der Untersuchung *von Metrikat* von den 1995/96 Verurteilten bei 41,9 % der Entlassenen eine erneute Verurteilung registriert, wobei die Rückfallquoten der betäubungsmittelabhängigen Täter deutlich höher lagen als die der alkoholabhängigen Täter (66,7 % gegenüber 31,8 %). Stellt man nicht auf erneute Eintragungen im Bundeszentralregister ab, sondern auf den Widerruf der Bewährung, zeigten sich ähnliche Größenordnungen: Die sofortige Aussetzung nach § 67b StGB musste in 33,3 % der Fälle und die nachträgliche Aussetzung gem. § 67d Abs. 2 StGB sogar nur in 5,7 % der Fälle widerrufen werden.[288] In *Bezzels* Untersuchung waren die Werte noch deutlich günstiger (Rückfallquote: 20,9 %), allerdings lag diesen Daten nur ein einjähriger Beobachtungszeitraums zugrunde.[289] Die Auswertung des Bundeszentralregisters führte bei den 2010

---

[284] *Metrikat* 2002, 251 ff., 258 f.

[285] *Bezzel* 2008, 218.

[286] *Schalast* FPPK 2013, 106 f.

[287] *Hartl u.a.* 2015, 518 ff.

[288] *Metrikat* 2002, 278 ff., 293 ff.; vgl. auch *Dessecker* 1996, 174 ff.

[289] *Bezzel* 2008, 357.

Entlassenen und einem dreijährigen Beobachtungszeitraum zu einer Wiederverurteilungsquote von 34,3 %, wenn die Maßregel isoliert, und 48,0 %, wenn sie neben einer Strafe angeordnet worden war.[290] Auch wenn Kausalbeziehungen hiermit nicht nachgewiesen werden, lassen die Daten die Bemühungen des Maßregelvollzugs insgesamt in einem positiven Licht erscheinen, was umso mehr gilt, wenn man sich die beträchtliche Vorstrafenbelastung der Probandengruppe vor Augen führt.

5.3.3   Unterbringung in der Sicherungsverwahrung

5.3.3.1   Kriminalpolitischer Hintergrund

Die Unterbringung in der Sicherungsverwahrung (§ 66 bis § 66c StGB) dient dem Schutz der Allgemeinheit vor solchen Tätern, die erhebliche Straftaten begangen haben und die wegen ihres Hangs zur Begehung schwerer Taten fortdauernd gefährlich sind. Die Maßregel verfolgt ausschließlich das Ziel der **Sicherung der Allgemeinheit**; der Besserungsgedanke spielt auf der Anordnungsebene keine Rolle und kommt erst auf der Vollzugsebene zum Tragen (vgl. § 66c StGB). Die Unterbringung erfolgt unabhängig von der Schuld des Täters allein unter dem Gesichtspunkt der besonderen Gefährlichkeit; sie ist zulässig, wenn und soweit dem Sicherungsbedürfnis der Allgemeinheit gegenüber dem Freiheitsanspruch des Verurteilten der höhere Wert zukommt (zum Prinzip des überwiegenden öffentlichen Interesses bereits oben Abschn. 5.1.2). Mit der ausschließlichen Orientierung am Sicherungsgedanken, der die geschlossene Unterbringung jenseits der durch das Schuldprinzip gezogenen Grenzen ggf. lebenslang erlaubt, stellt die Maßregel die „ultima ratio" des strafrechtlichen Sanktionssystems und „letzte Notmaßnahme der Kriminalpolitik"[291] dar.

Kriminalpolitisch ist die Maßregel **umstritten**. Im Vordergrund steht weniger die Kritik an der grundsätzlichen Legitimation der Strafjustiz, Sanktionen schuldunabhängig zu verhängen und den Täter im Interesse der Allgemeinheit über den Endzeitpunkt der Strafe hinaus sicher zu verwahren. Diese Zielsetzung wird überwiegend als legitim und mit der Verfassung vereinbar angesehen.[292] Die Kritik entzündet sich vor allem daran, dass der Gesetzgeber den Anwendungsbereich der Maßregel in den Jahren 1998 bis 2008 kontinuierlich ausgeweitet und damit die durch das 1. StrRG geschaffenen klaren Konturen dieser „letzten Notmaßnahme der Kriminalpolitik" bis hart an die Grenze zur Unkenntlichkeit aufgeweicht hat, ohne dass die Kriminalitätslage hierzu Anlass geboten hatte. Die kriminalpolitische (Fehl-) Entwicklung ist ab 2009 zwar durch wiederholte Interventionen des EGMR sowie durch

---

[290] *Jehle et al.* 2016, 80 f.; Überblick über die Ergebnisse weiterer Untersuchungen bei *Dessecker* Soziale Probleme 2013b, 78 f.

[291] 1. Schriftlicher Bericht BT-Drucks. 5/4094, 19.

[292] *BVerfGE* 109, 133 (151, 157 ff.) unter Bezugnahme auf die erste Entscheidung zur lebenslangen Freiheitsstrafe; *BVerfGE* 128, 326 (372 f.); *Hörnle* StV 2006, 383 ff.; S/S 2019, *Kinzig*, § 66 Rn. 2 ff.; MüKo 2016 ff., *Ullenbruch et al.*, § 66 Rn. 34.; *Streng* StV 2013, 237 ff.

eine bemerkenswerte Entscheidung des BVerfG vom 04.05.2011 gestoppt worden.[293] Das in der Folge vom Gesetzgeber neu entwickelte Konzept für die Unterbringung in der Sicherungsverwahrung, das am 01.06.2013 in Kraft getreten ist, beschränkt sich jedoch darauf, die Vorgaben des BVerfG für eine gerade noch verfassungskonforme Regelung detailgenau umzusetzen; empirische Befunde über die systematische Überschätzung des Kriminalitätsrisikos bei schwerer Gewalt- und Sexualkriminalität (unten Abschn. 5.3.3.5.3) sind vom Gesetzgeber nicht zur Kenntnis genommen worden. Eine auch aus kriminologischer Sicht überzeugende Neukonturierung der Grenzen, an denen der Freiheitsanspruch des Verurteilten hinter den Sicherheitsinteressen zurücktreten muss, ist dem Gesetzgeber damit nicht gelungen.

Die in mehreren Phasen verlaufene, wechselvolle jüngere Gesetzgebungsgeschichte ist andernorts gut dokumentiert,[294] so dass es genügt, hier einige wichtige Entwicklungsschritte hervorzuheben. Während § 66 StGB in der Fassung, die ihm das 1. StrRG vom 25.06.1969 gegeben hatte, mehr als ein Vierteljahrhundert unverändert gegolten hatte, ohne dass hierin eine „Sicherheitslücke" gesehen worden war, empfanden weite Kreise der Bevölkerung diese Situation Ende der 1990er Jahr plötzlich als „unerträglich". Unter dem Eindruck zweier Sexualmorde an Kindern und einer aufgeheizten Medienberichterstattung machte sich in der Bevölkerung ab 1996/97 eine diffuse Stimmung gegenüber Gewalt- und insbesondere gegenüber Sexualtätern breit, die nach einer **Verschärfung des Strafrechts** verlangte. Häufig zitiert wurde in diesem Zusammenhang ein Wort des damaligen Bundeskanzlers *Schröder*, der, die allgemeine Stimmungslage aufgreifend, in der Boulevardpresse gefordert hatte: „Wegschließen – und zwar für immer!".[295]
Der Gesetzgeber reagierte mehrfach. Zunächst wurden im SexBG vom 26.01.1998 die Anordnungsvoraussetzungen der Sicherungsverwahrung für den Fall der Verurteilung wegen eines Verbrechens, eines Sexual- oder eines qualifizierten Körperverletzungsdelikts abgesenkt (§ 66 Abs. 3 StGB); die bis dahin geltende Befristung der Dauer der ersten Unterbringung auf 10 Jahre (§ 67d Abs. 1 Satz 1 StGB a. F.) wurde aufgehoben. Sodann erließen einige Bundesländer unter Inanspruchnahme der Gesetzgebungskompetenz für das Polizeirecht Landesgesetze, die für besonders rückfallgefährdete Straftäter die „nachträgliche" (d. h. erst nach Eintritt der Rechtskraft des Urteils, kurz vor der Entlassung aus dem Strafvollzug ausgesprochene) Anordnung der Sicherungsverwahrung vorsahen. Der Bundesgesetzgeber hielt eine solche Regelung zunächst nicht für erforderlich und beschränkte sich auf die Einführung der „vorbehaltenen" (d. h. im Urteil zwar nicht angeordneten, aber als möglich in Aussicht gestellten) Sicherungsverwahrung (§ 66a StGB) durch Gesetz vom 21.08.2002. Nachdem das BVerfG die Landesunterbringungsgesetze jedoch Anfang 2004 aus formellen Gründen für verfassungswidrig erklärt hatte,[296] entschloss sich der Bundesgesetzgeber mit Blick auf die allgemeine Stimmungslage zur Einführung der nachträglichen Sicherungsverwahrung (§ 66b StGB) auf Bundesebene durch Gesetz vom 23.07.2004. Der Bundesgesetzgeber ging dabei sogar noch einen Schritt weiter als es die Landesgesetzgeber getan hatten und eröffnete die Möglichkeit, die Sicherungsverwahrung nachträglich nicht nur für Wiederholungstäter, sondern auch für Ersttäter anzuordnen (§ 66b Abs. 2

[293] *BVerfGE* 128, 326 m. Anm. *Kreuzer und Bartsch* StV 2011, 472 ff.; *Hörnle* NStZ 2011a, 488 ff.; *Peglau* NJW 2011, 1924 ff.; *Streng* JZ 2011, 827 ff.; *Schöch* GA 2012a, 14 ff.
[294] *BVerfGE* 128, 326 (335 ff.); *Kinzig* 2008, 9 ff.; *Höffler und Kaspar* ZStW 124 (2012), 88 ff.; *Schöch* NK 2012b, 47 ff.
[295] Kritisch *Rautenberg* NJW 2001, 2608 f.
[296] *BVerfGE* 109, 190.

StGB). Mit Gesetz vom 23.07.2007 erfuhr die nachträgliche Sicherungsverwahrung eine zusätzliche Erweiterung: Die Anordnung wurde nun auch in den sog. „Altfällen" für zulässig erklärt, in denen die primäre, also die im Urteil angeordnete Sicherungsverwahrung aus rechtlichen Gründen nicht verhängt werden durfte (§ 66b Abs. 1 Satz 2); die Regelung zielte auf Fälle in den neuen Bundesländern ab, in denen die Vorschriften über die primäre Sicherungsverwahrung aufgrund von Vorbehalten im Einigungsvertrag für eine Übergangszeit unanwendbar gewesen waren. Im Zusammenhang mit den genannten Änderungen wurde die Sicherungsverwahrung zudem im Jugendstrafrecht eingeführt, und zwar ab 2003 zunächst durch mehrere Gesetze für Heranwachsende (§ 106 Abs. 3 bis 7 JGG) und ab 2008 auch für Jugendliche (§ 7 Abs. 2 bis 4 JGG).

Rechtspolitisch war in dieser Entwicklung vor allem die Einführung der **nachträglichen Sicherungsverwahrung** umstritten. Den wesentlichen Anknüpfungspunkt für die Anordnung bildete hier das Verhalten des Verurteilten im Strafvollzug, aus dem sich im Wege einer „Gesamtwürdigung" mit anderen Umständen die Prognose ableiten lassen sollte, dass der Verurteilte mit hoher Wahrscheinlichkeit weitere erhebliche Gewalt- oder Sexualstraftaten begehen werde. Kritiker monierten, dass sich das Leben im Strafvollzug aufgrund seiner Künstlichkeit kaum zu einer derartigen Prognose eigne; zudem belaste die Ungewissheit über die Anordnung die Resozialisierungsbemühungen im Vollzug.[297] Umstritten war aber auch schon die im SexBG von 1998 vorgenommene Entfristung der ersten Unterbringung in der Sicherungsverwahrung gewesen. Als besonders problematisch wurde dabei die **rückwirkende Beseitigung der Höchstdauer von 10 Jahren** für diejenigen Verurteilten angesehen, die 1998 bereits in der Sicherungsverwahrung untergebracht waren; dies sei ein unzulässiger Eingriff in das rechtsstaatliche Vertrauensschutzgebot.[298]

Bei der Beurteilung der verfassungsrechtlichen Zulässigkeit der getroffenen Maßnahmen war für das BVerfG lange Zeit maßgeblich, dass sich die Sicherungsverwahrung als Maßregel anders legitimiere als eine Freiheitsstrafe, selbst wenn beide Sanktionen in denselben Einrichtungen (Justizvollzugsanstalten) vollzogen wurden. Für das BVerfG folgte aus der Andersartigkeit, dass verfassungsrechtliche Gewährleistungen wie der Vertrauensgrundsatz (Art. 103 Abs. 2 GG) auf die Sicherungsverwahrung nicht anwendbar seien; die Zulässigkeit von gesetzlichen Veränderungen im Recht der Sicherungsverwahrung beurteile sich allein nach der Verhältnismäßigkeit.[299] Deren Voraussetzungen hielt das BVerfG bei der Sicherungsverwahrung bis 2011 für gegeben.

Die kriminalpolitische Situation änderte sich schlagartig, als der EGMR am 17.12.2009 entschied, dass die rückwirkende Aufhebung der 10-Jahresgrenze bei der ersten Unterbringung in der Sicherungsverwahrung wegen Verstoßes gegen das Rückwirkungsverbot (Art. 7 Abs. 1 EMRK) konventionswidrig gewesen sei.[300] Anders als das BVerfG ordnete der EGMR die **Sicherungsverwahrung als „Strafe" i. S. der Garantien der EMRK** ein: Die Sicherungsverwahrung ähnele der Freiheitsstrafe; sie werde in demselben Verfahren wegen einer Straftat angeordnet und in denselben Einrichtungen nach weitgehend denselben Grundsätzen vollstreckt. In der Folge wurden die konventionswidrig Untergebrachten in manchen Bundesländern aus der Sicherungsverwahrung entlassen,[301] in anderen Bundesländern nicht.[302] Dabei spielte die Frage eine maßgebliche Rolle, wie das Verhältnis von § 2 Abs. 6 StGB und Art. 7 Abs. 1 EMRK zu beurteilen sei.[303]

---

[297] Vgl. MüKo 2016 ff., *Ullenbruch und Drenkhahn*, § 66b Rn. 23 ff. m. w. N.

[298] *Kinzig* StV 2000, 330 ff.

[299] *BVerfGE* 109, 133.

[300] *EGMR* NJW 2010, 2495; *Kinzig* NStZ 2010b, 233 ff.; krit. *Hörnle* 2011b, 239 ff.

[301] Vgl. etwa *OLG Frankfurt* NStZ 2010, 573; *OLG Karlsruhe* NStZ-RR 2010, 322.

[302] *OLG Celle* NStZ-RR 2010, 322; *OLG Nürnberg* NStZ 2010, 574.

[303] *BGHSt* 56, 73; weitergehend zu den Folgen *Elz* FS 2014, 397 ff.

Der Gesetzgeber reagierte auf die Entscheidung des EGMR, indem er am 22.12.2010 ein Gesetz zur Neuordnung des Rechts der Sicherungsverwahrung sowie das Gesetz zur Therapierung und Unterbringung psychisch gestörter Gewalttäter erließ.[304] Mit dem Neuordnungsgesetz wurde die primäre Sicherungsverwahrung erstmals eingeschränkt (§ 66 StGB) und die nachträgliche Sicherungsverwahrung im Wesentlichen beseitigt (§ 66b StGB; letzteres allerdings nicht bei Verurteilungen nach Jugendstrafrecht); die vorbehaltene Sicherungsverwahrung wurde ausgebaut (§ 66a StGB). Das Therapieunterbringungsgesetz (ThUG) zielte auf diejenigen Personen ab, die nach der Entscheidung des EGMR aus der Sicherungsverwahrung entlassen werden mussten; sie sollten in geschlossenen therapeutischen Einrichtungen untergebracht werden, wenn sie an einer psychischen Störung litten und von ihnen infolgedessen mit hoher Wahrscheinlichkeit weitere schwere Straftaten zu erwarten waren. Der Begriff der „psychischen Störung" wurde gewählt, um die Regelung mit der EMRK vereinbar zu machen, da nach Art. 5 Abs. 1 Satz 2 Buchst. e) EMRK bei „psychisch Kranken" ein eigenständiger, von der strafrechtlichen Verurteilung unabhängiger Rechtfertigungsgrund für die Freiheitsentziehung gegeben ist. Das Regelwerk trat am 01.01.2011 in Kraft.

Am 04.05.2011 zog das BVerfG aus der Entscheidung des EGMR von 2009 die Konsequenzen.[305] Es hielt daran fest, dass Strafen und Maßregeln auf unterschiedlichen Legitimationsgrundlagen beruhen und der in der Sicherungsverwahrung liegende, schwerwiegende Eingriff in das Freiheitsgrundrecht nur nach Maßgabe strikter Verhältnismäßigkeitsprüfung sowie unter Wahrung strenger Anforderungen an die zugrunde liegenden richterlichen Entscheidungen und die Ausgestaltung des Vollzugs zu rechtfertigen sei. Diese Voraussetzungen seien jedoch nur dann erfüllt, wenn der Gesetzgeber hinreichend dafür Sorge trage, dass bei der Unterbringung in der Sicherungsverwahrung über den unabdingbaren Entzug der „äußeren" Freiheit hinaus weitere Belastungen vermieden würden. Der Vollzug der Sicherungsverwahrung müsse freiheitsorientiert und therapiegerichtet erfolgen; es müsse ein deutlicher „Abstand" zum Strafvollzug bestehen, wobei das BVerfG mit dem „Abstandsgebot" eine frühere, bereits 2004 formulierte Forderung[306] wieder aufgriff. Da das BVerfG feststellte, dass ein derartiges, dem Abstandsgebot Rechnung tragendes Gesamtkonzept für den Vollzug der Sicherungsverwahrung fehlte und dass im Übrigen bei der rückwirkenden Entfristung der ersten Unterbringung in der Sicherungsverwahrung auch dem Vertrauensschutz der Untergebrachten nicht ausreichend Rechnung getragen worden sei, stufte es – in Abkehr von der zuvor vertretenen Linie – das vom Gesetzgeber über einen langen Zeitraum geschaffene Recht der Sicherungsverwahrung **insgesamt** als **verfassungswidrig** ein. Um die hieraus an sich zwingend folgende Entlassung sämtlicher Untergebrachter zu vermeiden, wurden die Vorschriften für eine Übergangsphase von zwei Jahren für weiter anwendbar erklärt; die Vollstreckungskammern wurden allerdings verpflichtet im Einzelfall zu prüfen, ob die engen, vom BVerfG gesetzten Voraussetzungen für die Fortdauer der Sicherungsverwahrung gegeben seien, andernfalls sei spätestens bis zum 31.12.2011 die Freilassung der Untergebrachten anzuordnen. In der Folge wurde anderthalb Jahre später, am 05.12.2012 das **Gesetz zur bundesrechtlichen Umsetzung des Abstandsgebotes im Recht der Sicherungsverwahrung** erlassen, das am 01.06.2013 in Kraft trat.[307]

Dem Gesetzgeber ist vorzuwerfen, dass er bis 2008 die Ausweitung der Sicherungsverwahrung betrieben hat, ohne dass die Kriminalitätslage hierzu gedrängt hätte.

---

[304] Überblick bei *Kinzig* NJW 2011, 177 ff.

[305] *BVerfGE* 128, 326.

[306] *BVerfGE* 109, 133 (166 f.).

[307] Überblick bei *Peglau* JR 2013, 249 ff.

Objektiv war die Kriminalitätsentwicklung schon in dem 10-Jahres-Zeitraum 1993 bis 2003 rückläufig gewesen, auch und gerade im Bereich des vollendeten Sexualmords.[308] Der Gesetzgeber hat sich beim Ausbau der Sicherungsverwahrung bis 2008 allein von der Stimmungslage in der Bevölkerung leiten lassen, die durch wiederholte Medienkampagnen beeinflusst wurde und ein diffuses Klima einer allgegenwärtigen und ständigen Furcht vor gefährlichen Sexual- und Gewaltstraftätern geschaffen hatte.[309] Die **Grenzlinie** zwischen dem berechtigten Sicherheitsinteresse der Allgemeinheit und dem nicht minder berechtigten Anspruch des Täters auf Wiedererlangung der Freiheit nach Abbüßen der Strafe wurde durch die zahlreichen Aktivitäten des Gesetzgebers neu gezogen und dabei **zum Nachteil des Täters verschoben**. Dies wäre zu akzeptieren, wenn sich die Tätergruppe, die der Gesetzgeber im Blick gehabt hat, eindeutig identifizieren und abgrenzen ließe. Insoweit bestehen jedoch nach wie vor erhebliche Unsicherheiten. Die besondere Gefährlichkeit, die festgestellt werden muss, um die Unterbringung in der Sicherungsverwahrung zu rechtfertigen, lässt sich in vielen Fällen nicht mit der Sicherheit prognostizieren, die für eine so weit in die Grundrechte des Verurteilten eingreifende Maßnahme wie die Sicherungsverwahrung erforderlich ist. Die geringe Basisrate der schweren Delikte, um deren Prognose es geht, und die vor allem bei der Anordnung gegenüber Erstverurteilten häufig nur schmale Datenbasis lassen an der Treffsicherheit der Prognosen erhebliche Zweifel aufkommen (hierzu bereits oben Abschn. 3.7.2.2.2).[310] Im Ergebnis führt die Neubestimmung der Grenzlinie deshalb dazu, dass heute mehr Täter als vor 1998 in der Sicherungsverwahrung gehalten werden, bei denen man aus empirischer Sicht nicht ausschließen kann, dass ihnen die Gefährlichkeitsprognose zu Unrecht ausgestellt worden ist („false positives") – eine, abgesehen von dem hiermit verbundenen menschlichen Leid, aus liberal-rechtsstaatlicher und volkswirtschaftlicher Sicht hochproblematische Entwicklung, über die im Gesetzgebungsverfahren, aber auch in den Entscheidungen des BVerfG unsensibel hinweggegangen worden ist.[311] Abhilfe ist hier nur von einer **restriktiven**, dem ultima ratio-Gedanken Rechnung tragenden **Anwendung** der Rechtsnormen **im Einzelfall** zu erwarten.

5.3.3.2 Anordnungsvoraussetzungen

Durch die zahlreichen Änderungen, die der Gesetzgeber in den Jahren 1998 bis 2012 vorgenommen hat, ist das Recht der Sicherungsverwahrung zu einer komplexen, unübersichtlichen Materie geworden. Mit Blick auf die Verfahrenssituation, in der die Sicherungsverwahrung in Betracht kommt, lassen sich zunächst drei Formen

---

[308] *Pfeiffer et al.* MschrKrim 87 (2004), 415 ff.

[309] *Meier* 2008, 84 ff.; *Pfister* FPPK 2011, 82 ff.; *Schöch* NK 2012b, 47 ff.; zur verfassungsrechtlichen Seite *BVerfGE* 109, 133 (157 f.).

[310] *Kinzig* 2008, 145 ff.; *Müller et al.* MschrKrim 94 (2011b), 261 ff.; *Streng* StV 2013, 238 f.; zusammenfassend *Schöch* 2011, 122 ff.; zur Sicht des BVerfG vgl. *BVerfGE* 109, 133 (158).

[311] Erklärungsversuch bei *Höffler* StV 2014, 173.

unterscheiden: die primäre Anordnung der Sicherungsverwahrung, die im Zusammenhang mit der Verurteilung des Täters ergeht (§ 66 StGB, nachfolgend Abschn. 5.3.3.2.1 bis 5.3.3.2.3), die vorbehaltene Anordnung, die dann ergehen kann, wenn die Anordnung zum Zeitpunkt der Verurteilung noch nicht entscheidungsreif ist (§ 66a StGB, nachfolgend Abschn. 5.3.3.2.4), und die nachträgliche Anordnung, die, ohne dass bei der Verurteilung ein Vorbehalt ausgesprochen worden ist, im Zusammenhang mit der Erledigung der Unterbringung in einem psychiatrischen Krankenhaus erfolgen kann (§ 66b StGB, nachfolgend Abschn. 5.3.3.2.5). Die primäre Anordnung nach § 66 StGB kommt traditionell (d. h. seit 1969) in zwei Konstellationen in Betracht: bei Tätern, die mehrere Vorverurteilungen aufweisen (§ 66 Abs. 1 StGB), und bei Tätern, die sich der Verurteilung bislang entziehen konnten, aber mehrere schwere Taten begangen haben (Abs. 2). Für Angeklagte, die wegen Sexualdelikten oder anderen gefährlichen Straftaten verurteilt werden, gelten erleichterte Anordnungsvoraussetzungen (Abs. 3). Vorrangig zu prüfen ist stets die primäre Anordnung bei Tätern mit mehreren Vorverurteilungen nach § 66 Abs. 1 StGB, da dies die einzige Konstellation ist, bei der die Anordnung zwingend ist.

5.3.3.2.1 Täter mit mehreren Vorverurteilungen
Formelle Voraussetzungen
Dem ultima ratio-Charakter entsprechend kommt die Anordnung der Sicherungsverwahrung nach § 66 Abs. 1 StGB nur bei einem eng begrenzten Kreis von Straftaten in Betracht. Seit dem Inkrafttreten des Gesetzes zur Neuordnung des Rechts der Sicherungsverwahrung am 01.01.2011 genügt als Grundlage für die Anordnung nicht mehr jede Verurteilung wegen einer vorsätzlichen Straftat. Erforderlich ist vielmehr entweder die Verurteilung wegen einer **Straftat gegen höchstpersönliche Rechtsgüter** – konkret: Leben, körperliche Unversehrtheit, persönliche Freiheit oder sexuelle Selbstbestimmung (Satz 1 Nr. 1 Buchst. a) – oder wegen einer **anderen besonders schweren Straftat**. Dabei verweist der Gesetzgeber zur Konkretisierung der zweiten Alternative auf die Tatbestände des 1., 7., 20. oder 28. Abschnitts des Besonderen Teils des StGB, die Tatbestände des VStGB sowie das BtMG; die dort genannten Tatbestände rechtfertigen die Anordnung der Sicherungsverwahrung nur dann, wenn sie im Höchstmaß mit Freiheitsstrafe von mindestens 10 Jahren bedroht sind (Satz 1 Nr. 1 Buchst. b). Für die Einordnung gilt § 12 Abs. 3 StGB entsprechend, d. h. das im Gesetz angedrohte Höchstmaß muss sich aus einem selbstständigen Tatbestand und darf sich nicht nur aus der Einordnung als besonders schwerer Fall eines Grunddelikts ergeben (Satz 2). Die Sicherungsverwahrung kann deshalb bspw. nicht wegen eines besonders schweren Falls der Erpressung (§ 253 Abs. 4 StGB; Straftat des 20. Abschnitts), sondern nur wegen räuberischer Erpressung (§ 255 StGB) angeordnet werden.

Gleichgestellt werden zwei Fallkonstellationen, mit denen spezielle Tätergruppen erfasst werden sollen (Satz 1 Nr. 1 Buchst. c). Zum einen geht es um Verstöße gegen strafbewehrte Weisungen während der Führungsaufsicht. Wenn durch den Weisungsverstoß der Zweck der Führungsaufsicht gefährdet wird, kann hierin eine **Straftat nach § 145a StGB** liegen (oben Abschn. 5.2.2.3.2). Sofern die Führungsaufsicht ihrerseits aufgrund einer der in Satz 1 Nr. 1 Buchst. a oder b genannten

Straftaten angeordnet wurde, kann auch die Straftat nach § 145a StGB zum Anlass für die Anordnung der Sicherungsverwahrung genommen werden. In der Sache werden hierdurch nur mittelbare Gefährdungslagen erfasst; den unmittelbaren Anlass für die Sicherungsverwahrung bildet der bloße – wenn auch strafbare – Ungehorsam gegenüber der richterlichen Weisung, was mit Blick auf die Verhältnismäßigkeit der Maßregel (§ 62 StGB) nicht unproblematisch ist.[312] Zum anderen geht es um rechtswidrige Taten, die im Rausch begangen werden und zu einer **Strafbarkeit nach § 323a StGB** führen können. Wenn es sich bei der im Rausch begangenen Tat um eine der in Satz 1 Nr. 1 Buchst. a oder b genannten Straftaten handelt, kommt auch die Verurteilung nach § 323a StGB als Grundlage für die Anordnung von Sicherungsverwahrung in Betracht.

In formeller Hinsicht setzt die Anordnung voraus, dass der Angeklagte wegen einer der genannten vorsätzlichen Taten zu **Freiheitsstrafe von mindestens 2 Jahren** verurteilt wird. Seit einer Gesetzesänderung von 2002[313] kommt die Anordnung nach § 66 Abs. 1 StGB auch dann in Betracht, wenn der Täter wegen der Anlasstat zu lebenslanger Freiheitsstrafe verurteilt wird. Ein praktisches Bedürfnis für diese Änderung erscheint auf den ersten Blick zweifelhaft, da dem Sicherheitsinteresse der Allgemeinheit auch über die Versagung der Aussetzung zur Bewährung (§ 57a Abs. 1 StGB) ausreichend Rechnung getragen werden kann.[314] Kommt es zur Strafrestaussetzung nach § 57a StGB, zeigen sich indes Unterschiede: Die Führungsaufsicht mit der Möglichkeit der Anordnung von strafbewehrten Weisungen (§ 68b Abs. 1 StGB) tritt nur dann ein, wenn auch die Sicherungsverwahrung angeordnet worden ist und ihre Vollstreckung ebenfalls zur Bewährung ausgesetzt wird (§ 67c Abs. 2 Satz 4 StGB); es kann Fälle geben, in denen die Führungsaufsicht hilfreich ist, um trotz fortbestehender Sicherheitsbedenken die Entlassung anordnen zu können.[315] Wird der Täter im Zusammenhang mit der Anlasstat zu einer Gesamtstrafe verurteilt, so muss im Übrigen mindestens eine Einzelstrafe auf 2 Jahre Freiheitsstrafe lauten.[316]

Zweite formelle Voraussetzung ist, dass der Täter wegen vorsätzlicher Taten der in Abs. 1 Satz 1 **Nr. 1** genannten Art, die er vor der neuen, den Anlass für die Anordnung bildenden Tat begangen hat, schon **zweimal zu einer Freiheitsstrafe von mindestens einem Jahr verurteilt** worden ist (Abs. 1 Satz 1 Nr. 2). Durch die Bezugnahme auf Vorstrafen von mindestens einem Jahr Freiheitsstrafe soll erreicht werden, dass nur solche Wiederholungstäter in den Anwendungsbereich der Maßregel gelangen, bei denen ein erhebliches Bedürfnis der Allgemeinheit nach verstärkter Sicherung besteht; Täter aus dem Bereich der leichteren oder mittleren

---

[312] MüKo 2016 ff., *Ullenbruch et al.*, § 66 Rn. 60.

[313] Bis 2002 konnte die Sicherungsverwahrung nur im Zusammenhang mit „zeitiger" Freiheitsstrafe angeordnet werden.

[314] Krit. *Kett-Straub und Kudlich* 2017, § 16 Rn. 53; ablehnend deshalb auch noch die 4. Aufl. des vorliegenden Werks (*Meier* 2015, 351).

[315] BGHSt 62, 211 (219 f.) m. krit. Anm. *Kett-Straub* JZ 2018, 101; *Streng* 2012, Rn. 453.

[316] BGH NJW 1972, 834.

Kriminalität sollen aus dem Anwendungsbereich ausgeschlossen werden. Ist in einem der früheren Urteile eine Gesamtstrafe gebildet worden, so kommt es maßgeblich auf die Höhe der *Einzelstrafen* an: Jedenfalls eine der Einzelstrafen muss auf mindestens ein Jahr Freiheitsstrafe gelautet haben.[317] Als Vorstrafe genügt auch eine *Jugendstrafe*.[318] Ist im Jugendstrafverfahren eine einheitliche Jugendstrafe nach § 31 JGG gebildet worden, muss allerdings auch insoweit erkennbar sein, dass der Täter bei getrennter Aburteilung jedenfalls für eine der Taten eine Jugendstrafe von mindestens einem Jahr verwirkt hatte.[319]

Die beiden Vorstrafen müssen sich aus *zwei voneinander unabhängigen Verurteilungen* ergeben.[320] Es genügt nicht, dass der Täter zwei Einzelstrafen von mindestens einem Jahr Freiheitsstrafe erhalten hat, die im Urteil (§ 54 StGB) oder nachträglich (§ 55 StGB, § 460 StPO) zu einer Gesamtstrafe zusammengezogen worden sind (§ 66 Abs. 4 Satz 1). Werden jedoch in dem Urteil, in welchem die Anlassstat abgeurteilt wird, zugleich Einzelstrafen aus einem früheren Urteil in eine neue, aber gesonderte Gesamtstrafe einbezogen, kann das frühere Urteil trotzdem als Vorverurteilung im Sinne des § 66 **Abs. 1** Satz 1 Nr. 2 StGB in Betracht kommen; es verliert dadurch nicht seine Warnfunktion für den Verurteilten, denn es ist von bloßen Zufällen abhängig, ob und wann eine nachträgliche Gesamtstrafenbildung mit einem Urteil vorgenommen wird, das die Funktion einer Vorverurteilung inne hat.[321] Auf der anderen Seite dürfen die Taten, derentwegen die Verurteilungen erfolgt sind, zeitlich auch nicht zu weit auseinander liegen: Eine frühere Tat darf dann nicht mehr berücksichtigt werden, wenn zwischen ihr und der folgenden Tat mehr als 5 Jahre verstrichen sind; bei Sexualdelikten gilt eine Frist von 15 Jahren (Abs. 4 Satz 3). Sinn dieser „*Rückfallverjährung*" ist es, diejenigen Täter aus dem Anwendungsbereich der Maßregel auszuschließen, die über einen längeren Zeitraum hinweg zeigen, dass sie zu einem Leben ohne Straftaten in der Lage sind. Konsequenterweise muss bei der Berechnung des 5-Jahreszeitraums diejenige Zeit unberücksichtigt bleiben, die der Täter in behördlicher Verwahrung verbracht hat (Abs. 4 Satz 4).

Neben der zweimaligen Vorverurteilung des Täters setzt die Anordnung drittens voraus, dass der Täter wegen wenigstens einer der früheren Taten vor der neuen Tat **für die Dauer von mindestens 2 Jahren Freiheitsstrafe verbüßt** oder sich im Vollzug einer freiheitsentziehenden Maßregel befunden hat (Abs. 1 Satz 1 Nr. 3). Der Anwendungsbereich der Maßregel wird hierdurch weiter eingeschränkt und auf solche Täter reduziert, die trotz langfristiger Vollzugserfahrungen im Straf- oder Maßregelvollzug erneut eine Straftat begehen und dadurch zeigen, dass die Resozialisierungsbemühungen der Vollzugseinrichtungen letztlich erfolglos geblieben sind. Das Erfordernis der mindestens zweijährigen Vorverbüßung unterstreicht

---

[317] *BGHSt* 24, 243 (245 ff.); 345 (347 f.); 34, 321 (323 ff.).

[318] Krit. *Knauer* ZStW 124 (2012), 213 ff.

[319] *BGHSt* 26, 152 (154 f.); *BGH* NJW 1999, 3723.

[320] *BGHSt* 30, 220 (222 f.).

[321] *BGHSt* 52, 225 (226).

damit den Charakter der Sicherung als „ultima ratio" des strafrechtlichen
Sanktionssystems und „letzte Notmaßnahme der Kriminalpolitik". Als verbüßte
Strafe i. S. des Abs. 1 Satz 1 Nr. 3 gilt auch, wenn der Täter aus Anlass der früheren
Tat Untersuchungshaft oder eine andere Form der Freiheitsentziehung erlitten hat
und dies gem. § 51 StGB auf die Dauer der Freiheitsstrafe angerechnet worden ist
(Abs. 4 Satz 2).

Materielle Voraussetzungen
In materieller Hinsicht setzt die Anordnung voraus, dass die Gesamtwürdigung des
Täters und seiner Taten ergibt, dass der Täter infolge seines Hangs zu erheblichen
Straftaten für die Allgemeinheit gefährlich ist (Abs. 1 Satz 1 Nr. 4). Den Kern der
materiellen Voraussetzung bilden zwei Elemente: die das gesamte Maßregelrecht
kennzeichnende Prognose künftiger Straffälligkeit („für die Allgemeinheit gefährlich") und der Begriff des „Hangs zu erheblichen Straftaten", mit dem ersichtlich
eine kriminologisch gemeinte Begründung für die Gefährlichkeit geliefert werden
soll („infolge").

Was sich im Einzelnen mit dem Begriff des **„Hang s"** verbindet und anhand
welcher Merkmale sich „Hangtäter" von anderen Tätergruppen abgrenzen lassen,
ist weitgehend unklar. Geläufig ist die Definition, „Hang" sei die eingeschliffene,
aufgrund charakterlicher Veranlagung bestehende oder durch Übung erworbene intensive Neigung zu Rechtsbrüchen, die den Täter immer wieder straffällig werden
lasse, wenn sich die Gelegenheit dazu biete.[322] Sonderlich erhellend ist diese Definition indessen nicht; in der Sache wird der „Hang" hier lediglich durch die „Neigung zu Rechtsbrüchen" ersetzt, ohne dass damit für die Auslegung und das Verständnis des § 66 StGB viel gewonnen wäre.

Geht man der Frage genauer nach, zeigt sich zunächst, dass es für die Rechtsanwendung *nicht* darauf ankommt, auf welchen *Ursachen* der Hang beruht. Der
Hang kann einer allgemein antisozialen Haltung des Täters entspringen; er kann
aber auch darauf beruhen, dass der Täter willensschwach ist und aus Haltlosigkeit
dem Tatanreiz nicht widerstehen kann und jeder neuen Versuchung erliegt.[323] Der
Begriff des „Hangs" ist dementsprechend weniger im Hinblick auf bestimmte Ursachen als vielmehr im Hinblick auf einen bestimmten *Zustand* des Täters,[324] eine
bestimmte *Persönlichkeitsverfassung* oder *Disposition* zu verstehen, die ihn immer
wieder Straftaten begehen lässt. Damit geraten die Überlegungen der täterbezogenen Kriminologie zur Erklärung persistenten kriminellen Verhaltens in den Blick,
etwa forensisch-psychiatrische Bezugnahmen auf einzelne Störungsbilder[325] oder
kriminologisch-psychologische Konzepte wie Risikoverhalten, Selbstkontrolle oder

---

[322] *BGH* NStZ 2003, 201 (202); 2005, 265; NStZ-RR 2008, 337; 2009, 11; LK 2006 ff., *Rissing-van
Saan und Peglau*, § 66 Rn. 118 ff.; S/S 2019, *Kinzig*, § 66 Rn. 26 ff.

[323] *BGHSt* 24, 160 (161 f.); *BGH* NStZ 2003, 310 (311); StraFo 2017, 246.

[324] So etwa *BGHSt* 50, 188 (196).

[325] Vgl. *Habermeyer und Saß* Nervenarzt 2004, 1061 ff.; *Puhlmann und Habermeyer* FPPK 2010,
39 ff.; *Dannhorn* NStZ 2010, 366 ff.

Bindung. Ähnlich wie beim Begriff der „psychischen Störung" (§ 1 Nr. 1 ThUG; dazu unten Abschn. 5.3.3.2.6) handelt es sich auch beim „Hang" i. S. des § 66 Abs. 1 Satz 1 Nr. 4 StGB allerdings um einen *normativen Begriff*, der mit empirischen Befunden nur zum Teil gefüllt werden kann;[326] dies gilt für die Zuordnung psychiatrischer Diagnosen ebenso wie für die Zuordnung kriminologischer Erklärungsansätze. Im Kern verweist der Begriff auf die *nicht nur vorübergehende Fehlanpassung* des Verurteilten an die sich in den Rechtsnormen ausdrückenden gesellschaftlichen Erwartungen, auf die mangelnde Fähigkeit bzw. Bereitschaft, sich in kritischen Situationen den Rechtsnormen entsprechend zu verhalten. „Hang" i. S. der Nr. 4 lässt sich deshalb als *Verhaltensmuster* deuten, das sich im bisherigen Sozial-, aber insbesondere auch Legalverhalten des Verurteilten erkennen lässt und den *Zusammenhang zwischen den mehreren*, die Sicherungsverwahrung legitimierenden *Straftaten kriminologisch erklären* kann.[327] Der Begriff ist damit keineswegs, wie gelegentlich angenommen,[328] inhaltsleer, sondern ermöglicht die Eingrenzung solcher Wiederholungstäter, die wegen ihrer fehlenden Fähigkeit oder Bereitschaft zur Selbststeuerung in besonderer Weise rückfallgefährdet und damit für die Gesellschaft „gefährlich" erscheinen.

Die Feststellung dieser Voraussetzung bedarf, wie sich auch aus dem Gesetz ergibt, einer umfassenden, normativ geprägten **„Gesamtwürdigung des Täters und seiner Taten"**, bei der auf die Persönlichkeitsstruktur des Täters ebenso einzugehen ist wie auf das bisherige allgemeine soziale Verhalten und die bisherige Entwicklung der kriminellen Karriere.[329] Auch die Rolle der Tatopfer verdient in diesem Zusammenhang Aufmerksamkeit.[330] Zwischen Vortaten, Anlasstat und den künftig zu erwartenden Taten muss sich zudem ein *„symptomatischer"* Zusammenhang feststellen lassen,[331] d. h. alle in die Begründung des „Hangs" einbezogenen Taten müssen Ausdruck derselben fehlenden Fähigkeit bzw. Bereitschaft zur Selbststeuerung sein. Zur sorgfältigen Prüfung des symptomatischen Zusammenhangs besteht vor allem dann Anlass, wenn eine der Taten in einem vollständig anderen situativen und motivationalen Kontext steht als die anderen Taten, z. B. weil es sich bei ihr um eine Affekt- oder Konflikttat handelt.[332]

Beispiel

A wird wegen schwerer räuberischer Erpressung zu einer Freiheitsstrafe von 3 Jahren und 6 Monaten verurteilt. Er hat unter Vorzeigen eines Messers von dem Geschädigten 5000 € als Strafe eingetrieben, weil dieser über die von der Freundin des A angemietete sog. Terminwohnung schlecht geredet hat. In einem

---

[326] *BGH* NStZ 2010, 586; *Fischer* 2019, § 66 Rn. 20, 48; NK 2017, *Dessecker*, § 66 Rn. 70.

[327] Vgl. hierzu etwa die Indikatorenliste bei *Habermeyer und Saß* Nervenarzt 2004, 1066 f.

[328] *Kinzig* NStZ 1998, 19.

[329] *Fischer* 2019, § 66 Rn. 50.

[330] Vgl. *BGH* NStZ-RR 2010, 77.

[331] *BGHSt* 24, 243 (244 f.); *BGH* StV 2008, 350; S/S 2019, *Kinzig*, § 66 Rn. 31.

[332] *BGH* NStZ 1994, 280 (281); NStZ-RR 2005, 105; 2010, 238 (239).

früheren Verfahren wegen gefährlicher Körperverletzung war A von dem Geschädigten provoziert worden. – Der Zusammenhang könnte hier deshalb zu verneinen sein, weil die rechtswidrige Einforderung einer „Strafe" ein Mindestmaß an Vorbereitung und Planung erfordert, während es sich bei einer provozierten Körperverletzung eher um eine ungeplante „Augenblickstat" handelt; auch sind die Taten weder gleichartig noch verletzen sie das gleiche Rechtsgut. Andererseits handelt es sich bei beiden Taten um eine aggressive Reaktion auf einen äußeren Tatanstoß; sie scheinen beide Ausdruck einer erhöhten Impulsivität und Aggressionsbereitschaft zu sein. Wenn man hinzunimmt, dass beide Taten im Zusammenhang mit einem bestimmten, durch Gewalt geprägten Lebensstil stehen (z. B. Zugehörigkeit zu einem gewaltaffinen Motorradclub), spricht dies eher für als gegen das Vorliegen eines „symptomatischen Zusammenhangs".[333]

Der Hang des Täters muss sich auf die Begehung **„erheblicher" Straftaten** beziehen. Damit ist ein Schwereniveau der begangenen und für die Zukunft zu erwartenden Taten angesprochen, das – trotz des auf den ersten Blick identischen Wortlauts – deutlich *über* dem Niveau der in §§ 63 und 64 StGB angesprochenen Taten liegen muss. Dies ergibt sich zum einen schon aus den formellen Anordnungsvoraussetzungen für die Sicherungsverwahrung, die ausschließlich den Bereich der schweren Kriminalität in den Blick nehmen. Zum anderen ergibt sich dies aus dem in § 66 Abs. 1 Satz 1 Nr. 4 StGB enthaltenen Zusatz, dass als „erheblich" namentlich solche Straftaten anzusehen seien, „*durch welche die Opfer seelisch oder körperlich schwer geschädigt werden*"; eine solche Erläuterung fehlt sowohl in § 63 StGB als auch in § 64 StGB.

Für die Beurteilung der „Erheblichkeit" der zu erwartenden Taten ist vor diesem Hintergrund, aber auch vor dem Hintergrund der Zielrichtung der Sicherungsverwahrung als „letzter Notmaßnahme der Kriminalpolitik", eine besonders restriktive Auslegung und Anwendung geboten. „Erhebliche" Taten sind nur solche, die, falls sie zur Aburteilung gebracht würden, das in den formellen Anordnungsvoraussetzungen skizzierte Niveau erreichen würden. Als „erheblich" sind dementsprechend jedenfalls *Verbrechen* i. S. von § 12 Abs. 1 StGB anzusehen. Sind für die Zukunft lediglich *Vergehen* zu erwarten, ist die Anordnung der Sicherungsverwahrung nur dann gerechtfertigt, wenn die zu erwartenden Taten einen *besonders hohen Schweregrad* erreichen; bei zu erwartenden Taten im Bereich der unteren und mittleren Kriminalität dürfte dies in der Regel zu verneinen sein.[334] Bei Taten wie dem sexuellen Missbrauch von Kindern (§§ 176, 176a StGB) ist die Erheblichkeitsschwelle in der Regel überschritten,[335] während der Erwerb und Besitz kinderpornografischer Erzeugnisse (§ 184b StGB) nicht zu den erheblichen Delikten zählen.[336]

---

[333] Vgl. *BGH* NStZ-RR 2010, 238.

[334] Vgl. *BGHSt* 24, 153 (154); *BGH* NStZ 1988, 496.

[335] *BGH* NStZ 2010, 239 (240).

[336] *BGH* StV 2012, 212.

Infolge der für die Zukunft zu erwartenden Straftaten muss der Täter „**für die Allgemeinheit gefährlich**" sein. Die Formulierung deckt sich mit der gleichlautenden Formulierung in § 63 StGB; ebenso wie dort ist auch hier davon auszugehen, dass zu erwartende Angriffe auf nahestehende Personen (z. B. die Ehefrau oder Kinder) als „für die Allgemeinheit gefährlich" anzusehen sind (oben Abschn. 5.3.1.2.2). Maßgeblicher Zeitpunkt für die Beurteilung der Gefährlichkeit ist, wie der Gesetzgeber im Neuordnungsgesetz vom 22.12.2010 noch einmal ausdrücklich festgestellt hat,[337] der *Zeitpunkt des Urteils*. Soweit später eintretende Umstände die Prognosestellung in einem anderen Licht erscheinen lassen (z. B. eine besondere Entwicklung des Täters während der Verbüßung im Strafvollzug), müssen diese Umstände im Rahmen der Prüfung nach § 67c Abs. 1 StGB (Aussetzung der Sicherungsverwahrung; dazu unten Abschn. 5.4.4.1.2) berücksichtigt werden.

Wenn die formellen und materiellen Voraussetzungen für die Anordnung der Unterbringung in der Sicherungsverwahrung festgestellt sind, ist die Anordnung *obligatorisch*.

5.3.3.2.2 Mehrfachtäter ohne Vorverurteilungen

§ 66 Abs. 2 StGB trägt dem Umstand Rechnung, dass die öffentliche Sicherheit auch die Sicherungsverwahrung von Personen erfordern kann, die vorher nicht oder jedenfalls nicht in der in § 66 Abs. 1 StGB bezeichneten Weise verurteilt worden sind und noch keine Strafe verbüßt haben. Die Unterbringung in der Sicherungsverwahrung nach § 66 Abs. 2 StGB zielt damit vor allem auf die Erfassung solcher gefährlicher Serientäter ab, die bis zur Anlasstat unentdeckt und nur deshalb unverurteilt geblieben sind.[338]

In formeller Hinsicht setzt die Anordnung der Unterbringung nach § 66 Abs. 2 StGB voraus, dass der Täter **drei Straftaten der in Abs. 1 Satz 1 Nr. 1 genannten Art** (oben Abschn. 5.3.3.2.1) begangen hat, durch die er jeweils eine **Freiheitsstrafe von mindestens einem Jahr verwirkt** hat. Eine *Verurteilung* braucht wegen dieser Taten nicht erfolgt zu sein. Andererseits schließt eine frühere Verurteilung die Anwendung des Absatzes 2 auch nicht aus.[339] Die Unterbringung in der Sicherungsverwahrung kann deshalb auf der Grundlage von Abs. 2 auch dann angeordnet werden, wenn zwei Taten in einem früheren Urteil zu einer Gesamtstrafe zusammengezogen worden sind, so dass eine Anordnung auf der Grundlage von Abs. 1 nicht in Betracht kommt (Abs. 4 Satz 1). Voraussetzung für die Anwendung von Abs. 2 ist in diesem Fall allerdings, dass für jede der beiden Taten eine Einzelstrafe von mindestens einem Jahr verhängt worden ist.[340] Eine *Vorverbüßung* wegen einer der Vortaten ist nicht erforderlich, aber ebenfalls unschädlich. Die Anordnung der Sicherungsverwahrung nach Abs. 2 kommt deshalb auch dann in Betracht, wenn eine Anordnung nach Abs. 1 an der fehlenden Mindestverbüßungsdauer (Abs. 1 Satz 1 Nr. 3) scheitert.

---

[337] Vgl. BT-Drucks. 17/3403, 24.

[338] BT-Drucks. 5/4094, 20 f.; MüKo 2016 ff., *Ullenbruch et al.*, § 66 Rn. 127.

[339] *BGH* NStZ-RR 2010, 142 (143).

[340] S/S 2019, *Kinzig*, § 66 Rn. 52; SK StGB 2016 ff., *Sinn*, § 66 Rn. 37.

Der Täter muss in dem den Anlass für die Anordnung der Sicherungsverwahrung bildenden Verfahren wegen einer oder mehrerer der drei Taten zu einer **Freiheitsstrafe von mindestens 3 Jahren verurteilt** werden. Gegenüber der Anordnung nach Abs. 1, wo eine Verurteilung zu einer Freiheitsstrafe von mindestens 2 Jahren genügt, sind die Anforderungen damit etwas angehoben. Auf der anderen Seite ist es für die Anordnung nach Abs. 2 nicht erforderlich, dass die Freiheitsstrafe von mindestens 3 Jahren nur für eine der drei Taten verhängt wird; wie sich aus der Formulierung „wegen einer oder mehrerer dieser Taten" ergibt, genügt es, dass für die drei Taten eine Gesamtstrafe gebildet wird, die in ihrem Ergebnis über der Mindestdauer von 3 Jahren liegt.[341]

Hinsichtlich der materiellen Voraussetzungen gilt dasselbe wie bei der Anordnung nach Abs. 1. Erforderlich ist also, dass die Gesamtwürdigung des Täters und seiner Taten ergibt, dass der Täter einen **Hang zur Begehung erheblicher Straftaten** hat und infolgedessen **für die Allgemeinheit gefährlich** ist. Sind die Voraussetzungen erfüllt, steht die Anordnung der Sicherungsverwahrung – insoweit anders als im Fall des Absatzes 1 – im *Ermessen* des Gerichts. Im Rahmen der Ermessensentscheidung kann das Gericht berücksichtigen, welche Wirkungen von dem mehrjährigen Aufenthalt im Strafvollzug zu erwarten sind. Sieht das Gericht Anhaltspunkte dafür, dass vom Verurteilten nach Beendigung des Strafvollzugs keine weiteren erheblichen Straftaten mehr zu erwarten sein werden, kann es schon im Urteil von der Anordnung der Sicherungsverwahrung absehen.[342]

5.3.3.2.3 Sexualtäter und andere gefährliche Straftäter

Die auf das SexBG von 1998 zurückgehende Regelung in § 66 Abs. 3 StGB sieht vor, dass die Sicherungsverwahrung bei Sexualtätern und bestimmten anderen gefährlichen Straftätern unter *erleichterten Voraussetzungen* angeordnet werden kann. Die Regelung gilt für alle diejenigen Angeklagten, die im aktuellen Verfahren wegen eines die Voraussetzungen nach Abs. 1 Satz 1 Nr. 1 Buchst. a oder b erfüllenden **Verbrechens**, wegen einer **terroristischen Straftat** (§§ 89a, 89c, 129a, 129b StGB), wegen eines **Sexualdelikts** an einem Kind, Jugendlichen, Abhängigen oder Widerstandsunfähigen (§§ 174 bis 174c, 176, 179 Abs. 1 bis 4, 180, 182 StGB), wegen einer **qualifizierten Körperverletzung** (§§ 224, 225 Abs. 1 oder 2 StGB) oder wegen eines vorsätzlichen **Rauschdelikts** (§ 323a StGB) in Verbindung mit einer der zuvor genannten Taten verurteilt werden. Der Vergleich der Aufzählung in Abs. 3 mit der Aufzählung der Anlasstaten in Abs. 1 Satz 1 Nr. 1 zeigt, dass der Anwendungsbereich der Vorschrift weit gespannt ist und für eine große Gruppe von Tätern tatsächlich andere und im Ergebnis weniger hohe formelle Anforderungen für die Unterbringung in der Sicherungsverwahrung gelten als sie in § 66 Abs. 1 und 2 StGB formuliert werden. Die sachliche Begründung für die Heraushebung der in Abs. 3 genannten Tätergruppen aus dem ohnehin beschränkten Kreis

---

[341] LK 2006 ff., *Rissing-van Saan und Peglau*, § 66 Rn. 89; SK StGB 2016 ff., *Sinn*, § 66 Rn. 38.

[342] Vgl. *BGH* NStZ 1985, 261; 1988, 496; LK 2006 ff., *Rissing-van Saan und Peglau*, § 66 Rn. 232; SK StGB 2016 ff., *Sinn*, § 66 Rn. 40.

von für die Sicherungsverwahrung in Betracht kommenden Verurteilten ist dunkel, und es verwundert, dass die Differenzierung auch Neuordnungsgesetz vom 22.12.2010 beibehalten wurde, das unter rechtspolitisch etwas entspannteren Bedingungen zustande gekommen ist. Regelungstechnisch knüpft die Vorschrift an die Differenzierung zwischen **Tätern mit mehreren Vorverurteilungen** (oben Abschn. 5.3.3.2.1) und **Mehrfachtätern ohne Vorverurteilungen** (oben Abschn. 5.3.3.2.2) an und reduziert die Anordnungsvoraussetzungen im ersten Fall gegenüber § 66 Abs. 1 StGB von zwei auf nur *eine* Vorverurteilung und im zweiten Fall gegenüber § 66 Abs. 2 StGB von drei auf *zwei* Taten.

Die Sicherungsverwahrung kann (nicht: muss) danach zum einen dann angeordnet werden, wenn der Täter, der wegen der Anlasstat zu einer Freiheitsstrafe von mindestens 2 Jahren verurteilt wird, wegen einer oder mehrerer einschlägiger („solcher") Straftaten, die er vor der Anlasstat begangen hat, schon einmal zu einer Freiheitsstrafe von mindestens 3 Jahren verurteilt worden ist (Abs. 3 Satz 1).[343] Die Reduzierung der Vorstrafenzahl gegenüber Abs. 1 wird also in gewisser Weise dadurch kompensiert, dass die in dem früheren Urteil ausgesprochene Strafdauer nicht nur mindestens ein, sondern 3 Jahre Freiheitsstrafe betragen haben muss. Im Übrigen gelten für die Anordnung in dieser Fallgruppe dieselben Voraussetzungen wie für die Anordnung bei Tätern mit mehreren Vorverurteilungen nach Abs. 1: Zu der mindestens einen früheren Verurteilung müssen also eine wenigstens einmalige Vorverbüßung von mindestens 2 Jahren sowie die Feststellung eines „Hang s" zur Begehung der betreffenden erheblichen Straftaten (Abs. 1 Satz 1 Nr. 3 und 4) hinzutreten. Sofern die materiellen Anordnungsvoraussetzungen nicht mit der erforderlichen Sicherheit festgestellt werden können, kommt eine Vorbehaltsentscheidung nach § 66a Abs. 1 StGB in Betracht (unten Abschn. 5.3.3.2.4).

Zum anderen kann die Sicherungsverwahrung dann angeordnet werden, wenn das Gericht feststellt, dass der Täter zwei einschlägige Straftaten begangen hat, durch die er jeweils eine Freiheitsstrafe von mindestens 2 Jahren verwirkt hat (Abs. 3 Satz 2). Die Reduzierung der Zahl der insgesamt begangenen Taten gegenüber Abs. 2 wird hier dadurch kompensiert, dass die für die jeweiligen Taten verwirkte Strafe nicht mindestens 1 Jahr, sondern mindestens 2 Jahre betragen haben muss. Im Übrigen muss der Täter wegen einer oder mehrerer der Taten zu Freiheitsstrafe von mindestens 3 Jahren verurteilt werden und es muss auch hier die Gesamtwürdigung des Täters und seiner Taten ergeben, dass der Täter infolge seines Hangs zur Begehung der betreffenden Straftaten für die Allgemeinheit gefährlich ist.[344]

5.3.3.2.4 Vorbehalt der Sicherungsverwahrung

Der 2002 in das StGB eingefügte und 2010 noch einmal deutlich erweiterte Vorbehalt der Sicherungsverwahrung nach § 66a StGB knüpft daran an, dass es Fälle gibt, in denen es nach dem Ergebnis der Beweisaufnahme zwar wahrscheinlich erscheint, dass der Täter für die Allgemeinheit gefährlich ist, in denen die für die Anordnung erforderliche hinreichende Sicherheit aber nicht gegeben ist. § 66a StGB ermöglicht es dem Gericht in diesen Fällen, die Entscheidung auf einen späteren Zeitpunkt zu verschieben und im Urteil zunächst nur einen **Vorbehalt** auszusprechen.

---

[343] Vgl. hierzu *BGHSt* 48, 100 (103 ff.).

[344] Zu den insoweit zu stellenden Anforderungen vgl. *BGH* NJW 1999, 3723 (3725) m. Anm. *Schöch* NStZ 2000, 138.

Die endgültige Entscheidung wird erst am Ende der Vollstreckung der Freiheits-strafe getroffen; dabei kann dann ergänzend auch das Verhalten des Verurteilten im Strafvollzug berücksichtigt und die Entscheidung damit auf eine breitere Tatsa-chengrundlage gestellt werden. Für den Verurteilten kann die mit dem Vorbehalt einhergehende Ungewissheit über die endgültige Dauer des Freiheitsentzugs eine erhebliche zusätzliche Belastung bedeuten. Allerdings ist der Vollzug der Freiheits-strafe auch beim Vorbehalt der Sicherungsverwahrung bereits auf eine Weise auszu-gestalten, die die Anordnung der Sicherungsverwahrung im Nachverfahren mög-lichst entbehrlich macht (§ 66c Abs. 2 StGB; unten 5.3.3.4.2).

Der Vorbehalt der Anordnung kommt in zwei Fallkonstellationen in Betracht: Er kann bei **Sexualtätern und anderen gefährlichen Straftätern** i. S. des § 66 Abs. 3 StGB erfolgen, wenn zwar nicht die materiellen, wohl aber die formellen Voraus-setzungen des § 66 Abs. 3 StGB zur Überzeugung des Gerichts feststehen (§ 66a Abs. 1 StGB). Und er kann gegenüber **Erst- und Einmaltätern** erfolgen, bei denen sich bereits aus der Begehung der einzigen, wenn auch in besonderer Weise quali-fizierten Tat Hinweise auf eine wahrscheinliche Rückfallgefahr ergeben (§ 66a Abs. 2 StGB).[345] Der Vorbehalt steht in beiden Fällen im *Ermessen* des Gerichts.

In der ersten Fallkonstellation (Sexualtäter und andere gefährliche Straftäter) kann der Vor-behalt erklärt werden, wenn die Verurteilung wegen einer der in § 66 Abs. 3 Satz 1 StGB genannten Straftaten erfolgt und die übrigen formellen Voraussetzungen des § 66 Abs. 3 StGB erfüllt sind. Der Vorbehalt kann also sowohl bei Tätern mit mindestens einer Vorver-urteilung als auch bei Mehrfachtätern ohne Vorverurteilungen erklärt werden (vgl. oben Abschn. 5.3.3.2.3). Der Unterschied zur primären Anordnung der Sicherungsverwahrung nach § 66 Abs. 3 StGB besteht darin, dass die in § 66 Abs. 1 Satz 1 Nr. 4 StGB genannten materiellen Voraussetzungen, auf die in § 66 Abs. 3 Satz 1 und 2 StGB verwiesen wird (Hang und Gefährlichkeit für die Allgemeinheit), *„nicht mit hinreichender Sicherheit fest-stellbar, aber wahrscheinlich"* sind. Die bloße Möglichkeit, dass die materiellen Voraus-setzungen erfüllt sind, genügt nicht; erforderlich ist die erhebliche, naheliegende Wahr-scheinlichkeit.[346]

Problematisch ist vor allem die zweite Fallkonstellation, weil der Vorbehalt hier sogar gegenüber Erst- und Einmaltätern erklärt werden kann; bei der primären Sicherungsver-wahrung gibt es diese Konstellation nicht. Formelle Voraussetzungen verbinden sich hier allein mit der abgeurteilten Tat. Bei der Tat muss es sich um ein Verbrechen gegen das Le-ben, die körperliche Unversehrtheit, die persönliche Freiheit oder die sexuelle Selbstbe-stimmung oder um ein Verbrechen nach dem 20. oder dem 28. Abschnitt des Besonderen Teils des StGB handeln; Vergehen wie der sexuelle Missbrauch von Kindern nach § 176 StGB sind aus dem Anwendungsbereich ausgenommen. Der Täter muss wegen eines oder mehrerer dieser Verbrechen zu einer Freiheitsstrafe von mindestens 5 Jahren verurteilt wer-den. Vorverurteilungen oder Vorverbüßungen sind nicht erforderlich. Die materiellen Vor-aussetzungen brauchen hier nicht zur Überzeugung des Gerichts festzustehen, sondern es braucht nur *„mit hinreichender Sicherheit feststellbar oder zumindest wahrscheinlich"* zu sein, dass sie vorliegen. Der Vorbehalt kann damit entweder dann ausgesprochen wer-den, wenn die materiellen Voraussetzungen bei Erst- oder Einmaltätern zum Zeitpunkt der Verurteilung bereits sicher feststehen (also eigentlich sogar eine primäre Anordnung erfol-

---

[345] BT-Drucks. 17/3403, 26.
[346] MüKo 2016 ff., *Ullenbruch und Morgenstern*, § 66a Rn. 59 f.; *Fischer* 2019, § 66a Rn. 8; NK 2017, *Dessecker*, § 66a Rn. 18.

gen könnte), oder dann, wenn ihr Vorliegen wie in der ersten Fallkonstellation des § 66a StGB nur „wahrscheinlich" ist. Problematisch ist die Regelung vor allem deshalb, weil bei Erst- und Einmaltätern die Prognosebasis typischerweise äußerst schmal ist. In allen bekannten Prognoseverfahren, auch und gerade in den klinischen Verfahren, kommt es maßgeblich darauf an, das bisherige Legalverhalten des Täters für die Vorhersage des künftigen Legalverhaltens auszuwerten (oben Abschn. 3.7.2.2.2); diese Möglichkeit fehlt bei dem Vorbehalt nach § 66a Abs. 2 StGB. Das BVerfG hält die Regelung insoweit dennoch für verfassungsgemäß.[347]

Mit dem Vorbehalt wird die Entscheidung über die Anordnung der Sicherungsverwahrung in das Vollstreckungsverfahren verschoben. Die Entscheidung ergeht in einer **zweiten Hauptverhandlung**, die vor dem Gericht des ersten Rechtszugs vor dem Ende der Vollstreckung der Freiheitsstrafe durchgeführt wird (§ 275a StPO; unten Abschn. 5.3.3.3). Angeordnet werden darf die Sicherungsverwahrung in dieser zweiten Hauptverhandlung nur dann, wenn das Gericht nun von der **negativen Prognose** überzeugt ist. Die Prognose muss dabei dahin gehen, dass von dem Täter „erhebliche Straftaten zu erwarten sind, durch welche die Opfer seelisch oder körperlich schwer geschädigt werden" (§ 66a Abs. 3 Satz 2 StGB). Die Anordnungsvoraussetzungen sind damit für das „Nachverfahren" (§ 275a StPO) etwas anders formuliert als bei der primären Anordnung (§ 66 Abs. 1 Satz 1 Nr. 4 StGB) und der Vorbehaltsentscheidung (§ 66a Abs. 1 Nr. 3, Abs. 2 Nr. 3 StGB); der Gesetzgeber hat hier explizit darauf verzichtet, dass vom Gericht ein „Hang" festgestellt wird. Grund hierfür war, dass der Gesetzgeber meinte, dass sich „unter den künstlichen, nämlich stark kontrollierenden und reglementierten Bedingungen des Strafvollzugs nur in Ausnahmefällen (…) Anhaltspunkte für einen Hang" gewinnen ließen.[348] In der Sache ist das sicherlich zutreffend. Im Ergebnis führt die Einschränkung jedoch dazu, dass auf das Hangerfordernis, das bei der Vorbehaltsentscheidung nur „wahrscheinlich" vorzuliegen braucht, letztlich ganz verzichtet werden kann. Will man die Ungleichbehandlung mit den Fällen der primären Anordnung, für die der „Hang" hinreichend sicher festgestellt werden muss, vermeiden, lässt sich dies nur über die entsprechend restriktive Anwendung der Prognoseklausel erreichen. *Prognoserelevante Gesichtspunkte* können sich bspw. aus aggressiven Handlungen gegen Vollzugsbedienstete oder Mitgefangene oder führende Beteiligung in gewalttätigen subkulturellen Strukturen ergeben. Vollzugstypisches Verhalten von Gefangenen, auch Sachbeschädigungen oder Beleidigungen gegenüber Bediensteten reichen demgegenüber in der Regel nicht für die Prognose schwerwiegender Delikte gegen Personen aus.[349]

Sofern die negative Prognose bejaht werden kann, ist die Anordnung der Sicherungsverwahrung *obligatorisch*. Wird die Maßregel in der zweiten Hauptverhandlung nicht angeordnet, so wird der zunächst erklärte Vorbehalt gegenstandslos.

---

[347] *BVerfGE* 131, 268 (286 ff.); vgl. auch *BVerfG* NJW 2006, 3483 (3485).
[348] BT-Drucks. 14/8586, 7.
[349] *BGH* StV 2006, 63 (64); NStZ 2007, 267 (268); *Fischer* 2019, § 66a Rn. 14.

5.3.3.2.5 Nachträgliche Sicherungsverwahrung

Die sekundäre, nachträgliche Unterbringung in der Sicherungsverwahrung, die nicht im Zusammenhang mit der Verurteilung des Angeklagten, sondern erst im Vollstreckungsverfahren angeordnet wird, gibt es heute nur noch in einer Sonderkonstellation (§ 66b StGB).

> Als die nachträgliche Sicherungsverwahrung im Jahr 2004 eingeführt wurde, diente sie dazu, solche Täter, deren Gefährlichkeit für die Allgemeinheit sich erst während der Strafvollstreckung erwies, nicht in die Freiheit zu entlassen, sondern sie unabhängig von ihrer Schuld bis zu 10 Jahre (§ 67d Abs. 3 StGB), bei fortbestehender Gefährlichkeit auch darüber hinaus in sicherer Verwahrung zu halten. Sie kam in zwei Fallkonstellationen in Betracht: bei Wiederholungs- und Mehrfachtätern, bei denen die Voraussetzungen des § 66 Abs. 3 StGB vorlagen (§ 66b Abs. 1 StGB a. F.), sowie bei Erst- und Einmaltätern, die heute über die vorbehaltene Sicherungsverwahrung nach § 66a Abs. 2 StGB erfasst werden (§ 66b Abs. 2 StGB a. F.). In beiden Fällen wurde vorausgesetzt, dass während des Strafvollzugs neue Tatsachen bekannt wurden, die die negative Prognose weiterer erheblicher Straffälligkeit trugen. Das BVerfG hielt die Regelung zunächst für verfassungsgemäß.[350] Rechtlich war sie aber dennoch problematisch, weil sie nur schwer mit der Rechtskraft der Anlassverurteilung zu vereinbaren war. Hinzu kam, dass die Gleichsetzung von Sicherungsverwahrung und Strafe durch den EGMR im Jahr 2009 (oben Abschn. 5.3.3.1) nach Art. 5 Abs. 1 Satz 2 Buchst. a) EMRK zur Folge hatte, dass auch die Anordnung der Sicherungsverwahrung durch Urteil erfolgen musste, womit aber nicht das Urteil im „Nachverfahren" (§ 275a StPO) gemeint war, sondern das Urteil im Ausgangsverfahren, in dem auch die Schuldfeststellung erfolgte.[351] Der Gesetzgeber hat die nachträgliche Sicherungsverwahrung deshalb im Neuordnungsgesetz vom 22.12.2010 im Wesentlichen beseitigt und auf die früher in § 66b Abs. 3 StGB a. F. geregelte Anordnung nach Erledigung der Maßregel nach § 63 StGB beschränkt. In seiner Entscheidung vom 04.05.2011 hat das BVerfG die nachträgliche Sicherungsverwahrung nach § 66b Abs. 2 StGB a. F. nicht nur wegen des Verstoßes gegen das Abstandsgebot (oben Abschn. 5.3.3.1), sondern auch wegen Verstoßes gegen den Vertrauensgrundsatz (Art. 2 Abs. 2 Satz 2 i. V. m. Art. 20 Abs. 3 GG) für verfassungswidrig erklärt.[352]

Seit der Neufassung des § 66b StGB im Jahr 2010 ist die nachträgliche Anordnung der Sicherungsverwahrung nur noch zulässig, wenn die **Unterbringung in einem psychiatrischen Krankenhaus** nach § 67d Abs. 6 StGB für **erledigt** erklärt worden ist. Die Erledigung muss deshalb erfolgt sein, „weil der die Schuldfähigkeit ausschließende oder vermindernde Zustand, auf dem die Unterbringung beruhte, im Zeitpunkt der Erledigungsentscheidung nicht bestanden hat". Es kommt nicht darauf an, ob der Zustand schon zum Zeitpunkt der Verurteilung nicht vorlag, so dass es sich um einen Fall der Fehleinweisung in die Psychiatrie handelte, oder ob die Anlasserkrankung nachträglich weggefallen ist.[353] Formell setzt die Anordnung voraus, dass die Unterbringung im Maßregelvollzug nach § 63 StGB entweder wegen

---

[350] BVerfG NJW 2006, 3483 (§ 66b Abs. 2 StGB a. F.); 2009, 980 (§ 66b Abs. 1 Satz 2 StGB a. F.); vgl. auch BGHSt 50, 121 (124 f.); 52, 205 (209 ff.).

[351] EGMR NJW 2011, 3423 (3424 f.); MüKo 2016 ff., *Ullenbruch und Drenkhahn*, § 66b Rn. 37 ff.; vgl. später auch BVerfGE 128, 326 (394 f.).

[352] BVerfGE 128, 326 (388 ff.).

[353] Vgl. *Koller* R&P 2007, 60 ff.

„mehrerer" – also mindestens zweier – Sexualdelikte oder anderer gefährlicher Straftaten i. S. des § 66 Abs. 3 StGB erfolgt ist (oben Abschn. 5.3.3.2.3) oder dass sie zwar wegen einer gänzlich anderen Anlasstat erfolgt ist, der Untergebrachte aber zuvor schon einmal wegen einer Tat i. S. des § 66 Abs. 3 StGB zu einer Freiheitsstrafe von mindestens 3 Jahren verurteilt oder in einem psychiatrischen Krankenhaus untergebracht war. Materiell wird die Prognose weiterer erheblicher Straftaten gefordert, wobei der Gesetzgeber hier, anders als bei der primären oder der vorbehaltenen Anordnung, die Feststellung einer *„hohen Wahrscheinlichkeit"* verlangt. Auch über die nachträgliche Anordnung wird im Verfahren nach § 275a StPO entschieden. Die Entscheidung steht im Ermessen des Gerichts.

Zweifelhaft ist, inwieweit § 66b StGB in seiner heutigen, reduzierten Gestalt mit Art. 5 EMRK und dem Vertrauensschutzgebot vereinbar ist. Da die Sicherungsverwahrung nicht im Zusammenhang mit der Verurteilung, sondern erst im Vollstreckungsverfahren angeordnet wird, ist der nach Art. 5 Abs. 1 Satz 2 Buchst. a) EMRK erforderliche Kausalzusammenhang mit dem Urteil, in dem die Schuldfeststellung erfolgt, nicht mehr gegeben. Bei der Unterbringung in der Sicherungsverwahrung handelt es sich nicht um eine bloße Vollstreckungsmodalität der Unterbringung im psychiatrischen Krankenhaus (§ 67a StGB; dazu genauer Abschn. 5.4.3), da die Unterbringung auf der Grundlage einer neuen, zweiten Hauptverhandlung angeordnet wird; die Unterbringung in der Sicherungsverwahrung nach Erledigung der Maßregel nach § 63 StGB beinhaltet einen neuen, eigenen Grundrechtseingriff.[354] Konventionsgemäß kann die nachträgliche Anordnung deshalb nur dann sein, wenn bei dem Untergebrachten eine „psychische Störung" i. S. des § 1 Abs. 1 Nr. 1 ThUG diagnostiziert wird (vgl. Art. 5 Abs. 1 Satz 2 Buchst. e] EMRK; dazu genauer unten Abschn. 5.3.3.2.6), was allerdings mit Blick auf die Erledigungserklärung nach § 67d Abs. 6 StGB problematisch ist und u. U. sogar widersprüchlich sein kann.[355] Der Gesichtspunkt des Vertrauensschutzes wiegt demgegenüber in den „Neufällen" weniger schwer als in den „Altfällen" (dazu unten Abschn. 5.3.3.2.7), da der in der Psychiatrie Untergebrachte aufgrund der Regelung in § 66b StGB nicht darauf vertrauen kann, dass ihm die Maßregel der Unterbringung in der Sicherungsverwahrung auf Dauer erspart bleibt.[356] Das BVerfG hat hierzu bislang noch nicht Stellung genommen.[357]

5.3.3.2.6   Therapieunterbringung

Als der EGMR am 17.12.2009 die rückwirkende Aufhebung der 10-Jahresgrenze bei der ersten Unterbringung in der Sicherungsverwahrung für konventionswidrig erklärte und in manchen Bundesländern Untergebrachte aus der Sicherungsverwahrung entlassen wurden, bei denen die deutsche Justiz die Gefährlichkeit für die Allgemeinheit bejaht hatte (oben Abschn. 5.3.3.1), stand der Gesetzgeber vor einer schwierigen Aufgabe: Die Öffentlichkeit erwartete, dass zum Schutz der Allgemeinheit eine Rechtsgrundlage geschaffen wurde, die die sichere Unterbringung der betreffenden Personen ermöglichte, ohne dabei gegen die Vorgaben der EMRK zu verstoßen. Die Lösung sah der Gesetzgeber in Art. 5 Abs. 1 Satz 2 Buchst. e)

---

[354] *BVerfG* StV 2013, 626 (628).

[355] Kritisch MüKo 2016 ff., *Ullenbruch und Drenkhahn*, § 66b Rn. 37, 41, 109; *Zimmermann* HRRS 2013, 172.

[356] *OLG Frankfurt* NStZ 2012, 154 (155 f.).

[357] Offengelassen in *BVerfG* StV 2013, 626 (629; Rn. 41).

EMRK, der die Freiheitsentziehung bei „psychisch Kranken" – im englischen Original: „persons of unsound mind" – für zulässig erklärt. Als Art. 5 des Neuordnungsgesetzes vom 22.12.2010 erließ der Gesetzgeber deshalb das **Gesetz zur Therapierung und Unterbringung psychisch gestörter Gewalttäter (ThUG)**, das die fortdauernde Unterbringung der Betroffenen in geschlossenen Einrichtungen vorsieht, wenn sie an einer psychischen Störung leiden und von ihnen infolgedessen mit hoher Wahrscheinlichkeit weiterhin erhebliche Straftaten zu erwarten sind (§ 1 Abs. 1 ThUG).

Die formellen Voraussetzungen für die Therapieunterbringung sind gering. Erforderlich ist lediglich, dass eine wegen eines Sexualdelikts oder einer anderen gefährlichen Straftat i. S. des § 66 Abs. 3 StGB verurteilte und in der Sicherungsverwahrung untergebrachte Person aufgrund einer rechtskräftigen Entscheidung wegen des Verbots rückwirkender Verschärfungen aus der Sicherungsverwahrung entlassen werden muss; besondere Anforderungen an die Zahl der Vorverurteilungen oder Vorverbüßungen oder die Dauer der Unterbringung in der Sicherungsverwahrung bestehen nicht. Der Anwendungsbereich ist dennoch vergleichsweise klein.[358] Die Therapieunterbringung kann unabhängig davon erfolgen, ob sich der Betreffende noch in der Sicherungsverwahrung befindet oder bereits entlassen worden ist (§ 1 Abs. 2 ThUG); ihm kann die Freiheit also auch rückwirkend wieder entzogen werden.

Im Mittelpunkt der materiellen Voraussetzungen steht der Begriff der „**psychischen Störung**" (§ 1 Abs. 1 Nr. 1 ThUG). Die *Rechtsprechung* legt den Begriff auf eine Weise aus, die ihn von den Voraussetzungen für die Schuldfähigkeitsbeurteilung (§§ 20, 21 StGB) ablöst, um sicherzustellen, dass die Therapieunterbringung auch bei solchen Personen erfolgen kann, die nicht wegen eingeschränkter oder fehlender Schuldfähigkeit nach § 63 StGB in einem psychiatrischen Krankenhaus untergebracht worden sind. Unter Bezugnahme auf die Gesetzesbegründung[359] wird gesagt, die Störung müsse nicht von solcher Art sein, dass sie die strafrechtliche Verantwortung des Täters ausschließe oder in der psychiatrisch-forensischen Begutachtungspraxis als psychische Erkrankung gewertet werde. Es müsse sich ein klinisch erkennbarer Komplex von solchen Symptomen oder Verhaltensauffälligkeiten zeigen, die mit Belastungen oder Beeinträchtigungen verbunden seien; dies könnten spezifische Störungen der Persönlichkeit oder des Verhaltens, der Sexualpräferenz, der Impuls- oder der Triebkontrolle sein. Als Beispiel wird namentlich auf die dissoziale Persönlichkeitsstörung hingewiesen, die auch dann als „psychische Störung" eingeordnet werden können soll, wenn sie nicht zu einer Einschränkung der Schuldfähigkeit nach §§ 20, 21 StGB führt.[360] Im *Schrifttum* wird diese Auslegung z. T. heftig kritisiert. Insbesondere von Seiten der Psychiatrie wird darauf hingewiesen, dass auf das Krankheitskriterium nicht verzichtet werden könne, da sich erst hieraus der Anspruch auf Behandlung in der forensischen Psychiatrie ableite; die Psychiatrie dürfe nicht zum Ordnungsinstrument für gestörte und gefährliche, aber eben nicht kranke Menschen verkommen.[361] Dabei spricht für die von Teilen des Schrifttums geforderte restriktive, am strafrechtlichen Krankheitsbegriff orientierte Auslegung, dass der Gesetzgeber den Begriff der „Störung" auch im Kontext von § 20

---

[358] Vgl. Zahlenangaben bei *Schöch* NK 2012b, 50.

[359] BT-Drucks. 17/3403, 54.

[360] *BGHSt* 56, 254 (261) m. Anm. *Schöch* JR 2012, 173; zur geringen Treffsicherheit der Prognose in diesem Zusammenhang *Alex* 2013, 121 ff., 149 ff.

[361] *Müller et al.*, Nervenarzt 2011a, 382 f.; vgl. auch *Müller* NK 2012, 56 ff.; *Höffler und Stadtland* StV 2012, 242 ff.; *Schöch* NK 2012b, 51 f.; MüKo 2016ff., *Ullenbruch et al.*, § 66 Rn. 45 ff.,; weitergehende Kritik bei *Kinzig* NJW 2011, 181 f.

StGB verwendet („krankhafte seelische Störung"). Das *BVerfG* hat die von der Rechtsprechung vertretene Auffassung dennoch gebilligt. Mit Blick auf die Anforderungen in der EMRK sei der Gesetzgeber berechtigt gewesen, neben den Voraussetzungen für die Unterbringung im psychiatrischen Krankenhaus (§§ 20, 21 StGB) und in der Sicherungsverwahrung einen „dritten Weg" („psychische Störung" i. S. des ThUG) zu entwickeln, um dem Schutz der Allgemeinheit Rechnung zu tragen.[362]

Neben der psychischen Störung setzt die Unterbringung nach dem Gesetzestext voraus, dass der Täter infolgedessen „mit hoher Wahrscheinlichkeit das Leben, die körperliche Unversehrtheit, die persönliche Freiheit oder die sexuelle Selbstbestimmung einer anderen Person erheblich beeinträchtigen wird". Erforderlich ist trotz des insoweit offenen Wortlauts (der Begriff der Straftat wird nicht explizit genannt) die **Prognose weiterer erheblicher Straffälligkeit**. Da mit der Therapieunterbringung an das Verhalten des Verurteilten vor der Verkündung des Gesetzes angeknüpft wird, gebieten es der Grundsatz der Verhältnismäßigkeit und die Notwendigkeit der Berücksichtigung der Vorgaben der EMRK darüber hinaus, die Prognoseklausel verfassungskonform einengend auszulegen. Die Therapieunterbringung darf deshalb nur dann erfolgen, wenn aus *konkreten Umständen* in der Person oder dem Verhalten des Beschuldigten die *hochgradige Gefahr* für die Begehung *schwerster Gewalt- oder Sexualstraftaten* abzuleiten ist.[363] Das BVerfG legt insoweit denselben Maßstab an, der auch für die Unterbringung in der Sicherungsverwahrung in „Altfällen" gilt (dazu unten Abschn. 5.3.3.2.7).

Vollzogen wird die Therapieunterbringung in geschlossenen Einrichtungen, in denen dasselbe freiheitsorientierte und therapiegerichtete Vollzugskonzept angewandt wird, das das BVerfG auch für die Unterbringung in der Sicherungsverwahrung fordert[364] und das der Gesetzgeber in § 66c StGB umgesetzt hat (§ 2 Abs. 1 ThUG; dazu unten Abschn. 5.3.3.4.2). Es ist deshalb nur konsequent, dass beide Maßnahmen in denselben Einrichtungen vollzogen werden dürfen (§ 2 Abs. 2 ThUG). Angeordnet wird die Therapieunterbringung allerdings nicht durch die Straf-, sondern durch die *Zivilgerichte*; dies geschieht, um den Unterschied zu den strafrechtlichen Sanktionen deutlich zu machen und die Vereinbarkeit mit der EMRK herzustellen. Zuständig sind die Zivilkammern des Landgerichts, in dessen Bezirk das Bedürfnis für die Therapieunterbringung entsteht (§ 4 ThUG). Für das Verfahren gelten die §§ 1 ff., §§ 312 ff. FamFG entsprechend (§ 3 ThUG).

5.3.3.2.7 Altfälle

Das vorstehend dargestellte Regelungssystem, das auf dem am 01.01.2011 in Kraft getretenen Gesetz zur Neuordnung des Rechts der Sicherungsverwahrung sowie dem am 01.06.2013 in Kraft getretenen Gesetz zur bundesrechtlichen Umsetzung des Abstandsgebotes im Recht der Sicherungsverwahrung beruht, ist dann anzuwenden, wenn die Tat oder mindestens eine der Taten, wegen deren Begehung die Sicherungsverwahrung angeordnet oder vorbehalten werden soll, nach dem 31.05.2013 begangen worden ist (§ 316 f Abs. 1 EGStGB). In allen anderen Fällen muss das Urteil des BVerfG vom 4.05.2011 berücksichtigt werden, das die Vorschriften über die Sicherungsverwahrung wegen Verstoßes gegen das Abstands- und das Vertrauensschutzgebot für verfassungswidrig erklärt hat.[365] Entscheidungen,

---

[362] *BVerfG* NJW 2013, 3151 (3156 ff.) m. krit. Anm. *Höffler* StV 2014, 168 ff.

[363] *BVerfG* NJW 2013, 3151 (3154; Rn. 78).

[364] *BVerfGE* 128, 326 (379 ff.).

[365] *BVerfGE* 128, 326; vgl. hierzu auch *BVerfG* R&P 2013, 217 (218); *BGHSt* 58, 292 (294 f.) m. Anm. *Brettel* StV 2013, 768.

mit denen in das Vertrauen des von der Sicherungsverwahrung betroffenen Grund-
rechtsträgers eingegriffen wird (wie bspw. die nachträgliche Anordnung der Maßregel auf der Grundlage des bis zum 31.12.2010 geltenden § 66b StGB a. F.), dürfen
dementsprechend nur nach Maßgabe strikter Verhältnismäßigkeitsprüfung und zum
Schutz höchstwertiger Rechtsgüter erfolgen. Das bedeutet konkret, dass derartige
Entscheidungen nur dann ergehen dürfen, wenn beim Betroffenen mit Blick auf
Art. 5 Abs. 1 Satz 2 Buchst. e) EMRK eine psychische Störung vorliegt „und aus
konkreten Umständen in seiner Person oder seinem Verhalten eine *hochgradige Gefahr* abzuleiten ist, dass er infolge dieser Störung *schwerste Gewalt- oder Sexualstraftaten* begehen wird" (§ 316f Abs. 2 Satz 2 EGStGB). Im Übrigen hat sich das
Übergangsrecht zu einer Spezialmaterie entwickelt, deren Bewältigung die genaue
Kenntnis der wechselvollen Gesetzgebungsgeschichte (oben Abschn. 5.3.3.1) voraussetzt.[366]

5.3.3.3   Anordnungsverfahren

5.3.3.3.1   Primäre Sicherungsverwahrung

Die Unterbringung in der Sicherungsverwahrung darf nur vom Landgericht angeordnet werden (§§ 24 Abs. 1 Nr. 2, Abs. 2, 74 Abs. 1 Satz 2 GVG). Hinsichtlich der
Notwendigkeit der Beiziehung eines Sachverständigen (§§ 80a, 246a StPO) gilt
dasselbe wie bei der Unterbringung im psychiatrischen Krankenhaus und in der
Entziehungsanstalt (oben Abschn. 5.3.1.3). Vor der Rechtskraft des die Unterbringung anordnenden Urteils kann dem Sicherheitsinteresse der Allgemeinheit durch
die Untersuchungshaft Rechnung getragen werden, die bei Sexualdelikten und bestimmten anderen die Interessen der Allgemeinheit in erheblicher Weise berühren-
den Straftaten weitgehend unabhängig von den Haftgründen der Flucht, Fluchtgefahr und Verdunkelungsgefahr angeordnet werden kann (§§ 112 Abs. 3, 112a StPO).

5.3.3.3.2   Vorbehaltene und nachträgliche Sicherungsverwahrung

Die Anordnung der nach § 66a StGB vorbehaltenen Sicherungsverwahrung und die
nachträgliche Anordnung der Sicherungsverwahrung nach § 66b StGB erfolgen in
einem eigenständigen Verfahren, das sich an der Struktur der Hauptverhandlung
orientiert (§ 275a StPO). Die Entscheidung trifft das Gericht des ersten Rechtszugs;
soll die Sicherungsverwahrung nachträglich angeordnet werden, nachdem die An-
lassverurteilung vor einem Amtsgericht ergangen ist, entscheidet eine Strafkammer
des übergeordneten Landgerichts (§ 74f Abs. 2 GVG). Die Entscheidung ergeht
durch Urteil, das mit der Revision angefochten werden kann. Sind dringende
Gründe für die Annahme vorhanden, dass die (sekundäre) Sicherungsverwahrung
angeordnet werden wird, kann das Gericht zur Vermeidung der Entlassung des Täters aus dem Strafvollzug einen Unterbringungsbefehl erlassen (§ 275a Abs. 6
StPO).

---

[366] Weiterführend *Renzikowski* NJW 2013, 1642; *Zimmermann* HRRS 2013, 173 ff.

5.3.3.4 Vollstreckung und Vollzug

5.3.3.4.1 Vollstreckung

Die Rechtsgrundlagen für die Vollstreckung der Sicherungsverwahrung finden sich in den §§ 67a, 67c bis 67e, 67g StGB, § 463 StPO, §§ 53 f. StVollstrO.[367] Anders als bei der Unterbringung im psychiatrischen Krankenhaus oder in der Entziehungsanstalt ist ein Vikariieren von Maßregel und Strafe bei der Sicherungsverwahrung nicht möglich; die Sicherungsverwahrung wird stets erst im Anschluss an die Freiheitsstrafe vollzogen (dazu genauer unten Abschn. 5.4.2). Seit der Neufassung des § 66 StGB durch das SexBG von 1998 erfolgt auch die erste Unterbringung in der Sicherungsverwahrung *grundsätzlich unbefristet* (vorher betrug die Höchstdauer für die erste Unterbringung 10 Jahre, § 67d Abs. 1 Satz 1 StGB a. F.). Allerdings muss die Strafvollstreckungskammer die Maßregel nach Ablauf von 10 Jahren für erledigt erklären, wenn die Gefahr der Begehung weiterer erheblicher Straftaten nicht mehr besteht (§ 67d Abs. 3 StGB; unten Abschn. 5.4.5). Ebenfalls neu in das Gesetz aufgenommen worden ist das Erfordernis, vor der Erledigungserklärung nach § 67d Abs. 3 StGB oder der Aussetzung der weiteren Maßregelvollstreckung zur Bewährung (§ 67d Abs. 2 StGB) das Gutachten eines Sachverständigen zu der Frage einzuholen, ob von dem Verurteilten weiterhin erhebliche Taten zu erwarten sind (§ 463 Abs. 3 Satz 4 StPO).

5.3.3.4.2 Vollzug

Der Vollzug der Sicherungsverwahrung ist durch das Urteil des BVerfG vom 04.05.2011 auf eine neue Grundlage gestellt worden. Das BVerfG hatte die Regelungen über die Sicherungsverwahrung für verfassungswidrig erklärt, weil sie gegen das **Abstandsgebot** verstießen.[368] Aus den unterschiedlichen verfassungsrechtlichen Legitimationsgrundlagen und Zwecksetzungen von Sicherungsverwahrung und Freiheitsstrafe hatte es abgeleitet, dass beide Sanktionsformen in deutlichem Abstand voneinander durchzuführen seien; im Regelungskonzept des Gesetzgebers und in der praktischen Anwendung des Gesetzes müsse deutlich werden, dass die Sicherungsverwahrung ausschließlich präventiven Zwecken diene und dem Betroffenen im Interesse der Allgemeinheit ein Sonderopfer auferlegt werde (oben Abschn. 5.3.3.1). Diesen notwendigen Abstand zum Strafvollzug hatte das BVerfG im Jahr 2011 nicht erkennen können.

Mit dem am 05.12.2012 erlassenen Gesetz zur bundesrechtlichen Umsetzung des Abstandsgebotes im Recht der Sicherungsverwahrung trug der Gesetzgesetzgeber diesen Maßgaben Rechnung.[369] Kernstück der Neuregelung ist § 66c StGB, der die Leitlinien des freiheitsorientierten und therapiegerichteten Gesamtkonzepts festschreibt, das der Sicherungsverwahrung von Verfassungs wegen zugrundezule-

---

[367] Überblick bei *Pollähne* StV 2013, 251 ff.

[368] *BVerfGE* 128, 326 (372 ff.); krit. *Höffler und Kaspar* ZStW 124 (2012), 108 ff.

[369] Zur Gesetzgebungskompetenz *BVerfGE* 128, 326 (387 f.); krit. *Pollähne* StV 2013, 256.

gen ist. Wesentlich sind für den Vollzug danach drei Elemente (§ 66c Abs. 1 Nr. 1 – 3 StGB): Erstes Element ist die **individuelle und intensive Betreuung des Untergebrachten**, die zum Ziel hat, seine Gefährlichkeit für die Allgemeinheit so zu mindern, dass die Vollstreckung der Maßregel möglichst bald zur Bewährung ausgesetzt werden kann. Der Gesetzgeber greift hiermit ersichtlich die positiven Befunde der neueren spezialpräventiven Behandlungsforschung auf (oben Abschn. 2.3.3.2), über deren Umsetzung unter den konkreten Bedingungen des Vollzugs der Sicherungsverwahrung jedoch noch keine ausgefeilten Konzepte vorliegen.[370] Als zweites Element nennt der Gesetzgeber die Gewährleistung einer Unterbringung, die die Sicherungsverwahrten so wenig wie möglich belastet, den Erfordernissen der Betreuung Rechnung trägt, den allgemeinen Lebensverhältnissen so weit wie möglich angepasst ist und **vom Strafvollzug getrennt** in besonderen Gebäuden oder Abteilungen erfolgt. Zum Dritten sind **vollzugsöffnende Maßnahmen** vorgesehen, also Lockerungen wie Ausführung, Ausgang, Außenbeschäftigung oder Freigang (vgl. § 11 StVollzG), Urlaub aus der Haft (§ 13 StVollzG) oder die Verlegung in den offenen Vollzug (§ 10 StVollzG),[371] sofern es keine konkreten Anhaltspunkte für Flucht- oder Missbrauchsgefahr gibt. Da die Unterbringung in der Sicherungsverwahrung nur als letztes Mittel zum Schutz der Allgemeinheit in Betracht kommt, sind dem Verurteilten bei angeordneter oder vorbehaltener Sicherungsverwahrung schon während der vorhergehenden Verbüßung der Freiheitsstrafe individuelle, insbesondere sozialtherapeutische Betreuungsmaßnahmen anzubieten, um die anschließende Unterbringung im Maßregelvollzug möglichst entbehrlich zu machen (§ 66c Abs. 2 StGB). Die Einhaltung dieser Verpflichtung wird von den Strafvollstreckungskammern von Amts wegen oder auf Antrag der Vollzugsbehörde überwacht (§ 119a StVollzG); der Gefangene hat kein eigenes Antragsrecht. Die Entscheidung des Gerichts bindet alle nachfolgenden richterlichen Entscheidungen (§ 119a Abs. 7 StVollzG); sie kann daher die spätere vollstreckungsrechtliche Entscheidung nach § 67c Abs. 1 StGB (Aussetzung der Vollstreckung der Unterbringung zur Bewährung; unten Abschn. 5.4.4.1.2) nicht unerheblich vorzeichnen.[372] Dasselbe gilt, wenn dem Verurteilten während der Unterbringung in der Sicherungsverwahrung keine ausreichenden Betreuungsmaßnahmen angeboten werden (§ 67d Abs. 2 Satz 2 StGB).

Die vom Bundesgesetzgeber in § 66c StGB formulierten Leitlinien für den Vollzug der Sicherungsverwahrung und den vorhergehenden Strafvollzug werden in den Ländern in **landeseigenen Gesetzen** umgesetzt;[373] die Abweichungen zwischen den einzelnen Gesetzen sind nur gering. Auch wenn die normativen Regelungskonzepte in den Ländern ähnlich sind, können sich freilich bei der praktischen Ausgestaltung

---

[370] *Kröber et al.* FPPK 2013, 164 ff.; vgl. aber auch *Suhling und Wischka* KrimPäd 49 (2013), 52 ff. sowie zur praktischen Umsetzung *Endres und Breuer* FS 2011, 285 ff.

[371] Vgl. BT-Drucks. 17/9874, 17 f.

[372] BT-Drucks. 17/9874, 29; vgl. zum Ganzen auch *Lesting und Feest* StV 2013, 279.

[373] Vgl. *Schäferskünper und Grote* NStZ 2013, 449 ff.; *Bartsch* FS 2013, 211 ff.; *Arloth* FS 2013, 218 ff.; *Dessecker* BewHi 2013a, 309 ff.

des Vollzugs größere Unterschiede zeigen; so gibt es etwa hinsichtlich der Mindest-
größe des Verwahrraums keine einheitlichen Standards,[374] und auch die im Einzelnen vorgehaltenen Betreuungsangebote sind, da vom verfügbaren Fachpersonal abhängig, örtlich unterschiedlich.

5.3.3.5   Kriminologische Aspekte

5.3.3.5.1   Anordnungs- und Unterbringungshäufigkeit

Die Sicherungsverwahrung wurde 2017 gegen 57 Verurteilte **angeordnet** (vgl.
Tab. 5.1). Sie stellt damit die im Vergleich am seltensten angeordnete freiheitsentziehende Maßregel dar, was ihren Ausnahmecharakter in eindrucksvoller Weise
unterstreicht. In den Jahren 1998 bis 2008 schlugen sich die zahlreichen Ausweitun-
gen, die der Gesetzgeber bei den Anordnungsvoraussetzungen vornahm (oben
Abschn. 5.3.3.1), in einer deutlichen Zunahme der Anordnungshäufigkeit nieder; im
Vergleich zu 1997 (46 Anordnungen) nahmen die Anordnungsentscheidungen bis
2008 um über 140 % zu und erreichten in diesem Jahr einen Höchststand von 111
Anordnungen. Seitdem sind die Zahlen rückläufig und bewegten sich 2012 – dem
Jahr, in dem das BVerfG das normative System wegen Verstoßes gegen das Ab-
standsgebot für verfassungswidrig erklärte – wieder auf dem Niveau von 1998
(Abb. 5.4). Die Häufigkeit, mit der die Sicherungsverwahrung im Urteil *vorbehal-
ten* wird (§ 66a StGB), wird in der Statistik nicht gesondert ausgewiesen.

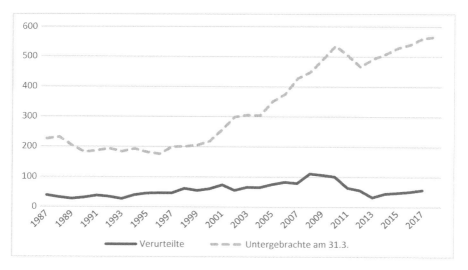

Abb. 5.4 Entwicklung der Unterbringung in der Sicherungsverwahrung. (Quellen: Statistisches
Bundesamt, Strafverfolgung, zuletzt Tab. 5.1; Strafvollzug – Demographische und kriminologische Merkmale der Strafgefangenen zum Stichtag 31.3., Tab. 5.2)

---

[374] Vgl. *OLG Naumburg* FS 2012, 55 (58) m. krit. Anm. *Arloth*; *OLG Hamburg* R&P 2013, 179.

2017 waren nahezu sämtliche Verurteilten (98,2 %) Männer. Am häufigsten (50,9 %) wurde die Sicherungsverwahrung wegen Straftaten gegen die sexuelle Selbstbestimmung verhängt; gewaltsame Eigentums- und Vermögensdelikte (Raub, räuberische Erpressung), die in früheren Jahren an der Spitze gestanden hatten, nahmen 2017 nur noch eine nachrangige Position ein (21,1 %).[375]

Die Zahlen für die in der Sicherungsverwahrung **Untergebrachten** liegen erwartungsgemäß höher. Am Stichtag 31.03.2018 waren in Deutschland 566 Personen im Vollzug der Sicherungsverwahrung untergebracht, darunter 7 im offenen Vollzug. Unter den Sicherungsverwahrten sind nur zwei Frauen. Die meisten Untergebrachten (87,6 %) befinden sich in den alten Bundesländern einschl. Gesamt-Berlin; in den neuen Ländern gibt es – als Folge des Einigungsvertrags vom 30.08.1990 (oben Abschn. 5.3.3.1) – die Sicherungsverwahrung erst seit 2007, was die unterschiedliche Belegungsdichte erklären mag.[376] Noch deutlicher als die Anordnungen haben sich nach 1998 die Belegungszahlen für die Untergebrachten erhöht (Abb. 5.4; vorläufiger Höchststand im Jahr 2010 mit 536 Untergebrachten, seit 2012 erneuter Anstieg), was auf eine Verlängerung der durchschnittlichen Verweildauer in der Sicherungsverwahrung hindeutet.

Die meisten Untergebrachten sind vergleichsweise alt: Mehr als neun Zehntel (93,1 %) sind älter als 40 Jahre, nur ein kleiner Teil (6,9 %) ist jünger. Von der Sicherungsverwahrung betroffen sind in der Regel nur Deutsche (94,3 %; vgl. § 54 Abs. 1 Nr. 1 AufenthG). Die meisten sind ledig (53,7 %) oder geschieden (33,4 %); nur ein geringer ProzentSatz ist verheiratet oder verwitwet (12,9 %).[377]

5.3.3.5.2 Anordnungs- und Unterbringungspraxis

Weiterführende Angaben zur Praxis und Anwendungsstruktur der Sicherungsverwahrung liegen, insbesondere soweit es die Situation seit der Entscheidung des BVerfG vom 04.05.2011 betrifft, nur in geringem Umfang vor.[378] Eine herausgehobene Bedeutung kommt einer von der Kriminologischen Zentralstelle seit 2014 jährlich durchgeführten **bundesweiten Datenerhebung** zu, in die die Zahlen aus sämtlichen Justizvollzugseinrichtungen einfließen, in denen Sicherungsverwahrte untergebracht sind; am Stichtag 31.03.2016 handelte es sich dabei um 511 Personen. Zusätzlich werden Angaben zu denjenigen Strafgefangenen erhoben, bei denen die Sicherungsverwahrung angeordnet (§ 66 StGB) oder vorbehalten worden ist (§ 66a StGB, § 106 Abs. 3 JGG); dabei handelte es sich am 31.03.2016 um 542 Personen.[379]

---

[375] Statistisches Bundesamt, Strafverfolgung 2017, Tab. 5.1.; ausf. Analyse der Statistiken bei *Heinz* BewHi 2013, 323 ff.

[376] Statistisches Bundesamt, Strafvollzug – Demographische und kriminologische Merkmale der Strafgefangenen am 31.03.2018, Tab. 1.1 und 1.2.

[377] Statistisches Bundesamt, Strafvollzug – Demographische und kriminologische Merkmale der Strafgefangenen am 31.03.2018, Tab. 2.

[378] Zu früheren Befunden vgl. *Ansorge* KrimPäd 49 (2013), 38 ff.

[379] Zum Folgenden *Dessecker und Leuschner* 2019, 17 ff.

Zur *Unterbringung* lässt sich der Erhebung entnehmen, dass sich mehr als vier Fünftel der Sicherungsverwahrten (am Stichtag 31.03.2016: 85,3 %) in den nach dem Vollstreckungsplan zuständigen Justizvollzugsanstalten befanden; hier entfalten die vom BVerfG entwickelten Maßgaben zum Abstandsgebot (vgl. § 66c Abs. 1 Nr. 2 StGB) ihre größte Bedeutung. Ein nennenswerter Anteil (12,6 %) befand sich in einer sozialtherapeutischen Anstalt bzw. einer sozialtherapeutischen Abteilung einer Justizvollzugsanstalt. Andere Vollzugsformen, darunter auch der offene Vollzug, spielten nur eine untergeordnete Rolle.

Sowohl bei den Sicherungsverwahrten als auch bei den Untergebrachten mit vorgemerkter Sicherungsverwahrung ist die *Behandlung* von zentraler Bedeutung (§ 66c Abs. 1 Nr. 1, Abs. 2 StGB). In der Sache geht es dabei vor allem um Maßnahmen zur Motivierung und Therapievorbereitung, psychiatrische, psychotherapeutische und sozialtherapeutische Behandlungsmaßnahmen, spezifische Behandlungsprogramme für Gewalt- und Sexualstraftäter, aber auch um Arbeitstherapie sowie um berufliche Ausbildungs- und Qualifikationsmaßnahmen. Nicht in allen Fällen, in denen von den Anstalten ein individueller Behandlungsbedarf diagnostiziert wird, werden die Angebote auch angenommen, wobei die Gründe hierfür unterschiedlich sind; fehlende Motivation spielt eine große Rolle. Die Teilnahmequoten sind hoch, soweit es um Arbeit, Maßnahmen der Motivierung oder Therapievorbereitung oder um psychiatrische Behandlungen geht. Strukturierte und z. T. deliktsorientierte Maßnahmen wie ein Anti-Gewalttraining oder ein spezielles Behandlungsprogramm für Sexualstraftäter werden seltener genutzt.

Entsprechend den Vorgaben des BVerfG (vgl. § 66c Abs. 1 Nr. 3 StGB) werden bei nahezu allen Untergebrachten, aber nur bei etwa einem Viertel der Gefangenen mit vorgemerkter Sicherungsverwahrung *vollzugsöffnende Maßnahmen* praktiziert. In der großen Masse der Fälle geht es dabei um Ausführungen, also um die Gestattung des Verlassens der Anstalt unter Aufsicht; überwiegend bleibt es bei dieser Form der Lockerung, ohne dass sich hieran weiterreichenden Lockerungsformen anschließen. Vollzugsöffnende Maßnahme ohne Aufsicht wie Ausgang, Freigang oder Urlaub kommen vor, spielen im Vollzugsalltag nur eine geringe Rolle.

5.3.3.5.3 Legalbewährung

In der kriminalpolitischen Diskussion über die Sicherungsverwahrung spielt die Legalbewährung der aus dem Vollzug Entlassenen eine herausgehobene Rolle. Die Befürchtungen der Allgemeinheit, die sich in den Jahren 1998 bis 2008 als wesentliche kriminalpolitische Triebkraft erwiesen, bezogen aus jedem öffentlich gemachten Rückfall eines Entlassenen neuen Schub, während umgekehrt von Seiten der Wissenschaft immer wieder auf die geringe Treffsicherheit der erforderlichen Gefährlichkeitsprognosen und die systematische Überschätzung des Rückfallrisikos bei geringen Basisraten hingewiesen wurde (vgl. hierzu bereits oben Abschn. 5.3.3.1 sowie oben Abschn. 3.7.2.2.2). Dabei gilt es im Blick zu behalten, dass die Sicherungsverwahrung *nicht* dazu dient, *jedwede* erneute Straffälligkeit eines Verurteilten zu verhindern; wie sich aus der Prognoseklausel des § 66 Abs. 1 Satz 1 Nr. 4 StGB ergibt, legitimiert sich die Sicherungsverwahrung allein aus dem Ziel, *erhebliche*

Straftaten zu verhindern, namentlich solche, durch die das Opfer seelische oder körperlich schwer geschädigt wird.

Die in diesem Zusammenhang immer wieder in den Blick genommene **Rückfallstatistik**, die auf der Auswertung der Daten des Bundeszentralregisters beruht, weist für diejenigen, die im Jahr 1994 aus der Sicherungsverwahrung entlassen wurden, innerhalb von 4 Jahren eine Rückfallquote von 41,7 % aus (Anteil der Entlassenen, die innerhalb des Beobachtungszeitraums erneut verurteilt wurden). Der Anteil derjenigen, die innerhalb von vier Jahren zu einer Freiheitsstrafe ohne Bewährung verurteilt wurden, lag bei 21,7 %.[380] Eine Neuauswertung des Bundeszentralregisters für die 2010 aus der Sicherungsverwahrung Entlassenen ergab für einen Beobachtungszeitraums von 3 Jahren lediglich eine Rückfallquote von 18,5 %; insoweit muss jedoch die äußerst geringe absolute Zahl der in diesem Jahr aus der Sicherungsverwahrung Entlassenen berücksichtigt werden.[381]

Neben der Rückfallstatistik, die sich auf sämtliche Abgeurteilten bezieht, die in dem betreffenden Bezugsjahr in Deutschland sanktioniert oder aus dem Vollzug freiheitsentziehender Sanktionen entlassen wurden, gibt es eine Reihe von **empirischen Studien**, die sich mit Einzelfragen der Legalbewährung Sicherungswahrter beschäftigen. Hervorhebenswert ist insoweit eine Untersuchung von *Kinzig*, der die Legalbewährung von Personen, die in den Jahren 1981–1990 in drei Bundesländern zu Sicherungsverwahrung verurteilt worden waren (*n* = 286), mit der Legalbewährung von Personen verglich, die 1988–1990 wegen Sexual- oder Raubtaten verurteilt wurden und bei denen zwar die formellen Voraussetzungen für die Sicherungsverwahrung vorlagen, diese aber nicht angeordnet wurde (*n* = 162). Für die Sicherungsverwahrten ermittelte *Kinzig* eine Rückfallquote von 48,3 %; zu Freiheitsstrafe ohne Bewährung wurden 31,3 % der Probanden verurteilt. Beide Anteile liegen etwas über denen, die in der Rückfallstatistik von *Jehle et al.* genannt werden, aber deutlich unterhalb von denen, die *Kinzig* für die Kontrollgruppe ermittelte; hier lagen die Rückfallquoten bei 85,2 % bzw. 58,6 %.[382]

Die Ergebnisse deuten auf ein geringeres Rückfallrisiko bei den Sicherungsverwahrten hin, dürfen aber nicht überinterpretiert werden. Die Aussagekraft von *Kinzigs* Untersuchung wird dadurch eingeschränkt, dass der Beobachtungszeitraum bei allen Betroffenen unterschiedlich war und sich nicht wenige Betroffene zum Zeitpunkt von *Kinzigs* Abfrage beim Bundeszentralregister immer noch oder schon wieder im Strafvollzug oder dem Vollzug der Sicherungsverwahrung befanden. Zudem muss berücksichtigt werden, dass die Entlassung aus der Sicherungsverwahrung in vielen Fällen eine positive Prognose erforderte (vgl. § 67d Abs. 2 Satz 1 StGB), so dass die geringere Rückfälligkeit gerade dieser Gruppe nicht überrascht. Interessant ist allerdings, dass sich in der Stichprobe auch 22 Personen befanden, die nach früherem Recht nach Ablauf der 10-Jahresfrist aus der (ersten) Sicherungsverwahrung entlassen werden mussten, obwohl ihre Prognose schlecht war (§ 67d Abs. 1 Satz 1 StGB a. F.). Von den 22 Entlassenen wurden trotz der negativen Prognose nur 8 Personen (**36,4 %**) rückfällig.[383]

---

[380] *Jehle et al.* 2003, 68; vgl. hierzu auch *Harrendorf* 2007, 243.

[381] *Jehle et al.* 2016, 80 f.

[382] *Kinzig* 2008, 213, 217 f., 268, 273.

[383] *Kinzig* 2008, 197; vgl. auch *Kinzig* FPPK 2010c, 57.

Müller u. a. gingen der Frage nach, wie sich das Legalverhalten derjenigen Personen entwickelte, bei denen Sachverständige und Landgerichte die hohe Wahrscheinlichkeit erheblicher Straftaten als Voraussetzung für die nachträgliche Anordnung der Sicherungsverwahrung (§ 66b StGB a. F.) bejaht hatten, bei denen die Maßregel aber wegen Aufhebung der Entscheidungen durch den BGH nicht angeordnet und vollstreckt wurde. Insgesamt handelte es sich dabei um 25 Personen, von denen innerhalb eines Beobachtungszeitraums von 2 Jahren 15 Personen (60,0 %) erneut mit Straftaten in Erscheinung traten. Leichte und schwere Rückfälle (Verurteilung wegen eines einschlägigen Delikts zu einer nicht ausgesetzten Freiheitsstrafe von wenigstens 18 Monaten) verteilten sich dabei etwa hälftig (32 % bzw. 28 %).[384] Bei einer zweiten BZR-Abfrage 2013 konnten 7 weitere Fälle einbezogen und der Beobachtungszeitraum ausgeweitet werden. Die Rückfallquote stieg auf 65,5 %, wobei 37,5 % der Probanden leicht und 28,1 % schwer rückfällig wurden.[385]

Einen ähnlichen UntersuchungsanSatz wählte *Alex*. Er wertete die Rückfallhäufigkeit von Personen aus, bei denen die Staatsanwaltschaften zwischen 2001 und 2006 einen Antrag auf Anordnung der nachträglichen Unterbringung in der Sicherungsverwahrung gestellt hatten (Anträge nach § 66b StGB a. F., vor 2004 nach den in einzelnen Ländern erlassenen Landesunterbringungsgesetzen; vgl. oben Abschn. 5.3.3.1), bei denen diese Anträge jedoch von den Gerichten zurückgewiesen worden waren (*n* = 74). Bei einem individuell unterschiedlichen Beobachtungszeitraum, der jedoch in keinem Fall weniger als 18 Monate betrug, ermittelte *Alex* eine Rückfallquote von 43,2 %; der Anteil derjenigen, die zu Freiheitsstrafe ohne Bewährung verurteilt wurden, lag bei 18,9 %.[386] Eine Replikation des Untersuchungsansatzes für die Gruppe derjenigen, bei denen die nachträgliche Sicherungsverwahrung zwischen 2007 und 2009 beantragt, aber abgelehnt worden war (*n* = 52), ergab Rückfallquoten von 40,4 % bzw. 25,0 %.[387]

Beachtenswert sind vor allem die in den genannten Untersuchungen ermittelten Ergebnisse aus den experimentähnlichen Situationen, in denen zumindest einzelne Sachverständige und Verfahrensbeteiligte davon ausgingen, dass eine hohe Rückfallwahrscheinlichkeit gegeben sei, die Sicherungsverwahrung aber aus rechtlichen Gründen gleichwohl nicht (weiter) vollstreckt werden konnte. Jedenfalls in den Untersuchungen von *Kinzig* und *Alex* hielten sich die tatsächlich beobachteten Rückfallquoten im Rahmen dessen, was nach der allgemeinen Rückfallstatistik zu erwarten war; nur in der Studie von *Müller u. a.* lagen die Werte etwas darüber. Die Befunde machen damit noch einmal die Schwierigkeiten deutlich, die sich mit der Prognose weiterer Straffälligkeit verbinden: Je seltener die vorherzusagenden Ereignisse sind, desto ungenauer wird die Prognose. Zwar gelingt es in der Praxis recht gut, diejenigen Personen „richtig" zu erkennen, die später mit weiteren Straftaten in Erscheinung treten werden; dies gelingt jedoch nur auf Kosten eines hohen

---

[384] *Müller et al.* MschrKrim 94 (2011b), 256 f.; *Müller* NK 2012, 58 f.

[385] *Müller und Stolpmann* MschrKrim 98 (2015), 39.

[386] *Alex* 2013, 117; vgl. auch *Alex* FPPK 2011, 244 ff.; krit. *Urbaniok* Kriminalistik 2012, 278 ff.

[387] *Alex* 2013, 144.

Anteils von Personen, die zu Unrecht als „gefährlich" eingestuft werden, da sie, wie die empirischen Befunde zeigen, tatsächlich *keine* weitere Straftaten begehen („false positives").[388] Die Leistungsfähigkeit der zur Verfügung stehenden prognostischen Instrumente darf deshalb nicht überschätzt werden.

5.4   Vollstreckungsfragen bei den freiheitsentziehenden Maßregeln

5.4.1   Die Grundgedanken der Subsidiarität und der Flexibilität

Die §§ 67 bis 67h StGB, in denen die wesentlichen Fragen der Vollstreckung der freiheitsentziehenden Maßregeln angesprochen werden, gelten allgemein als „ein kompliziertes, nur schwer durchschaubares System von Regelungen".[389] In der Tat ist richtig, dass die §§ 67 bis 67h StGB eine auf den ersten Blick verwirrende Vielfalt von Einzelregelungen enthalten, deren Verständnis sich erst bei genauer Betrachtung der jeweiligen Vollstreckungssituation und der damit einhergehenden Interessenlage erschließt. Das Verständnis des Normenkomplexes wird indessen erleichtert, wenn man sich zunächst die Grundgedanken des Systems vergegenwärtigt.

Der wichtigste die Vollstreckung der freiheitsentziehenden Maßregeln prägende Leitgedanke ist das **Subsidiaritätsprinzip**.[390] Zwischen dem Freiheitsanspruch des von einer Unterbringungsanordnung betroffenen Einzelnen und dem Sicherungsbedürfnis der Allgemeinheit vor weiteren erheblichen Taten besteht ein Spannungsverhältnis, das in allen Stadien der Maßregelvollstreckung zu einem sachgerechten Ausgleich gebracht werden muss.[391] Aus dem Verhältnismäßigkeitsprinzip (§ 62 StGB) ergibt sich die Notwendigkeit, in allen Stadien des Vollstreckungsverfahrens nach der *Erforderlichkeit der Maßregelvollstreckung* zu fragen. Die Vollstreckung der freiheitsentziehenden Maßregeln ist gegenüber anderen, den Täter weniger belastenden Maßnahmen subsidiär; sie darf nur dann und nur solange erfolgen, wie sich feststellen lässt, dass sie zur Erreichung des Zwecks der Maßregel (des Schutzes der Allgemeinheit vor weiteren Straftaten bzw. der Besserung des Zustands des Täters) erforderlich ist und der Zweck nicht auf andere, weniger belastende Weise (z. B. durch ambulante Maßnahmen wie insbesondere die Führungsaufsicht) erreicht werden kann. Wenn die Erforderlichkeit zu verneinen ist, muss die Vollstreckung der Maßregel zur Bewährung ausgesetzt oder die Maßregel insgesamt für erledigt erklärt werden. Das Subsidiaritätsprinzip, das bei der Anordnung der Maßregel bedeutungslos ist, kommt also auf der Ebene der Maßregelvollstreckung voll zum Tragen.

---

[388] *Alex* 2013, 121, 147.

[389] *Jescheck und Weigend* 1996, 818.

[390] Umfassend zum Subsidiaritätsprinzip im Maßregelrecht LK 2006 ff., *Schöch*, Vor § 61 Rn. 74 ff.; *Dessecker* 2004, 331 ff.

[391] *BVerfG* NJW 1993, 778.

Neben dem Subsidiaritätsprinzip spielt der **Flexibilitätsgedanke** eine maßgebliche Rolle.[392] In der Maßregelvollstreckung kommt es allein auf die Verwirklichung der spezialpräventiven Zielsetzung an; anders als in der Strafvollstreckung (vgl. § 57a Abs. 1 Satz 1 Nr. 2 StGB) ist der Gedanke des Schuldausgleichs hier ohne jede Bedeutung. Die Konzentration auf die Spezialprävention erlaubt es, in der Maßregelvollstreckung stärker als in der Strafvollstreckung nach *funktionalen Äquivalenten* zu fragen und die Durchführung allein an *Zweckmäßigkeitsgesichtspunkten* auszurichten. Zwischen den einzelnen Maßregeln, aber auch zwischen den Maßregeln und den Strafen besteht dementsprechend im Vollstreckungsstadium eine erhebliche Durchlässigkeit; auch können die einmal getroffenen Entscheidungen nachträglich wieder abgeändert werden, wenn dies zur besseren Verwirklichung der Sanktionsziele angezeigt erscheint.

Aus dieser Flexibilität ergeben sich sowohl Chancen als auch Gefahren: Einerseits besteht die **Chance**, die Sanktionsvollstreckung den sich ändernden Erkenntnissen über den Verurteilten, seine Gefährlichkeit und seine Behandlungsbedürftigkeit zeitnah anzupassen und den bestmöglichen Weg zur Verwirklichung der Sanktionsziele auszuwählen. Andererseits besteht die **Gefahr**, dass sachfremde Überlegungen Platz greifen, dass etwa die über eine weit reichende Definitionsmacht verfügenden therapeutischen Einrichtungen lästige oder schwierige Patienten zu einsichts- oder therapieunfähigen Tätern erklären, um sie auf diese Weise in andere Einrichtungen „abschieben" zu können. Die den Vollstreckungsorganen vom Gesetzgeber eingeräumte Flexibilität ist daher mit einer erheblichen Verantwortung verbunden, die im Einzelfall gewissenhafte, kriminologisch fundierte Entscheidungen erfordert.

In ihrer Vermengung führen Subsidiaritätsprinzip und Flexibilitätsgedanke zu einem *System ganz unterschiedlicher Vollstreckungsformen*, das die unmodifizierte Vollstreckung von Maßregel und Strafe ebenso vorsieht wie den Austausch einzelner Sanktionsformen, die Aussetzung zur Bewährung, die wechselseitige Anrechnung von Freiheitsentziehung, die Nutzung ambulanter Therapieangebote sowie den Einsatz der Führungsaufsicht als Überwachungs- und Betreuungsinstrument für die in Freiheit entlassenen Täter. In der dadurch entstehenden Unübersichtlichkeit und Komplexität der Materie liegt zweifellos der Grund für die Einordnung als „kompliziertes, nur schwer durchschaubares System von Regelungen". Auf der anderen Seite wird gerade hierdurch für eine insgesamt schwierige Täterklientel der Weg zu einem rationalen Umgang mit den Sanktionsbedürfnissen nach der Tat eröffnet, der den rechtsstaatlichen Anforderungen ebenso Rechnung trägt wie den Erkenntnissen der kriminologischen Sanktionsforschung.

5.4.2   Reihenfolge der Vollstreckung

5.4.2.1   Vorwegvollzug der Maßregel

Wird gegen den (voll oder vermindert schuldfähigen) Täter sowohl eine freiheitsentziehende Maßregel angeordnet als auch eine Freiheitsstrafe verhängt, stellt sich

---

[392] NK 2017, *Pollähne*, Vor § 67 Rn. 29 f.

die Frage nach der Reihenfolge der Vollstreckung. Für die Maßregeln nach §§ 63
und 64 StGB gilt insoweit das **Prinzip des Vikariierens**, d. h. des Ersetzens der
Strafe durch die Maßregel im Vollzug.[393] Im GrundSatz besagt dieses Prinzip, dass
die *Maßregel vor der Strafe vollzogen* und die *Zeit des Maßregelvollzugs auf die
Strafverbüßung angerechnet* wird. Sein Ziel ist es, Doppelbelastungen des Verurteilten durch die Kumulation von Strafe und Maßregel zu vermeiden und durch den
Vorwegvollzug der therapeutisch ausgerichteten Maßregel die bestmöglichen Voraussetzungen für die Resozialisierung des Verurteilten zu schaffen.[394] In der Sache
werden damit durch das Vikariieren die Konsequenzen aus dem zweispurigen Sanktionssystem aufgelockert und es wird auf der Ebene der Vollstreckung ein (beschränkt) einspuriges System geschaffen.[395]

Nach § 67 Abs. 1 StGB gilt der Grundsatz des **Vorwegvollzugs der Maßregel
nur** für die *Unterbringung im psychiatrischen Krankenhaus und in der Entziehungsanstalt*; die Unterbringung in der Sicherungsverwahrung ist hiervon ausgeschlossen. Der Grund hierfür liegt in den unterschiedlichen Vollzugszielen der Einrichtungen: Der Maßregelvollzug im psychiatrischen Krankenhaus und in der
Entziehungsanstalt verfolgt das Ziel der Heilung bzw. Besserung des Untergebrachten (vgl. §§ 136 f. StVollzG); anders als im Strafvollzug, der nur allgemein auf das
Vollzugsziel der Resozialisierung hin ausgerichtet ist (§ 2 Satz 1 StVollzG und die
Vollzugsgesetze der Länder), ist in den Einrichtungen der Psychiatrie eine an den
spezifischen psychischen Störungsbildern des Verurteilten ansetzende therapeutische Behandlung gewährleistet. Bei der Maßregel nach § 66 StGB geht es demgegenüber darum, im Rahmen eines freiheitsorientieren und therapiegerichteten
Gesamtkonzepts auf die möglichst baldige Entlassung des Untergebrachten hinzu-
wirken (§ 66c Abs. 1 StGB). Die entsprechenden Resozialisierungsmaßnahmen
müssen dem Verurteilten aber auch schon im Strafvollzug angeboten werden (§ 66c
Abs. 2 StGB), so dass die Angebote in der Sicherungsverwahrung keine anderen,
spezialpräventiv überlegenen Maßnahmen beinhalten, sondern dieselben wie im
Strafvollzug. Ein Vorwegvollzug der Sicherungsverwahrung ist deshalb weder angezeigt noch geboten.[396]

Wird die Maßregel nach §§ 63 oder 64 StGB ganz oder zum Teil vor der Strafe
vollzogen, so wird die im Maßregelvollzug verbrachte Zeit in Höhe von höchstens
zwei Dritteln der verhängten Strafe auf die Strafe angerechnet (§ 67 Abs. 4 StGB).
Das dritte Drittel der Strafe kann durch den Maßregelvollzug nicht mit abgegolten
werden. Allerdings kann die Vollstreckung des Strafrests zur Bewährung ausgesetzt
werden, wenn infolge der Anrechnung zumindest die Hälfte der Strafe als erledigt
anzusehen ist (Abs. 5 Satz 1).

---

[393] Vicarius (lat.) = Stellvertreter.

[394] LK 2006 ff., *Schöch*, § 67 Rn. 6 f.; NK 2017, *Pollähne*, § 67 Rn. 3; MüKo 2016 ff., *Maier*, § 67
Rn. 7.

[395] Zur kriminalpolitischen Begründung des Prinzips und der Auseinandersetzung mit dogmatischen und kriminalpolitischen Einwänden vgl. *Marquardt* 1972, 34 ff.

[396] Vgl. hierzu auch LK 2006 ff., *Schöch* § 67 Rn. 19.

Beispiel

A wird zu einer Freiheitsstrafe von einem Jahr und 6 Monaten verurteilt; zugleich wird die Unterbringung in der Entziehungsanstalt angeordnet. – Wird bei A die weitere Vollstreckung der Maßregel nach einem Jahr zur Bewährung ausgesetzt (§ 67d Abs. 2 StGB), so wird dieses eine Jahr, das er im Maßregelvollzug verbracht hat, auf die Strafe angerechnet; die Vollstreckung der Reststrafe in Höhe von 6 Monaten kann zur Bewährung ausgesetzt werden (§ 67 Abs. 4, Abs. 5 Satz 1 StGB). – Wird die weitere Vollstreckung zu einem *früheren* Zeitpunkt, z. B. bereits nach 9 Monaten, zur Bewährung ausgesetzt, so kann die Vollstreckung der Reststrafe ebenfalls zur Bewährung ausgesetzt werden, wenn und soweit durch die Maßregelvollstreckung zumindest die *Hälfte der Strafe* erledigt ist; für die Aussetzung gelten auch in diesem Fall die Voraussetzungen für die Zweidrittelaussetzung gem. § 57 Abs. 1 Satz 1 Nr. 2 und 3 StGB (§ 67 Abs. 5 Satz 1 StGB). – Wird A umgekehrt erst zu einem *späteren Zeitpunkt*, also z. B. nach Ablauf von 2 Jahren, aus dem Maßregelvollzug entlassen, so wird von der in der Entziehungsanstalt verbrachten Zeit höchstens ein Jahr angerechnet. Die Anrechenbarkeit des Maßregelvollzugs auf die Freiheitsstrafe ist auf das Höchstmaß von zwei Dritteln der Strafe (= 12/18 Monate) beschränkt (Abs. 4).

Die durch das 23. StrÄndG vom 13.04.1986 eingeführte Beschränkung der Anrechnung auf zwei Drittel der verhängten Strafe hat eine **Parallele im Betäubungsmittelrecht**: Auch bei der für betäubungsmittelabhängige Täter vorgesehenen Möglichkeit der Zurückstellung der Strafvollstreckung nach § 35 BtMG ist die Anrechenbarkeit der vom Täter in einer staatlich anerkannten Behandlungseinrichtung verbrachten Zeit auf zwei Drittel der verhängten Strafe beschränkt (§ 36 Abs. 1 BtMG; oben Abschn. 3.7.6). Im Hintergrund der Nichtanrechenbarkeit des dritten Drittels steht die Vorstellung, dass der Täter durch das „*Damoklesschwert*" der drohenden Reststrafenvollstreckung zur Erfüllung der ihm erteilten Weisungen sowie zu einem Leben ohne Straftaten besonders motiviert werden kann.[397] Kriminalpolitisch ist die Beschränkung in der Vergangenheit verschiedentlich kritisiert und sogar für verfassungsrechtlich bedenklich gehalten worden.[398] Das *BVerfG* hat sich dieser Kritik jedoch nicht angeschlossen und in mehreren Entscheidungen darauf hingewiesen, dass Freiheitsstrafe und Maßregel jeweils verschiedene Zwecke verfolgten; die volle zeitliche Anrechnung sei daher von Verfassungs wegen nicht geboten.[399] Lediglich in einem Randbereich hat es Korrekturen angemahnt und festgestellt, dass sich die Zweidrittelanrechnung nicht nur auf eine in demselben Urteil wie die Maßregel verhängte Freiheitsstrafe beschränken dürfe, sondern auch auf „verfahrensfremde" Freiheitsstrafen angewandt werden können müsse.[400] Der Gesetzgeber

---

[397] Vgl. LK 2006 ff., *Schöch*, § 67 Rn. 22.
[398] Vgl. *OLG Celle* NStZ 1990, 453 m. Anm. *Müller-Dietz* NStZ 1991, 358; LK 2006 ff., *Schöch*, § 67 Rn. 22 f.
[399] *BVerfGE* 91, 1 (35 f.); 130, 372 (394).
[400] *BVerfGE* 130, 372 (394 ff.).

hat dem im Jahr 2016 durch § 67 Abs. 6 StGB Rechnung getragen, der die Zweidrittelanrechnung auch auf verfahrensfremde Strafen ermöglicht. Indessen bleibt
die Frage nach wie vor im Raum, ob die Sichtweise des Gesetzgebers psycholo-
gisch richtig ist, dass der psychisch kranke oder abhängige Verurteilte durch die
drohende Reststrafenvollstreckung in angemessener Weise motiviert werden
kann.[401]

Besondere Probleme können auftreten, wenn nach dem Vorwegvollzug der Maßregel die Aussetzung der Vollstreckung des Strafrests zur Bewährung gemäß § 67
Abs. 5 Satz 1 StGB nicht möglich ist. Dies kann dann der Fall sein, wenn die Aussetzung im Hinblick auf das Sicherheitsinteresse der Allgemeinheit nicht verantwortet werden kann, wenn der Verurteilte seine Zustimmung zur Aussetzung nicht
erteilt oder wenn durch den Maßregelvollzug noch nicht wenigstens die Hälfte der
Freiheitsstrafe als abgegolten angesehen werden kann. In diesen Fällen besteht die
Gefahr, dass die erforderlich werdende Vollstreckung der Freiheitsstrafe die erreichten Therapieerfolge wieder zunichte macht, z. B. durch die Konfrontation des Täters
mit Alkohol oder Drogen im Strafvollzug, nachdem er in der Entziehungsanstalt
eine Entwöhnungstherapie erfolgreich durchgestanden hat.[402] In diesen Fällen wird
grundsätzlich der **Vollzug der Maßregel fortgesetzt** (Abs. 5 Satz 2), d. h. der Verurteilte verbleibt im Maßregelvollzug, bis die Voraussetzungen für die Strafrestaussetzung geschaffen sind oder die Dauer der vom Gericht verhängten Freiheitsstrafe
ausgeschöpft ist. Die *Höchstfrist* für den Maßregelvollzug in der Entziehungsanstalt, die grundsätzlich bei zwei Jahren liegt (§ 67d Abs. 1 Satz 1 StGB), verlängert
sich in diesem Fall um die Dauer der parallel verhängten Freiheitsstrafe, soweit die
Zeit des Maßregelvollzugs auf die Strafe angerechnet wird (§ 67d Abs. 1 Satz 3
StGB).

Beispiel

A wird zu einer Freiheitsstrafe von 4 Jahren verurteilt; zugleich wird die Unterbringung in der Entziehungsanstalt angeordnet. – Die Höchstfrist für die Unterbringung in der Entziehungsanstalt verlängert sich nach § 67d Abs. 1 Satz 3
StGB um den Zeitraum, der auf die Strafe angerechnet wird, also um 2/3 von vier
Jahren (32 Monate; § 67 Abs. 4 StGB). Dieser Zeitraum tritt zu der Höchstfrist
von zwei Jahren (§ 67d Abs. 1 Satz 1 StGB) hinzu („verlängert sich").[403] A darf
also insgesamt 56 Monate in der Entziehungsanstalt untergebracht werden. Wird
parallel zur Maßregel eine lebenslange Freiheitsstrafe verhängt, verlängert sich
die Höchstfrist um 15 Jahre, so dass die Dauer der Entziehungsbehandlung insgesamt bis zu 17 Jahre betragen kann.[404] Bei alledem handelt es sich jedoch nur

---

[401] NK 2017, *Pollähne*, § 67 Rn. 7 f.

[402] BT-Drucks. 5/4095, 32.

[403] S/S 2019, *Kinzig*, § 67d Rn. 12; LK 2006 ff., *Rissing-van Saan und Peglau*, § 67d Rn. 15 ff.; krit.
NK 2017, *Pollähne*, § 67d Rn. 40f.

[404] *LG Göttingen* R&P 2008, 169 (171).

um theoretische Höchstgrenzen. Zu berücksichtigen ist nämlich auch, dass bei einer Parallelstrafe, die 3 Jahre übersteigt, zunächst ein Teil der Strafe vollzogen werden soll, ehe der Verurteilte im Maßregelvollzug untergebracht wird (67 Abs. 2 Satz 2 StGB).

5.4.2.2 Vorwegvollzug der Strafe

Während der in § 67 Abs. 1 StGB festgelegte Vorwegvollzug der Maßregel den normativen Regelfall beschreibt, sieht § 67 Abs. 2 StGB vor, dass die **Vollstreckungsreihenfolge** vom Gericht auch **umgekehrt** werden kann: Das Gericht kann anordnen, dass die Strafe – insgesamt oder bei längeren Freiheitsstrafen jedenfalls ein Teil von ihr – vor der Maßregel zu vollstrecken ist, wenn der Maßregelzweck dadurch leichter erreicht werden kann. Da im Fall des Vorwegvollzugs der Strafe die Anrechnung gem. Abs. 4 nicht möglich ist, führt die Umkehr der Vollstreckungsreihenfolge im Ergebnis zu einer Verlängerung des Freiheitsentzugs für den Verurteilten (vgl. allerdings § 67c Abs. 1 StGB). Von der Regelung des § 67 Abs. 2 Satz 1 StGB muss daher zurückhaltend Gebrauch gemacht werden.[405]

In der Rechtsprechung haben sich verschiedene **Fallgruppen** herausgebildet, in denen ein Vorwegvollzug der Strafe in Betracht kommt.[406] Dies soll etwa dann der Fall sein, wenn durch den Vorwegvollzug der Strafe beim Verurteilten ein „Leidensdruck" erzeugt werden kann, der die Therapiebereitschaft fördert und dadurch die Erfolgsaussichten einer anschließenden Maßregelbehandlung verbessert.[407] In der Literatur ist diese Fallgruppe umstritten. Es wird eingewandt, die Annahme einer förderlichen Wirkung des „Leidensdrucks", der durch den vorausgehenden Strafvollzug erzeugt werde, sei fragwürdig und aus empirischer und therapeutischer Sicht verfehlt.[408] In der Tat ist nicht recht klar, wie eine ausreichende Therapiemotivation ohne spezielle – unter den Bedingungen des Strafvollzugs praktisch kaum zu gewährleistende – Förderung zustande kommen soll. Gerade angesichts der vielfältigen Schwierigkeiten, die die psychisch kranke oder suchtmittelabhängige Täterklientel aufweist, spricht viel für die These, dass die erforderliche Therapiemotivation nur im Verlauf einer spezifischen Behandlung bzw. im Rahmen einer therapeutischen Beziehung geschaffen werden kann.[409] Zwar mag es Fälle geben, in denen dies anders ist.[410] Ohne sorgfältige Aufklärung der Täterpersönlichkeit und der Art der notwendigen Behandlung einschließlich einer Prognose darüber, zu welchem Zeitpunkt denn mit der noch fehlenden Therapiebereitschaft gerechnet werden kann, ist die Anordnung des Vorwegvollzugs der Strafe jedoch unzulässig. Im Zweifel sollte die Argumentationsfigur des „Leidensdrucks" deshalb nicht verwen-

---

[405] LK 2006 ff., *Schöch*, § 67 Rn. 59.

[406] Überblick bei *Maul und Lauven* NStZ 1986, 397 ff.

[407] *BGHSt* 33, 285 (286 ff.); *BGH* NJW 1988, 216 (217) m. krit. Anm. *Hanack* JR 1988, 379; in eine gänzlich andere Richtung weist demgegenüber *BGH* NStZ-RR 2002, 26.

[408] LK 2006 ff., *Schöch*, § 67 Rn. 70 ff.; NK 2017, *Pollähne*, § 67 Rn. 41; *Streng* StV 1987, 41 f.

[409] *BGH* NStZ-RR 2002, 26.

[410] Vgl. *Kaiser* 1990, 27 ff.

det werden. Es besteht die Gefahr, dass die Figur missbraucht und lediglich zur spezialpräventiven Verbrämung der Vergeltungsbedürfnisse der Gesellschaft gegenüber einem therapiebedürftigen aber -unwilligen Täter herangezogen wird.[411]

Eine zweite Fallgruppe bilden die Fälle, in denen das **spezialpräventive Ziel**, das im Maßregelvollzug erreicht werden soll, ausnahmsweise dann **besser** erreicht werden kann, wenn der Täter **im Strafvollzug** untergebracht wird. Diese Voraussetzung ist nicht schon dann gegeben, wenn ein betäubungsmittelabhängiger Täter gem. § 35 Abs. 1 BtMG die Zurückstellung der Vollstreckung der Freiheitsstrafe zur Aufnahme einer freiwilligen Behandlung in einer Therapieeinrichtung anstrebt; eine Umkehr der Vollstreckungsreihenfolge lässt sich damit schon deshalb nicht rechtfertigen, weil § 35 Abs. 1 BtMG auch die Zurückstellung der Vollstreckung der Maßregel ermöglicht.[412] Ein Grund für die Umkehr der Vollstreckungsreihenfolge kann aber dann gegeben sein, wenn angestrebt wird, den Verurteilten aus dem Regelstrafvollzug heraus in eine *sozialtherapeutische Anstalt* zu verlegen (oben Abschn. 5.1.6), und die besonderen therapeutischen Mittel und sozialen Hilfen dieser Einrichtung im Einzelfall zur Resozialisierung besser geeignet erscheinen als der Vollzug der Maßregel.[413] In Betracht kommt diese Vorgehensweise insbesondere bei Sexualstraftätern, die vermindert schuldfähig sind.

Für die Anordnung der Umkehr kommt es in allen Fallgruppen allein darauf an, ob der Maßregelzweck durch den Vorwegvollzug der Strafe leichter erreicht werden kann (§ 67 Abs. 2 Satz 1 StGB). *Schuldgesichtspunkte* dürfen insoweit *keine* Rolle spielen; es darf also nicht darauf abgestellt werden, dass der Vorwegvollzug der Maßregel infolge der Anrechnung und der anschließenden Aussetzung des Strafrests den Täter in einer nicht schuldangemessenen Weise „zu günstig" stellen würde.[414] Auch *Schwierigkeiten* bei der organisatorischen Ausgestaltung oder der praktischen Durchführung der Maßregel wie etwa das Fehlen einer geeigneten Therapiestätte dürfen bei der Entscheidung *keine* Rolle spielen.[415] Lässt sich nicht genau feststellen, ob der Vorwegvollzug der Strafe oder der Vorwegvollzug der Maßregel für die Erreichung der spezialpräventiven Zwecksetzungen der Maßregel förderlicher ist, muss es nach der insoweit eindeutigen gesetzlichen Regelung beim normativen Regelfall – dem Vorwegvollzug der Maßregel (§ 67 Abs. 1 StGB) – bleiben.

Eine weitere Fallgruppe bildeten früher die Fälle, in denen ein an den Maßregelvollzug angeschlossener Strafvollzug die positiven Wirkungen des Maßregelvollzugs gefährden würde und es deshalb erreicht werden soll, dass der Verurteilte **aus dem Maßregelvollzug unmittelbar in die Freiheit** entlassen wird. Ein derartiges Interesse kann z. B. dann bestehen, wenn der Verurteilte im Maßregelvollzug eine

---

[411] Vgl. *Streng* StV 1987, 41.

[412] *BGH* NStZ 1984, 573 m. Anm. *Müller-Dietz* JR 1985, 119; NStZ 1985, 571; 1990, 102; vgl. auch LK 2006 ff., *Schöch*, § 67 Rn. 93.

[413] NK 2017, *Pollähne*, § 67 Rn. 39.

[414] LK 2006 ff., *Schöch*, § 67 Rn. 61, 69.

[415] *BGH* NStZ 1981, 492 m. Anm. *Scholz*; NStZ 1982, 132; 1990, 102; vgl. auch LK 2006 ff., *Schöch*, § 67 Rn. 88 ff.

psychotherapeutische Behandlung erhalten soll und es für den Behandlungserfolg maßgeblich darauf ankommt, dass das in der Therapie erarbeitete, erlernte und eingeübte Sozialverhalten nicht anschließend im Strafvollzug wieder verschüttet wird.[416] Diese Fallgruppe kommt vor allem bei längeren Freiheitsstrafen zum Tragen, bei denen nach der Beendigung der Maßregel noch nicht die Hälfte der Strafzeit verbüßt ist, so dass eine Aussetzung des Strafrests zur Bewährung (Abs. 5 Satz 1) nicht möglich ist. Um eine Rückverlegung in die Justizvollzugsanstalt, die den Behandlungserfolg gefährden könnte, zu vermeiden, bliebe nur der Weg über einen Weitervollzug der Maßregel (Abs. 5 Satz 2), wodurch jedoch kostenintensive Therapieplätze blockiert würden, die dann für andere notwendige Fälle nicht mehr zur Verfügung stünden.[417] Diese Problematik ist für die Maßregel der Unterbringung in der Entziehungsanstalt allerdings inzwischen in § 67 Abs. 2 Satz 2 und 3 StGB gesetzlich geregelt worden. Wurde eine Freiheitsstrafe über 3 Jahre verhängt, soll nun ein Teil der Strafe vor der Maßregel vollzogen werden. Dieser Teil ist so zu berechnen, dass nach der Vollstreckung und einer anschließenden Unterbringung eine Bewährungsentscheidung nach § 67 Abs. 5 Satz 1 StGB, im Zweifel also bereits nach der Hälfte der Strafzeit,[418] möglich ist. Vorteil dieser neu eingefügten „Soll-Vorschrift" ist, dass die zuvor erforderlichen einzelfallbezogenen Begründungen für eine Abweichen vom Vikariierungsprinzip nunmehr entbehrlich sind; heute ist es umgekehrt besonders begründungspflichtig, wenn in diesen Fällen kein Vorwegvollzug der Strafe angeordnet wird.[419]

Des Weiteren soll die Strafe dann vor der Maßregel vollzogen werden, wenn die verurteilte Person vollziehbar **zur Ausreise** aus der Bundesrepublik gem. § 58 Abs. 2 AufenthG **verpflichtet** ist (§ 67 Abs. 2 Satz 4 StGB); die Bestandskraft der aufenthaltsbeendenden Maßnahme wird dabei nicht vorausgesetzt.[420] In diesen Fällen ist zumeist die Therapieaussicht von vornherein eingeschränkt, da unklar ist, wie viel Zeit überhaupt in der Therapie verbracht wird, bevor der Aufenthalt beendet wird; daneben können aufgrund regelmäßig erhöhter Fluchtgefahr Lockerungserprobungen nicht gewährt werden.[421] Zudem erscheint der Vollzug der Unterbringung in einer Entziehungsanstalt neben der Strafe zur Gewährung der Sicherheit der Bevölkerung in der Bundesrepublik auch nicht erforderlich, wenn ohnehin aufenthaltsbeendigende Maßnahmen anstehen.[422]

Entsprechend der das Vollstreckungsrecht beherrschenden Flexibilität (oben Abschn. 5.4.1) kann die Reihenfolge nachträglich, also während der laufenden Vollstreckung, wieder geändert werden (§ 67 Abs. 3 StGB). Das Gericht kann damit die

---

[416] *BGH* NStZ 1986, 428; NJW 1988, 216 (217) m. Anm. *Hanack* JR 1988, 379; *BGH* NJW 1990, 1124 m. Anm. *Funck* NStZ 1990, 509.

[417] Vgl. BT-Drucks. 16/1110, 14.

[418] *BGH* StV 2008, 306 (307); *Fischer* 2019, § 67 Rn. 11.

[419] LK 2006 ff., *Schöch*, § 67 Rn. 95; *Schneider, U.,* NStZ 2008, 70 f.; *Spiess* StV 2008, 162.

[420] *OLG Celle* StV 2009, 194 (195) m. krit. Anm. *Jung* StV 2009, 212.

[421] LK 2006 ff., *Schöch*, § 67 Rn. 100.

[422] BT-Drucks. 16/1110, 15.

Konsequenzen aus der Entwicklung des Verurteilten im Vollzug der jeweiligen Sanktionsart ziehen.

5.4.2.3 Verfahrensfragen

Die Entscheidung über die Umkehr der Vollstreckungsreihenfolge (§ 67 Abs. 2 StGB) trifft das erkennende Gericht. Über nachträgliche Veränderungen der Vollstreckungsreihenfolge, die Aussetzung des Strafrests zur Bewährung und ggf. den weiteren Vollzug (§ 67 Abs. 3 und 5 StGB) entscheidet die Strafvollstreckungskammer (§ 463 Abs. 1 i. V. m. § 462a Abs. 1 StPO).

5.4.3 Überweisung in den Vollzug einer anderen Maßregel

Zeigt sich nach der rechtskräftigen Anordnung einer Maßregel gem. §§ 63 oder 64 StGB, dass die **Resozialisierung** des Täters im Vollzug der jeweils anderen Maßregel **besser gefördert** werden kann, so kann der Täter nach § 67a Abs. 1 auch nachträglich noch in den Vollzug der anderen Maßregel überwiesen werden.

Beispiel

Gegen A wird wegen einer Suchtmittelabhängigkeit die Unterbringung in der Entziehungsanstalt angeordnet. Im Verlauf der Behandlung wird zusätzlich eine psychische Erkrankung diagnostiziert. Das Gericht kann A in ein psychiatrisches Krankenhaus überweisen, wenn diese Einrichtung z. B. aufgrund ihrer medizinischen Einrichtungen besser geeignet ist, um A zu einem Leben ohne Straftaten zu befähigen.

Auf die Gründe für die Erwartung, dass die Resozialisierung in der anderen Einrichtung besser gefördert werden kann, kommt es nicht an. Die Überweisung ist sowohl zulässig, wenn sich der *Zustand* des Untergebrachten nach der Verurteilung *verändert* hat, als auch dann, wenn sich die im Urteil getroffene Anordnung im Nachhinein als *Fehlentscheidung* erweist.[423] Es kommt auch *nicht* darauf an, dass bei dem Betroffenen die *gesetzlichen Voraussetzungen* vorliegen, die die Anordnung der anderen Maßregel rechtfertigen würden. Die Überweisung eines in der Entziehungsanstalt untergebrachten Täters in das psychiatrische Krankenhaus ist also auch dann zulässig, wenn der Täter die Tat *nicht* im Zustand der Schuldunfähigkeit oder der verminderten Schuldfähigkeit begangen hat.[424] Entscheidend ist allein, dass die Resozialisierung in der anderen Einrichtung besser gefördert werden kann.

§ 67a Abs. 2 StGB erweitert die durch Abs. 1 geschaffene Durchlässigkeit zwischen den einzelnen Maßregeln auf die **Sicherungsverwahrung.** Auch ein Täter, gegen den die Sicherungsverwahrung angeordnet worden ist, kann von dort aus in

---

[423] MüKo 2016 ff., *Veh*, § 67a Rn. 12.
[424] MüKo 2016 ff., *Veh*, § 67a Rn. 13.

ein psychiatrisches Krankenhaus oder eine Entziehungsanstalt überwiesen werden, wenn dies im Interesse seiner Resozialisierung geboten ist. Dies gilt nach Abs. 2 Satz 2 bereits dann, wenn sich der Verurteilte noch im Vollzug der Freiheitsstrafe befindet und bei ihm ein Zustand nach § 20 oder § 21 StGB vorliegt. Zeigt sich bereits während des Vollzuges der Freiheitsstrafe, dass der Resozialisierung durch die Verlegung in ein psychiatrisches Krankenhaus oder in eine Entziehungsanstalt besser gedient ist und dadurch auch die Sicherungsverwahrung überflüssig werden könnte, so erscheint es sinnvoll, dass nicht der Beginn der Sicherungsverwahrung abgewartet werden muss, bevor die Überweisung in den Maßregelvollzug erfolgen kann.[425] Der *umgekehrte Weg* ist indessen *ausgeschlossen*: Die Überweisung eines nach §§ 63 oder 64 StGB Untergebrachten in die Sicherungsverwahrung ist unzulässig. Im Hintergrund steht der Umstand, dass die Behandlungsmaßnahmen im Vollzug der Sicherungsverwahrung eher allgemein gehalten und trotz der ungünstigen Prognose auf die Entlassung hin ausgerichtet sind, während die Behandlungsmaßnahmen im psychiatrischen Krankenhaus und der Entziehungsanstalt an den spezifischen psychischen Störungsbildern des Verurteilten ansetzen. Für den nach §§ 63 oder 64 StGB Untergebrachten würde die Überweisung in die Sicherungsverwahrung daher keine Förderung seiner Resozialisierung darstellen.[426] Eine *Ausnahme* gilt lediglich für den Fall, dass die Unterbringung in einem psychiatrischen Krankenhaus wegen des Fehlens eines krankhaften seelischen Zustands für erledigt erklärt worden ist, der Betroffene aber eine „seelische Störung" i. S. des § 1 Abs. 1 Nr. 1 ThUG aufweist[427] und die Gesamtwürdigung ergibt, dass er mit hoher Wahrscheinlichkeit weitere erhebliche Straftaten begehen wird, durch welche die Opfer seelisch oder körperlich schwer geschädigt werden (§ 66b Satz 1 StGB; oben Abschn. 5.3.3.2.5). In diesem Fall kann auch noch nachträglich die Unterbringung in der Sicherungsverwahrung angeordnet werden. Dies gilt unabhängig davon, ob im Anschluss an die Unterbringung im psychiatrischen Krankenhaus noch eine parallel verhängte Freiheitsstrafe zu vollstrecken ist (§ 66b Satz 2 StGB). Der Gesetzgeber will hierdurch verhindern, dass der Betroffene nach dem Ende der Strafverbüßung in die Freiheit entlassen werden muss.[428]

Die Regelung des § 67a StGB bezieht sich nur auf die Überweisung in den Vollzug einer anderen Maßregel; das Verhältnis zum **Strafvollzug** wird von der Regelung nicht erfasst. Für die Verlegung eines Strafgefangenen in den Maßregelvollzug kann die Vorschrift daher nicht herangezogen werden; für die bessere Förderung der Resozialisierung des Strafgefangenen stehen lediglich die Vorschriften über die Verlegung in eine sozialtherapeutische Anstalt (oben Abschn. 5.1.6) und die Verlegung in ein Vollzugskrankenhaus zur Verfügung. Umgekehrt kann § 67a StGB aber auch nicht für die Verlegung eines nach §§ 63, 64 oder 66 StGB Untergebrachten in

---

[425] BT-Drucks. 16/1110, 17; *Schneider, U.,* NStZ 2008, 71 f.
[426] *BVerfG* NJW 1995, 772 (775).
[427] *BVerfG* R&P 2013, 159 (161).
[428] BT-Drucks. 17/3403, 16, 35.

die Sozialtherapie herangezogen werden;[429] insoweit kommt lediglich der mühsame Weg über die (nachträgliche) Umkehrung der Vollstreckungsreihenfolge gem. § 67 Abs. 2 und 3 StGB und die anschließende vollzugsinterne Verlegung des Gefangenen in eine sozialtherapeutische Einrichtung in Betracht.

Durch die Überweisung in den Vollzug einer anderen Maßregel nach § 67a StGB wird die **Rechtsnatur** der im Urteil angeordneten Maßregel **nicht geändert**.[430] Die Fristen für die Dauer der Unterbringung und die Überprüfung bleiben also unverändert bestehen (§ 67a Abs. 4 StGB). Im Übrigen kann die Überweisungsentscheidung zu einem späteren Zeitpunkt auch wieder rückgängig gemacht werden, wenn sich zeigt, dass die Resozialisierung des Täters doch durch die ursprünglich angeordnete Maßregel besser erreicht werden kann, bzw. wenn erkennbar wird, dass mit der Unterbringung des Sicherungsverwahrten im psychiatrischen Krankenhaus oder der Entziehungsanstalt kein Erfolg erzielt werden kann (§ 67a Abs. 3 StGB).

5.4.4   Aussetzung zur Bewährung

5.4.4.1   Voraussetzungen
Wird gegen den Verurteilten eine freiheitsentziehende Maßregel verhängt, so stellt sich ähnlich wie bei der Verhängung von Freiheitsstrafe die Frage nach der Aussetzung der Vollstreckung zur Bewährung. Wendet man sich zunächst den *Voraussetzungen* für die Maßregelaussetzung zu, so lässt sich feststellen, dass zwischen fünf Fallgruppen zu unterscheiden ist.

5.4.4.1.1   Aussetzung zugleich mit der Anordnung
Die Aussetzung der Vollstreckung von Maßregeln nach §§ 63 und 64 StGB kann bereits zugleich mit ihrer Anordnung erfolgen (§ 67b Abs. 1 StGB; „primäre Maßregelaussetzung"). Voraussetzung hierfür ist, dass besondere Umstände die Erwartung rechtfertigen, dass der Zweck der Maßregel auch durch die Aussetzung erreicht werden kann. Derartige **„besondere Umstände"** können etwa dann vorliegen, wenn sich feststellen lässt, dass weitere erhebliche Straftaten durch eine ambulante psychotherapeutische oder medikamentöse Behandlung[431] oder durch öffentlich-rechtlich (PsychKG, Unterbringungsgesetze der Länder)[432] oder zivilrechtlich (§ 1906 BGB)[433] angeordnete Formen der Unterbringung verhindert werden können. Auf der anderen Seite ergeben sich „besondere Umstände" nicht schon daraus,

---

[429] *OLG Hamm* NStZ 1987, 44.

[430] NK 2017, *Pollähne*, § 67a Rn. 30; S/S 2019, *Kinzig*, § 67a Rn. 2.

[431] *BGH* StV 1988, 260; vgl. auch NK 2017, *Pollähne*, § 67b Rn. 19.

[432] NK 2017, *Pollähne*, § 67b Rn. 16; *Fischer* 2019, § 67b Rn. 4; einschränkend *BGHSt* 34, 313 (316 f.): nur wenn diese Art der Unterbringung besser geeignet ist, den Beschuldigten zu heilen oder zu pflegen.

[433] *BGH* StV 2011, 275 (276); NK 2017, *Pollähne*, § 67b Rn. 17.

dass der Verurteilte – wenn auch ernsthaft – den bloßen Willen zur Umkehr äußert; hinzutreten müssen Umstände, die eine Gewähr für die Dauerhaftigkeit und Realisierbarkeit dieses Willens bieten.[434]

Die Aussetzung ist *ausgeschlossen*, wenn gleichzeitig mit der Maßregel eine Freiheitsstrafe verhängt wird, die nicht zur Bewährung ausgesetzt wird (Abs. 1 Satz 2). Wird in diesem Fall der Vorwegvollzug der Strafe angeordnet (§ 67 Abs. 2 StGB), kommt eine Aussetzung der Maßregelvollstreckung allerdings zu einem späteren Zeitpunkt in Betracht (§ 67c Abs. 1 StGB). Ebenfalls ausgeschlossen ist die Aussetzung nach § 67b StGB, wenn gegen den Verurteilten die Maßregel der Unterbringung in der Sicherungsverwahrung angeordnet wird.

5.4.4.1.2 Aussetzung bei Vorwegvollzug der Strafe

Ist vor der Vollstreckung der Maßregel eine wegen derselben Tat angeordnete Freiheitsstrafe vollstreckt worden, muss die Frage der Aussetzung der Maßregel **vor dem Ende des Strafvollzugs** erneut geprüft werden (§ 67c Abs. 1 StGB). In der Praxis liegt diese Situation regelmäßig bei der Anordnung von Sicherungsverwahrung vor; bei den Maßregeln nach §§ 63 und 64 StGB liegt sie vor, wenn ausnahmsweise der Vorwegvollzug der Strafe angeordnet worden ist (§ 67 Abs. 2, 3 StGB).

Führt die Prüfung zu dem Ergebnis, dass der **Zweck der Maßregel** die Unterbringung nicht mehr erfordert, muss die Vollstreckung der Maßregel ausgesetzt werden (§ 67c Abs. 1 Satz 1 Nr. 1 StGB). Mit der Regelung trägt der Gesetzgeber dem Umstand Rechnung, dass sich die tatsächlichen Verhältnisse, die zum Zeitpunkt der Anordnung der Maßregel die Gefährlichkeit des Täters begründet haben, durch den Vollzug der Freiheitsstrafe verändert haben können (z. B. infolge einer Verlegung des Gefangenen in eine sozialtherapeutische Anstalt).[435] Anders als bei der zugleich mit der Anordnung erfolgenden primären Aussetzung (§ 67b StGB), ist die Entscheidung nicht an das Vorliegen „besonderer Umstände" geknüpft. Es kommt allein darauf an, ob zum Entscheidungszeitpunkt von dem Verurteilten noch weitere erhebliche, die Anordnung der Maßregel rechtfertigende Taten zu erwarten sind bzw., wenn dies zu bejahen ist, ob eine evtl. fortbestehende Gefahr nicht auf andere, den Verurteilten weniger belastende Weise abgewendet werden kann.[436] Einer Prüfung der Aussetzung bedarf es lediglich dann nicht, wenn die Unterbringung in der Sicherungsverwahrung weniger als ein Jahr vor dem Ende des Strafvollzugs angeordnet worden ist (§ 67c Abs. 1 Satz 2 StGB). In diesem Fall sieht der Gesetzgeber mit Blick auf die für die Prüfung geltende Jahresfrist (§ 67e Abs. 2 StGB) kein Bedürfnis für eine erneute Überprüfung der Gefährlichkeit.

Soweit die Unterbringung in der Sicherungsverwahrung angeordnet worden ist, kann die Vollstreckung der Unterbringung darüber hinaus auch dann zur Bewährung ausgesetzt werden, wenn die Gesamtbetrachtung des Vollzugs der Freiheits-

---

[434] *BGH* NStZ 1983, 167.

[435] Vgl. S/S 2019, *Kinzig*, § 67c Rn. 1; NK 2017, *Pollähne*, § 67c Rn. 2.

[436] S/S 2019, *Kinzig*, § 67c Rn. 7.

strafe ergibt, dass dem Verurteilten **keine ausreichende Betreuung angeboten** worden ist, um die Vollstreckung der Sicherungsverwahrung oder ihre Anordnung möglichst entbehrlich zu machen (§ 67c Abs. 1 Satz 1 Nr. 2 StGB). Der Gesetzgeber trägt hiermit der Entscheidung des *BVerfG* zum Abstandsgebot[437] Rechnung: Wenn nicht schon während des Vollzugs der Freiheitsstrafe alle Möglichkeiten ausgeschöpft werden, um die Gefährlichkeit des Verurteilten zu mindern und den anschließenden Vollzug der Sicherungsverwahrung entbehrlich zu machen, ist der Maßregelvollzug unverhältnismäßig.[438]

5.4.4.1.3 Beginn der Unterbringung nach mehr als drei Jahren

Ist seit der Rechtskraft der Anordnung der Maßregel ein Zeitraum von drei Jahren verstrichen und liegt keine der bisher erörterten Fallkonstellationen vor, bedarf der Vollzug der Maßregel einer erneuten, **bestätigenden Anordnung des Gerichts** (§ 67c Abs. 2 Satz 1 StGB). Denkbar ist ein solcher Fall etwa dann, wenn sich der Verurteilte der Maßregelvollstreckung durch Flucht entzogen hat. Die Zeiten, die er in behördlicher Verwahrung (z. B. im Strafvollzug oder in U-Haft) verbracht hat, bleiben bei der Berechnung der Dreijahresfrist unberücksichtigt (Abs. 2 Satz 2).

Der Grund für die Notwendigkeit einer bestätigenden Anordnung der Maßregel liegt auch hier wieder darin, dass sich die tatsächlichen Verhältnisse, die zum Zeitpunkt der ersten Anordnung der Maßregel die Gefährlichkeit des Täters begründet haben, inzwischen verändert haben können (z. B. infolge der Teilnahme an einer Therapie oder Entziehungskur oder einer Stabilisierung der familiären oder der wirtschaftlichen Verhältnisse).[439] Das Gericht muss prüfen, ob der Zweck der Maßregel die Unterbringung noch erfordert. Kann das Gericht diese Frage bejahen, so muss die Unterbringung erneut angeordnet werden, es sei denn, dass besondere Umstände vorliegen, die die Erwartung rechtfertigen, dass der Zweck der Maßregel auch durch die Aussetzung erreicht werden kann (Abs. 2 Satz 3 und 4). Die Entscheidungssituation des Gerichts ist damit die gleiche wie bei der erstmaligen Anordnung der Maßregel (§ 67b Abs. 1 StGB). Gelangt das Gericht demgegenüber zu der Auffassung, dass der Zweck der Maßregel inzwischen erreicht ist, muss die Maßregel insgesamt für erledigt erklärt werden (Abs. 2 Satz 5; unten Abschn. 5.4.5).

5.4.4.1.4 Aussetzung bei günstiger Prognose

Liegt keiner der in §§ 67b oder 67c StGB genannten Gründe für die Vollstreckungsaussetzung vor, so wird der Verurteilte in der entsprechenden Einrichtung des Maßregelvollzugs untergebracht. Das Gericht muss in regelmäßigen Abständen überprüfen, ob der Zweck der Maßregel die Unterbringung noch erfordert oder ob die weitere Vollstreckung zur Bewährung ausgesetzt werden kann (§ 67e Abs. 1 StGB). Die **Überprüfungsfristen** richten sich nach der Art der Unterbringung (Entziehungsanstalt 6 Monate, psychiatrisches Krankenhaus ein Jahr, Sicherungsverwah-

---

[437] *BVerfGE* 128, 326.
[438] BT-Drucks. 17/9874, 19 f.
[439] NK 2017, *Pollähne*, § 67c Rn. 2.

rung ebenfalls ein Jahr bzw. 9 Monate, nachdem die Sicherungsverwahrung 10 Jahre vollstreckt worden ist). Das Gericht kann sich im Einzelfall auch kürzere Fristen setzen (§ 67e Abs. 2 und 3 StGB). Führt die Überprüfung zum Ergebnis, dass zu erwarten ist, der Untergebrachte werde außerhalb des Maßregelvollzugs keine rechtswidrigen Taten mehr begehen, so muss die weitere Vollstreckung der Unterbringung zur Bewährung ausgesetzt werden (67d Abs. 2 Satz 1 StGB). Andernfalls wird der Vollzug der Maßregel fortgesetzt.

In der Praxis kommt der Aussetzung der weiteren Vollstreckung der Maßregel nach § 67d Abs. 2 Satz 1 StGB eine *erhebliche Bedeutung* zu. Während für die Unterbringung in der Entziehungsanstalt eine zeitliche Obergrenze vorgesehen ist (§ 67d Abs. 1 Satz 1 und 3 StGB), so dass die dort Untergebrachten spätestens bei Erreichen der Höchstfrist aus dem Maßregelvollzug entlassen werden müssen, stellt die Aussetzung gem. § 67d Abs. 2 Satz 1 StGB für die in einem psychiatrischen Krankenhaus Untergebrachten die einzige Möglichkeit dar, die Freiheit wiederzuerlangen. Dasselbe gilt für die in der Sicherungsverwahrung Untergebrachten, soweit die Maßregel nach zehn Jahren nicht für erledigt erklärt werden muss (§ 67d Abs. 3 StGB). Die Aussetzungsvoraussetzungen müssen dementsprechend eingehend und gewissenhaft geprüft werden; eine schematische Handhabung verbietet sich.

Nach § 67d Abs. 2 Satz 1 StGB setzt das Gericht die weitere Vollstreckung der Unterbringung zur Bewährung aus, „wenn zu erwarten ist, dass der Untergebrachte außerhalb des Maßregelvollzugs keine rechtswidrigen Taten mehr begehen wird". Im Zusammenhang mit der Prüfung dieser Voraussetzung stellen sich vor allem zwei Fragen. Zum einen kann zweifelhaft sein, welche Bedeutung der Formulierung zukommt, dass der Untergebrachte „**keine erheblichen rechtswidrigen Taten mehr**" begehen wird. Dass die zu erwartenden Taten „erheblich" sein müsse, geht auf die Stärkung des Verhältnismäßigkeitsgedankens im Jahr 2016 zurück.[440] Der Gesetzgeber wollte hierdurch zum Ausdruck bringen, dass die Bewährungsaussetzung nicht nur dann zu erfolgen hat, wenn keinerlei Straftaten mehr zu erwarten sind; die Richtschnur soll vielmehr sein, dass das Gewicht der zu erwartenden Straftaten nicht die Schwelle erreichen darf, bei der das Sicherungsbedürfnis der Allgemeinheit den Freiheitsanspruch des Untergebrachten überwiegt.[441] In der Sache geht es um eine **Risikoentscheidung**, bei der die unterschiedlichen Interessen zu einem sachgerechten Ausgleich gebracht werden müssen (vgl. dazu schon oben Abschn. 3.8.2.1).[442] Das Gericht darf die Aussetzung der Maßregel daher nur dann ablehnen, wenn die für die Zukunft zu erwartenden Taten ihrer Art und Schwere nach ausreichen würden, um die Anordnung der entsprechenden Maßregel zu rechtfertigen; sind die für die Zukunft zu erwartenden Rechtsverletzungen nur gering-

---

[440] Gesetz zur Novellierung der Unterbringung in einem psychiatrischen Krankenhaus gem. § 63 des Strafgesetzbuchs und zur Änderung anderer Vorschriften v. 08.07.2016, BGBl I, 1610.

[441] BT-Drucks. 18/7244, S. 29.

[442] So auch *BVerfGE* 70, 297 (311).

fügig, so genügt dies bei keiner der drei stationären Maßregeln, um die Unterbringung fortdauern zu lassen.[443]

Zum anderen stellt sich die Frage, welche Bedeutung der Klausel „**wenn zu erwarten ist**" zukommt. Die Formulierung geht zurück auf eine Neufassung durch das SexBG von 1998; zuvor lautete die Klausel „sobald verantwortet werden kann zu erproben". Nachdem es in der Mitte der 1990er-Jahre zu zwei, in der Öffentlichkeit breit diskutierten Sexualmorden an Kindern gekommen war (die nicht von Tätern begangen worden waren, die aus dem Maßregelvollzug entlassen worden waren),[444] sollten durch die gesetzliche Neufassung die Gewichte zwischen dem Freiheitsanspruch der Verurteilten und dem Sicherheitsinteresse der Allgemeinheit neu verteilt werden. Dem zuvor verbreiteten Verständnis, dass die Entlassungsentscheidung stets auch den „Charakter eines Experiments" trage,[445] sollte der normative Boden entzogen und das Sicherheitsinteresse der Allgemeinheit insgesamt stärker akzentuiert werden.[446] Auch nach neuem Recht gilt indessen, dass die Aussetzungsentscheidung nicht die absolute Gewähr verlangt, dass keine weiteren erheblichen Straftaten begangen werden. Wie schon nach der „Erprobungsklausel" kommt es lediglich auf die *durch Tatsachen begründete Wahrscheinlichkeit künftiger straffreier Führung* an,[447] wobei es sich allerdings – ähnlich wie bei der Anordnung der Maßregel nach § 63 StGB – um eine „Wahrscheinlichkeit höheren Grades" handeln muss. Welches Maß an Erfolgswahrscheinlichkeit insoweit konkret zu verlangen ist, ist wiederum vor allem vom *Gewicht des* von einer erneuten Straftat *bedrohten Rechtsguts* abhängig: Bei Untergebrachten, deren zu erwartende Taten nur ein geringes Gefährdungspotenzial aufweisen, wird man ein größeres Risiko eingehen können als bei Untergebrachten, von denen weitere Straftaten gegen Leib oder Leben zu erwarten sind.[448]

Die Beurteilung des Gewichts der von dem Untergebrachten künftig zu erwartenden Taten und der Wahrscheinlichkeit der Gefahr setzt eine **Gesamtwürdigung** voraus, die „**im Lichte des Verhältnismäßigkeitsgrundsatzes**"[449] erfolgen muss; das *BVerfG* spricht insoweit anschaulich von einer „integrativen Betrachtung".[450] Neben der Art der von dem Untergebrachten drohenden Taten, ihrer Bedeutung und

---

[443] *BVerfG* NStZ-RR 2013, 322 (323); LK 2006 ff., *Rissing-van Saan und Peglau*, § 67d Rn. 96; MüKo 2016 ff., *Veh*, § 67d Rn. 16; vgl. aber auch *OLG München* R&P 2013, 45 (46).

[444] Zur Entstehungsgeschichte des Gesetzes *Schöch* NJW 1998, 1257 f.; *Nedopil* MschrKrim 81 (1998), 44 f.

[445] *BVerfGE* 70, 297 (313); LK 2006 ff., *Horstkotte* (10. Aufl.), § 67d Rn. 23.

[446] Vgl. Bericht des Rechtsausschusses, BT-Drucks. 13/9062, 5, 7, 10; kritisch *Schöch* NJW 1998, 1258 f.; *Nedopil* MschrKrim 81 (1998), 44 ff.

[447] Vgl. BT-Drucks. 13/9062, 10.

[448] *BVerfG* NStZ-RR 2013, 322 (323); LK 2006 ff., *Rissing-van Saan und Peglau*, § 67d Rn. 96; vgl. auch *Frisch* ZStW 102 (1990b), 773 ff. mit Leitlinien für eine das jeweils verantwortbare Risiko normativ präzisierende Vorgehensweise.

[449] *BVerfGE* 70, 297 (314); ausführlich hierzu MüKo 2016 ff., *Veh*, § 67d Rn. 20 f.

[450] *BVerfG* NJW 2013, 3228 (3230).

Wahrscheinlichkeit, spielt hier auch die *Dauer der im Maßregelvollzug bereits ver-brachten Zeit* eine wesentliche Rolle: Bei langandauernden Unterbringungen gewinnt der Freiheitsanspruch des Untergebrachten ein immer stärkeres Gewicht.

> **Beispiel**
>
> A war im Alter zwischen 15 und 24 Jahren mehrfach straffällig geworden und in dieser Zeit insgesamt fünfmal wegen Eigentumsdelikten, z. T. in Tateinheit mit versuchter Nötigung, in einem Fall wegen Raubes, zu Jugend- und Freiheitsstra-fen verurteilt worden. Im Alter von 25 Jahren entwendete er unter Alkoholein-fluss einen Pelzmantel. Das Gericht verurteilte ihn wegen des Diebstahls zu einer Freiheitsstrafe von 9 Monaten. Gleichzeitig ordnete es die Unterbringung in ei-nem psychiatrischen Krankenhaus an, da A zeitweise an einer schizophrenen Psychose litt und die Tat im Zustand verminderter Schuldfähigkeit (§ 21 StGB) begangen hatte; das Gericht rechnete damit, dass A auch in Zukunft in gleicher Weise straffällig werde. A befindet sich seit nunmehr 5 Jahren im Maßregelvoll-zug. Das psychiatrische Krankenhaus erklärt, A mache im Vollzug erhebliche Schwierigkeiten; seine paranoiden Wahnideen seien noch nicht abgeklungen; auch weigere er sich, die verordneten Medikamente zu nehmen. Das Kranken-haus sieht keine Anhaltspunkte dafür, dass A zu einem Leben unter freiheitlichen Bedingungen fähig sei. – Geht man davon aus, dass die Anlasstat für die Unter-bringung lediglich dem Bereich der mittleren Kriminalität zuzurechnen ist und gravierendere Taten von ihm nicht zu erwarten sind, gewinnt angesichts der Länge der von A bislang im Maßregelvollzug verbrachten Zeit (die Freiheits-strafe hatte lediglich 9 Monate betragen!) das Freiheitsgrundrecht eine entschei-dende Bedeutung. Die Gesamtwürdigung aller Umstände muss daher zu dem Ergebnis führen, dass die weitere Maßregelvollstreckung nach § 67d Abs. 2 StGB zur Bewährung auszusetzen ist.[451]

5.4.4.1.5 Aussetzung wegen Unverhältnismäßigkeit

Ist ein Verurteilter in der Sicherungsverwahrung untergebracht, wird die Vollstre-ckung der Unterbringung schließlich auch dann zur Bewährung ausgesetzt, wenn die weitere Vollstreckung unverhältnismäßig wäre, weil dem Untergebrachten **keine ausreichende Betreuung** angeboten wird (§ 67d Abs. 2 Satz 2 StGB). Auch mit diesem Aussetzungstatbestand trägt der Gesetzgeber der Entscheidung des *BVerfG* zum Abstandsgebot[452] Rechnung. Ebenso wie Unterbringung ausgesetzt werden muss, wenn dem Verurteilten im Strafvollzug keine ausreichende Betreuung ange-boten wird (§ 67c Abs. 1 Satz 1 Nr. 2 StGB; oben Abschn. 5.4.4.1.2), muss sie dann ausgesetzt werden, wenn ihm in der Sicherungsverwahrung keine Betreuung ange-boten wird. Die weitere Vollstreckung der Maßregel wäre auch in diesem Fall

---

[451] Vgl. *BVerfGE* 70, 297 (317 ff.); in dem vom BVerfG entschiedenen Fall befand A sich seit 11 Jahren im Maßregelvollzug.
[452] *BVerfGE* 128, 326.

unverhältnismäßig. Die Aussetzung wegen Unverhältnismäßigkeit setzt allerdings voraus, dass das Gericht diejenigen Maßnahmen konkret benennt, die dem Verurteilten anzubieten sind, und der Vollzugsbehörde hierfür eine Frist gesetzt hat, die 6 Monate nicht übersteigen darf. Die Aussetzung wegen Unverhältnismäßigkeit darf erst dann erfolgen, wenn die Frist erfolglos verstrichen ist.[453]

5.4.4.1.6 Verfahrensfragen

Zuständig für sämtliche Aussetzungsentscheidungen ist die Strafvollstreckungskammer (§ 463 Abs. 3 Satz 1 i. V. m. §§ 454, 462a StPO). Mit Blick auf den Freiheitsanspruch des Untergebrachten (Art. 2 Abs. 2 Satz 2 GG) muss das Verfahren vor der Strafvollstreckungskammer auf einer zureichenden richterlichen Sachaufklärung beruhen und eine in tatsächlicher Hinsicht genügende Grundlage haben, die der Bedeutung der Freiheitsgarantie entspricht.[454] Zur Vorbereitung der Entscheidung muss dementsprechend das *Gutachten eines Sachverständigen* eingeholt werden (§ 463 Abs. 3 Satz 3 i. V. m. § 454 Abs. 2 StPO). Befindet sich der nach § 63 StGB Untergebrachte bereits seit langer Zeit in ein und derselben Einrichtung, muss, um der Gefahr der Erstellung von Routinegutachten zu begegnen, nach drei bzw. zwei Jahren ein anstaltsfremder (externer) Sachverständiger hinzugezogen werden (§ 463 Abs. 4 Satz 2 StPO). Die von den Sachverständigen erstellten Gutachten müssen sämtliche für die Prognosestellung maßgeblichen Einzelumstände sorgfältig erheben, die Anknüpfungs- und Befundtatsachen klar und vollständig darstellen, die Untersuchungsmethoden erläutern und die jeweiligen Hypothesen offenlegen. Auf dieser Grundlage hat der Sachverständige eine Wahrscheinlichkeitsaussage über das künftige Legalverhalten des Verurteilten zu treffen, die das Gericht in die Lage versetzt, die Prognosefrage eigenverantwortlich zu beantworten.[455]

5.4.4.2 Rechtsfolgen

Rechtsfolge der Maßregelaussetzung ist in allen Fällen, dass die Maßregel nicht (weiter) vollstreckt wird; ein im Maßregelvollzug Untergebrachter wird **aus der Einrichtung entlassen**. Mit der Rechtskraft des richterlichen Aussetzungsbeschlusses tritt kraft Gesetzes **Führungsaufsicht** ein (§§ 67b Abs. 2, 67c Abs. 1 Satz 2, 67c Abs. 2 Satz 4, 67d Abs. 2 Satz 3 StGB). Das Gericht kann dabei durch Weisungen die weitere Lebensführung des Entlassenen beeinflussen, um so etwaige Behandlungserfolge abzusichern und weiteren Straftaten entgegenzuwirken (§ 68b StGB; oben Abschn. 5.2.2.3.2).

Während der Laufzeit der Führungsaufsicht wird der Entlassene von der Aufsichtsstelle und einem Bewährungshelfer überwacht und betreut (zu den Einzelheiten oben Abschn. 5.2.2.3.1). Wenn sich der Entlassene in Freiheit nicht bewährt und

---

[453] BT-Drucks. 17/9874, 21.

[454] *BVerfGE* 109, 133 (162); *BVerfG* NJW 2013, 3228 (3239).

[455] *BVerfGE* 109, 133 (164 f.); allgemein zu den an Prognosegutachten zu stellenden Qualitätsanforderungen *Boetticher et al.* NStZ 2006, 537 ff.; 2009, 478 ff.; krit. *Bock* StV 2007, 269 ff.

sich daraus ergibt, dass der Zweck der Maßregel die (weitere) Unterbringung erfordert, wird die **Aussetzung** vom Gericht **widerrufen**. Ein „Nichtbewähren" ist dann gegeben, wenn der Entlassene während der Dauer der Führungsaufsicht oder zwischen der Entscheidung über die Aussetzung und dem Beginn der Führungsaufsicht erneut eine rechtswidrige Tat begeht, während ihrer Dauer gröblich oder beharrlich gegen Weisungen verstößt oder sich der Überwachung durch die Aufsichtsstelle oder den Bewährungshelfer entzieht (§ 67g Abs. 1 StGB). Voraussetzung für den Widerruf ist in allen diesen Fällen, dass das Verhalten des Täters zeigt, dass infolge des Fortbestehens der Umstände, die ursprünglich zur Anordnung der Maßregel geführt haben, weitere erhebliche Taten zu erwarten sind, die nur durch die (Fortsetzung der) Vollstreckung der Maßregel verhindert werden können. Es kommt also maßgeblich darauf an, ob zwischen der Anlasstat, dem neuerlichen Fehlverhalten und den für die Zukunft zu erwartenden weiteren Taten ein *symptomatischer Zusammenhang* besteht.[456] Bei der Aussetzung der Unterbringung in einem psychiatrischen Krankenhaus oder einer Entziehungsanstalt kommt ein Bewährungswiderruf darüber hinaus auch dann in Betracht, wenn sich während der Laufzeit der Führungsaufsicht der körperliche oder seelische Zustand des Entlassenen verändert und diese Veränderung die Begehung weiterer Taten befürchten lässt (§ 67g Abs. 2 StGB) oder wenn sonst nachträglich Umstände bekannt werden, die die Versagung der Aussetzung gerechtfertigt hätten (§ 67g Abs. 3 StGB). Wurde die Unterbringung nach §§ 63, 64 StGB zur Bewährung ausgesetzt, so ist aus Gründen der Verhältnismäßigkeit zunächst die befristete Wiederinvollzugsetzung der Unterbringung gem. § 67h StGB in Betracht zu ziehen, bevor die Bewährung widerrufen wird (oben Abschn. 5.2.2.3.3).

Kommt es während der Dauer der Führungsaufsicht nicht zum Bewährungswiderruf, ist die Maßregel mit dem Ende der Führungsaufsicht erledigt (§ 67g Abs. 5 StGB).

5.4.5 Erledigung der Maßregel

Als „Erledigung" bezeichnet der Gesetzgeber die Entlassung des Verurteilten aus der Unterbringung, ohne dass die Möglichkeit besteht, die Entscheidung bei Bekanntwerden neuer Umstände rückgängig zu machen und die Vollstreckung fortzusetzen; mit der Erledigung ist die Maßregelvollstreckung beendet. Eine Erledigung kommt unter unterschiedlichen Gesichtspunkten in Betracht, wobei zwischen den einzelnen Maßregeln zu unterscheiden ist.

Die **Unterbringung in einem psychiatrischen Krankenhaus** nach § 63 StGB muss vom Gericht für erledigt erklärt werden, wenn die *Voraussetzungen der Maßregel nicht mehr vorliegen* (§ 67d Abs. 6 Satz 1, 1. Alt. StGB). Dies kann darauf beruhen, dass der krankhafte seelische Zustand, der die Anordnung der Maßregel

---

[456] SK StGB 2016 ff., *Sinn*, § 67g Rn. 8, 10; S/S 2019, *Kinzig*, § 67g Rn. 4, 6; MüKo 2016 ff., *Groß*, § 67g Rn. 8.

gerechtfertigt hat, nicht mehr gegeben ist (z. B. weil sich der Zustand nachhaltig gebessert hat), oder dass die in § 63 StGB vorausgesetzte Gefährlichkeit nicht mehr besteht. Gleich zu behandeln ist der Fall, dass die Voraussetzungen der Maßregel von Anfang an nicht vorlagen (z. B. weil das Gutachten des Sachverständigen fehlerhaft war; Fehleinweisung).[457] Die Unterbringung in einem psychiatrischen Krankenhaus muss darüber hinaus auch dann für erledigt erklärt werden, wenn die *weitere Vollstreckung* der Maßregel *unverhältnismäßig* wäre (§ 67d Abs. 6 Satz 1, 2. Alt. StGB). In dem bereits erwähnten Gesetz von 2016 hat der Gesetzgeber diesen Leitgedanken konkretisiert: Wenn die Unterbringung sechs Jahre gedauert hat, ist die weitere Unterbringung in der Regel dann nicht mehr verhältnismäßig, wenn weitere erhebliche Taten zu erwarten sind, durch die die Opfer seelisch oder körperlich schwer geschädigt oder in die Gefahr einer solchen Schädigung gebracht werden; nach zehn Jahren muss die Schädigung der Opfer zu erwarten sein, eine bloße Gefährdung reicht für die Fortsetzung der Unterbringung nicht mehr aus (§ 67d Abs. 6 Satz 2 und 3 StGB). Auch hier zeigt sich, dass der Freiheitsanspruch des Untergebrachten mit der Dauer der Unterbringung ein immer stärkeres Gewicht erlangt.[458] Festzuhalten ist, dass die Verhältnismäßigkeit nicht nur im Rahmen der Prognoseentscheidung des Gerichts zu berücksichtigen ist und zur Aussetzung zur Bewährung führen kann (oben Abschn. 5.4.4.1.4), sondern dass sie auch einen eigenständigen Erledigungstatbestand bilden kann. Mit der Erledigung tritt im Übrigen kraft Gesetzes Führungsaufsicht ein. Das Gericht kann jedoch den Nichteintritt anordnen, wenn zu erwarten ist, dass der Betroffene auch ohne sie keine Straftaten mehr begehen wird (§ 67d Abs. 6 Satz 4 und 5 StGB).

Die **Unterbringung in einer Entziehungsanstalt** nach § 64 StGB ist zum einen dann erledigt, wenn die *Höchstfrist* der Maßregel *abgelaufen* ist (§ 67d Abs. 4 Satz 1 StGB). Der Erledigungstatbestand ist zwar allgemein formuliert, gilt aber nur für die Maßregel nach § 64 StGB, weil nur sie eine gesetzliche Höchstfrist kennt (vgl. § 67d Abs. 1 StGB). Zum anderen muss die Unterbringung in der Entziehungsanstalt dann für erledigt erklärt werden, wenn *keine hinreichend konkrete Aussicht auf einen Behandlungserfolg* mehr besteht, der die weitere Unterbringung rechtfertigt (vgl. § 67d Abs. 5 Satz 1 StGB; oben Abschn. 5.3.2.2.4). Mit der Entlassung aus dem Maßregelvollzug tritt in beiden Fällen Führungsaufsicht ein (§ 67d Abs. 4 Satz 3, § 67d Abs. 5 Satz 2 StGB). Kraft Gesetzes wird eine Anordnung der Unterbringung in einer Entziehungsanstalt im Übrigen durch eine *erneute Anordnung derselben Maßregel* erledigt (§ 67f StGB). Dies gilt nicht im Fall der nachträglichen Gesamtstrafenbildung (§ 55 Abs. 2 StGB).[459]

Die **Unterbringung in der Sicherungsverwahrung** schließlich, gleich ob sie nach § 66, 66a oder 66b StGB angeordnet worden ist, wird vom Gericht dann für erledigt erklärt, wenn sie *10 Jahre vollzogen* worden ist und nicht die Gefahr be-

---

[457] MüKo 2016 ff., *Veh*, § 67d Rn. 30; NK 2017, *Pollähne*, § 67d Rn. 62; *Fischer* 2019, § 67d Rn. 23; *Radtke* 2010, 703 ff.

[458] Kritisch zur Neuregelung *Baur und Querengässer* MschrKrim 2017, 313 ff.

[459] *BGHSt* 30, 305 (306 f.); *Fischer* 2019, § 67f Rn. 2.

steht, dass der Untergebrachte erhebliche Straftaten begehen wird, durch welche die Opfer seelisch oder körperlich schwer geschädigt werden (§ 67d Abs. 3 Satz 1 StGB). Anders als die Aussetzung nach § 67d Abs. 2 Satz 1 StGB ist die Erledigung nicht von einer positiven Prognose („… dass der Untergebrachte keine rechtswidrigen Taten mehr begehen wird"), sondern von einer negativen Prognose abhängig („… dass der Untergebrachte erhebliche Straftaten begehen wird"). Die abweichende Formulierung bringt zum Ausdruck, dass die Erledigungserklärung der Regelfall sein soll, wenn die negative Prognose nicht begründet werden kann.[460] Mit der Entlassung aus dem Vollzug der Unterbringung tritt auch in diesem Fall Führungsaufsicht ein (§ 67d Abs. 3 Satz 2 StGB).

Für **alle drei freiheitsentziehenden Maßregeln** gelten im Übrigen zwei allgemeine Erledigungstatbestände: Wenn die Unterbringung im Maßregelvollzug nach mehr als drei Jahren noch nicht begonnen hat, so dass der Vollzug der Maßregel vom Gericht bestätigt werden muss (oben Abschn. 5.4.4.1.3), muss die Maßregel zum einen dann für erledigt erklärt werden, wenn der *Zweck der Maßregel erreicht* ist (§ 67d Abs. 2 Satz 5 StGB). Zu denken ist an die Fälle, in denen sich der Zustand des Verurteilten nachhaltig gebessert hat oder in denen im Zusammenhang mit zwischenzeitlicher psycho- oder sozialtherapeutischer Behandlung die Gefährlichkeit des Verurteilten entfallen ist. Führungsaufsicht tritt in diesen Fällen nicht ein. Zum anderen sind alle drei Maßregeln dann erledigt, wenn ihre (weitere) Vollstreckung zur Bewährung ausgesetzt und die *Aussetzung nicht widerrufen* worden ist (§ 67g Abs. 5 StGB; oben Abschn. 5.4.4.2). In diesem Fall ist die Maßregel mit dem Ende der Führungsaufsicht kraft Gesetzes erledigt.

Kontrollfragen

1. Wie lässt sich die Verhängung von Maßregeln der Besserung und Sicherung legitimieren? (Abschn. 5.1.2)
2. Worin liegen die Unterschiede zwischen der Entziehung der Fahrerlaubnis und dem Fahrverbot? (Abschn. 5.2.1.5; Abb. 5.1)
3. Aufgrund seiner schizophrenen Erkrankung geht A in einer unübersichtlichen Situation davon aus, dass er von B angegriffen werde, und verletzt den B in vermeintlicher Notwehr schwer. Darf gegen ihn die Unterbringung in einem psychiatrischen Krankenhaus angeordnet werden? (Abschn. 5.3.1.2.1)
4. Sind an die Gefährlichkeitsprognose i. S. des § 64 StGB dieselben Voraussetzungen zu stellen wie an die Gefährlichkeitsprognose i. S. des § 63 StGB? (Abschn. 5.3.2.2.3)
5. Was bedeutet der Begriff des „Hangs" in § 64 und § 66 StGB? (Abschn. 5.3.2.2.1 und 5.3.3.2.1)
6. Nach welchen Rechtsgrundlagen richtet sich der Vollzug der Maßregeln nach §§ 63, 64 und 66 StGB? (Abschn. 5.3.1.4, 5.3.2.4, und 5.3.3.4.2)
7. Was bedeutet der Begriff des „Vikariierens"? (Abschn. 5.4.2.1)

---

[460] *BVerfGE* 109, 133 (161); SSW-StGB 2019, *Jehle und Harrendorf*, § 67d Rn. 23.

8. In welchen Fällen kann der Vorwegvollzug der Strafe (§ 67 Abs. 2 StGB) sinnvoll sein? (Abschn. 5.4.2.2)

9. Inwieweit unterscheidet sich die Entlassungsprognose nach § 67d Abs. 2 StGB von den Anordnungsprognosen nach §§ 63, 64 und 66 StGB? (Abschn. 5.4.4.1.4)

10. 10.Im Anschluss an die Aussetzung der Unterbringung im Maßregelvollzug nach § 67d Abs. 2 StGB tritt Führungsaufsicht ein (Satz 2). Für wie lange? (Abschn. 5.2.2.3.4)

Literatur

Alex, M. (2011). Rückfälligkeit nach nichtangeordneter nachträglicher Sicherungsverwahrung. *Forensische Psychiatrie, Psychologie, Kriminologie (FPPK)*, 5, 244–252.

Alex, M. (2013). *Nachträgliche Sicherungsverwahrung – ein rechtsstaatliches und kriminalpolitisches Debakel* (2. Aufl.). Holzkirchen: Felix.

Ansorge, N. (2013). Sicherungsverwahrung in Zahlen. Daten zur Gruppe der Untergebrachten und der Strafgefangenen mit angeordneter oder vorbehaltener Maßregel. *Kriminalpädagogische Praxis (KrimPäd)*, 49, 38–46.

Arloth, F. (2013). Länderumfrage zur Neuregelung und dem Vollzug der Sicherungsverwahrung. *Forum für Strafvollzug (FS)*, 62, 218–227.

Bartsch, T. (2013). Neue bundes- und landesrechtliche Vorschriften über die Vollstreckung und den Vollzug der Sicherungsverwahrung – ein Überblick. *Forum für Strafvollzug (FS)*, 62, 208–217.

Baumann, J., et al. (1969). *Alternativ-Entwurf eines Strafgesetzbuches. Allgemeiner Teil (AE-AT)* (2. Aufl.). Tübingen: J. C. B. Mohr.

Baur, A. (2017). Stellungnahme zum Gesetzentwurf der Bundesregierung zur Ausweitung der elektronischen Aufenthaltsüberwachung auf xtremistische Straftäter im Rahmen der Führungsaufsicht. *Kriminalpolitische Zeitschrift (KriPoZ)*, 2, 119–123.

Baur, A., & Groß, K. (2010). Die Führungsaufsicht. *Juristische Schulung (JuS)*, 55, 404–406.

Baur, S., & Kinzig, J. (2015). *Die reformierte Führungsaufsicht. Ergebnisse einer bundesweiten Evaluation*. Tübingen: Mohr Siebeck.

Baur, A., & Querengässer, J. (2017). Falscher Weg zum richtigen Ziel? Rechtsdogmatische und therapuetische Überlegungen zu Verhältnismäßigkeitserleidungen im Maßregelvollzug als Folge der Reform des Unterbringungsrechts. *Monatsschrift für Kriminologie und Strafrechtsreform (MschrKrim)*, 100, 313–327.

Bezzel, A. (2008). *Therapie im Maßregelvollzug – und dann? Eine Verlaufsuntersuchung an forensischen Patienten (§§ 63 und 64 StGB)*. Diss. Regensburg: Online-Publikation.

Bock, M. (2007). *Das Elend der klinischen Kriminalprognose. Strafverteidiger (StV)* (S. 269–275).

Bode, H. J. (1994). Beratung, Begutachtung und Schulung alkoholauffälliger Kraftfahrer während der Sperrfrist. *Deutsches Autorecht (DAR)*, 64, 348–353.

Boetticher, A., et al. (2006). Mindestanforderungen für Prognosegutachten. *Neue Zeitschrift für Strafrecht (NStZ)*, 26, 537–544.

Boetticher, A., et al. (2009). Zum richtigen Umgang mit Prognoseinstrumenten durch psychiatrische und psychologische Sachverständige und Gerichte. *Neue Zeitschrift für Strafrecht (NStZ)*, 29, 478–481.

Braasch, M. (2006). *Untherapierbare Straftäter im Maßregelvollzug. Über den Umgang mit einer problematischen Tätergruppe in Deutschland und den Niederlanden*. Mönchengladbach: Forum.

Brauneisen, A. (2011). Die elektronische Überwachung des Aufenthaltsorts als neues Instrument der Führungsaufsicht. *Strafverteidiger (StV)*, 31, 311–316.

Cless, A., & Wulf, R. (2011). Forensische Ambulanzen in der Führungsaufsicht. Das baden-württembergische Netzwerk. *Recht und Psychiatrie (R & P), 29*, 132–139.

Dannhorn, R. (2010). Zum Zustand des Angeklagten bei einem Hang nach § 66 StGB. Einige Anmerkungen aus forensisch-psychiatrischer Sicht. *Neue Zeitschrift für Strafrecht (NStZ), 30*, 366–371.

Dencker, F. (1988). Strafzumessung bei der Sperrfristbemessung? *Strafverteidiger (StV), 8*, 454–456.

Dessecker, A. (1995). Hat die strafrechtliche Unterbringung in einer Entziehungsanstalt eine Zukunft? *Neue Zeitschrift für Strafrecht (NStZ), 15*, 318–322.

Dessecker, A. (1996). *Suchtbehandlung als strafrechtliche Reaktion. Eine empirische Untersuchung zur Anordnung und Vollstreckung der Maßregel nach § 64 StGB.* Wiesbaden: KrimZ.

Dessecker, A. (1997). *Straftäter und Psychiatrie. Eine empirische Untersuchung zur Praxis der Maßregel nach § 63 StGB im Vergleich mit der Maßregel nach § 64 StGB und sanktionslosen Verfahren.* Wiesbaden: KrimZ.

Dessecker, A. (2004). *Gefährlichkeit und Verhältnismäßigkeit. Eine Untersuchung zum Maßregelrecht.* Berlin: Duncker & Humblot.

Dessecker, A. (2008). *Lebenslange Freiheitsstrafe, Sicherungsverwahrung und Unterbringung in einem psychiatrischen Krankenhaus. Dauer und Gründe der Beendigung im Jahr 2006.* Wiesbaden: KrimZ.

Dessecker, A. (2011). Die Wandlungen der Führungsaufsicht. *Bewährungshilfe (BewHi), 58*, 267–279.

Dessecker, A. (2012). Von der Polizeiaufsicht zur Führungsaufsicht und zurück? In E. Hilgendorf & R. Rengier (Hrsg.), *Festschrift für Wolfgang Heinz* (S. 631–641). Baden-Baden: Nomos.

Dessecker, A. (2013a). Das neue Recht des Vollzugs der Sicherungsverwahrung: ein erster Überblick. *Bewährungshilfe (BewHi), 60*, 309–322.

Dessecker, A. (2013b). Der psychiatrische Maßregelvollzug. Patientenzahlen und Wirkungen. *Soziale Probleme, 24*, 66–86.

Dessecker, A., & Leuschner, F. (2019). *Sicherungsverwahrung und vorgelagerte Freiheitsstrafe: Eine empirische Untersuchung zur Ausgestaltung der Unterbringung und des vorhergehenden Strafvollzugs.* Wiesbaden: Kriminologische Zentralstelle.

Egg, R. (2004). *Ambulante Nachsorge nach Straf- und Maßregelvollzug.* Wiesbaden: KrimZ.

Egg, R., & Schmidt, C. (1998). Sozialtherapie im Justizvollzug 1997, Ergebnisse der Stichtagserhebung vom 31.03.1997. *Zeitschrift für Strafvollzug und Straffälligenhilfe (ZfStrVo), 47*, 131–136.

Elz, J. (2014). Die Folgen aus dem EGMR-Urteil zur Sicherungsverwahrung. *Forum Strafvollzug (FS), 63*, 397–401.

Endres, J., & Breuer, M. (2011). Sicherungsverwahrung: Das Behandlungsangebot des bayerischen Justizvollzugs. *Forum für Strafvollzug (FS), 60*, 285–296.

Eser, A. (2001). Zur Entwicklung von Maßregeln der Besserung und Sicherung als zweite Spur im Strafrecht. In G. Britz et al. (Hrsg.), *Grundfragen staatlichen Strafens, Festschrift für Heinz Müller-Dietz* (S. 213–236). München: Beck.

Finzen, A. (2013). Zwangsmedikation: Die Psychiatrie nach den Urteilen – und davor. *Recht und Psychiatrie (R & P), 31*, 71–75.

Fischer, T. (2019). *Strafgesetzbuch und Nebengesetze* (66. Aufl.). München: Beck.

Floerecke, P. (1990). Was leistet die Führungsaufsicht? Empirische Daten zu Ressourcen, Kooperationsstrukturen und Kontrollstrategien eines umstrittenen Rechtsinstituts. In C. Dertinger & E. Marks (Hrsg.), *Führungsaufsicht. Versuch einer Zwischenbilanz zu einem umstrittenen Rechtsinstitut* (S. 51–76). Bonn: Forum.

Frisch, W. (1982). Das Marburger Programm und die Maßregeln der Besserung und Sicherung. *Zeitschrift für die gesamte Strafrechtswissenschaft (ZStW), 94*, 565–598.

Frisch, W. (1990a). Die Maßregeln der Besserung und Sicherung im strafrechtlichen Rechtsfolgensystem. *Zeitschrift für die gesamte Strafrechtswissenschaft (ZStW), 102*, 343–393.

Frisch, W. (1990b). Dogmatische Grundfragen der bedingten Entlassung und der Lockerungen des Vollzugs von Strafen und Maßregeln. *Zeitschrift für die gesamte Strafrechtswissenschaft (ZStW), 102*, 707–792.

Fünfsinn, H., & Kolz, A. (2016). Gegenwärtige Nutzung und Anwendungsperspektiven der Elektronischen Überwachung in Deutschland. *Strafverteidiger (StV)*, *36*, 191–197.

Greve, H., & von Lucius, J. (2012). Überwachung entlassener gefährlicher Straftäter durch die Polizei. *Die Öffentliche Verwaltung (DÖV)*, 97–105.

Grünebaum, R. (2012). Das Ende des Funktionsvorbehalts aus Art. 33 Abs. 4 GG? *Recht und Psychiatrie (R & P)*, *30*, 121–127.

von der Haar, M. (1995). Zum Urteil des BVerfG über die Unterbringung in einer Entziehungsanstalt gem. § 64 StGB vom 16.3.1994 (NStZ 1994, 578) aus klinischer Sicht. *Neue Zeitschrift für Strafrecht (NStZ)*, *15*, 315–318.

Habermeyer, E., & Saß, H. (2004). Maßregel der Sicherungsverwahrung nach § 66 StGB. Grundlagen und Differentialindikation gegenüber der Maßregel gemäß § 63 StGB. *Nervenarzt*, *75*, 1061–1067.

Harrendorf, S. (2007). *Rückfälligkeit und kriminelle Karrieren von Gewalttätern. Ergebnisse einer bundesweiten Rückfalluntersuchung*. Göttingen: Universitätsverlag.

Hartl, C., Schlauderer, R., Schlögl, C., & Mache, W. (2015). Wie sinnvoll und effektiv ist die Behandlung von suchtkrankenStraftätern gem. § 64 StGB? *Monatsschrift für Kriminologie und Strafrechtsreform (MschrKrim)*, *98*, 513–526.

Häßler, F., Schütt, H., & Popocha, J. (2013). Überwachung mittels „elektronischer Fußfessel". *Forensische Psychiatrie, Psychologie, Kriminologie (FPPK)*, *7*, 56–61.

Haverkamp, R., Schwedler, A., & Wößner, G. (2012). Die elektronische Aufsicht von als gefährlich eingeschätzten Entlassenen. *Recht und Psychiatrie (R & P)*, *30*, 9–20.

Heinz, W. (2011). Wie weiland Phönix aus der Asche – die Renaissance der freiheitsentziehenden Maßregeln der Besserung und Sicherung in rechtstatsächlicher Betrachtung. *Recht und Psychiatrie (R & P)*, *29*, 63–78.

Heinz, W. (2013). Sicherungsverwahrung in Deutschland. Analysen (vornehmlich) auf der Grundlage der amtlichen Strafrechtspflegestatistiken. *Bewährungshilfe (BewHi)*, *60*, 323–347.

Henking, T., & Mittag, M. (2013). Die Zwangsbehandlung in der öffentlich-rechtlichen Unterbringung – Vorschlag einer Neuregelung. *Juristische Rundschau (JR)*, 341–351.

Herpertz, S. C., & Sass, H. (2010). Persönlichkeitsstörungen. In H.-L. Kröber, D. Dölling, N. Leygraf & H. Sass (Hrsg.), *Handbuch der Forensischen Psychiatrie* (Bd. 2, S. 443–472). Berlin: Springer.

Höffler, K. (2014). Das Therapieunterbringungsgesetz und der verfassungsrechtliche Strafbegriff. *Strafverteidiger (StV)*, *34*, 168–174.

Höffler, K., & Kaspar, J. (2012). Warum das Abstandsgebot die Probleme der Sicherungsverwahrung nicht lösen kann. Zugleich ein Beitrag zu den Aporien der Zweispurigkeit des strafrechtlichen Sanktionssystems. *Zeitschrift für die gesamte Strafrechtswissenschaft (ZStW)*, *124*, 87–131.

Höffler, K., & Stadtland, C. (2012). Mad or bad? Der Begriff „psychische Störung" des ThUG im Lichte der Rechtsprechung des BVerfG und des EGMR. *Strafverteidiger (StV)*, *32*, 239–246.

Hörnle, T. (2006). Verteidigung und Sicherungsverwahrung. *Strafverteidiger (StV)*, *26*, 383–389.

Hörnle, T. (2011a). Der Streit um die Sicherungsverwahrung. Anmerkung zum Urteil des 2. Senats des BVerfG vom 4.5.2011. *Neue Zeitschrift für Strafrecht (NStZ)*, *31*, 488–493.

Hörnle, T. (2011b). Einige kritische Bemerkungen zum Urteil des EGMR vom 17.12.2009 in Sachen Sicherungsverwahrung. In K. Bernsmann & T. Fischer (Hrsg.), *Festschrift für Ruth Rissing-van Saan* (S. 239–258). Berlin: de Gruyter.

Jehle, J.-M. (2010). Zur Privatisierung des Maßregelvollzugs. In H. Koriath et al. (Hrsg.), *Grundfragen des Strafrechts, Rechtsphilosophie und die Reform der Juristenausbildung* (S. 85–102). Göttingen: Universitätsverlag.

Jehle, J.-M., Heinz, W., & Sutterer, P. (2003). *Legalbewährung nach strafrechtlichen Sanktionen. Eine kommentierte Rückfallstatistik*. Mönchengladbach: Forum Verlag Godesberg.

Jehle, J.-M., Albrecht, H.-J., Hohmann-Fricke, S., & Tetal, C. (2016). *Legalbewährung nach strafrechtlichen Sanktionen. Eine bundesweite Rückfalluntersuchung 2010 bis 2013 und 2004 bis 2013*. Mönchengladbach: Forum Verlag Godesberg.

Jescheck, H.-H. (1984). *Die Freiheitsstrafe und ihre Surrogate im ausländischen Recht.* Baden-Baden: Nomos.

Jescheck, H.-H., & Weigen, T. (1996). *Lehrbuch des Strafrechts. Allgemeiner Teil* (5. Aufl.). Berlin: Duncker & Humblot.

Kaiser, G. (1990). *Befinden sich die kriminalrechtlichen Maßregeln in der Krise?* Heidelberg: C. F. Müller.

Kammermeier, B. (2013). Führungsaufsicht: Vom Schattendasein zum Hoffnungsträger? *Bewährungshilfe (BewHi), 60,* 159–180.

Kammermeier, B. (2016). Polizei und Führungsaufsicht: Ergebnisse einer Befragung. *Bewährungshilfe (BewHi), 63,* 73–85.

Katholnigg, O. (1994). Die Neuregelungen beim Verfall. *Juristische Rundschau (JR),* 353–356.

Kett-Straub, G., & Kudlich, H. (2017). *Sanktionenrecht.* München: C.H. Beck.

Kinzig, J. (1998). Der Hang zu erheblichen Straftaten – und was sich dahinter verbirgt. *Neue Zeitschrift für Strafrecht (NStZ), 18,* 14–19.

Kinzig, J. (2000). Schrankenkose Sicherheit? Das Bundesverfassungsgericht vor der Entscheidung über die Geltung des Rückwirkungsverbots im Maßregelrecht. *Strafverteidiger (StV), 20,* 330–335.

Kinzig, J. (2008). *Die Legalbewährung gefährlicher Rückfalltäter. Zugleich ein Beitrag zur Entwicklung des Rechts der Sicherungsverwahrung.* Berlin: Duncker & Humblot.

Kinzig, J. (2010b). Das Recht der Sicherungsverwahrung nach dem Urteil des EGMR in Sachen M. gegen Deutschland. *Neue Zeitschrift für Strafrecht (NStZ), 30,* 233–239.

Kinzig, J. (2010c). Die Entwicklung der Gesetzgebung zur Sicherungsverwahrung und die damit verbundenen Auswirkungen auf ihre Klientel. *Forensische Psychiatrie, Psychologie, Kriminologie (FPPK), 4,* 48–59.

Kinzig, J. (2011). Die Neuordnung des Rechts der Sicherungsverwahrung. *Neue Juristische Wochenschrift (NJW), 64,* 177–182.

Kinzig, J. (2015). Die Maßregel der Führungsaufsicht: vom Stiefkinde zur Avantgarde? *Neue Kriminalpolitik (NK), 27,* 230–250.

KK StPO. (2013). *Karlsruher Kommentar zur Strafprozessordnung* (7. Aufl.). München: Beck. (Hrsg. Hannich, R.).

Klug, W. (2018). Sozialarbeit mit Sexualstraftätern im Rahmen der Führungsaufsicht – Empirische Einblicke in ein schwieriges Handlungsfeld. *Bewährungshilfe (BewHi), 65,* 138–159.

Knauer, F. (2012). Die Verwertung jugendstrafrechtlicher Vorverurteilungen bei Sanktionierungen nach Erwachsenenstrafrecht. Ein Rechtsvergleich zwischen den US-amerikanischen Three-Strikes-Gesetzen und der deutschen Sicherungsverwahrung. *Zeitschrift für die gesamte Strafrechtswissenschaft (ZStW), 124,* 204–231.

Koller, M. (2007). Erledigung der Unterbringung und nachträgliche Sicherungsverwahrung. *Recht und Psychiatrie (R & P), 25,* 57–68.

Kröber, H.-L., et al. (2013). Haft- und Therapieerfahrungen der Berliner Sicherungsverwahrten. *Forensische Psychiatrie, Psychologie, Kriminologie (FPPK), 7,* 164–170.

Kurze, M. (1999). *Soziale Arbeit und Strafjustiz. Eine Untersuchung zur Arbeit von Gerichtshilfe, Bewährungshilfe, Führungsaufsicht.* Wiesbaden: KrimZ.

Lau, S., & Peters, K. (2008). Anwendung des § 67h StGB in der Praxis. *Recht und Psychiatrie (R & P), 26,* 75–78.

Laubenthal, K. (2015). *Strafvollzug* (7. Aufl.). Berlin: Springer.

Lesting, W., & Feest, J. (2013). Die Neuregelungen des StVollzG durch das Gesetz zur bundesrechtlichen Umsetzung des Abstandsgebots im Recht der Sicherungsverwahrung. *Strafverteidiger (StV), 33,* 278–281.

Leygraf, N. (1987). Alkoholabhängige Straftäter: Zur Problematik der Unterbringung nach § 64 StGB. *Fortschritte der Neurologie und Psychiatrie (Fortschr. Neurol. Psychiatr.), 55,* 231–237.

Leygraf, N. (1988). *Psychisch kranke Straftäter, Epidemiologie und aktuelle Praxis des psychiatrischen Maßregelvollzugs.* Berlin: Springer.

Leygraf, N. (2006). Psychiatrischer Maßregelvollzug (§ 63 StGB). In H.-L. Kröber, D. Dölling, N. Leygraf & H. Sass (Hrsg.), *Handbuch der Forensischen Psychiatrie* (Bd. 3, S. 193–221). Darmstadt: Steinkopff.

von Liszt, F. (1905). *Strafrechtliche Aufsätze und Vorträge* (Bd. 1). Berlin: J. Guttentag.

LK. (2003 ff.). *Leipziger Kommentar* (11. Aufl.). Berlin: de Gruyter. (Hrsg. Jähnke, B., Laufhütte, H. W., & Odersky, H.).

LK. (2006 ff.). *Leipziger Kommentar* (12. Aufl.). Berlin: de Gruyter. (Hrsg. Laufhütte, H. W., Rissing-van Saan, R., & Tiedemann, K.).

LR. (2013 ff.). *Löwe/Rosenberg. Die Strafprozeßordnung und das Gerichtsverfassungsgesetz* (26. Aufl.). Berlin: de Gruyter. (Hrsg. Erb, V., et al.).

Maltry, A. (2013). Gerichtliche Weisungen im Rahmen der Führungsaufsicht beim EinSatz der elektronischen Aufenthaltsüberwachung (EAÜ). *Bewährungshilfe (BewHi)*, 60, 117–129.

Marneros, A., et al. (1993). Motivation und subjektive Einstellung zur Therapie von alkoholkranken Straftätern, untergebracht nach § 64 StGB. *Monatsschrift für Kriminologie und Strafrechtsreform (MschrKrim)*, 76, 169–176.

Marquardt, H. (1972). *Dogmatische und kriminologische Aspekte des Vikariierens von Strafe und Maßregel*. Berlin: Duncker & Humblot.

Marschner, R. (2011). Aktuelles zur Zwangsbehandlung – in welchen Grenzen ist sie noch möglich? *Recht und Psychiatrie (R & P)*, 29, 160–167.

Marschner, R., Volckart, B., & Lesting, W. (2010). *Freiheitsentziehung und Unterbringung. Materielles Recht und Verfahrensrecht* (5. Aufl.). München: Beck.

Maul, H., & Lauven, D. (1986). Die Vollstreckungsreihenfolge von Strafe und Maßregel gemäß § 67 II StGB nach der neueren Rechtsprechung des BGH. *Neue Zeitschrift für Strafrecht (NStZ)*, 5, 397–400.

Meier, B.-D. (2008). Strafrecht im Wandel – Die Veränderungen im Sanktionssystem als Ausdruck zunehmender Punitivität? In G. Steinberg (Hrsg.), *Recht und Macht. Zur Theorie und Praxis von Strafe, Festschrift für H. Rüping* (S. 73–90). München: UTZ.

Meier, B.-D. (2015). *Strafrechtliche Sanktionen* (4. Aufl.). Berlin: Springer.

Metrikat, I. (2002). *Die Unterbringung in einer Entziehungsanstalt nach § 64 StGB – eine Maßregel im Wandel? Eine vergleichende, empirische Untersuchung zur Entscheidung des Bundesverfassungsgerichts vom 16.3.1994, BVerfGE 91, 1 ff*. Frankfurt a. M.: Peter Lang.

Meyer, B. (2014). Die Unterbringung in einem psychiatrischen Krankenhaus gem. § 63 StGB. *Juristische Schulung (JuS)*, 54, 408–412.

Meyer-Goßner, L., & Schmitt, B. (2018). *Strafprozessordnung*. (61. Aufl). München: C.H. Beck.

MüKo. (2016 ff.). *Münchener Kommentar zum Strafgesetzbuch* (3. Aufl.). München: Beck. (Hrsg. Joecks, W., & Miebach, K.).

Müller, C. (1997). *Das Gewohnheitsverbrechergesetz vom 24. November 1933. Kriminalpolitik als Rassenpolitik*. Baden-Baden: Nomos.

Müller, J. (2012). Die Regelungen der Sicherungsverwahrung im Lichte des Bundesverfassungsgerichtsurteils vom 04.05.2011 in ihren Auswirkungen auf Psychiatrie und Psychotherapie. *Neue Kriminalpolitik (NK)*, 24, 54–61.

Müller, J., & Stolpmann, G. (2015). Legalbewährung nach rechtskräftiger Ablehnung einer nachträglichen Anordnung der Unterbringung in der Sicherungsverwahrung. *Monatsschrift für Kriminologie und Strafrechtsreform (MschrKrim)*, 98, 35–47.

Müller, J., et al. (2011a). Gesetz zur Neuordnung des Rechts der Sicherungsverwahrung. *Nervenarzt*, 82, 382–383.

Müller, J., et al. (2011b). Legalbewährung und Gutachten zur nachträglichen Sicherungsverwahrung. *Monatsschrift für Kriminologie und Strafrechtsreform (MschrKrim)*, 94, 253–265.

Müller-Dietz, H. (1983). Rechtsfragen der Unterbringung nach § 63 StGB. *Neue Zeitschrift für Strafrecht (NStZ)*, 3, 203–207.

Müller-Dietz, H. (1995). Unterbringung in der Entziehungsanstalt und Verfassung. *Juristische Rundschau (JR)*, 353–361.

Müller-Isberner, R., Eucker, S., Rohner, A., & Eusterschulte, B. (2015). Unterbringung im Maßregelvollzug gemäß § 63 StGB. In U. Venzlaff, K. Foerster, H. Dreißing, & E. Habermeyer (Hrsg.), *Psychiatrische Begutachtung. Ein praktisches Handbuch für Ärzte und Juristen* (6. Aufl., S. 363–385). München: Urban & Fischer.

Nedopil, N. (1998). Folgen der Änderung des § 67d II StGB für den Maßregelvollzug und die Begutachtung. *Monatsschrift für Kriminologie und Strafrechtsreform (MschrKrim), 81*, 44–49.

Nedopil, N. (2017). *Forensische Psychiatrie. Klinik, Begutachtung und Behandlung zwischen Psychiatrie und Recht* (5. Aufl.). Stuttgart: Thieme.

Nedopil, N., & Müller-Isberner, J. R. (1995). Struktur- und Organisationsfragen im psychiatrischen Maßregelvollzug (§ 63 StGB). Theoretische Aspekte – internationale Erfahrungen – das hessische Modell. *Monatsschrift für Kriminologie und Strafrechtsreform (MschrKrim), 78*, 236–244.

Niemz, S. (2013). *Sozialtherapie im Strafvollzug 2013: Ergebnisübersicht zur Stichtagserhebung zum 31.03.2013*. Wiesbaden: KrimZ.

NK. (2010). *Nomos Kommentar zum Strafgesetzbuch* (Bd. 1, 3. Aufl.). Baden-Baden: Nomos. (Hrsg. Kindhäuser, U., Neumann, U., & Paeffgen, H.-U.).

NK. (2017). *Nomos Kommentar zum Strafgesetzbuch* (Bd. 1, 5. Aufl.). Baden-Baden: Nomos. (Hrsg. Kindhäuser, U., Neumann, U., & Paeffgen, H.-U.).

Nowakowski, F. (1963). Zur Rechtsstaatlichkeit der vorbeugenden Maßnahmen. In H. Welzel, H. Conrad, A. Kaufmann, & H. Kaufmann (Hrsg.), *Festschrift für Hellmuth von Weber* (S. 98–120). Bonn: Ludwig Röhrscheid.

Peglau, J. (2007). Das Gesetz zur Reform der Führungsaufsicht und zur Änderung der Vorschriften über die nachträgliche Sicherungsverwahrung. *Neue Juristische Wochenschrift (NJW), 60*, 1558–1562.

Peglau, J. (2011). Das BVerfG und die Sicherungsverwahrung – Konsequenzen für Praxis und Gesetzgebung. *Neue Juristische Wochenschrift (NJW), 64*, 1924–1927.

Peglau, J. (2013). Das Gesetz zur bundesrechtlichen Umsetzung des Abstandsgebots im Recht der Sicherungsverwahrung. *Juristische Rundschau (JR)*, 249–255.

Pfeiffer, C., Windzio, M., & Kleimann, M. (2004). Die Medien, das Böse und wir. Zu den Auswirkungen der Mediennutzung auf Kriminalitätswahrnehmung, Strafbedürfnisse und Kriminalpolitik. *Monatsschrift für Kriminologie und Strafrechtsreform (MschrKrim), 87*, 415–435.

Pfister, W. (2011). Perspektivenwechsel bei der Sicherungsverwahrung. *Forensische Psychiatrie, Psychologie, Kriminologie (FPPK), 5*, 82–89.

Piesker, H. (2002). Fahrverbot statt Entziehung der Fahrerlaubnis auch bei Trunkenheitsdelikten und anderen Katalogtaten des § 69 Abs. 2 StGB. *Blutalkohol (BA)*, 197–207.

Pollähne, H. (2008). Die Privatisierung psychiatrischer Krankenhäuser und ihre Folgen für den Maßregelvollzug. In A. Dessecker (Hrsg.), *Privatisierung in der Strafrechtspflege* (S. 139–174). Wiesbaden: KrimZ.

Pollähne, H. (2011). Die einstweilige Unterbringung (§ 126a StPO) im Vollzugsrecht. *Recht und Psychiatrie (R & P), 29*, 140–151.

Pollähne, H. (2013). Vollstreckung und Vollzug der Sicherungsverwahrung nach Inkrafttreten des Gesetzes zur bundesrechtlichen Umsetzung des Abstandsgebots im Recht der Sicherungsverwahrung. *Strafverteidiger (StV), 33*, 249–258.

Pollähne, H. (2014). Bestimmte Voraussetzungen der Strafbarkeit von Weisungsverstößen (§ 145a StGB). *Strafverteidiger (StV), 34*, 161–168.

Popp, A. (2011). Polizeiarbeit im Windschatten der Justiz – neue Kooperationsformen im Umgang mit entlassenen Straftätern. *Bewährungshilfe (BewHi), 58*, 335–344.

Puhlmann, P., & Habermeyer, E. (2010). Die Sachverständigenexpertise im Spannungsfeld zwischen Justiz und Psychiatrie am Beispiel des Hangbegriffs des § 66 StGB (Sicherungsverwahrung). *Forensische Psychiatrie, Psychologie, Kriminologie (FPPK), 4*, 39–47.

Radtke, H. (2010). Die Erledigungserklärung im Maßregelvollzug. In D. Dölling, B. Götting, B.-D. Meier, & T. Verrel (Hrsg.), *Verbrechen – Strafe – Resozialisierung, Festschrift für Heinz Schöch* (S. 695–714). Berlin: de Gruyter.

Rasch, W. (1991). Voraussetzungen der Unterbringung nach § 64 StGB aus psychiatrischer Sicht, Gründe für die Bestimmung der Vollstreckungsreihenfolge gemäß § 67 StGB; § 67d Abs. 5 StGB. *Recht und Psychiatrie (R & P), 9*, 109–114.

Rautenberg, E. C. (2001). Wegschließen für immer!? *Neue Juristische Wochenschrift (NJW), 54*, 2608–2609.

Renzikowski, J. (2013). Abstand halten! – Die Neuregelung der Sicherungsverwahrung. *Neue Ju-*
ristische Wochenschrift (NJW), 66, 1638–1644.
Royen, G. (2008). Die Unterbringung in einem psychiatrischen Krankenhaus bzw. in einer Ent-
ziehungsanstalt nach §§ 63 und 64 StGB als kleine Sicherungsverwahrung? (Teil II). *Strafver-*
teidiger (StV), 28, 606–510.
S/S. (2019). *Strafgesetzbuch. Kommentar* (30. Aufl.). München: Beck. (Hrsg. Schönke, A., &
Schröder, H.).
Sauter, J., Seewald, K., & Dahle, K.-P. (2017). Wirksamkeit ambulanter forensischer Nachsorge –
Was wissen wir wirklich? *Bewährungshilfe (BewHi), 64*, 146–161.
Sax, W. (1959). Grundsätze der Strafrechtspflege. In K. A. Bettermann, H. C. Nipperdey, &
U. Scheuner (Hrsg.), *Die Grundrechte* (S. 909–1014). Berlin: Duncker & Humblot.
SBJL. (2013). *Strafvollzugsgesetz – Bund und Länder* (6). Berlin: de Gruyter. (Hrsg. Schwind,
H. D., Böhm, A., Jehle, J.-M., & Laubenthal, K.).
Schäfersküpper, M., & Grote, J. (2013). Vollzug der Sicherungsverwahrung. Aktuelle Entwicklun-
gen. *Neue Zeitschrift für Strafrecht (NStZ), 33*, 447–454.
Schalast, N. (1994). Unterbringung in der Entziehungsanstalt: Probleme der Behandlung alkohol-
abhängiger Straftäter. Argumente für eine Vollzugslösung. *Recht und Psychiatrie (R & P), 12*,
2–10.
Schalast, N. (2006). Suchtkranke Rechtsbrecher. In H.-L. Kröber, D. Dölling, N. Leygraf & H. Sass
(Hrsg.), *Handbuch der Forensischen Psychiatrie* (Bd. 3, S. 326–349). Darmstadt: Steinkopff.
Schalast, N. (2013). Die Dauer der Unterbringung in der Entziehungsanstalt. *Forensische Psychi-*
atrie, Psychologie, Kriminologie (FPPK), 7, 105–113.
Schmidt, E. (1947). *Einführung in die Geschichte der deutschen Strafrechtspflege*. Göttingen: Van-
denhoeck & Ruprecht.
Schneider, U. (2007). Die Reform der Führungsaufsicht. *Neue Zeitschrift für Strafrecht (NStZ),
27*, 441–447.
Schneider, U. (2008). Die Reform des Maßregelrechts. *Neue Zeitschrift für Strafrecht (NStZ), 28*,
68–73.
Schöch, H. (1971). Verkehrsdelinquenz und allgemeine Kriminalität. *Neue Juristische Wochen-*
schrift (NJW), 34, 1857–1863.
Schöch, H. (1973). *Strafzumessungspraxis und Verkehrsdelinquenz. Kriminologische Aspekte der*
Strafzumessung am Beispiel einer empirischen Untersuchung zur Trunkenheit im Verkehr.
Stuttgart: Enke.
Schöch, H. (1991). Kriminologische und sanktionsrechtliche Aspekte der Alkoholdelinquenz im
Verkehr. *Neue Zeitschrift für Strafrecht (NStZ), 11*, 11–17.
Schöch, H. (1992). Bewährungshilfe und Führungsaufsicht in der Strafrechtspflege. *Neue Zeit-*
schrift für Strafrecht (NStZ), 12, 364–372.
Schöch, H. (1998). Das Gesetz zur Bekämpfung von Sexualdelikten und anderen gefährlichen
Straftaten vom 26.1.1998. *Neue Juristische Wochenschrift (NJW), 51*, 1257–1262.
Schöch, H. (2011). Sicherungsverwahrung und kriminologische Forschung. In A. Engländer et al.
(Hrsg.), *Strafverteidigung – Grundlagen und Stolpersteine. Symposion für Werner Beulke*
(S. 117–130). Heidelberg: C. F. Müller.
Schöch, H. (2012a). Das Urteil des Bundesverfassungsgerichts zur Sicherungsverwahrung. *Golt-*
dammer's Archiv für Strafrecht (GA), 14–31.
Schöch, H. (2012b). Sicherungsverwahrung im Übergang. *Neue Kriminalpolitik (NK)*, 47–54.
Schreiber, H.-L., & Rosenau, H. (2015). Rechtliche Grundlagen der psychiatrischen Begutachtung.
In U. Venzlaff & K. Foerster (Hrsg.), *Psychiatrische Begutachtung. Ein praktisches Handbuch*
für Ärzte und Juristen (6. Aufl., S. 90–152). München: Urban & Fischer.
Schuster, T. (2011). Neues von der Krisenintervention. *Strafverteidiger (StV), 31*, 506–510.
Seifert, D. (2009). Unterbringung im Maßregelvollzug gemäß § 64 StGB. In U. Venzlaff & K. Fo-
erster (Hrsg.), *Psychiatrische Begutachtung. Ein praktisches Handbuch für Ärzte und Juristen*
(5. Aufl., S. 469–482). München: Urban & Fischer.

Seifert, D., Klink, M., & Landwehr, S. (2018). Rückfalldaten behandelter Patienten im Maßregel-vollzug nach § 63 StGB. *Forensisches Psychiatrie, Psychologie, Kriminologie (FPPK), 12*, 136–148.

SK StGB. (2016 ff.). *Systematischer Kommentar zum Strafgesetzbuch* (9. Aufl.). Köln: Wolters Kluwer. (Hrsg. Wolter, J.).

Spiess, K. (2008). Das Gesetz zur Sicherung der Unterbringung in einem psychiatrischen Kran-kenhaus und in einer Entziehungsanstalt. *Strafverteidiger (StV), 28*, 160–165.

SSW-StGB (2019). In H. Satzger, W. Schluckebier & G. Widmaier (Hrsg.), *Strafgesetzbuch Kom-mentar* (4. Aufl.). Köln: Heymanns.

Stooss, C. (1894). *Schweizerisches Strafgesetzbuch. Vorentwurf im Auftrages des schweizerischen Bundesrates*. Bern: Stämpfli & Cie.

Stooss, C. (1905). Strafe und sichernde Maßnahme. *Schweizerische Zeitschrift für Strafrecht (SchwZStr), 18*, 1–12.

Stree, W. (1995). Probleme der Unterbringung in einer Entziehungsanstalt. Bemerkungen zur Ent-scheidung des BVerfG vom 16.03.1994. In E. Schlüchter (Hrsg.), *Kriminalistik und Strafrecht, Festschrift für Friedrich Geerds* (S. 581–592). Lübeck: Schmidt-Römhild.

Streng, F. (1987). Vikariierens-Prinzip und Leidensdruck. Überlegungen zum Verhältnis von The-rapie und Strafe im Rahmen von § 67 StGB. *Strafverteidiger (StV), 7*, 41–42.

Streng, F. (2011). Die Zukunft der Sicherungsverwahrung nach der Entscheidung des Bundesver-fassungsgerichts. Zum Urteil des Zweiten Senats des BVerfG vom 04.05.2011. *JuristenZeitung (JZ), 66*, 827–835.

Streng, F. (2012). *Strafrechtliche Sanktionen. Die Strafzumessung und ihre Grundlagen* (3. Aufl.). Stuttgart: Kohlhammer.

Streng, F. (2013). Zur Legitimation der Sicherungsverwahrung. *Strafverteidiger (StV), 23*, 236–243.

Suhling, S. (2013). Ansätze zur Bestimmung von Ergebnis-, Struktur- und Prozessqualität. In B. Wischka, W. Pecher & H. van den Boogaart (Hrsg.), *Behandlung von Straftätern. Sozial-therapie, Maßregelvollzug, Sicherungsverwahrung* (2. Aufl., S. 162–232). Freiburg: Centaurus.

Suhling, S., & Wischka, B. (2013). Behandlung in der Sicherungsverwahrung. *Kriminalpädagogi-sche Praxis (KrimPäd), 49*, 47–61.

Thomaßen, S. (2012). Konzeption zum Umgang mit rückfallgefährdeten Sexualstraftätern (KURS NRW). *Forensische Psychiatrie, Kriminologie, Psychologie (FPPK), 6*, 25–31.

Urbaniok, F. (2012). Sicherungsverwahrung. Rechtsdogmatik und Ideologie als Hemmnisse für einen effektiven Opferschutz. *Kriminalistik*, 275–282.

Volckart, B., & Grünebaum, R. (2015). *Maßregelvollzug. Das Recht des Vollzuges der Unterbrin-gung nach §§ 63, 64 StGB in einem psychiatrischen Krankenhaus und in einer Entziehungs-anstalt* (8. Aufl.). Köln: Carl Heymanns.

Voß, T., Sauter, J., & Kröber, H.-L. (2011). Entlassene Problemfälle in der ambulanten Nachsorge von langzeitinhaftierten und langzeituntergebrachten Patienten. *Forensische Psychiatrie, Psy-chologie, Kriminologie (FPPK), 5*, 253–260.

Weigelt, E. (2006). Was kann eine reformierte Führungsaufsicht leisten? *Zeitschrift für Rechts-politik (ZRP), 39*, 253–255.

Welzel, H. (1969). *Das Deutsche Strafrecht* (11. Aufl.). Berlin: de Gruyter.

Wößner, G., & Schwedler, A. (2013). Elektronische Aufsicht im Vollzug der Freiheitsstrafe in Baden-Württemberg – Ergebnisse der wissenschaftlichen Begleitforschung. *Bewährungshilfe (BewHi), 60*, 130–145.

Zimmermann, T. (2013). Das neue Recht der Sicherungsverwahrung (ohne JGG). *Höchstrichter-liche Rechtsprechung im Strafrecht (HRRS)*, 164–178.

Wiedergutmachung

6

6.1 Kriminalpolitischer Hintergrund

Die strafrechtlichen Sanktionen erfüllen eine überindividuelle, gesellschaftliche Funktion: Sie sollen die durch die Tat gestörte Ordnung wiederherstellen und auf Dauer sichern. Diesem Ziel dienen auf unterschiedliche Weise sowohl die Strafen als auch die Maßregeln der Besserung und Sicherung. Die Befriedigung der spezifischen Bedürfnisse desjenigen, der durch die Tat verletzt und in seinen konkreten Interessen betroffen worden ist, gehört nicht zu den Aufgaben, denen die Sanktionen vornehmlich zu dienen bestimmt sind. Gleichwohl hat das Strafrechtssystem als Ganzes auch die Aufgabe, den Interessen, Bedürfnissen und Erwartungen des Verletzten Rechnung zu tragen. Die Strafrechtsnormen schützen die Rechtsgüter nicht nur um ihrer gesellschaftlichen Funktionen willen, sondern sollen auch den von einer Tat konkret Betroffenen vor einer Schädigung in seinen individuellen Belangen bewahren. Wenn es zu einer Straftat gekommen ist, ist es dementsprechend nicht nur die Aufgabe des Zivilrechts, sondern auch und vor allem eine strafrechtliche Aufgabe, den Verletzten bei der Aufarbeitung des Tatgeschehens und der Bewältigung der Folgen der Tat zu unterstützen (oben Abschn. 2.5).

Das Strafrechtssystem trägt den Verletzteninteressen in vielfältiger Weise Rechnung. Über die gesamte Strafrechtsordnung verteilt finden sich Regelungen, die in ihrem Kern darauf abzielen, dem Verletzten im Strafverfahren eine eigenständige Stellung zuzuweisen und ihm den Raum für die Geltendmachung seiner Interessen zu gewähren. Vor allem die **Wiedergutmachungsinteressen des Verletzten** betrachtet das Strafrechtssystem dabei mit Sympathie. Zwar kennt das deutsche Strafrecht keine „Wiedergutmachungsstrafe", also eine Strafart, bei der der Täter durch (Straf-) Urteil verpflichtet wird, an den Verletzten zum Zweck der Wiedergutmachung einen bestimmten Geldbetrag zu zahlen; insbesondere ist Nutznießer der Geldstrafe allein der Staat. Dieser Ausschluss einer „Wiedergutmachungsstrafe" ist im Prinzip konsequent und richtig, da die Strafen ebenso wie die Maßregeln ausschließlich öffentlichen Zwecken dienen. Nicht ausgeschlossen ist es im geltenden Recht jedoch, gegen den Täter eine Wiedergutmachungsauflage zu

© Springer-Verlag GmbH Deutschland, ein Teil von Springer Nature 2019
B.-D. Meier, *Strafrechtliche Sanktionen*, Springer-Lehrbuch,
https://doi.org/10.1007/978-3-662-59442-1_6

verhängen, deren Erfüllung unter dem Druck einer unabhängig hiervon verhängten Strafe steht (§ 56b Abs. 2 Nr. 1, § 59a Abs. 2 Nr. 1 StGB), oder den Täter im Strafurteil zusätzlich zu einer Strafe zur Zahlung von Schadensersatz und Schmerzensgeld zu verurteilen (Adhäsionsverfahren; §§ 403 ff. StPO). Überdies ermöglicht es das Strafrecht dem Beschuldigten in sämtlichen Stadien des Verfahrens, sich um die freiwillige Wiedergutmachung der Folgen der Tat zu bemühen, und stellt ihm für diesen Fall die Option der Strafmilderung in Aussicht (§§ 46 und 46a StGB). Auch wenn die Regelungen zur Förderung der Wiedergutmachung systematisch nicht auf eine Weise durchformt sind, dass es gerechtfertigt wäre, hierin eine parallel zu den Strafen und den Maßregeln konstruierte „dritte Spur" des strafrechtlichen Reaktionssystems zu sehen,[1] bieten sie in ihrer bunten Vielfalt genügend Ansatzpunkte, um unter dem Dach des Strafrechts den Ausgleich der konkreten Folgen der Tat und die Befriedigung der aus der Tat erwachsenen spezifischen Bedürfnisse des Verletzten zu ermöglichen.[2]

> Die Implementation des Wiedergutmachungsgedankens in das Strafrechtssystem ist das Ergebnis einer vergleichsweise jungen Entwicklung. Während das Adhäsionsverfahren bereits im Jahr 1943 in die StPO aufgenommen wurde, gewann der Gedanke, auch den freiwilligen Tatfolgenausgleich zu fördern, erst in den 1980er-Jahren Kontur. Zunächst im Bereich des Jugendstrafrechts, später auch im Bereich des allgemeinen Strafrechts wurden ab der Mitte der 1980er-Jahre in zahlreichen Gerichtsbezirken Modellprojekte zum Täter-Opfer-Ausgleich, der prominentesten Form der Wiedergutmachung, entwickelt. Die Initiativen wurden vom Gesetzgeber aufgegriffen und im Jugendstrafrecht auf eine gesetzliche Grundlage gestellt (1. JGGÄndG vom 30.08.1990). Im allgemeinen Strafrecht wurde die Entwicklung durch einen vom Arbeitskreis deutscher, schweizerischer und österreichischer Strafrechtslehrer vorgelegten „Alternativ-Entwurf Wiedergutmachung"[3] sowie durch den 59. DJT 1992[4] vorbereitet. Der Gesetzgeber entschloss sich hier erst nach einiger Zeit zum Handeln. Zwei Gesetze stehen insoweit im Mittelpunkt: das VerbrBekG vom 28.10.1994, durch das der Täter-Opfer-Ausgleich und die Schadenswiedergutmachung an verschiedenen Stellen in das allgemeine Sanktionsrecht integriert wurden (namentlich in § 46a StGB), sowie das Gesetz zur strafverfahrensrechtlichen Verankerung des Täter-Opfer-Ausgleichs vom 20.12.1999. (Neufassung des § 153a StPO, Einführung der §§ 155a f. StPO)

Um die verschiedenen Erscheinungsformen des Wiedergutmachungsgedankens zu beschreiben, wird auch in Deutschland häufig der Begriff „**restorative justice**" verwendet. Mit diesem im internationalen Raum gebräuchlichen Begriff werden alle Formen von „ausgleichender" oder „wiederherstellender Justiz" bezeichnet, mit denen unter aktiver Beteiligung der am Konflikt Beteiligten den Folgen der Tat eine positive, sozial-konstruktive Leistung des Täters gegenüber gestellt wird, die ihrer Intention nach auf den Ausgleich der Tatfolgen abzielt.[5] Die Tat selbst kann nicht

---

[1] So etwa *Baumann et al.* 1992, 21 ff.; *Roxin* 1992, 243 ff.; *Roxin* 2006, § 3 Rn. 72 ff.; sowie die 1. Aufl. des vorliegenden Werks (*Meier* 2001, 309 ff.).

[2] Überblick bei *Zander* JuS 2009, 684 ff.

[3] *Baumann et al.* 1992.

[4] Vgl. *Schöch* 1992; Beschlüsse des 59. DJT abgedr. in NJW 1992, 3021 f.

[5] Die Empfehlung des Europarats Rec 2018 (8) Nr. 3 definiert „restorative justice" als „any process which enables those harmed by crime, and those responsible for that harm, if they freely consent, to participate actively in the resolution of matters arising from the offence, through the help of a trained and impartial third party"; vgl. auch *Trenczek und Hartmann* 2018, 860 ff.

wieder rückgängig gemacht werden; sie bleibt auch nach einer Wiedergutmachung als Normbruch und faktisches Erlebnis im kollektiven Gedächtnis (konkret: in den Dateien der Strafverfolgungsorgane und den Archiven der Medien) sowie in der Erinnerung des Opfers haften. Den negativen Folgen der Tat können jedoch positive Leistungen entgegengesetzt werden, die auf die Abmilderung oder Beseitigung der körperlichen, seelischen und materiellen Schäden gerichtet sind und die von der Gesellschaft und dem Verletzten als Ausgleich anerkannt werden können.[6]

Die vielfältigen Ansatzpunkte zur Förderung der Wiedergutmachung lassen sich nach dem Kriterium der Freiwilligkeit in zwei Gruppen unterteilen: Ansätze, die an eine vom Täter freiwillig, d. h. ohne staatlichen Zwang erbrachte Wiedergutmachungsleistung anknüpfen, und Ansätze, die es ermöglichen, den Täter u. U. auch gegen seinen Willen zur Wiedergutmachung zu verpflichten. Beide Ansätze sind im Hinblick auf die unterschiedlichen Rechtsfolgen getrennt voneinander zu betrachten. Dabei ist mit den freiwilligen Formen des Tatfolgenausgleichs zu beginnen, da sie weiter reichen und, soweit es den Täter-Opfer-Ausgleich betrifft, auf die umfassende Bewältigung des der Tat zugrunde liegenden oder durch sie entstandenen Konflikts zwischen Täter und Opfer gerichtet sind.

6.2   Freiwillige Wiedergutmachung

6.2.1   Begriffe

Die freiwillige Wiedergutmachung kann in unterschiedlichen Formen in Erscheinung treten: als Täter-Opfer-Ausgleich, als Schadenswiedergutmachung oder als Form der sonstigen, „symbolischen" Wiedergutmachung (unten Abb. 6.1). Die ersten beiden Formen haben im Gesetz an etlichen Stellen Niederschlag gefunden (vgl. § 46 Abs. 2, § 46a Nr. 1 und 2 StGB). Die dritte Form ist im Schrifttum als eine sinnvolle und notwendige Ergänzung entwickelt worden.

6.2.1.1   Täter-Opfer-Ausgleich

Der Täter-Opfer-Ausgleich kann als die strafrechtliche Variante der Mediation bezeichnet werden.[7] Er ist ein außergerichtliches Verfahren, in dem der mit einer Straftat verbundene Konflikt mit dem Ziel bearbeitet wird, zu einer für den Beschuldigten („Täter") und den Verletzten („Opfer") akzeptablen Regelung über den Umgang mit den Folgen der Tat zu gelangen. Der Täter-Opfer-Ausgleich soll dem Opfer die Möglichkeit bieten, tatbedingte psychische und ggf. auch materielle Belastungen abzubauen und das Vertrauen in die Rechtsordnung wiederzugewinnen. Den Täter soll er zur Einsicht in das begangene Unrecht bringen und ihm die Möglichkeit geben, die Verantwortung für die Tat zu übernehmen.

Zentrales Element beim Täter-Opfer-Ausgleich ist die **Kommunikation** der Beteiligten **über den Konflikt**, der den Gegenstand des Strafverfahrens bildet.[8] Das Opfer

---

[6] *Baumann et al.* 1992, 38.

[7] Vertiefend *Mühlfeld* 2002, *Kaspar* 2004, 148 ff.

[8] Zum Begriff des Konflikts genauer *Hassemer* 1998, 408 f.; *Mühlfeld* 2002, 107 f.

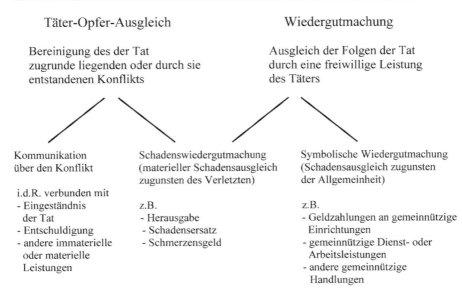

Abb. 6.1 Täter-Opfer-Ausgleich und Wiedergutmachung

erhält die Gelegenheit, seine Sorgen, Ängste und seinen Ärger kundzutun und den Täter mit den erlittenen Beeinträchtigungen zu konfrontieren; vielleicht findet es auch
eine Antwort auf die Frage, welche Motive den Täter getrieben haben, und es gelingt
ihm auf diesem Weg, die Geschehnisse besser einzuordnen. Für den Täter eröffnet das
Verfahren die Möglichkeit, sich außerhalb der förmlichen Vernehmungssituation auf
ein Gespräch über die Tat einzulassen, sich mit den Emotionen und Forderungen des
Opfers auseinanderzusetzen und sich zu entschuldigen.[9] Das Verfahren erfolgt in der
Regel unter Einschaltung eines neutralen Dritten (Vermittlers, Schlichters, Mediators),
dem für die Konfliktlösung keine Entscheidungsgewalt zukommt, und setzt typischerweise die persönliche Begegnung von Täter und Opfer voraus. Beide Voraussetzungen
sind indes nicht zwingend. Die Rechtsprechung geht von einem **offenen Kommunikationsbegriff** aus und erkennt eine von beiden Seiten getragene Wiedergutmachungs-
vereinbarung auch dann als Täter-Opfer-Ausgleich an, wenn sich Täter und Opfer ohne
die Vermittlung eines Dritten miteinander geeinigt haben oder wenn die Einigung nur
durch die Vermittlung des Dritten erfolgt ist und sich die unmittelbar Betroffenen persönlich nicht begegnet sind („indirekte Vermittlung"). Unabdingbare Voraussetzung ist
allerdings, dass das Opfer in letzterem Fall *überhaupt* in die Kommunikation mit dem
Täter einbezogen wird und die vom Täter angebotenen Leistungen als Ausgleich akzeptiert; ist dies nicht gegeben, etwa weil sich der Verletzte nicht auf einen kommunikativen Prozess mit dem Täter einlässt, so liegt kein Täter-Opfer-Ausgleich vor.[10]

---

[9] Vgl. *Kerner* 2009, § 33 Rn. 11 ff.
[10] *BGHSt* 48, 134 (139 ff.); *BGH* NStZ 2002, 646; *Schädler* NStZ 2005, 367 f.; HK-GS 2017,
Kempfer, § 46a Rn. 23 f.; krit. zum offenen Kommunikationsbegriff des BGH *Meier* JZ 2015, 490.

Die Leistungen, die der Täter zum Zweck des Ausgleichs erbringt, können beim Täter-Opfer-Ausgleich vielgestaltig sein. Eine herausgehobene Rolle spielen das Eingeständnis der Tat und die Entschuldigung sowie der materielle Ausgleich durch Zahlung von Schadensersatz und Schmerzensgeld. In Betracht kommen aber auch andere materielle oder immaterielle Leistungen wie Dienst- oder Arbeitsleistungen (z. B. die Vermittlung einer neuen Wohnung oder eines Arbeitsplatzes) oder Geschenke (z. B. die Überlassung von Konzertkarten). Die Frage, welche Leistungen der Geschädigte als Ausgleich akzeptiert, steht in seinem Belieben. Die Leistungen sind beim Täter-Opfer-Ausgleich nicht auf den materiellen Schadensausgleich festgelegt. Im Vordergrund stehen der kommunikative Prozess und seine positive Wirkung auf die Beteiligten.

6.2.1.2 Schadenswiedergutmachung

Bei der Schadenswiedergutmachung, der zweiten Form des freiwilligen Tatfolgenausgleichs, ist das anders. Hier steht die Leistung im Vordergrund, die der Täter zum Zweck der Wiedergutmachung erbringt. Schadenswiedergutmachung ist der **Ausgleich des eingetretenen Schadens**, also der Nachteile, die dem Opfer oder einem Dritten durch die Tat entstanden sind; dabei kann es sich um Vermögensschäden ebenso wie (z. B. bei der Beeinträchtigung von Gesundheit, Wohlbefinden, Freiheit oder Ehre) um Nichtvermögensschäden handeln. Entsprechend den zivilrechtlichen Regelungen kommen als Leistungen des Täters vor allem die Herausgabe entwendeter Sachen sowie die Zahlung von Schadensersatz und Schmerzensgeld in Betracht. Der Begriff der Schadenswiedergutmachung ist mithin als materieller Schadensausgleich zu verstehen, im Unterschied zum primär immateriellen (namentlich kommunikativen) Schadensausgleich, der beim Täter-Opfer-Ausgleich im Vordergrund steht.

Die Rechtsprechung ist hier anderer Auffassung und fordert für die Schadenswiedergutmachung, dass der materielle Schaden ausgeglichen werden müsse (was in der Regel nur bei Eigentums- und Vermögensdelikten möglich ist), während sich der Täter-Opfer-Ausgleich auf den immateriellen Schaden (und damit auf Nichtvermögensdelikte) beziehen soll.[11] Diese Auffassung ist nicht überzeugend. Der Täter-Opfer-Ausgleich und die Schadenswiedergutmachung nehmen nicht auf unterschiedliche Deliktsarten Bezug, sondern beschreiben unterschiedliche Formen der Wiedergutmachung.[12] Die Schadenswiedergutmachung i. S. des § 46a Nr. 2 StGB kann deshalb ebenso bei Vermögens- wie bei Nichtvermögensdelikten zum Zug kommen und drückt sich bei letzteren in der Form von Schmerzensgeldzahlungen aus. (vgl. § 253 Abs. 2 BGB)

Zweifelhaft ist, ob die Schadenswiedergutmachung über den materiellen Ausgleich hinaus noch weitere Leistungen des Täters und eine besondere Gesinnung erfordert. Die Rechtsprechung ist dieser Auffassung und verlangt, dass die Schadenswiedergut-

---

[11] *BGH* NStZ 1995, 492 (493); StV 2000, 128; vorsichtig distanzierend *BGH* NStZ 2002, 364 (365) m. Anm. *Dölling und Hartmann.*
[12] *Kilchling* NStZ 1996, 314; *Schöch* 2000, 323 f.; *Kaspar* 2004, 98 ff.; *Rose* JR 2010, 190 f.

machung „Ausdruck der Übernahme von Verantwortung" sein müsse; dies setze voraus, dass der Täter einen „über die rein rechnerische Kompensation hinausgehenden Beitrag" erbringen müsse.[13] Eine derartige Anforderung ist jedoch überhöht. Wenn der Täter den zivilrechtlich geschuldeten Schadensausgleich freiwillig erbringt, liegt hierin bereits ein starkes Indiz dafür, dass er die Verantwortung für die Tat übernimmt. Entkräftet wird dieses Indiz nur dann, wenn der Täter den Vorwurf trotz der freiwilligen Ausgleichsleistung weiterhin abstreitet und die Leistung nur um prozesstaktischer Vorteile willen erbringt.[14] Aber auch in diesem Fall kann kein Zweifel daran bestehen, dass der Täter mit der Leistung einen Wert setzt, der als Form der Wiedergutmachung bei der Strafzumessung Berücksichtigung finden muss. Fraglich kann nur sein, ob eine solche vordergründige Leistung geeignet ist, die weitreichenden Folgen des § 46a Nr. 2 StGB auszulösen. Dies dürfte im Hinblick auf den reduzierten Handlungswert einer solchen Leistung zu verneinen sein (dazu genauer unten Abschn. 6.2.4.2.1).

Soweit die Rechtsprechung darüber hinaus fordert, dass auch die Schadenswiedergutmachung einen kommunikativen Prozess zwischen Täter und Opfer voraussetzt, ist dem nicht zu folgen, weil dies die Unterschiede zum Täter-Opfer-Ausgleich verwischt. Allerdings stellt auch die Rechtsprechung selbst an dieses Erfordernis keine hohen Anforderungen, da es bereits dann erfüllt sein soll, wenn die Beteiligten lediglich erfolgreiche Vergleichsverhandlungen geführt haben.[15]

6.2.1.3 Symbolische Wiedergutmachung

In der Strafrechtspraxis gibt es Fälle, bei denen sich die Tat nicht gegen einen konkret fassbaren Verletzten gerichtet hat, so dass kein Täter-Opfer-Ausgleich durchgeführt werden kann, bei denen die Tat aber auch keinen greifbaren Schaden angerichtet hat, so dass der Anknüpfungspunkt für eine materielle Schadenswiedergutmachung entfällt. Zu denken ist in erster Linie an Gefährdungsdelikte zum Nachteil der Allgemeinheit wie die folgenlose Trunkenheit im Straßenverkehr (§ 316 StGB) oder das Fahren ohne Fahrerlaubnis (§ 21 StVG), den unerlaubten Waffenbesitz (§ 51 WaffG) oder die illegale Verbreitung pornografischer Schriften (§ 184 StGB). Gedacht werden kann aber auch an Delikte, die sich strafrechtssystematisch nicht gegen die Allgemeinheit, sondern gegen hochabstrakte Rechtsgüter wie den Rechtsverkehr, das Vertrauen in die Lauterkeit des öffentlichen Dienstes oder die Umwelt richten; Beispiele sind die Urkundenfälschung (§ 267 StGB), die Bestechungsdelikte (§§ 331 ff. StGB) und die Luftverunreinigung (§ 325 StGB). Auch in diesen Fällen muss es dem Täter möglich sein, durch sein späteres Verhalten einen Beitrag zur Wiedergutmachung zu leisten, der bei der Strafzumessung Berücksichtigung finden kann. Wäre dies anders, so würde gegen ein elementares Gebot der Gerechtigkeit verstoßen, denn derjenige, gegen den der geringere Vorwurf erhoben wird (z. B. der Trunkenheitsfahrer),

---

[13] *BGHSt* 48, 134 (144); *BGH* NStZ 1995, 492 (493); wistra 2000, 176 (177); NStZ 2002, 364 (365); krit. *Rose* JR 2010, 197.

[14] *Schöch* 2000, 326; *Kaspar* 2004, 124 f.

[15] *BGH* StV 2009, 253 m. Anm. *Rose* JR 2010, 189 ff.

müsste u. U. härter bestraft werden als derjenige, der bei der Tat schwerere Schuld auf sich geladen hat (z. B. wenn es zu einem Unfall mit einer Körperverletzung gekommen ist). Dies bildet den Anknüpfungspunkt für die Überlegungen zu einer dritten Form des freiwilligen Tatfolgenausgleichs, der symbolischen Wiedergutmachung.

Mit dem Begriff der symbolischen Wiedergutmachung werden diejenigen sozialkonstruktiven Leistungen bezeichnet, mit denen der Täter sein Bemühen um den Tatfolgenausgleich **auf einer abstrakten, nicht auf die konkrete Tat bezogenen Ebene** zum Ausdruck bringt. Typischerweise kommen hier Geldzahlungen an gemeinnützige Einrichtungen oder gemeinnützige Dienst- oder Arbeitsleistungen in Betracht (Mithilfe in Krankenhäusern oder anderen karitativen Einrichtungen u. ä.). Nicht ausgeschlossen ist es aber auch, dass der Täter durch andere selbstlose Handlungen wie z. B. eine Blutspende oder das Anfertigen eines der Allgemeinheit zur Verfügung gestellten Kunstwerks einen neuen positiven Wert schafft. Als symbolische Wiedergutmachung können diese Leistungen dann anerkannt werden, wenn sie ein Äquivalent für die begangene Straftat bilden, d. h. wenn sie in ihrem Nutzen für die Allgemeinheit dem vom Täter gesetzten Unrecht entsprechen.[16]

Obwohl die symbolische Wiedergutmachung als Ergänzung zum Täter-Opfer-Ausgleich und der Schadenswiedergutmachung unverzichtbar ist, hat der Gesetzgeber sie bei der Einführung des § 46a StGB trotz einer dahin gehenden Anregung des „Alternativ-Entwurfs Wiedergutmachung"[17] nicht übernommen. Dies bedeutet zwar nicht, dass der Gesetzgeber die symbolische Wiedergutmachung für irrelevant hielte; bei der Verfahrenseinstellung nach § 153a StPO und als *auferlegte* Form der Wiedergutmachung (vgl. § 56b Abs. 2 Satz 1 Nr. 2, 3, § 59a Abs. 2 Satz 1 Nr. 3 StGB) spielt sie in der Praxis eine große Rolle. Erbringt der Täter die entsprechenden Leistungen aber freiwillig, kann dieser Umstand nur bei der Strafzumessung nach § 46 StGB Berücksichtigung finden; die weiterreichenden Folgen des § 46a StGB vermag er nicht auszulösen.[18]

6.2.2 Voraussetzungen für die Initiierung

Die Initiative zur freiwilligen Wiedergutmachung muss nicht von der Staatsanwaltschaft oder dem Gericht ausgehen; der Anstoß kann auch vom Beschuldigten selbst, seinem Verteidiger, dem Verletzten oder dessen Vertreter kommen. Sofern die Strafverfolgungsorgane auf eine Wiedergutmachung hinwirken – § 155a StPO hält sie hierzu mit Blick auf den Täter-Opfer-Ausgleich ausdrücklich an –, müssen jedoch

---

[16] *Baumann et al.* 1992, 33; vertiefend *Laue* 1999, 57 ff., 80 ff.

[17] *Baumann et al.* 1992, 41 f. (§ 1 Abs. 1 Satz 2 AE-WGM).

[18] *Kaspar* 2004, 126 ff.

die Voraussetzungen erfüllt sein, aus denen der freiwillige Tatfolgenausgleich seine Legitimation bezieht. Dabei ist zwischen dem Täter-Opfer-Ausgleich und den anderen Formen der Wiedergutmachung zu unterscheiden.

6.2.2.1 Täter-Opfer-Ausgleich

6.2.2.1.1 Persönlich betroffenes Opfer

Der Täter-Opfer-Ausgleich setzt denknotwendig voraus, dass sich die Tat gegen ein „Opfer" gerichtet hat, das am Ausgleich teilnehmen kann. Was dabei unter dem Begriff des Opfers zu verstehen ist, erschließt sich nicht auf den ersten Blick. Der vom Gesetzgeber bewusst gewählte Begriff weist zwar Parallelen zum strafprozessualen Begriff des „Verletzten" auf (Verletzter ist, wer durch die schädigende Handlung in einem Rechtsgut unmittelbar beeinträchtigt ist[19]), ist mit ihm aber nicht identisch.[20]

Hinter dem Täter-Opfer-Ausgleich steht die Vorstellung, dass sich die Aufarbeitung des Tatgeschehens nicht in der Beschäftigung mit dem abstrakten Normbruch erschöpfen darf, sondern dass auch die Verarbeitung des der Tat zugrundeliegenden Realkonflikts eine wichtige Rolle spielt (oben Abschn. 6.1 und 6.2.1.1). Hieraus folgt, dass beim Täter-Opfer-Ausgleich auf der Opferseite alle Personen einbezogen werden können, die durch die Tat in ihren rechtlich geschützten Interessen betroffen sind.

Bei diesen „Betroffenen" kann es sich einmal um Personen handeln, die in ihren **Rechtsgütern** (körperliche Unversehrtheit, Eigentum, Vermögen etc.) beeinträchtigt worden sind. „Opfer" sind also unzweifelhaft diejenigen, die durch eine Körperverletzung, einen Raub oder einen Betrug unmittelbar geschädigt worden sind. Der Opferbegriff ist hierauf aber nicht beschränkt. Von der Tat betroffen können auch Personen sein, die auf sonstige Weise **in das** der Tat zugrundeliegende **Konfliktgeschehen involviert** sind. Dabei ist insbesondere an die Angehörigen des unmittelbar Geschädigten zu denken, die unter den Folgen des Geschehens oft ebenfalls zu leiden haben; gedacht werden kann aber auch an Personen, die das Tatgeschehen unmittelbar wahrgenommen und dies als eine traumatisierende Erfahrung empfunden haben.

Zweifelhaft ist, ob sich der Täter-Opfer-Ausgleich auf Taten beschränkt, von denen eine natürliche Person betroffen worden ist, oder ob er auch dann durchgeführt werden kann, wenn sich die Tat gegen eine juristische Person (e. V., GmbH, AG o. ä.) oder die Allgemeinheit gerichtet hat. Da das zentrale Element des Ausgleichs der kommunikative Prozess zwischen dem Täter und dem Opfer ist, wird man hier darauf abzustellen haben, ob die Opferseite durch eine natürliche Person vertreten werden kann. In der Literatur wird insoweit vom „**personalen**"[21] oder „**personifizierten**"[22] **Opfer** gesprochen. Bei Straftaten zum Nachteil juristischer Personen wird diese Voraussetzung in der Regel gegeben sein (Vereinsvorstand, Geschäftsführer, Abteilungsleiter

---

[19] Vgl. *Meyer-Goßner und Schmitt* 2018, § 172 Rn. 9.

[20] Kritisch *Maiwald* GA 2005, 343 ff.

[21] *Hartmann* 1998, 66 f.; NK 2017, *Streng*, § 46a Rn. 10.

[22] *Schöch* 2000, 333.

o. ä.),[23] nicht jedoch ohne weiteres bei Straftaten zum Nachteil der Allgemeinheit. Zwar gibt es auch bei den Delikten gegen die Allgemeinheit Fallkonstellationen, bei denen ein persönlich betroffenes Opfer erkennbar ist, mit dem der Ausgleich durchgeführt werden kann. Beispiele sind der durch einen Verkehrsrowdy (z. B. § 315c StGB) gefährdete Fußgänger oder der von einer Widerstandshandlung (§ 113 StGB) betroffene Polizeibeamte[24]; der Täter-Opfer-Ausgleich ist deshalb entgegen der Rechtsprechung[25] auch bei gefährlichen Eingriffen in den Straßenverkehr (§ 315b StGB) nicht von vornherein ausgeschlossen. Sofern die Tat jedoch nicht in einer solchen Weise individualisiert werden kann, kann ein Ausgleichsverfahren nicht stattfinden. Ein Täter-Opfer-Ausgleich kommt demgemäß bei Steuerstraftaten nicht in Betracht.[26]

6.2.2.1.2   Keine Deliktsbegrenzung

Abgesehen von der Voraussetzung, dass sich die Tat gegen ein persönlich betroffenes Opfer gerichtet haben muss, gibt es für den Täter-Opfer-Ausgleich keine weiteren deliktsspezifischen Einschränkungen. Grundsätzlich kann ein Täter-Opfer-Ausgleich sowohl bei leichten als auch bei schweren Delikten durchgeführt werden. Allerdings sollte unter dem Gesichtspunkt der Verhältnismäßigkeit von der Initiierung eines Ausgleichs abgesehen werden, wenn das Strafverfahren auch ohne den Ausgleich folgenlos eingestellt werden kann (§ 153 StPO, § 45 Abs. 1 JGG). Auf den Umgang mit Bagatelldelikten ist das relativ aufwendige außergerichtliche Verfahren nicht zugeschnitten.[27]

Nach „oben" ist der Täter-Opfer-Ausgleich nicht beschränkt. Ein Ausgleichsverfahren kann auch bei **schweren Delikten** durchgeführt werden, wobei allerdings zu beachten ist, dass der Ausgleich bei der schwereren Delinquenz nicht mit einer Einstellung oder dem Absehen von Strafe einhergehen, sondern lediglich zur Reduzierung der „an sich verwirkten" Strafe führen kann (vgl. § 46a i. V. m. § 49 Abs. 1 StGB). Auch schwere Gewaltdelikte und Delikte gegen die sexuelle Selbstbestimmung wie Vergewaltigung, sexuelle Nötigung und sexueller Missbrauch von Kindern sind nicht vom Täter-Opfer-Ausgleich ausgeschlossen, wenngleich der BGH insoweit zu Recht darauf hinweist, dass der kommunikative Prozess in diesen Fällen nur selten durch ein persönliches Gespräch zwischen Täter und Opfer geprägt sein wird; meist wird die Kommunikation hier über Angehörige, den Verteidiger und den Nebenklagevertreter oder einen Beistand laufen.[28] In der Konsequenz dieser Linie liegt es, dass der Täter-Opfer-Ausgleich auch bei versuchtem Mord in Betracht

---

[23] *BGH* NStZ 2000, 205 m. Anm. *Dierlamm* NStZ 2000, 536 (betr. e. V.); anders noch die 1. Aufl. des vorliegenden Werks (*Meier* 2001, 319); vgl. auch *Kaspar* 2004, 106 ff.

[24] *Fischer* 2019, § 46a Rn. 8.

[25] *BGHSt* 60, 84 (86 ff.) m. abl. Anm. *Kaspar* JZ 2015, 312; *Heghmanns* ZJS 2015, 436.

[26] *BGH* NStZ 2001, 200 (201); *BayObLG* wistra 1996, 152; *Blesinger* wistra 1996, 90 f.; *Rössner und Klaus* 1998, 59; a. A. *Noltenius* GA 2007, 518, Fn. 3.

[27] *Hartmann* 1998, 79 f.; LR 2006 ff., *Beulke*, § 155a Rn. 11.

[28] *BGHSt* 48, 134 (140) m. Anm. *Kaspar* JR 2003, 426 ff.; *Dölling und Hartmann* NStZ 2004, 382 f.

kommt.[29] Selbst bei einem vollendeten Tötungsdelikt wird man es als einen Beitrag des Täters zum konstruktiven Umgang mit den Folgen der Tat ansehen können, wenn ein Gespräch mit den Angehörigen des Getöteten zustande kommt (vgl. § 395 Abs. 2 Nr. 1 StPO).[30]

> In empirischen Untersuchungen hat sich gezeigt, dass die Bereitschaft der Beteiligten zur Teilnahme an einem Täter-Opfer-Ausgleich mit der **Nähe der sozialen Beziehung** zwischen Täter und Opfer abnimmt. Eine Untersuchung von *Bals/Hilgartner/Bannenberg*, in der sämtliche Ausgleichsverfahren ausgewertet wurden, die 2001 in Nordrhein-Westfalen durchgeführt worden waren, führte zu dem Ergebnis, dass die Zustimmung der Geschädigten und der Beschuldigten vor allem dann hoch war, wenn die Beteiligten zur Tatzeit einander nicht bekannt waren; umgekehrt war die Ablehnung eines Ausgleichsversuchs auf der Seite der Geschädigten vor allem dann groß, wenn die Beteiligten miteinander verwandt waren oder zwischen ihnen eine Paarbeziehung bestand.[31] Erklären lässt sich dieser Zusammenhang vermutlich mit der Konfliktbelastetheit der Vorbeziehung in vielen dieser Fälle. Wenn der Anzeigeerstattung eine lange Zeit unlösbaren Streites zwischen den Beteiligten vorausgegangen ist, kann die Anzeigeerstattung das Symbol für den Schlussstrich sein, den das Opfer ziehen will. Das Aufeinanderzugehen ist den Beteiligten in diesem Fall nicht mehr möglich: das Angebot zur Schlichtung kommt für sie zu spät. Dies bedeutet indes nicht, dass die Strafverfolgungsorgane bei einer konfliktbelasteten Vorbeziehung von sich aus auf das Angebot zum Täter-Opfer-Ausgleich verzichten sollten. Auch in diesen Konstellationen gibt es immer genügend Fälle, in denen die Beteiligten den Täter-Opfer-Ausgleich als Chance sehen, den Konflikt zu lösen oder zumindest eine Art „Klimaverbesserung" zu erreichen.

Der Täter-Opfer-Ausgleich ist nicht auf die Konfliktlösung im Zweipersonenverhältnis beschränkt. Sowohl auf Täter- als auch auf Opferseite können mehrere Personen einbezogen werden; im Bereich des Jugendstrafrechts wird sogar von (erfolgreichen) Ausgleichsverfahren zwischen rivalisierenden Jugendbanden berichtet.[32] Die Anforderungen, die an die verfahrensrechtlich gebotene Vorklärung des Sachverhalts gestellt werden müssen, steigen in diesem Fall jedoch ebenso an wie die Anforderungen an die Erfahrung und Fachkompetenz des Vermittlers.[33]

6.2.2.1.3 Hinreichend geklärter Sachverhalt
Verfahrensrechtlich sind die Strafverfolgungsorgane gehalten, die Möglichkeit eines Täter-Opfer-Ausgleichs in jedem Stadium des Verfahrens zu prüfen (§ 155a Satz 1 StPO). Ein „zu spät" gibt es für den sozial-konstruktiven Tatfolgenausgleich nicht, wenngleich man sehen muss, dass die vom Täter erbrachten Leistungen nach dem Ende der letzten tatrichterlichen Hauptverhandlung keine Strafzumessungsrelevanz mehr erlangen können.

---

[29] *BGH* StV 2001, 230 (231).

[30] Ablehnend *Pielsticker* 2004, 127 f.

[31] *Bals et al.* 2005, 110 ff.; vgl. auch *Bals* BewHi 2007, 258 ff.

[32] *Bannenberg* 1993, 164.

[33] Zu den an die Person des Vermittlers zu stellenden Voraussetzungen genauer *Hassemer* 1998, 414 ff.

Der größte Anwendungsbereich des Täter-Opfer-Ausgleichs liegt im Ermittlungsverfahren. Hier ist freilich festzustellen, dass ein Täter-Opfer-Ausgleich in den sehr frühen Stadien des Verfahrens kaum in Betracht kommt. Wenn die Strafverfolgungsorgane die Durchführung eines Ausgleichsverfahrens anregen, setzt dies einen hinreichend geklärten Sachverhalt voraus. Der Sachverhalt, der zur Einleitung eines Ermittlungsverfahrens geführt hat, muss so weit ausermittelt sein, dass mit einer hinreichenden, **die Anklageerhebung rechtfertigenden Wahrscheinlichkeit** gesagt werden kann, dass das in Frage stehende Verhalten den Tatbestand einer Strafnorm erfüllt und der als Täter Beschuldigte hierfür verurteilt werden könnte (vgl. §§ 170 Abs. 1, 203 StPO).[34]

Im Hintergrund dieser Voraussetzung stehen vor allem gesellschaftliche Kontrollinteressen, aber auch rechtsstaatliche Überlegungen. Da es sich bei den Taten, die im strafrechtlich geschützten Normbereich begangen werden, der Idee nach um grundsätzlich strafwürdige und strafbedürftige Verhaltensweisen handelt (denn andernfalls hätte der Gesetzgeber eine andere Einordnung, etwa als Ordnungswidrigkeit, vornehmen müssen), besteht ein prinzipielles Interesse der Allgemeinheit an der Aufklärung des Tatverdachts sowie ggf. der Bestrafung des Täters. Dieses Interesse besteht nicht nur dann, wenn es sich bei dem Geschehen um eine Tat zum Nachteil der Allgemeinheit gehandelt hat, sondern grundsätzlich auch dann, wenn die Tat Individualrechtsgüter verletzt hat. Auch in diesem letzteren Fall sind öffentliche Interessen berührt, die sich zum einen aus der Solidaritätspflicht der Gemeinschaft gegenüber dem verletzten Einzelnen sowie zum anderen daraus ergeben, dass mit der Tat unabhängig von der konkreten Verletzung eines Individuums auch abstrakte Wertvorstellungen gefährdet oder verletzt worden sind, an deren Erhaltung die Gesellschaft ein eigenes Interesse hat. Nur die hinreichende Aufklärung des Sachverhalts gewährleistet, dass die Frage beantwortet werden kann, ob über den sozial-konstruktiven Tatfolgenausgleich hinaus noch weitergehende Interventions- und Strafbedürfnisse festgestellt werden können.

Aus rechtsstaatlicher Sicht lässt sich hinzufügen, dass die Sachverhaltsaufklärung darüber hinaus auch dem Täter- und dem Opferinteresse dient. Erst bei hinreichend aufgeklärtem Sachverhalt lässt sich beurteilen, ob auf die sozialkonstruktiven Erledigungsformen nicht zugunsten anderer, noch milderer Erledigungsformen verzichtet werden sollte (z. B. in Form der folgenlosen Einstellung wegen Geringfügigkeit). Ferner besteht auch nur bei hinreichend aufgeklärtem Sachverhalt eine ausreichende Gewähr dafür, dass das Verfahren bei einem etwaigen Scheitern der Ausgleichsbemühungen weitergeführt werden kann.

6.2.2.1.4 Konsentierte Rollenverteilung

Wenn und soweit es um die Frage geht, ob von Seiten der Strafverfolgungsorgane ein Täter-Opfer-Ausgleich initiiert werden soll, tritt zu dem Erfordernis des anklagefähigen Sachverhalts ein weiteres hinzu: Die Rollenverteilungen von Täter und Opfer müssen nach dem Ergebnis der bis zu diesem Zeitpunkt durchgeführten

---

[34] *Hartmann* 1998, 67 f.; SK StPO 2016 ff., *Weßlau und Deiters*, § 155a Rn. 5.

Ermittlungen konsentiert sein, d. h. es muss unabhängig von der Wahrscheinlichkeit, dass der Beschuldigte aufgrund der Beweislage voraussichtlich verurteilt werden könnte, feststehen, dass er die ihm zugewiesene Täterrolle auch akzeptiert.[35] Dabei handelt es sich zwar nicht um eine unverzichtbare Anforderung; es ist sehr wohl möglich, dass das Ausgleichsverfahren dazu führt, auch den die Täterschaft bestreitenden Beschuldigten zu Einsicht und Aufgabe dieser Position zu veranlassen. Die im Ausgleichsverfahren zu erwartenden Schwierigkeiten sind in diesem Fall jedoch erheblich größer und die Erfolgschancen damit von vornherein deutlich herabgesetzt.

Die Täterrolle zu „akzeptieren" bedeutet *nicht*, dass ein *Geständnis* des Täters erforderlich wäre, ehe das Ausgleichsverfahren eingeleitet werden kann.[36] Zwar gibt es im Jugendstrafrecht Sonderregelungen, die die Einstellung des Strafverfahrens von einem Geständnis des Täters abhängig machen (§ 45 Abs. 3 Satz 1, § 47 Abs. 1 Satz 1 Nr. 3 JGG). Auf das allgemeine Strafrecht lassen sich diese Regelungen jedoch nicht übertragen. Hier sehen die entsprechenden Regelungen lediglich die *Zustimmung* des Beschuldigten zu dem von den Strafverfolgungsorganen eingeschlagenen Weg vor (§ 153a Abs. 1 Satz 1, Abs. 2 Satz 1 StPO).

Für einen Täter-Opfer-Ausgleich ist ein Fall demgemäß vor allem dann geeignet, wenn der Beschuldigte die Schädigung des Opfers einräumt und sich zur Teilnahme an einem Ausgleichsverfahren bereiterklärt. Aber auch dann, wenn er schweigt oder den Vorwurf doch jedenfalls nicht explizit in Abrede stellt, kann ein Fall zur Initiierung eines Täter-Opfer-Ausgleichs geeignet sein. Nach der Rechtsprechung steht es der Eignung nicht entgegen, wenn der Täter einzelne Umstände der Tat beschönigt, wohl aber, wenn er in einem Entschuldigungsschreiben an das Opfer formuliert, die Sache sei „dumm gelaufen".[37] Im Einzelnen kann die Abgrenzung Schwierigkeiten bereiten.

Beispiel

Nach den Ermittlungen ist hinreichend wahrscheinlich, dass M abends auf offener Straße die Autofahrerin F durch Handzeichen zum Anhalten aufforderte. F bremste und fragte, ob sie M helfen könne. Als sie die Fahrertür öffnete, fiel M über sie her, griff ihr ins Gesicht und presste ihren Unterkiefer zusammen. Hilferufe und Hupen blieben ungehört. Erst durch Tritte in den Unterleib des M konnte sich F befreien und flüchten. M war zur Tatzeit stark alkoholisiert (BAK 1,8 %). In seiner Vernehmung hat er angegeben, er habe zu Fuß nach Hause laufen wollen und die Orientierung verloren. Er habe F angehalten, um sie um Hilfe zu bitten. Ob er danach F angegriffen habe, könne er nicht sagen; er könne sich an überhaupt nichts mehr erinnern. – Der Fall ist zur Durchführung eines Täter-Opfer-Ausgleichs nicht grundsätzlich ungeeignet, denn auch wenn das

---

[35] *BGHSt* 48, 134 (140 f.).
[36] *BGH* StV 2008, 464; *Kaspar* JR 2003, 426 f.; *Dölling und Hartmann* NStZ 2004, 383.
[37] *BGH* NStZ-RR 2014, 172; 2017, 198 (199).

Motiv für den Angriff auf F noch im Dunkeln liegt (Wegnahme von Geld oder PKW? sexuelle Motive?), bestreitet M doch nicht, dass er F angegriffen und misshandelt hat (§ 223 StGB).

6.2.2.1.5 Freiwilligkeit

Wenn die Strafverfolgungsorgane nach § 155a StPO die Durchführung des Täter-Opfer-Ausgleichs anregen, zielt dies auf die freiwillige Mitwirkung der Beteiligten ab. Sowohl der Täter als auch das Opfer müssen sich freiwillig für den sozial-konstruktiven Tatfolgenausgleich entscheiden; niemand darf zur Teilnahme an einem Ausgleichsverfahren, zu Leistungen oder gar zu einer Einigung gezwungen werden. Mit Blick auf den Verletzten wird dies in § 155a Satz 3 StPO sogar ausdrücklich festgestellt.

> Im Hintergrund dieses Erfordernisses steht nicht nur die Überlegung, dass ein Kommunikationsprozess, wie er beim Täter-Opfer-Ausgleich im Mittelpunkt steht, letztlich nicht erzwungen werden kann, weil die Konfliktbearbeitung nur dann gelingen kann, wenn die Beteiligten bereit sind, sich zumindest teilweise auf das Gespräch mit dem anderen einzulassen. Hinsichtlich des *Täters* muss auch im Blick behalten werden, dass die von ihm erwartete Übernahme der Verantwortung für die von ihm begangene Tat mit dem Verzicht auf prozessuale Rechte einhergeht. Es liegt auf der Hand, dass prozessuale Garantien wie das Recht zu schweigen (§ 136 Abs. 1 Satz 2 StPO) oder die Unschuldsvermutung (Art. 6 Abs. 2 EMRK) nicht auf ein Verfahren zugeschnitten sind, in dessen Mittelpunkt die Anerkennung der Tatfolgen und das Bemühen um ihre Beseitigung stehen. Nur der freiwillige Verzicht auf diese Rechte kann es rechtfertigen, die vom Täter abgegebenen Erklärungen für wirksam zu halten und Rechtsfolgen an sie anzuknüpfen. Hinsichtlich des *Opfers* muss im Blick behalten werden, dass die von ihm erwartete Kommunikation mit dem Täter und die Auseinandersetzung mit den vom Täter abgegebenen Erklärungen eine erhebliche Belastung bedeuten können. Es muss daher dem Opfer überlassen bleiben zu entscheiden, ob es sich diesen Belastungen stellen und auf ein Ausgleichsverfahren einlassen will.

Vor der gesetzlichen Verankerung des Täter-Opfer-Ausgleichs und der Schadenswiedergutmachung in § 46a StGB ist über die Frage der Freiwilligkeit, ihre Voraussetzungen und Grenzen kontrovers diskutiert worden.[38] Die Diskussion hat gezeigt, dass mit dem Begriff der Freiwilligkeit beim Täter-Opfer-Ausgleich und den anderen Formen der Wiedergutmachung keine Freiwilligkeit im Sinne einer ethisch motivierten, autonomen Entscheidung gemeint sein kann, da sich der Täter vermutlich in erster Linie wegen der ihm sonst drohenden Strafe, das Opfer wegen der Unwägbarkeiten bei der Durchsetzung seiner zivilrechtlichen Ansprüche am strafrechtlichen Tatfolgenausgleich beteiligt. Dass die Mitwirkung am Ausgleichsverfahren auch von eigennützigen Motiven bestimmt ist, schließt die Freiwilligkeit der Beteiligung jedoch nicht aus; die im Rücktrittsrecht geläufige Unterscheidung von „autonomen" und „heteronomen" Motiven[39] ist auf die Beteiligung am Tatfolgenausgleich nicht übertragbar, da die Rechtsfolgen hier ganz andere sind als beim Rücktritt: Während jener zur rückwirken-

---

[38] Kritisch vor allem *Loos* ZRP 1993, 54 ff., *Lampe* GA 1993, 487 ff.; aus jüngerer Zeit *Hillenkamp* 2017, 259 ff.

[39] S/S 2019, *Eser und Bosch*, § 24 Rn. 43 ff.

den Beseitigung der Strafbarkeit führt, stellen der Täter-Opfer-Ausgleich und die anderen Formen der Wiedergutmachung die Strafbarkeit der Tat nicht in Frage, sondern setzen sie, im Gegenteil, voraus. Freiwilligkeit kann beim Tatfolgenausgleich also nur bedeuten, dass auf Täter und Opfer **kein über die gegebenen Rahmenbedingungen hinausgehender Druck** ausgeübt wird; sowohl der Täter als auch das Opfer müssen sich frei entscheiden können, welche Verfahrensweise in ihrer jeweiligen Situation die richtige ist.[40] Die Motive, die den Täter zur freiwilligen Teilnahme am Ausgleichsverfahren und freiwilligen Erbringung von Wiedergutmachungsleistungen veranlassen, können zwar im Rahmen der Strafzumessung gewürdigt werden, sind für die Einleitung des Verfahrens aber ohne Bedeutung.

6.2.2.2 Schadenswiedergutmachung und symbolische Wiedergutmachung

Obwohl § 155a StPO die Strafverfolgungsorgane nur zur Prüfung der Möglichkeiten eines Ausgleichs zwischen dem Beschuldigten und dem Verletzten anhält und die anderen Formen der Wiedergutmachung damit außen vor lässt, ist die sich hierin andeutende Vorrangstellung des Täter-Opfer-Ausgleichs weder sachgerecht noch sinnvoll. Da auch die Schadenswiedergutmachung und die symbolische Wiedergutmachung Strafzumessungsrelevanz haben, sind die Strafverfolgungsorgane berechtigt (und im Rahmen ihrer Fürsorgepflicht für die Täter- und die Opferinteressen vielleicht sogar verpflichtet), auch diese anderen Formen des freiwilligen Tatfolgenausgleichs im Blick zu behalten und hierzu ggf. den Anstoß zu geben.

Die Voraussetzungen, unter denen die Strafverfolgungsorgane die Schadenswiedergutmachung und die symbolische Wiedergutmachung anregen können, entsprechen im Wesentlichen den Voraussetzungen für die Einleitung eines Täter-Opfer-Ausgleichs (oben Abschn. 6.2.2.1). Nicht erforderlich ist es jedoch, dass sich die Tat gegen ein persönlich betroffenes Opfer gerichtet haben muss. Die Schadenswiedergutmachung und die symbolische Wiedergutmachung können zwar auch bei den opferbezogenen Delikten zum Zug kommen (etwa dann, wenn der Geschädigte nicht zur Teilnahme an einem Täter-Opfer-Ausgleich bereit ist), sind hierauf aber nicht beschränkt. Die *Schadenswiedergutmachung* knüpft daran an, dass die Tat zu einem konkreten Schaden geführt hat, der durch Leistungen des Täters wieder ausgeglichen werden kann; dabei braucht es sich – entgegen der Rechtsprechung – nicht zwingend um einen materiellen Schaden zu handeln (oben Abschn. 6.2.1.2). Die *symbolische Wiedergutmachung* ist auch ohne greifbaren Schaden durchführbar.

Der Umstand, dass auf der Täter- oder der Opferseite **Versicherungen** eingreifen, die den Schadensausgleich übernehmen, schließt die Erbringung und strafrechtliche Anerkennung von Wiedergutmachungsleistungen nicht aus, führt allerdings dazu, dass der Täter hier u. U. zusätzlich zum Schadensausgleich weitere Wiedergutmachungsleistungen erbringen muss, um die Rechtsfolgen des § 46a StGB auszulösen.

---

[40]Vgl. *Baumann et al.* 1992, 40 f.; *Schöch* 2001, 1056; HK-GS 2017, *Kempfer*, § 46a Rn. 18 f.; *Rössner und Bannenberg* 2002, 163 f.; *Bemmann* JR 2003, 229 f.; kritisch *Loos* 1999, 869 f.; *Weigend* 2001, 979.

Beispiele

Der durch eine Messerstecherei schwer verletzte O wird medizinisch versorgt; die Kosten trägt seine Krankenkasse. – Der durch einen Verkehrsunfall geschädigte U wird durch die Haftpflichtversicherung des Täters entschädigt. – Für die Frage, wie mit diesen Fällen der Ersatzleistung durch Dritte umzugehen ist, ist zu differenzieren: Wenn und soweit der Anspruch des Verletzten auf die Versicherung übergeht (vgl. § 116 SGB X, § 86 VVG), stellt auch die freiwillige Leistung des Täters an die Versicherung eine Form der Wiedergutmachung dar, die sich freilich nur auf die materiellen Folgen der Tat bezieht und deshalb u. U. der Ergänzung durch unmittelbar opferbezogene Formen der Wiedergutmachung, z. B. der Entschuldigung, bedarf.[41] Ist andererseits der Rückgriff der Versicherung gegenüber dem Täter ausgeschlossen, so muss der Täter so behandelt werden, als ob die Tat *keinen materiellen Schaden* verursacht hätte. Für den Tatfolgenausgleich stehen dem Täter in diesem Fall nur anderweitige Wiedergutmachungsformen zur Verfügung (Zahlung von Schmerzensgeld, immaterielle und symbolische Wiedergutmachungsleistungen). Eine Strafrahmenverschiebung nach § 46a Nr. 2 StGB wird in diesen Fällen mangels „erheblicher persönlicher Leistungen oder persönlichen Verzichts" meist nicht in Betracht kommen,[42] sondern nur unter den Voraussetzungen des § 46a Nr. 1 StGB (Täter-Opfer-Ausgleich) möglich sein. Ansonsten können die Leistungen des Täters nur über die allgemeine Strafzumessungsregel des § 46 StGB gewürdigt werden.

Auch die Schadenswiedergutmachung und die symbolische Wiedergutmachung setzen einen hinreichend geklärten Sachverhalt, eine konsentierte Rollenverteilung und die Freiwilligkeit der Leistungserbringung voraus. Der Umstand, dass der Verletzte gegen den Täter bereits **Zivilklage** erhoben hat, schließt die Freiwilligkeit nicht zwingend aus. Auf den ersten Blick mag diese Sichtweise überraschen, da die Zivilklage auf die zwangsweise Verpflichtung des Täters zur Leistung abzielt. In der Sache ist es dennoch richtig, die Freiwilligkeit in diesen Fällen nicht von vornherein auszuschließen, da der Täter keinen Einfluss darauf hat, zu welchem Zeitpunkt der Geschädigte die Zivilklage erhebt.[43]

6.2.3 Durchführung des Täter-Opfer-Ausgleichs

Während die Durchführung der Schadenswiedergutmachung und der symbolischen Wiedergutmachung regelmäßig allein in der Verantwortung des Täters stehen,[44] ist es das Kennzeichen des Täter-Opfer-Ausgleichs, dass die Vermittlung hier in der

---

[41] Vgl. *Baumann et al.* 1992, 46 (§ 2 Abs. 1 Nr. 2 AE-WGM); *Kasperek* 2002, 30; *Kaspar* 2004, 120.

[42] *Kaspar* 2004, 121 f.

[43] *BGH* NStZ 1995, 284; *Kilchling* NStZ 1996, 313; *Schöch* 2000, 320 f.

[44] Zu einem Modellprojekt vermittelter Schadenswiedergutmachung ausführlich *Kaspar* 2004, 179 ff.; *Götting* 2004, 131 ff.

Regel unter Einschaltung eines neutralen Dritten erfolgt. Für die Durchführung dieses außergerichtlichen Verfahrens gibt es eine umfangreiche Literatur.[45] Typischerweise verläuft der Täter-Opfer-Ausgleich in sechs Schritten:

1. Fallauswahl durch die Justiz und Zuweisung des Falls an eine Schlichtungsstelle,
2. erste Einzelgespräche mit Täter und Opfer,
3. gemeinsames Gespräch („Schlichtungsgespräch") mit Täter und Opfer, das mit der Vereinbarung von Wiedergutmachungsleistungen endet; sofern die Beteiligten eine persönliche Begegnung ablehnen, wird lediglich vermittelt,
4. Kontrolle, ob der Täter die versprochenen Wiedergutmachungsleistungen tatsächlich erbringt,
5. Rücksprachen mit anderen Verfahrensbeteiligten (Richtern und Staatsanwälten, Täter-/Opfer-Bezugspersonen, Versicherungen etc.),
6. abschließender Bericht an die Justiz.

Im Mittelpunkt des Verfahrens steht, sofern die Beteiligten hiermit einverstanden sind, das von dem Vermittler moderierte **Schlichtungsgespräch.**

Von der Schlichtungsstelle wird in der Regel zunächst zum *Täter* (telefonisch oder schriftlich) Kontakt aufgenommen und ein Termin für ein Vorgespräch vereinbart. In diesem Vorgespräch werden der Tatvorwurf, die Tat und die Tatfolgen erörtert, es erfolgt eine Information über das Projekt und das beabsichtigte Schlichtungsgespräch. Neben der Bereitschaft zu einem Ausgleich mit dem Opfer wird oft erfragt, ob konkrete Vorstellungen über eine mögliche Wiedergutmachung bestehen. Bei Bereitschaft des Täters wird Kontakt mit dem *Opfer* aufgenommen. Auch das Opfer wird über die Möglichkeit des Täter-Opfer-Ausgleichs informiert und nach seiner Bereitschaft zu einem gemeinsamen Gespräch mit dem Täter in Anwesenheit eines Vermittlers gefragt. Ist auch das Opfer zu einem solchen Gespräch bereit, wird ein Termin festgelegt. Das gemeinsame Gespräch wird meistens von einem Vermittler, in schwierigen Fällen (z. B. mehrere Täter, mehrere Beteiligte) auch von zwei Vermittlern geleitet.

Fraglich kann sein, von welchen **Einrichtungen** der Täter-Opfer-Ausgleich zweckmäßigerweise durchgeführt wird. In Betracht kommen die Gerichtshilfen (vgl. § 160 Abs. 3 Satz 2 StPO) ebenso wie freie Träger, die durch spezifische sozialarbeiterische Qualifikationen zur Durchführung geeignet erscheinen. Praktikabilitätsgesichtspunkte und die größere Nähe zur Justiz sprechen für die Beauftragung der Gerichtshilfe; u. U. kann aber auch gerade die größere Distanz zur Justiz zu besseren Ergebnissen führen. Daneben ist es durchaus denkbar – wenngleich in der Literatur umstritten –, dass die Ausgleichsverhandlungen auch direkt von dem zuständigen Richter oder Staatsanwalt geleitet werden können. Der für die Gesprächsführung unübersehbare Nachteil, dass der „Schlichter" zugleich derjenige ist, der mit Ent-

---

[45] Vgl. etwa die Falldokumentationen bei *Kaspar, Weiler & Schlickum* 2014, 99 ff.; die im Internet verfügbare Fachzeitschrift „TOA-Magazin" sowie die für die praktische Durchführung maßgeblichen, ebenfalls im Internet abrufbaren „TOA-Standards".

scheidungsbefugnissen ausgestattet ist (vgl. hierzu Abschn. 6.2.1.1), kann in diesem Fall durch den Vorteil der größeren Sachkompetenz im Hinblick auf die u. U. schwierige Beurteilung von Rechtsfragen aufgewogen werden.

Bei der Durchführung des auf die freiwillige Tatfolgenbeseitigung abzielenden Verfahrens darf nicht übersehen werden, dass der allgemeine, für das gesamte Strafverfahren geltende **Beschleunigungsgrundsatz** hierdurch nicht aufgehoben wird. Das Ausgleichsverfahren muss deshalb zügig durchgeführt werden, wobei § 153a Abs. 1 Satz 3 StPO von einer Höchstfrist von sechs Monaten ausgeht. Da die Strafmilderung nach §§ 46, 46a StGB grundsätzlich nur dann in Betracht kommt, wenn die Wiedergutmachung erfolgreich gewesen ist, d. h. wenn der Täter Leistungen nicht nur versprochen, sondern in vollem Umfang erbracht hat, kann das Beschleunigungsgebot zu praktischen Schwierigkeiten führen, wenn der Täter zur vollständigen materiellen Wiedergutmachung innerhalb des vorgegebenen Zeitrahmens finanziell nicht in der Lage ist. Abhilfe können hier Opferfonds schaffen, die den Täter durch Darlehen beim materiellen Tatfolgenausgleich unterstützen.[46]

6.2.4 Berücksichtigung bei der Strafzumessung

6.2.4.1 Voraussetzungen für die Strafrahmenverschiebung

6.2.4.1.1 Täter-Opfer-Ausgleich (§ 46a Nr. 1 StGB)

Die in § 46a Nr. 1 StGB eröffnete Möglichkeit, nach einem Täter-Opfer-Ausgleich den Strafrahmen nach § 49 Abs. 1 StGB zu mildern oder von Strafe abzusehen, setzt voraus, dass der Täter die Folgen der Tat durch entsprechende Leistungen wiedergutgemacht hat. Wann aber sind die Tatfolgen „**wiedergutgemacht**"?

Der Grundidee des Täter-Opfer-Ausgleichs als einer Form der Mediation entspricht eine rein subjektive Sichtweise. Wenn der Täter-Opfer-Ausgleich derjenige Weg ist, auf dem die Betroffenen über die Konfliktbereinigung autonom verhandeln und sich einigen können, liegt es in der Konsequenz dieses Ansatzes, für die Bewertung des Erfolgs allein auf die von den Beteiligten formulierten Interessen abzustellen.[47] Auf die Frage, welche zivilrechtlichen Ansprüche der Geschädigte hat, kann es genauso wenig ankommen wie auf den Maßstab eines „vernünftigen Dritten".[48] Maßgeblich ist allein, ob das Opfer die von dem Täter zugesagten und erbrachten Leistungen nach Form und Inhalt als Wiedergutmachung akzeptiert.[49] Wenn das Opfer unter dem Eindruck der Begegnung mit dem Täter auf die Durchsetzung seiner zivilrechtlichen Ansprüche verzichtet, indem es dem Täter die Schuld erlässt, und die zivilrechtliche Rechtslage hier-

---

[46] *Helmken* ZJJ 2009, 50 ff.

[47] *Rössner und Klaus* 1998, 51; *Rössner und Bannenberg* 2002, 170.

[48] HK-GS 2017, *Kempfer*, § 46a Rn. 26; a. A. etwa *OLG Bamberg* NStZ-RR 2007, 37 (38); SK StGB 2016 ff., *Wolters*, § 46a Rn. 4; vgl. zur uneinheitlichen BGH-Rspr. *Bosch* 2007, 858 f.

[49] *BGHSt* 48, 134 (143); *BGH* NStZ 2002, 646 (647); krit. *Noltenius* GA 2007, 530.

durch umgestaltet (vgl. § 397 BGB), hat dies für die Frage, ob die Folgen der Tat wiedergutgemacht sind, eine konstitutive, abschließende Bedeutung.

Beispiel

O, ein 51-jähriger, alleinstehender Rentner, der nach einem Schlaganfall auf den Rollstuhl angewiesen ist, wurde von T, einem alkoholisierten jungen Mann, im Bahnhofsgebäude schwer misshandelt. T fuhr den ihn unbekannten O zunächst wild durch die Bahnhofshalle, kippte ihn dann aus dem Rollstuhl heraus, schlug ihn und trat mit Westernstiefeln auf ihn ein. O hatte während der Tat große Angst und erlitt erhebliche Prellungen, brauchte aber nicht ärztlich behandelt zu werden. An dem Rollstuhl ging ein Griff kaputt.[50] – Angesichts des erheblichen Ausmaßes der Misshandlung hat O zivilrechtlich außer dem Anspruch auf Reparatur des Rollstuhls einen Anspruch auf ein nennenswertes Schmerzensgeld. In welcher Höhe er diesen Anspruch geltend macht, steht jedoch in seinem Belieben. Wenn es O genügt, dass sich T in dem Schlichtungsgespräch entschuldigt und den Rollstuhl repariert, dann kommt es für den erfolgreichen Abschluss des Ausgleichsverfahrens nicht darauf an, dass und in welcher Höhe O auch auf der Zahlung eines Schmerzensgelds besteht. Entscheidend ist allein, dass der Fall aus der Sicht des O mit den Leistungen des T erledigt ist.

Eine ganz andere Frage ist es, ob und inwieweit die Beteiligten in der Lage sind, mit der von ihnen ausgehandelten Wiedergutmachung die Strafverfolgungsorgane zu binden. Eine solche *Bindungswirkung besteht nicht.* Das Opfer bestimmt zwar über seine eigenen Interessen selbst und kann dem Täter durch Verzicht entgegenkommen; über die hiervon unabhängigen strafrechtlichen Kontrollinteressen des Staates können die Beteiligten jedoch nicht disponieren. Die Voraussetzungen des § 46a StGB unterliegen einer eigenständigen strafrechtlichen Prüfung, bei der auch der abstrakte Normgeltungsschaden der Würdigung bedarf. Da § 46a StGB die Strafrahmenverschiebung und das Absehen von Strafe nicht obligatorisch anordnet, sondern in das Ermessen des Gerichts stellt, können die entsprechenden überindividuellen Überlegungen im Rahmen der Ermessensausübung gewürdigt werden (unten Abschn. 6.2.4.2.1).[51]

Nach dem Gesetz kommt es nicht darauf an, ob der Täter die Tatfolgen **ganz oder** nur **zum überwiegenden Teil** wiedergutmacht; beide Konstellationen werden vom Gesetz mit Blick auf die Rechtsfolgen gleich behandelt. Im Hintergrund steht der Gedanke, dass es Fälle gibt, in denen ein Täter nach seinen persönlichen oder wirtschaftlichen Verhältnissen nicht in der Lage ist, die finanziellen Wiedergutmachungsinteressen des Verletzten in vollem Umfang zu befriedigen; zu denken ist an den Bereich der Verkehrsdelikte oder an Seriendiebstähle eines betäubungsmittel-

---

[50] Fall nach *Bannenberg* 1993, 199 ff.

[51] *Kasperek* 2002, 34; *Kaspar* 2004, 112; für eine zwingende Anordnung *Maiwald* GA 2005, 348; ebenso *Noltenius* GA 2007, 519.

[52] Vgl. *Baumann et al.* 1992, 49 f. (§ 3 AE-WGM).

abhängigen Täters.[52] Würde man hier für die Rechtsfolgen des § 46a StGB die vollständige Wiedergutmachung voraussetzen, so würden von der Vorschrift keine Anreizeffekte für den freiwilligen Tatfolgenausgleich mehr ausgehen und es wäre weder den Täter- noch den Opferinteressen gedient. Im Hinblick auf den klaren Wortlaut, dass die Folgen der Tat zum „überwiegenden" Teil wiedergutgemacht werden müssen, wird man allerdings auch bei Tätern, die in engen wirtschaftlichen Verhältnissen leben, fordern müssen, dass der quantifizierbare Schadensausgleich, auf den sich Täter und Opfer verständigt haben, mindestens in einem Umfang von 51 % erbracht wird.[53]

Um die Rechtsfolgen des § 46a StGB auszulösen, genügt es darüber hinaus, wenn der Täter die Wiedergutmachung nur **ernsthaft erstrebt**; solange sein Handeln von dem Bemühen getragen ist, einen Ausgleich mit dem Verletzten herbeizuführen, braucht ihm der Ausgleich im Ergebnis nicht zu gelingen. Sinn dieser Regelung ist es, diejenigen Fälle zu erfassen, bei denen zwar der Täter, aber nicht auch das Opfer zur Durchführung eines Täter-Opfer-Ausgleichs bereit ist. Der Geschädigte ist zwar nicht zur Mitwirkung an einem Ausgleichsverfahren verpflichtet (§ 155a Satz 3 StPO); da er jedoch nur über seine eigenen Interessen, nicht aber auch über die staatlichen Kontrollinteressen disponieren kann, kann er dem Täter über die Verweigerung seiner Mitwirkung nicht die Möglichkeit der Strafmilderung nach § 46a Nr. 1 StGB nehmen.[54] Die Autonomie des Verletzten stößt hier an ihre strafrechtlichen Grenzen; § 155a Satz 3 StPO ist als bloße Schutzvorschrift für den Verletzten zu verstehen, um diesen vor unerwünschten Konfrontationen mit dem Täter zu bewahren. Voraussetzung dafür, dass der Täter in diesen Fällen in den Genuss der Strafrahmenmilderung und des Absehens von Strafe gelangen kann, ist, dass er die Wiedergutmachung „ernsthaft" erstrebt. In der Sache bedeutet dies, dass der Täter sämtliche Schritte zur (vollständigen) Wiedergutmachung unternehmen muss, die ihm zur Verfügung stehen; soweit es Geldleistungen betrifft, ist von ihm ggf. die unwiderrufliche Hinterlegung zugunsten des Geschädigten (§§ 372, 378 BGB) zu verlangen.[55]

6.2.4.1.2   Schadenswiedergutmachung (§ 46a Nr. 2 StGB)

Nach der hier vertretenen Auffassung (oben Abschn. 6.2.1.2) bedeutet Schadenswiedergutmachung i. S. des § 46a Nr. 2 StGB den materiellen Schadensausgleich durch eine freiwillige Leistung des Täters. Den Bezugspunkt bilden die zivilrechtlichen Ansprüche des Geschädigten, namentlich die Ansprüche auf Herausgabe (§ 985 BGB), Schadensersatz (§ 823 Abs. 2 i. V. m. § 249 Abs. 2 BGB) und Schmerzensgeld (§ 823 Abs. 2 BGB i. V. m. § 253 Abs. 2 BGB). Über die Freiwilligkeit hinaus sind dabei an die Leistungserbringung keine weiteren Anforderungen zu

---

[53] NK 2017, *Streng*, § 46a Rn. 15; krit. *Rössner und Klaus* 1998, 52; *Kaspar* 2004, 112 f.; differenzierend *Lackner und Kühl (Heger)* 2018, § 46a Rn. 2.

[54] So aber *Schöch* 2000, 322 f.; NK 2017, *Streng*, § 46a Rn. 14; *Schädler* NStZ 2005, 368 f.; wie hier *Kaspar* JR 2003, 428.

[55] *Kaspar* 2004, 114 f.

[56] Vgl. auch *Bosch* 2007, 859.

stellen. Das von der Rechtsprechung entwickelte Erfordernis, dass der Täter einen über die rein rechnerische Kompensation hinausgehenden Beitrag erbringen muss, findet im Gesetz keine Stütze.[56] Soweit die Erfüllung der zivilrechtlichen Ansprüche jedoch nicht genügt, um die Strafzwecke zu erfüllen, kann und muss dies im Rahmen der Ermessensausübung berücksichtigt werden.

Die Strafmilderung und das Absehen von Strafe setzen nach § 46a Nr. 2 StGB voraus, dass die Schadenswiedergutmachung dem Täter „**erhebliche persönliche Leistungen oder persönlichen Verzicht**" abverlangt. Mit dieser Einschränkung soll sichergestellt werden, dass der sozial-konstruktive Tatfolgenausgleich nicht zu einem „Freikaufverfahren" verkommt, das begüterten Tätern die Strafmilderung dort eröffnet, wo sie mittellosen Tätern versagt bleibt.[57] Auch Bagatelldelikte werden auf diesem Weg aus dem Anwendungsbereich des § 46a Nr. 2 StGB praktisch ausgeschieden. „Erhebliche persönliche Leistungen" können beispielsweise umfangreiche Arbeiten in der Freizeit sein (z. B. Nachtarbeit), mit denen sich der Täter die Mittel für die Schadenswiedergutmachung verschafft.[58] Bei „persönlichem Verzicht" ist an Einschränkungen zu denken, die der Täter zur Kompensation des Schadens auf sich nimmt (Verkauf des Autos oder einer Immobilie, Aufnahme eines Darlehens o. ä.). Kann der Täter die Schadenswiedergutmachung leisten, *ohne* dass ihm dies besondere Mühe bereitet, ist ihm der Weg über § 46a Nr. 2 StGB versperrt. Um in den Genuss der Strafrahmenverschiebung und des Absehens von Strafe zu gelangen, bleibt ihm nur der Weg über den Täter-Opfer-Ausgleich i. S. des § 46a Nr. 1 StGB.[59]

6.2.4.2 Verhältnis der Wiedergutmachung zu den Strafzwecken

Sind die Voraussetzungen für die in § 46a StGB genannten Rechtsfolgen damit deutlicher geworden, ist nun der Frage nachzugehen, welche Bedeutung dem freiwilligen Tatfolgenausgleich in der Strafzumessung zukommt. Die Klärung dieser Frage ist wichtig, da die Strafrahmenmilderung nach § 49 Abs. 1 StGB und das Absehen von Strafe im Ermessen des Gerichts stehen („kann").[60] Maßgeblich kommt es bei diesem notwendigen zweiten Schritt auf die Klärung des Verhältnisses der Wiedergutmachung zu den Strafzwecken an. Nur wenn sich feststellen lässt, dass die mit der Wiedergutmachung verbundenen positiven Leistungen geeignet sind, die herkömmlich mit der Strafe verfolgten Zwecksetzungen zu übernehmen, ist es gerechtfertigt, die Strafe im Hinblick auf den Ausgleich zurücktreten zu lassen und den autonomen Umgang der Beteiligten mit den Tatfolgen als gleichwertige und ausreichende Form der Aufarbeitung des Tatgeschehens anzuerkennen.

---

[57] *Rössner und Klaus* 1998, 53; *Kaspar* 2004, 122.

[58] Vgl. *OLG Stuttgart* NJW 1996, 2109 (2110).

[59] *Rose* JR 2010, 191 f.; krit. NK 2017, *Streng*, § 46a Rn. 20; *Jescheck und Weigend* 1996, 866 f.; *Bosch* 2007, 859 f.

[60] Anders noch *Baumann et al.* 1992, 50 ff. (§§ 4 und 5 AE-WGM).

6.2.4.2.1 Bedeutung für die Schuldwertung

Bei der Frage, ob und unter welchen Voraussetzungen die Wiedergutmachung die Schuld beeinflusst, kann von der oben getroffenen Feststellung ausgegangen werden, dass die Schuld nicht nur durch die unmittelbar tatbestandsbezogenen Umstände bestimmt wird, sondern dass alle Umstände von Bedeutung sind, die sich entweder zur Erfolgs- oder zur Handlungskomponente der Strafzumessungsschuld in eine Beziehung setzen lassen.

Die sozial-konstruktiven Ausgleichsbemühungen des Täters – gleich ob sie im Rahmen des Täter-Opfer-Ausgleichs oder der Schadenswiedergutmachung erbracht werden – lassen sich zu *beiden* Komponenten der Strafzumessungsschuld in Beziehung setzen: Die vom Täter erbrachte Wiedergutmachungsleistung stellt einen ihm zurechenbaren eigenständigen, auch von der Rechtsordnung anerkannten *Wert* dar, der als „**Erfolgswert**" dem mit der Tat geschaffenen Erfolgs*un*wert gegenübergestellt werden kann.[61] Darüber hinaus beruht die Wiedergutmachungsleistung aber auch auf einem Verhalten des Täters, auf äußeren und inneren Begleitumständen der Leistungserbringung, die der selbstständigen Bewertung zugänglich sind und die deshalb als eigenständiger „**Handlungswert**" dem Erfolgswert beiseite gestellt werden können.[62] Zu den wesentlichen Elementen dieses Handlungswerts gehört vor allem die Freiwilligkeit der Leistungserbringung; die Handlungskomponente der Schuld wird aber auch durch den Grad und das Ausmaß des Bemühens des Täters und der von ihm unternommenen Anstrengungen beeinflusst (oben Abschn. 4.4.1.4.9).[63]

Zeigt sich damit, dass der freiwillige Tatfolgenausgleich sowohl die Erfolgs- als auch die Handlungskomponente der Schuld berührt, wird ersichtlich, dass und warum die Wiedergutmachung zu einer Strafmilderung oder sogar zum Absehen von Strafe führen kann: Der Erfolgs- und der Handlungs*un*wert der Tat können durch den dem Täter zurechenbaren Erfolgs- und Handlungs*wert* der nach der Tat geleisteten Wiedergutmachung **aufgewogen und** zum Teil oder auch ganz **kompensiert** werden. Die freiwilligen Wiedergutmachungsleistungen des Täters setzen der Schuld einen auf das Unrecht der Tat bezogenen positiven Wert entgegen, der in der Strafzumessung mit dem das Maß der Schuld zunächst bestimmenden negativen Wert „verrechenbar" ist.[64]

Die in § 46a StGB vorgesehenen Rechtsfolgen setzen voraus, dass die Wiedergutmachungsleistungen des Täters sowohl einen Erfolgs- als auch einen Handlungswert aufweisen und *beide* Komponenten dabei den im Gesetz näher beschriebenen Schwellenwert übersteigen. Die Folgen der Tat müssen im Grundsatz *ganz oder* doch zumindest *zum überwiegenden Teil* wiedergutgemacht werden; die Scha-

---

[61] *Maurach et al. (Dölling)* 2014, § 63 Rn. 52, 55, 58 f., 176 ff.; *Brauns* 1996, 176 ff.; krit. *Pielsticker* 2004, 104 ff.

[62] *Brauns* 1996, 204 ff., 212; a. A. SK StGB 2016 ff., *Wolters*, § 46a Rn. 12; *Maurach et al. (Dölling)* 2014, § 63 Rn. 54; krit. *Pielsticker* 2004, 104 ff.; *Kaspar* 2004, 91 f.

[63] *Brauns* 1996, 215 ff.; *Freund und Carrera* ZStW 118 (2006), 84 ff.

[64] *Brauns* 1996, 175 f.; *Stein* NStZ 2000, 396 f.; *Rössner und Bannenberg* 2002, 175 f.; *Streng* 2012, 284 (Rn. 577).

denswiedergutmachung nach § 46a Nr. 2 StGB setzt *erheblichen persönlichen Einsatz oder persönlichen Verzicht* voraus. Nur wenn diese Voraussetzungen gegeben sind, können die sozial-konstruktiven Leistungen die Tatschuld in einem Maß relativieren, dass sie, sofern die ebenfalls zu berücksichtigenden präventiven Erfordernisse (unten Abschn. 6.2.4.2.2 und 6.2.4.2.3) nicht entgegenstehen, zur Strafrahmenmilderung nach § 49 Abs. 1 StGB oder sogar zum Absehen von Strafe berechtigen. Die Möglichkeit des **Absehens von Strafe** ist dabei im geltenden Recht auf diejenigen Fälle beschränkt, in denen der Täter „an sich" (also bei Außerachtlassung des Tatfolgenausgleichs durch Wiedergutmachung) eine Strafe verwirkt hat, die eine Freiheitsstrafe von einem Jahr bzw. eine Geldstrafe von 360 Tagessätzen nicht übersteigt. Das Absehen von Strafe kommt in Betracht, wenn die dem Täter zurechenbaren positiven Leistungen die negativen Folgen der Tat so weit beseitigen, dass in der Waagschale allein noch das allgemeine Interesse an der Bekräftigung der Normgeltung verbleibt. Diesem Interesse kann im Urteil dadurch Rechnung getragen werden, dass der Angeklagte zwar nicht bestraft, aber verurteilt und damit schuldig gesprochen wird. Schon dieser Schuldspruch bringt das sozialethische Unwerturteil über die Tat zum Ausdruck (oben Abschn. 2.1.1).

Weisen die vom Täter erbrachten Wiedergutmachungsleistungen das in § 46a StGB vorausgesetzte Maß an Erfolgs- und Handlungswert nicht auf, so bedeutet dies nicht, dass sie für die Strafzumessung bedeutungslos wären. Auch in diesem Fall kann die Wiedergutmachung die Schuldwertung der Tat beeinflussen, was sich aber nur im Rahmen der allgemeinen Strafzumessungserwägungen nach § 46 StGB auswirken kann.

6.2.4.2.2 Bedeutung für die Generalprävention

Bei der Beurteilung der Frage, ob und ggf. in welchem Ausmaß der freiwillige Tatfolgenausgleich mit generalpräventiven Wirkungen verbunden ist, muss zwischen der negativen und der positiven Seite der Generalprävention unterschieden werden.

Die **Abschreckungswirkung** von Täter-Opfer-Ausgleich und Wiedergutmachung ist in der Vergangenheit vielfach bezweifelt worden.[65] In der Tat wird man die Abschreckungseffekte, die vom freiwilligen Tatfolgenausgleich ausgehen, nicht allzu hoch veranschlagen dürfen. Berücksichtigt werden muss indessen, dass die Leistungen, die vom Täter zum Zweck des Tatfolgenausgleichs erbracht werden, im Bezugsrahmen des Strafprozesses stehen und unter dem Druck der sonst drohenden Strafe erfolgen. Dass von diesem Bezugsrahmen ein gewisser Abschreckungseffekt ausgeht, dürfte sich kaum leugnen lassen. Anhaltspunkte hierfür finden sich jedenfalls in den Ergebnissen der empirischen Forschung, nach denen zwar weder die Art noch die Schwere der Strafe für die (Nicht-) Begehung von Straftaten von Bedeutung sind, wohl aber das Entdeckungsrisiko (oben Abschn. 2.3.3.1). Die Entdeckung der Tat und die damit verbundene Einleitung eines offiziellen Verfahrens werden durch Maßnahmen wie Täter-Opfer-Ausgleich und Wiedergutmachung nicht in Frage gestellt.

---

[65] Vgl. *Hirsch* ZStW 102 (1990), 545 f.; *Loos* ZRP 1993, 53 f.; *Loos* 1999, 854 f.; *Lampe* GA 1993, 491 f.

Eine günstigere Einschätzung ist im Hinblick auf die **positive Generalprävention** möglich. Angesichts des Umstands, dass der sozial-konstruktive Tatfolgenausgleich die Verantwortung des Täters nicht leugnet und zudem auf eine umfassende Befriedigung der Opferinteressen abzielt, spricht viel dafür, dass das durch die Tat erschütterte Normvertrauen der Allgemeinheit (und des Opfers als des wichtigsten Repräsentanten der Allgemeinheit) auch durch freiwillige Wiedergutmachungsleistungen wiederhergestellt werden kann.[66]

Umfragen zur Akzeptanz der sozial-konstruktiven Ausgleichsmaßnahmen in der Bevölkerung bestätigen diese Vermutung. So wurde in einer Anfang der 1990er-Jahre durchgeführten Untersuchung festgestellt, dass immerhin etwa ein Viertel der in den alten und etwa ein Sechstel der in den neuen Bundesländern Befragten der Meinung ist, dass ein Verfahren bei einem mittelschweren Delikt (gefährliche Körperverletzung, Einbruchsdiebstahl in Gartenlaube, Handtaschenraub) nach durchgeführter Wiedergutmachung (Entschuldigung, Schadensersatz, Schmerzensgeld) folgenlos eingestellt werden solle. Besonders beeindruckend ist dabei, dass auch diejenigen, die selbst bereits Opfer eines derartigen Delikts geworden waren, zu einem hohen Prozentsatz (23,3 % bei gefährlicher Körperverletzung bzw. 14,6 % beim Handtaschenraub) die Wiedergutmachung als schwerste (einzige) Rechtsfolge der Tat für ausreichend hielten.[67] Selbst wenn man nicht übersehen darf, dass für die große Mehrzahl der Bevölkerung ein Absehen von Strafe in den angesprochenen Fällen offenbar nicht in Betracht kommt,[68] deuten die Ergebnisse damit doch darauf hin, dass der Gedanke „Wiedergutmachung statt Strafe" in einem nicht geringen Teil der Bevölkerung mit Zustimmung rechnen kann.

6.2.4.2.3 Bedeutung für die Spezialprävention

Bei der Beurteilung der spezialpräventiven Wirkungen von Täter-Opfer-Ausgleich und Wiedergutmachung muss ebenfalls zwischen negativen und positiven Aspekten unterschieden werden. Hinsichtlich der individuellen Abschreckungswirkung kann dabei auf das zur Generalprävention Gesagte verwiesen werden; Abschreckungseffekte dürften existieren, aber nur eine untergeordnete Bedeutung haben.

Dass der freiwillige Tatfolgenausgleich mit einer **positiv spezialpräventiven Wirkung** verbunden sei, wird demgegenüber allgemein angenommen[69] und lässt sich unter Bezugnahme auf die kriminologischen Theorien auch gut begründen: Geht man mit der Theorie des sozialen Lernens und dem labeling approach davon aus, dass diejenigen Reaktionsformen auf eine Straftat am ehesten zur Verhinderung von Rückfällen führen, die bei dem Täter Lernprozesse auslösen, ohne stigmatisierend und desintegrierend zu wirken, werden diese Bedingungen durch den Täter-Opfer-Ausgleich und die Wiedergutmachung unzweifelhaft erfüllt. Zu demselben Ergebnis gelangt man auf der Grundlage von *Braithwaites* Theorie des „reintegrative shaming", wonach denjenigen Formen des Umgangs mit der Tat die besten

---

[66] *Bannenberg und Uhlmann* 1998, 23 ff.; *Kaspar* 2004, 48 ff.; *Trenczek und Hartmann* 2018, 875 f.

[67] *Pfeiffer* 1993, 53 ff.; vgl. auch *Sessar* 1992, 88 ff., 107 ff., der über die Ergebnisse einer 1984 in Hamburg durchgeführten Befragung berichtet, sowie die differenzierten Ergebnisse der Befragungsstudie von *Kilchling* (1995, 387 ff., 462 ff., 549 ff.).

[68] Vgl. die kritische Würdigung der Umfragen zur Akzeptanz der Wiedergutmachung bei *Loos* 1999, 855 ff.

[69] *Bannenberg und Uhlmann* 1998, 25 f.; *Kaspar* 2004, 13 f.; *Trenczek und Hartmann* 2018, 876 ff.

Erfolgsaussichten einzuräumen sind, die mit Zeichen der freiwilligen Abgrenzung des Täters von der Tat verbunden sind.[70] Die Ergebnisse erster empirischer Untersuchungen, in denen die Legalbewährung nach Durchführung dieser Maßnahmen untersucht wurde, bestätigen diese Überlegungen.

Die empirische Untersuchung der spezialpräventiven Effekte des Täter-Opfer-Ausgleichs und der anderen Formen der Wiedergutmachung ist mit den oben angedeuteten methodischen Schwierigkeiten konfrontiert (oben Abschn. 2.3.3.2). Probleme bereitet insbesondere die bislang noch nicht befriedigend gelöste Frage der Kontrollgruppenbildung, also die Frage, mit welchen Tätergruppen die wiedergutmachenden Täter verglichen werden können. Dies vorausgeschickt lässt sich feststellen, dass die Rückfallquoten nach einem erfolgten Täter-Opfer-Ausgleich geringer, jedenfalls aber nicht höher sind als nach einer förmlichen Sanktionierung. So betrug die Rückfallquote derjenigen Täter, bei denen das Strafverfahren nach einem Täter-Opfer-Ausgleich eingestellt worden war, in einer Untersuchung von *Keudel* 26,4 %; eine Vergleichsgruppe wurde nicht gebildet.[71] In einer Untersuchung von *Busse* betrug die Rückfallquote nach einem Täter-Opfer-Ausgleich 56 % gegenüber 81,7 % nach förmlicher Sanktionierung.[72] *Dölling u. a.* ermittelten nach Täter-Opfer-Ausgleich eine Rückfallquote von 62,4 % und in einer Vergleichsgruppe eine Quote von 65,0 %.[73] Verallgemeinerbare Aussagen zur spezialpräventiven Effektivität des Täter-Opfer-Ausgleichs lassen sich aus diesen Befunden nicht ableiten; in der Tendenz bestätigen sie jedoch die vermutete positive Wirkung der unmittelbaren Auseinandersetzung mit den konkreten Folgen der Tat.

6.2.4.2.4 Zusammenfassung

Nach alledem lässt sich feststellen, dass der freiwillige, sozial-konstruktive Tatfolgenausgleich in gewissem Maß in der Lage ist, die herkömmlich mit der Strafe verfolgten Zwecksetzungen zu übernehmen. Zwar muss man sehen, dass Täter-Opfer-Ausgleich und Schadenswiedergutmachung die Funktionen der Strafe nicht vollständig übernehmen können; zur Abschaffung des Strafrechts sind diese Instrumente nicht geeignet.[74] Unbestreitbar gibt es Funktionen der Strafe, die nur durch den staatlichen Zwangseingriff erfüllt werden können. Neben der symbolischen Wirkung des Schuldspruchs ist dabei an den Sicherungseffekt der Strafe durch Ingewahrsamnahme des Täters sowie an den Befriedungseffekt zu denken, der von der staatlichen Strafe ausgeht. Diese „Residualfunktionen" kommen jedoch vor allem bei den schwereren Delikten zum Tragen, also bei den Delikten, die in der Rechtswirklichkeit eher selten sind. Bei der großen Masse der leichteren und auch der mittelschweren Delinquenz spielen sie eine eher untergeordnete Rolle. Bei diesen Delikten können die sozial-konstruktiven Formen des Täter-Opfer-Ausgleichs und der Schadenswiedergutmachung durchaus eine der staatlichen Übelszufügung gleichwertige und ausreichende Form der Aufarbeitung des Tatgeschehens darstellen, auf die im Ergebnis mit Strafmilderung und Absehen von Strafe reagiert werden kann.

---

[70] Vgl. *Braithwaite* 1989; *Matt* MschrKrim 80 (1997), 255 ff.

[71] *Keudel* 2000, 109 ff.

[72] *Busse* 2001, 137 ff.

[73] *Dölling et al.* MschrKrim 85 (2002), 189 ff.

[74] *Schöch* 2001, 1053.

6.2.5   Verfahrensabschluss

Die sozial-konstruktiven Möglichkeiten des Tatfolgenausgleichs sind an kein bestimmtes Verfahrensstadium gebunden (vgl. § 155a Satz 1 StPO: „**in jedem Stadium des Verfahrens**"). Zwar gilt der Grundsatz, dass es im Opferinteresse wünschenswert ist, wenn die freiwilligen Bemühungen bereits zu einem möglichst frühen Zeitpunkt einsetzen. Dies spricht dafür, den wichtigsten Anwendungsbereich der Wiedergutmachung im Stadium des Ermittlungsverfahrens zu sehen. Andererseits gilt aber auch, dass es für freiwillige Wiedergutmachungsleistungen nie zu spät ist und es im Einzelfall (etwa bei unklarer Rechtslage, die der justiziellen Vorklärung bedarf, z. B. bei der Klärung des anzuwendenden Sorgfaltsmaßstabs im Zusammenhang mit Fahrlässigkeitsdelikten) durchaus gute Gründe dafür geben kann, mit der Leistungserbringung bis zur Erhebung der Anklage, der Eröffnung des Hauptverfahrens oder sogar bis zur Durchführung der Beweisaufnahme zu warten.

Die prinzipielle Zulässigkeit des Tatfolgenausgleichs auch in den Verfahrensstadien nach der Anklageerhebung darf indes nicht darüber hinwegtäuschen, dass sich die **Bedeutung** der freiwilligen Leistungen für die Sanktionsfindung **mit zunehmendem Zeitablauf verändert.** Zwar sind die Einflüsse des Zeitablaufs auf den das Maß der Strafzumessungsschuld bestimmenden *Erfolgswert* der erbrachten Leistung gering. Die Einflüsse auf das Maß des *Handlungswerts* sind jedoch beträchtlich: Mit zunehmender Klärung des Sachverhalts und zunehmend deutlicher hervortretender Verurteilungswahrscheinlichkeit, verliert die Freiwilligkeit der Leistung an Bedeutung; die Leistung erscheint als letzter Versuch des Täters, die Bestrafung abzuwenden, und zunehmend weniger als Form des ernst gemeinten autonomen Tatfolgenausgleichs.[75] Auch die *präventiven Wirkungen* der Wiedergutmachungsleistung sind mit zunehmendem Zeitablauf anders einzuschätzen; die positive Prognose, die eine frühe Distanzierung des Täters von der Tat und freiwillige Verantwortungsübernahme erlauben, lässt sich zu einem späteren Zeitpunkt kaum noch mit der gleichen Sicherheit abgeben.

Da die Möglichkeiten zum sozial-konstruktiven Umgang mit den Folgen der Tat nicht begrenzt sind, ist es im Übrigen nur konsequent, dass auch die rechtlichen Ansatzpunkte zur Berücksichtigung von Wiedergutmachungsleistungen beim Abschluss des Verfahrens vielgestaltig sind:

Wenn und soweit es vor dem richterlichen Urteil zur Wiedergutmachung kommt, kann sich dies sowohl auf die Bewertung der Strafzumessungsschuld als auch auf die Bewertung des öffentlichen Interesses an der weiteren Strafverfolgung auswirken. Das Verfahren kann daher **nach §§ 153 ff. StPO eingestellt** werden, wobei der Weg über § 153a StPO im Vordergrund steht. Die Vorschrift sieht zwar vor, dass dem Beschuldigten „Auflagen und Weisungen" erteilt werden können, was an sich zu dem Freiwilligkeitsprinzip im Widerspruch steht.[76] Da der Weg über § 153a StPO

---

[75] *Brauns* 1996, 228 ff.; *Loos* 1999, 867 ff.; aus der Kasuistik vgl. *BGHSt* 48, 134; *BGH* StV 2000, 129; *OLG Stuttgart* NJW 1996, 2109 (2110).

[76] So *Baumann et al.* 1992, 73 (§ 12 AE-WGM); *Kaspar* 2004, 76 f.; sowie die 1. Aufl. des vorliegenden Werks (*Meier* 2001, 315, 332).

jedoch nur mit der Zustimmung des Beschuldigten gewählt werden kann, die sein grundsätzliches Einverständnis signalisiert, ist in der Auflage zur Schadenswiedergutmachung oder zum Bemühen um einen Täter-Opfer-Ausgleich (§ 153a Abs. 1 Satz 2 Nr. 1, 5 StPO) praktisch eine Aufforderung zur freiwilligen Wiedergutmachung zu sehen. Alternativ kommen nach erfolgter Wiedergutmachung die Einstellungen nach § 153 StPO oder – im Hinblick auf das zu erwartende Absehen von Strafe (§ 46a StGB) – § 153b StPO in Betracht. Die Wiedergutmachung kann darüber hinaus dazu führen, dass statt der Anklage ein Antrag auf Erlass eines Strafbefehls gestellt (vgl. § 407 Abs. 2 Satz 1 Nr. 3 StPO) oder der Verletzte mit seinen ggf. „überschießenden" Strafverfolgungsinteressen auf den Privatklageweg verwiesen wird (§ 376 StPO).

Wenn und soweit es zu einer **Verurteilung** kommt, wirken sich der erfolgreich abgeschlossene Täter-Opfer-Ausgleich bzw. die vollständige Wiedergutmachung in erster Linie bei der Strafzumessung aus (§§ 46, 46a StGB). Sieht das Gericht von Strafe ab, so ist der Tenor wie auch sonst beim Absehen von Strafe zu fassen (oben Abschn. 3.2.3). Wird der Täter bestraft, so kann allein aus der (Nicht-) Wiedergutmachung noch kein Rückschluss auf die Prognose gezogen werden; hierfür bedarf es grundsätzlich der Auswertung sämtlicher Umstände des Einzelfalls.[77] Die Wiedergutmachungsbemühungen des Täters können sich allerdings als ein „besonderer Umstand" darstellen, der bei Freiheitsstrafen im Bereich von einem bis zwei Jahren die Aussetzung zur Bewährung rechtfertigen kann (§ 56 Abs. 2 Satz 2 StGB).

6.2.6   Bundesweite TOA-Statistik

Die Rechtspflegestatistiken enthalten zu den auf Freiwilligkeit beruhenden Formen der Wiedergutmachung keine Angaben. Um hierüber Aufschluss zu erhalten, muss auf andere Informationsquellen zurückgegriffen werden. Anhaltspunkte liefern insoweit die „Bundesweite TOA-Statistik", die seit 1993 von einer Forschungsgruppe zum Täter-Opfer-Ausgleich herausgegeben wird,[78] sowie eine schon etwas ältere empirische Untersuchung zum Täter-Opfer-Ausgleich in Nordrhein-Westfalen, der eine Totalerhebung sämtlicher ca. 2700 TOA-Fälle zugrunde liegt, die im Jahr 2001 durchgeführt wurden.[79]

> Die Bundesweite TOA-Statistik weist nicht alle Fälle aus, in denen ein Täter-Opfer-Ausgleich durchgeführt wurde, sondern ist das Ergebnis einer Zusammenarbeit mit lediglich einem Teil der Einrichtungen, in denen Konfliktschlichtung betrieben wird; die Einrichtungen stellen der Forschungsgruppe auf der Grundlage eines standardisierten Fragebogens für jeden bearbeiteten Einzelfall die wichtigsten Informationen zur Verfügung. Für die Interpretation der Daten bedeutet dies, dass sie das Gesamtspektrum der in Deutschland erledigten Schlichtungsverfahren nicht abdecken; andererseits dokumentiert die Bundesweite

---

[77] Vgl. *OLG Hamm* NStZ-RR 1996, 382 (383).

[78] Zuletzt *Hartmann et al.* 2018; krit. Anm. *Winter* ZJJ 2005, 199 ff.

[79] *Bals et al.* 2005.

TOA-Statistik aus diesem Gesamtspektrum einen maßgeblichen Ausschnitt, weil sich an ihr vor allem diejenigen Einrichtungen beteiligen, die sich auf die Konfliktschlichtung spezialisiert haben und über dementsprechend hohe Fallzahlen verfügen.

Blickt man auf die **Art der Delikte**, die in den Schlichtungsstellen bearbeitet werden, lässt sich feststellen, dass zwar das gesamte Spektrum der Taten vertreten ist, durch die eine Person in ihren Interessen verletzt sein kann – die Delikte reichen vom Widerstand gegen Vollstreckungsbeamte (§ 113 StGB) über den sexuellen Missbrauch von Kindern (§ 176 StGB) bis hin zur unterlassenen Hilfeleistung (§ 323c StGB). Feststellen lässt sich aber auch, dass ein eindeutiger *Schwerpunkt* der Schlichtungstätigkeit auf den *Körperverletzungsdelikten* liegt (§§ 223 ff. StGB). Nach der bundesweiten TOA-Statistik ebenso wie nach der erwähnten flächendeckenden Erhebung für Nordrhein-Westfalen entfällt etwa die Hälfte aller bearbeiteten Taten (TOA-Statistik 2015: 52,9 %; 2016: 51,5 %; NRW 2001: 52,1 %) auf diese eine Deliktsgruppe. Obwohl in der justiziellen Praxis an sich die Eigentums- und Vermögensdelikte überwiegen, werden die Körperverletzungsdelikte von der Justiz offenbar in besonderer Weise als ausgleichsgeeignet angesehen, und zwar vor allem wohl deshalb, weil es hier von vornherein um mehr geht als lediglich um die Rückabwicklung von Vermögenslagen: Die mit der Körperverletzung einhergehenden physischen und psychischen Verletzungen scheinen offenbar wesentliche Elemente des „Konfliktstoffs" zu sein, für dessen Aufarbeitung nach Ansicht der Justiz der Täter-Opfer-Ausgleich das richtige Verfahren darstellt. Hinsichtlich der Art der von den Schlichtungsstellen bearbeiteten Delikte lässt sich im Übrigen auch feststellen, dass es sich keineswegs nur um geringfügige Delikte handelt; auch Raub und Erpressung, und damit strafrechtssystematisch eher schwere Delikte, spielen in der Ausgleichspraxis eine – wenn auch nur geringe – Rolle.

Wie sieht es vor diesem Hintergrund mit der **Ausgleichsbereitschaft** der Beteiligten aus? Über die Jahre hinweg lassen sich sowohl bei den Geschädigten als auch bei den Beschuldigten vergleichsweise hohe Werte für die Ausgleichsbereitschaft feststellen. Nach der bundesweiten TOA-Statistik sind regelmäßig *mehr als die Hälfte der Geschädigten* (2015: 57,6 %; 2016: 55,4 %) und *2 von 3 Beschuldigten* (2015: 72,5 %; 2016: 71,8 %) zur Teilnahme an einem Täter-Opfer-Ausgleich bereit. In der nordrhein-westfälischen Erhebung liegen die entsprechenden Werte etwas niedriger (Geschädigte: 47,4 %; Beschuldigte 59,6 %), sind aber immer noch beeindruckend hoch. In den verbleibenden Fällen lehnen die Beteiligten den Täter-Opfer-Ausgleich nicht notwendig ab; hier finden sich auch Fälle, in denen die Beteiligten von den Vermittlungsstellen nicht erreicht werden konnten oder in denen die jeweils andere Seite den Ausgleich abgelehnt hatte. Die „echten" Ablehnungen machen bei den Geschädigten nur gut ein Viertel (TOA-Statistik 2015: 27,5 %; 2016: 28,0 %; NRW 2001: 26,8 %) und bei den Beschuldigten noch einen etwas geringeren Anteil aus (TOA-Statistik 2015: 16,7 %; 2016: 18,9 %; NRW 2001: 24,7 %). Das Angebot, ein Ausgleichsverfahren durchzuführen, stößt bei den Beteiligten danach auf vergleichsweise gute Resonanz; es scheint Bedürfnisse anzusprechen, die die Beteiligten im strafprozessualen Regelverfahren nicht ausreichend abgedeckt sehen.

Das **Ergebnis der Ausgleichsbemühungen** fällt ebenfalls positiv aus. Berücksichtigt man nur diejenigen Fälle, in denen beide Seiten einem Ausgleichsversuch zugestimmt haben, so lassen sich bei leichten jährlichen Schwankungen im Jugendbereich ebenso wie im Erwachsenenbereich *Erfolgsquoten von über 80 %* feststellen: In mehr als vier von fünf Fällen (TOA-Statistik 2015: 84,1 %; 2016: 85,6 %; NRW 2001: 87,1 %) kann im Täter-Opfer-Ausgleich eine umfassende und abschließende Regelung des Konfliktstoffs erreicht werden, und in manchen der verbleibenden Fälle kann immerhin eine „teilweise Regelung" erreicht werden, also eine Vereinbarung, die sich zumindest auf einzelne der zwischen den Beteiligten umstrittenen Punkte bezieht. Zwar ist dieses Ergebnis nach der strengen Fallauswahl, die von den Schlichtungsstellen betrieben wird, und der prinzipiellen Ausgleichsbereitschaft, mit der sowohl die Geschädigten als auch die Beschuldigten am Ausgleichsversuch teilgenommen haben, kaum überraschend. Bedenkt man jedoch, dass es sich bei den verhandelten Delikten nicht nur um Bagatelldelikte handelt, sondern dass die im Raum stehenden Tatvorwürfe durchaus auch gravierenderen Charakter haben, kann die hohe Quote von erfolgreich abgeschlossenen Vermittlungen als beachtenswerte Leistung eingestuft werden.

Über die Frage, wie die Strafverfahren nach erfolgreicher Durchführung eines Täter-Opfer-Ausgleichs erledigt werden, lässt sich der TOA-Statistik entnehmen, dass die meisten Verfahren eingestellt werden (Einstellung durch die Staatsanwaltschaft: 2015: 86,8 %; 2016: 85,5 %; Einstellung durch das Gericht: 2015: 7,8 %; 2016: 8,0 %); weniger als etwa jedes 20. Verfahren (2015: 3,6 %; 2016: 4,6 %) endet mit einem Urteil oder dem Erlass eines Strafbefehls. In der Untersuchung, die 2001 in Nordrhein-Westfalen durchgeführt wurde, lagen die staatsanwaltschaftliche Einstellungsquote noch etwas niedriger und die Urteilsquote höher (Einstellung durch die Staatsanwaltschaft: 72,1 %; Einstellung durch das Gericht: 6,1 %; Urteil oder Strafbefehl: 11,3 %). Verallgemeinernd lässt sich sagen, dass der Täter-Opfer-Ausgleich in der Praxis vor allem als **Diversionsmaßnahme** verstanden und genutzt wird; die in der Literatur vieldiskutierte Option des § 46a StGB hingegen, die entweder das Absehen von Strafe oder die strafrahmenverschiebende Strafmilderung ermöglicht, wird, jedenfalls soweit es den von der Justiz an eine Schlichtungsstelle abgegebenen Ausgleich betrifft, kaum genutzt.

Aus empirischer Sicht lässt sich vor diesem Hintergrund Folgendes festhalten: Wenn es zwischen den Beteiligten zu einem Ausgleichsversuch kommt – und das heißt, dass nicht nur die Justiz die Konfliktschlichtung für eine adäquate Lösung halten muss, sondern dass auch die von der jeweiligen Einrichtung aufgestellten Eignungskriterien erfüllt und die Beteiligten zum Ausgleichsversuch grundsätzlich bereit sein müssen –, dann ist die Wahrscheinlichkeit, dass der Schlichtungsstelle die Herbeiführung einer Einigung gelingt, sehr hoch. Aus justizieller Sicht können die Verfahren nach erfolgter Einigung offenbar in vielen Fällen eingestellt, kosten- und zeitintensive Hauptverhandlungen und Vollstreckungen also vermieden werden. Der Täter-Opfer-Ausgleich stellt sich damit als eine attraktive, in der Praxis jedoch z. T. nur zurückhaltend genutzte Alternative zur herkömmlichen Bearbeitung von Strafsachen, namentlich zur Anklage und zur Verurteilung zu Strafe dar.

6.3 Verpflichtung zur Wiedergutmachung

6.3.1 Wiedergutmachung als Sanktion

Der Gedanke, dass ein Täter, der zum freiwilligen Tatfolgenausgleich nicht bereit ist, im Urteil zur Wiedergutmachung verpflichtet werden kann, hat im Gesetz an unterschiedlichen Stellen Ausdruck gefunden. Dabei gehen die Regelungen im Jugendstrafrecht weiter als im Erwachsenenstrafrecht. Seit dem 1. JGGÄndG von 1990 kann der Täter-Opfer-Ausgleich im **Jugendstrafrecht** nicht nur als eine von den Strafverfolgungsorganen angeregte und von den Beteiligten freiwillig übernommene Diversionsmaßnahme genutzt werden (§ 45 Abs. 2 Satz 2 JGG), sondern auch als eine vom Gericht im Urteil verbindlich festgesetzte Erziehungsmaßregel (§ 10 Abs. 1 Satz 3 Nr. 7 JGG). Auch die Schadenswiedergutmachung und die Entschuldigung beim Verletzten können dem Jugendlichen im Urteil auferlegt werden, und zwar nicht nur – wie im Erwachsenenstrafrecht – als unselbstständige Begleitsanktion im Zusammenhang mit der Aussetzung der Verhängung/Vollstreckung der Jugendstrafe zur Bewährung (§ 23 Abs. 1, § 29 Satz 2 JGG), sondern selbstständig als Zuchtmittel (§ 15 Abs. 1 Nr. 1 und 2 JGG). Dasselbe gilt für die Arbeitsauflage und die Auflage der Zahlung eines Geldbetrags an eine gemeinnützige Einrichtung (§ 15 Abs. 1 Nr. 3 und 4 JGG), die sich als Formen der symbolischen Wiedergutmachung verstehen lassen (oben Abschn. 6.2.1.3). Im **allgemeinen** (Erwachsenen-) **Strafrecht** kann die Wiedergutmachung bei der Verurteilung nur als unselbstständige Begleitsanktion angeordnet werden, und zwar im Zusammenhang mit der Verwarnung mit Strafvorbehalt (§ 59a Abs. 2 Satz 1 Nr. 1 und 3 StGB) und der Strafaussetzung zur Bewährung (§ 56b Abs. 2 Satz 1 Nr. 1 bis 3 StGB; oben Abschn. 3.7.3.2; vgl. auch § 57 Abs. 3 Satz 1, § 57a Abs. 3 Satz 2 StGB). Kommt der Täter der ihm auferlegten Verpflichtung zur Wiedergutmachung nicht nach, so wird gegen ihn entweder – im Jugendstrafrecht – Beugearrest festgesetzt (§ 11 Abs. 3, § 15 Abs. 3 Satz 2, § 23 Abs. 1 Satz 4, § 29 Satz 2 JGG) oder die Aussetzungsentscheidung wird mit der Konsequenz widerrufen, dass der Verurteilte die festgesetzte Freiheitsstrafe verbüßen muss (§ 56 f Abs. 1 Satz 1 Nr. 3 StGB).

Auf den ersten Blick überrascht es, dass der Gesetzgeber den Täter-Opfer-Ausgleich, die Schadenswiedergutmachung und die Entschuldigung im Jugendstrafrecht zu einer **selbstständigen Sanktion** ausgestaltet hat. Zu den Grundgedanken des Sanktionsrechts, wonach das Strafrecht ein Instrument der sozialen Kontrolle ist, das ausschließlich öffentlichen Zwecken und nicht den privaten Interessen des Verletzten dient (vgl. oben Abschn. 6.1), scheint dies in Widerspruch zu stehen. Der augenscheinliche Widerspruch klärt sich jedoch, wenn man sich vor Augen führt, dass die Verhängung und Bemessung der Sanktionen im Jugendstrafrecht anderen Prinzipien folgt als im Erwachsenenstrafrecht. Im Jugendstrafrecht steht nicht der Schuldausgleich, sondern die *Erziehung* des Jugendlichen im Vordergrund, bei der es im Wesentlichen um die jugendgemäße Vermittlung und das Erlernen der strafrechtlichen Normen geht.[80] Es liegt auf der Hand, dass sich der Prozess des Normlernens eher vollziehen kann, wenn für

---

[80] *Rössner und Bannenberg* 2019, § 1 Rn. 14 ff.

die Verdeutlichung der Norm an den Realkonflikt und die durch die Tat konkret entstandenen Schäden angeknüpft werden kann, als dann, wenn zur Begründung der
Sanktion auf die Rechtsgutverletzung und den unbedingten Geltungsanspruch der
Normen verwiesen wird; jedem unverbildeten Rechtslaien ist einsichtig, dass, wer einem anderen Schaden zugefügt hat, sich entschuldigen und den Schaden reparieren
muss.[81] Vor diesem Hintergrund ist es vom Gesetzgeber konsequent gewesen, die Wiedergutmachung der konkreten Tatfolgen im Jugendstrafrecht als Sanktion auszugestalten, die dem Jugendlichen im Urteil selbstständig abverlangt werden kann. Auf das
Erwachsenenstrafrecht lässt sich dieses spezifische Sanktionsmodell jedoch nicht ohne
weiteres übertragen.[82]

Bei der Verpflichtung des Verurteilten zur Wiedergutmachung handelt es sich –
gleich ob im Jugendstrafrecht oder im Erwachsenenstrafrecht – um eine strafrechtliche Sanktion, für die **die allgemeinen strafrechtlichen Prinzipien** gelten. Die
Auswirkungen dieses Grundsatzes zeigen sich vor allem bei der Schadenswiedergutmachung. Auch wenn der Bezugspunkt für die Schadenswiedergutmachung im
Zivilrecht liegt, richten sich die Verhängung und Bemessung der Wiedergutmachungsauflage im Jugendstrafrecht nach dem Erziehungsgedanken und im allgemeinen Strafrecht nach dem Schuldprinzip (§ 46 Abs. 1 Satz 1 StGB).[83] Im
allgemeinen Strafrecht bedeutet dies, dass der Umfang der (strafrechtlichen) Schadenswiedergutmachung und die Höhe der (zivilrechtlichen) Ansprüche des Geschädigten nicht zwingend kongruent sein müssen. Bei geringer Schuld oder eingeschränkter Leistungsfähigkeit auf der einen und einem hohen materiellen Schaden
auf der anderen Seite (z. B. bei einer fahrlässigen Brandstiftung), kann der Verurteilte strafrechtlich kaum zum vollen Schadensausgleich verpflichtet werden. Auch
ist das Strafrecht nicht an die zivilrechtlichen Verjährungsvorschriften gebunden;
dem Verurteilten kann die Schadenswiedergutmachung strafrechtlich auch dann
auferlegt werden, wenn der Ausgleichsanspruch des Verletzten zivilrechtlich bereits
verjährt ist.[84] Anders als im Adhäsionsverfahren, in dem über die zivilrechtlichen
Ansprüche des Geschädigten entschieden wird (unten Abschn. 6.3.2), ist das (Straf-)
Gericht bei der Festsetzung der Wiedergutmachungsauflage nicht an das Beweiser-
gebnis eines zwischen dem Angeklagten und dem Verletzten ergangenen Zivilur-
teils gebunden.[85] Das Strafrecht steht damit in vieler Hinsicht freier als das Zivilrecht, wenngleich es im Grundsatz an die zivilrechtliche Rechtslage gebunden
bleibt (etwa im Hinblick auf die Schadenshöhe oder den Mitverschuldensanteil des

---

[81] *Frehsee* 1998, 391.

[82] Vgl. aber *Meier* 2014 (Wiedergutmachung als Nebenstrafe).

[83] NK 2017, *Ostendorf*, § 56b Rn. 2; *Streng* 2012, Rn. 190; a. A. MüKo 2016 ff., *Groß*, § 56b Rn. 2
(Mischung aus mehreren Zwecken).

[84] *OLG Hamm* NJW 1976, 527; *Schall* NJW 1977, 1045; a. A. *Kaspar* 2004, 39.

[85] *OLG Brandenburg* NStZ 1998, 196; MüKo 2016 ff., *Groß*, § 56b Rn. 12; NK 2017, *Ostendorf*,
§ 56b Rn. 7.

Geschädigten).[86] Das vom Verurteilten in Erfüllung der Auflage Geleistete muss bei alledem auf den zivilrechtlichen Anspruch des Geschädigten angerechnet werden; der Geschädigte darf aus der Auflage keinen Profit schlagen.[87] Leistet der Verurteilte zur Erfüllung der Auflage mehr als er zivilrechtlich schuldet, dann kann er das zuviel Geleistete später nicht wieder zurückfordern; die strafrechtliche Auflage bildet aus zivilrechtlicher Sicht einen eigenständigen Behaltensgrund.

Über die **Häufigkeit**, mit der die Gerichte im allgemeinen Strafrecht die Wiedergutmachungsauflage verhängen, existieren keine Statistiken; allgemein wird vermutet, dass nicht die Wiedergutmachungsauflage, sondern die Zahlungsauflage an gemeinnützige Einrichtungen die häufigste Begleitsanktion ist.[88] Dies würde der Auflagenpraxis bei den Einstellungen entsprechen. Von dort ist bekannt, dass von allen Ermittlungsverfahren, die die Staatsanwaltschaften im Jahr 2017 nach § 153a StPO einstellten, die Geldauflage an gemeinnützige Einrichtungen oder die Staatskasse in 84,6 % der Fälle, die Wiedergutmachungsauflage aber nur in 4,3 % und die Verpflichtung zur Teilnahme an einem Täter-Opfer-Ausgleich nur in 6,8 % der Fälle angeordnet wurde.[89] Die Praxis ließe damit das sozial-konstruktive Potenzial zur Befriedigung der Opferinteressen, das nicht nur der freiwilligen, sondern auch der auferlegten Wiedergutmachung zukommt, in den meisten Fällen ungenutzt.

6.3.2 Zivilrechtliche Verurteilung im Strafverfahren

Einen zweiten Ansatzpunkt, um den nicht zur Schadenswiedergutmachung bereiten Täter im Rahmen des Strafverfahrens zur Ausgleichsleistung zu verpflichten, bildet das Adhäsionsverfahren (§§ 403 bis 406c StPO). Das 1943 ursprünglich aus Gründen der Prozessökonomie (Vermeidung von Zivilverfahren) in die StPO eingefügte und durch das OpferschutzG von 1986 und das OpferRRG von 2004 ausgebaute „Anhangsverfahren" ermöglicht es dem Verletzten, seine aus der Straftat erwachsenen vermögensrechtlichen Ansprüche bereits im Strafverfahren geltend zu machen. Das Verfahren zielt auf die Titulierung der Ansprüche ab; sein Ziel ist die Herbeiführung eines stattgebenden (Straf-)Urteils, das in seiner prozessualen Bedeutung einem Zivilurteil gleichsteht (§ 406 Abs. 3 Satz 1 StPO). Der Vorteil des Adhäsionsverfahrens liegt für den Verletzten nicht nur darin, dass über den anspruchsbegründenden Hergang der Tat keine zweite Beweisaufnahme stattzufinden braucht, sondern auch darin, dass die Beweisaufnahme nach den Grundsätzen des Strafprozesses durchgeführt wird; anders als im Zivilprozess trägt der Verletzte nicht die Verantwortung für die Beibringung der Tatsachen, sondern es gilt der Ermittlungsgrundsatz, d. h. der Sachverhalt wird vom Strafgericht von Amts wegen aufgeklärt (§ 244 Abs. 2 StPO). Während das Adhäsionsverfahren damit für den Verletzten sehr

---

[86] *Fischer* 2019, § 56b Rn. 6.

[87] *Kaspar* 2004, 40.

[88] *Streng* 2012, Rn. 192, 194.

[89] *Statistisches Bundesamt*, Staatsanwaltschaften 2017, Tab. 2.2.1.

komfortabel ist, kann es für den Angeklagten bei der Festlegung der Verteidigungs-strategie zu Schwierigkeiten führen, etwa dann, wenn der Angeklagte auf den straf-rechtlichen Vorwurf schweigen, sich gegen den zivilrechtlichen Anspruch aber mit der Einwendung verteidigen will, den Verletzten treffe an der Tat und ihren Folgen ein erhebliches Mitverschulden (§ 254 BGB). Diese Schwierigkeiten werden im Prozess durch die Amtsermittlungspflicht des Gerichts nur zum Teil kompensiert.[90]

Angesichts der weitreichenden Folgen, die sich für die Beteiligten mit der Sach-entscheidung des Gerichts über die zivilrechtlichen Ansprüche des Verletzten ver-binden, stellt sich die Frage nach dem Stellenwert, der dem Adhäsionsverfahren zukommt. Dem Aufbau und der Systematik der StPO lässt sich entnehmen, dass die **freiwilligen Formen der Wiedergutmachung**, namentlich der Täter-Opfer-Ausgleich und die Schadenswiedergutmachung **vorrangig** zum Zug kommen sol-len. Nach der klaren Regelung des § 155a StPO sollen die Möglichkeiten des auto-nomen Tatfolgenausgleichs, bei dem die Kommunikation zwischen den Beteiligten im Vordergrund steht, in jedem Stadium des Verfahrens geprüft werden (oben Abschn. 6.2.5). Wenn der Täter zu einem solchen Ausgleich aber nicht bereit oder in der Lage ist, soll der Verletzte nach der Vorstellung des Gesetzgebers nicht „leer" ausgehen, sondern im Adhäsionsverfahren zumindest einen vollstreckbaren Titel an die Hand bekommen, der ihm die zwangsweise Durchsetzung seiner vermögens-rechtlichen Ansprüche erlaubt. In der vom Gesetzgeber seit den 1980er-Jahren ge-schaffenen „opferbezogenen Strafrechtspflege" bildet das **Adhäsionsverfahren** keinen Fremdkörper, sondern den **Grundstock** für die Befriedigung der legitimen Verletzteninteressen.

Kontrollfragen

1. Was bedeuten die Begriffe „Täter-Opfer-Ausgleich", „Schadenswiedergut-machung" und „symbolische Wiedergutmachung"? (Abschn. 6.2.1)
2. Unter welchen Voraussetzungen ist ein Fall für die Durchführung eines Tä-ter-Opfer-Ausgleichs geeignet? (Abschn. 6.2.2.1)
3. Wie wird der Täter-Opfer-Ausgleich üblicherweise durchgeführt? (Abschn. 6.2.3)
4. Sind der Täter-Opfer-Ausgleich und die Wiedergutmachung in der Lage, die Strafzwecke zu erfüllen? (Abschn. 6.2.4.2)
5. Kann der Weg über § 153a StPO als eine Form der freiwilligen Wiedergut-machung angesehen werden? (Abschn. 6.2.5)
6. Wie hoch sind die Erfolgsquoten beim Täter-Opfer-Ausgleich? (Abschn. 6.2.6)
7. In welchen Konstellationen kann der Verurteilte zur Schadenswiedergutma-chung verpflichtet werden? (Abschn. 6.3.1)

---

[90] *Rieß* 2005, 433 f.; vgl. auch *Haller* NJW 2011, 970 ff.; *Heger* GA 2018, 684 ff.

Literatur

Bals, N. (2007). Der Täter-Opfer-Ausgleich – Ein Weg zur (Wieder-) Herstellung von Verständnis und Sympathie? *Bewährungshilfe (BewHi), 54(3)*, 258–269.

Bals, N., Hilgartner, C., & Bannenberg, B. (2005). *Täter-Opfer-Ausgleich im Erwachsenenbereich. Eine repräsentative Untersuchung für Nordrhein-Westfalen*. Mönchengladbach: Forum.

Bannenberg, B. (1993). *Wiedergutmachung in der Strafrechtspraxis. Eine empirisch-kriminologische Untersuchung von Täter-Opfer-Ausgleichsprojekten in der Bundesrepublik Deutschland*. Bonn: Forum.

Bannenberg, B., & Uhlmann, P. (1998). Die Konzeption des Täter-Opfer-Ausgleichs in Wissenschaft und Kriminalpolitik. In D. Dölling et al. (Hrsg.), *Täter-Opfer-Ausgleich in Deutschland. Bestandsaufnahme und Perspektiven* (S. 1–48). Bonn: Forum.

Baumann, J., et al. (1992). *Alternativ-Entwurf Wiedergutmachung (AE-WGM)*. München: Beck.

Bemmann, G. (2003). Täter-Opfer-Ausgleich im Strafrecht. *Juristische Rundschau (JR)*, 226–231.

Blesinger, K. (1996). Zur Anwendung des Täter-Opfer-Ausgleichs nach § 46a StGB im Steuerstrafrecht. *Zeitschrift für Wirtschafts- und Steuerstrafrecht (wistra)*, 90–91.

Bosch, N. (2007). Wiedergutmachung und Strafe – Vollstreckungshilfe und Privilegierung überschuldeter Straftäter durch § 46a StGB? In G. Dannecker et al. (Hrsg.), *Festschrift für Harro Otto* (S. 845–862). Köln: Heymanns.

Braithwaite, J. (1989). *Crime, shame and reintegration*. Cambridge: Cambridge University Press.

Brauns, U. (1996). *Die Wiedergutmachung der Folgen der Straftat durch den Täter. Ein Beitrag zur Neubewertung eines Strafzumessungsfaktors de lege lata und de lege ferenda*. Berlin: Duncker & Humblot.

Busse, J. (2001). *Rückfalluntersuchung zum Täter-Opfer-Ausgleich. Eine statistische Untersuchung im Amtsgerichtsbezirk Lüneburg. Diss*. Marburg: Dissertationsdruck.

Dölling, D., Hartmann, A., & Traulsen, M. (2002). Legalbewährung nach Täter-Opfer-Ausgleich im Jugendstrafrecht. *Monatsschrift für Kriminologie und Strafrechtsreform (MschrKrim), 85*, 185–193.

Fischer, T. (2019). *Strafgesetzbuch und Nebengesetze* (66. Aufl.). München: Beck.

Frehsee, D. (1998). Wiedergutmachung. In R. Sieverts & H. J. Schneider (Hrsg.), *Handwörterbuch der Kriminologie* (Bd. 5). Berlin: de Gruyter.

Freund, G., & Carrera, E. G. (2006). Strafrechtliche Wiedergutmachung und ihr Verhältnis zum zivilrechtlichen Schadensersatz. *Zeitschrift für die gesamte Strafrechtswissenschaft (ZStW), 118*, 74–100.

Götting, B. (2004). *Schadenswiedergutmachung im Strafverfahren. Ergebnisse eines Modellprojekts zur anwaltlichen Schlichtung*. Münster: Lit.

Haller, K. (2011). Das „kränkelnde" Adhäsionsverfahren – Indikator struktureller Probleme der Strafjustiz. *Neue Juristische Wochenschrift (NJW), 64*, 970–974..

Hartmann, U. I. (1998). *Staatsanwaltschaft und Täter-Opfer-Ausgleich. Eine empirische Analyse zu Anspruch und Wirklichkeit*. Baden-Baden: Nomos.

Hartmann, A., Schmidt, M., & Kerner, H.-J. (2018). *Täter-Opfer-Ausgleich in Deutschland. Auswertung der bundesweiten Täter-Opfer-Ausgleich-Statistik für die Jahrgänge 2015 und 2016*. Mönchengladbach: Forum.

Hassemer, W. (1998). Praktische Erfahrungen mit dem Täter-Opfer-Ausgleich – Befunde und Konsequenzen. In D. Dölling et al. (Hrsg.), *Täter-Opfer-Ausgleich in Deutschland. Bestandsaufnahme und Perspektiven* (S. 373–432). Bonn: Forum.

Heger, M. (2018). Das Adhäsionsverfahren: Fortschritt oder Fremdkörper im deutschen Strafprozess? *Goltdammer's Archiv für Strafrecht (GA), 165*, 684–699.

Helmken, D. (2009). Plädoyer für die flächendeckende Einführung von Opferfonds. *Zeitschrift für Jugendkriminalrecht und Jugendhilfe (ZJJ)*, 50–52.

Hillenkamp, T. (2017). Zur „Freiwilligkeit" von Täter-Opfer-Ausgleich und Schadenswiedergutmachung nach § 46a StGB. In C. Safferling et al. (Hrsg.), *Festschrift für Franz Streng* (S. 259–269). Heidelberg: C.F. Müller.

Hirsch, H.-J. (1990). Wiedergutmachung des Schadens im Rahmen des materiellen Strafrechts. *Zeitschrift für die gesamte Strafrechtswissenschaft (ZStW), 102*, 534–562.

HK-GS. (2017). *Gesamtes Strafrecht. Handkommentar* (4. Aufl.). Baden-Baden: Nomos. (Hrsg. Dölling, D., Duttge, G., König, S., & Rössner, D.).

Jescheck, H.-H., & Weigend, T. (1996). *Lehrbuch des Strafrechts. Allgemeiner Teil* (5. Aufl.). Berlin: Duncker & Humblot.

Kaspar, J. (2004). *Wiedergutmachung und Mediation im Strafrecht. Rechtliche Grundlagen und Ergebnisse eines Modellprojekts zur anwaltlichen Schlichtung.* Münster: Lit.

Kaspar, J., Weiler, E., & Schlickum, G. (2014). *Der Täter-Opfer-Ausgleich. Recht. Methodik. Falldokumentationen.* München: Beck.

Kasperek, S. (2002). *Zur Auslegung und Anwendung des § 46a StGB (Täter-Opfer-Ausgleich und Schadenswiedergutmachung).* Frankfurt a. M.: Peter Lang.

Kerner, H.-J. (2009). Mediation beim Täter-Opfer-Ausgleich. In F. Haft & K. von Schlieffen (Hrsg.), *Handbuch Mediation* (2. Aufl., S. 815–836). München: Beck.

Keudel, A. (2000). *Die Effizienz des Täter-Opfer-Ausgleichs. Eine empirische Untersuchung von Täter-Opfer-Ausgleichsfällen aus Schleswig-Holstein.* Mainz: Weisser Ring.

Kilchling, M. (1995). *Opferinteressen und Strafverfolgung.* Freiburg: Edition Iuscrim.

Kilchling, M. (1996). Aktuelle Perspektiven für Täter-Opfer-Ausgleich und Wiedergutmachung im Erwachsenenstrafrecht. *Neue Zeitschrift für Strafrecht (NStZ), 16*, 309–317.

Lackner, K., & Kühl, K. (2018). *Strafgesetzbuch* (29. Aufl.). München: Beck.

Lampe, E.-J. (1993). Wiedergutmachung als „dritte Spur" des Strafrechts? *Goltdammer's Archiv für Strafrecht (GA), 140*, 485–494.

Laue, C. (1999). *Symbolische Wiedergutmachung.* Berlin: Duncker & Humblot.

Loos, F. (1993). Zur Kritik des „Alternativentwurfs Wiedergutmachung". *Zeitschrift für Rechtspolitik (ZRP), 26*, 51–56.

Loos, F. (1999). Bemerkungen zu § 46a StGB. In T. Weigend & G. Küpper (Hrsg.), *Festschrift für Hans Joachim Hirsch* (S. 851–878). Berlin: de Gruyter.

LR (2006 ff.). *Löwe/Rosenberg. Die Strafprozeßordnung und das Gerichtsverfassungsgesetz* (26. Aufl.). Berlin: de Gruyter. (Hrsg. Erb, V., et al.).

Maiwald, M. (2005). Zur „Verrechtlichung" des Täter-Opfer-Ausgleichs in § 46a StGB. *Goltdammer's Archiv für Strafrecht (GA), 152*, 339–350.

Matt, E. (1997). Täter-Opfer-Ausgleich und ‚reintegration ceremony'. Auf der Suche nach einer angemessenen Reaktion auf Jugenddelinquenz. *Monatsschrift für Kriminologie und Strafrechtsreform (MschrKrim), 80*, 255–267.

Maurach, R., Gössel, K. H., & Zipf, H. (2014). *Strafrecht. Allgemeiner Teil* (Bd. 2, 8. Aufl.). Heidelberg: C. F. Müller.

Meier, B.-D. (2001). *Strafrechtliche Sanktionen* (1. Aufl.). Berlin: Springer.

Meier, B.-D. (2014). Schadenswiedergutmachung als Nebenstrafe. In F. Neubacher & M. Kubink (Hrsg.), *Kriminologie – Jugendkriminalrecht – Strafvollzug. Gedächtnisschrift für Michael Walter* (S. 743–758). Berlin: Duncker & Humblot.

Meier, B.-D. (2015). Täter-Opfer-Ausgleich und Schadenswiedergutmachung im Strafrecht. *JuristenZeitung (JZ)*, 488–494.

Meyer-Goßner, L., & Schmitt, B. (2018). *Strafprozessordnung* (61. Aufl.). München: Beck.

Mühlfeld, S. (2002). *Mediation im Strafrecht.* Frankfurt a. M.: Peter Lang.

MüKo (2016 ff.). *Münchener Kommentar zum Strafgesetzbuch* (3. Aufl.). München: Beck. (Hrsg. Joecks, W., & Miebach, K.).

NK (2017). *Nomos Kommentar zum Strafgesetzbuch* (Bd. 1, 5. Aufl.). Baden-Baden: Nomos. (Hrsg. Kindhäuser, U., Neumann, U., & Paeffgen, H.-U.).

Noltenius, B. (2007). Kritische Anmerkungen zum Täter-Opfer-Ausgleich. *Goltdammer's Archiv für Strafrecht (GA), 154*, 519–531.

Pfeiffer, C. (1993). Opferperspektiven – Wiedergutmachung und Strafe aus der Sicht der Bevölkerung. In P.-A. Albrecht et al. (Hrsg.), *Festschrift für Horst Schüler-Springorum* (S. 53–80). Köln: Heymanns.

Pielsticker, S. (2004). *§ 46a StGB – Revisionsfalle oder sinnvolle Bereicherung des Sanktionenrechts.* Berlin: Duncker & Humblot.

Rieß, P. (2005). Einige Bemerkungen über das sog. Adhäsionsverfahren. In G. Widmaier et al. (Hrsg.), *Festschrift für Hans Dahs* (S. 425–440). Köln: Dr. Otto Schmidt.

Rose, G. (2010). Das Verhältnis von zivilrechtlichen Zahlungen nach Vergleichsverhandlungen und strafrechtlicher Wiedergutmachung nach § 46a StGB. *Juristische Rundschau (JR)*, 189–198.

Rössner, D., & Bannenberg, B. (2002). Das System der Wiedergutmachung im StGB unter besonderer Berücksichtigung von Auslegung und Anwendung des § 46a StGB. In E. Graul & G. Wolf (Hrsg.), *Gedächtnisschrift für Dieter Meurer* (S. 157–178). Berlin: de Gruyter.

Rössner, D., & Bannenberg, B. (2019). Grundlagen und Grundzüge des Jugendstrafrechts. In B.-D. Meier, B. Bannenberg, & K. Höffler (Hrsg.), *Jugendstrafrecht* (4. Aufl., S. 1–30). München: Beck.

Rössner, D., & Klaus, T. (1998). Rechtsgrundlagen und Rechtspraxis. In D. Dölling et al. (Hrsg.), *Täter-Opfer-Ausgleich in Deutschland. Bestandsaufnahme und Perspektiven* (S. 49–120). Bonn: Forum.

Roxin, C. (1992). Zur Wiedergutmachung als einer „dritten Spur" im Sanktionensystem. In G. Arzt et al. (Hrsg.), *Festschrift für Jürgen Baumann* (S. 243–254). Bielefeld: Gieseking.

Roxin, C. (2006). *Strafrecht. Allgemeiner Teil* (4. Aufl., Bd. 1). München: Beck.

S/S. (2019). *Strafgesetzbuch. Kommentar* (30. Aufl.). München: Beck. (Hrsg. Schönke, A. & Schröder, H.).

Schädler, W. (2005). Nicht ohne das Opfer? Der Täter-Opfer-Ausgleich und die Rechtsprechung des BGH. *Neue Zeitschrift für Strafrecht (NStZ)*, 25, 366–370.

Schall, H. (1977). Bedeutung der zivilrechtlichen Verjährungseinrede bei Anordnung der Wiedergutmachungsauflage. *Neue Juristische Wochenschrift (NJW)*, 30, 1045–1046.

Schöch, H. (1992). *Empfehlen sich Änderungen und Ergänzungen bei den strafrechtlichen Sanktionen ohne Freiheitsentzug? Gutachten C für den 59. Deutschen Juristentag.* München: Beck.

Schöch, H. (2000). Täter-Opfer-Ausgleich und Schadenswiedergutmachung gem. § 46a StGB. In C. Roxin & G. Widmaier (Hrsg.), *50 Jahre Bundesgerichtshof. Festgabe aus der Wissenschaft, Bd. IV., Strafrecht. Strafprozeßrecht* (S. 309–338). München: Beck.

Schöch, H. (2001). Wege und Irrwege der Wiedergutmachung im Strafrecht. In B. Schünemann et al. (Hrsg.), *Festschrift für Claus Roxin* (S. 1045–1064). Berlin: de Gruyter.

Sessar, K. (1992). *Wiedergutmachen oder strafen. Einstellungen in der Bevölkerung und der Justiz.* Pfaffenweiler: Centaurus.

SK StGB. (2016 ff.). *Systematischer Kommentar zum Strafgesetzbuch* (9. Aufl.). Köln: Wolters Kluwer. (Hrsg. Wolter, J.).

SK StPO. (2016 ff.). *Systematischer Kommentar zur Strafprozessordnung* (5. Aufl.). Köln: Wolters Kluwer. (Hrsg. Wolter, J.).

Stein, W. (2000). Täter-Opfer-Ausgleich und Schuldprinzip. Überlegungen zur geringen Akzeptanz des Täter-Opfer-Ausgleichs für Erwachsene in der Praxis. *Neue Zeitschrift für Strafrecht (NStZ)*, 20, 393–397.

Streng, F. (2012). *Strafrechtliche Sanktionen. Die Strafzumessung und ihre Grundlagen* (3. Aufl.). Stuttgart: Kohlhammer.

Trenczek, T., & Hartmann, A. (2018). Kriminalprävention durch Restorative Justice. In M. Walsh et al. (Hrsg.), *Evidenzorientierte Kriminalprävention in Deutschland. Ein Leitfaden für Politik und Praxis* (S. 859–886). Wiesbaden: Springer.

Weigend, T. (2001). Wiedergutmachung als, neben oder statt Strafe? In G. Britz et al. (Hrsg.), *Grundfragen staatlichen Strafens, Festschrift für Heinz Müller-Dietz* (S. 975–994). München: Beck.

Winter, F. (2005). Täter-Opfer-Ausgleich – Wohin wird die Reise gehen? Zur Auswertung der Täter-Opfer-Ausgleichsstatistik. *Zeitschrift für Jugendkriminalrecht und Jugendhilfe (ZJJ)*, 199–203.

Zander, S. (2009). Das System der Wiedergutmachung im Strafverfahren. *Juristische Schulung (JuS)*, 49, 684–688.

Nebenfolgen der Straftat

7

7.1 Übersicht

Mit den in den vorstehenden Kapiteln beschriebenen zwei oder vielleicht sogar drei „Spuren" des Sanktionssystems – den Strafen, den Maßregeln und den Möglichkeiten des autonomen Tatfolgenausgleichs – sind die wesentlichen Strukturen der strafrechtlichen Rechtsfolgen der Tat gekennzeichnet. Gleichwohl gibt es noch eine Reihe weiterer Rechtsfolgen, die im richterlichen Urteil ausgesprochen werden oder kraft Gesetzes mit ihm verbunden sein können, auf die hier hinzuweisen ist. Systematisch lassen sich diese weiteren Rechtsfolgen nur schwer einordnen; zum Teil stehen sie – wie der Verlust der Amtsfähigkeit, der Wählbarkeit und des Stimmrechts – systematisch den Strafen nahe, zum Teil bilden sie – wie die Einziehung der Taterträge – im Gesetz einen ganz eigenen Abschnitt und werden vom Gesetzgeber unter der Bezeichnung als „Maßnahme" begrifflich in den Zusammenhang mit den Maßregeln der Besserung und Sicherung gestellt (§ 11 Abs. 1 Nr. 8 StGB).

7.2 Statusfolgen

In den §§ 45 bis 45b StGB regelt der Gesetzgeber als Nebenfolgen der Tat den **Verlust der Amtsfähigkeit, der Wählbarkeit und des Stimmrechts**. Der Sinn und Zweck dieser Nebenfolgen, die in der Literatur auch als „Statusfolgen" bezeichnet werden, erschließt sich nicht auf den ersten Blick. Im Vordergrund steht weniger der Gedanke, dem Verurteilten mit den genannten Folgen ein zusätzliches „Übel" aufzuerlegen, um ihn und die Allgemeinheit künftig zur Beachtung der Strafrechtsnormen anzuhalten. Um dies zu erreichen, dürften die Strafen regelmäßig ausreichend sein. Die §§ 45 bis 45b StGB werden eher durch die Überlegung motiviert, dass es in bestimmten Fallkonstellationen nach einer Straftat besonderer „*reinigender" Maßnahmen* bedarf, um die in der Allgemeinheit aufgetretene Beunruhigung zu beseitigen und den Rechtsfrieden wiederherzustellen.

© Springer-Verlag GmbH Deutschland, ein Teil von Springer Nature 2019
B.-D. Meier, *Strafrechtliche Sanktionen*, Springer-Lehrbuch,
https://doi.org/10.1007/978-3-662-59442-1_7

Ohne dass es notwendig als „Strafe" verstanden würde und auch ohne dass notwendig mit der Fortsetzung des Fehlverhaltens gerechnet wird, wird es in bestimmten Situationen als unerträglich angesehen, wenn im öffentlichen Leben stehende Personen, die sich eines Fehlverhaltens schuldig gemacht haben, weiterhin – „als wäre nichts geschehen" – in öffentlichen Positionen tätig sind und am öffentlichen Leben teilnehmen. Von der Symbolik des strafrichterlichen Urteils wird in der Gesellschaft auch in dieser Hinsicht eine Klärung erwartet. Der Sinn und Zweck der Statusfolgen wird daher zu Recht überwiegend in der *Wahrung des Ansehens der öffentlichen Ämter und Funktionen* („Reinhaltung des öffentlichen Lebens") gesehen.[1]

Die Statusfolgen treten entweder kraft Gesetzes oder kraft richterlicher Entscheidung ein. **Kraft Gesetzes** tritt der Verlust der Amtsfähigkeit und der Wählbarkeit immer dann ein, wenn der Täter wegen eines Verbrechens zu einer Freiheitsstrafe von mindestens einem Jahr verurteilt wird (§ 45 Abs. 1 StGB). Bei einer Gesamtstrafe kommt es hierfür darauf an, dass wenigstens eine der Einzelstrafen wegen eines Verbrechens ergangen ist und diese Höhe erreicht hat.[2] Dabei ist es nicht zwingend notwendig, dass die Tat vollendet wurde oder der Verurteilte Haupttäter war. Auch eine Verurteilung wegen Versuchs, Teilnahme oder Versuchs der Beteiligung nach § 30 StGB kann die Statusfolgen nach sich ziehen, da es sich bei diesen Begehungsformen dogmatisch ebenfalls um Verbrechen handelt. Der Verlust der *Amtsfähigkeit* bezieht sich nur auf die öffentlichen, aus der Staatsgewalt abgeleiteten Ämter des Verurteilten[3]; zu denken ist an den Richter, der wegen Rechtsbeugung, den Polizeibeamten, der wegen Meineids, oder den Professor, der wegen sexueller Nötigung verurteilt wird. Notare (vgl. § 49 BNotO) und ehrenamtliche Richter (vgl. § 1 DRiG) bekleiden wegen ihrer hoheitlichen Aufgaben ebenfalls öffentliche Ämter.[4] Für kirchliche Ämter oder Ehrenämter in Vereinen gilt die Regelung hingegen nicht (was freilich nicht ausschließt, dass in jenen Bereichen in einer Satzung entsprechende Regelungen getroffen werden).

Auch der Verlust der *Wählbarkeit* bezieht sich auf die Rechte, die aus „öffentlichen Wahlen", d. h. aus Wahlen in die Gremien der staatlicher Institutionen[5] (z. B. Bundestags-, Landtags- oder Gemeinderatswahlen), zu erlangen sind. – Die mit den Ämtern und Wahlen erworbenen Rechtsstellungen gehen mit dem Eintritt der Rechtskraft des Urteils unmittelbar verloren (§ 45 Abs. 3 und 4, § 45a Abs. 1 StGB). Eine Besonderheit gilt dann, wenn es sich bei der betroffenen Rechtsstellung um ein Bundestagsmandat handelt. In diesem Fall verliert der Abgeordnete sein Recht nicht automatisch, sondern erst in Folge eines Beschlusses des Ältestenrates

---

[1] *Jescheck und Weigend* 1996, 785; *Nelles* JZ 1991, 22 f.; vgl. auch 1. Schriftlicher Bericht, BT-Drucks. 5/4094, 15 f.

[2] MüKo 2016 ff., *Radtke*, § 45 Rn. 20; *Fischer* 2019, § 45 Rn. 6.

[3] SK StGB 2016 ff., *Wolters*, § 45 Rn. 3.

[4] LK 2006 ff., *Theune*, § 45 Rn. 3; *Fischer* 2019, § 45 Rn. 3.

[5] Weitergehend *Fischer* 2019, § 45 Rn. 4.

(vgl. § 47 Abs. 1 Nr. 3, § 46 Abs. 1 Satz 1 Nr. 3 BWahlG). Dadurch soll verhindert werden, dass die Souveränität des Parlaments durch die Entscheidung eines Strafgerichts beeinträchtigt wird.[6]

Neben diesen kraft Gesetzes eintretenden Nebenfolgen können die Amtsfähigkeit und die Wählbarkeit auch durch **gerichtliche Entscheidung** aberkannt werden; *nur* durch gerichtliche Entscheidung kann dem Verurteilten darüber hinaus auch das *aktive Stimmrecht* entzogen werden (§ 45 Abs. 2, 5 StGB). Voraussetzung ist, dass die betreffende Nebenfolge im Gesetz besonders vorgesehen ist. Beispiele finden sich im politischen Strafrecht (§§ 92a, 101, 102 Abs. 2, 109i StGB), beschränkt auf den Verlust der Wählbarkeit und des Stimmrechts bei den Wahldelikten (§§ 108c, 108e Abs. 5 StGB) sowie beschränkt auf den Verlust der Amtsfähigkeit bei den Amtsdelikten (§ 358 StGB). Im Übrigen steht die Entscheidung über das Ob und die Dauer des Verlusts (zwischen 2 und 5 Jahren) im Ermessen des Gerichts.

Unklar und umstritten ist, an welchen Gesichtspunkten sich das Gericht bei der Ermessensentscheidung zu orientieren hat. Zum Teil wird die so genannte *dualistische Lösung* vertreten, wonach es sich bei den kraft Gesetzes eintretenden Nebenfolgen nicht um Strafen handelt, weil bei ihnen der Akt der Strafzumessung fehlt; der fakultative Verlust der Rechte wird hingegen als Strafe oder Maßnahme mit strafähnlichem Charakter qualifiziert, so dass die allgemeinen Strafzumessungsregeln gem. § 46 StGB zu beachten sein sollen.[7] Gegen diese Aufspaltung ist jedoch einzuwenden, dass sowohl § 45 Abs. 1 als auch Abs. 2 StGB identische Einbußen vorsehen, aus denen § 45 Abs. 3 und 4 StGB unterschiedslos dieselben Konsequenzen ziehen.[8] Trotz ihrer systematischen Stellung im Gesetz handelt es sich dabei jedoch nicht um strafähnliche Maßnahmen, da ihr Zweck nicht in der Übelzufügung, sondern in der Wiederherstellung und Sicherung des Ansehens der öffentlichen Ämter und Funktionen liegt. Die Statusfolgen sind deshalb richtigerweise *einheitlich* als **Maßnahmen eigener Art** anzusehen, die von ihrer reinigenden, den Verurteilten ausschließenden Funktion her den Maßregeln der Besserung und Sicherung nahestehen. Die Entscheidung über das Ob und die Dauer des Verlusts darf sich daher allein an der Funktion der Nebenfolgen orientieren, einer Erosion des Vertrauens in die gesetzeskonforme Wahrnehmung der öffentlichen Ämter und Funktionen entgegenzuwirken.[9] Die vom Gericht verhängten ebenso wie die kraft Gesetzes eintretenden Statusfolgen sind jedoch gem. § 46 Abs. 1 Satz 2 StGB bei der Strafzumessung zu berücksichtigen und ggf. strafmildernd in Rechnung zu stellen (oben Abschn. 4.8).

---

[6] *Nelles* JZ 1991, 17 Fn. 7.

[7] MüKo 2016 ff., *Radtke*, § 45 Rn. 6 ff., 23; S/S 2019, *Kinzig*, § 45 Rn. 8; LK 2006 ff., *Theune*, § 45 Rn. 1, 15; SSW-StGB 2009, *Mosbacher*, § 45 Rn. 3 f., 13 f.; *Sobota* ZIS 2017, 253 f.

[8] *Nelles* JZ 1991, 18 f.

[9] *Jescheck und Weigend* 1996, 787; nahestehend *Nelles* JZ 1991, 22 (Orientierung an den Prinzipien des Beamten- und Wahlrechts); ähnlich NK 2017, *Albrecht, H.-J.*, § 45 Rn. 6.

Die **Dauer des Rechtsverlusts** beträgt im Falle des § 45 Abs. 1 StGB 5 Jahre;
bei Entscheidungen nach § 45 Abs. 2 und 5 StGB kann der Verlust für einen Zeitraum von 2 bis 5 Jahren angeordnet werden. Obwohl die Nebenfolgen bereits mit
der Rechtskraft des Urteils wirksam werden (vgl. § 45a Abs. 1 StGB), beginnt die
Frist erst, wenn die Freiheitsstrafe verbüßt, verjährt oder erlassen ist (§ 45a Abs. 2
StGB). Konsequenz dieser Regelung ist es, dass sich die Dauer des Verlustes um die
Zeit zwischen der Rechtskraft des Urteils und der Erledigung der Strafe verlängert,
so dass die effektive Dauer weitaus länger sein kann als das in § 45 StGB normierte
Maximum von 5 Jahren.[10]

> **Beispiel**
>
> A wird rechtskräftig wegen schweren Raubes gem. § 250 Abs. 1 StGB zu einer
> Freiheitsstrafe von 4 Jahren verurteilt. Daneben treten kraft Gesetzes für die Dauer
> von 5 Jahren die Statusfolgen nach § 45 Abs. 1 StGB ein. Wenn A die Freiheits-
> strafe in vollem Umfang verbüßt, hat dies aufgrund der Fristberechnung des § 45a
> Abs. 2 StGB zur Folge, dass er die Fähigkeit, öffentliche Ämter zu bekleiden und
> Rechte aus öffentlichen Wahlen zu erlangen, für insgesamt 9 Jahre verliert.

Diese Berechnungsweise hat ihre Berechtigung darin, dass die Statusfolgen während des Strafvollzuges keinerlei praktische Wirkung entfalten und den Verurteilten
damit auch nicht zum Nachdenken veranlassen können. Anders ist es jedoch im Fall
des *aktiven Wahlrechts*, denn dieses in der Verfassung verankerte Recht (vgl. Art. 38
GG) steht auch dem Strafgefangenen zu. Deshalb muss § 45 Abs. 5 StGB verfassungskonform dahin ausgelegt werden, dass insoweit auch die Zeit bis zur Erledigung der Strafe in die Berechnung der Dauer mit einzubeziehen ist.[11] Wurde die
Vollstreckung der Strafe, der Maßregel oder des Strafrestes zur Bewährung ausgesetzt, so beginnt die Frist nach § 45a Abs. 3 StGB mit dem Bewährungsbeschluss zu
laufen, der die Bewährungszeit festlegt, sofern nach deren Ablauf die Strafe erlassen wird oder die Maßregel erledigt ist; nur wenn es innerhalb der Bewährungsfrist
zum Widerruf der Aussetzung kommt, beginnt die Frist für den Verlust der Amtsfähigkeit, Wählbarkeit und des Stimmrechts erst mit der endgültigen Erledigung der
Strafe oder Maßregel. Der Grund liegt darin, dass die Statusfolgen schon während
der Bewährungszeit praktisch wirksam sind und dem Verurteilten ein Teil der durch
die Aussetzung zur Bewährung gewährten Rechtswohltaten aufgrund der im Vergleich zur Strafzeit möglicherweise länger dauernden Bewährungszeit nicht wieder
genommen werden sollen.[12] Aufgrund einer positiven Prognose kann das Gericht
gem. § 45b StGB dem Betroffenen im Übrigen nach mindestens der Hälfte der Zeit
die Amtsfähigkeit sowie das aktive und passive Wahlrecht wieder verleihen, die angeordnete Statusfolge also außer Kraft setzen. Die nach § 45 Abs. 3 und 4 StGB

---

[10] RGSt 67, 95 (96); MüKo 2016 ff., *Radtke*, § 45a Rn. 5.

[11] LK 2006 ff., *Theune*, § 45a Rn. 4; MüKo 2016 ff., *Radtke*, § 45a Rn. 10; *Fischer* 2019, § 45a
Rn. 3.

[12] S/S 2019, *Kinzig*, § 45a Rn. 8; SSW-StGB 2009, *Mosbacher*, § 45a Rn. 9.

verlorenen Rechte und Rechtsstellungen sind hingegen endgültig erloschen und können nur nach den allgemeinen amts- und wahlrechtlichen Grundsätzen wiedererlangt werden.

Kriminalpolitisch sind die §§ 45 bis 45b StGB **Kritik** ausgesetzt. Die Normierung der Statusfolgen im StGB wird teilweise als überflüssig erachtet, denn in vielen Gesetzen existieren vergleichbare Regelungen (vgl. z. B. § 24 BeamtStG, § 41 BBG, § 7 Nr. 2, § 14 Abs. 2 Nr. 2 BRAO, §§ 13, 15 BWahlG).[13] Dem kann jedoch entgegengehalten werden, dass eine generelle Regelung im Allgemeinen Teil des Strafgesetzbuchs der Gefahr einer Rechtszersplitterung entgegenwirkt und die Bündelung der Aberkennung sowie der eventuell vorzeitigen Wiederverleihung beim Strafrichter überdies ermöglicht, dass der Resozialisierungsaufgabe des Strafrechts und der späteren Anpassung der strafrechtlichen Folgen an die Situation des Verurteilten angemessen Rechnung getragen werden kann.[14] Praktische Bedeutung kommt den durch Richterspruch verhängbaren Nebenfolgen allerdings nicht zu: 2017 machten die Gerichte nur in einem einzigen Fall von dieser Möglichkeit Gebrauch.[15]

7.3 Einziehung von Taterträgen

7.3.1 Zielsetzung und Rechtsnatur

Anders ist es bei der Einziehung. Seit einer Neufassung des Gesetzes im Jahr 2017[16] haben die Regelungen über die Einziehung von Taterträgen (§§ 73 ff. StGB) in der Praxis eine erhebliche, deutlich gewachsene Bedeutung. Die Regelungen verfolgen das Ziel, dem Täter dasjenige zu entziehen, was er durch die rechtswidrige Tat oder für sie erlangt hat. Die Begehung von Straftaten soll sich für den Täter nicht lohnen („„crime doesn't pay""); sowohl im Interesse der materiellen Gerechtigkeit als auch aus präventiven Gründen (Abschreckungs- und Lerneffekt!) soll der Täter das unrechtmäßig Erlangte nicht behalten dürfen. Dieses Ziel kann nicht bereits durch die Verhängung einer Geldstrafe erreicht werden, da sich die Geldstrafe – anders als etwa die Geldbuße im Ordnungswidrigkeitenrecht – am Nettoeinkommen des Täters orientiert und allein eine ahndende Funktion hat (vgl. § 40 Abs. 2 Satz 2 StGB, oben Abschn. 3.4.3.2). Im Ordnungswidrigkeitenrecht ist das anders: Da sich die Bemessung der Geldbuße auch an dem wirtschaftlichen Vorteil orientiert, den der Täter aus der Ordnungswidrigkeit gezogen hat, und die Geldbuße damit auch der Gewinnabschöpfung dient (§ 17 Abs. 4 OWiG),[17] darf neben einer Geldbuße nicht zusätzlich auch die Einziehung der Taterträge angeordnet werden (vgl. § 29a Abs. 1, § 30 Abs. 5 OWiG).

---

[13] Überblick bei *Parigger* StraFo 2011, 453 ff.; *Röth* StraFo 2012, 356 ff.

[14] MüKo 2016 ff., *Radtke*, § 45 Rn. 44; LK 2006 ff., *Theune*, Vor §§ 45–45b Rn. 3.

[15] Statistisches Bundesamt, Strafverfolgung 2017, Tab. 5.1.

[16] Gesetz zur Reform der strafrechtlichen Vermögensabschöpfung v. 13.04.2017.

[17] KK OWiG 2017, *Mitsch*, § 17 Rn. 10.

Die Regelungen über die Einziehung von Taterträgen weisen deutliche Parallelen zum Bereicherungsrecht auf (§§ 812 ff. BGB); in Rechtsprechung und Literatur wird die Einziehung der Taterträge deshalb auch als „**quasi-kondiktionelle Ausgleichsmaßnahme**" bezeichnet.[18] Vom zivilrechtlichen Bereicherungsausgleich unterscheidet sich die Maßnahme seit einer Reform im Jahr 1992 allerdings darin, dass sich der zivilrechtliche Bereicherungsanspruch nur auf die Herausgabe des erlangten Vermögens*vorteils* richtet (d. h. diejenigen Aufwendungen, die dem Bereicherten anlässlich des Bereicherungsvorgangs entstanden sind und zu dessen Entreicherung führen, werden nach der herrschenden „Saldotheorie" abgezogen), während die strafrechtliche Einziehung dem Täter ohne Berücksichtigung von dessen etwaigen Aufwendungen im Grundsatz *alles* abnimmt, was er unrechtmäßig erlangt hat („Bruttoprinzip"). Das früher geltende Nettoprinzip hatte zur Folge, dass sich die bewusst aus finanziellen Interessen begangene Tat im Ergebnis als wirtschaftlich risikolos darstellte, was als Anreiz zur Begehung weiterer Taten wirken konnte.[19] Seit 1992 werden z. B. bei einem Drogengeschäft der vom Täter gezahlte Einkaufspreis, Transportkosten, Kurierlohn etc. nicht mehr einziehungsmindernd berücksichtigt; der Täter muss vielmehr den von seinem Abnehmer gezahlten Kaufpreis in voller Höhe herausgeben.[20] Die Umstellung auf das Bruttoprinzip hat die Frage aufkommen lassen, ob dem Täter damit nicht ein Übel mit Strafcharakter auferlegt wird, so dass richtigerweise von einer „strafähnlichen Maßnahme" zu sprechen sei.[21] Kritisiert wird, dass die Regelung hierdurch in Konflikt mit dem Schuldgrundsatz gerate, denn das Vorliegen einer schuldhaften Tat sei vom Gesetzgeber gerade *nicht* zur Voraussetzung für die Einziehungsanordnung erhoben worden. Nach Auffassung des BGH[22] und des BVerfG,[23] der im Ergebnis zuzustimmen ist, hat sich an der Rechtsnatur der Einziehung durch das Bruttoprinzip jedoch nichts geändert. Der Gesetzgeber hat sich bei der Ausgestaltung der Regelungen an Wortlaut und Gesetzessystematik der §§ 812 ff. BGB orientiert. Danach ist die Kondiktion ein **eigenständiges Instrument zur Korrektur irregulärer Vermögenszuordnungen**, das allein den gutgläubigen Bereicherungsschuldner vor Vermögenseinbußen schützt (vgl. § 818 Abs. 3 BGB), während es dem Bösgläubigen die wirtschaftlichen Verlustrisiken zuweist (§ 818 Abs. 4, § 819 BGB).[24]

---

[18] *BVerfGE* 110, 1 (16); S/S 2019, *Eser und Schuster*, Vorbem § 73 Rn. 15; Lackner und Kühl 2018, *Heger*, § 73 Rn. 1.

[19] *BGHSt* 47, 369 (374); 51, 65 (67).

[20] Vgl. *BGH* NStZ 1994, 123 (124); *Köhler* NStZ 2017, 498.

[21] S/S 2019, *Eser und Schuster*, Vorbem § 73 Rn. 16; NK 2017, *Saliger*, Vor § 73 Rn. 5, § 73 Rn. 12 ff.; *Saliger* ZStW 129 (2017), 1004 ff.

[22] *BGHSt* 47, 369 (373).

[23] *BVerfGE* 110, 1 (20 ff.).

[24] *BVerfGE* 110, 1 (21); *Köhler* NStZ 2017, 498.

Die Einziehungsvorschriften bezwecken nicht eine zusätzliche Bestrafung des Täters, sondern die Beseitigung eines rechtswidrigen Zustandes, der durch eine Straftat ausgelöst worden ist; die Regelung verfolgt somit keinen strafenden, sondern lediglich einen restitutiven und präventiven Zweck.[25] Dass dem Täter unter Umständen ein erheblicher wirtschaftlicher Nachteil zugefügt werden kann,[26] findet seine Rechtfertigung darin, dass nicht auf wohlerworbenes, sondern auf Vermögen zugegriffen wird, das durch die vorausgegangene rechtswidrige Tat bemakelt ist; das Empfinden als Strafübel ist dabei nur Reflex auf den objektiv verfolgten Zweck.[27] Die Abschöpfung des Erlangten unterliegt dementsprechend nicht dem Schuldgrundsatz und führt nach der Rechtsprechung deshalb grundsätzlich nicht zur Berücksichtigung im Rahmen der Strafzumessung der Hauptstrafe nach § 46 StGB.[28] Das Eigentumsgrundrecht nach Art. 14 Abs. 1 GG wird ebenfalls nicht durch die Einführung des Bruttoprinzips verletzt; in diesen Fällen dürften die in Rede stehenden Positionen schon nicht in den Schutzbereich des Grundrechtes fallen.[29]

Praktisch umgesetzt wird die Einziehung der Taterträge auf zwei Wegen: Das durch für die Tat Erlangte wird entweder gegenständlich eingezogen, z. B. indem dem Täter die erlangte Sache weggenommen wird, oder, falls dies nicht oder nicht mehr möglich ist, es wird der Wert des Erlangten eingezogen, d. h. der Staat erwirbt einen Anspruch auf Zahlung eines gerichtlich angeordneten Wertersatzbetrags.

7.3.2 Voraussetzungen

Voraussetzung für die Einziehung ist neben der Begehung einer „rechtswidrigen (nicht notwendig auch schuldhaften, vgl. § 11 Satz 1 Nr. 5 StGB) Tat", dass der Täter durch die Tat (z. B. als Beute) oder für sie (z. B. als Lohn) **„etwas erlangt"** hat (§ 73 Abs. 1 StGB). Die Voraussetzung korrespondiert mit den Anforderungen zivilrechtlicher Bereicherungsansprüche (§ 812 Abs. 1 Satz 1 BGB) und ist entsprechend auszulegen. „Etwas" ist demnach jede Verbesserung der Vermögenslage des Täters, wobei es sich um eine Sache (z. B. Geld) oder um ein Recht (z. B. eine Forderung gegen eine Bank) handeln kann.[30] Der Einziehung unterliegen aber auch die gezogenen Nutzungen (z. B. Verwendung eines als Bestechungslohn erhaltenen PKW) sowie dasjenige, was der Täter durch die Veräußerung eines Gegenstandes oder als Ersatz für dessen Zerstörung, Beschädigung oder Entziehung erlangt hat (§ 73 Abs. 2 und 3 StGB; vgl. auch § 818 Abs. 1 BGB). Ist die Herausgabe wegen der Beschaffenheit des Erlangten nicht möglich (z. B. bei Nutzungen) oder ist der

---

[25] *BGHSt* 47, 369 (371); 51, 65 (67); 52, 227 (248); *Fischer* 2019, § 73 Rn. 6.

[26] *Saliger* ZStW 129 (2017), 1006.

[27] *BGHSt* 47, 369 (375)*; Kiethe und Hohmann* NStZ 2003, 506.

[28] *BGH* NStZ 1995, 491; 2001, 312; krit. und a. A. MüKo 2016 ff., *Joecks*, § 73 Rn. 16; SK StGB 2012 ff., *Wolters und Horn*, § 73 Rn. 5.

[29] *BVerfGE* 110, 1 (23 ff.); *BGHSt* 47, 369 (376).

[30] Zur Einziehung von Bitcoins, vgl. BGH NStZ 2018, 401 (404 f.) m. krit. Anm. *Safferling*.

Täter aus einem anderen Grund zur Herausgabe außerstande (z. B. bei verbrauchten, verlorenen oder unauffindbar beiseite geschafften Gegenständen), wird die Einziehung eines Geldbetrags angeordnet, der dem Wert des Erlangten entspricht (§ 73c StGB; vgl. § 818 Abs. 2 BGB). Dadurch soll sichergestellt werden, dass der Täter die Einziehung nicht durch Austausch der ursprünglich erworbenen Vermögensgegenstände, etwa durch Umwechseln von Geldscheinen, verhindern kann.[31]

> Zwischen der rechtswidrigen Tat und dem Vermögenszufluss beim Täter muss ein Kausalzusammenhang bestehen, d. h. eingezogen werden können alle wirtschaftlich messbaren Vorteile, die bei Hinwegdenken der rechtswidrigen Tat entfallen würden, also etwa bei einem Verkauf von Betäubungsmitteln die erhaltenen Geldscheine. Ein Unmittelbarkeitszusammenhang, so wie er vor der jüngsten Gesetzesänderung von der Rechtsprechung zum Teil gefordert wurde,[32] ist heute nicht mehr erforderlich: „Durch" die Tat erlangt ist alles, was dem Täter durch die Tat adäquat kausal zugeflossen ist; etwaige Korrekturen werden erst bei der Wertbestimmung des Erlangten vorgenommen.[33] Hat der Täter z.B. durch die Bestechung eines Amtsträgers einen Bauauftrag erlangt und wird ihm nach dem Abschluss der Arbeiten der Werklohn überwiesen, ist der Werklohn in voller Höhe durch die Tat erlangt; diejenigen Aufwendungen, die für die Erstellung des Bauwerks angefallen sind (Personal- und Materialkosten), sind allerdings die Voraussetzung für den Vermögenszufluss und können deshalb nach § 73d Abs. 1 Satz 1 StGB abgezogen werden.[34]

Während das vom Täter durch oder für die Tat gegenständlich Erlangte (z. B. Diebesgut) stets in vollem Umfang eingezogen wird, muss bei der Wertersatzeinziehung nach § 73c StGB geprüft werden, ob und inwieweit Aufwendungen, die im Zusammenhang mit dem Wert des Erlangten stehen, abzugsfähig sind. Der Gesetzgeber hat hierfür ein festes Prüfschema von Grundsatz, Ausnahme und Gegenausnahme vorgegeben, durch das das „**Bruttoprinzip**" umgesetzt wird.[35] Nach § 73d Abs. 1 Satz 1 StGB sind bei der Bestimmung des Werts des Erlangten diejenigen Aufwendungen, die im Zeitraum zwischen der Planung und Vorbereitung der Tat bis zum tatsächlichen Vermögenszufluss anfallen, *grundsätzlich immer* abzuziehen. Wenn der Täter also beispielsweise aus seinem Vermögen einen Unfallwagen erworben hat, den er anschließend aufgrund eines neuen Entschlusses als vermeintlich unfallfreies Fahrzeug weiterveräußert, dürfen die Aufwendungen für den Erwerb des Fahrzeugs abgezogen werden. Eine *Ausnahme* gilt nach § 73d Abs. 1 Satz 2, 1. Halbsatz StGB insoweit, als die Aufwendungen „für die Begehung der Tat oder für ihre Vorbereitung" angefallen sind. In dieser Ausnahme drückt sich der Rechtsgedanke des § 817 Satz 2 BGB aus: Was in ein verbotenes Geschäft investiert wird, ist unwiederbringlich verloren.[36] Nicht in Abzug gebracht werden dürfen

---

[31] Vgl. BT-Drucks. 11/6623, 8.

[32] *BGHSt* 47, 260 (268 f.).

[33] Lackner und Kühl 2018, *Heger*, § 73 Rn. 5; *Korte* NZWiSt 2018, 234.

[34] *Köhler* NStZ 2017, 503, 506; *Reitemeier* ZJJ 2017, 358.

[35] Zum Folgenden *Köhler* NStZ 2017, 504 ff.; *Reitemeier* ZJJ 2017, 357 ff.; krit. *Kett-Straub und Kudlich* 2017, § 14 Rn. 28 ff.

[36] *BVerfGE* 110, 1 (22); *Köhler* NStZ 2017, 506.

deshalb z. B. die Beschaffungs- und Abwicklungskosten für ein Drogengeschäft,[37] das Bestechungsgeld, das einem Amtsträger für die Erlangung eines Bauauftrags gewährt wird, oder die Aufwendungen für den Erwerb einer Tatwaffe. Da die Aufwendungen „für" die Begehung der Tat oder ihre Vorbereitung angefallen sein müssen – worin sich eine subjektive Komponente ausdrückt –, greift das Abzugsverbot nur dann ein, wenn der Täter die Rechtswidrigkeit der Tat gekannt oder zumindest billigend in Kauf genommen hat; sofern er insoweit nur fahrlässig gehandelt hat, greift das Abzugsverbot nicht ein.[38] Eine *Gegenausnahme* besteht nach § 73d Abs. 1 Satz 2, 2. Halbsatz StGB für Aufwendungen, die der Erfüllung einer Verbindlichkeit gegenüber dem Verletzten dienen. Insoweit sollen die Abschöpfungsmöglichkeiten begrenzt werden.

Beispiel[39]

A kauft ein Auto für 1000 Euro; das Auto ist diesen Preis wert. Wie von vornherein geplant manipuliert A den Tachostand und verkauft das Auto für 3000 Euro an K. – A hat aus dem Betrug 3000 Euro erlangt. Da das erlangte Geld bei lebensnaher Betrachtung nicht gegenständlich eingezogen werden kann, kommt die Einziehung eines Geldbetrags in Betracht (§ 73c Satz 1 StGB). Bei der Bestimmung der Höhe des staatlichen Zahlungsanspruchs, kann der durch Übereignung an K verlorene Wert des Autos nicht nach § 73d Abs. 1 Satz 1 StGB abgezogen werden, da A den Betrug schon beim Erwerb des Autos geplant hatte; es gilt das Abzugsverbot des § 73d Abs. 1 Satz 2, 1. Halbsatz StGB. Ob die Gegenausnahme des § 73d Abs. 1 Satz 2, 2. Halbsatz StGB eingreift, hängt davon ab, wie sich der Geschädigte K entscheidet: Wenn K am Vertrag festhalten und den Kaufpreis lediglich mindern will (§ 437 Nr. 2 BGB), bleibt der Kaufvertrag bestehen; A hat das Auto in Erfüllung seiner Verpflichtung aus § 433 Abs. 1 BGB übereignet, so dass der Wert des Autos abzuziehen ist. Ergebnis: Der Wert des Erlangten beträgt 2000 Euro. Wenn K dagegen nicht am Vertrag festhalten will, wird er nach § 123 Abs. 1 BGB anfechten mit der Konsequenz, dass der Kaufvertrag von Anfang an nichtig ist (§ 142 Abs. 1 BGB); A hat in diesem Fall nicht in Erfüllung einer Verbindlichkeit geleistet. Ergebnis: Der Wert des Erlangten beträgt 3000 Euro. – Zur Erleichterung der Praxis dürfen der Umfang und Wert des Erlangten einschließlich der abzuziehenden Aufwendungen geschätzt werden (§ 73d Abs. 2 StGB).

Da die Einziehung der Taterträge keine strafähnliche Sanktion ist, sondern allein dem Ausgleich der strafrechtswidrig entstandenen Vermögenslagen dient, ist die Einziehung nach § 73e Abs. 1 StGB ausgeschlossen, sobald der aus der Tat erwachsene Anspruch des Verletzten auf Rückgewähr oder Wertersatz befriedigt ist. Die Befriedigung kann sowohl durch Leistungsbewirkung (§ 362 Abs. 1 BGB) als auch durch (Teil-) Erlass (§ 397 Abs. 1 BGB) erfolgen. Sinn und Zweck der Regelung ist

---

[37] BT-Drucks. 18/9525, 68.

[38] Vertiefend *Schäuble und Pananis* NStZ 2019, 69 ff.

[39] *Reitemeier* ZJJ 2017, 358.

es, zwischen Täter und Geschädigtem den Abschluss eines Vergleichs zu fördern, der zu einer Befriedigung der zivilrechtlichen Ausgleichsansprüche führt und damit zur Konfliktbereinigung beiträgt.[40] Die Sperrwirkung des § 73e Abs. 1 StGB kann für den Täter deshalb ein zusätzlicher Anreiz für die freiwillige Schadenswiedergutmachung sein (oben Abschn. 6.2).

7.3.3 Erweiterte Einziehung, tatunbeteiligte Dritte

Die Einziehung der Taterträge betrifft in ihrer bislang beschriebenen Grundstruktur den Täter bzw. Teilnehmer an einer rechtswidrigen Tat, dem dasjenige entzogen wird, was er durch die Tat oder für sie erlangt hat. Zu dieser Grundkonstellation gibt es zwei Sonderkonstellationen, durch die der Anwendungsbereich der Einziehung ausgedehnt wird: die erweiterte Einziehung, bei der die eingezogenen Vermögensgegenstände keiner konkreten Erwerbstat zugeordnet werden können (§ 73a StGB), und die Einziehung bei tatunbeteiligten Dritten (§ 73b StGB).

Die in der Sache schon 1992 eingeführte und durch die Gesetzesänderung von 2017 noch einmal umgestaltete **erweiterte Einziehung** zielt darauf ab, auch solche bei den Ermittlungen aufgefundenen Vermögenswerte einzuziehen, die der Täter sehr wahrscheinlich deliktisch erlangt hat, obwohl ihm insoweit keine konkrete Tat nachgewiesen werden kann.

Beispiel

Bei dem Täter werden hochwertige und neuwertig verpackte Elektronikgeräte gefunden, die offensichtlich nicht zu seinen finanziellen Verhältnissen und Lebensumständen passen, bei denen sich aber nicht ermitteln lässt, woher und zu wessen Nachteil der Täter sie erlangt hat.

Nach § 73a Abs. 1 StGB kann das Gericht auch die Einziehung von solchen Gegenständen anordnen, die der Täter nicht aus der abgeurteilten Tat, sondern „durch *andere* rechtswidrige Taten oder für sie" erlangt hat. Voraussetzung für die Anordnung ist, dass das Gericht aufgrund konkreter Anhaltspunkte von der deliktischen Herkunft der Gegenstände überzeugt ist; um welche Taten es sich dabei gehandelt hat, braucht im Einzelnen nicht festgestellt zu werden.[41] Die Anhaltspunkte können sich insbesondere daraus ergeben, dass zwischen dem Wert der Gegenstände und den rechtmäßigen Einkünften des Täters ein grobes Missverhältnis besteht (vgl. § 437 Satz 1 StPO). Darüber hinaus können sie aber auch in der Anlasstat selbst liegen oder sich aus dem Fundort der Gegenstände oder aus den sonstigen persönlichen und wirtschaftlichen Verhältnissen, insbesondere den Einkommensverhältnissen des Täters ergeben (§ 437 Satz 2 StPO). Das kann z. B. hinsichtlich eines größeren

---

[40] *Schilling, Corsten und Hübner* StraFo 2017, 307; *Köhler und Burkhard* NStZ 2017, 673.

[41] *Fischer* 2019, § 73a Rn. 11 f.

Geldbetrages der Fall sein, der bei einem bereits mehrfach in Erscheinung getretenen Betäubungsmitteltäter vorgefunden wird, der seinen Unterhalt ohne sonstige
Einnahmequellen aus Sozialleistungen bestreitet.[42]

> Das Gericht muss von der deliktischen Herkunft der eingezogenen Gegenstände überzeugt
> sein.[43] Da sich die Überzeugung aber nicht auf konkrete Taten zu beziehen braucht, werden in
> der Literatur trotz einer anders lautenden, bereits 2004 ergangenen Entscheidung des *BVerfG*
> [44] nach wie vor Zweifel geäußert, ob die erweiterte Einziehung mit dem Schuldprinzip, der
> Unschuldsvermutung und der Eigentumsgarantie vereinbar ist.[45] In der Sache erscheint dies
> einleuchtend: Dem Betroffenen werden Gegenstände weggenommen, bei denen ungeklärt
> bleibt, wie der Täter sie erlangt hat; auch wenn die Umstände, aus denen die deliktische Her-
> kunft abgeleitet wird, zur Überzeugung des Gerichts feststehen müssen, bleibt die Tat als
> solche letztlich unbewiesen. Sichergestellt wird im Gesetz lediglich, dass auf denselben Ein-
> ziehungsgegenstand nicht mehrfach zugegriffen werden darf (§ 73a Abs. 2 StGB)
> Bei den der erweiterten Einziehung unterliegenden Gegenständen kann es sich im Übri-
> gen ebenfalls um Sachen oder um Rechte, z. B. um ein Bankguthaben handeln (vgl. § 75
> Abs. 1 StGB). Nach dem Gesetzeswortlaut muss es sich um „Gegenstände des Täters oder
> Teilnehmers" an der abgeurteilten Anknüpfungstat handeln. Auf die dingliche Rechtslage
> kann es dabei nicht ankommen[46]; andernfalls könnten Sachen, an denen nach § 935 BGB
> oder aus anderen Gründen kein Eigentum erworben werden kann, der Funktion des § 73a
> StGB zuwider nicht eingezogen werden.

Nach § 73b StGB kann sich die Anordnung der Einziehung gegen **tatunbeteiligte
Dritte** richten, wenn sie die Nutznießer des Taterlangten sind. Die Einziehung bei
Dritten kommt in drei Fallkonstellationen in Betracht. Praktisch bedeutsamster Fall
ist, dass der Täter oder Teilnehmer an der Anknüpfungstat für den Dritten gehandelt
hat (Abs. Satz 1 Nr. 1; „Vertretungsfall"). Da Dritter jede natürliche oder juristische
Person sein kann, werden hiermit diejenigen Fälle erfasst, in denen der Täter oder
Teilnehmer für einen Betrieb oder ein Unternehmen gehandelt hat, dem die Vorteile
der Tat zugutekommen; die Konstellation spielt dementsprechend bei der Bekämpfung der Wirtschaftskriminalität eine große Rolle. Eine Organstellung braucht der
Täter oder Teilnehmer im Unternehmen nicht gehabt zu haben; auch ist es nicht erforderlich, dass die Geschäftsleitung von der Straftat Kenntnis gehabt hat.[47] Die Einziehungsanordnung kann sich gegen einen Dritten darüber hinaus auch dann richten,
wenn der Dritte das Taterlangte unentgeltlich oder ohne rechtlichen Grund erhalten
hat oder er bei der Übertragung bösgläubig war (Nr. 2; „Verschiebungsfall") oder
wenn er das Taterlangte von Todes wegen erhalten hat (Nr. 3; „Todesfall"). In den
beiden letzten Konstellationen besteht die Besonderheit, dass die Einziehung dann

---

[42] BT-Drucks. 11/6623, 7.

[43] *BGHSt* 40, 371 m. Anm. *Katholnigg* JR 1994, 297; *BGH* NStZ-RR 1998, 297; NStZ 2000, 137.

[44] *BVerfGE* 110, 1 (23).

[45] *Trüg* NJW 2017, 1915; *Kett-Straub und Kudlich* 2017, § 14 Rn. 46; *Saliger* ZStW 129 (2017),
1018; *Fischer* 2019, § 73a Rn. 8.

[46] SK StGB 2016, *Wolters*, § 73d Rn. 5.

[47] *Köhler und Burkhard* NStZ 2017, 665 f.

ausgeschlossen ist, wenn in der Erwerbskette ein Dritter zwischengeschaltet ist, der das Taterlangte gutgläubig, entgeltlich oder mit rechtlichem Grund erworben hat (Abs. 1 Satz 2). Auch im Übrigen gilt, dass die Einziehung bei Dritten immer dann ausgeschlossen ist, wenn der Dritte zur Zeit der Anordnung nicht mehr bereichert ist, es sei denn, er war bei Wegfall der Bereicherung nicht mehr gutgläubig (§ 73e Abs. 2 StGB; vgl. § 818 Abs. 3, 819 Abs. 1 BGB).

Die Anordnung der (auch erweiterten) Einziehung ist vom Gesetzgeber im materiellen Recht als zwingende Entscheidung ausgestaltet worden; das Gericht hat kein Ermessen. Nach § 421 StPO kann das Gericht im Verfahren allerdings unter bestimmten Voraussetzungen von der Einziehung absehen; dies gilt insbesondere dann, wenn das Erlangte nur einen geringen Wert hat (Abs. 1 Nr. 1). Wo die Geringwertigkeitsgrenze zu ziehen ist, ist derzeit unklar; die in der Literatur vertretenen Wertgrenzen schwanken zwischen 30 und 150 Euro.[48]

7.3.4 Wirkungen

Hinsichtlich der Wirkungen ist zwischen der gegenständlichen Einziehung und der Wertersatzeinziehung nach § 73c StGB zu unterscheiden. Wird die **Einziehung eines Gegenstands** angeordnet, geht das Eigentum an der Sache bzw. das verfallene Recht auf den Staat über, wenn die Sache oder das Recht dem von der Anordnung Betroffenen gehört oder zusteht (§ 75 Abs. 1 Satz 1 Nr. 1 StGB). Eigentümer der Sache bzw. Inhaber des Rechts wird mit der Rechtskraft des Urteils der Justizfiskus desjenigen Bundeslands, dessen Gericht im ersten Rechtszug entschieden hat (§ 60 Abs. 1 Satz 1 StVollstrO). Dasselbe gilt dann, wenn der Gegenstand zwar einem anderen gehört oder zusteht, der andere in die abgeurteilte Tat aber verstrickt ist, weil er den Gegenstand dem Betroffenen für die Tat oder für andere Zwecke in Kenntnis der Tatumstände gewährt hat (Nr. 2). Letzteres ist etwa dann der Fall, wenn der Täter bei einem Drogengeschäft an dem erlangten Bargeld wegen der Nichtigkeit der Übereignung (§ 134 BGB) kein Eigentum erlangen kann,[49] so dass das Eigentum am Geld beim Käufer der Drogen verbleibt.[50] In allen anderen Fällen geht das Eigentum an der Sache oder das Recht nicht mit der Rechtskraft des Urteils, sondern sechs Monate nach der Mitteilung der Rechtskraft der Einziehungsanordnung an den Verletzten (vgl. § 459i StPO) auf den Staat über, es sei denn, dass der Verletzte seine Rechte binnen dieser Frist bei der Vollstreckungsbehörde anmeldet (§ 75 Abs. 1 Satz 2 StGB). Für den Verletzten der Tat (z. B. das Diebstahlsopfer) bedeutet das, dass er für die Anmeldung seines Herausgabeanspruchs eine Frist von sechs Monaten hat. Versäumt er diese Frist, wird nach sechs Monaten der Staat im Wege des Auffangrechtserwerbs Eigentümer der Sache bzw. Inhaber

---

[48] *Meyer-Goßner und Schmitt* 2018, § 421 Rn. 4; *Reitemeier* ZJJ 2017, 360.

[49] Vgl. *BGHSt* 31, 145 (147 f.).

[50] *Köhler* NStZ 2017, 500.

des Rechts. Sonstige Rechte Dritter (z. B. Pfandrechte) werden durch die Einziehungsanordnung nicht berührt (§ 75 Abs. 2 Satz 1 StGB).

Anders ist es bei der **Wertersatzeinziehung** nach § 73c StGB: Mit der Anordnung entsteht ein staatlicher Zahlungsanspruch gegen den Betroffenen, der nach Eintritt der Rechtskraft wie eine Geldstrafe beigetrieben wird (§ 459g Abs. 2 StPO; oben Abschn. 3.4.5.1).

7.3.5 Verfahren

Die Entscheidung ergeht grundsätzlich im Urteil. Dabei ist der Gegenstand, auf den sich die Einziehung bezieht, genau zu bezeichnen. In einem Diebstahlsfall könnte der Tenor der Nebenentscheidung also etwa lauten: „Die Einziehung des Pkw Audi 8, amtliches Kennzeichen …, nebst Fahrzeugschlüssel wird angeordnet." Wenn die Einziehung des Gegenstands, der durch oder für die Tat erlangt worden ist, nicht möglich ist und nach § 73c StGB nur die Wertersatzeinziehung in Betracht kommt, lautet der Tenor: „Die Einziehung von Wertersatz in Höhe von … für das durch die Tat Erlangte wird angeordnet." Einer förmlichen Entscheidung im Urteil bedarf es nicht, wenn der Angeklagte in der Hauptverhandlung auf die Rückgabe der sichergestellten Gegenstände verzichtet hat.[51]

Die förmliche Einziehung kann auch nachträglich und selbstständig, also ohne Zusammenhang mit der Verurteilung eines Anklagten, angeordnet werden. Die nachträgliche Anordnung kommt dann in Betracht, wenn sich die im Urteil angeordnete Einziehung eines Gegenstands im Nachhinein als nicht ausführbar erweist (z. B. weil der Gegenstand nach dem Urteil verschoben worden ist), so dass die Einziehung des Wertersatzes angeordnet werden muss (§ 76 StGB). Die **selbstständige Anordnung** („objektives Verfahren") kommt dagegen in Betracht, wenn zwar die Voraussetzungen der Einziehung festgestellt werden können, wegen der Tat aber keine bestimmte Person verfolgt und verurteilt werden kann (z. B. weil die Straftat verjährt ist oder das Verfahren gegen den Betroffenen nach § 153 oder § 153a StPO eingestellt worden ist; § 76a Abs. 1 bis 3 StGB). Wird bei Ermittlungen wegen bestimmter, schwerer Taten Vermögen unklarer Herkunft aufgefunden, das keiner bestimmten Straftat zugeordnet werden kann, kann auch die Anordnung der erweiterten Einziehung nach § 73a StGB im selbstständigen Verfahren erfolgen (§ 76a Abs. 4 StGB).[52] Die Einleitung eines selbstständigen Verfahrens steht im Ermessen der Staatsanwaltschaft (§ 435 Abs. 1 StPO).

Sofern sich die Einziehungsanordnung gegen Dritte richtet (§ 73b StGB; oben Abschn. 7.3.2), sind die Dritten am Verfahren zu beteiligen (§§ 424–434 StPO). Die Einziehung der Taterträge kann bzgl. der Dritten nicht nur im Zusammenhang mit

---

[51] *BGHSt* 63, 116 (118 ff.) m. krit. Anm. *Schuster* NZWiSt 2018, 511; zu den rechtlichen Folgen einer informellen, „außergerichtlichen" Einziehung *BGH* HRRS 2019, 49.
[52] Beispiele bei *Köhler und Burkhard* NStZ 2017, 671 f.; krit. *Trüg* NJW 2017, 1916; *Saliger* ZStW 129 (2017), 1024 ff.; *Hinderer und Blechschmitt* NZWiSt 2018, 179 ff.

der Verurteilung angeordnet werden, sondern auch in einem selbstständigen („objektiven") Verfahren nach § 76a StGB.

Um zu verhindern, dass das Taterlangte vor dem Urteil weggegeben, verbraucht oder beiseitegeschafft wird, können die Vermögenswerte des Täters schon vor dem Urteil vorläufig sichergestellt werden. In welcher Form die **Sicherstellung** durchgeführt wird, richtet sich danach, ob das Taterlangte gegenständlich oder ob der Wertersatz eingezogen werden soll. Die Sicherung von Gegenständen erfolgt durch Beschlagnahme (§ 111b StPO), d. h. Sachen werden in Verwahrung genommen, Rechte werden gepfändet (§ 111c StPO). Die Sicherung der Wertersatzeinziehung erfolgt durch die Anordnung eines Vermögensarrests (§ 111e StPO), d. h. in das bewegliche Vermögen des Betroffenen wird durch Pfändung, in das unbewegliche Vermögen durch Eintragung einer Sicherungshypothek vollstreckt (§ 111f StPO). Sämtliche Sicherungsmaßnahmen führen zu einem Veräußerungsverbot i.S. des § 136 BGB und sind insolvenzfest, d. h., sie werden durch die Eröffnung eines Insolvenzverfahrens über das Vermögen des Betroffenen nicht berührt (§ 111d Abs. 1, § 111h Abs. 2 StPO).

Die **Interessen des Geschädigten** werden von Amts wegen grundsätzlich erst im Vollstreckungsverfahren berücksichtigt.[53] Eine Ausnahme gilt lediglich für bewegliche Sachen, die vor dem Urteil beschlagnahmt worden sind (z. B. Diebesgut): Diese Sachen können schon zu einem früheren Zeitpunkt an den Verletzten herausgegeben werden, wenn sie für die Zwecke des Strafverfahrens nicht mehr benötigt werden (§ 111n Abs. 2 StPO). Im Übrigen kommt es wieder darauf an, ob das Taterlangte gegenständlich oder ob nach § 73c StPO der Wertersatz eingezogen worden ist. Bei der gegenständlichen Einziehung hat der Verletzte nach der Mitteilung sechs Monate Zeit, um seine Ansprüche bei der Vollstreckungsbehörde anzumelden (vgl. oben Abschn. 7.3.4); der eingezogene Gegenstand wird ihm dann zurückübertragen (§ 459h Abs. 1, § 459j Abs. 2 StPO). Bei der Wertersatzeinziehung wird der aus der Verwertung der gepfändeten Gegenstände erzielte Erlös an den Verletzten ausgekehrt (§ 459h Abs. 2, § 459k Abs. 2 StPO). Reicht das verwertbare Vermögen des Einziehungsadressaten nicht aus, um die Ansprüche aller Verletzten zu befriedigen, kann die Staatsanwaltschaft einen Insolvenzantrag stellen und die Befriedigung der Ansprüche damit in das Insolvenzverfahren verlagern (§ 459h Abs. 2 Satz 2 i. V. m. § 111i Abs. 2 StPO)[54]; das durch den Vermögensarrest begründete Sicherungsrecht des Staates erlischt in diesem Fall (§ 111i StPO). Die Verlagerung der Entschädigung in das Insolvenzverfahren ermöglicht es, die Vermögensinteressen sämtlicher Geschädigter gleich zu behandeln.

7.3.6 Kriminologische Aspekte

Vor der Reform von 2017 spielte die Einziehung der Taterträge in der Praxis nur eine geringe Rolle. Die Abschöpfung bei BtM-Delikten stand im Vordergrund. 2016 wurden 2102 Verfallsanordnungen (frühere Bezeichnung für die Einziehung von

---

[53] Zum Folgenden *Schilling, Corsten und Hübner* StraFo 2017, 313 ff.; *Köhler und Burkhard* NStZ 2017, 679 ff.; *Trüg* NJW 2017, 1918.
[54] Beispiele bei *Köhler und Burkhard* NStZ 2017, 681.

Taterträgen) getroffen, davon mehr als drei Viertel (76,6 %) im Zusammenhang mit Straftaten nach dem BtMG.[55] Hintergrund war, dass das Abschöpfungsrecht in der bis 2017 geltenden Ausgestaltung als „kompliziert und unzweckmäßig" galt[56] und insbesondere bei aus der Tat erwachsenen Rückgewähr- und Ersatzansprüchen von Geschädigten nicht anwendbar war, ein Zustand, den der Gesetzgeber durch die Neufassung ändern wollte. Inwieweit es auf der Grundlage des neuen Rechts häufiger zur Anordnung der Einziehung von Taterträgen kommt, lässt sich derzeit noch nicht beurteilen. Fest steht lediglich, dass die Anzahl der Verfallsanordnungen im Jahr 2017 etwa um das Vierfache auf 8741 Anordnungen gestiegen ist, wobei der Anteil der BtMG-Fälle auf 23,1 % gesunken ist.[57]

7.4   Einziehung von Tatprodukten, Tatmitteln und Tatobjekten

Neben den Taterträgen können auch Tatprodukte, Tatmittel und Tatobjekte eingezogen werden (§§ 74 ff. StGB). Die Einziehung der genannten Gegenstände folgt zwar ähnlichen Regeln, hat aber eine andere Zielrichtung als die Einziehung der Taterträge. Zum Teil soll die Einziehung nach §§ 74 ff. dem Täter ein zusätzliches Übel zufügen, indem ihm zusätzlich zur Strafe Gegenstände (Sachen oder Rechte) entzogen werden, die für ihn typischerweise mit einem gewissen Wert verbunden sind. Ein Beispiel bildet die Einziehung des Autos, mit dem der Täter die Diebesbeute transportiert, unerlaubt Betäubungsmittel eingeführt oder das spätere Vergewaltigungsopfer zum Tatort gefahren hat. Diese Form der Einziehung hat die Funktion einer Strafe; in der Literatur wird insoweit von einer „gegenständlich spezifizierten Vermögensstrafe",[58] in der Rechtsprechung von „Nebenstrafe" gesprochen.[59] Zum Teil wird mit der Einziehung aber auch ein Sicherungszweck verfolgt; zu denken ist etwa an die Einziehung einer Tatwaffe, die für Überfälle genutzt werden kann. Diese Form der Einziehung hat, ähnlich wie die Maßregeln der Besserung und Sicherung, die Funktion, Gefahren für die öffentliche Sicherheit abzuwenden, die art- oder umständebedingt von manchen Gegenständen ausgehen können. Entsprechend ihrer unterschiedlichen Funktion sind die Voraussetzungen für die beiden Einziehungsformen unterschiedlich.

Die **Strafeinziehung** setzt eine vorsätzliche Anknüpfungstat voraus (§ 74 Abs. 1 StGB), die vom Täter rechtswidrig und schuldhaft begangen worden sein muss. Letzteres ergibt sich zwar nicht aus § 74 Abs. 1 StGB, wohl aber aus der Funktion der Einziehung als Nebenstrafe und systematisch aus den Voraussetzungen für die

---

[55] Statistisches Bundesamt, Strafverfolgung 2016, Tab. 5.2 (Erwachsene und Heranwachsende).

[56] BT-Drucks. 18/9525, 45.

[57] Statistisches Bundesamt, Strafverfolgung 2017, Tab. 5.2 (Erwachsene und Heranwachsende).

[58] S/S 2019, *Eser und Schuster*, Vorbem. §§ 73 ff. Rn. 20; MüKo 2016, *Joecks*, § 74 Rn. 2.

[59] *BGH* StV 1984, 453 m. Anm. *Schlothauer*; *BGH* StV 2012, 595.

Sicherungseinziehung (vgl. § 74b Abs. 1 Nr. 1 StGB), die gerade *keine* schuldhafte
Tat voraussetzen. Darüber hinaus muss der Gegenstand zum Zeitpunkt der letzten
tatrichterlichen Entscheidung dem Täter oder Teilnehmer der abgeurteilten Tat gehören oder zustehen (§ 74 Abs. 3 StGB). Wenn die Gegenstände zur Zeit der Entscheidung einem Dritten gehören oder zustehen, ist die Einziehung nur dann zulässig, wenn der Dritte in die abgeurteilte Tat verstrickt ist und die besonderen
Voraussetzungen des § 74a StGB vorliegen. Hat der Täter bei der Anknüpfungstat
als Organ oder Vertreter für eine juristische Person oder Personenvereinigung, insbes. für ein Wirtschaftsunternehmen gehandelt, das Eigentümer bzw. Rechteinhaber
ist, können unter den besonderen Voraussetzungen von § 74e StGB auch deren Gegenstände eingezogen werden.

Eingezogen werden können Tatprodukte, Tatmittel und Tatobjekte. Tatprodukte
sind solche Gegenstände, die durch die Anknüpfungstat hervorgebracht worden
sind. Zu denken ist etwa an gefälschte Urkunden oder Geldscheine. Als Tatmittel
bezeichnet der Gesetzgeber Gegenstände, die zur Begehung oder Vorbereitung der
Anknüpfungstat gebraucht oder bestimmt gewesen sind. Neben dem Auto ist etwa
an das Handy zu denken, mit dem Verabredungen getroffen wurden, an die Waffe,
die für einen Überfall eingesetzt, oder an das Notebook, das zur Begehung eines
Betrugs auf einer Verkaufsplattform im Internet eingesetzt wurde. Eingezogen werden können auch Tatobjekte, bei denen es sich um Gegenstände handelt, auf die sich
die Anknüpfungstat bezieht, ohne dass es sich um Tatprodukte oder Tatmittel handelt (vgl. § 74 Abs. 2 StGB). Beispiele sind Drogen (vgl. § 33 BtMG), verschleierte
Geldmittel bei der Geldwäsche (§ 261 Abs. 7 StGB) oder Tiere bei der Tierquälerei
(§ 19 Abs. 1 TierschutzG). Tatobjekte dürfen nicht bei jeder vorsätzlichen Straftat,
sondern nur dann eingezogen werden, wenn dies – wie in den genannten Beispielen – besonders zugelassen ist. Die Entscheidung über die Strafeinziehung steht im
Übrigen weitgehend im Ermessen des Gerichts. Wie die Entscheidung über die
Hauptstrafe muss sie sich an den Strafzwecken orientieren[60] und darf zur begangenen Tat und der Schwere des Vorwurfs nicht außer Verhältnis stehen (§ 74f Abs. 1
StGB). Für bestimmte Fallkonstellationen ist das Ermessen des Gerichts eingeschränkt, z. B. bei Falschgeld (§ 150 StGB), gefälschten amtlichen Ausweisen
(§ 282 Satz 2 StGB) oder kinderpornografischen Schriften (§ 184b Abs. 6 StGB);
hier *müssen* die betreffenden Gegenstände eingezogen werden. Die von der Einziehung ausgehenden Belastungen müssen bei der Bemessung der Hauptstrafe berücksichtigt werden (oben Abschn. 4.8).[61]

Die **Sicherungseinziehung** ist unter weitergehenden Voraussetzungen zulässig. In Betracht kommt sie nicht nur bei Tatprodukten, Tatmitteln oder Tatobjekten, sondern bei allen Gegenständen, die entweder nach ihrer Art oder den Umständen die Allgemeinheit gefährden (z. B. die Tatwaffe, Gift oder Sprengstoff)
oder von denen anzunehmen ist, dass sie der Begehung weiterer rechtswidriger

---

[60] *BGHSt* 10, 337 (338); 19, 245 (256).
[61] *BGH* NStZ-RR 2012, 169; NK 2017, *Saliger*, § 74 Rn. 39.

Taten dienen werden (§ 74b Abs. 1 StGB). Letzteres ist vor allem bei Tatwerk-
zeugen anzunehmen, die vom Täter zwar nicht für die Anknüpfungstat gebraucht oder bestimmt gewesen sind (dann ist die Einziehung bereits nach § 74
Abs. 1 StGB möglich), die aber praktisch gar nicht anders als durch Missachtung der Rechtsordnung gebraucht werden können. Beispiele können etwa Waffen oder Einbruchswerkzeuge sein. Anders als die Strafeinziehung setzt die Sicherungseinziehung nicht voraus, dass die abgeurteilte Tat schuldhaft begangen
worden ist (§ 74b Abs. 1 Nr. 1 StGB), und, sofern die Gegenstände einem Dritten gehören, können sie auch dann entzogen werden, wenn dieser nicht in die
Anknüpfungstat verstrickt ist (Nr. 2). Soweit sich die Einziehung gegen einen
tatunbeteiligten Dritten richtet, wird er aus der Staatskasse entschädigt (§ 74b
Abs. 2 und 3 StGB).

Ebenso wie bei der Einziehung von Taterträgen gilt, dass das Gericht die Wertersatzeinziehung anordnen kann, wenn der Täter die Einziehung durch Veräußerung, Verbrauch oder auf andere Weise vereitelt hat (§ 74c StGB). Die Einziehung
des Wertersatzes ist allerdings nur bei der Strafeinziehung, nicht auch bei der Sicherungseinziehung zulässig, da der Grund für die Einziehung in letzterem Fall in
der Gefährlichkeit des konkreten Gegenstands liegt, die durch die Einziehung des
Wertersatzes nicht beseitigt werden würde.[62] Für die Wirkungen der Einziehung
und das Verfahren kann auf das oben Gesagte verwiesen werden (oben
Abschn. 7.3.4 und 7.3.5). Seit der Gesetzesänderung von 2017, die auch die frühere terminologische Unterscheidung von „Einziehung" und „Verfall" beseitigt
hat, gelten die Vorschriften zur Wirkung und dem Verfahren unterschiedslos für
alle Formen der Einziehung; insbesondere kann die Einziehung von Tatprodukten, -mitteln und -objekten auch in einem objektiven Verfahren angeordnet werden (§ 76a Abs. 1 bis 3 StGB).[63]

In der Praxis spielte die Einziehung von Tatprodukten, -mitteln und -objek-
ten bislang eine deutlich *größere Rolle* als die Einziehung von Taterträgen: 2017
wurden 47.123 Einziehungen nach §§ 74 ff. StGB ausgesprochen, überwiegend
(54,7 %) wiederum im Zusammenhang mit der Aburteilung von BtM-Delikten.[64] Diese Angaben dürfen nicht darüber hinwegsehen lassen, dass in der *Praxis* zumindest bis zur Gesetzesänderung von 2017 unabhängig von den gesetzlichen Vorgaben auch ein *informelles Verfahren* stattfand, bei dem Gegenstände
allein auf der Grundlage der Einverständniserklärung des Angeklagten, u. U. im
„Gesamtpaket" mit einer weiterreichenden Absprache, eingezogen wurden.[65]
Über das Ausmaß der außergerichtlichen Einziehung lagen und liegen keinerlei
statistische Angaben vor.

---

[62] SK StGB 2016, *Wolters*, § 74c Rn. 3.
[63] *Fischer* 2019, § 76a Rn. 2.
[64] Statistisches Bundesamt, Strafverfolgung 2017, Tab. 5.2 (Erwachsene und Heranwachsende).
[65] *Thode* NStZ 2000, 62 ff.; *Brauch* NStZ 2013, 503 ff.

7.5   Bekanntgabe der Verurteilung

Bei bestimmten Delikten hat der Gesetzgeber ein Bedürfnis dafür anerkannt, die symbolischen Wirkungen des Schuldspruchs (vgl. oben Abschn. 1.1.3 und 2.1.1) durch die öffentliche Bekanntgabe der Verurteilung zu verstärken. Die Verurteilung des Täters wird in diesem Fall nicht nur der Saalöffentlichkeit, sondern einem deutlich breiteren Kreis bekanntgemacht, wobei die Art der Bekanntmachung vom Gericht im Urteil bestimmt wird; in Betracht kommt namentlich die Bekanntgabe in einer Zeitung oder Zeitschrift, aber es sind auch weniger bloßstellende Veröffentlichungsformen denkbar wie der Aushang am Schwarzen Brett im Gericht oder in einer JVA. Die Maßnahme dient weder dem Schuldausgleich noch der Prävention, sondern allein dem *Rehabilitationsinteresse des Verletzten*. Für den Verletzten ist sie eine Form des ideellen Schadensersatzes und der Wiedergutmachung vor einer Öffentlichkeit, die von der Tat mutmaßlich Kenntnis genommen hat. Trotz ihrer den Verurteilten bloßstellenden Wirkung – in der Literatur wird z. T. von „Prangerstrafe" gesprochen[66] – ist die Maßnahme nicht als Nebenstrafe,[67] sondern als **Nebenfolge ohne Strafcharakter** einzuordnen.[68] Über die Maßnahme wird nicht nach Schuldgesichtspunkten (§ 46 Abs. 1 Satz 1 StGB) entschieden, sondern allein deshalb, weil der Verletzte es beantragt; dem Antrag muss stattgegeben werden. Die mit der öffentlichen Bloßstellung verbundenen Belastungen müssen jedoch bei der weiteren Strafzumessung berücksichtigt werden (oben Abschn. 4.8).

Die öffentliche Bekanntgabe der Verurteilung kommt nur im Zusammenhang mit bestimmten Delikten in Betracht. Entsprechende Regelungen finden sich im Beleidigungsrecht (§§ 103 Abs. 2, 200 StGB), bei falscher Verdächtigung (§ 165 StGB) sowie bei bestimmten Delikten im Nebenstrafrecht (etwa § 111 UrhG, § 143 Abs. 6 MarkenG, § 51 Abs. 6 DesignG).Im Kernstrafrecht wird vorausgesetzt, dass die Tat *öffentlich* oder durch die *Verbreitung von Schriften* begangen worden sein muss. Öffentlich bedeutet, dass der Rechtsgutsangriff von einem größeren, nach Zahl und Individualität unbestimmten Kreis oder für einen nicht durch persönliche Beziehungen verbundenen größeren Kreis von Personen unmittelbar wahrnehmbar war oder zur unmittelbaren Wahrnehmung angeboten wurde.[69]

Ist auf Strafe erkannt und ein Antrag gestellt worden, ist die Bekanntgabe zwingend anzuordnen; dem Gericht steht nur hinsichtlich der Entscheidung über die Art und den Umfang der Bekanntmachung ein Ermessensspielraum zu. Dabei hat es abzuwägen zwischen dem Rehabilitationsinteresse des Verletzten und dem Interesse des Täters, eine Bloßstellung zu vermeiden.[70] Die Art der Bekanntgabe

---

[66] *Schomburg* ZRP 1986, 65; *Jescheck und Weigend* 1996, 788.

[67] So aber *BGHSt* 10, 306 (310); NK 2017, *Zaczyk*, § 200 Rn. 1; MüKo 2016 ff., *Regge und Pegel*, § 200 Rn. 1.

[68] *Fischer* 2019, § 200 Rn. 1; LK 2006 ff., *Häger*, Vor §§ 38 ff. Rn. 49; S/S 2019, *Bosch und Schittenhelm*, § 165 Rn. 1.

[69] *Lackner und Kühl* 2018, § 80a Rn. 3; *Fischer* 2019, § 186 Rn. 16.

[70] *Fischer* 2019, § 200 Rn. 4; S/S 2019, *Bosch und Schittenhelm*, § 165 Rn. 9.

ist allein für die Fälle vom Gesetz vorgeschrieben, in denen die Beleidigung oder die falsche Verdächtigung in einer Zeitung oder Zeitschrift erfolgt ist; in diesen Fällen ist die Bekanntmachung auf die gleiche Weise vorzunehmen, in der die Tat begangen wurde (vgl. § 200 Abs. 2, § 165 Abs. 2 StGB). Verleger, verantwortliche Redakteure und die für die Rundfunkprogrammgestaltung Verantwortlichen sind zur Veröffentlichung verpflichtet, so wie sie vom Gericht angeordnet wurde (§ 463c Abs. 3 und 4 StPO).

7.6 Registerrechtliche Folgen

Die letzte spezifisch strafrechtliche Rechtsfolge der Tat, die hier erwähnt werden soll, ist die Eintragung des Urteils in den staatlichen Registern. Anders als bei der Bekanntgabe der Verurteilung geht es bei der Registereintragung nicht darum, die symbolischen Wirkungen des Urteilsspruchs zu verstärken. Die Eintragung hat allein den Zweck, die Erinnerung an das Urteil zu konservieren und sicherzustellen, dass sich die staatlichen Organe immer dann, wenn es für die Erfüllung ihrer Aufgaben darauf ankommt, zuverlässig Auskunft über das bisherige Verhalten einzelner Personen verschaffen können.

Von Bedeutung ist diese Auskunft vor allem im Strafverfahren, wenn es um die Frage geht, ob und ggf. in welcher Weise ein Beschuldigter schon einmal „vorauffällig" gewesen ist. Die „Vorauffälligkeit" hat in vielen Fällen zur Konsequenz, dass auf informelle Formen der Verfahrenserledigung (§§ 153 ff., 407 ff. StPO) verzichtet und die förmliche Verurteilung angestrebt wird. Die „Vorauffälligkeit" erlangt darüber hinaus aber auch Bedeutung bei der Bestimmung und Bemessung der gegen den wiederholt straffällig gewordenen Täter verhängten Sanktion: Das „Vorleben des Täters" ist nicht nur einer der wichtigsten Strafzumessungsfaktoren (§ 46 Abs. 2 StGB; dazu oben Abschn. 4.4.1.4.7), sondern er wird im allgemeinen auch als wichtiger Indikator bei der Prognose des weiteren Verhaltens angesehen (oben Abschn. 3.7.2.2.2); das „Vorleben" kann dementsprechend etwa auf die Entscheidung über die Strafaussetzung zur Bewährung oder über die Anordnung von Maßregeln der Besserung und Sicherung Einfluss nehmen. Die Eintragungen stellen darüber hinaus ein Hilfsmittel im Rahmen der Resozialisierung dar, denn sie versetzen vor allem die Bewährungshelfer und das Personal der Justizvollzugsanstalten in die Lage, die Persönlichkeit der Verurteilten umfassend zu würdigen und die erforderlichen Maßnahmen daran auszurichten.[71]

An der Auskunft aus den staatlichen Registern haben im Übrigen nicht nur die staatlichen Organe ein Interesse. Auch *im gesellschaftlichen Bereich* besteht zum Teil ein erheblicher Bedarf an zuverlässigen Informationen über das bisherige Verhalten Einzelner, etwa bei Arbeitgebern. Hier stehen sich freilich gegenläufige Interessen gegenüber: Während ein Arbeitgeber in der Regel möglichst genau wissen will, wen er einstellt (so hat etwa eine Bank regelmäßig kein Interesse daran, einen Kassierer einzustellen, der bereits wegen Untreue oder Unterschlagung verurteilt ist), hat der Verurteilte das Interesse,

---

[71] *Veith* BewHi 1999, 112.

dass ihm früheres Fehlverhalten nach dem Abschluss der Strafvollstreckung nicht weiter vorgehalten wird und seine Reintegration erschwert.[72]

In Deutschland werden Verurteilungen im **Bundeszentralregister** erfasst, das vom Bundesamt für Justiz in Bonn geführt wird (§ 1 BZRG). *Eingetragen* werden alle rechtskräftig gewordenen Entscheidungen, in denen auf Strafe erkannt, eine Verwarnung mit Strafvorbehalt ausgesprochen oder eine Maßregel der Besserung und Sicherung verhängt worden ist (§ 4 BZRG). Bei Jugendlichen und Heranwachsenden werden leichtere Sanktionen im *Erziehungsregister* eingetragen, welches nur einem besonders begrenzten Adressatenkreis zugänglich ist (vgl. §§ 59 ff. BZRG). Es soll der Vorbereitung von Erziehungsentscheidungen dienen und einen Überblick über die bisherige Entwicklung, erzieherische Schwierigkeiten sowie bisher unternommene Erziehungsversuche geben.[73]

Die Eintragungen werden erst nach Ablauf einer bestimmten Frist wieder *getilgt* (zu den Einzelheiten vgl. §§ 45 ff. BZRG); Verurteilungen zu lebenslanger Freiheitsstrafe sowie Anordnungen der Unterbringung im Maßregelvollzug nach §§ 63 oder 66 StGB werden grundsätzlich nicht getilgt (§ 45 Abs. 3 BZRG). Die Tilgungsfrist der tilgungsfähigen Eintragungen richtet sich nach der Art und Schwere der verhängten Sanktion. Bei Verurteilung zu Geldstrafe von nicht mehr als 90 Tagessätzen beträgt sie bspw. 5 Jahre (§ 46 Abs. 1 Nr. 1a BZRG). Die Tilgungsregeln dienen insbesondere dazu, dem im Strafrecht herrschenden Resozialisierungsgedanken Rechnung zu tragen: Ist die Registereintragung getilgt worden oder ist sie zu tilgen, so dürfen dem Täter die Verurteilung und die ihr zugrundeliegende Tat nicht mehr vorgehalten oder zu seinem Nachteil verwertet werden (§ 51 Abs. 1 BZRG). Darüber hinaus darf sich der Verurteilte im Interesse der endgültigen Wiedereingliederung als unbestraft bezeichnen und braucht den zugrunde liegenden Sachverhalt nicht zu offenbaren (§ 53 BZRG).

Unbeschränkte Auskunft aus dem Bundeszentralregister erhalten auf Anforderung nur bestimmte staatliche Organe, wenn und soweit die Auskunft für die Erfüllung ihrer jeweiligen Zwecke benötigt wird; zu diesen Organen gehören auch die Staatsanwaltschaften und die Gerichte (§ 41 Abs. 1 Nr. 1 BZRG). Im Übrigen, namentlich gegenüber Privatpersonen (z. B. Arbeitgebern) wird nur eine beschränkte Auskunft erteilt (*Führungszeugnis*). Um die Wiedereingliederung eines Verurteilten nicht übermäßig zu belasten, werden in das Führungszeugnis nur solche Verurteilungen aufgenommen, die einen bestimmten Erheblichkeitsgrad übersteigen. Verurteilungen zu Geldstrafe von nicht mehr als 90 Tagessätzen werden bspw. dann nicht aufgenommen, wenn es sich insoweit um die einzige Verurteilung des Betreffenden gehandelt hat (§ 32 Abs. 2 Nr. 5 BZRG). Auch in diesem Fall darf sich der Verurteilte nach § 53 BZRG als unbestraft bezeichnen. Ausgenommen von diesen Privilegierungen sind Verurteilungen wegen einer Sexualstraftat (§ 32 Abs. 1 Satz 2 BZRG). Soweit der Verurteilte für bestimmte Tätigkeiten (z. B. im Bereich der Kinder- und Jugendhilfe,

---

[72] Zur kriminologischen Problematik der Etikettierung und Stigmatisierung vgl. *Eisenberg und Kölbel* 2017, § 8 Rn. 3 f., § 37 Rn. 33 f., § 40 Rn. 4.

[73] *Veith* BewHi 1999, 115.

§ 72a SGB VIII) ein *erweitertes Führungszeugnis* benötigt, werden darin auch Verurteilungen wegen bestimmter anderer personenbezogener Delikte ausgewiesen (§ 32 Abs. 5 BZRG).

Das Bundeszentralregister ist das wichtigste, aber nicht das einzige staatliche Register, in das die Verurteilung eingetragen wird. Weitere wichtige Register sind das Verkehrszentralregister in Flensburg (§§ 28 ff. StVG) sowie das länderübergreifende staatsanwaltschaftliche Verfahrensregister (§§ 492 ff. StPO). Letzteres weist nicht nur nach, welche Strafen und sonstigen Sanktionen gegen die Verurteilten verhängt worden sind, sondern liefert eine Übersicht über sämtliche Verfahren, die gegen einen Beschuldigten durchgeführt worden sind, unabhängig von der Art der Verfahrenserledigung. In der Sache ist das staatsanwaltschaftliche Verfahrensregister ein Gegenstück zu den polizeilichen Informationssystemen der Polizei, etwa INPOL, auf die die Justizbehörden nur eingeschränkt Zugriff haben.[74]

Kontrollfragen

1. Worin liegt der Sinn und Zweck der Statusfolgen? (Abschn. 7.2)
2. Welche Formen der Einziehung gibt es? Welche unterschiedlichen Funktionen haben sie? (Abschn. 7.3.1 und 7.3.6)
3. Wie werden bei der Einziehung von Taterträgen die Ansprüche der Geschädigten befriedigt? (Abschn. 7.3.4)
4. Was ist das „Führungszeugnis"? (Abschn. 7.5)

Literatur

Brauch, P. (2013). Die außergerichtliche Einziehung von Vermögenswerten im Strafverfahren. *Neue Zeitschrift für Strafrecht (NStZ)*, 503–509.

Eisenberg, U., & Kölbel, R. (2017). *Kriminologie* (7. Aufl.). Tübingen: Mohr Siebeck.

Fischer, T. (2019). *Strafgesetzbuch und Nebengesetze* (66. Aufl.). München: Beck.

Hinderer, P., & Blechschmitt, L. (2018). Die „erweiterte selbständige Einziehung" nach § 76a Abs. 4 StGB i.V.m. § 437 StPO. *Neue Zeitschrift für Wirtschafts-, Steuer- und Unternehmensstrafrecht (NZWiSt)*, 179–185.

Jescheck, H.-H., & Weigend, T. (1996). *Lehrbuch des Strafrechts. Allgemeiner Teil* (5. Aufl.). Berlin: Duncker & Humblot.

Katholnigg, O. (1994). Die Neuregelungen beim Verfall. *Juristische Rundschau (JR)*, 353–356.

Kett-Straub, G., & Kudlich, H. (2017). *Sanktionenrecht*. München: C.H. Beck.

Kiethe, K., & Hohmann, O. (2003). Das Spannungsverhältnis von Verfall und Rechten Verletzter (§ 73 Abs. 1 Satz 2 StGB) – Zur Notwendigkeit der effektiven Abschöpfung von Vermögensvorteilen aus Wirtschaftsstraftaten. *Neue Zeitschrift für Strafrecht (NStZ)*, 505–511.

KK OWiG. (2017). *Karlsruher Kommentar zum Gesetz über Ordnungswidrigkeiten* (5. Aufl.). München: Beck. (Hrsg. Mitsch, W.).

Köhler, M. (2017). Die Reform der strafrechtlichen Vermögensabschöpfung – Teil 1/2. *Neue Zeitschrift für Strafrecht (NStZ)*, 497–512.

Köhler, M., & Burkhard, C. (2017). Die Reform der strafrechtlichen Vermögensabschöpfung – Teil 2/2. *Neue Zeitschrift für Strafrecht (NStZ)*, 665–682.

---

[74] SK StPO 2015 ff., *Weßlau*, Vor § 492 Rn. 2, 6.

Korte, M. (2018). Grundzüge der Reform der Vermögensabschöpfung. *Neue Zeitschrift für Wirtschafts-, Steuer- und Unternehmensstrafrecht (NZWiSt)*, 231–234.

Lackner, K., & Kühl, K. (2018). *Strafgesetzbuch* (29. Aufl.). München: Beck.

LK. (2006). *Leipziger Kommentar* (12. Aufl.). Berlin: de Gruyter. (Hrsg. Laufhütte, H. W., Rissing-van Saan, R., & Tiedemann, K.).

MüKo. (2016 ff.). *Münchener Kommentar zum Strafgesetzbuch* (3. Aufl.). München: Beck. (Hrsg. Joecks, W., & Miebach, K.).

Meyer-Goßner, L., & Schmitt, B. (2018). *Strafprozessordnung* (61. Aufl.). München: C.H. Beck.

Nelles, U. (1991). Statusfolgen als „Nebenfolgen" einer Straftat (§ 45 StGB). *JuristenZeitung (JZ)*, 17–24.

NK. (2017). *Nomos Kommentar zum Strafgesetzbuch* (Bd. 1, 5. Aufl.). Baden-Baden: Nomos. (Hrsg. Kindhäuser, U., Neumann, U., & Paeffgen, H.-U.).

Parigger, M. (2011). Urteilsfolgen neben der Strafe. *Strafverteidiger Forum (StraFo)*, 447–458.

Reitemeier, W. (2017). Die Reform der strafrechtlichen Vermögensabschöpfung. *Zeitschrift für Jugendkriminalrecht und Jugendhilfe (ZJJ)*, 354–364.

Röth, T. (2012). Nebenfolgen strafrechtlicher Verurteilung. *Strafverteidiger Forum (StraFo)*, 354–362.

S/S. (2019). Schönke/Schröder. *Strafgesetzbuch. Kommentar* (30. Aufl.). München: Beck. (bearb. von Eser, A., u. a.).

Saliger, F. (2017). Grundfragen der Vermögensabschöpfung. *Zeitschrift für die gesamte Strafrechtswissenschaft, 129*, 995–1034.

Schäuble, J., & Pananis, P. (2019). Subjektive Beschränkungen des Bruttoprinzips nach neuem Einziehungsrecht (§ 73d Abs. 1 StGB). *Neue Zeitschrift für Strafrecht (NStZ)*, 65–72.

Schilling, H., Corsten, J., & Hübner, Y. (2017). Das Gesetz zur Reform der strafrechtlichen Vermögensabschöpfung. *Strafverteidiger Forum (StraFo)*, 305–316.

Schomburg, W. (1986). Die öffentliche Bekanntmachung einer strafrechtlichen Verurteilung. *Zeitschrift für Rechtspolitik (ZRP)*, 65–68.

SK StGB. (2016). *Systematischer Kommentar zum Strafgesetzbuch* (9. Aufl.). Köln: Wolters Kluwer. (Hrsg. Wolter, J.).

SK StPO. (2015). *Systematischer Kommentar zur Strafprozessordnung* (5. Aufl.). Köln: Wolters Kluwer. (Hrsg. Wolter, J.).

Sobota, S. (2017). Die „Nebenfolge". Eigenständige Rechtsfolge oder Auffangbecken des Sanktionenrechts? *Zeitschrift für Internationale Strafrechtsdogmatik (ZIS)*, 248–256.

SSW-StGB. (2009). *Strafgesetzbuch Kommentar*. Köln: Heymanns. (Hrsg. Satzger, H., Schmitt, B., & Widmaier, G.).

Thode, M. (2000). Die außergerichtliche Einziehung von Gegenständen im Strafprozess. *Neue Zeitschrift für Strafrecht (NStZ)*, 62–67.

Trüg, G. (2017). Die Reform der strafrechtlichen Vermögensabschöpfung. *Neue Juristische Wochenschrift (NJW)*, 1913–1918.

Veith, H.-M. (1999). Das Bundeszentralregister. Eine Einführung. *Bewährungshilfe (BewHi)*, 111–133.

Die Reform des strafrechtlichen Sanktionssystems

8

8.1 Die Determinanten der Kriminalpolitik

Das heutige System der strafrechtlichen Sanktionen geht in seiner Grundstruktur auf die Strafrechtsreform von 1969 zurück. Die Reduzierung der Strafarten auf zwei Hauptstrafen und eine Nebenstrafe, die Umgestaltung der Geldstrafe nach dem Tagessatzsystem, die Zurückdrängung der Freiheitsstrafe durch die „ultima-ratio"-Klausel des § 47 StGB und den Ausbau der Bewährungsaussetzung, im Maßregelrecht die Stärkung des Verhältnismäßigkeitsgedankens sowie die Zulassung des Vikariierens von Strafe und Maßregel sind wesentliche Leistungen des damaligen Reformgesetzgebers gewesen, die bis heute überdauert haben. Im internationalen Vergleich lassen die damaligen Reformen das heutige System als ein **moderates und** gleichwohl **effektives Instrument** zur Wiederherstellung und Sicherung der durch die Tat gestörten sozialen Ordnung erscheinen. Dabei ist der Gesetzgeber seit der grundlegenden Reform von 1969 nicht untätig geblieben, sondern hat sich kontinuierlich um die weitere Ausgestaltung des Sanktionssystems und die Anpassung an die sich verändernden gesellschaftlichen Bedürfnisse und Erwartungen bemüht. Vor allem drei, zum Teil gegenläufige Entwicklungslinien lassen sich aus heutiger Sicht ausmachen: die Betonung des **Opfergedankens** und der Wiedergutmachung seit der Mitte der 1980er-Jahre (erster Schritt: Ergänzung des § 46 Abs. 2 StGB durch das Opferschutzgesetz vom 18.12.1986), die Betonung des **Sicherheitsgedankens** durch Inhaftierung und geschlossene Unterbringung seit der zweiten Hälfte der 1990er-Jahre (erster Schritt: Gesetz zur Bekämpfung von Sexualdelikten und anderen gefährlichen Straftaten vom 26.01.1998) und – etwas weniger deutlich – die Betonung des **Behandlungsgedankens** durch den Ausbau der Sozialtherapie im Strafvollzug, die Einrichtung der forensischen Ambulanzen, die Ermöglichung der Krisenintervention und die Umsetzung des Gebots eines freiheitsorientierten und therapiegerichteten Vollzugs der Sicherungsverwahrung. Ebenso wie die Rechtsordnung insgesamt befindet sich auch das System der strafrechtlichen Sanktionen in einem kontinuierlichen Prozess der Anpassung an die Vielfalt der gesellschaftlichen Veränderungen.

© Springer-Verlag GmbH Deutschland, ein Teil von Springer Nature 2019
B.-D. Meier, *Strafrechtliche Sanktionen*, Springer-Lehrbuch,
https://doi.org/10.1007/978-3-662-59442-1_8

Versucht man, die wesentlichen Determinanten für die Kriminalpolitik im Bereich der strafrechtlichen Sanktionen etwas genauer in den Blick zu nehmen, ist es sinnvoll, zwischen „harten" und „weichen" Einflussfaktoren zu unterscheiden. Bei den „harten" Umständen, die der Entwicklung der Kriminalpolitik äußere, nicht oder nur schwer überwindbare Grenzen setzen, sind es vor allem zwei Leitlinien, an denen sich die Politikpraxis orientieren muss: die grund- und menschenrechtlichen Vorgaben, wie sie insbesondere vom BVerfG und dem EGMR aufgestellt werden, sowie die personellen, baulichen und sachlichen Kapazitätsgrenzen des Strafjustizsystems, das aus fiskalischen Gründen nicht beliebig erweiterbar ist.

Dass das Sanktionssystem in der Vergangenheit wesentlich durch die **Vorgaben aus Karlsruhe und Straßburg** gestaltet worden ist, ist im Verlauf der vorangegangenen Kapitel hinreichend deutlich geworden. Namentlich die Entscheidungen des BVerfG zur Rechtsstellung von Strafgefangenen,[1] zur Resozialisierung im Strafvollzug,[2] zur lebenslangen Freiheitsstrafe,[3] zur Verhältnismäßigkeit des Maßregelvollzugs,[4] zur Verfassungswidrigkeit der Vermögensstrafe[5] und zum Abstandsgebot in der Sicherungsverwahrung[6] haben die Ausgestaltung des Sanktionssystems nachhaltig beeinflusst und zum Teil maßgeblich verändert. Auch wenn das BVerfG nicht der alleinige Schrittmacher gewesen ist, sondern namentlich zur Entscheidung über die Verfassungswidrigkeit des Vollzugs der Sicherungsverwahrung erst vom EGMR gedrängt werden musste,[7] haben die höchsten Gerichte aus den Grund- und Menschenrechten einen Rahmen abgeleitet, der die Politikpraxis rechtlich bindet. Allgemein gehört hierzu in formeller Hinsicht vor allem die Verlagerung der Verantwortung für wesentliche Entscheidungen von der Exekutive auf die Legislative; erinnert sei an die vom BVerfG geforderte Ablösung des Gnadenrechts durch die differenzierten Regelungen über die Aussetzung des Strafrests bei der lebenslangen Freiheitsstrafe.[8] Inhaltlich schwebt über der praktischen Kriminalpolitik das vom BVerfG schon früh aus den Grundrechten herausgearbeitete Gebot des sinn- und maßvollen Strafens,[9] das für die konkrete Rechtsanwendung zwar kaum ergiebig ist, als Programmsatz aber gerade im politischen Bereich Wirkungen entfalten kann.

Der zweite vergleichsweise „harte" Faktor, an dem sich die Kriminalpolitik orientieren muss, ergibt sich aus den **Kapazitätsgrenzen des Strafjustizsystems**. Das Beispiel, das diese Grenze zum ersten Mal deutlich werden ließ, liegt bereits mehr als ein halbes Jahrhundert zurück: Im Jahr 1967 entschied das OLG Hamm, dass die Verlegung eines Strafgefangenen zu zwei weiteren Gefangenen auf eine Einmannzelle von etwa 23,45 m^3 Rauminhalt mit einer Toilette ohne Schamwand gegen den

---

[1] *BVerfGE* 33, 1 (9 ff.); für den Jugendstrafvollzug *BVerfGE* 116, 69 (80 ff.).

[2] *BVerfGE* 35, 202 (235 f.); 45, 187 (238 f.).

[3] *BVerfGE* 45, 187 (222 ff.).

[4] *BVerfGE* 70, 297 (311 ff.).

[5] *BVerfGE* 105, 135 (152 ff.).

[6] *BVerfGE* 128, 326 (365 ff.).

[7] Vgl. *BVerfGE* 109, 133 (149 ff.); *EGMR* NJW 2010, 2495; *BVerfGE* 128, 326 (365 ff.).

[8] *BVerfGE* 45, 187 (242 ff.).

[9] *BVerfGE* 28, 386 (391); 45, 187 (253 ff.); 64, 261 (271).

Grundsatz der Menschenwürde verstoße.[10] Das nordrhein-westfälische Justizministerium erließ daraufhin einen absoluten Vollstreckungsstopp (vgl. § 455a StPO) für Freiheitsstrafen bis zu 3 Monaten, die gegen nicht vorbestrafte Täter verhängt wurden, sowie für Freiheitsstrafen bis zu 6 Monaten, wenn für sie kein freier Haftraum zur Verfügung stand, der den Maßgaben des OLG Hamm Rechnung trug. Neben einer allgemeinen Änderung der Strafzumessungspraxis namentlich im Umgang mit Trunkenheitsdelikten war dies einer der wesentlichen Impulse dafür, dass die kurze Freiheitsstrafe im 1. StrRG zurückgedrängt wurde.[11]

Auch heute noch geht von den Kapazitätsgrenzen des Strafjustizsystems politischer Handlungsdruck aus. Der Druck ist allerdings weniger deutlich sichtbar und lässt sich nur bei einem Blick auf die langfristigen Entwicklungen erkennen. Ein wesentlicher Indikator sind insoweit die Belegungszahlen im Straf- und Maßregelvollzug.

Im **Strafvollzug** nahmen die Belegungszahlen vor allem in den 1990er-Jahren und der ersten Hälfte der 2000er-Jahre erheblich zu. Während 1992 im Erwachsenenstrafvollzug am Stichtag 31.3. deutschlandweit nur 35.401 Personen einsaßen, lag die Zahl der Strafgefangenen 1998 bereits bei 50.021 Personen und stieg bis zum Jahr 2007 auf den bisherigen Höchststand von 57.284 Personen an[12]; die Zahlen hatten sich damit innerhalb des Zeitraums 1992 bis 1998 um mehr als ein Drittel (+41,3 %) und innerhalb des Zeitraums 1992 bis 2007 um mehr als die Hälfte (+61,8 %) erhöht. Der deutlichste Anstieg war dabei in der Gruppe der Gefangenen mit einer voraussichtlich zu verbüßenden Freiheitsstrafe von 2 bis 5 Jahren zu beobachten; hier stiegen die Zahlen zwischen 1992 und 2007 um +72,2 % an. Aber auch in der Gruppe der „Kurzstrafer" mit einer voraussichtlich zu verbüßenden Freiheitsstrafe von bis zu 9 Monaten stiegen die Belegungszahlen in diesem Zeitraum erheblich an (+71,8 %). Geringer waren die Anstiege bei den sehr hohen Vollzugszeiten, also in der Gruppe der 5 bis 15 Jahre Inhaftierten (+33,4 %) und der Lebenslänglichen (+51,0 %). Seit 2007 ist in allen Gruppen eine gewisse Entspannung eingetreten (Abb. 8.1). Für den Anstieg bis 2007 gab es im Wesentlichen zwei Gründe: eine härtere Strafzumessungspraxis der Gerichte, die sich auch anhand anderer Indikatoren belegen ließ, sowie ein Anstieg der verbüßten Ersatzfreiheitsstrafen.[13] Der Anstieg war einer der wesentlichen Gründe dafür, dass Ende der 1990er-Jahre eine Reformkommission eingesetzt wurde, die weitreichende Vorschläge zum Ausbau der „Zwischensanktionen" im ambulanten Bereich vorlegte.[14]

Auch im **Maßregelvollzug** nach §§ 63 und 64 StGB nahmen die Belegungszahlen seit den 1990er-Jahren erheblich zu, wobei die Entwicklung hier, anders als im Strafvollzug, möglicherweise auch noch nicht abgeschlossen ist; seit 2015 fehlen Zahlen, die mit den früheren Jahrgängen vergleichbar sind. Während 1992 in den

---

[10] *OLG Hamm* NJW 1967, 2024.

[11] *Schöch* 1973, 70 f.; zur Frage der Verfassungsmäßigkeit der damals neuen Regelung *BVerfGE* 28, 386 (389 ff.).

[12] Statistisches Bundesamt, Strafvollzug, Reihe 4.1, Tab. 1.1.

[13] Vgl. NK 2017, *Villmow*, Vor §§ 38 ff. Rn. 43 ff.

[14] Abschlussbericht der Kommission zur Reform des strafrechtlichen Sanktionensystems 2000; ausführlich hierzu die 4. Aufl. (*Meier* 2015, 463 ff.).

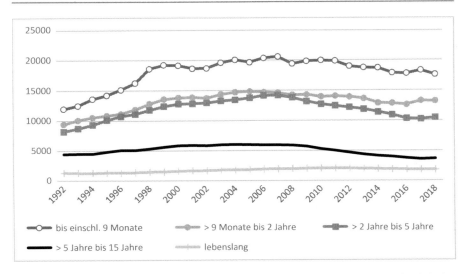

Abb. 8.1 Strafgefangene nach der voraussichtlichen Dauer des Vollzugs. (Quelle: Statistisches Bundesamt, Strafvollzugsstatistik, Reihe 4.1, Tab. 1.1)

psychiatrischen Krankenhäusern nur 2657 Personen untergebracht waren, waren es 2013 mehr als doppelt so viele, nämlich 6652 Personen (oben Abschn. 5.3.1.6.1, Abb. 5.2; Bezugsgebiet in beiden Fällen alte Bundesländer unter Einschluss von Gesamt-Berlin; Anstieg von + 150 %). Ähnlich ist der Anstieg der Belegungszahlen in den Entziehungsanstalten: 1269 Untergebrachten im Jahr 1992 standen hier 3819 Untergebrachte im Jahr 2013 gegenüber (oben Abschn. 5.3.2.6.1, Abb. 5.3; Anstieg von + 200,9 %). Im Hintergrund dürften vor allem eine geschärfte Sensibilität der Justiz für psychiatrische Auffälligkeiten und Suchtprobleme sowie eine restriktivere Entlassungspraxis nach § 67d Abs. 2 StGB gestanden haben.[15] Neben den Impulsen, die das BVerfG für die stärkere Berücksichtigung des Verhältnismäßigkeitsprinzip gesetzt hatte, war die ungünstiger gewordene Belegungssituation in den Einrichtungen maßgeblich dafür, dass 2016 die Voraussetzungen für die langdauernde Unterbringung in der Psychiatrie verschärft wurden (§ 67d Abs. 6 Satz 2 und 3 StGB).[16]

Neben diesen „harten Fakten" spielen in der Kriminalpolitik die „weichen Faktoren" eine wesentliche Rolle. Ihre Erfassung und die Bestimmung ihres Einflusses fallen naturgemäß schwerer. Feststellbar ist jedoch, dass sich das **kriminalpolitische Klima** in den 1990er-Jahren verändert hat.[17] Als Folge einer in vielen Fällen reißerisch aufgemachten Kriminalitätsberichterstattung in den Medien werden die Kriminalitätswirklichkeit und ihre Veränderungen, die zum Teil nur an Einzelfällen festgemacht werden können, heute in breiten Kreisen der Bevölkerung aufmerksam

---

[15] Vgl. *Dessecker* 2010, 199 ff.; *Dessecker* Soziale Probleme 2013, 67 ff.

[16] *Schalast und Lindemann* R&P 2015, 72 ff.

[17] *Albrecht, H.-J.* 1999a, 765 ff.; *Albrecht, H.-J.* ZStW 111 (1999b), 863 ff.; *Streng* ZStW 111 (1999), 828 ff., 857 ff.

registriert und im Internet kommentiert.[18] Wahrgenommen wird vom Publikum in der Regel ein Kriminalitätsanstieg, der sich insbesondere im Bereich der Sexual- und Gewaltkriminalität abspielt und der – weitgehend unabhängig von der objektiven Sicherheitslage – Bedrohungsgefühle auslöst bzw. bekräftigt und verstärkt.[19] Aus der Verbrechensfurcht ergeben sich Erwartungen an die Politik, die wiederum massenmedial artikuliert werden. Diese Erwartungen sind in der Regel auf einfache Lösungen fixiert. Erwartet werden ein „kurzer Prozess" und die kostengünstige, Sicherheit vermittelnde, langfristige Verwahrung des Täters, die im Zusammenhang mit einer etwaigen Entlassung keinerlei Risiken eingeht. Jedwede Täterorientierung bei der Sanktion wird vom Publikum als „Nachgiebigkeit" abgelehnt; gefordert wird – ungeachtet der vielfältigen, bereits seit den 1980er-Jahren vom Gesetzgeber unternommenen Bemühungen – eine nach wie vor als überfällig beklagte stärkere Opferorientierung der Kriminalpolitik.[20]

Die praktische Kriminalpolitik kann sich diesen in der Bevölkerung vorherrschenden Erwartungen nicht verschließen. Will sie erfolgreich sein, so muss sie die gesellschaftlichen Strömungen aufgreifen und umsetzen. Die praktische Kriminalpolitik ist dabei freilich dem Dilemma ausgesetzt, dass die massenmedial artikulierten Forderungen widersprüchlich sind: Einer wesentlich repressiveren Kriminalpolitik, als sie in der Vergangenheit praktiziert worden ist, sind nicht nur rechtliche, sondern, wie angedeutet, auch **fiskalische Grenzen** gesetzt. Das Strafjustizsystem ist auf einen bestimmten „input" hin ausgelegt, dessen Kapazitätsgrenzen sich nicht ohne weiteres ausdehnen lassen. Die weitere Reduzierung von Kriminalitätsrisiken durch eine nachhaltige Erhöhung der Inhaftierungsquote ist nur um den Preis zusätzlicher Investitionen in den Ausbau des Strafjustizsystems und namentlich des Strafvollzugs zu erreichen. „Kostengünstig" und „mehr Sicherheit durch Inhaftierung" sind zwei gegenläufige Forderungen, die auch von einer wohlwollenden Kriminalpolitik nicht gleichzeitig erfüllt werden können. Die neuere Strafrechtsentwicklung in den USA, wo sich die zwei Jahrzehnte während Politik der Masseninhaftierung und des kontinuierlichen Anstiegs der Gefangenenzahlen angesichts exorbitant gestiegener Kosten für den Justizvollzug derzeit in einem Prozess des Nachdenkens und des Wandels befindet,[21] liefert hierfür ein anschauliches Beispiel.

Wie die Verantwortungsträger für die praktische Kriminalpolitik mit dem skizzierten Dilemma strategisch umgehen, ist nicht immer ersichtlich. Auf der einen Seite lässt sich beobachten, dass Forderungen nach Verschärfung des Strafrechts bereitwillig aufgegriffen und umgesetzt werden, ohne dass in der politischen Diskussion eine „rote Linie" erkennbar wäre, die nicht überschritten werden soll. Besonders deutlich hat sich dies in der Gesetzgebung der Jahre 1998 bis 2009 zur Sicherungsverwahrung (oben Abschn. 5.3.3.1) gezeigt. Aber auch in zahlreichen anderen Gesetzen ist das Strafrecht seit der Mitte der 1990er-Jahre verschärft worden,

---

[18]Anschaulich die Wiedergabe ausgewählter Kommentare bei *Hoven* KriPoZ 2018, 279 ff.

[19]*Schlepper* 2014, 104 ff.; *Kunz und Singelnstein* 2016, § 24 Rn. 19 ff., 57 ff.

[20]Beispiele finden sich in einigen Gesetzesinitiativen der AfD, vgl. BT-Drucks. 19/5040 und 19/6371.

[21]Vgl. National Academy of Sciences 2014.

namentlich im 6. StrRG vom 26.01.1998, mit dem die Strafrahmen durch eine breit-
flächige Anhebung von Mindest- und Höchststrafdrohungen „harmonisiert" wurden, sowie im 33., 49. und 50. StÄG, durch die das Sexualstrafrecht umgestaltet
wurde. Auf der anderen Seite lässt sich aber nach wie vor auch eine gewisse Bereitschaft beobachten, die liberal-rechtsstaatliche Tradition, die die Kriminalpolitik von
den 1960er bis in die 1980er-Jahre geprägt hat, fortzusetzen und auch weiterhin
nach Alternativen zum Strafrecht und einem bloßen Verwahrvollzug zu fragen. He-
rausgehobenes Beispiel ist die Etablierung des Täter-Opfer-Ausgleichs und der
Schadenswiedergutmachung durch die Gesetze von 1986, 1994 und 1999 (oben
Abschn. 6.1). Aber auch der Ausbau der Sozialtherapie im SexBG von 1998 knüpft
an die Vorstellungen an, die schon in den 1960er-Jahren vom Arbeitskreis „Alternativ-
Entwurf" geäußert worden waren (oben Abschn. 5.1.6). Auf den ersten Blick wirken
die Entwicklungslinien gegenläufig und scheinen sich sogar zu widersprechen. Verständlich wird die Entwicklung aber dann, wenn man die Aktivitäten des Gesetzgebers als Bemühen erkennt, für unterschiedliche kriminalpolitische Problemkonstellationen ganz verschiedenartige Sanktions- und Verfahrensformen zur Verfügung zu
stellen, die der justiziellen Praxis in jedem Fall ein adäquates, der Allgemeinheit
vermittelbares Einschreiten ermöglichen. Die Pluralisierung der Gesellschaft spiegelt sich in einer entsprechenden Ausdifferenzierung des Sanktionssystems wider.[22]

Diese Entwicklung wird sich, soweit absehbar, auch in den nächsten Jahren fort-
setzen. Dabei ist davor zu warnen, kurzfristig populistischen Strömungen nachzu-
geben, die sich häufig nur an Einzelfällen mit hohem Erregungspotenzial fest-
machen. Einzelfälle, in denen etwas „falsch läuft" oder in denen sich ein
unvermeidbares Lebensrisiko realisiert, wird es immer geben, ohne dass deshalb die
wesentlichen Strukturentscheidungen des Sanktionssystems in Frage gestellt werden müssen. Im Rechtsfolgenrecht ist **kriminalpolitische Zurückhaltung** das Mittel der Wahl. Recht ist auf der anderen Seite nichts Statisches und muss ständig an
die sich ändernden gesellschaftlichen Rahmenbedingungen und Entwicklungen angepasst werden; das gilt auch für das Recht der strafrechtlichen Sanktionen. Im
Folgenden sollen deshalb drei Bereiche angesprochen werden, in denen jenseits von
tagespolitischem Aktionismus einmal etwas grundsätzlicher über die Sinnhaftigkeit
einzelner Mechanismen und Regelungen nachgedacht werden sollte.

8.2   Verwarnung mit Strafvorbehalt

Einer der Punkte, die am derzeitigen Sanktionssystem irritieren, ist die hohe Zahl
von Verurteilten, die wegen Uneinbringlichkeit der Geldstrafe die Ersatzfreiheitsstrafe verbüßen müssen (oben Abschn. 3.4.7). Selbst wenn öffentlich nicht bekannt
ist, wie viele Personen in Deutschland in jedem Jahr von dieser Maßnahme betroffen
sind, liegt es auf der Hand, dass die Ersatzfreiheitsstrafe nicht nur deshalb problematisch ist, weil von ihr viele Verurteilte betroffen sind – mit den entsprechenden
Kostenfolgen für den Justizfiskus –, sondern auch deshalb, weil sich mit ihr ein

---

[22] Weiterführend *Meier* 2008, 87 ff.

Gerechtigkeitsproblem verbindet: Die **Ersatzfreiheitsstrafe** steht im Widerspruch
zu der Sanktionsentscheidung des erkennenden Gerichts und sie verstärkt die jeder
Geldstrafe innewohnende Ungleichbehandlung von Arm und Reich. Wenn das erkennende Gericht eine Geldstrafe verhängt, hat es die Verhängung einer (vollstreckten) Freiheitsstrafe weder unter Schuld- noch unter Präventionsgesichtspunkten für
erforderlich gehalten (§§ 46, 47 StGB); eine Freiheitsstrafe wäre dem Gericht unangemessen hart und mit Blick auf das künftige Leben des Täters in der Gesellschaft
(§ 46 Abs. 1 Satz 2 StGB) vielleicht sogar dysfunktional erschienen. Wenn der Verurteilte mangels Zahlungsfähigkeit die Ersatzfreiheitsstrafe verbüßen muss, werden
diese Überlegungen in ihr Gegenteil verkehrt. Hinzu kommt, dass in der Rechtswirklichkeit von der Maßnahme vor allem ökonomisch schwache und sozial randständige Verurteilte betroffen sind. Normativer Anknüpfungspunkt ist die „Uneinbringlichkeit" (§ 43 Satz 1 StGB) und damit ein Umstand, der allein in der
wirtschaftlichen Leistungsfähigkeit des Verurteilten wurzelt, die in der Gesellschaft
ungleich verteilt ist; besser gestellte Verurteilte brauchen die Ersatzfreiheitsstrafe
nicht zu fürchten. Die Folgen der Sanktion verstärken sich damit gerade bei einer
Verurteiltengruppe, die ohnehin schon multipel belastet ist.

Es ist anerkennenswert, dass von vielen Justizverwaltungen zum Teil erhebliche
Anstrengungen unternommen werden, um die Vollstreckung der Ersatzfreiheitsstrafe weitest möglich zu vermeiden. Viele Überlegungen knüpfen an Art. 293
EGStGB an – die Abwendung der Ersatzfreiheitsstrafe durch freie Arbeit –, wobei
ein Berliner Projekt besonders innovativ erscheint, bei dem die freie Arbeit auch
während des Vollzugs der Ersatzfreiheitsstrafe geleistet werden kann, so dass sich
die Haftzeit hierdurch um die Hälfte verkürzen kann („day by day").[23] Dennoch
können alle diese Bemühungen der Praxis kaum genügen, um den strukturellen
Fehler, der in der Ersatzfreiheitsstrafe liegt, zu korrigieren oder zumindest abzu-
schwächen. Hierfür bedarf es legislativer Schritte.

Wenn man politisch nicht auf das Druckmittel der Ersatzfreiheitsstrafe verzichten will, um die generalpräventive Kraft der Geldstrafe nicht zu gefährden,[24] kann
eine legislative Lösung des Problems nur in einer **Aufwertung der Verwarnung
mit Strafvorbehalt** (§ 59 StGB) bestehen, die die Geldstrafe von einem Teil der
problematischen Fälle entlastet. Der Unterschied der Verwarnung mit Strafvorbehalt zur Geldstrafe besteht darin, dass der Täter zwar – wie bei der Geldstrafe –
schuldig gesprochen, d. h. verurteilt wird, dass ihm aber das Strafübel erspart bleibt
und er nur verwarnt wird (oben Abschn. 3.3.1). Anstelle der Strafe werden dem
Verurteilten Auflagen und Weisungen erteilt, die ihm den Ernst seiner Situation vor
Augen führen, mit denen aber auch auf erkennbare Risikofaktoren in seiner Lebensführung Einfluss genommen und weiteren Straftaten entgegengewirkt werden kann.
Ökonomisch schwache und sozial randständige Täter können so mit einer Sanktion
belegt werden, bei der es sich nicht – wie bei der Geldstrafe – um eine Geldzah-
lungspflicht handelt, sondern bei der es sich um auf die jeweilige persönliche und
wirtschaftliche Situation abgestimmte Handlungs- und Unterlassungspflichten handelt,

---

[23] *Henjes* FS 2018, 33 ff.

[24] In diese Richtung geht etwa der Vorstoß der Linken, vgl. BT-Drucks. 19/1689.

die binnen eines überschaubaren Zeitraums zu erbringen sind. Kommt der Verurteilte den Pflichten nach, hat es bei der Verwarnung sein Bewenden. Kommt er
ihnen nicht nach, kann er vom Gericht als Ersatzsanktion weiterhin zu einer Geldstrafe verurteilt werden, die bei Uneinbringlichkeit ggf. weiterhin zur Vollstreckung
der Ersatzfreiheitsstrafe führen kann. Das rechtspolitische Problem – die Ersatzfreiheitsstrafe – kann mit der Aufwertung der Verwarnung also nicht vollständig gelöst
werden; eine Ersatzsanktion wird weiterhin benötigt. Mit einer legislativen Aufwertung würde jedoch eine neue, selbstständige Sanktionsform eingeführt werden, die
den Anwendungsbereich der Ersatzfreiheitsstrafe zurückdrängen und ihre Anordnung unwahrscheinlicher machen würde.

Legislatorisch müsste für die Aufwertung die bisherige Ausnahmestellung der
Verwarnung mit Strafvorbehalt beseitigt werden. Dies würde voraussetzen, dass in
§ 59 Abs. 1 StGB die Klausel gestrichen wird, wonach „besondere Umstände" vorliegen müssen, die eine Verhängung von Strafe entbehrlich machen (Satz 1 Nr. 2).
Die Sanktion würde hierdurch einen eigenständigen Anwendungsbereich erhalten,
der nur noch durch spezial- oder generalpräventive Erfordernisse von der Geldstrafe
abgegrenzt würde (Satz 1 Nr. 1 und 3), der aber nicht mehr voraussetzen würde,
dass in der Tat oder der Persönlichkeit des Täters Besonderheiten gegeben sind, die
den Verzicht auf die Verhängung von Geldstrafe rechtfertigen.

Der Gedanke, die Verwarnung mit Strafvorbehalt in der beschriebenen Weise aufzu-
werten, ist in der kriminalpolitischen Diskussion nicht neu. Die Aufwertung war schon
von der angesprochenen Reformkommission empfohlen worden, die Ende der 1990er-
Jahre eingesetzt worden war,[25] und sie war auch wiederholt Gegenstand von Empfeh-
lungen in der Literatur,[26] zuletzt vom Arbeitskreis „Alternativ-Entwurf", der sie als
Alternative zu der rechtsstaatlich problematischen Verfahrenseinstellung gegen Auflagen und Weisungen nach § 153a StPO empfahl und hierzu einen ausformulierten Ge-
setzesvorschlag vorlegte.[27] Mit einer Aufwertung und Etablierung der Verwarnung als
eigenständiger Sanktion könnte nicht nur das Problem der Ersatzfreiheitsstrafe verringert, sondern es könnte auch dem Missstand Rechnung getragen werden, dass die
Geldstrafe in ihrer heutigen Form weder zur spezialpräventiven Einwirkung auf den
Verurteilten noch zur Befriedigung der Wiedergutmachungsinteressen des Verletzten
eine Lösung bereithält. Über die entsprechende legislatorische Ausgestaltung der Auflagen und Weisungen könnten sowohl spezialpräventive als auch restitutiv wirkende
Entscheidungen ermöglicht werden.

8.3   Lebenslange Freiheitsstrafe

Ein zweiter Punkt, der am derzeitigen Sanktionssystem irritiert, ist die Hartnäckigkeit, mit der rechtspolitisch an der lebenslangen Freiheitsstrafe festgehalten wird.
Das Bundesjustizministerium hatte 2014 eine Expertengruppe eingesetzt, die sich

---

[25] Abschlussbericht der Kommission zur Reform des strafrechtlichen Sanktionensystems 2000, 37 ff.

[26] Erstmals von *Schöch* (1992, 106 ff.) in die Diskussion eingeführt.

[27] Bommer et al. GA 2019, 27 ff.

mit der Reform der Tötungsdelikte beschäftigen sollte. Die Expertengruppe emp-fahl zwar, den „Exklusivitäts-Absolutheits-Mechanismus" des geltenden Rechts aufzulösen und die lebenslange Freiheitsstrafe bei § 211 StGB nicht mehr als die alleinige und zwingende Rechtsfolge vorzusehen. Auf die lebenslange Freiheits-strafe als solche wollte die Expertengruppe jedoch nicht verzichten: Die lebens-lange Freiheitsstrafe sei die „Leitwährung" des Strafrechts und erfülle wichtige in-tegrative Aufgaben; sie bekräftige den absoluten Geltungsanspruch des Tötungstabus und berücksichtige die Vergeltungserwartungen der Allgemeinheit.[28]

Überzeugend ist diese Position nicht.[29] Das wird deutlich, wenn man sich vor Augen führt, worin die Besonderheit der lebenslangen Freiheitsstrafe besteht.[30] Sys-tematisch handelt es sich zwar um eine Freiheitsstrafe, aber anders als die zeitige Freiheitsstrafe ist die lebenslange Strafe nicht auf der nach Jahr und Tag messenden Zeitachse eingeordnet, sondern sie steht neben ihr (§ 38 Abs. 1 StGB), was ihr den **Charakter des Außergewöhnlichen** verleiht. Von ihrer Zielrichtung her dauert die Strafe ab dem Verurteilungszeitpunkt „ein Leben lang", konkret also den verblei-benden Rest des Lebens des Verurteilten, was wegen der Unbestimmtheit der Zeit-spanne und der Möglichkeit, dass der verbleibende Lebensrest 15 Jahre übersteigt, als deutlich härter empfunden wird als das Höchstmaß der zeitigen Freiheitsstrafe (§ 38 Abs. 2 StGB). Für die Befürworter der lebenslangen Freiheitsstrafe folgt hie-raus, dass die schwerste Strafform, die das deutsche Recht kennt, die richtige Ant-wort auf die schwersten Taten ist, die es im deutschen Recht gibt, namentlich Mord und erfolgsqualifizierte Delikte wie sexuellen Übergriff, sexuelle Nötigung und Vergewaltigung mit Todesfolge (§ 178 StGB), sexuellen Missbrauch von Kindern mit Todesfolge (§ 176b StGB) oder Raub mit Todesfolge (§ 251 StGB). Auf den ersten Blick ist der skizzierte Gedanke plausibel, denn er nimmt auf den immer wieder vom BVerfG betonten Satz Bezug, dass Schuld und Strafe in einem ange-messenen Verhältnis zueinander stehen müssen. Tatbestand und Rechtsfolge müs-sen sachgerecht aufeinander abgestimmt sein; die Strafe muss in gerechtem Verhält-nis zur Schwere der Tat und dem Verschulden des Täters stehen.[31] Das BVerfG hält diese Voraussetzung bei der lebenslangen Freiheitsstrafe für Mord für erfüllt und bejaht konsequent die Verfassungsmäßigkeit der Sanktion.[32]

Wirklich zwingend ist die Argumentation dennoch nicht. Wie bereits gesagt sticht die lebenslange Freiheitsstrafe aus dem Katalog der Sanktionsarten deshalb heraus, weil sie als einzige Hauptstrafe des geltenden Rechts nicht auf der Zeitachse eingeordnet werden kann, die für den vom BVerfG geforderten Vergleich von Tat-bestand und Rechtsfolge unabdingbar erforderlich ist. Das „**Rückgrat**" des deut-schen Sanktionssystems ist die **zeitige Freiheitsstrafe**, die nach Wochen, Monaten und Jahren bemessen wird (§ 39 StGB). Die Geldstrafe ist vordergründig zwar ein „aliud", wird aber bei der leichten und mittelschweren Kriminalität nie allein, son-

---

[28] Abschlussbericht der Expertengruppe zur Reform der Tötungsdelikte 2015, 53 f.
[29] Strafverteidigervereinigungen 2016; *Höffler* und *Kaspar* GA 2015, 453 ff.
[30] Zum Folgenden *Meier* 2018, 648 ff.
[31] BVerfGE 50, 205 (214 f.); 86, 288 (313).
[32] BVerfGE 45, 187 (222 ff.); vertiefend NK 2017, *Dünkel*, § 38 Rn. 30 ff.

dern stets nur alternativ zur zeitigen Freiheitsstrafe angedroht, wobei das Gesetz für die Umrechnung von Geld- und Freiheitsstrafe eindeutig definierte Regelungen zur Verfügung stellt (§ 43 Satz 2, § 47 Abs. 2 Satz 2, 2. Halbsatz, § 54 Abs. 3 StGB). Nur auf der durch die zeitige Freiheitsstrafe gebildeten Achse ist es möglich, nicht nur leichtere und schwerere Strafen voneinander zu unterscheiden, sondern ungeachtet des individuellen Härteempfindens des Verurteilten auch anzugeben, um wieviel schwerer oder leichter eine Strafe ist, die zu einer Tat in Beziehung gesetzt wird. Die Kategorie des „lebenslang" entzieht sich einem solchen Vergleich. Ihre Verhängung führt zu einem **qualitativ anderen Umgang mit Schuld**, der sich mit den ansonsten üblichen Kategorien nicht erfassen lässt. Kaum irgendwo wird dies deutlicher als bei der Gesamtstrafenbildung: Anders als bei allen anderen Strafen gilt hier das Asperationsprinzip (oben Abschn. 4.3.3.2) nicht; der Verurteilte erhält vom Gericht für zwei Mordtaten exakt dieselbe Strafe wie für einen Mord (§ 54 Abs. 1 Satz 1 StGB). Eine Systematik, die in irgendeiner Weise das Prädikat „gerecht" verdienen würde, ist in diesem Umgang gerade mit der Mehrfachtäterproblematik nicht zu erkennen. Wenn sich die lebenslange Freiheitsstrafe aber dem Vergleich mit der zeitigen Freiheitsstrafe entzieht, entfällt damit auch die Basis für den Vergleich, ob Tatbestand und Rechtsfolge sachgerecht aufeinander abgestimmt sind. Man kann die Vergleichbarkeit mit dem BVerfG zwar behaupten, man kann die Korrespondenz aber auch mit Fug und Recht bestreiten. Die lebenslange Freiheitsstrafe ist im Vergleich eher eine „**Überstrafe**", deren Einzigartigkeit im Sanktionssystem sich theoretisch nicht schlüssig begründen lässt.

Nun fällt auf, dass die Notwendigkeit der Beibehaltung der lebenslangen Freiheitsstrafe von den Befürwortern auch nicht mit abstrakten Gerechtigkeitserwägungen begründet wird, sondern mit ihrer „Kommunikations-, Symbol- und Signalfunktion",[33] die auch in der neueren straftheoretischen Diskussion eine herausgehobene Rolle spielt. Grundgedanke ist, dass Strafen eine expressiv-kommunikative Funktion haben; ihre Aufgabe besteht in der Bekräftigung der Normgeltung gegenüber den Normadressaten, gegenüber dem Verurteilten ebenso wie gegenüber dem Verletzten, seinen Angehörigen und der Allgemeinheit (oben Abschn. 2.1.1). Es liegt ganz auf dieser Linie, wenn von der Expertengruppe mehrheitlich argumentiert wird, die lebenslange Freiheitsstrafe müsse beibehalten werden, weil sie den absoluten Geltungsanspruch des Tötungstabus bekräftige und die Vergeltungserwartungen der Allgemeinheit berücksichtige.

Der erste Gesichtspunkt ist dabei jedoch ein Scheinargument. Wenn das **Tötungstabu** absolute Geltung erforderte, dürfte auf die Verletzung nicht mit unterschiedlich schweren Strafen reagiert werden, sondern es müsste auf jede Verletzung mit derselben harten Strafe geantwortet werden. Dass dieser Gedanke aber im geltenden Recht nicht angelegt ist, sondern das Gesetz vielmehr selbst von der Möglichkeit unterschiedlich schwerer Verletzungen des Tötungstabus ausgeht, zeigt der Blick auf die §§ 211 bis 213 StGB; tatsächlich steht für die Verletzung des Tötungstabus ein Strafrahmen von einem Jahr Freiheitsstrafe bis lebenslang zur

---

[33] Abschlussbericht der Expertengruppe zur Reform der Tötungsdelikte 2015, 53.

Verfügung.[34] Die lebenslange Freiheitsstrafe rechtfertigt sich im geltenden Recht nicht mit der Verletzung des Tötungstabus, sondern mit der gleichzeitigen Verwirklichung bestimmter, den Unrechts- und Schuldgehalt der Tat steigernder Umstände. Kein Tötungsdelikt ist wie das andere, und selbst Mord ist nicht gleich Mord.

Schwieriger ist der Umgang mit dem zweiten Gesichtspunkt, den **Vergeltungserwartungen der Allgemeinheit**. Ist es gerechtfertigt, bei schwersten Straftaten die lebenslange Freiheitsstrafe deshalb zu verhängen, weil dies von der Allgemeinheit erwartet wird? Die Frage ist schon deshalb nur schwer zu beantworten, weil über die Vergeltungserwartungen der Allgemeinheit bei Lichte betrachtet nur wenig bekannt ist. In der kriminalpolitischen Diskussion wird gerne mit „sozialpsychologischen Fakten" argumentiert, bei denen es sich aber nur um Vermutungen über die Verteilung kriminalpolitischer Präferenzen und ihrer Bedingungsfaktoren in der Gesellschaft handelt, die in ihrer Beliebigkeit austauschbar sind. Aus empirischer Sicht wird man kaum mehr sagen können, als dass die Messung von Strafeinstellungen methodisch anspruchsvoll ist und die Punitivität von Opfern und ihren Angehörigen meist überschätzt wird; in der Regel tritt bei Opfern das Bedürfnis nach Sühne und Vergeltung hinter dem Bedürfnis nach Schutz und Sicherheit zurück.[35]

Aber auch wenn die Mehrheit der Bevölkerung für Mord die Verhängung von lebenslanger Freiheitsstrafe fordern würde, würde sich die Frage stellen, ob diesem Bedürfnis im Interesse der Erhaltung des Rechtsfriedens nachgegeben werden müsste. Insoweit sind Zweifel angebracht. Medial artikulierte Opferbedürfnisse und Kriminalpolitik können, wie sich besonders im Zusammenhang mit Sexualdelikten oder Delikten an Kindern immer wieder zeigt, in einen Kreislauf geraten, in dem der politisch einfachste Weg im Zweifel immer darin besteht, den geäußerten Bedürfnissen der Allgemeinheit Rechnung zu tragen; mit einer rationalen, an empirischen Befunden und dem Verhältnismäßigkeitsprinzip orientierten Kriminalpolitik hat dies oft nichts zu tun. Aus einem vermeintlichen oder echten „Strafbedürfnis der Bevölkerung" Leitlinien für politisches Handeln abzuleiten, ist deshalb kein guter Rat, mag in aufgeheizten politischen Diskussionen hierfür auch gerne das „Demokratieprinzip" in Anspruch genommen werden. Richtiger erscheint es vielmehr, dem Gesetzgeber gerade im kriminalpolitischen Diskurs eine „Vorreiterrolle" abzuverlangen und einzufordern, dass durch eine **mäßigende Gesetzgebung** auf einen allmählichen **Bewusstseinswandel der Bevölkerung** hingewirkt wird.[36] Die europaweite Abschaffung der Todesstrafe ist hierfür ein Beispiel.

Im Übrigen muss man, gerade wenn man mit den Vergeltungserwartungen der Allgemeinheit argumentiert, auch noch aus einem anderen Grund vorsichtig sein. Es ist nämlich keineswegs nur Expertenwissen, sondern weithin bekannt, dass sich die im Gesetz angedrohte und vom Gericht verhängte lebenslängliche Freiheitsstrafe **auf der Vollstreckungsebene** als **bloße Fiktion** erweist. Tatsächlich dauert die Strafe nur für einen vergleichsweise kleinen Teil der Verurteilten „ein Leben lang", nämlich für diejenigen, die entweder in Haft versterben – nach den Jahreser-

---

[34] Abschlussbericht der Expertengruppe zur Reform der Tötungsdelikte (*Ignor*) 2015, 516.

[35] *Schöch* 2007, 871 ff.

[36] *Höffler und Kaspar* GA 2015, 461 unter Bezugnahme auf LG Verden NJW 1976, 980 (982).

hebungen der Kriminologischen Zentralstelle lässt sich dieser Teil auf 10 bis 15 % der „lebenslang" einsitzenden Gefangenen beziffern[37] – oder die zum Sterben nach Hause entlassen werden; tatsächlich liegt der Median der Dauer der lebenslangen Freiheitsstrafe lediglich bei ca. 16 Jahren, also knapp oberhalb der in § 57a Abs. 1 StGB festgelegten Mindestgrenze (oben Abschn. 3.6.2.3).[38] Die vom Gesetzgeber aus politischen Gründen gewählte Technik, auf der Androhungsebene etwas anderes zum Ausdruck zu bringen als auf der Vollstreckungsebene tatsächlich gemeint ist, ist nicht nur unehrlich, sondern wird von breiten Kreisen der Bevölkerung durchaus durchschaut. Man darf sicherlich nicht so weit gehen zu sagen, dass sich die gegenwärtige kriminalpolitische Diskussion auf einen „Mythos" gründe, nämlich dass es eine im wörtlichen Sinne „lebenslange" Strafdauer gebe;[39] hierfür ist die Lage derjenigen Verurteilten zu ernst, die im Strafvollzug tatsächlich versterben. Wohl aber wird man aus dem skizzierten Befund die Schlussfolgerung ziehen können, dass eine Beseitigung der lebenslangen Freiheitsstrafe und Ersetzung durch eine angemessen harte zeitige Freiheitsstrafe nicht mit allzu großen generalpräventiven Einbußen verbunden wäre.

Es bleiben mithin Zweifel an einer Begründbarkeit der lebenslangen Freiheitsstrafe. Zwar leuchtet es unmittelbar ein, dass auch und gerade bei schwersten Delikten **Sicherheitsbedürfnisse** immer eine große Rolle spielen; die Sorge, dass es zu Wiederholungstaten kommen könnte, ist erheblich. Dies ist aber kein Spezifikum der Verurteilung wegen Mordes oder anderer schwerster Delikte, sondern ein Bedürfnis, das grundsätzlich bei allen Delikten besteht und dem der Gesetzgeber durch die Beschränkung von Aussetzungsmöglichkeiten (§ 56 Abs. 1, § 57 Abs. 1 Satz 1 Nr. 2, § 57a Abs. 1 Satz 1 Nr. 3 StGB) und die Möglichkeit der Anordnung oder des Vorbehalts von Sicherungsverwahrung (§§ 66, 66a StGB) Rechnung trägt. Auch mit Sicherheitsbedürfnissen lässt sich die lebenslange Freiheitsstrafe deshalb nicht begründen. Dies gilt letztlich auch für den von *Schneider* in die Debatte eingebrachten, plakativen Begriff der „Leitwährung".[40] Der Begriff verklärt mehr als er erhellt; tatsächlich ist die lebenslange Freiheitsstrafe nicht mehr als eine *neben* der zeitigen Freiheitsstrafe stehende Sanktion, die sich mit den übrigen Strafen nicht auf einen Nenner bringen lässt. Wenn es aber Zweifel an der Begründbarkeit gibt, stellt sich kriminalpolitisch die Frage, ob die Sanktion de lege ferenda beibehalten werden sollte. Die lebenslange Freiheitsstrafe mag wegen des Beurteilungsspielraums, den das BVerfG dem Gesetzgeber zugesteht,[41] verfassungskonform sein und auch in einem erneuten Verfahren vom höchsten deutschen Gericht noch einmal bestätigt werden. Politisch klüger erschiene es jedoch, die „Überstrafe" abzuschaffen und durch eine zeitige Freiheitsstrafe zu ersetzen, die die Besonderheit von schwerster Schuld angemessen zum Ausdruck bringt.[42]

---

[37] *Dessecker* 2017, 40.

[38] *Dessecker* 2017, 37.

[39] Abschlussbericht der Expertengruppe zur Reform der Tötungsdelikte (*Ignor*) 2015, 174.

[40] MüKo 2016 ff., *Schneider*, § 211 Rn. 47.

[41] BVerfGE 90, 145 (172 f.); 120, 224 (240).

[42] Weitere Überlegungen zur Ausgestaltung bei *Meier* 2018, 651 ff.; zur Reformdiskussion vertiefend *Fischer* 2019, § 38 Rn. 5 ff.

8.4   Gleichheit der Strafzumessung

Ein dritter Punkt, der vom 72. Deutschen Juristentag 2018 auf die kriminalpoliti-sche Tagesordnung gesetzt worden ist, betrifft die Gleichheit der Strafzumessung. Die Diskussion knüpft an den bereits von *Exner* beschriebenen, empirischen Be-fund an, dass die Strafzumessungsentscheidungen der Gerichte regional unter-schiedlich ausfallen. Der „Spielraum", der den Tatgerichten bei der Bemessung der Schuldschwere der Tat zugestanden wird (oben Abschn. 4.2.1), wird von den Ge-richten entsprechend den jeweils „vor Ort" bestehenden Anschauungen und Über-zeugungen ausgefüllt; es gibt härtere und weniger harte Gerichtsbezirke. Der empi-rische Befund wird meist als „lokale Justizkultur" bezeichnet (oben Abschn. 4.10.1). Auf dem Juristentag ging es um die Frage, ob das weite Ermessen, das für das deutsche Strafzumessungsrecht kennzeichnend ist, durch Richtlinien entsprechend den „**sentencing guidelines**" eingeschränkt werden sollte, die es im anglo-amerikanischen Rechtskreis gibt. Die Funktionsweise von „sentencing guidelines" lässt sich am besten anhand des Bundesstrafrechts in den USA verdeutlichen. Im US-Bundesrecht kommt es für den „Einstieg" in die Strafzumessung nur auf zwei Parameter an: den Tatschwerewert (base offence level, specific offence characteri-stics) und die kriminelle Vorbelastung. Der Tatschwerewert wird in 43 Stufen unter-teilt, die Vorstrafenbelastung in 6 Stufen. Das Gericht hat damit 258 Einstiegspunkte für die Bestimmung des im konkreten Fall zu verhängenden Strafmaßes. Diese Ein-stiegspunkte geben einen Rahmen von typischerweise nur einigen Monaten an, in-nerhalb dessen das Gericht das konkrete Strafmaß festsetzen muss. Abweichungen von diesen Vorgaben sind in den USA rechtlich zulässig, müssen aber im Urteil begründet werden.[43]

Für das oben (Abschn. 4.7) näher beschriebene „Einstiegsproblem" in den ge-setzlichen Strafrahmen bietet eine solche Vorgehensweise eine auf den ersten Blick gute und praktikable Lösung. Wenn sich die Gerichte im gesamten Geltungsbereich derartiger Strafzumessungsrichtlinien an deren Vorgaben orientieren, ist eine auch überregional konsistente Strafzumessungspraxis gewährleistet. Wenn sich ein Ge-richt nicht an den Maßgaben orientiert, kann die Staatsanwaltschaft die Beachtung durch die Einlegung von Rechtsmitteln erzwingen. Es überrascht deshalb nicht, dass die Übertragung des US-Systems in das deutsche Strafzumessungsrechts in der Literatur immer wieder Befürworter findet.[44]

Dennoch ist vor einer solchen Übernahme zu warnen. Zunächst ist zu berücksich-tigen, dass durch die Schematisierung des Strafzumessungsakts, durch die Reduzie-rung auf – im Extremfall – nur zwei Parameter, die Bandbreite der nach deutschem Verständnis für die Findung eines gerechten Strafmaßes maßgeblichen Umstände erheblich eingeschränkt wird; die Gleichheit in der Strafzumessung wird durch den **Verzicht auf Einzelfallgerechtigkeit** erkauft. Gerade schuldmindernde Faktoren drohen dabei in Vergessenheit zu geraten, Faktoren, die beispielsweise mit dem Mo-tiv oder dem Nachtatverhalten zu tun haben. Es ist geradezu erstaunlich, welchen

---

[43] Vgl. https://www.ussc.gov/; zu neueren Entwicklungen *Grosse-Wilde* ZIS 2019, 131 ff.
[44] *Reichert* 1999, 249 ff.; *Höfer* 2003, 153 ff.; aus neuerer Zeit *Hoven* KriPoz 2018, 289 f.

Wert das US-System den Vorstrafen beimisst, während ein positives Nachtatverhalten wie etwa das Geständnis, das Bemühen um Wiedergutmachung (§ 46a StGB) oder die Aufklärungshilfe (§ 46b StGB) völlig unberücksichtigt bleiben.[45]

Zum zweiten ist es für das heutige deutsche Strafzumessungsrecht gerade im unteren Kriminalitätsbereich kennzeichnend, dass viele Strafzumessungsentscheidungen von prognostischen Erwägungen über das weitere Legalverhalten des Täters abhängig sind; zu denken ist etwa an die Wahl zwischen Geldstrafe und Freiheitsstrafe im Bereich von weniger als sechs Monaten (§ 47 StGB) oder an die Entscheidung über die Aussetzung der Vollstreckung einer Freiheitsstrafe zur Bewährung im Bereich bis zu zwei Jahren (§ 56 StGB). Derartige **Prognoseentscheidungen entziehen sich jeder Schematisierung**. Aussagen über das künftige Legalverhalten eines Täters lassen sich verlässlich nur dann treffen, wenn auf die Individualität des Täters, seinen bisherigen Lebensweg und seine aktuelle Lage eingegangen wird.

Zum dritten stellt sich die Frage, wer den Erlass derartiger Richtlinien in Deutschland verantworten sollte. Wenn der Gesetzgeber diese Aufgabe übernehmen wollte, könnte er dies unzweifelhaft schon durch die Beseitigung der heutigen weiten Strafrahmen und die Ersetzung durch konkrete Vorgaben nach dem US-System tun; § 211 StGB ist hierfür ein Beispiel. Daran ist aber von den Befürwortern augenscheinlich nicht gedacht; auch in den USA werden die „sentencing guidelines" nicht vom Gesetzgeber erlassen, sondern – auf Bundesebene – von einer „Federal Sentencing Commission", einer rechtlich unabhängigen Einrichtung im Bereich der Justizverwaltung. Hier besteht indes die Gefahr – und die seit dem Beginn der 1980er Jahre im US-System zu beobachtenden Entwicklungen belegen es[46] –, dass eine derartige Einrichtung bei aller rechtlich garantierten Unabhängigkeit **medialen und politischen Einflüssen** nachgibt und das System im Sinne einer weiteren Vereinfachung und Verschärfung „fortentwickelt". Das bisherige, dem ultima-ratio-Gedanken verpflichtete deutsche Strafzumessungssystem geriete unter dem Druck von medial breit aufgemachten Einzelfällen in eine ernst zu nehmende Gefahr.

Zum vierten schließlich würde ein solches System, das sich nur an einigen wenigen Parametern orientiert, einer Praxis Vorschub leisten, die die notwendige Einzelfallgerechtigkeit außerhalb dieses Strafzumessungssystems, konkret: durch **Verständigungen über den Schuldspruch** – und nicht nur über die Rechtsfolgen (vgl. § 257c Abs. 2 StPO) – sucht. Es bestünde, mit anderen Worten, die Gefahr, dass die heute nur in sehr engen Grenzen zulässige Verständigung in der Praxis umgangen und durch neue, „kreative" Lösungen ersetzt wird.

Würde man das heutige weite und offene deutsche Strafzumessungssystem durch verbindliche Strafzumessungsrichtlinien einschränken, würde der hiermit verbundene Gewinn an Gleichheit mithin durch neue Probleme erkauft, die der Transparenz und Rationalität des Strafzumessungsvorgangs eher abträglich sind. Es überrascht vor diesem Hintergrund nicht, dass der Vorschlag, im deutschen Recht Strafzumessungsrichtlinien einzuführen, auf dem Juristentag 2018 keine Mehrheit gefunden hat.[47]

---

[45] Ähnlich *Conen* AnwBl 2018, 710 f.

[46] National Academy of Sciences 2014, 34 ff.; vertiefend NK 2017, *Dünkel*, § 38 Rn. 68.

[47] Ebenso *Kaspar* 2018, 82 ff.; NK 2017, *Streng*, § 46 Rn. 199; *Streng* StV 2018, 600.

Um das vor allem von Verteidigerseite viel kritisierte Problem der regionalen Ungleichheit für die Zukunft zu lösen, muss an die Beobachtung angeknüpft werden, dass die Strafzumessung im deutschen Recht nach der „vergleichenden Methode" erfolgt (oben Abschn. 4.7.2). Die Existenz „lokaler Justizkulturen" die im Hintergrund der Strafzumessungsungleichheit steht, ist die Folge des Umstands, dass für den Vergleich in der Regel nur Fallmaterial aus dem eigenen Gerichtsbezirk zur Verfügung steht. Die **Alternative** zu „sentencing guidelines" besteht dementsprechend darin, die Vergleichsbasis zu erweitern und den Gerichten Vergleichsmaterial aus ganz Deutschland zur Verfügung zu stellen. Abhilfe könnte mithin nicht eine rechtliche, sondern eine pragmatische Lösung bieten, nämlich die Einrichtung einer **bundesweiten Strafzumessungsdatenbank**, in der die Rechtsfolgenentscheidungen der Gerichte dokumentiert werden. In dieser Strafzumessungsdatenbank müssten die oben (Abschn. 4.7.2) genannten Leitmerkmale ausgewiesen werden, also die Deliktsart, die tatbestandlich normierten Varianten (Qualifikationen und Privilegierungen, besonders schwerer und minder schwerer Fall), tatbezogen die Anwendung von Gewalt und die Höhe des Schadens, täterbezogen die Merkmale Vorstrafenbelastung, Alkoholeinfluss und Geständnisbereitschaft. Soweit es die konkrete Sanktion betrifft, müssten die Einzelstrafen, die Gesamtstrafe und etwaige Nebenentscheidungen angegeben werden; für die Erklärung des Strafmaßes wären auch Angaben zu einer etwaigen Beschränkung der Strafverfolgung nach §§ 154, 154a StPO hilfreich. Der Juristentag hat auch über diese pragmatische Alternative diskutiert und sich mehrheitlich für die Einführung einer solchen Datenbank ausgesprochen.[48]

8.5   Spannungsfelder

Die Fortentwicklung des strafrechtlichen Sanktionssystems bewegt sich nach alledem in einem komplexen Spannungsfeld gegenläufiger Interessen und Erwartungen. Auf der einen Seite stehen der Anspruch und die Erwartung, dass die Strafrechtspflege möglichst effizient arbeitet und ihre Aufgabe, die durch eine Tat gestörte Ordnung wiederherzustellen und für die Zukunft zu sichern, in bestmöglicher Weise erfüllt. Die Sanktionen sollen den Rechtsbruch verdeutlichen und die Normgeltung bekräftigen, sie sollen eine Antwort auf die Tat liefern, die als richtig und gerecht akzeptiert werden kann. Auf der anderen Seite stehen die verfassungsrechtlichen Gewährleistungen – die Grundrechte der Beteiligten, die rechtsstaatlichen Prinzipien wie der Bestimmtheitsgrundsatz, das Schuldprinzip, der Verhältnismäßigkeitsgrundsatz, der Grundsatz der Sozialstaatlichkeit, der Gleichheitsgrundsatz –, die auf die Gestalt der Sanktionen maßgeblichen Einfluss haben und die ihnen ein System auferlegen, das sie transparent und berechenbar macht. Bei alledem erfüllen die Sanktionen ihre Aufgabe nicht im luftleeren Raum rechtstheoretischer Abstraktionen, sondern im konkreten Umgang mit Tätern und Opfern, im Zusammenwirken mit einer Vielzahl anderer Instanzen der formellen und informellen Sozialkontrolle sowie im ständigen Austausch mit der Öffentlichkeit. Die Sanktionen müssen

---

[48] Ebenso *Kaspar* 2018, 115; *Streng* StV 2018, 599; *Verrel* JZ 2018, 814 f.

die „Realdimension" der Tat dementsprechend ebenso im Blick haben wie mögliche Alternativen, die das Ziel der Verhaltenssteuerung vielleicht ebenso gut erreichen können wie das Strafrecht – oder vielleicht auch besser. Ebenfalls in Rechnung gestellt werden muss, dass sich das Sanktionssystem nicht als Ergebnis eines wissenschaftlichen Diskurses fortentwickelt, sondern als das Ergebnis eines harten politischen Kampfes um die Meinungsführerschaft in einem der zentralen Politikfelder. Zeiten, die durch Schlagworte bestimmt werden wie „tough on crime" und „zero tolerance" führen im Sanktionsbereich zwangsläufig zu anderen Lösungen als Zeiten, in denen das Interesse für die Entstehungsgründe der Tat und die Resozialisierung des Täters im Mittelpunkt stehen. In diesen vielfachen Spannungsfeldern muss die Notwendigkeit einer Fortentwicklung des strafrechtlichen Sanktionssystems immer wieder wissenschaftlich, und das heißt vor allem: empirisch-kriminologisch[49] geprüft und begründet werden. Nach wie vor gilt auch im Rechtsfolgenrecht die Erkenntnis: Strafrecht ohne Kriminologie ist blind.[50]

Literatur

Abschlussbericht der Expertengruppe zur Reform der Tötungsdelikte. (2015). https://www.bmjv. de/SharedDocs/Artikel/DE/2015/06292015_Expertengruppe_Toetungsdelikte.html. Zugegriffen am 26.02.2019.
Abschlussbericht der Kommission zur Reform des strafrechtlichen Sanktionensystems. (2000). http://www.bib.uni-mannheim.de/fileadmin/pdf/fachinfo/jura/abschlussber-der-komm-strafreform.pdf. Zugegriffen am 21.02.2019.
Albrecht, H.-J. (1999a). Anmerkungen zu Entwicklungen in der Kriminalpolitik. In W. Feuerhelm, H.-D. Schwind & M. Bock (Hrsg.), *Festschrift für Alexander Böhm* (S. 765–790). Berlin: de Gruyter.
Albrecht, H.-J. (1999b). Die Determinanten der Sexualstrafrechtsreform. *Zeitschrift für die gesamte Strafrechtswissenschaft (ZStW), 111*, 863–888.
Bommer, F., et al. (2019). Alternativ-Entwurf Abgekürzte Strafverfahren im Rechtsstaat (AE-ASR). *Goltdammer's Archiv für Strafrecht (GA)*, 1–128.
Conen, S. (2018). Reformvorschläge für die Strafzumessung: Kritik aus der Anwaltspraxis. *Anwaltsblatt (AnwBl)*, 708–711.
Dessecker, A. (2010). Entwicklungstendenzen des Maßregelvollzugs aus kriminologischer Sicht. In J. Hammerstein et al. (Hrsg.), *Medizinrechtliche Probleme des Maßregelvollzugs* (S. 197–210). Berlin: Medizinisch Wissenschaftliche Verlagsgesellschaft.
Dessecker, A. (2013). Der psychiatrische Maßregelvollzug. Patientenzahlen und Wirkungen. *Soziale Probleme, 24*, 66–86.
Dessecker, A. (2017). *Die Vollstreckung lebenslanger Freiheitsstrafen. Dauer und Gründe der Beendigung im Jahr 2015*. Wiesbaden: KrimZ. https://www.krimz.de/publikationen/texte/. Zugegriffen am 26.02.2019.
Dünkel, F., et al. (2010). Plädoyer für verantwortungsbewusste und rationale Reformen des strafrechtlichen Sanktionensystems und des Strafvollzugs. *Zeitschrift für Rechtspolitik (ZRP), 43*, 175–178.
Fischer, T. (2019). *Strafgesetzbuch und Nebengesetze* (66. Aufl.). München: Beck.

---

[49] Nachdrücklich *Dünkel et al.* ZRP (2010), 175 ff., 178.

[50] *Jescheck und Weigend* 1996, 41.

Grosse-Wilde, T. (2019). Brauchen wir ein neues Strafzumessungsrecht? Gedanken anlässlich der Diskussion in der Strafrechtsabteilung des 72. Deutschen Juristentages in Leipzig 2018. *Zeitschrift für Internationale Strafrechtsdogmatik (ZIS)*, 130–143.

Henjes, H. (2018). Berliner Projekt „day-by-day". Geldstrafentilgung durch freie Arbeit im Berliner Vollzug. *Forum Strafvollzug (FS, 33–35)*.

Höfer, S. (2003). *Sanktionskarrieren. Eine Analyse der Sanktionshärteentwicklung bei mehrfach registrierten Personen anhand von Daten der Freiburger Kohortenstudie.* Freiburg i.Br.: Ed. Iuscrim.

Höffler, K., & Kaspar, J. (2015). Plädoyer für die Abschaffung der lebenslangen Freiheitsstrafe. *Goltdammer's Archiv für Strafrecht (GA)*, 453–462.

Hoven, E. (2018). Die öffentliche Wahrnehmung von Strafzumessungsentscheidungen – Anlass für Reformen? *Kriminalpolitische Zeitschrift (KriPoZ)*, 276–290.

Jescheck, H.-H., & Weigend, T. (1996). *Lehrbuch des Strafrechts. Allgemeiner Teil* (5. Aufl.). Berlin: Duncker & Humblot.

Kaspar, J. (2018). *Sentencing Guidelines versus freies tatrichterliches Ermessen – Brauchen wir ein neues Strafzumessungsrecht? Gutachten C zum 72. Deutschen Juristentag.* München: Beck.

Kunz, K.-L., & Singelnstein, T. (2016). *Kriminologie* (7. Aufl.). Bern: Haupt.

Meier, B.-D. (2008). Strafrecht im Wandel – Die Veränderungen im Sanktionssystem als Ausdruck zunehmender Punitivität? In G. Steinberg (Hrsg.), *Recht und Macht. Zur Theorie und Praxis von Strafe, Festschrift für H. Rüping* (S. 73–90). München: UTZ.

Meier, B.-D. (2015). *Strafrechtliche Sanktionen. 4. Aufl.* Berlin: Springer.

Meier, B.-D. (2018). Die lebenslange Freiheitsstrafe de lege ferenda. In B. Hecker et al. (Hrsg.), *Festschrift für Rudolf Rengier* (S. 647–655). München: C.H. Beck.

MüKo. (2016 ff.). *Münchener Kommentar zum Strafgesetzbuch* (3. Aufl.). München: Beck. (Hrsg. Joecks, W., & Miebach, K.).

National Academy of Sciences. (2014). *The Growth of Incarceration in the United States. Exploring Causes and Consequences.* https://academicworks.cuny.edu/jj_pubs/27/. Zugegriffen am 21.02.2019.

NK. (2017). *Nomos Kommentar zum Strafgesetzbuch* (Bd. 1, 5. Aufl.). Baden-Baden: Nomos. (Hrsg. Kindhäuser, U., Neumann, U., & Paeffgen, H.-U.).

Reichert, C. (1999). *Intersubjektivität durch Strafzumessungsrichtlinien. Eine Untersuchung mit Bezug auf die „sentencing guidelines" in den USA.* Berlin: Duncker & Humblot.

Schalast, N., & Lindemann, M. (2015). Anmerkungen zu den Plänen einer Änderung des Rechts der Unterbringung im psychiatrischen Krankenhaus. *Recht und Psychiatrie (R&P), 33*, 72–84.

Schlepper, C. (2014). *Strafgesetzgebung in der Spätmoderne. Eine empirische Analyse legislativer Punitivität.* Wiesbaden: Springer VS.

Schöch, H. (1973). *Strafzumessungspraxis und Verkehrsdelinquenz. Kriminologische Aspekte der Strafzumessung am Beispiel einer empirischen Untersuchung zur Trunkenheit im Verkehr.* Stuttgart: Enke.

Schöch, H. (1992). *Empfehlen sich Änderungen und Ergänzungen bei den strafrechtlichen Sanktionen ohne Freiheitsentzug? Gutachten C für den 59. Deutschen Juristentag.* München: Beck.

Schöch, H. (2007). Die Todesstrafe aus viktimologischer Sicht. In H. Müller-Dietz et al. (Hrsg.), *Festschrift für H. Jung* (S. 865–874). Baden-Baden: Nomos.

Strafverteidigervereinigungen. (2016). *Abschaffung der lebenslangen Freiheitsstrafe. Policy Paper.* https://www.strafverteidigervereinigungen.org/Material/PP_Lebenslang.pdf. Zugegriffen am 01.04.2019.

Streng, F. (1999). Modernes Sanktionenrecht? *Zeitschrift für die gesamte Strafrechtswissenschaft (ZStW), 111*, 827–862.

Streng, F. (2018). Perspektiven für die Strafzumessung. *Strafverteidiger (StV), 38*, 593–600.

Verrel, T. (2018). Brauchen wir ein neues Strafzumessungsrecht? *Juristenzeitung (JZ)*, 811–815.

Stichwortverzeichnis

A

Abschreckung 22. (*Siehe auch* Generalprävention)
Absehen von Strafe 12, 48, 53
Abwägung 143, 168, 237
Adhäsionsverfahren 437, 438
Alkoholisierung 212, 213, 235
Alter 192, 198, 211
Alternativ-Entwurf 47, 408, 470
Ambulanz, forensische 298, 310
Amtsfähigkeit 8, (*Siehe auch* Statusfolge)
Anrechnung 109, 250
Arbeit, gemeinnützige 81
Art der Ausführung 199
Aufklärungshilfe 219
Auflage 108, 118, 121, 122
Aufsichtsstelle 308
Aussetzung zur Bewährung 155, 356, 388
Austauschbarkeit der Sanktionen 32, 35
Auswirkung der Tat 197

B

Beccaria, Cesare 21, 51
Bekanntgabe der Verurteilung 460
Berufsverbot 283, 314, 317
Besserung 27, (*Siehe auch* Resozialisierung)
Bewährungshilfe 121, 129, 309
Bewährungszeit 61, 121, 130, 132
Beweggrund 202
Bewertungsrichtung 167, 234
Bundeszentralregister 31, 462

D

Doppelverwertungsverbot 146, 231
Durchschnittsfall 168, (*Siehe auch* Normalfall)

E

Einsichtsfähigkeit 236
Einziehung 457
Entwicklungsstand 211
Entziehung der Fahrerlaubnis 94, 278, 283, 284, 296
Entziehungsanstalt 283, 335, 344, 396
Erfolgsunwert 191, 218, 224
Erledigung 366, 395
Ersatzfreiheitsstrafe 81, 84, 141
Europa 52, 264
Exner, Franz 259

F

Fahrverbot 12, 49, 150, 294
Fall 178, 179
    minder schwerer 181, 183
Feuerbach, Paul Johann Anselm von 22
Flexibilität 378
Folgen 461
    der Tat 54
Freiheitsstrafe 48, 49, 52, 66, 87, 89, 93, 95, 98, 100, 105
    lebenslange 91
    primäre 90
    sekundäre 90
    zeitige 91

Führungsaufsicht 283, 295
Führungszeugnis 462

G
Geldstrafe 48, 52, 64
Generalprävention 22, 23, 27, 30, 118, 224,
        226, 428, 429
    positive 39
Gesamtstrafe 91, 187
Gesinnung 195, 203, 208
Geständnis 221, 418
Gewichtung 168, 237
Gleichheit 247, 259, 261

H
Halbstrafenaussetzung 142, 144
Handlungsunwert 191, 207, 218, 224
Hang 335, 336, 340, 358, 363
    krimineller 201
Hauptstrafe 48
Hegel, Georg Wilhelm Friedrich 19, 21

K
Kant, Immanuel 19, 21
Konkurrenzregel 184
Kontrolle, soziale 1
Krankenhaus, psychiatrisches 56, 250, 319
Kriminalprognose 110
Krisenintervention 298, 304
Kronzeugenregelung 219

L
Legalprognose 110, 119
Leitmerkmal 238, 242, 249
Liszt, Franz von 25, 26, 274

M
Maß der Pflichtwidrigkeit 94, 201
Maßnahme 12
Maßregelaussetzung 388, 394
Maßregeln der Besserung und Sicherung 8,
        273
Migrationshintergrund 214

N
Nachtatverhalten 217, 220
Nebenfolge 8, 12
Nebenstrafe 49, (*Siehe auch* Fahrverbot)

Nettoeinkommen 69, 71
Normalfall 146, 168, 180, 236
Nothing works 33, 35

O
Opfer 6, 37, 198, 414, 419
    Resozialisierung 38

P
Polizei 311
Prävention 18. (*Siehe auch* General-,
        Spezialprävention)
Prognose 58, 112, 113, 116, 207, 313, 322,
        339, 341, 365, 390
    intuitive 114

R
Reform 47, 275, 310
Regelbeispiel 178, 179, 287
Regelfall 168, 239, 241
Regelstrafe 105, 245
Regeltatbild 232, (*Siehe auch*
        Normalfall)
Risk-Need-Responsivity 314
Rückfall 31, 313, 343, 376

S
Schadenswiedergutmachung 12, 122, 411,
        420, 425
Schuld 17, 37, 49, 146, 173, 189, 225, 237,
        427
Schuldfähigkeit 182, 211, 212, 319, 368
    verminderte 321
Schuldunfähigkeit 321
Sicherheitsinteressen der Allgemeinheit 141,
        142
Sicherung 7, ·(*Siehe auch* Spezialprävention,
        negative)
Sicherungsverwahrung 230, 283, 297, 300,
        350–352, 363, 366, 370, 386
Sozialkontrolle, strafrechtliche 1
Sozialtherapie 34, 282, 470
Spezialprävention 24, 25, 30, 108, 141, 173,
        227, 230, 276, 429
    negative 25
    positive 25
Spielraumtheorie 170, 171
Spur, zweite 12
Statusfolge 8, 443
Stellenwerttheorie 173

Steuerungsfähigkeit 194, 208
Stimmrecht 8, (*Siehe auch* Statusfolge)
Stooss, Carl 274
Störung, psychische 212, 367
Strafaussetzung zur Bewährung 105, 108
Strafempfänglichkeit 247
Strafempfindlichkeit 246
Straferlass 133
Strafrahmen 165, 167, 176, 182, 238, 423
Strafrechtsreform 47, 275
Strafrecht, symbolische Wirkungen 6
Strafrestaussetzung zur Bewährung 99
Straftaxe 244
Straftheorie 17, 18, 21
Strafvollzug 100, 106, 372, 387, 467
Strafzumessung 241, 249, 250, 259, 263, 423
Strafzumessungsfaktor 260
Strafzumessungspraxis 242, 261, 263
Strafzumessungssachverhalt 175
Strafzumessungsschuld 189, 207
Strafzumessungstatsachen 188
Strafzumessungstheorie 166, 170
Strafzwecke 40, (*Siehe auch* Straftheorie)
Subsidiarität 11, 326, 378

T

Tagessatzsystem 64, 68
Talionsprinzip 21, 51
Tateinheit 184
Täter-Opfer-Ausgleich 12, 409, 414, 423
Tatmehrheit 186
Tatproportionalität 170, 174
Tatschuld 190
Therapie statt Strafe 136, (*Siehe auch*
         Zurückstellung der Strafvollstreckung)
Therapieunterbringung 367
Todesstrafe 28, 50

U

Überprüfungsfrist 390
Ultima ratio 11, 47, 83, 89
Umwertung 166, 238, 261
Unrecht 122, 190, 192, 224

V

Verbandsstrafe 50
Vereinigungstheorie 18, 35, 169
Verfahrensdauer 226, 254
Verfall 447
Verhältnis 65, 73, 77, 211
Verhältnismäßigkeit 229, 277, 290, 392
Vermögensstrafe 86
Verwarnung mit Strafvorbehalt 48, 57
Vikariieren 380
Vorbehalt der Sicherungsverwahrung 363
Vorleben 206
Vorstrafe 85, 208, 209
Vorwerfbarkeit 190, 194, 196, 224

W

Wählbarkeit 8, (*Siehe auch* Statusfolge)
Wahlrecht 81, (*Siehe auch* Statusfolge)
Weisung 121, 126, 134, 301, 303, 306
Wesen der Strafe 15
Widerruf 109, 133, 135, 147
Wiedergutmachung 77, 217, 258, 407, 409,
         412, 420, 435

Z

Zahlungserleichterung 65, 68, 76, 80
Ziele des Täters 202
Zurückstellung der Strafvollstreckung 136
Zweidrittelaussetzung 142, 149